प्रस्तावना

क्लाउड कंप्यूटिंग की दुनिया में आपका स्वागत है! जैसे ही आप इस पुस्तक को अपने हाथों में पकड़ते हैं, आप एक उल्लेखनीय यात्रा पर निकल रहे हैं जो क्लाउड प्रौद्योगिकियों के रहस्यों को उजागर करेगी और संभावनाओं का एक ब्रह्मांड खोलेगी।

क्लाउड कंप्यूटिंग ने हमारे व्यक्तिगत जीवन और व्यावसायिक दुनिया दोनों में प्रौद्योगिकी के साथ बातचीत करने के तरीके को बदल दिया है। इसने अभूतपूर्व स्केलेबिलिटी, लचीलेपन और लागत-दक्षता को सक्षम करते हुए आईटी बुनियादी ढांचे के परिदृश्य में क्रांति ला दी है। स्टार्टअप से लेकर वैश्विक उद्यमों तक, मोबाइल ऐप से लेकर जटिल डेटा एनालिटिक्स तक, क्लाउड आधुनिक कंप्यूटिंग का एक अनिवार्य हिस्सा बन गया है।

"क्लाउड कंप्यूटिंग" में, हमने आपको क्लाउड में महारत हासिल करने में मदद करने के लिए एक व्यापक मार्गदर्शिका तैयार की है। चाहे आप एक अनुभवी आईटी पेशेवर हैं जो अपनी क्लाउड विशेषज्ञता को बढ़ाना चाहते हैं या एक जिज्ञासु उत्साही हैं जो नवीनतम तकनीकी रुझानों का पता लगाना चाहते हैं, यह पुस्तक आपकी सीखने की जरूरतों को पूरा करने के लिए डिज़ाइन की गई है।

अनुक्रमणिका

अध्याय 1: क्लाउड कंप्यूटिंग का परिचय

क्लाउड कंप्यूटिंग ने व्यवसायों और व्यक्तियों के कंप्यूटिंग संसाधनों का उपयोग करने के तरीके को बदल दिया है। यह डेटा संग्रहीत करने, एप्लिकेशन चलाने और इंटरनेट पर सेवाओं तक पहुंचने के लिए एक स्केलेबल, लचीला और लागत प्रभावी समाधान प्रदान करता है। इस लेख में, हम क्लाउड कंप्यूटिंग का व्यापक परिचय देंगे, इसकी बुनियादी अवधारणाओं, लाभों और वास्तविक दुनिया के अनुप्रयोगों की खोज करेंगे। इस लेख के अंत तक, आपको स्पष्ट समझ आ जाएगी कि क्लाउड कंप्यूटिंग क्या है और यह आपकी डिजिटल यात्रा में कैसे क्रांति ला सकती है।

1.1 क्लाउड कंप्यूटिंग क्या है: क्लाउड की शक्ति को उजागर करना

1.1.1. क्लाउड कंप्यूटिंग को परिभाषित करना

क्लाउड कंप्यूटिंग इंटरनेट पर कंप्यूटिंग सेवाओं की डिलीवरी में एक आदर्श बदलाव है। स्थानीय सर्वर या पर्सनल कंप्यूटर पर निर्भर रहने के बजाय, क्लाउड कंप्यूटिंग उपयोगकर्ताओं को दूरस्थ डेटा केंद्रों में रखे गए साझा संसाधनों के विशाल पूल तक पहुंचने में सक्षम बनाता है। इन संसाधनों में भंडारण, प्रसंस्करण शक्ति, अनुप्रयोग और बहुत कुछ शामिल हैं। क्लाउड एक वर्चुअलाइज्ड इंफ्रास्ट्रक्चर के रूप में कार्य करता है, जो उपयोगकर्ताओं को ऑन-डिमांड सेवाएं प्रदान करता है, उनकी जरूरतों को पूरा करने के लिए गतिशील रूप से स्केलिंग करता है।

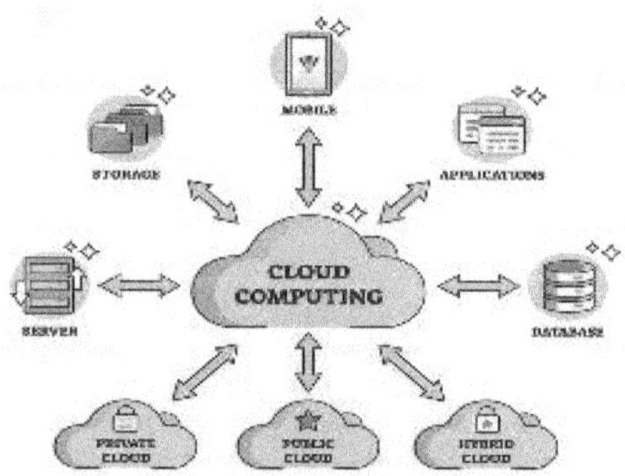

1.1.2. क्लाउड कंप्यूटिंग की प्रमुख विशेषताएँ

- लागत बचत:क्लाउड संसाधनों का लाभ उठाकर, संगठन हार्डवेयर और रखरखाव लागत पर पूंजीगत व्यय को कम कर सकते हैं। क्लाउड कंप्यूटिंग पे-एज़-यू-गो मॉडल पर काम करती है, जिससे व्यवसायों को वास्तविक उपयोग और स्केल संसाधनों के साथ अपनी लागत संरेखित करने में मदद मिलती है।
- स्केलेबिलिटी और लचीलापन:क्लाउड कंप्यूटिंग संसाधनों को मौलिक रूप से ऊपर या नीचे करने की क्षमता प्रदान करता है। चाहे वह उपयोगकर्ता की मांग में अचानक बढ़ोतरी को समायोजित करना हो या व्यवसाय विकास का समर्थन करना हो, क्लाउड बेजोड़ स्केलेबिलिटी और लचीलापन प्रदान करता है।
- उन्नत सहयोग और गतिशीलता:क्लाउड कहीं से भी साझा डेटा और एप्लिकेशन तक पहुंच प्रदान करके किसी भी समय टीमों और दूरस्थ श्रमिकों के बीच सहयोग की सुविधा प्रदान करता है। यह उत्पादकता को बढ़ावा देता है और कुशल दूरस्थ कार्य व्यवस्था को सक्षम बनाता है।
- बेहतर विश्वसनीयता और आपदा पुनर्प्राप्ति: क्लाउड सेवा प्रदाता उच्च उपलब्धता और डेटा अतिरेक सुनिश्चित करते हुए मजबूत बुनियादी ढांचे और बैकअप तंत्र का उपयोग करते हैं। यह विश्वसनीयता बढ़ाता है और व्यवसायों को अंतर्निहित आपदा पुनर्प्राप्ति क्षमताएं प्रदान करता है.

नवाचार और समय-समय पर बाज़ार: क्लाउड कंप्यूटिंग व्यवसायों को तेजी से प्रयोग, नवाचार और नए उत्पादों और सेवाओं को लॉन्च करने की अनुमति देता है। क्लाउड द्वारा प्रदान की जाने वाली चपलता और गति छोटे विकास चक्र और तेजी से बाजार में पहुंचने में सक्षम बनाती है।

1.1.3. क्लाउड कंप्यूटिंग के लाभ

• लागत बचत:क्लाउड संसाधनों का लाभ उठाकर, संगठन हार्डवेयर और रखरखाव लागत पर पूंजीगत व्यय को कम कर सकते हैं। क्लाउड कंप्यूटिंग पे-एज़-यू-गो मॉडल पर काम करती है, जिससे व्यवसायों को वास्तविक उपयोग और स्केल संसाधनों के साथ अपनी लागत संरेखित करने में मदद मिलती है।
• स्केलेबिलिटी और लचीलापन:क्लाउड कंप्यूटिंग संसाधनों को मौलिक रूप से ऊपर या नीचे करने की क्षमता प्रदान करता है। चाहे वह उपयोगकर्ता की मांग में अचानक बढ़ोतरी को समायोजित करना हो या व्यवसाय विकास का समर्थन करना हो, क्लाउड बेजोड़ स्केलेबिलिटी और लचीलापन प्रदान करता है।
• उन्नत सहयोग और गतिशीलता:क्लाउड कहीं से भी साझा डेटा और एप्लिकेशन तक पहुंच प्रदान करके किसी भी समय टीमों और दूरस्थ श्रमिकों के बीच सहयोग की सुविधा प्रदान करता है। यह उत्पादकता को बढ़ावा देता है और कुशल दूरस्थ कार्य व्यवस्था को सक्षम बनाता है।
• बेहतर विश्वसनीयता और आपदा पुनर्प्राप्ति: क्लाउड सेवा प्रदाता उच्च उपलब्धता और डेटा अतिरेक सुनिश्चित करते हुए मजबूत बुनियादी ढांचे और बैकअप तंत्र का उपयोग करते हैं। यह विश्वसनीयता बढ़ाता है और व्यवसायों को अंतर्निहित आपदा पुनर्प्राप्ति क्षमताएं प्रदान करता है.
• नवाचार और समय-समय पर बाज़ार: क्लाउड कंप्यूटिंग व्यवसायों को तेजी से प्रयोग, नवाचार और नए उत्पादों और सेवाओं को लॉन्च करने की अनुमति देता है। क्लाउड द्वारा प्रदान की जाने वाली चपलता और गति छोटे विकास चक्र और तेजी से बाजार में पहुंचने में सक्षम बनाती है।

1.1.4. वास्तविक दुनिया के अनुप्रयोग

• सेवा के रूप में बुनियादी ढाँचा (IaaS): IaaS सर्वर, स्टोरेज और नेटवर्किंग सहित वर्चुअलाइज्ड कंप्यूटिंग संसाधन प्रदान करता है, जो व्यवसायों को क्लाउड में अपने आईटी बुनियादी ढांचे का निर्माण और प्रबंधन करने में सक्षम बनाता है। यह लचीलापन और नियंत्रण विशिष्ट बुनियादी ढाँचे की आवश्यकताओं वाले व्यवसायों के लिए आदर्श है।• सेवा के रूप में प्लेटफ़ॉर्म (PaaS): PaaS अंतर्निहित बुनियादी ढांचे के प्रबंधन की जटिलता के बिना अनुप्रयोगों के निर्माण, परीक्षण और तैनाती के लिए एक विकास मंच और उपकरण प्रदान करता है। यह एप्लिकेशन विकास को गति देता है, तैनाती को सरल बनाता है और स्केलेबिलिटी का समर्थन करता है।
• सेवा के रूप में सॉफ़्टवेयर (SaaS):SaaS इंटरनेट पर उपयोग के लिए तैयार सॉफ़्टवेयर एप्लिकेशन वितरित करता है, जिससे इंस्टॉलेशन और रखरखाव की आवश्यकता समाप्त हो जाती है। उपयोगकर्ता ग्राहक संबंध प्रबंधन (सीआरएम) सिस्टम, उत्पादकता उपकरण और सहयोग प्लेटफॉर्म जैसे सॉफ़्टवेयर अनुप्रयोगों तक आसानी से पहुंच और उपयोग कर सकते हैं।

1.2 क्लाउड कंप्यूटिंग के लाभों को उजागर करना

1.2.1. लागत बचत:

क्लाउड कंप्यूटिंग पारंपरिक आईटी बुनियादी ढांचे की तुलना में महत्वपूर्ण लागत बचत प्रदान करता है। ऐसे:
• पूंजीगत व्यय में कमी:क्लाउड कंप्यूटिंग के साथ, व्यवसाय हार्डवेयर, डेटा सेंटर और बुनियादी ढांचे में बड़े निवेश से बच सकते हैं। इसके बजाय, वे क्लाउड सेवाओं के लिए सदस्यता या भुगतान-प्रति-उपयोग के आधार पर भुगतान करते हैं, जिससे बेहतर लागत प्रबंधन और संसाधनों का आवंटन संभव होता है।
• कम परिचालन लागत: इन-हाउस आईटी बुनियादी ढांचे को बनाए रखने और प्रबंधित करने के लिए रखरखाव, उन्नयन, सुरक्षा और कुशल कर्मियों के लिए निरंतर खर्च की आवश्यकता होती है। क्लाउड कंप्यूटिंग इनमें से कई लागतों को समाप्त कर देती है, क्योंकि क्लाउड सेवा प्रदाता बुनियादी ढांचे के प्रबंधन और रखरखाव का ध्यान रखता है, इससे व्यवसायों को अपनी मुख्य दक्षताओं पर ध्यान केंद्रित करने की अनुमति मिलती है।
• स्केलेबल संसाधन खपत: क्लाउड सेवाएँ व्यवसायों को आवश्यकतानुसार अपने कंप्यूटिंग संसाधनों को ऊपर या नीचे करने में सक्षम बनाती हैं। यह स्केलेबिलिटी इष्टतम संसाधन उपयोग सुनिश्चित करती है, अपव्यय और अतिप्रावधान को समाप्त करती है। संगठन अपनी लागत को वास्तविक संसाधन उपयोग के साथ संरेखित कर सकते हैं, कम मांग की अवधि के दौरान पैसे बचा सकते हैं।

1.2.2. चपलता और लचीलापन:

क्लाउड कंप्यूटिंग अद्वितीय चपलता और लचीलापन प्रदान करती है, जिससे व्यवसायों को बदलती बाजार स्थितियों पर तेजी से प्रतिक्रिया करने में सक्षम बनाया जाता है:

• तीव्र संसाधन प्रावधान:क्लाउड सेवाएँ ऑन-डिमांड स्व-सेवा प्रदान करती हैं, जिससे व्यवसायों को आवश्यकतानुसार कंप्यूटिंग संसाधनों का शीघ्र प्रावधान और तैनाती करने की अनुमति मिलती है। यह चपलता नए उत्पादों और सेवाओं के लिए त्वरित समय-बाज़ार की सुविधा प्रदान करती है।

• लोचदार स्केलिंग:क्लाउड प्लेटफ़ॉर्म संगठनों को उतार-चढ़ाव वाले कार्यभार को समायोजित करने के लिए तुरंत अपने संसाधनों को बढ़ाने की अनुमति देता है। चाहे वह मौसमी बिक्री के दौरान चरम ट्रैफ़िक को संभालना हो या शांत अवधि के दौरान स्केलिंग हो, क्लाउड यह सुनिश्चित करता है कि व्यवसाय ग्राहकों की मांगों को कुशलतापूर्वक पूरा कर सकें।

• वैश्विक पहुंच:क्लाउड सेवाएँ व्यापक नेटवर्क पहुँच प्रदान करती हैं, जिससे उपयोगकर्ता इंटरनेट कनेक्शन के साथ किसी भी उपकरण का उपयोग करके कहीं से भी डेटा और एप्लिकेशन तक पहुँच प्राप्त कर सकते हैं। यह लचीलापन व्यवसायों को दूरस्थ कार्य अपनाने और भौगोलिक रूप से सहयोग करने की अनुमति देता है।

1.2.3. बढ़ी हुई डेटा सुरक्षा और विश्वसनीयता:

क्लाउड कंप्यूटिंग मजबूत सुरक्षा उपाय प्रदान करता है और उच्च स्तर की डेटा विश्वसनीयता और उपलब्धता सुनिश्चित करता है:

• डेटा अतिरेक और बैकअप:क्लाउड सेवा प्रदाता उन्नत डेटा प्रतिकृति और बैकअप तंत्र का उपयोग करते हैं, जिससे यह सुनिश्चित होता है कि डेटा कई भौगोलिक स्थानों पर अनावश्यक रूप से संग्रहीत किया जाता है। यह अतिरेक डेटा हानि के जोखिम को कम करता है और अंतर्निहित आपदा पुनर्प्राप्ति क्षमताएं प्रदान करता है।

• सुरक्षा विशेषज्ञता:क्लाउड सेवा प्रदाता सुरक्षा उपायों में भारी निवेश करते हैं, डेटा और बुनियादी ढांचे की सुरक्षा के लिए साइबर सुरक्षा विशेषज्ञों की टीमों को नियुक्त करते हैं। ये विशेषज्ञ नवीनतम सुरक्षा खतरों से अपडेट रहते हैं और उद्योग की सर्वोत्तम प्रथाओं को लागू करते हैं, व्यवसाय पारंपरिक ऑन-प्रिमाइसेस समाधानों की तुलना में उच्च स्तर की सुरक्षा प्रदान करते हैं।

• अनुपालन और विनियामक सहायता:क्लाउड प्रदाता अक्सर कड़े अनुपालन मानकों और प्रमाणपत्रों का पालन करते हैं, यह सुनिश्चित करते हुए कि व्यवसाय उद्योग-विशिष्ट नियमों को पूरा कर सकते हैं। यह समर्थन अनुपालन प्रयासों को सरल बनाता है और नियामक आवश्यकताओं के प्रबंधन के बोझ को कम करता है।

1.2.4. नवाचार और सहयोग:

क्लाउड कंप्यूटिंग ईंधन नवाचार और सहयोग, व्यवसायों को डिजिटल परिदृश्य में प्रतिस्पर्धी बने रहने के लिए सशक्त बनाता है:

• तीव्र प्रोटोटाइप और विकास:क्लाउड प्लेटफ़ॉर्म विकास उपकरण, पूर्वनिर्मित वातावरण और प्रबंधित सेवाएँ प्रदान करते हैं जो अनुप्रयोग विकास और परीक्षण को गति देते हैं। यह व्यवसायों को नए विचारों को तेजी से नया करने और बाजार में लाने की अनुमति देता है।

• सहयोग और एकीकरण:क्लाउड-आधारित सहयोग उपकरण टीमों को उनके भौतिक स्थान की परवाह किए बिना, मूल रूप से एक साथ काम करने में सक्षम बनाते हैं। ये उपकरण वास्तविक समय संचार, दस्तावेज़ साझाकरण और परियोजना प्रबंधन की सुविधा प्रदान करते हैं, सहयोग को बढ़ावा देते हैं और उत्पादकता में सुधार करते हैं।

• उन्नत प्रौद्योगिकियों तक पहुंच:क्लाउड प्रदाता अक्सर कृत्रिम बुद्धिमत्ता (एआई), मशीन लर्निंग (एमएल) और बड़े डेटा एनालिटिक्स जैसी अत्याधुनिक तकनीकों तक पहुंच प्रदान करते हैं। यह व्यवसायों को व्यापक बुनियादी ढांचे के निवेश या विशेष विशेषज्ञता की आवश्यकता के बिना इन प्रौद्योगिकियों का लाभ उठाने में सक्षम बनाता है।

1.3 क्लाउड सेवा मॉडल (IaaS, PaaS, SaaS)

1.3.1. एक सेवा के रूप में बुनियादी ढाँचा (IaaS):

एक सेवा के रूप में इन्फ्रास्ट्रक्चर (IaaS) व्यवसायों को इंटरनेट पर वर्चुअलाइज्ड कंप्यूटिंग संसाधन प्रदान करता है। IaaS के साथ, संगठन भौतिक हार्डवेयर की आवश्यकता के बिना अपने आईटी बुनियादी ढांचे का निर्माण और प्रबंधन कर सकते हैं। IaaS की प्रमुख विशेषताओं में शामिल हैं:

वर्चुअल मशीन (VMs): IaaS व्यवसायों को वर्चुअल मशीनें बनाने और प्रबंधित करने की अनुमति देता है, जो एप्लिकेशन चलाने और डेटा संग्रहीत करने के लिए आधार के रूप में काम करती हैं।

स्केलेबिलिटी और लोच: IaaS प्लेटफ़ॉर्म इष्टतम संसाधन उपयोग और लागत दक्षता सुनिश्चित करते हुए, मांग के आधार पर संसाधनों को ऊपर या नीचे करने की क्षमता प्रदान करते हैं।

भंडारण और नेटवर्किंग: IaaS प्रदाता डेटा भंडारण और प्रबंधन के लिए भंडारण समाधान प्रदान करते हैं, साथ ही संसाधनों के बीच सुरक्षित कनेक्शन स्थापित करने के लिए नेटवर्किंग क्षमताएं भी प्रदान करते हैं।

इन्फ्रास्ट्रक्चर प्रबंधन: व्यवसायों का ऑपरेटिंग सिस्टम, मिडलवेयर और वर्चुअल इन्फ्रास्ट्रक्चर पर चलने वाले एप्लिकेशन पर नियंत्रण होता है।

1.3.2. सेवा के रूप में प्लेटफ़ॉर्म (PaaS):

एक सेवा के रूप में प्लेटफ़ॉर्म (PaaS) क्लाउड में एक पूर्ण विकास और तैनाती वातावरण प्रदान करता है, जो व्यवसायों को अंतर्निहित बुनियादी ढांचे के प्रबंधन के बजाय एप्लिकेशन विकास पर ध्यान केंद्रित करने में सक्षम बनाता है। PaaS की प्रमुख विशेषताओं में शामिल हैं:

विकास उपकरण और मिडलवेयर: PaaS प्लेटफ़ॉर्म एप्लिकेशन विकास प्रक्रिया को सुव्यवस्थित करने के लिए विकास उपकरण, प्रोग्रामिंग भाषाओं और मिडलवेयर की एक विस्तृत श्रृंखला प्रदान करते हैं।

अनुप्रयोग जीवनचक्र प्रबंधन: PaS अनुप्रयोगों के निर्माण, परीक्षण, तैनाती और प्रबंधन, सहयोग और कुशल सॉफ्टवेयर विकास प्रथाओं को बढ़ावा देने के लिए एकीकृत उपकरण और रूपरेखा प्रदान करता है।

स्केलेबिलिटी और लचीलापन: PaaS प्लेटफ़ॉर्म स्वचालित स्केलिंग और संसाधन आवंटन प्रदान करते हैं, जिससे एप्लिकेशन विभिन्न कार्यभार को प्रभावी ढंग से संभाल सकते हैं।

डेटाबेस एकीकरण: PaaS समाधानों में अक्सर प्रबंधित डेटाबेस सेवाएँ, डेटा प्रबंधन को सरल बनाना और स्केलेबिलिटी और उपलब्धता सुनिश्चित करना शामिल होता है।

1.3.3. सेवा के रूप में सॉफ़्टवेयर (SaaS):

एक सेवा के रूप में सॉफ़्टवेयर (SaaS) इंटरनेट पर एप्लिकेशन वितरित करता है, संगठनों को अपने स्वयं के बुनियादी ढांचे पर सॉफ़्टवेयर स्थापित करने और प्रबंधित करने की आवश्यकता को समाप्त करता है। SaaS की प्रमुख विशेषताओं में शामिल हैं:

उपयोग के लिए तैयार एप्लिकेशन: SaaS प्रदाता वेब ब्राउज़र के माध्यम से पहुंच योग्य एप्लिकेशन की एक श्रृंखला प्रदान करते हैं, जिससे उपयोगकर्ता स्थानीय इंस्टॉलेशन की आवश्यकता के बिना सॉफ़्टवेयर कार्यक्षमता का उपयोग कर सकते हैं।

बहु-किरायेदारी: SaaS एप्लिकेशन कई ग्राहकों की सेवा करने, डेटा अलगाव और सुरक्षा बनाए रखते हुए एक सामान्य बुनियादी ढांचे और संसाधनों को साझा करने के लिए बनाए जाते हैं।

स्वचालित अपडेट और रखरखाव: SaaS प्रदाता सॉफ़्टवेयर अपडेट, पैच और रखरखाव को संभालते हैं, यह सुनिश्चित करते हुए कि उपयोगकर्ताओं के पास हमेशा नवीनतम सुविधाओं और संवर्द्धन तक पहुंच हो।

पे-एज़-यू-गो मॉडल: SaaS एप्लिकेशन आमतौर पर सदस्यता-आधारित मूल्य निर्धारण मॉडल पर काम करते हैं, यह व्यवसायों को प्रति-उपयोगकर्ता या प्रति माह के आधार पर सॉफ़्टवेयर के लिए भुगतान करने की अनुमति देता है।

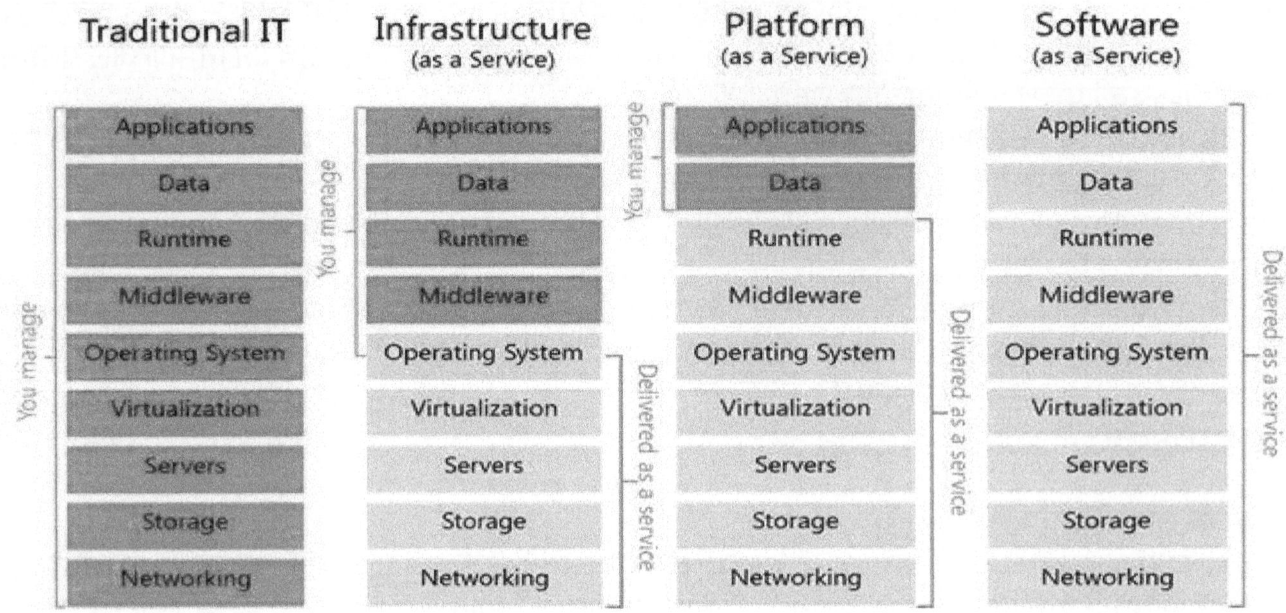
Traditional IT
Infrastructure
(as a Service)
Platform
(as a Service)
Software
(as a Service)
Applications
Data
Runtime
Middleware
Operating System
Virtualization
Servers
Storage
Networking
You manage
Delivered as a service

अभ्यास

बहु विकल्पीय प्रश्न

1. क्लाउड कंप्यूटिंग उपयोगकर्ताओं को कंप्यूटिंग संसाधनों तक पहुंचने में सक्षम बनाता है:

a) स्थानीय सर्वर

b) व्यक्तिगत कम्प्यूटर्स

c) दूरस्थ डेटा केंद्र

d) समर्पित हार्डवेयर

2. निम्नलिखित में से कौन सी क्लाउड कंप्यूटिंग की प्रमुख विशेषता नहीं है?

a) मापनीयता और लोच

b) ऑन-डिमांड स्वयं-सेवा

c) सीमित नेटवर्क पहुंच

d) संसाधन पूलिंग

3. क्लाउड कंप्यूटिंग लागत बचत प्रदान करती है:

a) हार्डवेयर पर पूंजीगत व्यय बढ़ रहा है

b) इन-हाउस आईटी अवसंरचना प्रबंधन लागत प्रदान करना

c) 'पे-एज़-यू-गो' मॉडल के माध्यम से लागत को वास्तविक उपयोग के साथ संरेखित करना

d) डेटा अतिरेक और बैकअप तंत्र को समाप्त करना

4. कंप्यूटिंग संसाधनों को तेजी से व्यवस्थित करने और तैनात करने की क्षमता इसका परिणाम है:

a) क्लाउड की व्यापक नेटवर्क पहुंच

b) ऑन-डिमांड स्वयं-सेवा

c) संसाधन पूलिंग

d) मापा सेवा मॉडल

5. क्लाउड कंप्यूटिंग सहयोग और गतिशीलता को बढ़ावा देती है:

a) साझा किए गए डेटा और एप्लिकेशन तक पहुंच सीमित करना

b) केवल पर्सनल कंप्यूटर पर एप्लिकेशन तक पहुंच प्रदान करना

c) विभिन्न उपकरणों और इंटरनेट कनेक्शन का उपयोग करके कहीं से भी पहुंच की अनुमति देना

d) सहयोग को ऑन-प्रिमाइसेस परिवेश तक सीमित करना

6. डेटा सुरक्षा और विश्वसनीयता के संदर्भ में क्लाउड कंप्यूटिंग का निम्नलिखित में से कौन सा लाभ है?

a) अतिरेक की कमी के कारण डेटा हानि का खतरा बढ़ गया

b) पारंपरिक ऑन-प्रिमाइसेस समाधानों की तुलना में सुरक्षा का निम्न स्तर

c) उद्योग-विशिष्ट नियमों का अनुपालन

d) डेटा भंडारण के लिए बैकअप तंत्र का अभाव

7. क्लाउड कंप्यूटिंग नवाचार और सहयोग की सुविधा प्रदान करती है:

a) एप्लिकेशन विकास प्रक्रिया को धीमा करना

b) अत्याधुनिक प्रौद्योगिकियों तक पहुंच को प्रतिबंधित करना

c) तेजी से प्रोटोटाइप और विकास को सक्षम करना

d) सहयोग को केवल ऑन-साइट टीमों तक सीमित करना

8. एक सेवा के रूप में बुनियादी ढाँचा (IaaS) व्यवसायों को इसकी अनुमति देता है:

a) क्लाउड में उनके आईटी बुनियादी ढांचे का निर्माण और प्रबंधन करें

b) इंटरनेट पर उपयोग के लिए तैयार सॉफ़्टवेयर एप्लिकेशन वितरित करें

c) अंतर्निहित बुनियादी ढांचे का प्रबंधन किए बिना एप्लिकेशन विकसित और तैनात करें

d) पर्सनल कंप्यूटर पर वर्चुअलाइज्ड कंप्यूटिंग संसाधनों तक पहुंचें

9. एक सेवा के रूप में प्लेटफ़ॉर्म (PaaS) अनुप्रयोग विकास और परिनियोजन को गति देता है:

a) इंटरनेट पर वर्चुअलाइज्ड कंप्यूटिंग संसाधन उपलब्ध कराना
b) सॉफ़्टवेयर की स्थापना और रखरखाव की आवश्यकता को समाप्त करना
c) क्लाउड में संपूर्ण विकास और परिनियोजन वातावरण प्रदान करना
d) संसाधन उपभोग में मापनीयता और लचीलेपन को सक्षम करना

10. एक सेवा के रूप में सॉफ़्टवेयर (SaaS) इसकी आवश्यकता को समाप्त करता है:
a) टीमों के बीच सहयोग
b) सॉफ़्टवेयर के लिए प्रति-उपयोगकर्ता या प्रति माह के आधार पर भुगतान करना
c) वेब ब्राउज़र के माध्यम से सॉफ़्टवेयर एप्लिकेशन तक पहुँचना
d) अंतर्निहित बुनियादी ढांचे और सॉफ्टवेयर रखरखाव का प्रबंधन

समीक्षा प्रश्न

1. क्या है क्लाऊड कम्प्यूटिंग?
2. क्लाउड कंप्यूटिंग की प्रमुख विशेषताएं क्या हैं?
3. क्लाउड कंप्यूटिंग लागत बचत कैसे प्रदान करती है?
4. क्लाउड कंप्यूटिंग सहयोग और गतिशीलता को कैसे बढ़ाती है?
5. डेटा सुरक्षा और विश्वसनीयता के संदर्भ में क्लाउड कंप्यूटिंग के क्या लाभ हैं?
6. क्लाउड कंप्यूटिंग नवाचार और सहयोग को कैसे बढ़ावा देती है?
7. विभिन्न क्लाउड सेवा मॉडल क्या हैं?
8. क्लाउड कंप्यूटिंग व्यवसायों के लिए स्केलेबिलिटी और लोच कैसे सक्षम करती है?
9. एक सेवा के रूप में बुनियादी ढाँचा (IaaS) क्या है?
10. एक सेवा के रूप में सॉफ़्टवेयर (SaaS) क्या है?
11. व्यवसायों के लिए इन्फ्रास्ट्रक्चर को एक सेवा (IaaS) के रूप में उपयोग करने के क्या फायदे हैं?
12. एक सेवा के रूप में प्लेटफ़ॉर्म (PaaS) एप्लिकेशन विकास को कैसे गति देता है और तैनाती?
13. उपयोगकर्ताओं के लिए सेवा के रूप में सॉफ़्टवेयर (SaaS) के क्या लाभ हैं?

उत्तर अनुभाग

बहु विकल्पीय प्रश्न

1. c) दूरस्थ डेटा केंद्र
2. c) सीमित नेटवर्क पहुंच
3. c) 'पे-एज़-यू-गो' मॉडल के माध्यम से लागत को वास्तविक उपयोग के साथ संरेखित करना
4. b) ऑन-डिमांड स्व-सेवा
5. c) विभिन्न उपकरणों और इंटरनेट कनेक्शन का उपयोग करके कहीं से भी पहुंच की अनुमति देना
6. c) उद्योग-विशिष्ट नियमों का अनुपालन
7. c) तेजी से प्रोटोटाइप और विकास को सक्षम करना
8. a) क्लाउड में अपने आईटी बुनियादी ढांचे का निर्माण और प्रबंधन करें
9. c) क्लाउड में संपूर्ण विकास और परिनियोजन वातावरण की पेशकश करना
10. d) अंतर्निहित बुनियादी ढांचे और सॉफ्टवेयर रखरखाव का प्रबंधन

समीक्षा प्रश्न

1. क्लाउड कंप्यूटिंग इंटरनेट पर कंप्यूटिंग सेवाओं की डिलीवरी में एक आदर्श बदलाव है। यह उपयोगकर्ताओं को स्थानीय सर्वर या व्यक्तिगत कंप्यूटर पर निर्भर रहने के बजाय दूरस्थ डेटा केंद्रों से साझा संसाधनों, जैसे भंडारण, प्रसंस्करण शक्ति और अनुप्रयोगों तक पहुंचने की अनुमति देता है।

2. क्लाउड कंप्यूटिंग की प्रमुख विशेषताओं में स्केलेबिलिटी और लोच, ऑन-डिमांड स्व-सेवा, व्यापक नेटवर्क पहुंच, संसाधन पूलिंग, तीव्र लोच और मापी गई सेवा शामिल हैं।

3. क्लाउड कंप्यूटिंग हार्डवेयर और बुनियादी ढांचे पर पूंजीगत व्यय को कम करके लागत बचत प्रदान करता है, व्यवसायों को पे-एज़-यू-गो मॉडल के माध्यम से वास्तविक उपयोग के साथ लागत को संरेखित करने में सक्षम बनाता है, और इन-हाउस आईटी बुनियादी ढांचे के रखरखाव और प्रबंधन लागत की आवश्यकता को समाप्त करता है।

4. क्लाउड कंप्यूटिंग इंटरनेट पर साझा डेटा और एप्लिकेशन तक सर्वव्यापी पहुंच प्रदान करके सहयोग और गतिशीलता को सक्षम बनाता है। यह टीमों को एक साथ काम करने और कहीं से भी संसाधनों तक पहुंचने, उत्पादकता को बढ़ावा देने और दूरस्थ कार्य व्यवस्था का समर्थन करने की अनुमति देता है।

5. क्लाउड कंप्यूटिंग डेटा अतिरेक और बैकअप तंत्र, मजबूत बुनियादी ढांचे, क्लाउड सेवा प्रदाताओं की सुरक्षा विशेषज्ञता और उद्योग-विशिष्ट नियमों के अनुपालन के माध्यम से डेटा सुरक्षा और विश्वसनीयता के संदर्भ में लाभ प्रदान करता है।

6. क्लाउड कंप्यूटिंग तेजी से प्रोटोटाइप और विकास वातावरण प्रदान करके नवाचार और सहयोग को बढ़ावा देता है, क्लाउड-आधारित सहयोग टूल के माध्यम से वास्तविक समय संचार और दस्तावेज़ साझा करने की सुविधा प्रदान करता है, और व्यापक बुनियादी ढांचे के निवेश के बिना एआई और एमएल जैसी उन्नत प्रौद्योगिकियों तक पहुंच प्रदान करता है।

7. विभिन्न क्लाउड सेवा मॉडल एक सेवा के रूप में इन्फ्रास्ट्रक्चर (IaaS), एक सेवा के रूप में प्लेटफ़ॉर्म (PaaS), और एक सेवा के रूप में सॉफ़्टवेयर (SaaS) हैं।

8. क्लाउड कंप्यूटिंग व्यवसायों को इष्टतम संसाधन उपयोग और लागत दक्षता सुनिश्चित करते हुए, अपने संसाधनों को मांग के अनुसार ऊपर या नीचे बढ़ाने की अनुमति देता है। यह मापनीयता और लोच व्यवसायों को उतार-चढ़ाव वाले कार्यभार को संभालने, उपयोगकर्ता की मांग में अचानक वृद्धि को समायोजित करने और संसाधन आवंटन को गतिशील रूप से समायोजित करने में सक्षम बनाती है।

9. एक सेवा के रूप में इन्फ्रास्ट्रक्चर (IaaS) इंटरनेट पर वर्चुअलाइज्ड कंप्यूटिंग संसाधन प्रदान करता है, जिससे व्यवसायों को भौतिक हार्डवेयर के बिना अपने आईटी बुनियादी ढांचे का निर्माण और प्रबंधन करने की अनुमति मिलती है। इसमें वर्चुअल मशीन, स्केलेबिलिटी, स्टोरेज, नेटवर्किंग और इंफ्रास्ट्रक्चर मैनेजमेंट जैसी सुविधाएं शामिल हैं।

10. एक सेवा के रूप में सॉफ़्टवेयर (SaaS) इंटरनेट पर एप्लिकेशन वितरित करता है, जिससे संगठनों को अपने बुनियादी ढांचे पर सॉफ़्टवेयर स्थापित करने और प्रबंधित करने की आवश्यकता समाप्त हो जाती है। यह उपयोग के

लिए तैयार एप्लिकेशन, बहु-किरायेदारी, स्वचालित अपडेट और रखरखाव, और भुगतान के अनुसार मूल्य निर्धारण मॉडल प्रदान करता है।

11. एक सेवा के रूप में इन्फ्रास्ट्रक्चर (IaaS) सर्वर, स्टोरेज और नेटवर्किंग सहित वर्चुअलाइज्ड कंप्यूटिंग संसाधन प्रदान करता है, जिससे व्यवसायों को क्लाउड में अपने आईटी बुनियादी ढांचे का निर्माण और प्रबंधन करने की अनुमति मिलती है। IaaS के फायदों में बुनियादी ढांचे पर लचीलापन और नियंत्रण, स्केलेबिलिटी, हार्डवेयर निवेश से बचकर लागत बचत और कुशल संसाधन आवंटन शामिल हैं।

12. एक सेवा के रूप में प्लेटफ़ॉर्म (PaaS) अंतर्निहित बुनियादी ढांचे के प्रबंधन की जटिलता के बिना अनुप्रयोगों के निर्माण, परीक्षण और तैनाती के लिए एक विकास मंच और उपकरण प्रदान करता है। PaaS विकास उपकरण, मिडलवेयर, एप्लिकेशन जीवनचक्र प्रबंधन, स्वचालित स्केलिंग और प्रबंधित डेटाबेस सेवाओं के साथ एकीकरण प्रदान करके एप्लिकेशन विकास को गति देता है।

13. एक सेवा के रूप में सॉफ़्टवेयर (SaaS) इंटरनेट पर उपयोग के लिए तैयार सॉफ़्टवेयर एप्लिकेशन प्रदान करता है, जिससे इंस्टॉलेशन और रखरखाव की आवश्यकता समाप्त हो जाती है। उपयोगकर्ताओं के लिए SaaS के लाभों में वेब ब्राउज़र के माध्यम से सॉफ़्टवेयर कार्यक्षमता तक आसान पहुंच, स्वचालित अपडेट और रखरखाव, कुशल संसाधन साझाकरण के लिए बहु-किरायेदारी और लागत-प्रभावशीलता के लिए भुगतान-एज़-यू-गो मॉडल शामिल हैं।

अध्याय 2: क्लाउड इन्फ्रास्ट्रक्चर

क्लाउड कंप्यूटिंग ने डिजिटल दुनिया की बढ़ती मांगों का समर्थन करने के लिए स्केलेबल और लचीला बुनियादी ढांचा प्रदान करने के तरीके में क्रांति ला दी है। क्लाउड कंप्यूटिंग के मूल में क्लाउड इंफ्रास्ट्रक्चर की अवधारणा है, जिसमें सर्वर, स्टोरेज सिस्टम, नेटवर्किंग घटकों और सॉफ्टवेयर अनुप्रयोगों का एक विशाल नेटवर्क शामिल है। यह बुनियादी ढांचा क्लाउड सेवाएं प्रदान करता है और नवाचार को बढ़ावा देता है, सर्वर एक नींव के रूप में संगठनों को उत्पादकता बढ़ाने और व्यावसायिक उद्देश्यों को प्राप्त करने के लिए प्रौद्योगिकी की शक्ति का उपयोग करने में सक्षम बनाता है। इस लेख में, हम क्लाउड इंफ्रास्ट्रक्चर के महत्व, इसके प्रमुख घटकों का पता लगाएंगे

क्लाउड इन्फ्रास्ट्रक्चर भौतिक और आभासी संसाधनों को संदर्भित करता है जो क्लाउड सेवाओं की डिलीवरी को सक्षम बनाता है। इसमें हार्डवेयर और सॉफ्टवेयर दोनों घटक शामिल हैं जो क्लाउड-आधारित अनुप्रयोगों और सेवाओं के लिए आवश्यक कंप्यूटिंग शक्ति, भंडारण क्षमता और नेटवर्किंग क्षमताएं प्रदान करने के लिए एक साथ काम करते हैं। क्लाउड इंफ्रास्ट्रक्चर को आम तौर पर क्लाउड सेवा प्रदाताओं द्वारा होस्ट और प्रबंधित किया जाता है, संगठनों को भौतिक बुनियादी ढांचे में महत्वपूर्ण अग्रिम निवेश करने की आवश्यकता के बिना, ऑन-डिमांड कंप्यूटिंग संसाधनों तक पहुंचने और उपयोग करने की क्षमता प्रदान करता है।

2.1 क्लाउड में वर्चुअलाइजेशन: कुशल संसाधन उपयोग की शक्ति को उजागर करना

2.1.1. क्लाउड में वर्चुअलाइजेशन को समझना:

क्लाउड में वर्चुअलाइजेशन एक साझा भौतिक बुनियादी ढांचे पर सर्वर, स्टोरेज सिस्टम, नेटवर्क और अन्य कंप्यूटिंग संसाधनों के कई आभासी उदाहरण बनाने के अभ्यास को संदर्भित करता है। वर्चुअल मशीन (वीएम) के रूप में जाने जाने वाले ये वर्चुअल इंस्टेंस स्वतंत्र रूप से काम करते हैं, जो अंतर्निहित हार्डवेयर का कुशलतापूर्वक उपयोग करके समर्पित संसाधनों का भ्रम प्रदान करते हैं।.

2.1.2. क्लाउड में वर्चुअलाइजेशन के प्रमुख पहलू:

- हाइपरवाइज़र: क्लाउड में वर्चुअलाइजेशन के मूल में हाइपरवाइजर है, जिसे वर्चुअल मशीन मॉनिटर (वीएमएम) के रूप में भी जाना जाता है। हाइपरवाइजर वर्चुअल मशीनों के लिए भौतिक संसाधनों के प्रबंधन और आवंटन, कुशल उपयोग और अलगाव सुनिश्चित करने के लिए जिम्मेदार है।
- संसाधन पूलिंग: क्लाउड में वर्चुअलाइजेशन संसाधन पूलिंग को सक्षम बनाता है, जहां भौतिक संसाधन, जैसे सीपीयू, मेमोरी और स्टोरेज, एक साझा पूल में एकत्र किए जाते हैं। वर्चुअल मशीनें इस पूल से संसाधनों तक पहुंच और उपयोग कर सकती हैं, जिससे कई कार्यभार में कुशल उपयोग की अनुमति मिलती है।
- मापनीयता और लोच: क्लाउड में वर्चुअलाइजेशन संगठनों को मांग के आधार पर संसाधनों को ऊपर या नीचे करने की क्षमता प्रदान करता है। इष्टतम संसाधन आवंटन और लागत दक्षता सुनिश्चित करते हुए व्यवसाय आवश्यकतानुसार वर्चुअल मशीनों को आसानी से जोड़ या हटा सकते हैं।
- अलगाव और सुरक्षा: क्लाउड में वर्चुअलाइजेशन वर्चुअल मशीनों के बीच मजबूत अलगाव सुनिश्चित करता है। प्रत्येक वर्चुअल मशीन अपने पृथक वातावरण में काम करती है, हस्तक्षेप को रोकती है और उच्च स्तर की सुरक्षा और डेटा सुरक्षा प्रदान करती है।

2.1.3. क्लाउड में वर्चुअलाइजेशन के लाभ:

- कुशल संसाधन उपयोग: क्लाउड में वर्चुअलाइजेशन कंप्यूटिंग संसाधनों के बेहतर उपयोग की अनुमति देता है। वर्चुअलाइजेशन के माध्यम से एक ही भौतिक सर्वर पर कई कार्यभार को समेकित करके, व्यवसाय उच्च संसाधन उपयोग दर प्राप्त कर सकते हैं, लागत और ऊर्जा खपत को कम कर सकते हैं।
- लचीलापन और चपलता: क्लाउड में वर्चुअलाइजेशन व्यवसायों को वर्चुअल मशीनों का शीघ्र प्रावधान और तैनाती करने में सक्षम बनाता है, बुनियादी ढांचे को स्थापित करने के लिए आवश्यक समय और प्रयास को कम करता है। यह चपलता संगठनों को बदलती व्यावसायिक जरूरतों और बाजार की मांगों पर तेजी से प्रतिक्रिया करने की अनुमति देती है।

• लागत बचत: क्लाउड में वर्चुअलाइजेशन संगठनों को उनकी आईटी अवसंरचना लागत को अनुकूलित करने में मदद करता है। कम भौतिक सर्वर पर कार्यभार को समेकित करके, व्यवसाय हार्डवेयर निवेश, रखरखाव लागत और भौतिक स्थान आवश्यकताओं को कम कर सकते हैं।

• उच्च उपलब्धता और आपदा रिकवरी: क्लाउड में वर्चुअलाइजेशन मजबूत उच्च उपलब्धता और आपदा पुनर्प्राप्ति समाधान सक्षम बनाता है। वर्चुअल मशीनों को विभिन्न भौतिक सर्वरों के बीच दोहराया या स्थानांतरित किया जा सकता है, जिससे निरंतर संचालन सुनिश्चित होता है और हार्डवेयर विफलताओं या आपदाओं के मामले में डाउनटाइम कम हो जाता है।

• परीक्षण और विकास: क्लाउड में वर्चुअलाइजेशन परीक्षण और विकास उद्देश्यों के लिए एक स्केलेबल और लागत प्रभावी वातावरण प्रदान करता है। डेवलपर्स विभिन्न कॉन्फ़िगरेशन के साथ वर्चुअल मशीनें आसानी से बना और तैनात कर सकते हैं, जिससे तेज़ सॉफ़्टवेयर विकास चक्र और कुशल परीक्षण वातावरण सक्षम हो सकते हैं।

2.2 क्लाउड कंप्यूटिंग में डेटा सेंटर: डिजिटल इंफ्रास्ट्रक्चर के पावरहाउस

डेटा केंद्र क्लाउड कंप्यूटिंग की रीढ़ हैं, जो क्लाउड में बड़ी मात्रा में डिजिटल सेवाओं और डेटा भंडारण का समर्थन करने के लिए आवश्यक भौतिक बुनियादी ढांचा प्रदान करते हैं। इन सुविधाओं में ढेर सारे सर्वर, नेटवर्किंग उपकरण और स्टोरेज सिस्टम शामिल हैं, जो दुनिया भर के उपयोगकर्ताओं को क्लाउड सेवाएं प्रदान करने में सक्षम बनाते हैं। यह लेख क्लाउड कंप्यूटिंग में डेटा केंद्रों की भूमिका, उनके प्रमुख घटकों और डिजिटल पारिस्थितिकी तंत्र में लाए जाने वाले लाभों की पड़ताल करता है।

2.2.1. डेटा सेंटर: क्लाउड कंप्यूटिंग का हृदय:

• परिभाषा एवं उद्देश्य: डेटा सेंटर कंप्यूटर सिस्टम और नेटवर्क इंफ्रास्ट्रक्चर के लिए डिज़ाइन की गई एक केंद्रीकृत सुविधा है। इसका प्राथमिक उद्देश्य डेटा और एप्लिकेशन को सुरक्षित रूप से संग्रहीत, प्रबंधित और वितरित करना है। क्लाउड कंप्यूटिंग के संदर्भ में, डेटा सेंटर इंटरनेट पर उपयोगकर्ताओं को क्लाउड सेवाएं प्रदान करने के लिए आधार के रूप में कार्य करते हैं।

2.2.1.1 बुनियादी ढाँचा और घटक: डेटा केंद्रों में कई प्रमुख घटक शामिल हैं, जिनमें शामिल हैं:

• सर्वर: ये डेटा सेंटर के वर्कहॉर्स हैं, जो डेटा के प्रसंस्करण और भंडारण के लिए जिम्मेदार हैं। वे भौतिक सर्वर या भौतिक हार्डवेयर पर चलने वाली वर्चुअल मशीनें हो सकती हैं।

• नेटवर्किंग उपकरण: डेटा सेंटर सर्वरों के बीच डेटा ट्रांसफर की सुविधा और इंटरनेट से कनेक्टिविटी को सक्षम करने के लिए स्विच, राउटर और फ़ायरवॉल सहित एक मजबूत नेटवर्क बुनियादी ढांचे का उपयोग करते हैं।

• भंडारण प्रणालियाँ: डेटा केंद्रों में बड़ी मात्रा में डेटा संग्रहीत करने के लिए विभिन्न भंडारण प्रणालियाँ होती हैं, जैसे हार्ड डिस्क ड्राइव (एचडीडी) और सॉलिड-स्टेट ड्राइव (एसएसडी)। ये भंडारण प्रणालियाँ उच्च प्रदर्शन, विश्वसनीय और स्केलेबल भंडारण समाधान प्रदान करती हैं।

• शीतलन प्रणाली: सर्वर और नेटवर्किंग उपकरणों के संचालन के कारण डेटा केंद्र पर्याप्त गर्मी उत्पन्न करते हैं। शीतलन प्रणालियाँ, जैसे एयर कंडीशनिंग और सटीक शीतलन इकाइयाँ, इष्टतम तापमान बनाए रखने और उपकरणों को गर्म होने से रोकने के लिए तैनात की जाती हैं।

• विद्युत अवसंरचना: डेटा केंद्रों के लिए निर्बाध बिजली आपूर्ति महत्वपूर्ण है। वे बिजली कटौती के दौरान निरंतर संचालन सुनिश्चित करने के लिए बैकअप जनरेटर, बिजली वितरण इकाइयों (पीडीयू) और बैटरी सिस्टम से लैस हैं।

2.3 सर्वर फ़ार्म: कंप्यूटिंग पावर का पावरहाउस:

• परिभाषा और कार्य: सर्वर फ़ार्म, जिसे सर्वर क्लस्टर या सर्वर रैक के रूप में भी जाना जाता है, डेटा केंद्रों के भीतर रखे गए सर्वरों का संग्रह है। वे क्लाउड एप्लिकेशन और सेवाओं के लिए आवश्यक उच्च-प्रदर्शन कंप्यूटिंग क्षमताएं प्रदान करने के लिए मिलकर काम करते हैं। सर्वर फ़ार्म बड़ी मात्रा में डेटा को संभालने और एक साथ बड़ी संख्या में उपयोगकर्ताओं को सेवा प्रदान करने के लिए आवश्यक प्रसंस्करण शक्ति, भंडारण क्षमता और नेटवर्किंग क्षमता प्रदान करते हैं।

• स्केलेबिलिटी और अतिरेक: सर्वर फ़ार्म स्केलेबिलिटी और अतिरेक के लिए डिज़ाइन किया गया है। वे बढ़े हुए कार्यभार और उपयोगकर्ता की मांगों को संभालने के लिए अधिक सर्वर जोड़कर क्षैतिज रूप से स्केल कर सकते हैं। रिडंडेंसी को लोड संतुलन जैसी तकनीकों के माध्यम से प्राप्त किया जाता है, जहां वर्कलोड को कई सर्वरों में वितरित किया जाता है, और दोष-सहिष्णु आर्किटेक्चर जो व्यक्तिगत सर्वर विफल होने पर भी निरंतर संचालन सुनिश्चित करते हैं।
• वर्चुअलाइजेशन और संसाधन अनुकूलन: सर्वर फ़ार्म अक्सर संसाधन उपयोग को अनुकूलित करने के लिए वर्चुअलाइजेशन तकनीकों का लाभ उठाते हैं। वर्चुअलाइजेशन कई वर्चुअल मशीनों को एक ही भौतिक सर्वर पर चलाने, सर्वर क्षमता को अधिकतम करने और ऊर्जा की खपत को कम करने की अनुमति देता है। यह क्लाउड सेवा प्रदाताओं के लिए संसाधनों के कुशल उपयोग और लागत बचत को सक्षम बनाता है।

2.3.1. क्लाउड कंप्यूटिंग में डेटा सेंटर और सर्वर फ़ार्म के लाभ:

• उच्च उपलब्धता और विश्वसनीयता: डेटा सेंटर और सर्वर फ़ार्म अतिरेक और दोष सहनशीलता को ध्यान में रखते हुए बनाए गए हैं। वे उच्च उपलब्धता सुनिश्चित करने और सेवा व्यवधान को कम करने के लिए बैकअप पावर सिस्टम, अनावश्यक नेटवर्क कनेक्शन और अनावश्यक हार्डवेयर कॉन्फ़िगरेशन का उपयोग करते हैं।
• स्केलेबिलिटी और लोच: डेटा सेंटर और सर्वर फ़ार्म का बुनियादी ढांचा आसान स्केलेबिलिटी और लोच सक्षम बनाता है। क्लाउड सेवा प्रदाता इष्टतम प्रदर्शन और लागत-दक्षता सुनिश्चित करते हुए, उपयोगकर्ताओं की उतार-चढ़ाव वाली मांगों को जल्दी या कम संसाधनों में पूरा कर सकते हैं।
• भौगोलिक पहुंच और प्रदर्शन: रणनीतिक रूप से विभिन्न क्षेत्रों में डेटा केंद्रों का पता लगाकर, क्लाउड प्रदाता अंतिम उपयोगकर्ताओं के करीब सेवाएं प्रदान कर सकते हैं, विलंबता को कम कर सकते हैं और प्रदर्शन में सुधार कर सकते हैं। यह वैश्विक उपस्थिति उपयोगकर्ताओं को न्यूनतम विलंब के साथ दुनिया में कहीं से भी क्लाउड संसाधनों तक पहुंचने में सक्षम बनाती है।
• लागत क्षमता: डेटा केंद्र और सर्वर फ़ार्म संसाधन पूलिंग और साझाकरण को सक्षम करते हैं, जिससे कई उपयोगकर्ता समान भौतिक बुनियादी ढांचे को साझा कर सकते हैं। इस साझा मॉडल के परिणामस्वरूप उपयोगकर्ताओं के लिए लागत बचत होती है, क्योंकि वे केवल उन संसाधनों के लिए भुगतान करते हैं जिनका वे उपभोग करते हैं, जबकि प्रदाता पैमाने की अर्थव्यवस्थाओं से लाभान्वित होते हैं।

2.4 क्लाउड में नेटवर्किंग: निर्बाध कनेक्टिविटी और सहयोग को सक्षम करना

नेटवर्किंग क्लाउड कंप्यूटिंग का एक महत्वपूर्ण घटक है जो संसाधनों को जोड़ता है, क्लाउड डेटा ट्रांसफर को सुविधाजनक बनाने और पर्यावरण के भीतर विभिन्न घटकों के बीच निर्बाध संचार सुनिश्चित करने में महत्वपूर्ण भूमिका निभाता है। जैसे-जैसे व्यवसाय तेजी से क्लाउड समाधान अपना रहे हैं, क्लाउड में नेटवर्किंग के मूल सिद्धांतों को समझना आवश्यक हो गया है। इस लेख में, हम क्लाउड में नेटवर्किंग की अवधारणा, इसके प्रमुख घटकों और आधुनिक क्लाउड-आधारित अनुप्रयोगों और सेवाओं के समर्थन में इसके महत्व का पता लगाएंगे।

2.4.1. क्लाउड में नेटवर्किंग को समझना:
क्लाउड में नेटवर्किंग से तात्पर्य बुनियादी ढांचे और प्रौद्योगिकियों से है जो सर्वर, स्टोरेज सिस्टम, वर्चुअल मशीन और अंतिम उपयोगकर्ताओं सहित विभिन्न घटकों के बीच संचार और कनेक्टिविटी को सक्षम बनाता है। इसमें हार्डवेयर, सॉफ्टवेयर, प्रोटोकॉल और सेवाएं शामिल हैं जो क्लाउड वातावरण के भीतर विश्वसनीय और सुरक्षित कनेक्शन स्थापित करने और बनाए रखने के लिए मिलकर काम करते है

2.4.2. क्लाउड में नेटवर्किंग के प्रमुख घटक:
• आभासी नेटवर्क: क्लाउड में वर्चुअल नेटवर्क तार्किक नेटवर्क विभाजन प्रदान करते हैं, जिससे व्यवसायों को विभिन्न उद्देश्यों के लिए अलग नेटवर्क वातावरण बनाने की अनुमति मिलती है। वे अन्य नेटवर्क से अलगाव बनाए रखते हुए वर्चुअल मशीनों, कंटेनरों और अन्य क्लाउड संसाधनों के बीच सुरक्षित संचार सक्षम करते हैं। वर्चुअल नेटवर्क लचीलापन, स्केलेबिलिटी और नेटवर्क नीतियों और एक्सेस नियंत्रण को परिभाषित करने की क्षमता प्रदान करते हैं।
• वर्चुअल प्राइवेट क्लाउड (VPC): वर्चुअल प्राइवेट क्लाउड सार्वजनिक क्लाउड प्रदाता के बुनियादी ढांचे के भीतर एक निजी और पृथक नेटवर्क स्थान है। यह व्यवसायों को एक परिभाषित आईपी एड्रेस रेंज, सबनेट और राउटिंग टेबल के साथ अपना स्वयं का वर्चुअल नेटवर्क बनाने में सक्षम बनाता है। वीपीसी उन्नत सुरक्षा और नियंत्रण प्रदान करते हैं, जिससे संगठनों को अपने ऑन-प्रिमाइसेस बुनियादी ढांचे को क्लाउड से सुरक्षित रूप से कनेक्ट करने की अनुमति मिलती है।
• भार का संतुलन: लोड संतुलन संसाधन उपयोग को अनुकूलित करने और उच्च उपलब्धता सुनिश्चित करने के लिए कई सर्वरों या उदाहरणों में नेटवर्क ट्रैफ़िक वितरित करता है। क्लाउड में, लोड बैलेंसर मांग के आधार पर स्वचालित रूप से ऊपर या नीचे स्केल कर सकते हैं, यह सुनिश्चित करते हुए कि ट्रैफ़िक समान रूप से वितरित है और एप्लिकेशन उत्तरदायी और सुलभ हैं।
• फ़ायरवॉल और सुरक्षा: संसाधनों को अनधिकृत पहुंच और संभावित ख़तरों से बचाने के लिए क्लाउड में फ़ायरवॉल और सुरक्षा उपाय महत्वपूर्ण हैं। क्लाउड प्रदाता अंतर्निहित सुरक्षा सुविधाएँ प्रदान करते हैं, जैसे नेटवर्क एक्सेस कंट्रोल लिस्ट (एसीएल) और सुरक्षा समूह, जो संगठनों को इनबाउंड और आउटबाउंड नेटवर्क ट्रैफ़िक को नियंत्रित करने के लिए नियमों और नीतियों को परिभाषित करने में सक्षम बनाते हैं।
• वर्चुअल प्राइवेट नेटवर्क (वीपीएन): एक वीपीएन उपयोगकर्ता के डिवाइस और निजी नेटवर्क के बीच एक सुरक्षित कनेक्शन स्थापित करता है, जिससे क्लाउड संसाधनों तक सुरक्षित दूरस्थ पहुंच सक्षम हो जाती है। वीपीएन डेटा गोपनीयता और अखंडता सुनिश्चित करने के लिए एन्क्रिप्शन प्रोटोकॉल का उपयोग करते हैं, जिससे उपयोगकर्ता कहीं से भी क्लाउड-आधारित एप्लिकेशन और सेवाओं तक सुरक्षित रूप से पहुंच प्राप्त कर सकते हैं।

2.4.3. क्लाउड में नेटवर्किंग का महत्व:
• कनेक्टिविटी और सहयोग: क्लाउड में नेटवर्किंग भौगोलिक रूप से फैली हुई टीमों और उपयोगकर्ताओं के बीच निर्बाध कनेक्टिविटी और सहयोग को सक्षम बनाती है। यह वास्तविक समय संचार, फ़ाइल साझाकरण और संसाधन पहुंच, उत्पादकता बढ़ाने और क्लाउड-आधारित परियोजनाओं पर कुशल सहयोग को सक्षम करने की अनुमति देता है।
• मापनीयता और लोच: क्लाउड नेटवर्किंग उतार-चढ़ाव वाले कार्यभार को समायोजित करने के लिए आवश्यक स्केलेबिलिटी और लोच प्रदान करता है। इष्टतम प्रदर्शन और संसाधन उपयोग सुनिश्चित करते हुए संगठन मांग के आधार पर नेटवर्क संसाधनों को आसानी से ऊपर या नीचे कर सकते हैं।

• उच्च उपलब्धता और अतिरेक: क्लाउड में नेटवर्किंग अनुप्रयोगों और सेवाओं की उच्च उपलब्धता सुनिश्चित करने के लिए अतिरेक और विफलता तंत्र शामिल हैं। एकाधिक नेटवर्क पथ, लोड संतुलन और अनावश्यक कनेक्शन डाउनटाइम के जोखिम को कम करते हैं और संभावित नेटवर्क विफलताओं के लिए लचीलापन प्रदान करते हैं।
• विश्वव्यापी पहुँच: क्लाउड नेटवर्किंग व्यवसायों को विभिन्न भौगोलिक स्थानों में ग्राहकों और उपयोगकर्ताओं तक पहुंचने के लिए विश्व स्तर पर एप्लिकेशन और सेवाओं को तैनात करने में सक्षम बनाती है। यह कम विलंबता और उच्च प्रदर्शन के साथ सामग्री और सेवाएं प्रदान करने के लिए क्लाउड प्रदाता के वैश्विक बुनियादी ढांचे और उपस्थिति के नेटवर्क बिंदुओं (पीओपी) का लाभ उठाता है।
• लागत क्षमता: क्लाउड में नेटवर्किंग संगठनों को अपने स्वयं के नेटवर्किंग बुनियादी ढांचे में निवेश करने और प्रबंधित करने की आवश्यकता को समाप्त करके लागत दक्षता प्रदान करता है। क्लाउड प्रदाता 'पे-एज़-यू-गो' मूल्य निर्धारण मॉडल प्रदान करते हैं, जिससे व्यवसायों को उनके द्वारा उपभोग किए जाने वाले नेटवर्किंग संसाधनों के लिए भुगतान करने की अनुमति मिलती है, अग्रिम लागत में कमी और लागत पूर्वानुमान में सुधार होता है।

2.5 क्लाउड में स्टोरेज टेक्नोलॉजीज: डेटा प्रबंधन और पहुंच को सशक्त बनाना

डिजिटल युग में, डेटा हर संगठन के संचालन, निर्णय लेने और नवाचार के केंद्र में है। क्लाउड कंप्यूटिंग ने डेटा को संग्रहीत करने, प्रबंधित करने और एक्सेस करने के तरीके में क्रांति ला दी है, जिससे स्केलेबल और लागत प्रभावी भंडारण समाधान उपलब्ध हुए हैं। क्लाउड में भंडारण प्रौद्योगिकियां बड़ी मात्रा में डेटा को सुरक्षित रूप से संग्रहीत करने और पुनर्प्राप्त करने की क्षमता प्रदान करती हैं, जिससे निर्बाध सहयोग, डेटा विश्लेषण और आपदा पुनर्प्राप्ति सक्षम होती है

2.5.1. क्लाउड में स्टोरेज टेक्नोलॉजीज को समझना:

क्लाउड में भंडारण प्रौद्योगिकियां समाधानों की एक विस्तृत श्रृंखला को कवर करती हैं जो विभिन्न डेटा भंडारण और पुनर्प्राप्ति आवश्यकताओं को पूरा करती हैं। ये प्रौद्योगिकियां सभी आकार के व्यवसायों के लिए स्केलेबल, विश्वसनीय और लचीले भंडारण विकल्प प्रदान करने के लिए क्लाउड इंफ्रास्ट्रक्चर का लाभ उठाती हैं। आइए क्लाउड में उपयोग की जाने वाली कुछ प्रमुख भंडारण तकनीकों का पता लगाएं:
• वस्तु भंडारण: ऑब्जेक्ट स्टोरेज क्लाउड में एक लोकप्रिय स्टोरेज तकनीक है जो डेटा को ऑब्जेक्ट के रूप में संग्रहीत करती है, प्रत्येक को एक अद्वितीय कुंजी द्वारा पहचाना जाता है। यह एक उच्च स्केलेबल और टिकाऊ भंडारण वातावरण प्रदान करता है जहां डेटा एपीआई के माध्यम से एक्सेस किया जाता है।। ऑब्जेक्ट स्टोरेज दस्तावेज़, चित्र, वीडियो और बैकअप जैसे असंरचित डेटा को संग्रहीत करने के लिए आदर्श है। यह उच्च

उपलब्धता, डेटा अतिरेक और निर्बाध स्केलेबिलिटी प्रदान करता है।
• ब्लॉक भंडारण: ब्लॉक स्टोरेज एक स्टोरेज तकनीक है जो डेटा को निश्चित आकार के ब्लॉक में विभाजित करती है और उन्हें अलग-अलग संस्थाओं के रूप में संग्रहीत करती है। यह ब्लॉक स्तर पर डेटा तक सीधी पहुंच प्रदान करता है और आमतौर पर होता हैक्लाउड में ऑपरेटिंग सिस्टम, डेटाबेस और एप्लिकेशन को होस्ट करने के लिए उपयोग किया जाता है। ब्लॉक स्टोरेज उच्च प्रदर्शन, कम विलंबता और डेटा स्थिरता प्रदान करता है, जो इसे उन अनुप्रयोगों के लिए उपयुक्त बनाता है जिनके लिए तेज़ और लगातार पढ़ने/लिखने के संचालन की आवश्यकता होती है।

• फ़ाइल भंडारण: क्लाउड में फ़ाइल भंडारण मानक फ़ाइल प्रोटोकॉल, जैसे नेटवर्क फ़ाइल सिस्टम (एनएफएस) या सर्वर संदेश ब्लॉक (एसएमबी) के माध्यम से सुलभ एक वितरित फ़ाइल सिस्टम प्रदान करता है। यह कई उपयोगकर्ताओं और एप्लिकेशन को फ़ाइलों तक एक साथ पहुंचने और साझा करने की अनुमति देता है। फ़ाइल भंडारण उन परिदृश्यों के लिए उपयुक्त है, जिनमें सामग्री भंडार, दस्तावेज़ प्रबंधन प्रणाली और फ़ाइल साझाकरण अनुप्रयोगों जैसी फ़ाइलों तक साझा पहुंच की आवश्यकता होती है।

• पुरालेख भंडारण: अभिलेखीय भंडारण को दीर्घकालिक डेटा प्रतिधारण और बार-बार एक्सेस किए गए डेटा के लिए डिज़ाइन किया गया है। यह उन डेटा के लिए लागत प्रभावी भंडारण समाधान प्रदान करता है जिन्हें नियामक अनुपालन, कानूनी आवश्यकताओं या ऐतिहासिक विश्लेषण के लिए संग्रहीत करने की आवश्यकता होती है। अभिलेखीय भंडारण अन्य भंडारण प्रकारों की तुलना में धीमी पुनर्प्राप्ति समय के साथ कम लागत वाले भंडारण विकल्प प्रदान करता है। यह उन संगठनों के लिए आदर्श है जिन्हें भंडारण लागत कम करते हुए बड़ी मात्रा में डेटा बनाए रखने की आवश्यकता होती है।

2.5.2. क्लाउड में भंडारण प्रौद्योगिकियों के लाभ:

• स्केलेबिलिटी: क्लाउड स्टोरेज प्रौद्योगिकियां अद्वितीय स्केलेबिलिटी प्रदान करती हैं, जिससे व्यवसायों को मांग के आधार पर अपने स्टोरेज संसाधनों को ऊपर या नीचे स्केल करने की अनुमति मिलती है। संगठन महत्वपूर्ण अग्रिम निवेश या हार्डवेयर उन्नयन की आवश्यकता के बिना भंडारण आवश्यकताओं को बदलने के लिए जल्दी से अनुकूल हो सकते हैं।

• लागत क्षमता: क्लाउड स्टोरेज संगठनों को अपने स्वयं के भौतिक भंडारण बुनियादी ढांचे में निवेश करने और प्रबंधित करने की आवश्यकता को समाप्त कर देता है। क्लाउड प्रदाता लचीले मूल्य निर्धारण मॉडल प्रदान करते हैं, जहां व्यवसाय केवल उनके द्वारा उपभोग किए जाने वाले भंडारण के लिए भुगतान करते हैं, पूंजीगत व्यय कम करते हैं और लागत पूर्वानुमान प्रदान करते हैं।

• डेटा अतिरेक और स्थिरता: क्लाउड स्टोरेज प्रौद्योगिकियां उच्च डेटा अतिरेक और स्थायित्व सुनिश्चित करती हैं। डेटा को कई भंडारण उपकरणों और भौगोलिक स्थानों पर वितरित किया जाता है, जिससे डेटा हानि या भ्रष्टाचार का खतरा कम हो जाता है। डेटा प्रतिकृति और इरेज़र कोडिंग जैसे अतिरेक तंत्र, डेटा स्थायित्व प्रदान करते हैं और विश्वसनीय डेटा पुनर्प्राप्ति सक्षम करते हैं।

• डेटा पहुंच और सहयोग: क्लाउड स्टोरेज निर्बाध डेटा एक्सेस और सहयोग को सक्षम बनाता है। उपयोगकर्ता इंटरनेट कनेक्शन वाले किसी भी उपकरण का उपयोग करके कहीं से भी डेटा तक सुरक्षित रूप से पहुंच और साझा कर सकते हैं। क्लाउड स्टोरेज वास्तविक समय सहयोग, संस्करण नियंत्रण और फ़ाइल सिंक्रनाइज़ेशन की सुविधा देता है, उत्पादकता बढ़ाता है और वर्कफ़्लो को सुव्यवस्थित करता है।

• आपदा बहाली:आपदा पुनर्प्राप्ति रणनीतियों में क्लाउड स्टोरेज एक महत्वपूर्ण भूमिका निभाता है। संगठन भौगोलिक रूप से बिखरे हुए डेटा केंद्रों में डेटा को दोहरा सकते हैं, डेटा उपलब्धता और हार्डवेयर विफलताओं को सुनिश्चित कर सकते हैं, प्राकृतिक आपदाओं या अन्य व्यवधानों के मामले में डाउनटाइम को कम कर सकते हैं। क्लाउड स्टोरेज प्रदाता कुशल डेटा बहाली को सक्षम करते हुए मजबूत बैकअप और रिकवरी समाधान प्रदान करते हैं।

<u>अभ्यास</u>

बहु विकल्पीय प्रश्न

1. निम्नलिखित में से कौन सी क्लाउड कंप्यूटिंग की प्रमुख विशेषता है?

a) स्केलेबिलिटी और लोच
b) भौतिक बुनियादी ढांचा प्रबंधन
c) सीमित नेटवर्क पहुंच
d) उच्च पूंजीगत व्यय

2. क्लाउड कंप्यूटिंग में डेटा केंद्रों का प्राथमिक उद्देश्य क्या है?

a) डेटा का प्रसंस्करण और भंडारण
b) क्लाउड एप्लिकेशन प्रबंधित करना
c) क्लाउड सेवाओं का वितरण
d) नेटवर्क कनेक्टिविटी बनाए रखना

3. क्लाउड में वर्चुअलाइजेशन का तात्पर्य है:

a) भौतिक सर्वर के कई उदाहरण बनाना
ब) भौतिक सर्वर पर कार्यभार को समेकित करना
c) साझा भौतिक बुनियादी ढांचे पर संसाधनों को साझा करना
d) डेटा भंडारण के लिए वर्चुअल मशीनों का उपयोग करना

4. कौन सी भंडारण तकनीक छवियों और वीडियो जैसे असंरचित डेटा को संग्रहीत करने के लिए उपयुक्त है?

a) वस्तु भंडारण
b) ब्लॉक भंडारण
c) फ़ाइल भंडारण
d) अभिलेखीय भंडारण

5. क्लाउड नेटवर्किंग में लोड संतुलन का उद्देश्य क्या है?

a) उच्च उपलब्धता सुनिश्चित करना
b) नेटवर्क विलंबता को कम करना
c) भंडारण संसाधनों का प्रबंधन
d) डेटा सुरक्षा प्रदान करना

6. कौन सा क्लाउड सेवा मॉडल पूर्ण विकास और पर्यावरण तैनाती प्रदान करता है?

a) एक सेवा के रूप में बुनियादी ढांचा (IaaS)
b) एक सेवा के रूप में प्लेटफार्म (PaaS)
c) एक सेवा के रूप में सॉफ्टवेयर (सास)
d) एक सेवा के रूप में भंडारण (STaaS)

7. क्लाउड में वर्चुअलाइजेशन का मुख्य लाभ क्या है?

a) लागत बचत
b) बेहतर सहयोग
c) बेहतर डेटा सुरक्षा
d) नेटवर्क स्पीड में वृद्धि

8. उपयोगकर्ता उपकरणों और निजी नेटवर्क के बीच सुरक्षित कनेक्शन स्थापित करने के लिए कौन सा नेटवर्किंग घटक जिम्मेदार है?

a) वर्चुअल प्राइवेट क्लाउड (वीपीसी)
b) लोड बैलेंसर
c) फ़ायरवॉल

d) वर्चुअल प्राइवेट नेटवर्क (वीपीएन)

समीक्षा प्रश्न

1.क्लाउड इन्फ्रास्ट्रक्चर क्या है?
2.क्लाउड इंफ्रास्ट्रक्चर के प्रमुख घटक क्या हैं?
3.क्लाउड कंप्यूटिंग के संदर्भ में वर्चुअलाइजेशन क्या है?
4.वर्चुअलाइजेशन में हाइपरवाइजर की क्या भूमिका है?
5.वर्चुअलाइजेशन कुशल संसाधन उपयोग को कैसे सक्षम बनाता है?
6.क्लाउड में वर्चुअलाइजेशन के क्या लाभ हैं?
7.क्लाउड कंप्यूटिंग में डेटा सेंटरों का उद्देश्य क्या है?
8.डेटा सेंटर के प्रमुख घटक क्या हैं?
9.डेटा केंद्र उच्च उपलब्धता और विश्वसनीयता कैसे सुनिश्चित करते हैं?
10.क्लाउड कंप्यूटिंग में सर्वर फ़ार्म की क्या भूमिका है?
11.क्लाउड में नेटवर्किंग का क्या महत्व है?
12.क्लाउड में नेटवर्किंग के प्रमुख घटक क्या हैं?
13.क्लाउड वातावरण में नेटवर्किंग कनेक्टिविटी और सहयोग का समर्थन कैसे करती है?
14.क्लाउड में भंडारण प्रौद्योगिकियों की क्या भूमिका है?
15.डेटा अतिरेक और पहुंच के संदर्भ में क्लाउड स्टोरेज के क्या फायदे हैं?
16.क्लाउड कंप्यूटिंग के संदर्भ में वर्चुअलाइजेशन की अवधारणा को समझाएं और यह कुशल संसाधन उपयोग को कैसे सक्षम बनाता है। अपने स्पष्टीकरण का समर्थन करने के लिए उदाहरण प्रदान करें।
17.क्लाउड कंप्यूटिंग में डेटा केंद्रों के महत्व पर चर्चा करें और क्लाउड सेवाएं प्रदान करने में उनकी भूमिका की व्याख्या करें। डेटा सेंटर के भीतर प्रमुख घटकों और उनके कार्यों का विस्तृत विवरण शामिल करें.

उत्तर अनुभाग

बहु विकल्पीय प्रश्न

1. a) स्केलेबिलिटी और लोच
2. a) डेटा का प्रसंस्करण और भंडारण
3. c) साझा भौतिक बुनियादी ढांचे पर संसाधन साझा करना
4. a) वस्तु भंडारण
5. a) उच्च उपलब्धता सुनिश्चित करना
6. b) एक सेवा के रूप में प्लेटफार्म (पास)
7. a) लागत बचत
8. d) वर्चुअल प्राइवेट नेटवर्क (वीपीएन)

समीक्षा प्रश्न

1. क्लाउड इन्फ्रास्ट्रक्चर सर्वर, स्टोरेज सिस्टम, नेटवर्किंग घटकों और सॉफ्टवेयर अनुप्रयोगों सहित भौतिक और आभासी संसाधनों को संदर्भित करता है, जो क्लाउड सेवाओं की डिलीवरी को सक्षम बनाता है।

2. क्लाउड इंफ्रास्ट्रक्चर के प्रमुख घटकों में सर्वर, स्टोरेज सिस्टम, नेटवर्किंग टूल, कूलिंग सिस्टम और पावर इंफ्रास्ट्रक्चर शामिल हैं

3. क्लाउड में वर्चुअलाइजेशन एक साझा भौतिक बुनियादी ढांचे पर सर्वर, स्टोरेज सिस्टम, नेटवर्क और अन्य कंप्यूटिंग संसाधनों के कई वर्चुअल इंस्टेंस बनाने के अभ्यास को संदर्भित करता है।

4. हाइपरवाइजर, जिसे वर्चुअल मशीन मॉनिटर (वीएमएम) के रूप में भी जाना जाता है, वर्चुअल मशीनों के लिए भौतिक संसाधनों के प्रबंधन और आवंटन, कुशल उपयोग और अलगाव सुनिश्चित करने के लिए जिम्मेदार है।

5. वर्चुअलाइजेशन एक ही भौतिक सर्वर पर कई कार्यभार को समेकित करके, सर्वर क्षमता को अधिकतम करने और लागत और ऊर्जा खपत को कम करके कुशल संसाधन उपयोग को सक्षम बनाता है।

6. क्लाउड में वर्चुअलाइजेशन के लाभों में कुशल संसाधन उपयोग, प्रावधान और तैनाती में लचीलापन और चपलता, लागत बचत, उच्च उपलब्धता और आपदा वसूली, और बेहतर परीक्षण और विकास वातावरण शामिल हैं।

7. डेटा सेंटर इंटरनेट पर उपयोगकर्ताओं को क्लाउड सेवाएँ प्रदान करने के लिए आधार के रूप में कार्य करते हैं। वे क्लाउड-आधारित सेवाओं के लिए आवश्यक डेटा और एप्लिकेशन को सुरक्षित रूप से संग्रहीत, प्रबंधित और वितरित करते हैं।

8. डेटा सेंटर के प्रमुख घटकों में सर्वर, नेटवर्किंग उपकरण, स्टोरेज सिस्टम, कूलिंग सिस्टम और पावर इंफ्रास्ट्रक्चर शामिल हैं।

9. डेटा केंद्र बैकअप पावर सिस्टम, अनावश्यक नेटवर्क कनेक्शन और अनावश्यक हार्डवेयर कॉन्फ़िगरेशन जैसे अतिरेक तंत्र के माध्यम से उच्च उपलब्धता और विश्वसनीयता सुनिश्चित करते हैं।

10. सर्वर फ़ार्म, जिन्हें सर्वर क्लस्टर या सर्वर रैक के रूप में भी जाना जाता है, बड़े पैमाने को संभालने के लिए आवश्यक प्रसंस्करण शक्ति, भंडारण क्षमता और नेटवर्किंग क्षमता प्रदान करते हैं।
डेटा की मात्रा और एक साथ बड़ी संख्या में उपयोगकर्ताओं को सेवा प्रदान करना

11. क्लाउड में नेटवर्किंग विभिन्न क्लाउड घटकों के बीच निर्बाध कनेक्टिविटी और सहयोग की सुविधा प्रदान करती है, जिससे डेटा ट्रांसफर और संचार सक्षम होता है।

12. क्लाउड में नेटवर्किंग के प्रमुख घटकों में वर्चुअल नेटवर्क, वर्चुअल प्राइवेट क्लाउड (वीपीसी), लोड संतुलन, फ़ायरवॉल और सुरक्षा उपाय और वर्चुअल प्राइवेट नेटवर्क (वीपीएन) शामिल हैं।

13. क्लाउड में नेटवर्किंग वास्तविक समय संचार, फ़ाइल साझाकरण और संसाधन पहुंच के माध्यम से भौगोलिक रूप से फैली हुई टीमों और उपयोगकर्ताओं के बीच निर्बाध कनेक्टिविटी और सहयोग को सक्षम बनाती है।

14. क्लाउड में भंडारण प्रौद्योगिकियां बड़ी मात्रा में डेटा को सुरक्षित रूप से संग्रहीत करने और पुनर्प्राप्त करने, सहयोग, डेटा विश्लेषण और आपदा पुनर्प्राप्ति की सुविधा के लिए स्केलेबल और लागत प्रभावी समाधान प्रदान करती हैं।

15. क्लाउड स्टोरेज कई स्टोरेज डिवाइसों और भौगोलिक स्थानों पर डेटा प्रतिकृति और वितरण के माध्यम से उच्च डेटा अतिरेक और स्थायित्व प्रदान करता है। यह इंटरनेट कनेक्शन के साथ किसी भी डिवाइस का उपयोग करके कहीं से भी निर्बाध डेटा एक्सेस और सहयोग को सक्षम बनाता है।

16. क्लाउड कंप्यूटिंग में वर्चुअलाइजेशन में एक साझा भौतिक बुनियादी ढांचे पर सर्वर, स्टोरेज सिस्टम, नेटवर्क आदि के कई वर्चुअल इंस्टेंस बनाना शामिल है। यह अभ्यास कार्यभार को समेकित करके और सर्वर क्षमता को अधिकतम करके संसाधनों के कुशल उपयोग की अनुमति देता है। उदाहरण के लिए, एक भौतिक सर्वर कई वर्चुअल मशीनों को होस्ट कर सकता है, जिनमें से प्रत्येक अलग-अलग एप्लिकेशन या सेवाएं चला रही हैं। यह समेकन हार्डवेयर लागत, ऊर्जा खपत और भौतिक स्थान आवश्यकताओं को कम करता है। वर्चुअलाइजेशन बेहतर संसाधन आवंटन को भी सक्षम बनाता है, क्योंकि संसाधनों को मांग के आधार पर गतिशील रूप से सौंपा या ऊपर/नीचे बढ़ाया जा सकता है। यह लचीलापन क्लाउड वातावरण में स्केलेबिलिटी, चपलता और लागत दक्षता को बढ़ाता है। कुल मिलाकर, वर्चुअलाइजेशन संसाधन उपयोग को अनुकूलित करने और संगठनों को क्लाउड कंप्यूटिंग के लाभों का लाभ उठाने में सक्षम बनाने में महत्वपूर्ण भूमिका निभाता है।

17. क्लाउड कंप्यूटिंग के कामकाज के लिए डेटा सेंटर आवश्यक हैं क्योंकि वे उपयोगकर्ताओं को क्लाउड सेवाएं प्रदान करने के लिए रीढ़ की हड्डी के रूप में कार्य करते हैं। वे डेटा और एप्लिकेशन के भंडारण, प्रबंधन और वितरण के लिए आवश्यक भौतिक बुनियादी ढांचा प्रदान करते हैं। डेटा सेंटर के प्रमुख घटकों में सर्वर, नेटवर्किंग उपकरण, स्टोरेज सिस्टम, कूलिंग सिस्टम और पावर इंफ्रास्ट्रक्चर शामिल हैं। सर्वर डेटा सेंटर के वर्कहॉर्स के रूप में कार्य करते हैं, प्रसंस्करण और भंडारण कार्यों को संभालते हैं। नेटवर्किंग उपकरण सर्वरों के बीच डेटा ट्रांसफर और कनेक्टिविटी को सक्षम बनाता है और इंटरनेट तक पहुंच की सुविधा प्रदान करता है। भंडारण प्रणालियाँ बड़ी मात्रा में डेटा को सुरक्षित रूप से संग्रहीत करती हैं, जबकि शीतलन प्रणालियाँ उपकरण को ज़्यादा गरम होने से बचाने के लिए इष्टतम तापमान बनाए रखती हैं। पावर इंफ्रास्ट्रक्चर बैकअप जनरेटर और बैटरी सिस्टम के माध्यम से निर्बाध बिजली आपूर्ति सुनिश्चित करता है। साथ में, ये घटक क्लाउड सेवाएं प्रदान करने के लिए एक विश्वसनीय और कुशल वातावरण बनाते हैं।

अध्याय 3: क्लाउड सुरक्षा और अनुपालन

आज की परस्पर और डेटा-संचालित दुनिया में, क्लाउड कंप्यूटिंग व्यवसाय संचालन का एक अभिन्न अंग बन गया है, जो स्केलेबिलिटी, लचीलापन और लागत दक्षता प्रदान करता है। हालाँकि, क्लाउड सेवाओं पर बढ़ती निर्भरता के साथ संवेदनशील डेटा की सुरक्षा और नियामक पालन सुनिश्चित करने के लिए मजबूत सुरक्षा उपायों और अनुपालन ढाँचे की काफी आवश्यकता है। क्लाउड सुरक्षा और अनुपालन डेटा की सुरक्षा, जोखिमों को कम करने और क्लाउड में संग्रहीत और संसाधित जानकारी की अखंडता और गोपनीयता बनाए रखने के उद्देश्य से प्रथाओं में प्रौद्योगिकियों और मानकों की एक श्रृंखला शामिल है। इस लेख में, हम क्लाउड सुरक्षा और अनुपालन के महत्व, इसमें शामिल चुनौतियों और डिजिटल युग में डेटा सुरक्षा सुनिश्चित करने के लिए नियोजित रणनीतियों पर विस्तार से चर्चा करेंगे।

3.1 क्लाउड सुरक्षा अवलोकन: क्लाउड में डेटा सुरक्षा

जैसे-जैसे व्यवसाय अपने डेटा भंडारण, प्रसंस्करण और अनुप्रयोगों के लिए क्लाउड कंप्यूटिंग पर भरोसा कर रहे हैं, यह सुनिश्चित करना कि मजबूत सुरक्षा उपाय सर्वोपरि हैं। क्लाउड सुरक्षा से तात्पर्य क्लाउड वातावरण के भीतर डेटा, एप्लिकेशन और बुनियादी ढांचे की सुरक्षा के लिए डिज़ाइन की गई प्रथाओं, प्रौद्योगिकियों और प्रोटोकॉल से है। इसमें संवेदनशील जानकारी को सुरक्षित रखने, जोखिमों को कम करने और क्लाउड में संग्रहीत और संसाधित डेटा की अखंडता और उपलब्धता सुनिश्चित करने के उद्देश्य से कई उपाय शामिल हैं। इस लेख में, हम क्लाउड सुरक्षा, इसके प्रमुख घटकों और डिजिटल युग में डेटा सुरक्षा बनाए रखने में इसके महत्व का अवलोकन प्रदान करेंगे।

3.1.1. क्लाउड सुरक्षा के प्रमुख घटक:

- पहचान और पहुंच प्रबंधन (IAM):IAM क्लाउड सुरक्षा का एक मूलभूत घटक है जो क्लाउड संसाधनों तक पहुंच को नियंत्रित करता है। इसमें प्रमाणीकरण, प्राधिकरण और पहुंच नियंत्रण तंत्र शामिल हैं जो यह सुनिश्चित करते हैं कि केवल अधिकृत व्यक्ति ही संवेदनशील डेटा तक पहुंच सकते हैं और क्लाउड वातावरण के भीतर विशिष्ट कार्य कर सकते हैं। IAM समाधान उपयोगकर्ता की पहचान, क्रेडेंशियल्स और अनुमतियों का प्रबंधन करते हैं, जिससे अनधिकृत पहुंच या डेटा उल्लंघनों का जोखिम कम हो जाता है।
- डेटा एन्क्रिप्शन: क्लाउड में डेटा गोपनीयता की सुरक्षा में डेटा एन्क्रिप्शन महत्वपूर्ण भूमिका निभाता है। इसमें एन्क्रिप्शन एल्गोरिदम का उपयोग करके डेटा को अपठनीय प्रारूप में परिवर्तित करना शामिल है, जिससे यह अनधिकृत पार्टियों के लिए पहुंच योग्य नहीं हो जाता है। एन्क्रिप्शन डेटा ट्रांसमिशन के दौरान (ट्रांज़िट में) लागू किया जाता है और जब डेटा स्टोरेज में आराम पर होता है। एन्क्रिप्शन कुंजियों का उपयोग डेटा को एन्क्रिप्ट और डिक्रिप्ट करने के लिए किया जाता है, जो सुरक्षा की एक अतिरिक्त परत प्रदान करता है।
- नेटवर्क सुरक्षा: क्लाउड में नेटवर्क सुरक्षा नेटवर्क बुनियादी ढांचे, संचार चैनलों के कनेक्शन और सुरक्षा पर केंद्रित है। इसमें फ़ायरवॉल, घुसपैठ का पता लगाने वाले सिस्टम (आईडीएस), वर्चुअल प्राइवेट नेटवर्क (वीपीएन), और अनधिकृत पहुंच को रोकना, खतरों का पता लगाने और उन्हें कम करने और क्लाउड वातावरण के भीतर सुरक्षित डेटा ट्रांसमिशन सुनिश्चित करने के लिए अन्य सुरक्षा उपाय शामिल हैं।
- भेद्यता प्रबंधन: भेद्यता प्रबंधन क्लाउड सिस्टम और अनुप्रयोगों में संभावित सुरक्षा कमजोरियों की पहचान करने, आकलन करने और बचाव करने की प्रक्रिया है। इसमें सुरक्षा जोखिमों का तुरंत पता लगाने और उन्हें कम करने के लिए कमजोरियों के लिए नियमित स्कैनिंग, पैच प्रबंधन और सक्रिय निगरानी शामिल है। भेद्यता प्रबंधन यह सुनिश्चित करता है कि क्लाउड वातावरण ज्ञात सुरक्षा कमजोरियों और उभरते खतरों से सुरक्षित है।
- सुरक्षा घटना की निगरानी और प्रतिक्रिया: सुरक्षा घटनाओं का तुरंत पता लगाने और प्रतिक्रिया देने के लिए क्लाउड सुरक्षा में निगरानी और प्रतिक्रिया तंत्र महत्वपूर्ण हैं। सुरक्षा सूचना और घटना प्रबंधन (एसआईईएम) उपकरण, लॉग विश्लेषण और वास्तविक समय की निगरानी संभावित सुरक्षा उल्लंघनों की पहचान और जांच करने में मदद करती है। घटना प्रतिक्रिया योजना सुरक्षा घटनाओं के मामले में रोकथाम, उन्मूलन, पुनर्प्राप्ति और घटना के बाद के विश्लेषण सहित उठाए जाने वाले कदमों की रूपरेखा तैयार करती है।

3.1.2. क्लाउड सुरक्षा का महत्व:

• डाटा सुरक्षा: क्लाउड सुरक्षा उपाय संवेदनशील डेटा को अनधिकृत पहुंच, उल्लंघनों और डेटा हानि से बचाते हैं। ग्राहकों का विश्वास बनाए रखने, नियामक आवश्यकताओं को पूरा करने और वित्तीय और प्रतिष्ठित क्षति को रोकने के लिए डेटा गोपनीयता, अखंडता और उपलब्धता की रक्षा करना महत्वपूर्ण है।
• अनुपालन: क्लाउड सुरक्षा संगठनों को नियामक अनुपालन ढांचे, उद्योग-विशिष्ट आवश्यकताओं और डेटा गोपनीयता कानूनों का अनुपालन करने में मदद करती है। अनुपालन उपाय यह सुनिश्चित करते हैं कि संगठन डेटा सुरक्षा, गोपनीयता और गोपनीयता के संबंध में कानूनी दायित्वों को पूरा करते हैं।
• जोखिम न्यूनीकरण: क्लाउड वातावरण विभिन्न सुरक्षा जोखिमों के लिए अतिसंवेदनशील होते हैं, जिनमें डेटा उल्लंघन, मैलवेयर हमले और अंदरूनी खतरे शामिल हैं। मजबूत क्लाउड सुरक्षा उपाय इन जोखिमों को कम करते हैं, कमजोरियों से बचाते हैं और व्यवसायों को होने वाले संभावित नुकसान को कम करते हैं।
• व्यावसायिक निरंतरता: क्लाउड सुरक्षा व्यवसाय की निरंतरता और आपदा पुनर्प्राप्ति में महत्वपूर्ण भूमिका निभाती है। क्लाउड सेवा प्रदाता अतिरेक, बैकअप और आपदा पुनर्प्राप्ति तंत्र प्रदान करते हैं जो डेटा उपलब्धता सुनिश्चित करते हैं और व्यवधान या आपदाओं के मामले में डाउनटाइम को कम करते हैं।
• ग्राहक का भरोसा: मजबूत क्लाउड सुरक्षा उपायों को लागू करने से उनके डेटा की सुरक्षा और उनकी जानकारी की गोपनीयता और अखंडता बनाए रखने की प्रतिबद्धता प्रदर्शित करके ग्राहकों का विश्वास बढ़ता है। उन्नत सुरक्षा उपाय बाजार में सकारात्मक प्रतिष्ठा बनाने और व्यवसायों को अलग-थलग करने में योगदान करते हैं।

3.2 पहचान और पहुंच प्रबंधन (आईएएम):

क्लाउड संसाधनों तक सुरक्षित और नियंत्रित पहुंच सुनिश्चित करना डिजिटल युग में, जहां डेटा एक मूल्यवान संपत्ति है और साइबर खतरे व्यापक हैं, संगठनों के लिए अपनी संवेदनशील जानकारी की सुरक्षा के लिए मजबूत सुरक्षा उपाय लागू करना आवश्यक है। पहचान और पहुंच प्रबंधन (आईएएम) साइबर सुरक्षा का एक महत्वपूर्ण घटक है जो संगठन के आईटी बुनियादी ढांचे के भीतर संसाधनों तक पहुंच के प्रबंधन और नियंत्रण पर केंद्रित है। क्लाउड कंप्यूटिंग के संदर्भ में, IAM क्लाउड संसाधनों तक सुरक्षित और नियंत्रित पहुंच सुनिश्चित करने, सुरक्षा करने में महत्वपूर्ण भूमिका निभाता हैडेटा और नियामक अनुपालन बनाए रखना। यह आलेख IAM, इसके प्रमुख घटकों और क्लाउड वातावरण की सुरक्षा में इसके महत्व का अवलोकन प्रदान करता है।

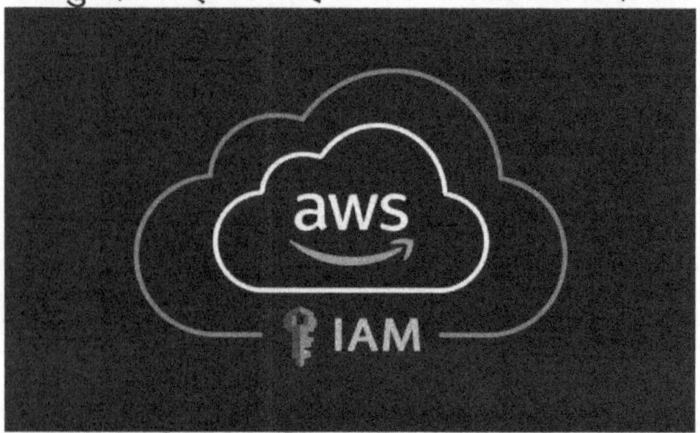

3.2.1. आईएएम को समझना:

आईएएम उन नीतियों, प्रौद्योगिकियों और प्रक्रियाओं को संदर्भित करता है जो किसी संगठन के भीतर व्यक्तियों की डिजिटल पहचान और विशेषाधिकारों तक पहुंच को नियंत्रित करती हैं। इसमें यह सुनिश्चित करने के लिए उपयोगकर्ता प्रमाणीकरण, प्राधिकरण और पहुंच नियंत्रण का प्रबंधन शामिल है कि केवल अधिकृत व्यक्ति ही विशिष्ट संसाधनों, एप्लिकेशन या डेटा तक पहुंच सकते हैं।

3.2.2 IAM के प्रमुख घटक:

• उपयोगकर्ता पहचान प्रबंधन: IAM संगठन के भीतर प्रत्येक उपयोगकर्ता के लिए डिजिटल पहचान बनाने और प्रबंधित करने से शुरू होता है। इसमें विशिष्ट पहचानकर्ता, जैसे उपयोगकर्ता नाम या ईमेल पते, और संबंधित क्रेडेंशियल, जैसे पासवर्ड या बहु-कारक प्रमाणीकरण विधियां शामिल हैं। उपयोगकर्ता पहचान प्रबंधन में भूमिका

परिवर्तन या खाता समाप्ति जैसे उपयोगकर्ता प्रावधान, डिप्रोविजनिंग और जीवनचक्र घटनाओं का प्रबंधन जैसी प्रक्रियाएं शामिल हैं।

• प्रमाणीकरण: प्रमाणीकरण क्लाउड संसाधनों तक पहुंचने का प्रयास करने वाले उपयोगकर्ताओं की पहचान सत्यापित करने की प्रक्रिया है। IAM प्रणाली पासवर्ड, बायोमेट्रिक्स, स्मार्ट कार्ड या वन-टाइम पासवर्ड (ओटीपी) सहित विभिन्न प्रमाणीकरण विधियों को नियोजित करती है। मल्ट□-फैक्टर प्रमाणीकरण (एमएफए) जैसे मजबूत प्रमाणीकरण तंत्र, उपयोगकर्ताओं को सत्यापन के कई प्रकार प्रदान करने के लिए सुरक्षा की एक अतिरिक्त परत प्रदान करते हैं।

• अधिकार: प्राधिकरण प्रमाणित उपयोगकर्ताओं को दी गई पहुंच और विशेषाधिकारों का स्तर निर्धारित करता है। IAM प्रणाली उपयोगकर्ता की भूमिकाओं, जिम्मेदारियों और अनुमतियों के आधार पर पहुंच नियंत्रण लागू करती है। भूमिका-आधारित अभिगम नियंत्रण (आरबीएसी) एक सामान्य प्राधिकरण ढांचा है जिसमें अनुमतियों के विशिष्ट सेटों से जुड़ी पूर्वनिर्धारित भूमिकाओं के आधार पर पहुंच प्रदान की जाती है।

• अभिगम नियंत्रण: IAM प्रणाली विशिष्ट क्लाउड संसाधनों तक उपयोगकर्ता की पहुंच को नियंत्रित करने के लिए ग्रैन्युलर एक्सेस कंट्रोल लागू करती है। एक्सेस कंट्रोल लिस्ट (एसीएल) या एक्सेस नीतियों को यह निर्दिष्ट करने के लिए परिभाषित किया गया है कि वे किन संसाधनों और कार्यों को करने की अनुमति दे सकते हैं। पहुंच नियंत्रण अनधिकृत पहुंच को रोकने, विशेषाधिकार वृद्धि को सीमित करने और डेटा उल्लंघनों के जोखिम को कम करने में मदद करता है।

• उपयोगकर्ता शासन और प्रशासन: IAM उपयोगकर्ता खातों, भूमिकाओं और पहुंच विशेषाधिकारों के संचालन और प्रशासन के लिए प्रक्रियाओं और उपकरणों को शामिल करता है। उपयोगकर्ता प्रशासन यह सुनिश्चित करता है कि उपयोगकर्ता खातों और अनुमतियों की नियमित रूप से समीक्षा की जाए, अद्यतन किया जाए और आवश्यकतानुसार निरस्त किया जाए। इसमें संभावित सुरक्षा जोखिमों का पता लगाने और उन्हें कम करने के लिए समय-समय पर पहुंच समीक्षा, उपयोगकर्ता गतिविधि निगरानी और ऑडिट ट्रेल्स शामिल हैं।

3.2.3. क्लाउड में IAM का महत्व:

• सुरक्षा बढ़ाना: IAM यह सुनिश्चित करके एक मजबूत सुरक्षा ढांचा प्रदान करता है कि केवल अधिकृत उपयोगकर्ताओं के पास ही क्लाउड संसाधनों तक पहुंच हो। यह अनधिकृत पहुंच, डेटा उल्लंघनों और अंदरूनी खतरों को रोकने में मदद करता है, जिससे संवेदनशील डेटा की सुरक्षा होती है और संगठन की डिजिटल संपत्ति की सुरक्षा होती है।

• विनियामक अनुपालन: IAM नियामक अनुपालन के लिए महत्वपूर्ण है क्योंकि यह संगठनों को डेटा सुरक्षा नियमों, उद्योग-विशिष्ट मानकों और गोपनीयता कानूनों की आवश्यकताओं को पूरा करने में मदद करता है। आईएएम सिस्टम संगठनों को एक्सेस कंट्रोल लागू करने, ऑडिट ट्रेल्स बनाए रखने और डेटा हैंडलिंग में जवाबदेही प्रदर्शित करने में सक्षम बनाता है।

• केंद्रीकृत पहुंच प्रबंधन: IAM एक्सेस प्रबंधन के लिए एक केंद्रीकृत दृष्टिकोण प्रदान करता है, जिससे विभिन्न क्लाउड संसाधनों और सेवाओं में उपयोगकर्ता की पहचान और एक्सेस विशेषाधिकारों को प्रबंधित करना आसान हो जाता है। यह उपयोगकर्ता प्रावधान को सरल बनाता है, पहुंच अनुरोधों और अनुमोदनों को सुव्यवस्थित करता है, और संगठनों को लगातार सुरक्षा नीतियों को लागू करने में सक्षम बनाता है।

• बेहतर उत्पादकता और दक्षता: आईएएम प्रणाली उपयोगकर्ता की ऑनबोर्डिंग और ऑफबोर्डिंग प्रक्रियाओं को स्वचालित करती है, प्रशासनिक ओवरहेड और कर्मचारियों को कम करती है, ठेकेदारों और भागीदारों के लिए समय पर पहुंच प्रावधान सुनिश्चित करती है। आईएएम स्व-सेवा पहुंच प्रबंधन को भी सक्षम बनाता है, जिससे उपयोगकर्ता पासवर्ड रीसेट कर सकते हैं, प्रोफाइल प्रबंधित कर सकते हैं और आईटी संसाधनों को मुक्त करके स्वतंत्र रूप से संसाधनों तक पहुंच का अनुरोध कर सकते हैं।

• लेखापरीक्षा और जवाबदेही:आईएएम सिस्टम ऑडिट लॉग उत्पन्न करता है और उपयोगकर्ता गतिविधि में दृश्यता प्रदान करता है, जिससे संगठनों को उपयोगकर्ता पहुंच की निगरानी और ट्रैक करने की अनुमति मिलती है, विषम व्यवहार का पता लगाने और सुरक्षा घटनाओं की जांच करने में सक्षम बनाता है। IAM अनुपालन ऑडिट की सुविधा देता है और सुरक्षा उल्लंघन की स्थिति में फोरेंसिक विश्लेषण का समर्थन करता है।

3.3 क्लाउड कंप्यूटिंग में डेटा एन्क्रिप्शन और गोपनीयता:

क्लाउड में डेटा सुरक्षा सुनिश्चित करना क्लाउड कंप्यूटिंग ने व्यवसायों के डेटा को स्टोर करने, संसाधित करने और एक्सेस करने के तरीके में क्रांति ला दी है। हालाँकि, क्लाउड कंप्यूटिंग की सुविधा और लाभों के साथ, डेटा सुरक्षा और गोपनीयता को लेकर चिंताएँ हैं। डेटा एन्क्रिप्शन क्लाउड में संग्रहीत संवेदनशील जानकारी को सुरक्षित करके इन चिंताओं को दूर करने में महत्वपूर्ण भूमिका निभाता है। यह लेख क्लाउड कंप्यूटिंग में डेटा एन्क्रिप्शन और गोपनीयता के महत्व, इसमें शामिल चुनौतियों और क्लाउड में डेटा सुरक्षा सुनिश्चित करने के लिए लागू किए गए उपायों की पड़ताल करता है।

3.3.1. क्लाउड कंप्यूटिंग में डेटा एन्क्रिप्शन और गोपनीयता की आवश्यकता:

- अनधिकृत पहुंच से सुरक्षा: क्लाउड कंप्यूटिंग में साझा बुनियादी ढांचे पर डेटा संग्रहीत करना शामिल है, जिससे यह अनधिकृत पहुंच के प्रति संवेदनशील हो जाता है। डेटा एन्क्रिप्शन अनधिकृत पार्टियों को अपठनीय डेटा प्रदान करके सुरक्षा की एक अतिरिक्त परत प्रदान करता है। उल्लंघन होने पर भी एन्क्रिप्टेड डेटा सुरक्षित और गोपनीय रहता है।
- डेटा सुरक्षा नियमों का अनुपालन: क्लाउड उपयोगकर्ता अक्सर डेटा सुरक्षा नियमों और गोपनीयता कानूनों के अधीन होते हैं, जैसे जीडीपीआर, एचआईपीएए, या सीसीपी ये नियम एन्क्रिप्शन या अन्य सुरक्षा उपायों के माध्यम से व्यक्तिगत और संवेदनशील डेटा की सुरक्षा को अनिवार्य करते हैं। क्लाउड में डेटा एन्क्रिप्ट करके, संगठन नियामक आवश्यकताओं को पूरा कर सकते हैं और दंड से बच सकते हैं।
- विश्वास और ग्राहक विश्वास: डेटा उल्लंघनों से ग्राहक के विश्वास और प्रतिष्ठा को नुकसान पहुंच सकता है। मजबूत एन्क्रिप्शन उपायों को लागू करके, क्लाउड सेवा प्रदाता अपने ग्राहकों को आश्वस्त कर सकते हैं कि उनका डेटा सुरक्षित है और क्लाउड प्लेटफ़ॉर्म की सुरक्षा में विश्वास पैदा कर सकते हैं। व्यवसायों के लिए क्लाउड सेवाओं को अपनाने और अपनी संवेदनशील जानकारी क्लाउड प्रदाताओं को सौंपने के लिए यह विश्वास महत्वपूर्ण है।

3.3.2. क्लाउड कंप्यूटिंग में डेटा एन्क्रिप्शन:

- पारगमन में डेटा का एन्क्रिप्शन: जासूसी और अवरोधन को रोकने के लिए उपयोगकर्ता और क्लाउड प्रदाता के बीच प्रसारित डेटा को एन्क्रिप्ट किया जाना चाहिए। एन्क्रिप्टेड कनेक्शन स्थापित करने के लिए HTTPS और VPN जैसे सुरक्षित प्रोटोकॉल का उपयोग किया जाता है, जो ट्रांसमिशन के दौरान डेटा गोपनीयता सुनिश्चित करता है।
- आराम पर डेटा का एन्क्रिप्शन: क्लाउड में संग्रहीत डेटा को अनधिकृत पहुंच से बचाने के लिए एन्क्रिप्ट किया जाना चाहिए। क्लाउड सर्वर पर संग्रहीत होने से पहले डेटा को एन्क्रिप्ट करने के लिए एन्क्रिप्शन कुंजी और एल्गोरिदम का उपयोग किया जाता है। केवल संबंधित डिक्रिप्शन कुंजी वाले अधिकृत उपयोगकर्ता ही डेटा तक पहुंच और डिक्रिप्ट कर सकते हैं।
- महतवपूर्ण प्रबंधन: क्लाउड में डेटा एन्क्रिप्शन के लिए उचित कुंजी प्रबंधन महत्वपूर्ण है। एन्क्रिप्शन कुंजी की गोपनीयता और अखंडता सुनिश्चित करने के लिए क्लाउड प्रदाताओं को सुरक्षित कुंजी भंडारण, रोटेशन और एक्सेस नियंत्रण लागू करना होगा। कुंजी तक अनधिकृत पहुंच को रोकने और प्रमुख समझौतों से बचने के लिए मजबूत कुंजी प्रबंधन प्रथाएं आवश्यक हैं।

3.3.3. क्लाउड कंप्यूटिंग में डेटा एन्क्रिप्शन और गोपनीयता में चुनौतियाँ:

- प्रदर्शन प्रभाव: डेटा एन्क्रिप्शन अतिरिक्त प्रोसेसिंग ओवरहेड का परिचय देता है, जो क्लाउड सेवाओं के प्रदर्शन को प्रभावित कर सकता है। निर्बाध उपयोगकर्ता अनुभव सुनिश्चित करने के लिए डेटा सुरक्षा और प्रदर्शन के बीच संतुलन बनाना आवश्यक है।

• प्रमुख प्रबंधन जटिलता: बड़े पैमाने पर क्लाउड वातावरण के लिए एन्क्रिप्शन कुंजी प्रबंधित करना जटिल हो सकता है। क्लाउड प्रदाताओं को एन्क्रिप्शन कुंजियों के निर्माण, भंडारण, रोटेशन और निरस्तीकरण को प्रभावी ढंग से संभालने के लिए मजबूत कुंजी प्रबंधन प्रणाली लागू करनी चाहिए।
• विनियामक अनुपालन: विभिन्न उद्योगों और क्षेत्रों में विशिष्ट डेटा सुरक्षा नियम और अनुपालन आवश्यकताएँ हैं। क्लाउड प्रदाताओं को यह सुनिश्चित करना चाहिए कि उनकी एन्क्रिप्शन प्रथाएं इन नियमों के अनुरूप हों और अनुपालन दायित्वों को पूरा करने में अपने ग्राहकों की सहायता के लिए आवश्यक उपकरण और दस्तावेज़ प्रदान करें।

3.4 क्लाउड में विनियामक अनुपालन: डेटा सुरक्षा और गोपनीयता सुनिश्चित करना

क्लाउड कंप्यूटिंग को अपनाने से संगठनों को कई लाभ हुए हैं, जैसे लागत बचत, स्केलेबिलिटी और लचीलेपन में वृद्धि। हालाँकि, क्लाउड सेवाओं का उपयोग नियामक अनुपालन के बारे में भी चिंता पैदा करता है, खासकर जब डेटा सुरक्षा और गोपनीयता की बात आती है। यह लेख क्लाउड में नियामक अनुपालन के महत्व, इसके सामने आने वाली चुनौतियों और प्रासंगिक नियमों और मानकों के अनुपालन को सुनिश्चित करने के लिए उठाए जा सकने वाले उपायों की पड़ताल करता है।

3.4.1. क्लाउड में विनियामक अनुपालन का महत्व:

• डेटा सुरक्षा और गोपनीयता: संवेदनशील डेटा की सुरक्षा और व्यक्तियों की गोपनीयता बनाए रखने के लिए क्लाउड में नियामक अनुपालन महत्वपूर्ण है। सामान्य डेटा संरक्षण विनियमन (जीडीपीआर), स्वास्थ्य बीमा पोर्टेबिलिटी और जवाबदेही अधिनियम (एचआईपीएए), और भुगतान कार्ड उद्योग डेटा सुरक्षा मानक (पीसीआई डीएसएस) जैसे विनियम इस बात पर सख्त आवश्यकताएं लगाते हैं कि संगठन व्यक्तिगत और संवेदनशील डेटा को कैसे संभालते हैं और उसकी सुरक्षा करते हैं। इन नियमों का पालन करने में विफलता के परिणामस्वरूप गंभीर वित्तीय दंड और प्रतिष्ठा को नुकसान हो सकता है।
• कानूनी और नैतिक दायित्व: नियामक अनुपालन संगठनों को उनके कानूनी और नैतिक दायित्वों को पूरा करने में मदद करता है। उद्योग-विशिष्ट नियमों का अनुपालन ग्राहक डेटा की सुरक्षा, डेटा उल्लंघनों के खिलाफ सुरक्षा सुनिश्चित करता है और व्यवसाय में विश्वास और पारदर्शिता को बढ़ावा देता है।कार्य.नियमों का पालन करना डेटा सुरक्षा और गोपनीयता के उच्च मानकों को बनाए रखने के लिए एक संगठन की प्रतिबद्धता को दर्शाता है।
• अंतर्राष्ट्रीय व्यापार संचालन: क्लाउड कंप्यूटिंग संगठनों को विश्व स्तर पर काम करने में सक्षम बनाता है। हालाँकि, डेटा सुरक्षा कानून और नियम अलग-अलग देशों में अलग-अलग हैं। अंतरराष्ट्रीय नियमों का अनुपालन उन संगठनों के लिए महत्वपूर्ण है जो विभिन्न न्यायालयों में डेटा संग्रहीत और संसाधित करते हैं। नियामक अनुपालन सुनिश्चित करके, संगठन कानूनी जटिलताओं से निपट सकते हैं और दुनिया भर में ग्राहकों के साथ विश्वास बना सकते हैं।

3.4.2. क्लाउड में विनियामक अनुपालन प्राप्त करने में चुनौतियाँ:

• डेटा स्थान और संप्रभुता: क्लाउड कंप्यूटिंग में कई डेटा केंद्रों में डेटा का भंडारण और प्रसंस्करण शामिल होता है, जो अक्सर विभिन्न क्षेत्रों या देशों में स्थित होते हैं। डेटा स्पेस और संप्रभुता को नियंत्रित करने वाले नियमों का अनुपालन सुनिश्चित करना चुनौतीपूर्ण हो सकता है। संगठनों को दृश्यता और नियंत्रण की आवश्यकता होती है जहां उनका डेटा संग्रहीत, संसाधित और प्रसारित किया जाता है, खासकर जब सीमा पार डेटा स्थानांतरण से निपटते हैं।
• डेटा पहुंच और नियंत्रण: नियामक अनुपालन के लिए संवेदनशील डेटा तक पहुंच रखने वाले संगठनों पर सख्त नियंत्रण की आवश्यकता होती है। क्लाउड में, डेटा को क्लाउड सेवा प्रदाताओं द्वारा संग्रहीत और संसाधित किया जा सकता है, जिससे एक्सेस नियंत्रण प्रबंधित करने और नियामक आवश्यकताओं के अनुपालन को सुनिश्चित करने में जटिलताएं पेश होती हैं। उचित पहुंच नियंत्रण लागू करने और डेटा एक्सेस गतिविधियों की निगरानी के लिए संगठनों को मजबूत पहचान और पहुंच प्रबंधन (आईएएम) प्रथाओं को स्थापित करने की आवश्यकता है।
• क्लाउड सेवा प्रदाता की जवाबदेही: क्लाउड सेवाओं का उपयोग करते समय, संगठन अक्सर अपने डेटा और बुनियादी ढांचे के प्रबंधन के लिए तीसरे पक्ष के क्लाउड सेवा प्रदाताओं (सीएसपी) पर भरोसा करते हैं। प्रासंगिक नियमों के साथ इन सीएसपी का अनुपालन सुनिश्चित करना महत्वपूर्ण है। संगठनों को अपने सीएसपी की सुरक्षा और अनुपालन

उपायों का सावधानीपूर्वक मूल्यांकन करने की आवश्यकता है, जिसमें संविदात्मक समझौते, सेवा-स्तरीय समझौते (एसएलए) और अनुपालन को सत्यापित करने के लिए नियमित ऑडिट शामिल हैं।

3.4.3. क्लाउड में विनियामक अनुपालन सुनिश्चित करने के उपाय:

• नियामक अनुपालन मूल्यांकन का संचालन करें: संगठनों को अपने उद्योग और भौगोलिक स्थानों पर लागू नियामक आवश्यकताओं का गहराई से मूल्यांकन करना चाहिए। यह मूल्यांकन विशिष्ट अनुपालन दायित्वों की पहचान करने में मदद करता है और उचित नियंत्रण लागू करने के लिए आधार प्रदान करता है।

• सुरक्षा नियंत्रण और डेटा सुरक्षा उपाय लागू करें: संगठनों को नियामक आवश्यकताओं को पूरा करने के लिए मजबूत सुरक्षा नियंत्रण और डेटा सुरक्षा उपायों को लागू करना चाहिए। इसमें संवेदनशील डेटा का एन्क्रिप्शन, पहुंच नियंत्रण और प्रमाणीकरण तंत्र लागू करना, नियमित सुरक्षा मूल्यांकन और ऑडिट, और उचित घटना प्रतिक्रिया और डेटा ब्रीच अधिसूचना प्रक्रियाओं को बनाए रखना शामिल है।

• डेटा गवर्नेंस और डेटा जीवनचक्र प्रबंधन स्थापित करें: नियामक अनुपालन के लिए प्रभावी डेटा प्रशासन प्रथाएं आवश्यक हैं। संगठनों को डेटा स्वामित्व को परिभाषित करना चाहिए, डेटा वर्गीकरण नीतियां स्थापित करनी चाहिए, और डेटा प्रतिधारण और विलोपन नीतियों सहित डेटा जीवनचक्र प्रबंधन प्रथाओं को लागू करना चाहिए।

• क्लाउड सेवा प्रदाताओं के साथ संविदात्मक समझौते: क्लाउड सेवा प्रदाताओं के साथ जुड़ते समय, संगठनों को यह सुनिश्चित करना चाहिए कि संविदात्मक समझौते नियामक अनुपालन दायित्वों को संबोधित करते हैं। इसमें दोनों पक्षों की जिम्मेदारियों, डेटा सुरक्षा आवश्यकताओं, डेटा पहुंच और स्वामित्व अधिकारों और अनुपालन ऑडिट करने के तंत्र को स्पष्ट रूप से परिभाषित करना शामिल है।

• नियमित अनुपालन लेखापरीक्षा और मूल्यांकन: नियामक आवश्यकताओं का निरंतर पालन सुनिश्चित करने के लिए संगठनों को नियमित अनुपालन ऑडिट और मूल्यांकन करना चाहिए। इसमें सुरक्षा नियंत्रण, डेटा सुरक्षा प्रथाओं और आंतरिक प्रक्रियाओं और प्रक्रियाओं की प्रभावशीलता की समीक्षा शामिल है।

अभ्यास

बहु विकल्पीय प्रश्न

1. क्लाउड सुरक्षा का प्राथमिक फोकस क्या है?

a) डेटा उपलब्धता सुनिश्चित करना
b) क्लाउड अवसंरचना लागत को कम करना
c) क्लाउड में डेटा, एप्लिकेशन और बुनियादी ढांचे की सुरक्षा करना
d) क्लाउड सेवा स्केलेबिलिटी को बढ़ाना

2. क्लाउड सुरक्षा का कौन सा घटक उपयोगकर्ता की पहचान और अनुमतियों का प्रबंधन करता है?

a) डेटा एन्क्रिप्शन
b) नेटवर्क सुरक्षा
c) भेद्यता प्रबंधन
d) पहचान और पहुंच प्रबंधन (आईएएम)

3. क्लाउड कंप्यूटिंग में डेटा एन्क्रिप्शन से क्या हासिल होता है?

a) तेज़ डेटा ट्रांसमिशन
b) क्लाउड सेवा प्रदर्शन ओवरहेड में कमी
c) डेटा तक अनधिकृत पहुंच की रोकथाम
d) अभिगम नियंत्रण तंत्र की आवश्यकता को समाप्त करना

4. क्लाउड में डेटा एन्क्रिप्शन लागू करने में निम्नलिखित में से कौन सी एक प्रमुख चुनौती है?

a) कुंजी प्रबंधन की जटिलता
b) बेहतर डेटा उपलब्धता
c) डेटा भंडारण लागत में कमी
d) सरलीकृत डेटा अभिगम नियंत्रण

5. क्लाउड सुरक्षा में IAM का क्या अर्थ है?

a) पहचान और पहुंच प्रबंधन
b) सूचना एवं परिसंपत्ति प्रबंधन
c) इंटरनेट और एप्लिकेशन मॉनिटरिंग
d) बुनियादी ढाँचा और प्राधिकरण प्रबंधन

6. क्लाउड में विनियामक अनुपालन महत्वपूर्ण क्यों है?

a) यह क्लाउड सेवा स्केलेबिलिटी को बढ़ाता है
b) यह डेटा एन्क्रिप्शन की आवश्यकता को कम करता है
c) यह डेटा सुरक्षा और गोपनीयता सुनिश्चित करता है
d) यह भेद्यता प्रबंधन की आवश्यकता को समाप्त करता है

7. क्लाउड सुरक्षा में भेद्यता प्रबंधन का क्या महत्व है?

a) यह डेटा ट्रांसमिशन के दौरान डेटा गोपनीयता सुनिश्चित करता है
b) यह क्लाउड संसाधनों तक अनधिकृत पहुंच से बचाता है
c) यह क्लाउड सिस्टम में संभावित सुरक्षा जोखिमों को कम करता है
d) यह सुरक्षा घटनाओं की वास्तविक समय पर निगरानी प्रदान करता है

8. डेटा ट्रांसमिशन के दौरान डेटा एन्क्रिप्शन का प्राथमिक उद्देश्य क्या है?

a) डेटा उपलब्धता सुनिश्चित करने के लिए
b) डेटा भंडारण लागत को कम करने के लिए
c) अभिगम नियंत्रण को सरल बनाने के लिए
d) ट्रांसमिशन के दौरान डेटा गोपनीयता की रक्षा करना

9. IAM संगठनों को क्लाउड में क्या हासिल करने में मदद करता है?
a) बढ़ी हुई डेटा उपलब्धता
b) सरलीकृत डेटा प्रशासन
c) बेहतर क्लाउड सेवा प्रदर्शन
d) क्लाउड संसाधनों तक सुरक्षित और नियंत्रित पहुंच

समीक्षा प्रश्न

1. आज की परस्पर और डेटा-संचालित दुनिया में क्लाउड सुरक्षा का क्या महत्व है?
2. क्लाउड सुरक्षा के प्रमुख घटक क्या हैं?
3. क्लाउड सुरक्षा में पहचान और पहुंच प्रबंधन (IAM) क्यों महत्वपूर्ण है?
4. डेटा एन्क्रिप्शन क्लाउड सुरक्षा और गोपनीयता में कैसे योगदान देता है?
5. क्लाउड परिवेश में नेटवर्क सुरक्षा का क्या महत्व है?
6. भेद्यता प्रबंधन क्लाउड सुरक्षा में कैसे योगदान देता है?
7. क्लाउड सुरक्षा में सुरक्षा घटना की निगरानी और प्रतिक्रिया की क्या भूमिका है?
8. क्लाउड सुरक्षा डेटा सुरक्षा और अनुपालन में कैसे योगदान देती है?
9. व्यवसाय की निरंतरता के संदर्भ में क्लाउड सुरक्षा क्या लाभ प्रदान करती है?
10. क्लाउड सुरक्षा ग्राहक विश्वास बनाने में कैसे योगदान देती है?

उत्तर अनुभाग

बहु विकल्पीय प्रश्न

1. c) क्लाउड में डेटा, एप्लिकेशन और बुनियादी ढांचे की सुरक्षा करना
2. d) पहचान और पहुंच प्रबंधन (आईएएम)
3. c) डेटा तक अनधिकृत पहुंच की रोकथाम
4. a) प्रमुख प्रबंधन की जटिलता
5. a) पहचान और पहुंच प्रबंधन
6. c) यह डेटा सुरक्षा और गोपनीयता सुनिश्चित करता है
7. c) यह क्लाउड सिस्टम में संभावित सुरक्षा जोखिमों को कम करता है
8. d) ट्रांसमिशन के दौरान डेटा गोपनीयता की रक्षा करना
9. d) क्लाउड संसाधनों तक सुरक्षित और नियंत्रित पहुंच

समीक्षा प्रश्न

1. डिजिटल युग में क्लाउड सुरक्षा अत्यंत महत्वपूर्ण है क्योंकि यह क्लाउड वातावरण में संवेदनशील डेटा, एप्लिकेशन और बुनियादी ढांचे की सुरक्षा करती है। चूंकि व्यवसाय भंडारण और प्रसंस्करण के लिए क्लाउड कंप्यूटिंग पर तेजी से निर्भर हो रहे हैं, इसलिए अनधिकृत पहुंच और डेटा उल्लंघनों को रोकने के लिए मजबूत सुरक्षा उपाय आवश्यक हैं। क्लाउड सुरक्षा डेटा गोपनीयता सुनिश्चित करती है, नियामक अनुपालन बनाए रखती है, और जोखिमों को कम करती है, क्लाउड में संग्रहीत और संसाधित जानकारी की अखंडता और गोपनीयता की रक्षा करती है।

2. क्लाउड सुरक्षा के प्रमुख घटकों में पहचान और पहुंच प्रबंधन (IAM), डेटा एन्क्रिप्शन, नेटवर्क सुरक्षा, भेद्यता प्रबंधन और सुरक्षा घटना की निगरानी और प्रतिक्रिया शामिल हैं। IAM क्लाउड संसाधनों तक पहुंच को नियंत्रित करता है, जबकि डेटा एन्क्रिप्शन डेटा गोपनीयता की सुरक्षा करता है। नेटवर्क सुरक्षा सुरक्षित संचार चैनल सुनिश्चित करती है, और भेद्यता प्रबंधन सुरक्षा जोखिमों की पहचान करता है और उन्हें कम करता है। सुरक्षा घटना की निगरानी और प्रतिक्रिया सुरक्षा उल्लंघनों का तुरंत पता लगाने और प्रतिक्रिया देने में मदद करती है।

3. क्लाउड सुरक्षा में IAM महत्वपूर्ण है क्योंकि यह क्लाउड संसाधनों तक पहुंच को नियंत्रित करता है, यह सुनिश्चित करता है कि केवल अधिकृत उपयोगकर्ता ही संवेदनशील डेटा तक पहुंच सकते हैं और विशिष्ट कार्य कर सकते हैं। यह उपयोगकर्ता की पहचान, क्रेडेंशियल्स और अनुमतियों का प्रबंधन करता है, जिससे अनधिकृत पहुंच या डेटा उल्लंघनों का जोखिम कम हो जाता है। IAM संगठनों को पहुंच नियंत्रण नीतियों को लागू करने, डेटा गोपनीयता बनाए रखने और नियामक अनुपालन आवश्यकताओं को पूरा करने में मदद करता है।

4. डेटा गोपनीयता और अनधिकृत पहुंच के खिलाफ सुरक्षा सुनिश्चित करके डेटा एन्क्रिप्शन क्लाउड सुरक्षा में महत्वपूर्ण भूमिका निभाता है। इसमें एन्क्रिप्शन एल्गोरिदम का उपयोग करके डेटा को अपठनीय प्रारूप में परिवर्तित करना शामिल है, जिससे यह अनधिकृत पार्टियों के लिए पहुंच योग्य नहीं हो जाता है। एन्क्रिप्शन डेटा ट्रांसमिशन के दौरान (ट्रांज़िट में) लागू किया जाता है और जब डेटा स्टोरेज में आराम पर होता है। उचित कुंजी प्रबंधन सुरक्षा की एक अतिरिक्त परत जोड़कर एन्क्रिप्शन कुंजी की गोपनीयता और अखंडता सुनिश्चित करता है।

5. क्लाउड वातावरण में नेटवर्क सुरक्षा महत्वपूर्ण है क्योंकि यह नेटवर्क बुनियादी ढांचे, कनेक्शन और संचार चैनलों को सुरक्षित करने पर केंद्रित है। इसमें अनधिकृत पहुंच को रोकने और खतरों का पता लगाने और उन्हें कम करने के लिए फ़ायरवॉल, घुसपैठ का पता लगाने वाले सिस्टम (आईडीएस), और वर्चुअल प्राइवेट नेटवर्क (वीपीएन) को लागू

करना शामिल है। नेटवर्क सुरक्षा यह सुनिश्चित करती है कि क्लाउड संसाधनों और उपयोगकर्ताओं के बीच प्रसारित डेटा गोपनीय रहे और संभावित साइबर हमलों से सुरक्षित रहे।

6. क्लाउड सुरक्षा में भेद्यता प्रबंधन आवश्यक है क्योंकि इसमें क्लाउड सिस्टम और अनुप्रयोगों में संभावित सुरक्षा कमजोरियों की पहचान करना, मूल्यांकन करना और उनका बचाव करना शामिल है। कमजोरियों के लिए नियमित स्कैनिंग, पैच प्रबंधन और सक्रिय निगरानी से संगठनों को सुरक्षा जोखिमों का शीघ्र पता लगाने और उन्हें कम करने में मदद मिलती है। कमजोरिय□□ को तुरंत संबोधित करके, संगठन डेटा उल्लंघनों की संभावना को कम करते हैं और अपने क्लाउड वातावरण की समग्र सुरक्षा को बढ़ाते हैं।

7. सुरक्षा घटनाओं का तुरंत पता लगाने और उन पर प्रतिक्रिया देने के लिए क्लाउड सुरक्षा में सुरक्षा घटना की निगरानी और प्रतिक्रिया महत्वपूर्ण है। सुरक्षा सूचना और घटना प्रबंधन (एसआईईएम) और वास्तविक समय की निगरानी जैसे उपकरण संभावित सुरक्षा उल्लंघनों की पहचान और जांच करने में मदद करते हैं। एक घटना प्रतिक्रिया योजना सुरक्षा घटनाओं के मामले में रोकथाम, उन्मूलन, पुनर्प्राप्ति और घटना के बाद के विश्लेषण सहित उठाए जाने वाले कदमों की रूपरेखा तैयार करती है।

8. क्लाउड सुरक्षा उपाय संवेदनशील डेटा को अनधिकृत पहुंच, उल्लंघनों और डेटा हानि से सुरक्षित करके डेटा सुरक्षा और अनुपालन में महत्वपूर्ण योगदान देते हैं। डेटा सुरक्षा नियमों और उद्योग-विशिष्ट आवश्यकताओं का अनुपालन मजबूत सुरक्षा नियंत्रण और डेटा सुरक्षा उपायों के कार्यान्वयन के माध्यम से सुनिश्चित किया जाता है। क्लाउड सुरक्षा संगठनों को डेटा सुरक्षा, गोपनीयता और गोपनीयता से संबंधित कानूनी दायित्वों को पूरा करने में सक्षम बनाती है, जिससे वित्तीय दंड और प्रतिष्ठा क्षति का जोखिम कम हो जाता है।

9. क्लाउड सुरक्षा व्यवसाय की निरंतरता और आपदा पुनर्प्राप्ति में महत्वपूर्ण भूमिका निभाती है। क्लाउड सेवा प्रदाता अतिरेक, बैकअप और आपदा पुनर्प्राप्ति तंत्र प्रदान करते हैं जो डेटा उपलब्धता सुनिश्चित करते हैं और व्यवधान या आपदा के मामले में डाउनटाइम को कम करते हैं। डेटा अखंडता और उपलब्धता सुनिश्चित करके, क्लाउड सुरक्षा संगठनों को निर्बाध संचालन बनाए रखने और संभावित घटनाओं से जल्दी उबरने में मदद करती है।

10. मजबूत क्लाउड सुरक्षा उपायों को लागू करने से उनके डेटा की सुरक्षा और उनकी जानकारी की गोपनीयता और अखंडता बनाए रखने की प्रतिबद्धता प्रदर्शित करके ग्राहकों का विश्वास बढ़ता है। उन्नत सुरक्षा उपाय सकारात्मक प्रतिष्ठा बनाने और व्यवसायों को बाजार में भरोसेमंद और विश्वसनीय बनाने में योगदान करते हैं। व्यवसायों के लिए प्रतिस्पर्धात्मक बढ़त हासिल करने और अपने ग्राहकों के साथ दीर्घकालिक संबंध स्थापित करने के लिए ग्राहकों का विश्वास आवश्यक है।

अध्याय 4: क्लाउड सेवा प्रदाता

आज के तेजी से विकसित हो रहे डिजिटल परिदृश्य में, संगठन क्लाउड कंप्यूटिंग की शक्ति का लाभ उठाने के लिए क्लाउड सेवा प्रदाताओं (सीएसपी) को तेजी से बदल रहे हैं। क्लाउड सेवा प्रदाता व्यवसायों को नवाचार, पैमाने और उनके संचालन को बदलने में मदद करने के लिए सेवाओं, बुनियादी ढांचे और विशेषज्ञता की एक विस्तृत श्रृंखला प्रदान करते हैं।

4.1 सेवाएँ (एडब्ल्यूएस): क्लाउड क्रांति को सशक्त बनाना

क्लाउड कंप्यूटिंग के क्षेत्र में, अमेज़ॅन वेब सर्विसेज (एडब्ल्यूएस) एक बड़ी ताकत के रूप में उभरी है, जो दुनिया भर के संगठनों को क्लाउड सेवाओं का एक व्यापक सूट प्रदान करती है। AWS बुनियादी ढांचे, प्लेटफ़ॉर्म और सॉफ़्टवेयर समाधानों की एक विशाल श्रृंखला प्रदान करता है, जो व्यवसायों को नवाचार करने, बड़े पैमाने पर करने में सक्षम बनाता है
और डिजिटल युग में अपने परिचालन को बदल दें।

4.1.1. अमेज़न वेब सेवा अवलोकन (AWS):

● परिभाषा और दायरा: Amazon Web Services (AWS), Amazon.com द्वारा पेश किया गया एक क्लाउड कंप्यूटिंग प्लेटफ़ॉर्म है। 2006 में लॉन्च किया गया, AWS दुनिया के सबसे व्यापक और व्यापक रूप से अपनाए जाने वाले क्लाउड सेवा प्रदाताओं में से एक बन गया है। AWS क्लाउड सेवाओं की एक विस्तृत श्रृंखला प्रदान करता है, जिसमें कंप्यूट पावर, स्टोरेज, डेटाबेस, नेटवर्किंग, एनालिटिक्स, मशीन लर्निंग, आर्टिफिशियल इंटेलिजेंस (AI), इंटरनेट ऑफ थिंग्स (IoT), सुरक्षा और बहुत कुछ शामिल हैं।

● बुनियादी ढाँचा और वैश्विक उपस्थिति: AWS दुनिया भर में एक बड़े और उच्च स्केलेबल बुनियादी ढांचे का संचालन करता है, जिसमें डेटा सेंटर, नेटवर्किंग और किनारे के स्थान शामिल हैं। विभिन्न क्षेत्रों में रणनीतिक रूप से स्थित डेटा केंद्रों के साथ, AWS संगठनों को अपने अनुप्रयोगों और सेवाओं को अंतिम उपयोगकर्ताओं के करीब तैनात करने की आवश्यकता है, जिससे विलंबता को कम करने और प्रदर्शन को बढ़ाने में सक्षम बनाया जा सके। यह वैश्विक उपस्थिति व्यवसायों को न्यूनतम भौगोलिक बाधाओं के साथ व्यापक ग्राहक आधार तक पहुंचने की अनुमति देती है।

4.1.2. AWS की प्रमुख सेवाएँ और विशेषताएं:

● गणना सेवाएँ: AWS इलास्टिक कंप्यूट क्लाउड (EC2) सहित विभिन्न प्रकार की संगणना सेवाएँ प्रदान करता है, जो क्लाउड में वर्चुअल सर्वर प्रदान करता है। EC2 संगठनों को लचीलापन और लागत दक्षता प्रदान करते हुए मांग के आधार पर संसाधनों की गणना करने की अनुमति देता है। AWS लैम्ब्डा सर्वर रहित कंप्यूटिंग क्षमता प्रदान करता है, जिससे डेवलपर्स को प्रावधान या सर्वर के बिना कोड चलाने की अनुमति मिलती है।

● भंडारण और डेटाबेस सेवाएँ: AWS स्केलेबल और टिकाऊ स्टोरेज विकल्प प्रदान करता है, जैसे अमेज़ॅन सिंपल स्टोरेज सर्विस (S3), जो विभिन्न डेटा प्रकारों के लिए सुरक्षित ऑब्जेक्ट स्टोरेज प्रदान करता है। AWS प्रबंधित डेटाबेस सेवाएँ भी प्रदान करता है, जिसमें रिलेशनल डेटाबेस के लिए Amazon Relational Database Service (RDS), NoSQL डेटाबेस के लिए Amazon DynamoDB और उच्च प्रदर्शन और स्केलेबल रिलेशनल डेटाबेस के लिए Amazon Aurora शामिल है।

• नेटवर्किंग और सामग्री वितरण: AWS अमेज़ॅन वर्चुअल प्राइवेट क्लाउड (VPC) जैसी नेटवर्किंग सेवाएं प्रदान करता है, जो संगठनों को क्लाउड में अलग वर्चुअल नेटवर्क बनाने में सक्षम बनाता है। AWS अमेज़ॅन क्लाउडफ्रंट भी है, जो वैश्विक सामग्री वितरण नेटवर्क (सीडीएन) के माध्यम से सामग्री वितरण सेवाएं प्रदान करता है जो कम विलंबता और उच्च डेटा स्थानांतरण गति के साथ वेब सामग्री वितरित करता है।

• एनालिटिक्स और मशीन लर्निंग: AWS एनालिटिक्स और मशीन लर्निंग सेवाओं का एक व्यापक सूट प्रदान करता है। अमेज़ॅन रेडशिफ्ट संगठनों को डेटा वेयरहाउसिंग समाधानों के साथ बड़े डेटासेट का विश्लेषण करने की अनुमति देता है। अमेज़ॅन किनेसिस विभिन्न स्रोतों से डेटा की वास्तविक समय स्ट्रीमिंग और विश्लेषण को सक्षम बनाता है। इसके अतिरिक्त, AWS Amazon SageMaker सहित AI और मशीन लर्निंग सेवाएं प्रदान करता है, जो मशीन लर्निंग मॉडल के विकास और तैनाती को सरल बनाता है।

• सुरक्षा और अनुपालन: AWS ग्राहक डेटा की सुरक्षा और गोपनीयता को प्राथमिकता देता है। यह सुरक्षा सेवाओं और सुविधाओं की एक विस्तृत श्रृंखला प्रदान करता है, जैसे उपयोगकर्ता पहुंच के प्रबंधन के लिए AWS पहचान और एक्सेस प्रबंधन (IAM), डेटा एन्क्रिप्शन के लिए AWS कुंजी प्रबंधन सेवा (KMS), और DDoS हमलों से बचाने के लिए AWS शील्ड। AWS जीडीपीआर, एचआईपीएए और पीसीआई डीएसएस जैसे विभिन्न नियामक ढांचे का अनुपालन प्राप्त करने में संगठनों की सहायता करता है।

4.1.3. AWS का उपयोग करने के लाभ:

• मापनीयता और लोच: AWS संगठनों को बदलती व्यावसायिक आवश्यकताओं को पूरा करने के लिए अपने बुनियादी ढांचे और सेवाओं को शीघ्रता से बढ़ाने की अनुमति देता है। AWS के साथ, व्यवसाय बढ़े हुए कार्यभार, संसाधनों के ऊपर या नीचे को संभाल सकते हैं, और केवल उपयोग किए गए संसाधनों के लिए भुगतान कर सकते हैं, लागत दक्षता और लचीलापन प्रदान कर सकते हैं।

• वैश्विक अवसंरचना: AWS's व्यापक वैश्विक बुनियादी ढांचा संगठनों को अपने परिचालन का विस्तार करने और दुनिया भर में ग्राहकों तक पहुंचने में सक्षम बनाता है। कई क्षेत्रों में डेटा केंद्रों के साथ, व्यवसाय कम विलंबता और उच्च उपलब्धता के साथ अपने एप्लिकेशन और सेवाएं प्रदान कर सकते हैं।

• व्यापक सेवा पोर्टफोलियो: AWS क्लाउड सेवाओं का एक विशाल चयन प्रदान करता है,

• विभिन्न व्यावसायिक आवश्यकताओं को पूरा करना। संगठन अनुप्रयोगों और सेवाओं के निर्माण, तैनाती और प्रबंधन के लिए AWS की विविध प्रकार की सेवाओं का आसानी से लाभ उठा सकते हैं।

• विश्वसनीयता और लचीलापन: AWS के पास एक मजबूत बुनियादी ढांचा है जो सेवाओं की उच्च उपलब्धता और विश्वसनीयता सुनिश्चित करता है। इसके डेटा केंद्रों को अतिरेक और दोष सहनशीलता के साथ डिज़ाइन किया गया है, जो सेवा व्यवधान के जोखिम को कम करता है और व्यवसायों के लिए एक विश्वसनीय वातावरण प्रदान करता है।

• लागत क्षमता: AWS 'पे-एज़-यू-गो' मूल्य निर्धारण मॉडल का पालन करता है, जो संगठनों को उनके द्वारा उपभोग किए गए संसाधनों के लिए भुगतान करने की अनुमति देता है। यह लागत प्रभावी दृष्टिकोण अग्रिम पूंजी निवेश की आवश्यकता को समाप्त करता है और व्यवसायों को अपने आईटी बजट को अनुकूलित करने में सक्षम बनाता है।

4.2 माइक्रोसॉफ्ट एज़्योर: स्केलेबल क्लाउड सॉल्यूशंस के साथ व्यवसायों को सशक्त बनाना

क्लाउड कंप्यूटिंग की गतिशील दुनिया में, Microsoft Azure एक अग्रणी क्लाउड सेवा प्रदाता के रूप में उभरा है, जो सभी आकार के व्यवसायों को सशक्त बनाने के लिए सेवाओं और समाधानों का एक व्यापक सूट प्रदान करता है। Azure एक स्केलेबल और लचीला क्लाउड प्लेटफ़ॉर्म प्रदान करता है जो संगठनों को अनुप्रयोगों और सेवाओं की एक विस्तृत श्रृंखला बनाने, तैनात करने और प्रबंधित करने में सक्षम बनाता है।

4.2.1. Microsoft Azure का अवलोकन:

परिभाषा और दायरा: Microsoft Azure Microsoft द्वारा प्रस्तुत एक क्लाउड कंप्यूटिंग प्लेटफ़ॉर्म और सेवा है। 2010 में लॉन्च किया गया, Azure एक मजबूत बुनियादी ढांचा प्रदान करता है जो व्यवसायों को एप्लिकेशन तैनात करने और प्रबंधित करने, डेटा संग्रहीत करने और विश्लेषण करने और विभिन्न सेवाओं को एकीकृत करने की अनुमति देता है। Azure क्लाउड-आधारित समाधानों की एक विस्तृत श्रृंखला प्रदान करता है, जिसमें कंप्यूटिंग पावर, स्टोरेज, डेटाबेस, नेटवर्किंग, AI, मशीन लर्निंग और इंटरनेट ऑफ थिंग्स (IoT) क्षमताएं शामिल हैं।

4.2.1.1 व्यापक सेवा पोर्टफोलियो

Microsoft Azure सेवाओं का एक व्यापक पोर्टफोलियो प्रदान करता है, जो संगठनों को उनकी विविध कंप्यूटिंग आवश्यकताओं को पूरा करने में सक्षम बनाता है। इन सेवाओं में शामिल हैं:

- गणना सेवाएँ: एज़्योर वर्चुअल मशीन स्केलेबल वर्चुअल सर्वर प्रदान करती है, जो व्यवसायों को क्लाउड में एप्लिकेशन और वर्कलोड चलाने की अनुमति देती है। Azure फ़ंक्शंस सर्वर रहित गणना क्षमताएं प्रदान करते हैं, जिससे डेवलपर्स को भुगतान-प्रति-उपयोग तरीके से कोड निष्पादित करने की अनुमति मिलती है।
- भंडारण सेवाएँ: एज़्योर ब्लॉब स्टोरेज असंरचित डेटा के लिए स्केलेबल ऑब्जेक्ट स्टोरेज प्रदान करता है, जबकि एज़्योर फाइल्स क्लाउड में पूरी तरह से प्रबंधित फ़ाइल शेयर प्रदान करता है। Azure डिस्क स्टोरेज वर्चुअल मशीनों और अनुप्रयोगों के लिए टिकाऊ और उच्च प्रदर्शन ब्लॉक स्टोरेज प्रदान करता है।
- डेटाबेस सेवाएँ: Azure विभिन्न डेटाबेस विकल्प प्रदान करता है, जिसमें रिलेशनल डेटाबेस के लिए Azure SQL डेटाबेस, विश्व स्तर पर वितरित NoSQL डेटाबेस के लिए Azure Cosmos DB, और MySQL के लिए Azure डेटाबेस और ओपन-सोर्स डेटाबेस के लिए PostgreSQL के लिए Azure डेटाबेस शामिल हैं।
- नेटवर्किंग सेवाएँ: Azure वर्चुअल नेटवर्क संगठनों को क्लाउड में अलग नेटवर्क बनाने में सक्षम बनाता है, जबकि Azure लोड बैलेंसर्स और एप्लिकेशन गेटवे लोड संतुलन और ट्रैफ़िक प्रबंधन क्षमता प्रदान करते हैं। Azure VPN गेटवे ऑन-प्रिमाइसेस नेटवर्क को सुरक्षित कनेक्टिविटी प्रदान करता है।
- एआई और मशीन लर्निंग सेवाएँ: एज़्योर एआई और मशीन लर्निंग के लिए सेवाओं का एक सूट प्रदान करता है, जिसमें मॉडल बनाने, प्रशिक्षण और तैनाती के लिए एज़्योर मशीन लर्निंग, पूर्व-निर्मित एआई क्षमताओं को जोड़ने के लिए एज़्योर कॉग्निटिव सर्विसेज और बुद्धिमान चैटबॉट बनाने के लिए एज़्योर बॉट सर्विसेज शामिल हैं।
- इंटरनेट ऑफ थिंग्स (IoT) सेवाएँ: Azure IoT हब संगठनों को बड़े पैमाने पर IoT उपकरणों को कनेक्ट करने, मॉनिटर करने और प्रबंधित करने की अनुमति देता है। Azure IoT Central IoT समाधानों के निर्माण और तैनाती के लिए एक पूरी तरह से प्रबंधित मंच प्रदान करता है।
- DevOps और डेवलपर उपकरण: Azure DevOps कुशल अनुप्रयोग विकास और परिनियोजन के लिए सेवाओं का एक सेट प्रदान करता है, जिसमें संस्करण नियंत्रण, निरंतर एकीकरण और निरंतर परिनियोजन शामिल है। Azure DevTest लैब्स अनुप्रयोगों के विकास और परीक्षण के लिए एक वातावरण प्रदान करता है।
- सुरक्षा और अनुपालन सेवाएँ: Azure मजबूत सुरक्षा सुविधाएँ प्रदान करता है, जिसमें पहचान और पहुंच प्रबंधन के लिए Azure सक्रिय निर्देशिका, खतरे का पता लगाने और निगरानी के लिए Azure सुरक्षा केंद्र और अनुपालन लागू करने के लिए Azure नीति शामिल है।.

4.2.2. Microsoft Azure का उपयोग करने के लाभ:

• स्केलेबिलिटी और लचीलापन: Azure संगठनों को बदलती व्यावसायिक माँगों को पूरा करने के लिए अपने अनुप्रयोगों और सेवाओं को शीघ्रता से बढ़ाने की अनुमति देता है। Azure के लचीले बुनियादी ढांचे के साथ, व्यवसाय इष्टतम प्रदर्शन और लागत दक्षता सुनिश्चित करते हुए संसाधनों को आसानी से ऊपर या नीचे कर सकते हैं।
• हाइब्रिड क्लाउड क्षमताएँ: एज़्योर हाइब्रिड क्लाउड क्षमताओं की पेशकश करते हुए ऑन-प्रिमाइसेस वातावरण के साथ सहज एकीकरण प्रदान करता है। यह संगठनों को हाइब्रिड आर्किटेक्चर बनाने, मौजूदा बुनियादी ढांचे के निवेश का लाभ उठाने और एक एकीकृत और लचीला वातावरण बनाने की अनुमति देता है।
• वैश्विक उपस्थिति: Azure डेटा केंद्रों का एक वैश्विक नेटवर्क संचालित करता है, जो व्यवसायों को अपने ग्राहकों के करीब अपने एप्लिकेशन और सेवाओं को तैनात करने में सक्षम बनाता है। यह कम विलंबता, बेहतर प्रदर्शन और विभिन्न क्षेत्रों में डेटा रेजिडेंसी आवश्यकताओं का अनुपालन सुनिश्चित करता है।
• व्यापक सुरक्षा: Azure ग्राहक डेटा की सुरक्षा और गोपनीयता को प्राथमिकता देता है। यह अंतर्निहित खतरे का पता लगाने, पहचान प्रबंधन, एन्क्रिप्शन और अनुपालन ढांचे सहित मजबूत सुरक्षा उपाय प्रदान करता है। Azure के अनुपालन प्रमाणपत्र उद्योग मानकों और विनियमों की एक विस्तृत श्रृंखला को कवर करते हैं।
• व्यापक भागीदार पारिस्थितिकी तंत्र: एज़्योर के पास एक बड़ा भागीदार पारिस्थितिकी तंत्र है, जिसमें प्रौद्योगिकी भागीदार, समाधान प्रदाता और स्वतंत्र सॉफ्टवेयर विक्रेता (आईएसवी) शामिल हैं। यह पारिस्थितिकी तंत्र पूर्व-निर्मित समाधानों, एकीकरण विकल्पों और विशेषज्ञ सहायता की एक विस्तृत श्रृंखला प्रदान करता है, जिससे संगठनों को अपनी क्लाउड अपनाने की यात्रा में तेजी लाने की अनुमति मिलती है

4.3 गूगल क्लाउड प्लेटफार्म (जीसीपी)

Google क्लाउड प्लेटफ़ॉर्म Google द्वारा प्रदान की जाने वाली क्लाउड कंप्यूटिंग सेवाओं का एक सूट है, जिसमें कंप्यूटिंग पावर, स्टोरेज, मशीन लर्निंग, नेटवर्किंग और बहुत कुछ शामिल है।

जीसीपी उसी बुनियादी ढांचे पर काम करता है जो विश्वसनीयता, स्केलेबिलिटी और वैश्विक पहुंच सुनिश्चित करते हुए Google के उत्पादों और सेवाओं को शक्ति प्रदान करता है। Google के विशाल अनुभव और विशेषज्ञता का लाभ उठाकर, GCP सभी आकार के व्यवसायों को प्रतिस्पर्धात्मक बढ़त प्रदान करता है।

4.3.1. जीसीपी की प्रमुख सेवाएँ और विशेषताएँ:

Google क्लाउड प्लेटफ़ॉर्म विभिन्न डोमेन में सेवाओं की एक विस्तृत श्रृंखला प्रदान करता है। यहां कुछ उल्लेखनीय हैं:
• गणना सेवाएँ: जीसीपी Google कंप्यूट इंजन जैसी सेवाओं के साथ लचीले और स्केलेबल कंप्यूट विकल्प प्रदान करता है, जो उपयोगकर्ताओं को क्लाउड में वर्चुअल मशीन को तुरंत लॉन्च करने में सक्षम बनाता है। इसके अतिरिक्त, Google Kubernetes इंजन कंटेनरीकृत अनुप्रयोगों के लिए प्रबंधित Kubernetes क्लस्टर प्रदान करता है।
• भंडारण सेवाएँ: जीसीपी विभिन्न भंडारण समाधान प्रदान करता है, जैसे कि Google क्लाउड स्टोरेज, जो उच्च उपलब्धता, स्थायित्व और कम विलंबता पहुंच के साथ ऑब्जेक्ट स्टोरेज प्रदान करता है। Google क्लाउड SQL और क्लाउड बिगटेबल GCP पर उपलब्ध प्रबंधित डेटाबेस समाधान हैं।
• नेटवर्किंग सेवाएँ: जीसीपी वर्चुअल प्राइवेट क्लाउड (वीपीसी) सहित एक मजबूत नेटवर्क बुनियादी ढांचा प्रदान करता है, जो उपयोगकर्ताओं को अपने अनुप्रयोगों के लिए पृथक नेटवर्क बनाने में सक्षम बनाता है। Google क्लाउड लोड बैलेंसिंग अनुप्रयोगों के लिए उच्च उपलब्धता और स्केलेबिलिटी सुनिश्चित करता है।
• बिग डेटा और मशीन लर्निंग: जीसीपी बड़े डेटा प्रोसेसिंग और विश्लेषण के लिए शक्तिशाली उपकरण प्रदान करता है। Google BigQuery व्यवसायों को बड़े पैमाने पर डेटासेट पर तेज़ और SQL जैसी क्वेरी चलाने की अनुमति देता है, जबकि Google क्लाउड AI मशीन सीखने के कार्यों के लिए पूर्व-प्रशिक्षित मॉडल और API प्रदान करता है।

● पहचान और सुरक्षा: जीसीपी डेटा और एप्लिकेशन की सुरक्षा के लिए उन्नत सुरक्षा उपायों को शामिल करता है। Google क्लाउड IAM एक्सेस नियंत्रण का प्रबंधन करता है, जबकि क्लाउड आइडेंटिटी उपयोगकर्ताओं और उपकरणों के लिए पहचान और एक्सेस प्रबंधन समाधान प्रदान करता है।

● डेवलपर उपकरण: जीसीपी Google क्लाउड एसडीके और क्लाउड सोर्स रिपॉजिटरी जैसे डेवलपर-अनुकूल टूल की एक श्रृंखला प्रदान करता है, जो विकास वर्कफ़्लो को सुव्यवस्थित करता है। क्लाउड बिल्ड और क्लाउड परिनियोजन प्रबंधक अनुप्रयोगों के निर्माण और तैनाती को स्वचालित करते हैं।

4.3.2. जीसीपी के लाभ:

जीसीपी कई प्रमुख लाभ प्रदान करता है जो इसे व्यवसायों के लिए एक आकर्षक विकल्प बनाता है:

● स्केलेबिलिटी और प्रदर्शन: Google के वैश्विक बुनियादी ढांचे के साथ, GCP वस्तुतः असीमित स्केलेबिलिटी प्रदान करता है, जिससे व्यवसायों को किसी भी स्तर की मांग को कुशलतापूर्वक संभालने की अनुमति मिलती है। प्लेटफ़ॉर्म मांग वाले कार्यभार के लिए उच्च-प्रदर्शन कंप्यूटिंग संसाधन भी प्रदान करता है।

● अत्याधुनिक तकनीक: Google का निरंतर नवाचार यह सुनिश्चित करता है कि GCP प्रौद्योगिकी प्रगति में सबसे आगे रहे। मशीन लर्निंग और आर्टिफिशियल इंटेलिजेंस से लेकर डेटा एनालिटिक्स और सर्वर रहित कंप्यूटिंग तक, जीसीपी नवीन9तम टूल और क्षमताओं तक पहुंच प्रदान करता है।

● लागत प्रभावी मूल्य निर्धारण: जीसीपी लचीले मूल्य निर्धारण विकल्प प्रदान करता है, जिसमें पे-एज़-यू-गो मॉडल और निरंतर उपयोग छूट शामिल है, जिससे व्यवसायों को उनके उपयोग पैटर्न के आधार पर लागत का अनुकूलन करने की अनुमति मिलती है। इसके अतिरिक्त, Google खर्च की निगरानी और नियंत्रण के लिए लागत प्रबंधन उपकरण प्रदान करता है।

● डेटा अंतर्दृष्टि और विश्लेषण: जीसीपी के मजबूत डेटा एनालिटिक्स उपकरण व्यवसायों को विशाल मात्रा में डेटा से मूल्यवान अंतर्दृष्टि प्राप्त करने में सक्षम बनाते हैं। BigQuery और Dataflow जैसी पेशकशों के साथ, संगठन डेटा-संचालित निर्णय लेने के लिए डेटा को कुशलतापूर्वक संसाधित और विश्लेषण कर सकते हैं।

● सहयोग और एकीकरण: GCP अन्य Google सेवाओं, जैसे Google Workspace (पूर्व में G Suite) के साथ सहजता से एकीकृत होता है, जिससे आसान सहयोग और डेटा साझाकरण सक्षम होता है। प्लेटफ़ॉर्म विभिन्न तृतीय-पक्ष टूल और तकनीकों के साथ इंटरऑपरेबिलिटी का भी समर्थन करता है।

4.3.3. जीसीपी के लिए मामलों का उपयोग करें:

Google क्लाउड प्लेटफ़ॉर्म विभिन्न उद्योगों में उपयोग के मामलों की एक विस्तृत श्रृंखला को पूरा करता है:

● वेब और मोबाइल एप्लीकेशन: जीसीपी वेब और मोबाइल एप्लिकेशन होस्ट करने के लिए एक स्केलेबल और विश्वसनीय बुनियादी ढांचा प्रदान करता है, जो उच्च ट्रैफ़िक वॉल्यूम को निर्बाध रूप से संभालता है।

● डेटा एनालिटिक्स और बिजनेस इंटेलिजेंस: जीसीपी के शक्तिशाली डेटा एनालिटिक्स उपकरण संगठनों को बड़े डेटासेट से अंतर्दृष्टि प्राप्त करने, सूचित व्यावसायिक निर्णय और रणनीतिक योजना बनाने में सक्षम बनाते हैं।

● मशीन लर्निंग और एआई: GCP की मशीन लर्निंग सेवाएँ छवि और भाषण पहचान, प्राकृतिक भाषा प्रसंस्करण और अनुशंसा प्रणालियों सहित बुद्धिमान अनुप्रयोगों के विकास और तैनाती का समर्थन करती हैं।

● IoT (इंटरनेट ऑफ थिंग्स): GCP IoT उपकरणों से डेटा के प्रबंधन और प्रसंस्करण के लिए मजबूत सेवाएँ प्रदान करता है, जिससे संगठनों को निगरानी, विश्लेषण और स्वचालन के लिए IoT डेटा का लाभ उठाने में सक्षम बनाया जाता है।

● डिजिटल परिवर्तन: जीसीपी डिजिटल परिवर्तन पहल को चलाने के लिए आवश्यक बुनियादी ढांचा और उपकरण प्रदान करता है, जिससे व्यवसायों को अपने संचालन को आधुनिक बनाने, प्रक्रियाओं को अनुकूलित करने और ग्राहक अनुभवों को बढ़ाने में मदद मिलती है।

4.4 अन्य अग्रणी क्लाउड सेवा प्रदाताओं की खोज

जबकि अमेज़न वेब सर्विसेज (AWS), Microsoft Azure और Google Cloud प्लेटफ़ॉर्म (GCP) क्लाउड कंप्यूटिंग बाज़ार पर हावी हैं, कई अन्य उल्लेखनीय क्लाउड सेवा प्रदाता हैं जो अद्वितीय सुविधाएँ और क्षमताएँ प्रदान करते हैं।

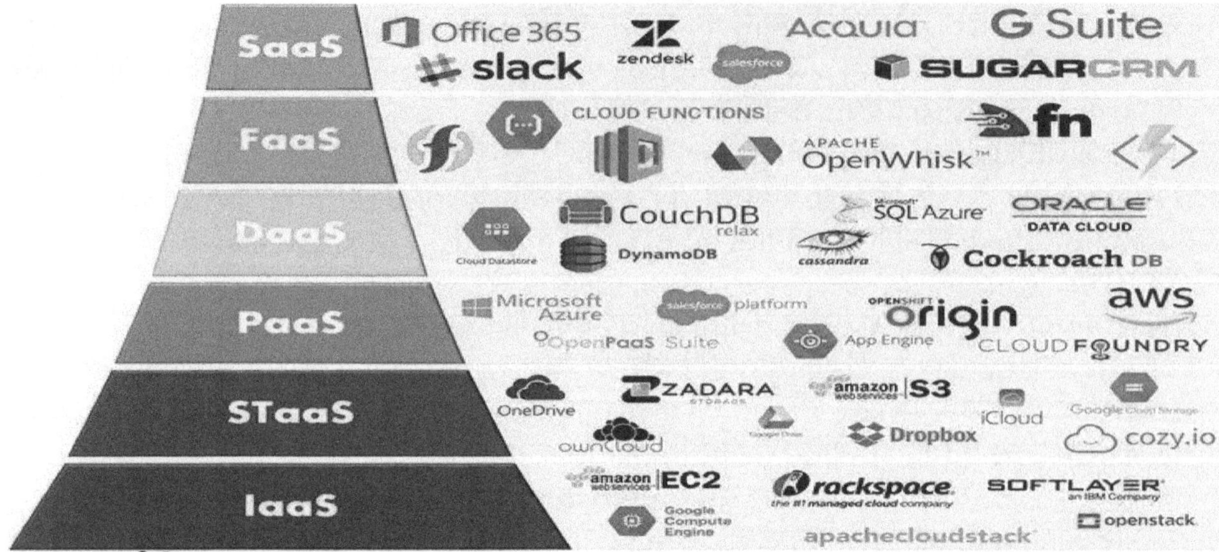

4.4.1. आईबीएम क्लाउड:

आईबीएम क्लाउड एक मजबूत और सुरक्षित क्लाउड कंप्यूटिंग प्लेटफॉर्म है जो बुनियादी ढांचे, प्लेटफॉर्म और सॉफ्टवेयर-ए-ए-सर्विस पेशकशों को जोड़ता है। यह विभिन्न उद्योगों और उद्यम की जरूरतों को पूरा करने के लिए कंप्यूट, स्टोरेज, नेटवर्किंग, एआई, ब्लॉकचेन और आईओटी सहित सेवाओं का एक व्यापक सूट प्रदान करता है। आईबीएम क्लाउड डेटा सुरक्षा, अनुपालन और गोपनीयता पर अपना ध्यान केंद्रित करने के लिए जाना जाता है, जो इसे वित्त और स्वास्थ्य सेवा जैसे उच्च विनियमित क्षेत्रों में काम करने वाले व्यवसायों के लिए एक उत्कृष्ट विकल्प बनाता है। इसके अलावा, एंटरप्राइज़ समाधानों में आईबीएम की विशेषज्ञता और ओपन-सोर्स प्रौद्योगिकियों के लिए इसका मजबूत समर्थन इसे हाइब्रिड या मल्टी-क्लाउड वातावरण चाहने वाले संगठनों के लिए एक पसंदीदा विकल्प बनाता है।

4.4.2. अलीबाबा क्लाउड:

अलीबाबा क्लाउड, अलीबाबा समूह की क्लाउड कंप्यूटिंग शाखा, एशिया-प्रशांत क्षेत्र में अग्रणी क्लाउड सेवा प्रदाताओं में से एक है। कंप्यूट, स्टोरेज, नेटवर्किंग, डेटाबेस और एआई को कवर करने वाली सेवाओं के एक व्यापक सूट के साथ, अलीबाबा क्लाउड उद्योगों और उपयोग के मामलों की एक विस्तृत श्रृंखला को पूरा करता है। यह चीन में अपनी मजबूत उपस्थिति और स्थानीय नियमों के अनुपालन के कारण चीनी बाजार में प्रवेश करने या विस्तार करने वाले व्यवसायों के लिए व्यापक समर्थन प्रदान करता है। अलीबाबा क्लाउड का वैश्विक नेटवर्क, उच्च स्केलेबिलिटी और प्रतिस्पर्धी मूल्य निर्धारण इसे एशिया-प्रशांत क्षेत्र में अपने परिचालन का विस्तार करने या वैश्विक क्लाउड उपस्थिति की तलाश करने वाले व्यवसायों के लिए एक आकर्षक विकल्प बनाता है।

4.4.3. ओरेकल क्लाउड इंफ्रास्ट्रक्चर (ओसीआई):

Oracle क्लाउड इन्फ्रास्ट्रक्चर (OCI) एंटरप्राइज़ वर्कलोड के लिए डिज़ाइन की गई क्लाउड सेवाओं का एक सेट प्रदान करता है, जिसमें कंप्यूट, स्टोरेज, नेटवर्किंग, डेटाबेस और एप्लिकेशन डेवलपमेंट शामिल हैं। ओसीआई उच्च-प्रदर्शन कंप्यूटिंग, उन्नत नेटवर्किंग क्षमताओं और ओरेकल डेटाबेस वर्कलोड के लिए मजबूत समर्थन पर ध्यान केंद्रित करके खुद को अलग करता है। यह एआई और मशीन लर्निंग, डेटा प्रबंधन और एप्लिकेशन डेवलपमेंट के लिए विशेष सेवाएं भी प्रदान करता है। ओसीआई की हाइब्रिड क्लाउड क्षमताएं, ओरेकल की ऑन-प्रिमाइसेस प्रौद्योगिकियों के साथ इसके घनिष्ठ एकीकरण के साथ, इसे निर्बाध हाइब्रिड क्लाउड वातावरण चाहने वाले संगठनों के लिए एक उपयुक्त विकल्प बनाती हैं।

4.4.4. डिजिटल महासागर:

DigitalOcean एक क्लाउड इंफ्रास्ट्रक्चर प्रदाता है जो अपनी सादगी और डेवलपर-अनुकूल दृष्टिकोण के लिए जाना जाता है। यह डेवलपर्स और छोटे से मध्यम आकार के व्यवसायों को लक्षित करते हुए स्केलेबल कंप्यूट संसाधन, भंडारण, नेटवर्किंग और डेटाबेस प्रदान करता है। DigitalOcean का उपयोगकर्ता के अनुकूल इंटरफ़ेस, किफायती मूल्य निर्धारण और सादगी पर ध्यान इसे डेवलपर्स और स्टार्टअप के लिए एक लोकप्रिय विकल्प बनाता है। यह एक

सक्रिय समुदाय और व्यापक दस्तावेज़ीकरण के साथ-साथ पूर्व-कॉन्फ़िगर किए गए एप्लिकेशन स्टैक और विकास वातावरण प्रदान करता है, जिससे डेवलपर्स के लिए जल्दी से शुरुआत करना और एप्लिकेशन को आसानी से तैनात करना आसान हो जाता है।

<u>अभ्यास</u>

बहु विकल्पीय प्रश्न

1. डेटा भंडारण और प्रसंस्करण के लिए क्लाउड सेवा प्रदाताओं का लाभ उठाने की प्रथा को कौन सा शब्द संदर्भित करता है?

a) क्लाउड कम्प्यूटिंग
b) क्लाउड सेवा का उपयोग
c) क्लाउड प्रबंधन
d) क्लाउड वर्चुअलाइजेशन

2. अमेज़ॅन वेब सर्विसेज (AWS) एक क्लाउड कंप्यूटिंग प्लेटफ़ॉर्म है जो प्रदान किया गया है:

a) गूगल
b) माइक्रोसॉफ्ट
c) अमेजन डॉट कॉम
d) आईबीएम

3. कौन सा क्लाउड सेवा प्रदाता स्केलेबल वर्चुअल सर्वर के लिए Azure वर्चुअल मशीन प्रदान करता है?

a) Google क्लाउड प्लेटफ़ॉर्म (GCP)
b) माइक्रोसॉफ्ट एज़्योर
c) अमेज़न वेब सेवाएँ (AWS)
d) ओरेकल क्लाउड इंफ्रास्ट्रक्चर (ओसीआई)

4. Google क्लाउड प्लेटफ़ॉर्म (GCP) निम्नलिखित के लिए सेवाओं का एक समूह प्रदान करता है:

a) उद्यम संसाधन योजना
b) सामग्री प्रबंधन
c) मानव संसाधन प्रबंधन
d) क्लाउड कम्प्यूटिंग

5. आईबीएम क्लाउड अपने फोकस के लिए जाना जाता है:

a) अत्याधुनिक तकनीक
b) डेटा सुरक्षा और अनुपालन
c) हाइब्रिड क्लाउड क्षमताएं
d) डेवलपर-अनुकूल उपकरण

6. कौन सा क्लाउड सेवा प्रदाता एशिया-प्रशांत क्षेत्र में व्यवसायों को सेवा प्रदान करता है और सहायता प्रदान करता है चीनी बाज़ार में प्रवेश?

a) माइक्रोसॉफ्ट एज़्योर
b) अलीबाबा क्लाउड
c) Google क्लाउड प्लेटफ़ॉर्म (GCP)
d) डिजिटल महासागर

7. Oracle क्लाउड इन्फ्रास्ट्रक्चर (OCI) किस प्रकार के कार्यभार के लिए अपने मजबूत समर्थन से प्रतिष्ठित है?

a) कृत्रिम होशियारी
b) यंत्र अधिगम
c) उच्च प्रदर्शन कंप्यूटिंग
d) डेटा विश्लेषण

8. DigitalOcean निम्नलिखित में अपनी लोकप्रियता के लिए जाना जाता है:

a) बड़े उद्यम
b) सरकारी संगठन

c) डेवलपर्स और स्टार्टअप
d) स्वास्थ्य सेवा संस्थान

9. कौन सा क्लाउड सेवा प्रदाता सर्वर रहित कंप्यूटिंग के लिए AWS लैम्ब्डा प्रदान करता है?
a) माइक्रोसॉफ्ट एज़्योर
b) अलीबाबा क्लाउड
c) अमेज़न वेब सेवाएँ (AWS)
d) आईबीएम क्लाउड

10. जीसीपी का डेटा एनालिटिक्स टूल जो व्यवसायों को बड़े पैमाने पर डेटासेट पर तेजी से और एसक्यूएल जैसी क्वेरी चलाने की अनुमति देता है बुलाया:
a) गूगल क्लाउड एसक्यूएल
b) गूगल बिगक्वेरी
c) गूगल क्लाउड स्टोरेज
d) Google क्लाउड डेटाफ़्लो

11. कौन सा क्लाउड सेवा प्रदाता Azure SQL डेटाबेस और Azure जैसे प्रबंधित डेटाबेस समाधान प्रदान करता है? कॉसमॉस डीबी?
a) माइक्रोसॉफ्ट एज़्योर
b) ओरेकल क्लाउड इंफ्रास्ट्रक्चर (ओसीआई)
c) Google क्लाउड प्लेटफ़ॉर्म (GCP)
d) अलीबाबा क्लाउड

समीक्षा प्रश्न

1. डिजिटल परिदृश्य में क्लाउड सेवा प्रदाता (सीएसपी) क्या भूमिका निभाते हैं?
2. अमेज़न वेब सर्विसेज (AWS) द्वारा दी जाने वाली कुछ प्रमुख सेवाएँ क्या हैं?
3. Microsoft Azure हाइब्रिड क्लाउड क्षमताओं का समर्थन कैसे करता है?
4. Google क्लाउड प्लेटफ़ॉर्म (GCP) का उपयोग करने के प्रमुख लाभ क्या हैं?
5. आईबीएम क्लाउड अन्य क्लाउड सेवा प्रदाताओं से कैसे अलग है?
6. अलीबाबा क्लाउड को एशिया-प्रशांत क्षेत्र में व्यवसायों के लिए एक आकर्षक विकल्प क्या बनाता है?
7. ओरेकल क्लाउड इन्फ्रास्ट्रक्चर (ओसीआई) उद्यम कार्यभार को कैसे पूरा करता है?
8. क्या DigitalOcean को डेवलपर्स और स्टार्टअप के लिए एक लोकप्रिय विकल्प बनाता है?
9. AWS अपने ग्राहकों के लिए सुरक्षा और अनुपालन कैसे सुनिश्चित करता है?
10. Google क्लाउड प्लेटफ़ॉर्म (GCP) के लिए कुछ सामान्य उपयोग के मामले क्या हैं?

उत्तर अनुभाग

बहु विकल्पीय प्रश्न

1. a) क्लाउड कंप्यूटिंग
2. c) Amazon.com
3. b) माइक्रोसॉफ्ट एज़्योर
4. d) क्लाउड कंप्यूटिंग
5. b) डेटा सुरक्षा और अनुपालन
6. b) अलीबाबा क्लाउड
7. c) उच्च-प्रदर्शन कंप्यूटिंग
8. c) डेवलपर्स और स्टार्टअप
9. c) अमेज़ॅन वेब सर्विसेज (एडब्ल्यूएस)
10. b) गूगल बिगक्वेरी
11. a) माइक्रोसॉफ्ट एज़्योर

समीक्षा प्रश्न

1. क्लाउड सेवा प्रदाता (सीएसपी) व्यवसायों को डिजिटल युग में अपने संचालन को नया करने, स्केल करने और बदलने में मदद करने के लिए क्लाउड सेवाओं, बुनियादी ढांचे और विशेषज्ञता की एक विस्तृत श्रृंखला प्रदान करते हैं। वे संगठनों को क्लाउड कंप्यूटिंग की शक्ति का लाभ उठाने में सक्षम बनाते हैं, बदलती व्यावसायिक जरूरतों को पूरा करने के लिए ऑन-डिमांड संसाधन और सेवाएं प्रदान करते हैं।

2. अमेज़ॅन वेब सर्विसेज (एडब्ल्यूएस) क्लाउड सेवाओं की एक विस्तृत श्रृंखला प्रदान करती है, जिसमें इलास्टिक कंप्यूट क्लाउड (ईसी2) के माध्यम से गणना शक्ति, अमेज़ॅन सिंपल स्टोरेज सर्विस (एस3) के साथ स्केलेबल स्टोरेज, अमेज़ॅन आरडीएस जैसे प्रबंधित डेटाबेस, अमेज़ॅन वीपीसी के साथ नेटवर्किंग क्षमताएं और एआई शामिल हैं।

3. Microsoft Azure ऑन-प्रिमाइसेस वातावरण के साथ सहजता से एकीकरण करके हाइब्रिड क्लाउड क्षमताओं को सक्षम बनाता है। संगठन हाइब्रिड आर्किटेक्चर का निर्माण कर सकते हैं, मौजूदा बुनियादी ढांचे का लाभ उठा सकते हैं, और क्लाउड और ऑन-प्रिमाइसेस संसाधनों के बीच डेटा साझाकरण और सहयोग के लिए एक एकीकृत वातावरण बना सकते हैं।

4. Google क्लाउड प्लेटफ़ॉर्म (GCP) वस्तुतः असीमित स्केलेबिलिटी, अत्याधुनिक तकनीक, लागत प्रभावी मूल्य निर्धारण विकल्प, कम-विलंबता पहुंच के लिए डेटा केंद्रों का एक वैश्विक नेटवर्क और मूल्यवान अंतर्दृष्टि के लिए मजबूत डेटा एनालिटिक्स टूल प्रदान करता है।

5. आईबीएम क्लाउड डेटा सुरक्षा, अनुपालन और गोपनीयता पर अपना ध्यान केंद्रित करने के लिए जाना जाता है, जो इसे उच्च विनियमित क्षेत्रों में व्यवसायों के लिए एक उत्कृष्ट विकल्प बनाता है। एंटरप्राइज़ समाधानों में इसकी विशेषज्ञता और ओपन-सोर्स प्रौद्योगिकियों के लिए समर्थन हाइब्रिड या मल्टी-क्लाउड वातावरण चाहने वाले संगठनों के लिए आदर्श है।

6. चीनी बाजार में प्रवेश करने या विस्तार करने वाले व्यवसायों के लिए अलीबाबा क्लाउड का व्यापक समर्थन, इसके वैश्विक नेटवर्क, उच्च स्केलेबिलिटी और प्रतिस्पर्धी मूल्य निर्धारण के साथ मिलकर, इसे एशिया-प्रशांत क्षेत्र में परिचालन का विस्तार करने वाले संगठनों के लिए एक आकर्षक विकल्प बनाता है।

7. Oracle क्लाउड इन्फ्रास्ट्रक्चर (OCI) एंटरप्राइज़ वर्कलोड के लिए डिज़ाइन की गई क्लाउड सेवाओं का एक सेट प्रदान करता है, जिसमें उच्च-प्रदर्शन कंप्यूटिंग, उन्नत नेटवर्किंग क्षमताएं और Oracle डेटाबेस वर्कलोड के लिए मजबूत समर्थन शामिल है, जो इसे निर्बाध हाइब्रिड क्लाउड वातावरण के लिए उपयुक्त बनाता है।

8. DigitalOcean का उपयोगकर्ता-अनुकूल इंटरफ़ेस, किफायती मूल्य निर्धारण, पूर्व-कॉन्फ़िगर किए गए एप्लिकेशन स्टैक और व्यापक दस्तावेज़ीकरण इसे डेवलपर्स और स्टार्टअप के लिए जल्दी से आरंभ करने और आसानी से एप्लिकेशन को तैनात करने के लिए एक पसंदीदा विकल्प बनाते हैं।

9. AWS डेटा सुरक्षा और गोपनीयता को प्राथमिकता देता है, संभावित खतरों से बचाने और GDPR, HIPAA और PCI DSS जैसे उद्योग-विशिष्ट नियमों का अनुपालन सुनिश्चित करने के लिए AWS IAM, KMS और शील्ड जैसी सुरक्षा सेवाओं की एक श्रृंखला की पेशकश करता है।

जीसीपी विभिन्न उपयोग के मामलों को पूरा करता है, जिसमें वेब और मोबाइल एप्लिकेशन होस्ट करना, डेटा एनालिटिक्स और बिजनेस इंटेलिजेंस, मशीन लर्निंग और एआई समाधान लागू करना, आईओटी उपकरणों का प्रबंधन करना और व्यवसायों के लिए डिजिटल परिवर्तन पहल चलाना शामिल है।

अध्याय 5: क्लाउड प्रवासन रणनीतियाँ

5.1 ऑन-प्रिमाइसेस बुनियादी ढांचे का आकलन:

क्लाउड कंप्यूटिंग के युग में, आपके संगठन की आईटी रणनीति निर्धारित करने में आपके ऑन-प्रिमाइसेस बुनियादी ढांचे की स्थिति का आकलन करना एक महत्वपूर्ण कदम है। आपके मौजूदा बुनियादी ढांचे की ताकत, कमजोरियों और संभावित सुधारों को समझने से आप आधुनिकीकरण, क्लाउड पर माइग्रेशन, या अपने ऑन-प्रिमाइसेस सेटअप को अनुकूलित करने के बारे में सूचित निर्णय लेने में सक्षम हो सकते हैं।

5.1.1. मूल्यांकन लक्ष्यों को परिभाषित करना:

मूल्यांकन प्रक्रिया में उतरने से पहले, स्पष्ट लक्ष्यों और उद्देश्यों को परिभाषित करना आवश्यक है। इन लक्ष्यों में शामिल हो सकते हैं:

- प्रदर्शन और मापनीयता: मौजूदा बुनियादी ढांचे के प्रदर्शन का आकलन करना, बाधाओं की पहचान करना और स्केलेबिलिटी विकल्पों का मूल्यांकन करना।
- सुरक्षा और अनुपालन: सुरक्षा उपायों का मूल्यांकन करना, कमजोरियों की पहचान करना और उद्योग नियमों और मानकों का अनुपालन सुनिश्चित करना।
- लागत अनुकूलन: स्वामित्व की कुल लागत (टीसीओ) का विश्लेषण करना, अक्षमता के क्षेत्रों की पहचान करना और लागत अनुकूलन के अवसरों की खोज करना।
- विश्वसनीयता और उपलब्धता: महत्वपूर्ण प्रणालियों की विश्वसनीयता और उपलब्धता का आकलन करना, विफलता के एकल बिंदुओं की पहचान करना और उच्च उपलब्धता समाधानों की खोज करना।

5.1.2. जानकारी जुटाना:

अपने ऑन-प्रिमाइस बुनियादी ढांचे का प्रभावी ढंग से आकलन करने के लिए, निम्नलिखित जानकारी इकट्ठा करें:

- भंडार: हार्डवेयर, सॉफ़्टवेयर और नेटवर्क घटकों की एक व्यापक सूची का दस्तावेज़ीकरण करें।
- प्रदर्शन डेटा: सीपीयू उपयोग, मेमोरी उपयोग, नेटवर्क थ्रूपुट और स्टोरेज प्रदर्शन जैसे प्रदर्शन मेट्रिक्स एकत्र करें।
- कॉन्फ़िगरेशन विवरण:नेटवर्क कॉन्फ़िगरेशन, सुरक्षा सेटिंग्स और सिस्टम आर्किटेक्चर पर जानकारी कैप्चर करें।
- व्यापार की आवश्यकताओं: मूल्यांकन को संगठनात्मक लक्ष्यों के साथ संरेखित करने के लिए वर्तमान और भविष्य की व्यावसायिक आवश्यकताओं को समझें।

5.1.3. बुनियादी ढांचे के घटकों का मूल्यांकन:

अपने ऑन-प्रिमाइसेस बुनियादी ढांचे के निम्नलिखित प्रमुख घटकों का आकलन करें:

- हार्डवेयर: सर्वर, स्टोरेज डिवाइस, नेटवर्किंग उपकरण और अन्य हार्डवेयर घटकों की आयु, प्रदर्शन और क्षमता का मूल्यांकन करें।
- सॉफ़्टवेयर: अनुकूलता, सुरक्षा पैच और अपडेट के लिए ऑपरेटिंग सिस्टम, डेटाबेस, वर्चुअलाइजेशन तकनीक और मिडलवेयर सहित सॉफ़्टवेयर स्टैक की समीक्षा करें।
- नेटवर्क का बुनियादी ढांचा: नेटवर्क आर्किटेक्चर, बैंडविड्थ आवश्यकताओं, रूटिंग, स्विचिंग और फ़ायरवॉल कॉन्फ़िगरेशन का आकलन करें।
- सुरक्षा उपाय: सुरक्षा प्रोटोकॉल, पहुंच नियंत्रण, प्रमाणीकरण तंत्र, एन्क्रिप्शन प्रथाओं और आपदा पुनर्प्राप्ति योजनाओं का मूल्यांकन करें।
- भंडारण और बैकअप: डेटा भंडारण तंत्र, बैकअप रणनीतियों, आपदा पुनर्प्राप्ति क्षमताओं और डेटा प्रतिधारण नीतियों की समीक्षा करें।

5.1.4. प्रदर्शन और कार्यभार का विश्लेषण:

अपने बुनियादी ढांचे पर चल रहे प्रदर्शन और कार्यभार की जांच करें:

- अदाकारी का समीक्षण:प्रदर्शन मेट्रिक्स का विश्लेषण करें और प्रदर्शन बाधाओं, संसाधन उपयोग पैटर्न और सुधार के क्षेत्रों की पहचान करें।
- कार्यभार आकलन:बुनियादी ढांचे पर चल रहे कार्यभार के प्रकार, उनकी संसाधन आवश्यकताओं और किसी भी सीमा या बाधा को समझें।

• क्षमता की योजना बनाना: विकास अनुमानों, मौसमी बदलावों और प्रत्याशित कार्यभार परिवर्तनों के आधार पर भविष्य की क्षमता आवश्यकताओं का पूर्वानुमान लगाएं।

5.1.5. जोखिमों और अवसरों की पहचान करना:

मूल्यांकन के आधार पर, जोखिमों, चुनौतियों और सुधार के अवसरों की पहचान करें:

• जोखिम की पहचान: संभावित जोखिमों की पहचान करें, जैसे हार्डवेयर या सॉफ़्टवेयर अप्रचलन, सुरक्षा कमजोरियाँ, विफलता के एकल बिंदु, या स्केलेबिलिटी सीमाएँ।

• लागत अनुकूलन: लागत अक्षमता के क्षेत्रों की पहचान करें, जैसे कम उपयोग किए गए संसाधन, लाइसेंस अनुकूलन अवसर, या ऊर्जा खपत अनुकूलन।

• आधुनिकीकरण के अवसर: सर्वर वर्चुअलाइजेशन, कंटेनरीकरण, या सॉफ्टवेयर-परिभाषित बुनियादी ढांचे जैसे आधुनिकीकरण पहल की व्यवहार्यता और लाभों का आकलन करें।

• क्लाउड की तैयारी: डेटा संवेदनशीलता, नियामक अनुपालन और लागत निहितार्थ जैसे कारकों पर विचार करते हुए, क्लाउड पर माइग्रेशन के लिए कार्यभार की उपयुक्तता निर्धारित करें।

5.1.6. एक कार्य योजना विकसित करना:

मूल्यांकन निष्कर्षों के आधार पर, एक व्यापक कार्य योजना विकसित करें:

• पहलों को प्राथमिकता दें: रैंक ने उनके प्रभाव और तात्कालिकता के आधार पर जोखिमों, अवसरों और सुधार क्षेत्रों की पहचान की।

• बजट और समयरेखा: अनुशंसित परिवर्तनों और सुधारों को लागू करने के लिए एक यथार्थवादी बजट और समयरेखा परिभाषित करें।

• सहयोग और समर्थन: कार्य योजना को प्रभावी ढंग से क्रियान्वित करने में समर्थन और विशेषज्ञता हासिल करने के लिए आवश्यकतानुसार हितधारकों, आईटी टीमों और बाहरी विशेषज्ञों को शामिल करें।

• निगरानी और समीक्षा: प्रगति की निगरानी करने, सफलता मापने और आवश्यकतानुसार कार्य योजना की नियमित समीक्षा और अद्यतन करने के लिए तंत्र स्थापित करें।

5.2 सफल क्लाउड माइग्रेशन की योजना बनाना

क्लाउड कंप्यूटिंग द्वारा प्रदान की जाने वाली स्केलेबिलिटी, लचीलेपन और लागत-दक्षता के लाभों का लाभ उठाने के इच्छुक संगठनों के लिए क्लाउड माइग्रेशन एक रणनीतिक अनिवार्यता बन गया है। हालाँकि, एक सफल क्लाउड माइग्रेशन के लिए सुचारु परिवर्तन सुनिश्चित करने के लिए सावधानीपूर्वक योजना और निष्पादन की आवश्यकता होती है।

5.2.1. प्रवासन लक्ष्य और उद्देश्य परिभाषित करें:

क्लाउड माइग्रेशन यात्रा शुरू करने से पहले, स्पष्ट लक्ष्य और उद्देश्य स्थापित करें जो आपके संगठन की समग्र रणनीति के अनुरूप हों। इन लक्ष्यों में शामिल हो सकते हैं:

• लागत अनुकूलन: क्लाउड सेवाओं का लाभ उठाकर बुनियादी ढांचे की लागत कम करें और बेहतर लागत पूर्वानुमान प्राप्त करें।

• स्केलेबिलिटी और लचीलापन: मांग के आधार पर संसाधनों को ऊपर या नीचे बढ़ाने और बदलती व्यावसायिक आवश्यकताओं के अनुरूप अनुकूलन करने की क्षमता में सुधार करें।

• प्रदर्शन और उपलब्धता: एप्लिकेशन प्रदर्शन बढ़ाएँ, उच्च उपलब्धता प्राप्त करें और व्यवसाय निरंतरता सुनिश्चित करें।

• सुरक्षा और अनुपालन: सुरक्षा उपायों को मजबूत करें और उद्योग नियमों और डेटा सुरक्षा मानकों का अनुपालन सुनिश्चित करें।

5.2.2. वर्तमान परिवेश का आकलन करें:

महत्वपूर्ण जानकारी और अंतर्दृष्टि इकट्ठा करने के लिए अपने मौजूदा आईटी वातावरण का मूल्यांकन करें जो आपकी प्रवासन रणनीति को सूचित करेगा:

• अनुप्रयोग सूची: बुनियादी ढांचे, सॉफ़्टवेयर और डेटा आवश्यकताओं सहित सभी अनुप्रयोगों और उनकी निर्भरताओं को पहचानें और दस्तावेज़ित करें।

• अदाकारी का समीक्षण: संसाधन आवश्यकताओं और संभावित बाधाओं को समझने के लिए अपने मौजूदा बुनियादी ढांचे के प्रदर्शन और उपयोग का विश्लेषण करें।

• डेटा वर्गीकरण: अपने डेटा को उसकी संवेदनशीलता, नियामक आवश्यकताओं और किसी भी अनुपालन विचार के आधार पर वर्गीकृत करें।

• अन्योन्याश्रितताएँ: उनके माइग्रेशन अनुक्रम की योजना बनाने के लिए अनुप्रयोगों, डेटाबेस और सिस्टम के बीच किसी भी अन्योन्याश्रितता की पहचान करें।

5.2.3. एक क्लाउड सेवा प्रदाता चुनें:

मूल्य निर्धारण, सेवा पेशकश, विश्वसनीयता, सुरक्षा, अनुपालन और भौगोलिक उपस्थिति जैसे कारकों पर विचार करते हुए, अपने संगठन की विशिष्ट आवश्यकताओं के आधार पर विभिन्न क्लाउड सेवा प्रदाताओं का मूल्यांकन करें।

5.2.4. प्रवासन रणनीति को परिभाषित करें:

एक व्यापक प्रवासन रणनीति विकसित करें जो दृष्टिकोण, समयरेखा और प्रमुख मील के पत्थर की रूपरेखा तैयार करे:

• प्रवासन चरण: अनुप्रयोग की गंभीरता, जटिलता और अन्योन्याश्रितताओं के आधार पर माइग्रेशन को तार्किक चरणों या तरंगों में विभाजित करें।

• लिफ्ट-एंड-शिफ्ट बनाम रिफैक्टरिंग: निर्धारित करें कि लिफ्ट-एंड-शिफ्ट दृष्टिकोण (रीहोस्टिंग) या रीफैक्टरिंग (री-आर्किटेक्टिंग) प्रत्येक एप्लिकेशन या वर्कलोड के लिए उपयुक्त है या नहीं।

• आंकड़ों का विस्थापन: संक्रमण के दौरान न्यूनतम डाउनटाइम और डेटा अखंडता सुनिश्चित करते हुए, अपने डेटा के माइग्रेशन की योजना बनाएं।

• परीक्षण और सत्यापन: क्लाउड वातावरण में एप्लिकेशन कार्यक्षमता, प्रदर्शन और सुरक्षा को मान्य करने के लिए परीक्षण रणनीतियों को परिभाषित करें।

5.2.5. सुरक्षा और अनुपालन उपाय स्थापित करें:

डेटा की सुरक्षा और नियामक आवश्यकताओं को पूरा करने के लिए मजबूत सुरक्षा और अनुपालन उपाय विकसित करें:

• पहचान और पहुंच प्रबंधन: उचित पहुंच नियंत्रण, प्रमाणीकरण तंत्र और एन्क्रिप्शन प्रथाओं को लागू करें।

• डेटा सुरक्षा: डेटा अखंडता और उपलब्धता सुनिश्चित करने के लिए डेटा एन्क्रिप्शन, बैकअप और आपदा पुनर्प्राप्ति रणनीतियों को परिभाषित करें।

• अनुपालन: प्रासंगिक उद्योग-विशिष्ट अनुपालन मानकों और विनियमों को समझें और उनका पालन करें।

5.2.6. एक प्रवासन योजना विकसित करें:

एक विस्तृत माइग्रेशन योजना बनाएं जो कार्यों, निर्भरताओं, समयसीमा और जिम्मेदार हितधारकों की रूपरेखा तैयार करे:

• आवेदन प्राथमिकता: अनुप्रयोगों को उनकी गंभीरता, जटिलता और व्यावसायिक प्रभाव के आधार पर प्राथमिकता दें।

• संसाधन प्रावधान: प्रत्येक एप्लिकेशन या कार्यभार के लिए आवश्यक क्लाउड संसाधन (गणना, भंडारण, नेटवर्किंग) निर्धारित करें।

• डेटा माइग्रेशन रणनीति: डेटा वॉल्यूम, सिंक्रोनाइज़ेशन और ट्रांसफर विधियों जैसे कारकों पर विचार करते हुए डेटा माइग्रेशन के लिए दृष्टिकोण और टूल को परिभाषित करें।
• परीक्षण और सत्यापन: क्लाउड वातावरण में उचित कार्यक्षमता, प्रदर्शन और सुरक्षा सुनिश्चित करने के लिए परीक्षण और सत्यापन गतिविधियों को शामिल करें।

5.2.7. माइग्रेशन निष्पादित करें और निगरानी करें:

प्रवासन योजना को क्रियान्वित करें, प्रगति की बारीकी से निगरानी करें और आने वाले किसी भी मुद्दे या चुनौती का समाधान करें:
• संचार एवं परिवर्तन प्रबंधन: हितधारकों और उपयोगकर्ताओं के साथ स्पष्ट संचार चैनल बनाए रखें, अपेक्षाओं का प्रबंधन करें और नियमित अपडेट प्रदान करें।
• प्रशिक्षण और सहायता: क्लाउड वातावरण के सुचारु परिवर्तन और अपनाने को सुनिश्चित करने के लिए उपयोगकर्ताओं और आईटी टीमों को प्रशिक्षण और सहायता प्रदान करें।
• प्रदर्शन अनुकूलन: एप्लिकेशन प्रदर्शन की लगातार निगरानी करें, अनुकूलन अवसरों की पहचान करें और आवश्यकतानुसार संसाधन आवंटन को ठीक करें।

5.2.8. प्रवासन के बाद सत्यापन और अनुकूलन:

एक बार माइग्रेशन पूरा हो जाने पर, क्लाउड वातावरण में अपने एप्लिकेशन की कार्यक्षमता, प्रदर्शन और सुरक्षा को सत्यापित करें। वास्तविक दुनिया के उपयोग पैटर्न और उपयोगकर्ताओं की प्रतिक्रिया के आधार पर क्लाउड इंफ्रास्ट्रक्चर को अनुकूलित और ठीक करें।

5.2 लिफ्ट और शिफ्ट बनाम क्लाउड-नेटिव डेवलपमेंट: सही दृष्टिकोण चुनना

अनुप्रयोगों को क्लाउड पर स्थानांतरित करते समय, संगठनों को अक्सर एक महत्वपूर्ण निर्णय का सामना करना पड़ता है: क्या उन्हें अपने मौजूदा अनुप्रयोगों को हटाना और स्थानांतरित करना है या क्लाउड-नेटिव विकास को अपनाना है। दोनों दृष्टिकोणों की अपनी खूबियाँ और विचार हैं। इस लेख में, हम लिफ्ट और शिफ्ट और क्लाउड-नेटिव विकास के बीच अंतर का पता लगाएंगे, उनके फायदे और चुनौतियों पर चर्चा करेंगे, और आपकी विशिष्ट आवश्यकताओं के लिए सही दृष्टिकोण चुनने पर मार्गदर्शन प्रदान करेंगे।

5.2.1. लिफ्ट और शिफ्ट दृष्टिकोण:

लिफ्ट और शिफ्ट दृष्टिकोण, जिसे रीहोस्टिंग के रूप में भी जाना जाता है, में न्यूनतम परिवर्तनों के साथ ऑन-प्रिमाइसेस इंफ्रास्ट्रक्चर से क्लाउड पर एप्लिकेशन को माइग्रेट करना शामिल है। इस दृष्टिकोण के प्रमुख पहलू इस प्रकार हैं:
• प्रवासन गति: लिफ्ट और शिफ्ट तेजी से माइग्रेशन प्रक्रिया की अनुमति देता है क्योंकि यह व्यापक संशोधनों के बिना मौजूदा अनुप्रयोगों को स्थानांतरित करने पर केंद्रित है।
• बुनियादी ढांचे की अनुकूलता: एप्लिकेशन काफी हद तक अपरिवर्तित रहते हैं, मौजूदा कॉन्फ़िगरेशन और निर्भरता का लाभ उठाते हैं, जिससे माइग्रेशन प्रक्रिया आसान हो जाती है।
• तत्काल लाभ:लिफ्ट और शिफ्ट संगठनों को महत्वपूर्ण अग्रिम निवेश या विकास प्रयास के बिना स्केलेबिलिटी, उच्च उपलब्धता और लागत अनुकूलन जैसे क्लाउड लाभों का त्वरित लाभ उठाने में सक्षम बनाता है।
• सीमित क्लाउड-मूल विशेषताएं: यह दृष्टिकोण क्लाउड-नेटिव सेवाओं और क्षमताओं का पूरा लाभ नहीं उठा सकता है, संभावित रूप से कुछ लाभों और अनुकूलन से चूक सकता है।

5.2.2. क्लाउड-नेटिव विकास:

क्लाउड-नेटिव विकास में क्लाउड-नेटिव सेवाओं और सिद्धांतों का पूरी तरह से लाभ उठाने के लिए अनुप्रयोगों की खोज करना शामिल है। इस दृष्टिकोण के प्रमुख पहलुओं में शामिल हैं:
• स्केलेबिलिटी और लचीलापन:क्लाउड-नेटिव विकास अनुप्रयोगों को अलग-अलग मांग को पूरा करने के लिए ऑटो-स्केलिंग और कंटेनरीकरण का लाभ उठाते हुए क्षैतिज रूप से स्केल करने की अनुमति देता है। वितरित आर्किटेक्चर और अतिरेक के माध्यम से लचीलापन हासिल किया जाता है।

• माइक्रोसर्विसेज आर्किटेक्चर: क्लाउड-नेटिव एप्लिकेशन अक्सर माइक्रोसर्विसेज आर्किटेक्चर का पालन करते हैं, जहां एप्लिकेशन को छोटी, शिथिल युग्मित सेवाओं में विघटित किया जाता है, जिससे चपलता, स्वतंत्र स्केलिंग और तैनाती में आसानी होती है।

• DevOps और स्वचालन: क्लाउड-नेटिव विकास DevOps प्रथाओं और स्वचालन को अपनाता है, जो तेजी से तैनाती और अधिक कुशल संचालन प्राप्त करने के लिए निरंतर एकीकरण, निरंतर वितरण और बुनियादी ढांचे-ए-कोड को सक्षम बनाता है।

• क्लाउड-नेटिव सेवाओं का उपयोग करना: क्लाउड-नेटिव विकास एप्लिकेशन की कार्यक्षमता और प्रदर्शन को बढ़ाने के लिए क्लाउड प्लेटफ़ॉर्म द्वारा प्रदान की जाने वाली मूल सेवाओं, जैसे सर्वर रहित कंप्यूटिंग, प्रबंधित डेटाबेस, मैसेजिंग कतार और एआई/एमएल सेवाओं का पूरी तरह से लाभ उठाता है।

5.2.3. सही दृष्टिकोण का चयन:

लिफ्ट और शिफ्ट तथा क्लाउड-नेटिव विकास के बीच निर्णय लेते समय, निम्नलिखित कारकों पर विचार करें:

• अनुप्रयोग जटिलता: जटिल निर्भरता, कसकर युग्मित घटकों, या व्यापक रीचिटेक्टिंग के लिए सीमित संसाधनों के साथ विरासत अनुप्रयोगों के लिए लिफ्ट और शिफ्ट अधिक उपयुक्त हो सकते हैं। क्लाउड-नेटिव विकास नए या ग्रीनफील्ड अनुप्रयोगों के लिए फायदेमंद है जहां लचीलापन और स्केलेबिलिटी महत्वपूर्ण है।

• समय और संसाधन की कमी: यदि समय महत्वपूर्ण है या यदि संसाधन की कमी व्यापक पुनर्विकास करने की क्षमता को सीमित करती है, तो अनुप्रयोगों को क्लाउड पर शीघ्रता से स्थानांतरित करने के लिए लिफ्ट और शिफ्ट एक व्यावहारिक दृष्टिकोण हो सकता है।

• दीर्घकालिक लक्ष्य: अपने दीर्घकालिक लक्ष्यों और रणनीतिक दृष्टि का मूल्यांकन करें। यदि संगठन का लक्ष्य क्लाउड-नेटिव सुविधाओं, स्केलेबिलिटी और चपलता का पूरा लाभ उठाना है, तो क्लाउड-नेटिव विकास में निवेश करने से लंबे समय में अधिक लाभ मिल सकता है।

• लागत संबंधी विचार: दोनों दृष्टिकोणों के लागत निहितार्थ का आकलन करें। जबकि लिफ्ट और शिफ्ट क्लाउड पर जाकर तत्काल लागत लाभ प्रदान कर सकते हैं, क्लाउड-नेटिव विकास बेहतर संसाधन आवंटन और स्केलिंग के माध्यम से लागत को अनुकूलित कर सकता है।

5.2.4. हाइब्रिड दृष्टिकोण:

संगठन हाइब्रिड दृष्टिकोणों पर भी विचार कर सकते हैं जो लिफ्ट और शिफ्ट और क्लाउड-नेटिव विकास दोनों के तत्वों को जोड़ते हैं। उदाहरण के लिए, समय-संवेदनशील माइग्रेशन के लिए शुरुआत में लिफ्ट और शिफ्ट का प्रदर्शन किया जा सकता है, इसके बाद क्लाउड-नेटिव सिद्धांतों को अपनाने के लिए विशिष्ट एप्लिकेशन घटकों की वृद्धिशील रीआर्किटेक्टिंग की जा सकती है।

5.3 सफल क्लाउड माइग्रेशन के लिए सर्वोत्तम अभ्यास

क्लाउड माइग्रेशन एक जटिल प्रक्रिया है जिसके लिए सुचारु परिवर्तन सुनिश्चित करने और क्लाउड कंप्यूटिंग के लाभों को अधिकतम करने के लिए सावधानीपूर्वक योजना, निष्पादन और प्रबंधन की आवश्यकता होती है।

5.3.1. एक व्यापक प्रवासन रणनीति विकसित करें:

सफल क्लाउड माइग्रेशन के लिए एक अच्छी तरह से परिभाषित माइग्रेशन रणनीति बनाना महत्वपूर्ण है। निम्नलिखित प्रमुख तत्वों पर विचार करें:

• स्पष्ट लक्ष्य निर्धारित करें: स्पष्ट उद्देश्यों को परिभाषित करें और उन्हें संगठन की समग्र रणनीति, जैसे लागत अनुकूलन, स्केलेबिलिटी, या बेहतर सुरक्षा के साथ संरेखित करें।

• तत्परता का आकलन करें: संभावित चुनौतियों, निर्भरताओं और प्रवासन प्राथमिकताओं की पहचान करने के लिए अपने मौजूदा बुनियादी ढांचे, अनुप्रयोगों और डेटा का मूल्यांकन करें।

• अनुप्रयोगों को प्राथमिकता दें: गंभीरता, जटिलता और व्यावसायिक प्रभाव के आधार पर वह क्रम निर्धारित करें जिसमें एप्लिकेशन माइग्रेट किए जाएंगे।

• डेटा माइग्रेशन की योजना: डेटा वर्गीकरण, स्थानांतरण विधियों और संक्रमण के दौरान डेटा अखंडता सुनिश्चित करने सहित एक मजबूत डेटा माइग्रेशन रणनीति विकसित करें।
• परीक्षण और सत्यापन: क्लाउड वातावरण में उचित कार्यक्षमता, प्रदर्शन और सुरक्षा सुनिश्चित करने के लिए परीक्षण और सत्यापन गतिविधियों को शामिल करें।

5.3.2. क्लाउड प्रदाता चयन पर विचार करें:

सफल माइग्रेशन के लिए सही क्लाउड सेवा प्रदाता चुनना महत्वपूर्ण है। निम्नलिखित कारकों पर विचार करें:
• अनुकूलता और अंतरसंचालनीयता: मूल्यांकन करें कि आपके एप्लिकेशन और बुनियादी ढांचे क्लाउड प्रदाता की सेवाओं, एपीआई और संगतता आवश्यकताओं के साथ कितनी अच्छी तरह संरेखित हैं।
• सुरक्षा और अनुपालन: क्लाउड प्रदाता के सुरक्षा उपायों, डेटा सुरक्षा क्षमताओं और उद्योग नियमों और अनुपालन मानकों के पालन का मूल्यांकन करें।
• स्केलेबिलिटी और प्रदर्शन: अपनी एप्लिकेशन आवश्यकताओं को पूरा करने के लिए स्केलेबिलिटी, उपलब्धता और नेटवर्क प्रदर्शन सहित क्लाउड प्रदाता की बुनियादी सुविधाओं पर विचार करें।
• लागत अनुकूलन: अपने उपयोग पैटर्न के आधार पर क्लाउड प्रदाता के मूल्य निर्धारण मॉडल, लागत प्रबंधन उपकरण और लागत अनुकूलन के विकल्पों को समझें।

5.3.3. क्लाउड के लिए एप्लिकेशन अनुकूलित करें:

क्लाउड के लाभों को अधिकतम करने के लिए, क्लाउड वातावरण के लिए अपने एप्लिकेशन को अनुकूलित करने पर विचार करें:
• क्लाउड-नेटिव आर्किटेक्चर: माइक्रोसर्विसेज, स्केलेबिलिटी और सर्वर रहित कंप्यूटिंग जैसे क्लाउड-नेटिव सिद्धांतों का लाभ उठाने के लिए रिफैक्टर या रीचिटेक्ट एप्लिकेशन।
• प्रदर्शन अनुकूलन: संसाधन उपयोग, कैशिंग और नेटवर्क विलंबता जैसे कारकों पर विचार करते हुए, क्लाउड वातावरण में इष्टतम प्रदर्शन के लिए अनुप्रयोगों को फाइन-ट्यून करें।
• सुरक्षा और अनुपालन:क्लाउड-नेटिव सुरक्षा सेवाओं को अपनाकर, सुरक्षित कोडिंग प्रथाओं को लागू करके और डेटा सुरक्षा नियमों का अनुपालन सुनिश्चित करके सुरक्षा उपायों को बढ़ाएं।
• डेटा प्रबंधन: डेटा पहुंच और विश्वसनीयता में सुधार के लिए डेटा भंडारण और डेटाबेस अनुकूलन तकनीकों, जैसे डेटा विभाजन, अनुक्रमण और प्रतिकृति पर विचार करें।

5.3.4. मजबूत सुरक्षा उपाय लागू करें:

प्रवासन प्रक्रिया के दौरान मजबूत सुरक्षा बनाए रखना महत्वपूर्ण है। निम्नलिखित सुरक्षा सर्वोत्तम प्रथाओं पर विचार करें:
• पहचान और पहुंच प्रबंधन: क्लाउड संसाधनों को सुरक्षित करने के लिए मजबूत प्रमाणीकरण तंत्र, पहुंच नियंत्रण और भूमिका-आधारित पहुंच प्रबंधन लागू करें।
• डेटा एन्क्रिप्शन: गोपनीयता सुनिश्चित करने और अनधिकृत पहुंच से बचाने के लिए आराम और पारगमन के दौरान संवेदनशील डेटा को एन्क्रिप्ट करें।
• नेटवर्क सुरक्षा: क्लाउड संसाधनों को बाहरी खतरों से बचाने के लिए फ़ायरवॉल, नेटवर्क विभाजन और सुरक्षित कनेक्टिविटी कॉन्फ़िगर करें।
• घटना प्रतिक्रिया और निगरानी: सुरक्षा घटनाओं का तुरंत पता लगाने और उन पर प्रतिक्रिया देने के लिए निगरानी और लॉगिंग तंत्र स्थापित करें।

5.3.5 परिवर्तन प्रबंधन और संचार के लिए योजना:

• सफलता के लिए क्लाउड माइग्रेशन के संगठनात्मक प्रभाव को सुचारू रूप से प्रबंधित करना आवश्यक है। निम्नलिखित प्रथाओं पर विचार करें:
• हितधारकों की वचनबद्धता: प्रवासन प्रक्रिया की खरीद-फरोख्त, समर्थन और समझ सुनिश्चित करने के लिए विभिन्न विभागों के प्रमुख हितधारकों को शामिल करें।
• प्रशिक्षण और ज्ञान हस्तांतरण: कर्मचारियों को नए क्लाउड वातावरण और प्रौद्योगिकियों से परिचित कराने के लिए प्रशिक्षण प्रदान करें।

• संचार बदलें: अपेक्षाओं को प्रबंधित करने और व्यवधानों को कम करने के लिए कर्मचारियों और हितधारकों को अपडेट, प्रगति और अपेक्षित परिवर्तनों के बारे में नियमित रूप से सूचित करें।

• सहायता चैनल स्थापित करें: माइग्रेशन के दौरान और बाद में उपयोगकर्ता के प्रश्नों, चिंताओं और मुद्दों के समाधान के लिए सहायता चैनल और सहायता डेस्क सेवाएँ स्थापित करें।

5.3.6. मॉनिटर, ऑप्टिमाइज़ और पुनरावृति:

एक बार माइग्रेशन पूरा हो जाने के बाद, अपने क्लाउड इंफ्रास्ट्रक्चर का इष्टतम प्रदर्शन और लागत-प्रभावशीलता सुनिश्चित करने के लिए लगातार निगरानी और अनुकूलन करें:

• निष्पादन की निगरानी: एप्लिकेशन प्रदर्शन, संसाधन उपयोग और उपयोगकर्ता अनुभव को ट्रैक करने के लिए निगरानी उपकरण और अभ्यास स्थापित करें।

• लागत अनुकूलन: नियमित रूप से अपने क्लाउड संसाधनों की समीक्षा करें और उन्हें अनुकूलित करें, उदाहरणों का अधिकार निर्धारण करें, स्वचालन का लाभ उठाएं और खर्च पैटर्न की निगरानी करें।

• निरंतर सुधार: निरंतर एकीकरण और वितरण प्रथाओं को लागू करके, तेजी से पुनरावृत्ति और अनुप्रयोगों और बुनियादी ढांचे में सुधार को सक्षम करके DevOps संस्कृति को अपनाएं।

अभ्यास

बहु विकल्पीय प्रश्न

1. क्लाउड माइग्रेशन से पहले ऑन-प्रिमाइसेस बुनियादी ढांचे का आकलन करने का प्राथमिक उद्देश्य क्या है?

a) क्लाउड प्लेटफ़ॉर्म के साथ मौजूदा एप्लिकेशन की अनुकूलता निर्धारित करने के लिए

b) मौजूदा बुनियादी ढांचे में संभावित जोखिमों और कमजोरियों की पहचान करना

c) क्लाउड माइग्रेशन की लागत का अनुमान लगाना

d) प्रवास के लिए आवेदनों को उनकी गंभीरता के आधार पर प्राथमिकता देना

2. निम्नलिखित में से कौन सा ऑन-प्रिमाइसेस बुनियादी ढांचे के मूल्यांकन का प्रमुख घटक नहीं है? क्लाउड प्रवास?

a) हार्डवेयर मूल्यांकन

b) नेटवर्क वास्तुकला विश्लेषण

c) एप्लिकेशन कोड अनुकूलन

d) सुरक्षा प्रोटोकॉल समीक्षा

3. क्लाउड माइग्रेशन में लिफ्ट और शिफ्ट दृष्टिकोण के प्राथमिक लाभों में से एक क्या है?

a) यह एप्लिकेशन को क्लाउड-नेटिव सेवाओं का पूरी तरह से लाभ उठाने की अनुमति देता है

b) माइग्रेशन के लिए मौजूदा एप्लिकेशन में न्यूनतम बदलाव की आवश्यकता है

c) यह क्लाउड-नेटिव विकास की तुलना में बेहतर लागत अनुकूलन प्रदान करता है

d) इसमें अनुप्रयोगों को माइक्रोसर्विसेज में पुनः व्यवस्थित करना शामिल है

4. क्लाउड-नेटिव विकास में, अनुप्रयोगों के लिए अक्सर किस वास्तुशिल्प शैली का पालन किया जाता है?

a) अखंड वास्तुकला

b) सेवा-उन्मुख वास्तुकला (एसओए)

c) माइक्रोसर्विसेज आर्किटेक्चर

d) वितरित वास्तुकला

5. क्लाउड माइग्रेशन में लिफ्ट और शिफ्ट दृष्टिकोण को चुनने का प्राथमिक कारण क्या है?

a) क्लाउड-नेटिव सेवाओं का पूर्ण उपयोग करना

b) तत्काल लागत अनुकूलन प्राप्त करने के लिए

c) क्लाउड में बेहतर एप्लिकेशन प्रदर्शन सुनिश्चित करने के लिए

d) अनुप्रयोगों की क्षैतिज मापनीयता को सक्षम करने के लिए

6. माइग्रेशन के लिए क्लाउड सेवा प्रदाता का चयन करते समय किस कारक पर विचार नहीं किया जाना चाहिए?

a) सुरक्षा उपाय

b) अनुमापकता

c) एप्लिकेशन कोड जटिलता

d) सेवा प्रसाद

7. क्लाउड माइग्रेशन में क्लाउड-नेटिव विकास का प्रमुख लाभ क्या है?

a) तेज़ प्रवासन प्रक्रिया

b) न्यूनतम अग्रिम निवेश

c) मौजूदा बुनियादी ढाँचे के विन्यास का लाभ उठाना

d) क्लाउड-नेटिव सेवाओं और क्षमताओं का पूर्ण उपयोग

8. प्रवासन कार्य योजना विकसित करते समय संगठनों को किस आधार पर प्राथमिकता देनी चाहिए मूल्यांकन निष्कर्ष?

a) बजट और समयरेखा

b) अनुप्रयोग जटिलता
c) हार्डवेयर सूची
d) नेटवर्क थ्रूपुट

9. क्लाउड के बाद निगरानी और समीक्षा तंत्र स्थापित करने का प्राथमिक उद्देश्य क्या है? प्रवास?

a) क्लाउड प्लेटफ़ॉर्म के साथ अनुप्रयोगों की अनुकूलता का आकलन करना
b) प्रवासन प्रक्रिया की सफलता को मापने के लिए
c) क्लाउड वातावरण में संभावित जोखिमों और कमजोरियों की पहचान करना
d) भविष्य के प्रवासन के लिए आवेदनों को प्राथमिकता देना

10. क्लाउड माइग्रेशन के दौरान परिवर्तन प्रबंधन और संचार की योजना बनाना क्यों आवश्यक है?

a) क्लाउड माइग्रेशन लागत को कम करने के लिए
b) माइग्रेशन प्रक्रिया के दौरान डेटा हानि को रोकने के लिए
c) क्लाउड में डेटा अखंडता और उपलब्धता सुनिश्चित करना
d) संगठनात्मक प्रभाव और उपयोगकर्ता अपेक्षाओं का प्रबंधन करना

समीक्षा प्रश्न

1. क्लाउड कंप्यूटिंग के युग में किसी संगठन की आईटी रणनीति के लिए ऑन-प्रिमाइसेस बुनियादी ढांचे का आकलन क्यों महत्वपूर्ण है?
2. ऑन-प्रिमाइसेस बुनियादी ढांचे का मूल्यांकन करते समय मूल्यांकन प्रक्रिया के मुख्य लक्ष्य क्या हैं?
3. क्लाउड माइग्रेशन के लिए?
4. ऑन-प्रिमाइसेस बुनियादी ढांचे का प्रभावी ढंग से आकलन करने के लिए कौन सी जानकारी एकत्र की जानी चाहिए?
5. ऑन-प्रिमाइसेस बुनियादी ढांचे का मूल्यांकन करते समय, किन प्रमुख घटकों का मूल्यांकन किया जाना चाहिए?
6. बुनियादी ढांचे के मूल्यांकन के दौरान जोखिमों और अवसरों की पहचान करना क्यों महत्वपूर्ण है?
7. मूल्यांकन निष्कर्षों के आधार पर विकसित कार्य योजना में किन तत्वों को शामिल किया जाना चाहिए?
8. सफल क्लाउड माइग्रेशन के लिए सावधानीपूर्वक योजना बनाना क्यों आवश्यक है?
9. क्लाउड माइग्रेशन शुरू करने से पहले कौन से लक्ष्य और उद्देश्य परिभाषित किए जाने चाहिए?
10. क्लाउड माइग्रेशन योजना प्रक्रिया में वर्तमान परिवेश का आकलन करना क्यों महत्वपूर्ण है?
11. माइग्रेशन के लिए क्लाउड सेवा प्रदाता का चयन करते समय किन कारकों पर विचार किया जाना चाहिए?
12. सफल क्लाउड माइग्रेशन सुनिश्चित करने के लिए कुछ सर्वोत्तम प्रथाएँ क्या हैं?

उत्तर अनुभाग

बहु विकल्पीय प्रश्न

1. b) मौजूदा बुनियादी ढांचे में संभावित जोखिमों और कमजोरियों की पहचान करना
2. c) एप्लिकेशन कोड अनुकूलन
3. b) माइग्रेशन के लिए मौजूदा अनुप्रयोगों में न्यूनतम बदलाव की आवश्यकता है
4. c) माइक्रोसर्विसेज आर्किटेक्चर
5. b) तत्काल लागत अनुकूलन प्राप्त करना
6. c) एप्लिकेशन कोड जटिलता
7. d) क्लाउड-नेटिव सेवाओं और क्षमताओं का पूर्ण उपयोग
8. a) बजट और समयरेखा
9. b) प्रवासन प्रक्रिया की सफलता को मापने के लिए
10. d) संगठनात्मक प्रभाव और उपयोगकर्ता अपेक्षाओं का प्रबंधन करना

समीक्षा प्रश्न

1. ऑन-प्रिमाइसेस बुनियादी ढांचे का आकलन करना महत्वपूर्ण है क्योंकि यह मौजूदा ताकत, कमजोरियों और संभावित सुधारों में अंतर्दृष्टि प्रदान करता है। यह जानकारी संगठनों को आधुनिकीकरण, क्लाउड माइग्रेशन, या उनके वर्तमान सेटअप को अनुकूलित करने, उनकी समग्र आईटी रणनीति और व्यावसायिक लक्ष्यों के साथ संरेखण सुनिश्चित करने के बारे में सूचित निर्णय लेने में मदद करती है।

2. मूल्यांकन प्रक्रिया का मुख्य लक्ष्य प्रदर्शन और मापनीयता, सुरक्षा और अनुपालन उपाय, लागत अनुकूलन अवसर और महत्वपूर्ण प्रणालियों की विश्वसनीयता और उपलब्धता का मूल्यांकन करना है। यह मूल्यांकन सुधार के क्षेत्रों की पहचान करने और एक सफल प्रवासन रणनीति की योजना बनाने में सहायता करता है।

3. ऑन-प्रिमाइसेस बुनियादी ढांचे का प्रभावी ढंग से आकलन करने के लिए, संगठनों को प्रदर्शन मेट्रिक्स, कॉन्फ़िगरेशन विवरण और वर्तमान और भविष्य की व्यावसायिक आवश्यकताओं की समझ के साथ-साथ हार्डवेयर, सॉफ्टवेयर और नेटवर्क घटकों की एक व्यापक सूची एकत्र करनी चाहिए।

4. मूल्यांकन करने के लिए मुख्य घटकों में हार्डवेयर शामिल हैं, जैसे सर्वर, स्टोरेज डिवाइस और नेटवर्किंग उपकरण, सॉफ्टवेयर स्टैक, नेटवर्क इंफ्रास्ट्रक्चर, सुरक्षा उपाय और स्टोरेज और बैकअप तंत्र। इन घटकों का मूल्यांकन करने से सुधार के क्षेत्रों और संभावित प्रवासन अवसरों की पहचान करने में मदद मिलती है।

5. जोखिमों की पहचान करने से संगठनों को हार्डवेयर अप्रचलन या सुरक्षा कमजोरियों जैसे संभावित मुद्दों का समाधान करने में मदद मिलती है, जबकि अवसरों की पहचान करने से लागत अनुकूलन, आधुनिकीकरण पहल और प्रभावी क्लाउड माइग्रेशन योजना की अनुमति मिलती है, जिससे एक सफल और कुशल माइग्रेशन प्रक्रिया सुनिश्चित होती है।

6. कार्य योजना को उनके प्रभाव और तात्कालिकता के आधार पर पहल को प्राथमिकता देनी चाहिए, कार्यान्वयन के लिए एक यथार्थवादी बजट और समयरेखा परिभाषित करनी चाहिए, हितधारकों और आईटी टीमों से सहयोग और समर्थन शामिल करना चाहिए, और प्रगति को ट्रैक करने और सफलता को मापने के लिए निगरानी और समीक्षा तंत्र स्थापित करना चाहिए।

7. क्लाउड माइग्रेशन प्रक्रिया के दौरान सुचारू परिवर्तन सुनिश्चित करने और व्यवधानों को कम करने के लिए सावधानीपूर्वक योजना आवश्यक है। उचित योजना संभावित चुनौतियों की पहचान करने, प्रवासन लक्ष्यों को परिभाषित करने और प्रवासन रणनीति को संगठनात्मक उद्देश्यों के साथ संरेखित करने में मदद करती है, जिससे एक सफल और कुशल प्रवासन होता है।

8. लक्ष्यों और उद्देश्यों को संगठन की समग्र रणनीति के अनुरूप होना चाहिए और इसमें लागत अनुकूलन, स्केलेबिलिटी, लचीलापन, बेहतर प्रदर्शन और उपलब्धता, मजबूत सुरक्षा और अनुपालन उपाय और बढ़ी हुई व्यावसायिक चपलता शामिल हो सकती है।

9. वर्तमान परिवेश का आकलन करना महत्वपूर्ण है क्योंकि यह मौजूदा अनुप्रयोगों, बुनियादी ढांचे और डेटा निर्भरता के बारे में महत्वपूर्ण जानकारी प्रदान करता है। यह मूल्यांकन माइग्रेशन रणनीति की योजना बनाने, अनुप्रयोगों को

प्राथमिकता देने और संभावित चुनौतियों का अनुमान लगाने, एक निर्बाध और सफल क्लाउड माइग्रेशन सुनिश्चित करने के लिए आवश्यक है।

10. क्लाउड सेवा प्रदाता का चयन करते समय मौजूदा बुनियादी ढांचे और अनुप्रयोगों के साथ अनुकूलता, सुरक्षा उपाय, स्केलेबिलिटी, लागत, सेवा पेशकश और भौगोलिक उपस्थिति जैसे कारकों पर विचार किया जाना चाहिए। सही विकल्प एक उपयुक्त क्लाउड वातावरण सुनिश्चित करता है जो संगठन की विशिष्ट आवश्यकताओं को पूरा करता है।

11. सर्वोत्तम प्रथाओं में एक व्यापक माइग्रेशन रणनीति विकसित करना, क्लाउड वातावरण के लिए अनुप्रयोगों को अनुकूलित करना, मजबूत सुरक्षा उपायों को लागू करना, परिवर्तन प्रबंधन और संचार की योजना बनाना और माइग्रेशन के बाद क्लाउड इंफ्रास्ट्रक्चर की निरंतर निगरानी और अनुकूलन करना शामिल है। ये प्रथाएं अधिकतम लाभ के साथ सहज और सफल क्लाउड माइग्रेशन सुनिश्चित करती हैं।

अध्याय 6: क्लाउड लागत अनुकूलन

6.1 क्लाउड लागत घटकों को समझना

क्लाउड कंप्यूटिंग लचीलापन और स्केलेबिलिटी प्रदान करता है, लेकिन खर्चों को प्रभावी ढंग से प्रबंधित करने के लिए क्लाउड सेवाओं से जुड़े लागत घटकों को समझना महत्वपूर्ण है। प्रभावी लागत प्रबंधन और बजट योजना के लिए क्लाउड कंप्यूटिंग के लागत घटकों को समझना महत्वपूर्ण है। गणना उदाहरण, भंडारण, डेटा स्थानांतरण, नेटवर्क सेवाएँ, डेटाबेस, अतिरिक्त सेवाएँ, समर्थन और सुरक्षा उपाय सभी क्लाउड लागत में योगदान करते हैं। इन लागत घटकों की व्यापक समझ हासिल करके और लागत अनुकूलन उपकरणों और रणनीतियों का उपयोग करके, व्यवसाय सूचित निर्णय ले सकते हैं, अपने क्लाउड खर्च को अनुकूलित कर सकते हैं और क्लाउड सेवाओं से प्राप्त मूल्य को अधिकतम कर सकते हैं।

हम क्लाउड कंप्यूटिंग के प्रमुख लागत घटकों का पता लगाएंगे ताकि आपको यह समझने में मदद मिल सके कि क्लाउड लागत कैसे संरचित होती है।

6.1.1 उदाहरणों की गणना करें:

वर्चुअल मशीन (वीएम) या कंटेनर जैसे कंप्यूट इंस्टेंसेस क्लाउड कंप्यूटिंग की नींव बनाते हैं। कंप्यूट इंस्टेंस की लागत आम तौर पर इंस्टेंस प्रकार, सीपीयू, मेमोरी और स्टोरेज क्षमता जैसे कारकों पर निर्भर करती है। विभिन्न क्लाउड सेवा प्रदाता विभिन्न मूल्य निर्धारण मॉडल पेश करते हैं, जिसमें ऑन-डिमांड मूल्य निर्धारण (पे-एज़-यू-गो), आरक्षित इंस्टेंस (कम दरों के साथ दीर्घकालिक प्रतिबद्धताएं), और स्पॉट इंस्टेंस (अतिरिक्त क्षमता के लिए बोली-आधारित मूल्य निर्धारण) शामिल हैं।

6.1.2. भंडारण:

क्लाउड स्टोरेज स्केलेबल और टिकाऊ डेटा स्टोरेज समाधान प्रदान करता है। क्लाउड स्टोरेज की लागत स्टोरेज क्षमता, डेटा ट्रांसफर (प्रवेश और निकास दोनों), और स्टोरेज क्लास (जैसे, मानक, दुर्लभ पहुंच, अभिलेखीय) जैसे कारकों पर आधारित होती है। इसके अतिरिक्त, क्लाउड प्रदाता स्नैपशॉट, बैकअप और ऑब्जेक्ट जीवनचक्र प्रबंधन जैसी डेटा प्रबंधन सेवाओं के लिए शुल्क ले सकते हैं।

6.1.3. डेटा स्थानांतरण और बैंडविड्थ:

क्लाउड प्रदाता विभिन्न क्षेत्रों, उपलब्धता क्षेत्रों या इंटरनेट के बीच डेटा स्थानांतरण के लिए शुल्क लेते हैं। इनग्रेस का तात्पर्य क्लाउड में आने वाले डेटा से है, जबकि इग्रेस का तात्पर्य क्लाउड से निकलने वाले डेटा से है। स्थानांतरित किए गए डेटा की मात्रा और इसमें शामिल भौगोलिक क्षेत्रों के आधार पर बैंडविड्थ लागत भिन्न हो सकती है। इन लागतों के बारे में जागरूक रहना आवश्यक है, खासकर जब बड़े पैमाने पर डेटा संचलन से निपटना हो।

6.1.4. नेटवर्क और लोड संतुलन:

नेटवर्किंग लागत में वर्चुअल नेटवर्क, सबनेट, आईपी पते और क्लाउड वातावरण के भीतर या बाहर नेटवर्क ट्रैफ़िक के शुल्क शामिल हो सकते हैं। लोड संतुलन सेवाएँ, जो ट्रैफ़िक को कई उदाहरणों में वितरित करती हैं, उनकी संबद्ध लागतें भी हो सकती हैं, जैसे प्रति-घंटे या प्रति-जीबी शुल्क।

6.1.5. डेटाबेस सेवाएँ:

क्लाउड डेटाबेस सेवाएँ, जैसे प्रबंधित रिलेशनल डेटाबेस या NoSQL डेटाबेस, अपने स्वयं के मूल्य निर्धारण मॉडल के साथ आते हैं। लागत डेटाबेस आकार, I/O संचालन, बैकअप और डेटा स्थानांतरण जैसे कारकों पर आधारित हो सकती है। चुनी गई डेटाबेस सेवा के लिए विशिष्ट मूल्य निर्धारण विवरण और विकल्पों पर विचार करना महत्वपूर्ण है।

6.1.6. अतिरिक्त सेवाएँ और सुविधाएँ:

क्लाउड प्रदाता अतिरिक्त सेवाओं की एक विस्तृत श्रृंखला प्रदान करते हैं, जैसे एनालिटिक्स, मशीन लर्निंग, मॉनिटरिंग, सुरक्षा और पहचान और पहुंच प्रबंधन। उपयोग, एपीआई अनुरोध, संसाधित डेटा, या प्रबंधित संसाधनों की संख्या के आधार पर इन सेवाओं की अपनी लागत संरचनाएं हो सकती हैं। इन सेवाओं को अपने क्लाउड आर्किटेक्चर में शामिल करने पर विचार करते समय उनके मूल्य निर्धारण मॉडल को समझना महत्वपूर्ण है।

6.1.7. समर्थन और सेवा स्तर समझौते (एसएलए):

क्लाउड प्रदाता अक्सर अलग-अलग प्रतिक्रिया समय और तकनीकी सहायता तक पहुंच के साथ अलग-अलग समर्थन स्तर प्रदान करते हैं। प्रीमियम सहायता पैकेज में आम तौर पर अतिरिक्त लागत शामिल होती है। समर्थन विकल्पों और संबंधित लागतों का मूल्यांकन करना महत्वपूर्ण है, खासकर यदि आपके व्यवसाय को उच्च उपलब्धता और समय पर तकनीकी सहायता की आवश्यकता है।

6.1.8. डेटा अनुपालन और सुरक्षा:

आपके उद्योग और नियामक आवश्यकताओं के आधार पर, आपको अतिरिक्त सुरक्षा और अनुपालन उपायों में निवेश करने की आवश्यकता हो सकती है। उदाहरण के लिए, एन्क्रिप्शन सेवाओं, समर्पित निजी नेटवर्क कनेक्शन, या अनुपालन प्रमाणपत्रों में विशिष्ट डेटा सुरक्षा और नियामक मानकों को पूरा करने के लिए अतिरिक्त लागत शामिल हो सकती है।

6.1.9. लागत अनुकूलन उपकरण और रणनीतियाँ:

क्लाउड प्रदाता लागतों को अनुकूलित करने में सहायता के लिए विभिन्न उपकरण और सेवाएँ प्रदान करते हैं। इनमें लागत प्रबंधन डैशबोर्ड, बजट अलर्ट, संसाधन टैगिंग, अधिकारों की सिफारिशें और आरक्षित उदाहरण योजना शामिल हैं। इन उपकरणों का लाभ उठाने और लागत अनुकूलन रणनीतियों को लागू करने से खर्च को अनुकूलित करने और अप्रत्याशित लागत वृद्धि को रोकने में मदद मिल सकती है।

6.2 लागत निगरानी और प्रबंधन

क्लाउड कंप्यूटिंग के संदर्भ में लागत निगरानी और प्रबंधन संगठनों द्वारा अपने क्लाउड खर्चों को प्रभावी ढंग से नियंत्रित और अनुकूलित करने के लिए कार्यान्वित प्रथाओं और रणनीतियों को संदर्भित करता है। जैसे-जैसे क्लाउड का उपयोग बढ़ता है और अधिक जटिल हो जाता है, व्यवसायों के लिए अपने क्लाउड खर्च को प्रबंधित करने के लिए एक व्यापक दृष्टिकोण रखना महत्वपूर्ण है। नीचे दिए गए पाठ में उल्लिखित प्रमुख पहलुओं की गहन व्याख्या दी गई है:

6.2.1. एक लागत निगरानी ढांचा स्थापित करें:

लागत निगरानी ढाँचे के निर्माण में ऐसी प्रक्रियाएँ और उपकरण स्थापित करना शामिल है जो संगठनों को अपने क्लाउड खर्च में बेहतर दृश्यता प्राप्त करने की अनुमति देते हैं। इसे विभिन्न चरणों के माध्यम से हासिल किया जाता है, जैसे:

- लागत आवंटन टैग: ये क्लाउड संसाधनों, सेवाओं और परिनियोजन पर लागू लेबल हैं। संसाधनों को लगातार टैग करके, संगठन अपने खर्चों को वर्गीकृत कर सकते हैं और विभागों, परियोजनाओं या वातावरण जैसे टैग के आधार पर खर्च पैटर्न में अंतर्दृष्टि प्राप्त कर सकते हैं।
- क्लाउड प्रदाता लागत प्रबंधन उपकरण:क्लाउड सेवा प्रदाता अंतर्निहित लागत प्रबंधन उपकरण और डैशबोर्ड प्रदान करते हैं जो क्लाउड उपयोग, लागत और रुझानों के बारे में बहुमूल्य जानकारी प्रदान करते हैं। संगठन इन उपकरणों का उपयोग अपने खर्च को ट्रैक करने, संसाधन उपयोग को समझने और अनुकूलन सुझाव प्राप्त करने के लिए कर सकते हैं।
- तृतीय-पक्ष लागत निगरानी समाधान: देशी क्लाउड प्रदाता टूल के अलावा, तृतीय-पक्ष टूल भी उपलब्ध हैं जो अधिक उन्नत लागत निगरानी और अनुकूलन सुविधाएँ प्रदान करते हैं। ये उपकरण अक्सर बेहतर लागत प्रबंधन के लिए गहन विश्लेषण, पूर्वानुमान क्षमताएं और अनुकूलन योग्य रिपोर्ट प्रदान करते हैं।

6.2.2. बजट और अलर्ट सेट करें:

संगठनों को क्लाउड खर्च के लिए वित्तीय बजट और सीमाएँ परिभाषित करनी चाहिए। बजट अलर्ट सेट करके, पूर्वनिर्धारित सीमा से अधिक खर्च होने पर उन्हें तुरंत सूचित किया जा सकता है। यह व्यवसायों को शीघ्र ही सुधारात्मक कार्रवाई करने और अप्रत्याशित लागत वृद्धि से बचने की अनुमति देता है।

6.2.3. संसाधन उपयोग का अनुकूलन करें:

लागत अनुकूलन के लिए क्लाउड संसाधनों का कुशलतापूर्वक उपयोग करना आवश्यक है। प्रमुख प्रथाओं में शामिल हैं:

• अधिकार निर्धारण:वास्तविक कार्यभार आवश्यकताओं से मेल खाने के लिए संसाधन उपयोग का लगातार मूल्यांकन करना और उदाहरणों को समायोजित करना। यह सुनिश्चित करता है कि संसाधनों का न तो कम उपयोग किया जाए (पैसा बर्बाद किया जाए) और न ही अधिक प्रावधान किया जाए (अनावश्यक लागत खर्च की जाए)।

• अनुसूचित शटडाउन: लागत बचाने के लिए निष्क्रियता की अवधि के दौरान गैर-उत्पादन संसाधनों को स्वचालित रूप से बंद करना।

• ऑटो-स्केलिंग: मांग के आधार पर संसाधनों को स्वचालित रूप से समायोजित करने के लिए ऑटो-स्केलिंग क्षमताओं का उपयोग करना। यह सुनिश्चित करता है कि बुनियादी उपयोग चरम उपयोग के दौरान बढ़ता है और कम गतिविधि के दौरान कम होता है, अप्रयुक्त संसाधनों के लिए अधिक भुगतान को रोकता है।

6.2.4. आरक्षित उदाहरण और बचत योजनाएँ:

क्लाउड प्रदाता अक्सर आरक्षित उदाहरण या बचत योजना जैसे विकल्प प्रदान करते हैं, जिससे संगठनों को रियायती दरों के बदले दीर्घकालिक अनुबंध करने की अनुमति मिलती है। यह दृष्टिकोण पूर्वानुमानित कार्यभार के लिए विशेष रूप से फायदेमंद है, क्योंकि इसके परिणामस्वरूप महत्वपूर्ण लागत बचत हो सकती है।

6.2.5. डेटा ट्रांसफर और बैंडविड्थ की निगरानी करें:

डेटा ट्रांसफर और बैंडविड्थ का उपयोग क्लाउड लागत में महत्वपूर्ण योगदान दे सकता है। संगठनों को संपीड़न, कैशिंग और सामग्री वितरण नेटवर्क (सीडीएन) जैसी तकनीकों को नियोजित करके डेटा स्थानांतरण को अनुकूलित करना चाहिए। नेटवर्क ट्रैफ़िक पैटर्न की निगरानी से उच्च डेटा स्थानांतरण के क्षेत्रों की पहचान करने में मदद मिलती है और बेहतर संसाधन आवंटन की अनुमति मिलती है।

6.2.6. लागत-जागरूक वास्तुकला और डिजाइन:

क्लाउड आर्किटेक्चर और एप्लिकेशन डिज़ाइन करते समय, संगठनों को लागत निहितार्थों का ध्यान रखना चाहिए। लागत-जागरूक डिज़ाइन सिद्धांतों पर जोर देने में लागत-प्रभावी सेवाओं को चुनना, सूक्ष्म स्केलिंग के लिए सर्वर रहित कंप्यूटिंग को अपनाना, प्रशासनिक ओवरहेड को कम करने के लिए प्रबंधित सेवाओं का उपयोग करना और लागत दक्षता के लिए डेटा भंडारण रणनीतियों को अनुकूलित करना शामिल है।

6.2.7. नियमित रूप से समीक्षा करें और अनुकूलन करें:

लागत निगरानी और प्रबंधन सतत प्रक्रियाएं हैं। संगठनों को नियमित रूप से अपने क्लाउड खर्च की समीक्षा करनी चाहिए, लागत रिपोर्ट का विश्लेषण करना चाहिए और अनुकूलन अवसरों की पहचान करनी चाहिए। क्लाउड प्रदाता से नए मूल्य निर्धारण मॉडल और लागत-बचत विकल्पों के बारे में सूचित रहने से निरंतर लागत अनुकूलन सुनिश्चित करने में मदद मिलती है।

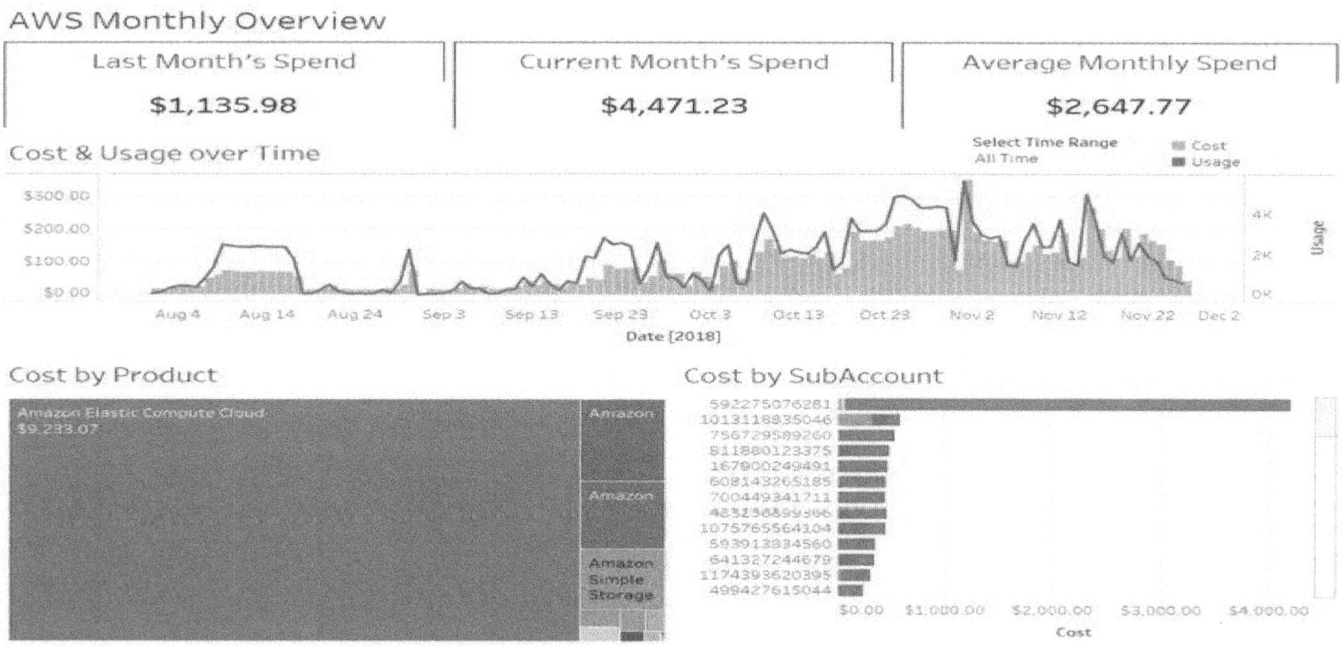

6.2.8. लागत-सचेत संस्कृति को बढ़ावा:

लागत-सचेत संस्कृति के निर्माण में सभी हितधारकों को लागत अनुकूलन को प्राथमिकता देने के लिए प्रोत्साहित करना शामिल है। इसमें कर्मचारियों को लागत निहितार्थ के बारे में शिक्षित करना, जिम्मेदार क्लाउड संसाधन उपयोग को बढ़ावा देना और लागत दक्षता को लागू करने के लिए नीतियां और दिशानिर्देश स्थापित करना शामिल है।

इन सर्वोत्तम प्रथाओं को लागू करके, संगठन क्लाउड लागतों को प्रभावी ढंग से प्रबंधित कर सकते हैं, खर्च को अनुकूलित कर सकते हैं और अपने क्लाउड निवेश से प्राप्त मूल्य को अधिकतम कर सकते हैं।

6.3 क्लाउड में लागत अनुकूलन के लिए रणनीतियाँ

जैसे-जैसे व्यवसाय तेजी से क्लाउड कंप्यूटिंग को अपना रहे हैं, क्लाउड द्वारा प्रदान की जाने वाली स्केलेबिलिटी और लचीलेपन का लाभ उठाने के लिए लागत का अनुकूलन एक महत्वपूर्ण प्राथमिकता बन जाती है। प्रभावी लागत अनुकूलन रणनीतियों को लागू करके, संगठन अपने क्लाउड बुनियादी ढांचे के प्रदर्शन और कार्यक्षमता को बरकरार रखते हुए महत्वपूर्ण बचत प्राप्त कर सकते हैं। यह लेख क्लाउड में लागतों को अनुकूलित करने के लिए विभिन्न रणनीतियों की पड़ताल करता है।

6.3.1. संसाधन उपयोग की निगरानी और विश्लेषण करें:

संसाधन उपयोग की नियमित निगरानी और विश्लेषण प्रभावी लागत अनुकूलन की नींव है। कम उपयोग या निष्क्रिय संसाधनों की पहचान करके, संगठन अनावश्यक खर्चों को कम करने के लिए उचित कार्रवाई कर सकते हैं। प्रमुख प्रथाओं में शामिल हैं:

- अधिकार देने के उदाहरण:अनुप्रयोगों की संसाधन आवश्यकताओं का लगातार आकलन करें और तदनुसार इंस्टेंस आकार समायोजित करें। कार्यभार की मांग के आधार पर उदाहरणों को छोटा या बड़ा करने से लागत में पर्याप्त बचत हो सकती है।
- ऑटो-स्केलिंग लागू करें: ऑटो-स्केलिंग क्षमताओं का लाभ उठाने से यह सुनिश्चित होता है कि मांग में उतार-चढ़ाव को पूरा करने के लिए संसाधन स्वचालित रूप से समायोजित हो जाते हैं। चरम अवधि के दौरान स्केलिंग बढ़ाना और कम उपयोग वाली अवधि के दौरान स्केलिंग करना संसाधन आवंटन और लागत दक्षता को अनुकूलित करता है।
- शेड्यूल शटडाउन:निष्क्रियता की अवधि के दौरान गैर-उत्पादन संसाधनों को बंद करने के लिए स्वचालित शेड्यूल स्थापित करने से निष्क्रिय संसाधनों को चलाने से जुड़ी अनावश्यक लागतों से बचने में मदद मिलती है।

6.3.2. उत्तोलन लागत अनुकूलन उपकरण:

क्लाउड सेवा प्रदाता लागत अनुकूलन प्रयासों का समर्थन करने के लिए कई प्रकार के टूल और सेवाएँ प्रदान करते हैं। इन पेशकशों का लाभ उठाने से लागत पैटर्न, अनुकूलन अवसर और कुशल संसाधन प्रबंधन में मूल्यवान अंतर्दृष्टि मिलती है। उदाहरणों में शामिल:

- लागत प्रबंधन डैशबोर्ड: खर्च की निगरानी करने, उपयोग को ट्रैक करने और वास्तविक समय में लागत रुझानों की पहचान करने के लिए क्लाउड प्रदाताओं द्वारा प्रदान किए गए अंतर्निहित लागत प्रबंधन डैशबोर्ड का उपयोग करें।
- लागत एक्सप्लोरर और रिपोर्टिंग:रिपोर्ट तैयार करने और लागत डेटा का गहन विश्लेषण करने के लिए लागत एक्सप्लोरर टूल का उपयोग करें। यह लागत चालकों की पहचान करने और टैग, क्षेत्र या सेवाओं जैसे विभिन्न आयामों के आधार पर खर्च को अनुकूलित करने में सक्षम बनाता है।
- सिफ़ारिशें और चेतावनियाँ:क्लाउड प्रदाताओं द्वारा प्रदान की गई लागत अनुकूलन अनुशंसाओं और अलर्ट का लाभ उठाएं। ये सुविधाएँ संभावित लागत-बचत के अवसरों का सुझाव देती हैं और आपको किसी भी असामान्य खर्च पैटर्न के बारे में सूचित करती हैं।

6.3.3. आरक्षित निधियों और बचत योजनाओं का उपयोग करें:

आरक्षित इंस्टेंसेस और बचत योजनाएं क्लाउड सेवा प्रदाताओं द्वारा पेश किए जाने वाले लागत-बचत विकल्प हैं। वे लंबी अवधि के अनुबंधों के बदले में रियायती मूल्य प्रदान करते हैं। निम्न पर विचार करें:

- आरक्षित उदाहरण:आरक्षित उदाहरणों को खरीदने की उपयुक्तता निर्धारित करने के लिए कार्यभार स्थिरता और पूर्वानुमेयता का मूल्यांकन करें। आरक्षित उदाहरण पूर्वानुमानित संसाधन आवश्यकताओं के साथ स्थिर-स्थिति कार्यभार के लिए महत्वपूर्ण लागत बचत प्रदान करते हैं।
- बचत योजनाएँ:बचत योजनाएँ विभिन्न उदाहरण परिवारों, आकारों या क्षेत्रों में छूट प्रदान करके लचीलापन प्रदान करती हैं। आपके उपयोग के अनुरूप सबसे उपयुक्त बचत योजना का चयन करने के लिए कार्यभार पैटर्न का मूल्यांकन करें।

6.3.4. डेटा ट्रांसफर और बैंडविड्थ को अनुकूलित करें:

यदि प्रभावी ढंग से निगरानी और अनुकूलन नहीं किया गया तो डेटा स्थानांतरण और बैंडविड्थ लागत बढ़ सकती है। निम्नलिखित दृष्टिकोणों पर विचार करें:

• अनावश्यक डेटा स्थानांतरण कम करें: क्षेत्रों या सेवाओं के बीच डेटा की अनावश्यक आवाजाही को कम करने के लिए डेटा ट्रांसफर पैटर्न की समीक्षा और अनुकूलन करें।
• सामग्री वितरण नेटवर्क (सीडीएन) का उपयोग करें:सीडीएन का लाभ उठाने से सामग्री को कैश करने और अंतिम-उपयोगकर्ताओं के करीब पहुंचाने में मदद मिलती है, डेटा ट्रांसफर लागत कम होती है और प्रदर्शन में सुधार होता है।
• संपीड़न और कैशिंग लागू करें:बैंडविड्थ आवश्यकताओं को कम करने और डेटा वितरण दक्षता बढ़ाने के लिए संपीड़न तकनीकों और कैशिंग रणनीतियों का उपयोग करें।

6.3.5. क्लाउड-नेटिव आर्किटेक्चर और सर्वर रहित कंप्यूटिंग:

क्लाउड-नेटिव आर्किटेक्चर और सर्वर रहित कंप्यूटिंग को अपनाने से पर्याप्त लागत अनुकूलन और बेहतर स्केलेबिलिटी हो सकती है। मुख्य विचारों में शामिल हैं:
• माइक्रोसर्विसेज और कंटेनरीकरण:मोनोलिथिक अनुप्रयोगों को माइक्रोसर्विसेज में विघटित करें और उन्हें कंटेनरीकृत करें। यह दृष्टिकोण व्यक्तिगत घटकों की स्वतंत्र स्केलिंग की अनुमति देकर कुशल संसाधन आवंटन, स्केलेबिलिटी और लागत अनुकूलन को सक्षम बनाता है।
• सर्वर रहित कंप्यूटिंग: अंतर्निहित बुनियादी ढांचे को प्रबंधित करने की आवश्यकता के बिना केवल कार्यों के वास्तविक निष्पादन समय के लिए भुगतान करके लागत को अनुकूलित करने के लिए AWS लैम्ब्डा या एज़्योर फ़ंक्शंस जैसे सर्वर रहित कंप्यूटिंग मॉडल को अपनाएं।

6.3.6. टैगिंग और संसाधन संगठन लागू करें:

प्रभावी टैगिंग और संसाधन संगठन प्रथाएँ क्लाउड संसाधनों पर बेहतर दृश्यता और नियंत्रण प्रदान करती हैं। यह अधिक सटीक लागत आवंटन और लक्षित अनुकूलन प्रयासों की अनुमति देता है। मुख्य चरणों में शामिल हैं:
• लगातार टैगिंग:संसाधनों को लेबल करने के लिए लगातार टैगिंग प्रथाओं को लागू करें, जिससे सेवाओं, परियोजनाओं या विभागों में आसान पहचान, समूहीकरण और लागत आवंटन सक्षम हो सके।
• संसाधन समूहन:कार्यात्मक या व्यवसाय-संबंधी मानदंडों के आधार पर संसाधनों को तार्किक समूहों या पदानुक्रमों में व्यवस्थित करें। इससे केंद्रीकृत निगरानी और लागत विश्लेषण की सुविधा मिलती है।

6.3.7. सतत सुधार और लागत-जागरूक संस्कृति:

निरंतर सुधार की मानसिकता को अपनाना और संगठन के भीतर लागत-जागरूक संस्कृति को बढ़ावा देना स्थायी लागत अनुकूलन के लिए महत्वपूर्ण है। मुख्य चरणों में शामिल हैं:
• नियमित समीक्षा और अनुकूलन:अनुकूलन अवसरों की पहचान करने और लागत-बचत उपायों को लागू करने के लिए लागत रिपोर्ट, प्रदर्शन मेट्रिक्स और क्लाउड आर्किटेक्चर की लगातार समीक्षा करें।
• कर्मचारी शिक्षा:कर्मचारियों को क्लाउड लागत निहितार्थ, संसाधन प्रबंधन सर्वोत्तम प्रथाओं और लागत अनुकूलन के महत्व के बारे में शिक्षित करने के लिए प्रशिक्षण और जागरूकता कार्यक्रम प्रदान करें।
• सहयोग और ज्ञान साझा करना: टीमों के बीच सहयोग को प्रोत्साहित करें और लागत अनुकूलन तकनीकों और सफलता की कहानियों के बारे में ज्ञान साझा करने की सुविधा प्रदान करें।
• इन रणनीतियों को अपने क्लाउड प्रबंधन प्रथाओं में शामिल करके, संगठन अपनी क्लाउड लागतों को प्रभावी ढंग से अनुकूलित कर सकते हैं, समग्र दक्षता में सुधार कर सकते हैं और क्लाउड कंप्यूटिंग के लाभों को अधिकतम कर सकते हैं।

6.4 क्लाउड कंप्यूटिंग में आरक्षित इंस्टेंस और स्पॉट इंस्टेंस को समझना

क्लाउड सेवा प्रदाता संगठनों को लागत अनुकूलित करने और अपने कार्यभार को कुशलतापूर्वक प्रबंधित करने में सक्षम बनाने के लिए विविध मूल्य निर्धारण मॉडल पेश करते हैं। आरक्षित इंस्टेंस और स्पॉट इंस्टेंस दो मूल्य निर्धारण विकल्प हैं जो क्लाउड इंफ्रास्ट्रक्चर के लिए महत्वपूर्ण लागत बचत प्रदान कर सकते हैं।

6.4.1. आरक्षित उदाहरण (आरआई):

आरक्षित उदाहरण संगठनों को एक निर्दिष्ट अवधि के लिए क्लाउड कंप्यूटिंग क्षमता आरक्षित करने की अनुमति देते हैं, आमतौर पर एक से तीन साल तक। यहां आरक्षित उदाहरणों के प्रमुख पहलू हैं:

• लागत बचत:आरआई के मुख्य लाभों में से एक यह है कि वे ऑन-डिमांड मूल्य निर्धारण की तुलना में पर्याप्त लागत बचत प्रदान करते हैं। एक विशिष्ट उपयोग योजना के लिए प्रतिबद्ध होने पर, संगठनों को चुनी गई अवधि और भुगतान विकल्प के आधार पर रियायती दरें प्राप्त होती हैं। मूल्य निर्धारण में इस पूर्वानुमेयता के परिणामस्वरूप दीर्घकालिक कार्यभार के लिए महत्वपूर्ण लागत में कटौती हो सकती है।

• उदाहरण लचीलापन:आरआई चयनित उदाहरण परिवार के भीतर लचीलापन प्रदान करते हैं। उपयोगकर्ता अपनी कार्यभार आवश्यकताओं के अनुसार इंस्टेंस विशेषताओं, जैसे इंस्टेंस प्रकार, ऑपरेटिंग सिस्टम और किरायेदारी का मिलान कर सकते हैं। यह व्यवसायों को कम लागत से लाभ उठाते हुए संसाधन आवंटन को अनुकूलित करने की अनुमति देता है।

• आरक्षण का दायरा:आरआई को एक विशिष्ट उपलब्धता क्षेत्र या क्षेत्र तक सीमित किया जा सकता है, जिससे संगठनों को संसाधन आवंटन और उपलब्धता पर अधिक नियंत्रण मिलता है। यह कार्यभार वितरण और अतिरेक आवश्यकताओं के आधार पर बुनियादी ढांचे की योजना को ठीक करने में सक्षम बनाता है।

• उपयोग प्रतिबद्धता: आरआई के साथ, संगठन किसी दिए गए शब्द के लिए एक विशिष्ट उदाहरण प्रकार का उपयोग करने के लिए प्रतिबद्ध हैं। हालांकि यह लागत बचत सुनिश्चित करता है, लेकिन इसके लिए दीर्घकालिक कार्यभार आवश्यकताओं की सावधानीपूर्वक योजना और मूल्यांकन की आवश्यकता होती है। संगठनों को अपने उपयोग पैटर्न का विश्लेषण करना चाहिए और कम उपयोग या अधिक प्रावधान से बचने के लिए सबसे उपयुक्त आरआई का चयन करना चाहिए।

• परिवर्तनीयता और बाज़ार:कुछ क्लाउड प्रदाता परिवर्तनीय आरआई की पेशकश करते हैं, जो उपयोगकर्ताओं को आरक्षण अवधि के दौरान इंस्टेंस विशेषताओं को संशोधित करने की अनुमति देते हैं। इसके अतिरिक्त, एक बाज़ार भी हो सकता है जहां उपयोगकर्ता अपने अप्रयुक्त आरआई को बेच या विनिमय कर सकते हैं, जिससे आरक्षित क्षमता के प्रबंधन में अधिक लचीलापन मिल सके।

6.4.2. स्पॉट उदाहरण:

स्पॉट इंस्टेंसेस काफी रियायती कीमतों पर अतिरिक्त कंप्यूट क्षमता तक पहुंच प्रदान करते हैं। हालाँकि, वे उपलब्धता और आपूर्ति और मांग के आधार पर बाजार की कीमतों में उतार-चढ़ाव के अधीन हैं। स्पॉट इंस्टेंसेस के निम्नलिखित पहलुओं पर विचार करें:

• लागत क्षमता:स्पॉट इंस्टेंसेस क्लाउड मूल्य निर्धारण विकल्पों में सबसे कम मूल्य निर्धारण की पेशकश करता है। मांग के आधार पर कीमतें काफी भिन्न हो सकती हैं, और उपयोगकर्ता उपलब्ध क्षमता पर बोली लगाते हैं। ऑन-डिमांड मूल्य निर्धारण की तुलना में स्पॉट इंस्टेंस 90% तक की लागत बचत प्रदान कर सकता है, जो उन्हें कुछ कार्यभार के लिए अत्यधिक आकर्षक बनाता है।

• लचीले कार्यभार:स्पॉट इंस्टेंस लचीले प्रारंभ और समाप्ति समय वाले कार्यभार के लिए आदर्श हैं या जो रुकावटों को सहन कर सकते हैं। वे डेटा विश्लेषण, बैच प्रोसेसिंग और दोष-सहिष्णु कार्यभार जैसे कार्यों के लिए उपयुक्त हैं, जहां समग्र संचालन को बाधित किए बिना कभी-कभी रुकावटों को समायोजित किया जा सकता है।

• उदाहरण व्यवधान:जब मांग उपलब्ध क्षमता से अधिक हो जाती है या यदि उपयोगकर्ता की बोली कीमत मौजूदा बाजार मूल्य से कम है, तो स्पॉट इंस्टेंस को क्लाउड प्रदाता द्वारा दो मिनट की अधिसूचना के साथ बाधित किया जा सकता है। रुकावटों को कार्यभार डिज़ाइन और एप्लिकेशन आर्किटेक्चर में शामिल किया जाना चाहिए ताकि यह सुनिश्चित किया जा सके कि वे ऐसी रुकावटों को शालीनता से संभाल सकें।

• स्पॉट ब्लॉक: कुछ क्लाउड प्रदाता स्पॉट ब्लॉक की पेशकश करते हैं, जो उपयोगकर्ताओं को निर्बाध स्पॉट इंस्टेंस उपयोग के लिए एक अवधि (1 से 6 घंटे) निर्दिष्ट करने की अनुमति देते हैं। स्पॉट ब्लॉक नियमित स्पॉट इंस्टेंस की तुलना में थोड़ी अधिक कीमत पर पूर्वानुमान और स्थिरता प्रदान करते हैं, जो उन्हें लंबे समय तक चलने वाले कार्यों के लिए उपयुक्त बनाता है।

• उदाहरण समाप्ति नीतियाँ:स्पॉट इंस्टेंस रुकावटों को संभालने के लिए, संगठन चेकपॉइंटिंग, सेविंग स्टेट, या वर्कलोड को पुनर्निर्धारित करने जैसे कार्यों को स्वचालित करने के लिए इंस्टेंस समाप्ति नीतियों का उपयोग कर सकते हैं। यह डेटा अखंडता बनाए रखने और स्पॉट इंस्टेंस समाप्ति के कारण होने वाले किसी भी व्यवधान को कम करने में मदद करता है।

6.4.3. आरक्षित उदाहरणों और स्पॉट उदाहरणों का लाभ उठाना:

आरक्षित इंस्टेंसेस और स्पॉट इंस्टेंसेस का प्रभावी ढंग से उपयोग करने के लिए निम्नलिखित कारकों पर सावधानीपूर्वक विचार करने की आवश्यकता है:

- कार्यभार विश्लेषण:कार्यभार विशेषताओं, उपयोग पैटर्न और उपलब्धता आवश्यकताओं का आकलन करें। आरक्षित इंस्टेंस पूर्वानुमानित उपयोग के साथ स्थिर-स्थिति वाले वर्कलोड के लिए उपयुक्त हैं, जबकि स्पॉट इंस्टेंस लचीले, दोष-सहिष्णु, या समय-बाधित वर्कलोड के लिए उपयुक्त हैं।
- लागत अनुकूलन: आरक्षित इंस्टेंस मूल्य निर्धारण या स्पॉट इंस्टेंस के लिए बोली के साथ ऑन-डिमांड मूल्य निर्धारण की तुलना करके लागत बचत क्षमता का विश्लेषण करें। प्रत्येक कार्यभार के लिए सर्वोत्तम मूल्य निर्धारण मॉडल निर्धारित करने के लिए उपयोग, कार्यभार अवधि और लागत में उतार-चढ़ाव जैसे कारकों पर विचार करें।
- उदाहरण योजना:आरक्षित इंस्टेंसेस या स्पॉट इंस्टेंसेस के लिए उपयुक्त इंस्टेंस प्रकार, आकार और कॉन्फ़िगरेशन का चयन करने के लिए अपने कार्यभार की संसाधन आवश्यकताओं को समझें। सही संसाधन फिट सुनिश्चित करना प्रदर्शन और लागत दक्षता को अनुकूलित करता है।
- संसाधन लचीलापन: अपने कार्यभार के लिए आवश्यक लचीलेपन के स्तर का मूल्यांकन करें। आरक्षित इंस्टेंस चयनित इंस्टेंस परिवार के भीतर लचीलापन प्रदान करते हैं, जबकि स्पॉट इंस्टेंस को वर्कलोड आर्किटेक्चर की आवश्यकता होती है जो रुकावटों और संभावित समाप्ति को सहन कर सके।
- स्वचालन और निगरानी: आरक्षित इंस्टेंस और स्पॉट इंस्टेंस के उपयोग को प्रभावी ढंग से प्रबंधित और अनुकूलित करने के लिए स्वचालन और निगरानी प्रथाओं को लागू करें। इसमें शेड्यूलिंग, बोली रणनीतियाँ, उदाहरण समाप्ति नीतियां और संसाधन आवंटन प्रबंधन शामिल हैं।
- कार्यभार विशेषताओं और लागत विचारों के आधार पर आरक्षित इंस्टेंस और स्पॉट इंस्टेंस का रणनीतिक रूप से लाभ उठाकर, संगठन अपने क्लाउड बुनियादी ढांचे में प्रदर्शन और विश्वसनीयता के आवश्यक स्तर को बनाए रखते हुए महत्वपूर्ण लागत बचत प्राप्त कर सकते हैं। अपने क्लाउड इंफ्रास्ट्रक्चर में प्रदर्शन और विश्वसनीयता के आवश्यक स्तर को बनाए रखते हुए बचत।

अभ्यास

बहु विकल्पीय प्रश्न

1. निम्नलिखित में से कौन क्लाउड सेवाओं से जुड़े प्रमुख लागत घटक हैं?

a) उदाहरणों, भंडारण और डेटा स्थानांतरण की गणना करें

b) उदाहरणों, भंडारण, डेटा स्थानांतरण और डेटाबेस की गणना करें

c) उदाहरणों, भंडारण, डेटा स्थानांतरण और नेटवर्क सेवाओं की गणना करें

d) उदाहरणों, भंडारण, डेटा स्थानांतरण और अतिरिक्त सेवाओं की गणना करें

2. क्लाउड कंप्यूटिंग में कंप्यूट इंस्टेंस की लागत को प्रभावित करने वाला प्राथमिक कारक क्या है?

a) भंडारण क्षमता

b) उदाहरण प्रकार

c) डेटा स्थानांतरण

d) सीपीयू कोर की संख्या

3. कौन सा मूल्य निर्धारण मॉडल संगठनों को एक निर्दिष्ट अवधि के लिए क्लाउड कंप्यूटिंग क्षमता आरक्षित करने की अनुमति देता है?

a) स्पॉट उदाहरण

b) उपयोगानुसार भुगतान करो

c) ऑन-डिमांड उदाहरण

d) आरक्षित उदाहरण

4. कौन सी क्लाउड सेवा लचीले प्रारंभ और समाप्ति समय वाले कार्यभार के लिए उपयुक्त है, या जो कर सकते हैं?

a) आरक्षित उदाहरण

b) ऑन-डिमांड उदाहरण

c) स्पॉट उदाहरण

d) सर्वर रहित उदाहरण

5. लागत अनुकूलन रणनीति में मांग के उतार-चढ़ाव आधार पर संसाधनों को स्वचालित रूप से समायोजित करना शामिल है?

a) अनुसूचित शटडाउन

b) आरक्षित उदाहरण

c) ऑटो स्केलिंग

d) उदाहरण लचीलापन

6. कौन सा क्लाउड स्टोरेज क्लास दीर्घकालिक डेटा संग्रह के लिए डिज़ाइन किया गया है?

a) मानक

b) दुर्लभ पहुंच

c) पुरालेख

d) हिमनद

7. क्लाउड सेवाओं के किस पहलू में वर्चुअल नेटवर्क और नेटवर्क ट्रैफ़िक के लिए शुल्क शामिल हो सकते हैं?

a) समर्थन और सेवा स्तर समझौते (एसएलए)

b) डेटाबेस सेवाएँ

c) नेटवर्क और लोड संतुलन

d) लागत अनुकूलन उपकरण

8. कौन सा क्लाउड मूल्य निर्धारण मॉडल लंबी अवधि की प्रतिबद्धताओं के बदले रियायती दरें प्रदान करता है?

a) आरक्षित उदाहरण
b) उपयोगानुसार भुगतान करो
c) स्पॉट उदाहरण
d) ऑन-डिमांड उदाहरण

9. किस लागत अनुकूलन अभ्यास में खर्च पैटर्न में अंतर्दृष्टि प्राप्त करने के लिए संसाधनों को लेबल करना शामिल है विभागों, परियोजनाओं, या वातावरण पर आधारित?

a) लागत की निगरानी
b) आरक्षित उदाहरण
c) संसाधन टैगिंग
d) ऑटो स्केलिंग

10. कौन सा क्लाउड-नेटिव कंप्यूटिंग मॉडल उपयोगकर्ताओं को केवल वास्तविक निष्पादन समय के लिए भुगतान करने की अनुमति देता है?

a) आरक्षित उदाहरण
b) स्पॉट उदाहरण
c) ऑन-डिमांड उदाहरण
d) सर्वर रहित कंप्यूटिंग (जैसे, AWS लैम्ब्डा)

11. क्लाउड कंप्यूटिंग में स्पॉट ब्लॉक उपयोगकर्ताओं को इसके निर्बाध उपयोग के लिए एक अवधि निर्दिष्ट करने की अनुमति देते हैं:

a) आरक्षित उदाहरण
b) स्पॉट उदाहरण
c) जाते-जाते भुगतान के उदाहरण
d) ऑन-डिमांड उदाहरण

समीक्षा प्रश्न

1. क्लाउड सेवाओं से जुड़े प्रमुख लागत घटक क्या हैं?
2. क्लाउड कंप्यूटिंग में कंप्यूट इंस्टेंस की लागत आम तौर पर कैसे भिन्न होती है?
3. क्लाउड स्टोरेज लागत में कौन से कारक योगदान करते हैं?
4. क्लाउड सेवाओं में डेटा स्थानांतरण और बैंडविड्थ लागत कैसे निर्धारित की जाती है?
5. क्लाउड में गणना और भंडारण के अलावा किन सेवाओं की अपनी लागत संरचनाएं हो सकती हैं?
6. क्लाउड प्रदाताओं से समर्थन और सेवा स्तर समझौतों (एसएलए) का मूल्यांकन करते समय कुछ विचार क्या हैं?
7. क्लाउड में डेटा अनुपालन और सुरक्षा के लिए संगठनों को किन अतिरिक्त लागतों पर विचार करने की आवश्यकता हो सकती है?
8. लागत अनुकूलन उपकरण और रणनीतियों का उपयोग करके संगठन क्लाउड लागत को कैसे अनुकूलित कर सकते हैं?
9. क्लाउड कंप्यूटिंग में लागत निगरानी और प्रबंधन से क्या तात्पर्य है?
10. क्लाउड में अनावश्यक खर्चों को कम करने के लिए संगठन संसाधन उपयोग को कैसे अनुकूलित कर सकते हैं?
11. क्लाउड कंप्यूटिंग में आरक्षित इंस्टेंस का उपयोग करने के कुछ लाभ क्या हैं?
12. क्लाउड वर्कलोड के लिए स्पॉट इंस्टेंस कब सबसे उपयुक्त होते हैं?

उत्तर अनुभाग

बहु विकल्पीय प्रश्न

1. c) इंस्टेंसेस, स्टोरेज, डेटा ट्रांसफर और नेटवर्क सेवाओं की गणना करें
2. b) उदाहरण प्रकार
3. d) आरक्षित उदाहरण
4. c) स्पॉट उदाहरण
5. c) ऑटो-स्केलिंग
6. c) पुरालेख
7. c) नेटवर्क और लोड संतुलन
8. a) आरक्षित उदाहरण
9. c) संसाधन टैगिंग
10. d) सर्वर रहित कंप्यूटिंग (उदाहरण के लिए, AWS लैम्ब्डा)
11. b) स्पॉट उदाहरण

समीक्षा प्रश्न

1. क्लाउड सेवाओं के प्रमुख लागत घटकों में कंप्यूट इंस्टेंसेस (वीएम/कंटेनर), स्टोरेज, डेटा ट्रांसफर, नेटवर्क सेवाएं, डेटाबेस, अतिरिक्त सेवाएं, समर्थन और सुरक्षा उपाय शामिल हैं।
2. क्लाउड कंप्यूटिंग में कंप्यूट इंस्टेंस की लागत इंस्टेंस प्रकार, सीपीयू, मेमोरी और स्टोरेज क्षमता जैसे कारकों पर निर्भर करती है। क्लाउड प्रदाता ऑन-डिमांड, आरक्षित इंस्टेंस और स्पॉट इंस्टेंस सहित विभिन्न मूल्य निर्धारण मॉडल पेश करते हैं।
3. क्लाउड स्टोरेज की लागत स्टोरेज क्षमता, डेटा ट्रांसफर (प्रवेश/निकास), स्टोरेज क्लास और स्नैपशॉट और बैकअप जैसी डेटा प्रबंधन सेवाओं जैसे कारकों से प्रभावित होती है।
4. क्लाउड प्रदाता क्षेत्रों, उपलब्धता क्षेत्रों और इंटरनेट के बीच डेटा स्थानांतरण के लिए शुल्क लेते हैं। इनग्रेस का तात्पर्य क्लाउड में आने वाले डेटा से है, जबकि इग्रेस का तात्पर्य क्लाउड से निकलने वाले डेटा से है।
5. एनालिटिक्स, मशीन लर्निंग, मॉनिटरिंग, सुरक्षा और पहचान प्रबंधन जैसी अतिरिक्त सेवाओं की उपयोग, एपीआई अनुरोध, संसाधित डेटा या संसाधन प्रबंधन के आधार पर अपनी लागत संरचनाएं हो सकती हैं।
6. समर्थन और एसएलए के लिए विचारों में प्रतिक्रिया समय, तकनीकी सहायता पहुंच और विभिन्न समर्थन स्तरों से जुड़ी लागतें शामिल हैं, खासकर यदि आपके व्यवसाय के लिए उच्च उपलब्धता और समय पर सहायता आवश्यक है।
7. संगठनों को विशिष्ट डेटा सुरक्षा और नियामक मानकों को पूरा करने के लिए अतिरिक्त सुरक्षा और अनुपालन उपायों, जैसे एन्क्रिप्शन सेवाओं, समर्पित निजी नेटवर्क कनेक्शन या प्रमाणन में निवेश करने की आवश्यकता हो सकती है।
8. संगठन लागत प्रबंधन डैशबोर्ड, बजट अलर्ट, संसाधन टैगिंग, अधिकारों की अनुशंसाओं और क्लाउड प्रदाताओं द्वारा प्रदान की गई आरक्षित इंस्टेंस योजना का लाभ उठाकर क्लाउड लागत को अनुकूलित कर सकते हैं।
9. क्लाउड कंप्यूटिंग में लागत निगरानी और प्रबंधन में संगठनों द्वारा अपने क्लाउड खर्चों को प्रभावी ढंग से नियंत्रित और अनुकूलित करने के लिए कार्यान्वित प्रथाओं और रणनीतियों को शामिल किया जाता है।
10. संगठन उदाहरणों को सही आकार देकर, ऑटो-स्केलिंग लागू करके और निष्क्रियता की अवधि के दौरान गैर-उत्पादन संसाधनों के लिए शटडाउन शेड्यूल करके संसाधन उपयोग को अनुकूलित कर सकते हैं।
11. आरक्षित इंस्टेंस ऑन-डिमांड मूल्य निर्धारण, इंस्टेंस लचीलेपन और विशिष्ट उपलब्धता क्षेत्रों या क्षेत्रों में आरक्षण का दायरा बढ़ाने की क्षमता की तुलना में पर्याप्त लागत बचत प्रदान करते हैं।
12. स्पॉट इंस्टेंस लचीले प्रारंभ और समाप्ति समय वाले कार्यभार के लिए सबसे उपयुक्त हैं या जो रुकावटों को सहन कर सकते हैं। वे डेटा विश्लेषण, बैच प्रोसेसिंग और कभी-कभी रुकावटों के साथ दोष-सहिष्णु कार्यभार जैसे कार्यों के लिए आदर्श हैं।

अध्याय 7: क्लाउड प्रदर्शन और स्केलेबिलिटी

7.1 क्लाउड में स्केलेबिलिटी: विकास क्षमता को अनलॉक करना:

क्लाउड में स्केलेबिलिटी एक मौलिक क्षमता है जो संगठनों को बढ़ते कार्यभार को संभालने, लागत-दक्षता हासिल करने और इष्टतम प्रदर्शन देने के लिए सशक्त बनाती है। स्केलेबिलिटी के लाभों को समझकर, सही प्रकार की स्केलेबिलिटी (ऊर्ध्वाधर और क्षैतिज) को अपनाकर, और स्केलेबल आर्किटेक्चर के लिए सर्वोत्तम प्रथाओं को लागू करके, व्यवसाय अपनी विकास क्षमता को अनलॉक कर सकते हैं और क्लाउड कंप्यूटिंग के पूर्ण लाभों का लाभ उठा सकते हैं। स्केलेबिलिटी संगठनों को अपने संसाधनों को गतिशील रूप से बढ़ाने, बदलती मांगों का जवाब देने और बढ़ती व्यावसायिक आवश्यकताओं के सामने एक असाधारण उपयोगकर्ता अनुभव सुनिश्चित करने की अनुमति देती है।

7.1.1. क्लाउड में स्केलेबिलिटी को समझना:

स्केलेबिलिटी से तात्पर्य किसी सिस्टम की बढ़े हुए कार्यभार को संभालने या प्रदर्शन या विश्वसनीयता से समझौता किए बिना विकास को समायोजित करने की क्षमता से है। क्लाउड कंप्यूटिंग के संदर्भ में, मांग के आधार पर संसाधनों के गतिशील आवंटन के माध्यम से स्केलेबिलिटी हासिल की जाती है। इसका मतलब यह है कि जैसे-जैसे कार्यभार बढ़ता है, क्लाउड इंफ्रास्ट्रक्चर स्वचालित रूप से बढ़ी हुई मांग को पूरा करने के लिए अतिरिक्त संसाधनों का प्रावधान करता है, और जब मांग कम हो जाती है, तो अनावश्यक लागत से बचने के लिए अतिरिक्त संसाधनों का प्रावधान नहीं किया जाता है।

7.1.2. क्लाउड में स्केलेबिलिटी के लाभ:

क्लाउड में स्केलेबिलिटी कई महत्वपूर्ण लाभ प्रदान करती है:

- लोचदार संसाधन प्रावधान: क्लाउड प्लेटफ़ॉर्म ऑन-डिमांड कंप्यूटिंग संसाधनों, जैसे वर्चुअल मशीन, स्टोरेज और नेटवर्क क्षमता का प्रावधान करने में सक्षम बनाता है। यह लचीलापन संगठनों को बदलती आवश्यकताओं के आधार पर अपने संसाधनों को तेजी से ऊपर या नीचे करने की अनुमति देता है, जिससे अलग-अलग कार्यभार के लिए चपलता और प्रतिक्रिया मिलती है।
- लागत क्षमता: क्लाउड स्केलेबिलिटी के साथ, व्यवसाय ओवरप्रोविजनिंग से बच सकते हैं और केवल उन संसाधनों के लिए भुगतान कर सकते हैं जिनका वे वास्तव में उपयोग करते हैं। यह लागत प्रभावी दृष्टिकोण बुनियादी ढांचे में अग्रिम निवेश की आवश्यकता को समाप्त करता है और संगठनों को अपने खर्चों को वास्तविक मांग के साथ संरेखित करने में सक्षम बनाता है। कम गतिविधि की अवधि के दौरान स्केलिंग कम करने से यह सुनिश्चित होता है कि संसाधन बर्बाद नहीं होते हैं और लागत अनुकूलित होती है।
- बेहतर प्रदर्शन: स्केलेबल आर्किटेक्चर यह सुनिश्चित करते हैं कि एप्लिकेशन प्रदर्शन में गिरावट का अनुभव किए बिना बढ़ते कार्यभार को संभाल सकते हैं। संसाधन आवंटन को गतिशील रूप से समायोजित करके, संगठन चरम उपयोग अवधि के दौरान भी इष्टतम प्रदर्शन स्तर बनाए रख सकते हैं। उपयोगकर्ता लगातार प्रदर्शन का अनुभव करते हैं, और अलग-अलग भार की परवाह किए बिना प्रतिक्रिया समय स्थिर रहता है।
- बढ़ी हुई उपलब्धता और लचीलापन:स्केलेबल क्लाउड आर्किटेक्चर उपलब्धता और दोष सहनशीलता में सुधार के लिए वितरित सिस्टम और अतिरेक का लाभ उठाते हैं। कई सर्वरों या क्षेत्रों में स्केलिंग यह सुनिश्चित करती है कि विफलता या उच्च ट्रैफ़िक की स्थिति में भी एप्लिकेशन चालू रहें। यह उच्च उपलब्धता सेवाओं की विश्वसनीयता को बढ़ाती है और डाउनटाइम के जोखिम को कम करती है।

7.1.3. क्लाउड में स्केलेबिलिटी के प्रकार:

स्केलेबिलिटी को दो प्राथमिक प्रकारों में वर्गीकृत किया जा सकता है:

- लंबवत स्केलेबिलिटी (स्केलिंग अप): वर्टिकल स्केलेबिलिटी में एक सिस्टम के भीतर व्यक्तिगत संसाधनों की क्षमता बढ़ाना शामिल है। इसमें आम तौर पर एकल सर्वर या वर्चुअल मशीन के आकार या शक्ति को अपग्रेड करना शामिल होता है, जैसे अधिक सीपीयू कोर जोड़ना या मेमोरी बढ़ाना। वर्टिकल स्केलेबिलिटी एकल बिंदु विवाद या संसाधन बाधा वाले अनुप्रयोगों के लिए उपयुक्त है। हालाँकि, अधिकतम क्षमता के संदर्भ में इसकी सीमाएँ हो सकती हैं।

• क्षैतिज स्केलेबिलिटी (स्केलिंग आउट): क्षैतिज स्केलेबिलिटी में कार्यभार को कई सर्वरों या इंस्टेंसेस में वितरित करके सिस्टम में अधिक संसाधन जोड़ना शामिल है। इसमें बढ़ी हुई मांग को संभालने के लिए अधिक वर्चुअल मशीन, कंटेनर या सर्वर जोड़ना शामिल है। क्षैतिज मापनीयता वितरित प्रणालियों और अनुप्रयोगों के लिए उपयुक्त है जिन्हें छोटे, स्वतंत्र घटकों में विभाजित किया जा सकता है। यह वस्तुतः असीमित विस्तार की अनुमति देता है क्योंकि आवश्यकतानुसार अधिक संसाधन जोड़े जा सकते हैं।

7.1.4. स्केलेबल आर्किटेक्चर हासिल करने के लिए सर्वोत्तम अभ्यास:

क्लाउड में स्केलेबिलिटी को प्रभावी ढंग से प्राप्त करने के लिए, निम्नलिखित सर्वोत्तम प्रथाओं पर विचार करें:

• विफलता के लिए डिज़ाइन: मान लें कि विफलताएं सिस्टम और डिज़ाइन आर्किटेक्चर के किसी भी स्तर पर हो सकती हैं जो विफलताओं को स्वचालित रूप से सहन कर सकती हैं और उनसे उबर सकती हैं। इसमें अतिरेक, दोष-सहिष्णु डिज़ाइन पैटर्न और वितरित सिस्टम का लाभ उठाना शामिल है। विफलता के लिए डिज़ाइन करके, संगठन उच्च उपलब्धता और लचीलापन सुनिश्चित कर सकते हैं।

• डिकौपल घटक:स्वतंत्र स्केलिंग की अनुमति देने के लिए एप्लिकेशन घटकों और सेवाओं को अलग करें। यह दृष्टिकोण संगठनों को दूसरों को प्रभावित किए बिना विशिष्ट घटकों को स्केल करने में सक्षम बनाता है और संसाधन प्रबंधन में चपलता और लचीलेपन की सुविधा प्रदान करता है। माइक्रोसर्विसेज आर्किटेक्चर डिकॉउलिंग का एक उत्कृष्ट उदाहरण है, जहां व्यक्तिगत सेवाएं स्वतंत्र रूप से स्केल कर सकती हैं।

• ऑटो-स्केलिंग का लाभ उठाएं: मांग के आधार पर संसाधनों को स्वचालित रूप से समायोजित करने के लिए क्लाउड प्लेटफ़ॉर्म द्वारा प्रदान की गई ऑटो-स्केलिंग क्षमताओं का उपयोग करें। सीपीयू उपयोग, नेटवर्क ट्रैफ़िक, या कतार की लंबाई जैसे मैट्रिक्स के आधार पर स्केलिंग नीतियों और ट्रिगर्स को परिभाषित करें। ऑटो-स्केलिंग यह सुनिश्चित करती है कि मैन्युअल हस्तक्षेप को कम करते हुए बदलती आवश्यकताओं को पूरा करने के लिए संसाधनों को गतिशील रूप से समायोजित किया जाता है।

• प्रबंधित सेवाओं का उपयोग करें: क्लाउड प्रदाताओं द्वारा प्रदान की जाने वाली प्रबंधित सेवाओं का लाभ उठाएं, जैसे लोड बैलेंसर, डेटाबेस और संदेश कतारें। ये सेवाएँ स्केलेबिलिटी के लिए डिज़ाइन की गई हैं और अंतर्निहित ऑटो-स्केलिंग और लोड वितरण क्षमताएं प्रदान करती हैं। प्रबंधित सेवाओं का उपयोग करके, संगठन परिचालन जटिलता को दूर कर सकते हैं और मुख्य अनुप्रयोग विकास पर ध्यान केंद्रित कर सकते हैं।

• माइक्रोसर्विसेज को गले लगाओ आर्किटेक्चर: एक माइक्रोसर्विसेज आर्किटेक्चर को अपनाएं जो अनुप्रयोगों को छोटी, शिथिल युग्मित सेवाओं में विघटित करता है। यह दृष्टिकोण व्यक्तिगत सेवाओं की उनकी विशिष्ट संसाधन आवश्यकताओं के आधार पर स्वतंत्र स्केलिंग की अनुमति देता है। माइक्रोसर्विसेज संगठनों को केवल उन घटकों को स्केल करने में सक्षम बनाती है जो बढ़ी हुई मांग का अनुभव करते हैं, कुशल संसाधन उपयोग को बढ़ावा देते हैं।

• कैशिंग और सामग्री वितरण नेटवर्क (सीडीएन) लागू करें: बैकएंड संसाधनों पर भार कम करने के लिए कैशिंग तंत्र और सीडीएन का उपयोग करें। किनारे के स्थानों पर अक्सर एक्सेस किए गए डेटा या स्थिर सामग्री को कैशिंग करने से प्रदर्शन में सुधार हो सकता है और बैकएंड इंफ्रास्ट्रक्चर पर लोड कम हो सकता है, जिससे बेहतर स्केलेबिलिटी हो सकती है।

• सतत प्रदर्शन निगरानी: अनुप्रयोग प्रदर्शन और संसाधन उपयोग में अंतर्दृष्टि प्राप्त करने के लिए मजबूत निगरानी और प्रदर्शन माप प्रथाओं को लागू करें। संसाधन आवंटन को अनुकूलित करने, बाधाओं का पता लगाने और सुधार के लिए क्षेत्रों की पहचान करने के लिए इन अंतर्दृष्टि का उपयोग करें। निरंतर निगरानी यह सुनिश्चित करती है कि सिस्टम बदलती परिस्थितियों को तुरंत अपना सकता है।

• परीक्षण करें और मान्य करें: प्रदर्शन परीक्षण और लोड परीक्षण का उपयोग करके अपने आर्किटेक्चर की स्केलेबिलिटी का नियमित रूप से परीक्षण और सत्यापन करें। इससे संभावित सीमाओं, बाधाओं और तैनाती से पहले अनुकूलन की आवश्यकता वाले क्षेत्रों की पहचान करने में मदद मिलती है। परीक्षण यह विश्वास भी प्रदान करता है कि सिस्टम अपेक्षित कार्यभार संभाल सकता है।

7.2 क्लाउड में प्रदर्शन की निगरानी और अनुकूलन

उत्कृष्ट उपयोगकर्ता अनुभव प्रदान करने, संसाधन उपयोग को अनुकूलित करने और क्लाउड में व्यावसायिक सफलता प्राप्त करने के लिए प्रदर्शन निगरानी और अनुकूलन आवश्यक हैं। प्रमुख प्रदर्शन मेट्रिक्स पर नज़र रखने, प्रदर्शन निगरानी उपकरणों का लाभ उठाने, लोड परीक्षण करने, संसाधन आवंटन को अनुकूलित करने और सर्वोत्तम प्रथाओं को लागू करने से, संगठन इष्टतम प्रदर्शन और स्केलेबिलिटी प्राप्त कर सकते हैं। नियमित प्रदर्शन निगरानी, विश्लेषण और अनुकूलन व्यवसायों को मुद्दों को सक्रिय रूप से संबोधित करने, बढ़ती मांगों को पूरा करने और यह सुनिश्चित करने में सक्षम बनाता है कि उनके क्लाउड-आधारित एप्लिकेशन और बुनियादी ढांचे चरम दक्षता पर काम करते हैं। एक अच्छी तरह से अनुकूलित और मॉनिटर किया गया क्लाउड वातावरण उच्च प्रदर्शन वाले अनुप्रयोगों, संतुष्ट उपयोगकर्ताओं और बाजार में प्रतिस्पर्धी बढ़त की नींव रखता है।

7.2.1. क्लाउड में प्रदर्शन निगरानी और अनुकूलन का महत्व:

प्रदर्शन की निगरानी और अनुकूलन एक सहज उपयोगकर्ता अनुभव प्रदान करने और संसाधन उपयोग को अनुकूलित करने में महत्वपूर्ण भूमिका निभाते हैं। इसके महत्वपूर्ण होने के मुख्य कारणों में शामिल हैं:

- उपयोगकर्ता संतुष्टि: प्रदर्शन की निगरानी संगठनों को उन मुद्दों की पहचान करने और हल करने की अनुमति देती है जो उपयोगकर्ता अनुभव को प्रभावित कर सकते हैं, जिससे ग्राहकों की संतुष्टि और प्रतिधारण के उच्च स्तर सुनिश्चित होते हैं। ग्राहक निष्ठा और ब्रांड प्रतिष्ठा के लिए एक सकारात्मक उपयोगकर्ता अनुभव महत्वपूर्ण है।
- कुशल संसाधन उपयोग:प्रदर्शन को अनुकूलित करने से संसाधन की बर्बादी को कम करने में मदद मिलती है और क्लाउड संसाधनों का कुशल उपयोग सुनिश्चित होता है, जिसके परिणामस्वरूप लागत बचत होती है और स्केलेबिलिटी में सुधार होता है। उचित रूप से आवंटित संसाधन अतिप्रावधान को रोकते हैं और अनावश्यक खर्चों को कम करते हैं।
- सक्रिय समस्या का पता लगाना:प्रदर्शन निगरानी बाधाओं, विफलताओं या प्रदर्शन में गिरावट का शीघ्र पता लगाने में सक्षम बनाती है, जिससे संगठनों को महत्वपूर्ण कार्यों को प्रभावित करने से पहले सक्रिय उपाय करने की अनुमति मिलती है। सक्रिय निगरानी डाउनटाइम को कम करती है और निरंतर सेवा उपलब्धता सुनिश्चित करती है।
- क्षमता की योजना बनाना: प्रदर्शन मेट्रिक्स की निगरानी करके, संगठन संसाधन उपयोग के रुझानों में अंतर्दृष्टि प्राप्त कर सकते हैं, जिससे बढ़े हुए कार्यभार को संभालने के लिए प्रभावी क्षमता योजना और स्केलेबिलिटी सक्षम हो सकती है। यह व्यवसायों को भविष्य के विकास के लिए तैयार करने में सक्षम बनाता है और प्रदर्शन संबंधी बाधाओं को रोकता है।

7.2.2. मॉनिटर करने के लिए मुख्य प्रदर्शन मेट्रिक्स:

सही प्रदर्शन मेट्रिक्स की निगरानी से सुधार के क्षेत्रों की पहचान करने और इष्टतम प्रदर्शन सुनिश्चित करने में मदद मिलती है। निम्नलिखित मेट्रिक्स को ट्रैक करने पर विचार करें:

- प्रतिक्रिया समय: किसी सिस्टम द्वारा किसी अनुरोध का जवाब देने में लगने वाले समय को मापें। कम प्रतिक्रिया समय बेहतर उपयोगकर्ता अनुभव में योगदान देता है, क्योंकि उपयोगकर्ताओं को तेज़ परिणाम और इंटरैक्शन प्राप्त होते हैं।
- थ्रूपुट: समय की प्रति इकाई संसाधित अनुरोधों या लेनदेन की संख्या मापें। थ्रूपुट की निगरानी से यह सुनिश्चित करने में मदद मिलती है कि सिस्टम अपेक्षित लोड को कुशलतापूर्वक संभाल सकता है और उच्च मांग के तहत प्रदर्शन में गिरावट से बच सकता है।
- त्रुटि दर: एप्लिकेशन निष्पादन या डेटा प्रोसेसिंग के दौरान आने वाली त्रुटियों के प्रतिशत को ट्रैक करें। उच्च त्रुटि दरें जांच और समाधान की आवश्यकता वाले मुद्दों का संकेत दे सकती हैं, जिससे अधिक स्थिर और विश्वसनीय एप्लिकेशन की अनुमति मिलती है।
- विलंबता:डेटा को स्रोत से गंतव्य तक पहुंचने में लगने वाले समय की निगरानी करें। वास्तविक समय अनुप्रयोगों और बेहतर उपयोगकर्ता अनुभव के लिए कम विलंबता महत्वपूर्ण है, क्योंकि यह डेटा प्रोसेसिंग और ट्रांसमिशन में देरी को कम करता है।
- सीपीयू और मेमोरी उपयोग:संभावित बाधाओं की पहचान करने और संसाधन आवंटन को अनुकूलित करने के लिए सीपीयू और मेमोरी उपयोग की निगरानी करें। अतिभारित सीपीयू या मेमोरी प्रदर्शन समस्याओं का कारण बन सकती है और एप्लिकेशन प्रतिक्रियाशीलता को प्रभावित कर सकती है।

• प्रसार यातायात:किसी भी भीड़भाड़ या प्रदर्शन संबंधी समस्याओं की पहचान करने के लिए इनबाउंड और आउटबाउंड डेटा ट्रांसफर दरों सहित नेटवर्क ट्रैफ़िक पैटर्न को ट्रैक करें। नेटवर्क बाधाएँ एप्लिकेशन प्रदर्शन और उपयोगकर्ता अनुभव को प्रभावित कर सकती हैं।

• डेटाबेस प्रदर्शन: कुशल डेटा पहुंच और प्रसंस्करण सुनिश्चित करने के लिए क्वेरी प्रतिक्रिया समय, थ्रूपुट और संसाधन उपयोग जैसे डेटाबेस प्रदर्शन मेट्रिक्स की निगरानी करें। डेटाबेस प्रदर्शन उन अनुप्रयोगों के लिए महत्वपूर्ण है जो डेटा प्रोसेसिंग पर बहुत अधिक निर्भर हैं।

• एप्लिकेशन-विशिष्ट मेट्रिक्स: अपने एप्लिकेशन की प्रकृति के आधार पर, इसकी कार्यक्षमता के लिए विशिष्ट मेट्रिक्स की निगरानी करें, जैसे लेनदेन प्रसंस्करण समय, रूपांतरण दर, या उपयोगकर्ता सहभागिता मेट्रिक्स। एप्लिकेशन-विशिष्ट मेट्रिक्स एप्लिकेशन के प्रदर्शन और उपयोगकर्ता व्यवहार में मूल्यवान अंतर्दृष्टि प्रदान करते हैं।

7.2.3. प्रदर्शन अनुकूलन के लिए सर्वोत्तम अभ्यास:

क्लाउड में प्रदर्शन को अनुकूलित करने के लिए, निम्नलिखित सर्वोत्तम प्रथाओं को लागू करने पर विचार करें:

• आधार रेखाएँ स्थापित करें: बेसलाइन स्थापित करने के लिए सामान्य परिचालन स्थितियों के तहत प्रदर्शन मेट्रिक्स कैप्चर करें। बेसलाइन विसंगतियों की पहचान करने और प्रदर्शन सुधारों को मापने के लिए संदर्भ बिंदु प्रदान करती हैं। वे संगठनों को विशिष्ट प्रदर्शन पैटर्न को समझने और विचलन का पता लगाने में मदद करते हैं।

• प्रदर्शन निगरानी उपकरण का उपयोग करें: क्लाउड प्रदाताओं या तृतीय-पक्ष विक्रेताओं द्वारा प्रदान किए गए प्रदर्शन निगरानी उपकरण और सेवाओं का लाभ उठाएं। ये उपकरण कुशल निगरानी और निदान को सक्षम करते हुए, सिस्टम प्रदर्शन में वास्तविक समय की दृश्यता प्रदान करते हैं। स्वचालित निगरानी उपकरण टीमों को संभावित समस्याओं के बढ़ने से पहले सचेत कर सकते हैं।

• वितरित ट्रेसिंग और लॉगिंग: वितरित प्रणालियों में प्रदर्शन को ट्रैक करने और बाधाओं या विलंबता मुद्दों की पहचान करने के लिए वितरित ट्रेसिंग और लॉगिंग तंत्र लागू करें। वितरित ट्रेसिंग विभिन्न सेवाओं के माध्यम से अनुरोधों के प्रवाह को समझने और संभावित प्रदर्शन बाधाओं की पहचान करने में मदद करती है।

• लोड परीक्षण और प्रदर्शन परीक्षण:वास्तविक दुनिया के परिदृश्यों का अनुकरण करने और प्रदर्शन बाधाओं की पहचान करने के लिए नियमित लोड और प्रदर्शन परीक्षण करें। यह तनाव और कार्यभार के विभिन्न स्तरों के तहत सिस्टम के प्रदर्शन को सत्यापित करने में मदद करता है, जिससे यह सुनिश्चित होता है कि यह चरम मांग को संभाल सकता है।

• क्षैतिज स्केलिंग: कार्यभार को वितरित करने के लिए अधिक संसाधन जोड़कर क्षैतिज स्केलिंग का लाभ उठाएं। क्लाउड प्लेटफ़ॉर्म द्वारा प्रदान की गई ऑटोस्केलिंग क्षमताएं मांग के आधार पर संसाधनों के स्वचालित समायोजन को सक्षम बनाती हैं, जिससे उतार-चढ़ाव वाले कार्यभार के दौरान इष्टतम प्रदर्शन सुनिश्चित होता है।

• कैशिंग और सामग्री वितरण नेटवर्क (सीडीएन): डेटा पुनर्प्राप्ति और प्रसंस्करण ओवरहेड को कम करने के लिए कैशिंग तंत्र लागू करें। किनारे के स्थानों से स्थिर सामग्री वितरित करने, विलंबता को कम करने और उपयोगकर्ता अनुभव को बेहतर बनाने के लिए सीडीएन का उपयोग करें। कैशिंग और सीडीएन एप्लिकेशन प्रतिक्रियाशीलता में सुधार करते हैं और सर्वर लोड को कम करते हैं।

• डेटाबेस प्रदर्शन को अनुकूलित करें: इंडेक्सिंग, क्वेरी ऑप्टिमाइज़ेशन और उचित डेटा मॉडलिंग जैसी तकनीकों के माध्यम से डेटाबेस प्रदर्शन को अनुकूलित करें। अंतर्निहित अनुकूलन और स्वचालित रखरखाव कार्यों से लाभ उठाने के लिए क्लाउड प्रदाताओं द्वारा दी जाने वाली प्रबंधित डेटाबेस सेवाओं का लाभ उठाएं।

• सतत प्रदर्शन निगरानी और विश्लेषण: विसंगतियों का पता लगाने, रुझानों को ट्रैक करने और अनुकूलन के लिए क्षेत्रों की पहचान करने के लिए निरंतर प्रदर्शन निगरानी और विश्लेषण लागू करें। प्राप्त अंतर्दृष्टि का उपयोग सूचित निर्णय लेने और प्रदर्शन सुधारों पर पुनरावृत्ति करने के लिए करें। नियमित निगरानी यह सुनिश्चित करती है कि प्रदर्शन संबंधी समस्याओं का तुरंत समाधान किया जाए।

• सुरक्षा संबंधी विचार: सुनिश्चित करें कि प्रदर्शन अनुकूलन सुरक्षा उपायों से समझौता न करें। संपूर्ण सुरक्षा परीक्षण करें और डेटा और संसाधनों की सुरक्षा के लिए उचित उपाय लागू करें। प्रदर्शन में सुधार करते समय सुरक्षा प्राथमिकता होनी चाहिए।

7.3 लोड संतुलन और ऑटो स्केलिंग: क्लाउड में स्केलेबिलिटी और उच्च उपलब्धता प्राप्त करना

लोड संतुलन और ऑटो स्केलिंग स्केलेबिलिटी प्राप्त करने, संसाधन उपयोग को अनुकूलित करने और क्लाउड कंप्यूटिंग में उच्च उपलब्धता सुनिश्चित करने के लिए मौलिक तकनीकें हैं। लोड संतुलन और ऑटो स्केलिंग रणनीतियों को प्रभावी ढंग से लागू करके, संगठन कार्यभार को कुशलतापूर्वक वितरित कर सकते हैं, इष्टतम प्रदर्शन बनाए रख सकते हैं और बदलती मांगों का सहजता से जवाब दे सकते हैं। रणनीतिक यातायात वितरण, स्वास्थ्य जांच, नीति-आधारित स्केलिंग और निरंतर निगरानी और समायोजन जैसी सर्वोत्तम प्रथाएं एक मजबूत और स्केलेबल क्लाउड बुनियादी ढांचे में योगदान करती हैं।

7.3.1. भार का संतुलन:

लोड बैलेंसिंग एक ऐसी तकनीक है जो प्रदर्शन को अनुकूलित करने, स्केलेबिलिटी बढ़ाने और गलती सहनशीलता में सुधार करने के लिए आने वाले नेटवर्क ट्रैफ़िक को कई सर्वरों या संसाधनों में वितरित करती है। भार संतुलन के प्रमुख पहलुओं में शामिल हैं:

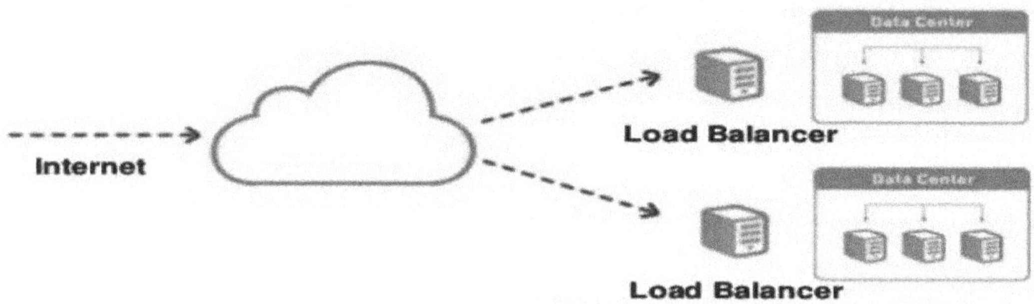

- स्केलेबिलिटी: लोड बैलेंसर आने वाले ट्रैफ़िक को कई बैकएंड संसाधनों में वितरित करके क्षैतिज स्केलिंग को सक्षम करते हैं, कुशल संसाधन उपयोग और बढ़े हुए कार्यभार को संभालने की क्षमता सुनिश्चित करते हैं। उपलब्ध संसाधनों के लिए अनुरोधों को गतिशील रूप से आवंटित करके, लोड संतुलन संगठनों को व्यक्तिगत सर्वर पर अधिक बोझ डाले बिना बढ़ती मांगों को पूरा करने के लिए अपने अनुप्रयोगों को स्केल करने की अनुमति देता है।
- प्रदर्शन अनुकूलन:ट्रैफ़िक को समान रूप से वितरित करके, लोड बैलेंसर व्यक्तिगत संसाधनों के ओवरलोडिंग को रोकते हैं, जिससे उपयोगकर्ताओं के लिए इष्टतम प्रदर्शन और प्रतिक्रिया समय सुनिश्चित होता है। यह एक सहज उपयोगकर्ता अनुभव में योगदान देता है और उन बाधाओं के जोखिम को कम करता है जो एप्लिकेशन को धीमा या विफल कर सकते हैं।
- उच्च उपलब्धता:लोड संतुलन बैकएंड संसाधनों की लगातार निगरानी करके और स्वचालित रूप से विफल या अस्वास्थ्यकर संसाधनों से ट्रैफ़िक को दूर करके उपलब्धता को बढ़ाता है। सर्वर विफलता की स्थिति में, लोड बैलेंसर अनुरोधों को स्वस्थ सर्वर पर पुनर्निर्देशित करता है, जिससे डाउनटाइम कम होता है और विश्वसनीयता में सुधार होता है।
- सत्र दृढ़ता:लोड बैलेंसर यह सुनिश्चित करके सत्र की दृढ़ता को बनाए रख सकते हैं कि उसी उपयोगकर्ता के बाद के अनुरोधों को उसी बैकएंड संसाधन पर निर्देशित किया जाता है, जो स्टेटफुल अनुप्रयोगों के लिए निरंतरता बनाए रखता है। यह सुनिश्चित करता है कि लोड संतुलन इवेंट के दौरान उपयोगकर्ता सत्र बाधित न हों।
- स्वास्थ्य जांच: लोड बैलेंसर बैकएंड संसाधनों की उपलब्धता और प्रतिक्रिया की निगरानी के लिए नियमित स्वास्थ्य जांच करते हैं। अस्वस्थ या विफल संसाधनों से ट्रैफ़िक को स्वचालित रूप से हटाकर या पुनर्निर्देशित करके, लोड बैलेंसर यह सुनिश्चित करते हैं कि केवल स्वस्थ संसाधन ही आने वाले अनुरोधों को संभाल रहे हैं।

7.3.2. ऑटो स्केलिंग:

ऑटो स्केलिंग एक ऐसा तंत्र है जो पूर्वनिर्धारित नीतियों या मेट्रिक्स के आधार पर संसाधनों की संख्या, जैसे वर्चुअल मशीन या कंटेनर, को स्वचालित रूप से समायोजित करता है। ऑटो स्केलिंग निम्नलिखित लाभ प्रदान करती है:

• लोच:ऑटो स्केलिंग गतिशील संसाधन आवंटन को सक्षम बनाता है, मांग के आधार पर स्वचालित रूप से संसाधनों को ऊपर या नीचे स्केल करता है। यह लोच यह सुनिश्चित करती है कि संगठन केवल वर्तमान कार्यभार को संभालने, लागत दक्षता को अनुकूलित करने के लिए आवश्यक संसाधनों के लिए भुगतान करें। पीक अवधि के दौरान, मांग को पूरा करने के लिए अतिरिक्त संसाधन जोड़े जाते हैं, और ऑफ-पीक समय के दौरान, अनावश्यक संसाधनों को हटा दिया जाता है, जिससे लागत बचत होती है।

• लोड प्रबंधन: ऑटो स्केलिंग पूर्वनिर्धारित मेट्रिक्स, जैसे सीपीयू उपयोग या नेटवर्क ट्रैफ़िक पर नज़र रखता है, और इष्टतम प्रदर्शन बनाए रखने और बाधाओं को रोकने के लिए आवश्यकतानुसार संसाधनों को जोड़ता या हटाता है। यह सुनिश्चित करता है कि एप्लिकेशन मैन्युअल हस्तक्षेप के बिना विभिन्न कार्यभार को कुशलतापूर्वक संभाल सकते हैं।

• दोष सहिष्णुता: ऑटो स्केलिंग विफल संसाधनों या उदाहरणों को स्वचालित रूप से प्रतिस्थापित करके दोष सहनशीलता को बढ़ाता है, जिससे एप्लिकेशन उपलब्धता और उपयोगकर्ता अनुभव पर विफलताओं का प्रभाव कम हो जाता है। जब कोई संसाधन अस्वस्थ हो जाता है या विफल हो जाता है, तो निरंतर सेवा उपलब्धता सुनिश्चित करते हुए, ऑटो स्केलिंग समूह स्वचालित रूप से इसे बदल देता है।

• घटना-संचालित स्केलिंग: ऑटो स्केलिंग को बढ़े हुए ट्रैफ़िक, निर्धारित समय या विशिष्ट समय-आधारित पैटर्न जैसी घटनाओं से ट्रिगर किया जा सकता है, जिससे कार्यभार में उतार-चढ़ाव के जवाब में संसाधनों का पैमाना सुनिश्चित होता है। यह गतिशील स्केलिंग अनुप्रयोगों को बदलती मांगों को प्रभावी ढंग से अनुकूलित करने में मदद करती है।

• नीति-आधारित स्केलिंग: ऑटो स्केलिंग नीतियां मेट्रिक्स और शर्तों के आधार पर नियमों और सीमाओं को परिभाषित करती हैं, जो संगठनों को उनकी विशिष्ट आवश्यकताओं और व्यावसायिक आवश्यकताओं के अनुसार स्केलिंग व्यवहार को अनुकूलित करने में सक्षम बनाती हैं। नीतियों को प्रतिक्रिया समय या कतार की लंबाई जैसे विशिष्ट मानदंडों के आधार पर संसाधनों के पैमाने के अनुरूप बनाया जा सकता है।

7.3.3. लोड संतुलन और ऑटो स्केलिंग के लिए सर्वोत्तम अभ्यास:

क्लाउड में लोड संतुलन और ऑटो स्केलिंग को प्रभावी ढंग से लागू करने के लिए, निम्नलिखित सर्वोत्तम प्रथाओं पर विचार करें:

• यातायात को रणनीतिक रूप से वितरित करें: संसाधन क्षमता, प्रतिक्रिया समय और भौगोलिक निकटता जैसे कारकों पर विचार करते हुए, बैकएंड संसाधनों में ट्रैफ़िक को समान रूप से वितरित करने के लिए लोड बैलेंसर्स का उपयोग करें। एक अच्छी तरह से संतुलित वितरण संसाधनों का कुशल उपयोग सुनिश्चित करता है और विशिष्ट सर्वरों पर ओवरलोडिंग को रोकता है।

• कर्मचारी स्वास्थ्य जाँच: बैकएंड संसाधनों की उपलब्धता और प्रदर्शन की निगरानी के लिए नियमित स्वास्थ्य जांच कॉन्फ़िगर करें। अस्वास्थ्यकर संसाधनों से ट्रैफ़िक को स्वचालित रूप से हटाकर या पुनर्निर्देशित करके, लोड बैलेंसर उच्च उपलब्धता और इष्टतम प्रदर्शन में योगदान करते हैं।

• स्केलिंग नीतियां: प्रासंगिक मेट्रिक्स और थ्रेसहोल्ड के आधार पर स्केलिंग नीतियों को परिभाषित करें, यह सुनिश्चित करते हुए कि संसाधन आवंटन मांग से मेल खाता है। स्केलिंग क्रियाओं को ट्रिगर करने के लिए सीपीयू उपयोग, नेटवर्क ट्रैफ़िक, या कतार की लंबाई जैसे कारकों पर विचार करें। उन नीतियों को परिभाषित करें जो आपके अनुप्रयोगों के विशिष्ट कार्यभार पैटर्न के अनुरूप हों।

• मॉनिटर और समायोजित करें:अपने अनुप्रयोगों और बुनियादी ढांचे के प्रदर्शन, संसाधन उपयोग और स्केलिंग व्यवहार की लगातार निगरानी करें। नियमित निगरानी एप्लिकेशन प्रदर्शन और स्केलेबिलिटी में मूल्यवान अंतर्दृष्टि प्रदान करती है। बेहतर दक्षता के लिए स्केलिंग नीतियों और संसाधन आवंटन को बेहतर बनाने के लिए प्राप्त डेटा का उपयोग करें।

• क्षैतिज स्केलिंग: मांग के आधार पर उदाहरणों को जोड़कर या हटाकर क्षैतिज रूप से संसाधनों को स्केल करने के लिए ऑटो स्केलिंग का लाभ उठाएं। ऐसे एप्लिकेशन और आर्किटेक्चर डिज़ाइन करें जो बिना किसी व्यवधान के संसाधनों को जोड़ने या हटाने को सहजता से संभाल सकें। वितरित प्रणालियों के लिए क्षैतिज स्केलिंग विशेष रूप से प्रभावी है।

• स्केलिंग सीमाएँ लागू करें: अत्यधिक स्केलिंग और अप्रत्याशित लागतों को रोकने के लिए ऊपरी और निचली स्केलिंग सीमाएँ निर्धारित करें। अपनी एप्लिकेशन आवश्यकताओं, कार्यभार पैटर्न और संसाधन उपलब्धता के आधार पर समझदार सीमाएँ परिभाषित करें। यह सुनिश्चित करता है कि ऑटो स्केलिंग वांछित परिचालन सीमा के भीतर रहे।
• लोड बैलेंसर सुविधाओं का उपयोग करें: सुरक्षा, रूटिंग लचीलेपन और उपयोगकर्ता अनुभव को बढ़ाने के लिए लोड बैलेंसर्स द्वारा प्रदान की गई उन्नत सुविधाओं, जैसे एसएसएल समाप्ति, सामग्री-आधारित रूटिंग, या सत्र दृढ़ता का लाभ उठाएं। ये सुविधाएँ लोड बैलेंसर्स को विविध अनुप्रयोग आवश्यकताओं को पूरा करने में सक्षम बनाती हैं।
• परीक्षण और सत्यापन: लोड संतुलन और ऑटो स्केलिंग कॉन्फ़िगरेशन की प्रभावशीलता को मान्य करने के लिए नियमित रूप से लोड परीक्षण और प्रदर्शन परीक्षण करें। बाधाओं की पहचान करने, स्केलेबिलिटी का आकलन करने और स्केलिंग नीतियों को ठीक करने के लिए वास्तविक दुनिया के परिदृश्यों का अनुकरण करें। परीक्षण यह सुनिश्चित करने में मदद करता है कि आपका सिस्टम अपेक्षित ट्रैफ़िक स्पाइक्स और कार्यभार परिवर्तनों को संभाल सकता है।
• आवेदन की तैयारी: सुनिश्चित करें कि आपके एप्लिकेशन स्टेटलेस होने के लिए डिज़ाइन किए गए हैं या कई बैकएंड संसाधनों में सत्र दृढ़ता को संभालने के लिए तंत्र मौजूद हैं। स्केलिंग इवेंट के दौरान डेटा स्थिरता, कैशिंग या सत्र प्रबंधन जैसे कारकों पर विचार करें। ऑटो स्केलिंग इवेंट के दौरान डेटा हानि से बचने के लिए राज्य प्रबंधन महत्वपूर्ण है।

अभ्यास

बहु विकल्पीय प्रश्न

1. क्लाउड कंप्यूटिंग में स्केलेबिलिटी का प्राथमिक लक्ष्य क्या है?
a) संसाधन उपयोग को न्यूनतम करना
b) प्रदर्शन में गिरावट के बिना बढ़े हुए कार्यभार को संभालना
c) डेटा भंडारण लागत कम करना
d) उच्च नेटवर्क बैंडविड्थ प्राप्त करना

2. किस प्रकार की स्केलेबिलिटी में सिस्टम के भीतर व्यक्तिगत संसाधनों की क्षमता बढ़ाना शामिल है?
a) क्षैतिज मापनीयता
b) लोचदार मापनीयता
c) लंबवत स्केलेबिलिटी
d) गतिशील मापनीयता

3. क्लाउड कंप्यूटिंग में लोड संतुलन क्या लाभ प्रदान करता है?
a) सुरक्षा जोखिमों को कम करना
b) डेटा एन्क्रिप्शन में सुधार
c) एप्लिकेशन प्रतिक्रियाशीलता बढ़ाना
d) क्लाउड सेवा लागत कम करना

4. कौन सा प्रदर्शन मीट्रिक समय की प्रति इकाई संसाधित अनुरोधों या लेनदेन की संख्या को मापता है?
a) प्रतिक्रिया समय
b) प्रवाह
c) विलंब
d) त्रुटि दर

5. ऑटो स्केलिंग संगठनों को क्लाउड में क्या हासिल करने में मदद करती है?
a) कुशल संसाधन बर्बादी
b) स्थैतिक संसाधन आवंटन
c) मांग के आधार पर गतिशील संसाधन आवंटन
d) संसाधनों की सतत निगरानी

6. लोड संतुलन के लिए क्लाउड में प्रबंधित सेवाओं का उपयोग करने का प्राथमिक लाभ क्या है?
a) डेटा भंडारण लागत में कमी
b) बेहतर अनुप्रयोग प्रदर्शन
c) बढ़ी हुई दोष सहनशीलता
d) परिचालन जटिलता को उतारना

7. किस प्रकार की स्केलेबिलिटी वितरित प्रणालियों और अनुप्रयोगों के लिए उपयुक्त है जिन्हें विभाजित किया जा सकता है?
a) लंबवत स्केलेबिलिटी
b) गतिशील मापनीयता
c) लोचदार मापनीयता
d) क्षैतिज मापनीयता (स्केलिंग आउट)

8. क्लाउड वातावरण में लोड परीक्षण करने का उद्देश्य क्या है?
a) डेटा स्थिरता सुनिश्चित करने के लिए
b) सुरक्षा उपायों को मान्य करने के लिए
c) वास्तविक दुनिया के परिदृश्यों का अनुकरण करना और बाधाओं की पहचान करना

d) नेटवर्क ट्रैफ़िक पैटर्न की निगरानी करना

9. क्लाउड अनुप्रयोगों में लोड संतुलन उच्च उपलब्धता में कैसे योगदान देता है?

a) यह सुरक्षा उपायों की आवश्यकता को कम करता है

b) यह नेटवर्क ट्रैफ़िक को असमान रूप से वितरित करता है

c) यह संसाधन उपयोग को कम करता है

d) यह स्वचालित रूप से ट्रैफ़िक को विफल संसाधनों से दूर पुनर्निर्देशित करता है

समीक्षा प्रश्न

1. क्लाउड कंप्यूटिंग के संदर्भ में स्केलेबिलिटी की परिभाषा क्या है और इसे कैसे हासिल किया जाता है?

2. क्लाउड में स्केलेबिलिटी के क्या लाभ हैं?

3. क्लाउड में स्केलेबिलिटी के दो प्राथमिक प्रकार क्या हैं और वे कैसे भिन्न हैं?

4. क्लाउड में स्केलेबल आर्किटेक्चर प्राप्त करने के लिए सर्वोत्तम अभ्यास क्या हैं?

5. क्लाउड में प्रदर्शन की निगरानी और अनुकूलन क्यों महत्वपूर्ण है?

6. प्रमुख प्रदर्शन मेट्रिक्स क्या हैं जिन्हें संगठनों को इष्टतम प्रदर्शन के लिए ट्रैक करना चाहिए?

7. क्लाउड कंप्यूटिंग में लोड संतुलन के क्या लाभ हैं?

8. ऑटो स्केलिंग क्लाउड में स्केलेबिलिटी और दोष सहनशीलता में कैसे योगदान देती है?

9. क्लाउड में लोड संतुलन और ऑटो स्केलिंग कार्यान्वयन के लिए सर्वोत्तम अभ्यास क्या हैं?

10. लोड संतुलन क्लाउड अनुप्रयोगों में उच्च उपलब्धता को कैसे बढ़ाता है?

11. ऑटो स्केलिंग कार्यान्वयन में इवेंट-संचालित स्केलिंग मूल्यवान क्यों है?

12. ऑटो स्केलिंग इवेंट के दौरान संगठन एप्लिकेशन की तैयारी कैसे सुनिश्चित कर सकते हैं?

उत्तर अनुभाग

बहु विकल्पीय प्रश्न

1. b) प्रदर्शन में गिरावट के बिना बढ़े हुए कार्यभार को संभालना
2. c) लंबवत स्केलेबिलिटी (स्केलिंग अप)
3. c) एप्लिकेशन प्रतिक्रियाशीलता को बढ़ाना
4. b) थ्रूपुट
5. c) मांग के आधार पर गतिशील संसाधन आवंटन
6. d) परिचालन जटिलता को दूर करना
7. d) क्षैतिज मापनीयता (स्केलिंग आउट)
8. c) वास्तविक दुनिया के परिदृश्यों का अनुकरण करना और बाधाओं की पहचान करना
9. d) यह स्वचालित रूप से ट्रैफ़िक को विफल संसाधनों से दूर पुनर्निर्देशित करता है

समीक्षा प्रश्न

1. क्लाउड कंप्यूटिंग में स्केलेबिलिटी एक सिस्टम की प्रदर्शन या विश्वसनीयता से समझौता किए बिना बढ़े हुए कार्यभार या विकास को संभालने की क्षमता को संदर्भित करती है। यह मांग के आधार पर संसाधनों के गतिशील आवंटन के माध्यम से प्राप्त किया जाता है। जैसे-जैसे कार्यभार बढ़ता है, क्लाउड इंफ्रास्ट्रक्चर स्वचालित रूप से अतिरिक्त संसाधनों का प्रावधान करता है, और जब मांग कम हो जाती है, तो अनावश्यक लागत से बचने के लिए अतिरिक्त संसाधनों का प्रावधान हटा दिया जाता है।

2. क्लाउड में स्केलेबिलिटी कई महत्वपूर्ण लाभ प्रदान करती है, जिसमें लोचदार संसाधन प्रावधान, लागत दक्षता, बेहतर प्रदर्शन और बढ़ी हुई उपलब्धता और लचीलापन शामिल है। यह व्यवसायों को बदलती आवश्यकताओं के आधार पर संसाधनों को तेजी से ऊपर या नीचे करने, खर्चों को अनुकूलित करने, प्रदर्शन में गिरावट के बिना बढ़ते कार्यभार को संभालने और विफलताओं या उच्च ट्रैफ़िक की स्थिति में भी सेवा उपलब्धता बनाए रखने की अनुमति देता है।

3. क्लाउड में स्केलेबिलिटी के दो प्राथमिक प्रकार हैं वर्टिकल स्केलेबिलिटी (स्केलिंग अप) और हॉरिजॉन्टल स्केलेबिलिटी (स्केलिंग आउट)। वर्टिकल स्केलेबिलिटी में व्यक्तिगत संसाधनों की क्षमता बढ़ाना शामिल है, जैसे एकल सर्वर में अधिक सीपीयू कोर या मेमोरी जोड़ना। क्षैतिज स्केलेबिलिटी में सिस्टम में अधिक संसाधन जोड़ना, कार्यभार को कई सर्वरों या उदाहरणों में वितरित करना, जैसे अधिक वर्चुअल मशीन या कंटेनर जोड़ना शामिल है।

4. क्लाउड में स्केलेबिलिटी हासिल करने के लिए, विफलता के लिए डिजाइनिंग, घटकों को अलग करना, ऑटो-स्केलिंग का लाभ उठाना, प्रबंधित सेवाओं का उपयोग करना, माइक्रोसर्विसेज आर्किटेक्चर को अपनाना, कैशिंग और सीडीएन को लागू करना, निरंतर प्रदर्शन की निगरानी और नियमित परीक्षण और सत्यापन पर विचार करें।

5. निर्बाध उपयोगकर्ता अनुभव प्रदान करने, संसाधन उपयोग को अनुकूलित करने और व्यावसायिक सफलता सुनिश्चित करने के लिए प्रदर्शन की निगरानी और अनुकूलन आवश्यक है। यह उपयोगकर्ता की संतुष्टि को प्रभावित करने वाले मुद्दों की पहचान करने और उन्हें हल करने, संसाधनों की बर्बादी से बचने, सक्रिय रूप से बाधाओं का पता लगाने और भविष्य के विकास की योजना बनाने में मदद करता है।

6. मॉनिटर करने के लिए मुख्य प्रदर्शन मेट्रिक्स में प्रतिक्रिया समय, थ्रूपुट, त्रुटि दर, विलंबता, सीपीयू और मेमोरी उपयोग, नेटवर्क ट्रैफ़िक, डेटाबेस प्रदर्शन मेट्रिक्स और एप्लिकेशन-विशिष्ट मेट्रिक्स जैसे लेनदेन प्रसंस्करण समय या उपयोगकर्ता सहभागिता मेट्रिक्स शामिल हैं।

7. लोड संतुलन प्रदर्शन को अनुकूलित करता है, स्केलेबिलिटी को बढ़ाता है, और कई बैकएंड संसाधनों में आने वाले नेटवर्क ट्रैफ़िक को समान रूप से वितरित करके दोष सहनशीलता में सुधार करता है। यह संगठनों को बढ़े हुए कार्यभार को कुशलतापूर्वक संभालने, उच्च उपलब्धता प्राप्त करने और व्यक्तिगत सर्वरों पर ओवरलोडिंग को रोकने में सक्षम बनाता है।

8. ऑटो स्केलिंग मांग के आधार पर संसाधनों की संख्या को स्वचालित रूप से समायोजित करती है, जिससे लोच और कुशल संसाधन आवंटन सुनिश्चित होता है। यह अलग-अलग कार्यभार को संभालने में मदद करता है, इष्टतम प्रदर्शन

बनाए रखता है, और विफल संसाधनों या उदाहरणों को स्वचालित रूप से प्रतिस्थापित करके दोष सहनशीलता को बढ़ाता है।

9. सर्वोत्तम प्रथाओं में ट्रैफ़िक को रणनीतिक रूप से वितरित करना, स्वास्थ्य जांच को नियोजित करना, प्रासंगिक मेट्रिक्स के आधार पर स्केलिंग नीतियों को परिभाषित करना, निरंतर निगरानी और समायोजन, क्षैतिज स्केलिंग, स्केलिंग सीमाएं निर्धारित करना और कॉन्फ़िगरेशन का परीक्षण और सत्यापन शामिल है।

10. लोड संतुलन बैकएंड संसाधनों की लगातार निगरानी करके और स्वचालित रूप से विफल या अस्वास्थ्यकर संसाधनों से ट्रैफ़िक को दूर करके उच्च उपलब्धता को बढ़ाता है। सर्वर विफलता की स्थिति में, अनुरोधों को स्वस्थ सर्वर पर पुनर्निर्देशित किया जाता है, जिससे डाउनटाइम कम हो जाता है और विश्वसनीयता में सुधार होता है।

11. इवेंट-संचालित स्केलिंग विशिष्ट घटनाओं, जैसे बढ़े हुए ट्रैफ़िक या निर्धारित समय के जवाब में संसाधनों को स्केल करने की अनुमति देती है। यह गतिशील स्केलिंग अनुप्रयोगों को बदलती मांगों के लिए प्रभावी ढंग से अनुकूलित करने में मदद करती है और यह सुनिश्चित करती है कि संसाधन कार्यभार के उतार-चढ़ाव से मेल खाते हों।

12. ऑटो स्केलिंग इवेंट के दौरान एप्लिकेशन की तैयारी सुनिश्चित करने के लिए, संगठनों को एप्लिकेशन को स्टेटलेस डिज़ाइन करना चाहिए या कई बैकएंड संसाधनों में सत्र दृढ़ता को संभालने के लिए तंत्र रखना चाहिए। स्केलिंग इवेंट के दौरान डेटा हानि से बचने के लिए डेटा स्थिरता, कैशिंग और सत्र प्रबंधन जैसे कारक महत्वपूर्ण हैं।

अध्याय 8: क्लाउड सेवाएँ और आर्किटेक्चर

8.1 सर्वर रहित कंप्यूटिंग की शक्ति की खोज

सर्वर रहित कंप्यूटिंग क्लाउड में अनुप्रयोगों को विकसित करने, तैनात करने और स्केल करने के लिए एक क्रांतिकारी दृष्टिकोण का प्रतिनिधित्व करता है। अपनी लागत दक्षता, स्वचालित स्केलिंग, सरलीकृत संचालन और तेजी से विकास चक्रों का लाभ उठाकर, संगठन अपने डेवलपर्स को बुनियादी ढांचे के प्रबंधन की जटिलताओं को क्लाउड प्रदाताओं पर छोड़ते हुए मुख्य व्यवसाय तर्क पर ध्यान केंद्रित करने के लिए सशक्त बना सकते हैं। सर्वर रहित कंप्यूटिंग की बहुमुखी प्रतिभा वेब अनुप्रयोगों से लेकर IoT प्रोसेसिंग और चैटबॉट्स तक, विविध उपयोग के मामलों में इसके अनुप्रयोग को सक्षम बनाती है। सर्वर रहित कंप्यूटिंग को अपनाने से संगठनों को इवेंट-संचालित आर्किटेक्चर की शक्ति का उपयोग करने, चपलता बढ़ाने और क्लाउड कंप्यूटिंग परिदृश्य में नवाचार और विकास के लिए नई संभावनाओं को अनलॉक करने की अनुमति मिलती है।

8.1.1. सर्वर रहित कंप्यूटिंग को समझना:

सर्वर रहित कंप्यूटिंग, जिसे एक सेवा के रूप में फ़ंक्शन (FaaS) के रूप में भी जाना जाता है, सर्वर इंफ्रास्ट्रक्चर प्रबंधन की जटिलता को पूरी तरह से दूर कर देता है। यह डेवलपर्स को केवल कोड लिखने और तैनात करने पर ध्यान केंद्रित करने की अनुमति देता है। सर्वर रहित आर्किटेक्चर में, डेवलपर्स व्यक्तिगत फ़ंक्शन बनाते हैं जो विशिष्ट घटनाओं पर प्रतिक्रिया देने के लिए डिज़ाइन किए जाते हैं, जबकि क्लाउड प्रदाता उन कार्यों को निष्पादित करने के लिए आवश्यक संसाधनों के प्रावधान और स्केलिंग का प्रभार लेता है।

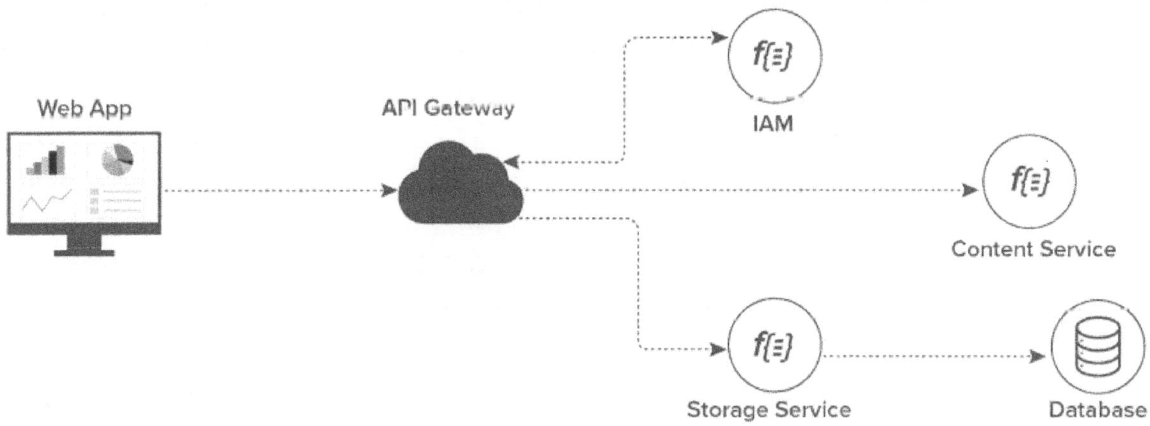

8.1.2. सर्वर रहित कंप्यूटिंग के लाभ:

सर्वर रहित कंप्यूटिंग को अपनाने से संगठनों को कई महत्वपूर्ण लाभ मिलते हैं:

- लागत क्षमता: सर्वर रहित कंप्यूटिंग भुगतान-प्रति-आह्वान मॉडल पर काम करती है, जहां संगठनों को केवल कार्यों के वास्तविक निष्पादन समय के लिए बिल दिया जाता है। इससे निष्क्रिय संसाधनों के लिए भुगतान करने की आवश्यकता समाप्त हो जाती है, जिसके परिणामस्वरूप लागत बचत होती है और क्लाउड संसाधनों का अधिक लागत-कुशल उपयोग होता है।
- मापनीयता और लोच: सर्वर रहित आर्किटेक्चर स्वचालित रूप से आने वाले कार्यभार के आधार पर संसाधनों को समायोजित करते हैं, जिससे मैन्युअल हस्तक्षेप की आवश्यकता के बिना चरम मांग के दौरान भी इष्टतम प्रदर्शन सुनिश्चित होता है। यह इलास्टिक स्केलिंग क्षमता अनुप्रयोगों को ट्रैफ़िक के विभिन्न स्तरों को प्रभावी ढंग से संभालने की अनुमति देती है।
- सरलीकृत संचालन: सर्वर रहित कंप्यूटिंग संगठनों को सर्वर, ऑपरेटिंग सिस्टम और रनटाइम वातावरण के प्रबंधन से राहत देती है। यह डेवलपर्स को विशेष रूप से व्यावसायिक तर्क लिखने पर ध्यान केंद्रित करने की अनुमति देता है, इस प्रकार विकास प्रक्रिया को सरल बनाता है और परिचालन ओवरहेड को कम करता है।
- तीव्र विकास एवं परिनियोजन: सर्वर रहित आर्किटेक्चर तेजी से विकास चक्र सक्षम करते हैं क्योंकि डेवलपर्स बुनियादी ढांचे की स्थापना के बोझ के बिना केवल कोड लिखने पर ध्यान केंद्रित कर सकते हैं। परिनियोजन को

सुव्यवस्थित किया गया है, और चपलता और निरंतर नवाचार को बढ़ावा देते हुए अपडेट को शीघ्रता से जारी किया जा सकता है।

• घटना-संचालित वास्तुकला: सर्वर रहित कंप्यूटिंग इवेंट-संचालित अनुप्रयोगों के लिए आदर्श रूप से उपयुक्त है, जो एपीआई कॉल, डेटाबेस परिवर्तन या संदेश कतार अधिसूचना जैसे विशिष्ट घटनाओं द्वारा कार्यों को ट्रिगर करने में सक्षम बनाता है। यह डेवलपर्स को अत्यधिक प्रतिक्रियाशील और गतिशील एप्लिकेशन बनाने में सक्षम बनाता है।

8.1.3. सर्वर रहित कंप्यूटिंग के प्रमुख घटक:

सर्वर रहित कंप्यूटिंग में कई आवश्यक घटक शामिल हैं, जिनमें से प्रत्येक इसके संचालन में महत्वपूर्ण भूमिका निभाता है:

• कार्य: फ़ंक्शंस सर्वर रहित आर्किटेक्चर के मुख्य निर्माण खंड हैं। वे कोड के अलग-अलग टुकड़ों का प्रतिनिधित्व करते हैं जो विशिष्ट कार्य करते हैं या घटनाओं पर प्रतिक्रिया देते हैं। ये फ़ंक्शन विभिन्न प्रोग्रामिंग भाषाओं में लिखे जा सकते हैं और विशिष्ट ट्रिगर्स के जवाब में ऑन-डिमांड निष्पादित किए जाते हैं।

• इवेंट ट्रिगर: सर्वर रहित फ़ंक्शन इवेंट द्वारा ट्रिगर होते हैं, जैसे HTTP अनुरोध, डेटाबेस परिवर्तन, या टाइमर-आधारित इवेंट। ये ट्रिगर फ़ंक्शंस के निष्पादन की शुरुआत करते हैं, जिससे उन्हें डेवलपर्स द्वारा परिभाषित विशिष्ट घटनाओं पर प्रतिक्रिया करने की अनुमति मिलती है।

• निष्पादन वातावरण: क्लाउड प्रदाता सर्वर रहित कार्यों को चलाने के लिए आवश्यक निष्पादन वातावरण का प्रबंधन करते हैं। इसमें अंतर्निहित बुनियादी ढाँचा, रनटाइम वातावरण और संसाधन प्रावधान शामिल हैं, जिन्हें डेवलपर्स द्वारा पारदर्शी तरीके से नियंत्रित किया जाता है।

• क्लाउड सेवा एकीकरण: सर्वर रहित फ़ंक्शंस विभिन्न क्लाउड सेवाओं, जैसे स्टोरेज, डेटाबेस, मैसेजिंग कतार या प्रमाणीकरण सेवाओं के साथ निर्बाध रूप से इंटरैक्ट कर सकते हैं। यह एकीकरण डेवलपर्स को मौजूदा क्लाउड क्षमताओं का लाभ उठाने और जटिल अनुप्रयोगों को अधिक कुशलता से बनाने में सक्षम बनाता है।

8.1.4. सर्वर रहित कंप्यूटिंग के लिए केस का उपयोग करें:

सर्वर रहित कंप्यूटिंग की बहुमुखी प्रतिभा इसे उपयोग के मामलों की एक विस्तृत श्रृंखला में प्रभावी ढंग से लागू करने की अनुमति देती है, जिसमें शामिल हैं:

• वेब अनुप्रयोग: सर्वर रहित आर्किटेक्चर हल्के वेब एप्लिकेशन, एपीआई या माइक्रोसर्विसेज के निर्माण के लिए उपयुक्त हैं, जिनके लिए ऑटो-स्केलिंग क्षमताओं और लागत दक्षता की आवश्यकता होती है, खासकर अप्रत्याशित या उतार-चढ़ाव वाले ट्रैफिक पैटर्न वाले अनुप्रयोगों के लिए।

• वास्तविक समय डेटा प्रोसेसिंग: सर्वर रहित फ़ंक्शंस वास्तविक समय डेटा स्ट्रीम को संसाधित और विश्लेषण कर सकते हैं, जो उन्हें वास्तविक समय विश्लेषण, डेटा परिवर्तन या इवेंट-संचालित प्रसंस्करण जैसे अनुप्रयोगों के लिए आदर्श बनाता है।

• IoT अनुप्रयोग: सर्वर रहित कंप्यूटिंग IoT अनुप्रयोगों के लिए स्वाभाविक रूप से उपयुक्त है जिसके लिए बड़ी संख्या में जुड़े उपकरणों से डेटा को संसाधित करने और विश्लेषण करने, सेंसर डेटा के आधार पर घटनाओं को ट्रिगर करने या उपयोगकर्ताओं या उपकरणों को सूचनाएं भेजने की आवश्यकता होती है।

• बैकएंड प्रक्रियाएं: सर्वर रहित फ़ंक्शंस बैकएंड प्रक्रियाओं, जैसे डेटा सत्यापन, फ़ाइल प्रोसेसिंग, छवि आकार बदलना, या ईमेल अधिसूचनाओं को संभालने में उत्कृष्टता प्राप्त करते हैं, जो विभिन्न नियमित कार्यों को प्रबंधित करने के लिए एक कुशल और लागत प्रभावी तरीका प्रदान करते हैं।

• चैटबॉट और वॉयस असिस्टेंट: सर्वर रहित कंप्यूटिंग प्राकृतिक भाषा के प्रश्नों को संसाधित करने, डेटाबेस या एपीआई से जानकारी प्राप्त करने और उचित प्रतिक्रियाओं को ट्रिगर करने, एक सहज उपयोगकर्ता अनुभव सुनिश्चित करने के कार्यों को निष्पादित करके चैटबॉट और वॉयस असिस्टेंट को शक्ति प्रदान करती है।

• DevOps स्वचालन: सर्वर रहित फ़ंक्शन विभिन्न DevOps कार्यों को स्वचालित करने के लिए उपयुक्त हैं, जैसे निरंतर एकीकरण/निरंतर परिनियोजन (CI/CD) पाइपलाइन, बुनियादी ढांचे का प्रावधान, या लॉग एकत्रीकरण, सॉफ़्टवेयर विकास और परिनियोजन प्रक्रिया को सुव्यवस्थित करना।

8.2 माइक्रोसर्विसेज आर्किटेक्चर के लाभों को अपनाना

माइक्रोसर्विसेज आर्किटेक्चर संगठनों को अनुप्रयोगों के निर्माण के लिए एक लचीला, स्केलेबल और मॉड्यूलर दृष्टिकोण प्रदान करता है। एकल जिम्मेदारी, ढीली युग्मन, स्वतंत्र विकास और तैनाती और विकेंद्रीकृत डेटा प्रबंधन के सिद्धांतों को अपनाकर, संगठन स्केलेबिलिटी, चपलता, दोष अलगाव और निरंतर तैनाती जैसे लाभ प्राप्त कर सकते हैं। हालाँकि, माइक्रोसर्विसेज आर्किटेक्चर को अपनाने के लिए संगठनात्मक संरेखण, सेवा सीमाओं, संचार तंत्र, डेटा प्रबंधन रणनीतियों और निगरानी प्रथाओं पर सावधानीपूर्वक विचार करने की आवश्यकता होती है। सही योजना और कार्यान्वयन के साथ, संगठन नवाचार को बढ़ावा देने, स्केलेबिलिटी बढ़ाने और आधुनिक सॉफ्टवेयर अनुप्रयोगों की बढ़ती जरूरतों को पूरा करने के लिए माइक्रोसर्विसेज की शक्ति का लाभ उठा सकते हैं।

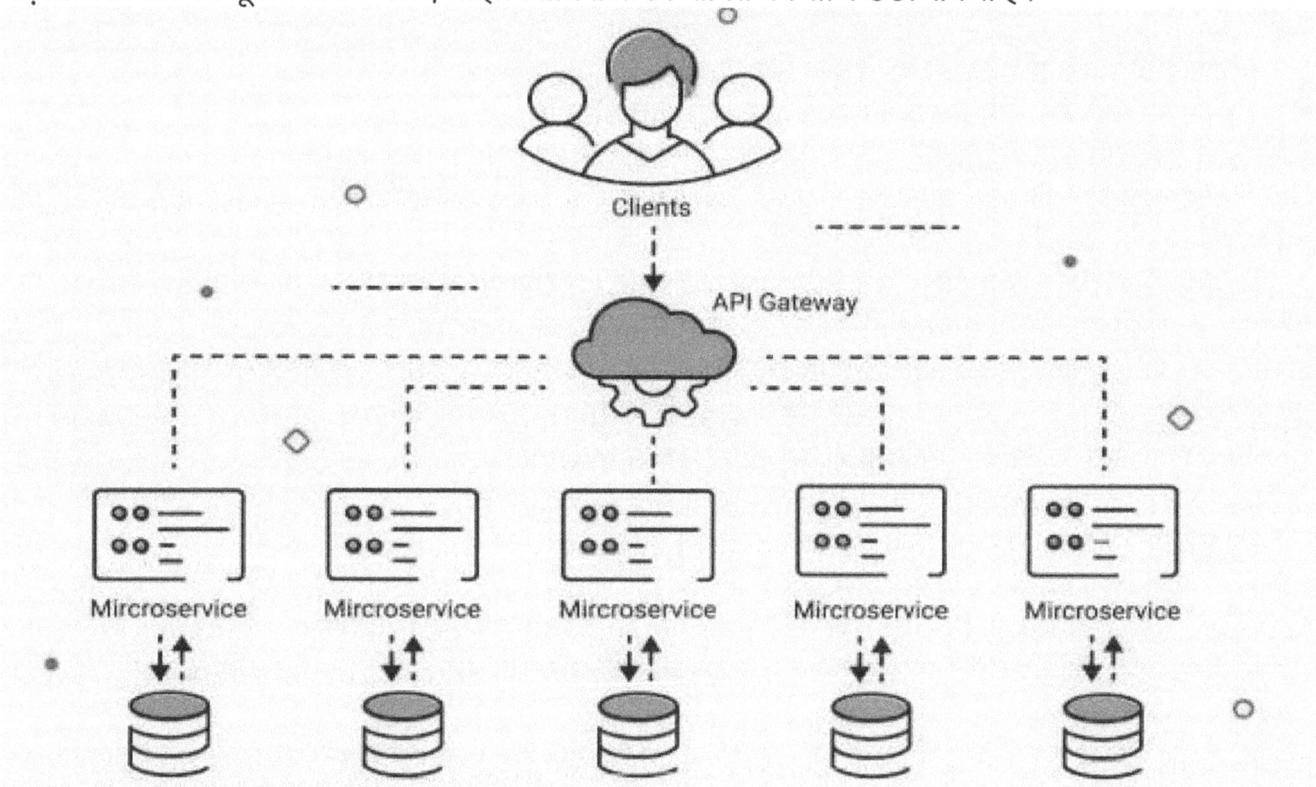

8.2.1. माइक्रोसर्विसेज आर्किटेक्चर को समझना:
माइक्रोसर्विसेज आर्किटेक्चर एक वास्तुशिल्प शैली है जो एक एप्लिकेशन को छोटी, स्व-निहित सेवाओं के संग्रह के रूप में व्यवस्थित करती है, जिनमें से प्रत्येक एक विशिष्ट व्यावसायिक क्षमता को संभालने के लिए जिम्मेदार है। ये सेवाएँ अच्छी तरह से परिभाषित एपीआई के माध्यम से एक दूसरे के साथ संचार करती हैं, जिससे लचीलेपन, स्केलेबिलिटी और स्वतंत्र विकास और तैनाती की सुविधा मिलती है।

8.2.2. माइक्रोसर्विसेज आर्किटेक्चर के लाभ:
माइक्रोसर्विसेज आर्किटेक्चर संगठनों के लिए कई लाभ प्रदान करता है:

- स्केलेबिलिटी और लचीलापन: माइक्रोसर्विसेज व्यक्तिगत सेवाओं को उनकी संसाधन आवश्यकताओं के आधार पर स्वतंत्र रूप से स्केल करने की अनुमति देती है। यह एप्लिकेशन को अलग-अलग कार्यभार संभालने और बदलती मांगों के लिए सहजता से अनुकूलन करने का अधिकार देता है।
- मॉड्यूलैरिटी और चपलता: माइक्रोसर्विसेज आर्किटेक्चर के भीतर सेवाओं को अलग किया जाता है, जिससे विकास टीमों को स्वतंत्र रूप से सेवाओं पर काम करने, परीक्षण करने और तैनात करने में सक्षम बनाया जाता है। यह मॉड्यूलरिटी चपलता को बढ़ाती है, विकास चक्रों को तेज करती है और तेजी से समय-समय पर बाजार में पहुंचने में सक्षम बनाती है।
- दोष अलगाव और लचीलापन: माइक्रोसर्विसेज आर्किटेक्चर में सेवाओं को अलग करने से विफलताओं को रोकने में मदद मिलती है और कैस्केडिंग प्रभावों को रोका जा सकता है। जब कोई सेवा विफल हो जाती है, तो अन्य सेवाएँ कार्य करना जारी रख सकती हैं, जिससे समग्र सिस्टम लचीलापन सुनिश्चित होता है।

• प्रौद्योगिकी विविधता: माइक्रोसर्विसेज आर्किटेक्चर संगठनों को प्रत्येक सेवा के लिए विभिन्न तकनीकों और प्रोग्रामिंग भाषाओं का उपयोग करने की अनुमति देता है। यह लचीलापन विशिष्ट व्यावसायिक आवश्यकताओं के लिए सबसे उपयुक्त उपकरण और प्रौद्योगिकियों के चयन को सक्षम बनाता है।
• सतत तैनाती: माइक्रोसर्विसेज आर्किटेक्चर में स्वतंत्र सेवाओं को व्यक्तिगत रूप से तैनात और अद्यतन किया जा सकता है, जिससे पूरे सिस्टम को बाधित किए बिना निरंतर तैनाती की अनुमति मिलती है।
• स्केलेबल विकास दल: माइक्रोसर्विसेज आर्किटेक्चर व्यक्तिगत सेवाओं के लिए जिम्मेदार छोटी, क्रॉस-फ़ंक्शनल टीमों को प्रोत्साहित करता है। यह विकास टीमों के भीतर बेहतर स्वामित्व, स्वायत्तता और तेजी से निर्णय लेने की अनुमति देता है।

8.2.3. माइक्रोसर्विसेज आर्किटेक्चर के प्रमुख सिद्धांत:

माइक्रोसर्विसेज आर्किटेक्चर कई प्रमुख सिद्धांतों द्वारा निर्देशित होता है:
• एकल जिम्मेदारी: प्रत्येक माइक्रोसर्विस के पास एक ही जिम्मेदारी या व्यावसायिक क्षमता होनी चाहिए, जिससे वह अन्य सेवाओं को प्रभावित किए बिना स्वतंत्र रूप से विकसित हो सके। यह सुनिश्चित करता है कि सेवाएँ केंद्रित और प्रबंधनीय रहें।
• स्वतंत्र विकास और तैनाती: सेवाओं को स्वतंत्र रूप से विकसित, परीक्षण और तैनात किया जाना चाहिए, जिससे तेजी से पुनरावृत्ति संभव हो और निर्भरता कम हो, जो तेजी से विकास चक्र को बढ़ावा देता है।
• लूस कपलिंग: सेवाओं को अच्छी तरह से परिभाषित एपीआई के माध्यम से संचार करना चाहिए और मॉड्यूलरिटी और लचीलेपन को बढ़ावा देते हुए एक-दूसरे पर मजबूत निर्भरता नहीं रखनी चाहिए। इससे व्यक्तिगत सेवाओं में परिवर्तन के कारण सिस्टम-व्यापी विफलताओं का जोखिम कम हो जाता है।
• विकेंद्रीकृत डेटा प्रबंधन: प्रत्येक माइक्रोसर्विस का अपना डेटा स्टोर होना चाहिए, जो उसकी विशिष्ट आवश्यकताओं के लिए अनुकूलित हो। यह स्वायत्तता को बढ़ावा देता है और पूरे सिस्टम में डेटा मॉडल में बदलाव के प्रभाव को कम करता है।
• इन्फ्रास्ट्रक्चर स्वचालन: स्वचालन उपकरण और तकनीकों का उपयोग माइक्रोसर्विसेज के प्रावधान, तैनाती और निगरानी के लिए किया जाना चाहिए, जिससे स्थिरता, स्केलेबिलिटी और परिवर्तनों के प्रति तीव्र प्रतिक्रिया सुनिश्चित की जा सके।
• लचीलापन और दोष सहनशीलता: सेवाओं को लचीलेपन को ध्यान में रखते हुए डिजाइन किया जाना चाहिए, जिसमें दोष सहनशीलता, सर्किट ब्रेकिंग और ग्रेसफुल डिग्रेडेशन के लिए तंत्र शामिल हों। यह सुनिश्चित करता है कि समग्र प्रणाली प्रतिकूल परिस्थितियों में भी स्थिर बनी रहे।

8.2.4. माइक्रोसर्विसेज आर्किटेक्चर को अपनाने के लिए विचार:

माइक्रोसर्विसेज आर्किटेक्चर को अपनाते समय, संगठनों को निम्नलिखित पर विचार करना चाहिए:
• संगठनात्मक संरेखण: छोटी, स्वायत्त टीमों को सक्षम करने और सेवाओं के स्वामित्व को बढ़ावा देने के लिए माइक्रोसर्विसेज आर्किटेक्चर को संगठनात्मक संस्कृति और संरचना में एक महत्वपूर्ण बदलाव की आवश्यकता है। टीमों के बीच सहयोग और संचार आवश्यक हो जाता है।
• सेवा सीमाएँ:व्यावसायिक क्षमताओं के आधार पर सेवा सीमाओं को स्पष्ट रूप से परिभाषित करना महत्वपूर्ण है। सेवा इंटरैक्शन के साथ संभावित मुद्दों से बचने के लिए संचार पैटर्न, डेटा स्थिरता और लेनदेन संबंधी आवश्यकताओं जैसे कारकों को ध्यान में रखा जाना चाहिए।
• सेवा खोज और संचार:सेवा खोज और संचार के लिए कुशल तंत्र स्थापित करना महत्वपूर्ण है। सेवा रजिस्ट्रियों, एपीआई गेटवे या मैसेजिंग सिस्टम जैसे उपकरणों को लागू करने से सेवाओं के बीच निर्बाध बातचीत सुनिश्चित होती है।
• डेटा प्रबंधन: कई माइक्रोसर्विसेज में डेटा स्थिरता, सिंक्रोनाइज़ेशन और डेटा गवर्नेंस के लिए रणनीतियों की योजना बनाना आवश्यक है। अंतिम स्थिरता पैटर्न और इवेंट-संचालित आर्किटेक्चर डेटा को प्रभावी ढंग से प्रबंधित करने में मदद कर सकते हैं।
• निगरानी और अवलोकनशीलता: माइक्रोसर्विसेज के स्वास्थ्य, प्रदर्शन और इंटरैक्शन में अंतर्दृष्टि प्राप्त करने के लिए व्यापक निगरानी और अवलोकन प्रथाओं को लागू करना महत्वपूर्ण है। इससे समस्याओं को तुरंत पहचानने और हल करने में मदद मिलती है।

• परीक्षण और परिनियोजन रणनीतियाँ: व्यक्तिगत सेवाओं के साथ-साथ एकीकरण और एंड-टू-एंड परीक्षण पर ध्यान केंद्रित करने वाली परीक्षण रणनीतियों को परिभाषित करना, पूरे सिस्टम की विश्वसनीयता और कार्यक्षमता सुनिश्चित करने के लिए महत्वपूर्ण है। स्वतंत्र तैनाती और सेवाओं के निरंतर एकीकरण के लिए तैनाती पाइपलाइनों और रणनीतियों को लागू करने से विकास प्रक्रिया को सुचारू बनाए रखने में मदद मिलती है।

8.3 कुबेरनेट्स के साथ कंटेनरों और कंटेनर ऑर्केस्ट्रेशन की शक्ति को उजागर करना

कुबेरनेट्स के साथ कंटेनर और कंटेनर ऑर्केस्ट्रेशन ने संगठनों के अनुप्रयोगों के निर्माण, तैनाती और प्रबंधन के तरीके में क्रांति ला दी है। कंटेनरों की पोर्टेबिलिटी, दक्षता और अलगाव के लाभों का उपयोग करके, और कुबेरनेट्स की स्केलेबिलिटी, उच्च उपलब्धता और स्वचालन की शक्ति का लाभ उठाकर, संगठन कुशल अनुप्रयोग तैनाती, संसाधन अनुकूलन और बढ़ी हुई लचीलापन प्राप्त कर सकते हैं। कुबेरनेट्स, उद्योग के अग्रणी कंटेनर ऑर्केस्ट्रेशन प्लेटफ़ॉर्म के रूप में, एक मजबूत और एक्स्टेंसिबल समाधान प्रदान करता है, जो संगठनों को क्लाउड-नेटिव आर्किटेक्चर को अपनाने, DevOps प्रथाओं को बढ़ाने और कंटेनरीकृत अनुप्रयोगों की पूरी क्षमता को अनलॉक करने के लिए सशक्त बनाता है। कंटेनरों और कुबेरनेट्स का निर्बाध एकीकरण कुशल, स्केलेबल और चुस्त सॉफ्टवेयर विकास और तैनाती प्रथाओं के एक नए युग की शुरुआत करता है।

8.3.1. कंटेनर:

कंटेनर सॉफ़्टवेयर विकास और परिनियोजन में एक गेम-चेंजर के रूप में उभरे हैं, जो कई प्रमुख विशेषताएँ प्रदान करते हैं:

• पोर्टेबिलिटी: कंटेनर अनुप्रयोगों और उनकी निर्भरताओं को एक सुसंगत वातावरण में समाहित करते हैं, जिससे विविध कंप्यूटिंग वातावरणों में निर्बाध तैनाती सक्षम होती है। यह संगतता समस्याओं को कम करता है और क्लाउड प्लेटफ़ॉर्म और ऑन प्रिमाइसेस बुनियादी ढांचे के बीच आसान माइग्रेशन की सुविधा प्रदान करता है।

• क्षमता: कंटेनरों का एक प्रमुख लाभ उनका कुशल संसाधन उपयोग है। वे होस्ट ऑपरेटिंग सिस्टम कर्नेल को साझा करते हैं और अलग-अलग वातावरण में चलते हैं, कई वर्चुअल मशीनों को चलाने से जुड़े ओवरहेड से बचते हैं।

• एकांत: प्रत्येक कंटेनर अपने पृथक वातावरण में काम करता है, यह सुनिश्चित करते हुए कि एप्लिकेशन और उनकी निर्भरताएं एक दूसरे के साथ हस्तक्षेप न करें। यह पूरे सिस्टम की सुरक्षा, स्थिरता और विश्वसनीयता को बढ़ाता है।

• तेजी से तैनाती: कंटेनरों को तेजी से प्रावधानित और तैनात किया जा सकता है, जो एप्लिकेशन डिलीवरी में तेजी लाता है और संगठनों को कुशल DevOps प्रथाओं को अपनाने की अनुमति देता है।

8.3.2. कंटेनर ऑर्केस्ट्रेशन:

कंटेनर ऑर्केस्ट्रेशन कंटेनर प्रौद्योगिकी को अगले स्तर पर ले जाता है, वितरित वातावरण में कंटेनरों के प्रबंधन, तैनाती, स्केलिंग और नेटवर्किंग को स्वचालित करता है। कंटेनर ऑर्केस्ट्रेशन के प्रमुख पहलुओं में शामिल हैं:

• स्वचालित परिनियोजन:ऑर्केस्ट्रेशन उपकरण कई होस्ट या नोड्स में कंटेनरों की तैनाती को स्वचालित करते हैं, प्रक्रिया को सुव्यवस्थित करते हैं और न्यूनतम मैन्युअल हस्तक्षेप के साथ लगातार एप्लिकेशन तैनाती सुनिश्चित करते हैं।

• स्केलिंग और लोड संतुलन: ऑर्केस्ट्रेशन प्लेटफ़ॉर्म मांग के आधार पर कंटेनरीकृत अनुप्रयोगों की स्वचालित स्केलिंग की सुविधा प्रदान करते हैं, कार्यभार को कई कंटेनरों में वितरित करते हैं और आने वाले ट्रैफ़िक को संतुलित करते हैं। यह एप्लिकेशन को अलग-अलग कार्यभार को आसानी से संभालने की अनुमति देता है।

• सेवा खोज और नेटवर्किंग:कंटेनर ऑर्केस्ट्रेशन उपकरण सेवा खोज के लिए तंत्र प्रदान करते हैं, जिससे कंटेनर आसानी से एक दूसरे को खोजने और संवाद करने में सक्षम होते हैं। नेटवर्किंग सुविधाएँ कंटेनरों के बीच सुरक्षित और कुशल संचार सुनिश्चित करती हैं।

• उच्च उपलब्धता और लचीलापन: ऑर्केस्ट्रेशन प्लेटफ़ॉर्म को विफल कंटेनरों को स्वचालित रूप से पुनरारंभ करने, स्वस्थ नोड्स पर कंटेनरों को पुनर्निर्धारित करने और एप्लिकेशन स्वास्थ्य जांच प्रबंधित करके एप्लिकेशन उपलब्धता सुनिश्चित करने के लिए डिज़ाइन किया गया है।

• कॉन्फ़िगरेशन और रहस्य प्रबंधन: ऑर्केस्ट्रेशन उपकरण कॉन्फ़िगरेशन मापदंडों और रहस्यों को सुरक्षित रूप से प्रबंधित करने की क्षमता प्रदान करते हैं, जिससे यह सुनिश्चित होता है कि संवेदनशील जानकारी कंटेनरों में सुरक्षित रूप से संग्रहीत और वितरित की जाती है।

8.3.3. कुबेरनेट्स:

कुबेरनेट्स, जिसे अक्सर K8s के रूप में जाना जाता है, अपने समृद्ध फीचर सेट, स्केलेबिलिटी और एक्स्टेंसिबिलिटी के कारण कंटेनर ऑर्केस्ट्रेशन के लिए उद्योग मानक बन गया है। कुबेरनेट्स की प्रमुख विशेषताओं में शामिल हैं:

• पॉड और परिनियोजन प्रबंधन:कुबेरनेट्स पॉड्स नामक इकाइयों में कंटेनरों का प्रबंधन करता है, जो एक साथ चलने वाले एक या अधिक कंटेनरों का प्रतिनिधित्व करता है। तैनाती पॉड्स की वांछित स्थिति को परिभाषित करती है और सुचारू तैनाती सुनिश्चित करने के लिए उनके निर्माण, स्केलिंग और रोलिंग अपडेट को संभालती है।

• स्केलेबिलिटी और लोड संतुलन:कुबेरनेट्स संसाधन उपयोग या कस्टम मेट्रिक्स के आधार पर पॉड्स की स्वचालित स्केलिंग की अनुमति देता है। लोड संतुलन सुविधाएँ आने वाले ट्रैफ़िक को कई पॉड्स में वितरित करती हैं, संसाधन उपयोग को अनुकूलित करती हैं और उच्च उपलब्धता सुनिश्चित करती हैं।

• सेवा खोज और नेटवर्किंग: कुबेरनेट्स एक अंतर्निहित सेवा खोज तंत्र प्रदान करता है, जो कंटेनरों को स्थिर DNS नामों का उपयोग करके एक दूसरे के साथ संवाद करने में सक्षम बनाता है। कुबेरनेट्स सर्विस एब्स्ट्रैक्शन जैसी नेटवर्किंग सुविधाएँ, सेवाओं के बीच सुरक्षित और विश्वसनीय नेटवर्किंग सुनिश्चित करती हैं।

• स्व-उपचार और रोलिंग अद्यतन:कुबेरनेट्स पॉड्स के स्वास्थ्य की लगातार निगरानी करता है और विफल कंटेनरों को स्वचालित रूप से पुनरारंभ या पुनर्निर्धारित करता है। रोलिंग अपडेट बिना किसी डाउनटाइम के नए एप्लिकेशन संस्करणों की निर्बाध तैनाती को सक्षम बनाता है।

• विन्यास प्रबंधन: कुबेरनेट्स कॉन्फिगमैप्स और सीक्रेट्स के माध्यम से कॉन्फ़िगरेशन मापदंडों और रहस्यों को प्रबंधित करने, एप्लिकेशन-विशिष्ट सेटिंग्स के सुरक्षित भंडारण और वितरण को सुनिश्चित करने के लिए सुविधाएँ प्रदान करता है।

• विस्तारशीलता और पारिस्थितिकी तंत्र: कुबेरनेट्स एक एक्स्टेंसिबल आर्किटेक्चर का दावा करता है, जो विभिन्न एक्सटेंशन और प्लगइन्स के निर्बाध एकीकरण की अनुमति देता है। यह विस्तारशीलता अन्य उपकरणों और प्लेटफार्मों के साथ अनुकूलन और एकीकरण को सक्षम बनाती है।

8.3.4. कंटेनर और कुबेरनेट्स के लाभ:

कंटेनरों और कुबेरनेट्स का संयोजन संगठनों के लिए ढेर सारे लाभ प्रदान करता है:

• स्केलेबिलिटी और लचीलापन: कंटेनरों और कुबेरनेट्स का लाभ उठाने से संगठनों को अनुप्रयोगों को कुशलतापूर्वक स्केल करने, परिवर्तनीय कार्यभार को संभालने और बदलती मांगों के लिए सहजता से अनुकूलन करने, इष्टतम संसाधन उपयोग सुनिश्चित करने का अधिकार मिलता है।

• उच्च उपलब्धता और लचीलापन: स्वचालित कंटेनर पुनरारंभ, नोड फेलओवर और लोड संतुलन के लिए कुबेरनेट्स की अंतर्निहित विशेषताएं अनुप्रयोगों के लिए उच्च उपलब्धता और दोष सहनशीलता सुनिश्चित करती हैं, डाउनटाइम को कम करती हैं और एप्लिकेशन की विश्वसनीयता को अधिकतम करती हैं।

• डेवऑप्स सक्षमीकरण: कंटेनर और कुबेरनेट्स कुशल सहयोग, निरंतर एकीकरण/निरंतर तैनाती (सीआई/सीडी), और तेजी से एप्लिकेशन डिलीवरी को बढ़ावा देकर डेवऑप्स प्रथाओं को बढ़ावा देते हैं।

• संसाधन क्षमता:कंटेनर और कुबेरनेट्स हल्के और पृथक रनटाइम वातावरण प्रदान करके, बुनियादी ढांचे की लागत को कम करने और समग्र दक्षता में सुधार करके संसाधन उपयोग को अनुकूलित करते हैं।

• पोर्टेबिलिटी और विक्रेता-तटस्थता: कंटेनर और कुबेरनेट्स विभिन्न क्लाउड प्रदाताओं और ऑन-प्रिमाइसेस वातावरण में पोर्टेबिलिटी प्रदान करते हैं, विक्रेता लॉक-इन से बचते हैं और तैनाती विकल्पों में लचीलापन प्रदान करते हैं।

• पारिस्थितिकी तंत्र और सामुदायिक सहायता: कुबेरनेट्स एक बड़े और सक्रिय समुदाय का दावा करता है, जो टूल, लाइब्रेरी और एक्सटेंशन के समृद्ध पारिस्थितिकी तंत्र में योगदान देता है। यह कंटेनर ऑर्केस्ट्रेशन डोमेन में निरंतर विकास, समर्थन और नवाचार सुनिश्चित करता है।

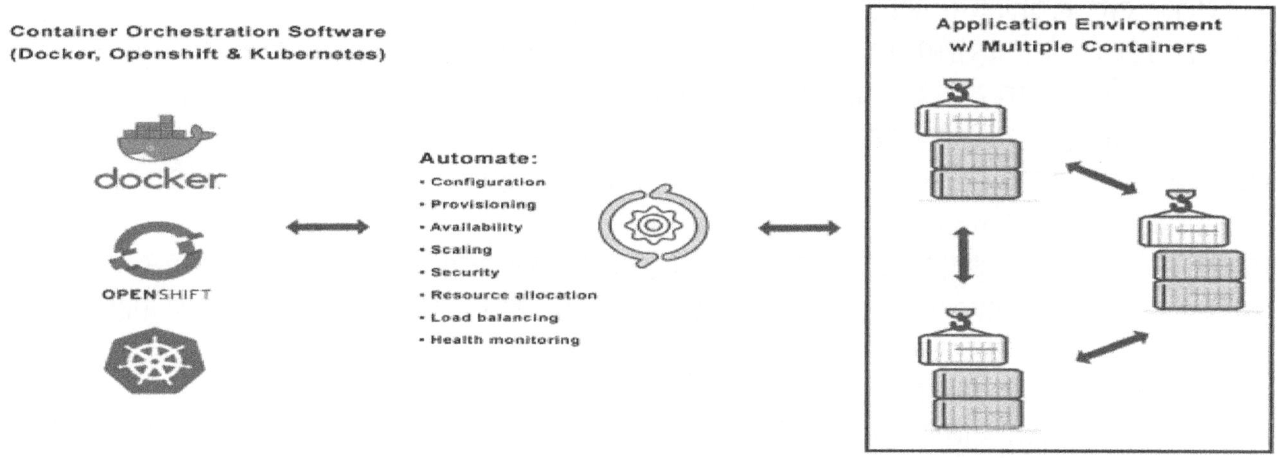

8.4 क्लाउड में बड़े डेटा और एनालिटिक्स की शक्ति का उपयोग करना

क्लाउड में बिग डेटा और एनालिटिक्स का एकीकरण संगठनों को मूल्यवान अंतर्दृष्टि प्राप्त करने और सूचित व्यावसायिक निर्णय लेने के लिए बड़ी मात्रा में डेटा का लाभ उठाने का अधिकार देता है। क्लाउड की स्केलेबिलिटी, लागत दक्षता और उन्नत विश्लेषण क्षमताएं बिग डेटा के प्रसंस्करण, विश्लेषण और सार्थक अंतर्दृष्टि प्राप्त करने के लिए एक मजबूत आधार प्रदान करती हैं। डेटा गवर्नेंस, एकीकरण, स्केलेबिलिटी और प्रदर्शन अनुकूलन में सर्वोत्तम प्रथाओं का पालन करके, संगठन अपने डेटा की वास्तविक क्षमता को अनलॉक कर सकते हैं, नवाचार को बढ़ावा दे सकते हैं और डिजिटल युग में प्रतिस्पर्धात्मक बढ़त हासिल कर सकते हैं। क्लाउड में बिग डेटा और एनालिटिक्स का निर्बाध एकीकरण कुशल, स्केलेबल और चुस्त डेटा-संचालित रणनीतियों का मार्ग प्रशस्त करता है, जो संगठनों को गतिशील और डेटा-समृद्ध व्यावसायिक परिदृश्य में सफलता और विकास की ओर प्रेरित करता है।

8.4.1. क्लाउड में बड़ा डेटा:

बिग डेटा से तात्पर्य बड़े पैमाने पर और जटिल डेटा सेटों के संग्रह, भंडारण और प्रसंस्करण से है जो पारंपरिक डेटा प्रोसेसिंग सिस्टम की क्षमताओं से बेहतर है। क्लाउड कंप्यूटिंग कई प्रमुख कारकों के कारण बड़े डेटा प्रसंस्करण और विश्लेषण के लिए एक इष्टतम वातावरण प्रदान करता है:

• स्केलेबिलिटी: क्लाउड प्लेटफ़ॉर्म डेटा प्रोसेसिंग और विश्लेषण की आवश्यकताओं के अनुसार संसाधनों को ऊपर या नीचे स्केल करने की सुविधा प्रदान करते हैं। यह स्केलेबिलिटी कंप्यूटिंग संसाधनों का कुशल उपयोग सुनिश्चित करती है और बढ़ती डेटा मात्रा को समायोजित करने की सुविधा प्रदान करती है।

• लागत क्षमता:क्लाउड-आधारित बिग डेटा समाधान बुनियादी ढांचे में पर्याप्त अग्रिम निवेश की आवश्यकता को समाप्त करके एक लागत प्रभावी दृष्टिकोण प्रस्तुत करते हैं। संगठन अपने द्वारा उपयोग किए जाने वाले संसाधनों के लिए भुगतान कर सकते हैं, पूंजीगत व्यय को कम कर सकते हैं और समग्र लागत को अनुकूलित कर सकते हैं।

• चपलता और लचीलापन:क्लाउड प्लेटफ़ॉर्म संगठनों को शीघ्रता से कंप्यूटिंग संसाधनों का प्रावधान करने और अपने बिग डेटा समाधानों का प्रयोग करने, पुनरावृत्त करने और अनुकूलित करने के लिए सशक्त बनाते हैं। यह चपलता तेजी से समय-समय पर अंतर्दृष्टि और बेहतर व्यावसायिक निर्णय लेने में तब्दील हो जाती है।

• उन्नत विश्लेषिकी क्षमताएँ:क्लाउड-आधारित बिग डेटा टूल अक्सर बिल्ट-इन एनालिटिक्स क्षमताओं के साथ आते हैं, जैसे मशीन लर्निंग, आर्टिफिशियल इंटेलिजेंस और रियल-टाइम एनालिटिक्स। ये उन्नत सुविधाएँ संगठनों को छिपे हुए पैटर्न को उजागर करने, सार्थक अंतर्दृष्टि प्राप्त करने और नवाचार को चलाने में सक्षम बनाती हैं।

• डेटा एकीकरण और पहुंच:क्लाउड विभिन्न स्रोतों से डेटा को एकीकृत करने और इसे विश्लेषण के लिए आसानी से सुलभ बनाने के लिए एक केंद्रीकृत मंच प्रदान करता है। यह व्यापक डेटा अन्वेषण को सक्षम बनाता है और विश्लेषणात्मक पहल की प्रभावशीलता को बढ़ाता है।

8.4.2. क्लाउड में बड़े डेटा और एनालिटिक्स के लाभ:

क्लाउड में बिग डेटा और एनालिटिक्स को एकीकृत करने से संगठनों को कई लाभ मिलते हैं:

• स्केलेबिलिटी और लचीलापन: क्लाउड की स्केलेबिलिटी संगठनों को अलग-अलग कार्यभार को कुशलतापूर्वक संभालने और बदलती डेटा प्रोसेसिंग मांगों के अनुकूल होने की अनुमति देती है। यह लचीलापन सुनिश्चित करता है कि संसाधनों का उपयोग इष्टतम ढंग से किया जाए और आवश्यकतानुसार गतिशील रूप से समायोजित किया जाए।

• लागत क्षमता: क्लाउड-आधारित समाधान अपनाने से, संगठन हार्डवेयर और बुनियादी ढांचे में बड़े अग्रिम निवेश की आवश्यकता से बचते हैं। वे केवल अपने द्वारा उपभोग किए जाने वाले कंप्यूटिंग संसाधनों के लिए भुगतान करके लागत को अनुकूलित कर सकते हैं।

• चपलता और तीव्र पुनरावृत्ति:क्लाउड प्लेटफ़ॉर्म संगठनों को संसाधनों का शीघ्रता से प्रावधान करने, विभिन्न विश्लेषणात्मक मॉडलों के साथ प्रयोग करने और उनकी डेटा-संचालित रणनीतियों को दोहराने में सक्षम बनाता है, जिससे तेज़ अंतर्दृष्टि और निर्णय लेने में सुधार होता है।

• उन्नत विश्लेषिकी क्षमताएँ: क्लाउड-आधारित बिग डेटा टूल अक्सर मशीन लर्निंग और एआई जैसी अंतर्निहित उन्नत विश्लेषण क्षमताओं के साथ आते हैं, जो संगठनों को गहरी अंतर्दृष्टि प्राप्त करने और उनके डेटा में मूल्यवान पैटर्न को उजागर करने की अनुमति देते हैं।

• डेटा एकीकरण और केंद्रीकरण: क्लाउड की केंद्रीकृत प्रकृति कई स्रोतों से डेटा के एकीकरण की सुविधा प्रदान करती है, व्यापक डेटा विश्लेषण को सक्षम करती है और व्यवसाय संचालन की अधिक समग्र समझ को बढ़ावा देती है।

8.4 . 3. लोकप्रिय क्लाउड-आधारित बिग डेटा टूल:

कई क्लाउड प्रदाता बिग डेटा प्रोसेसिंग और एनालिटिक्स के लिए विशेष सेवाएं और उपकरण प्रदान करते हैं। यहां कुछ लोकप्रिय हैं:

• अमेज़न वेब सेवाएँ (AWS):AWS Apache Hadoop और Spark का उपयोग करके बड़े डेटासेट के वितरित प्रसंस्करण के लिए Amazon EMR (इलास्टिक मैपरिड्यूस), डेटा वेयरहाउसिंग के लिए Amazon Redshift और Amazon S3 में संग्रहीत डेटा पर इंटरैक्टिव क्वेरी विश्लेषण के लिए Amazon Athena जैसी सेवाएं प्रदान करता है।

• Google क्लाउड प्लेटफ़ॉर्म (GCP):GCP तेज़ और स्केलेबल एनालिटिक्स के लिए Google BigQuery, प्रबंधित Hadoop और Spark क्लस्टर के लिए Google Cloud Dataproc, और रीयल-टाइम मैसेजिंग और डेटा अंतर्ग्रहण के लिए Google क्लाउड पब/सब जैसी सेवाएं प्रदान करता है।

• माइक्रोसॉफ्ट एज़्योर:Azure Hadoop और Spark एनालिटिक्स के लिए Azure HDInsight, स्केलेबल डेटा स्टोरेज के लिए Azure डेटा लेक स्टोरेज और सहयोगी और उन्नत एनालिटिक्स के लिए Azure डेटाब्रिक्स जैसी सेवाएँ प्रदान करता है।

• आईबीएम क्लाउड: आईबीएम क्लाउड डेटा अन्वेषण और मशीन लर्निंग के लिए आईबीएम वॉटसन स्टूडियो, डेटा वेयरहाउसिंग के लिए क्लाउड पर आईबीएम डीबी2 वेयरहाउस और स्केलेबल डेटा स्टोरेज और पुनर्प्राप्ति के लिए आईबीएम क्लाउड ऑब्जेक्ट स्टोरेज जैसी सेवाएं प्रदान करता है।

8.4.4. क्लाउड में बिग डेटा और एनालिटिक्स के लिए सर्वोत्तम अभ्यास:

क्लाउड में बिग डेटा और एनालिटिक्स के सफल कार्यान्वयन को सुनिश्चित करने के लिए, निम्नलिखित सर्वोत्तम प्रथाओं पर विचार करें:

• डेटा गवर्नेंस और सुरक्षा: डेटा अखंडता, अनुपालन और गोपनीयता सुनिश्चित करने के लिए मजबूत डेटा प्रशासन प्रथाओं को लागू करें। संवेदनशील डेटा को अनधिकृत पहुंच से बचाने के लिए एन्क्रिप्शन और एक्सेस नियंत्रण जैसे उचित सुरक्षा उपाय लागू करें।

• डेटा एकीकरण और तैयारी:विभिन्न स्रोतों से डेटा को समेकित करने के लिए कुशल डेटा एकीकरण पाइपलाइन विकसित करें। डेटा की गुणवत्ता और विश्वसनीयता सुनिश्चित करने के लिए डेटा को साफ़ करें, बदलें और विश्लेषण के लिए तैयार करें।

• स्केलेबल डेटा संग्रहण: बड़ी मात्रा में डेटा को समायोजित करने के लिए स्केलेबल और लागत प्रभावी भंडारण समाधान, जैसे क्लाउड ऑब्जेक्ट स्टोरेज या वितरित फ़ाइल सिस्टम का उपयोग करें। कुशल डेटा पुनर्प्राप्ति के लिए डेटा विभाजन और अनुक्रमण तकनीकों का लाभ उठाएं।

- वितरित प्रसंस्करण और समानता: मशीनों के एक समूह में डेटा प्रोसेसिंग कार्यों को समानांतर करने के लिए Apache Hadoop या Apache Spark जैसे वितरित प्रोसेसिंग फ्रेमवर्क का लाभ उठाएं। ऐसे कार्य डिज़ाइन करें जिन्हें प्रदर्शन को अनुकूलित करने के लिए समानांतर में निष्पादित किया जा सके।
- निगरानी और प्रदर्शन अनुकूलन: डेटा प्रोसेसिंग वर्कफ़्लो में दृश्यता प्राप्त करने के लिए व्यापक निगरानी और लॉगिंग प्रथाओं को लागू करें। सुचारू संचालन सुनिश्चित करने के लिए क्वेरी प्रदर्शन, संसाधन उपयोग और डेटा पाइपलाइन दक्षता को लगातार अनुकूलित करें।
- प्रयोग और पुनरावृत्ति:विभिन्न एनालिटिक्स दृष्टिकोण, मॉडल या एल्गोरिदम के साथ प्रयोग करने के लिए क्लाउड की चपलता का लाभ उठाएं। प्रयोग से प्राप्त अंतर्दृष्टि के आधार पर अपनी विश्लेषणात्मक पहलों को पुनरावृत्तीय रूप से परिष्कृत करें।
- कौशल और प्रशिक्षण: क्लाउड-आधारित बिग डेटा टूल और एनालिटिक्स तकनीकों में अपनी टीम को प्रशिक्षण और कौशल बढ़ाने में निवेश करें। अपने बिग डेटा पहल के मूल्य को अधिकतम करने के लिए डेटा इंजीनियरिंग, डेटा साइंस और मशीन लर्निंग जैसे क्षेत्रों में विशेषज्ञता विकसित करें।

<u>अभ्यास</u>

बहु विकल्पीय प्रश्न

1. सर्वर रहित कंप्यूटिंग को किस नाम से भी जाना जाता है?

a) एक सेवा के रूप में बुनियादी ढाँचा (IaaS)

b) एक सेवा के रूप में प्लेटफ़ॉर्म (PaaS)

c) एक सेवा के रूप में कार्य (FaaS)

d) एक सेवा के रूप में सॉफ्टवेयर (सास)

2. सर्वर रहित कंप्यूटिंग में प्रयुक्त बिलिंग मॉडल क्या है?

a) उपयोगानुसार भुगतान करो

b) फ्लैट दर मासिक

c) भुगतान प्रति घंटा

d) भुगतान-प्रति-संसाधन

3. उतार-चढ़ाव वाले ट्रैफ़िक पैटर्न वाले वेब अनुप्रयोगों के लिए सर्वर रहित कंप्यूटिंग क्या लाभ प्रदान करती है?

a) बेहतर सुरक्षा

b) तेज़ प्रतिक्रिया समय

c) स्वचालित स्केलिंग और लागत दक्षता

d) आसान बुनियादी ढांचा प्रबंधन

4. सर्वर रहित कंप्यूटिंग में, फ़ंक्शंस के निष्पादन की शुरुआत क्या होती है?

a) एपीआई कॉल

b) उपयोगकर्ता लॉगिन इवेंट

c) मैन्युअल परिनियोजन

d) सर्वर प्रावधान

5. सर्वर रहित कंप्यूटिंग का कौन सा घटक अंतर्निहित बुनियादी ढांचे और रनटाइम वातावरण को संभालता है?

a) कार्य

b) इवेंट ट्रिगर

c) निष्पादन पर्यावरण

d) क्लाउड सेवा एकीकरण

6. सर्वर रहित कंप्यूटिंग किस प्रकार के अनुप्रयोगों के लिए आदर्श रूप से उपयुक्त है?

a) गेम और ग्राफ़िक्स-गहन अनुप्रयोग

b) मशीन लर्निंग एल्गोरिदम

c) अलग-अलग कार्यभार वाले इवेंट-संचालित अनुप्रयोग

d) जटिल डेटाबेस प्रबंधन प्रणालियाँ

7. माइक्रोसर्विसेज आर्किटेक्चर का कौन सा सिद्धांत यह सुनिश्चित करता है कि प्रत्येक माइक्रोसर्विसेज की एक विशिष्ट व्यावसायिक क्षमता हो?

a) स्केलेबल विकास दल

b) लूस कपलिंग

c) एकल जिम्मेदारी

d) स्वतंत्र विकास और तैनाती

8. दोष अलगाव के संदर्भ में माइक्रोसर्विसेज आर्किटेक्चर क्या लाभ प्रदान करता है?

a) स्वचालित स्केलिंग

b) लचीलापन और दोष सहनशीलता

c) निरंतर तैनाती
d) सेवा विफलताओं को अलग करना

9. सॉफ़्टवेयर विकास और परिनियोजन में कंटेनरों का उपयोग करने का मुख्य लाभ क्या है?
a) कम संसाधन साझाकरण के माध्यम से लागत दक्षता
b) ट्रैफ़िक पैटर्न के आधार पर स्वचालित स्केलिंग
c) तेज़ तैनाती और एप्लिकेशन डिलीवरी
d) भौतिक हार्डवेयर के साथ कड़ा एकीकरण

10. कौन सा कंटेनर ऑर्केस्ट्रेशन प्लेटफ़ॉर्म अपनी स्केलेबिलिटी के लिए उद्योग मानक बन गया है विस्तारशीलता?
a) डोकर झुंड
b) अपाचे महीने
c) कुबेरनेट्स
d) अमेज़ॅन ईसीएस

11. कंटेनर अनुप्रयोगों और उनकी निर्भरताओं के बीच अलगाव कैसे प्राप्त करते हैं?
a) प्रत्येक कंटेनर को वर्चुअल मशीन में चलाकर
b) प्रत्येक कंटेनर के लिए अलग हार्डवेयर का उपयोग करके
c) होस्ट ऑपरेटिंग सिस्टम कर्नेल को साझा करके
d) एक विशेष अलगाव परत का उपयोग करके

समीक्षा प्रश्न

1. सर्वर रहित कंप्यूटिंग सर्वर बुनियादी ढांचे के प्रबंधन की जटिलता को कैसे दूर करती है?
2. सर्वर रहित कंप्यूटिंग को अपनाने के क्या फायदे हैं और इससे लागत दक्षता कैसे बढ़ती है?
3. सर्वर रहित कंप्यूटिंग में इवेंट-संचालित आर्किटेक्चर की अवधारणा और अनुप्रयोग विकास के लिए इसके महत्व की व्याख्या करें।
4. सर्वर रहित कंप्यूटिंग के प्रमुख घटक क्या हैं, और वे कार्यों को निष्पादित करने के लिए एक साथ कैसे काम करते हैं?
5. उपयोग के मामलों के उदाहरण प्रदान करें जहां सर्वर रहित कंप्यूटिंग को विभिन्न अनुप्रयोगों में प्रभावी ढंग से लागू किया जा सकता है।
6. सर्वर रहित कंप्यूटिंग तेजी से विकास और तैनाती को कैसे बढ़ावा देती है, और यह डेवलपर्स को क्या लाभ प्रदान करती है?
7. मुख्य सिद्धांत क्या हैं जो माइक्रोसर्विसेज आर्किटेक्चर का मार्गदर्शन करते हैं, और वे स्केलेबिलिटी और चपलता में कैसे योगदान करते हैं?
8. माइक्रोसर्विसेज आर्किटेक्चर जटिल प्रणालियों में दोष अलगाव और लचीलेपन को कैसे बढ़ा सकता है?
9. माइक्रोसर्विसेज आर्किटेक्चर में प्रौद्योगिकी विविधता के लाभों का वर्णन करें और यह कैसे संगठनों को विशिष्ट व्यावसायिक आवश्यकताओं के लिए उपयुक्त उपकरण चुनने में सक्षम बनाता है।

उत्तर अनुभाग

बहु विकल्पीय प्रश्न

1. c) एक सेवा के रूप में कार्य (एफएएएस)
2. a) जाते ही भुगतान करें
3. c) स्वचालित स्केलिंग और लागत दक्षता
4. a) एपीआई कॉल
5. c) निष्पादन वातावरण

6. c) अलग-अलग कार्यभार वाले इवेंट-संचालित एप्लिकेशन
7. c) एकल जिम्मेदारी
8. d) सेवा विफलताओं को अलग करना
9. c) तेजी से तैनाती और आवेदन वितरण
10. c) कुबेरनेट्स
11. c) होस्ट ऑपरेटिंग सिस्टम कर्नेल को साझा करके

समीक्षा प्रश्न

1. सर्वर रहित कंप्यूटिंग डेवलपर्स के लिए उच्च-स्तरीय अमूर्तता प्रदान करके सर्वर बुनियादी ढांचे के प्रबंधन की जटिलता को दूर करती है। इस आर्किटेक्चर में, डेवलपर्स व्यक्तिगत फ़ंक्शन बनाते हैं जो विशिष्ट घटनाओं पर प्रतिक्रिया देते हैं। ये फ़ंक्शन विशिष्ट कार्यों को निष्पादित करने और विशेष घटनाओं को संभालने के लिए डिज़ाइन किए गए हैं। जब कोई घटना घटती है, तो क्लाउड प्रदाता स्वचालित रूप से आवश्यक संसाधनों का प्रावधान करता है, फ़ंक्शन निष्पादित करता है, और आवश्यकतानुसार संसाधनों को मापता है। यह दृष्टिकोण डेवलपर्स के लिए सर्वर, ऑपरेटिंग सिस्टम और रनटाइम वातावरण को प्रबंधित करने की आवश्यकता को समाप्त कर देता है, जिससे उन्हें केवल कोड लिखने और तैनात करने पर ध्यान केंद्रित करने की अनुमति मिलती है। परिणामस्वरूप, डेवलपर्स व्यावसायिक तर्क और अनुप्रयोग विकास पर ध्यान केंद्रित कर सकते हैं, परिचालन ओवरहेड को कम कर सकते हैं और विकास प्रक्रिया को तेज कर सकते हैं।

2. सर्वर रहित कंप्यूटिंग को अपनाने से संगठनों को कई लाभ मिलते हैं, जिससे लागत दक्षता बढ़ती है। एक प्रमुख लाभ भुगतान-प्रति-आह्वान मॉडल है, जहां संगठनों को केवल कार्यों के वास्तविक निष्पादन समय के लिए बिल दिया जाता है। इससे निष्क्रिय संसाधनों के लिए भुगतान करने की आवश्यकता समाप्त हो जाती है, जिसके परिणामस्वरूप लागत बचत होती है और क्लाउड संसाधनों का अधिक कुशल उपयोग होता है। सर्वर रहित आर्किटेक्चर स्वचालित स्केलेबिलिटी और लोच भी प्रदान करते हैं। आने वाले कार्यभार के आधार पर संसाधनों को समायोजित किया जाता है, जिससे मैन्युअल हस्तक्षेप के बिना चरम मांग के दौरान भी इष्टतम प्रदर्शन सुनिश्चित होता है। यह इलास्टिक स्केलिंग क्षमता अनुप्रयोगों को ट्रैफ़िक के विभिन्न स्तरों को प्रभावी ढंग से संभालने में सक्षम बनाती है, जिससे संसाधनों के अति-प्रावधान की आवश्यकता समाप्त हो जाती है और लागत बचत होती है।

3. इवेंट-संचालित आर्किटेक्चर सर्वर रहित कंप्यूटिंग का एक मूलभूत पहलू है। यह विशिष्ट घटनाओं, जैसे एपीआई कॉल, डेटाबेस परिवर्तन, या संदेश कतार अधिसूचनाओं द्वारा कार्यों को ट्रिगर करने की अनुमति देता है। इवेंट-संचालित डिज़ाइन का लाभ उठाकर, डेवलपर्स अत्यधिक प्रतिक्रियाशील और गतिशील एप्लिकेशन बना सकते हैं। उदाहरण के लिए, जब कोई उपयोगकर्ता एपीआई कॉल के माध्यम से ऑर्डर करता है तो एक ई-कॉमर्स एप्लिकेशन खरीदारी को संसाधित करने के लिए एक फ़ंक्शन को ट्रिगर कर सकता है। यह इवेंट-संचालित दृष्टिकोण संगठनों को मॉड्यूलर, शिथिल-युग्मित सिस्टम बनाने की अनुमति देता है जो उपयोगकर्ता की गतिविधियों या अन्य बाहरी घटनाओं पर तुरंत प्रतिक्रिया देता है। घटनाओं पर प्रभावी ढंग से प्रतिक्रिया देकर, संगठन अधिक कुशल और वास्तविक समय के अनुप्रयोग बना सकते हैं।

4. सर्वर रहित कंप्यूटिंग के प्रमुख घटक फ़ंक्शन, इवेंट ट्रिगर, निष्पादन वातावरण और क्लाउड सेवा एकीकरण हैं। फ़ंक्शंस कोड के अलग-अलग टुकड़ों का प्रतिनिधित्व करते हैं जो विशिष्ट कार्य करते हैं या घटनाओं पर प्रतिक्रिया करते हैं। उन्हें विभिन्न प्रोग्रामिंग भाषाओं में लिखा जा सकता है और विशिष्ट ट्रिगर्स के जवाब में ऑन-डिमांड निष्पादित किया जाता है। इवेंट ट्रिगर फ़ंक्शंस के निष्पादन की शुरुआत करते हैं, जिससे वे डेवलपर्स द्वारा परिभाषित विशिष्ट घटनाओं पर प्रतिक्रिया करने में सक्षम होते हैं। क्लाउड प्रदाता निष्पादन वातावरण का प्रबंधन करता है, जिसमें अंतर्निहित बुनियादी ढांचा, रनटाइम वातावरण और डेवलपर्स के लिए पारदर्शी रूप से संसाधन प्रावधान शामिल है। अंत में, सर्वर रहित फ़ंक्शंस विभिन्न क्लाउड सेवाओं जैसे स्टोरेज, डेटाबेस, मैसेजिंग कतार या प्रमाणीकरण सेवाओं के साथ निर्बाध रूप से इंटरैक्ट कर सकते हैं, जिससे डेवलपर्स मौजूदा क्षमताओं का लाभ उठा सकते हैं और जटिल एप्लिकेशन को अधिक कुशलता से बना सकते हैं।

5. सर्वर रहित कंप्यूटिंग अत्यधिक बहुमुखी है, जो इसे विभिन्न उपयोग के मामलों में लागू करती है। यह हल्के वेब एप्लिकेशन, एपीआई या माइक्रोसर्विसेज के निर्माण के लिए उपयुक्त है, जिनके लिए ऑटो-स्केलिंग क्षमताओं और

लागत दक्षता की आवश्यकता होती है, खासकर अप्रत्याशित या उतार-चढ़ाव वाले ट्रैफिक पैटर्न वाले अनुप्रयोगों के लिए। इसके अतिरिक्त, सर्वर रहित फ़ंक्शन वास्तविक समय डेटा स्ट्रीम को संसाधित और विश्लेषण कर सकते हैं, जो उन्हें वास्तविक समय विश्लेषण, डेटा परिवर्तन या इवेंट-संचालित प्रसंस्करण जैसे अनुप्रयोगों के लिए आदर्श बनाता है। IoT एप्लिकेशन जिन्हें बड़ी संख्या में कनेक्टेड डिवाइसों से डेटा को संसाधित करने और विश्लेषण करने, सेंसर डेटा के आधार पर घटनाओं को ट्रिगर करने या उपयोगकर्ताओं या डिवाइसों को सूचनाएं भेजने की आवश्यकता होती है, वे सर्वर रहित कंप्यूटिंग से लाभ उठा सकते हैं। यह डेटा सत्यापन, फ़ाइल प्रसंस्करण, छवि का आकार बदलना, या ईमेल सूचनाओं जैसी बैकएंड प्रक्रियाओं को संभालने में भी उत्कृष्टता प्राप्त करता है, जो नियमित कार्यों को प्रबंधित करने के लिए एक कुशल और लागत प्रभावी तरीका प्रदान करता है। इसके अलावा, सर्वर रहित कंप्यूटिंग प्राकृतिक भाषा के प्रश्नों को संसाधित करने, डेटाबेस या एपीआई से जानकारी प्राप्त करने और उचित प्रतिक्रियाओं को ट्रिगर करने, एक सहज उपयोगकर्ता अनुभव सुनिश्चित करने के कार्यों को निष्पादित करके चैटबॉट्स और वॉयस असिस्टेंट को शक्ति प्रदान करती है। अंत में, इसे DevOps स्वचालन के लिए प्रभावी ढंग से उपयोग किया जा सकता है, निरंतर एकीकरण/निरंतर परिनियोजन (CI/CD) पाइपलाइन, बुनियादी ढांचे का प्रावधान, या लॉग एकत्रीकरण जैसे कार्यों को स्वचालित करना, सॉफ़्टवेयर विकास और परिनियोजन प्रक्रिया को सुव्यवस्थित करना।

6. सर्वर रहित आर्किटेक्चर डेवलपर्स को बुनियादी ढांचे की स्थापना के बोझ के बिना केवल कोड लिखने पर ध्यान केंद्रित करने की अनुमति देकर तेजी से विकास चक्र सक्षम करता है। सर्वर रहित कंप्यूटिंग के साथ, डेवलपर्स तेजी से नए कार्यों या अपडेट को तैनात कर सकते हैं, चपलता और निरंतर नवाचार को बढ़ावा दे सकते हैं। सर्वर रहित मॉडल सर्वर प्रबंधन को समाप्त कर देता है, जो विकास प्रक्रिया को सरल बनाता है, परिचालन ओवरहेड को कम करता है, और डेवलपर्स को मुख्य व्यवसाय तर्क पर ध्यान केंद्रित करने की अनुमति देता है। सर्वर प्रावधान, निगरानी और रखरखाव के बारे में चिंता न करके, डेवलपर्स एप्लिकेशन सुविधाओं के निर्माण और सुधार के लिए अधिक समय और संसाधन आवंटित कर सकते हैं, जिसके परिणामस्वरूप तेजी से बाजार में पहुंच होती है। भुगतान-प्रति-आह्वान मॉडल यह सुनिश्चित करता है कि लागत सीधे वास्तविक उपयोग से संबंधित है, लागत पूर्वानुमान प्रदान करती है और कुशल संसाधन आवंटन की सुविधा प्रदान करती है। यह डेवलपर्स को अधिक स्वतंत्र रूप से प्रयोग करने और पुनरावृत्त करने के लिए प्रोत्साहित करता है, जिससे विकास प्रक्रिया में और वृद्धि होती है।

7. माइक्रोसर्विसेज आर्किटेक्चर कई प्रमुख सिद्धांतों द्वारा निर्देशित होता है जो स्केलेबिलिटी और चपलता में योगदान देता है। पहला सिद्धांत एकल जिम्मेदारी है, जिसका अर्थ है कि प्रत्येक माइक्रोसर्विस के पास एक ही जिम्मेदारी या व्यावसायिक क्षमता होनी चाहिए। यह सुनिश्चित करता है कि सेवाएँ अन्य सेवाओं को प्रभावित किए बिना केंद्रित, प्रबंधनीय और आसानी से बदली जाने योग्य बनी रहें। स्वतंत्र विकास और तैनाती एक और महत्वपूर्ण सिद्धांत है, जहां माइक्रोसर्विसेज को स्वतंत्र रूप से विकसित, परीक्षण और तैनात किया जाता है। यह तेजी से पुनरावृत्ति की अनुमति देता है, निर्भरता कम करता है, और चपलता को बढ़ावा देते हुए व्यक्तिगत टीमों को स्वायत्त रूप से काम करने में सक्षम बनाता है। ढीला युग्मन एक और आवश्यक सिद्धांत है जो मॉड्यूलरिटी और लचीलेपन को बढ़ावा देता है। माइक्रोसर्विसेज अच्छी तरह से परिभाषित एपीआई के माध्यम से संचार करते हैं और एक-दूसरे पर मजबूत निर्भरता से बचते हैं, जिससे व्यक्तिगत सेवाओं में बदलाव के कारण सिस्टम-व्यापी विफलताओं का जोखिम कम हो जाता है। अंत में, विकेन्द्रीकृत डेटा प्रबंधन यह निर्देश देता है कि प्रत्येक माइक्रोसर्विस का अपना डेटा स्टोर उसकी विशिष्ट आवश्यकताओं के लिए अनुकूलित होना चाहिए। यह स्वायत्तता को बढ़ावा देता है और पूरे सिस्टम में डेटा मॉडल में बदलाव के प्रभाव को कम करता है, स्केलेबिलिटी और लचीलापन सुनिश्चित करता है।

8. माइक्रोसर्विसेज आर्किटेक्चर सेवाओं को एक-दूसरे से अलग करके दोष अलगाव और लचीलेपन को बढ़ाता है। जब एक माइक्रोसर्विस विफल हो जाती है, तो यह अन्य सेवाओं को प्रभावित नहीं करती है, जिससे सिस्टम में व्यापक विफलताओं की संभावना कम हो जाती है। यह अलगाव एक विशिष्ट सेवा के भीतर विफलताओं को रोकने में मदद करता है, उन्हें पूरे एप्लिकेशन में फैलने से रोकता है और समग्र सिस्टम लचीलापन सुनिश्चित करता है। माइक्रोसर्विसेज स्वतंत्र रूप से तैनात करने योग्य हैं, इसलिए यदि किसी सेवा को अपडेट या बग फिक्स की आवश्यकता होती है, तो इसे पूरे सिस्टम को बाधित किए बिना तैनात किया जा सकता है। यह संगठनों को अपडेट और तैनाती के दौरान भी उच्च स्तर की सेवा उपलब्धता और अपटाइम बनाए रखने में सक्षम बनाता है। इसके अतिरिक्त, जिम्मेदारियों को छोटी,

केंद्रित सेवाओं में अलग करके, संगठन व्यक्तिगत घटकों का बेहतर प्रबंधन और निगरानी कर सकते हैं। यह उन्हें समस्याओं को अधिक तेज़ी से पहचानने, समस्याग्रस्त सेवाओं को अलग करने और लक्षित समाधान लागू करने, समग्र सिस्टम विश्वसनीयता में सुधार करने में सक्षम बनाता है।

9. माइक्रोसर्विसेज आर्किटेक्चर में प्रौद्योगिकी विविधता संगठनों को प्रत्येक सेवा के लिए विभिन्न प्रौद्योगिकियों और प्रोग्रामिंग भाषाओं का उपयोग करने की अनुमति देती है। यह लचीलापन टीमों को एकल प्रौद्योगिकी स्टैक तक सीमित रहने के बजाय विशिष्ट व्यावसायिक आवश्यकताओं के लिए सबसे उपयुक्त उपकरण और तकनीक चुनने का अधिकार देता है। उदाहरण के लिए, वास्तविक समय डेटा प्रोसेसिंग के लिए जिम्मेदार एक माइक्रोसर्विस को पायथन में लिखा जा सकता है, जबकि जटिल गणनाओं को संभालने वाली सेवा जावा का उपयोग कर सकती है। यह विविधता टीमों को अपनी विशेषज्ञता का लाभ उठाने और काम के लिए सर्वोत्तम उपकरणों का उपयोग करने में सक्षम बनाती है, जिसके परिणामस्वरूप अधिक कुशल और प्रभावी विकास होता है। इसके अलावा, प्रौद्योगिकी विविधता विकास टीमों के भीतर नवाचार को बढ़ावा देती है, क्योंकि वे नई भाषाओं, रूपरेखाओं और पुस्तकालयों का पता लगा सकते हैं जो उनकी सेवा की विशिष्ट आवश्यकताओं के साथ संरेखित होते हैं। नवाचार और लचीलेपन को प्रोत्साहित करके, माइक्रोसर्विसेज आर्किटेक्चर एक गतिशील और दूरदर्शी विकास वातावरण का समर्थन करता है, जो बदलती व्यावसायिक मांगों और प्रौद्योगिकी रुझानों के अनुकूल संगठन की क्षमता को बढ़ाता है।

अध्याय 9: क्लाउड बैकअप और डिजास्टर रिकवरी

9.1 क्लाउड में बैकअप रणनीतियाँ: डेटा लचीलापन और व्यवसाय निरंतरता सुनिश्चित करना

डेटा की सुरक्षा, व्यवसाय की निरंतरता सुनिश्चित करने और डेटा हानि से जुड़े जोखिमों को कम करने के लिए क्लाउड में प्रभावी बैकअप रणनीतियों को लागू करना महत्वपूर्ण है। डेटा वर्गीकरण, आरपीओ/आरटीओ आवश्यकताओं, एन्क्रिप्शन, अतिरेक और अनुपालन जैसे प्रमुख कारकों पर सावधानीपूर्वक विचार करके, संगठन व्यापक बैकअप योजनाएं विकसित कर सकते हैं। स्वचालित बैकअप, एकाधिक भंडारण स्थान, वृद्धिशील बैकअप, नियमित निगरानी और दस्तावेज़ीकृत प्रक्रियाओं जैसी सर्वोत्तम प्रथाओं का पालन करना डेटा अखंडता सुनिश्चित करता है, डाउनटाइम को कम करता है, और तेज़ डेटा पुनर्प्राप्ति की सुविधा प्रदान करता है। क्लाउड में एक अच्छी तरह से क्रियान्वित बैकअप रणनीति के साथ, संगठन आत्मविश्वास से डेटा सुरक्षा चुनौतियों का सामना कर सकते हैं, अपनी महत्वपूर्ण सूचना संपत्तियों की सुरक्षा कर सकते हैं और लगातार विकसित हो रहे डिजिटल परिदृश्य में निर्बाध व्यापार संचालन बनाए रख सकते हैं। क्लाउड-आधारित बैकअप रणनीतियों का निर्बाध एकीकरण न केवल महत्वपूर्ण डेटा की सुरक्षा करता है बल्कि तेजी से डेटा-केंद्रित व्यापार दुनिया में भविष्य के विकास और सफलता के लिए एक मजबूत आधार भी स्थापित करता है।

9.1.1. क्लाउड में बैकअप रणनीतियों का महत्व:

बैकअप रणनीतियाँ किसी भी संगठन की डेटा प्रबंधन योजना में महत्वपूर्ण भूमिका निभाती हैं। क्लाउड में, जहां डेटा को दूरस्थ रूप से संग्रहीत किया जाता है, सुरक्षा उल्लंघनों, आकस्मिक विलोपन, प्राकृतिक आपदाओं या हार्डवेयर विफलताओं जैसे संभावित जोखिमों के कारण बैकअप रणनीतियां और भी महत्वपूर्ण हो जाती हैं। एक अच्छी तरह से डिज़ाइन की गई बैकअप रणनीति डेटा लचीलापन सुनिश्चित करती है, डाउनटाइम को कम करती है, और त्वरित डेटा रिकवरी की सुविधा देती है, जिससे व्यवसाय की निरंतरता सुरक्षित रहती है।

9.1.2. बैकअप योजना के लिए मुख्य बातें:

क्लाउड में बैकअप रणनीति तैयार करते समय, कई महत्वपूर्ण कारकों पर विचार किया जाना चाहिए:

- डेटा वर्गीकरण और प्राथमिकता:व्यवसाय के लिए इसकी गंभीरता और महत्व के आधार पर डेटा को वर्गीकृत और प्राथमिकता दें। सबसे महत्वपूर्ण डेटा की पहचान करें जिसके लिए लगातार और तत्काल बैकअप की आवश्यकता होती है, यह सुनिश्चित करते हुए कि बैकअप प्रयास व्यावसायिक प्राथमिकताओं के साथ संरेखित हैं।
- रिकवरी प्वाइंट ऑब्जेक्टिव (आरपीओ) और रिकवरी टाइम ऑब्जेक्टिव (आरटीओ):डेटा हानि (आरपीओ) के लिए स्वीकार्य समय सीमा और व्यवसाय के लिए अधिकतम सहनीय डाउनटाइम (आरटीओ) को परिभाषित करें। ये मेट्रिक्स बैकअप आवृत्ति और पुनर्स्थापना समय-सीमा निर्धारित करने में मदद करते हैं, यह सुनिश्चित करते हुए कि बैकअप रणनीति व्यावसायिक आवश्यकताओं को पूरा करती है।
- डेटा एन्क्रिप्शन और सुरक्षा:सुनिश्चित करें कि बैकअप डेटा को अनधिकृत पहुंच से बचाने के लिए ट्रांज़िट और आराम दोनों के दौरान एन्क्रिप्ट किया गया है। बैकअप बुनियादी ढांचे की सुरक्षा के लिए मजबूत पहुंच नियंत्रण और प्रमाणीकरण तंत्र लागू करें।
- अनुपालन और विनियामक आवश्यकताएँ:किसी भी उद्योग-विशिष्ट नियमों या अनुपालन मानकों पर विचार करें जो डेटा सुरक्षा और अवधारण को नियंत्रित करते हैं। अनुपालन सुनिश्चित करने और संभावित कानूनी या नियामक मुद्दों से बचने के लिए बैकअप रणनीति को इन आवश्यकताओं के साथ संरेखित करें।
- अतिरेक और डेटा उपलब्धता:बैकअप समाधान के लिए आवश्यक अतिरेक और डेटा उपलब्धता के स्तर का मूल्यांकन करें। स्थानीय घटनाओं या बुनियादी ढांचे की विफलताओं की स्थिति में डेटा लचीलापन और उपलब्धता सुनिश्चित करने के लिए एकाधिक भंडारण स्थानों या भौगोलिक रूप से वितरित बैकअप को नियोजित करने पर विचार करें।
- बैकअप प्रतिधारण नीतियाँ:कानूनी आवश्यकताओं, व्यावसायिक आवश्यकताओं और डेटा संवेदनशीलता के आधार पर बैकअप प्रतिधारण नीतियां स्थापित करें। उस अवधि को परिभाषित करें जिसके लिए बैकअप बनाए रखा जाना चाहिए और भंडारण उपयोग को अनुकूलित करने के लिए पुराने बैकअप को शुद्ध करने के लिए तंत्र स्थापित करें।

• परीक्षण और सत्यापन:उनकी प्रभावशीलता सुनिश्चित करने के लिए बैकअप और पुनर्प्राप्ति प्रक्रियाओं का नियमित रूप से परीक्षण और सत्यापन करें। बैकअप डेटा की अखंडता और पुनर्स्थापना प्रक्रिया की विश्वसनीयता को सत्यापित करने के लिए नकली पुनर्प्राप्ति अभ्यास आयोजित करें। यह सक्रिय दृष्टिकोण महत्वपूर्ण कार्यों को प्रभावित करने से पहले किसी भी संभावित समस्या को पहचानने और उसका समाधान करने में मदद करता है।

9.1.3. क्लाउड में बैकअप रणनीतियों के लिए सर्वोत्तम अभ्यास:

क्लाउड में प्रभावी बैकअप रणनीतियों को लागू करने के लिए, संगठनों को निम्नलिखित सर्वोत्तम प्रथाओं का पालन करना चाहिए:

• स्वचालित और नियमित बैकअप: निरंतरता सुनिश्चित करने और मानवीय त्रुटि के जोखिम को खत्म करने के लिए स्वचालित बैकअप प्रक्रियाओं को लागू करें। डेटा अस्थिरता और व्यावसायिक संचालन जैसे कारकों पर विचार करते हुए, आरपीओ आवश्यकताओं के आधार पर नियमित बैकअप शेड्यूल करें।

• एकाधिक भंडारण स्थान: क्षेत्रीय आपदाओं या बुनियादी ढाँचे की विफलताओं के कारण होने वाली डेटा हानि से बचाने के लिए कई भौगोलिक रूप से वितरित भंडारण स्थानों में बैकअप संग्रहीत करें। डेटा लचीलापन बढ़ाने के लिए क्लाउड स्टोरेज प्रदाताओं द्वारा दी जाने वाली अतिरेक और स्थायित्व सुविधाओं का लाभ उठाएं।

• वृद्धिशील और विभेदक बैकअप: बैकअप समय और भंडारण लागत को कम करने के लिए वृद्धिशील या विभेदक बैकअप विधियों का उपयोग करने पर विचार करें। ये विधियाँ केवल अंतिम बैकअप के बाद से किए गए परिवर्तनों का बैकअप लेती हैं, व्यापक सुरक्षा सुनिश्चित करते हुए डेटा स्थानांतरण और भंडारण आवश्यकताओं को कम करती हैं।

• संस्करण और स्नैपशॉटिंग: समय में विभिन्न बिंदुओं पर डेटा की कई प्रतियां बनाए रखने के लिए क्लाउड स्टोरेज सेवाओं द्वारा प्रदान की गई संस्करण और स्नैपशॉट क्षमताओं का लाभ उठाएं। यह विशिष्ट संस्करणों या पुनर्प्राप्ति बिंदुओं की आसान बहाली की अनुमति देता है, अतिरिक्त लचीलापन और आकस्मिक डेटा संशोधन के खिलाफ सुरक्षा प्रदान करता है।

• ऑफसाइट बैकअप: साइट-व्यापी आपदाओं या सिस्टम विफलताओं से सुरक्षा के लिए ऑफसाइट बैकअप बनाए रखें। क्लाउड स्टोरेज अपने स्थायित्व और पहुंच के कारण एक आदर्श ऑफसाइट बैकअप स्थान प्रदान करता है, जो महत्वपूर्ण डेटा के लिए सुरक्षा की एक अतिरिक्त परत प्रदान करता है।

• नियमित निगरानी और लेखापरीक्षा: यह सुनिश्चित करने के लिए कि बैकअप सफलतापूर्वक चल रहा है और डेटा अखंडता बनी हुई है, बैकअप प्रक्रिया की लगातार निगरानी करें और नियमित ऑडिट करें। शीघ्र निवारण सक्षम करने और डेटा हानि को रोकने के लिए बैकअप विफलताओं या विसंगतियों के लिए अलर्ट और सूचनाएं स्थापित करें।

• डेटा एन्क्रिप्शन और सुरक्षित स्थानांतरण: अनधिकृत पहुंच से बचाने के लिए ट्रांज़िट के दौरान और आराम के दौरान बैकअप डेटा को एन्क्रिप्ट करें। अवरोधन या छेड़छाड़ को रोकने और शुरू से अंत तक सुरक्षा सुनिश्चित करने के लिए डेटा ट्रांसफर के लिए एसएसएल/टीएलएस जैसे सुरक्षित प्रोटोकॉल का उपयोग करें।

• प्रलेखित बैकअप और पुनर्प्राप्ति प्रक्रियाएँ: स्पष्ट और अच्छी तरह से प्रलेखित बैकअप और पुनर्प्राप्ति प्रक्रियाओं को बनाए रखें। डेटा हानि या सिस्टम विफलताओं के मामले में त्वरित और कुशल पुनर्प्राप्ति के लिए चरण-दर-चरण निर्देश, संपर्क जानकारी और एस्केलेशन पथ शामिल करें। इन प्रक्रियाओं को नियमित रूप से अद्यतन करें और प्रासंगिक हितधारकों को सूचित करें।

• आपदा पुनर्प्राप्ति योजना: एक व्यापक आपदा पुनर्प्राप्ति योजना में बैकअप रणनीतियों को एकीकृत करें। पुनर्प्राप्ति प्राथमिकताओं को परिभाषित करें, संचार चैनल स्थापित करें, और अप्रत्याशित घटनाओं के लिए तैयारी सुनिश्चित करने के लिए नियमित रूप से पुनर्प्राप्ति प्रक्रियाओं का परीक्षण और अद्यतन

करें। एक मजबूत आपदा पुनर्प्राप्ति योजना किसी भी व्यवधान से त्वरित और कुशल पुनर्प्राप्ति सुनिश्चित करती है।

9.2 आपदा पुनर्प्राप्ति योजना: व्यवसाय लचीलापन सुनिश्चित करना

9.2.1. आपदा पुनर्प्राप्ति योजना का महत्व:

यह खंड विभिन्न विघटनकारी घटनाओं के खिलाफ व्यवसायों की सुरक्षा में आपदा पुनर्प्राप्ति योजना के महत्व पर जोर देता है। यह संभावित आपदाओं पर प्रकाश डालता है, चाहे प्राकृतिक हो या तकनीकी, जिससे व्यावसायिक व्यवधान, डेटा हानि, वित्तीय हानि और प्रतिष्ठा को नुकसान हो सकता है। एक अच्छी तरह से डिज़ाइन की गई आपदा पुनर्प्राप्ति योजना संगठनों को महत्वपूर्ण प्रणालियों को पुनर्प्राप्त करने, डेटा की सुरक्षा करने और डाउनटाइम को कम करने में मदद करती है। यह आपात स्थितियों पर प्रतिक्रिया देने और विघटनकारी घटनाओं के प्रभाव को कम करने के लिए एक व्यवस्थित दृष्टिकोण भी प्रदान करता है।

9.2.2. आपदा पुनर्प्राप्ति योजना के लिए मुख्य बातें:

आपदा पुनर्प्राप्ति योजना विकसित करते समय संगठनों को मुख्य पहलुओं पर विचार करना चाहिए:

- जोखिम मूल्यांकन और व्यावसायिक प्रभाव विश्लेषण: संगठनों को व्यवसाय को प्रभावित करने वाले संभावित खतरों और कमजोरियों की पहचान करने के लिए संपूर्ण जोखिम मूल्यांकन करना चाहिए। व्यावसायिक प्रभाव विश्लेषण (बीआईए) करने से सिस्टम और डेटा की गंभीरता और निर्भरता निर्धारित करने में मदद मिलती है, जिससे पुनर्प्राप्ति प्रयासों को प्राथमिकता देने में सहायता मिलती है।
- रिकवरी टाइम ऑब्जेक्टिव (आरटीओ) और रिकवरी प्वाइंट ऑब्जेक्टिव (आरपीओ): आरटीओ सिस्टम पुनर्प्राप्ति के लिए स्वीकार्य समय सीमा को परिभाषित करता है, जबकि आरपीओ अधिकतम सहनीय डेटा हानि स्थापित करता है। ये मेट्रिक्स पुनर्प्राप्ति प्रक्रिया के दौरान निर्णय लेने गें मार्गदर्शन करते हैं और पुनर्प्राप्ति लक्ष्य निर्धारित करने में सहायता करते हैं।
- डेटा बैकअप और प्रतिकृति: एक मजबूत डेटा बैकअप रणनीति को लागू करना जिसमें नियमित बैकअप, ऑफसाइट स्टोरेज और डेटा प्रतिकृति शामिल है, पुनर्प्राप्ति के दौरान डेटा उपलब्धता और अखंडता सुनिश्चित करता है। स्केलेबिलिटी और अतिरेक के लिए क्लाउड-आधारित बैकअप समाधान की अनुशंसा की जाती है।
- संचार और हितधारक प्रबंधन: किसी आपदा के दौरान सूचना प्रसारित करने के लिए स्पष्ट संचार चैनल और प्रोटोकॉल स्थापित किए जाने चाहिए। प्रमुख हितधारकों की पहचान करना, जिम्मेदारियाँ सौंपना और कमांड की एक श्रृंखला स्थापित करना प्रभावी संचार और समन्वय सुनिश्चित करता है।
- संसाधन आवश्यकताएँ और निर्भरताएँ: संगठनों को पुनर्प्राप्ति के लिए हार्डवेयर, सॉफ़्टवेयर, बुनियादी ढांचे और कर्मियों सहित महत्वपूर्ण संसाधनों और निर्भरताओं की पहचान करनी चाहिए। संसाधन आवंटन, खरीद और सक्रियण की योजना बनाने से डाउनटाइम को कम करने और पुनर्प्राप्ति प्रक्रिया में तेजी लाने में मदद मिलती है।
- अनुपालन और कानूनी विचार: संगठन के उद्योग से संबंधित विनियामक और अनुपालन आवश्यकताओं को ध्यान में रखते हुए यह सुनिश्चित किया जाता है कि आपदा वसूली योजना डेटा गोपनीयता और गोपनीयता जैसे कानूनी दायित्वों के साथ संरेखित हो।

9.2.3. आपदा पुनर्प्राप्ति योजना के आवश्यक घटक:

व्यापक आपदा पुनर्प्राप्ति योजना में आवश्यक घटक शामिल होने चाहिए:

- आपातकालीन प्रतिक्रिया प्रक्रियाएँ: आपदा पुनर्प्राप्ति प्रक्रिया शुरू करने के लिए विस्तृत चरण-दर-चरण प्रक्रियाएं, जिसमें घटना प्रतिक्रिया टीम को सक्रिय करना, संचार प्रोटोकॉल और प्रारंभिक क्षति मूल्यांकन शामिल हैं।
- डेटा बैकअप और पुनर्प्राप्ति रणनीति:व्यवसाय की निरंतरता सुनिश्चित करने के लिए बैकअप आवृत्ति, भंडारण स्थान, एन्क्रिप्शन उपाय और पुनर्प्राप्ति प्रक्रियाओं सहित डेटा बैकअप रणनीति का दस्तावेज़ीकरण।
- सिस्टम और इंफ्रास्ट्रक्चर रिकवरी: समय पर पुनर्प्राप्ति और न्यूनतम डाउनटाइम के लिए आवश्यक संसाधनों और कॉन्फ़िगरेशन की पहचान करने के साथ-साथ महत्वपूर्ण प्रणालियों, अनुप्रयोगों और बुनियादी ढांचे के घटकों को पुनर्स्थापित करने के लिए आवश्यक प्रक्रियाओं और चरणों को परिभाषित किया गया है।

• कार्मिक और विक्रेता प्रबंधन: पुनर्प्राप्ति प्रक्रिया के दौरान प्रमुख कर्मियों की भूमिकाओं और जिम्मेदारियों को रेखांकित करना और यदि आवश्यक हो तो बाहरी विक्रेताओं या सेवा प्रदाताओं को शामिल करने के लिए प्रक्रियाएं स्थापित करना।

• परीक्षण और प्रशिक्षण: आपदा पुनर्प्राप्ति योजना की प्रभावशीलता सुनिश्चित करने के लिए उसका नियमित परीक्षण करना और पुनर्प्राप्ति प्रक्रियाओं को मान्य करने के लिए नकली पुनर्प्राप्ति अभ्यास आयोजित करना। योजना को क्रियान्वित करने में शामिल कर्मियों को प्रशिक्षण प्रदान करना उनकी भूमिकाओं और जिम्मेदारियों से परिचित होना सुनिश्चित करता है।

• दस्तावेज़ीकरण और रखरखाव: संपूर्ण आपदा पुनर्प्राप्ति योजना का विस्तृत दस्तावेज़ीकरण, जिसमें संपर्क जानकारी, कॉन्फ़िगरेशन विवरण और पुनर्प्राप्ति प्रक्रियाएं शामिल हैं, साथ ही व्यावसायिक वातावरण या बुनियादी ढांचे में परिवर्तन को प्रतिबिंबित करने के लिए नियमित अपडेट भी शामिल हैं।

9.2.4. आपदा रिकवरी योजना का परीक्षण और रखरखाव:

आपदा पुनर्प्राप्ति योजना की प्रभावशीलता सुनिश्चित करने के लिए नियमित परीक्षण और रखरखाव का महत्व:

• नियमित परीक्षण: योजना की प्रभावशीलता का मूल्यांकन करने और सुधार के लिए क्षेत्रों की पहचान करने के लिए टेबलटॉप अभ्यास और सिमुलेशन जैसे समय-समय पर परीक्षण आयोजित करना। पुनर्प्राप्ति प्रक्रियाओं, संचार चैनलों और टीम के सदस्यों के बीच समन्वय का परीक्षण योजना की तैयारी को मान्य करता है।

• स्केलेबिलिटी और प्रदर्शन परीक्षण:बड़े पुनर्प्राप्ति परिदृश्यों या बढ़ी हुई डेटा मात्रा को संभालने की क्षमता का परीक्षण करके और दक्षता के लिए पुनर्प्राप्ति प्रक्रिया को अनुकूलित करने के लिए प्रदर्शन परीक्षण आयोजित करके योजना की स्केलेबिलिटी का आकलन करना।

• दस्तावेज़ीकरण अद्यतन:बुनियादी ढांचे, अनुप्रयोगों या व्यावसायिक प्रक्रियाओं में परिवर्तनों को प्रतिबिंबित करने के लिए आपदा पुनर्प्राप्ति योजना दस्तावेज़ीकरण की नियमित रूप से समीक्षा और अद्यतन करना, यह सुनिश्चित करना कि संपर्क जानकारी, जिम्मेदारियां और प्रक्रियाएं अद्यतित हैं।

• प्रशिक्षण और जागरूकता:योजना को क्रियान्वित करने में शामिल कर्मियों को निरंतर प्रशिक्षण प्रदान करना और यह सुनिश्चित करने के लिए जागरूकता कार्यक्रम आयोजित करना कि सभी कर्मचारी आपदा के दौरान अपनी भूमिकाओं और जिम्मेदारियों से परिचित हों। पूरे संगठन में जागरूकता बनाए रखने के लिए नियमित रूप से अपडेट और परिवर्तनों के बारे में संचार करना।

• समीक्षा और लेखापरीक्षा: विनियामक आवश्यकताओं और उद्योग की सर्वोत्तम प्रथाओं के अनुपालन का आकलन करने के लिए आपदा वसूली योजना की आवधिक समीक्षा और ऑडिट। आंतरिक या बाहरी लेखा परीक्षकों को शामिल करना योजना की प्रभावशीलता को मान्य करता है और सुधार के क्षेत्रों की पहचान करता है।

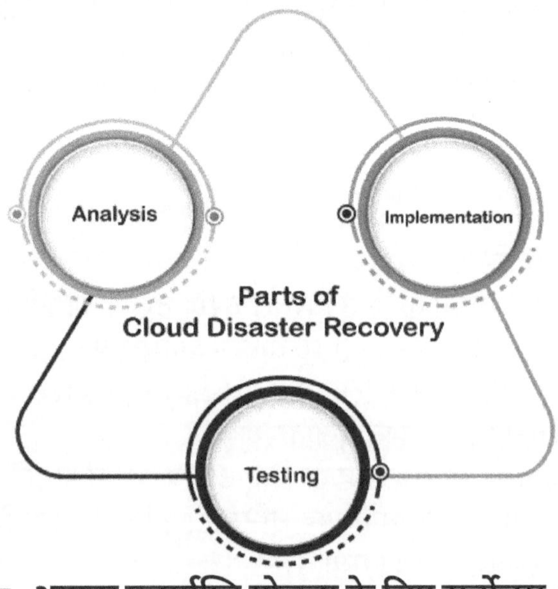

9.2.5. आपदा पुनर्प्राप्ति योजना के लिए सर्वोत्तम अभ्यास:

उभरते खतरों और कमजोरियों को दूर करने के लिए जोखिमों का नियमित रूप से पुनर्मूल्यांकन करें और तदनुसार योजना को अद्यतन करें।
संपर्क जानकारी, प्रक्रियाओं और पुनर्प्राप्ति चरणों सहित स्पष्ट और अद्यतन दस्तावेज़ीकरण बनाए रखें।
किसी आपदा के दौरान समय पर सहायता और संसाधन सुनिश्चित करने के लिए विक्रेताओं और सेवा प्रदाताओं के साथ मजबूत साझेदारी स्थापित करें।
स्केलेबिलिटी, लचीलेपन और कम बुनियादी ढांचे की लागत के लिए क्लाउड-आधारित आपदा पुनर्प्राप्ति समाधानों के उपयोग पर विचार करें।
किसी आपदा के दौरान कर्मचारियों, ग्राहकों और हितधारकों को तुरंत सूचित करने और उन्हें पुनर्प्राप्ति प्रगति पर अद्यतन रखने के लिए एक संचार योजना स्थापित करें।
नियमित प्रशिक्षण, जागरूकता कार्यक्रम और अभ्यास आयोजित करके तैयारी और जागरूकता की संस्कृति को बढ़ावा दें।
योजना की प्रभावशीलता में लगातार सुधार करने और किसी भी कमियों को दूर करने के लिए पुनर्प्राप्ति के बाद के मूल्यांकन और सीखे गए सत्रों का संचालन करें।

9.3 उच्च उपलब्धता और दोष सहनशीलता: क्लाउड में लचीले सिस्टम का निर्माण

9.3.1. उच्च उपलब्धता और दोष सहनशीलता को समझना:

• उच्च उपलब्धता (एचए):यह खंड उच्च उपलब्धता को किसी सिस्टम या सेवा की विस्तारित अवधि तक बिना किसी व्यवधान के सुलभ और चालू रहने की क्षमता के रूप में परिभाषित करता है। यह बताता है कि HA का लक्ष्य विफलता के एकल बिंदुओं को खत्म करना और हार्डवेयर विफलताओं, नेटवर्क समस्याओं या सॉफ़्टवेयर गड़बड़ियों की स्थिति में भी निर्बाध सेवा वितरण सुनिश्चित करना है।
• दोष सहनशीलता (एफटी):यह खंड दोष सहिष्णुता को दोषों या विफलताओं के बावजूद ठीक से काम करना जारी रखने की प्रणाली की क्षमता के रूप में परिभाषित करता है। यह इस बात पर प्रकाश डालता है कि एफटी में ऐसे सिस्टम को डिजाइन करना शामिल है जो अतिरेक और फेलओवर तंत्र के माध्यम से वास्तविक समय में विफलताओं का पता लगा सकता है और प्रतिक्रिया दे सकता है, जिससे निर्बाध संचालन और डेटा अखंडता सुनिश्चित होती है।

9.3.2. क्लाउड में उच्च उपलब्धता और दोष सहनशीलता प्राप्त करने की रणनीतियाँ:

क्लाउड में उच्च उपलब्धता और दोष सहनशीलता प्राप्त करने के लिए विभिन्न रणनीतियाँ:
• अतिरेक और भार संतुलन:लेख विभिन्न सर्वरों, उपलब्धता क्षेत्रों या क्षेत्रों में महत्वपूर्ण घटकों के कई उदाहरणों को तैनात करके अतिरेक के महत्व को समझाता है। यह इष्टतम संसाधन उपयोग और मांग में अचानक वृद्धि को संभालने के लिए इन अनावश्यक उदाहरणों में आने वाले ट्रैफ़िक को वितरित करने की एक विधि के रूप में लोड संतुलन पर भी प्रकाश डालता है।
• स्वचालित निगरानी और स्व-उपचार: सिस्टम के भीतर घटकों के स्वास्थ्य और प्रदर्शन की निरंतर निगरानी के लिए स्वचालित निगरानी प्रणालियों को लागू करने का वर्णन किया गया है। विसंगतियों का पता लगाने, अलर्ट ट्रिगर करने और विफल उदाहरणों को फिर से शुरू करने या संसाधनों को स्केल करने जैसे स्व-उपचार कार्यों को शुरू करने में सक्षम बुद्धिमान निगरानी उपकरण की सिफारिश की जाती है।
• डेटा प्रतिकृति और बैकअप: यह खंड डेटाबेस प्रतिकृति या वितरित फ़ाइल सिस्टम जैसे डेटा प्रतिकृति तंत्र के माध्यम से डेटा अतिरेक और अखंडता की आवश्यकता पर जोर देता है। डेटा हानि से बचाने और त्वरित पुनर्प्राप्ति सक्षम करने के लिए भौगोलिक रूप से विविध स्थानों पर महत्वपूर्ण डेटा का नियमित रूप से बैकअप लेने पर प्रकाश डाला गया है।
• आपदा पुनर्प्राप्ति योजना: बैकअप रणनीतियों, डेटा रिकवरी योजनाओं और सिस्टम बहाली विधियों के साथ एक व्यापक आपदा रिकवरी योजना (डीआरपी) विकसित करना आवश्यक है। आपदाओं के दौरान व्यवसाय की निरंतरता सुनिश्चित करने के लिए अलग-अलग स्थानों पर बैकअप सिस्टम और बुनियादी ढांचे को लागू करने की सिफारिश की जाती है।

• लोच और ऑटो स्केलिंग: लेख मांग के आधार पर संसाधन आवंटन को स्वचालित रूप से समायोजित करने के लिए क्लाउड की लोच और ऑटो स्केलिंग क्षमताओं का लाभ उठाने का सुझाव देता है। अलग-अलग कार्यभार को संभालने के लिए संसाधनों को गतिशील रूप से जोड़ने या हटाने वाली ऑटो स्केलिंग नीतियों को लागू करना इष्टतम प्रदर्शन और उपलब्धता सुनिश्चित करता है।

• भौगोलिक अतिरेक और बहु-क्षेत्रीय तैनाती: भौगोलिक अतिरेक सुनिश्चित करने के लिए कई क्षेत्रों या उपलब्धता क्षेत्रों में महत्वपूर्ण घटकों को तैनात करने पर जोर दिया जाता है। यह वितरण सेवा उपलब्धता को बनाए रखते हुए क्षेत्रीय आउटेज या व्यवधानों के प्रभाव को कम करता है।

• स्वास्थ्य जांच और विफलता तंत्र: विफलताओं का पता लगाने और उन पर प्रतिक्रिया देने के लिए स्वास्थ्य जांच और विफलता तंत्र को लागू करना महत्वपूर्ण है। स्वचालित निगरानी नियमित रूप से संसाधनों के स्वास्थ्य की जांच करती है और विफलता के मामले में ट्रैफ़िक को स्वस्थ उदाहरणों पर पुनर्निर्देशित करती है, जिससे सेवा में व्यवधान कम होता है।

9.3.3. लचीली प्रणालियों के निर्माण के लिए सर्वोत्तम अभ्यास:

क्लाउड में लचीले सिस्टम बनाने के लिए सर्वोत्तम अभ्यास:

• विफलता के लिए वास्तुकार: इस धारणा के साथ सिस्टम डिज़ाइन करना कि विफलताएँ होंगी, आवश्यक है। अतिरेक, दोष सहनशीलता तंत्र और घटक अलगाव को लागू करने से समग्र प्रणाली पर विफलताओं का प्रभाव कम हो जाता है।

• प्रबंधित सेवाओं का उपयोग करें: क्लाउड प्रदाताओं द्वारा दी जाने वाली प्रबंधित सेवाओं, जैसे प्रबंधित डेटाबेस और लोड बैलेंसर्स का लाभ उठाने की अनुशंसा की जाती है। इन सेवाओं में अक्सर अंतर्निहित उच्च उपलब्धता और दोष सहनशीलता विशेषताएं शामिल होती हैं, जो एप्लिकेशन स्तर पर इन पहलुओं को प्रबंधित करने के बोझ को कम करती हैं।

• स्वचालित बुनियादी ढांचे को कोड के रूप में लागू करें: बुनियादी ढांचे को कोड (IaC) टूल के रूप में उपयोग करने की सलाह दी जाती है, जैसे AWS क्लाउडफॉर्मेशन या Azure रिसोर्स मैनेजर। यह दृष्टिकोण सुसंगत और दोहराए जाने योग्य बुनियादी ढांचे की तैनाती को सक्षम बनाता है, जिससे उच्च उपलब्धता और दोष सहनशीलता कॉन्फ़िगरेशन को लागू करना आसान हो जाता है।

• नियमित रूप से परीक्षण करें और विफलताओं का अनुकरण करें: सिस्टम लचीलेपन को प्रमाणित करने के लिए नियमित परीक्षण और सिमुलेशन अभ्यास आयोजित करना महत्वपूर्ण है। विफलता तंत्र, आपदा पुनर्प्राप्ति प्रक्रियाओं और संसाधन स्केलिंग का परीक्षण यह सुनिश्चित करता है कि वे अपेक्षा के अनुरूप कार्य करते हैं और विफलताओं को प्रभावी ढंग से संभाल सकते हैं।

• प्रदर्शन की निगरानी और विश्लेषण करें: सिस्टम प्रदर्शन में वास्तविक समय दृश्यता प्राप्त करने के लिए मजबूत निगरानी और लॉगिंग समाधान लागू करने की अनुशंसा की जाती है। प्रदर्शन मेट्रिक्स और लॉग का विश्लेषण करने से संभावित बाधाओं की पहचान करने, विफलताओं का अनुमान लगाने और संसाधनों और कॉन्फ़िगरेशन को सक्रिय रूप से अनुकूलित करने में मदद मिलती है।

• सुरक्षा प्रथाओं के साथ अद्यतन रहें:नियमित पैचिंग और अपडेट, मजबूत पहुंच नियंत्रण लागू करना और एन्क्रिप्शन का उपयोग सहित सर्वोत्तम सुरक्षा प्रथाओं का पालन करना, डेटा की सुरक्षा और सेवा व्यवधानों को रोकने के लिए महत्वपूर्ण है।

• दस्तावेज़ और ज्ञान साझा करें:सिस्टम आर्किटेक्चर, कॉन्फ़िगरेशन और पुनर्प्राप्ति प्रक्रियाओं का दस्तावेज़ीकरण आवश्यक है। इस ज्ञान को टीम के साथ साझा करने से यह सुनिश्चित होता है कि हर कोई सिस्टम की उच्च उपलब्धता और दोष सहनशीलता तंत्र से परिचित है, जिससे घटनाओं के दौरान प्रभावी समस्या निवारण और पुनर्प्राप्ति की सुविधा मिलती है।

अभ्यास

बहु विकल्पीय प्रश्न

1. क्लाउड में बैकअप रणनीतियों का प्राथमिक उद्देश्य क्या है?

a) डेटा भंडारण लागत कम करना

b) डेटा लचीलापन और व्यापार निरंतरता सुनिश्चित करना

c) डेटा ट्रांसफर गति बढ़ाना

d) नेटवर्क सुरक्षा में सुधार

2. बैकअप रणनीति के रिकवरी पॉइंट ऑब्जेक्टिव (आरपीओ) को परिभाषित करते समय क्या विचार किया जाना चाहिए?

a) व्यवसाय के लिए अधिकतम सहनीय डाउनटाइम

b) वह अवधि जिसके लिए बैकअप बनाए रखा जाना चाहिए

c) व्यवसाय के लिए स्वीकार्य डेटा हानि की समय-सीमा

d) बैकअप समाधान के लिए आवश्यक डेटा अतिरेक का स्तर

3. कौन सी बैकअप विधि केवल पिछले बैकअप के बाद से किए गए परिवर्तनों का बैकअप लेती है?

a) वृध्दिशील बैकअप

b) पूर्ण बैकअप

c) विभेदक बैकअप

d) स्नैपशॉट बैकअप

4. संगठन क्लाउड में भौगोलिक अतिरेक कैसे प्राप्त कर सकते हैं?

a) एकाधिक क्लाउड सेवा प्रदाताओं का उपयोग करके

b) विभिन्न सर्वरों में महत्वपूर्ण घटकों को वितरित करके

c) नेटवर्क ट्रैफ़िक के लिए लोड संतुलन लागू करके

d) नियमित आपदा पुनर्प्राप्ति अभ्यास आयोजित करके

5. क्लाउड में लचीले सिस्टम के निर्माण में स्वचालित निगरानी क्या भूमिका निभाती है?

a) साइबर हमलों के विरुद्ध सुरक्षा प्रदान करना

b) वास्तविक समय में सिस्टम विफलताओं का पता लगाना और उनका जवाब देना

c) क्लाउड संसाधनों की लागत कम करना

d) पारगमन के दौरान डेटा एन्क्रिप्शन सुनिश्चित करना

6. किस सर्वोत्तम अभ्यास में आपदा पुनर्प्राप्ति योजना की प्रभावशीलता सुनिश्चित करने के लिए नियमित रूप से उसका परीक्षण करना शामिल है?

a) बैकअप और पुनर्प्राप्ति प्रक्रियाओं का दस्तावेज़ीकरण

b) पारगमन के दौरान और विश्राम के दौरान डेटा एन्क्रिप्शन लागू करना

c) हितधारकों के लिए एक संचार योजना स्थापित करना

d) मॉक रिकवरी अभ्यास और सिमुलेशन का संचालन करना

7. आईटी अवसंरचना डिज़ाइन में "फ़ॉल्ट टॉलरेंस" शब्द का क्या अर्थ है?

a) मांग में अचानक वृद्धि को संभालने के लिए एक प्रणाली की क्षमता

b) किसी प्रणाली की स्वयं को ठीक करने और विफलताओं से उबरने की क्षमता

c) विभिन्न भौगोलिक स्थानों में एकाधिक डेटा केंद्रों की अतिरेक

d

) समय के साथ सिस्टम प्रदर्शन की स्थिरता

8. क्लाउड में उच्च उपलब्धता प्राप्त करने में लोड संतुलन का उपयोग करने का उद्देश्य क्या है?

a) आने वाले ट्रैफ़िक को कई अनावश्यक उदाहरणों में वितरित करना

b) बैकअप प्रक्रिया को स्वचालित करने और बैकअप शेड्यूल करने के लिए
c) पारगमन के दौरान और विश्राम के दौरान डेटा को एन्क्रिप्ट करना
d) पुनर्प्राप्ति कार्यों के दौरान डेटा अखंडता बनाए रखना

9. कोड (IaC) टूल के रूप में बुनियादी ढाँचा क्लाउड में लचीले सिस्टम के कार्यान्वयन से कैसे लाभान्वित हो सकता है?

a) वे क्लाउड संसाधनों की वास्तविक समय पर निगरानी प्रदान करते हैं
b) वे स्वचालित बैकअप शेड्यूलिंग की अनुमति देते हैं
c) वे सुसंगत और दोहराए जाने योग्य बुनियादी ढांचे की तैनाती को सक्षम करते हैं
d) वे क्लाउड में संग्रहीत डेटा को स्वचालित रूप से एन्क्रिप्ट करते हैं

समीक्षा प्रश्न

1. क्लाउड में बैकअप रणनीतियों का क्या महत्व है?
2. क्लाउड में बैकअप योजना के लिए किन प्रमुख कारकों पर विचार किया जाना चाहिए?
3. संगठन क्लाउड में बैकअप को प्रभावी ढंग से कैसे स्वचालित और शेड्यूल कर सकते हैं?
4. क्लाउड में बैकअप के लिए एकाधिक संग्रहण स्थानों का उपयोग क्यों महत्वपूर्ण है?
5. वृद्धिशील और विभेदक बैकअप क्या हैं, और वे क्लाउड-आधारित बैकअप रणनीतियों को कैसे लाभ पहुंचाते हैं?
6. क्लाउड-आधारित आपदा पुनर्प्राप्ति समाधान दोष सहनशीलता को कैसे बढ़ा सकते हैं?
7. संगठन क्लाउड में उच्च उपलब्धता कैसे प्राप्त कर सकते हैं?
8. क्लाउड में स्वचालित निगरानी और स्व-उपचार लागू करने के क्या लाभ हैं?
9. डेटा प्रतिकृति और बैकअप क्लाउड में दोष सहनशीलता में कैसे योगदान देता है?
10. व्यावसायिक लचीलापन प्राप्त करने में आपदा पुनर्प्राप्ति योजना क्या भूमिका निभाती है?
क्लाउड में लचीले सिस्टम के निर्माण के लिए दस्तावेज़ीकरण और नियमित परीक्षण क्यों आवश्यक है?

उत्तर अनुभाग

बहु विकल्पीय प्रश्न

1. b) डेटा लचीलापन और व्यापार निरंतरता सुनिश्चित करना
2. c) व्यवसाय के लिए स्वीकार्य डेटा हानि की समय सीमा
3. a) वृद्धिशील बैकअप
4. b) विभिन्न सर्वरों में महत्वपूर्ण घटकों को वितरित करके
5. b) वास्तविक समय में सिस्टम विफलताओं का पता लगाना और प्रतिक्रिया देना
6. d) मॉक रिकवरी अभ्यास और सिमुलेशन का संचालन करना
7. b) किसी प्रणाली की स्वयं को ठीक करने और विफलताओं से उबरने की क्षमता
8. a) आने वाले ट्रैफ़िक को कई अनावश्यक उदाहरणों में वितरित करना
9. c) वे सुसंगत और दोहराए जाने योग्य बुनियादी ढांचे की तैनाती को सक्षम करते हैं

समीक्षा प्रश्न

1. सुरक्षा उल्लंघनों, आकस्मिक विलोपन, प्राकृतिक आपदाओं या हार्डवेयर विफलताओं के कारण होने वाली डेटा हानि से बचाने के लिए क्लाउड में बैकअप रणनीतियाँ महत्वपूर्ण हैं। वे डेटा लचीलापन सुनिश्चित करते हैं, डाउनटाइम को कम करते हैं, और व्यापार निरंतरता की सुरक्षा करते हुए त्वरित डेटा रिकवरी की सुविधा प्रदान करते हैं।

2. डेटा वर्गीकरण और प्राथमिकता, रिकवरी प्वाइंट ऑब्जेक्टिव (आरपीओ) और रिकवरी टाइम ऑब्जेक्टिव (आरटीओ), डेटा एन्क्रिप्शन और सुरक्षा, अनुपालन और नियामक आवश्यकताएं, अतिरेक और डेटा उपलब्धता, बैकअप प्रतिधारण नीतियां, परीक्षण और सत्यापन।

3. संगठन स्वचालित बैकअप प्रक्रियाओं को लागू कर सकते हैं और डेटा अस्थिरता और व्यावसायिक संचालन को ध्यान में रखते हुए आरपीओ आवश्यकताओं के आधार पर उन्हें शेड्यूल कर सकते हैं। यह निरंतरता सुनिश्चित करने, मानवीय त्रुटि को खत्म करने और व्यावसायिक आवश्यकताओं के साथ बैकअप प्रयासों को संरेखित करने में मदद करता है।

4. कई भौगोलिक रूप से वितरित स्थानों में बैकअप संग्रहीत करना क्षेत्रीय आपदाओं या बुनियादी ढांचे की विफलताओं के कारण होने वाली डेटा हानि से सुरक्षा सुनिश्चित करता है। क्लाउड स्टोरेज की अतिरेक और स्थायित्व सुविधाओं का लाभ उठाने से डेटा लचीलापन बढ़ता है।

5. वृद्धिशील और विभेदक बैकअप बैकअप विधियाँ हैं जो केवल अंतिम बैकअप के बाद से किए गए परिवर्तनों का बैकअप लेती हैं। वे व्यापक सुरक्षा सुनिश्चित करते हुए डेटा स्थानांतरण और भंडारण आवश्यकताओं को कम करके बैकअप समय और भंडारण लागत को कम करते हैं।

6. क्लाउड-आधारित आपदा पुनर्प्राप्ति समाधान स्केलेबिलिटी, लचीलापन और कम बुनियादी ढांचा लागत प्रदान करते हैं। वे अनावश्यक प्रणालियों और डेटा प्रतिकृति की उपलब्धता सुनिश्चित करते हैं, तेजी से विफलता और पुनर्प्राप्ति को सक्षम करके दोष सहनशीलता को बढ़ाते हैं।

7. क्लाउड में उच्च उपलब्धता अतिरेक, भार संतुलन, स्वचालित निगरानी, स्व-उपचार और भौगोलिक अतिरेक के माध्यम से प्राप्त की जा सकती है। ये रणनीतियाँ विफलता के एकल बिंदुओं को समाप्त करती हैं और सेवाओं तक निरंतर पहुंच सुनिश्चित करती हैं।

8. स्वचालित निगरानी लगातार क्लाउड संसाधनों के स्वास्थ्य और प्रदर्शन की जांच करती है, जबकि स्व-उपचार तंत्र स्वचालित रूप से उदाहरणों को पुनरारंभ करके या संसाधनों को स्केल करके विफलताओं का जवाब दे सकता है। यह त्वरित और कुशल पुनर्प्राप्ति सुनिश्चित करता है, सेवा व्यवधानों को कम करता है।

9. डेटा प्रतिकृति विभिन्न स्थानों में महत्वपूर्ण डेटा की अनावश्यक प्रतियां सुनिश्चित करती है, जिससे डेटा अखंडता और त्वरित पुनर्प्राप्ति सक्षम होती है। नियमित रूप से कई स्थानों पर डेटा का बैकअप लेने से डेटा हानि से सुरक्षा मिलती है और दोष सहनशीलता बढ़ती है।

10. आपदा पुनर्प्राप्ति योजना आपात स्थिति का जवाब देने, विघटनकारी घटनाओं के प्रभाव को कम करने और व्यापार निरंतरता सुनिश्चित करने के लिए एक व्यवस्थित दृष्टिकोण प्रदान करती है। इसमें बैकअप रणनीतियाँ, डेटा पुनर्प्राप्ति योजनाएँ और सिस्टम पुनर्स्थापना विधियाँ शामिल हैं।

दस्तावेज़ीकरण पुनर्प्राप्ति प्रक्रियाओं के लिए स्पष्ट और अद्यतित निर्देश सुनिश्चित करता है, जबकि नियमित परीक्षण और सिमुलेशन अभ्यास सिस्टम लचीलेपन को मान्य करते हैं और सुधार के लिए क्षेत्रों की पहचान करते हैं। यह सक्रिय दृष्टिकोण संगठनों को मजबूत और लचीला बुनियादी ढांचा बनाए रखने में मदद करता है।

अध्याय 10: क्लाउड कंप्यूटिंग में भविष्य के रुझान

10.1 IoT के लिए एज कंप्यूटिंग की शक्ति का उपयोग करना:

डेटा प्रोसेसिंग और कनेक्टिविटी में क्रांति लाना IoT में एज कंप्यूटिंग की परिवर्तनकारी क्षमता गणना और डेटा प्रोसेसिंग को IoT उपकरणों के करीब लाकर, एज कंप्यूटिंग वास्तविक समय विश्लेषण, कम विलंबता, बढ़ी हुई सुरक्षा और ऑफ़लाइन संचालन को सक्षम बनाती है। एज कंप्यूटिंग और IoT का अभिसरण औद्योगिक स्वचालन, स्मार्ट शहरों, स्वास्थ्य सेवा, खुदरा और स्वायत्त वाहनों सहित विभिन्न उद्योगों में परिवर्तनकारी अनुप्रयोगों को खोलता है। IoT में एज कंप्यूटिंग को सफलतापूर्वक लागू करने के लिए, संगठनों को बुनियादी ढांचे की आवश्यकताओं, डेटा प्रोसेसिंग क्षमताओं, सुरक्षा उपायों, क्लाउड सेवाओं के साथ एकीकरण और स्केलेबिलिटी पर सावधानीपूर्वक विचार करना चाहिए। एज कंप्यूटिंग की शक्ति का उपयोग करके, संगठन IoT के लाभों को पूरी तरह से महसूस कर सकते हैं, हमारी तेजी से जुड़ी हुई दुनिया में नवाचार और बुद्धिमान निर्णय लेने को बढ़ावा दे सकते हैं।

10.1.1. एज कंप्यूटिंग और IoT को समझना:

एज कंप्यूटिंग एक विकेन्द्रीकृत कंप्यूटिंग प्रतिमान के रूप में है जो डेटा को केंद्रीकृत क्लाउड या डेटा सेंटर पर भेजने के बजाय नेटवर्क किनारे पर संसाधित करता है। यह बताता है कि IoT परस्पर जुड़े उपकरणों के नेटवर्क को संदर्भित करता है जो सेंसर, पहनने योग्य उपकरण, स्मार्ट उपकरण और औद्योगिक उपकरण सहित डेटा एकत्र, विनिमय और विश्लेषण करता है। ये उपकरण बड़ी मात्रा में डेटा उत्पन्न करते हैं जिसके लिए प्रसंस्करण और विश्लेषण की आवश्यकता होती है।

10.1.2. IoT के लिए एज कंप्यूटिंग के लाभ:

IoT के लिए एज कंप्यूटिंग का लाभ उठाने के प्रमुख लाभ:

- कम विलंबता: एज कंप्यूटिंग डेटा ट्रांसमिशन समय को कम करता है और वास्तविक समय डेटा प्रोसेसिंग को सक्षम बनाता है। यह कम विलंबता औद्योगिक स्वचालन, स्वायत्त वाहनों और वास्तविक समय की निगरानी जैसे समय-संवेदनशील अनुप्रयोगों के लिए महत्वपूर्ण है, जहां तत्काल निर्णय लेना महत्वपूर्ण है।
- बैंडविड्थ अनुकूलन: किनारे पर डेटा को संसाधित और फ़िल्टर करके, एज कंप्यूटिंग उस डेटा की मात्रा को कम कर देता है जिसे क्लाउड पर प्रसारित करने की आवश्यकता होती है। बैंडविड्थ का यह अनुकूलन संगठनों को नेटवर्क लागत बचाने और समग्र सिस्टम प्रदर्शन में सुधार करने में मदद करता है।
- उन्नत सुरक्षा और गोपनीयता: एज कंप्यूटिंग संवेदनशील डेटा को स्थानीय स्तर पर संसाधित और विश्लेषण करने की अनुमति देता है, जिससे डेटा ट्रांसमिशन के दौरान संभावित सुरक्षा खतरों का जोखिम कम हो जाता है। यह वितरित दृष्टिकोण डेटा गोपनीयता को बढ़ाता है और डेटा उल्लंघनों से जुड़े जोखिमों को कम करता है।
- ऑफ़लाइन संचालन: एज कंप्यूटिंग स्थिर नेटवर्क कनेक्शन के बिना भी उपकरणों को स्वायत्त रूप से संचालित करने में सक्षम बनाती है। यह क्षमता दूरस्थ या डिस्कनेक्टेड वातावरण में मूल्यवान है जहां निरंतर कनेक्टिविटी उपलब्ध नहीं हो सकती है।
- स्केलेबिलिटी और लचीलापन: एज कंप्यूटिंग IoT उपकरणों की बढ़ती संख्या को समायोजित करने के लिए आवश्यक स्केलेबिलिटी और लचीलेपन का समर्थन करता है। IoT एप्लिकेशन की विशिष्ट आवश्यकताओं के आधार पर एज नोड्स को आसानी से तैनात और स्केल किया जा सकता है, जिससे कुशल संसाधन उपयोग की अनुमति मिलती है।

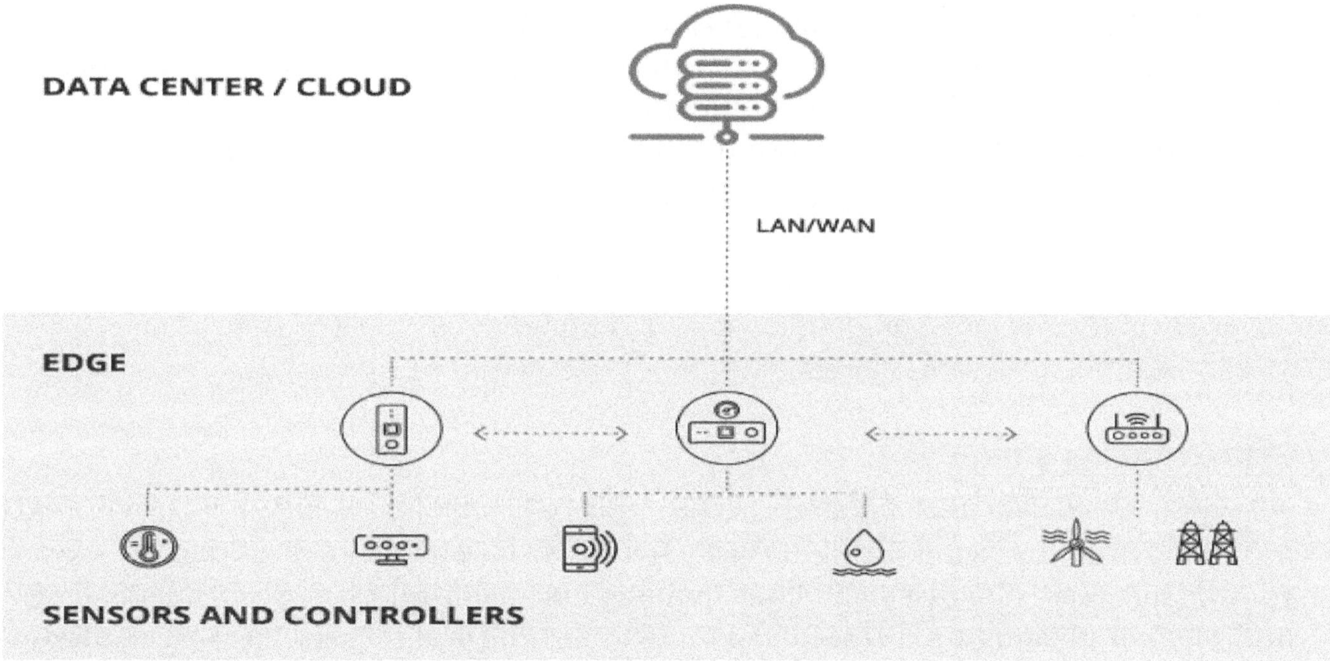

10.1.3. IoT में एज कंप्यूटिंग के मामलों और अनुप्रयोगों का उपयोग करें:
विभिन्न उपयोग के मामले और अनुप्रयोग जहां एज कंप्यूटिंग IoT में क्रांति लाती है:

- औद्योगिक IoT: एज कंप्यूटिंग औद्योगिक सेटिंग्स में वास्तविक समय विश्लेषण, पूर्वानुमानित रखरखाव और प्रक्रिया अनुकूलन की सुविधा प्रदान करती है। यह कुशल डेटा प्रोसेसिंग और किनारे पर निर्णय लेने में सक्षम बनाता है, परिचालन दक्षता को बढ़ाता है, डाउनटाइम को कम करता है और कर्मचारी सुरक्षा में सुधार करता है।
- स्मार्ट शहर:एज कंप्यूटिंग शहरी बुनियादी ढांचे, जैसे स्मार्ट ग्रिड, बुद्धिमान यातायात प्रणाली और पर्यावरण निगरानी के बुद्धिमान प्रबंधन को सक्षम बनाता है। स्थानीयकृत डेटा प्रोसेसिंग और निर्णय लेने से संसाधन आवंटन को अनुकूलित करने, भीड़भाड़ को कम करने और स्थिरता में सुधार करने में मदद मिलती है।
- स्वास्थ्य देखभाल: एज कंप्यूटिंग दूरस्थ रोगी निगरानी, वास्तविक समय स्वास्थ्य डेटा विश्लेषण और व्यक्तिगत देखभाल वितरण को सक्षम बनाता है। यह समय पर जानकारी प्रदान करके, प्रतिक्रिया समय को कम करके और दूरदराज या कम सेवा वाले क्षेत्रों में महत्वपूर्ण रोगी निगरानी का समर्थन करके स्वास्थ्य सेवाओं को बढ़ाता है।
- खुदरा और ग्राहक अनुभव: एज कंप्यूटिंग व्यक्तिगत विपणन, वास्तविक समय इन्वेंट्री प्रबंधन और कुशल आपूर्ति श्रृंखला संचालन को सक्षम बनाता है। ग्राहक डेटा को किनारे पर संसाधित करके, खुदरा विक्रेता लक्षित प्रचार प्रदान कर सकते हैं, स्टोर लेआउट को अनुकूलित कर सकते हैं और समग्र ग्राहक अनुभव में सुधार कर सकते हैं।
- स्वायत्त वाहन: एज कंप्यूटिंग स्वायत्त वाहनों के लिए वास्तविक समय निर्णय लेने और डेटा प्रोसेसिंग को सक्षम करने में महत्वपूर्ण भूमिका निभाती है। यह वाहनों को सेंसर डेटा को स्थानीय रूप से संसाधित करने, क्लाउड पर निर्भरता कम करने और महत्वपूर्ण ड्राइविंग कार्यों के लिए तेज़ प्रतिक्रिया समय सक्षम करने की अनुमति देता है।

10.1.4. सफल कार्यान्वयन के लिए मुख्य बातें:
IoT में एज कंप्यूटिंग लागू करते समय विचार करने योग्य महत्वपूर्ण कारक:

- बुनियादी ढाँचा और नेटवर्क संबंधी विचार: IoT उपकरणों के करीब एज कंप्यूटिंग इंफ्रास्ट्रक्चर, जैसे एज सर्वर या गेटवे की रणनीतिक तैनाती आवश्यक है। डेटा ट्रांसमिशन और प्रोसेसिंग को अनुकूलित करने के लिए संगठनों को नेटवर्क कनेक्टिविटी और विलंबता आवश्यकताओं का मूल्यांकन करना चाहिए।
- डेटा प्रोसेसिंग और एनालिटिक्स: किनारे पर आवश्यक उचित डेटा प्रोसेसिंग और विश्लेषण क्षमताओं का निर्धारण करना महत्वपूर्ण है। संगठनों को IoT उपकरणों द्वारा उत्पन्न डेटा की मात्रा और जटिलता पर विचार करना चाहिए और कुशल विश्लेषण के लिए उपयुक्त एज कंप्यूटिंग प्लेटफ़ॉर्म और एल्गोरिदम का चयन करना चाहिए।

• सुरक्षा और गोपनीयता: एज कंप्यूटिंग नोड्स और IoT उपकरणों को साइबर खतरों से बचाने के लिए मजबूत सुरक्षा उपायों को लागू करना आवश्यक है। ट्रांसमिशन और भंडारण के दौरान डेटा का एन्क्रिप्शन, पहुंच नियंत्रण और विसंगति निगरानी डेटा अखंडता और गोपनीयता सुनिश्चित करते हैं।

• क्लाउड सेवाओं के साथ एकीकरण: एक हाइब्रिड आर्किटेक्चर डिज़ाइन करना जो क्लाउड सेवाओं के साथ एज कंप्यूटिंग को सहजता से एकीकृत करता है, महत्वपूर्ण है। एज नोड्स और क्लाउड के बीच कुशल डेटा सिंक्रनाइज़ेशन और द्वि-दिशात्मक संचार क्लाउड की स्केलेबिलिटी और उन्नत विश्लेषण क्षमताओं का लाभ उठाता है।

• स्केलेबिलिटी और प्रबंधन:IoT उपकरणों की वृद्धि और एज कंप्यूटिंग बुनियादी ढांचे की बढ़ती आवश्यकताओं पर विचार करके स्केलेबिलिटी की योजना बनाना महत्वपूर्ण है। केंद्रीकृत प्रबंधन और निगरानी उपकरणों को लागू करने से एज कंप्यूटिंग संसाधनों का प्रशासन, ऑर्केस्ट्रेशन और तैनाती सरल हो जाती है।

10.2 भविष्य को सशक्त बनाना:

आज की दुनिया में आर्टिफिशियल इंटेलिजेंस (एआई) और मशीन लर्निंग (एमएल)। एआई और एमएल परिवर्तनकारी प्रौद्योगिकियां हैं जिन्होंने बुद्धिमान स्वचालन, पूर्वानुमानित विश्लेषण और डेटा-संचालित निर्णय लेने के साथ उद्योगों को नया आकार दिया है। डेटा गोपनीयता, पूर्वाग्रह और पारदर्शिता जैसे नैतिक कारकों को ध्यान में रखते हुए जिम्मेदार कार्यान्वयन महत्वपूर्ण है। निरंतर प्रगति और जिम्मेदार उपयोग के साथ, एआई और एमएल सकारात्मक बदलाव लाएंगे, नई संभावनाओं को खोलेंगे और डिजिटल युग में अभूतपूर्व सफलता मिलेगी।

10.2.1. आर्टिफिशियल इंटेलिजेंस और मशीन लर्निंग को समझना:

AI में प्राकृतिक भाषा प्रसंस्करण, कंप्यूटर विज़न, रोबोटिक्स और विशेषज्ञ प्रणाली जैसी विभिन्न प्रौद्योगिकियाँ शामिल हैं। एमएल को एआई के सबसेट के रूप में पेश किया गया है, जो मशीनों को डेटा से सीखने और समय के साथ प्रदर्शन में सुधार करने में सक्षम करने वाले एल्गोरिदम और सांख्यिकीय मॉडल विकसित करने पर ध्यान केंद्रित करता है। एमएल एल्गोरिदम स्पष्ट प्रोग्रामिंग के बिना भविष्यवाणियां या निर्णय
लेने के लिए पैटर्न का विश्लेषण करते हैं।

10.2.2. एआई और एमएल का महत्व:

विभिन्न तरीकों से एआई और एमएल का प्रमुख महत्व:

• स्वचालन और दक्षता: एआई और एमएल दोहराए जाने वाले और श्रम-गहन कार्यों को स्वचालित करते हैं, संचालन को सुव्यवस्थित करते हैं, दक्षता में सुधार करते हैं और संसाधन आवंटन को अनुकूलित करते हैं। डेटा प्रविष्टि, ग्राहक सेवा और डेटा विश्लेषण जैसे कार्यों को स्वचालित किया जा सकता है, जिससे रणनीतिक गतिविधियों के लिए मानव पूंजी मुक्त हो सकती है।

• भविष्य बतानेवाला विश्लेषक: एमएल एल्गोरिदम पैटर्न, रुझान और सहसंबंधों को उजागर करने, सटीक भविष्यवाणियों को सक्षम करने, ग्राहक व्यवहार का अनुमान लगाने, प्रक्रियाओं को अनुकूलित करने और जोखिमों या अवसरों की पहचान करने के लिए विशाल डेटा का विश्लेषण करते हैं।

• वैयक्तिकृत अनुभव: एआई-संचालित सिस्टम उपयोगकर्ता की प्राथमिकताओं, व्यवहार और ऐतिहासिक डेटा को समझकर, ग्राहकों की संतुष्टि, जुड़ाव और वफादारी को बढ़ाकर व्यक्तिगत अनुभव प्रदान करते हैं।

• बेहतर निर्णय लेने की क्षमता: एमएल एल्गोरिदम जटिल डेटासेट का विश्लेषण करते हैं, डेटा-संचालित निर्णय लेने के लिए अंतर्दृष्टि प्रदान करते हैं। एआई और एमएल कई चर और कारकों पर विचार करते हुए वास्तविक समय में सूचित निर्णय लेने में सक्षम बनाते हैं।

• बुद्धिमान स्वचालन: एआई और एमएल बुद्धिमान स्वचालन के लिए संज्ञानात्मक क्षमताओं के साथ रोबोटिक प्रक्रिया स्वचालन (आरपीए) को जोड़ते हैं, जिससे उत्पादकता में वृद्धि होती है और संज्ञानात्मक क्षमताओं की आवश्यकता वाले जटिल कार्यों में त्रुटियां कम होती हैं।

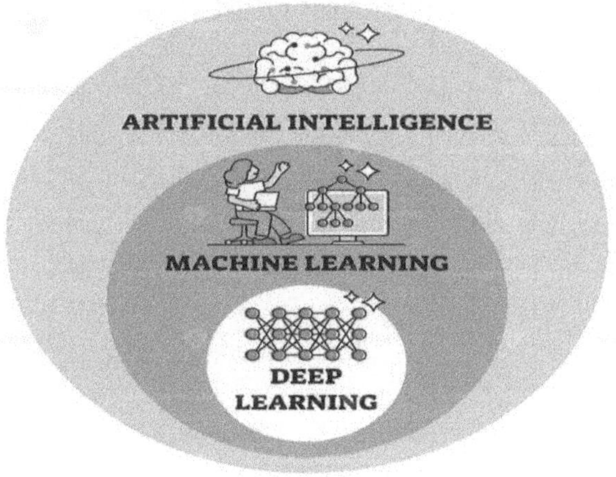

10.2.3. एआई और एमएल के व्यावहारिक अनुप्रयोग:

एआई और एमएल के वास्तविक दुनिया के अनुप्रयोग:

- प्राकृतिक भाषा प्रसंस्करण (एनएलपी): एनएलपी आवाज सहायकों, चैटबॉट्स और भावना विश्लेषण को शक्ति प्रदान करता है, जिससे ग्राहक सेवा, आभासी सहायकों और भाषा अनुवाद में क्रांति आ जाती है।
- कंप्यूटर दृष्टि: कंप्यूटर विज़न चेहरे की पहचान, वस्तु का पता लगाने, स्वायत्त वाहनों और दृश्य सामग्री के निर्माण, व्याख्या और समझने में गुणवत्ता नियंत्रण को सक्षम बनाता है।
- सिफ़ारिश प्रणाली:एमएल-आधारित अनुशंसा प्रणालियाँ उपयोगकर्ता के व्यवहार और प्राथमिकताओं के आधार पर ई-कॉमर्स, स्ट्रीमिंग प्लेटफ़ॉर्म और सामग्री अनुशंसा इंजन में वैयक्तिकृत अनुशंसाएँ प्रदान करती हैं।
- धोखाधड़ी का पता लगाना: एमएल एल्गोरिदम पैटर्न और विसंगतियों का पता लगाता है, वित्तीय नुकसान को रोकने के लिए बैंकिंग, बीमा और ई-कॉमर्स के लिए वास्तविक समय में धोखाधड़ी वाली गतिविधियों की पहचान करता है।
- स्वास्थ्य देखभाल और चिकित्सा निदान:एआई और एमएल उन्नत चिकित्सा निदान, छवि विश्लेषण, दवा खोज और वैयक्तिकृत चिकित्सा को सक्षम करते हैं, रोग का शीघ्र पता लगाने और उपचार योजना का समर्थन करते हैं।
- स्वायत्त प्रणालियाँ:एआई और एमएल सेंसर डेटा का उपयोग करके और स्वायत्त नेविगेशन के लिए वास्तविक समय में निर्णय लेकर स्व-ड्राइविंग कारों, ड्रोन और रोबोटिक्स को शक्ति प्रदान करते हैं।

10.2.4. नैतिक विचार और चुनौतियाँ:

एआई और एमएल से संबंधित नैतिक विचार और चुनौतियाँ:

- डेटा गोपनीयता और सुरक्षा: संवेदनशील डेटा की जिम्मेदार हैंडलिंग और सुरक्षा महत्वपूर्ण है, डेटा गोपनीयता नियमों का अनुपालन सुनिश्चित करना और उल्लंघनों के खिलाफ सुरक्षा के लिए मजबूत सुरक्षा उपाय सुनिश्चित करना।
- पूर्वाग्रह और निष्पक्षता:एल्गोरिथम निर्णय लेने में निष्पक्षता को बढ़ावा देने, नैतिक और निष्पक्ष एआई अनुप्रयोगों को सुनिश्चित करने के लिए प्रशिक्षण डेटा में पूर्वाग्रह को संबोधित करना आवश्यक है।
- पारदर्शिता और व्याख्यात्मकता: एआई सिस्टम की बढ़ती जटिलता के लिए पारदर्शिता और व्याख्या की आवश्यकता होती है, जिससे उपयोगकर्ता यह समझ सकें कि निर्णय कैसे लिए जाते हैं।
- कार्यबल व्यवधान और अपस्किलिंग: एआई और एमएल कुछ कार्य भूमिकाओं को स्वचालित कर सकते हैं, जिससे कर्मचारियों को एआई-संचालित भविष्य के लिए तैयार करने के लिए अपस्किलिंग और रीस्किलिंग कार्यक्रमों में निवेश की आवश्यकता होगी।

10.3 क्वांटम कंप्यूटिंग और क्लाउड:

उन्नत कंप्यूटिंग के लिए क्वांटम की शक्ति को उजागर करना क्वांटम कंप्यूटिंग और क्लाउड का अभिसरण कम्प्यूटेशनल क्षमताओं, समस्या-समाधान और वैज्ञानिक खोज को आगे बढ़ाने के लिए अद्वितीय अवसर प्रस्तुत करता है। क्लाउड-आधारित क्वांटम सेवाएं क्वांटम संसाधनों को सुलभ, स्केलेबल और लागत प्रभावी बनाती हैं, जिससे संगठनों

को महत्वपूर्ण बुनियादी ढांचे के निवेश के बिना क्वांटम एल्गोरिदम और अनुप्रयोगों का पता लगाने में सक्षम बनाया जाता है। हालाँकि,

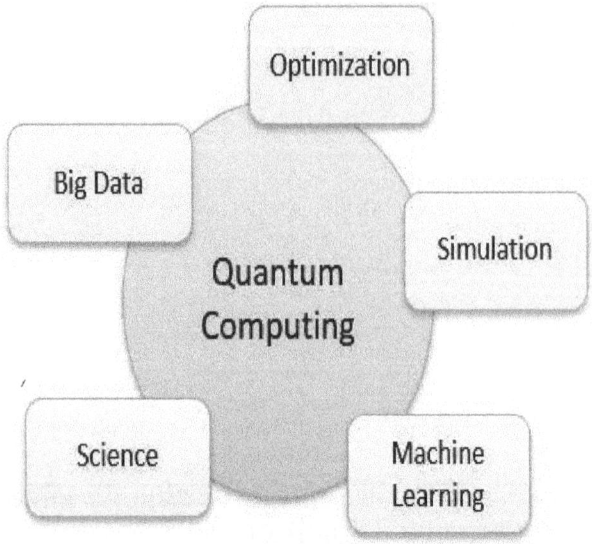

क्लाउड में क्वांटम कंप्यूटिंग की क्षमता को पूरी तरह से उजागर करने के लिए त्रुटि सुधार, सुरक्षा, क्वांटम विशेषज्ञता और मानकीकरण से संबंधित चुनौतियों का समाधान करने की आवश्यकता है। शोधकर्ताओं, क्लाउड प्रदाताओं और उद्योग हितधारकों के बीच सहयोग नवाचार को बढ़ावा देगा, सफलताओं को बढ़ावा देगा और क्वांटम युग में कंप्यूटिंग के भविष्य को आकार देगा।

10.3.1. क्वांटम कंप्यूटिंग को समझना:

क्वांटम कंप्यूटिंग की मूलभूत अवधारणाएँ:

- क्वांटम बिट्स (क्यूबिट्स):क्वांटम कंप्यूटिंग क्वांटम सूचना की मूल इकाइयों के रूप में क्वैब का उपयोग करती है। शास्त्रीय बिट्स के विपरीत जो 0 या 1 का प्रतिनिधित्व करते हैं, क्विबिट्स सुपरपोजिशन की स्थिति में मौजूद हो सकते हैं, जिससे उन्हें एक साथ कई राज्यों का प्रतिनिधित्व करने की अनुमति मिलती है। यह गुण क्वांटम कंप्यूटरों को जटिल गणनाएँ अधिक कुशलता से करने में सक्षम बनाता है।
- क्वांटम सुपरपोजिशन और उलझाव: क्वांटम सुपरपोजिशन से तात्पर्य क्वैबिट की एक साथ कई अवस्थाओं में मौजूद रहने की क्षमता से है। एन्टैंगलमेंट एक ऐसी घटना है जहां दूरी की परवाह किए बिना दो या दो से अधिक क्वैबिट जुड़ जाते हैं, जिसके परिणामस्वरूप सहसंबद्ध स्थिति उत्पन्न होती है। ये गुण क्वांटम कंप्यूटिंग की अद्वितीय कम्प्यूटेशनल शक्ति का आधार बनाते हैं।

10.3.2. क्लाउड में क्वांटम कंप्यूटिंग:

क्लाउड प्लेटफ़ॉर्म के साथ क्वांटम कंप्यूटिंग का एकीकरण:

- क्लाउड-आधारित क्वांटम सेवाएँ:क्लाउड प्रदाता अपने प्लेटफ़ॉर्म के माध्यम से क्वांटम कंप्यूटिंग संसाधनों तक पहुंच प्रदान करते हैं। उपयोगकर्ता क्वांटम प्रोसेसर का उपयोग कर सकते हैं, क्वांटम एल्गोरिदम चला सकते हैं, और क्लाउड इंटरफ़ेस के माध्यम से परिणामों का विश्लेषण कर सकते हैं, जिससे क्वांटम हार्डवेयर में महत्वपूर्ण निवेश की आवश्यकता समाप्त हो जाती है।
- हाइब्रिड क्वांटम-शास्त्रीय कंप्यूटिंग:क्लाउड-आधारित क्वांटम कंप्यूटिंग अक्सर एक हाइब्रिड दृष्टिकोण अपनाती है, जहां शास्त्रीय कंप्यूटर क्वांटम प्रोसेसर के साथ सहयोग करते हैं। शास्त्रीय कंप्यूटर प्रसंस्करण से पहले और बाद के कार्यों को संभालते हैं, जबकि क्वांटम प्रोसेसर कम्प्यूटेशनल रूप से गहन क्वांटम संचालन पर ध्यान केंद्रित करता है। यह हाइब्रिड मॉडल दक्षता और मापनीयता को अधिकतम करता है।

10.3.3. क्लाउड में क्वांटम कंप्यूटिंग का महत्व और संभावित प्रभाव:

क्लाउड में क्वांटम कंप्यूटिंग का महत्व और इसका संभावित प्रभाव:

• उन्नत कम्प्यूटेशनल शक्ति:क्वांटम कंप्यूटिंग अनुकूलन, क्रिप्टोग्राफी, सामग्री विज्ञान, दवा खोज और मशीन लर्निंग जैसी जटिल समस्याओं को हल करने में शास्त्रीय कंप्यूटर से बेहतर प्रदर्शन कर सकती है। क्लाउड-आधारित क्वांटम कंप्यूटिंग संगठनों को पर्याप्त अग्रिम निवेश की आवश्यकता के बिना इस शक्ति का उपयोग करने की अनुमति देती है।

• सुलभ क्वांटम संसाधन: क्लाउड-आधारित क्वांटम कंप्यूटिंग क्वांटम संसाधनों तक पहुंच को लोकतांत्रिक बनाती है, जिससे व्यवसायों, शोधकर्ताओं और डेवलपर्स को क्वांटम एल्गोरिदम और अनुप्रयोगों का पता लगाने और प्रयोग करने में सक्षम बनाया जाता है। यह पहुंच नवाचार को बढ़ावा देती है, खोजों को गति देती है और विविध क्षेत्रों में सहयोग को बढ़ावा देती है।

• स्केलेबिलिटी और लचीलापन: क्लाउड में क्वांटम कंप्यूटिंग स्केलेबिलिटी प्रदान करती है, जिससे उपयोगकर्ता हार्डवेयर सीमाओं के बिना आवश्यकतानुसार संसाधनों को स्केल कर सकते हैं। क्लाउड प्लेटफ़ॉर्म अतिरिक्त क्वैबिट और कंप्यूटिंग शक्ति के आसान प्रावधान को सक्षम करते हैं, जिससे यह सुनिश्चित होता है कि क्वांटम संसाधन जटिल गणनाओं की मांगों को पूरा कर सकते हैं।

• लागत प्रभावशीलता: क्लाउड-आधारित क्वांटम कंप्यूटिंग क्वांटम संसाधनों तक पहुंच के लिए एक लागत प्रभावी दृष्टिकोण प्रदान करता है। उपयोगकर्ता अपने उपभोग किए गए संसाधनों के लिए भुगतान कर सकते हैं, क्वांटम हार्डवेयर बुनियादी ढांचे के निर्माण और रखरखाव से जुड़ी महत्वपूर्ण अग्रिम लागतों से बच सकते हैं।

10.3.4. चुनौतियाँ और विचार:

क्लाउड में क्वांटम कंप्यूटिंग से संबंधित चुनौतियाँ:

• क्वांटम त्रुटि सुधार:क्वांटम सिस्टम शोर और असंगति के कारण त्रुटियों के प्रति संवेदनशील होते हैं। क्वांटम गणना की सटीकता और विश्वसनीयता सुनिश्चित करने के लिए प्रभावी क्वांटम त्रुटि सुधार तकनीक महत्वपूर्ण हैं। क्लाउड प्रदाताओं और शोधकर्ताओं को क्वांटम सिस्टम की स्थिरता में सुधार के लिए मजबूत त्रुटि सुधार तंत्र विकसित करने की आवश्यकता है।

• सुरक्षा और गोपनीयता:क्वांटम कंप्यूटिंग साइबर सुरक्षा के लिए खतरे और अवसर दोनों प्रस्तुत करती है। क्वांटम एल्गोरिदम में वर्तमान एन्क्रिप्शन विधियों को तोड़ने की क्षमता है, जिससे क्वांटम-प्रतिरोधी क्रिप्टोग्राफ़िक एल्गोरिदम के विकास की आवश्यकता होती है। इसके अतिरिक्त, क्वांटम सिस्टम को अनधिकृत पहुंच और डेटा उल्लंघनों से बचाने के लिए मजबूत सुरक्षा उपायों की आवश्यकता होती है।

• मात्रात्मक विशेषज्ञता: क्वांटम कंप्यूटिंग एक तेजी से विकसित होने वाला क्षेत्र है जिसके लिए विशेष विशेषज्ञता की आवश्यकता होती है। क्लाउड में क्वांटम संसाधनों के प्रभावी उपयोग को सुनिश्चित करने के लिए क्वांटम विशेषज्ञों और क्लाउड उपयोगकर्ताओं के बीच अंतर को पाटना आवश्यक है। शोधकर्ताओं, क्लाउड प्रदाताओं और उद्योग भागीदारों के बीच सहयोग ज्ञान साझा करने और कौशल विकास को सुविधाजनक बना सकता है।

• अंतरसंचालनीयता और मानकीकरण: जैसे-जैसे क्वांटम कंप्यूटिंग विकसित होती है, विभिन्न क्वांटम प्लेटफार्मों और क्लाउड प्रदाताओं में अंतरसंचालनीयता और मानकीकरण महत्वपूर्ण हो जाता है। सामान्य मानकों और इंटरफेस विकसित करने से क्लाउड में क्वांटम सिस्टम के बीच अनुकूलता, निर्बाध एकीकरण और अंतरसंचालनीयता को बढ़ावा मिलेगा।

अभ्यास

बहु विकल्पीय प्रश्न

1. एज कंप्यूटिंग क्या है?

a) एक केंद्रीकृत कंप्यूटिंग प्रतिमान जो क्लाउड या डेटा सेंटर में डेटा संसाधित करता है।
b) एक विकेन्द्रीकृत कंप्यूटिंग प्रतिमान जो नेटवर्क किनारे पर डेटा संसाधित करता है।
c) एक तकनीक जो IoT उपकरणों के बीच डेटा ट्रांसमिशन को सक्षम बनाती है।
d) डेटा प्रोसेसिंग की एक विधि जो क्वांटम कंप्यूटिंग पर निर्भर करती है।

2. IoT के लिए एज कंप्यूटिंग का लाभ उठाने का निम्नलिखित में से कौन सा लाभ नहीं है?

a) कम विलंबता
b) बढ़ी हुई सुरक्षा और गोपनीयता
c) डेटा ट्रांसमिशन समय में वृद्धि
d) ऑफ़लाइन संचालन क्षमता

3. वास्तविक समय विश्लेषण, पूर्वानुमानित रखरखाव को सक्षम करके एज कंप्यूटिंग से कौन सा उद्योग लाभान्वित हो सकता है? और प्रक्रिया अनुकूलन?

a) खुदरा
b) स्मार्ट शहर
c) स्वास्थ्य देखभाल
d) कृषि

4. क्लाउड में क्वांटम कंप्यूटिंग से संबंधित प्रमुख चुनौतियों में से एक क्या है?

a) डेटा गोपनीयता और सुरक्षा जोखिम में वृद्धि
b) क्वांटम संसाधनों तक पहुंच का अभाव
c) सीमित मापनीयता और लचीलापन
d) क्वांटम त्रुटि सुधार और स्थिरता

5. क्वांटम कंप्यूटिंग में, क्वांटम सूचना की बुनियादी इकाइयों को क्या कहा जाता है?

a) बिट्स
b) बाइट्स
c) क्यूबिट्स
d) क्वांटम द्वार

6. कौन सी तकनीक विभिन्न अनुप्रयोगों में चेहरे की पहचान और वस्तु का पता लगाने में सक्षम बनाती है?

a) प्राकृतिक भाषा प्रसंस्करण (एनएलपी)
b) कंप्यूटर दृष्टि
c) क्वांटम सुपरपोजिशन
d) बहुत नाजुक स्थिति

7. क्या क्वांटम कंप्यूटिंग को शास्त्रीय कंप्यूटिंग की तुलना में काफी अधिक शक्तिशाली बनाता है?

a) क्लाउड में डेटा संसाधित करने की क्षमता
b) डेटा प्रतिनिधित्व के लिए शास्त्रीय बिट्स का उपयोग
c) क्वांटम सुपरपोजिशन और क्वैबिट का उलझाव
d) सीमित कम्प्यूटेशनल संसाधन

8. एज कंप्यूटिंग डेटा प्रोसेसिंग में विलंबता को कैसे कम करती है?

a) एक केंद्रीकृत क्लाउड या डेटा सेंटर में डेटा संचारित करके।
b) वास्तविक समय प्रसंस्करण के लिए IoT उपकरणों के करीब एज नोड्स को तैनात करके।
c) तेज़ डेटा विश्लेषण के लिए क्वांटम कंप्यूटिंग एल्गोरिदम का उपयोग करके।

d) डेटा ट्रांसमिशन समय को कम करने के लिए बैंडविड्थ को अनुकूलित करके।

9. उपयोगकर्ता के आधार पर व्यक्तिगत अनुभव प्रदान करने में एआई और एमएल से एप्लिकेशन का कौन सा क्षेत्र लाभान्वित हो सकता है व्यवहार और प्राथमिकताएँ?

a) औद्योगिक स्वचालन

b) स्वायत्त वाहन

c) ई-कॉमर्स

d) स्मार्ट शहर

10. उन परिदृश्यों में एज कंप्यूटिंग क्या लाभ प्रदान करती है जहां निरंतर कनेक्टिविटी उपलब्ध नहीं हो सकती है?

a) बढ़ी हुई सुरक्षा और गोपनीयता

b) कम विलंबता

c) ऑफ़लाइन संचालन क्षमता

d) स्केलेबिलिटी और लचीलापन

समीक्षा प्रश्न

1. क्वैब क्या हैं, और वे क्वांटम कंप्यूटिंग में शास्त्रीय बिट्स से कैसे भिन्न हैं?

2. क्लाउड-आधारित क्वांटम कंप्यूटिंग क्वांटम संसाधनों तक पहुंच को कैसे लोकतांत्रिक बनाती है?

3. क्लाउड में क्वांटम कंप्यूटिंग किस प्रकार स्केलेबिलिटी और लचीलेपन की चुनौतियों का समाधान करती है?

4. क्वांटम त्रुटि सुधार तकनीकें क्वांटम सिस्टम में शोर और विघटन की चुनौतियों का समाधान कैसे कर सकती हैं?

5. क्वांटम कंप्यूटिंग और क्लाउड-आधारित सेवाओं के संयोजन से किन संभावित अनुप्रयोगों में क्रांति लायी जा सकती है?

6. क्लाउड में क्वांटम कंप्यूटिंग क्वांटम संसाधनों तक पहुँचने की लागत-प्रभावशीलता को कैसे प्रभावित करती है?

7. साइबर सुरक्षा में क्वांटम कंप्यूटिंग की क्या भूमिका है और यह खतरे और अवसर दोनों कैसे पैदा करती है?

8. क्वांटम विशेषज्ञों और क्लाउड उपयोगकर्ताओं के बीच सहयोग क्वांटम विशेषज्ञता की चुनौतियों का समाधान कैसे कर सकता है?

9. क्लाउड में क्वांटम कंप्यूटिंग के भविष्य के लिए मानकीकरण और अंतरसंचालनीयता क्यों आवश्यक है?

उत्तर अनुभाग

बहु विकल्पीय प्रश्न

1. b) एक विकेन्द्रीकृत कंप्यूटिंग प्रतिमान जो नेटवर्क किनारे पर डेटा संसाधित करता है।
2. c) डेटा ट्रांसमिशन समय में वृद्धि
3. c) स्वास्थ्य सेवा
4. d) क्वांटम त्रुटि सुधार और स्थिरता
5. c) क्यूबिट्स
6. b) कंप्यूटर विज़न
7. c) क्वांटम सुपरपोजिशन और क्वैबिट का उलझाव
8. b) वास्तविक समय प्रसंस्करण के लिए IoT उपकरणों के करीब एज नोड्स को तैनात करके।
9. c) ई-कॉमर्स
10. c) ऑफ़लाइन संचालन क्षमता

समीक्षा प्रश्न

1. क्वांटम कंप्यूटिंग में क्यूबिट क्वांटम सूचना की मूल इकाइयाँ हैं। शास्त्रीय बिट्स के विपरीत, जो 0 या 1 का प्रतिनिधित्व करते हैं, क्विबिट्स सुपरपोजिशन की स्थिति में मौजूद हो सकते हैं, जिससे उन्हें एक साथ कई राज्यों का प्रतिनिधित्व करने की अनुमति मिलती है। यह गुण क्वांटम कंप्यूटरों को जटिल गणनाएँ अधिक कुशलता से करने और उन समस्याओं से निपटने में सक्षम बनाता है जिन्हें शास्त्रीय कंप्यूटर हल करने के लिए संघर्ष करते हैं।
2. क्लाउड-आधारित क्वांटम कंप्यूटिंग विक्रेताओं द्वारा प्रदान किए गए क्लाउड प्लेटफार्मों के माध्यम से क्वांटम संसाधनों तक स्केलेबल पहुंच प्रदान करता है। उपयोगकर्ता क्वांटम प्रोसेसर का उपयोग कर सकते हैं, क्वांटम एल्गोरिदम चला सकते हैं और क्वांटम हार्डवेयर में महत्वपूर्ण निवेश की आवश्यकता के बिना परिणामों का विश्लेषण कर सकते हैं। यह लोकतंत्रीकरण व्यवसायों, शोधकर्ताओं और डेवलपर्स को क्वांटम कंप्यूटिंग का पता लगाने और प्रयोग करने, विभिन्न क्षेत्रों में नवाचार और सहयोग को बढ़ावा देने में सक्षम बनाता है।
3. क्लाउड में क्वांटम कंप्यूटिंग उपयोगकर्ताओं को हार्डवेयर सीमाओं के बिना आवश्यकतानुसार क्वांटम संसाधनों को स्केल करने की अनुमति देकर स्केलेबिलिटी और लचीलापन प्रदान करती है। क्लाउड प्लेटफ़ॉर्म अतिरिक्त क्वैबिट और कंप्यूटिंग शक्ति के आसान प्रावधान को सक्षम करते हैं, जिससे यह सुनिश्चित होता है कि क्वांटम संसाधन जटिल गणनाओं की मांगों को पूरा कर सकते हैं। यह स्केलेबिलिटी संगठनों को उनकी विशिष्ट आवश्यकताओं के अनुसार संसाधनों को अनुकूलित और आवंटित करने, दक्षता और प्रदर्शन को बढ़ाने की अनुमति देती है।
4. शोर और विघटन के प्रभाव को कम करके क्वांटम सिस्टम की स्थिरता में सुधार के लिए क्वांटम त्रुटि सुधार तकनीक महत्वपूर्ण हैं। इन तकनीकों में क्वांटम जानकारी को कई क्वैबिट में अनावश्यक रूप से एन्कोड करना शामिल है, जिससे त्रुटियों का पता लगाया जा सकता है और उन्हें ठीक किया जा सकता है। त्रुटि सुधार कोड लागू करके, क्वांटम सिस्टम क्वांटम गणनाओं की सटीकता और विश्वसनीयता बनाए रख सकते हैं, जिससे वे बाहरी गड़बड़ी के प्रति अधिक लचीले हो जाते हैं।
5. क्वांटम कंप्यूटिंग और क्लाउड-आधारित सेवाओं का संयोजन अनुकूलन, क्रिप्टोग्राफी, सामग्री विज्ञान, दवा खोज और मशीन लर्निंग जैसे विभिन्न अनुप्रयोगों में क्रांति ला सकता है। शास्त्रीय कंप्यूटरों की तुलना में क्वांटम कंप्यूटिंग की जटिल समस्याओं को तेजी से हल करने की क्षमता इन क्षेत्रों में नई संभावनाएं खोलती है, जिससे अधिक कुशल एल्गोरिदम, बेहतर सिमुलेशन और निर्णय लेने की प्रक्रियाओं में सुधार होता है।
6. क्लाउड-आधारित क्वांटम कंप्यूटिंग क्वांटम संसाधनों तक पहुँचने के लिए एक लागत प्रभावी दृष्टिकोण प्रदान करता है। उपयोगकर्ता अपने उपभोग किए गए संसाधनों के लिए भुगतान कर सकते हैं, क्वांटम हार्डवेयर बुनियादी ढांचे के निर्माण और रखरखाव से जुड़ी महत्वपूर्ण अग्रिम लागतों से बच सकते हैं। यह लागत-प्रभावशीलता क्वांटम संसाधनों तक पहुंच का लोकतंत्रीकरण करती है, जिससे क्वांटम कंप्यूटिंग उपयोगकर्ताओं और संगठनों की एक विस्तृत श्रृंखला के लिए अधिक सुलभ हो जाती है।
7. क्वांटम कंप्यूटिंग साइबर सुरक्षा में एक महत्वपूर्ण भूमिका निभाती है क्योंकि इसमें मौजूदा क्रिप्टोग्राफ़िक तरीकों को खतरे में डालने और क्वांटम-प्रतिरोधी क्रिप्टोग्राफ़िक एल्गोरिदम के लिए अवसर प्रदान करने की क्षमता है। क्वांटम

एल्गोरिदम वर्तमान एन्क्रिप्शन विधियों को तोड़ सकता है, जिससे डेटा सुरक्षा को खतरा पैदा हो सकता है। हालाँकि, क्वांटम-प्रतिरोधी क्रिप्टोग्राफ़िक एल्गोरिदम का विकास इन कमजोरियों को संबोधित कर सकता है और भविष्य के क्वांटम युग में डेटा सुरक्षा को बढ़ा सकता है।

8. क्वांटम विशेषज्ञों और क्लाउड उपयोगकर्ताओं के बीच सहयोग क्वांटम विशेषज्ञता में अंतर को पाट सकता है और क्लाउड में क्वांटम संसाधनों के प्रभावी उपयोग की सुविधा प्रदान कर सकता है। एक साथ काम करके, क्वांटम विशेषज्ञ क्लाउड उपयोगकर्ताओं को क्वांटम क्षमताओं को प्रभावी ढंग से समझने और उपयोग करने में मदद करने के लिए मार्गदर्शन, समर्थन और ज्ञान साझाकरण प्रदान कर सकते हैं। यह सहयोग कौशल विकास को बढ़ावा देता है, अनुसंधान को गति देता है और क्लाउड उपयोगकर्ताओं को उनके विशिष्ट अनुप्रयोगों के लिए क्वांटम कंप्यूटिंग का लाभ उठाने में सक्षम बनाता है।

9. जैसे-जैसे क्षेत्र विकसित हो रहा है और कई क्वांटम प्लेटफ़ॉर्म उभर रहे हैं, क्लाउड में क्वांटम कंप्यूटिंग के भविष्य के लिए मानकीकरण और इंटरऑपरेबिलिटी महत्वपूर्ण हैं। सामान्य मानकों और इंटरफेस का विकास विभिन्न क्वांटम सिस्टम और क्लाउड प्रदाताओं के बीच अनुकूलता और निर्बाध एकीकरण सुनिश्चित करता है। यह अंतरसंचालनीयता सहयोग को बढ़ावा देती है, डेटा विनिमय की सुविधा देती है, और क्लाउड में क्वांटम संसाधनों की पहुंच और उपयोगिता को बढ़ाती है।

अध्याय 11: क्लाउड मॉनिटरिंग और प्रदर्शन अनुकूलन

11.1 क्लाउड के लिए निगरानी उपकरण और तकनीकें: प्रदर्शन और विश्वसनीयता को अधिकतम करना

क्लाउड-आधारित सेवाओं और अनुप्रयोगों के प्रबंधन और अनुकूलन के लिए निगरानी उपकरण और तकनीक आवश्यक हैं। व्यापक निगरानी, वास्तविक समय चेतावनी और क्लाउड-नेटिव लॉग विश्लेषण संगठनों को प्रदर्शन समस्याओं का सक्रिय रूप से पता लगाने, संसाधन आवंटन को अनुकूलित करने और एक सहज उपयोगकर्ता अनुभव प्रदान करने में सक्षम बनाता है। क्लाउड प्रदाता निगरानी सेवाओं, ऐतिहासिक प्रवृत्ति विश्लेषण और सुरक्षा-केंद्रित निगरानी का लाभ उठाने से क्लाउड निगरानी प्रयासों की प्रभावशीलता में और वृद्धि होती है। सर्वोत्तम प्रथाओं का पालन करके और निगरानी रणनीतियों में लगातार सुधार करके, संगठन अपने क्लाउड-आधारित समाधानों के प्रदर्शन, उपलब्धता और विश्वसनीयता को अधिकतम कर सकते हैं।

11.1.1. क्लाउड में निगरानी का महत्व:

क्लाउड मॉनिटरिंग के निम्नलिखित पहलू:

- प्रदर्शन अनुकूलन:क्लाउड मॉनिटरिंग संगठनों को संसाधन उपयोग, प्रतिक्रिया समय और अन्य प्रदर्शन मेट्रिक्स को ट्रैक करने, बाधाओं की पहचान करने और संसाधन आवंटन को अनुकूलित करने की अनुमति देती है। यह सुनिश्चित करता है कि क्लाउड सेवाएँ प्रदर्शन उद्देश्यों को पूरा करती हैं और एक इष्टतम उपयोगकर्ता अनुभव प्रदान करती हैं।
- सक्रिय समस्या का पता लगाना:वास्तविक समय की निगरानी संगठनों को सेवा उपलब्धता या प्रदर्शन को प्रभावित करने से पहले मुद्दों की पहचान करने और उनका समाधान करने में सक्षम बनाती है। निगरानी उपकरण अलर्ट और सूचनाएं प्रदान करते हैं, जिससे सक्रिय समस्या निवारण और समाधान की अनुमति मिलती है।
- स्केलेबिलिटी और संसाधन योजना: क्लाउड मॉनिटरिंग उपयोग के रुझानों की निगरानी और क्षमता आवश्यकताओं की पहचान करके संसाधन नियोजन में सहायता करती है। प्रभावी संसाधन प्रावधान अत्यधिक प्रावधान या कम उपयोग के बिना बदलती मांगों को पूरा करने के लिए इष्टतम स्केलेबिलिटी सुनिश्चित करता है।
- लागत अनुकूलन: क्लाउड संसाधनों की निगरानी करके, संगठन कम उपयोग किए गए उदाहरणों, अकुशल संसाधन आवंटन, या अधिक प्रावधान की पहचान कर सकते हैं। संसाधन अनुकूलन और अधिकतम लागत-दक्षता का आकार बदलने के बारे में सूचित निर्णय।

11.1.2. क्लाउड मॉनिटरिंग टूल के प्रमुख घटक:

क्लाउड मॉनिटरिंग टूल के आवश्यक घटक:

- संसाधन निगरानी: क्लाउड मॉनिटरिंग उपकरण सीपीयू, मेमोरी, स्टोरेज, नेटवर्क बैंडविड्थ और डिस्क I/O सहित संसाधन उपयोग पर डेटा एकत्र और विश्लेषण करते हैं। यह डेटा संसाधन प्रदर्शन, बाधाओं और अनुकूलन अवसरों में अंतर्दृष्टि प्रदान करता है।
- अनुप्रयोग प्रदर्शन निगरानी (एपीएम):एपीएम प्रतिक्रिया समय, लेनदेन दर, त्रुटि दर और उपयोगकर्ता अनुभव जैसे एप्लिकेशन-विशिष्ट मेट्रिक्स की निगरानी पर केंद्रित है। एपीएम उपकरण क्लाउड में चल रहे एप्लिकेशन के भीतर प्रदर्शन समस्याओं की पहचान करने और एप्लिकेशन प्रदर्शन को अनुकूलित करने में मदद करते हैं।
- बुनियादी ढांचे की निगरानी: यह घटक वर्चुअल मशीन, कंटेनर, डेटाबेस, लोड बैलेंसर और नेटवर्किंग घटकों जैसे क्लाउड इंफ्रास्ट्रक्चर घटकों के स्वास्थ्य और प्रदर्शन को ट्रैक करता है। यह बुनियादी ढांचे-स्तर के मेट्रिक्स में दृश्यता प्रदान करता है और समग्र सिस्टम प्रदर्शन को प्रभावित करने वाले मुद्दों का पता लगाता है।
- लॉग निगरानी और विश्लेषण: लॉग मॉनिटरिंग उपकरण विभिन्न क्लाउड संसाधनों और सेवाओं से लॉग एकत्र करते हैं और उनका विश्लेषण करते हैं। लॉग विश्लेषण त्रुटियों, सुरक्षा खतरों और परिचालन संबंधी समस्याओं की पहचान करने में सहायता करता है, समस्या निवारण और अनुपालन के लिए मूल्यवान अंतर्दृष्टि प्रदान करता है।
- डैशबोर्ड और विज़ुअलाइज़ेशन: क्लाउड मॉनिटरिंग टूल प्रदर्शन मेट्रिक्स और प्रमुख संकेतकों को उपयोगकर्ता के अनुकूल तरीके से प्रस्तुत करने के लिए डैशबोर्ड और विज़ुअलाइज़ेशन प्रदान करते हैं। दृश्य प्रतिनिधित्व प्रभावी निगरानी, रुझानों, विसंगतियों और प्रदर्शन पैटर्न की त्वरित पहचान की सुविधा प्रदान करता है।

11.1.3. क्लाउड मॉनिटरिंग तकनीक और सर्वोत्तम प्रथाएँ:

प्रभावी क्लाउड निगरानी के लिए सर्वोत्तम अभ्यास और तकनीकें:

• व्यापक निगरानी:एक व्यापक निगरानी दृष्टिकोण अपनाएं जो क्लाउड स्टैक की विभिन्न परतों को कवर करता है, प्रभावी प्रदर्शन प्रबंधन के लिए सभी महत्वपूर्ण घटकों और उनकी अन्योन्याश्रितताओं में दृश्यता सुनिश्चित करता है।
• वास्तविक समय की निगरानी और चेतावनी:प्रदर्शन मेट्रिक्स को पकड़ने के लिए वास्तविक समय की निगरानी लागू करें और पूर्वनिर्धारित सीमा पार होने पर तुरंत अलर्ट प्राप्त करें। रीयल-टाइम अलर्ट त्वरित कार्रवाई सक्षम करते हैं, प्रदर्शन समस्याओं के प्रभाव को कम करते हैं और सेवा व्यवधानों को रोकते हैं।
• ऑटोस्केलिंग और गतिशील संसाधन आवंटन: पूर्वनिर्धारित सीमा या प्रदर्शन मेट्रिक्स के आधार पर ऑटोस्केलिंग और गतिशील संसाधन आवंटन के लिए क्लाउड-नेटिव क्षमताओं का लाभ उठाएं। ऑटोस्केलिंग यह सुनिश्चित करती है कि प्रदर्शन और लागत-दक्षता को अनुकूलित करते हुए संसाधनों को गतिशील रूप से प्रावधानित या अप्रोविजन किया गया है।
• क्लाउड-अनुकूलित लॉग विश्लेषण: विशेष रूप से क्लाउड वातावरण के लिए डिज़ाइन किए गए लॉग मॉनिटरिंग और विश्लेषण टूल का उपयोग करें। ये उपकरण विभिन्न क्लाउड सेवाओं से लॉग एकत्र कर सकते हैं, लॉग डेटा में सहसंबंध सक्षम कर सकते हैं, और प्रदर्शन समस्याओं और सुरक्षा खतरों की पहचान करने के लिए उन्नत विश्लेषण क्षमताएं प्रदान कर सकते हैं।
• ऐतिहासिक प्रवृत्ति विश्लेषण:पैटर्न, मौसमी और दीर्घकालिक प्रदर्शन रुझानों की पहचान करने के लिए ऐतिहासिक निगरानी डेटा का विश्लेषण करके प्रवृत्ति विश्लेषण करें। ऐतिहासिक प्रवृत्ति विश्लेषण क्षमता नियोजन, संसाधन आवश्यकताओं की भविष्यवाणी और संभावित प्रदर्शन मुद्दों की पहचान करने में सहायता करता है।
• क्लाउड प्रदाता निगरानी सेवाएँ: अमेज़ॅन क्लाउडवॉच या एज़्योर मॉनिटर जैसे क्लाउड प्रदाताओं द्वारा प्रदान की जाने वाली मूल निगरानी सेवाओं का लाभ उठाएं। ये सेवाएँ क्लाउड प्लेटफ़ॉर्म के साथ गहन एकीकरण की पेशकश करती हैं, जिससे क्लाउड संसाधनों और सेवाओं के बारे में विस्तृत जानकारी मिलती है।
• सुरक्षा और अनुपालन निगरानी: निगरानी उपकरण लागू करें जो सुरक्षा-विशिष्ट मैट्रिक्स और अनुपालन जांच प्रदान करते हैं। क्लाउड संसाधनों और डेटा की सुरक्षा और अखंडता सुनिश्चित करने के लिए सुरक्षा घटनाओं, एक्सेस लॉग और अनुपालन ढांचे की निगरानी करें।

11.1.4. प्रभावी निगरानी के लाभ:

एक प्रभावी क्लाउड निगरानी रणनीति के लाभ:
• बेहतर सिस्टम उपलब्धता: समस्याओं का समय पर पता लगाने और समाधान करने से सिस्टम डाउनटाइम कम हो जाता है, जिससे समग्र उपलब्धता में सुधार होता है। सक्रिय निगरानी तेजी से समस्या निवारण और मरम्मत के औसत समय (एमटीटीआर) को कम करने में सक्षम बनाती है।
• उन्नत प्रदर्शन और स्केलेबिलिटी: निगरानी उपकरण सिस्टम प्रदर्शन में अंतर्दृष्टि प्रदान करते हैं, बाधाओं की पहचान करते हैं और संसाधन आवंटन को अनुकूलित करते हैं। इस अनुकूलन के परिणामस्वरूप सिस्टम प्रतिक्रियाशीलता में सुधार, कम विलंबता और बेहतर उपयोगकर्ता अनुभव प्राप्त होता है।
• लागत अनुकूलन: प्रभावी निगरानी संसाधन उपयोग को अनुकूलित करने, कम उपयोग किए गए संसाधनों और सही आकार के बुनियादी ढांचे की पहचान करने में मदद करती है। यह ओवरप्रोविजनिंग पर अनावश्यक व्यय से बचाता है और संसाधन आवंटन को अनुकूलित करता है, जिसके परिणामस्वरूप लागत बचत होती है।
• अनुपालन और सुरक्षा: निगरानी उपकरण अनुपालन आवश्यकताओं को पूरा करने और सुरक्षा बढ़ाने में सहायता करते हैं। सुरक्षा घटनाओं पर नज़र रखने, पहुंच नियंत्रण की निगरानी करने और विसंगतियों का पता लगाने से, संगठन सुरक्षा सुरक्षा को मजबूत कर सकते हैं, नियामक अनुपालन सुनिश्चित कर सकते हैं और संवेदनशील डेटा की सुरक्षा कर सकते हैं।

11.2 क्लाउड प्रदर्शन का अनावरण: इष्टतम क्लाउड संचालन के लिए मेट्रिक्स और विश्लेषण

क्लाउड प्रदर्शन को अनुकूलित करने, कुशल संसाधन उपयोग सुनिश्चित करने और असाधारण उपयोगकर्ता अनुभव प्रदान करने के लिए प्रदर्शन मेट्रिक्स और विश्लेषण महत्वपूर्ण हैं। प्रतिक्रिया समय, विलंबता, थ्रूपुट, त्रुटि दर और संसाधन उपयोग जैसे प्रमुख प्रदर्शन मेट्रिक्स की निगरानी करके, संगठन बाधाओं की पहचान कर सकते हैं और अपने

क्लाउड संचालन को प्रभावी ढंग से अनुकूलित कर सकते हैं। प्रवृत्ति विश्लेषण, तुलनात्मक विश्लेषण, विसंगति का पता लगाना और सहसंबंध विश्लेषण जैसी विश्लेषण तकनीकों को नियोजित करने से प्रदर्शन के मुद्दों की पहचान करने और क्लाउड संसाधनों को अनुकूलित करने की क्षमता में और वृद्धि होती है। सर्वोत्तम प्रथाओं का पालन करके, संगठन अपनी क्लाउड-आधारित सेवाओं और अनुप्रयोगों की दक्षता और विश्वसनीयता को अधिकतम कर सकते हैं, जिससे अंततः बेहतर व्यावसायिक परिणाम और उपयोगकर्ता संतुष्टि प्राप्त हो सकती है।

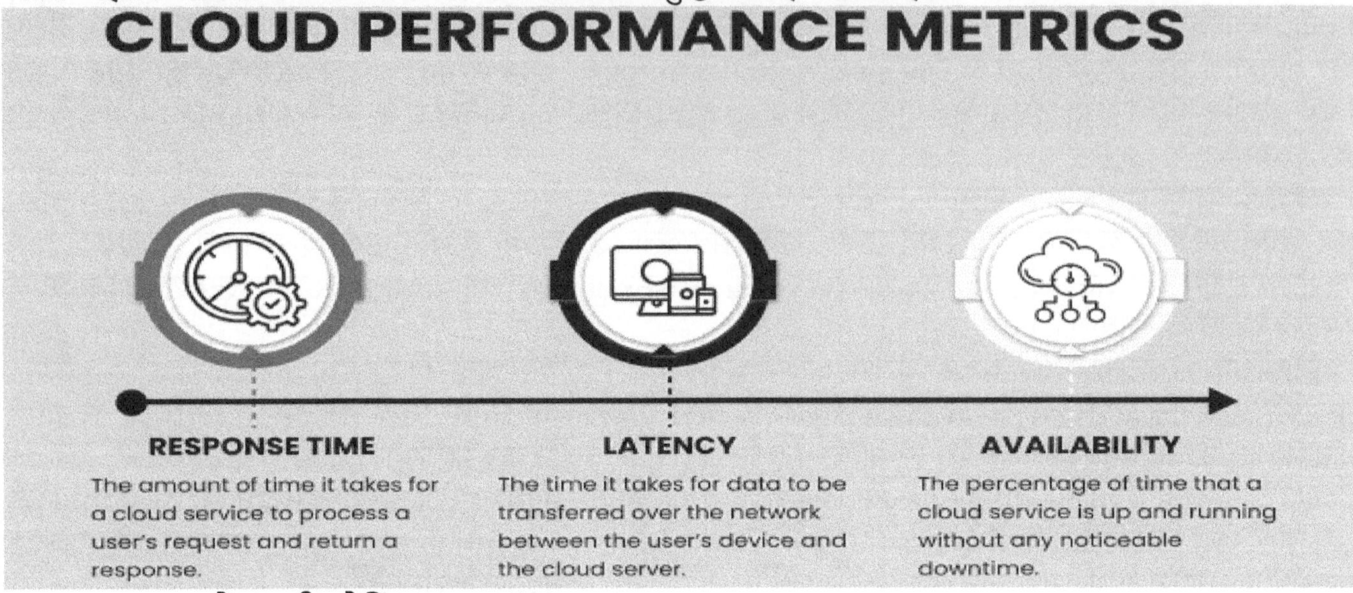

11.2.1. क्लाउड में प्रदर्शन मेट्रिक्स का महत्व:

क्लाउड में प्रदर्शन मेट्रिक्स के निम्नलिखित पहलू:

- संसाधन प्रयोग: प्रदर्शन मेट्रिक्स सीपीयू, मेमोरी, स्टोरेज और नेटवर्क बैंडविड्थ सहित क्लाउड संसाधन उपयोग की निगरानी करने में मदद करते हैं। संसाधन उपयोग पैटर्न में अंतर्दृष्टि प्राप्त करके, संगठन बाधाओं की पहचान कर सकते हैं और इष्टतम प्रदर्शन के लिए संसाधन आवंटन को अनुकूलित कर सकते हैं।
- प्रयोगकर्ता का अनुभव: प्रदर्शन मेट्रिक्स संगठनों को क्लाउड-आधारित अनुप्रयोगों और सेवाओं में उपयोगकर्ता अनुभव को मापने और बढ़ाने में सक्षम बनाता है। प्रतिक्रिया समय, विलंबता और थ्रूपुट जैसे मेट्रिक्स अंतिम-उपयोगकर्ताओं द्वारा समझे गए प्रदर्शन में अंतर्दृष्टि प्रदान करते हैं, सुधार के लिए मार्गदर्शन करते हैं।
- स्केलेबिलिटी और क्षमता योजना: प्रदर्शन मेट्रिक्स संसाधन उपयोग के रुझानों की निगरानी और भविष्य की जरूरतों का पूर्वानुमान लगाकर क्षमता नियोजन में सहायता करते हैं। वे यह सुनिश्चित करने में मदद करते हैं कि बढ़ते कार्यभार को संभालने और तदनुसार क्लाउड इंफ्रास्ट्रक्चर को स्केल करने के लिए पर्याप्त संसाधन उपलब्ध हैं।
- लागत अनुकूलन: संसाधन उपयोग से संबंधित प्रदर्शन मेट्रिक्स की निगरानी से संगठनों को कम उपयोग किए गए या अधिक प्रावधान वाले संसाधनों की पहचान करने में मदद मिलती है। इन मैट्रिक्स के आधार पर संसाधन आवंटन को अनुकूलित करने से अनावश्यक व्यय को कम करके लागत बचत हो सकती है।

11.2.2. क्लाउड में प्रमुख प्रदर्शन मेट्रिक्स:

यह अनुभाग क्लाउड में आवश्यक प्रदर्शन मेट्रिक्स पर विस्तार से बताता है:

- प्रतिक्रिया समय: किसी अनुरोध या ऑपरेशन को पूरा होने में लगने वाले समय को मापता है। यह उस गति को दर्शाता है जिस पर क्लाउड सिस्टम उपयोगकर्ता के अनुरोधों पर प्रतिक्रिया करता है और उपयोगकर्ता अनुभव का आकलन करने के लिए महत्वपूर्ण है।
- विलंबता: उपयोगकर्ता और क्लाउड सेवा के बीच डेटा के आवागमन में लगने वाले समय को दर्शाता है। विलंबता की निगरानी से नेटवर्क से संबंधित समस्याओं की पहचान करने और तेज़ डेटा ट्रांसमिशन के लिए नेटवर्क कॉन्फ़िगरेशन को अनुकूलित करने में मदद मिलती है।

• थ्रूपुट: उस दर को मापता है जिस पर क्लाउड सिस्टम डेटा संसाधित और वितरित करता है। यह समवर्ती अनुरोधों को संभालने के लिए सिस्टम की क्षमता को इंगित करता है और स्केलेबिलिटी और प्रदर्शन का आकलन करने के लिए महत्वपूर्ण है।
• त्रुटि दर: क्लाउड संचालन के दौरान आने वाली त्रुटियों या विफलताओं की आवृत्ति को ट्रैक करता है। त्रुटि दर की निगरानी से सिस्टम स्थिरता को प्रभावित करने वाले प्रदर्शन बाधाओं, सॉफ़्टवेयर बग या कॉन्फ़िगरेशन समस्याओं की पहचान करने में मदद मिलती है।
• संसाधन प्रयोग:सीपीयू उपयोग, मेमोरी उपयोग, डिस्क I/O और नेटवर्क बैंडविड्थ जैसे मॉनिटरिंग मेट्रिक्स संसाधन खपत और बाधाओं में अंतर्दृष्टि प्रदान करते हैं। संसाधन उपयोग का अनुकूलन क्लाउड में कुशल संचालन और प्रदर्शन सुनिश्चित करता है।

11.2.3. प्रदर्शन विश्लेषण तकनीकें:

यह अनुभाग क्लाउड प्रदर्शन के लिए विभिन्न विश्लेषण तकनीकों की रूपरेखा प्रस्तुत करता है:
• प्रवृत्ति विश्लेषण:इसमें पैटर्न, मौसमी और दीर्घकालिक रुझानों की पहचान करने के लिए ऐतिहासिक प्रदर्शन डेटा का विश्लेषण करना शामिल है। यह संगठनों को समय के साथ प्रदर्शन भिन्नताओं को समझने और क्षमता योजना और अनुकूलन के लिए सूचित निर्णय लेने में मदद करता है।
• तुलनात्मक विश्लेषण:विभिन्न समयावधियों, क्षेत्रों या क्लाउड इंस्टेंसेस में प्रदर्शन मेट्रिक्स की तुलना करता है। यह प्रदर्शन अंतरों की पहचान करने, कॉन्फ़िगरेशन को अनुकूलित करने और ऐतिहासिक डेटा के आधार पर सूचित निर्णय लेने में मदद करता है।
• असंगति का पता लगाये:सामान्य प्रदर्शन पैटर्न से असामान्य व्यवहार या विचलन की पहचान करने के लिए मशीन लर्निंग एल्गोरिदम और सांख्यिकीय विश्लेषण का उपयोग करता है। विसंगति का पता लगाने से प्रदर्शन समस्याओं, सुरक्षा खतरों या कॉन्फ़िगरेशन त्रुटियों की पहचान करने में मदद मिलती है।
• सहसंबंध विश्लेषण: प्रदर्शन समस्याओं की निर्भरता और मूल कारणों की पहचान करने के लिए विभिन्न प्रदर्शन मेट्रिक्स के बीच संबंधों की जांच करता है। सहसंबंधों का विश्लेषण अनुकूलन को प्राथमिकता देने और संसाधनों को प्रभावी ढंग से आवंटित करने में मदद करता है।

11.2.4. क्लाउड में प्रदर्शन मेट्रिक्स और विश्लेषण के लिए सर्वोत्तम अभ्यास:

यह अनुभाग क्लाउड प्रदर्शन को अनुकूलित करने के लिए सर्वोत्तम अभ्यास प्रदान करता है:
• स्पष्ट प्रदर्शन उद्देश्यों को परिभाषित करें: व्यावसायिक आवश्यकताओं और उपयोगकर्ता अपेक्षाओं के आधार पर स्पष्ट प्रदर्शन उद्देश्य स्थापित करें। ये उद्देश्य निगरानी और विश्लेषण प्रयासों के लिए मानक के रूप में कार्य करते हैं।
• प्रासंगिक मेट्रिक्स चुनें: विशिष्ट क्लाउड एप्लिकेशन, सेवाओं और उपयोगकर्ता आवश्यकताओं के अनुरूप प्रदर्शन मेट्रिक्स चुनें। उपयोगकर्ता अनुभव, संसाधन उपयोग और महत्वपूर्ण प्रक्रियाओं से सीधे संबंधित मेट्रिक्स पर ध्यान केंद्रित करें।
• निरंतर निगरानी:वास्तविक समय डेटा प्राप्त करने के लिए प्रदर्शन मेट्रिक्स की निरंतर निगरानी लागू करें। निरंतर निगरानी संगठनों को प्रदर्शन विचलन की तुरंत पहचान करने और उपयोगकर्ताओं को प्रभावित करने से पहले उन्हें संबोधित करने की अनुमति देती है।
• एकाधिक डेटा स्रोतों को संयोजित करें: क्लाउड प्रदाता निगरानी सेवाओं, एप्लिकेशन लॉग और इंफ्रास्ट्रक्चर मेट्रिक्स जैसे विभिन्न स्रोतों से प्रदर्शन मेट्रिक्स को एकत्रित और सहसंबंधित करें। यह क्लाउड प्रदर्शन का एक व्यापक दृष्टिकोण प्रदान करता है और समस्याओं के मूल कारणों की पहचान करने में मदद करता है।
• विज़ुअलाइज़ेशन और रिपोर्टिंग: प्रदर्शन मेट्रिक्स को संक्षिप्त और समझने योग्य प्रारूप में प्रस्तुत करने के लिए विज़ुअलाइज़ेशन, डैशबोर्ड और रिपोर्ट का उपयोग करें। दृश्य प्रतिनिधित्व रुझानों, विसंगतियों और अनुकूलन अवसरों की त्वरित पहचान की सुविधा प्रदान करता है।
• नियमित प्रदर्शन समीक्षाएँ: क्लाउड प्रदर्शन का आकलन करने, सुधार के अवसरों की पहचान करने और आवश्यकतानुसार उद्देश्यों या सीमाओं को समायोजित करने के लिए नियमित प्रदर्शन समीक्षा करें। नियमित समीक्षाएँ बदलती व्यावसायिक आवश्यकताओं के साथ निरंतर अनुकूलन और संरेखण सुनिश्चित करती हैं।

• स्वचालन और बुद्धिमान अलर्ट: प्रदर्शन संबंधी विसंगतियों का सक्रिय रूप से पता लगाने और पूर्वनिर्धारित सीमा के आधार पर अलर्ट ट्रिगर करने के लिए स्वचालन और बुद्धिमान चेतावनी प्रणाली का लाभ उठाएं। स्वचालन मानवीय प्रयास को कम करता है और अनुकूलन के लिए समय पर हस्तक्षेप को सक्षम बनाता है।

11.3 समस्या निवारण और अनुकूलन रणनीतियाँ

11.3.1. समस्या निवारण रणनीतियाँ:

• निगरानी और चेतावनी: लेख में मजबूत निगरानी उपकरण लागू करने का सुझाव दिया गया है जो प्रदर्शन मेट्रिक्स को कैप्चर करते हैं और समस्याएँ उत्पन्न होने पर वास्तविक समय अलर्ट प्रदान करते हैं। सक्रिय रूप से निगरानी करके, संगठन अपेक्षित प्रदर्शन से विसंगतियों और विचलन का पता लगा सकते हैं, जिससे त्वरित समस्या निवारण और समाधान सक्षम हो सकता है। निगरानी और चेतावनी सुनिश्चित करती है कि अंतिम उपयोगकर्ताओं को प्रभावित करने से पहले संभावित समस्याओं की पहचान की जाती है और इष्टतम क्लाउड प्रदर्शन को बनाए रखने में मदद मिलती है।

• लॉग विश्लेषण:समस्या निवारण के लिए विभिन्न क्लाउड संसाधनों और सेवाओं से लॉग को एकत्रित और विश्लेषण करने के लिए लॉग विश्लेषण टूल का उपयोग करना महत्वपूर्ण है। लॉग का विश्लेषण करने से मुद्दों के प्रभावी ढंग से निदान और समाधान के लिए त्रुटियों, अपवादों और अन्य मूल्यवान जानकारी की पहचान करने में मदद मिलती है। लॉग सिस्टम के व्यवहार में अंतर्दृष्टि प्रदान करते हैं, जिससे प्रशासकों को घटनाओं को ट्रैक करने और किसी समस्या की ओर ले जाने वाले कार्यों के अनुक्रम का पता लगाने की अनुमति मिलती है।

• मूल कारण विश्लेषण:लेख प्रदर्शन समस्याओं के अंतर्निहित कारणों की पहचान करने के लिए संपूर्ण मूल कारण विश्लेषण करने पर जोर देता है। सिस्टम लॉग, मेट्रिक्स और कॉन्फ़िगरेशन सेटिंग्स का विश्लेषण करके, संगठन मूल कारण का पता लगा सकते हैं और इसका सटीक समाधान कर सकते हैं। बार-बार होने वाली समस्याओं को रोकने और दीर्घकालिक स्थिरता सुनिश्चित करने के लिए मूल कारण विश्लेषण महत्वपूर्ण है।

• सहयोगात्मक समस्या निवारण: यह आलेख सामूहिक रूप से समस्याओं के निवारण और समाधान के लिए विकास, संचालन और समर्थन सहित विभिन्न टीमों के बीच सहयोग को बढ़ावा देने को प्रोत्साहित करता है। प्रभावी संचार और ज्ञान साझाकरण समस्या-समाधान क्षमताओं को बढ़ाता है और समस्या समाधान में तेजी लाता है। सहयोग यह सुनिश्चित करता है कि विभिन्न दृष्टिकोणों पर विचार किया जाए, जिससे व्यापक समाधान निकलें।

• प्रदर्शन का परीक्षण: संभावित बाधाओं, स्केलेबिलिटी सीमाओं और संसाधन बाधाओं को सक्रिय रूप से पहचानने के लिए नियमित रूप से प्रदर्शन परीक्षण करना आवश्यक है। लोड परीक्षण, तनाव परीक्षण और प्रदर्शन प्रोफ़ाइलिंग जैसी तकनीकें सिस्टम प्रदर्शन को मान्य करने और सुधार के लिए क्षेत्रों की पहचान करने में मदद करती हैं। प्रदर्शन परीक्षण उत्पादन परिवेश में संभावित समस्याओं के उत्पन्न होने से पहले उनकी पहचान करने में सहायता करता है।

11.3.2. अनुकूलन रणनीतियाँ:

• सही आकार के संसाधन: यह रणनीति वास्तविक उपयोग पैटर्न के आधार पर संसाधन उपयोग का लगातार आकलन करने और सीपीयू, मेमोरी, स्टोरेज और नेटवर्क आवंटन जैसे क्लाउड संसाधनों को अनुकूलित करने की सलाह देती है। यह लागत प्रभावी संसाधन उपयोग सुनिश्चित करता है जो कार्यभार की मांग से मेल खाता है। संसाधनों का सही आकार अतिप्रावधान को रोकता है, जिससे अनावश्यक खर्च हो सकता है, और कम प्रावधान से बचा जा सकता है, जिसके परिणामस्वरूप प्रदर्शन में गिरावट हो सकती है।

• ऑटोस्केलिंग: अलग-अलग कार्यभार को संभालने के लिए मांग के आधार पर संसाधन क्षमता को स्वचालित रूप से समायोजित करने के लिए ऑटोस्केलिंग तंत्र को लागू करना महत्वपूर्ण है। ऑटोस्केलिंग यह सुनिश्चित करती है कि संसाधनों को गतिशील रूप से प्रावधानित या डीप्रोविजन किया गया है, चरम समय के दौरान इष्टतम प्रदर्शन बनाए रखा गया है और कम-मांग अवधि के दौरान लागत कम की गई है।

• कैशिंग और सामग्री वितरण नेटवर्क (सीडीएन): बैकएंड सेवाओं पर भार कम करने, प्रतिक्रिया समय में सुधार और उपयोगकर्ता अनुभव को बढ़ाने के लिए कैशिंग तंत्र और सीडीएन का उपयोग करना फायदेमंद है। बार-बार एक्सेस किए गए डेटा को कैशिंग करने और सीडीएन एज स्थानों का उपयोग करने से विलंबता और नेटवर्क की भीड़ कम हो जाती है, जिसके परिणामस्वरूप तेजी से सामग्री वितरण होता है।

• डेटाबेस अनुकूलन:डेटाबेस प्रतिक्रियाशीलता और समग्र सिस्टम प्रदर्शन को बेहतर बनाने के लिए डेटाबेस कॉन्फ़िगरेशन, इंडेक्स और क्वेरी प्रदर्शन को अनुकूलित करना आवश्यक है। डेटाबेस शार्डिंग, इंडेक्सिंग रणनीतियाँ और क्वेरी ऑप्टिमाइज़ेशन जैसी तकनीकें डेटाबेस दक्षता को बढ़ा सकती हैं और क्वेरी निष्पादन समय को कम कर सकती हैं।

• सामग्री अनुकूलन: नेटवर्क स्थानांतरण समय को कम करने और पेज लोड गति में सुधार करने के लिए छवियों, सीएसएस और जावास्क्रिप्ट फ़ाइलों जैसी सामग्री को संपीड़ित और अनुकूलित करने की अनुशंसा की जाती है। लघुकरण और संपीड़न जैसी सामग्री अनुकूलन तकनीकें फ़ाइल आकार को कम करती हैं, जिसके परिणामस्वरूप लोडिंग समय तेज होता है और उपयोगकर्ता अनुभव बेहतर होता है।

• नेटवर्क अनुकूलन: नेटवर्क प्रदर्शन और विश्वसनीयता में सुधार के लिए रूटिंग, लोड संतुलन और ट्रैफ़िक प्रबंधन सहित नेटवर्क कॉन्फ़िगरेशन को अनुकूलित करना महत्वपूर्ण है। क्लाउड-नेटिव नेटवर्किंग सेवाओं और वैश्विक ट्रैफ़िक प्रबंधन का लाभ उठाकर नेटवर्क ट्रैफ़िक वितरण को अनुकूलित किया जा सकता है, जिससे कुशल डेटा वितरण सुनिश्चित किया जा सकता है।

• सुरक्षा अनुकूलन: क्लाउड संसाधनों की सुरक्षा और संभावित कमजोरियों को कम करने के लिए सुरक्षा सर्वोत्तम प्रथाओं को लागू करना महत्वपूर्ण है। सुरक्षा कॉन्फ़िगरेशन, एक्सेस नियंत्रण और एन्क्रिप्शन तंत्र की नियमित रूप से समीक्षा और अद्यतन करना प्रदर्शन से समझौता किए बिना एक सुरक्षित क्लाउड वातावरण सुनिश्चित करता है।

11.3.3. क्लाउड में समस्या निवारण और अनुकूलन के लिए सर्वोत्तम अभ्यास:

• निरंतर निगरानी: प्रदर्शन मेट्रिक्स, संसाधन उपयोग और लॉग की निरंतर निगरानी लागू करने से मुद्दों और प्रदर्शन बाधाओं की पहचान की जाती है। नियमित रूप से निगरानी डेटा की समीक्षा करना और आवश्यकतानुसार सीमा को समायोजित करना सुनिश्चित करता है कि इष्टतम प्रदर्शन बनाए रखा जाए।

• स्वचालन और आर्केस्ट्रा:स्वचालन और ऑर्केस्ट्रेशन टूल का लाभ उठाकर समस्या निवारण और अनुकूलन प्रक्रियाओं को सुव्यवस्थित किया जाता है। संसाधन प्रावधान और कॉन्फ़िगरेशन प्रबंधन जैसे नियमित कार्यों को स्वचालित करने से परिचालन दक्षता में सुधार होता है और मानवीय त्रुटि कम होती है।

• प्रदर्शन आधार रेखा:प्रदर्शन के रुझानों और विचलनों को ट्रैक करने के लिए प्रदर्शन आधार रेखाएं और बेंचमार्क स्थापित करने से संगठनों को असामान्य व्यवहार की तुरंत पहचान करने और उचित कार्रवाई करने की अनुमति मिलती है। प्रदर्शन आधार रेखाएँ वर्तमान प्रदर्शन मेट्रिक्स की तुलना के लिए एक संदर्भ बिंदु प्रदान करती हैं।

• क्लाउड प्रदाता सहायता: समस्या निवारण और अनुकूलन प्रयासों में सहायता लेने के लिए क्लाउड प्रदाता सहायता चैनलों के साथ जुड़ने की अनुशंसा की जाती है। क्लाउड विक्रेता जटिल मुद्दों को संबोधित करने और क्लाउड कॉन्फ़िगरेशन को अनुकूलित करने के लिए विशेषज्ञता और संसाधन प्रदान करते हैं।

• दस्तावेज़ीकरण और ज्ञान साझा करना: समस्या निवारण प्रक्रियाओं, अनुकूलन रणनीतियों और सीखे गए पाठों के व्यापक दस्तावेज़ीकरण को बनाए रखने से निरंतर सुधार की संस्कृति को बढ़ावा मिलता है और समस्या समाधान में तेजी आती है। टीम के सदस्यों के बीच ज्ञान साझा करना सामूहिक शिक्षा और ज्ञान प्रसार सुनिश्चित करता है।

अभ्यास

बहु विकल्पीय प्रश्न

1. IoT के लिए एज कंप्यूटिंग का लाभ उठाने का प्रमुख लाभ निम्नलिखित में से कौन सा है?

a) नेटवर्क लागत में कमी

b) क्लाउड स्टोरेज में वृद्धि

c) डेटा प्रोसेसिंग गति में कमी

d) केंद्रीकृत सर्वरों पर बढ़ी निर्भरता

2. क्लाउड-आधारित क्वांटम सेवाओं का उपयोग करने का प्राथमिक लाभ क्या है?

a) क्वांटम हार्डवेयर पर लागत बचत

b) सुरक्षा उपाय बढ़ाए गए

c) तेज़ क्वांटम प्रसंस्करण

d) बेहतर यूजर इंटरफेस

3. दीर्घकालिक प्रदर्शन की पहचान करने के लिए ऐतिहासिक निगरानी डेटा का विश्लेषण करने के लिए किस तकनीक का उपयोग किया जाता है? रुझान?

a) तुलनात्मक विश्लेषण

b) असंगति का पता लगाये

c) प्रवृत्ति विश्लेषण

d) सहसंबंध विश्लेषण

4. एज कंप्यूटिंग IoT अनुप्रयोगों में विलंबता को कम करने में कैसे योगदान करती है?

a) केंद्रीय क्लाउड पर डेटा संसाधित करना

b) धीमे नेटवर्क कनेक्शन का उपयोग करना

c) कम्प्यूटेशनल शक्ति को IoT उपकरणों के करीब लाना

d) डेटा प्रोसेसिंग के लिए एज नोड्स पर निर्भर रहना

5. क्लाउड मॉनिटरिंग टूल के संदर्भ में एपीएम का क्या अर्थ है?

a) उन्नत प्रदर्शन मेट्रिक्स

b) स्वचालित प्रक्रिया प्रबंधन

c) अनुप्रयोग प्रदर्शन निगरानी

d) अनुकूली प्रावधान तंत्र

6. क्लाउड वातावरण में वास्तविक समय की निगरानी और चेतावनी लागू करने का उद्देश्य क्या है?

a) ऐतिहासिक प्रदर्शन रुझानों की पहचान करना

b) संभावित सुरक्षा खतरों का पता लगाने के लिए

c) क्लाउड संसाधन प्रावधान को स्वचालित करने के लिए

d) उपयोगकर्ताओं को प्रभावित करने से पहले समस्याओं का समाधान करना

7. कौन सी तकनीक क्लाउड में असामान्य व्यवहार की पहचान करने के लिए मशीन लर्निंग एल्गोरिदम का उपयोग करती है? प्रदर्शन डेटा?

a) प्रवृत्ति विश्लेषण

b) तुलनात्मक विश्लेषण

c) असंगति का पता लगाये

d) सहसंबंध विश्लेषण

8. ऑटोस्केलिंग से क्लाउड प्रदर्शन अनुकूलन को कैसे लाभ होता है?

a) समग्र संसाधन लागत बढ़ जाती है

b) नेटवर्क बैंडविड्थ कम कर देता है

c) गतिशील संसाधन आवंटन सक्षम करता है
d) उन्नत विज़ुअलाइज़ेशन उपकरण प्रदान करता है

9. क्लाउड मॉनिटरिंग टूल का कौन सा घटक क्लाउड के स्वास्थ्य और प्रदर्शन को ट्रैक करता है? बुनियादी ढांचे के घटक?
a) संसाधन निगरानी
b) लॉग निगरानी और विश्लेषण
c) अनुप्रयोग प्रदर्शन निगरानी (एपीएम)
d) बुनियादी ढांचे की निगरानी

10. क्लाउड परिवेश में व्यापक निगरानी का क्या महत्व है?
a) केवल संसाधन उपयोग मेट्रिक्स पर ध्यान केंद्रित करता है
b) क्लाउड प्रदाता सेवाओं में अंतर्दृष्टि प्रदान करता है
c) क्लाउड स्टैक की विभिन्न परतों को कवर करता है
d) क्लाउड-नेटिव नेटवर्किंग में सुधार करता है

11. क्लाउड समस्या निवारण में मूल कारण विश्लेषण करने का प्राथमिक उद्देश्य क्या है?
a) लॉग में असामान्य व्यवहार की पहचान करना
b) संसाधन उपयोग को अनुकूलित करने के लिए
c) किसी समस्या की ओर ले जाने वाली क्रियाओं के अनुक्रम का पता लगाना
d) स्पष्ट प्रदर्शन उद्देश्य स्थापित करना

12. सामग्री अनुकूलन क्लाउड प्रदर्शन को कैसे सुधार सकता है?
a) क्लाउड सेवा लागत कम करना
b) नेटवर्क विलंबता बढ़ रही है
c) सुरक्षा उपाय बढ़ाना
d) डेटा स्थानांतरण समय को न्यूनतम करना

समीक्षा प्रश्न

1. क्लाउड परिवेश में निगरानी क्यों आवश्यक है?
2. क्लाउड में कुछ प्रमुख प्रदर्शन मेट्रिक्स क्या हैं?
3. क्लाउड प्रदर्शन विश्लेषण में विसंगति का पता लगाना कैसे सहायक हो सकता है?
4. क्लाउड परिवेश में सहयोगात्मक समस्या निवारण क्यों महत्वपूर्ण है?
5. क्लाउड प्रदर्शन अनुकूलन में निरंतर निगरानी का क्या महत्व है?
6. ऑटोस्केलिंग से क्लाउड वातावरण को कैसे लाभ होता है?
7. क्लाउड प्रदर्शन को बेहतर बनाने के लिए कुछ सामग्री अनुकूलन तकनीकें क्या हैं?
8. क्लाउड वातावरण में डेटाबेस अनुकूलन क्यों महत्वपूर्ण है?
9. सुरक्षा अनुकूलन को क्लाउड प्रदर्शन के साथ कैसे संतुलित किया जा सकता है?
10. समस्या निवारण और अनुकूलन में स्वचालन की क्या भूमिका है?
11. क्लाउड प्रदर्शन प्रबंधन में प्रदर्शन आधार रेखाएँ कैसे सहायक हो सकती हैं?

उत्तर अनुभाग

बहु विकल्पीय प्रश्न

1. a) नेटवर्क लागत में कमी
2. a) क्वांटम हार्डवेयर पर लागत बचत
3. c) प्रवृत्ति विश्लेषण
4. c) कम्प्यूटेशनल शक्ति को IoT उपकरणों के करीब लाना
5. c) अनुप्रयोग प्रदर्शन की निगरानी
6. d) उपयोगकर्ताओं को प्रभावित करने से पहले समस्याओं का समाधान करना
7. c) विसंगति का पता लगाना
8. c) गतिशील संसाधन आवंटन सक्षम करता है
9. d) बुनियादी ढांचे की निगरानी
10. c) क्लाउड स्टैक की विभिन्न परतों को कवर करता है
11. c) किसी समस्या की ओर ले जाने वाली कार्रवाइयों के अनुक्रम का पता लगाना
12. d) डेटा स्थानांतरण समय को कम करना

समीक्षा प्रश्न

1. संसाधन उपयोग को ट्रैक करने, प्रदर्शन समस्याओं का पता लगाने, इष्टतम उपयोगकर्ता अनुभव सुनिश्चित करने और संभावित समस्याओं का सक्रिय रूप से समाधान करने के लिए क्लाउड वातावरण में निगरानी महत्वपूर्ण है।
2. क्लाउड में मुख्य प्रदर्शन मेट्रिक्स में प्रतिक्रिया समय, विलंबता, थ्रूपुट, त्रुटि दर और सीपीयू, मेमोरी, स्टोरेज और नेटवर्क बैंडविड्थ जैसे संसाधन उपयोग मेट्रिक्स शामिल हैं।
3. विसंगति का पता लगाने के लिए सामान्य प्रदर्शन पैटर्न से असामान्य व्यवहार या विचलन की पहचान करने के लिए मशीन लर्निंग एल्गोरिदम और सांख्यिकीय विश्लेषण का उपयोग किया जाता है। यह प्रदर्शन समस्याओं, सुरक्षा खतरों या कॉन्फ़िगरेशन त्रुटियों की पहचान करने में मदद करता है।
4. सहयोगात्मक समस्या निवारण में मुद्दों को सामूहिक रूप से पहचानने और हल करने के लिए विकास, संचालन और समर्थन जैसे विभिन्न टीमों को एक साथ काम करना शामिल है। प्रभावी संचार और ज्ञान साझाकरण समस्या-समाधान क्षमताओं को बढ़ाता है और समस्या समाधान में तेजी लाता है।
5. निरंतर निगरानी संगठनों को वास्तविक समय डेटा कैप्चर करने, प्रदर्शन विचलन का तुरंत पता लगाने और क्लाउड संसाधनों को अनुकूलित करने और इष्टतम प्रदर्शन बनाए रखने के लिए सक्रिय कार्रवाई करने की अनुमति देती है।
6. ऑटोस्केलिंग स्वचालित रूप से मांग के आधार पर संसाधन क्षमता को समायोजित करती है, जिससे चरम समय के दौरान इष्टतम प्रदर्शन और कम-मांग अवधि के दौरान लागत-दक्षता सुनिश्चित होती है।
7. लघुकरण और संपीड़न जैसी सामग्री अनुकूलन तकनीकें फ़ाइल आकार को कम करती हैं, जिससे लोडिंग समय तेज होता है और उपयोगकर्ता अनुभव बेहतर होता है।
8. डेटाबेस अनुकूलन कॉन्फ़िगरेशन, इंडेक्स और क्वेरी प्रदर्शन को अनुकूलित करके डेटाबेस प्रतिक्रिया और समग्र सिस्टम प्रदर्शन में सुधार करता है।
9. सुरक्षा अनुकूलन में प्रदर्शन में गिरावट से बचते हुए क्लाउड संसाधनों की सुरक्षा के लिए सर्वोत्तम प्रथाओं को लागू करना शामिल है। सुरक्षा कॉन्फ़िगरेशन और एक्सेस नियंत्रणों की नियमित रूप से समीक्षा और अद्यतन करना प्रदर्शन से समझौता किए बिना एक सुरक्षित वातावरण सुनिश्चित करता है।
10. स्वचालन समस्या निवारण और अनुकूलन प्रक्रियाओं को सुव्यवस्थित करता है, परिचालन दक्षता में सुधार करता है और दोहराए जाने वाले कार्यों में मानवीय त्रुटि को कम करता है।
11. प्रदर्शन आधार रेखाएँ वर्तमान प्रदर्शन मेट्रिक्स की तुलना करने के लिए एक संदर्भ बिंदु प्रदान करती हैं, जिससे संगठनों को असामान्य व्यवहार की तुरंत पहचान करने और अनुकूलन के लिए उचित कार्रवाई करने की अनुमति मिलती है।

अध्याय 12: क्लाउड गवर्नेंस और प्रबंधन

12.1 प्रभावी क्लाउड गवर्नेंस प्राप्त करना: सफलता के लिए रूपरेखा

क्लाउड संसाधनों के प्रबंधन के लिए प्रभावी नीतियां, नियंत्रण और प्रक्रियाएं स्थापित करने के लिए संगठनों के लिए क्लाउड गवर्नेंस फ्रेमवर्क आवश्यक हैं। क्लाउड गवर्नेंस के लिए एक संरचित दृष्टिकोण अपनाकर, संगठन जोखिमों को कम कर सकते हैं, लागतों को अनुकूलित कर सकते हैं, अनुपालन सुनिश्चित कर सकते हैं और परिचालन दक्षता बढ़ा सकते हैं। सीएसए सीसीएम, एनआईएसटी सीसीएसआरए, आईएसओ 27001 और सीआईएस कंट्रोल जैसे लोकप्रिय ढांचे क्लाउड गवर्नेंस को लागू करने के लिए मूल्यवान दिशानिर्देश और सर्वोत्तम अभ्यास प्रदान करते हैं। इन रूपरेखाओं का लाभ उठाकर और उन्हें अपनी विशिष्ट आवश्यकताओं के अनुरूप बनाकर, संगठन सफल क्लाउड अपनाने, अपने क्लाउड वातावरण को सुरक्षित करने और क्लाउड सेवाओं से प्राप्त मूल्य को अधिकतम करने में सक्षम हो सकते हैं।

12.1.1. क्लाउड गवर्नेंस का महत्व:

- जोखिम प्रबंधन: क्लाउड गवर्नेंस क्लाउड अपनाने से संबंधित जोखिमों की पहचान करने और उनका समाधान करने में मदद करता है, जैसे डेटा उल्लंघन, अनुपालन उल्लंघन और सेवा व्यवधान। यह संवेदनशील डेटा की सुरक्षा, पहुंच का प्रबंधन और सुरक्षा उपायों को लागू करने के लिए नियंत्रण और नीतियां स्थापित करता है।
- लागत अनुकूलन: शासन ढाँचे संगठनों को संसाधन आवंटन, उपयोग ट्रैकिंग और लागत प्रबंधन के लिए नीतियों और प्रक्रियाओं को लागू करके क्लाउड लागत को अनुकूलित करने में सक्षम बनाते हैं। वे क्लाउड खर्चों में दृश्यता प्रदान करते हैं और कुशल संसाधन उपयोग को बढ़ावा देते हैं।
- अनुपालन और विनियामक आवश्यकताएँ: क्लाउड गवर्नेंस उद्योग-विशिष्ट नियमों और अनुपालन मानकों का पालन सुनिश्चित करता है। यह संवेदनशील डेटा की सुरक्षा, गोपनीयता आवश्यकताओं को लागू करने और ऑडिट और रिपोर्टिंग की सुविधा के लिए नियंत्रण और प्रक्रियाएं स्थापित करता है।
- कार्यकारी कुशलता: शासन ढाँचे क्लाउड संसाधनों के प्रबंधन के लिए मानकीकृत प्रक्रियाओं, स्वचालन और सर्वोत्तम प्रथाओं की स्थापना करके परिचालन दक्षता को बढ़ावा देते हैं। वे संगठनों को परिचालन को सुव्यवस्थित करने, सहयोग बढ़ाने और समग्र उत्पादकता में सुधार करने में सक्षम बनाते हैं।

12.1.2. क्लाउड गवर्नेंस फ्रेमवर्क के प्रमुख घटक:

1. नीतियाँ और कार्यविधियाँ: शासन ढाँचे क्लाउड संसाधन प्रावधान, पहुँच प्रबंधन, डेटा सुरक्षा और घटना प्रतिक्रिया के लिए नीतियों और प्रक्रियाओं को परिभाषित करते हैं। ये नीतियां निर्णय लेने में मार्गदर्शन करती हैं और पूरे संगठन में सुसंगत प्रथाओं को सुनिश्चित करती हैं।
2. अनुपालन और सुरक्षा नियंत्रण:शासन ढाँचे नियामक आवश्यकताओं का अनुपालन सुनिश्चित करने और सुरक्षा उपायों को लागू करने के लिए नियंत्रण और तंत्र स्थापित करते हैं। इनमें पहचान और पहुंच प्रबंधन, एन्क्रिप्शन, नेटवर्क सुरक्षा और भेद्यता प्रबंधन शामिल हैं।
3. जोखिम मूल्यांकन और प्रबंधन: क्लाउड अपनाने से जुड़े जोखिमों की पहचान और मूल्यांकन करने के लिए शासन ढांचे में जोखिम मूल्यांकन पद्धतियां शामिल होती हैं। जोखिम प्रबंधन प्रक्रियाएं संगठनों को पहचाने गए जोखिमों से निपटने के लिए नियंत्रण और शमन रणनीतियों को लागू करने में सक्षम बनाती हैं।
4. प्रदर्शन और निगरानी: गवर्नेंस फ्रेमवर्क क्लाउड संसाधन उपयोग, सेवा उपलब्धता और प्रदर्शन को ट्रैक करने और मापने के लिए प्रदर्शन मेट्रिक्स और निगरानी प्रक्रियाएं स्थापित करते हैं। निगरानी सेवा-स्तरीय समझौतों (एसएलए) का अनुपालन सुनिश्चित करती है और समय पर समस्या का पता लगाने और समाधान करने में सक्षम बनाती है।
5. प्रशिक्षण और जागरूकता: गवर्नेंस फ्रेमवर्क में कर्मचारियों को क्लाउड गवर्नेंस नीतियों, सुरक्षा प्रथाओं और अनुपालन आवश्यकताओं पर शिक्षित करने के लिए प्रशिक्षण और जागरूकता कार्यक्रम शामिल हैं। प्रशिक्षण यह सुनिश्चित करता है कि व्यक्ति अपनी जिम्मेदारियों को समझें और स्थापित दिशानिर्देशों का पालन करें।

12.1.3. लोकप्रिय क्लाउड गवर्नेंस फ्रेमवर्क:

• क्लाउड सुरक्षा गठबंधन (सीएसए) क्लाउड कंट्रोल मैट्रिक्स (सीसीएम): सीसीएम उद्योग मानकों और विनियमों के अनुरूप सुरक्षा नियंत्रण और सर्वोत्तम प्रथाओं का एक व्यापक सेट प्रदान करता है। इसमें डेटा सुरक्षा, अनुपालन, पहचान और पहुंच प्रबंधन और घटना प्रतिक्रिया सहित विभिन्न डोमेन शामिल हैं।

• राष्ट्रीय मानक और प्रौद्योगिकी संस्थान (एनआईएसटी) क्लाउड कंप्यूटिंग सुरक्षा संदर्भ वास्तुकला (सीसीएसआरए): सीसीएसआरए क्लाउड कंप्यूटिंग वातावरण को सुरक्षित करने के लिए एक रूपरेखा प्रदान करता है। यह सुरक्षा आवश्यकताओं की पहचान करने, जोखिमों का आकलन करने और उचित सुरक्षा नियंत्रण लागू करने के लिए एक संरचित दृष्टिकोण प्रदान करता है।

• मानकीकरण के लिए अंतर्राष्ट्रीय संगठन (आईएसओ) 27001: ISO 27001 एक व्यापक रूप से अपनाया गया सूचना सुरक्षा मानक है जिसमें सूचना सुरक्षा प्रबंधन प्रणाली (ISMS) की स्थापना, कार्यान्वयन, रखरखाव और लगातार सुधार की आवश्यकताएं शामिल हैं। यह क्लाउड वातावरण में सुरक्षा जोखिमों के प्रबंधन के लिए एक व्यवस्थित दृष्टिकोण प्रदान करता है।

• इंटरनेट सुरक्षा केंद्र (सीआईएस) नियंत्रण: सीआईएस नियंत्रण ढांचा साइबर सुरक्षा के लिए सर्वोत्तम प्रथाओं का प्राथमिकता वाला सेट प्रदान करता है। यह क्लाउड संसाधनों को सामान्य साइबर खतरों से बचाने के लिए तकनीकी नियंत्रण, सुरक्षा नीतियों और प्रक्रियाओं को लागू करने के लिए दिशानिर्देश प्रदान करता है।

12.1.4. क्लाउड गवर्नेंस फ्रेमवर्क के लाभ:

• सुसंगत नीतियां और मानक:गवर्नेंस फ्रेमवर्क पूरे संगठन में क्लाउड संसाधन प्रबंधन के लिए सुसंगत नीतियां, मानक और प्रक्रियाएं स्थापित करता है। यह संरेखण को बढ़ावा देता है, विसंगतियों को कम करता है, और आंतरिक और बाहरी आवश्यकताओं का अनुपालन सुनिश्चित करता है।

• जोखिम न्यूनीकरण: शासन ढाँचे संगठनों को क्लाउड अपनाने से जुड़े जोखिमों की पहचान करने, उनका आकलन करने और उन्हें कम करने में सक्षम बनाते हैं। उचित नियंत्रण और प्रक्रियाओं को लागू करके, संगठन सक्रिय रूप से जोखिमों का प्रबंधन कर सकते हैं और संभावित सुरक्षा उल्लंघनों या अनुपालन उल्लंघनों को रोक सकते हैं।

• उन्नत सुरक्षा और अनुपालन:शासन ढाँचे यह सुनिश्चित करते हैं कि क्लाउड संसाधन सुरक्षा और अनुपालन आवश्यकताओं का पालन करें। वे मजबूत सुरक्षा नियंत्रण लागू करने, पहुंच प्रबंधन लागू करने और संवेदनशील डेटा की सुरक्षा के लिए दिशानिर्देश प्रदान करते हैं।

• लागत अनुकूलन: शासन ढाँचे संसाधन प्रावधान, उपयोग ट्रैकिंग और लागत प्रबंधन के लिए नीतियों और प्रक्रियाओं की स्थापना करके लागत अनुकूलन की सुविधा प्रदान करते हैं। संगठन कुशल संसाधन उपयोग सुनिश्चित करने और अनावश्यक लागतों को कम करने, क्लाउड खर्चों की निगरानी और अनुकूलन कर सकते हैं।

• बेहतर परिचालन दक्षता: शासन ढाँचे क्लाउड संसाधनों के प्रबंधन के लिए मानकीकृत प्रक्रियाओं, स्वचालन और सर्वोत्तम प्रथाओं को बढ़ावा देते हैं। यह संचालन को सुव्यवस्थित करता है, सहयोग बढ़ाता है और क्लाउड वातावरण में समग्र उत्पादकता और दक्षता में सुधार करता है

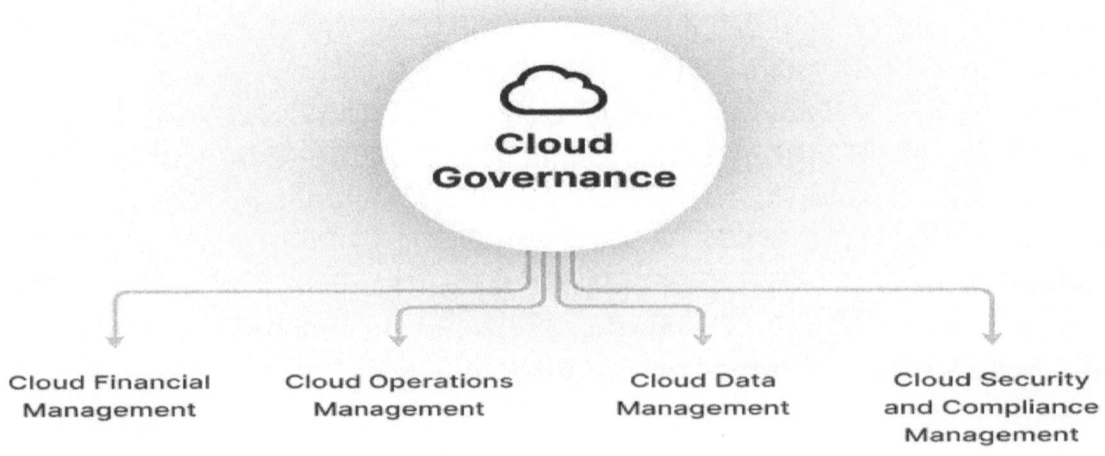

12.2 संसाधन आवंटन और प्रबंधन: दक्षता के लिए क्लाउड संसाधनों का अनुकूलन

क्लाउड वातावरण के प्रदर्शन, मापनीयता और लागत-प्रभावशीलता को अधिकतम करने के लिए कुशल संसाधन आवंटन और प्रबंधन महत्वपूर्ण हैं। कार्यभार पैटर्न पर विचार करके, लोच का लाभ उठाकर, संसाधनों का सही आकार लेकर और प्रभावी निगरानी और स्वचालन प्रथाओं को लागू करके, संगठन संसाधन उपयोग को अनुकूलित कर सकते हैं और महत्वपूर्ण लागत बचत प्राप्त कर सकते हैं। भार संतुलन, क्षमता नियोजन और नियमित अनुकूलन अभ्यास संसाधन दक्षता को और बढ़ाते हैं। सर्वोत्तम प्रथाओं को अपनाकर और संसाधन आवंटन रणनीतियों का लगातार मूल्यांकन करके, संगठन अपने क्लाउड संसाधनों को प्रभावी ढंग से प्रबंधित कर सकते हैं, इष्टतम एप्लिकेशन प्रदर्शन प्रदान कर सकते हैं और क्लाउड में अपने व्यावसायिक उद्देश्यों को प्राप्त कर सकते हैं।

12.2.1. संसाधन आवंटन और प्रबंधन का महत्व:

- लागत अनुकूलन: उचित संसाधन आवंटन और प्रबंधन सीधे क्लाउड वातावरण में लागत अनुकूलन को प्रभावित करता है। संसाधनों के अधिक प्रावधान और कम उपयोग से बचकर, संगठन संसाधन आवंटन को कार्यभार की माँगों के साथ संरेखित कर सकते हैं, जिससे अनावश्यक व्यय कम हो सकते हैं और समग्र लागत-प्रभावशीलता बढ़ सकती है।
- स्केलेबिलिटी और प्रदर्शन: कुशल संसाधन आवंटन संगठनों को मांग के आधार पर अपने क्लाउड बुनियादी ढांचे को बढ़ाने में सक्षम बनाता है। संसाधनों को गतिशील और स्वचालित रूप से आवंटित करने की क्षमता संगठनों को चरम अवधि के दौरान इष्टतम प्रदर्शन सुनिश्चित करने और दक्षता से समझौता किए बिना उतार-चढ़ाव वाले कार्यभार को समायोजित करने की अनुमति देती है।
- अनुप्रयोग प्रदर्शन: संसाधन आवंटन क्लाउड में एप्लिकेशन प्रदर्शन को महत्वपूर्ण रूप से प्रभावित करता है। संसाधनों की सही मात्रा आवंटित करके, संगठन सुसंगत और उत्तरदायी उपयोगकर्ता अनुभव प्रदान कर सकते हैं, यह सुनिश्चित करते हुए कि एप्लिकेशन अलग-अलग कार्यभार के तहत इष्टतम प्रदर्शन करते हैं।
- शासन और अनुपालन: संसाधन आवंटन और प्रबंधन शासन नीतियों, सुरक्षा मानकों और नियामक आवश्यकताओं का अनुपालन सुनिश्चित करने में महत्वपूर्ण भूमिका निभाते हैं। उचित आवंटन और पहुंच नियंत्रण संवेदनशील डेटा को सुरक्षित रखने और संपूर्ण क्लाउड वातावरण में अनुपालन बनाए रखने में मदद करते हैं।

12.2.2. कुशल संसाधन उपयोग के लिए विचार:

- कार्यभार विश्लेषण: संसाधन आवश्यकताओं को सटीक रूप से समझने के लिए कार्यभार पैटर्न, मांग भिन्नता और प्रदर्शन आवश्यकताओं का गहन विश्लेषण आवश्यक है। ऐतिहासिक डेटा का विश्लेषण करके और भविष्य की मांगों का अनुमान लगाकर, संगठन संसाधनों को प्रभावी ढंग से आवंटित कर सकते हैं और व्यर्थ प्रथाओं से बच सकते हैं।
- लोच और मापनीयता:कुशल संसाधन आवंटन के लिए क्लाउड की लोच और स्केलेबिलिटी सुविधाओं का लाभ उठाना महत्वपूर्ण है। ऑटो-स्केलिंग तंत्र को लागू करना जो कार्यभार की मांग के आधार पर संसाधन क्षमता को स्वचालित रूप से समायोजित करता है, प्रदर्शन और लागत दक्षता दोनों को अनुकूलित कर सकता है।
- सही आकार:सही आकार के क्लाउड संसाधनों में आवंटित संसाधनों का वास्तविक कार्यभार आवश्यकताओं के साथ मिलान शामिल है। संसाधन उपयोग मेट्रिक्स की निरंतर निगरानी करके और तदनुसार संसाधन आवंटन को समायोजित करके, संगठन अधिक प्रावधान या कम उपयोग से बच सकते हैं।
- संसाधन टैगिंग और लेबलिंग: संसाधन टैगिंग और लेबलिंग रणनीतियों को लागू करने से क्लाउड संसाधनों को कुशलतापूर्वक ट्रैक और वर्गीकृत करने में मदद मिलती है। यह उचित संसाधन प्रबंधन, लागत आवंटन और अप्रयुक्त या कम उपयोग किए गए संसाधनों की आसान पहचान को सक्षम बनाता है।
- जीवन चक्र प्रबंधन:संसाधन जीवनचक्र प्रबंधन प्रथाएँ उनके पूरे जीवन काल में कुशल संसाधन उपयोग सुनिश्चित करती हैं। इसमें अप्रयुक्त या पुराने संसाधनों को बंद करना, भंडारण उपयोग को अनुकूलित करना और उपयुक्त होने पर डेटा को संग्रहित करना शामिल है।

12.2.3. क्लाउड संसाधनों को अनुकूलित करने के लिए सर्वोत्तम अभ्यास:

• सतत निगरानी और विश्लेषण: संसाधन उपयोग, प्रदर्शन मेट्रिक्स और लागत पैटर्न को लगातार ट्रैक करने के लिए मजबूत निगरानी उपकरण लागू किए जाने चाहिए। इस डेटा का नियमित रूप से विश्लेषण करने से संसाधन बाधाओं की पहचान करने, आवंटन को अनुकूलित करने और लागत बचत के अवसरों का पता लगाने में मदद मिलती है।
• स्वचालन और आर्केस्ट्रा:स्वचालन और ऑर्केस्ट्रेशन टूल का लाभ उठाने से संसाधन आवंटन और प्रबंधन प्रक्रियाएं सुव्यवस्थित हो जाती हैं। स्वचालित प्रावधान, संसाधन टैगिंग और नीति-आधारित आवंटन संसाधन उपयोग को अनुकूलित कर सकते हैं और प्रबंधन कार्यों को सरल बना सकते हैं।
• भार का संतुलन:भार संतुलन तंत्र का उपयोग उपलब्ध संसाधनों में कार्यभार का समान वितरण सुनिश्चित करता है। लोड बैलेंसर कुशल संसाधन उपयोग प्राप्त करने, एप्लिकेशन प्रतिक्रियाशीलता में सुधार करने और ट्रैफ़िक स्पाइक्स के दौरान स्केलेबिलिटी सक्षम करने में मदद करते हैं।
• आरक्षित उदाहरण और बचत योजनाएँ: क्लाउड प्रदाताओं की पेशकशों, जैसे आरक्षित इंस्टेंस या बचत योजनाओं का लाभ उठाकर, दीर्घकालिक संसाधन आवश्यकताओं के लिए लागत को अनुकूलित किया जा सकता है। ये विकल्प रियायती मूल्य निर्धारण प्रदान करते हैं और संगठनों को महत्वपूर्ण लागत बचत हासिल करने में मदद करते हैं।
• नियमित क्षमता योजना: नियमित क्षमता नियोजन अभ्यास आयोजित करने से संगठनों को संसाधन आवश्यकताओं का आकलन करने, विकास की आशा करने और तदनुसार संसाधन आवंटन संरेखित करने की अनुमति मिलती है। क्षमता नियोजन यह सुनिश्चित करता है कि संगठनों के पास अनावश्यक व्यय के बिना बढ़ते कार्यभार को संभालने के लिए आवश्यक संसाधन मौजूद हैं।
• लागत दृश्यता और अनुकूलन: लागत प्रबंधन उपकरण और प्रथाओं को लागू करने से क्लाउड खर्चों में दृश्यता मिलती है। लागत टूटने का विश्लेषण करने, लागत चालकों की पहचान करने और लागत-प्रदर्शन ट्रेड-ऑफ के आधार पर संसाधन आवंटन को अनुकूलित करने से अधिक कुशल संसाधन उपयोग हो सकता है।
• सतत अनुकूलन: निरंतर अनुकूलन की संस्कृति स्थापित करने में संसाधन आवंटन रणनीतियों की नियमित समीक्षा और उन्हें दुरुस्त करना शामिल है। संगठनों को संसाधन आवंटन निर्णयों की प्रभावशीलता का मूल्यांकन करना चाहिए, नई क्लाउड सेवाओं का पता लगाना चाहिए और चल रहे सुधारों को आगे बढ़ाने के लिए उभरती प्रौद्योगिकियों को अपनाना चाहिए।

12.3 क्लाउड में नीति प्रवर्तन और अनुपालन: शासन और सुरक्षा सुनिश्चित करना

नीति प्रवर्तन और अनुपालन क्लाउड गवर्नेंस के महत्वपूर्ण घटक हैं, जो संगठनों को सुरक्षित और अनुपालन क्लाउड वातावरण स्थापित करने में सक्षम बनाते हैं। व्यापक नीतियां विकसित करके, स्वचालन का लाभ उठाकर, और पहुंच नियंत्रण और कॉन्फ़िगरेशन प्रबंधन लागू करके, संगठन मजबूत नीति प्रवर्तन बनाए रख सकते हैं। क्लाउड प्रदाताओं के साथ नियमित निगरानी, प्रशिक्षण और सहयोग प्रभावी नीति प्रवर्तन और अनुपालन में योगदान देता है। सर्वोत्तम प्रथाओं का पालन करके, नियमित नीति समीक्षा आयोजित करके और निरंतर निगरानी लागू करके, संगठन नीति का पालन सुनिश्चित कर सकते हैं, सुरक्षा जोखिमों को कम कर सकते हैं, और क्लाउड में उद्योग मानकों और नियामक आवश्यकताओं के अनुपालन का प्रदर्शन कर सकते हैं। एक मजबूत नीति प्रवर्तन और अनुपालन ढांचा अंततः एक सुरक्षित और सुशासित क्लाउड वातावरण को जन्म देगा, संवेदनशील डेटा की सुरक्षा करेगा और संगठन की समग्र सुरक्षा स्थिति को मजबूत करेगा।

12.3.1. नीति प्रवर्तन और अनुपालन का महत्व:

• सुरक्षा और जोखिम न्यूनीकरण: नीति प्रवर्तन सुनिश्चित करता है कि सुरक्षा नियंत्रण, पहुंच प्रबंधन और डेटा सुरक्षा उपाय सभी क्लाउड संसाधनों पर लगातार लागू होते हैं। ऐसा करने से, यह सुरक्षा जोखिमों को कम करने में मदद करता है और संवेदनशील जानकारी को अनधिकृत पहुंच या उल्लंघनों से बचाता है।
• विनियामक अनुपालन: क्लाउड में काम करने वाले संगठनों के लिए उद्योग-विशिष्ट नियमों, डेटा सुरक्षा कानूनों और गोपनीयता आवश्यकताओं का अनुपालन आवश्यक है। नीति प्रवर्तन यह सुनिश्चित करता है कि संभावित कानूनी और वित्तीय परिणामों से बचते हुए, क्लाउड संचालन प्रासंगिक नियमों और अनुपालन ढांचे के साथ संरेखित हो।

• शासन और नियंत्रण:नीति प्रवर्तन संगठनों को अपने क्लाउड संसाधनों और अनुप्रयोगों पर नियंत्रण बनाए रखने का अधिकार देता है। संसाधन आवंटन, पहुंच प्रबंधन, डेटा हैंडलिंग और कॉन्फ़िगरेशन प्रबंधन के लिए नियम और दिशानिर्देश स्थापित करके, यह सुसंगत और सुरक्षित प्रथाओं को सुनिश्चित करता है।

• लेखापरीक्षा और जवाबदेही: नीति प्रवर्तन नीतियों और विनियमों के अनुपालन को ट्रैक और मॉनिटर करने के लिए एक रूपरेखा प्रदान करके ऑडिटिंग और जवाबदेही की सुविधा प्रदान करता है। यह संगठनों को ऑडिट और मूल्यांकन के दौरान आंतरिक नियंत्रण और बाहरी आवश्यकताओं का पालन प्रदर्शित करने में सक्षम बनाता है।

12.3.2. प्रभावी नीति प्रवर्तन और अनुपालन के लिए विचार:

• नीति का विकास:व्यापक नीतियां विकसित करें जो व्यावसायिक उद्देश्यों, सुरक्षा आवश्यकताओं और नियामक ढांचे के अनुरूप हों। अच्छी तरह से परिभाषित नीतियों में क्लाउड संसाधन उपयोग, पहुंच नियंत्रण, डेटा प्रबंधन और घटना प्रतिक्रिया के लिए अपेक्षाओं, दिशानिर्देशों और मानकों को स्पष्ट रूप से रेखांकित किया जाना चाहिए।

• स्वचालन और आर्केस्ट्रा: क्लाउड संसाधनों पर नीतियों को लगातार लागू करने के लिए स्वचालन और ऑर्केस्ट्रेशन टूल का लाभ उठाएं। स्वचालन यह सुनिश्चित करने में मदद करता है कि नीति प्रवर्तन कुशल, सटीक और स्केलेबल है, जिससे मानवीय त्रुटियों या विसंगतियों का जोखिम कम हो जाता है।

• अभिगम नियंत्रण और पहचान प्रबंधन: सूक्ष्म पहुंच नियंत्रण और उपयोगकर्ता अनुमतियों को लागू करने के लिए मजबूत पहचान और पहुंच प्रबंधन (आईएएम) प्रथाओं को लागू करें। उपयोगकर्ताओं को उचित भूमिकाएँ और अनुमतियाँ सौंपें, और बदलती आवश्यकताओं के आधार पर पहुँच नीतियों की नियमित समीक्षा और अद्यतन करें।

• विन्यास प्रबंधन:क्लाउड संसाधनों में स्थिरता और सुरक्षा बनाए रखने के लिए कॉन्फ़िगरेशन प्रबंधन नीतियां लागू करें। कॉन्फ़िगरेशन को मानकीकृत करने, अनधिकृत परिवर्तनों को रोकने और कॉन्फ़िगरेशन बहाव का पता लगाने के लिए कॉन्फ़िगरेशन प्रबंधन उपकरण और प्रक्रियाओं को लागू करें।

• निगरानी और लेखा परीक्षा: क्लाउड संसाधनों पर गतिविधियों को ट्रैक और लॉग करने के लिए निगरानी और ऑडिटिंग उपकरण तैनात करें। नीति अनुपालन सुनिश्चित करने, नीति उल्लंघनों का पता लगाने और किसी भी संदिग्ध गतिविधियों या घटनाओं की तुरंत जांच करने के लिए लॉग और ऑडिट ट्रेल्स की नियमित समीक्षा करें।

• प्रशिक्षण और जागरूकता:कर्मचारियों को नीतियों, सुरक्षा सर्वोत्तम प्रथाओं और अनुपालन आवश्यकताओं पर शिक्षित करने के लिए नियमित प्रशिक्षण और जागरूकता कार्यक्रम आयोजित करें। सुरक्षा जागरूकता की संस्कृति को बढ़ावा दें और सुनिश्चित करें कि व्यक्ति नीति अनुपालन बनाए रखने में अपनी भूमिका और जिम्मेदारियों को समझें।

12.3.3. नीति प्रवर्तन और अनुपालन के लिए सर्वोत्तम अभ्यास:

• नियमित नीति समीक्षाएँ:यह सुनिश्चित करने के लिए नीतियों की समय-समय पर समीक्षा करें कि वे अद्यतन रहें और उभरती व्यावसायिक और नियामक आवश्यकताओं के अनुरूप रहें। फीडबैक इकट्ठा करने और आवश्यक समायोजन करने के लिए विभिन्न टीमों के हितधारकों को शामिल करें।

• सतत निगरानी और निवारण: स्वचालित उपकरणों और प्रक्रियाओं का उपयोग करके नीति अनुपालन की निरंतर निगरानी लागू करें। उल्लंघनों की निगरानी और ट्रैक करें, और सुधारात्मक प्रयासों और सुधारात्मक कार्रवाइयों के माध्यम से किसी भी गैर-अनुपालन मुद्दे का तुरंत समाधान करें।

• दस्तावेज़ीकरण और दस्तावेज़ीकरण: नीतियों, प्रक्रियाओं और नियंत्रणों का व्यापक दस्तावेज़ीकरण बनाए रखें। नीतिगत निर्णयों के पीछे के तर्क का दस्तावेजीकरण करें, परिवर्तनों पर नज़र रखें और अनुपालन प्रदर्शित करने और भविष्य की नीति समीक्षाओं को सुविधाजनक बनाने के लिए ऑडिट ट्रेल बनाए रखें।

• क्लाउड प्रदाताओं के साथ सहयोग:क्लाउड सेवा प्रदाताओं द्वारा प्रदान की गई सुरक्षा और अनुपालन सुविधाओं का लाभ उठाएं। साझा जिम्मेदारी मॉडल को समझें और प्रदाताओं के साथ सहयोग करके यह सुनिश्चित करें कि क्लाउड वातावरण में नीतियों और नियंत्रणों को प्रभावी ढंग से लागू किया जाए।

• नियमित अनुपालन आकलन:नीति प्रवर्तन को मान्य करने और किसी भी अंतराल या गैर-अनुपालन मुद्दों की पहचान करने के लिए नियमित अनुपालन मूल्यांकन और ऑडिट आयोजित करें। नीति प्रवर्तन प्रथाओं की प्रभावशीलता का आकलन करने के लिए आंतरिक या बाहरी लेखा परीक्षकों के साथ सहयोग करें।

• घटना प्रतिक्रिया और रिपोर्टिंग: एक घटना प्रतिक्रिया योजना विकसित करें जो नीति प्रवर्तन और अनुपालन उद्देश्यों के अनुरूप हो। नीति उल्लंघनों या सुरक्षा घटनाओं की रिपोर्टिंग और समाधान के लिए प्रक्रियाएं स्थापित करें, और सुनिश्चित करें कि समय पर और उचित प्रतिक्रिया उपाय लागू किए जाएं।

अभ्यास

बहु विकल्पीय प्रश्न

1. निम्नलिखित में से क्या हासिल करना चाहने वाले संगठनों के लिए क्लाउड गवर्नेंस आवश्यक है?

a) क्लाउड लागत में कमी

b) डेटा उल्लंघनों में वृद्धि

c) सुरक्षा नियमों का अनुपालन

d) केंद्रीकृत सर्वर पर निर्भरता

2. क्लाउड में कुशल संसाधन आवंटन और प्रबंधन किस कारक को सीधे प्रभावित करता है?

a) स्केलेबिलिटी और प्रदर्शन

b) एप्लीकेशन का विकास

c) शासन एवं नियंत्रण

d) लागत अनुकूलन

3. क्लाउड संसाधन आवंटन में स्वचालन और ऑर्केस्ट्रेशन का लाभ उठाने का प्राथमिक उद्देश्य क्या है?

a) लागत में कमी

b) कुशल नीति प्रवर्तन

c) सरलीकृत प्रबंधन कार्य

d) स्केलेबिलिटी में वृद्धि

4. क्लाउड में उद्योग-विशिष्ट नियमों के अनुपालन का क्या महत्व है?

a) संसाधन लागत में वृद्धि

b) डेटा उल्लंघनों से सुरक्षा

c) अनुप्रयोग प्रदर्शन में कमी

d) केंद्रीकृत सर्वर पर निर्भरता

5. क्लाउड गवर्नेंस का कौन सा घटक संसाधन आवंटन और डेटा के लिए दिशानिर्देश स्थापित करता है? सुरक्षा?

a) सतत निगरानी एवं विश्लेषण

b) स्वचालन और ऑर्केस्ट्रेशन

c) नीतियाँ और कार्यविधियाँ

d) संसाधन टैगिंग और लेबलिंग

6. क्लाउड में एक्सेस नियंत्रण और पहचान प्रबंधन लागू करने का प्राथमिक उद्देश्य क्या है? वातावरण?

a) एन्क्रिप्शन तंत्र लागू करना

b) संसाधन उपयोग पर नज़र रखना

c) कुशल संसाधन आवंटन सुनिश्चित करना

d) सूक्ष्म पहुंच नियंत्रण लागू करना

7. संगठन संसाधन आवंटन के माध्यम से क्लाउड लागत को प्रभावी ढंग से कैसे अनुकूलित कर सकते हैं?

a) प्रदर्शन मेट्रिक्स की नियमित समीक्षा करना

b) क्लाउड प्रदाता पेशकशों का लाभ उठाना

c) अत्यधिक प्रावधान बढ़ाना

d) संसाधन टैगिंग लागू करना

8. नीति प्रवर्तन में स्वचालन क्या भूमिका निभाता है?

a) मानवीय त्रुटियाँ बढ़ती हैं

b) अनुपालन ऑडिट को सरल बनाता है

c) क्लाउड सेवाओं की आवश्यकता कम हो जाती है

d) क्लाउड लागत बढ़ाता है

9. नीति प्रवर्तन में निरंतर निगरानी और विश्लेषण क्यों महत्वपूर्ण है?

a) क्लाउड स्केलेबिलिटी को अधिकतम करने के लिए

b) संसाधन आवंटन को सुव्यवस्थित करना

c) मानवीय त्रुटियों को रोकने के लिए

d) नीति अनुपालन को ट्रैक करने के लिए

10. उचित कॉन्फ़िगरेशन प्रबंधन नीति प्रवर्तन में कैसे योगदान देता है?

a) नियमों का अनुपालन सुनिश्चित करता है

b) मानकीकृत संसाधन आवंटन स्थापित करता है

c) सुरक्षा जोखिमों को कम करता है

d) कुशल क्लाउड स्केलिंग सक्षम करता है

11. नियमित अनुपालन मूल्यांकन आयोजित करने का प्राथमिक उद्देश्य क्या है?

a) स्वचालित नीति प्रवर्तन की स्थापना

b) क्लाउड गवर्नेंस में अंतराल की पहचान करना

c) क्लाउड लागत कम करना

d) क्लाउड स्केलेबिलिटी बढ़ाना

12. क्लाउड में प्रभावी नीति प्रवर्तन और अनुपालन का अंतिम लक्ष्य क्या है?

a) क्लाउड संसाधन आवंटन में कमी

b) नियामक अनुपालन प्राप्त करना

c) केंद्रीकृत सर्वर पर निर्भरता

d) कुशल अनुप्रयोग विकास सुनिश्चित करना

समीक्षा प्रश्न

1. क्लाउड सेवाओं का उपयोग करने वाले संगठनों में क्लाउड गवर्नेंस का क्या महत्व है?

2. प्रभावी नीति प्रवर्तन सुनिश्चित करने में क्लाउड गवर्नेंस फ्रेमवर्क कैसे योगदान करते हैं?

3. क्लाउड गवर्नेंस फ्रेमवर्क के प्रमुख घटक क्या हैं, और वे क्लाउड को कैसे बढ़ाते हैं

1. सुरक्षा?

4. क्लाउड में प्रभावी संसाधन आवंटन किसी संगठन के संचालन को कैसे प्रभावित करता है

2. क्षमता?

5. क्लाउड संसाधनों को अनुकूलित करने में स्वचालन क्या भूमिका निभाता है?

6. लागत को अनुकूलित करने के लिए संगठन क्लाउड प्रदाता पेशकशों का लाभ कैसे उठा सकते हैं?

7. क्लाउड संसाधन अनुकूलन में निरंतर निगरानी और विश्लेषण के क्या लाभ हैं?

8. क्लाउड संसाधनों का सही आकार लागत अनुकूलन और प्रदर्शन में कैसे योगदान देता है

3. सुधार?

9. क्लाउड गवर्नेंस में क्लाउड प्रदाताओं के साथ सहयोग का क्या महत्व है?

उत्तर अनुभाग

बहु विकल्पीय प्रश्न

1. c) सुरक्षा नियमों का अनुपालन
2. d) लागत अनुकूलन
3. c) सरलीकृत प्रबंधन कार्य
4. b) डेटा उल्लंघनों से सुरक्षा
5. c) नीतियां और प्रक्रियाएं
6. d) सूक्ष्म पहुंच नियंत्रण लागू करना
7. b) क्लाउड प्रदाता पेशकशों का लाभ उठाना
8. b) अनुपालन ऑडिट को सरल बनाता है
9. d) नीति अनुपालन को ट्रैक करने के लिए
10. c) सुरक्षा जोखिमों को कम करता है
11. b) क्लाउड गवर्नेंस में अंतराल की पहचान करना
12. b) नियामक अनुपालन प्राप्त करना

समीक्षा प्रश्न

1. क्लाउड सेवाओं का उपयोग करने वाले संगठनों में क्लाउड प्रशासन एक महत्वपूर्ण भूमिका निभाता है क्योंकि यह सुरक्षित, अनुपालन और कुशल क्लाउड संचालन सुनिश्चित करता है। इसमें क्लाउड संसाधनों को प्रभावी ढंग से प्रबंधित करने, जोखिमों को कम करने और क्लाउड उपयोग को अनुकूलित करने के लिए नीतियां, नियंत्रण और प्रक्रियाएं बनाना शामिल है। शासन के माध्यम से, संगठन संवेदनशील डेटा की सुरक्षा कर सकते हैं, सुरक्षा उपाय लागू कर सकते हैं और नियामक आवश्यकताओं का पालन कर सकते हैं। यह क्लाउड खर्चों पर नज़र रखने और प्रबंधित करने, संसाधन आवंटन को अनुकूलित करने और अधिक प्रावधान से बचने के द्वारा लागत अनुकूलन को भी बढ़ावा देता है। शासन प्रक्रियाओं को मानकीकृत करके, सहयोग को बढ़ावा देकर और क्लाउड संसाधन प्रबंधन को सुव्यवस्थित करके परिचालन दक्षता को बढ़ावा देता है। अंततः, यह संगठनों को सफल क्लाउड अपनाने और क्लाउड सेवाओं से प्राप्त मूल्य को अधिकतम करने का अधिकार देता है।

2. क्लाउड गवर्नेंस फ्रेमवर्क नीति प्रवर्तन को प्रभावी ढंग से निर्देशित करने के लिए व्यापक नीतियां, प्रक्रियाएं और नियंत्रण स्थापित करते हैं। ये ढाँचे क्लाउड संसाधन प्रबंधन के लिए एक संरचित दृष्टिकोण प्रदान करते हैं, जो पूरे संगठन में स्थिरता, सुरक्षा और अनुपालन सुनिश्चित करते हैं। संसाधन प्रावधान, पहुंच प्रबंधन, डेटा सुरक्षा और घटना प्रतिक्रिया के लिए स्पष्ट नीतियों को परिभाषित करके, संगठन लगातार नियमों को लागू कर सकते हैं। इसके अतिरिक्त, शासन ढाँचे अक्सर नीति प्रवर्तन को सुव्यवस्थित करने के लिए स्वचालन और ऑर्केस्ट्रेशन टूल को शामिल करते हैं। स्वचालन यह सुनिश्चित करता है कि नीतियों को क्लाउड संसाधनों पर कुशलतापूर्वक लागू किया जाता है, मानवीय त्रुटियों को कम किया जाता है और स्केलेबिलिटी सुनिश्चित की जाती है। कुल मिलाकर, क्लाउड गवर्नेंस फ्रेमवर्क प्रभावी नीति प्रवर्तन के लिए एक मजबूत आधार स्थापित करने और एक सुरक्षित और सुशासित क्लाउड वातावरण बनाए रखने में महत्वपूर्ण भूमिका निभाते हैं।

3. क्लाउड गवर्नेंस फ्रेमवर्क के प्रमुख घटकों में नीतियां और प्रक्रियाएं, अनुपालन और सुरक्षा नियंत्रण, जोखिम मूल्यांकन और प्रबंधन, प्रदर्शन निगरानी और प्रशिक्षण और जागरूकता कार्यक्रम शामिल हैं। नीतियां और प्रक्रियाएं संसाधन प्रबंधन, पहुंच नियंत्रण, डेटा सुरक्षा और घटना प्रतिक्रिया के लिए दिशानिर्देश परिभाषित करती हैं। अनुपालन और सुरक्षा नियंत्रण उद्योग नियमों का पालन सुनिश्चित करते हैं और सुरक्षा उपायों को लागू करते हैं। जोखिम मूल्यांकन संभावित जोखिमों की पहचान करता है और शमन रणनीतियों को लागू करता है। प्रदर्शन निगरानी संसाधन उपयोग और सेवा उपलब्धता को ट्रैक करती है। प्रशिक्षण और जागरूकता कार्यक्रम कर्मचारियों को नीतियों और सुरक्षा प्रथाओं पर शिक्षित करते हैं।

4. ये घटक क्लाउड संसाधनों के प्रबंधन के लिए एक व्यवस्थित दृष्टिकोण प्रदान करके क्लाउड सुरक्षा को बढ़ाते हैं। नीतियां और नियंत्रण संवेदनशील डेटा की सुरक्षा करते हैं और सुरक्षा उपाय लागू करते हैं। अनुपालन नियमों का पालन

सुनिश्चित करता है, और जोखिम मूल्यांकन सुरक्षा खतरों को कम करता है। प्रदर्शन निगरानी विसंगतियों का पता लगाती है, और प्रशिक्षण सुरक्षा जागरूकता की संस्कृति को बढ़ावा देता है।

5. क्लाउड में प्रभावी संसाधन आवंटन किसी संगठन की परिचालन दक्षता पर महत्वपूर्ण प्रभाव डालता है। उचित आवंटन यह सुनिश्चित करता है कि क्लाउड संसाधन कार्यभार की माँगों के अनुरूप हों, कम प्रावधान या अधिक प्रावधान से बचें। इस अनुकूलन से संसाधनों का बेहतर उपयोग होता है और लागत कम होती है, दक्षता अधिकतम होती है। कुशल संसाधन आवंटन उपयोगकर्ता की मांगों को लगातार पूरा करने के लिए आवश्यक संसाधन प्रदान करके एप्लिकेशन प्रदर्शन को भी बढ़ाता है। कार्यभार के उतार-चढ़ाव के आधार पर संसाधनों को गतिशील रूप से मापने की क्षमता कम-मांग अवधि के दौरान दक्षता से समझौता किए बिना चरम अवधि के दौरान इष्टतम प्रदर्शन सुनिश्चित करती है। कुल मिलाकर, प्रभावी संसाधन आवंटन संचालन को सुव्यवस्थित करता है, अपशिष्ट को कम करता है, और क्लाउड वातावरण में समग्र उत्पादकता और दक्षता में सुधार करता है।

6. संसाधन प्रबंधन कार्यों को सुव्यवस्थित करके और दक्षता और स्थिरता सुनिश्चित करके क्लाउड संसाधनों को अनुकूलित करने में स्वचालन महत्वपूर्ण भूमिका निभाता है। स्वचालित प्रावधान संगठनों को मांग के आधार पर संसाधनों को स्केल करने की अनुमति देता है, जिससे उन्हें चरम समय के दौरान प्रदर्शन को अनुकूलित करने और कम-मांग अवधि के दौरान लागत को कम करने में सक्षम बनाया जाता है। यह मानवीय त्रुटियों को कम करता है और संसाधन आवंटन को मानकीकृत करता है, अधिक प्रावधान या कम उपयोग को रोकता है। स्वचालन क्लाउड संसाधनों पर पहुंच नियंत्रण और कॉन्फ़िगरेशन प्रबंधन को कुशलतापूर्वक लागू करके नीति प्रवर्तन की सुविधा भी देता है। स्वचालन का लाभ उठाकर, संगठन अपने क्लाउड वातावरण में लागत बचत, परिचालन दक्षता और बेहतर स्केलेबिलिटी प्राप्त कर सकते हैं, अंततः क्लाउड सेवाओं से प्राप्त मूल्य को अधिकतम कर सकते हैं।

7. संगठन विभिन्न लागत-बचत कार्यक्रमों और सेवाओं का लाभ उठाकर लागत को अनुकूलित करने के लिए क्लाउड प्रदाता की पेशकश का लाभ उठा सकते हैं। उदाहरण के लिए, क्लाउड प्रदाता आरक्षित उदाहरणों या बचत योजनाओं जैसे रियायती मूल्य निर्धारण विकल्प प्रदान करते हैं, जिससे संगठनों को कम दरों पर दीर्घकालिक उपयोग करने की अनुमति मिलती है। उचित मूल्य निर्धारण मॉडल का चयन करके और संसाधन आवंटन को अनुकूलित करके, संगठन महत्वपूर्ण लागत बचत प्राप्त कर सकते हैं। इसके अतिरिक्त, क्लाउड प्रदाता अक्सर उपकरण और सेवाएँ प्रदान करते हैं जो लागत ट्रैकिंग और अनुकूलन को सक्षम करते हैं, जिससे संगठनों को लागत चालकों और सुधार के क्षेत्रों की पहचान करने में मदद मिलती है। क्लाउड प्रदाताओं के साथ सहयोग करके और उनकी लागत-बचत पेशकशों का उपयोग करके, संगठन प्रभावी ढंग से क्लाउड खर्चों का प्रबंधन कर सकते हैं और अपने क्लाउड निवेश को अनुकूलित कर सकते हैं।

8. निरंतर निगरानी और विश्लेषण क्लाउड संसाधन अनुकूलन में कई लाभ प्रदान करते हैं। वास्तविक समय में संसाधन उपयोग, प्रदर्शन मेट्रिक्स और लागत पैटर्न पर नज़र रखकर, संगठन संसाधन बाधाओं और अक्षमताओं की तुरंत पहचान कर सकते हैं। निगरानी डेटा के नियमित विश्लेषण से समस्याओं का त्वरित पता लगाने और उनके बढ़ने से पहले अनुकूलन उपायों के कार्यान्वयन की अनुमति मिलती है। यह प्रदर्शन के रुझानों और पैटर्न में अंतर्दृष्टि भी प्रदान करता है, जिससे संगठनों को संसाधन आवंटन और क्षमता योजना के बारे में सूचित निर्णय लेने में सक्षम बनाया जाता है। निरंतर निगरानी सेवा-स्तरीय समझौतों (एसएलए) का पालन सुनिश्चित करती है और समय पर समस्या का पता लगाने और समाधान करने में सक्षम बनाती है। कुल मिलाकर, निरंतर निगरानी और विश्लेषण संसाधन दक्षता, लागत अनुकूलन और क्लाउड संसाधनों के सक्रिय प्रबंधन को बनाए रखने में महत्वपूर्ण भूमिका निभाते हैं।

9. क्लाउड संसाधनों के सही आकार में वास्तविक कार्यभार आवश्यकताओं के साथ संसाधन आवंटन का मिलान शामिल है। संसाधन उपयोग मेट्रिक्स की निरंतर निगरानी करके और तदनुसार संसाधन आवंटन को समायोजित करके, संगठन अधिक प्रावधान या कम उपयोग से बच सकते हैं। सही आकार यह सुनिश्चित करके लागत अनुकूलन में योगदान देता है कि क्लाउड संसाधनों का प्रावधान वास्तविक उपयोग पैटर्न के आधार पर किया जाता है, जिससे अप्रयुक्त संसाधनों पर अनावश्यक खर्च समाप्त हो जाता है। यह कार्यभार की मांगों को सटीक रूप से पूरा करने के लिए आवश्यक संसाधन प्रदान करके प्रदर्शन में सुधार करता है, जिसके परिणामस्वरूप एप्लिकेशन प्रतिक्रिया और उपयोगकर्ता अनुभव अनुकूलित होते हैं। सही आकार भी कुशल संसाधन उपयोग को सक्षम बनाता है, क्योंकि संगठन

आवश्यकतानुसार सटीक रूप से संसाधनों का आवंटन करते हैं, जिससे क्लाउड वातावरण में लागत-प्रभावशीलता और प्रदर्शन अधिकतम होता है।

क्लाउड प्रशासन में क्लाउड प्रदाताओं के साथ सहयोग महत्वपूर्ण है क्योंकि यह संगठनों को उनकी विशेषज्ञता, सेवाओं और सुरक्षा सुविधाओं का लाभ उठाने की अनुमति देता है। क्लाउड प्रदाता देशी उपकरण और सेवाएँ प्रदान करते हैं जो शासन की आवश्यकताओं के अनुरूप होते हैं, जैसे पहचान और पहुंच प्रबंधन, एन्क्रिप्शन और अनुपालन नियंत्रण। साझा जिम्मेदारी मॉडल को समझकर, संगठन यह सुनिश्चित कर सकते हैं कि उनकी नीतियां और नियंत्रण क्लाउड प्रदाता द्वारा पेश की गई नीतियों के अनुरूप हैं। प्रदाताओं के साथ सहयोग करने से संगठन मजबूत सुरक्षा उपायों को लागू करने और उद्योग मानकों और विनियमों का अनुपालन सुनिश्चित करने में सक्षम होते हैं। यह चल रहे संचार और फीडबैक को भी बढ़ावा देता है, जिससे संगठनों को क्लाउड वातावरण में परिवर्तनों के लिए अपनी शासन रणनीतियों को प्रभावी ढंग से अनुकूलित करने की अनुमति मिलती है।

अध्याय 13: क्लाउड में DevOps और सतत डिलीवरी

13.1 DevOps का परिचय: विकास और संचालन के बीच अंतर को पाटना

DevOps एक परिवर्तनकारी दृष्टिकोण है जो सॉफ्टवेयर डिलीवरी को सुव्यवस्थित करने, सहयोग में सुधार करने और व्यावसायिक चपलता बढ़ाने के लिए विकास और संचालन टीमों को एक साथ लाता है। सहयोग, स्वचालन, निरंतर एकीकरण और वितरण जैसे DevOps सिद्धांतों को लागू करके, संगठन समय-समय पर बाजार में तेजी ला सकते हैं, सॉफ्टवेयर की गुणवत्ता में सुधार कर सकते हैं और नवाचार को बढ़ावा दे सकते हैं। सहयोग की संस्कृति को बढ़ावा देकर, स्वचालन को अपनाकर और सर्वोत्तम प्रथाओं को अपनाकर, संगठन सफलतापूर्वक DevOps को लागू कर सकते हैं और तेज़, अधिक विश्वसनीय सॉफ़्टवेयर डिलीवरी के लाभों को अनलॉक कर सकते हैं। DevOps सॉफ़्टवेयर विकसित और वितरित करने के तरीके में एक मूलभूत बदलाव का प्रतिनिधित्व करता है, और जो संगठन इसे अपनाते हैं वे आज के तेज़ गति वाले डिजिटल परिदृश्य में प्रतिस्पर्धात्मक लाभ प्राप्त करने के लिए खड़े हैं।

13.1.1. डेवऑप्स क्या है?

DevOps एक सांस्कृतिक और तकनीकी आंदोलन दोनों का प्रतिनिधित्व करता है जो विकास (Dev) और संचालन (Ops) टीमों को एकजुट करना चाहता है। प्राथमिक उद्देश्य संपूर्ण सॉफ़्टवेयर विकास जीवनचक्र के दौरान एक सहयोगी और संचार वातावरण को बढ़ावा देना है। DevOps सॉफ्टवेयर को अधिक तेजी से और विश्वसनीय रूप से वितरित करने के उद्देश्य से पारंपरिक संगठनात्मक साइलो को तोड़ने, स्वचालन को अपनाने और निरंतर सुधार की संस्कृति को विकसित करने पर जोर देता है।

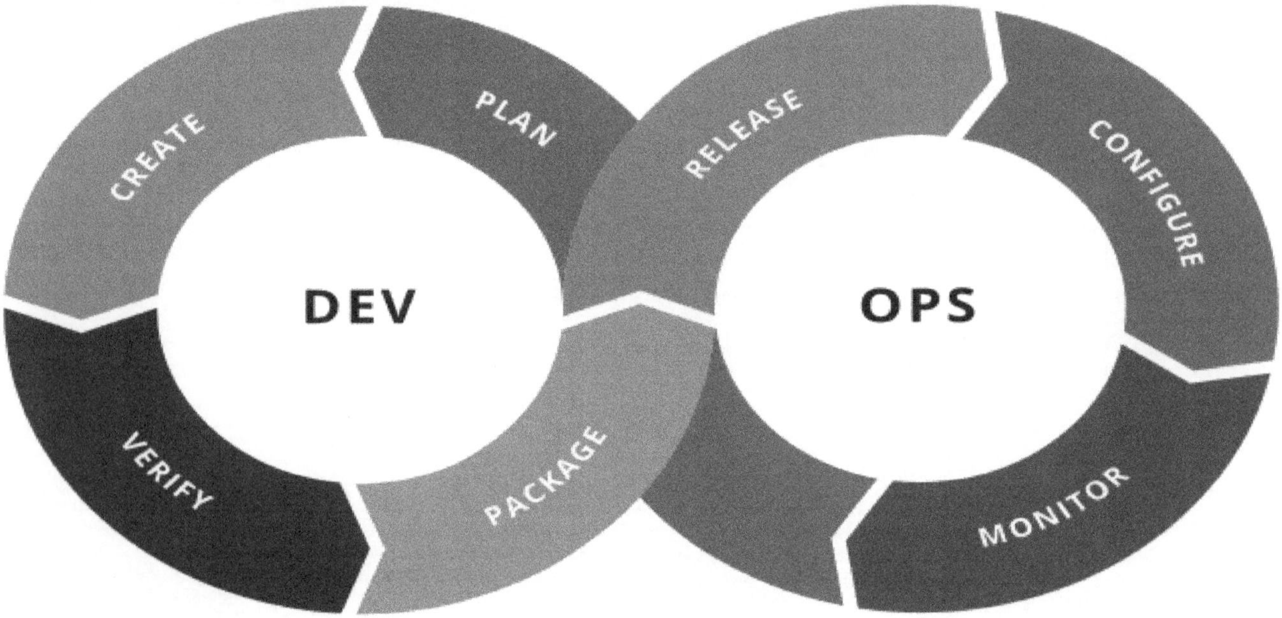

13.1.2. DevOps के प्रमुख सिद्धांत:

- सहयोग और संचार: DevOps विकास, संचालन और सॉफ्टवेयर डिलीवरी में शामिल अन्य हितधारकों के बीच सहयोग और खुले संचार पर जोर देता है। यह क्रॉस-फ़ंक्शनल टीमों, साझा ज़िम्मेदारियों और पारदर्शिता की संस्कृति को बढ़ावा देता है।
- स्वचालन: स्वचालन DevOps प्रथाओं के मूल में निहित है। इसमें मैन्युअल प्रयास को कम करने, त्रुटियों को कम करने और समग्र दक्षता को बढ़ाने के लिए सॉफ़्टवेयर का निर्माण, परीक्षण और तैनाती जैसे दोहराए जाने वाले कार्यों को स्वचालित करना शामिल है।
- सतत एकीकरण और वितरण:DevOps निरंतर एकीकरण (CI) के अभ्यास को प्रोत्साहित करता है, जिसमें एक साझा रिपॉजिटरी में कोड परिवर्तनों को बार-बार एकीकृत करना शामिल है, इसके बाद एकीकरण समस्याओं का शीघ्र पता लगाने के लिए स्वचालित परीक्षण किया जाता है। सतत वितरण (सीडी) तैनाती प्रक्रिया को स्वचालित करने पर केंद्रित है, जिससे मान्य कोड को उत्पादन में तेजी से और विश्वसनीय रूप से वितरित किया जा सके।

• कोड के रूप में बुनियादी ढाँचा:कोड के रूप में इन्फ्रास्ट्रक्चर (IaC) इन्फ्रास्ट्रक्चर कॉन्फ़िगरेशन को सॉफ्टवेयर कोड के रूप में मानता है। यह दृष्टिकोण संस्करण नियंत्रण, स्वचालन और बुनियादी ढांचे की प्रतिलिपि प्रस्तुत करने योग्यता की अनुमति देता है, जिससे विभिन्न वातावरणों में स्थिरता सुनिश्चित होती है।
• सतत निगरानी और प्रतिक्रिया:DevOps प्रदर्शन, उपलब्धता और उपयोगकर्ता अनुभव में अंतर्दृष्टि प्राप्त करने के लिए अनुप्रयोगों और बुनियादी ढांचे की निरंतर निगरानी के महत्व पर जोर देता है। फीडबैक लूप मुद्दों को तुरंत पहचानने और उनका समाधान करने में मदद करते हैं, जिससे निरंतर सुधार की संस्कृति बनती है।

13.1.3. DevOps के लाभ:

• बाज़ार में पहुंचने का तेज़ समय:DevOps प्रक्रियाओं को स्वचालित करके, मैन्युअल त्रुटियों को कम करके और तेज़ फीडबैक लूप की सुविधा प्रदान करके तेजी से सॉफ़्टवेयर डिलीवरी सक्षम बनाता है। यह संगठनों को बाज़ार की माँगों पर तुरंत प्रतिक्रिया देने और अधिक बार नई सुविधाएँ और अपडेट प्रदान करने की अनुमति देता है।
• बेहतर सहयोग: DevOps टीमों के बीच पारंपरिक बाधाओं को तोड़ता है, सहयोग और साझा जिम्मेदारी को बढ़ावा देता है। इसके परिणामस्वरूप बेहतर संचार, संरेखण और ज्ञान साझाकरण होता है, जिससे टीम वर्क और समग्र दक्षता में वृद्धि होती है।
• बढ़ी हुई चपलता और लचीलापन: DevOps संगठनों को बदलती व्यावसायिक आवश्यकताओं और बाज़ार स्थितियों के अनुसार शीघ्रता से अनुकूलन करने में सक्षम बनाता है। यह तेजी से स्केलिंग, निर्बाध तैनाती और अनुप्रयोगों को लगातार दोहराने और सुधारने की क्षमता प्रदान करता है।
• उन्नत सॉफ़्टवेयर गुणवत्ता: निरंतर एकीकरण, स्वचालित परीक्षण और निगरानी जैसी DevOps प्रथाएँ सॉफ़्टवेयर गुणवत्ता में उल्लेखनीय सुधार करती हैं। विकास चक्र की शुरुआत में ही मुद्दों का पता लगाया जाता है और उनका समाधान किया जाता है, जिससे दोष कम होते हैं और समग्र विश्वसनीयता बढ़ती है।
• लागत अनुकूलन: प्रक्रियाओं को स्वचालित करके और संसाधन उपयोग में सुधार करके, DevOps लागत को अनुकूलित करने में मदद करता है। यह मैन्युअल प्रयास को कम करता है, त्रुटियों के जोखिम को कम करता है और बुनियादी ढांचे के संसाधनों का कुशल उपयोग सुनिश्चित करता है।

13.1.4. DevOps कार्यान्वयन के लिए सर्वोत्तम अभ्यास:

• सांस्कृतिक परिवर्तन: सफल DevOps कार्यान्वयन के लिए सांस्कृतिक परिवर्तन की आवश्यकता होती है। संगठनों को टीमों के बीच साझा लक्ष्यों, पारदर्शिता और खुले संचार को प्रोत्साहित करना चाहिए। सिलोस को तोड़ना और निरंतर सीखने और सुधार की मानसिकता को बढ़ावा देना आवश्यक है।
• स्वचालन:सॉफ़्टवेयर विकास जीवनचक्र में मैन्युअल, दोहराए जाने वाले कार्यों को पहचानें और स्वचालित करें। इसमें निर्माण, परीक्षण और तैनाती प्रक्रियाओं के साथ-साथ बुनियादी ढांचे का प्रावधान और कॉन्फ़िगरेशन प्रबंधन शामिल है।
• सतत एकीकरण और वितरण: कोड एकीकरण, परीक्षण और तैनाती को स्वचालित करने के लिए सीआई/सीडी पाइपलाइनों को लागू करें। उत्पादन में लगातार छोटे, वृद्धिशील परिवर्तन करते रहें, त्वरित प्रतिक्रिया सक्षम करें और बड़ी विफलताओं के जोखिम को कम करें।
• कोड के रूप में बुनियादी ढाँचा: बुनियादी ढांचे के कॉन्फ़िगरेशन को कोड के रूप में मानें, बुनियादी ढांचे को प्रोग्रामेटिक रूप से प्रबंधित और प्रावधान करने के लिए टूल और तकनीकों का उपयोग करें। यह संपूर्ण वातावरण में संस्करण नियंत्रण, स्थिरता और प्रतिलिपि प्रस्तुत करने योग्यता की अनुमति देता है।
• सतत निगरानी और प्रतिक्रिया:एप्लिकेशन प्रदर्शन, बुनियादी ढांचे के स्वास्थ्य और उपयोगकर्ता अनुभव में अंतर्दृष्टि प्राप्त करने के लिए मजबूत निगरानी समाधान लागू करें। उपयोगकर्ता फीडबैक प्राप्त करने, मेट्रिक्स की निगरानी करने और निरंतर सुधार लाने के लिए फीडबैक लूप का उपयोग करें।
• सुरक्षा और अनुपालन: शुरुआत से ही सुरक्षा प्रथाओं को DevOps वर्कफ़्लो में एकीकृत करें। सुरक्षित कोडिंग प्रथाओं, स्वचालित सुरक्षा परीक्षण को लागू करें, और सीआई/सीडी पाइपलाइन में सुरक्षा समीक्षा और अनुपालन जांच को शामिल करें।

13.2 क्लाउड में सीआई/सीडी पाइपलाइन: सॉफ्टवेयर डिलीवरी और तैनाती को सुव्यवस्थित करना

क्लाउड में सीआई/सीडी पाइपलाइनों ने सॉफ्टवेयर डिलीवरी और तैनाती में क्रांति ला दी है, जिससे संगठनों को तेजी से समय-समय पर बाजार, उच्च गुणवत्ता वाले सॉफ्टवेयर और बेहतर सहयोग प्राप्त करने में सक्षम बनाया गया है। स्वचालित वर्कफ़्लो को लागू करके, प्रत्येक चरण में परीक्षण को एकीकृत करके और क्लाउड स्केलेबिलिटी का लाभ उठाकर, संगठन सॉफ़्टवेयर विकास चक्रों में तेजी ला सकते हैं और समग्र दक्षता में सुधार कर सकते हैं। IaC अपनाने, समानांतर निष्पादन, पर्यावरण अलगाव और निरंतर सुधार जैसी सर्वोत्तम प्रथाओं का पालन करने से क्लाउड में CI/CD पाइपलाइनों की सफलता सुनिश्चित होती है। CI/CD प्रथाओं को अपनाने से

13.2.1. सीआई/सीडी पाइपलाइन क्या हैं?

सीआई/सीडी पाइपलाइन स्वचालित वर्कफ़्लो हैं जो कोड परिवर्तनों के एकीकरण, सॉफ़्टवेयर कलाकृतियों के निर्माण, स्वचालित परीक्षणों के निष्पादन और उत्पादन वातावरण में अनुप्रयोगों की निर्बाध तैनाती की सुविधा प्रदान करते हैं। ये पाइपलाइन डेवलपर्स को लगातार कोड परिवर्तनों को एकीकृत करने, स्वचालित परीक्षणों के माध्यम से उन्हें मान्य करने और अक्सर विश्वसनीय सॉफ़्टवेयर रिलीज़ प्रदान करने में सक्षम बनाती हैं।

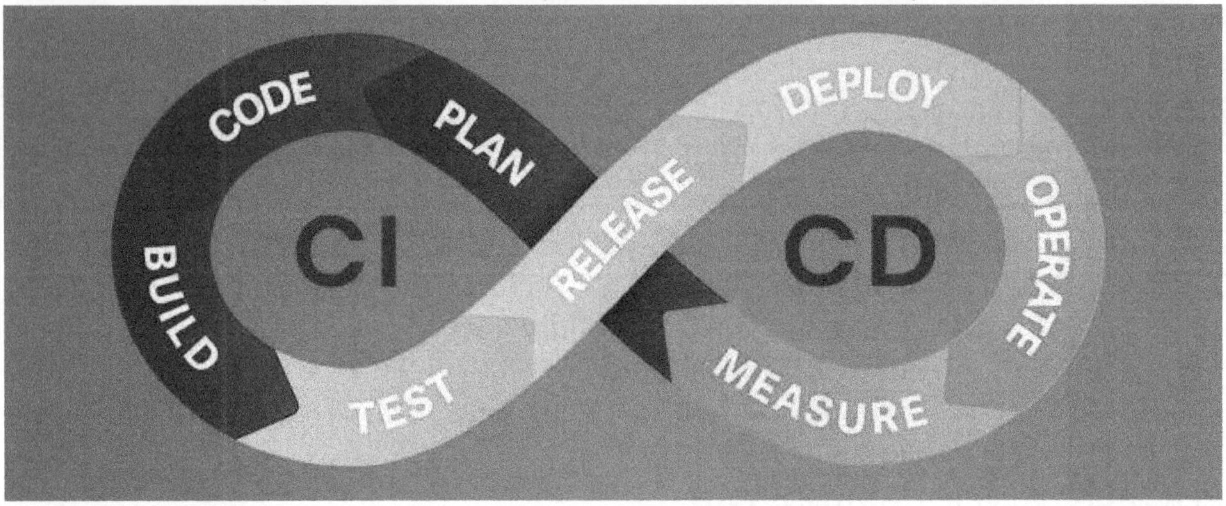

13.2.2. क्लाउड में सीआई/सीडी पाइपलाइनों के लाभ:

- बाज़ार में पहुंचने का तेज़ समय:सीआई/सीडी पाइपलाइनें मैन्युअल प्रयास को कम करके और त्रुटियों को कम करके तेजी से सॉफ़्टवेयर वितरण को सशक्त बनाती हैं। प्रक्रियाओं को स्वचालित करके और त्वरित फीडबैक लूप को सक्षम करके, संगठन प्रतिस्पर्धात्मक बढ़त हासिल करते हुए उपयोगकर्ताओं को तेजी से नई सुविधाएं और अपडेट प्रदान कर सकते हैं।
- बेहतर सहयोग और दक्षता: सीआई/सीडी पाइपलाइन विकास, संचालन और अन्य हितधारकों के बीच सहयोग को बढ़ावा देती हैं। पाइपलाइनों की स्वचालित प्रकृति वर्कफ़्लो को सुव्यवस्थित करती है, मैन्युअल हैंडऑफ़ को कम करती है, और समग्र दक्षता और उत्पादकता को बढ़ाती है।
- गुणवत्ता आश्वासन और विश्वसनीयता:सीआई/सीडी पाइपलाइनों में एकीकृत स्वचालित परीक्षण और गुणवत्ता आश्वासन जांच यह सुनिश्चित करती है कि कोड परिवर्तन पूरी तरह से मान्य हैं। इससे दोष या प्रतिगमन उत्पन्न होने का जोखिम कम हो जाता है, जिसके परिणामस्वरूप अधिक विश्वसनीय सॉफ़्टवेयर रिलीज़ होते हैं।
- स्केलेबिलिटी और लचीलापन: क्लाउड वातावरण सीआई/सीडी पाइपलाइनों के लिए आवश्यक स्केलेबिलिटी और लचीलापन प्रदान करता है। संगठन गतिशील रूप से संसाधनों का प्रावधान कर सकते हैं, कार्यभार की मांग के आधार पर बुनियादी ढांचे का विस्तार कर सकते हैं और बढ़ते उपयोगकर्ता आधारों को आसानी से समायोजित कर सकते हैं।
- रोलबैक और रिकवरी: सीआई/सीडी पाइपलाइन तैनाती संबंधी समस्याओं या घटनाओं के मामले में रोलबैक और पुनर्प्राप्ति प्रक्रियाओं को सरल बनाती हैं। संस्करण नियंत्रण प्रथाओं का पालन करने और आर्टिफैक्ट रिपॉजिटरी को बनाए रखने से, संगठन आसानी से स्थिर स्थिति में वापस आ सकते हैं और विफलताओं से उबर सकते हैं।

13.2.3. सीआई/सीडी पाइपलाइनों के प्रमुख घटक:

• स्रोत नियंत्रण:कोड परिवर्तन प्रबंधित करने, इतिहास ट्रैक करने और डेवलपर्स के बीच सहयोग सक्षम करने के लिए संस्करण नियंत्रण प्रणाली (उदाहरण के लिए, Git) का उपयोग करें। एक विश्वसनीय स्रोत नियंत्रण प्रणाली उचित संस्करण सुनिश्चित करती है और पाइपलाइन में कोड एकीकरण की सुविधा प्रदान करती है।

• स्वचालित निर्माण: सॉफ़्टवेयर कलाकृतियों के संकलन, पैकेजिंग और निर्माण को स्वचालित करने के लिए बिल्ड ऑटोमेशन टूल (जैसे, जेनकिंस, सर्कलसीआई) लागू करें। स्वचालित बिल्ड स्थिरता, प्रतिलिपि प्रस्तुत करने योग्यता सुनिश्चित करते हैं और मैन्युअल प्रयास को कम करते हैं।

• स्वचालित परीक्षण: सीआई/सीडी पाइपलाइन में विभिन्न परीक्षण प्रकार, जैसे यूनिट परीक्षण, एकीकरण परीक्षण और प्रतिगमन परीक्षण शामिल करें। स्वचालित परीक्षण उपकरण (जैसे, जुनीट, सेलेनियम) कोड की गुणवत्ता सुनिश्चित करते हैं और विकास प्रक्रिया की शुरुआत में ही समस्याओं की पहचान कर लेते हैं।

• परिनियोजन स्वचालन: कोड (IaC) टूल (जैसे, AWS क्लाउडफॉर्मेशन, टेराफॉर्म) और कॉन्फ़िगरेशन प्रबंधन टूल (जैसे, Ansible, Chef) के रूप में बुनियादी ढांचे का उपयोग करके तैनाती प्रक्रिया को स्वचालित करें। यह कई परिवेशों में अनुप्रयोगों की सुसंगत और विश्वसनीय तैनाती को सक्षम बनाता है।

• निरंतर निगरानी:मेट्रिक्स को पकड़ने और एप्लिकेशन और बुनियादी ढांचे के स्वास्थ्य की निगरानी के लिए सीआई/सीडी पाइपलाइन में निगरानी समाधान (उदाहरण के लिए, प्रोमेथियस, डेटाडॉग) को एकीकृत करें। निरंतर निगरानी प्रदर्शन, उपलब्धता और उपयोगकर्ता अनुभव में दृश्यता प्रदान करती है।

• रिहाई प्रबंधन:सॉफ़्टवेयर रिलीज़ की योजना बनाने और समन्वय करने के लिए रिलीज़ प्रबंधन प्रथाओं को लागू करें। रिलीज़ रणनीतियों को परिभाषित करें, संस्करण प्रबंधन करें, और उत्पादन परिवेश में नई सुविधाओं या अपडेट के रोलआउट को नियंत्रित करें।

13.2.4. क्लाउड में सीआई/सीडी पाइपलाइनों के लिए सर्वोत्तम अभ्यास:

• कोड के रूप में इन्फ्रास्ट्रक्चर (IaC):बुनियादी ढांचे के संसाधनों को प्रोग्रामेटिक रूप से परिभाषित करने, प्रावधान करने और प्रबंधित करने के लिए IaC प्रथाओं को अपनाएं। यह क्लाउड वातावरण में स्थिरता, प्रतिलिपि प्रस्तुत करने योग्यता और स्केलेबिलिटी सुनिश्चित करता है।

• प्रत्येक चरण पर स्वचालित परीक्षण:कोड परिवर्तनों को पूरी तरह से सत्यापित करने के लिए सीआई/सीडी पाइपलाइन के प्रत्येक चरण में स्वचालित परीक्षण शामिल करें। इससे यह सुनिश्चित होता है कि समस्याओं का शीघ्र पता चल जाता है और उत्पादन में दोषपूर्ण कोड तैनात करने का जोखिम कम हो जाता है।

• समानांतर निष्पादन: निर्माण और परीक्षण प्रक्रियाओं को समानांतर करके पाइपलाइन प्रदर्शन को अनुकूलित करें। निर्माण समय में तेजी लाने और डेवलपर्स को तेजी से प्रतिक्रिया प्रदान करने के लिए कई कंप्यूटिंग संसाधनों में कार्यभार वितरित करें।

• पर्यावरण अलगाव: पाइपलाइन में प्रत्येक चरण की स्थिरता और विश्वसनीयता सुनिश्चित करने के लिए विकास, परीक्षण और उत्पादन वातावरण को अलग करें। हस्तक्षेप से बचने और सुसंगत व्यवहार बनाए रखने के लिए प्रत्येक वातावरण के लिए अलग-अलग बुनियादी ढांचे और कॉन्फ़िगरेशन का उपयोग करें।

• सतत प्रतिक्रिया और सुधार:निरंतर प्रतिक्रिया और सुधार की संस्कृति स्थापित करें। नियमित रूप से पाइपलाइन प्रदर्शन की समीक्षा करें, हितधारकों से प्रतिक्रिया एकत्र करें, और प्रक्रियाओं को अनुकूलित करने और समस्या बिंदुओं को संबोधित करने के लिए पाइपलाइन पर पुनरावृत्ति करें।

• सुरक्षा और अनुपालन: सीआई/सीडी पाइपलाइन में सुरक्षा उपाय शामिल करें। यह सुनिश्चित करने के लिए सुरक्षा परीक्षण, भेद्यता स्कैनिंग और अनुपालन जांच लागू करें कि सॉफ़्टवेयर रिलीज़ सुरक्षा और नियामक आवश्यकताओं को पूरा करते हैं।

13.3 कोड के रूप में इन्फ्रास्ट्रक्चर (IaC): क्लाउड इन्फ्रास्ट्रक्चर प्रबंधन को सुव्यवस्थित करना

कोड के रूप में इन्फ्रास्ट्रक्चर (IaC) ने क्लाउड इन्फ्रास्ट्रक्चर प्रबंधन में क्रांति ला दी है, जो संगठनों को बुनियादी ढांचे के संसाधनों को प्रोग्रामेटिक रूप से प्रावधान, प्रबंधन और स्केल करने की क्षमता प्रदान करता है। बुनियादी ढांचे को सॉफ्टवेयर के रूप में मानकर, IaC स्थिरता, स्केलेबिलिटी और स्वचालन को सक्षम बनाता है, जिसके परिणामस्वरूप

दक्षता में सुधार, त्रुटियां कम और बेहतर संसाधन उपयोग होता है। प्रमुख सिद्धांतों और सर्वोत्तम प्रथाओं का पालन करके, संगठन IaC को सफलतापूर्वक लागू कर सकते हैं, बुनियादी ढांचे की स्थिरता का लाभ प्राप्त कर सकते हैं, और अपने क्लाउड वातावरण के प्रबंधन में अधिक चपलता प्राप्त कर सकते हैं।

13.3.1. कोड के रूप में इन्फ्रास्ट्रक्चर (IaC) क्या है?

कोड के रूप में इन्फ्रास्ट्रक्चर (IaC) एक दृष्टिकोण है जिसमें कोड-आधारित कॉन्फ़िगरेशन और स्क्रिप्ट का उपयोग करके बुनियादी ढांचे के संसाधनों को परिभाषित करना, प्रबंधित करना और प्रावधान करना शामिल है। बुनियादी ढांचे के घटकों को मैन्युअल रूप से स्थापित करने और कॉन्फ़िगर करने के बजाय, IaC संगठनों को पूरी प्रक्रिया को स्वचालित करने की अनुमति देता है, जिससे बुनियादी ढांचे का प्रबंधन अधिक कुशल और सुसंगत हो जाता है।

13.3.2. कोड के रूप में इन्फ्रास्ट्रक्चर के लाभ:

- संगति और प्रतिलिपि प्रस्तुत करने योग्यता: IaC यह सुनिश्चित करता है कि बुनियादी ढांचे के संसाधनों को लगातार और पुनरुत्पादित रूप से प्रावधानित किया जाता है। इन्फ्रास्ट्रक्चर कॉन्फ़िगरेशन को कोड में परिभाषित किया गया है, जो वातावरण की आसान प्रतिकृति को सक्षम बनाता है और कॉन्फ़िगरेशन बहाव या विसंगतियों के जोखिम को कम करता है।
- स्केलेबिलिटी और लचीलापन: IaC के साथ, संगठन कार्यभार की मांग के आधार पर बुनियादी ढांचे के संसाधनों को गतिशील रूप से बढ़ा सकते हैं। यह स्केलेबिलिटी कुशल संसाधन आवंटन और लागत अनुकूलन को सक्षम बनाती है, जिससे यह सुनिश्चित होता है कि संसाधनों का आवश्यकतानुसार प्रावधान किया गया है।
- संस्करण नियंत्रण और लेखापरीक्षा: IaC बुनियादी ढांचे के कॉन्फ़िगरेशन को संस्करणित, ट्रैक और ऑडिट करने की अनुमति देता है। यह परिवर्तनों में दृश्यता प्रदान करता है, सहयोग की सुविधा प्रदान करता है, और बुनियादी ढांचे में परिवर्तनों को वापस लाने या समीक्षा करने की प्रक्रिया को सरल बनाता है।
- स्वचालन और दक्षता: IaC बुनियादी ढांचे के संसाधनों के प्रावधान और प्रबंधन को स्वचालित करता है। यह मैन्युअल प्रयास को कम करता है, मानवीय त्रुटियों को समाप्त करता है, और क्लाउड इंफ्रास्ट्रक्चर के प्रबंधन में समग्र दक्षता में सुधार करता है।
- आपदा पुनर्प्राप्ति और लचीलापन: IaC संगठनों को बुनियादी ढांचे के वातावरण को जल्दी और सटीक रूप से फिर से बनाने में सक्षम करके आपदा वसूली और लचीलेपन की सुविधा प्रदान करता है। विफलता या आपदा की स्थिति में, डाउनटाइम और डेटा हानि को कम करते हुए, IaC स्क्रिप्ट का उपयोग करके बुनियादी ढांचे को फिर से तैनात किया जा सकता है।

13.3.3. कोड के रूप में बुनियादी ढांचे के प्रमुख सिद्धांत:

- घोषणात्मक विन्यास: IaC एक घोषणात्मक दृष्टिकोण का अनुसरण करता है, जहां बुनियादी ढांचे के विन्यास को अनिवार्य आदेशों के बजाय वांछित स्थिति के रूप में निर्दिष्ट किया जाता है। इन्फ्रास्ट्रक्चर उपकरण इन कॉन्फ़िगरेशन की व्याख्या करते हैं और सुनिश्चित करते हैं कि इन्फ्रास्ट्रक्चर वांछित स्थिति से मेल खाता है।
- नपुंसकता:IaC स्क्रिप्ट और कॉन्फ़िगरेशन को निष्क्रिय होने के लिए डिज़ाइन किया गया है, जिसका अर्थ है कि उन्हें अनपेक्षित दुष्प्रभाव पैदा किए बिना कई बार चलाया जा सकता है। यह दोहराए जाने योग्य और पूर्वानुमानित बुनियादी ढांचे के प्रावधान की अनुमति देता है।
- मॉड्यूलैरिटी और पुन: प्रयोज्यता: IaC इंफ्रास्ट्रक्चर कोड की मॉड्यूलैरिटी और पुन: प्रयोज्यता को बढ़ावा देता है। बुनियादी ढांचे के घटकों को मॉड्यूल के रूप में परिभाषित किया जा सकता है और कई परियोजनाओं या वातावरणों में पुन: उपयोग किया जा सकता है, दोहराव को कम किया जा सकता है और रखरखाव को सरल बनाया जा सकता है।
- सतत एकीकरण और वितरण (सीआई/सीडी): IaC बुनियादी ढांचे की तैनाती को स्वचालित करने और सॉफ्टवेयर वितरण प्रक्रिया के दौरान सुसंगत वातावरण सुनिश्चित करने के लिए CI/CD पाइपलाइनों के साथ एकीकृत होता है। इंफ्रास्ट्रक्चर परिवर्तनों को एप्लिकेशन कोड परिवर्तनों के साथ संस्करणित, परीक्षण और तैनात किया जाता है।
- परीक्षण और सत्यापन: यह सुनिश्चित करने के लिए कि वे वांछित आवश्यकताओं को पूरा करते हैं IaC कॉन्फ़िगरेशन का परीक्षण और सत्यापन किया जा सकता है। बुनियादी ढांचे के कॉन्फ़िगरेशन को सत्यापित करने और प्रक्रिया में

समस्याओं को जल्दी पकड़ने के लिए स्वचालित परीक्षण उपकरणों को सीआई/सीडी पाइपलाइन में एकीकृत किया जा सकता है।

13.3.4. कोड के रूप में बुनियादी ढांचे को लागू करने के लिए सर्वोत्तम अभ्यास:

• संस्करण नियंत्रण का उपयोग करें:परिवर्तनों को ट्रैक करने, सहयोग की सुविधा प्रदान करने और इंफ्रास्ट्रक्चर कॉन्फ़िगरेशन के रोलबैक या समीक्षा को सक्षम करने के लिए एक संस्करण नियंत्रण प्रणाली (उदाहरण के लिए, गिट) में इंफ्रास्ट्रक्चर कोड को स्टोर करें।

• मॉड्यूलैरिटी को अपनाएं:मॉड्यूलर और पुन: प्रयोज्य तरीके से इंफ्रास्ट्रक्चर कोड डिज़ाइन करें। बुनियादी ढांचे के घटकों को मॉड्यूल के रूप में परिभाषित करें और परियोजनाओं या वातावरणों में उनका लाभ उठाएं, स्थिरता को बढ़ावा दें और दोहराव को कम करें।

• क्लाउड-प्रदाता-विशिष्ट टूल का लाभ उठाएं:क्लाउड प्रदाता IaC के लिए विशिष्ट टूल और फ्रेमवर्क प्रदान करते हैं, जैसे AWS क्लाउडफॉर्मेशन, Azure रिसोर्स मैनेजर, या Google क्लाउड परिनियोजन प्रबंधक। बुनियादी ढांचे के प्रावधान और प्रबंधन को सरल बनाने के लिए इन उपकरणों का लाभ उठाएं।

• टेस्ट इंफ्रास्ट्रक्चर कोड: इंफ्रास्ट्रक्चर कोड के लिए सीआई/सीडी पाइपलाइन में परीक्षण शामिल करें। बुनियादी ढाँचे के विन्यास को सत्यापित करने, त्रुटियों को पकड़ने और यह सुनिश्चित करने के लिए कि वांछित स्थिति प्राप्त हो गई है, परीक्षण ढाँचे और उपकरणों का उपयोग करें।

• कोड समीक्षा प्रक्रियाएँ स्थापित करें:गुणवत्ता, सर्वोत्तम प्रथाओं का पालन और टीम के सदस्यों के बीच ज्ञान साझा करने को सुनिश्चित करने के लिए बुनियादी ढांचे कोड के लिए कोड समीक्षा प्रक्रियाओं को लागू करें। कोड समीक्षाएँ संभावित समस्याओं या सुधारों की शीघ्र पहचान करने में मदद करती हैं।

• स्वचालित कॉन्फ़िगरेशन प्रबंधन: बुनियादी ढांचे के संसाधनों के कॉन्फ़िगरेशन और प्रबंधन को स्वचालित करने के लिए कॉन्फ़िगरेशन प्रबंधन टूल (जैसे, अन्सिबल, शेफ, पपेट) का उपयोग करें। ये उपकरण बुनियादी ढांचे की स्थिरता सुनिश्चित करते हुए कॉन्फ़िगरेशन के लगातार अनुप्रयोग को सक्षम करते हैं।

13.4 निर्बाध सहयोग और वितरण के लिए DevOps उपकरण और सर्वोत्तम अभ्यास

DevOps उपकरण निर्बाध सहयोग, स्वचालन और निरंतर वितरण को सक्षम करने में महत्वपूर्ण भूमिका निभाते हैं। उपकरणों के सही सेट को अपनाकर और सर्वोत्तम प्रथाओं का पालन करके, संगठन अपने सॉफ़्टवेयर विकास जीवनचक्र को सुव्यवस्थित कर सकते हैं, दक्षता में सुधार कर सकते हैं और तेजी से समय-समय पर बाज़ार प्राप्त कर सकते हैं। स्रोत कोड प्रबंधन और निरंतर एकीकरण से लेकर तैनाती स्वचालन और निगरानी तक, प्रत्येक उपकरण DevOps टूलचेन में एक विशिष्ट उद्देश्य को पूरा करता है। उपयुक्त टूल का चयन करके, उन्हें प्रभावी ढंग से एकीकृत करके, और सर्वोत्तम प्रथाओं का पालन करके, टीमें DevOps संस्कृति को अपना सकती हैं, उच्च गुणवत्ता वाले सॉफ़्टवेयर प्रदान कर सकती हैं, और आज के तेज़ गति वाले विकास वातावरण में नवाचार को बढ़ावा दे सकती हैं।

13.4.1. स्रोत कोड प्रबंधन और सहयोग उपकरण:

• गिट:Git एक व्यापक रूप से अपनाया गया वितरित संस्करण नियंत्रण प्रणाली है जो टीमों को कोड रिपॉजिटरी प्रबंधित करने, परिवर्तनों को ट्रैक करने और कोड विकास पर कुशलतापूर्वक सहयोग करने में सक्षम बनाता है। Git ब्रांचिंग, विलय और कोड समीक्षा एकीकरण, सहयोग को बढ़ावा देने और कोड अखंडता सुनिश्चित करने जैसी सुविधाएँ प्रदान करता है।

• गिटहब, गिटलैब, बिटबकेट: ये प्लेटफ़ॉर्म Git के शीर्ष पर एक वेब-आधारित इंटरफ़ेस और अतिरिक्त सहयोग सुविधाएँ प्रदान करते हैं। वे समस्या ट्रैकिंग, पुल अनुरोध, कोड समीक्षा और सीआई/सीडी पाइपलाइनों के साथ एकीकरण जैसी सुविधाएं प्रदान करते हैं, जिससे टीम के सदस्यों के बीच निर्बाध सहयोग और कोड साझाकरण सक्षम होता है।

13.4.2. सतत एकीकरण और निर्माण स्वचालन उपकरण:

• जेनकींस:जेनकिंस एक लोकप्रिय ओपन-सोर्स ऑटोमेशन सर्वर है जो निरंतर एकीकरण और बिल्ड ऑटोमेशन की सुविधा देता है। यह डेवलपर्स को कोड परिवर्तनों के निर्माण, परीक्षण और तैनाती की प्रक्रिया को स्वचालित करने में

सक्षम बनाता है। जेनकिंस विभिन्न उपकरणों के साथ एकीकृत होता है और प्लगइन्स की एक विस्तृत श्रृंखला का समर्थन करता है, जिससे यह अत्यधिक अनुकूलन योग्य हो जाता है।

• सर्कलसीआई, ट्रैविस सीआई:ये क्लाउड-आधारित निरंतर एकीकरण प्लेटफ़ॉर्म बिल्ड और परीक्षण कार्य चलाने के लिए प्रबंधित वातावरण प्रदान करते हैं। वे लोकप्रिय संस्करण नियंत्रण प्रणालियों के साथ आसान सेटअप, स्केलेबिलिटी और एकीकरण की पेशकश करते हैं, जिससे टीमों को अपनी सीआई पाइपलाइनों को जल्दी से स्थापित करने और स्वचालित करने की अनुमति मिलती है।

13.4.3. कॉन्फ़िगरेशन प्रबंधन और बुनियादी ढांचे का प्रावधान:

• अन्सिबल, कठपुतली, बावर्ची: ये कॉन्फ़िगरेशन प्रबंधन उपकरण बुनियादी ढांचे के संसाधनों के प्रावधान और प्रबंधन को स्वचालित करते हैं। वे टीमों को विभिन्न परिवेशों में लगातार कॉन्फ़िगरेशन को परिभाषित करने और लागू करने में सक्षम बनाते हैं, जिससे बुनियादी ढांचे की अखंडता और पुनरावृत्ति सुनिश्चित होती है।

• टेराफॉर्म: टेराफॉर्म एक बुनियादी ढांचा प्रावधान उपकरण है जो टीमों को घोषणात्मक कोड का उपयोग करके बुनियादी ढांचे के संसाधनों को परिभाषित और प्रबंधित करने में सक्षम बनाता है। यह कई क्लाउड प्रदाताओं का समर्थन करता है और बुनियादी ढांचे को कोड क्षमताओं के रूप में बुनियादी ढांचा प्रदान करते हुए लगातार संस्करण और प्रावधान करने की अनुमति देता है।

13.4.4. सतत वितरण और परिनियोजन उपकरण:

• कुबेरनेट्स: कुबेरनेट्स एक ओपन-सोर्स कंटेनर ऑर्केस्ट्रेशन प्लेटफ़ॉर्म है जो कंटेनरीकृत अनुप्रयोगों की तैनाती, स्केलिंग और प्रबंधन को स्वचालित करता है। यह सेवा खोज, लोड संतुलन और रोलिंग तैनाती के लिए सुविधाएँ प्रदान करता है, जिससे यह उत्पादन में कंटेनर-आधारित अनुप्रयोगों के प्रबंधन के लिए एक आदर्श उपकरण बन जाता है।

• डॉकर:डॉकर एक कंटेनरीकरण प्लेटफ़ॉर्म है जो अनुप्रयोगों की पैकेजिंग और तैनाती को सरल बनाता है। यह टीमों को अनुप्रयोगों और उनकी निर्भरताओं को कंटेनरों में समाहित करने में सक्षम बनाता है, जिससे विभिन्न वातावरणों में लगातार तैनाती सुनिश्चित होती है।

• स्पिनंकर:स्पिनंकर एक मल्टी-क्लाउड निरंतर डिलीवरी प्लेटफ़ॉर्म है जो कई क्लाउड प्रदाताओं में एप्लिकेशन तैनात करने के लिए एक एकीकृत इंटरफ़ेस प्रदान करता है। यह कैनरी परिनियोजन, स्वचालित रोलबैक और रिलीज़ प्रबंधन जैसी सुविधाएँ प्रदान करता है, जिससे विश्वसनीय और नियंत्रित एप्लिकेशन परिनियोजन की सुविधा मिलती है।

13.4.5. निगरानी और अवलोकन उपकरण:

• प्रोमेथियस: प्रोमेथियस एक ओपन-सोर्स मॉनिटरिंग और अलर्टिंग टूलकिट है जो विभिन्न प्रणालियों और सेवाओं से मेट्रिक्स एकत्र करता है। यह टीमों को एप्लिकेशन प्रदर्शन, बुनियादी ढांचे के स्वास्थ्य की निगरानी करने और पूर्वनिर्धारित सीमा या विसंगतियों के आधार पर अलर्ट उत्पन्न करने में सक्षम बनाता है।

• ईएलके स्टैक (इलास्टिकसर्च, लॉगस्टैश, किबाना): ईएलके स्टैक ओपन-सोर्स टूल का एक सेट है जिसका उपयोग लॉग प्रबंधन और विश्लेषण के लिए किया जाता है। इलास्टिक्स खोज इंडेक्स और स्टोर लॉग, लॉगस्टैश प्रक्रिया और लॉग डेटा को परिवर्तित करता है, और किबाना लॉग अन्वेषण के लिए एक विज़ुअलाइज़ेशन और एनालिटिक्स इंटरफ़ेस प्रदान करता है।

13.4.6. प्रभावी DevOps कार्यान्वयन के लिए सर्वोत्तम अभ्यास:

• स्वचालन:मैन्युअल प्रयास को कम करने और निरंतरता सुनिश्चित करने के लिए निर्माण, परीक्षण और परिनियोजन प्रक्रियाओं जैसे दोहराए जाने वाले कार्यों को स्वचालित करें।

• सहयोग और संचार:लक्ष्यों को संरेखित करने, ज्ञान साझा करने और तेज़ फीडबैक लूप की सुविधा के लिए विकास, संचालन और अन्य हितधारकों के बीच खुले संचार और सहयोग को बढ़ावा देना।

• कोड के रूप में बुनियादी ढाँचा:बुनियादी ढांचे के कॉन्फ़िगरेशन को कोड के रूप में मानें और बुनियादी ढांचे की स्थिरता, दोहराव और संस्करण नियंत्रण सुनिश्चित करने के लिए IaC प्रथाओं को अपनाएं।

• सतत परीक्षण: कोड परिवर्तनों को मान्य करने और विकास प्रक्रिया में समस्याओं को जल्दी पकड़ने के लिए सीआई/सीडी पाइपलाइन में स्वचालित परीक्षण को एकीकृत करें।

• निरंतर निगरानी: एप्लिकेशन प्रदर्शन, बुनियादी ढांचे के स्वास्थ्य और उपयोगकर्ता अनुभव में अंतर्दृष्टि प्राप्त करने के लिए निरंतर निगरानी और अवलोकन प्रथाओं को लागू करें।

• सुरक्षा और अनुपालन: सुरक्षित कोडिंग प्रथाओं, भेद्यता स्कैनिंग और अनुपालन जांच सहित, DevOps वर्कफ़्लो में सुरक्षा प्रथाओं को शामिल करें।

अभ्यास

बहु विकल्पीय प्रश्न

1. DevOps सॉफ़्टवेयर वितरण प्रक्रिया में किन टीमों के बीच सहयोग और संचार को बढ़ावा देता है?

a) विकास और विपणन
b) विकास और संचालन
c) विपणन और संचालन
d) बिक्री और संचालन

2. इन्फ्रास्ट्रक्चर एज़ कोड (IaC) इन्फ्रास्ट्रक्चर कॉन्फ़िगरेशन को इस प्रकार मानता है:

a) भौतिक हार्डवेयर
b) गतिशील क्लाउड संसाधन
c) सॉफ्टवेयर कोड
d) अपरिवर्तनीय विन्यास

3. सतत एकीकरण (सीआई) का प्राथमिक उद्देश्य क्या है?

a) उत्पादन में कोड को स्वचालित रूप से तैनात करना
b) एकीकरण के मुद्दों की शीघ्र पहचान करना
c) क्लाउड संसाधनों को प्रोग्रामेटिक रूप से प्रबंधित करना
d) बुनियादी ढांचे को कोड के रूप में प्रबंधित करना

4. DevOps और सतत वितरण को अपनाने से संगठनों को क्या प्रमुख लाभ मिलते हैं?

a) बाजार में पहुंचने का धीमा समय और सॉफ्टवेयर की गुणवत्ता में कमी
b) तेजी से बाजार में पहुंचने और सॉफ्टवेयर की गुणवत्ता में वृद्धि
c) बाजार में पहुंचने का धीमा समय और सॉफ्टवेयर की गुणवत्ता में वृद्धि
d) तेजी से बाजार में पहुंचने और सॉफ्टवेयर की गुणवत्ता में कमी

5. DevOps और क्लाउड में सतत डिलीवरी के प्रमुख घटकों में से एक क्या सुनिश्चित करता है मुद्दों के मामले में प्रतिलिपि प्रस्तुत करने योग्यता और आसान रोलबैक?

a) स्वचालित निर्माण और परीक्षण
b) कॉन्फ़िगरेशन प्रबंधन
c) सतत निगरानी और प्रतिक्रिया
d) संस्करण नियंत्रण

6. किस अभ्यास में उत्पादन परिवेश में स्वचालित रूप से मान्य कोड तैनात करना शामिल है?

a) सतत एकीकरण (सीआई)
b) सतत निगरानी और प्रतिक्रिया
c) सतत तैनाती (सीडी)
d) सतत वितरण (सीडी)

7. कौन सा DevOps सर्वोत्तम अभ्यास सहयोग, विश्वास और साझा जिम्मेदारी की संस्कृति को बढ़ावा देने में मदद करता है अलग टीमें?

a) इंफ्रास्ट्रक्चर स्केलेबिलिटी और लचीलापन
b) स्वचालन और ऑर्केस्ट्रेशन
c) सतत एकीकरण और परिनियोजन पाइपलाइन
d) सहयोग की संस्कृति

8. इंफ्रास्ट्रक्चर एज़ कोड (IaC) संगठनों को क्या करने की अनुमति देता है?

a) स्वचालित क्लाउड संसाधन प्रावधान
b) सॉफ्टवेयर को उत्पादन में तैनात करें

c) लगातार अनुप्रयोगों का परीक्षण करें
d) सुरक्षा प्रथाओं को एकीकृत करें

9. DevOps में कौन सा अभ्यास अनुप्रयोगों की निरंतर निगरानी के महत्व पर जोर देता है और प्रदर्शन और उपलब्धता में अंतर्दृष्टि प्राप्त करने के लिए बुनियादी ढाँचा?

a) सतत एकीकरण
b) सतत तैनाती
c) सतत निगरानी और प्रतिक्रिया
d) कोड के रूप में स्वचालन और बुनियादी ढांचा (IaC)

10. बुनियादी ढांचे की मापनीयता और लोच किसके साथ पूरी तरह मेल खाती है?

a) सतत एकीकरण
b) डेवऑप्स और सतत डिलीवरी
c) सतत निगरानी और प्रतिक्रिया
d) स्वचालन और ऑर्केस्ट्रेशन

11. क्लाउड संसाधनों को प्रोग्रामेटिक रूप से परिभाषित करने, प्रावधान करने और प्रबंधित करने के लिए किस प्रकार के टूल का उपयोग किया जाता है? कोड के रूप में इन्फ्रास्ट्रक्चर (IaC)?

a) निगरानी उपकरण
b) कॉन्फ़िगरेशन प्रबंधन उपकरण
c) सहयोग उपकरण
d) संस्करण नियंत्रण उपकरण

12. किस DevOps सर्वोत्तम अभ्यास में कैप्चर करने के लिए व्यापक निगरानी समाधान लागू करना शामिल है प्रदर्शन मेट्रिक्स और उपयोगकर्ता प्रतिक्रिया?

a) स्वचालन और ऑर्केस्ट्रेशन
b) इंफ्रास्ट्रक्चर स्केलेबिलिटी और लचीलापन
c) सतत निगरानी और प्रतिक्रिया
d) सतत एकीकरण और परिनियोजन पाइपलाइन

समीक्षा प्रश्न

1. सॉफ़्टवेयर विकास के लिए क्लाउड वातावरण के साथ DevOps प्रथाओं के संयोजन के प्रमुख लाभ क्या हैं?
2. संस्करण नियंत्रण सफल DevOps और क्लाउड में निरंतर डिलीवरी में कैसे योगदान देता है?
3. क्लाउड में DevOps की स्केलेबिलिटी और दक्षता में इंफ्रास्ट्रक्चर ऑटोमेशन कैसे योगदान देता है?
4. क्लाउड-आधारित DevOps के लिए कुशल CI/CD पाइपलाइन के प्रमुख घटक क्या हैं?
5. सहयोग की संस्कृति क्लाउड परिवेश में DevOps की सफलता में कैसे योगदान देती है?
6. क्लाउड में DevOps लागू करते समय संगठन सुरक्षा और अनुपालन कैसे सुनिश्चित कर सकते हैं?
7. क्लाउड-नेटिव सुविधाएँ DevOps वातावरण में अनुप्रयोगों की स्केलेबिलिटी और लचीलेपन में कैसे योगदान करती हैं?
8. क्लाउड-आधारित DevOps में निरंतर सुधार में निरंतर निगरानी और फीडबैक कैसे योगदान देता है?
9. क्लाउड में DevOps प्रथाएं संगठनों को तेजी से समय-समय पर बाजार और नवाचार प्राप्त करने में कैसे सक्षम कर सकती हैं?

उत्तर अनुभाग

बहु विकल्पीय प्रश्न

1. b) विकास और संचालन
2. c) सॉफ्टवेयर कोड
3. b) एकीकरण के मुद्दों की शीघ्र पहचान करना
4. b) तेजी से बाजार में पहुंचने और सॉफ्टवेयर की गुणवत्ता में वृद्धि
5. d) संस्करण नियंत्रण
6. c) सतत तैनाती (सीडी)
7. d) सहयोग की संस्कृति
8. a) स्वचालित क्लाउड संसाधन प्रावधान
9. c) सतत निगरानी और प्रतिक्रिया
10. b) डेवऑप्स और सतत डिलीवरी
11. b) कॉन्फ़िगरेशन प्रबंधन उपकरण
12. c) सतत निगरानी और प्रतिक्रिया

समीक्षा प्रश्न

1. DevOps प्रथाओं और क्लाउड वातावरण का संयोजन सॉफ्टवेयर विकास में कई लाभ लाता है। सबसे पहले, सहयोग और संचार बढ़ाया जाता है, क्योंकि टीमें एक साझा मंच पर एक साथ काम कर सकती हैं, जिससे कुशल समन्वय को बढ़ावा मिलता है। क्लाउड इंफ्रास्ट्रक्चर के साथ स्वचालन आसान हो जाता है, जिससे सुव्यवस्थित प्रक्रियाएं और तेज तैनाती संभव हो जाती है। क्लाउड की स्केलेबिलिटी और लोच अलग-अलग कार्यभार के दौरान इष्टतम प्रदर्शन सुनिश्चित करती है। सतत एकीकरण और सतत परिनियोजन (सीआई/सीडी) पाइपलाइनें निर्बाध हो जाती हैं, जिससे बाजार में पहुंचने का समय कम हो जाता है। इसके अतिरिक्त, क्लाउड संसाधन प्रबंधन के माध्यम से लागत-प्रभावशीलता हासिल की जाती है। कुल मिलाकर, क्लाउड के साथ DevOps का एकीकरण सॉफ्टवेयर डिलीवरी को तेज करता है, सॉफ्टवेयर की गुणवत्ता में सुधार करता है और स्केलेबल और कुशल विकास की सुविधा प्रदान करता है।

2. संस्करण नियंत्रण सफल DevOps और क्लाउड में निरंतर डिलीवरी में महत्वपूर्ण भूमिका निभाता है। यह टीमों को कोड, बुनियादी ढांचे की परिभाषाओं और कॉन्फ़िगरेशन फ़ाइलों में परिवर्तनों को प्रभावी ढंग से प्रबंधित और ट्रैक करने की अनुमति देता है। संस्करण नियंत्रण के साथ, सहयोग निर्बाध है, जो कई डेवलपर्स को बिना किसी टकराव के एक ही कोडबेस पर एक साथ काम करने में सक्षम बनाता है। समस्याओं के मामले में रोलबैक आसान हो जाता है, जिससे सॉफ्टवेयर विकास प्रक्रिया में स्थिरता सुनिश्चित होती है। विभिन्न संस्करणों की तुलना करने की क्षमता सुधारों और मुद्दों की पहचान करने में मदद करती है। इसके अलावा, संस्करण नियंत्रण पूरे विकास जीवनचक्र में पारदर्शिता

और पता लगाने की क्षमता सुनिश्चित करता है, एक सुव्यवस्थित और कुशल क्लाउड-आधारित DevOps वर्कफ़्लो को बढ़ावा देता है।

3. इंफ्रास्ट्रक्चर ऑटोमेशन क्लाउड में DevOps की आधारशिला है, जो स्केलेबिलिटी और दक्षता बढ़ाने में महत्वपूर्ण भूमिका निभाता है। स्वचालन के साथ, क्लाउड संसाधनों का प्रावधान, प्रबंधन और कॉन्फ़िगर करना आसान और सुसंगत हो जाता है। कोड के रूप में इन्फ्रास्ट्रक्चर (IaC) उपकरण कोड के माध्यम से इन्फ्रास्ट्रक्चर की परिभाषा की सुविधा प्रदान करते हैं, जिससे संस्करण नियंत्रण और परीक्षण सक्षम होता है। स्वचालन मैन्युअल प्रयास को कम करता है, मानवीय त्रुटियों को कम करता है और तैनाती प्रक्रिया को तेज करता है। क्लाउड वातावरण की गतिशील प्रकृति स्वचालन के साथ पूरी तरह से संरेखित होती है, जो कार्यभार की मांग के आधार पर तेजी से स्केलिंग को ऊपर या नीचे करने में सक्षम बनाती है। कुल मिलाकर, क्लाउड में बुनियादी ढांचे का स्वचालन DevOps प्रथाओं को सुव्यवस्थित करता है, जिससे निर्बाध सहयोग, तेजी से तैनाती और इष्टतम संसाधन उपयोग सुनिश्चित होता है।

4. क्लाउड-आधारित DevOps के लिए एक कुशल CI/CD पाइपलाइन में कई प्रमुख घटक शामिल होते हैं। सबसे पहले, स्वचालित निर्माण और परीक्षण प्रक्रियाएं सुसंगत सॉफ़्टवेयर कलाकृतियों को सुनिश्चित करती हैं। सतत एकीकरण में बार-बार कोड परिवर्तन को मर्ज करना और एकीकरण समस्याओं की शीघ्र पहचान करने के लिए स्वचालित परीक्षण चलाना शामिल है। स्वचालित परीक्षण सूट में यूनिट परीक्षण, एकीकरण परीक्षण और प्रतिगमन परीक्षण शामिल हैं, जो कोड गुणवत्ता और विश्वसनीयता सुनिश्चित करते हैं। इसके अतिरिक्त, क्लाउड संसाधनों को प्रोग्रामेटिक रूप से व्यवस्थित करने के लिए इंफ्रास्ट्रक्चर ऑटोमेशन टूल का उपयोग किया जाता है। कॉन्फ़िगरेशन प्रबंधन क्लाउड वातावरण में लगातार तैनाती सुनिश्चित करता है। अंत में, निरंतर निगरानी और फीडबैक तंत्र एप्लिकेशन प्रदर्शन, उपयोगकर्ता अनुभव और संभावित मुद्दों में अंतर्दृष्टि प्रदान करते हैं, जिससे सक्रिय समाधान की अनुमति मिलती है। यह सामंजस्यपूर्ण सीआई/सीडी पाइपलाइन सॉफ्टवेयर डिलीवरी को तेज करती है और विश्वसनीय और उच्च गुणवत्ता वाले क्लाउड-आधारित तैनाती सुनिश्चित करती है।

5. क्लाउड परिवेश में DevOps की सफलता के लिए सहयोग की संस्कृति मौलिक है। सहयोगात्मक माहौल को बढ़ावा देकर, टीमें पारंपरिक साइलो को तोड़ती हैं और सॉफ्टवेयर डिलीवरी के लिए साझा जिम्मेदारी अपनाती हैं। सहयोग खुले संचार, ज्ञान साझाकरण और क्रॉस-फ़ंक्शनल टीमों को बढ़ावा देता है, जिससे संपूर्ण विकास प्रक्रिया की समग्र समझ बनती है। क्लाउड-आधारित DevOps सेटअप में, जहां टीमों को भौगोलिक रूप से वितरित किया जा सकता है, सहयोग और भी महत्वपूर्ण हो जाता है। टीमें वास्तविक समय सहयोग और संसाधन साझाकरण के लिए क्लाउड सुविधाओं का लाभ उठाते हुए एक साझा मंच पर निर्बाध रूप से काम करती हैं। अंततः, एक सहयोगी संस्कृति संगठनों को क्लाउड-आधारित DevOps यात्रा में तेज़ नवाचार, बेहतर दक्षता और बढ़ी हुई अनुकूलनशीलता प्राप्त करने के लिए सशक्त बनाती है।

6. क्लाउड में DevOps के कार्यान्वयन के दौरान सुरक्षा और अनुपालन सुनिश्चित करने के लिए एक सक्रिय दृष्टिकोण की आवश्यकता होती है। प्रारंभ से ही, संगठनों को सुरक्षा प्रथाओं को DevOps वर्कफ़्लो में एकीकृत करना होगा। सॉफ़्टवेयर में कमज़ोरियों को कम करते हुए सुरक्षित कोडिंग प्रथाओं को अपनाया जाना चाहिए। भेद्यता स्कैनिंग उपकरण संभावित कमजोरियों को जल्दी पहचानने में मदद करते हैं। सुरक्षा परीक्षण सीआई/सीडी पाइपलाइन का एक अभिन्न अंग होना चाहिए, जिससे तैनाती के दौरान कोड अखंडता सुनिश्चित हो सके। इसके अतिरिक्त, तैनाती प्रक्रिया में अनुपालन जांच के साथ उद्योग मानकों और विनियमों का पालन प्राथमिकता होनी चाहिए। क्लाउड-आधारित DevOps वर्कफ़्लो में सुरक्षा और अनुपालन को प्राथमिकता देकर, संगठन आत्मविश्वास से ऐसे सॉफ़्टवेयर वितरित कर सकते हैं जो कड़े सुरक्षा मानकों और अनुपालन आवश्यकताओं को पूरा करते हैं।

7. क्लाउड-नेटिव सुविधाएँ DevOps वातावरण में अनुप्रयोगों की स्केलेबिलिटी और लचीलेपन को बढ़ाने में महत्वपूर्ण भूमिका निभाती हैं। ऑटोस्केलिंग जैसी सुविधाएं स्वचालित रूप से मांग के आधार पर संसाधन क्षमता को समायोजित करती हैं, जिससे यह सुनिश्चित होता है कि एप्लिकेशन अलग-अलग कार्यभार को कुशलतापूर्वक संभाल सकते हैं। लोड संतुलन कई उदाहरणों में ट्रैफ़िक को समान रूप से वितरित करता है, प्रदर्शन को अनुकूलित करता है और डाउनटाइम को कम करता है। दोष सहनशीलता तंत्र यह सुनिश्चित करते हैं कि अनुप्रयोग बड़े पैमाने पर व्यवधान के बिना विफलताओं को शालीनता से संभाल सकते हैं। एप्लिकेशन को स्टेटलेस और क्षैतिज रूप से स्केलेबल डिज़ाइन करके, DevOps टीमें निर्बाध विकास और अनुकूलनशीलता सुनिश्चित करते हुए क्लाउड-नेटिव सुविधाओं का पूरा लाभ

उठा सकती हैं। क्लाउड-नेटिव क्षमताओं को अपनाने से एप्लिकेशन लचीलापन और स्केलेबिलिटी बढ़ती है, जिससे DevOps-संचालित क्लाउड वातावरण में बदलती मांगों के लिए त्वरित प्रतिक्रिया सक्षम होती है।

8. क्लाउड-आधारित DevOps में निरंतर सुधार लाने के लिए निरंतर निगरानी और फीडबैक तंत्र केंद्रीय हैं। निगरानी उपकरण वास्तविक समय के प्रदर्शन मेट्रिक्स, लॉग और उपयोगकर्ता प्रतिक्रिया को कैप्चर करते हैं, जो एप्लिकेशन व्यवहार और उपयोगकर्ता अनुभव में मूल्यवान अंतर्दृष्टि प्रदान करते हैं। इस डेटा का विश्लेषण करके, DevOps टीमें प्रदर्शन बाधाओं का पता लगा सकती हैं, संभावित मुद्दों की शीघ्र पहचान कर सकती हैं और संसाधन उपयोग को अनुकूलित कर सकती हैं। निरंतर निगरानी सक्रिय समस्या समाधान को सक्षम बनाती है, डाउनटाइम को कम करती है और एप्लिकेशन की विश्वसनीयता बढ़ाती है। इसके अलावा, विकास, संचालन और उपयोगकर्ताओं के बीच फीडबैक लूप सूचना के निरंतर प्रवाह को सुविधाजनक बनाता है, जिससे सॉफ्टवेयर में पुनरावृत्तीय सुधार होते हैं। परिणामस्वरूप, क्लाउड-आधारित DevOps निरंतर सीखने, नवाचार और परिशोधन की संस्कृति से लाभान्वित होता है, जिससे अंततः बेहतर सॉफ़्टवेयर गुणवत्ता और उपयोगकर्ता संतुष्टि प्राप्त होती है।

9. क्लाउड में DevOps प्रथाएं संगठनों को विभिन्न माध्यमों से तेजी से समय-समय पर बाजार और नवाचार प्राप्त करने में सक्षम बनाती हैं। सबसे पहले, सुव्यवस्थित सहयोग और संचार कुशल टीम वर्क और निर्णय लेने को बढ़ावा देता है, जिससे विकास चक्र में तेजी आती है। स्वचालन मैन्युअल प्रयास को कम करता है, जिससे तेज़ और त्रुटि-मुक्त तैनाती सक्षम होती है। क्लाउड स्केलेबिलिटी संगठनों को बदलती मांगों के अनुरूप ढलने, उत्पादों या सुविधाओं को तेजी से लॉन्च करने की अनुमति देती है। सतत एकीकरण और सतत तैनाती (सीआई/सीडी) पाइपलाइन परीक्षण और तैनाती प्रक्रियाओं को स्वचालित करती हैं, जिससे सॉफ्टवेयर वितरण जीवनचक्र छोटा हो जाता है। इसके अलावा, क्लाउड-आधारित DevOps संगठनों को निरंतर सीखने और सुधार को प्रोत्साहित करते हुए, कम जोखिम वाले वातावरण में प्रयोग और नवाचार करने का अधिकार देता है। क्लाउड-आधारित DevOps को अपनाकर, संगठन नवाचार में तेजी ला सकते हैं, प्रतिस्पर्धात्मकता बढ़ा सकते हैं और बाजार में तेजी से अत्याधुनिक समाधान प्रदान कर सकते हैं।

अध्याय 14: क्लाउड नेटवर्किंग और कनेक्टिविटी

14.1 वर्चुअल प्राइवेट क्लाउड (वीपीसी): सुरक्षित और स्केलेबल क्लाउड नेटवर्क इंफ्रास्ट्रक्चर

वर्चुअल प्राइवेट क्लाउड (वीपीसी) क्लाउड कंप्यूटिंग का एक मूलभूत घटक है जो संगठनों को सार्वजनिक क्लाउड वातावरण के भीतर एक सुरक्षित और स्केलेबल नेटवर्क बुनियादी ढांचा प्रदान करता है। वीपीसी का लाभ उठाकर, संगठन अपने स्वयं के पृथक नेटवर्क वातावरण को डिजाइन और प्रबंधित कर सकते हैं, पहुंच को नियंत्रित कर सकते हैं और संसाधनों के बीच सुरक्षित कनेक्टिविटी स्थापित कर सकते हैं। उचित योजना, सुरक्षा उपाय, स्केलेबिलिटी विचार और निगरानी जैसी सर्वोत्तम प्रथाओं का पालन करके, संगठन एक मजबूत वीपीसी बुनियादी ढांचा बना सकते हैं जो प्रदर्शन, सुरक्षा और अनुपालन के लिए उनकी विशिष्ट आवश्यकताओं को पूरा करता है। एक अच्छी तरह से डिजाइन और प्रभावी ढंग से प्रबंधित वीपीसी संगठनों को अपने नेटवर्क बुनियादी ढांचे में नियंत्रण, सुरक्षा और लचीलेपन को बनाए रखते हुए क्लाउड के लाभों का पूरी तरह से लाभ उठाने में सक्षम बनाता है।

14.1.1. वर्चुअल प्राइवेट क्लाउड (VPC) को समझना:

वर्चुअल प्राइवेट क्लाउड (VPC) सार्वजनिक क्लाउड प्रदाता के बुनियादी ढांचे के भीतर एक तार्किक रूप से पृथक और अनुकूलन योग्य वर्चुअल नेटवर्क वातावरण है। यह संगठनों को सबनेट, राउटिंग टेबल, आईपी एड्रेस रेंज और सुरक्षा समूहों सहित अपने स्वयं के वर्चुअल नेटवर्क संसाधनों का प्रावधान और प्रबंधन करने में सक्षम बनाता है।

- अलगाव और सुरक्षा:वीपीसी क्लाउड में अन्य किरायेदारों से अलगाव प्रदान करता है, यह सुनिश्चित करते हुए कि संसाधनों और डेटा को अलग रखा जाता है। यह संगठनों को नेटवर्क एक्सेस नियंत्रण नीतियों को परिभाषित करने, सुरक्षित संचार स्थापित करने और नेटवर्क-स्तरीय सुरक्षा उपायों को लागू करने में सक्षम बनाता है।
- स्केलेबिलिटी और लचीलापन: वीपीसी मांग के आधार पर नेटवर्क संसाधनों को स्केल करने की लचीलापन प्रदान करता है। संगठन आसानी से सबनेट जोड़ या हटा सकते हैं, आईपी एड्रेस रेंज को समायोजित कर सकते हैं और बदलती आवश्यकताओं और एप्लिकेशन वर्कलोड को समायोजित करने के लिए नेटवर्क रूटिंग को कॉन्फ़िगर कर सकते हैं।

14.1.2. वर्चुअल प्राइवेट क्लाउड (VPC) के प्रमुख घटक:

- सबनेट: सबनेट वीपीसी के आईपी एड्रेस रेंज के खंडित हिस्से हैं। वे संगठनों को अपने नेटवर्क को तार्किक रूप से विभाजित करने और अपने बुनियादी ढांचे के विशिष्ट भागों में संसाधन आवंटित करने की अनुमति देते हैं। उच्च उपलब्धता और दोष सहनशीलता सुनिश्चित करने के लिए सबनेट को विभिन्न उपलब्धता क्षेत्रों के साथ कॉन्फ़िगर किया जा सकता है।
- रूटिंग: वीपीसी में एक रूटिंग टेबल शामिल है जो यह निर्धारित करती है कि वीपी रूटिंग नियमों के भीतर नेटवर्क ट्रैफ़िक को कैसे निर्देशित किया जाता है, यह परिभाषित करता है कि सबनेट, गेटवे और बाहरी नेटवर्क के बीच डेटा कैसे प्रवाहित होता है। ट्रैफ़िक प्रवाह को अनुकूलित करने और सुरक्षित कनेक्शन स्थापित करने के लिए रूटिंग नीतियों को अनुकूलित किया जा सकता है।

• सुरक्षा समूह: सुरक्षा समूह वीपी के भीतर संसाधनों के लिए वर्चुअल फ़ायरवॉल के रूप में कार्य करते हैं, वे निर्दिष्ट नियमों के आधार पर इनबाउंड और आउटबाउंड ट्रैफ़िक को नियंत्रित करते हैं। सुरक्षा समूह संगठनों को विस्तृत पहुंच नियंत्रण लागू करने और संसाधनों के बीच संचार को प्रतिबंधित करने में सक्षम बनाते हैं।

• नेटवर्क एड्रेस ट्रांसलेशन (NAT): NAT निजी आईपी पते को सार्वजनिक आईपी पते में अनुवाद करके वीपीसी के भीतर संसाधनों को इंटरनेट जैसे बाहरी नेटवर्क के साथ संचार करने की अनुमति देता है। यह संसाधनों के आंतरिक निजी आईपी पते को बनाए रखते हुए उनके लिए आउटबाउंड इंटरनेट एक्सेस को सक्षम बनाता है।

• वर्चुअल प्राइवेट नेटवर्क (वीपीएन) कनेक्टिविटी:वीपीसी वीपीएन कनेक्शन का समर्थन करता है जो वीपीसी और ऑन-प्रिमाइसेस डेटा केंद्रों के बीच सुरक्षित और एन्क्रिप्टेड संचार सक्षम करता है। वीपीएन कनेक्शन इंटरनेट पर एक सुरक्षित सुरंग स्थापित करते हैं, जिससे संगठनों को अपने नेटवर्क बुनियादी ढांचे को क्लाउड तक विस्तारित करने की अनुमति मिलती है।

• प्रत्यक्ष रूप से कनेक्ट: डायरेक्ट कनेक्ट ऑन-प्रिमाइसेस डेटा सेंटर और वीपी के बीच एक समर्पित और निजी नेटवर्क कनेक्शन प्रदान करता है। यह इंटरनेट-आधारित वीपीएन कनेक्शन की तुलना में उच्च बैंडविड्थ, कम विलंबता और बढ़ी हुई सुरक्षा प्रदान करता है, जिससे निर्बाध हाइब्रिड क्लाउड एकीकरण की सुविधा मिलती है।

14.1.3. वीपीसी को डिजाइन और प्रबंधित करने के लिए सर्वोत्तम अभ्यास:

• योजना और विभाजन:संसाधनों का कुशल उपयोग सुनिश्चित करने और आईपी विवादों से बचने के लिए आईपी एड्रेस रेंज और सबनेट डिज़ाइन की सावधानीपूर्वक योजना बनाएं। सुरक्षा आवश्यकताओं, उपलब्धता आवश्यकताओं और अनुप्रयोग निर्भरता के आधार पर संसाधनों को उपयुक्त सबनेट में विभाजित करें।

• सुरक्षा और पहुंच नियंत्रण: इनबाउंड और आउटबाउंड ट्रैफ़िक को नियंत्रित करने के लिए सुरक्षा समूहों, नेटवर्क एसीएल (एक्सेस कंट्रोल लिस्ट) और अन्य तंत्रों का उपयोग करके सख्त सुरक्षा उपाय लागू करें, कम से कम विशेषाधिकार के सिद्धांत का पालन करें और जोखिमों को कम करने के लिए सुरक्षा नीतियों की नियमित रूप से समीक्षा और अद्यतन करें।

• मापनीयता और लोच: एकाधिक उपलब्धता क्षेत्रों का उपयोग करके और उनमें संसाधनों को उचित रूप से वितरित करके स्केलेबिलिटी और लचीलेपन के लिए वीपीसी को डिज़ाइन करें। मांग के आधार पर संसाधन क्षमता को स्वचालित रूप से समायोजित करने के लिए ऑटो-स्केलिंग क्षमताओं का लाभ उठाएं।

• निगरानी और लॉगिंग: वीपी के भीतर नेटवर्क ट्रैफ़िक, प्रदर्शन मेट्रिक्स और सुरक्षा घटनाओं को ट्रैक करने के लिए निगरानी और लॉगिंग समाधान लागू करें, नेटवर्क गतिविधियों में दृश्यता प्राप्त करने और सक्रिय रूप से विसंगतियों या सुरक्षा घटनाओं का पता लगाने के लिए क्लाउड प्रदाता टूल या तीसरे पक्ष के समाधान का उपयोग करें।

• बैकअप और आपदा पुनर्प्राप्ति: वीपी के भीतर महत्वपूर्ण संसाधनों के लिए बैकअप और आपदा पुनर्प्राप्ति रणनीतियाँ स्थापित करें, नियमित रूप से डेटा का बैकअप लें, उपलब्धता क्षेत्रों में संसाधनों को दोहराएँ, और समय-समय पर आपदा पुनर्प्राप्ति प्रक्रियाओं का परीक्षण और सत्यापन करें।

• अनुपालन और शासन: वीपीसी बुनियादी ढांचे को डिजाइन और प्रबंधित करते समय उद्योग-विशिष्ट अनुपालन आवश्यकताओं और सर्वोत्तम प्रथाओं का पालन करें। डेटा गोपनीयता, एन्क्रिप्शन और आपके संगठन के उद्योग से संबंधित नियमों का अनुपालन सुनिश्चित करने के लिए नियंत्रण लागू करें।

14.2 नेटवर्क सुरक्षा समूह और फ़ायरवॉल: क्लाउड नेटवर्क की सुरक्षा करना

नेटवर्क सुरक्षा समूह (एनएसजी) और फ़ायरवॉल एक्सेस नियंत्रण लागू करके, ट्रैफ़िक फ़िल्टर करके और संसाधनों को अनधिकृत पहुंच और साइबर खतरों से बचाकर क्लाउड नेटवर्क को सुरक्षित करने में महत्वपूर्ण भूमिका निभाते हैं। एनएसजी वर्चुअल प्राइवेट क्लाउड्स (वीपीसी) के भीतर इनबाउंड और आउटबाउंड ट्रैफ़िक पर विस्तृत नियंत्रण प्रदान करते हैं, जबकि फ़ायरवॉल आंतरिक और बाहरी नेटवर्क के बीच बाधाओं के रूप में काम करते हैं। एनएसजी और फ़ायरवॉल को प्रभावी ढंग से लागू करके और विभाजन, नियमित नियम समीक्षा, लॉगिंग और केंद्रीकृत प्रबंधन जैसी सर्वोत्तम प्रथाओं का पालन करके, संगठन अपने क्लाउड नेटवर्क की सुरक्षा स्थिति को बढ़ा सकते हैं और संभावित सुरक्षा उल्लंघनों से अपनी संपत्ति और डेटा की रक्षा कर सकते हैं। आज की डिजिटल रूप से जुड़ी दुनिया में क्लाउड

वातावरण की सुरक्षा और डेटा अखंडता और गोपनीयता बनाए रखने के लिए एक अच्छी तरह से डिज़ाइन किया गया और प्रभावी ढंग से प्रबंधित नेटवर्क सुरक्षा ढांचा आवश्यक है।

14.2.1. नेटवर्क सुरक्षा समूह (एनएसजी):

नेटवर्क सुरक्षा समूह (एनएसजी) वर्चुअल फ़ायरवॉल हैं जो संगठनों को वर्चुअल प्राइवेट क्लाउड (वीपीसी) के भीतर संसाधनों के इनबाउंड और आउटबाउंड ट्रैफ़िक को फ़िल्टर और नियंत्रित करने की अनुमति देते हैं। एनएसजी नेटवर्क लेयर (लेयर 3) पर काम करते हैं और स्रोत और गंतव्य आईपी पते, पोर्ट और प्रोटोकॉल के आधार पर सुरक्षा नियम लागू करते हैं।

- ट्रैफ़िक फ़िल्टरिंग और अभिगम नियंत्रण:एनएसजी संगठनों को आईपी पते, बंदरगाहों और प्रोटोकॉल के आधार पर विशिष्ट प्रकार के ट्रैफ़िक को अनुमति देने या अस्वीकार करने के लिए नियमों को परिभाषित करने में सक्षम बनाता है। वे इनबाउंड और आउटबाउंड संचार पर विस्तृत नियंत्रण प्रदान करते हैं, यह सुनिश्चित करते हुए कि संसाधनों से केवल अधिकृत ट्रैफ़िक प्रवाहित होता है।
- नेटवर्क विभाजन: एनएसजी वीपी के भीतर विभिन्न सबनेट या संसाधन समूहों पर विभिन्न सुरक्षा नियमों को लागू करके नेटवर्क विभाजन की सुविधा प्रदान करते हैं। यह सुरक्षा नीतियों को लागू करने और संसाधनों के बीच संचार को प्रतिबंधित करने, हमले की सतह को कम करने और संभावित उल्लंघनों के प्रभाव को कम करने में मदद करता है।
- स्टेटफुल पैकेट निरीक्षण:एनएसजी नेटवर्क कनेक्शन की स्थिति को ट्रैक करने और संबंधित आने वाले ट्रैफ़िक की अनुमति देने के लिए स्टेटफुल पैकेट निरीक्षण का उपयोग करते हैं। यह सुनिश्चित करता है कि आउटगोइंग अनुरोधों के लिए केवल वैध प्रतिक्रियाओं की अनुमति है, अनधिकृत कनेक्शन को रोककर सुरक्षा बढ़ा दी गई है।
- लॉगिंग और निगरानी:एनएसजी नेटवर्क ट्रैफ़िक और सुरक्षा घटनाओं को ट्रैक करने के लिए लॉगिंग और निगरानी क्षमताएं प्रदान करते हैं। संगठन विसंगतियों का पता लगाने, संभावित खतरों की पहचान करने और सुरक्षा घटनाओं पर तुरंत प्रतिक्रिया देने के लिए लॉग का विश्लेषण और डेटा की निगरानी कर सकते हैं।

14.2.2. फ़ायरवॉल:

- उद्देश्य और कार्य:फ़ायरवॉल सुरक्षा उपकरण या सॉफ़्टवेयर समाधान हैं जो पूर्वनिर्धारित सुरक्षा नीतियों के आधार पर नेटवर्क ट्रैफ़िक की निगरानी और नियंत्रण करते हैं। वे आंतरिक नेटवर्क (जैसे, वीपीसी) और बाहरी नेटवर्क (जैसे, इंटरनेट) के बीच एक बाधा के रूप में कार्य करते हैं और दुर्भावनापूर्ण या अनधिकृत पहुंच प्रयासों को रोकने के लिए ट्रैफ़िक का निरीक्षण करते हैं।
- फ़ायरवॉल के प्रकार:फ़ायरवॉल कई प्रकार के होते हैं, जिनमें शामिल हैं:
- नेटवर्क फ़ायरवॉल: ये नेटवर्क लेयर (लेयर 3) पर काम करते हैं और ट्रैफ़िक को फ़िल्टर करने के लिए आईपी पते, पोर्ट और प्रोटोकॉल का विश्लेषण करते हैं।
- अनुप्रयोग फ़ायरवॉल:ये एप्लिकेशन लेयर (लेयर 7) पर काम करते हैं और एप्लिकेशन-विशिष्ट नियमों के आधार पर ट्रैफ़िक का निरीक्षण और फ़िल्टर कर सकते हैं।
- वेब एप्लिकेशन फ़ायरवॉल (WAF): WAF विशेष रूप से वेब अनुप्रयोगों को सामान्य वेब-आधारित हमलों से बचाने पर ध्यान केंद्रित करते हैं।
- सुरक्षा नीतियाँ और नियम विन्यास: फ़ायरवॉल को सुरक्षा नीतियों के साथ कॉन्फ़िगर किया गया है जो आईपी पते, पोर्ट और प्रोटोकॉल जैसे निर्दिष्ट मानदंडों के आधार पर अनुमत या अवरुद्ध ट्रैफ़िक को परिभाषित करते हैं। संगठन अपनी सुरक्षा आवश्यकताओं के अनुरूप इन नीतियों को अनुकूलित कर सकते हैं।
- घुसपैठ का पता लगाना और रोकथाम: कुछ फ़ायरवॉल में घुसपैठ का पता लगाने और रोकथाम क्षमताएं शामिल हैं। वे वास्तविक समय में संदिग्ध या दुर्भावनापूर्ण गतिविधियों का पता लगा सकते हैं और उन्हें ब्लॉक कर सकते हैं, जिससे खतरों के खिलाफ सुरक्षा की एक अतिरिक्त परत मिलती है।
- केंद्रीकृत प्रबंधन: फ़ायरवॉल में अक्सर केंद्रीकृत प्रबंधन कंसोल होते हैं जो प्रशासकों को क्लाउड नेटवर्क के भीतर कई उपकरणों या उदाहरणों में फ़ायरवॉल नियमों को कॉन्फ़िगर, मॉनिटर और अपडेट करने की अनुमति देते हैं।

14.2.3. एनएसजी और फ़ायरवॉल को लागू करने के लिए सर्वोत्तम अभ्यास:

• विभाजन और न्यूनतम विशेषाधिकार: संसाधनों के बीच नेटवर्क ट्रैफ़िक को प्रतिबंधित करके न्यूनतम विशेषाधिकार का सिद्धांत लागू करें। सख्त पहुंच नियंत्रण लागू करने और संचार को केवल आवश्यक कनेक्शन तक सीमित करने के लिए एनएसजी और फ़ायरवॉल का उपयोग करें।

• नियमित नियम समीक्षा और अद्यतन:बदलती सुरक्षा आवश्यकताओं के अनुकूल होने और उभरते खतरों से निपटने के लिए एनएसजी और फ़ायरवॉल नियमों की नियमित रूप से समीक्षा और अद्यतन करें। हमले की सतह को कम करने के लिए अनावश्यक या अप्रचलित नियमों को हटा दें।

• गहन सुरक्षा: खतरों के खिलाफ मजबूत सुरक्षा तैयार करने के लिए एनएसजी, फ़ायरवॉल और अन्य सुरक्षा उपायों सहित सुरक्षा नियंत्रण की कई परतों को लागू करें। यह बहुस्तरीय दृष्टिकोण अतिरेक जोड़कर और संभावित उल्लंघनों के प्रभाव को कम करके सुरक्षा बढ़ाता है।

• लॉगिंग और निगरानी:नेटवर्क ट्रैफ़िक, सुरक्षा घटनाओं और विसंगतियों को पकड़ने के लिए एनएसजी और फ़ायरवॉल के लिए लॉगिंग और निगरानी सक्षम करें। सुरक्षा घटनाओं का तुरंत पता लगाने और उन पर प्रतिक्रिया देने के लिए नियमित रूप से लॉग का विश्लेषण करें और डेटा की निगरानी करें।

• स्वचालन और केंद्रीकृत प्रबंधन: एनएसजी और फ़ायरवॉल के कॉन्फ़िगरेशन और प्रबंधन को सुव्यवस्थित करने के लिए स्वचालन और केंद्रीकृत प्रबंधन उपकरणों का लाभ उठाएं। यह नियम अपडेट को सरल बनाता है, स्थिरता बढ़ाता है और गलत कॉन्फ़िगरेशन के जोखिम को कम करता है।

• नियमित सुरक्षा ऑडिट: क्लाउड नेटवर्क की सुरक्षा में एनएसजी और फ़ायरवॉल की प्रभावशीलता का आकलन करने के लिए नियमित सुरक्षा ऑडिट करें। चल रही नेटवर्क सुरक्षा सुनिश्चित करने के लिए कमजोरियों, कमजोरियों और संभावित सुधारों की पहचान करें।

14.3 हाइब्रिड क्लाउड नेटवर्किंग: ऑन-प्रिमाइसेस और क्लाउड वातावरण को पाटना

हाइब्रिड क्लाउड नेटवर्किंग संगठनों को दो वातावरणों के बीच निर्बाध कनेक्टिविटी और संचार स्थापित करके ऑन-प्रिमाइसेस बुनियादी ढांचे और क्लाउड दोनों के लाभों का उपयोग करने में सक्षम बनाता है। वीपीएन, डायरेक्ट कनेक्शन और अन्य हाइब्रिड नेटवर्क कनेक्टिविटी समाधानों को लागू करके, संगठन सुरक्षित रूप से अपने नेटवर्क का विस्तार कर सकते हैं, क्लाउड संसाधनों तक पहुंच सकते हैं, और संपूर्ण योजना, मजबूत सुरक्षा उपायों, नेटवर्क विभाजन जैसी सर्वोत्तम प्रथाओं का पालन करके क्लाउड की स्केलेबिलिटी और लचीलेपन का लाभ उठा सकते हैं। निरंतर निगरानी से, संगठन एक लचीला और उच्च प्रदर्शन करने वाला हाइब्रिड नेटवर्क बुनियादी ढांचा बना सकते हैं जो उनकी व्यावसायिक आवश्यकताओं का समर्थन करता है और ऑन-प्रिमाइसेस और क्लाउड वातावरण के बीच निर्बाध सहयोग को सक्षम बनाता है। हाइब्रिड क्लाउड नेटवर्किंग का सफल कार्यान्वयन संगठनों को अपने आईटी बुनियादी ढांचे को अनुकूलित करने, लागत दक्षता हासिल करने और आज के गतिशील और परस्पर जुड़े डिजिटल परिदृश्य में नवाचार को बढ़ावा देने का अधिकार देता है।

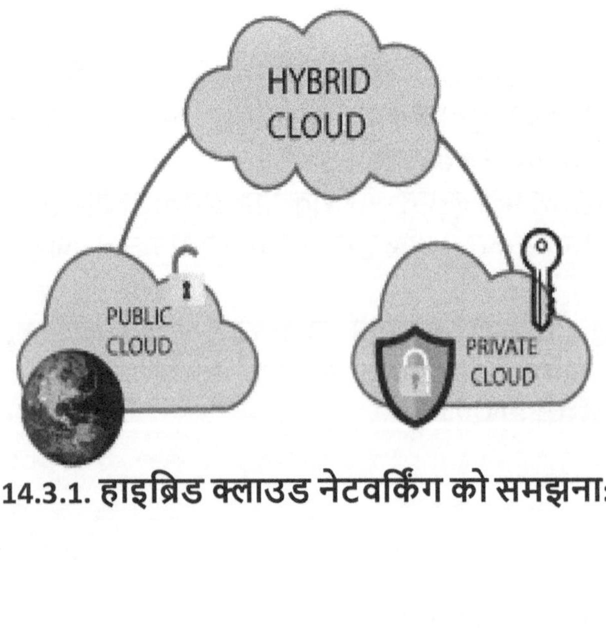

14.3.1. हाइब्रिड क्लाउड नेटवर्किंग को समझना:

हाइब्रिड क्लाउड नेटवर्किंग एक एकीकृत और परस्पर नेटवर्क वातावरण बनाने के लिए सार्वजनिक क्लाउड संसाधनों के साथ ऑन-प्रिमाइसेस बुनियादी ढांचे के एकीकरण को संदर्भित करता है। यह संगठनों को अपने ऑन-प्रिमाइसेस डेटा केंद्रों पर नियंत्रण बनाए रखते हुए अपने नेटवर्क बुनियादी ढांचे को क्लाउड तक विस्तारित करने में सक्षम बनाता है।

- कनेक्टिविटी और संचार: हाइब्रिड क्लाउड नेटवर्किंग ऑन-प्रिमाइसेस वातावरण और क्लाउड संसाधनों के बीच सुरक्षित कनेक्टिविटी और निर्बाध संचार की सुविधा प्रदान करती है। यह संगठनों को लिंक स्थापित करने, डेटा स्थानांतरित करने और हाइब्रिड नेटवर्क पर एप्लिकेशन और सेवाओं तक पहुंचने की अनुमति देता है।
- लचीलापन और स्केलेबिलिटी: हाइब्रिड क्लाउड नेटवर्किंग संगठनों को मांग के आधार पर अपने बुनियादी ढांचे के संसाधनों को बढ़ाने की सुविधा प्रदान करती है। यह उन्हें अपने ऑन-प्रिमाइसेस वातावरण के नियंत्रण और सुरक्षा को बनाए रखते हुए क्लाउड की चपलता और स्केलेबिलिटी का लाभ उठाने की अनुमति देता है।

14.3.2. हाइब्रिड क्लाउड नेटवर्किंग के प्रमुख घटक:

- वर्चुअल प्राइवेट नेटवर्क (वीपीएन): वीपीएन तकनीक इंटरनेट पर सुरक्षित और एन्क्रिप्टेड संचार सुरंगें स्थापित करती है, जो ऑन-प्रिमाइसेस नेटवर्क को वर्चुअल प्राइवेट क्लाउड से जोड़ती है। वीपीएन ऑन-प्रिमाइसेस नेटवर्क को क्लाउड तक सुरक्षित रूप से विस्तारित करने के लिए एक लागत प्रभावी और लचीला तरीका प्रदान करते हैं।
- प्रत्यक्ष रूप से कनेक्ट:डायरेक्ट कनेक्ट संगठनों को अपने ऑन-प्रिमाइसेस डेटा केंद्रों और क्लाउड सेवा प्रदाता के बुनियादी ढांचे के बीच समर्पित और निजी नेटवर्क कनेक्शन स्थापित करने में सक्षम बनाता है। यह इंटरनेट-आधारित वीपीएन कनेक्शन की तुलना में उच्च बैंडविड्थ, कम विलंबता और बढ़ी हुई सुरक्षा प्रदान करता है।
- हाइब्रिड नेटवर्क कनेक्टिविटी समाधान: क्लाउड सेवा प्रदाता हाइब्रिड क्लाउड नेटवर्किंग के लिए विशिष्ट समाधान प्रदान करते हैं, जैसे AWS ट्रांजिट गेटवे, Azure वर्चुअल WAN, या Google क्लाउड इंटरकनेक्ट। ये समाधान हाइब्रिड नेटवर्क आर्किटेक्चर के लिए केंद्रीकृत प्रबंधन, सरलीकृत कनेक्टिविटी और बढ़ी हुई सुरक्षा प्रदान करते हैं।
- नेटवर्क एड्रेस ट्रांसलेशन (NAT): NAT संगठनों को उनके ऑन-प्रिमाइसेस नेटवर्क में उपयोग किए गए निजी आईपी पते को क्लाउड में सार्वजनिक आईपी पते पर मैप करने की अनुमति देता है। यह आंतरिक आईपी पते को उजागर किए बिना ऑन-प्रिमाइसेस और क्लाउड संसाधनों के बीच निर्बाध संचार को सक्षम बनाता है।
- लोड बैलेंसर और एप्लिकेशन डिलीवरी कंट्रोलर (एडीसी):लोड बैलेंसर्स और एडीसी कई सर्वरों या इंस्टेंसेस में नेटवर्क ट्रैफ़िक वितरित करते हैं, जिससे संसाधनों का कुशल उपयोग और ऑन-प्रिमाइसेस और क्लाउड वातावरण दोनों में तैनात अनुप्रयोगों के लिए उच्च उपलब्धता सुनिश्चित होती है।

14.3.3. हाइब्रिड क्लाउड नेटवर्किंग के लिए सर्वोत्तम अभ्यास:

- योजना और वास्तुकला डिजाइन: सुरक्षा आवश्यकताओं, स्केलेबिलिटी, प्रदर्शन और एप्लिकेशन निर्भरता जैसे कारकों पर विचार करते हुए हाइब्रिड क्लाउड नेटवर्क आर्किटेक्चर की पूरी तरह से योजना बनाएं और डिज़ाइन करें। इष्टतम कनेक्टिविटी समाधान और नेटवर्क घटकों की पहचान करें जो संगठन के लक्ष्यों के साथ संरेखित हों।
- सुरक्षा और अनुपालन: ऑन-प्रिमाइसेस और क्लाउड वातावरण के बीच पारगमन में डेटा और संसाधनों की सुरक्षा के लिए मजबूत सुरक्षा उपाय लागू करें। डेटा गोपनीयता और अखंडता सुनिश्चित करने के लिए एन्क्रिप्शन, एक्सेस नियंत्रण और सुरक्षा नीतियों का उपयोग करें।
- नेटवर्क विभाजन और अभिगम नियंत्रण:ट्रैफ़िक को अलग करने और एक्सेस नियंत्रण लागू करने के लिए हाइब्रिड नेटवर्क को तार्किक खंडों या वर्चुअल LAN (VLAN) में विभाजित करें। संचार को प्रतिबंधित करने और संवेदनशील संसाधनों की सुरक्षा के लिए फ़ायरवॉल, नेटवर्क सुरक्षा समूहों और अन्य सुरक्षा तंत्रों का उपयोग करें।
- निगरानी और दृश्यता: हाइब्रिड नेटवर्क में दृश्यता प्राप्त करने के लिए निगरानी और लॉगिंग समाधान लागू करें। संभावित मुद्दों, विसंगतियों या सुरक्षा उल्लंघनों की पहचान करने के लिए नेटवर्क ट्रैफ़िक, प्रदर्शन मेट्रिक्स और सुरक्षा घटनाओं की निगरानी करें। केंद्रीकृत निगरानी उपकरण या क्लाउड प्रदाता-विशिष्ट निगरानी सेवाओं का उपयोग करें।
- नेटवर्क प्रदर्शन अनुकूलन: कुशल सामग्री वितरण के लिए सामग्री वितरण नेटवर्क (सीडीएन) का लाभ उठाकर, विलंबता को कम करने के लिए कैशिंग तंत्र का उपयोग करके और बाधाओं को कम करने और इष्टतम प्रदर्शन सुनिश्चित करने के लिए ट्रैफ़िक रूटिंग तकनीकों को नियोजित करके नेटवर्क प्रदर्शन को अनुकूलित करें।

• नियमित परीक्षण और आपदा पुनर्प्राप्ति योजना: हाइब्रिड नेटवर्क इंफ्रास्ट्रक्चर का नियमित परीक्षण और सत्यापन करें। नेटवर्क व्यवधान या क्लाउड सेवा आउटेज के मामले में व्यवसाय की निरंतरता सुनिश्चित करने के लिए विफलता और आपदा पुनर्प्राप्ति प्रक्रियाओं का परीक्षण करें।

14.4 क्लाउड के लिए सामग्री वितरण नेटवर्क (सीडीएन): सामग्री वितरण और प्रदर्शन को अनुकूलित करना

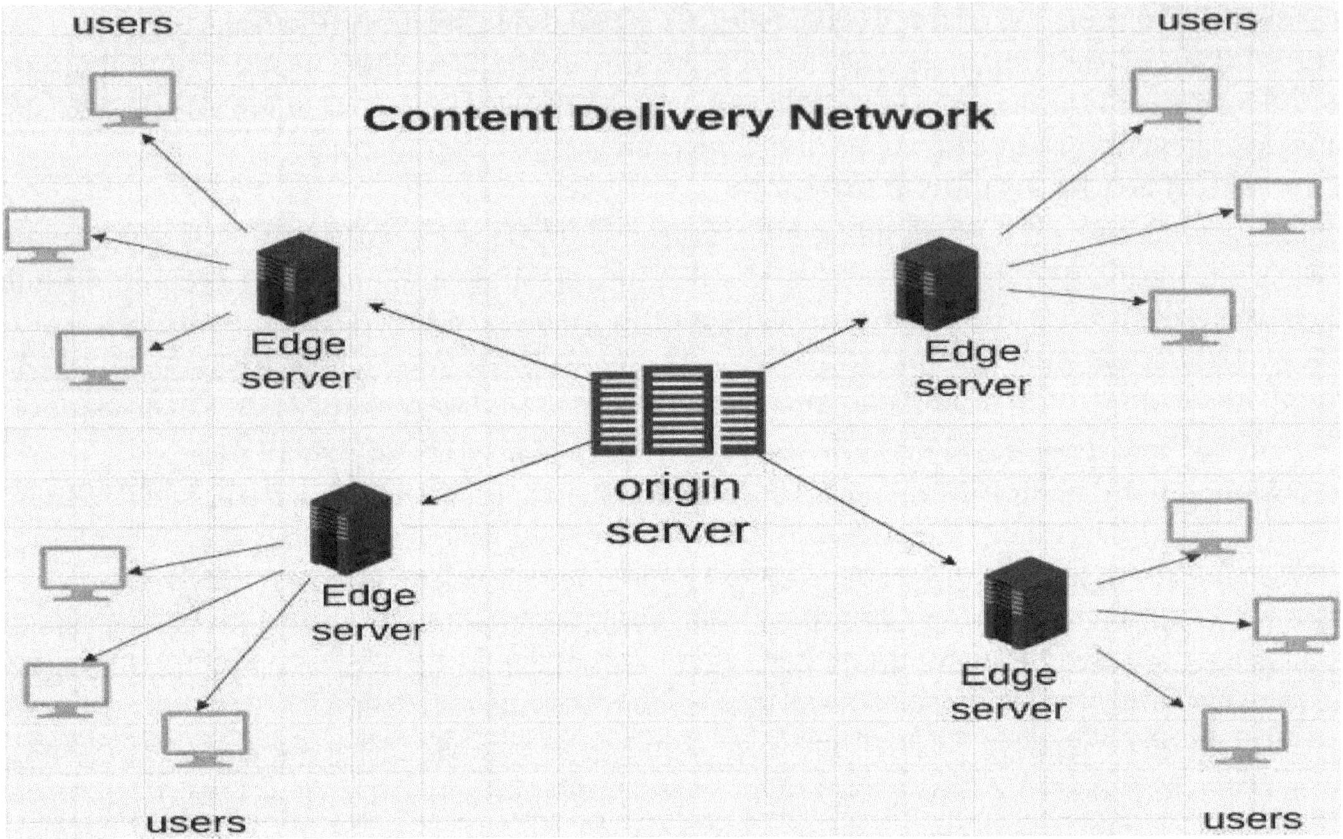

क्लाउड वातावरण के लिए सीडीएन सामग्री वितरण को अनुकूलित करने, विलंबता को कम करने और उपयोगकर्ता अनुभव को बेहतर बनाने में महत्वपूर्ण भूमिका निभाते हैं। क्लाउड प्रदाताओं के वितरित बुनियादी ढांचे का लाभ उठाकर, सीडीएन वैश्विक दर्शकों के लिए कुशल सामग्री वितरण सुनिश्चित करते हैं। क्लाउड में CDN बेहतर प्रदर्शन, वैश्विक पहुंच, स्केलेबिलिटी और बैंडविड्थ अनुकूलन जैसे लाभ प्रदान करते हैं। प्रभावी कैशिंग रणनीतियों, निरंतर निगरानी और सुरक्षा विचारों जैसी सर्वोत्तम प्रथाओं का पालन करके, संगठन सामग्री वितरण में तेजी लाने, उपयोगकर्ता अनुभव को बढ़ाने और वेब अनुप्रयोगों, मीडिया फ़ाइलों और अन्य की निर्बाध डिलीवरी सुनिश्चित करने के लिए क्लाउड में सीडीएन की पूरी क्षमता का उपयोग कर सकते हैं। डिजिटल सामग्री। क्लाउड में सीडीएन का लाभ उठाने से संगठनों को अधिकतम दक्षता के साथ सामग्री वितरित करने, बेहतर अनुभव के साथ उपयोगकर्ताओं को प्रसन्न करने और डिजिटल युग में व्यावसायिक सफलता हासिल करने का अधिकार मिलता है।
क्लाउड वातावरण के लिए सीडीएन विशेष नेटवर्क हैं जो विभिन्न डेटा केंद्रों में स्थित एज सर्वर से सामग्री संग्रहीत और वितरित करते हैं। ये एज सर्वर क्लाउड प्रदाता के बुनियादी ढांचे का हिस्सा हैं, जो विलंबता को कम करके और प्रदर्शन में सुधार करके अंतिम उपयोगकर्ताओं तक कुशल सामग्री वितरण को सक्षम करते हैं।

• क्लाउड सेवाओं के साथ एकीकरण:क्लाउड में सीडीएन क्लाउड प्लेटफ़ॉर्म और सेवाओं के साथ सहजता से एकीकृत होते हैं, जिससे संगठनों को क्लाउड की स्केलेबिलिटी, लचीलेपन और वैश्विक पहुंच का लाभ उठाने की अनुमति मिलती है। सीडीएन को क्लाउड प्रदाताओं की पेशकशों, जैसे स्टोरेज, कंप्यूट और सर्वर रहित सेवाओं के साथ मजबूती से एकीकृत किया जा सकता है।

• गतिशील स्केलिंग:क्लाउड में सीडीएन को गतिशील रूप से स्केल करने और बदलती मांगों के अनुकूल बनाने के लिए डिज़ाइन किया गया है। वे उच्च ट्रैफ़िक वॉल्यूम को संभाल सकते हैं, स्वचालित रूप से अतिरिक्त एज सर्वर का प्रावधान कर सकते हैं, और तेजी से बढ़ते अनुप्रयोगों या अचानक ट्रैफ़िक स्पाइक्स की जरूरतों को पूरा करने के लिए सामग्री को कुशलतापूर्वक वितरित कर सकते हैं।

14.4.2. क्लाउड के लिए सीडीएन के लाभ:

• बेहतर प्रदर्शन और विलंबता में कमी: क्लाउड में सीडीएन अंतिम-उपयोगकर्ताओं के करीब सामग्री को कैश करके विलंबता को कम करता है। नजदीकी एज सर्वर से सामग्री वितरित करके, सीडीएन राउंड-ट्रिप समय को कम करते हैं, जिसके परिणामस्वरूप पेज लोड समय तेज होता है, बफरिंग कम होती है और उपयोगकर्ता अनुभव बेहतर होता है।

• वैश्विक सामग्री पहुंच:क्लाउड के लिए सीडीएन संगठनों को विभिन्न क्षेत्रों में स्थित एज सर्वरों के नेटवर्क के माध्यम से दुनिया भर में सामग्री वितरित करने में सक्षम बनाता है। यह वैश्विक पहुंच सुनिश्चित करती है कि सामग्री निकटतम किनारे सर्वर से अंतिम उपयोगकर्ता तक वितरित की जाती है, भले ही उनकी भौगोलिक स्थिति कुछ भी हो।

• मापनीयता और लोच:क्लाउड में सीडीएन अलग-अलग ट्रैफ़िक भार को संभालने के लिए स्केलेबिलिटी और लोच प्रदान करते हैं। वे मांग के आधार पर गतिशील रूप से ऊपर या नीचे स्केल कर सकते हैं, यह सुनिश्चित करते हुए कि चरम उपयोग अवधि के दौरान भी सामग्री वितरण अनुकूलित और उत्तरदायी बना रहे।

• बैंडविड्थ अनुकूलन: क्लाउड में सीडीएन एज सर्वर से सामग्री को कैशिंग और वितरित करके मूल सर्वर पर बैंडविड्थ खपत को कम करते हैं। इससे क्लाउड इंफ्रास्ट्रक्चर पर भार कम हो जाता है और डेटा ट्रांसफर लागत कम हो जाती है।

• सामग्री सुरक्षा और DDoS शमन: क्लाउड में CDN में अक्सर अंतर्निहित सुरक्षा सुविधाएँ और DDoS सुरक्षा तंत्र शामिल होते हैं। वे सेवाओं की उपलब्धता और अखंडता सुनिश्चित करते हुए एप्लिकेशन और सामग्री को दुर्भावनापूर्ण हमलों से बचाने में मदद करते हैं।

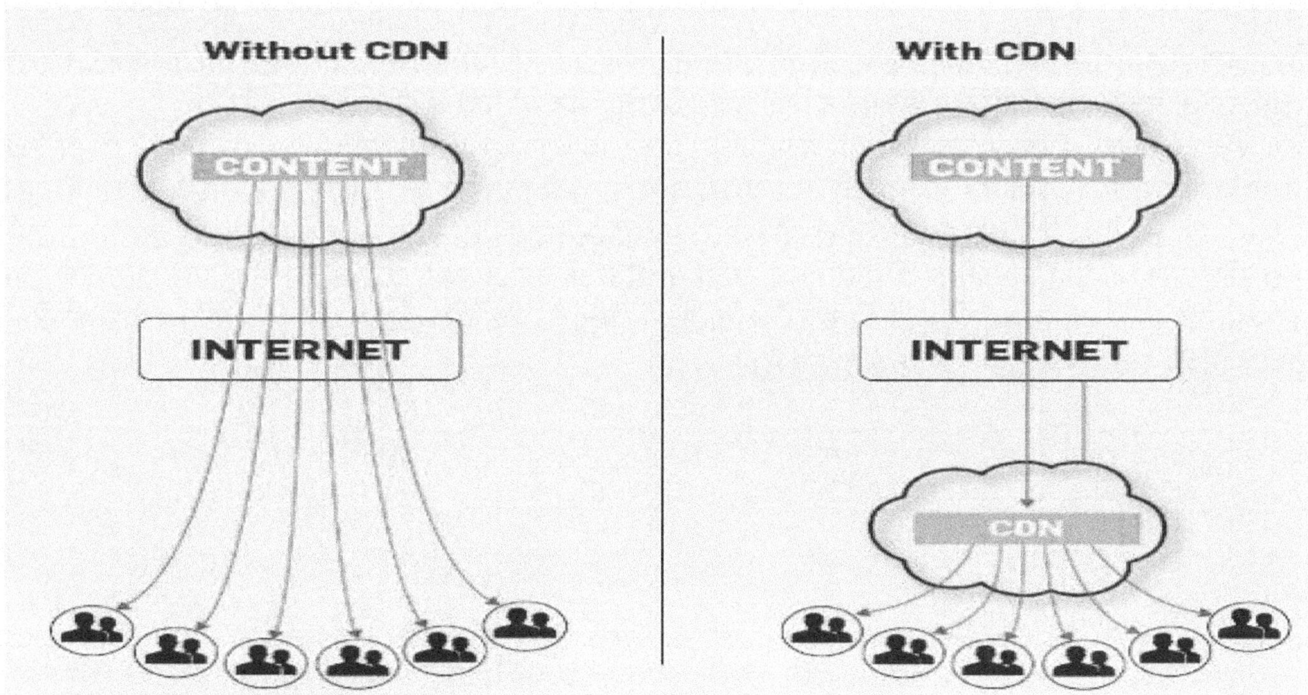

14.4.3. क्लाउड के लिए सीडीएन के प्रमुख घटक:

• एज सर्वर और उपस्थिति बिंदु (पीओपी):विश्व स्तर पर डेटा केंद्रों में तैनात एज सर्वर क्लाउड के लिए सीडीएन की रीढ़ बनते हैं। ये सर्वर अनुकूलित सामग्री वितरण सुनिश्चित करते हुए, अंतिम उपयोगकर्ताओं को उनके भौगोलिक स्थान के आधार पर सामग्री को कैश और वितरित करते हैं।

• मूल सर्वर और क्लाउड स्टोरेज: क्लाउड में ओरिजिन सर्वर सीडीएन के लिए सामग्री के स्रोत के रूप में कार्य करते हैं। वे सामग्री की मूल प्रतियां संग्रहीत करते हैं और मूल बिंदु के रूप में कार्य करते हैं जहां से सीडीएन एज सर्वर पर सामग्री को पुनर्प्राप्त और कैश करते हैं। सामग्री को कुशलतापूर्वक वितरित करने और अद्यतन करने के लिए क्लाउड स्टोरेज सेवाएँ अक्सर सीडीएन के साथ सहजता से एकीकृत होती हैं।

• कैशिंग और पर्जिंग तंत्र: क्लाउड के लिए सीडीएन एज सर्वर पर बार-बार एक्सेस की गई सामग्री को संग्रहीत करने के लिए कैशिंग तंत्र का उपयोग करते हैं। कैशिंग एल्गोरिदम यह निर्धारित करते हैं कि किस सामग्री को कैश किया जाए और कितनी देर तक। पर्जिंग तंत्र संगठनों को वास्तविक समय में कैश्ड सामग्री को हटाने या अपडेट करने की अनुमति देता है।

• ट्रैफ़िक रूटिंग और लोड संतुलन:क्लाउड के लिए सीडीएन एज सर्वर पर अनुरोधों को वितरित करने के लिए बुद्धिमान ट्रैफ़िक रूटिंग और लोड संतुलन तकनीकों का उपयोग करते हैं। यह इष्टतम संसाधन उपयोग सुनिश्चित करता है, सर्वर लोड को कम करता है, और समग्र सामग्री वितरण प्रदर्शन में सुधार करता है।

• विश्लेषिकी और रिपोर्टिंग:क्लाउड के लिए सीडीएन एनालिटिक्स और रिपोर्टिंग क्षमताएं प्रदान करते हैं जो सामग्री वितरण प्रदर्शन, उपयोगकर्ता जुड़ाव और ट्रैफ़िक पैटर्न में अंतर्दृष्टि प्रदान करते हैं। ये जानकारियां सामग्री वितरण रणनीतियों को अनुकूलित करने, बाधाओं की पहचान करने और सूचित निर्णय लेने में मदद करती हैं।

14.4.4. क्लाउड में सीडीएन का लाभ उठाने के लिए सर्वोत्तम अभ्यास:

• सामग्री कैशिंग रणनीति:यह निर्धारित करने के लिए एक प्रभावी कैशिंग रणनीति लागू करें कि किस सामग्री को कैश किया जाना चाहिए और कितने समय तक। बार-बार एक्सेस की जाने वाली स्थिर सामग्री में लंबी कैश अवधि होनी चाहिए, जबकि गतिशील या वैयक्तिकृत सामग्री के लिए छोटी कैश अवधि की आवश्यकता हो सकती है।

• सामग्री संस्करण और कैश अमान्यकरण: यह सुनिश्चित करने के लिए कि अद्यतन या संशोधित सामग्री को एज सर्वर पर तुरंत प्रसारित किया जाता है, सामग्री संस्करण तकनीक और कैश अमान्यकरण तंत्र का उपयोग करें। विशिष्ट सामग्री आइटम को चुनिंदा रूप से शुद्ध करने या अद्यतन करने के लिए कैश अमान्यकरण एपीआई या टैग लागू करें।

• सतत निगरानी और अनुकूलन:सीडीएन प्रदर्शन मेट्रिक्स, जैसे कैश हिट दर, प्रतिक्रिया समय और ट्रैफ़िक पैटर्न की नियमित रूप से निगरानी करें। प्रदर्शन बाधाओं की पहचान करने, सामग्री वितरण कॉन्फ़िगरेशन को अनुकूलित करने और आगे के अनुकूलन के लिए डेटा-संचालित निर्णय लेने के लिए इन मैट्रिक्स का विश्लेषण करें।

• सुरक्षा संबंधी विचार: सुरक्षित सामग्री वितरण सुनिश्चित करने के लिए एसएसएल/टीएलएस एन्क्रिप्शन जैसे उचित सुरक्षा उपाय लागू करें। संभावित हमलों को कम करने और सामग्री वितरण की अखंडता सुनिश्चित करने के लिए डीडीओएस सुरक्षा, वेब एप्लिकेशन फ़ायरवॉल और अन्य सुरक्षा सुविधाएं प्रदान करने वाले सीडीएन का लाभ उठाएं।

• मल्टी-सीडीएन रणनीति:एकाधिक सीडीएन प्रदाताओं या सेवाओं का उपयोग करके बहु-सीडीएन दृष्टिकोण लागू करने पर विचार करें। यह सामग्री वितरण विकल्पों में विविधता लाता है, उपलब्धता बढ़ाता है, और केवल एक सीडीएन प्रदाता पर निर्भर रहने के जोखिम को कम करता है।

अभ्यास

बहु विकल्पीय प्रश्न

1. वर्चुअल प्राइवेट क्लाउड (VPC) क्या है?
a) एक सार्वजनिक रूप से सुलभ क्लाउड नेटवर्क वातावरण।
b) सार्वजनिक क्लाउड के भीतर एक तार्किक रूप से पृथक और अनुकूलन योग्य वर्चुअल नेटवर्क वातावरण।
c) एक निजी ऑन-प्रिमाइसेस नेटवर्क जो इंटरनेट से अलग है।
d) डेटा सेंटर में होस्ट किया गया एक स्टैंडअलोन भौतिक सर्वर।

2. वीपीसी का उपयोग करने का निम्नलिखित में से कौन सा लाभ है?
a) क्लाउड में अन्य किरायेदारों के साथ संसाधन साझा किए।
b) नेटवर्क कॉन्फ़िगरेशन पर सीमित नियंत्रण।
c) मांग के आधार पर नेटवर्क संसाधनों को मापने में असमर्थता।
d) वर्चुअल नेटवर्क वातावरण पर अलगाव और नियंत्रण।

3. वर्चुअल प्राइवेट क्लाउड (VPC) के प्रमुख घटक क्या हैं?
a) सबनेट, फ़ायरवॉल, और लोड बैलेंसर।
b) सुरक्षा समूह, NAT और VPN कनेक्टिविटी।
c) सार्वजनिक आईपी पते, एप्लिकेशन सर्वर और राउटर।
d) एन्क्रिप्शन, सीडीएन और सार्वजनिक क्लाउड प्रदाता।

4. वीपीसी में सुरक्षा समूह का उद्देश्य क्या है?
a) यह बाकी डेटा के लिए एन्क्रिप्शन प्रदान करता है।
b) यह संगठनों को नियमों के आधार पर इनबाउंड और आउटबाउंड ट्रैफ़िक को नियंत्रित करने की अनुमति देता है।
c) यह वीपीसी के भीतर संसाधनों के लिए डीएनएस रिज़ॉल्यूशन का प्रबंधन करता है।
d) यह सबनेट के बीच नेटवर्क रूटिंग को अनुकूलित करता है।

5. वीपीसी का कौन सा घटक वीपीसी के भीतर संसाधनों को बाहरी नेटवर्क के साथ संचार करने की अनुमति देता है, जैसे? इंटरनेट?
a) रूटिंग तालिका।
b) सुरक्षा समूह.
c) वर्चुअल प्राइवेट नेटवर्क (वीपीएन) कनेक्टिविटी।
d) नेटवर्क एड्रेस ट्रांसलेशन (NAT)।

6. वीपीसी में वर्चुअल प्राइवेट नेटवर्क (वीपीएन) का क्या कार्य है?
a) यह संसाधनों को एक ही सबनेट के भीतर संचार करने की अनुमति देता है।
b) यह वीपीसी और ऑन-प्रिमाइसेस डेटा केंद्रों के बीच सुरक्षित और एन्क्रिप्टेड संचार स्थापित करता है।
c) यह आने वाले ट्रैफ़िक के लिए लोड संतुलन प्रदान करता है।
d) यह सुरक्षा समूहों के लिए अभिगम नियंत्रण का प्रबंधन करता है।

7. वीपीसी में डायरेक्ट कनेक्ट वीपीएन कनेक्टिविटी से किस प्रकार भिन्न है?
a) डायरेक्ट कनेक्ट वीपीसी और ऑन-प्रिमाइसेस डेटा केंद्रों के बीच एक समर्पित और निजी नेटवर्क कनेक्शन प्रदान करता है।
b) डायरेक्ट कनेक्ट की तुलना में वीपीएन कनेक्टिविटी उच्च बैंडविड्थ और कम विलंबता प्रदान करती है।
c) डायरेक्ट कनेक्ट इंटरनेट पर एक सुरक्षित सुरंग स्थापित करता है।
d) वीपीएन कनेक्टिविटी केवल कुछ क्षेत्रों में ही उपलब्ध है।

8. वीपीसी को डिज़ाइन और प्रबंधित करने का सर्वोत्तम अभ्यास क्या है?
a) इनबाउंड और आउटबाउंड ट्रैफ़िक के लिए बिना किसी प्रतिबंध के सुरक्षा समूह लागू करें।
b) मांग से स्वतंत्र रूप से नेटवर्क संसाधनों का मापन करें।

c) उच्च उपलब्धता सुनिश्चित करने के लिए एकल उपलब्धता क्षेत्र का उपयोग करें।
d) आईपी विवादों से बचने के लिए कुशलतापूर्वक आईपी एड्रेस रेंज और सबनेट डिज़ाइन की योजना बनाएं।

9. वीपीसी हासिल करने के लिए निम्नलिखित में से कौन सा सर्वोत्तम अभ्यास नहीं है?
a) सुरक्षा नीतियों की नियमित रूप से समीक्षा और अद्यतन करना।
b) सबनेट का उपयोग करके नेटवर्क विभाजन लागू करना।
c) नेटवर्क ट्रैफ़िक और सुरक्षा घटनाओं को ट्रैक करने के लिए निगरानी और लॉगिंग सक्षम करना।
d) किसी भी आईपी पते से सभी संसाधनों तक अप्रतिबंधित पहुंच की अनुमति देना।

10. वर्चुअल प्राइवेट क्लाउड (VPC) के संबंध में क्या निष्कर्ष है?
a) वीपीसी क्लाउड कंप्यूटिंग का एक महत्वपूर्ण घटक नहीं है।
b) वीपीसी संगठनों को सार्वजनिक क्लाउड वातावरण में एक सुरक्षित और स्केलेबल नेटवर्क बुनियादी ढांचा प्रदान करता है।
c) वीपीसी नेटवर्क अलगाव और सुरक्षा के संदर्भ में कोई लाभ प्रदान नहीं करता है।
d) विशिष्ट आवश्यकताओं को पूरा करने के लिए वीपीसी को अनुकूलित नहीं किया जा सकता है।

11. क्लाउड वातावरण में नेटवर्क सुरक्षा समूहों (एनएसजी) की क्या भूमिका है?
a) वे ऑन-प्रिमाइसेस डेटा केंद्रों के लिए भौतिक फ़ायरवॉल के रूप में कार्य करते हैं।
b) वे संगठनों को वीपीसी के भीतर संसाधनों के इनबाउंड और आउटबाउंड ट्रैफ़िक को नियंत्रित करने की अनुमति देते हैं।
c) वे क्लाउड में आराम से मौजूद डेटा के लिए एन्क्रिप्शन प्रदान करते हैं।
d) वे क्लाउड स्टोरेज सेवाओं और डेटा प्रतिकृति का प्रबंधन करते हैं।

समीक्षा प्रश्न

1. **हाइब्रिड क्लाउड नेटवर्किंग रणनीति को लागू करने के प्रमुख लाभ क्या हैं?**
2. **नेटवर्क सुरक्षा समूह (एनएसजी) क्लाउड नेटवर्क सुरक्षा में कैसे योगदान करते हैं?**
3. **क्लाउड परिवेश के लिए सामग्री वितरण नेटवर्क (सीडीएन) का प्राथमिक उद्देश्य क्या है?**
4. **क्लाउड के लिए सीडीएन अलग-अलग ट्रैफ़िक भार को कैसे संभालते हैं?**
5. **वर्चुअल प्राइवेट क्लाउड (VPC) के प्रमुख घटक क्या हैं?**
6. **योजना और विभाजन एक प्रभावी वर्चुअल प्राइवेट क्लाउड (वीपीसी) बुनियादी ढांचे में कैसे योगदान देता है?**
7. **कोड के रूप में इन्फ्रास्ट्रक्चर (IaC) एक सुरक्षित और स्केलेबल वर्चुअल प्राइवेट क्लाउड (VPC) इन्फ्रास्ट्रक्चर के कार्यान्वयन और प्रबंधन में कैसे योगदान देता है?**
8. **क्लाउड में सीडीएन बैंडविड्थ खपत और डेटा ट्रांसफर लागत को कम करने में कैसे योगदान करते हैं?**

उत्तर अनुभाग

बहु विकल्पीय प्रश्न

1. b) सार्वजनिक क्लाउड के भीतर एक तार्किक रूप से पृथक और अनुकूलन योग्य वर्चुअल नेटवर्क वातावरण।
2. d) वर्चुअल नेटवर्क वातावरण पर अलगाव और नियंत्रण।
3. b) सुरक्षा समूह, NAT, और वीपीएन कनेक्टिविटी।
4. b) यह संगठनों को नियमों के आधार पर इनबाउंड और आउटबाउंड ट्रैफ़िक को नियंत्रित करने की अनुमति देता है।
5. d) नेटवर्क एड्रेस ट्रांसलेशन (NAT)।
6. b) यह वीपीसी और ऑन-प्रिमाइसेस डेटा केंद्रों के बीच सुरक्षित और एन्क्रिप्टेड संचार स्थापित करता है।
7. a) डायरेक्ट कनेक्ट वीपीसी और ऑन-प्रिमाइसेस डेटा सेंटरों के बीच एक समर्पित और निजी नेटवर्क कनेक्शन प्रदान करता है।
8. d) आईपी विवादों से बचने के लिए आईपी एड्रेस रेंज और सबनेट डिजाइन की कुशलतापूर्वक योजना बनाएं।

9. d) किसी भी आईपी पते से सभी संसाधनों तक अप्रतिबंधित पहुंच की अनुमति देना।
10. b) वीपीसी संगठनों को सार्वजनिक क्लाउड वातावरण में एक सुरक्षित और स्केलेबल नेटवर्क बुनियादी ढांचा प्रदान करता है।
11. b) वे संगठनों को वीपीसी के भीतर संसाधनों के इनबाउंड और आउटबाउंड ट्रैफ़िक को नियंत्रित करने की अनुमति देते हैं।

समीक्षा प्रश्न

1. हाइब्रिड क्लाउड नेटवर्किंग रणनीति को लागू करने से कई प्रमुख लाभ मिलते हैं। सबसे पहले, यह संगठनों को सार्वजनिक क्लाउड संसाधनों के साथ ऑन-प्रिमाइसेस बुनियादी ढांचे को एकीकृत करके दोनों दुनिया के सर्वश्रेष्ठ का लाभ उठाने की अनुमति देता है। यह अधिक लचीलापन और मापनीयता प्रदान करता है, क्योंकि संगठन मांग के आधार पर अपने क्लाउड संसाधनों को गतिशील रूप से बढ़ा सकते हैं। इसके अतिरिक्त, हाइब्रिड क्लाउड नेटवर्किंग ऑन-प्रिमाइसेस डेटा सेंटर और क्लाउड वातावरण के बीच निर्बाध संचार को सक्षम बनाता है, जिससे एक सामंजस्यपूर्ण नेटवर्क वातावरण सुनिश्चित होता है। यह संगठनों को कम संवेदनशील कार्यभार के लिए क्लाउड का उपयोग करते हुए संवेदनशील डेटा को परिसर में रखकर विशिष्ट अनुपालन या डेटा रेजिडेंसी आवश्यकताओं को पूरा करने की अनुमति देता है। अंततः, एक अच्छी तरह से क्रियान्वित हाइब्रिड क्लाउड नेटवर्किंग रणनीति प्रदर्शन को अधिकतम करती है, सुरक्षा बढ़ाती है और संसाधन उपयोग को अनुकूलित करती है।
2. नेटवर्क सुरक्षा समूह (एनएसजी) वर्चुअल प्राइवेट क्लाउड (वीपीसी) के भीतर वर्चुअल फ़ायरवॉल के रूप में कार्य करके क्लाउड नेटवर्क सुरक्षा में महत्वपूर्ण भूमिका निभाते हैं। एनएसजी संगठनों को स्रोत और गंतव्य आईपी पते, बंदरगाहों और प्रोटोकॉल के आधार पर विशिष्ट प्रकार के नेटवर्क ट्रैफ़िक को अनुमति देने या अस्वीकार करने, पहुंच नियंत्रण नियमों को परिभाषित करने और लागू करने में सक्षम बनाता है। एनएसजी को लागू करके, संगठन एक सुरक्षित नेटवर्क वातावरण बना सकते हैं, वीपीसी के भीतर संसाधनों से आने वाले और बाहर जाने वाले ट्रैफ़िक को नियंत्रित कर सकते हैं। यह बारीक नियंत्रण यह सुनिश्चित करता है कि केवल अधिकृत ट्रैफ़िक की अनुमति है, जिससे हमले की सतह कम हो जाती है और संभावित सुरक्षा खतरे कम हो जाते हैं।
3. क्लाउड वातावरण में सामग्री वितरण नेटवर्क (सीडीएन) का प्राथमिक उद्देश्य सामग्री वितरण प्रदर्शन को अनुकूलित करना और उपयोगकर्ता अनुभव को बढ़ाना है। सीडीएन दुनिया भर में डेटा केंद्रों में रणनीतिक रूप से रखे गए एज सर्वरों के वितरित नेटवर्क का लाभ उठाते हैं। ये सर्वर वेब सामग्री, एप्लिकेशन और मीडिया फ़ाइलों को अंतिम-उपयोगकर्ताओं के करीब कैश और वितरित करते हैं, विलंबता को कम करते हैं और पेज लोड समय में सुधार करते हैं। नजदीकी किनारे के सर्वर से सामग्री वितरित करके, सीडीएन राउंड-ट्रिप समय को कम करते हैं, जिसके परिणामस्वरूप सामग्री तक तेज़ पहुंच होती है, बफरिंग कम हो जाती है, और अंतिम-उपयोगकर्ता के भौगोलिक स्थान की परवाह किए बिना समग्र उपयोगकर्ता अनुभव आसान हो जाता है।
4. क्लाउड के लिए सीडीएन को गतिशील स्केलिंग क्षमताओं के साथ डिज़ाइन किया गया है, जो उन्हें अलग-अलग ट्रैफ़िक भार को प्रभावी ढंग से संभालने की अनुमति देता है। जब सामग्री की मांग बढ़ती है, तो सीडीएन स्वचालित रूप से बढ़े हुए ट्रैफ़िक को समायोजित करने के लिए अतिरिक्त एज सर्वर का प्रावधान करता है। ये एज सर्वर अंतिम-उपयोगकर्ताओं को कुशलतापूर्वक सामग्री वितरित करते हैं, यह सुनिश्चित करते हुए कि चरम उपयोग अवधि के दौरान सामग्री वितरण प्रदर्शन अनुकूलित रहता है। इसके विपरीत, कम ट्रैफ़िक की अवधि के दौरान, सीडीएन अपने संसाधनों को कम कर सकते हैं, परिचालन लागत को कम कर सकते हैं जबकि अंतिम-उपयोगकर्ताओं की सेवा के लिए पर्याप्त क्षमता बनाए रख सकते हैं। यह गतिशील स्केलिंग सुविधा सीडीएन को बदलते ट्रैफ़िक पैटर्न के अनुकूल होने, विश्वसनीय और उत्तरदायी सामग्री वितरण प्रदान करने की अनुमति देती है।
5. एक वर्चुअल प्राइवेट क्लाउड (VPC) में कई प्रमुख घटक शामिल होते हैं जो सामूहिक रूप से सार्वजनिक क्लाउड प्रदाता के बुनियादी ढांचे के भीतर एक अलग और अनुकूलन योग्य वर्चुअल नेटवर्क वातावरण बनाते हैं। इन घटकों में शामिल हैं:
6. सबनेट्स: वीपीसी के आईपी एड्रेस रेंज के खंडित भाग जो नेटवर्क के तार्किक विभाजन और बुनियादी ढांचे के विशिष्ट भागों में संसाधनों के आवंटन की अनुमति देते हैं।

7. रूटिंग टेबल: यह निर्धारित करता है कि वीपीसी के भीतर नेटवर्क ट्रैफ़िक को कैसे निर्देशित किया जाता है, सबनेट, गेटवे और बाहरी नेटवर्क के बीच डेटा प्रवाह के नियमों को परिभाषित किया जाता है।

8. सुरक्षा समूह: वीपीसी के भीतर संसाधनों के लिए वर्चुअल फ़ायरवॉल के रूप में कार्य करते हैं, निर्दिष्ट नियमों के आधार पर इनबाउंड और आउटबाउंड ट्रैफ़िक को नियंत्रित करते हैं।

9. नेटवर्क एड्रेस ट्रांसलेशन (NAT): निजी आईपी पते को सार्वजनिक आईपी पते में अनुवादित करता है, जिससे वीपीसी के भीतर संसाधनों को इंटरनेट जैसे बाहरी नेटवर्क के साथ संचार करने की अनुमति मिलती है।

10. वर्चुअल प्राइवेट नेटवर्क (वीपीएन) कनेक्टिविटी: वीपीसी और ऑन-प्रिमाइसेस डेटा केंद्रों के बीच सुरक्षित और एन्क्रिप्टेड संचार सक्षम करता है।

11. डायरेक्ट कनेक्ट: ऑन-प्रिमाइसेस डेटा सेंटर और वीपीसी के बीच एक समर्पित और निजी नेटवर्क कनेक्शन प्रदान करता है, जो उच्च बैंडविड्थ, कम विलंबता और बढ़ी हुई सुरक्षा प्रदान करता है।

12. योजना और विभाजन एक प्रभावी वर्चुअल प्राइवेट क्लाउड (वीपीसी) बुनियादी ढांचे के निर्माण के महत्वपूर्ण घटक हैं। उचित नियोजन में संसाधनों के कुशल उपयोग को सुनिश्चित करने और आईपी संघर्षों से बचने के लिए आईपी एड्रेस रेंज और सबनेट डिज़ाइन को सावधानीपूर्वक परिभाषित करना शामिल है। सुरक्षा आवश्यकताओं, उपलब्धता आवश्यकताओं और एप्लिकेशन निर्भरता के आधार पर वीपीसी को उचित सबनेट में विभाजित करके, संगठन पहुंच नियंत्रण लागू कर सकते हैं और संसाधनों के बीच संचार को प्रतिबंधित कर सकते हैं। यह सुरक्षा बढ़ाता है और सुरक्षा उल्लंघनों के संभावित प्रभाव को कम करता है। अच्छी तरह से निष्पादित योजना और विभाजन से अधिक संगठित और प्रबंधनीय वीपीसी बुनियादी ढांचा तैयार होता है, जिससे नेटवर्क वातावरण को स्केल करना, अनुकूलित करना और बनाए रखना आसान हो जाता है।

13. कोड के रूप में इन्फ्रास्ट्रक्चर (IaC) एक सुरक्षित और स्केलेबल वर्चुअल प्राइवेट क्लाउड (VPC) इन्फ्रास्ट्रक्चर के कार्यान्वयन और प्रबंधन में महत्वपूर्ण भूमिका निभाता है। IaC में बुनियादी ढांचे के कॉन्फ़िगरेशन को कोड के रूप में मानना शामिल है, जो संगठनों को क्लाउड संसाधनों को प्रोग्रामेटिक रूप से परिभाषित करने, प्रावधान करने और प्रबंधित करने की अनुमति देता है। IaC टूल और फ्रेमवर्क का लाभ उठाकर, संगठन संस्करण-नियंत्रित टेम्पलेट बना सकते हैं जो VPC बुनियादी ढांचे की वांछित स्थिति का प्रतिनिधित्व करते हैं। इन टेम्पलेट्स को स्वचालित रूप से तैनात और अद्यतन किया जा सकता है, जिससे स्थिरता सुनिश्चित होती है और बुनियादी ढांचे के प्रावधान के दौरान मानवीय त्रुटियों को कम किया जा सकता है। IaC मांग के आधार पर संसाधनों को स्वचालित रूप से प्रावधानित या संशोधित करने की अनुमति देकर, VPC प्रबंधन को सुव्यवस्थित करके और सुरक्षा सर्वोत्तम प्रथाओं को लगातार लागू करना सुनिश्चित करके तेजी से स्केलेबिलिटी की सुविधा प्रदान करता है।

14. क्लाउड में सीडीएन अपने कैशिंग तंत्र के माध्यम से बैंडविड्थ खपत और डेटा ट्रांसफर लागत को कम करते हैं। जब सामग्री को विश्व स्तर पर वितरित एज सर्वर पर कैश किया जाता है, तो यह मूल सर्वर से बार-बार सामग्री लाने की आवश्यकता को कम कर देता है। परिणामस्वरूप, मूल सर्वर और सीडीएन के बीच कम डेटा स्थानांतरित होता है, जिससे बैंडविड्थ का उपयोग कम हो जाता है। नजदीकी किनारे के सर्वर से अंतिम-उपयोगकर्ताओं तक सामग्री पहुंचाकर, सीडीएन लंबी दूरी पर डेटा यात्रा को भी कम करते हैं, डेटा ट्रांसफर लागत को और भी अनुकूलित करते हैं। एज सर्वर का कुशल उपयोग और कम डेटा ट्रांसफर लागत बचत में योगदान देता है, जिससे सीडीएन क्लाउड में सामग्री वितरण के लिए एक लागत प्रभावी समाधान बन जाता है।

अध्याय 15: सर्वर रहित आर्किटेक्चर और सेवा के रूप में कार्य (एफएएएस)

15.1 सर्वर रहित कंप्यूटिंग अवलोकन: क्लाउड में स्केलेबिलिटी और दक्षता को अपनाना

सर्वर रहित कंप्यूटिंग ने क्लाउड में एप्लिकेशन विकसित और तैनात करने के तरीके को बदल दिया है, जिससे स्केलेबिलिटी, लागत दक्षता और कम परिचालन ओवरहेड की पेशकश की गई है। सर्वर रहित प्रौद्योगिकियों का लाभ उठाकर, डेवलपर्स बुनियादी ढांचे के प्रबंधन के बोझ के बिना कोड लिखने पर ध्यान केंद्रित कर सकते हैं। स्वचालित रूप से स्केल करने की क्षमता के साथ, सर्वर रहित फ़ंक्शन अलग-अलग कार्यभार को प्रभावी ढंग से संभालते हैं, जिससे इष्टतम प्रदर्शन और लागत अनुकूलन सुनिश्चित होता है। ग्रैन्युलर फ़ंक्शन डिज़ाइन, स्टेटलेस आर्किटेक्चर, सुरक्षा कार्यान्वयन और प्रदर्शन अनुकूलन जैसी सर्वोत्तम प्रथाओं का पालन करके, संगठन सर्वर रहित कंप्यूटिंग के लाभों का पूरी तरह से उपयोग कर सकते हैं और क्लाउड में स्केलेबल, लागत-कुशल और चुस्त एप्लिकेशन बना सकते हैं। सर्वर रहित कंप्यूटिंग का लाभ उठाने से संगठनों को अधिकतम दक्षता के साथ एप्लिकेशन विकसित करने और वितरित करने, लागत का अनुकूलन करने और वास्तविक समय में बदलती मांगों का जवाब देने में मदद मिलती है, जिससे उपयोगकर्ता अनुभव में वृद्धि होती है और डिजिटल युग में व्यावसायिक सफलता में वृद्धि होती है।

15.1.1. सर्वर रहित कंप्यूटिंग को समझना:

सर्वर रहित कंप्यूटिंग, जिसे फ़ंक्शन ऐज़ ए सर्विस (एफएएएस) के रूप में भी जाना जाता है, एक क्लाउड कंप्यूटिंग मॉडल है जहां डेवलपर्स सर्वर का प्रावधान या प्रबंधन किए बिना फ़ंक्शन या एप्लिकेशन लॉजिक लिखते और तैनात करते हैं। क्लाउड प्रदाता आने वाले अनुरोधों या घटनाओं के आधार पर कार्यों को निष्पादित करने के लिए गतिशील रूप से संसाधन आवंटित करता है।

- घटना-संचालित वास्तुकला: सर्वर रहित कंप्यूटिंग एक इवेंट-संचालित आर्किटेक्चर का अनुसरण करती है, जहां फ़ंक्शन विशिष्ट घटनाओं, जैसे HTTP अनुरोध, डेटाबेस अपडेट, फ़ाइल अपलोड या समय-आधारित शेड्यूल द्वारा ट्रिगर होते हैं। कार्यों को ऑन-डिमांड निष्पादित किया जाता है, आने वाले कार्यभार स्पाइक्स को संभालने के लिए स्वचालित रूप से स्केलिंग की जाती है।
- स्टेटलेस फ़ंक्शंस: सर्वर रहित फ़ंक्शन स्टेटलेस होते हैं, जिसका अर्थ है कि वे लगातार कनेक्शन बनाए नहीं रखते हैं या सत्र डेटा संग्रहीत नहीं करते हैं। प्रत्येक फ़ंक्शन निष्पादन पृथक और स्व-निहित है, जो संसाधन विवाद के बिना तेजी से स्केलिंग और समानांतर निष्पादन की अनुमति देता है।

15.1.2. सर्वर रहित कंप्यूटिंग के लाभ:

- मापनीयता और लोच: सर्वर रहित कंप्यूटिंग कार्यभार के उतार-चढ़ाव के जवाब में कार्यों की स्वचालित स्केलिंग को सक्षम बनाता है। क्लाउड प्रदाता स्केलिंग और संसाधन आवंटन को संभालते हैं, यह सुनिश्चित करते हुए कि एप्लिकेशन मैन्युअल हस्तक्षेप के बिना ट्रैफ़िक में अचानक वृद्धि को संभाल सकते हैं।
- लागत क्षमता: सर्वर रहित कंप्यूटिंग के साथ, आप केवल कार्यों के वास्तविक निष्पादन समय के लिए भुगतान करते हैं। क्लाउड प्रदाता इनवोकेशन की संख्या और फ़ंक्शन निष्पादन की अवधि के आधार पर शुल्क लेते हैं। चूँकि कोई निष्क्रिय समय या निश्चित बुनियादी ढाँचा लागत नहीं है, सर्वर रहित कंप्यूटिंग अधिक लागत प्रभावी हो सकती है, विशेष रूप से छिटपुट या अप्रत्याशित कार्यभार वाले अनुप्रयोगों के लिए।
- कम परिचालन ओवरहेड: सर्वर रहित कंप्यूटिंग बुनियादी ढांचे, ऑपरेटिंग सिस्टम और सर्वर के प्रबंधन की आवश्यकता को समाप्त कर देती है। डेवलपर्स सर्वर प्रावधान, रखरखाव और स्केलेबिलिटी चुनौतियों से निपटने के बजाय कोड लिखने और व्यावसायिक मूल्य प्रदान करने पर ध्यान केंद्रित कर सकते हैं।
- तीव्र विकास एवं परिनियोजन: सर्वर रहित आर्किटेक्चर तेज़ विकास चक्र और परिनियोजन को बढ़ावा देते हैं। संपूर्ण एप्लिकेशन इंफ्रास्ट्रक्चर को प्रबंधित करने की आवश्यकता के बिना डेवलपर्स कोड की छोटी इकाइयों को तुरंत पुनरावृत्त और तैनात कर सकते हैं। यह चपलता अधिक लगातार अपडेट और कम समय में बाजार तक पहुंचने की अनुमति देती है।

15.1.3. सर्वर रहित कंप्यूटिंग के प्रमुख घटक:

- कार्य: फ़ंक्शंस सर्वर रहित अनुप्रयोगों के निर्माण खंड हैं। वे कोड की विशिष्ट इकाइयों को समाहित करते हैं जो विशिष्ट कार्य या संचालन करते हैं। फ़ंक्शन स्टेटलेस होते हैं और घटनाओं या ट्रिगर्स के जवाब में निष्पादित होते हैं।

• घटना स्रोत:इवेंट स्रोत, जैसे HTTP अनुरोध, डेटाबेस परिवर्तन, संदेश कतार, या निर्धारित टाइमर, सर्वर रहित कार्यों के निष्पादन को ट्रिगर करते हैं। ये ईवेंट सर्वर रहित आर्किटेक्चर को संचालित करते हैं और यह निर्धारित करते हैं कि फ़ंक्शंस कब और कैसे लागू किए जाएं।

• क्लाउड प्रदाता सेवाएँ:सर्वर रहित कंप्यूटिंग क्लाउड प्रदाताओं द्वारा प्रदान की जाने वाली सेवाओं पर निर्भर करती है, जैसे AWS लैम्ब्डा, एज़्योर फ़ंक्शंस, या Google क्लाउड फ़ंक्शंस। ये सेवाएँ फ़ंक्शन निष्पादन, स्केलिंग, इवेंट प्रबंधन और अन्य परिचालन पहलुओं को संभालती हैं।

15.1.4. सर्वर रहित कंप्यूटिंग का लाभ उठाने के लिए सर्वोत्तम अभ्यास:

• दानेदार फ़ंक्शन डिज़ाइन: अनुप्रयोगों को छोटे, बारीक कार्यों में विघटित करें जो विशिष्ट कार्य करते हैं। यह बेहतर स्केलेबिलिटी, पुन: प्रयोज्यता और कार्यों के स्वतंत्र विकास और तैनाती की अनुमति देता है।

• स्टेटलेस डिज़ाइन और बाह्यीकृत अवस्था: सुनिश्चित करें कि सर्वर रहित फ़ंक्शन स्टेटलेस हैं और आंतरिक स्थिति या निर्भरता बनाए नहीं रखते हैं। डेटा दृढ़ता और स्केलेबिलिटी प्राप्त करने के लिए डेटाबेस, ऑब्जेक्ट स्टोरेज, या कैशिंग सेवाओं का उपयोग करके राज्य भंडारण को बाहरी बनाएं।

• सुरक्षा और प्रमाणीकरण: सर्वर रहित कार्यों और उनसे जुड़े संसाधनों की सुरक्षा के लिए प्रमाणीकरण, प्राधिकरण और एन्क्रिप्शन जैसे उचित सुरक्षा उपाय लागू करें। फ़ंक्शन एंडपॉइंट और डेटा ट्रांसमिशन को सुरक्षित करने के लिए क्लाउड प्रदाता या तृतीय-पक्ष सेवाओं द्वारा प्रदान किए गए तंत्र का उपयोग करें।

• प्रदर्शन अनुकूलन: अनावश्यक निर्भरता को कम करके, कोड को अनुकूलित करके और कैशिंग तंत्र का लाभ उठाकर फ़ंक्शन निष्पादन समय को अनुकूलित करें। डिज़ाइन फ़ंक्शंस हल्के वजन वाले हों और सर्वर रहित-विशिष्ट अनुकूलन का उपयोग करें, जैसे कोल्ड-स्टार्ट शमन तकनीक और कनेक्शन पूलिंग।

• निगरानी और लॉगिंग:फ़ंक्शन प्रदर्शन, त्रुटियों और संसाधन उपयोग में दृश्यता प्राप्त करने के लिए व्यापक निगरानी और लॉगिंग समाधान लागू करें। समस्याओं का सक्रिय रूप से पता लगाने और प्रदर्शन बाधाओं का निवारण करने के लिए क्लाउड प्रदाता-विशिष्ट निगरानी उपकरण या तृतीय-पक्ष सेवाओं का लाभ उठाएं।

• स्वचालित परीक्षण और परिनियोजन:सर्वर रहित कार्यों की गुणवत्ता और तेजी से तैनाती सुनिश्चित करने के लिए स्वचालित परीक्षण और निरंतर एकीकरण/निरंतर तैनाती (सीआईसी/सीडी) प्रथाओं को अपनाएं। फ़ंक्शन अपडेट को विश्वसनीय रूप से प्रबंधित और जारी करने के लिए परिनियोजन पाइपलाइनों और संस्करण नियंत्रण प्रणालियों का उपयोग करें।

15.2 क्लाउड के लिए AWS लैम्ब्डा और एज़्योर फ़ंक्शंस: सर्वर रहित कंप्यूटिंग प्लेटफ़ॉर्म की तुलना

AWS Lambda और Azure फ़ंक्शंस मजबूत सर्वर रहित कंप्यूटिंग प्लेटफ़ॉर्म हैं जो क्लाउड में स्केलेबिलिटी, लागत दक्षता और सरलीकृत बुनियादी ढाँचा प्रबंधन प्रदान करते हैं। जबकि दोनों प्लेटफ़ॉर्म समान लाभ प्रदान करते हैं, उनके पास अपने संबंधित क्लाउड पारिस्थितिकी तंत्र के भीतर विशिष्ट ताकत और एकीकरण क्षमताएं हैं। भाषा समर्थन, क्लाउड सेवा एकीकरण, विकास उपकरण, प्रबंधन सुविधाएँ और लागत विचार जैसे कारकों पर विचार करके, आप अपने क्लाउड-आधारित अनुप्रयोगों के लिए AWS लैम्ब्डा और Azure फ़ंक्शंस के बीच चयन करते समय एक सूचित निर्णय ले सकते हैं।

प्रत्येक प्लेटफ़ॉर्म की अपनी अद्वितीय ताकतें और क्षमताएं होती हैं, और AWS लैम्ब्डा और Azure फ़ंक्शंस के बीच चयन आपके प्रोजेक्ट की विशिष्ट आवश्यकताओं, आपकी टीम की विशेषज्ञता और आपके क्लाउड प्रदाता प्राथमिकताओं पर निर्भर करता है। दोनों प्लेटफ़ॉर्म विश्वसनीय और स्केलेबल सर्वर रहित कंप्यूटिंग समाधान प्रदान करते हैं जो एप्लिकेशन विकास को महत्वपूर्ण रूप से सुव्यवस्थित कर सकते हैं, परिचालन ओवरहेड को कम कर सकते हैं और क्लाउड वातावरण में समग्र दक्षता बढ़ा सकते हैं।

15.2.1. क्लाउड के लिए AWS लैम्ब्डा:

AWS लैम्ब्डा एक सर्वर रहित कंप्यूटिंग सेवा है जो डेवलपर्स को सर्वर या बुनियादी ढांचे को प्रबंधित करने की आवश्यकता के बिना घटनाओं के जवाब में कोड चलाने की अनुमति देती है। लैम्ब्डा को अन्य AWS सेवाओं के साथ मजबूती से एकीकृत किया गया है, जो इसे क्लाउड-आधारित अनुप्रयोगों के लिए एक आकर्षक विकल्प बनाता है।

• AWS सेवाओं के साथ एकीकरण: AWS लैम्ब्डा विभिन्न AWS सेवाओं, जैसे Amazon S3, Amazon DynamoDB, Amazon API गेटवे, और बहुत कुछ के साथ सहजता से एकीकृत होता है। यह एकीकरण डेवलपर्स को सर्वर रहित एप्लिकेशन बनाने की अनुमति देता है जो AWS बुनियादी ढांचे और सेवाओं की शक्ति का लाभ उठाते हैं।
• क्लाउड-नेटिव विकास: AWS लैम्ब्डा AWS सेवाओं, इवेंट-संचालित आर्किटेक्चर और क्लाउड इवेंट के जवाब में फ़ंक्शन को ट्रिगर करने की क्षमता के लिए मूल समर्थन प्रदान करके क्लाउड-नेटिव विकास को बढ़ावा देता है। यह डेवलपर्स को अत्यधिक स्केलेबल और डिकौपल्ड क्लाउड एप्लिकेशन बनाने में सक्षम बनाता है।
• बुनियादी ढांचा प्रबंधन:AWS लैम्ब्डा के साथ, डेवलपर्स को बुनियादी ढांचे के प्रबंधन कार्यों से राहत मिलती है। AWS सर्वर प्रावधान, स्केलिंग और उच्च उपलब्धता का ध्यान रखता है, जिससे डेवलपर्स को केवल कोड लिखने और व्यावसायिक मूल्य प्रदान करने पर ध्यान केंद्रित करने की अनुमति मिलती है।
• मूल्य निर्धारण मॉडल:एडब्ल्यूएस लैम्ब्डा एक भुगतान-प्रति-उपयोग मूल्य निर्धारण मॉडल का पालन करता है, जहां आपको फ़ंक्शन इनवोकेशन की संख्या और प्रत्येक इनवोकेशन की अवधि के आधार पर बिल दिया जाता है। AWS लैम्ब्डा नए उपयोगकर्ताओं के लिए एक उदार निःशुल्क स्तर प्रदान करता है, जो इसे छिटपुट या कम मात्रा वाले वर्कलोड वाले अनुप्रयोगों के लिए लागत प्रभावी बनाता है।

15.2.2. क्लाउड के लिए Azure फ़ंक्शंस:

Azure फ़ंक्शंस Microsoft Azure द्वारा प्रदान की जाने वाली एक सर्वर रहित कंप्यूट सेवा है। यह डेवलपर्स को इवेंट-संचालित एप्लिकेशन बनाने में सक्षम बनाता है जो मांग के आधार पर स्वचालित रूप से स्केल करते हैं। Azure फ़ंक्शंस अन्य Azure सेवाओं के साथ मजबूती से एकीकृत है, जो इसे क्लाउड-आधारित विकास के लिए एक उपयुक्त विकल्प बनाता है।

• Azure सेवाओं के साथ एकीकरण: Azure फ़ंक्शंस विभिन्न Azure सेवाओं के साथ सहजता से एकीकृत होता है, जिसमें Azure ब्लॉब स्टोरेज, Azure Cosmos DB, Azure इवेंट ग्रिड और बहुत कुछ शामिल हैं। यह एकीकरण डेवलपर्स को अपने सर्वर रहित अनुप्रयोगों में Azure सेवाओं के व्यापक पारिस्थितिकी तंत्र का लाभ उठाने में सक्षम बनाता है।
• घटना-संचालित वास्तुकला: Azure फ़ंक्शंस को एक इवेंट-संचालित आर्किटेक्चर का पालन करने के लिए डिज़ाइन किया गया है, जो डेवलपर्स को विभिन्न क्लाउड इवेंट्स, जैसे HTTP अनुरोध, टाइमर, स्टोरेज इवेंट और संदेश कतार इवेंट के जवाब में फ़ंक्शन ट्रिगर करने की अनुमति देता है। यह आर्किटेक्चर स्केलेबिलिटी और शिथिल युग्मित एप्लिकेशन डिज़ाइन को बढ़ावा देता है।
• प्रबंधित बुनियादी ढाँचा:Azure फ़ंक्शंस अंतर्निहित बुनियादी ढांचे को अलग कर देता है, फ़ंक्शंस के लिए प्रबंधित निष्पादन वातावरण प्रदान करता है। Azure स्केलिंग, पैचिंग और उपलब्धता सहित बुनियादी ढांचे के प्रबंधन को संभालता है, जिससे डेवलपर्स एप्लिकेशन लॉजिक पर ध्यान केंद्रित कर पाते हैं।
• उपभोग आधारित मूल्य निर्धारण: Azure फ़ंक्शंस एक उपभोग-आधारित मूल्य निर्धारण मॉडल को अपनाता है, जहाँ आपको फ़ंक्शन निष्पादन के दौरान संसाधनों की वास्तविक खपत के आधार पर बिल दिया जाता है। आप केवल उपयोग किए गए संसाधनों के लिए भुगतान करते हैं, जिससे यह परिवर्तनशील या अप्रत्याशित कार्यभार वाले अनुप्रयोगों के लिए लागत प्रभावी हो जाता है।

15.2.3. प्लेटफ़ॉर्म चुनने के लिए विचार:

• भाषा समर्थन: AWS Lambda और Azure फ़ंक्शंस दोनों कई प्रोग्रामिंग भाषाओं का समर्थन करते हैं, जिनमें Node.js, Python, C# और अन्य जैसे लोकप्रिय विकल्प शामिल हैं। अपनी विकास टीम के कौशल और परियोजना आवश्यकताओं के साथ अनुकूलता सुनिश्चित करने के लिए प्रत्येक प्लेटफ़ॉर्म के आसपास के भाषा समर्थन और पारिस्थितिकी तंत्र पर विचार करें।

• क्लाउड सेवा एकीकरण: प्रत्येक प्लेटफ़ॉर्म की अन्य क्लाउड सेवाओं के साथ एकीकरण क्षमताओं का मूल्यांकन करें जो आपके एप्लिकेशन के लिए आवश्यक हैं। AWS Lambda और Azure फ़ंक्शंस दोनों अपने संबंधित क्लाउड सेवा पारिस्थितिकी तंत्र के साथ व्यापक एकीकरण की पेशकश करते हैं, जिससे अतिरिक्त क्लाउड संसाधनों का निर्बाध उपयोग संभव हो पाता है।

• विकास उपकरण और पारिस्थितिकी तंत्र: प्रत्येक प्लेटफ़ॉर्म के आसपास के विकास उपकरण, ढांचे और पारिस्थितिकी तंत्र का आकलन करें। सुचारू विकास अनुभव सुनिश्चित करने के लिए विकास परिवेश, एसडीके, तैनाती विकल्प और सामुदायिक समर्थन जैसे कारकों पर विचार करें।

• प्रबंधन और निगरानी: AWS Lambda और Azure फ़ंक्शंस द्वारा प्रदान किए गए प्रबंधन कंसोल, निगरानी क्षमताओं और डिबगिंग टूल की तुलना करें। अपने सर्वर रहित अनुप्रयोगों के कुशल प्रबंधन को सुनिश्चित करने के लिए प्रत्येक प्लेटफ़ॉर्म में निगरानी, लॉगिंग और समस्या निवारण कार्यों की आसानी का मूल्यांकन करें।

• लागत संबंधी विचार: AWS Lambda और Azure फ़ंक्शंस के मूल्य निर्धारण मॉडल और संबंधित लागतों को समझें। प्रत्येक प्लेटफ़ॉर्म की लागत निहितार्थ का सटीक अनुमान लगाने के लिए अपने एप्लिकेशन के अपेक्षित उपयोग पैटर्न, फ़ंक्शन निष्पादन अवधि और स्केलिंग आवश्यकताओं का विश्लेषण करें।

15.3 क्लाउड के लिए सर्वर रहित के साथ इवेंट-संचालित आर्किटेक्चर: स्केलेबल और उत्तरदायी अनुप्रयोगों का निर्माण

सर्वर रहित कंप्यूटिंग के साथ संयुक्त इवेंट-संचालित आर्किटेक्चर क्लाउड में स्केलेबल, उत्तरदायी और डिकौपल्ड अनुप्रयोगों के निर्माण के लिए एक शक्तिशाली दृष्टिकोण प्रदान करता है। इवेंट-संचालित प्रतिमान का लाभ उठाकर, डेवलपर्स ऐसे एप्लिकेशन बना सकते हैं जो सर्वर रहित कंप्यूटिंग द्वारा प्रदान की गई लागत दक्षता और सरलीकृत बुनियादी ढांचे प्रबंधन से लाभ उठाते हुए स्वचालित रूप से घटनाओं को स्केल करते हैं और प्रतिक्रिया देते हैं। महत्वपूर्ण घटनाओं की पहचान करना, बारीक कार्यों को डिजाइन करना, इवेंट ब्रोकरों का उपयोग करना, इवेंट-संचालित वर्कफ़्लो ऑर्केस्ट्रेशन को लागू करना और इवेंट फ़्लो की निगरानी जैसी सर्वोत्तम प्रथाओं का पालन करके, संगठन मजबूत निर्माण के लिए क्लाउड में सर्वर रहित के साथ इवेंट-संचालित आर्किटेक्चर की पूरी क्षमता का उपयोग कर सकते हैं और स्केलेबल अनुप्रयोग. इवेंट-संचालित आर्किटेक्चर और सर्वर रहित कंप्यूटिंग का संयोजन क्लाउड में कुशल और अनुकूलनीय एप्लिकेशन बनाने का लक्ष्य रखने वाले डेवलपर्स के लिए एक विजयी रणनीति प्रदान करता है।

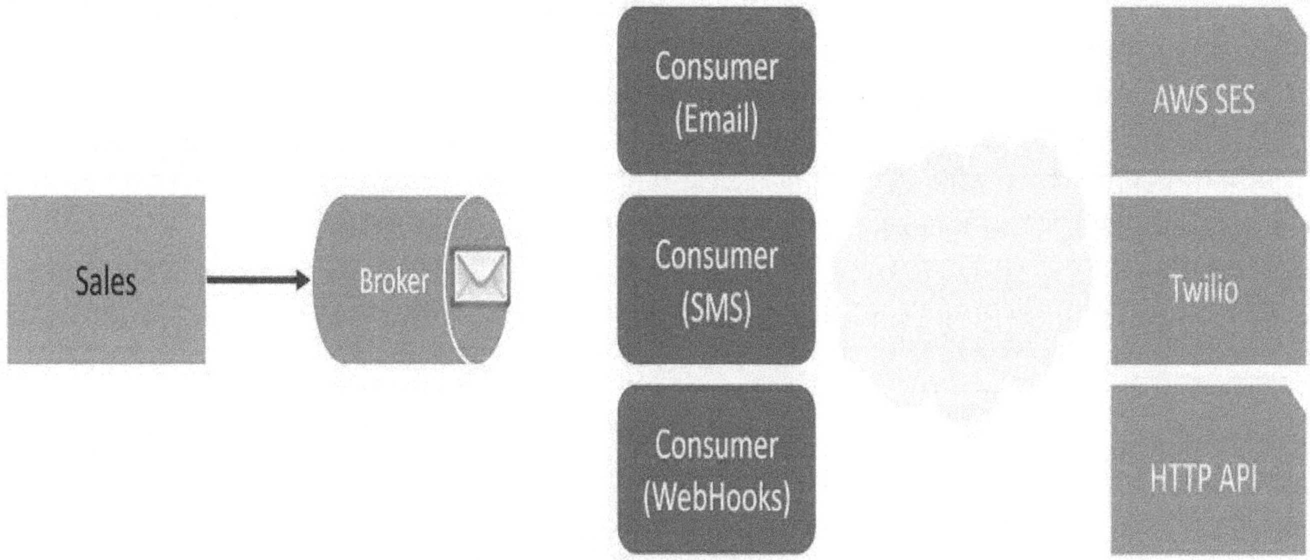

15.3.1. क्लाउड में इवेंट-संचालित आर्किटेक्चर को समझना:

क्लाउड में इवेंट-संचालित आर्किटेक्चर (ईडीए) एक वास्तुशिल्प दृष्टिकोण है जहां एप्लिकेशन घटक घटनाओं के माध्यम से एक दूसरे के साथ बातचीत करते हैं। ईवेंट सिस्टम में महत्वपूर्ण घटनाओं या परिवर्तनों का प्रतिनिधित्व करते हैं, जैसे उपयोगकर्ता क्रियाएं, सिस्टम ईवेंट या डेटा अपडेट। क्लाउड में, ईडीए स्केलेबल और उत्तरदायी अनुप्रयोगों के निर्माण को सक्षम बनाता है जो गतिशील कार्यभार को संभाल सकते हैं और घटनाओं पर कुशलता से प्रतिक्रिया दे सकते हैं।

• अतुल्यकालिक संचार:क्लाउड में इवेंट-संचालित आर्किटेक्चर घटकों के बीच अतुल्यकालिक संचार पर निर्भर करते हैं। जब कोई घटना घटती है, तो यह संबंधित कार्रवाई या क्रियाओं की श्रृंखला को ट्रिगर करती है, जिसे सर्वर रहित फ़ंक्शंस या अन्य इवेंट-संचालित सेवाओं द्वारा निष्पादित किया जा सकता है। यह अतुल्यकालिक संचार घटकों को स्वतंत्र रूप से संचालित करने और एक दूसरे से अलग होने की अनुमति देता है।

• स्केलेबिलिटी और लचीलापन:इवेंट-संचालित आर्किटेक्चर में सर्वर रहित कंप्यूटिंग का लाभ उठाकर, एप्लिकेशन आने वाले इवेंट लोड के आधार पर निर्बाध रूप से और स्वचालित रूप से स्केल कर सकते हैं। क्लाउड प्रदाता बुनियादी ढांचे का प्रबंधन करते हैं और आवश्यकतानुसार संसाधनों को स्वचालित रूप से आवंटित करते हैं, यह सुनिश्चित करते हुए कि एप्लिकेशन अलग-अलग कार्यभार संभाल सकता है और उच्च उपलब्धता बनाए रख सकता है।

15.3.2. क्लाउड में सर्वर रहित के साथ इवेंट-संचालित आर्किटेक्चर के लाभ:

• स्केलेबिलिटी:सर्वर रहित कंप्यूटिंग के साथ संयुक्त इवेंट-संचालित आर्किटेक्चर एप्लिकेशन को इवेंट ट्रिगर्स के आधार पर आसानी से स्केल करने में सक्षम बनाता है। क्लाउड प्रदाता इवेंट-संचालित वर्कलोड को संभालने के लिए स्वचालित रूप से संसाधन आवंटित करते हैं, यह सुनिश्चित करते हुए कि एप्लिकेशन मैन्युअल हस्तक्षेप के बिना आवश्यकतानुसार ऊपर या नीचे बढ़ सकता है।

• लागत क्षमता:सर्वर रहित कंप्यूटिंग एक भुगतान-प्रति-उपयोग मॉडल का अनुसरण करती है, जहां आप केवल घटनाओं द्वारा ट्रिगर किए गए कार्यों के वास्तविक निष्पादन समय के लिए भुगतान करते हैं। यह लागत मॉडल लगातार संसाधनों के प्रावधान और प्रबंधन की आवश्यकता को समाप्त करता है, जिसके परिणामस्वरूप छिटपुट या अप्रत्याशित घटना पैटर्न वाले अनुप्रयोगों के लिए लागत बचत होती है।

• ढीला युग्मन और लचीलापन:इवेंट-संचालित आर्किटेक्चर एप्लिकेशन घटकों के बीच ढीले युग्मन को बढ़ावा देता है, जिससे उन्हें स्वतंत्र रूप से काम करने और अन्य घटकों को प्रभावित किए बिना आसानी से संशोधित या प्रतिस्थापित करने की अनुमति मिलती है। यह लचीलापन त्वरित विकास को सक्षम बनाता है और बदलती आवश्यकताओं के अनुरूप विकसित होने और अनुकूलन करने की एप्लिकेशन की क्षमता को बढ़ाता है।

• इवेंट-संचालित वर्कफ़्लो:इवेंट-संचालित आर्किटेक्चर के साथ, एप्लिकेशन आसानी से वर्कफ़्लो को परिभाषित कर सकते हैं जो विशिष्ट घटनाओं पर प्रतिक्रिया करते हैं। ईवेंट सर्वर रहित फ़ंक्शंस को ट्रिगर कर सकते हैं, डेटा प्रोसेसिंग

शुरू कर सकते हैं, नोटिफिकेशन ट्रिगर कर सकते हैं, या बाहरी सेवाओं को लागू कर सकते हैं, जिससे एक गतिशील और उत्तरदायी एप्लिकेशन प्रवाह सक्षम हो सकता है।

15.3.3. क्लाउड में सर्वरलेस के साथ इवेंट-संचालित आर्किटेक्चर के प्रमुख घटक:

- घटनाएँ और घटना स्रोत: इवेंट, इवेंट-संचालित आर्किटेक्चर के मुख्य निर्माण खंड हैं। इन्हें विभिन्न स्रोतों जैसे उपयोगकर्ता इंटरैक्शन, सिस्टम इवेंट, बाहरी सेवाओं या डेटा अपडेट द्वारा उत्पन्न किया जा सकता है। इवेंट स्रोतों में HTTP अनुरोध, डेटाबेस ट्रिगर, संदेश कतार या क्लाउड सेवा इवेंट शामिल हो सकते हैं।
- सर्वर रहित कार्य: सर्वर रहित फ़ंक्शंस, जैसे कि AWS Lambda या Azure फ़ंक्शंस द्वारा प्रदान किए गए फ़ंक्शंस, घटनाओं के जवाब में कार्यों के निष्पादन को संभालते हैं। ये फ़ंक्शन इवेंट-ट्रिगर होते हैं और इवेंट डेटा के आधार पर विशिष्ट कार्य करते हैं। सर्वर रहित फ़ंक्शंस को आसानी से स्केल किया जा सकता है, प्रबंधित किया जा सकता है और ऑन-डिमांड तैनात किया जा सकता है।
- इवेंट ब्रोकर या संदेश ब्रोकर:इवेंट ब्रोकर या संदेश ब्रोकर, जैसे AWS SNS (सिंपल नोटिफिकेशन सर्विस) या Azure सर्विस बस, विभिन्न घटकों के बीच इवेंट के रूटिंग और वितरण की सुविधा प्रदान करते हैं। वे विश्वसनीय इवेंट डिलीवरी सुनिश्चित करते हैं और इवेंट उत्पादकों को इवेंट उपभोक्ताओं से अलग करते हैं।
- इवेंट प्रोसेसिंग और वर्कफ़्लोज़:इवेंट-संचालित आर्किटेक्चर में अक्सर इवेंट प्रोसेसिंग और वर्कफ़्लो प्रबंधन घटक शामिल होते हैं। ये घटक घटनाओं को प्राप्त करते हैं, उन्हें संसाधित करते हैं, और पूर्वनिर्धारित नियमों या व्यावसायिक तर्क के आधार पर कार्यों या कार्यों के प्रवाह को व्यवस्थित करते हैं। इस उद्देश्य के लिए AWS स्टेप फ़ंक्शंस या Azure लॉजिक ऐप्स जैसे टूल का उपयोग किया जा सकता है।

15.3.4. क्लाउड में सर्वर रहित के साथ इवेंट-संचालित आर्किटेक्चर के लिए सर्वोत्तम अभ्यास:

- घटनाओं और घटना स्रोतों की पहचान करें: उन घटनाओं के प्रकार निर्धारित करें जो आपके एप्लिकेशन के लिए महत्वपूर्ण हैं और उन स्रोतों की पहचान करें जो उन घटनाओं को उत्पन्न करते हैं। संभावित ईवेंट स्रोतों के रूप में उपयोगकर्ता इंटरैक्शन, सिस्टम इवेंट, बाहरी सेवा एकीकरण या डेटा अपडेट पर विचार करें।
- डिज़ाइन स्वायत्त और दानेदार कार्य: एप्लिकेशन लॉजिक को छोटे, स्वायत्त सर्वर रहित फ़ंक्शंस में विघटित करें जो विशिष्ट कार्य करते हैं। यह दृष्टिकोण ढीले युग्मन को बढ़ावा देता है और इवेंट ट्रिगर्स के आधार पर कार्यों की स्वतंत्र स्केलिंग और तैनाती की अनुमति देता है।
- इवेंट ब्रोकर्स या संदेश कतारों का उपयोग करें: इवेंट उत्पादकों को इवेंट उपभोक्ताओं से अलग करने के लिए इवेंट ब्रोकरों या संदेश कतारों का उपयोग करें। यह विश्वसनीय ईवेंट डिलीवरी सुनिश्चित करता है, दोष सहनशीलता प्रदान करता है, और अतुल्यकालिक प्रसंस्करण की अनुमति देता है।
- इवेंट-संचालित वर्कफ़्लो ऑर्केस्ट्रेशन लागू करें: जटिल इवेंट-संचालित वर्कफ़्लो को परिभाषित और प्रबंधित करने के लिए वर्कफ़्लो प्रबंधन टूल या स्टेट मशीन, जैसे AWS स्टेप फ़ंक्शंस या Azure लॉजिक ऐप्स का उपयोग करें। ये उपकरण वर्कफ़्लो का दृश्य प्रतिनिधित्व प्रदान करते हैं और विश्वसनीय निष्पादन और त्रुटि प्रबंधन को सक्षम करते हैं।
- घटनाओं की निगरानी और ट्रैक करें: घटनाओं के प्रवाह को ट्रैक करने और सर्वर रहित कार्यों के प्रदर्शन की निगरानी के लिए निगरानी और लॉगिंग तंत्र लागू करें। इवेंट प्रोसेसिंग और एप्लिकेशन प्रदर्शन में अंतर्दृष्टि प्राप्त करने के लिए क्लाउड प्रदाता निगरानी सेवाओं, कस्टम लॉगिंग या तृतीय-पक्ष टूल का लाभ उठाएं।

अभ्यास

बहु विकल्पीय प्रश्न

1. क्लाउड में इवेंट-ड्रिवेन आर्किटेक्चर (EDA) की मुख्य विशेषता क्या है?

a) घटकों के बीच समकालिक संचार.

b) घटकों के बीच अतुल्यकालिक संचार.

c) केंद्रीकृत इवेंट हैंडलिंग।

d) अनुप्रयोग घटकों के बीच सख्त युग्मन।

2. सर्वर रहित कंप्यूटिंग इवेंट-संचालित आर्किटेक्चर में अनुप्रयोगों की स्केलेबिलिटी को कैसे बढ़ाती है?

a) यह एप्लिकेशन घटकों के बीच सीधे संचार की अनुमति देता है।

b) यह इवेंट-संचालित कार्यभार को संभालने के लिए स्वचालित रूप से संसाधन आवंटित करता है।

c) यह तेजी से निष्पादन के लिए इवेंट प्रोसेसिंग को केंद्रीकृत करता है।

d) यह इवेंट ब्रोकरों या संदेश कतारों की आवश्यकता को समाप्त कर देता है।

3. निम्न में से कौन सा सर्वर रहित कंप्यूटिंग के साथ संयुक्त इवेंट-संचालित आर्किटेक्चर का लाभ नहीं है? क्लाउड?

a) अनुमापकता

b) लागत क्षमता

c) घटकों के बीच मजबूत युग्मन

d) FLEXIBILITY

4. इवेंट-संचालित आर्किटेक्चर में इवेंट ब्रोकरों या संदेश कतारों की क्या भूमिका है?

a) वे सर्वर रहित कार्यों को ट्रिगर करते हैं।

b) वे घटनाओं के जवाब में कार्यों के निष्पादन को संभालते हैं।

c) वे विभिन्न घटकों के बीच घटनाओं के मार्ग और वितरण की सुविधा प्रदान करते हैं।

d) वे घटनाओं के लिए निगरानी और लॉगिंग तंत्र प्रदान करते हैं।

5. इवेंट-संचालित आर्किटेक्चर एप्लिकेशन घटकों के बीच किस प्रकार के संचार पर निर्भर करता है?

a) तुल्यकालिक संचार

b) अतुल्यकालिक संचार

c) बिंदु-से-बिंदु संचार

d) प्रसारण संचार

6. इवेंट-संचालित आर्किटेक्चर में सर्वर रहित फ़ंक्शन कार्यों के निष्पादन को कैसे संभालते हैं?

a) वे लगातार पृष्ठभूमि में चलते रहते हैं.

b) वे विशिष्ट घटनाओं से ट्रिगर होते हैं और घटना डेटा के आधार पर विशिष्ट कार्य करते हैं।

c) वे एक केंद्रीकृत इवेंट प्रोसेसिंग इंजन पर भरोसा करते हैं।

d) वे कार्य निष्पादन के लिए अन्य घटकों के साथ सीधे संवाद करते हैं।

7. कौन सी क्लाउड सेवा सुविधा इवेंट-संचालित आर्किटेक्चर को अलग-अलग कार्यभार को स्वचालित रूप से संभालने की अनुमति देती है?

a) इवेंट ब्रोकर्स

b) संदेश कतारें

c) बुनियादी ढांचे का प्रावधान

d) स्वचालित संसाधन आवंटन

8. इवेंट-संचालित आर्किटेक्चर के लिए सर्वर रहित कंप्यूटिंग का मूल्य निर्धारण मॉडल क्या है?

a) निश्चित मासिक सदस्यता

b) भुगतान-प्रति-घटना

c) प्रति संसाधन भुगतान का प्रावधान किया गया
d) वास्तविक निष्पादन समय के आधार पर भुगतान-प्रति-उपयोग

9. कौन सा सर्वोत्तम अभ्यास किसी इवेंट-संचालित में सर्वर रहित कार्यों की स्वतंत्रता और स्केलेबिलिटी सुनिश्चित करता है?

a) इवेंट ब्रोकरों या संदेश कतारों के उपयोग से बचना।
b) स्वायत्त और बारीक कार्यों को डिजाइन करना।
c) कार्यों के बीच समकालिक संचार बढ़ाना।
d) एक केंद्रीकृत वर्कफ़्लो प्रबंधन प्रणाली का उपयोग करना।

10. क्लाउड में जटिल इवेंट-संचालित वर्कफ़्लो को प्रबंधित करने के लिए आमतौर पर किस टूल या सेवा का उपयोग किया जाता है?

a) एडब्ल्यूएस लैम्ब्डा
b) नीला कार्य
c) एडब्ल्यूएस चरण कार्य
d) एज़्योर लॉजिक ऐप्स

11. क्लाउड में सर्वर रहित कंप्यूटिंग इवेंट-संचालित आर्किटेक्चर को डिज़ाइन करते समय निम्नलिखित में से कौन सा एक महत्वपूर्ण विचार है??

a) घटकों के बीच समकालिक संचार को अधिकतम करना।
b) महत्वपूर्ण घटनाओं और घटना स्रोतों की पहचान करना।
c) सर्वर रहित फ़ंक्शंस के उपयोग से बचना।
d) निगरानी और लॉगिंग तंत्र की आवश्यकता को समाप्त करना।

समीक्षा प्रश्न

1. सर्वर रहित कंप्यूटिंग क्या है और यह पारंपरिक क्लाउड कंप्यूटिंग मॉडल से कैसे भिन्न है?
2. क्लाउड में सर्वर रहित कंप्यूटिंग के क्या लाभ हैं?
3. सर्वर रहित कंप्यूटिंग में इवेंट-संचालित आर्किटेक्चर का क्या महत्व है?
4. सर्वर रहित कंप्यूटिंग के प्रमुख घटक क्या हैं?
5. सर्वर रहित कंप्यूटिंग का लाभ उठाते समय किन सर्वोत्तम प्रथाओं का पालन किया जाना चाहिए?
6. क्लाउड अनुप्रयोगों के लिए AWS लैम्ब्डा की विशिष्ट विशेषताएं क्या हैं?
7. सर्वर रहित कंप्यूटिंग प्लेटफ़ॉर्म के रूप में Azure फ़ंक्शंस की तुलना AWS लैम्ब्डा से कैसे की जाती है?
8. AWS Lambda और Azure फ़ंक्शंस के बीच चयन करते समय किन बातों पर ध्यान दिया जाना चाहिए?
9. सर्वर रहित कंप्यूटिंग में स्वचालित परीक्षण और निरंतर तैनाती क्या भूमिका निभाती है?

उत्तर अनुभाग

बहु विकल्पीय प्रश्न

1. b) घटकों के बीच अतुल्यकालिक संचार।
2. b) यह इवेंट-संचालित कार्यभार को संभालने के लिए स्वचालित रूप से संसाधन आवंटित करता है।
3. c) घटकों के बीच मजबूत युग्मन।
4. c) वे विभिन्न घटकों के बीच घटनाओं के मार्ग और वितरण की सुविधा प्रदान करते हैं।
5. b) अतुल्यकालिक संचार।
6. b) वे विशिष्ट घटनाओं से ट्रिगर होते हैं और घटना डेटा के आधार पर विशिष्ट कार्य करते हैं।
7. d) स्वचालित संसाधन आवंटन।
8. d) वास्तविक निष्पादन समय के आधार पर भुगतान-प्रति-उपयोग।
9. b) स्वायत्त और दानेदार कार्यों को डिजाइन करना।

10. b) एडब्ल्यूएस चरण कार्य।

11. b) महत्वपूर्ण घटनाओं और घटना स्रोतों की पहचान करना।

समीक्षा प्रश्न

1. सर्वर रहित कंप्यूटिंग, जिसे फ़ंक्शन ऐज़ ए सर्विस (एफएएएस) के रूप में भी जाना जाता है, एक क्लाउड कंप्यूटिंग मॉडल है जहां डेवलपर्स सर्वर को प्रबंधित किए बिना फ़ंक्शन या एप्लिकेशन लॉजिक लिखते और तैनात करते हैं। पारंपरिक क्लाउड कंप्यूटिंग मॉडल के विपरीत, सर्वर रहित कंप्यूटिंग सर्वर प्रबंधन कार्यों को समाप्त कर देती है, जिससे डेवलपर्स पूरी तरह से कोड विकास पर ध्यान केंद्रित कर पाते हैं।

2. विशिष्ट घटनाओं, जैसे HTTP अनुरोध या डेटाबेस अपडेट के जवाब में मांग। क्लाउड प्रदाता आने वाले कार्यभार को संभालने के लिए गतिशील रूप से संसाधनों का आवंटन करता है, मांग के आधार पर स्वचालित रूप से स्केलिंग करता है, जो लागत दक्षता को अनुकूलित करता है और परिचालन ओवरहेड को कम करता है।

3. सर्वर रहित कंप्यूटिंग क्लाउड वातावरण में कई लाभ प्रदान करता है। सबसे पहले, यह स्केलेबिलिटी और लोच प्रदान करता है, जिससे कार्यों को अलग-अलग कार्यभार के जवाब में स्वचालित रूप से ऊपर या नीचे स्केल करने की अनुमति मिलती है। यह सुनिश्चित करता है कि एप्लिकेशन ट्रैफ़िक स्पाइक्स को कुशलतापूर्वक संभाल सकते हैं। दूसरे, सर्वर रहित कंप्यूटिंग लागत-कुशल है क्योंकि संगठनों से केवल कार्यों के वास्तविक निष्पादन समय के आधार पर शुल्क लिया जाता है, निष्क्रिय समय या निश्चित बुनियादी ढांचे की लागत से बचा जाता है। इसके अतिरिक्त, सर्वर रहित कंप्यूटिंग परिचालन ओवरहेड को कम कर देती है क्योंकि डेवलपर्स को सर्वर और बुनियादी ढांचे के प्रबंधन से राहत मिलती है, जिससे वे कोड विकास और व्यावसायिक मूल्य पर अधिक ध्यान केंद्रित करने में सक्षम होते हैं। इसके अलावा, यह कोड की छोटी इकाइयों के साथ तेजी से विकास और तैनाती की अनुमति देता है, चपलता को बढ़ावा देता है और बाजार तक पहुंचने में कम समय लगता है।

4. इवेंट संचालित आर्किटेक्चर सर्वर रहित कंप्यूटिंग का एक महत्वपूर्ण पहलू है। इस आर्किटेक्चर में, सर्वर रहित फ़ंक्शन विशिष्ट घटनाओं, जैसे HTTP अनुरोध, डेटाबेस अपडेट या शेड्यूल किए गए टाइमर द्वारा ट्रिगर होते हैं। जब कोई घटना घटती है, तो संबंधित फ़ंक्शन को ऑन-डिमांड निष्पादित किया जाता है, जिससे कुशल संसाधन उपयोग सुनिश्चित होता है। इवेंट-संचालित आर्किटेक्चर वर्कलोड मांगों के आधार पर स्वचालित स्केलिंग को सक्षम बनाता है, जिससे एप्लिकेशन को ट्रैफ़िक में स्पाइक्स को सहजता से संभालने की अनुमति मिलती है। चूँकि सर्वर रहित फ़ंक्शन स्टेटलेस और स्व-निहित होते हैं, उन्हें समानांतर में निष्पादित किया जा सकता है, प्रदर्शन को अनुकूलित किया जा सकता है और संसाधन विवाद से बचा जा सकता है। सर्वर रहित कंप्यूटिंग में इवेंट-संचालित दृष्टिकोण अनुप्रयोगों की चपलता और प्रतिक्रियाशीलता को बढ़ाता है, जिससे वे विभिन्न वास्तविक समय के उपयोग के मामलों के लिए उपयुक्त हो जाते हैं।

5. सर्वर रहित कंप्यूटिंग के प्रमुख घटक फ़ंक्शंस, इवेंट स्रोत और क्लाउड प्रदाता सेवाएँ हैं। फ़ंक्शंस सर्वर रहित अनुप्रयोगों के निर्माण खंड हैं, जिनमें कोड की विशिष्ट इकाइयाँ होती हैं जो कार्य करती हैं। इवेंट स्रोत, जैसे HTTP अनुरोध या डेटाबेस परिवर्तन, फ़ंक्शन के निष्पादन को ट्रिगर करते हैं। क्लाउड प्रदाता सेवाएँ, जैसे AWS लैम्ब्डा या Azure फ़ंक्शंस, फ़ंक्शन निष्पादन, स्केलिंग और इवेंट प्रबंधन को संभालती हैं। ये सेवाएँ सर्वर रहित कंप्यूटिंग के लिए महत्वपूर्ण हैं, जो सर्वर प्रबंधन के बिना कार्यों को चलाने के लिए बुनियादी ढाँचा और वातावरण प्रदान करती हैं। साथ में, ये घटक क्लाउड में सर्वर रहित अनुप्रयोगों को विकसित करने और तैनात करने के लिए एक सहज वास्तुकला बनाते हैं।

6. सर्वर रहित कंप्यूटिंग के लाभों को अधिकतम करने के लिए, संगठनों को कई सर्वोत्तम प्रथाओं का पालन करना चाहिए। सबसे पहले, स्केलेबिलिटी और स्वतंत्र विकास में सुधार के लिए अनुप्रयोगों को छोटे, पुनः प्रयोज्य कार्यों में तोड़कर एक दानेदार फ़ंक्शन डिज़ाइन को अपनाएं। दूसरे, सुनिश्चित करें कि सर्वर रहित फ़ंक्शन स्टेटलेस हैं और डेटा दृढ़ता और स्केलेबिलिटी प्राप्त करने के लिए स्टेट स्टोरेज को बाहरी करें। सर्वर रहित कार्यों और डेटा ट्रांसमिशन की सुरक्षा के लिए प्रमाणीकरण और एन्क्रिप्शन जैसे उचित सुरक्षा उपाय लागू करें। निर्भरता को कम करके और कैशिंग तंत्र का लाभ उठाकर फ़ंक्शन निष्पादन समय को अनुकूलित करें। समस्याओं का सक्रिय रूप से पता लगाने और प्रदर्शन बाधाओं का निवारण करने के लिए व्यापक निगरानी और लॉगिंग समाधान लागू करें। अंत में, तीव्र, विश्वसनीय अपडेट के लिए स्वचालित परीक्षण और निरंतर तैनाती प्रथाओं को अपनाएं।

7. AWS लैम्ब्डा क्लाउड अनुप्रयोगों के लिए कई विशिष्ट सुविधाएँ प्रदान करता है। यह विभिन्न AWS सेवाओं के साथ मजबूती से एकीकृत है, जिससे डेवलपर्स आसानी से सर्वर रहित एप्लिकेशन बना सकते हैं जो AWS बुनियादी ढांचे की पूरी शक्ति का लाभ उठाते हैं। क्लाउड-नेटिव डेवलपमेंट समर्थन के साथ, AWS लैम्ब्डा डेवलपर्स को ऐसे एप्लिकेशन बनाने में सक्षम बनाता है जो अत्यधिक स्केलेबल और डिकौपल्ड हैं, जो उन्हें क्लाउड वातावरण के लिए उपयुक्त बनाते हैं। इसके अलावा, वास्तविक फ़ंक्शन निष्पादन समय के आधार पर एडब्ल्यूएस लैम्ब्डा का पे-एज़-यू-गो मूल्य निर्धारण मॉडल छिटपुट या अप्रत्याशित कार्यभार के लिए लागत दक्षता सुनिश्चित करता है। इसके अतिरिक्त, AWS लैम्ब्डा निर्बाध बुनियादी ढांचा प्रबंधन प्रदान करता है, डेवलपर्स को प्रावधान, स्केलिंग और सर्वर को बनाए रखने के बोझ से राहत देता है, जिससे उन्हें व्यावसायिक तर्क पर ध्यान केंद्रित करने की अनुमति मिलती है।

8. AWS Lambda की तरह Azure फ़ंक्शंस एक सर्वर रहित कंप्यूटिंग प्लेटफ़ॉर्म है जो डेवलपर्स को सर्वर प्रबंधित किए बिना कोड चलाने में सक्षम बनाता है। यह समान ईवेंट-संचालित आर्किटेक्चर प्रदान करता है, जो HTTP अनुरोधों या टाइमर जैसे ईवेंट द्वारा कार्यों को ट्रिगर करने की अनुमति देता है। Azure फ़ंक्शंस विभिन्न Azure सेवाओं के साथ सहज एकीकरण भी प्रदान करता है, जिससे क्लाउड-नेटिव एप्लिकेशन बनाना आसान हो जाता है। मूल्य निर्धारण के संदर्भ में, दोनों प्लेटफ़ॉर्म वास्तविक फ़ंक्शन निष्पादन समय के आधार पर भुगतान-एज़-यू-गो मॉडल का पालन करते हैं। हालाँकि, AWS लैम्ब्डा की तुलना में Azure फ़ंक्शंस में विशिष्ट सुविधाएँ और सेवा पेशकश हो सकती हैं। दो प्लेटफार्मों के बीच का चुनाव विशिष्ट आवश्यकताओं, मौजूदा क्लाउड पारिस्थितिकी तंत्र और क्लाउड प्रदाता के साथ परिचितता पर निर्भर करता है।

9. AWS Lambda और Azure फ़ंक्शंस के बीच चयन करते समय, कई विचार सामने आते हैं। संगठनों को अपने मौजूदा क्लाउड पारिस्थितिकी तंत्र और अन्य क्लाउड सेवाओं के साथ एकीकरण आवश्यकताओं का आकलन करना चाहिए। दोनों प्लेटफार्मों में अलग-अलग मूल्य निर्धारण मॉडल और लागत संरचनाएं हैं, इसलिए अपेक्षित कार्यभार के आधार पर लागत निहितार्थ का मूल्यांकन करना आवश्यक है। डेवलपर विशेषज्ञता और क्लाउड प्रदाता के वातावरण से परिचित होने से संबंधित विचारों को भी ध्यान में रखा जाना चाहिए। इसके अतिरिक्त, विशिष्ट एप्लिकेशन आवश्यकताओं के संदर्भ में दोनों प्लेटफार्मों के प्रदर्शन, स्केलेबिलिटी और फीचर पेशकश की जांच करने से एक सूचित निर्णय लेने में मदद मिलेगी। इन कारकों का गहन विश्लेषण करने से सही सर्वर रहित कंप्यूटिंग प्लेटफ़ॉर्म चुनने में मदद मिलेगी।

सफल सर्वर रहित कंप्यूटिंग के लिए स्वचालित परीक्षण और निरंतर तैनाती महत्वपूर्ण हैं। स्वचालित परीक्षण सर्वर रहित कार्यों की गुणवत्ता और विश्वसनीयता सुनिश्चित करता है, विकास प्रक्रिया में समस्याओं की पहचान करता है और उनका समाधान करता है। निरंतर तैनाती डेवलपर्स को त्वरित विकास चक्रों का समर्थन करते हुए तेजी से और बार-बार अपडेट जारी करने में सक्षम बनाती है। परिनियोजन पाइपलाइनों और संस्करण नियंत्रण प्रणालियों का लाभ उठाकर फ़ंक्शन अपडेट को प्रबंधित करने और जारी करने की प्रक्रिया को विश्वसनीय रूप से सुव्यवस्थित किया जाता है। सर्वर रहित कंप्यूटिंग में स्वचालित परीक्षण और निरंतर तैनाती प्रथाएं तैनाती त्रुटियों के जोखिम को कम करती हैं, एप्लिकेशन स्थिरता में सुधार करती हैं, और वास्तविक समय में उपयोगकर्ताओं को नई सुविधाओं और संवर्द्धन की डिलीवरी में तेजी लाती हैं।

अध्याय 16: क्लाउड गवर्नेंस और अनुपालन

16.1 क्लाउड सुरक्षा फ्रेमवर्क: क्लाउड में सुरक्षा को मजबूत करना

क्लाउड सुरक्षा ढाँचे संगठनों को उनके क्लाउड वातावरण को प्रभावी ढंग से सुरक्षित करने के लिए मार्गदर्शन करने में महत्वपूर्ण भूमिका निभाते हैं। सीएसए क्लाउड कंट्रोल मैट्रिक्स, सीआईएस कंट्रोल या एनआईएसटी साइबर सुरक्षा फ्रेमवर्क जैसे स्थापित ढांचे का लाभ उठाकर, संगठन व्यवस्थित रूप से जोखिमों का आकलन कर सकते हैं, सुरक्षा नियंत्रण लागू कर सकते हैं और उद्योग मानकों का अनुपालन सुनिश्चित कर सकते हैं। ये ढाँचे क्लाउड-आधारित सिस्टम को सुरक्षित करने, जोखिम प्रबंधन को बढ़ावा देने, सर्वोत्तम प्रथाओं को अपनाने और निरंतर सुधार के लिए एक संरचित दृष्टिकोण प्रदान करते हैं। एक मजबूत सुरक्षा नींव स्थापित करने और क्लाउड में संवेदनशील डेटा और महत्वपूर्ण संपत्तियों की सुरक्षा के लिए क्लाउड सुरक्षा ढांचे को लागू करना आवश्यक है।

16.1.1. क्लाउड सुरक्षा फ्रेमवर्क को समझना:

क्लाउड सुरक्षा ढाँचे संरचित दृष्टिकोण या दिशानिर्देश हैं जो क्लाउड वातावरण के लिए सुरक्षा नियंत्रण और सर्वोत्तम प्रथाओं को डिजाइन करने, लागू करने और प्रबंधित करने में संगठनों की सहायता करते हैं। ये ढाँचे जोखिमों का आकलन करने, सुरक्षा आवश्यकताओं को परिभाषित करने और क्लाउड में उचित सुरक्षा उपायों को लागू करने के लिए एक व्यवस्थित पद्धति प्रदान करते हैं।

- अनुपालन और मानक:कई क्लाउड सुरक्षा ढाँचे स्थापित उद्योग मानकों और अनुपालन आवश्यकताओं के साथ संरेखित होते हैं, जैसे ISO 27001, NIST SP 800-53, या CSA के क्लाउड कंट्रोल मैट्रिक्स (CCM)। ये ढाँचे संगठनों को नियमों के अनुपालन को प्रदर्शित करने और उद्योग द्वारा स्वीकृत सुरक्षा प्रथाओं का पालन सुनिश्चित करने में मदद करते हैं।

16.1.2. लोकप्रिय क्लाउड सुरक्षा फ्रेमवर्क:

16.1.2.1 सीएसए क्लाउड कंट्रोल मैट्रिक्स (सीसीएम):

क्लाउड सिक्योरिटी एलायंस (सीएसए) सीसीएम एक व्यापक रूप से अपनाया गया सुरक्षा ढांचा है जो क्लाउड-आधारित सिस्टम के लिए सुरक्षा नियंत्रण और सर्वोत्तम प्रथाओं की एक सूची प्रदान करता है।

ज़रूरी भाग: सीसीएम शासन, जोखिम प्रबंधन, डेटा सुरक्षा, पहचान और पहुंच प्रबंधन, वर्चुअलाइजेशन और घटना प्रतिक्रिया सहित विभिन्न डोमेन को कवर करता है। यह नियंत्रण उद्देश्यों और संबंधित नियंत्रणों का एक व्यापक सेट प्रदान करता है जिसे संगठन अपने क्लाउड वातावरण के लिए अपना सकते हैं और अनुकूलित कर सकते हैं।

16.1.2.2 सीआईएस (इंटरनेट सुरक्षा केंद्र) नियंत्रण:

सीआईएस नियंत्रण इंटरनेट सुरक्षा केंद्र द्वारा विकसित 20 महत्वपूर्ण सुरक्षा नियंत्रणों का एक सेट है। हालांकि क्लाउड के लिए विशिष्ट नहीं हैं, फिर भी वे क्लाउड वातावरण सहित आईटी सिस्टम को सुरक्षित करने के लिए एक ठोस आधार प्रदान करते हैं।

ज़रूरी भाग:सीआईएस नियंत्रण हार्डवेयर और सॉफ्टवेयर परिसंपत्तियों की सूची और नियंत्रण, हार्डवेयर और सॉफ्टवेयर के लिए सुरक्षित कॉन्फ़िगरेशन, निरंतर भेद्यता प्रबंधन, प्रशासनिक विशेषाधिकारों का नियंत्रित उपयोग और घटना प्रतिक्रिया क्षमताओं जैसे क्षेत्रों को कवर करता है। सुरक्षा स्थिति को बढ़ाने के लिए इन नियंत्रणों को क्लाउड इंफ्रास्ट्रक्चर और अनुप्रयोगों पर लागू किया जा सकता है।

16.1.2.3 एनआईएसटी साइबर सुरक्षा ढांचा:

राष्ट्रीय मानक और प्रौद्योगिकी संस्थान (एनआईएसटी) साइबर सुरक्षा ढांचा विभिन्न उद्योगों में साइबर सुरक्षा जोखिम प्रबंधन प्रक्रियाओं के प्रबंधन और सुधार के लिए एक व्यापक रूप से मान्यता प्राप्त ढांचा है।

ज़रूरी भाग: एनआईएसटी साइबर सुरक्षा फ्रेमवर्क में पांच मुख्य कार्य शामिल हैं - पहचानें, सुरक्षा करें, पता लगाएं, प्रतिक्रिया दें और पुनर्प्राप्त करें। यह एक लचीला ढांचा प्रदान करता है जिसे संगठन अपनी विशिष्ट आवश्यकताओं के अनुरूप बना सकते हैं। रूपरेखा जोखिम मूल्यांकन, निरंतर निगरानी, घटना प्रतिक्रिया और पुनर्प्राप्ति योजना पर जोर देती है, जो सभी क्लाउड वातावरण को सुरक्षित करने के लिए महत्वपूर्ण हैं।

16.1.3. क्लाउड सुरक्षा फ्रेमवर्क का महत्व:

• जोखिम मूल्यांकन और प्रबंधन: क्लाउड सुरक्षा ढाँचे क्लाउड अपनाने से जुड़े जोखिमों का आकलन और प्रबंधन करने के लिए एक संरचित दृष्टिकोण प्रदान करते हैं। वे संभावित कमजोरियों की पहचान करने, सुरक्षा नियंत्रणों को प्राथमिकता देने और जोखिमों को कम करने के लिए संसाधनों को प्रभावी ढंग से आवंटित करने में मदद करते हैं।
• सर्वोत्तम प्रथाएँ और मानक अनुपालन: क्लाउड सुरक्षा ढाँचे स्थापित सर्वोत्तम प्रथाओं और उद्योग मानकों के साथ संरेखित होते हैं, जो संगठनों को नियामक आवश्यकताओं और उद्योग-स्वीकृत सुरक्षा प्रथाओं के अनुपालन को प्रदर्शित करने में सक्षम बनाते हैं।
• सुरक्षा नियंत्रण मार्गदर्शन: क्लाउड सुरक्षा ढाँचे सुरक्षा नियंत्रणों के व्यापक कैटलॉग प्रदान करते हैं, जो संगठनों को उनके क्लाउड वातावरण के लिए उपयुक्त नियंत्रणों को चुनने और लागू करने में सक्षम बनाते हैं। ये ढाँचे सुरक्षा उपायों को लागू करने और एक मजबूत सुरक्षा स्थिति स्थापित करने पर मार्गदर्शन प्रदान करते हैं।
• निरंतर सुधार: क्लाउड सुरक्षा ढाँचे नियमित जोखिम मूल्यांकन, निगरानी और सुरक्षा नियंत्रणों के मूल्यांकन पर जोर देकर निरंतर सुधार की संस्कृति को बढ़ावा देते हैं। वे संगठनों को क्लाउड में उभरते सुरक्षा खतरों और उभरती प्रौद्योगिकियों को अनुकूलित करने और प्रतिक्रिया देने में सक्षम बनाते हैं।

<u>16.2 क्लाउड में डेटा सुरक्षा और गोपनीयता: संवेदनशील जानकारी की सुरक्षा</u>

क्लाउड सेवाओं को अपनाते समय डेटा सुरक्षा और गोपनीयता सर्वोपरि विचार हैं। डेटा वर्गीकरण, मजबूत पहुंच नियंत्रण, एन्क्रिप्शन, अनुपालन प्रबंधन, डेटा बैकअप और घटना प्रतिक्रिया जैसी सर्वोत्तम प्रथाओं को लागू करके, संगठन क्लाउड में संवेदनशील जानकारी को प्रभावी ढंग से सुरक्षित रख सकते हैं। सुरक्षा उपायों की नियमित रूप से समीक्षा और अद्यतन करना, विकसित नियमों के बारे में सूचित रहना और एक मजबूत सुरक्षा और गोपनीयता स्थिति सुनिश्चित करने के लिए क्लाउड सेवा प्रदाताओं के साथ मिलकर सहयोग करना आवश्यक है। डेटा सुरक्षा और गोपनीयता को प्राथमिकता देकर, संगठन ग्राहकों का विश्वास बनाए रख सकते हैं, नियामक आवश्यकताओं का अनुपालन कर सकते हैं, और क्लाउड वातावरण में अनधिकृत पहुंच या उल्लंघनों से संवेदनशील जानकारी की सुरक्षा कर सकते हैं।

16.2.1 क्लाउड में डेटा सुरक्षा और गोपनीयता को समझना:

• डेटा सुरक्षा: डेटा सुरक्षा में अनधिकृत पहुंच, प्रकटीकरण, परिवर्तन या विनाश से डेटा की सुरक्षा के उद्देश्य से उपायों का एक सेट शामिल है। इसमें डेटा अखंडता और गोपनीयता दोनों को सुनिश्चित करने के लिए मजबूत सुरक्षा नियंत्रण, एन्क्रिप्शन तंत्र, एक्सेस प्रबंधन नीतियां और डेटा बैकअप रणनीतियों को लागू करना शामिल है।
• गोपनीयता:गोपनीयता व्यक्तियों की व्यक्तिगत जानकारी की सुरक्षा और लागू गोपनीयता नियमों का कड़ाई से अनुपालन सुनिश्चित करने के इर्द-गिर्द घूमती है। इसमें डेटा संग्रह के लिए सूचित सहमति प्राप्त करना, डेटा प्रतिधारण को सीमित करना और व्यक्तियों को अपने व्यक्तिगत डेटा पर नियंत्रण रखने की क्षमता प्रदान करना शामिल है।

16.2.2 क्लाउड में डेटा सुरक्षा और गोपनीयता के लिए सर्वोत्तम अभ्यास:

16.2.2.1 डेटा वर्गीकरण और शासन:

• डेटा वर्गीकरण: डेटा को उसकी संवेदनशीलता और नियामक आवश्यकताओं के आधार पर वर्गीकृत करें। यह सुनिश्चित करने के लिए कि डेटा के प्रत्येक स्तर को सुरक्षा का उचित स्तर प्राप्त हो, डेटा के वर्गीकरण के आधार पर उचित सुरक्षा नियंत्रण, पहुंच प्रतिबंध और एन्क्रिप्शन प्रोटोकॉल लागू करें।

• सामग्री संचालन: उचित डेटा प्रबंधन, प्रतिधारण और निपटान सुनिश्चित करने के लिए व्यापक डेटा प्रशासन नीतियां और प्रक्रियाएं स्थापित करें। उभरते नियमों और उद्योग मानकों के अनुरूप डेटा प्रशासन प्रथाओं की नियमित रूप से समीक्षा और अद्यतन करें।

16.2.2.2 मजबूत पहुंच नियंत्रण और प्रमाणीकरण:

1. भूमिका-आधारित अभिगम नियंत्रण (आरबीएसी):उपयोगकर्ता भूमिकाओं और जिम्मेदारियों के आधार पर पहुंच अनुमतियां आवंटित करने के लिए आरबीएसी लागू करें। यह सुनिश्चित करने के लिए कि वे वर्तमान व्यावसायिक आवश्यकताओं के साथ संरेखित हों और अनधिकृत पहुंच के जोखिम को कम करें, पहुंच विशेषाधिकारों की नियमित रूप से समीक्षा और अद्यतन करें।

2. बहु-कारक प्रमाणीकरण (एमएफए): सुरक्षा की एक अतिरिक्त परत प्रदान करने और अनधिकृत पहुंच को रोकने के लिए सभी उपयोगकर्ता खातों के लिए एमएफए लागू करें। एमएफए को संवेदनशील डेटा तक पहुंच प्राप्त करने के लिए उपयोगकर्ताओं को पहचान के कई रूप प्रदान करने की आवश्यकता होती है, जैसे पासवर्ड और उनके मोबाइल डिवाइस पर भेजा गया एक बार का कोड।

16.2.2.3 एन्क्रिप्शन और डेटा-एट-रेस्ट सुरक्षा:

• डेटा एन्क्रिप्शन: पारगमन और विश्राम दोनों में संवेदनशील डेटा की सुरक्षा के लिए मजबूत एन्क्रिप्शन तंत्र नियोजित करें। मजबूत एन्क्रिप्शन एल्गोरिदम का उपयोग करें और सुनिश्चित करें कि डेटा गोपनीयता बनाए रखने के लिए एन्क्रिप्शन कुंजियाँ सुरक्षित रूप से प्रबंधित और नियमित रूप से घुमाई जाती हैं।

• सुरक्षित भंडारण: ऐसे क्लाउड सेवा प्रदाता चुनें जो मजबूत सुरक्षा उपाय और डेटा एन्क्रिप्शन विकल्प प्रदान करते हों। डेटा भंडारण की अखंडता सुनिश्चित करने के लिए प्रदाता द्वारा कार्यान्वित सुरक्षा नियंत्रणों का नियमित रूप से मूल्यांकन और सत्यापन करें।

16.2.2.4 डेटा रेजीडेंसी और अनुपालन:

• डेटा रेजीडेंसी:उस स्थान को समझें जहां डेटा संग्रहीत और संसाधित किया जाता है। डेटा रेजिडेंसी नियमों का अनुपालन सुनिश्चित करें और उन क्लाउड प्रदाताओं को चुनें जो कानूनी आवश्यकताओं का पालन करने के लिए वांछित क्षेत्राधिकार के भीतर डेटा केंद्र प्रदान करते हैं।

• अनुपालन प्रबंधन: लागू डेटा सुरक्षा और गोपनीयता नियमों जैसे जीडीपीआर, सीसीपीए, या उद्योग-विशिष्ट अनुपालन आवश्यकताओं के साथ अद्यतन रहें। अनुपालन बनाए रखने और संभावित कानूनी मुद्दों से बचने के लिए अनुपालन नियंत्रणों का नियमित रूप से मूल्यांकन और समीक्षा करें।

16.2.2.5 डेटा बैकअप और आपदा पुनर्प्राप्ति:

• नियमित बैकअप:डेटा उपलब्धता और लचीलापन सुनिश्चित करने के लिए नियमित और स्वचालित डेटा बैकअप प्रक्रियाओं को लागू करें। बैकअप की अखंडता और प्रभावशीलता को सत्यापित करने और सिस्टम विफलताओं या साइबर हमलों के मामले में डेटा हानि को कम करने के लिए समय-समय पर पुनर्स्थापना प्रक्रिया का परीक्षण करें।

आपदा पुनर्प्राप्ति योजना: अप्रत्याशित घटनाओं के मामले में डेटा और सिस्टम की उपलब्धता सुनिश्चित करने के लिए एक व्यापक आपदा पुनर्प्राप्ति योजना विकसित करें। किसी भी अंतराल या उभरते जोखिम को दूर करने और पुनर्प्राप्ति प्रक्रिया में तेजी लाने के लिए योजना की नियमित रूप से समीक्षा और परीक्षण करें।

16.2.2.6 सतत निगरानी और घटना प्रतिक्रिया:

• सुरक्षा निगरानी: सुरक्षा घटनाओं का तुरंत पता लगाने और उन पर प्रतिक्रिया देने के लिए मजबूत निगरानी उपकरण और प्रक्रियाएं लागू करें। वास्तविक समय में संभावित खतरों या उल्लंघनों की पहचान करने के लिए एक्सेस लॉग, डेटा ट्रांसफर और असामान्य गतिविधियों की निगरानी करें।

• घटना की प्रतिक्रिया: किसी सुरक्षा घटना की स्थिति में उठाए जाने वाले कदमों की रूपरेखा तैयार करने के लिए एक घटना प्रतिक्रिया योजना विकसित करें। प्रभाव को कम करने और जोखिमों को जल्दी और कुशलता से कम करने के लिए भूमिकाओं, जिम्मेदारियों और संचार चैनलों को परिभाषित करें।

16.3 क्लाउड के लिए अनुपालन विनियम और ऑडिट: क्लाउड में विनियामक अनुपालन सुनिश्चित करना

क्लाउड में संग्रहीत और संसाधित डेटा की सुरक्षा, गोपनीयता और जवाबदेही सुनिश्चित करने के लिए अनुपालन नियम और ऑडिट अपरिहार्य हैं। संगठनों को नियामक परिदृश्य की व्यापक समझ होनी चाहिए, उचित सुरक्षा नियंत्रण लागू करना चाहिए और नियमित रूप से अपनी अनुपालन स्थिति का आकलन करना चाहिए।

जीडीपीआर, एचआईपीएए, पीसीआई डीएसएस और फेडआरएएमपी जैसे प्रमुख नियामक ढांचे का पालन करके और जोखिम मूल्यांकन करने, मजबूत पहुंच नियंत्रण लागू करने, डेटा एन्क्रिप्ट करने और नियमित ऑडिट करने जैसी सर्वोत्तम प्रथाओं का पालन करके, संगठन क्लाउड वातावरण में अनुपालन बनाए रख सकते हैं। नियामक आवश्यकताओं का अनुपालन न केवल संवेदनशील डेटा की सुरक्षा में मदद करता है बल्कि ग्राहकों, भागीदारों और नियामक अधिकारियों के साथ विश्वास भी बनाता है, जिससे संगठनों को क्लाउड कंप्यूटिंग युग में सफलता मिलती है।

16.3.1. क्लाउड में अनुपालन विनियमों और ऑडिट को समझना:

- अनुपालन विनियम: अनुपालन नियम कानूनी ढाँचे हैं जिनका संगठनों को संवेदनशील डेटा की सुरक्षा, गोपनीयता सुनिश्चित करने और उद्योग-विशिष्ट आवश्यकताओं को पूरा करने के लिए पालन करना चाहिए। ये नियम डेटा सुरक्षा, गोपनीयता, सुरक्षा और जवाबदेही जैसी चिंताओं को दूर करने के लिए डिज़ाइन किए गए हैं। इन विनियमों का अनुपालन करने में विफलता के गंभीर परिणाम हो सकते हैं, जिनमें जुर्माना और कानूनी नतीजे शामिल हैं।
- लेखापरीक्षा:प्रासंगिक नियमों और उद्योग मानकों के अनुपालन को सुनिश्चित करने के लिए ऑडिट में किसी संगठन की प्रणालियों, प्रक्रियाओं और नियंत्रणों की गहन जांच शामिल होती है। ऑडिट किसी संगठन की अनुपालन स्थिति का स्वतंत्र मूल्यांकन प्रदान करते हैं और सुधार के क्षेत्रों की पहचान करने में मदद करते हैं। वे यह सुनिश्चित करने में महत्वपूर्ण भूमिका निभाते हैं कि किसी संगठन के सुरक्षा उपाय और डेटा प्रबंधन प्रथाएं नियामक आवश्यकताओं के साथ संरेखित हों।

16.3.2. क्लाउड अनुपालन के लिए प्रमुख नियामक ढाँचे:

- सामान्य डेटा संरक्षण विनियमन (जीडीपीआर):जीडीपीआर यूरोपीय संघ (ईयू) द्वारा यूरोपीय संघ के भीतर व्यक्तियों के व्यक्तिगत डेटा और गोपनीयता की सुरक्षा के लिए अधिनियमित एक व्यापक विनियमन है। यह संगठनों पर उनके भौतिक स्थान की परवाह किए बिना कड़ी डेटा सुरक्षा और गोपनीयता आवश्यकताओं को लागू करता है। यूरोपीय संघ के निवासियों के व्यक्तिगत डेटा को संभालने वाले संगठनों को जीडीपीआर का अनुपालन करना होगा।
- स्वास्थ्य बीमा पोर्टेबिलिटी और जवाबदेही अधिनियम (HIPAA):HIPAA स्वास्थ्य सेवा उद्योग में संरक्षित स्वास्थ्य सूचना (PHI) की गोपनीयता और सुरक्षा की रक्षा के लिए नियम स्थापित करता है। पीएचआई को संभालने वाली कवर की गई संस्थाओं और व्यावसायिक सहयोगियों को सख्त डेटा सुरक्षा मानकों का पालन करना होगा और क्लाउड सेवाओं का उपयोग करते समय उचित सुरक्षा उपायों को लागू करना होगा।

• भुगतान कार्ड उद्योग डेटा सुरक्षा मानक (पीसीआई डीएसएस):पीसीआई डीएसएस एक सुरक्षा मानक है जिसे भंडारण, प्रसंस्करण और ट्रांसमिशन के दौरान क्रेडिट कार्ड डेटा की सुरक्षा के लिए डिज़ाइन किया गया है। क्रेडिट कार्ड की जानकारी संभालने वाले संगठनों को कार्डधारक डेटा की सुरक्षा सुनिश्चित करने के लिए पीसीआई डीएसएस आवश्यकताओं का पालन करना होगा। भले ही क्लाउड विशेष रूप से पीसीआई डीएसएस के अंतर्गत नहीं आता है, क्लाउड सेवाओं का उपयोग करने वाले संगठनों को यह सुनिश्चित करने की आवश्यकता है कि क्लाउड प्रदाता क्रेडिट कार्ड डेटा को संसाधित या प्रसारित करते समय पीसीआई डीएसएस अनुपालन को पूरा करता है।

• संघीय जोखिम और प्राधिकरण प्रबंधन कार्यक्रम (FedRAMP):FedRAMP एक अमेरिकी सरकारी कार्यक्रम है जो संघीय एजेंसियों में उपयोग के लिए क्लाउड सेवाओं का आकलन और अधिकृत करने के लिए एक मानकीकृत दृष्टिकोण प्रदान करता है। यह सुनिश्चित करता है कि क्लाउड सेवा प्रदाता कठोर सुरक्षा और अनुपालन आवश्यकताओं को पूरा करते हैं, जिससे वे सरकारी उपयोग के लिए उपयुक्त हो जाते हैं।

16.3.3. क्लाउड अनुपालन के लिए सर्वोत्तम अभ्यास:

• लागू विनियमों को समझें: उद्योग, भौगोलिक स्थिति और क्लाउड में संसाधित या संग्रहीत किए जा रहे डेटा के प्रकार के आधार पर आपके संगठन पर लागू होने वाली नियामक आवश्यकताओं की पहचान करें। अनुपालन बनाए रखने के लिए प्रासंगिक नियमों में बदलावों से अपडेट रहें।

• जोखिम मूल्यांकन का संचालन करें:क्लाउड अपनाने से जुड़े जोखिमों का नियमित रूप से आकलन करें और उन क्षेत्रों की पहचान करें जहां अनुपालन नियंत्रण को मजबूत करने की आवश्यकता है। जोखिमों को कम करने के लिए तदनुसार सुरक्षा नियंत्रण, डेटा सुरक्षा उपाय और गोपनीयता सुरक्षा उपाय लागू करें।

• क्लाउड प्रदाता उचित परिश्रम:क्लाउड सेवा प्रदाता का चयन करते समय, उनकी अनुपालन स्थिति और नियामक आवश्यकताओं को पूरा करने के लिए उनके द्वारा प्रदान की जाने वाली विशिष्ट सेवाओं का मूल्यांकन करने के लिए उचित परिश्रम करें। सुनिश्चित करें कि क्लाउड प्रदाता के पास प्रासंगिक प्रमाणपत्र और मान्यताएँ हैं।

• डेटा वर्गीकरण और एन्क्रिप्शन: डेटा को उसकी संवेदनशीलता और नियामक आवश्यकताओं के आधार पर वर्गीकृत करें। उद्योग-मानक एन्क्रिप्शन एल्गोरिदम का पालन करते हुए आराम और पारगमन में डेटा की सुरक्षा के लिए एन्क्रिप्शन तंत्र लागू करें।

• अभिगम नियंत्रण और निगरानी: यह सुनिश्चित करने के लिए मजबूत पहुंच नियंत्रण लागू करें कि केवल अधिकृत कर्मचारी ही क्लाउड में संवेदनशील डेटा तक पहुंच सकें। अनधिकृत पहुंच या संदिग्ध गतिविधियों का तुरंत पता लगाने और प्रतिक्रिया देने के लिए निगरानी और ऑडिटिंग तंत्र लागू करें।

• घटना प्रतिक्रिया और उल्लंघन अधिसूचना: सुरक्षा घटनाओं या डेटा उल्लंघनों को प्रभावी ढंग से संभालने के लिए एक घटना प्रतिक्रिया योजना विकसित करें। नियमों के अनुसार प्रासंगिक अधिकारियों और प्रभावित व्यक्तियों को समय पर उल्लंघन की सूचना देने के लिए प्रक्रियाएं स्थापित करें।

• नियमित लेखापरीक्षा और मूल्यांकन: लागू नियमों और उद्योग मानकों के अनुपालन को सत्यापित करने के लिए आंतरिक और बाहरी ऑडिट या मूल्यांकन करें। समग्र अनुपालन स्थिति में सुधार के लिए ऑडिट निष्कर्षों और सिफारिशों के आधार पर सुरक्षा नियंत्रणों की नियमित रूप से समीक्षा और अद्यतन करें।

अभ्यास

बहु विकल्पीय प्रश्न

1. क्लाउड सुरक्षा ढाँचे का प्राथमिक उद्देश्य क्या है?

a) क्लाउड-आधारित एप्लिकेशन विकसित करना
b) क्लाउड इंफ्रास्ट्रक्चर का प्रबंधन और रखरखाव करना
c) सुरक्षा जोखिमों के प्रबंधन और क्लाउड में सुरक्षा नियंत्रण लागू करने के लिए एक व्यवस्थित दृष्टिकोण प्रदान करना
d) क्लाउड सेवाओं की उच्च उपलब्धता सुनिश्चित करना

2. कौन सा क्लाउड सुरक्षा ढांचा क्लाउड-आधारित के लिए सुरक्षा नियंत्रण और सर्वोत्तम प्रथाओं की एक सूची प्रदान करता है सिस्टम और क्लाउड सिक्योरिटी एलायंस (सीएसए) द्वारा विकसित किया गया है?

a) सामान्य डेटा संरक्षण विनियमन (जीडीपीआर)
b) भुगतान कार्ड उद्योग डेटा सुरक्षा मानक (पीसीआई डीएसएस)
c) इंटरनेट सुरक्षा केंद्र (सीआईएस) नियंत्रण
d) सीएसए क्लाउड कंट्रोल मैट्रिक्स (सीसीएम)

3. CIS (इंटरनेट सुरक्षा केंद्र) नियंत्रण का उद्देश्य क्या है?

a) भंडारण, प्रसंस्करण और ट्रांसमिशन के दौरान क्रेडिट कार्ड डेटा को सुरक्षित करने के लिए
b) संघीय एजेंसियों में उपयोग के लिए क्लाउड सेवाओं के मूल्यांकन और अधिकृत करने के लिए एक मानकीकृत दृष्टिकोण प्रदान करना
c) स्वास्थ्य सेवा उद्योग में संरक्षित स्वास्थ्य सूचना (पीएचआई) की सुरक्षा के लिए नियम स्थापित करना
d) क्लाउड परिवेश सहित आईटी प्रणालियों को सुरक्षित करने के लिए महत्वपूर्ण सुरक्षा नियंत्रणों का एक सेट प्रदान करना

4. एनआईएसटी साइबर सुरक्षा फ्रेमवर्क में कौन से मुख्य कार्य शामिल हैं?

a) पहचानें, सुरक्षा करें, पता लगाएं, प्रतिक्रिया दें और पुनर्प्राप्त करें
b) शासन, जोखिम प्रबंधन, डेटा संरक्षण, और घटना प्रतिक्रिया
c) एन्क्रिप्शन, एक्सेस प्रबंधन और वर्चुअलाइजेशन
d) इन्वेंटरी प्रबंधन, घटना पुनर्प्राप्ति, और डेटा प्रतिधारण

5. जीडीपीआर का क्या मतलब है और इसका उद्देश्य किसकी रक्षा करना है?

a) सामान्य डेटा गोपनीयता विनियमन; इसका उद्देश्य भंडारण और प्रसारण के दौरान क्रेडिट कार्ड डेटा की सुरक्षा करना है
b) सामान्य डेटा संरक्षण विनियमन; इसका उद्देश्य यूरोपीय संघ के भीतर व्यक्तियों के व्यक्तिगत डेटा और गोपनीयता की रक्षा करना है
c) सरकारी डेटा संरक्षण विनियमन; इसका उद्देश्य सरकारी डेटा को साइबर हमलों से बचाना है
d) सामान्य डेटा गोपनीयता विनियमन; इसका उद्देश्य स्वास्थ्य सेवा उद्योग में स्वास्थ्य संबंधी जानकारी की सुरक्षा करना है

6. क्लाउड में अनुपालन सुनिश्चित करने के लिए ऑडिट क्यों आवश्यक हैं?

a) ऑडिट से संगठनों को क्लाउड अपनाने से पूरी तरह बचने में मदद मिलती है
b) ऑडिट क्लाउड में जोखिमों का आकलन करने के लिए एक व्यवस्थित दृष्टिकोण प्रदान करता है
c) ऑडिट सुनिश्चित करते हैं कि क्लाउड प्रदाता उद्योग मानकों का पालन करें
d) ऑडिट किसी संगठन की अनुपालन स्थिति का स्वतंत्र मूल्यांकन प्रदान करते हैं और सुधार के क्षेत्रों की पहचान करने में मदद करते हैं

7. क्लाउड अनुपालन बनाए रखने के लिए कुछ सर्वोत्तम अभ्यास क्या हैं?

a) अनुपालन बनाए रखने के लिए प्रासंगिक नियमों में बदलावों की अनदेखी करना
b) क्लाउड वातावरण में जोखिम मूल्यांकन नहीं करना
c) मजबूत अभिगम नियंत्रण और एन्क्रिप्शन लागू करना
d) क्लाउड प्रदाता के उचित परिश्रम से बचना

8. FedRAMP कार्यक्रम का उद्देश्य क्या है?

a) भंडारण, प्रसंस्करण और ट्रांसमिशन के दौरान क्रेडिट कार्ड डेटा की सुरक्षा के लिए
b) संघीय एजेंसियों में उपयोग के लिए क्लाउड सेवाओं के मूल्यांकन और अधिकृत करने के लिए एक मानकीकृत दृष्टिकोण प्रदान करना
c) स्वास्थ्य सेवा उद्योग में संरक्षित स्वास्थ्य सूचना (पीएचआई) की गोपनीयता और सुरक्षा की रक्षा करना
d) क्लाउड वातावरण में जीडीपीआर नियमों का अनुपालन सुनिश्चित करना

9. आरबीएसी का क्या अर्थ है और इसमें क्या शामिल है?

a) भूमिका-आधारित अभिगम नियंत्रण; इसमें उपयोगकर्ता की भूमिकाओं और जिम्मेदारियों के आधार पर पहुंच अनुमतियां निर्दिष्ट करना शामिल है

b) भूमिका-आधारित पहुंच अनुपालन; इसमें सुरक्षा घटनाओं के लिए क्लाउड वातावरण की निगरानी करना शामिल है

c) भूमिका-आधारित प्रमाणीकरण नियंत्रण; इसमें आराम और पारगमन के दौरान डेटा को एन्क्रिप्ट करना शामिल है

d) भूमिका-आधारित प्राधिकरण अनुपालन; इसमें क्लाउड अनुपालन के लिए आंतरिक और बाहरी ऑडिट करना शामिल है

10. क्लाउड अनुपालन के लिए डेटा वर्गीकरण क्यों महत्वपूर्ण है?

a) डेटा वर्गीकरण संगठनों को क्लाउड सेवाओं के उपयोग से बचने में मदद करता है

b) डेटा वर्गीकरण यह सुनिश्चित करता है कि सभी डेटा एन्क्रिप्टेड है

c) डेटा वर्गीकरण संगठनों को डेटा संवेदनशीलता और नियामक आवश्यकताओं के आधार पर उचित सुरक्षा नियंत्रण और पहुंच प्रतिबंध लागू करने में मदद करता है

d) क्लाउड अनुपालन के लिए डेटा वर्गीकरण प्रासंगिक नहीं है

समीक्षा प्रश्न

1. क्लाउड सुरक्षा ढाँचे का उद्देश्य क्या है, और वे संगठनों को उनके क्लाउड वातावरण को सुरक्षित करने में कैसे सहायता करते हैं?

2. सामान्य डेटा संरक्षण विनियमन (जीडीपीआर) के प्रमुख घटक क्या हैं, और यह क्लाउड सेवाओं का उपयोग करने वाले संगठनों को कैसे प्रभावित करता है?

3. क्लाउड सेवाओं का उपयोग करते समय संगठन विनियामक अनुपालन कैसे सुनिश्चित कर सकते हैं, विशेष रूप से स्वास्थ्य सेवा जैसे उद्योगों में जिन्हें स्वास्थ्य बीमा पोर्टेबिलिटी और जवाबदेही अधिनियम (HIPAA) का पालन करना होगा?

4. क्लाउड में डेटा सुरक्षा और गोपनीयता के संबंध में संगठनों के लिए प्राथमिक विचार क्या हैं, और वे संवेदनशील जानकारी को प्रभावी ढंग से कैसे सुरक्षित रख सकते हैं?

5. क्लाउड में संग्रहीत और संसाधित डेटा की सुरक्षा और गोपनीयता सुनिश्चित करने में अनुपालन ऑडिट क्या भूमिका निभाते हैं?

6. विनियामक आवश्यकताओं को पूरा करने और उचित डेटा प्रबंधन सुनिश्चित करने के लिए संगठन क्लाउड में डेटा प्रशासन को प्रभावी ढंग से कैसे प्रबंधित कर सकते हैं?

7. क्लाउड सेवा प्रदाता क्लाउड वातावरण में विनियामक अनुपालन सुनिश्चित करने में कैसे योगदान करते हैं, और अनुपालन क्लाउड प्रदाता चुनते समय संगठनों को किन कारकों पर विचार करना चाहिए?

8. क्लाउड कंप्यूटिंग के तेजी से विकसित हो रहे परिदृश्य में नियामक अनुपालन बनाए रखने के लिए संगठन निरंतर सुधार की संस्कृति को कैसे बढ़ावा दे सकते हैं?

उत्तर अनुभाग

बहु विकल्पीय प्रश्न

1. c) सुरक्षा जोखिमों के प्रबंधन और क्लाउड में सुरक्षा नियंत्रण लागू करने के लिए एक व्यवस्थित दृष्टिकोण प्रदान करना

2. d) सीएसए क्लाउड कंट्रोल मैट्रिक्स (सीसीएम)

3. d) क्लाउड वातावरण सहित आईटी प्रणालियों को सुरक्षित करने के लिए महत्वपूर्ण सुरक्षा नियंत्रणों का एक सेट प्रदान करना

4. a) पहचानें, सुरक्षा करें, पता लगाएं, प्रतिक्रिया दें और पुनर्प्राप्त करें

5. b) सामान्य डेटा संरक्षण विनियमन; इसका उद्देश्य यूरोपीय संघ के भीतर व्यक्तियों के व्यक्तिगत डेटा और गोपनीयता की रक्षा करना है

6. d) ऑडिट किसी संगठन की अनुपालन स्थिति का स्वतंत्र मूल्यांकन प्रदान करता है और सुधार के क्षेत्रों की पहचान करने में मदद करता है

7. c) मजबूत पहुंच नियंत्रण और एन्क्रिप्शन लागू करना
8. b) संघीय एजेंसियों में उपयोग के लिए क्लाउड सेवाओं के मूल्यांकन और अधिकृत करने के लिए एक मानकीकृत दृष्टिकोण प्रदान करना
9. a) भूमिका-आधारित अभिगम नियंत्रण; इसमें उपयोगकर्ता की भूमिकाओं और जिम्मेदारियों के आधार पर पहुंच अनुमतियां निर्दिष्ट करना शामिल है
10. c) डेटा वर्गीकरण संगठनों को डेटा संवेदनशीलता और नियामक आवश्यकताओं के आधार पर उचित सुरक्षा नियंत्रण और पहुंच प्रतिबंध लागू करने में मदद करता है

समीक्षा प्रश्न

1. क्लाउड सुरक्षा ढाँचे क्लाउड वातावरण में सुरक्षा नियंत्रणों को डिज़ाइन करने, लागू करने और प्रबंधित करने के लिए संरचित दिशानिर्देशों के रूप में कार्य करते हैं। वे संगठनों को जोखिमों का आकलन करने, सुरक्षा आवश्यकताओं को परिभाषित करने और डेटा और बुनियादी ढांचे की सुरक्षा के लिए उचित उपाय लागू करने में मदद करते हैं। एक व्यवस्थित कार्यप्रणाली प्रदान करके, ये ढाँचे प्रभावी जोखिम प्रबंधन, सर्वोत्तम प्रथाओं को अपनाने और उद्योग मानकों के अनुपालन को सक्षम बनाते हैं। सीएसए सीसीएम, सीआईएस नियंत्रण और एनआईएसटी साइबर सुरक्षा फ्रेमवर्क जैसे लोकप्रिय ढांचे नियंत्रण और उद्देश्यों की व्यापक कैटलॉग प्रदान करते हैं जिन्हें संगठन अपने विशिष्ट क्लाउड सेटअप में अनुकूलित कर सकते हैं, एक मजबूत सुरक्षा स्थिति सुनिश्चित करते हैं और साइबर खतरों के खिलाफ बढ़ी हुई सुरक्षा सुनिश्चित करते हैं।

2. जीडीपीआर एक व्यापक ईयू विनियमन है जो व्यक्तियों के व्यक्तिगत डेटा और गोपनीयता की सुरक्षा पर केंद्रित है। इसके प्रमुख घटकों में डेटा विषय अधिकार, सूचित सहमति, डेटा सुरक्षा अधिकारी और अनिवार्य डेटा उल्लंघन अधिसूचना शामिल हैं। जीडीपीआर दुनिया भर के संगठनों पर लागू होता है यदि वे यूरोपीय संघ के निवासियों के व्यक्तिगत डेटा को संभालते हैं। क्लाउड उपयोगकर्ताओं के लिए, अनुपालन में क्लाउड में व्यक्तिगत डेटा को संसाधित, संग्रहीत या प्रसारित करते समय जीडीपीआर सिद्धांतों का पालन करना शामिल है। संगठनों को यह सुनिश्चित करना चाहिए कि जीडीपीआर आवश्यकताओं का अनुपालन करने और व्यक्तिगत डेटा के दुरुपयोग के लिए संभावित जुर्माना या कानूनी परिणामों से बचने के लिए डेटा सुरक्षा उपाय, सुरक्षित पहुंच नियंत्रण और गोपनीयता सुरक्षा उपाय मौजूद हैं।

3. क्लाउड में विनियामक अनुपालन सुनिश्चित करने के लिए, विशेष रूप से HIPAA के तहत स्वास्थ्य सेवा संगठनों के लिए, एक बहुआयामी दृष्टिकोण की आवश्यकता है। संगठनों को संपूर्ण जोखिम मूल्यांकन करना चाहिए, मजबूत पहुंच नियंत्रण लागू करना चाहिए, डेटा एन्क्रिप्ट करना चाहिए और सख्त डेटा प्रशासन लागू करना चाहिए। एचआईपीएए बिजनेस एसोसिएट एग्रीमेंट (बीएए) सहित प्रासंगिक नियमों के अनुपालन के आधार पर क्लाउड प्रदाताओं का सावधानीपूर्वक चयन किया जाना चाहिए। अनुपालन को मान्य करने के लिए नियमित ऑडिट और मूल्यांकन आवश्यक हैं। एक व्यापक घटना प्रतिक्रिया योजना विकसित करना और अनुपालन प्रक्रियाओं पर कर्मचारियों को प्रशिक्षित करना महत्वपूर्ण है। उद्योग की सर्वोत्तम प्रथाओं को अपनाकर, स्वास्थ्य सेवा संगठन प्रभावी ढंग से रोगी डेटा की सुरक्षा कर सकते हैं और क्लाउड में HIPAA अनुपालन बनाए रख सकते हैं।

4. क्लाउड में संवेदनशील जानकारी की सुरक्षा के लिए संगठनों को डेटा वर्गीकरण, एक्सेस नियंत्रण, एन्क्रिप्शन और डेटा रेजिडेंसी आवश्यकताओं पर विचार करना चाहिए। डेटा वर्गीकरण यह सुनिश्चित करता है कि डेटा को उसकी संवेदनशीलता के आधार पर वर्गीकृत किया गया है, जिससे उचित सुरक्षा उपाय लागू किए जा सकें। रोल-आधारित एक्सेस कंट्रोल (आरबीएसी) और मल्टी-फैक्टर ऑथेंटिकेशन (एमएफए) जैसे मजबूत एक्सेस नियंत्रण, अधिकृत कर्मियों तक पहुंच को सीमित करते हैं। आराम और पारगमन दोनों में डेटा की सुरक्षा के लिए एन्क्रिप्शन को नियोजित किया जाना चाहिए। विशिष्ट न्यायक्षेत्रों में डेटा को संभालने के लिए डेटा रेजिडेंसी नियमों का अनुपालन आवश्यक है। इन उपायों को लागू करके, संगठन प्रभावी ढंग से संवेदनशील डेटा की सुरक्षा कर सकते हैं, डेटा गोपनीयता बनाए रख सकते हैं और अनधिकृत पहुंच या उल्लंघनों को रोक सकते हैं।

5. अनुपालन ऑडिट किसी संगठन की नियामक आवश्यकताओं और उद्योग मानकों के पालन का मूल्यांकन करने में महत्वपूर्ण भूमिका निभाते हैं। वे किसी संगठन की सुरक्षा स्थिति और क्लाउड में डेटा प्रबंधन प्रथाओं का एक स्वतंत्र मूल्यांकन प्रदान करते हैं। ऑडिट गैर-अनुपालन, सुरक्षा अंतराल और संभावित कमजोरियों के क्षेत्रों की पहचान करने

में मदद करते हैं। नियमित आंतरिक और बाह्य ऑडिट आयोजित करके, संगठन अपने अनुपालन प्रयासों को मान्य कर सकते हैं, सुरक्षा नियंत्रण में सुधार कर सकते हैं और किसी भी मुद्दे या कमियों का तुरंत समाधान कर सकते हैं। ऑडिट नियामकों, ग्राहकों और भागीदारों के लिए उचित परिश्रम प्रदर्शित करने के लिए एक तंत्र के रूप में कार्य करता है, यह सुनिश्चित करता है कि क्लाउड में संग्रहीत और संसाधित डेटा पर्याप्त रूप से संरक्षित है और गोपनीयता बनाए रखी गई है।

6. क्लाउड में प्रभावी डेटा गवर्नेंस के लिए पूरे जीवनचक्र में डेटा को ठीक से संभालने के लिए एक व्यापक रणनीति की आवश्यकता होती है। संगठनों को नियामक आवश्यकताओं और उद्योग मानकों के आधार पर डेटा स्वामित्व, डेटा एक्सेस नियंत्रण और डेटा प्रतिधारण नीतियों को परिभाषित करना चाहिए। डेटा हानि रोकथाम (डीएलपी) तंत्र को लागू करने से अनधिकृत डेटा रिसाव को रोकने में मदद मिलती है। नियमित डेटा ऑडिट और एक्सेस समीक्षाएं यह सुनिश्चित करती हैं कि डेटा प्रबंधन प्रथाएं डेटा प्रशासन नीतियों के अनुरूप हों। संगठनों को डेटा प्रबंधन की सर्वोत्तम प्रथाओं और गोपनीयता आवश्यकताओं पर कर्मचारियों को शिक्षित करने के लिए प्रशिक्षण और जागरूकता कार्यक्रम भी प्रदान करने चाहिए। मजबूत डेटा प्रशासन प्रथाओं की स्थापना करके, संगठन क्लाउड में डेटा अखंडता, गोपनीयता और अनुपालन सुनिश्चित कर सकते हैं।

7. क्लाउड सेवा प्रदाता क्लाउड वातावरण में नियामक अनुपालन सुनिश्चित करने में महत्वपूर्ण भूमिका निभाते हैं। वे एक सुरक्षित बुनियादी ढांचे को बनाए रखने, उचित सुरक्षा नियंत्रण लागू करने और अनुपालन प्रमाणपत्र और ऑडिट की पेशकश करने के लिए जिम्मेदार हैं। संगठनों को ऐसे क्लाउड प्रदाताओं को चुनना चाहिए जो प्रासंगिक नियामक आवश्यकताओं और उद्योग मानकों, जैसे जीडीपीआर या एचआईपीएए अनुपालन के साथ संरेखित हों। क्लाउड प्रदाताओं को अपनी सुरक्षा प्रथाओं, डेटा एन्क्रिप्शन, डेटा रेजिडेंसी विकल्पों और डेटा उल्लंघन अधिसूचना प्रक्रियाओं के संबंध में पारदर्शिता प्रदान करनी चाहिए। इसके अतिरिक्त, संगठनों को क्लाउड प्रदाताओं के साथ स्पष्ट सेवा-स्तरीय समझौतों (एसएलए) की समीक्षा और बातचीत करनी चाहिए, अनुपालन उपायों के संबंध में डेटा सुरक्षा जिम्मेदारियों और अनुबंध संबंधी शर्तों की रूपरेखा तैयार करनी चाहिए।

8. संगठन चल रहे जोखिम मूल्यांकन, नियमित ऑडिट और सुरक्षा जागरूकता प्रशिक्षण के माध्यम से क्लाउड अनुपालन के लिए निरंतर सुधार की संस्कृति को बढ़ावा दे सकते हैं। क्लाउड वातावरण की निरंतर निगरानी सुरक्षा घटनाओं का शीघ्र पता लगाने और प्रतिक्रिया सुनिश्चित करती है। बदलते नियमों और उद्योग मानकों के बारे में सूचित रहने से संगठनों को अपने सुरक्षा उपायों को उभरती आवश्यकताओं के अनुरूप ढालने में मदद मिलती है। क्लाउड प्रदाताओं के साथ सहयोग और उद्योग मंचों में भागीदारी सर्वोत्तम प्रथाओं में अंतर्दृष्टि प्राप्त करने में मदद करती है। नियमित आंतरिक समीक्षा करके, संगठन वृद्धि के लिए क्षेत्रों की पहचान कर सकते हैं और अपनी क्लाउड सुरक्षा और अनुपालन स्थिति को मजबूत करने के लिए घटनाओं से सीखे गए सबक को लागू कर सकते हैं। अनुपालन के लिए एक सक्रिय दृष्टिकोण पर जोर देने से यह सुनिश्चित होता है कि संगठन उभरती क्लाउड सुरक्षा चुनौतियों का सामना करने में लचीले हैं।

अध्याय 17: क्लाउड नेटिव डेवलपमेंट और माइक्रोसर्विसेज

17.1 क्लाउड नेटिव का परिचय: क्लाउड के लिए स्केलेबल और लचीले अनुप्रयोगों का निर्माण

क्लाउड नेटिव एप्लिकेशन विकास और परिनियोजन में एक आदर्श बदलाव का प्रतिनिधित्व करता है जो क्लाउड कंप्यूटिंग की स्केलेबिलिटी, लचीलापन और लचीलेपन का उपयोग करता है। क्लाउड नेटिव सिद्धांतों को अपनाकर, संगठन अत्यधिक स्केलेबल, लचीले और लागत प्रभावी एप्लिकेशन बना सकते हैं जो आदर्श रूप से क्लाउड वातावरण के लिए उपयुक्त हैं। माइक्रोसर्विसेज, कंटेनर, कंटेनर ऑर्केस्ट्रेशन, कोड के रूप में बुनियादी ढांचे, सर्विस मेश और ऑब्जर्वेबिलिटी टूल का उपयोग क्लाउड नेटिव आर्किटेक्चर की क्षमता का पूर्ण एहसास करने में सक्षम बनाता है। क्लाउड नेटिव को अपनाने से संगठनों को तेजी से नवप्रवर्तन करने, उच्च-गुणवत्ता वाले एप्लिकेशन वितरित करने और आज के तेज़ गति वाले डिजिटल परिदृश्य में प्रतिस्पर्धी बने रहने के लिए क्लाउड के लाभों का लाभ उठाने का अधिकार मिलता है।

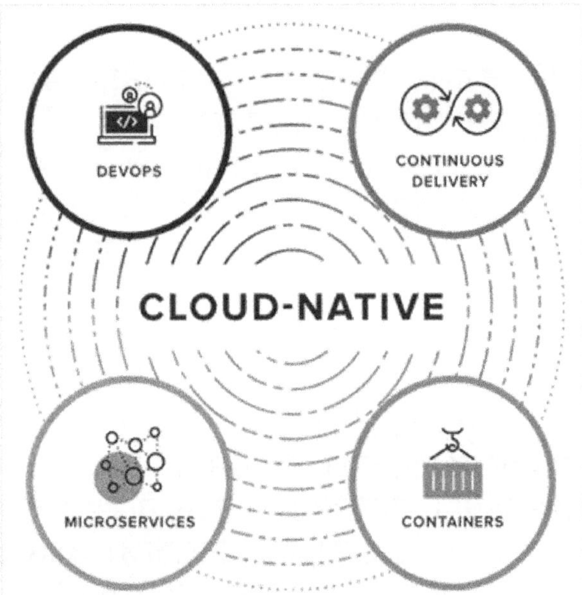

17.1 1. क्लाउड नेटिव को समझना:

क्लाउड नेटिव एक वास्तुशिल्प दृष्टिकोण और विकास पद्धति को संदर्भित करता है जो अनुप्रयोगों को डिजाइन करने, विकसित करने और तैनात करने के लिए क्लाउड कंप्यूटिंग और इसकी मूल सेवाओं की क्षमता को अनुकूलित करता है। यह क्लाउड सेवाओं, माइक्रोसर्विसेज, कंटेनरों का उपयोग करके एप्लिकेशन बनाने और उन्हें आधुनिक DevOps प्रथाओं के साथ व्यवस्थित करने के इर्द-गिर्द घूमता है।

क्लाउड नेटिव की मुख्य विशेषताएं:

- मापनीयता और लोच: क्लाउड नेटिव एप्लिकेशन को मांग के आधार पर क्षैतिज और लंबवत रूप से स्केल करने के लिए सावधानीपूर्वक डिज़ाइन किया गया है। वे गतिशील रूप से उतार-चढ़ाव वाले कार्यभार को समायोजित कर सकते हैं और इष्टतम प्रदर्शन सुनिश्चित करने के लिए संसाधनों को स्वचालित रूप से आवंटित कर सकते हैं।
- लचीलापन और दोष सहनशीलता: क्लाउड नेटिव एप्लिकेशन को विफलताओं की स्थिति में अत्यधिक लचीला होने के लिए इंजीनियर किया गया है। वे डाउनटाइम को कम करने और निरंतर उपलब्धता सुनिश्चित करने के लिए अतिरेक, स्व-उपचार तंत्र और दोष-सहिष्णु वास्तुकला का लाभ उठाते हैं।
- चपलता और सतत वितरण:क्लाउड नेटिव त्वरित विकास प्रथाओं को अपनाता है और निरंतर एकीकरण, निरंतर वितरण (सीआई/सीडी), और स्वचालित तैनाती पाइपलाइनों पर जोर देता है। यह दृष्टिकोण तेजी से पुनरावृत्ति, छोटे रिलीज चक्र और तेजी से बाजार में पहुंचने में सक्षम बनाता है।

• डेवऑप्स सहयोग:क्लाउड नेटिव विकास और संचालन टीमों के बीच घनिष्ठ सहयोग को बढ़ावा देता है। यह स्वचालन, कोड के रूप में बुनियादी ढांचे (IaC) के उपयोग और एप्लिकेशन परिनियोजन और प्रबंधन को सुव्यवस्थित करने के लिए साझा जिम्मेदारी की संस्कृति को प्रोत्साहित करता है।

17.1 2. क्लाउड नेटिव के लाभ:

• स्केलेबिलिटी और लचीलापन:क्लाउड नेटिव एप्लिकेशन बदलते कार्यभार को समायोजित करने के लिए आसानी से स्केल कर सकते हैं, जिससे संगठनों को संसाधनों के अत्यधिक प्रावधान के बिना उतार-चढ़ाव वाली मांग को पूरा करने की अनुमति मिलती है।

• लचीलापन और उच्च उपलब्धता:क्लाउड नेटिव एप्लिकेशन को विफलताओं को शालीनता से संभालने और तेजी से ठीक होने, न्यूनतम डाउनटाइम और बेहतर विश्वसनीयता सुनिश्चित करने के लिए डिज़ाइन किया गया है।

• लागत क्षमता:क्लाउड संसाधनों का लाभ उठाकर और गतिशील रूप से स्केलिंग करके, क्लाउड नेटिव एप्लिकेशन संसाधन उपयोग को अनुकूलित करते हैं, जिससे पारंपरिक बुनियादी ढांचे के मॉडल की तुलना में लागत बचत होती है।

• बाज़ार में पहुंचने का तेज़ समय:क्लाउड नेटिव में चुस्त विकास प्रथाएं और स्वचालन तेजी से विकास चक्र सक्षम करते हैं, संगठनों को नई सुविधाओं और अपडेट को तेजी से जारी करने के लिए सशक्त बनाते हैं।

• बेहतर डेवलपर उत्पादकता: क्लाउड नेटिव विकास टीमों को आधुनिक उपकरण, प्रौद्योगिकियां और वर्कफ़्लो प्रदान करता है जो एप्लिकेशन विकास, तैनाती और प्रबंधन को सरल बनाता है, जिससे डेवलपर उत्पादकता में सुधार होता है।

17.1 3. क्लाउड नेटिव की मुख्य प्रौद्योगिकियाँ और सिद्धांत:

• माइक्रोसर्विसेज:क्लाउड नेटिव एप्लिकेशन का निर्माण माइक्रोसर्विसेज आर्किटेक्चर का उपयोग करके किया जाता है, जहां एप्लिकेशन को छोटी, स्वतंत्र रूप से तैनात करने योग्य सेवाओं में विभाजित किया जाता है। यह मॉड्यूलर दृष्टिकोण स्केलेबिलिटी, चपलता और आसान रखरखाव को सक्षम बनाता है।

• कंटेनर और कंटेनर ऑर्केस्ट्रेशन: क्लाउड नेटिव एप्लिकेशन अक्सर डॉकर जैसी तकनीकों का उपयोग करके कंटेनरों में तैनात किए जाते हैं। कुबेरनेट्स जैसे कंटेनर ऑर्केस्ट्रेशन प्लेटफ़ॉर्म, क्लाउड वातावरण में कंटेनरों का स्वचालित प्रबंधन और स्केलिंग प्रदान करते हैं।

• कोड के रूप में इन्फ्रास्ट्रक्चर (IaC): कोड के रूप में इन्फ्रास्ट्रक्चर क्लाउड नेटिव का एक मूलभूत सिद्धांत है। इसमें कोड का उपयोग करके बुनियादी ढांचे के संसाधनों को परिभाषित करना और प्रबंधित करना, सुसंगत और दोहराए जाने योग्य तैनाती की अनुमति देना शामिल है।

• सेवा जाल:एक सेवा जाल, जैसे कि इस्तियो या लिंकरड, क्लाउड नेटिव एप्लिकेशन में सेवाओं के बीच संचार को प्रबंधित करने के लिए एक समर्पित बुनियादी ढांचा परत प्रदान करता है। यह ट्रैफ़िक रूटिंग, लोड संतुलन और अवलोकन क्षमता जैसी सुविधाएँ प्रदान करता है।

अवलोकनीयता और निगरानी: क्लाउड नेटिव एप्लिकेशन एप्लिकेशन प्रदर्शन में अंतर्दृष्टि प्राप्त करने, समस्याओं का निवारण करने और कुशल संसाधन उपयोग सुनिश्चित करने के लिए निगरानी और अवलोकन उपकरणों का लाभ उठाते हैं।

17.2 क्लाउड में माइक्रोसर्विसेज का निर्माण: स्केलेबल और डिकौपल्ड एप्लिकेशन आर्किटेक्चर

क्लाउड में माइक्रोसर्विसेज का निर्माण संगठनों को आधुनिक, लचीला और अत्यधिक स्केलेबल एप्लिकेशन विकसित करने के लिए आवश्यक लचीलापन, स्केलेबिलिटी और चपलता प्रदान करता है। माइक्रोसर्विसेज आर्किटेक्चर के प्रमुख सिद्धांतों का पालन करके और सेवा डिजाइन, लचीलापन, स्केलेबिलिटी, सुरक्षा और अवलोकन जैसी सर्वोत्तम प्रथाओं पर विचार करके, संगठन क्लाउड में माइक्रोसर्विसेज के लाभों का सफलतापूर्वक लाभ उठा सकते हैं। इस वास्तुशिल्प दृष्टिकोण को अपनाने से व्यवसायों को मॉड्यूलर और स्वतंत्र सेवाएं बनाने की अनुमति मिलती है जो क्लाउड कंप्यूटिंग की गतिशील और स्केलेबल प्रकृति के लिए उपयुक्त हैं, जो उन्हें आज के तेज़ गति वाले डिजिटल परिदृश्य में अभिनव और अत्यधिक प्रतिक्रियाशील एप्लिकेशन प्रदान करने में सक्षम बनाती हैं।

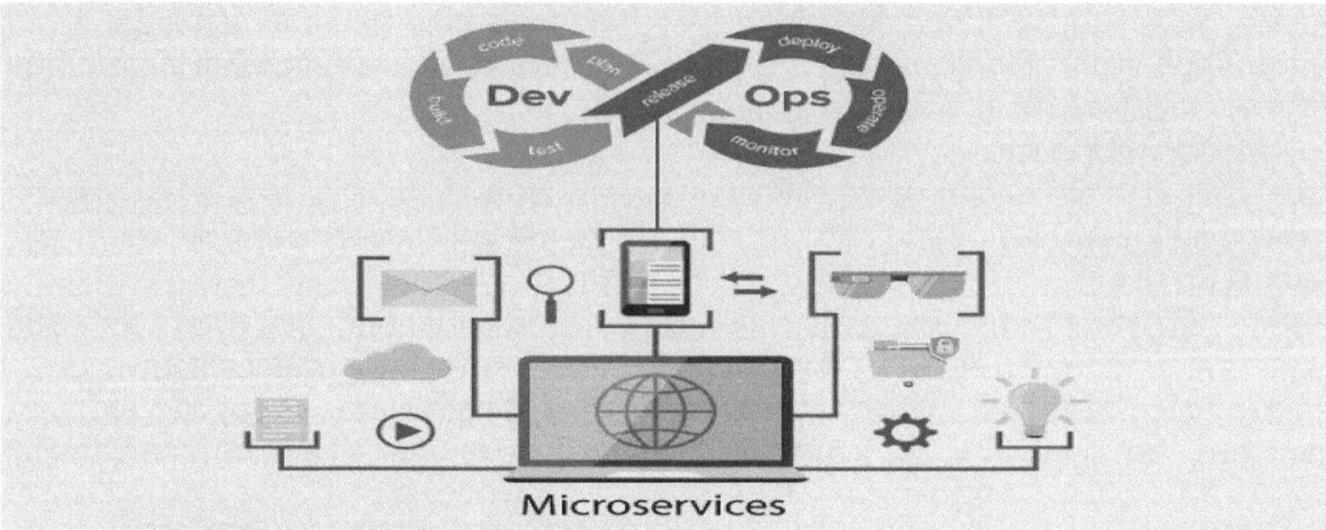

17.2.1. माइक्रोसर्विसेज आर्किटेक्चर को समझना:

माइक्रोसर्विसेज आर्किटेक्चर एक वास्तुशिल्प शैली है जो किसी एप्लिकेशन को शिथिल रूप से युग्मित सेवाओं के संग्रह के रूप में संरचित करती है। प्रत्येक सेवा स्व-निहित है, एक विशिष्ट व्यावसायिक क्षमता पर केंद्रित है, और इसे स्वतंत्र रूप से विकसित, तैनात और बढ़ाया जा सकता है। यह दृष्टिकोण अनुप्रयोग विकास में चपलता, लचीलेपन और मॉड्यूलरिटी को बढ़ावा देता है।

माइक्रोसर्विसेज आर्किटेक्चर के प्रमुख सिद्धांत:

- सेवा स्वतंत्रता: माइक्रोसर्विसेज स्वायत्त इकाइयाँ हैं जिन्हें एक दूसरे से स्वतंत्र रूप से विकसित, तैनात और बढ़ाया जा सकता है। यह समानांतर विकास और तेज़ समय-से-बाज़ार की अनुमति देता है।
- विकेंद्रीकृत डेटा प्रबंधन: प्रत्येक माइक्रोसर्विस का अपना डेटा स्टोर होता है, जो सेवा सीमा के भीतर डेटा प्रबंधन और संशोधन को सक्षम बनाता है, सेवाओं के बीच ढीले युग्मन को बढ़ावा देता है।
- एपीआई के माध्यम से संचार: माइक्रोसर्विसेज अच्छी तरह से परिभाषित एपीआई के माध्यम से एक-दूसरे के साथ बातचीत करते हैं, अंतर्निहित कार्यान्वयन विवरणों को सारांशित करते हुए ढीली युग्मन और सेवा एकीकरण की सुविधा प्रदान करते हैं।
- सतत तैनाती और स्केलेबिलिटी: मांग के आधार पर माइक्रोसर्विसेज को व्यक्तिगत रूप से तैनात और स्केल किया जा सकता है, जिससे कुशल संसाधन उपयोग और गतिशील स्केलेबिलिटी की अनुमति मिलती है।

17.2.2. क्लाउड में माइक्रोसर्विसेज आर्किटेक्चर के लाभ:

- स्केलेबिलिटी: माइक्रोसर्विसेज आर्किटेक्चर, क्लाउड कंप्यूटिंग के साथ मिलकर, अलग-अलग सेवाओं के क्षैतिज स्केलिंग को सक्षम बनाता है, जो अलग-अलग कार्यभार और उच्च उपयोगकर्ता मांगों के तहत इष्टतम प्रदर्शन सुनिश्चित करता है।
- चपलता और तेज़ समय-से-बाज़ार: माइक्रोसर्विसेज का स्वतंत्र विकास और तैनाती टीमों को समानांतर में काम करने की अनुमति देती है, जिससे तेजी से पुनरावृत्ति की सुविधा मिलती है और नई सुविधाओं और अपडेट की त्वरित डिलीवरी सक्षम होती है।
- लचीलापन और दोष अलगाव: माइक्रोसर्विसेज स्वतंत्र रूप से काम करते हैं, एक ही सेवा के भीतर विफलताओं को अलग करते हैं और यह सुनिश्चित करते हैं कि अन्य सेवाएं अप्रभावित रहें, जिससे सिस्टम लचीलापन बढ़ता है।
- प्रौद्योगिकी स्टैक में लचीलापन: माइक्रोसर्विसेज संगठनों को विभिन्न सेवाओं के लिए विभिन्न प्रौद्योगिकियों और प्रोग्रामिंग भाषाओं का उपयोग करने की अनुमति देती है, जिससे विशिष्ट व्यावसायिक आवश्यकताओं और प्राथमिकताओं के लिए सर्वोत्तम टूल चयन सक्षम होता है।
- सरलीकृत रखरखाव और विकासशीलता:माइक्रोसर्विसेज मॉड्यूलर विकास को बढ़ावा देते हैं, जिससे पूरे सिस्टम को प्रभावित किए बिना व्यक्तिगत सेवाओं को बनाए रखना, अद्यतन करना और बढ़ाना आसान हो जाता है, जिससे दीर्घकालिक अनुप्रयोग प्रबंधन सरल हो जाता है।

17.2.3. क्लाउड में माइक्रोसर्विसेज का निर्माण:

- सेवा डिज़ाइन और डोमेन सीमाएँ: चिंताओं का उचित पृथक्करण सुनिश्चित करने के लिए व्यावसायिक क्षमताओं और डोमेन-संचालित डिज़ाइन सिद्धांतों के आधार पर स्पष्ट सेवा सीमाओं को पहचानें और परिभाषित करें। एक इष्टतम सेवा ग्रैन्युलैरिटी के लिए प्रयास करें जो कार्यात्मक सामंजस्य और परिचालन दक्षता को संतुलित करती है, बहुत बड़ी या बहुत बारीक सेवाओं से बचती है।
- लचीलापन और दोष सहनशीलता: सेवा विफलताओं और नेटवर्क समस्याओं को शालीनता से संभालने के लिए सर्किट ब्रेकर, रिट्रीज़ और टाइमआउट जैसे तंत्र लागू करें। सिस्टम लचीलापन सुनिश्चित करने और उच्च उपलब्धता बनाए रखने के लिए ऑटो-स्केलिंग, लोड बैलेंसिंग और स्वास्थ्य जांच जैसी क्लाउड-नेटिव इंफ्रास्ट्रक्चर क्षमताओं का लाभ उठाएं।
- स्केलेबिलिटी और प्रदर्शन: माइक्रोसर्विसेज की तैनाती, स्केलिंग और निगरानी को कुशलतापूर्वक प्रबंधित करने के लिए कुबेरनेट्स जैसे क्लाउड-आधारित कंटेनर ऑर्केस्ट्रेशन प्लेटफ़ॉर्म का उपयोग करें। सेवाओं को क्षैतिज रूप से स्केल करने के लिए डिज़ाइन करें, जिससे ट्रैफ़िक स्पाइक्स के दौरान बढ़ी हुई उपलब्धता और कुशल संसाधन उपयोग की अनुमति मिल सके।
- सुरक्षा और डेटा प्रबंधन: माइक्रोसर्विसेज के बीच संचार को सुरक्षित करने और संवेदनशील डेटा की सुरक्षा के लिए मजबूत प्रमाणीकरण, प्राधिकरण और एन्क्रिप्शन तंत्र लागू करें। कुशल डेटा प्रबंधन और स्केलेबिलिटी के लिए क्लाउड-नेटिव डेटाबेस सेवाओं को अपनाएं या वितरित डेटाबेस समाधानों पर विचार करें।
- अवलोकनीयता और निगरानी: व्यक्तिगत माइक्रोसर्विसेज और संपूर्ण सिस्टम के व्यवहार और प्रदर्शन में दृश्यता प्राप्त करने के लिए वितरित ट्रेसिंग, लॉगिंग और मॉनिटरिंग टूल को नियोजित करें। सेवा स्वास्थ्य, प्रतिक्रिया समय और संसाधन उपयोग की निगरानी के लिए क्लाउड-नेटिव मॉनिटरिंग सेवाओं का लाभ उठाएं, जिससे प्रदर्शन बाधाओं का समय पर पता लगाने और समाधान करने में सक्षम बनाया जा सके।

17.3 क्लाउड के लिए सर्विस मेश और कंटेनर ऑर्केस्ट्रेशन: माइक्रोसर्विसेज संचार और प्रबंधन को बढ़ाना

सर्विस मेश और कंटेनर ऑर्केस्ट्रेशन प्रौद्योगिकियां क्लाउड वातावरण के भीतर माइक्रोसर्विसेज संचार और प्रबंधन को बढ़ाने में महत्वपूर्ण भूमिका निभाती हैं। सर्विस मेश सेवा-से-सेवा संचार के लिए एक समर्पित बुनियादी ढांचा परत प्रदान करता है, जो यातायात प्रबंधन, सेवा खोज और अवलोकन जैसी मजबूत सुविधाएँ प्रदान करता है। कंटेनर ऑर्केस्ट्रेशन प्लेटफ़ॉर्म कंटेनरों की तैनाती, स्केलिंग और प्रबंधन को स्वचालित करते हैं, जिससे कुशल संसाधन उपयोग और उच्च उपलब्धता सुनिश्चित होती है। साथ में, ये प्रौद्योगिकियां संगठनों को क्लाउड में स्केलेबल, लचीला और प्रबंधनीय माइक्रोसर्विसेज आर्किटेक्चर बनाने में सक्षम बनाती हैं। सर्विस मेश और कंटेनर ऑर्केस्ट्रेशन के लाभों का लाभ उठाकर, व्यवसाय अपने माइक्रोसर्विसेज संचार को बढ़ा सकते हैं, स्केलेबिलिटी में सुधार कर सकते हैं, सुरक्षा सुनिश्चित कर सकते हैं और एप्लिकेशन परिनियोजन और प्रबंधन को सरल बना सकते हैं, अंततः आज के गतिशील डिजिटल परिदृश्य में विश्वसनीय और कुशल क्लाउड-नेटिव एप्लिकेशन प्रदान कर सकते हैं।

17.3.1. सर्विस मेश को समझना:

सर्विस मेश एक समर्पित बुनियादी ढांचा परत है जो माइक्रोसर्विसेज आर्किटेक्चर में सेवाओं के बीच एक शक्तिशाली संचार ढांचा प्रदान करता है। यह सेवा-से-सेवा संचार को कुशलतापूर्वक संभालता है, ट्रैफ़िक रूटिंग, लोड संतुलन, सेवा खोज और अवलोकन जैसे आवश्यक कार्यों का प्रबंधन करता है।

सर्विस मेश के प्रमुख घटक:

- प्रॉक्सी (साइडकार): एक सर्विस मेश प्रत्येक माइक्रोसर्विस इंस्टेंस के साथ एक हल्के प्रॉक्सी को तैनात करता है, जिसे साइडकार के रूप में जाना जाता है। ये प्रॉक्सी सेवाओं के बीच अनुरोधों को इंटरसेप्ट और रूट करके संचार को संभालते हैं, जिससे निर्बाध सेवा संचार सक्षम होता है।
- सेवा रजिस्ट्री: सर्विस मेश एक सेवा रजिस्ट्री का रखरखाव करता है जो उपलब्ध सेवाओं, उनके अंतिम बिंदुओं और मेटाडेटा के बारे में जानकारी संग्रहीत करता है, जिससे वास्तविक समय की जानकारी के आधार पर सेवा खोज और गतिशील रूटिंग की सुविधा मिलती है।

• यातायात प्रबंधन: सर्विस मेश इष्टतम प्रदर्शन और दोष सहनशीलता सुनिश्चित करने के लिए लोड संतुलन, सर्किट ब्रेकिंग, रिट्रीज़ और टाइमआउट जैसी उन्नत सुविधाओं को लागू करके सेवाओं के बीच यातायात प्रवाह को नियंत्रित करता है।

• अवलोकनीयता:सेवा जाल मजबूत अवलोकन सुविधाएँ प्रदान करता है, जिसमें निगरानी और लॉगिंग क्षमताएं, मेट्रिक्स संग्रह, वितरित ट्रेसिंग और सेवा व्यवहार और प्रदर्शन में मूल्यवान अंतर्दृष्टि प्राप्त करने के लिए त्रुटि लॉगिंग की अनुमति शामिल है।

17.3.2. कंटेनर ऑर्केस्ट्रेशन को समझना:

कंटेनर ऑर्केस्ट्रेशन में कंटेनरों का कुशल प्रबंधन और स्केलिंग शामिल है जो क्लाउड वातावरण में माइक्रोसर्विसेज की मेजबानी करते हैं। यह इष्टतम संसाधन उपयोग, उच्च उपलब्धता और निर्बाध अनुप्रयोग प्रबंधन सुनिश्चित करने के लिए कंटेनर परिनियोजन, स्केलिंग और लोड संतुलन को स्वचालित करता है।

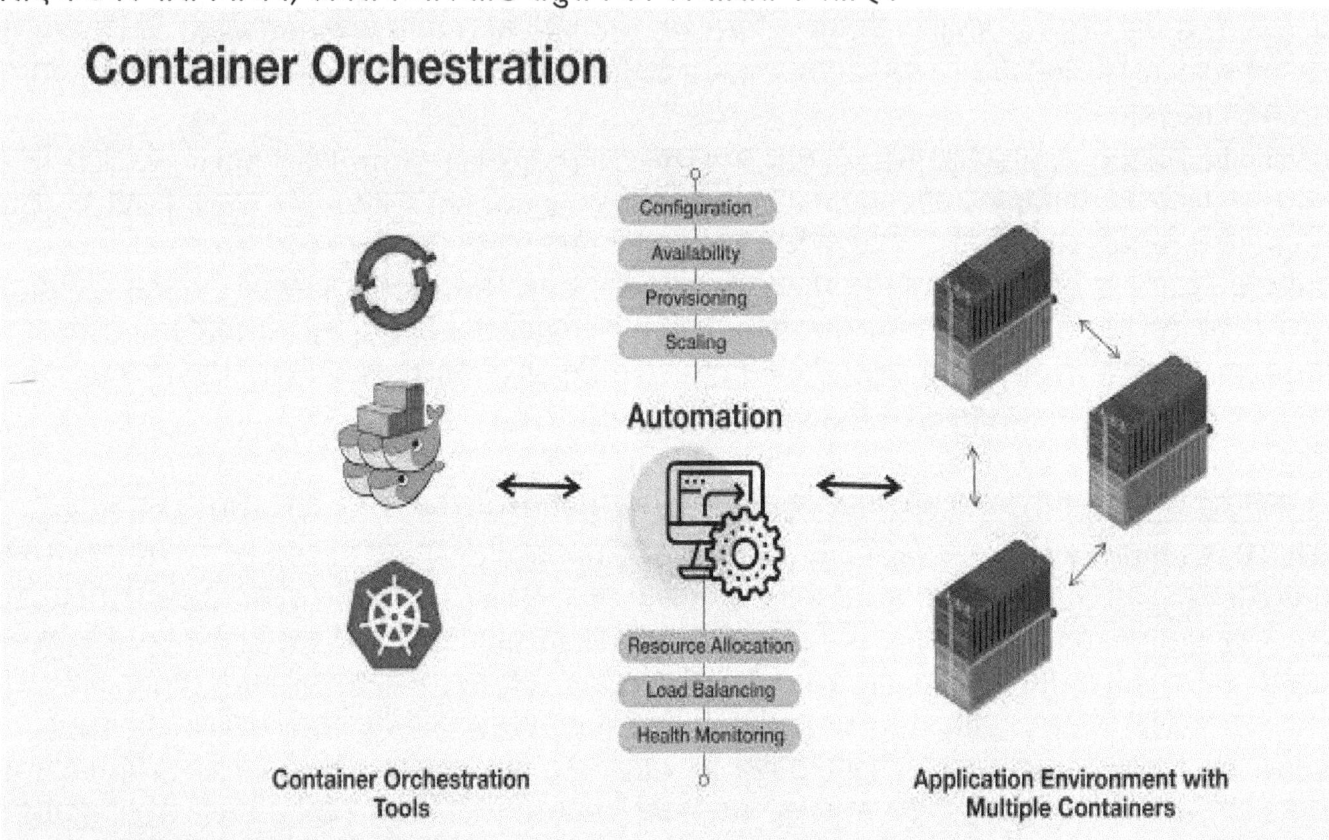

कंटेनर ऑर्केस्ट्रेशन के प्रमुख घटक:

• कंटेनर रनटाइम: कंटेनर ऑर्केस्ट्रेशन प्लेटफ़ॉर्म, जैसे कुबेरनेट्स, कंटेनर रनटाइम का प्रबंधन करते हैं, जिसमें कंटेनरों का शेड्यूलिंग, प्रावधान और जीवनचक्र प्रबंधन, कंटेनर परिनियोजन और स्केलिंग को सुव्यवस्थित करना शामिल है।

• स्केलिंग और लोड संतुलन: कंटेनर ऑर्केस्ट्रेशन प्लेटफ़ॉर्म गतिशील रूप से वर्कलोड मांगों के आधार पर कंटेनरों को स्केल करते हैं, अलग-अलग ट्रैफ़िक को संभालने और एप्लिकेशन लचीलापन सुनिश्चित करने के लिए स्वचालित रूप से इंस्टेंस जोड़ते या हटाते हैं।

• सेवा खोज:कंटेनर ऑर्केस्ट्रेशन प्लेटफ़ॉर्म सेवा खोज के लिए तंत्र प्रदान करते हैं, जिससे सेवाओं को बुनियादी ढांचे में बदलावों की परवाह किए बिना गतिशील रूप से एक-दूसरे का पता लगाने और संचार करने की अनुमति मिलती है।

• खुद से उपचार:कंटेनर ऑर्केस्ट्रेशन प्लेटफ़ॉर्म लगातार कंटेनर स्वास्थ्य की निगरानी करते हैं और एप्लिकेशन की उपलब्धता और विश्वसनीयता बनाए रखने के लिए विफल कंटेनरों को स्वचालित रूप से पुनरारंभ या प्रतिस्थापित करते हैं।

• रोलिंग तैनाती और अद्यतन: कंटेनर ऑर्केस्ट्रेशन कंटेनरीकृत अनुप्रयोगों की निर्बाध तैनाती और अपडेट को सक्षम बनाता है, मुद्दों के मामले में शून्य-डाउनटाइम रिलीज और चिकनी रोलबैक सुनिश्चित करता है, निर्बाध सेवा वितरण को बढ़ावा देता है।

17.3.3. क्लाउड के लिए सर्विस मेश और कंटेनर ऑर्केस्ट्रेशन के लाभ:

• उन्नत संचार:सर्विस मेश सेवा-से-सेवा संचार के प्रबंधन के लिए एक समर्पित बुनियादी ढांचा परत प्रदान करता है, जो माइक्रोसर्विसेज के बीच सुरक्षित, विश्वसनीय और स्केलेबल इंटरैक्शन को सक्षम बनाता है। यह जटिल संचार पैटर्न को सरल बनाता है और कुशल सेवा इंटरैक्शन के लिए उचित लोड संतुलन और रूटिंग सुनिश्चित करता है।

• स्केलेबिलिटी और लचीलापन:कंटेनर ऑर्केस्ट्रेशन प्लेटफ़ॉर्म वर्कलोड मांगों के आधार पर गतिशील रूप से कंटेनरों को स्केल करते हैं, यह सुनिश्चित करते हुए कि एप्लिकेशन बढ़े हुए ट्रैफ़िक को संभाल सकते हैं और विफलताओं से जल्दी ठीक हो सकते हैं। यह एप्लिकेशन स्केलेबिलिटी और लचीलेपन को बढ़ाता है।

• अवलोकनीयता और निगरानी:सर्विस मेश और कंटेनर ऑर्केस्ट्रेशन प्लेटफ़ॉर्म मजबूत निगरानी और अवलोकन क्षमता प्रदान करते हैं, जो सेवा प्रदर्शन, विलंबता और त्रुटियों में मूल्यवान अंतर्दृष्टि प्रदान करते हैं। यह समस्या निवारण, अनुकूलन और सिस्टम के व्यवहार की समग्र समझ को बढ़ाता है।

• सुरक्षा एवं यातायात नियंत्रण: सर्विस मेश आपसी टीएलएस एन्क्रिप्शन और एक्सेस कंट्रोल नीतियों जैसे मजबूत सुरक्षा उपायों को लागू कर सकता है, जिससे माइक्रोसर्विसेज के बीच सुरक्षित संचार सुनिश्चित हो सके। कंटेनर ऑर्केस्ट्रेशन प्लेटफ़ॉर्म ट्रैफ़िक प्रबंधन क्षमताओं, लोड संतुलन और ट्रैफ़िक प्रवाह को अनुकूलित करने, सुरक्षा और दक्षता बढ़ाने के लिए रूटिंग प्रदान करते हैं।

• सरलीकृत परिनियोजन और प्रबंधन:कंटेनर ऑर्केस्ट्रेशन प्लेटफ़ॉर्म कंटेनरीकृत माइक्रोसर्विसेज की तैनाती, स्केलिंग और प्रबंधन को स्वचालित करते हैं, मैन्युअल प्रयास को कम करते हैं और एप्लिकेशन जीवनचक्र प्रबंधन को सरल बनाते हैं। इससे विकास कार्यप्रवाह सुव्यवस्थित हो जाता है और समग्र अनुप्रयोग प्रबंधन में सुधार होता है।

अभ्यास

बहु विकल्पीय प्रश्न

1. क्लाउड नेटिव आर्किटेक्चर का प्राथमिक लक्ष्य क्या है?

a) क्लाउड संसाधन उपयोग कम से कम करें
b) पूरी तरह से ऑन-प्रिमाइसेस तैनाती प्राप्त करें
c) स्केलेबल, लचीला और अत्यधिक उपलब्ध एप्लिकेशन बनाएं
d) पारंपरिक बुनियादी ढांचे के मॉडल का अनुकूलन करें

2. निम्नलिखित में से कौन सी क्लाउड नेटिव एप्लिकेशन की प्रमुख विशेषता नहीं है?

a) मापनीयता और लोच
b) लचीलापन और दोष सहनशीलता
c) चपलता और सतत वितरण
d) सख्त अखंड वास्तुकला

3. क्लाउड नेटिव आर्किटेक्चर लागत के संदर्भ में क्या लाभ प्रदान करता है?

a) संसाधनों के अधिक प्रावधान के कारण लागत में वृद्धि
b) पारंपरिक बुनियादी ढांचा मॉडल की तुलना में कम लागत
c) पारंपरिक बुनियादी ढांचा मॉडल की तुलना में समान लागत
d) लागत पर कोई प्रभाव नहीं

4. तेजी से समय-समय पर बाजार में पहुंचने के लिए क्लाउड नेटिव किस विकास दृष्टिकोण को अपनाता है?

a) झरना विकास
b) चुस्त विकास प्रथाएँ
c) भारी मैन्युअल परीक्षण और सत्यापन
d) पारंपरिक अखंड अनुप्रयोग विकास

5. एप्लिकेशन परिनियोजन और प्रबंधन को सुव्यवस्थित करने के लिए क्लाउड नेटिव क्या बढ़ावा देता है?

a) विकास और बिक्री टीमों के बीच सहयोग
b) पारंपरिक बुनियादी ढाँचे के मॉडल का उपयोग
c) मैन्युअल परिनियोजन प्रथाएँ
d) स्वचालन, कोड के रूप में बुनियादी ढाँचा (IaC), और साझा जिम्मेदारी संस्कृति

6. माइक्रोसर्विसेज आर्किटेक्चर का प्रमुख सिद्धांत क्या है जो स्वतंत्र विकास की अनुमति देता है और? सेवाओं की तैनाती?

a) सेवा स्वतंत्रता
b) केंद्रीकृत डेटा प्रबंधन
c) कसा हुआ संयोजन
d) मैन्युअल परिनियोजन

7. क्लाउड में माइक्रोसर्विसेज के स्वतंत्र विकास और तैनाती का क्या लाभ है?

a) धीमा विकास चक्र
b) बाजार में आने में अधिक समय
c) तेज़ पुनरावृत्तियाँ और नई सुविधाओं की त्वरित डिलीवरी
d) स्केलेबिलिटी में कमी

8. सिस्टम लचीलेपन के संदर्भ में माइक्रोसर्विसेज आर्किटेक्चर क्या लाभ प्रदान करता है?

a) विफलताओं के प्रति संवेदनशीलता में वृद्धि
b) एकल सेवा के भीतर विफलताओं का अलगाव
c) ट्रैफिक स्पाइक्स को संभालने में असमर्थता

d) केंद्रीकृत डेटा प्रबंधन

9. माइक्रोसर्विसेज आर्किटेक्चर प्रौद्योगिकी स्टैक में लचीलेपन को कैसे सक्षम बनाता है?

a) सभी सेवाओं के लिए समान प्रोग्रामिंग भाषा का उपयोग लागू करके

b) एक अखंड अनुप्रयोग संरचना का उपयोग करके

c) विभिन्न सेवाओं के लिए विभिन्न तकनीकों और प्रोग्रामिंग भाषाओं की अनुमति देकर

d) स्वतंत्र तैनाती की आवश्यकता को समाप्त करके

10. क्लाउड में माइक्रोसर्विसेज कुबेरनेट्स जैसे कंटेनर ऑर्केस्ट्रेशन प्लेटफ़ॉर्म का उपयोग करने का प्राथमिक लाभ क्या है?

a) कंटेनरों के प्रबंधन में मानवीय प्रयास में वृद्धि

b) संसाधन उपयोग में कमी

c) कंटेनरों की निर्बाध तैनाती, स्केलिंग और लोड संतुलन

d) माइक्रोसर्विसेज आर्किटेक्चर का उन्मूलन

11. माइक्रोसर्विसेज आर्किटेक्चर में सर्विस मेश का मुख्य उद्देश्य क्या है?

a) माइक्रोसर्विसेज के लिए यूजर इंटरफेस के रूप में कार्य करना

b) सेवा-से-सेवा संचार के लिए एक समर्पित बुनियादी ढांचा परत प्रदान करना

c) माइक्रोसर्विसेज डेटाबेस संचालन का प्रबंधन करने के लिए

d) माइक्रोसर्विसेज के लिए प्रमाणीकरण और प्राधिकरण को संभालना

12. सर्विस मेश आर्किटेक्चर में कौन से घटक शामिल हैं?

a) साइडकार, सर्किट ब्रेकर और डेटाबेस

b) प्रॉक्सी (साइडकार), सेवा रजिस्ट्री, यातायात प्रबंधन, और अवलोकनशीलता

c) फ्रंटएंड यूजर इंटरफेस, लोड बैलेंसर्स और संदेश कतारें

d) एपीआई गेटवे, राउटर और कैशिंग सर्वर

13. क्लाउड वातावरण में कंटेनर ऑर्केस्ट्रेशन क्या स्वचालित करता है?

a) बेयर-मेटल सर्वरों की तैनाती

b) आभासी मशीनों का प्रबंधन

c) कंटेनर परिनियोजन, स्केलिंग और लोड संतुलन

d) नेटवर्क फ़ायरवॉल कॉन्फ़िगरेशन

14. कंटेनर ऑर्केस्ट्रेशन सिस्टम लचीलेपन में कैसे योगदान देता है?

a) माइक्रोसर्विसेज संचार की जटिलता को बढ़ाकर

b) एक अखंड अनुप्रयोग संरचना का उपयोग करके

c) कार्यभार की मांग के आधार पर कंटेनरों को गतिशील रूप से स्केल करके

d) सभी सेवाओं के लिए डेटा प्रबंधन को केंद्रीकृत करके

15. कौन सी तकनीक एक कंटेनर में माइक्रोसर्विसेज के बीच सेवा खोज और संचार को सक्षम बनाती है ऑर्केस्ट्रेशन मंच?

a) लोड बैलेंसर्स

b) एपीआई गेटवे

c) सेवा जाल

d) संदेश दलाल

समीक्षा प्रश्न

1. क्लाउड-नेटिव एप्लिकेशन की प्रमुख विशेषताएं क्या हैं?

2. माइक्रोसर्विसेज आर्किटेक्चर और क्लाउड कंप्यूटिंग मिलकर एप्लिकेशन स्केलेबिलिटी को कैसे बढ़ाते हैं?

3. क्लाउड-नेटिव अनुप्रयोगों में कुबेरनेट्स जैसे कंटेनर और कंटेनर ऑर्केस्ट्रेशन प्लेटफ़ॉर्म का उपयोग करने के क्या फायदे हैं?
4. कोड (IaC) के रूप में इन्फ्रास्ट्रक्चर का उपयोग क्लाउड-नेटिव एप्लिकेशन विकास को कैसे लाभ पहुंचाता है?
5. सर्विस मेश क्लाउड-नेटिव आर्किटेक्चर में माइक्रोसर्विसेज के बीच कुशल संचार की सुविधा कैसे प्रदान करता है?
6. क्लाउड-नेटिव सिद्धांतों को अपनाने से अनुप्रयोगों के लिए त्वरित समय-समय पर बाज़ार कैसे प्राप्त होता है?
7. माइक्रोसर्विसेज आर्किटेक्चर अनुप्रयोगों के बेहतर रखरखाव और विकास को कैसे बढ़ावा देता है?
8. सर्विस मेश और कंटेनर ऑर्केस्ट्रेशन प्लेटफ़ॉर्म क्लाउड-नेटिव एप्लिकेशन की सुरक्षा कैसे बढ़ाते हैं?

उत्तर अनुभाग

बहु विकल्पीय प्रश्न

1. c) स्केलेबल, लचीला और अत्यधिक उपलब्ध एप्लिकेशन बनाएं
2. d) सख्त अखंड वास्तुकला
3. b) पारंपरिक बुनियादी ढांचा मॉडल की तुलना में कम लागत
4. b) तीव्र विकास पद्धतियाँ
5. d) स्वचालन, कोड के रूप में बुनियादी ढांचा (IaC), और साझा जिम्मेदारी संस्कृति
6. a) सेवा स्वतंत्रता
7. c) तेज़ पुनरावृत्तियाँ और नई सुविधाओं की त्वरित डिलीवरी
8. b) एक ही सेवा के भीतर विफलताओं का अलगाव
9. c) विभिन्न सेवाओं के लिए विभिन्न तकनीकों और प्रोग्रामिंग भाषाओं की अनुमति देकर
10. c) कंटेनरों की निर्बाध तैनाती, स्केलिंग और लोड संतुलन
11. b) सेवा-से-सेवा संचार के लिए एक समर्पित बुनियादी ढांचा परत प्रदान करना
12. b) प्रॉक्सी (साइडकार), सेवा रजिस्ट्री, यातायात प्रबंधन, और अवलोकनशीलता
13. c) कंटेनर परिनियोजन, स्केलिंग और लोड संतुलन
14. c) कार्यभार की मांग के आधार पर कंटेनरों को गतिशील रूप से स्केल करके
15. c) सेवा जाल

समीक्षा प्रश्न

1. क्लाउड-नेटिव एप्लिकेशन स्केलेबिलिटी और लोच जैसी प्रमुख विशेषताओं को प्रदर्शित करते हैं, जिससे उन्हें इष्टतम प्रदर्शन के लिए संसाधनों को आवंटित करके उतार-चढ़ाव वाले कार्यभार को गतिशील रूप से समायोजित करने की अनुमति मिलती है। वे डाउनटाइम को कम करने और निरंतर उपलब्धता सुनिश्चित करने के लिए अत्यधिक लचीले, अतिरेक और स्व-उपचार तंत्र का लाभ उठाने के लिए डिज़ाइन किए गए हैं। तीव्र विकास प्रथाओं को अपनाते हुए, वे निरंतर एकीकरण, निरंतर वितरण (सीआई/सीडी), और स्वचालित तैनाती पाइपलाइनों पर जोर देते हैं, जिससे तेजी से समय-समय पर बाजार और तेजी से पुनरावृत्ति सक्षम होती है। इसके अलावा, क्लाउड-नेटिव एप्लिकेशन DevOps सहयोग को बढ़ावा देते हैं, स्वचालन, कोड के रूप में बुनियादी ढांचे (IaC) के उपयोग को प्रोत्साहित करते हैं, और एप्लिकेशन परिनियोजन और प्रबंधन को सुव्यवस्थित करने के लिए साझा जिम्मेदारी की संस्कृति को प्रोत्साहित करते हैं।

2. क्लाउड कंप्यूटिंग के साथ संयुक्त होने पर माइक्रोसर्विसेज आर्किटेक्चर, व्यक्तिगत सेवाओं की क्षैतिज स्केलिंग को सक्षम बनाता है। प्रत्येक माइक्रोसर्विस स्व-निहित है और मांग के आधार पर स्वतंत्र रूप से तैनात और स्केल किया जा सकता है। क्लाउड कंप्यूटिंग गतिशील स्केलिंग के लिए आवश्यक बुनियादी ढाँचा और संसाधन प्रदान करता है। जैसे-जैसे कार्यभार की मांग में उतार-चढ़ाव होता है, क्लाउड-नेटिव एप्लिकेशन अलग-अलग कार्यभार के तहत इष्टतम प्रदर्शन सुनिश्चित करते हुए, माइक्रोसर्विसेज के उदाहरणों को जोड़ या हटा सकते हैं। यह एप्लिकेशन स्केलेबिलिटी

को बढ़ाता है, जिससे यह संसाधनों के अतिप्रावधान के बिना बढ़े हुए ट्रैफ़िक और उपयोगकर्ता की मांगों को संभालने में सक्षम होता है।

3. कंटेनर क्लाउड-नेटिव एप्लिकेशन चलाने के लिए हल्का और सुसंगत वातावरण प्रदान करते हैं। वे पोर्टेबिलिटी और कुशल संसाधन उपयोग को सक्षम करते हुए एप्लिकेशन कोड, निर्भरता और कॉन्फ़िगरेशन को समाहित करते हैं। कुबेरनेट्स जैसे कंटेनर ऑर्केस्ट्रेशन प्लेटफ़ॉर्म, क्लाउड वातावरण में कंटेनरों की तैनाती, स्केलिंग और प्रबंधन को स्वचालित करते हैं। कुबेरनेट्स कंटेनर इंस्टेंसेस को गतिशील रूप से प्रबंधित करके उच्च उपलब्धता, दोष सहनशीलता और लोड संतुलन सुनिश्चित करता है। यह जटिल माइक्रोसर्विसेज आर्किटेक्चर के प्रबंधन को सरल बनाता है, एप्लिकेशन परिनियोजन को सुव्यवस्थित करता है, और संसाधन आवंटन को अनुकूलित करता है, अंततः बेहतर एप्लिकेशन लचीलापन और स्केलेबिलिटी में योगदान देता है।

4. कोड के रूप में इंफ्रास्ट्रक्चर (IaC) क्लाउड-नेटिव एप्लिकेशन डेवलपमेंट का एक मूलभूत सिद्धांत है जिसमें कोड का उपयोग करके इंफ्रास्ट्रक्चर संसाधनों को परिभाषित करना और प्रबंधित करना शामिल है। IaC सुसंगत और दोहराने योग्य तैनाती को सक्षम बनाता है, कॉन्फ़िगरेशन त्रुटियों की संभावना को कम करता है और एक प्रतिलिपि प्रस्तुत करने योग्य वातावरण सुनिश्चित करता है। यह अभ्यास बुनियादी ढांचे की विश्वसनीयता में सुधार करता है, संसाधनों को बनाने और प्रबंधित करने की प्रक्रिया को सरल बनाता है, और विकास और संचालन टीमों के बीच संस्करण नियंत्रण और सहयोग की सुविधा प्रदान करता है। IaC तेजी से एप्लिकेशन विकास और तैनाती का भी समर्थन करता है, जिससे संगठनों को बदलती आवश्यकताओं के लिए जल्दी से अनुकूलित करने की अनुमति मिलती है और यह सुनिश्चित होता है कि बुनियादी ढांचा एप्लिकेशन की जरूरतों के अनुरूप है।

5. एक सर्विस मेश माइक्रोसर्विसेज आर्किटेक्चर में सर्विस-टू-सर्विस संचार के प्रबंधन के लिए एक समर्पित बुनियादी ढांचा परत प्रदान करता है। यह प्रत्येक माइक्रोसर्विस इंस्टेंस के साथ हल्के प्रॉक्सी को तैनात करता है, जिन्हें साइडकार के रूप में जाना जाता है। ये प्रॉक्सी सेवाओं के बीच अनुरोधों को रोकते हैं और रूट करते हैं, व्यक्तिगत माइक्रोसर्विसेज से अंतर्निहित संचार जटिलता को दूर करते हैं। सर्विस मेश एक सेवा रजिस्ट्री भी बनाए रखता है जो उपलब्ध सेवाओं के बारे में जानकारी संग्रहीत करता है, वास्तविक समय की जानकारी के आधार पर सेवा खोज और गतिशील रूटिंग की सुविधा प्रदान करता है। ट्रैफ़िक प्रबंधन, लोड संतुलन और अवलोकन जैसी सुविधाओं के साथ, सर्विस मेश क्लाउड-नेटिव एप्लिकेशन के भीतर संचार दक्षता, सुरक्षा और विश्वसनीयता को बढ़ाता है।

6. क्लाउड-नेटिव सिद्धांत, जैसे कि त्वरित विकास प्रथाएं और निरंतर एकीकरण और वितरण (सीआई/सीडी), अनुप्रयोगों के लिए तेजी से समय-समय पर बाजार में योगदान करते हैं। त्वरित विकास टीमों को समानांतर में काम करने की अनुमति देता है, जिससे विकास प्रक्रिया तेज हो जाती है। सीआई/सीडी परीक्षण और तैनाती को स्वचालित करता है, मैन्युअल प्रयास को कम करता है और तेजी से पुनरावृत्ति को सक्षम बनाता है। क्लाउड-नेटिव इन्फ्रास्ट्रक्चर, अपनी स्केलेबिलिटी और लोच के साथ, यह सुनिश्चित करता है कि एप्लिकेशन अलग-अलग कार्यभार और उपयोगकर्ता की मांगों को संभाल सकते हैं, जिससे संगठनों को पारंपरिक बुनियादी ढांचे के प्रावधान और स्केलिंग के कारण होने वाली देरी के बिना अपने उत्पादों या अपडेट को लॉन्च करने की अनुमति मिलती है। कुल मिलाकर, क्लाउड-नेटिव प्रथाएं विकास और परिनियोजन पाइपलाइन को सुव्यवस्थित करती हैं, जिससे संगठनों को नई सुविधाएं और अपडेट तेजी से जारी करने में मदद मिलती है।

7. माइक्रोसर्विसेज आर्किटेक्चर अनुप्रयोगों को छोटी, स्वतंत्र रूप से तैनात करने योग्य सेवाओं में विभाजित करके बेहतर रखरखाव और विकास को बढ़ावा देता है। प्रत्येक सेवा एक विशिष्ट व्यावसायिक क्षमता पर ध्यान केंद्रित करती है और स्वायत्त रूप से संचालित होती है। यह मॉड्यूलर डिज़ाइन संपूर्ण एप्लिकेशन को प्रभावित किए बिना व्यक्तिगत सेवाओं को अपडेट करना और बढ़ाना आसान बनाता है। माइक्रोसर्विसेज का ढीला युग्मन अन्य सेवाओं पर परिवर्तनों के प्रभाव को भी कम करता है, जिससे सिस्टम-व्यापी विफलताओं का जोखिम कम हो जाता है। परिणामस्वरूप, संगठन संपूर्ण एप्लिकेशन को ऑफ़लाइन करने की आवश्यकता के बिना अधिक कुशलता से अपग्रेड, बग फिक्स और फीचर परिवर्धन कर सकते हैं, जिससे दीर्घकालिक एप्लिकेशन प्रबंधन में सुधार हो सकता है।

सर्विस मेश और कंटेनर ऑर्केस्ट्रेशन प्लेटफ़ॉर्म क्लाउड-नेटिव अनुप्रयोगों की सुरक्षा बढ़ाने में आवश्यक भूमिका निभाते हैं। सर्विस मेश आपसी टीएलएस एन्क्रिप्शन और एक्सेस कंट्रोल नीतियों जैसे मजबूत सुरक्षा उपायों को लागू करके माइक्रोसर्विसेज के बीच सुरक्षित संचार को सक्षम बनाता है। यह सुनिश्चित करता है कि माइक्रोसर्विसेज

आर्किटेक्चर के भीतर डेटा ट्रांसमिशन गोपनीय और प्रमाणित रहे। दूसरी ओर, कुबेरनेट्स जैसे कंटेनर ऑर्केस्ट्रेशन प्लेटफ़ॉर्म कंटेनरों के बीच पहुंच को प्रतिबंधित करने और अंतर्निहित बुनियादी ढांचे को सुरक्षित करने के लिए नेटवर्क नीतियों और पॉड सुरक्षा नीतियों जैसी उन्नत सुरक्षा सुविधाएँ प्रदान करते हैं। इन प्रौद्योगिकियों के संयोजन से, संगठन अपने क्लाउड-नेटिव अनुप्रयोगों के लिए एक मजबूत सुरक्षा स्थिति स्थापित कर सकते हैं, जो उन्हें संभावित खतरों और कमजोरियों से बचा सकता है।

अध्याय 18: क्लाउड में डेटा एनालिटिक्स और मशीन लर्निंग

18.1 क्लाउड-आधारित डेटा वेयरहाउसिंग: स्केलेबल और एनालिटिक्स-रेडी डेटा स्टोरेज

क्लाउड-आधारित डेटा वेयरहाउसिंग संगठनों को स्केलेबल, लागत प्रभावी और एनालिटिक्स-तैयार डेटा स्टोरेज समाधानों के साथ सशक्त बनाता है। क्लाउड इंफ्रास्ट्रक्चर, डेटा एकीकरण क्षमताओं और उन्नत एनालिटिक्स टूल का लाभ उठाकर, संगठन अपने डेटा के मूल्य को अनलॉक कर सकते हैं, मूल्यवान अंतर्दृष्टि प्राप्त कर सकते हैं और डेटा-संचालित निर्णय ले सकते हैं। क्लाउड-आधारित डेटा वेयरहाउसिंग के साथ सफलता प्राप्त करने के लिए, डेटा मॉडलिंग, एकीकरण, सुरक्षा, प्रदर्शन अनुकूलन और बैकअप और रिकवरी में सर्वोत्तम प्रथाओं का पालन करना महत्वपूर्ण है। क्लाउड-आधारित डेटा वेयरहाउसिंग के साथ, संगठन बड़ी मात्रा में डेटा का कुशलतापूर्वक प्रबंधन और विश्लेषण कर सकते हैं।

18.1.1. क्लाउड-आधारित डेटा वेयरहाउसिंग को समझना:

क्लाउड-आधारित डेटा वेयरहाउसिंग में क्लाउड सेवा प्रदाताओं द्वारा होस्ट और प्रबंधित एक केंद्रीकृत भंडार में बड़ी मात्रा में डेटा का भंडारण और प्रबंधन करना शामिल है। यह एनालिटिक्स और बिजनेस इंटेलिजेंस के लिए स्केलेबल, ऑन-डिमांड स्टोरेज और प्रोसेसिंग क्षमताएं प्रदान करने के लिए क्लाउड इंफ्रास्ट्रक्चर और सेवाओं का उपयोग करता है।

क्लाउड-आधारित डेटा वेयरहाउसिंग के प्रमुख घटक:

- क्लाउड इन्फ्रास्ट्रक्चर: क्लाउड-आधारित डेटा वेयरहाउसिंग डेटा को संग्रहीत और संसाधित करने के लिए अमेज़ॅन वेब सर्विसेज (एडब्ल्यूएस) या Google क्लाउड प्लेटफ़ॉर्म (जीसीपी) जैसे क्लाउड सेवा प्रदाताओं द्वारा प्रदान किए गए बुनियादी ढांचे का उपयोग करता है। यह क्लाउड-आधारित बुनियादी ढांचा ऑन-प्रिमाइसेस हार्डवेयर निवेश की आवश्यकता को समाप्त कर देता है।
- आधार सामग्री भंडारण: डेटा को क्लाउड-आधारित स्टोरेज सिस्टम में संग्रहीत किया जाता है, अक्सर कुशल डेटा पुनर्प्राप्ति और विश्लेषण के लिए अनुकूलित स्तंभ या ऑब्जेक्ट स्टोरेज प्रारूप का उपयोग किया जाता है। ये भंडारण प्रणालियाँ विश्लेषणात्मक कार्यभार के लिए आवश्यक बड़ी मात्रा में डेटा तक त्वरित पहुंच सक्षम बनाती हैं।
- डेटा एकीकरण:क्लाउड-आधारित डेटा वेयरहाउसिंग में ऑन-प्रिमाइसेस सिस्टम, डेटाबेस और बाहरी डेटा स्रोतों सहित विभिन्न स्रोतों से डेटा का एकीकरण शामिल है। यह एकीकरण डेटा के एकीकृत दृश्य को सक्षम बनाता है, जिससे व्यापक विश्लेषण और रिपोर्टिंग की सुविधा मिलती है।
- डेटा प्रोसेसिंग और एनालिटिक्स:क्लाउड-आधारित डेटा वेयरहाउसिंग प्लेटफ़ॉर्म अंतर्निहित डेटा प्रोसेसिंग और एनालिटिक्स क्षमताएं प्रदान करते हैं। इनमें डेटा परिवर्तन उपकरण, एसक्यूएल क्वेरी समर्थन और विश्लेषणात्मक उपकरणों के साथ एकीकरण शामिल है, जो संगठनों को जटिल क्वेरी, डेटा परिवर्तन करने और संग्रहीत डेटा से मूल्यवान अंतर्दृष्टि प्राप्त करने की अनुमति देता है।

18.1.2. क्लाउड-आधारित डेटा वेयरहाउसिंग के लाभ:

- मापनीयता और लोच:क्लाउड-आधारित डेटा वेयरहाउसिंग संगठनों को मांग पर संसाधनों के भंडारण और प्रसंस्करण को बढ़ाने, अलग-अलग कार्यभार को समायोजित करने और इष्टतम प्रदर्शन सुनिश्चित करने की अनुमति देता है। यह स्केलेबिलिटी संगठनों को महंगे और समय लेने वाले बुनियादी ढांचे के उन्नयन के बिना डेटा विकास को संभालने में सक्षम बनाती है।
- लागत प्रभावशीलता: क्लाउड-आधारित डेटा वेयरहाउसिंग एक पे-एज़-यू-गो मॉडल प्रदान करता है, जहां संगठन अपने द्वारा उपभोग किए जाने वाले भंडारण और प्रसंस्करण संसाधनों के लिए भुगतान करते हैं। यह अग्रिम बुनियादी ढांचे के निवेश की आवश्यकता को समाप्त करता है, लागत अनुकूलन और डेटा भंडारण खर्चों के प्रबंधन में लचीलेपन को सक्षम करता है।
- लचीलापन और चपलता: क्लाउड-आधारित डेटा वेयरहाउसिंग संगठनों को अपने डेटा मॉडल और एनालिटिक्स आवश्यकताओं को आसानी से अनुकूलित और विकसित करने का अधिकार देता है। आसानी से उपलब्ध क्लाउड संसाधनों के साथ, संगठन व्यावसायिक आवश्यकताओं के जवाब में चपलता को सक्षम करते हुए, डेटा मॉडल और विश्लेषणात्मक समाधानों को तेजी से विकसित, तैनात और पुनरावृत्त कर सकते हैं।

• डेटा एकीकरण और केंद्रीकरण: क्लाउड-आधारित डेटा वेयरहाउसिंग संगठनों को विभिन्न स्रोतों से डेटा को एक ही भंडार में समेकित और एकीकृत करने में सक्षम बनाता है। यह केंद्रीकरण डेटा का एक एकीकृत दृश्य प्रदान करता है, विश्लेषण और रिपोर्टिंग प्रक्रियाओं को सरल बनाता है और अधिक सूचित निर्णय लेने में सक्षम बनाता है।
• उन्नत विश्लेषिकी क्षमताएँ: क्लाउड-आधारित डेटा वेयरहाउसिंग प्लेटफ़ॉर्म अक्सर डेटा विज़ुअलाइज़ेशन, मशीन लर्निंग और कृत्रिम बुद्धिमत्ता क्षमताओं सहित अंतर्निहित विश्लेषण उपकरण प्रदान करते हैं। ये उन्नत विश्लेषण क्षमताएं संगठनों को गहरी अंतर्दृष्टि प्राप्त करने और डेटा-संचालित निर्णय लेने के लिए सशक्त बनाती हैं।

18.1.3. क्लाउड-आधारित डेटा वेयरहाउसिंग के लिए सर्वोत्तम अभ्यास:

• डेटा मॉडलिंग और डिज़ाइन: डेटा आवश्यकताओं को समझें और एक तार्किक डेटा मॉडल को परिभाषित करें जो संगठन के विश्लेषण और रिपोर्टिंग लक्ष्यों के साथ संरेखित हो। विश्लेषणात्मक कार्यभार के लिए कुशल डेटा पुनर्प्राप्ति सुनिश्चित करते हुए, स्तंभ भंडारण और अनुकूलित क्वेरी प्रदर्शन के लिए उपयुक्त स्कीमा डिज़ाइन तकनीकों का लाभ उठाएं। जटिल विश्लेषणात्मक प्रश्नों के लिए प्रतिक्रिया समय को कम करते हुए, बड़े डेटासेट पर क्वेरी प्रदर्शन को बढ़ाने के लिए डेटा विभाजन और अनुक्रमण रणनीतियों को लागू करें।
• डेटा एकीकरण और ईटीएल: विभिन्न स्रोतों से डेटा को निकालने, बदलने और डेटा वेयरहाउस में लोड करने के लिए मजबूत डेटा एकीकरण पाइपलाइन स्थापित करें। ये पाइपलाइन डेटा स्थिरता सुनिश्चित करती हैं और एकीकरण प्रक्रिया के दौरान डेटा अखंडता बनाए रखती हैं। डेटा वेयरहाउस में संग्रहीत डेटा की सटीकता और स्थिरता सुनिश्चित करने, डेटा विश्वसनीयता और विश्वसनीयता बढ़ाने के लिए डेटा गुणवत्ता जांच और सत्यापन प्रक्रियाओं को लागू करें।
• सुरक्षा और अनुपालन: क्लाउड-आधारित डेटा वेयरहाउस में संग्रहीत संवेदनशील डेटा की सुरक्षा, अनधिकृत पहुंच और डेटा उल्लंघनों से सुरक्षा के लिए उचित पहुंच नियंत्रण, एन्क्रिप्शन और प्रमाणीकरण तंत्र लागू करें। संभावित कानूनी और प्रतिष्ठित जोखिमों से बचते हुए, संवेदनशील डेटा को संग्रहीत और संसाधित करते समय प्रासंगिक डेटा गोपनीयता और सुरक्षा नियमों, जैसे जीडीपीआर या एचआईपीएए, का अनुपालन सुनिश्चित करें।
• प्रदर्शन अनुकूलन: इष्टतम निष्पादन सुनिश्चित करने और विलंबता को कम करने के लिए प्रश्नों और डेटा प्रोसेसिंग नौकरियों के प्रदर्शन की निगरानी और ट्यूनिंग करें, जिससे उपयोगकर्ताओं को एक प्रतिक्रियाशील और कुशल विश्लेषण अनुभव प्रदान किया जा सके। क्वेरी प्रदर्शन को बढ़ाने और डेटा प्रोसेसिंग से जुड़ी लागत को कम करने के लिए कैशिंग तंत्र, क्वेरी अनुकूलन तकनीक और अनुक्रमण रणनीतियों का उपयोग करें।
• बैकअप और आपदा पुनर्प्राप्ति: डेटा को आकस्मिक विलोपन, डेटा भ्रष्टाचार, या सिस्टम विफलताओं से बचाने, डेटा अखंडता और उपलब्धता को संरक्षित करने के लिए नियमित बैकअप और पुनर्प्राप्ति तंत्र लागू करें। व्यवसाय की निरंतरता सुनिश्चित करने और अप्रत्याशित आपदाओं के मामले में डाउनटाइम को कम करने के लिए आपदा पुनर्प्राप्ति योजनाएं स्थापित करें और कई भौगोलिक क्षेत्रों में डेटा को दोहराएं।

18.2 क्लाउड के लिए डेटा लेक आर्किटेक्चर: स्केलेबल और लचीले डेटा स्टोरेज और एनालिटिक्स

क्लाउड में डेटा लेक आर्किटेक्चर संगठनों को बड़ी मात्रा में संरचित और असंरचित डेटा के भंडारण और विश्लेषण के लिए स्केलेबल, लचीले और लागत प्रभावी समाधान प्रदान करता है। क्लाउड स्टोरेज, डेटा प्रोसेसिंग फ्रेमवर्क और एनालिटिक्स टूल का लाभ उठाकर, संगठन मूल्यवान अंतर्दृष्टि प्राप्त कर सकते हैं, डेटा-संचालित निर्णय लेने को बढ़ावा दे सकते हैं और अपने डेटा की क्षमता को अनलॉक कर सकते हैं। क्लाउड में सफल डेटा लेक आर्किटेक्चर के लिए डेटा गवर्नेंस, डेटा अंतर्ग्रहण, डेटा संगठन, सुरक्षा और डेटा प्रोसेसिंग के लिए सर्वोत्तम प्रथाओं को लागू करना महत्वपूर्ण है। डेटा लेक आर्किटेक्चर के साथ, संगठन अपने डेटा का एक एकीकृत दृष्टिकोण बना सकते हैं,

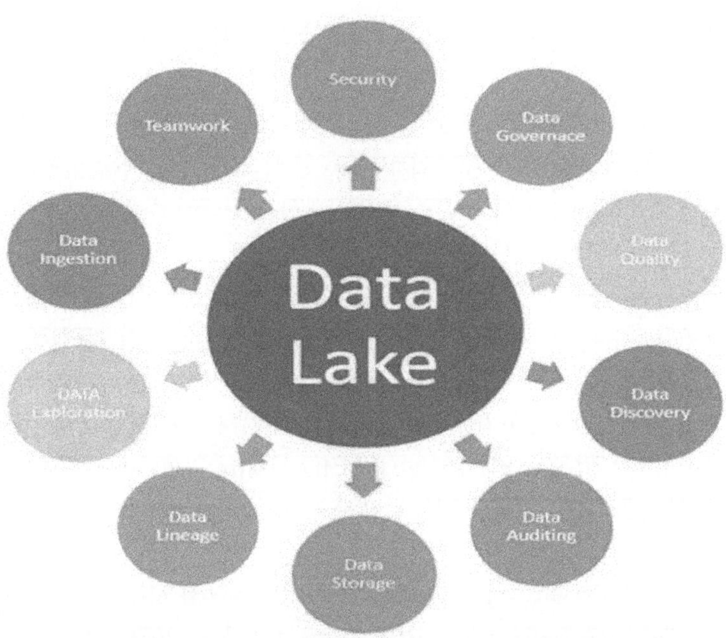

डेटा साइलो को तोड़ सकते हैं, और अपनी टीमों को सार्थक अंतर्दृष्टि प्राप्त करने और आज के डेटा-गहन व्यावसायिक परिदृश्य में नवाचार को चलाने के लिए सशक्त बना सकते हैं।

18.2.1. डेटा लेक आर्किटेक्चर को समझना:

डेटा लेक केंद्रीकृत रिपॉजिटरी हैं जो संगठनों को संरचित, अर्ध-संरचित और असंरचित डेटा जैसे विभिन्न डेटा प्रकारों की बड़ी मात्रा में भंडारण और विश्लेषण करने में सक्षम बनाती हैं। क्लाउड में, डेटा लेक आर्किटेक्चर डेटा स्टोरेज और एनालिटिक्स के लिए स्केलेबल और लचीले समाधान प्रदान करने के लिए क्लाउड स्टोरेज और कंप्यूटिंग क्षमताओं का लाभ उठाता है।

डेटा लेक आर्किटेक्चर के प्रमुख घटक:

- घन संग्रहण: क्लाउड में डेटा झीलें पूर्वनिर्धारित योजना की आवश्यकता के बिना डेटा को उसके कच्चे रूप में संग्रहीत करने के लिए अमेज़ॅन एस 3 या एज़्योर ब्लॉब स्टोरेज जैसी स्केलेबल और लागत प्रभावी क्लाउड स्टोरेज सेवाओं का उपयोग करती हैं। यह भंडारण सीमाओं के बारे में चिंता किए बिना भारी मात्रा में डेटा के भंडारण को सक्षम बनाता है।
- डेटा अंतर्ग्रहण:ऑन-प्रिमाइसेस सिस्टम, डेटाबेस, स्ट्रीमिंग प्लेटफ़ॉर्म और बाहरी स्रोतों सहित विभिन्न स्रोतों से डेटा डेटा लेक में डाला जाता है। अंतर्ग्रहण बैच या वास्तविक समय मोड में किया जा सकता है, जिससे संगठन अपने डेटा को लगातार अपडेट कर सकते हैं।
- डेटा प्रोसेसिंग और एनालिटिक्स: क्लाउड-आधारित डेटा लेक आर्किटेक्चर Apache Spark, Hadoop, या क्लाउड-नेटिव एनालिटिक्स सेवाओं जैसी तकनीकों के माध्यम से डेटा प्रोसेसिंग और एनालिटिक्स क्षमताएं प्रदान करता है। ये उपकरण डेटा परिवर्तन, पूछताछ, मशीन लर्निंग और उन्नत विश्लेषण को सक्षम करते हैं, जिससे मूल्यवान अंतर्दृष्टि और सूचित निर्णय लेने की सुविधा मिलती है।
- डेटा गवर्नेंस और मेटाडेटा प्रबंधन: प्रभावी डेटा लेक आर्किटेक्चर मेटाडेटा प्रबंधन, डेटा वंशावली और एक्सेस नियंत्रण सहित डेटा गवर्नेंस प्रथाओं को शामिल करता है। ये प्रथाएँ पूरे डेटा लेक जीवनचक्र में डेटा गुणवत्ता, सुरक्षा और अनुपालन सुनिश्चित करती हैं।

18.2.2. क्लाउड के लिए डेटा लेक आर्किटेक्चर के लाभ:

- स्केलेबिलिटी और लचीलापन:क्लाउड में डेटा लेक आर्किटेक्चर वस्तुतः असीमित स्केलेबिलिटी प्रदान करता है, जो संगठनों को किसी भी मात्रा या विविधता के डेटा को संग्रहीत और संसाधित करने में सक्षम बनाता है। क्लाउड इंफ्रास्ट्रक्चर स्वचालित रूप से अतिरिक्त मैन्युअल कॉन्फ़िगरेशन के बिना बढ़ती डेटा आवश्यकताओं को समायोजित करते हुए, ऑन-डिमांड संसाधनों को मापता है।
- लागत प्रभावशीलता:क्लाउड-आधारित डेटा लेक पे-एज़-यू-गो मॉडल का पालन करते हैं, जिससे अग्रिम बुनियादी ढांचे की लागत कम हो जाती है। संगठन केवल उनके द्वारा उपयोग किए जाने वाले भंडारण और कंप्यूटिंग संसाधनों

के लिए भुगतान करते हैं, जिससे उन्हें लागत का अनुकूलन करने और जहां आवश्यक हो वहां संसाधनों का निवेश करने की अनुमति मिलती है।

- डेटा अन्वेषण और खोज:डेटा लेक डेटा को उसके मूल रूप में संग्रहीत करते हैं, इसकी मूल संरचना को संरक्षित करते हैं और तदर्थ अन्वेषण और खोज को सक्षम करते हैं। विश्लेषक और डेटा वैज्ञानिक डेटा-संचालित नवाचार को बढ़ावा देने के लिए पूर्वनिर्धारित स्कीमा की आवश्यकता के बिना स्वतंत्र रूप से डेटा का पता लगा सकते हैं और उसका विश्लेषण कर सकते हैं।
- उन्नत विश्लेषिकी क्षमताएँ: डेटा लेक डेटा विज़ुअलाइज़ेशन, मशीन लर्निंग और बड़े डेटा एनालिटिक्स फ्रेमवर्क सहित एनालिटिक्स टूल की एक विस्तृत श्रृंखला का समर्थन करता है। ये उपकरण बड़े और जटिल डेटासेट से मूल्यवान अंतर्दृष्टि प्राप्त करने के लिए क्लाउड के पैमाने और प्रसंस्करण शक्ति का लाभ उठा सकते हैं।
- डेटा एकीकरण और डेटा साइलो ब्रेकडाउन: डेटा लेक विभिन्न डेटा स्रोतों को एक केंद्रीकृत भंडार में समेकित करके डेटा एकीकरण को बढ़ावा देते हैं। वे संगठनों को डेटा साइलो को तोड़ने और विश्लेषण और रिपोर्टिंग उद्देश्यों के लिए डेटा का एक एकीकृत दृश्य बनाने में सक्षम बनाते हैं, जिससे डेटा-संचालित निर्णय लेने में सुधार होता है।

18.2.3. डेटा लेक आर्किटेक्चर के लिए सर्वोत्तम अभ्यास:

- डेटा गवर्नेंस और मेटाडेटा प्रबंधन: डेटा गुणवत्ता सुनिश्चित करने और डेटा खोज को सुविधाजनक बनाने के लिए मेटाडेटा प्रबंधन और डेटा कैटलॉगिंग सहित मजबूत डेटा प्रशासन प्रथाओं की स्थापना करें। संवेदनशील जानकारी की सुरक्षा करते हुए डेटा सुरक्षा और डेटा गोपनीयता नियमों का अनुपालन सुनिश्चित करने के लिए पहुंच नियंत्रण लागू करें।
- डेटा अंतर्ग्रहण और एकीकरण: स्पष्ट डेटा अंतर्ग्रहण रणनीतियों को परिभाषित करें और विभिन्न स्रोतों से डेटा को कुशलतापूर्वक ग्रहण करने के लिए मजबूत डेटा पाइपलाइन स्थापित करें। वास्तविक समय डेटा अंतर्ग्रहण और प्रसंस्करण के लिए अपाचे काफ्का या क्लाउड-नेटिव स्ट्रीमिंग सेवाओं जैसी प्रौद्योगिकियों का लाभ उठाएं, जो निरंतर डेटा अपडेट का समर्थन करते हैं।
- डेटा लेक संरचना और संगठन: डेटा लेक संरचनाओं को लागू करें जो कुशल डेटा संगठन और क्वेरी को बढ़ावा देते हैं, जैसे कि व्यावसायिक डोमेन या डेटा प्रकारों के आधार पर डेटा को फ़ोल्डर्स, विभाजन या तार्किक डेटा लेक में व्यवस्थित करना। फ़ोल्डर संरचनाओं, नामकरण परंपराओं और पहुंच नियंत्रण सहित डेटा संगठन के लिए नीतियों और प्रथाओं को परिभाषित करने के लिए डेटा लेक गवर्नेंस फ्रेमवर्क का उपयोग करें।
- डेटा सुरक्षा और पहुंच नियंत्रण: डेटा लेक के भीतर संवेदनशील डेटा की सुरक्षा के लिए एन्क्रिप्शन, एक्सेस नियंत्रण और डेटा अनामीकरण सहित उचित सुरक्षा उपाय लागू करें। उपयोगकर्ता की भूमिकाओं और जिम्मेदारियों के आधार पर डेटा पहुंच को नियंत्रित करने के लिए भूमिका-आधारित पहुंच नियंत्रण (आरबीएसी) और सूक्ष्म अनुमतियां लागू करें।
- डेटा प्रोसेसिंग और एनालिटिक्स: डेटा लेक पर स्केलेबल और कुशल डेटा प्रोसेसिंग और एनालिटिक्स को सक्षम करने के लिए क्लाउड-नेटिव एनालिटिक्स सेवाओं या अपाचे स्पार्क जैसे वितरित प्रोसेसिंग फ्रेमवर्क का लाभ उठाएं। डेटा सटीकता और विश्वसनीयता सुनिश्चित करते हुए, विश्लेषण के लिए डेटा तैयार करने के लिए डेटा परिवर्तन और संवर्धन प्रक्रियाओं को लागू करें।

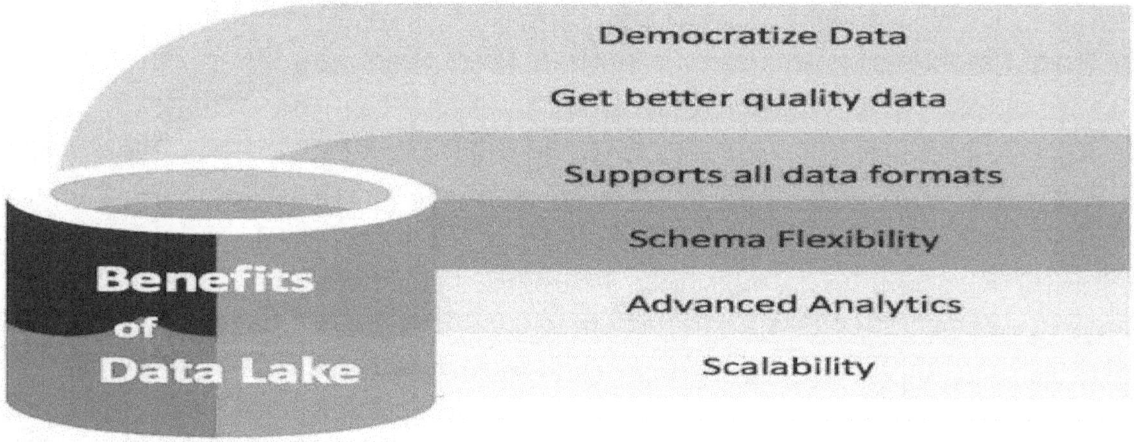

18.3 क्लाउड में मशीन लर्निंग सेवाएँ: बुद्धिमान अनुप्रयोगों को सशक्त बनाना

क्लाउड में मशीन लर्निंग सेवाएँ संगठनों को अपने अनुप्रयोगों में बुद्धिमान क्षमताओं को शामिल करने का एक शक्तिशाली और सुलभ तरीका प्रदान करती हैं। क्लाउड-आधारित बुनियादी ढांचे, पूर्व-कॉन्फ़िगर एमएल फ्रेमवर्क और स्केलेबल कंप्यूटिंग संसाधनों का लाभ उठाकर, संगठन एमएल मॉडल को अधिक कुशलतापूर्वक और लागत प्रभावी ढंग से विकसित, प्रशिक्षित, तैनात और प्रबंधित कर सकते हैं। डेटा तैयारी, मॉडल विकास, तैनाती, सुरक्षा और सहयोग के लिए सर्वोत्तम प्रथाओं का पालन करने से क्लाउड में मशीन लर्निंग सेवाओं का सफल उपयोग सुनिश्चित होगा। क्लाउड-आधारित एमएल सेवाओं को अपनाकर, संगठन मशीन लर्निंग की क्षमता को अनलॉक कर सकते हैं, नवाचार को बढ़ावा दे सकते हैं और बुद्धिमान एप्लिकेशन बना सकते हैं जो आज की डेटा-संचालित दुनिया में मूल्य और अंतर्दृष्टि प्रदान करते हैं।

18.3.1. क्लाउड में मशीन लर्निंग सेवाओं को समझना:

क्लाउड में मशीन लर्निंग सेवाएं मशीन लर्निंग मॉडल के प्रशिक्षण, तैनाती और प्रबंधन के लिए पूर्व-निर्मित ढांचे, उपकरण और बुनियादी ढांचा प्रदान करती हैं। ये सेवाएँ संगठनों के लिए अपने स्वयं के एमएल बुनियादी ढांचे के निर्माण और रखरखाव की आवश्यकता को समाप्त करती हैं, जिससे बुद्धिमान अनुप्रयोगों का तेजी से विकास और तैनाती संभव हो पाती है।

मशीन लर्निंग सेवाओं के प्रमुख घटक:

- मॉडल प्रशिक्षण: क्लाउड एमएल सेवाएं बड़े डेटासेट का उपयोग करके एमएल मॉडल को प्रशिक्षित करने के लिए स्केलेबल कंप्यूटिंग संसाधन और वितरित प्रसंस्करण क्षमताएं प्रदान करती हैं। वे कुशल मॉडल विकास के लिए पूर्व-कॉन्फ़िगर एमएल फ्रेमवर्क और लाइब्रेरी प्रदान करते हैं।
- मॉडल परिनियोजन:एक बार प्रशिक्षित होने के बाद, एमएल मॉडल को वेब सेवाओं या एपीआई के रूप में तैनात किया जा सकता है, जिससे एप्लिकेशन को मॉडल की क्षमताओं के आधार पर पूर्वानुमान लगाने या जटिल कार्य करने की अनुमति मिलती है।
- मॉडल प्रबंधन और निगरानी:एमएल सेवाएँ मॉडल प्रदर्शन की निगरानी, मॉडल संस्करणों को प्रबंधित करने और नए डेटा उपलब्ध होने पर मॉडल अपडेट को संभालने और पुनः प्रशिक्षण के लिए उपकरण प्रदान करती हैं।
- डेटा प्रोसेसिंग और फ़ीचर इंजीनियरिंग: एमएल सेवाओं में अक्सर प्रशिक्षण और अनुमान के लिए इनपुट डेटा तैयार करने के लिए डेटा प्रीप्रोसेसिंग, फीचर इंजीनियरिंग और डेटा परिवर्तन की विशेषताएं शामिल होती हैं।

18.3.2. क्लाउड में मशीन लर्निंग सेवाओं के लाभ:

- स्केलेबिलिटी और प्रदर्शन: क्लाउड-आधारित एमएल सेवाएं ऑन-डिमांड स्केलेबिलिटी प्रदान करती हैं, जिससे संगठनों को किसी भी पैमाने पर एमएल मॉडल को प्रशिक्षित और तैनात करने की अनुमति मिलती है। वे बड़े डेटासेट और जटिल संगणनाओं को कुशलतापूर्वक संभालने के लिए वितरित कंप्यूटिंग संसाधनों का लाभ उठाते हैं।

• लागत क्षमता:क्लाउड एमएल सेवाएं 'पे-एज़-यू-गो' मूल्य निर्धारण मॉडल का पालन करती हैं, जो संगठनों को केवल प्रशिक्षण और अनुमान के दौरान उपभोग किए गए संसाधनों के लिए भुगतान करने की अनुमति देती है। यह अग्रिम हार्डवेयर निवेश की आवश्यकता को समाप्त करता है और लागत अनुकूलन सुनिश्चित करता है।
• बुनियादी ढाँचा और टूलींग: क्लाउड में एमएल सेवाएं पूर्व-कॉन्फ़िगर एमएल फ्रेमवर्क, लाइब्रेरी और विकास उपकरण प्रदान करती हैं, जिससे एमएल बुनियादी ढांचे को स्थापित करने और प्रबंधित करने के लिए आवश्यक जटिलता और समय कम हो जाता है। यह तेजी से मॉडल विकास और तैनाती को सक्षम बनाता है।
• पहुंच और सहयोग: क्लाउड-आधारित एमएल सेवाएं उपयोगकर्ता के अनुकूल इंटरफेस और एपीआई प्रदान करती हैं, जिससे डेवलपर्स, डेटा वैज्ञानिकों और डोमेन विशेषज्ञों के लिए एमएल परियोजनाओं पर सहयोग करना आसान हो जाता है। वे अन्य क्लाउड सेवाओं के साथ सहज एकीकरण को सक्षम करते हैं और व्यापक एमएल पारिस्थितिकी तंत्र संसाधनों तक पहुंच प्रदान करते हैं।
• उन्नत क्षमताएँ: क्लाउड एमएल सेवाओं में अक्सर उन्नत एमएल क्षमताएं शामिल होती हैं, जैसे स्वचालित मॉडल ट्यूनिंग, हाइपरपैरामीटर अनुकूलन, और गहन शिक्षण ढांचे के साथ एकीकरण। ये क्षमताएं विकास प्रक्रिया को सुव्यवस्थित करती हैं और मॉडल के प्रदर्शन को बढ़ाती हैं।

18.3.3 क्लाउड में मशीन लर्निंग सेवाओं का लाभ उठाने के लिए सर्वोत्तम अभ्यास:

• डेटा तैयार करना और अन्वेषण: क्लाउड-आधारित डेटा प्रोसेसिंग टूल का उपयोग करके डेटा सफाई, प्रीप्रोसेसिंग और फीचर इंजीनियरिंग करके डेटा गुणवत्ता और स्थिरता सुनिश्चित करें। एमएल मॉडल प्रशिक्षण के लिए बड़े डेटासेट को कुशलतापूर्वक प्रबंधित और एक्सप्लोर करने के लिए क्लाउड-आधारित डेटा स्टोरेज और एनालिटिक्स सेवाओं का लाभ उठाएं।
• मॉडल विकास और प्रशिक्षण: उपयुक्त एमएल एल्गोरिदम और फ्रेमवर्क का चयन करें जो समस्या डोमेन और उपलब्ध डेटा के साथ संरेखित हो। मॉडल प्रशिक्षण को बढ़ाने और प्रदर्शन को अनुकूलित करने के लिए क्लाउड एमएल सेवाओं की वितरित प्रशिक्षण क्षमताओं का लाभ उठाएं। मॉडल प्रशिक्षण प्रगति की निगरानी और ट्रैक करें, मॉडल प्रदर्शन का मूल्यांकन करें, और निगरानी से प्राप्त अंतर्दृष्टि के आधार पर मॉडल विकास पर पुनरावृति करें।
• मॉडल परिनियोजन और प्रबंधन: क्लाउड एमएल सेवा क्षमताओं का उपयोग करके एमएल मॉडल को वेब सेवाओं या एपीआई के रूप में तैनात करने के लिए सर्वोत्तम प्रथाओं का पालन करें। इष्टतम प्रदर्शन सुनिश्चित करने के लिए तैनात मॉडलों की वर्जनिंग और निगरानी लागू करें और आवश्यकतानुसार अपडेट या पुनः प्रशिक्षण को संभालें। मॉडल प्रदर्शन की निगरानी, उपयोगकर्ता प्रतिक्रिया एकत्र करने और तैनात मॉडल में लगातार सुधार के लिए प्रक्रियाएं स्थापित करें।
• सुरक्षा और डेटा गोपनीयता: प्रशिक्षण और अनुमान के लिए उपयोग किए जाने वाले संवेदनशील डेटा की सुरक्षा के लिए डेटा एन्क्रिप्शन और एक्सेस नियंत्रण जैसे उचित सुरक्षा उपाय लागू करें। डेटा गोपनीयता नियमों का अनुपालन करें और सुनिश्चित करें कि एमएल प्रशिक्षण और अनुमान के लिए उपयोग किया जाने वाला डेटा नैतिक विचारों का पालन करता है।
• सहयोग और ज्ञान साझा करना:मॉडल विकास और तैनाती के लिए उनकी सामूहिक विशेषज्ञता का लाभ उठाने के लिए डेटा वैज्ञानिकों, डेवलपर्स और डोमेन विशेषज्ञों के बीच सहयोग को बढ़ावा देना। भविष्य के पुनरावृत्तियों और मॉडल अपडेट को सुविधाजनक बनाने के लिए एमएल मॉडल, डेटा प्रोसेसिंग पाइपलाइन और तैनाती प्रक्रियाओं के बारे में दस्तावेज़ और ज्ञान साझा करें।

अभ्यास

बहु विकल्पीय प्रश्न

1. क्लाउड-आधारित डेटा वेयरहाउसिंग का मुख्य लाभ क्या है?

a) लागत प्रभावशीलता

b) उन्नत विश्लेषण क्षमताएं

c) मापनीयता और लोच

d) डेटा एकीकरण और केंद्रीकरण

2. क्लाउड-आधारित डेटा वेयरहाउसिंग का कौन सा घटक संगठनों को जटिल कार्य करने में सक्षम बनाता है? संग्रहीत डेटा से प्रश्न पूछें और अंतर्दृष्टि प्राप्त करें?

a) क्लाउड इंफ्रास्ट्रक्चर

b) आधार सामग्री भंडारण

c) डेटा एकीकरण

d) डेटा प्रोसेसिंग और विश्लेषण

3. क्लाउड-आधारित डेटा वेयरहाउसिंग बड़ी मात्रा में डेटा को संग्रहीत और प्रबंधित करने के लिए क्या उपयोग करता है?

a) ऑन-प्रिमाइसेस हार्डवेयर निवेश

b) क्लाउड सेवा प्रदाताओं का बुनियादी ढांचा

c) बाहरी डेटा स्रोत

d) क्लाउड-नेटिव एनालिटिक्स सेवाएँ

4. क्लाउड के लिए डेटा लेक आर्किटेक्चर का प्रमुख लाभ क्या है?

a) सीमित मापनीयता

b) बुनियादी ढांचे की लागत में वृद्धि

c) डेटा साइलो निर्माण

d) वस्तुतः असीमित स्केलेबिलिटी

5. क्लाउड में डेटा झीलें क्या संग्रहीत करने के लिए डिज़ाइन की गई हैं?

a) केवल संरचित डेटा

b) केवल असंरचित डेटा

c) संरचित, अर्ध-संरचित और असंरचित डेटा सहित विविध डेटा प्रकार

d) इनमे से कोई भी नहीं

6. कौन सा सर्वोत्तम अभ्यास डेटा गुणवत्ता सुनिश्चित करता है और डेटा लेक आर्किटेक्चर में डेटा खोज की सुविधा प्रदान करता है?

a) क्लाउड-आधारित डेटा भंडारण

b) डेटा एकीकरण और ईटीएल

c) डेटा प्रशासन और मेटाडेटा प्रबंधन

d) डेटा प्रोसेसिंग और विश्लेषण

7. क्लाउड में मशीन लर्निंग सेवाओं का एक प्रमुख घटक क्या है जो अनुप्रयोगों को अनुमति देता है? प्रशिक्षित मॉडलों के आधार पर भविष्यवाणियाँ करें?

a) डाटा प्रोसेसिंग और फीचर इंजीनियरिंग

b) मॉडल प्रशिक्षण

c) मॉडल प्रबंधन और निगरानी

d) मॉडल परिनियोजन

8. संगठनों के लिए क्लाउड में मशीन लर्निंग सेवाओं का क्या लाभ है?

a) हार्डवेयर निवेश में वृद्धि
b) स्केलेबिलिटी में कमी
c) भुगतान-जैसा-आप-जाओ मूल्य निर्धारण मॉडल
d) सीमित मॉडल विकास क्षमताएँ

9. क्लाउड में मशीन लर्निंग सेवाओं का लाभ उठाने के लिए कौन सा सर्वोत्तम अभ्यास डेटा गोपनीयता सुनिश्चित करता है और नैतिक प्रतिपूर्ति?

a) डेटा तैयार करना और अन्वेषण करना
b) सहयोग और ज्ञान साझा करना
c) सुरक्षा और डेटा गोपनीयता
d) मॉडल परिनियोजन और प्रबंधन

समीक्षा प्रश्न

1. क्लाउड-आधारित डेटा वेयरहाउसिंग क्या है, और यह स्केलेबल डेटा स्टोरेज और प्रोसेसिंग क्षमताएं कैसे प्रदान करता है?
2. क्लाउड-आधारित डेटा वेयरहाउसिंग के प्रमुख घटक क्या हैं, और वे इसकी कार्यक्षमता में कैसे योगदान करते हैं?
3. संगठनों के लिए क्लाउड-आधारित डेटा वेयरहाउसिंग के क्या लाभ हैं?
4. संगठन क्लाउड-आधारित डेटा वेयरहाउसिंग में इष्टतम प्रदर्शन और कुशल डेटा पुनर्प्राप्ति कैसे सुनिश्चित कर सकते हैं?
5. संगठन क्लाउड-आधारित डेटा वेयरहाउसिंग में डेटा गुणवत्ता और सुरक्षा कैसे सुनिश्चित कर सकते हैं?
6. डेटा लेक आर्किटेक्चर क्या हैं, और वे स्केलेबल और लचीले डेटा स्टोरेज और एनालिटिक्स समाधान कैसे प्रदान करते हैं?
7. क्लाउड के लिए डेटा लेक आर्किटेक्चर के प्रमुख लाभ क्या हैं?
8. संगठन क्लाउड के लिए डेटा लेक आर्किटेक्चर में डेटा गुणवत्ता और प्रशासन कैसे सुनिश्चित कर सकते हैं?
9. बुद्धिमान अनुप्रयोगों को सशक्त बनाने के लिए संगठन क्लाउड में मशीन लर्निंग सेवाओं का लाभ कैसे उठा सकते हैं?

उत्तर अनुभाग

बहु विकल्पीय प्रश्न

1. c) स्केलेबिलिटी और लोच
2. d) डेटा प्रोसेसिंग और एनालिटिक्स
3. b) क्लाउड सेवा प्रदाताओं का बुनियादी ढांचा
4. d) वस्तुतः असीमित स्केलेबिलिटी
5. c) विविध डेटा प्रकार, जिनमें संरचित, अर्ध-संरचित और असंरचित डेटा शामिल हैं
6. c) डेटा गवर्नेंस और मेटाडेटा प्रबंधन
7. d) मॉडल परिनियोजन
8. c) भुगतान-जैसा-आप-जाओ मूल्य निर्धारण मॉडल
9. c) सुरक्षा और डेटा गोपनीयता

समीक्षा प्रश्न

1. क्लाउड-आधारित डेटा वेयरहाउसिंग में क्लाउड सेवा प्रदाताओं द्वारा होस्ट और प्रबंधित एक केंद्रीकृत भंडार में बड़ी मात्रा में डेटा का भंडारण और प्रबंधन करना शामिल है। यह ऑन-डिमांड और स्केलेबल स्टोरेज और प्रोसेसिंग क्षमताओं की पेशकश करने के लिए क्लाउड इंफ्रास्ट्रक्चर और सेवाओं, जैसे अमेज़ॅन वेब सर्विसेज (एडब्ल्यूएस) या Google क्लाउड प्लेटफ़ॉर्म (जीसीपी) का उपयोग करता है। यह स्केलेबिलिटी संगठनों को महंगे बुनियादी ढांचे के उन्नयन की आवश्यकता के बिना अलग-अलग कार्यभार और डेटा विकास को संभालने की अनुमति देती है। क्लाउड के लचीले संसाधनों का लाभ उठाकर, क्लाउड-आधारित डेटा वेयरहाउसिंग डेटा-संचालित निर्णय लेने के लिए कुशल डेटा पुनर्प्राप्ति, डेटा एकीकरण और विश्लेषण को सक्षम बनाता है।

2. क्लाउड-आधारित डेटा वेयरहाउसिंग के प्रमुख घटकों में क्लाउड इंफ्रास्ट्रक्चर, डेटा स्टोरेज, डेटा एकीकरण और डेटा प्रोसेसिंग और एनालिटिक्स शामिल हैं। क्लाउड इन्फ्रास्ट्रक्चर से तात्पर्य क्लाउड सेवा प्रदाताओं के इन्फ्रास्ट्रक्चर से है जिसका उपयोग डेटा को होस्ट करने और प्रबंधित करने के लिए किया जाता है। डेटा स्टोरेज में क्लाउड-आधारित स्टोरेज सिस्टम में डेटा संग्रहीत करना शामिल होता है, जिसे अक्सर त्वरित डेटा पुनर्प्राप्ति के लिए अनुकूलित किया जाता है, जबकि डेटा एकीकरण विविध स्रोतों से डेटा को एकीकृत करने की सुविधा प्रदान करता है। अंत में, डेटा प्रोसेसिंग और एनालिटिक्स डेटा परिवर्तन, SQL क्वेरी समर्थन और विश्लेषणात्मक टूल के साथ एकीकरण के लिए अंतर्निहित टूल प्रदान करते हैं। ये घटक मिलकर संगठनों को मूल्यवान अंतर्दृष्टि के लिए बड़ी मात्रा में डेटा को कुशलतापूर्वक संग्रहीत, प्रबंधित और विश्लेषण करने में सक्षम बनाते हैं।

3. क्लाउड-आधारित डेटा वेयरहाउसिंग संगठनों को कई लाभ प्रदान करता है। इनमें स्केलेबिलिटी और लोच शामिल है, जो संगठनों को अलग-अलग कार्यभार और डेटा वृद्धि को समायोजित करने के लिए मांग पर भंडारण और प्रसंस्करण संसाधनों को स्केल करने की अनुमति देता है। 'पे-एज़-यू-गो' मूल्य निर्धारण मॉडल लागत-प्रभावशीलता सुनिश्चित करता है, क्योंकि संगठन केवल उन संसाधनों के लिए भुगतान करते हैं जो वे उपभोग करते हैं, जिससे अग्रिम बुनियादी ढांचे के निवेश की आवश्यकता समाप्त हो जाती है। क्लाउड-आधारित डेटा वेयरहाउसिंग लचीलेपन और चपलता को भी बढ़ावा देता है, जिससे संगठनों को अपने डेटा मॉडल और विश्लेषणात्मक जरूरतों को तेजी से अनुकूलित और विकसित करने में सक्षम बनाया जाता है। इसके अलावा, यह डेटा एकीकरण और केंद्रीकरण की सुविधा प्रदान करता है, बेहतर विश्लेषण और रिपोर्टिंग के लिए डेटा का एकीकृत दृश्य प्रदान करता है, और गहरी अंतर्दृष्टि के लिए उन्नत विश्लेषण क्षमताएं प्रदान करता है।

4. संगठन सर्वोत्तम प्रथाओं को लागू करके क्लाउड-आधारित डेटा वेयरहाउसिंग में इष्टतम प्रदर्शन और कुशल डेटा पुनर्प्राप्ति सुनिश्चित कर सकते हैं। इनमें डेटा आवश्यकताओं को समझना और स्तंभ भंडारण और अनुकूलित क्वेरी प्रदर्शन के लिए उपयुक्त तार्किक डेटा मॉडल डिजाइन करना शामिल है। डेटा विभाजन और अनुक्रमण रणनीतियों को लागू करने से बड़े डेटासेट पर क्वेरी प्रदर्शन भी बढ़ता है, जिससे जटिल विश्लेषणात्मक प्रश्नों के लिए प्रतिक्रिया समय कम हो जाता है। इसके अतिरिक्त, कैशिंग तंत्र, क्वेरी अनुकूलन तकनीक और अनुक्रमण रणनीतियों का उपयोग क्वेरी प्रदर्शन को और बढ़ाता है और डेटा प्रोसेसिंग से जुड़ी लागत को कम करता है। उपयोगकर्ताओं को प्रतिक्रियाशील

और कुशल विश्लेषण अनुभव प्रदान करने के लिए प्रश्नों और डेटा प्रोसेसिंग नौकरियों के प्रदर्शन की निगरानी और ट्यूनिंग आवश्यक है।

5. क्लाउड-आधारित डेटा वेयरहाउसिंग में डेटा गुणवत्ता और सुरक्षा सुनिश्चित करने में डेटा एकीकरण, सुरक्षा और अनुपालन के लिए सर्वोत्तम प्रथाओं को लागू करना शामिल है। मजबूत डेटा एकीकरण पाइपलाइनों की स्थापना डेटा स्थिरता सुनिश्चित करती है और एकीकरण प्रक्रिया के दौरान डेटा अखंडता बनाए रखती है। डेटा गुणवत्ता जांच और सत्यापन प्रक्रियाओं को लागू करने से डेटा वेयरहाउस में संग्रहीत डेटा की सटीकता और विश्वसनीयता में और वृद्धि होती है। डेटा सुरक्षा सुनिश्चित करने के लिए, संगठनों को क्लाउड-आधारित डेटा वेयरहाउस में संग्रहीत संवेदनशील डेटा की सुरक्षा, अनधिकृत पहुंच और डेटा उल्लंघनों से सुरक्षा के लिए उचित पहुंच नियंत्रण, एन्क्रिप्शन और प्रमाणीकरण तंत्र लागू करने की आवश्यकता है। इसके अतिरिक्त, संभावित कानूनी और प्रतिष्ठित जोखिमों से बचने के लिए जीडीपीआर या एचआईपीएए जैसे प्रासंगिक डेटा गोपनीयता और सुरक्षा नियमों का अनुपालन महत्वपूर्ण है।

6. डेटा लेक आर्किटेक्चर केंद्रीकृत रिपॉजिटरी हैं जो संगठनों को संरचित, अर्ध-संरचित और असंरचित डेटा सहित विभिन्न डेटा प्रकारों की बड़ी मात्रा में भंडारण और विश्लेषण करने में सक्षम बनाते हैं। क्लाउड में, डेटा लेक आर्किटेक्चर पूर्वनिर्धारित स्कीमा के बिना डेटा को उसके कच्चे रूप में संग्रहीत करने के लिए अमेज़ॅन एस 3 या एज़्योर ब्लॉब स्टोरेज जैसी स्केलेबल और लागत प्रभावी क्लाउड स्टोरेज सेवाओं का लाभ उठाता है। यह भंडारण सीमाओं की चिंता किए बिना भारी मात्रा में डेटा के भंडारण की अनुमति देता है। डेटा लेक बैच या रीयल-टाइम मोड में विभिन्न स्रोतों से डेटा अंतर्ग्रहण का समर्थन करते हैं, जिससे निरंतर डेटा अपडेट सक्षम होते हैं। क्लाउड-आधारित डेटा लेक आर्किटेक्चर अपाचे स्पार्क और Hadoop जैसी तकनीकों के माध्यम से डेटा प्रोसेसिंग और एनालिटिक्स क्षमताएं भी प्रदान करता है, जिससे मूल्यवान अंतर्दृष्टि और सूचित निर्णय लेने की सुविधा मिलती है।

7. क्लाउड के लिए डेटा लेक आर्किटेक्चर संगठनों को कई प्रमुख लाभ प्रदान करता है। एक महत्वपूर्ण लाभ उनकी वस्तुतः असीमित स्केलेबिलिटी है, जो संगठनों को किसी भी मात्रा या विविधता के डेटा को संग्रहीत और संसाधित करने में सक्षम बनाती है। क्लाउड इंफ्रास्ट्रक्चर स्वचालित रूप से मैन्युअल कॉन्फ़िगरेशन के बिना बढ़ती डेटा आवश्यकताओं को समायोजित करते हुए, ऑन-डिमांड संसाधनों को मापता है। एक अन्य लाभ लागत-प्रभावशीलता है, क्योंकि क्लाउड-आधारित डेटा लेक-पे-ए-यू-गो मूल्य निर्धारण मॉडल का पालन करते हैं, जिससे अग्रिम बुनियादी ढांचे की लागत कम हो जाती है। डेटा अन्वेषण और खोज को बढ़ावा दिया जाता है, क्योंकि डेटा लेक डेटा को उसके कच्चे रूप में संग्रहीत करता है, जिससे पूर्वनिर्धारित स्कीमा के बिना तदर्थ अन्वेषण और विश्लेषण की अनुमति मिलती है। इसके अलावा, डेटा एकीकरण और डेटा साइलो ब्रेकडाउन की सुविधा मिलती है, क्योंकि बेहतर डेटा-संचालित निर्णय लेने के लिए विविध डेटा स्रोतों को एक केंद्रीकृत भंडार में समेकित किया जाता है।

8. क्लाउड के लिए डेटा लेक आर्किटेक्चर में डेटा गुणवत्ता और प्रशासन सुनिश्चित करने के लिए, संगठन सर्वोत्तम प्रथाओं को लागू कर सकते हैं। मेटाडेटा प्रबंधन और डेटा कैटलॉगिंग सहित मजबूत डेटा प्रशासन प्रथाओं की स्थापना, डेटा गुणवत्ता सुनिश्चित करती है और डेटा खोज की सुविधा प्रदान करती है। पहुंच नियंत्रण लागू करने से डेटा सुरक्षा और डेटा गोपनीयता नियमों का अनुपालन सुनिश्चित करने, संवेदनशील जानकारी की सुरक्षा सुनिश्चित करने में मदद मिलती है। विभिन्न स्रोतों से कुशल डेटा अंतर्ग्रहण और एकीकरण के लिए स्पष्ट डेटा अंतर्ग्रहण रणनीतियों को परिभाषित करना और मजबूत डेटा पाइपलाइन स्थापित करना आवश्यक है। वास्तविक समय डेटा अंतर्ग्रहण और प्रसंस्करण के लिए अपाचे काफ्का या क्लाउड-नेटिव स्ट्रीमिंग सेवाओं जैसी प्रौद्योगिकियों का लाभ उठाना निरंतर डेटा अपडेट का समर्थन करता है। डेटा लेक गवर्नेंस फ्रेमवर्क का उपयोग डेटा संगठन के लिए नीतियों और प्रथाओं को परिभाषित करने में भी मदद करता है, जिसमें फ़ोल्डर संरचनाएं, नामकरण परंपराएं और पहुंच नियंत्रण शामिल हैं।

9. संगठन मशीन लर्निंग मॉडल के प्रशिक्षण, तैनाती और प्रबंधन के लिए पूर्व-निर्मित ढांचे, उपकरण और बुनियादी ढांचे का उपयोग करके बुद्धिमान अनुप्रयोगों को सशक्त बनाने के लिए क्लाउड में मशीन लर्निंग सेवाओं का लाभ उठा सकते हैं। क्लाउड एमएल सेवाएं बड़े डेटासेट का कुशलतापूर्वक उपयोग करके प्रशिक्षण मॉडल के लिए स्केलेबल कंप्यूटिंग संसाधन और वितरित प्रसंस्करण क्षमताएं प्रदान करती हैं। प्रशिक्षित एमएल मॉडल को वेब सेवाओं या एपीआई के रूप में तैनात किया जा सकता है, जिससे एप्लिकेशन को मॉडल की क्षमताओं के आधार पर पूर्वानुमान लगाने या जटिल कार्य करने में सक्षम बनाया जा सकता है। क्लाउड-आधारित एमएल सेवाओं का उपयोग करके, संगठन तेजी से मॉडल विकास और तैनाती की अनुमति देकर, एमएल बुनियादी ढांचे को स्थापित करने और प्रबंधित

करने के लिए आवश्यक जटिलता और समय से बच सकते हैं। उपयोगकर्ता के अनुकूल इंटरफ़ेस और एपीआई तक पहुंच डेवलपर्स, डेटा वैज्ञानिकों और डोमेन विशेषज्ञों के बीच सहयोग को बढ़ावा देती है, नवाचार को बढ़ावा देती है और बुद्धिमान एप्लिकेशन बनाती है जो वितरित करती हैं

अध्याय 19: क्लाउड-नेटिव डेटाबेस सेवाएँ

19.1 क्लाउड में रिलेशनल डेटाबेस: स्केलेबल और फ्लेक्सिबल डेटा प्रबंधन

क्लाउड में रिलेशनल डेटाबेस संगठनों को डेटा भंडारण और प्रबंधन के लिए स्केलेबल, लचीले और लागत प्रभावी समाधान प्रदान करते हैं। क्लाउड इंफ्रास्ट्रक्चर का लाभ उठाकर, संगठन क्लाउड-आधारित रिलेशनल डेटाबेस द्वारा प्रदान की जाने वाली स्केलेबिलिटी, उच्च उपलब्धता और सुरक्षा सुविधाओं से लाभ उठा सकते हैं। डेटाबेस डिज़ाइन, सुरक्षा, स्केलेबिलिटी, बैकअप और प्रदर्शन अनुकूलन के लिए सर्वोत्तम प्रथाओं को लागू करना क्लाउड में रिलेशनल डेटाबेस के सफल कार्यान्वयन और कुशल उपयोग को सुनिश्चित करता है। क्लाउड-आधारित रिलेशनल डेटाबेस को अपनाकर, संगठन अपने संरचित डेटा को प्रभावी ढंग से प्रबंधित कर सकते हैं, एप्लिकेशन विकास को सुव्यवस्थित कर सकते हैं और आज की डेटा-संचालित दुनिया में क्लाउड कंप्यूटिंग के लाभों का लाभ उठा सकते हैं।

19.1.1. क्लाउड में रिलेशनल डेटाबेस को समझना:

क्लाउड में रिलेशनल डेटाबेस क्लाउड-होस्टेड डेटाबेस प्रबंधन सिस्टम हैं जो संगठनों को रिलेशनल मॉडल का उपयोग करके संरचित डेटा को संग्रहीत, प्रबंधित और पुनर्प्राप्त करने में सक्षम बनाते हैं। ये डेटाबेस पारंपरिक रिलेशनल डेटाबेस के सिद्धांतों का पालन करते हैं लेकिन स्केलेबिलिटी, उपलब्धता और प्रबंधन में आसानी प्रदान करने के लिए क्लाउड इंफ्रास्ट्रक्चर का लाभ उठाते हैं।

क्लाउड में रिलेशनल डेटाबेस के प्रमुख घटक:

- क्लाउड इन्फ्रास्ट्रक्चर: क्लाउड में रिलेशनल डेटाबेस अमेज़ॅन वेब सर्विसेज (एडब्ल्यूएस) या माइक्रोसॉफ्ट एज़्योर जैसे क्लाउड सेवा प्रदाताओं द्वारा प्रदान किए गए अंतर्निहित बुनियादी ढांचे का उपयोग करते हैं। इस बुनियादी ढांचे में गणना संसाधन, भंडारण और नेटवर्किंग क्षमताएं शामिल हैं।
- डेटाबेस इंजन:डेटाबेस इंजन डेटा भंडारण, पुनर्प्राप्ति और क्वेरी प्रोसेसिंग के लिए जिम्मेदार मुख्य घटक के रूप में कार्य करता है। यह डेटा स्थिरता, लेनदेन प्रबंधन का प्रबंधन करता है, और संबंधपरक मॉडल की अखंडता बाधाओं को लागू करता है।
- आधार सामग्री भंडारण: क्लाउड-आधारित रिलेशनल डेटाबेस अमेज़ॅन आरडीएस या एज़्योर एसक्यूएल डेटाबेस जैसे क्लाउड प्रदाताओं द्वारा प्रदान की जाने वाली स्केलेबल और टिकाऊ स्टोरेज सेवाओं को नियोजित करते हैं। ये भंडारण सेवाएँ उच्च उपलब्धता, डेटा अतिरेक और स्वचालित बैकअप सुनिश्चित करती हैं।
- प्रबंधन टूल:क्लाउड-आधारित रिलेशनल डेटाबेस प्रबंधन उपकरण प्रदान करते हैं जो निगरानी, प्रदर्शन अनुकूलन, बैकअप और पुनर्प्राप्ति और सुरक्षा कॉन्फ़िगरेशन सहित डेटाबेस प्रशासन कार्यों को सरल बनाते हैं।

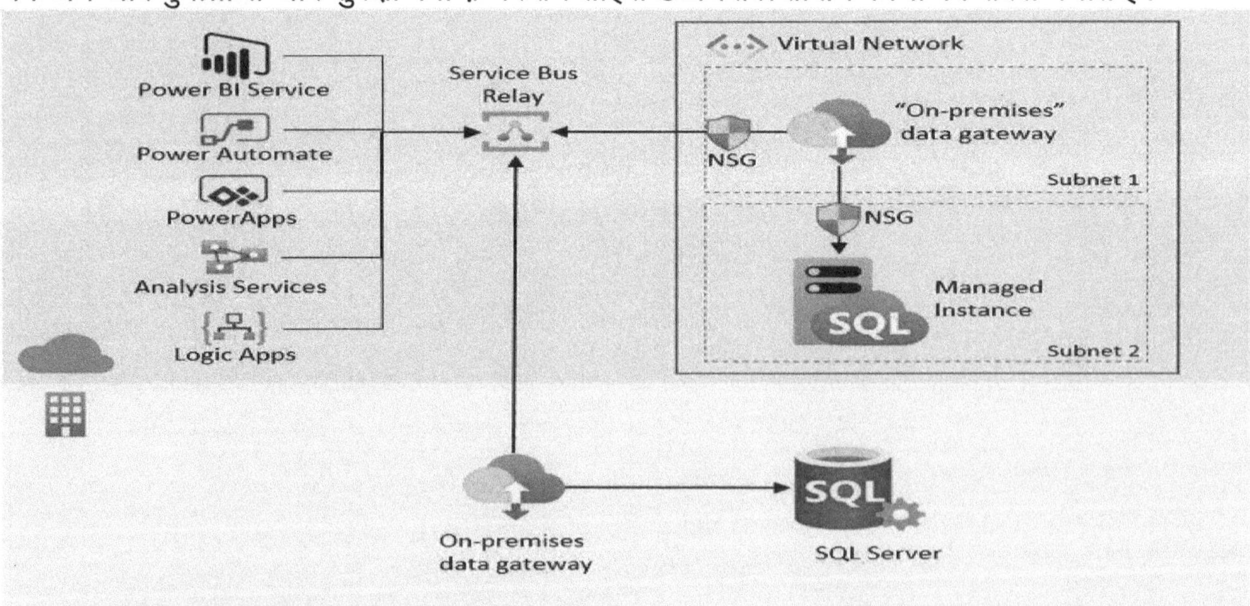

19.1.2. क्लाउड में रिलेशनल डेटाबेस के लाभ:

• मापनीयता और लोच: क्लाउड-आधारित रिलेशनल डेटाबेस संगठनों को मांग के आधार पर अपने डेटाबेस संसाधनों को आसानी से बढ़ाने या घटाने की अनुमति देकर स्केलेबिलिटी प्रदान करते हैं। यह चरम उपयोग अवधि के दौरान इष्टतम प्रदर्शन और कम मांग की अवधि के दौरान लागत बचत सुनिश्चित करता है।

• उच्च उपलब्धता और स्थायित्व: क्लाउड-आधारित रिलेशनल डेटाबेस डेटा प्रतिकृति, स्वचालित बैकअप और आपदा पुनर्प्राप्ति के लिए अंतर्निहित सुविधाएँ प्रदान करते हैं। यह डेटा स्थायित्व सुनिश्चित करता है, डेटा हानि के जोखिम को कम करता है और उच्च उपलब्धता प्रदान करता है।

• लागत प्रभावशीलता:क्लाउड-आधारित रिलेशनल डेटाबेस पे-एज़-यू-गो प्राइसिंग मॉडल का पालन करते हैं, जिससे अग्रिम हार्डवेयर निवेश की आवश्यकता समाप्त हो जाती है। संगठन केवल भंडारण के लिए भुगतान करते हैं और उन संसाधनों की गणना करते हैं जिनका वे उपभोग करते हैं, जिसके परिणामस्वरूप लागत अनुकूलन होता है और परिचालन खर्च कम होता है।

• सुरक्षा और अनुपालन: क्लाउड-आधारित रिलेशनल डेटाबेस मजबूत सुरक्षा सुविधाएँ प्रदान करते हैं, जिसमें आराम और पारगमन में एन्क्रिप्शन, पहुंच नियंत्रण और उद्योग सुरक्षा मानकों का अनुपालन शामिल है। डेटा सुरक्षा सुनिश्चित करने के लिए क्लाउड प्रदाताओं के पास अक्सर समर्पित सुरक्षा टीमें और निगरानी तंत्र होते हैं।

• प्रबंधन और प्रशासन में आसानी: क्लाउड-आधारित रिलेशनल डेटाबेस उपयोगकर्ता के अनुकूल प्रबंधन इंटरफेस और स्वचालित प्रशासनिक कार्य प्रदान करते हैं। पैचिंग, अपग्रेड और बैकअप जैसे डेटाबेस प्रबंधन कार्य क्लाउड प्रदाता द्वारा नियंत्रित किए जाते हैं, जिससे संगठनों पर परिचालन बोझ कम हो जाता है।

19.1.3. क्लाउड में रिलेशनल डेटाबेस के लिए सर्वोत्तम अभ्यास:

• डेटाबेस डिज़ाइन और अनुकूलन: सामान्यीकरण, डेटा संबंधों और प्रदर्शन आवश्यकताओं को ध्यान में रखते हुए डेटाबेस स्कीमा को सावधानीपूर्वक डिज़ाइन करें। डेटाबेस प्रदर्शन को बढ़ाने के लिए अनुक्रमण, क्वेरी अनुकूलन और कैशिंग तकनीकों का उपयोग करें। कुशल डेटा पुनर्प्राप्ति सुनिश्चित करने के लिए नियमित रूप से डेटाबेस प्रदर्शन मेट्रिक्स का विश्लेषण करें और क्वेरीज़ को अनुकूलित करें।

• डेटा सुरक्षा और अनुपालन: डेटाबेस में संग्रहीत संवेदनशील डेटा की सुरक्षा के लिए मजबूत पहुंच नियंत्रण, उपयोगकर्ता प्रमाणीकरण और डेटा एन्क्रिप्शन लागू करें। सुरक्षा कमजोरियों या अनुपालन उल्लंघनों की पहचान करने और उनका समाधान करने के लिए डेटाबेस गतिविधि की नियमित रूप से निगरानी और ऑडिट करें। संवेदनशील डेटा को संग्रहीत और प्रबंधित करते समय प्रासंगिक डेटा गोपनीयता नियमों, जैसे जीडीपीआर या एचआईपीएए का अनुपालन करें।

• स्केलेबिलिटी और प्रदर्शन: उतार-चढ़ाव वाले कार्यभार को संभालने के लिए क्लाउड-आधारित रिलेशनल डेटाबेस सेवाओं द्वारा प्रदान की गई ऑटो-स्केलिंग क्षमताओं का लाभ उठाएं। बेहतर प्रदर्शन और स्केलेबिलिटी के लिए कई नोड्स में डेटा वितरित करने के लिए डेटाबेस शार्डिंग या विभाजन तकनीक लागू करें।

• बैकअप और रिकवरी: डेटा सुरक्षा सुनिश्चित करने और डेटा हानि के जोखिम को कम करने के लिए नियमित बैकअप शेड्यूल स्थापित करें और स्वचालित बैकअप तंत्र लागू करें। उनकी विश्वसनीयता और प्रभावशीलता को सत्यापित करने के लिए बैकअप और पुनर्प्राप्ति प्रक्रियाओं का नियमित रूप से परीक्षण करें।

• निगरानी और प्रदर्शन अनुकूलन: डेटाबेस प्रदर्शन, संसाधन उपयोग को ट्रैक करने और संभावित बाधाओं की पहचान करने के लिए क्लाउड प्रदाता द्वारा प्रदान किए गए निगरानी उपकरण और प्रदर्शन डैशबोर्ड का उपयोग करें। प्रदर्शन मेट्रिक्स और ट्यूनिंग अनुशंसाओं के आधार पर डेटाबेस कॉन्फ़िगरेशन, इंडेक्स और क्वेरीज़ को अनुकूलित करें।

19.2 क्लाउड के लिए NoSQL डेटाबेस और कुंजी-मूल्य स्टोर: स्केलेबल और लचीले डेटा प्रबंधन

क्लाउड में NoSQL डेटाबेस और की-वैल्यू स्टोर विभिन्न डेटा प्रकारों के प्रबंधन के लिए संगठनों को स्केलेबल, लचीले और उच्च-प्रदर्शन डेटा स्टोरेज समाधान प्रदान करते हैं। क्लाउड इंफ्रास्ट्रक्चर और वितरित स्टोरेज आर्किटेक्चर का लाभ उठाकर, संगठन बड़ी मात्रा में डेटा को संभाल सकते हैं, उच्च उपलब्धता प्राप्त कर सकते हैं और दोष सहनशीलता सुनिश्चित कर सकते हैं। क्लाउड में NoSQL डेटाबेस और की-वैल्यू स्टोर्स के सफल कार्यान्वयन के लिए

डेटा मॉडलिंग, स्केलेबिलिटी, डेटा स्थिरता, सुरक्षा और प्रदर्शन अनुकूलन के लिए सर्वोत्तम प्रथाओं को लागू करना आवश्यक है। क्लाउड-आधारित NoSQL डेटाबेस और की-वैल्यू स्टोर्स को अपनाकर, संगठन कुशलतापूर्वक असंरचित और अर्ध-संरचित डेटा का प्रबंधन कर सकते हैं, स्केलेबल एप्लिकेशन बना सकते हैं और आज के डेटा-सघन परिदृश्य में क्लाउड कंप्यूटिंग के लाभों का लाभ उठा सकते हैं।

19.2.1. NoSQL डेटाबेस और कुंजी-मूल्य स्टोर को समझना:

NoSQL डेटाबेस और की-वैल्यू स्टोर गैर-रिलेशनल डेटा स्टोरेज सिस्टम हैं जो डेटा को संग्रहीत और पुनर्प्राप्त करने के लिए लचीले डेटा मॉडल प्रदान करते हैं। पारंपरिक रिलेशनल डेटाबेस के विपरीत, NoSQL डेटाबेस और की-वैल्यू स्टोर एक निश्चित स्कीमा लागू नहीं करते हैं, जो संगठनों को बड़ी मात्रा में असंरचित या अर्ध-संरचित डेटा को अधिक कुशलता से संभालने में सक्षम बनाता है।

NoSQL डेटाबेस और कुंजी-मूल्य स्टोर के प्रमुख घटक:

- डेटा मॉडल:NoSQL डेटाबेस विभिन्न डेटा मॉडल पेश करते हैं, जैसे कि कुंजी-मूल्य, दस्तावेज़, स्तंभ, या ग्राफ़-आधारित, प्रत्येक विशिष्ट उपयोग के मामलों के लिए उपयुक्त है। कुंजी-मूल्य स्टोर डेटा को कुंजी-मूल्य जोड़े के रूप में संग्रहीत करने पर ध्यान केंद्रित करते हैं, जिससे कुंजी द्वारा तेजी से पुनर्प्राप्ति की अनुमति मिलती है।
- स्केलेबल आर्किटेक्चर: NoSQL डेटाबेस और की-वैल्यू स्टोर्स को क्षैतिज रूप से स्केल करने के लिए डिज़ाइन किया गया है, जिससे संगठनों को कई नोड्स में डेटा वितरित करने और उच्च मात्रा में डेटा और समवर्ती अनुरोधों को कुशलतापूर्वक संभालने की अनुमति मिलती है।
- कैप प्रमेय: NoSQL डेटाबेस और कुंजी-मूल्य स्टोर CAP (स्थिरता, उपलब्धता, विभाजन सहिष्णुता) प्रमेय के आधार पर डिज़ाइन ट्रेड-ऑफ़ बनाते हैं, मजबूत स्थिरता पर उपलब्धता और विभाजन सहिष्णुता को प्राथमिकता देते हैं।
- वितरित डेटा संग्रहण: नोएसक्यूएल डेटाबेस और की-वैल्यू स्टोर गलती सहनशीलता, डेटा प्रतिकृति और उच्च उपलब्धता सुनिश्चित करने के लिए अमेज़ॅन डायनेमोडीबी या अपाचे कैसेंड्रा जैसे वितरित स्टोरेज आर्किटेक्चर का उपयोग करते हैं।

19.2.2. क्लाउड में NoSQL डेटाबेस और की-वैल्यू स्टोर्स के लाभ:

- स्केलेबिलिटी और प्रदर्शन: क्लाउड में NoSQL डेटाबेस और कुंजी-मूल्य स्टोर क्षैतिज स्केलेबिलिटी प्रदान करते हैं, जिससे संगठनों को बड़ी मात्रा में डेटा और उच्च ट्रैफ़िक भार को कुशलतापूर्वक संभालने की अनुमति मिलती है। वे तेज़ और समानांतर डेटा पुनर्प्राप्ति को सक्षम करते हुए, कई नोड्स में डेटा वितरित करते हैं।
- लचीले डेटा मॉडल: NoSQL डेटाबेस और की-वैल्यू स्टोर लचीले डेटा मॉडल प्रदान करते हैं, जो असंरचित और अर्ध-संरचित डेटा को समायोजित करते हैं। यह लचीलापन संगठनों को विविध डेटा प्रकारों को संग्रहीत और संसाधित करने की अनुमति देता है, जो उन्हें बढ़ती डेटा आवश्यकताओं वाले अनुप्रयोगों के लिए उपयुक्त बनाता है।

• उच्च उपलब्धता और दोष सहनशीलता:क्लाउड-आधारित NoSQL डेटाबेस और की-वैल्यू स्टोर कई नोड्स में डेटा को दोहराते हैं, जिससे नोड विफलता की स्थिति में भी उच्च उपलब्धता सुनिश्चित होती है। वे स्वचालित डेटा प्रतिकृति और विफलता के लिए अंतर्निहित तंत्र प्रदान करते हैं।

• पैमाने पर प्रदर्शन:NoSQL डेटाबेस और की-वैल्यू स्टोर बड़े पैमाने पर उच्च प्रदर्शन के लिए डिज़ाइन किए गए हैं। वे बड़े डेटासेट को संभाल सकते हैं और तेजी से पढ़ने और लिखने के संचालन का समर्थन कर सकते हैं, जिससे वे वास्तविक समय के अनुप्रयोगों और उच्च-थ्रूपुट परिदृश्यों के लिए उपयुक्त हो जाते हैं।

• लागत प्रभावशीलता: क्लाउड-आधारित NoSQL डेटाबेस और की-वैल्यू स्टोर पे-एज़-यू-गो प्राइसिंग मॉडल का पालन करते हैं, जिससे संगठनों को मांग के आधार पर संसाधनों को स्केल करने की अनुमति मिलती है। यह अग्रिम हार्डवेयर निवेश की आवश्यकता को समाप्त करता है और लागत अनुकूलन सुनिश्चित करता है।

19.2.3. क्लाउड में NoSQL डेटाबेस और कुंजी-मूल्य स्टोर के लिए सर्वोत्तम अभ्यास:

• डेटा मॉडलिंग और स्कीमा डिज़ाइन: उपयुक्त डेटा मॉडल चुनने के लिए डेटा एक्सेस पैटर्न और आवश्यकताओं को समझें, चाहे वह कुंजी-मूल्य, दस्तावेज़, स्तंभ, या ग्राफ़-आधारित हो। प्रत्याशित क्वेरी पैटर्न और प्रदर्शन आवश्यकताओं के आधार पर डेटा स्कीमा डिज़ाइन को अनुकूलित करें।

• स्केलेबिलिटी और प्रतिकृति: क्लाउड-नेटिव NoSQL डेटाबेस और कुंजी-मूल्य स्टोर का लाभ उठाएं जो स्वचालित स्केलिंग और प्रतिकृति क्षमताएं प्रदान करते हैं। नोड्स में डेटा को समान रूप से वितरित करने और प्रदर्शन को अनुकूलित करने के लिए डेटा विभाजन रणनीतियों को डिज़ाइन करें।

• डेटा संगति और संघर्ष समाधान: NoSQL डेटाबेस या की-वैल्यू स्टोर चुनते समय मजबूत स्थिरता और उच्च उपलब्धता के बीच व्यापार-बंद को समझें। डेटा विवादों को संभालने के लिए संघर्ष समाधान तंत्र को लागू करें या अंतिम स्थिरता दृष्टिकोण को नियोजित करें।

• सुरक्षा और पहुंच नियंत्रण: NoSQL डेटाबेस और कुंजी-मूल्य भंडार में संग्रहीत डेटा की सुरक्षा के लिए उचित पहुंच नियंत्रण और प्रमाणीकरण तंत्र लागू करें। आराम के समय और ट्रांसमिशन के दौरान डेटा को सुरक्षित करने के लिए एन्क्रिप्शन तंत्र का उपयोग करें।

• निगरानी और प्रदर्शन अनुकूलन: डेटाबेस प्रदर्शन की निगरानी और बाधाओं की पहचान करने के लिए क्लाउड प्रदाता द्वारा प्रदान किए गए निगरानी और प्रदर्शन ट्यूनिंग टूल का उपयोग करें। पढ़ने और लिखने के प्रदर्शन को बढ़ाने के लिए क्वेरीज़, अनुक्रमण रणनीतियों और कैशिंग तंत्र को अनुकूलित करें।

19.3 क्लाउड के लिए प्रबंधित डेटाबेस सेवाएँ: डेटा प्रबंधन और प्रशासन को सरल बनाना

क्लाउड में प्रबंधित डेटाबेस सेवाएँ डेटा प्रबंधन और प्रशासन को सरल बनाती हैं, जिससे संगठनों को एप्लिकेशन विकास और डेटा विश्लेषण पर ध्यान केंद्रित करने में सक्षम बनाया जाता है। प्रबंधित डेटाबेस सेवाओं द्वारा प्रदान की जाने वाली स्वचालित प्रावधान, उच्च उपलब्धता, स्केलेबिलिटी और सुरक्षा सुविधाओं के लाभों का लाभ उठाकर, संगठन अपने डेटाबेस संचालन को सुव्यवस्थित कर सकते हैं और समग्र उत्पादकता में सुधार कर सकते हैं। डेटाबेस चयन, कॉन्फ़िगरेशन, बैकअप और पुनर्प्राप्ति, प्रदर्शन अनुकूलन, सुरक्षा और निगरानी के लिए सर्वोत्तम प्रथाओं को लागू करना क्लाउड में प्रबंधित डेटाबेस सेवाओं के सफल कार्यान्वयन को सुनिश्चित करता है। प्रबंधित डेटाबेस सेवाओं को अपनाकर, संगठन अपने डेटा को कुशलतापूर्वक प्रबंधित कर सकते हैं, उच्च प्रदर्शन प्राप्त कर सकते हैं और अपनी डेटा-संचालित पहल के लिए क्लाउड कंप्यूटिंग के लाभों का लाभ उठा सकते हैं।

19.3.1. क्लाउड में प्रबंधित डेटाबेस सेवाओं को समझना:

क्लाउड में प्रबंधित डेटाबेस सेवाएँ क्लाउड सेवा प्रदाताओं द्वारा प्रदान की जाने वाली पूर्णतः प्रबंधित डेटाबेस पेशकशों को संदर्भित करती हैं। ये सेवाएँ प्रोविज़निंग, पैचिंग, बैकअप, मॉनिटरिंग और स्केलिंग जैसे डेटाबेस प्रशासन कार्यों को संभालती हैं, जिससे संगठनों को अपने अनुप्रयोगों और डेटा एनालिटिक्स आवश्यकताओं के लिए डेटाबेस के उपयोग पर ध्यान केंद्रित करने की अनुमति मिलती है।

प्रबंधित डेटाबेस सेवाओं के प्रमुख घटक:

• डेटाबेस इंजन: प्रबंधित डेटाबेस सेवाएँ विभिन्न प्रकार के डेटाबेस इंजन प्रदान करती हैं, जिनमें MySQL, PostgreSQL, या SQL सर्वर जैसे रिलेशनल डेटाबेस और MongoDB या Cassandr जैसे गैर-रिलेशनल डेटाबेस शामिल हैं। प्रत्येक इंजन विशिष्ट कार्यक्षमता प्रदान करता है और विभिन्न उपयोग के मामलों को पूरा करता है।

• स्वचालित प्रावधान: क्लाउड प्रदाता डेटाबेस के स्वचालित प्रावधान की पेशकश करते हैं, जिससे संगठनों को मैन्युअल कॉन्फ़िगरेशन या बुनियादी ढांचे के प्रबंधन की आवश्यकता के बिना डेटाबेस को जल्दी से स्थापित और तैनात करने की अनुमति मिलती है।

• निगरानी और अलर्ट: प्रबंधित डेटाबेस सेवाएँ अंतर्निहित निगरानी और चेतावनी क्षमताएँ प्रदान करती हैं, जो संगठनों को वास्तविक समय में डेटाबेस प्रदर्शन, संसाधन उपयोग और संभावित मुद्दों को ट्रैक करने में सक्षम बनाती हैं।

• मापनीयता और लोच: प्रबंधित डेटाबेस सेवाएँ स्वचालित स्केलिंग क्षमताएँ प्रदान करती हैं, जिससे डेटाबेस को मांग के आधार पर ऊपर या नीचे स्केल करने की अनुमति मिलती है। यह चरम उपयोग के दौरान इष्टतम प्रदर्शन और कम मांग की अवधि के दौरान लागत दक्षता सुनिश्चित करता है।

19.3.2. क्लाउड में प्रबंधित डेटाबेस सेवाओं के लाभ:

• सरलीकृत डेटाबेस प्रबंधन: प्रबंधित डेटाबेस सेवाएँ नियमित डेटाबेस प्रशासन कार्यों को संभालती हैं, जैसे सॉफ़्टवेयर अपडेट, बैकअप और स्केलिंग, संसाधनों को मुक्त करना और संगठनों पर परिचालन बोझ को कम करना। यह टीमों को एप्लिकेशन विकास और डेटा विश्लेषण पर ध्यान केंद्रित करने की अनुमति देता है।

• उच्च उपलब्धता और विश्वसनीयता: प्रबंधित डेटाबेस सेवाएँ उच्च उपलब्धता और डेटा स्थायित्व सुनिश्चित करते हुए स्वचालित बैकअप, डेटा प्रतिकृति और फ़ेलओवर के लिए अंतर्निहित तंत्र प्रदान करती हैं। क्लाउड प्रदाता आमतौर पर डेटा उपलब्धता के लिए मजबूत एसएलए और गारंटी प्रदान करते हैं।

• स्केलेबिलिटी और प्रदर्शन:प्रबंधित डेटाबेस सेवाएँ स्वचालित स्केलिंग क्षमताएँ प्रदान करती हैं, जिससे डेटाबेस मैन्युअल हस्तक्षेप के बिना बढ़े हुए कार्यभार को संभालने की अनुमति देता है। यह उच्च ट्रैफ़िक या डेटा वृद्धि की अवधि के दौरान भी लगातार प्रदर्शन सुनिश्चित करता है।

• सुरक्षा और अनुपालन:प्रबंधित डेटाबेस सेवाएँ एन्क्रिप्शन, एक्सेस नियंत्रण और उद्योग मानकों और विनियमों के अनुपालन सहित मजबूत सुरक्षा उपायों को लागू करती हैं। क्लाउड प्रदाता प्रबंधित डेटाबेस में संग्रहीत डेटा की सुरक्षा के लिए सुविधाएँ और उपकरण प्रदान करते हैं।

• लागत प्रभावशीलता: प्रबंधित डेटाबेस सेवाएँ 'भुगतान करते ही भुगतान करें' मूल्य निर्धारण मॉडल का पालन करती हैं, जो संगठनों को केवल उनके द्वारा उपभोग किए गए संसाधनों के लिए भुगतान करने की अनुमति देती है। यह अग्रिम हार्डवेयर निवेश की आवश्यकता को समाप्त करता है और लागत अनुकूलन सुनिश्चित करता है।

19.3.3. क्लाउड में प्रबंधित डेटाबेस सेवाओं के लिए सर्वोत्तम अभ्यास:

• डेटाबेस चयन और कॉन्फ़िगरेशन: एप्लिकेशन की विशिष्ट आवश्यकताओं, डेटा मॉडल और प्रदर्शन आवश्यकताओं के आधार पर उपयुक्त डेटाबेस इंजन चुनें। प्रदर्शन और संसाधन उपयोग को अनुकूलित करने के लिए डेटाबेस सेटिंग्स, जैसे स्टोरेज आवंटन, मेमोरी आवंटन और कनेक्शन पूलिंग कॉन्फ़िगर करें।

• डेटा बैकअप और रिकवरी: डेटा स्थायित्व सुनिश्चित करने और आकस्मिक विलोपन या डेटा भ्रष्टाचार के मामले में डेटा पुनर्प्राप्ति की सुविधा के लिए स्वचालित बैकअप शेड्यूल और अवधारण नीतियों को कॉन्फ़िगर करें। उनकी विश्वसनीयता और प्रभावशीलता को सत्यापित करने के लिए बैकअप और पुनर्प्राप्ति प्रक्रियाओं का नियमित रूप से परीक्षण करें।

• प्रदर्शन अनुकूलन: संभावित बाधाओं की पहचान करने के लिए सीपीयू उपयोग, क्वेरी विलंबता और थ्रूपुट जैसे डेटाबेस प्रदर्शन मेट्रिक्स की निगरानी करें। क्वेरी प्रदर्शन को बेहतर बनाने और विलंबता को कम करने के लिए डेटाबेस इंडेक्स, क्वेरी निष्पादन योजना और कैशिंग तंत्र को अनुकूलित करें।

• सुरक्षा और पहुंच नियंत्रण: प्रबंधित डेटाबेस में संग्रहीत डेटा की सुरक्षा के लिए मजबूत पहुंच नियंत्रण, उपयोगकर्ता प्रमाणीकरण तंत्र और एन्क्रिप्शन लागू करें। यह सुनिश्चित करने के लिए नियमित रूप से एक्सेस अनुमतियों की समीक्षा और अद्यतन करें कि केवल अधिकृत उपयोगकर्ताओं के पास ही उचित डेटाबेस एक्सेस हो।

• निगरानी और चेतावनी: डेटाबेस प्रदर्शन, संसाधन उपयोग और संभावित मुद्दों को ट्रैक करने के लिए प्रबंधित डेटाबेस सेवा द्वारा प्रदान की गई निगरानी और चेतावनी क्षमताओं का उपयोग करें। उच्च CPU उपयोग, कम डिस्क स्थान, या डेटाबेस विफलताओं जैसी महत्वपूर्ण घटनाओं के बारे में प्रशासकों को सूचित करने के लिए सक्रिय अलर्ट सेट करें।

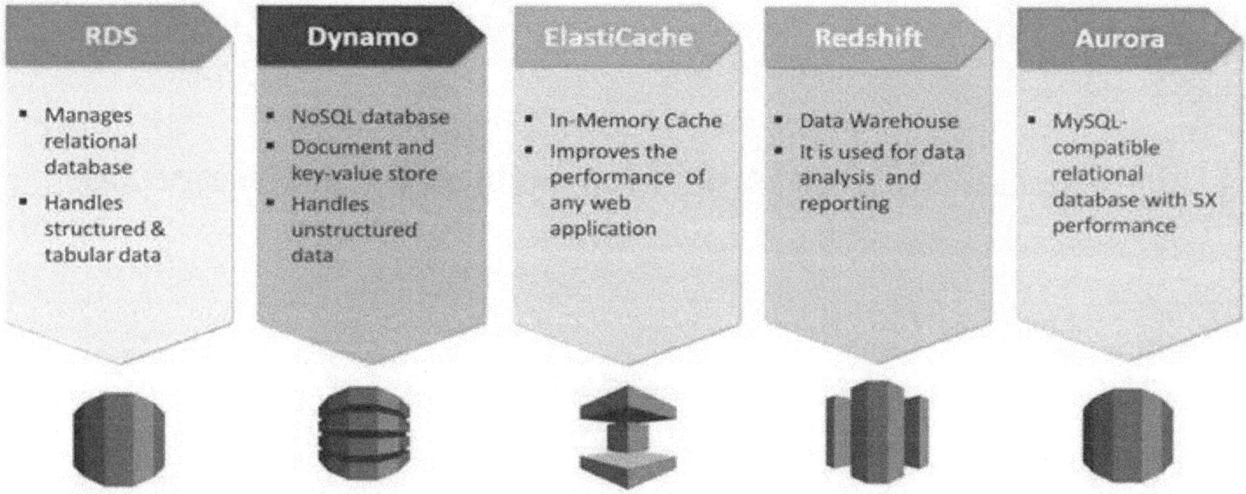

अभ्यास

बहु विकल्पीय प्रश्न

1. निम्नलिखित में से कौन सा क्लाउड-आधारित रिलेशनल डेटाबेस का एक प्रमुख घटक है?

a) मॉडलिंग की दिनांक

b) स्वचालित स्केलिंग

c) क्वेरी अनुकूलन

d) सीएपी प्रमेय

2. क्लाउड-आधारित NoSQL डेटाबेस और की-वैल्यू स्टोर्स का उपयोग करने का प्राथमिक लाभ क्या है?

a) मजबूत स्थिरता

b) कम लागत

c) क्षैतिज मापनीयता

d) संरचित डेटा समर्थन

3. कुंजी-मूल्य जोड़े में डेटा संग्रहीत करने के लिए कौन सा डेटाबेस मॉडल उपयुक्त है?

a) संबंधपरक मॉडल

b) दस्तावेज़ मॉडल

c) स्तंभकार मॉडल

d) कुंजी-मूल्य मॉडल

4. क्लाउड में प्रबंधित डेटाबेस सेवाएँ क्या लाभ प्रदान करती हैं?

a) बुनियादी ढांचे के प्रबंधन पर पूर्ण नियंत्रण

b) अनुप्रयोग विकास प्रयास में कमी

c) मैन्युअल स्केलिंग क्षमताएं

d) सीमित सुरक्षा सुविधाएँ

5. प्रबंधित डेटाबेस सेवाओं में डेटा स्थायित्व सुनिश्चित करने के लिए कौन सा सर्वोत्तम अभ्यास आवश्यक है?

a) बार-बार डेटा बैकअप

b) उच्च स्थिरता स्तर

c) लंबी डेटा प्रतिधारण नीतियां

d) वास्तविक समय डेटा प्रतिकृति

6. क्लाउड-आधारित में रिलेशनल मॉडल की अखंडता बाधाओं को लागू करने के लिए कौन सा घटक जिम्मेदार है? संबंधपरक डेटाबेस?

a) आधार सामग्री भंडारण

b) सीएपी प्रमेय

c) डेटाबेस इंजन

d) प्रबंधन टूल

7. पारंपरिक रिलेशनल डेटाबेस की तुलना में क्लाउड-आधारित NoSQL डेटाबेस कौन सा लाभ प्रदान करते हैं?

a) निश्चित स्कीमा

b) मजबूत स्थिरता

c) स्वचालित स्केलिंग

d) लंबवत स्केलेबिलिटी

8. क्लाउड में NoSQL डेटाबेस और की-वैल्यू स्टोर्स की एक विशिष्ट विशेषता क्या है?

a) संबंधपरक डेटा मॉडल

b) संचालन की उच्च लागत

c) सीमित डेटा वॉल्यूम समर्थन
d) लचीली स्कीमा

9. कौन सा सर्वोत्तम अभ्यास प्रबंधित डेटाबेस सेवाओं में कुशल डेटा पुनर्प्राप्ति सुनिश्चित करता है?
a) न्यूनतम डेटा बैकअप
b) यदा-कदा निगरानी
c) अनुक्रमण रणनीतियाँ
d) कोई क्वेरी अनुकूलन नहीं

समीक्षा प्रश्न

1. **क्लाउड-आधारित रिलेशनल डेटाबेस के प्रमुख घटक क्या हैं?**
2. **क्लाउड-आधारित NoSQL डेटाबेस और की-वैल्यू स्टोर्स को अपनाने से संगठनों को क्या लाभ मिलता है?**
3. **NoSQL डेटाबेस और की-वैल्यू स्टोर्स को पारंपरिक रिलेशनल डेटाबेस से क्या अलग बनाता है?**
4. **क्लाउड में प्रबंधित डेटाबेस सेवाएँ संगठनों के लिए डेटा प्रबंधन को कैसे सरल बनाती हैं?**
5. **कौन सा सर्वोत्तम अभ्यास प्रबंधित डेटाबेस सेवाओं में डेटा स्थायित्व सुनिश्चित करता है?**
6. **क्लाउड-आधारित NoSQL डेटाबेस क्षैतिज मापनीयता कैसे प्रदान करते हैं?**
7. **डेटा मॉडलिंग के संदर्भ में क्लाउड-आधारित NoSQL डेटाबेस का पारंपरिक रिलेशनल डेटाबेस की तुलना में क्या लाभ है?**
8. **क्लाउड में प्रबंधित डेटाबेस सेवाएँ उच्च उपलब्धता और विश्वसनीयता कैसे सुनिश्चित करती हैं?**
9. **संगठन अपनी प्रबंधित डेटाबेस सेवाओं के प्रदर्शन को कैसे अनुकूलित कर सकते हैं?**

उत्तर अनुभाग

बहु विकल्पीय प्रश्न

1. b) स्वचालित स्केलिंग
2. c) क्षैतिज मापनीयता
3. d) कुंजी-मूल्य मॉडल
4. b) अनुप्रयोग विकास प्रयास में कमी
5. a) बार-बार डेटा बैकअप
6. c) डेटाबेस इंजन
7. c) स्वचालित स्केलिंग
8. d) लचीली स्कीमा
9. c) अनुक्रमण रणनीतियाँ

समीक्षा प्रश्न

1. क्लाउड-आधारित रिलेशनल डेटाबेस के प्रमुख घटकों में क्लाउड सेवा प्रदाता द्वारा प्रदान किया गया क्लाउड इंफ्रास्ट्रक्चर, डेटा स्टोरेज और क्वेरी प्रोसेसिंग के लिए जिम्मेदार डेटाबेस इंजन, स्केलेबल क्लाउड स्टोरेज सेवाओं का उपयोग करके डेटा स्टोरेज और प्रशासन कार्यों के लिए प्रबंधन उपकरण शामिल हैं।
2. संगठनों को क्षैतिज मापनीयता से लाभ होता है, जिससे उन्हें बड़ी मात्रा में डेटा और उच्च ट्रैफ़िक को कुशलतापूर्वक संभालने की अनुमति मिलती है। वे लचीले डेटा मॉडल, भुगतान के साथ लागत-प्रभावशीलता और स्वचालित बैकअप और डेटा प्रतिकृति के माध्यम से उच्च उपलब्धता का भी आनंद लेते हैं।
3. पारंपरिक रिलेशनल डेटाबेस के विपरीत, NoSQL डेटाबेस और कुंजी-मूल्य स्टोर एक निश्चित स्कीमा लागू नहीं करते हैं, जो उन्हें असंरचित या अर्ध-संरचित डेटा को कुशलतापूर्वक संग्रहीत करने में सक्षम बनाता है। सीएपी प्रमेय के अनुसार, वे मजबूत स्थिरता पर उपलब्धता और विभाजन सहिष्णुता को प्राथमिकता देते हैं।
4. प्रबंधित डेटाबेस सेवाएँ प्रावधान, बैकअप और स्केलिंग जैसे डेटाबेस प्रशासन कार्यों को संभालती हैं, जिससे संगठनों को अपने अनुप्रयोगों और डेटा विश्लेषण पर ध्यान केंद्रित करने की अनुमति मिलती है। इससे परिचालन बोझ कम होता है और उत्पादकता में सुधार होता है।

5. बार-बार डेटा बैकअप लागू करना और स्वचालित बैकअप शेड्यूल और अवधारण नीतियां स्थापित करना डेटा स्थायित्व सुनिश्चित करता है और डेटा हानि या भ्रष्टाचार के मामले में डेटा पुनर्प्राप्ति की सुविधा प्रदान करता है।
6. क्लाउड-आधारित NoSQL डेटाबेस वितरित स्टोरेज आर्किटेक्चर को नियोजित करते हैं, जो उन्हें कई नोड्स में डेटा वितरित करने में सक्षम बनाता है। यह मानवीय हस्तक्षेप के बिना बढ़े हुए कार्यभार को संभालने के लिए कुशल स्केलिंग सुनिश्चित करता है।
7. क्लाउड-आधारित NoSQL डेटाबेस लचीले डेटा मॉडल प्रदान करते हैं, जो उन्हें असंरचित और अर्ध-संरचित डेटा को समायोजित करने की अनुमति देते हैं, जिससे वे बढ़ती डेटा आवश्यकताओं वाले अनुप्रयोगों के लिए उपयुक्त हो जाते हैं।
8. प्रबंधित डेटाबेस सेवाएँ उच्च उपलब्धता और डेटा स्थायित्व सुनिश्चित करने के लिए स्वचालित बैकअप, डेटा प्रतिकृति और फेलओवर तंत्र लागू करती हैं। क्लाउड प्रदाता डेटा उपलब्धता के लिए मजबूत एसएलए और गारंटी भी प्रदान करते हैं।

संगठन डेटाबेस मेट्रिक्स की निगरानी, प्रदर्शन ट्यूनिंग रणनीतियों को लागू करने, क्वेरीज़, इंडेक्स और कैशिंग तंत्र को अनुकूलित करने और नियमित रूप से एक्सेस नियंत्रण और अनुमतियों की समीक्षा और अद्यतन करके प्रदर्शन को अनुकूलित कर सकते हैं।

अध्याय 20: क्लाउड गवर्नेंस और लागत अनुकूलन

20.1 क्लाउड लागत आवंटन और बजटिंग: क्लाउड में लागत दक्षता को अधिकतम करना

क्लाउड लागत आवंटन और बजटिंग क्लाउड लागत प्रबंधन के महत्वपूर्ण पहलू हैं, जो संगठनों को वित्तीय दृश्यता हासिल करने, संसाधन उपयोग को अनुकूलित करने और व्यावसायिक उद्देश्यों के साथ क्लाउड खर्च को संरेखित करने में सक्षम बनाते हैं। क्लाउड लागत आवंटन के लिए सर्वोत्तम प्रथाओं को लागू करके, संगठन लागतों का सटीक निर्धारण कर सकते हैं, जवाबदेही को बढ़ावा दे सकते हैं और सूचित संसाधन आवंटन निर्णय ले सकते हैं। प्रभावी बजटिंग प्रथाएँ लागत नियंत्रण सुनिश्चित करती हैं और क्लाउड खर्च के सक्रिय प्रबंधन की सुविधा प्रदान करती हैं। क्लाउड लागत आवंटन और बजटिंग रणनीतियों का लाभ उठाकर, संगठन लागत दक्षता हासिल कर सकते हैं, अपने क्लाउड निवेश को अधिकतम कर सकते हैं और गतिशील क्लाउड कंप्यूटिंग परिदृश्य में संसाधन उपयोग को अनुकूलित कर सकते हैं।

20.1.1. क्लाउड लागत आवंटन को समझना:

क्लाउड लागत आवंटन में विशिष्ट व्यावसायिक इकाइयों, विभागों, परियोजनाओं या टीमों को क्लाउड संसाधन उपयोग की लागत का श्रेय देना शामिल है। यह प्रक्रिया संसाधन खपत में दृश्यता प्रदान करती है और उच्च व्यय वाले क्षेत्रों की पहचान करने में मदद करती है।

क्लाउड लागत आवंटन के प्रमुख घटक:

- टैगिंग और लेबल:क्लाउड प्रदाता क्लाउड संसाधनों को मेटाडेटा निर्दिष्ट करने के लिए टैगिंग तंत्र प्रदान करते हैं। टैग का उपयोग संसाधनों को वर्गीकृत करने और उनकी संबंधित लागतों को ट्रैक करने के लिए किया जा सकता है, जिससे किसी संगठन के विभिन्न पहलुओं से जुड़े खर्चों को समझना आसान हो जाता है।
- लागत आवंटन रिपोर्ट:क्लाउड प्रदाता लागत आवंटन रिपोर्ट पेश करते हैं जो संगठनों को पूर्वनिर्धारित टैग या कस्टम आयामों के आधार पर संसाधन लागत को देखने और विश्लेषण करने में सक्षम बनाते हैं। ये रिपोर्ट वित्तीय निर्णय लेने में सहायता करते हुए, खर्चों का स्पष्ट विवरण प्रस्तुत करती हैं।
- लागत आवंटन उपकरण: तृतीय-पक्ष उपकरण और क्लाउड प्रबंधन प्लेटफ़ॉर्म स्वचालित टैगिंग, लागत एट्रिब्यूशन और विस्तृत रिपोर्टिंग सहित उन्नत लागत आवंटन क्षमताएं प्रदान करते हैं। ये उपकरण लागत आवंटन और संसाधन उपयोग को अनुकूलित करने की प्रक्रिया को सुव्यवस्थित करते हैं।

20.1.2. क्लाउड लागत आवंटन के लाभ:

- वित्तीय दृश्यता: क्लाउड लागत आवंटन विशिष्ट संस्थाओं को लागत का श्रेय देकर क्लाउड खर्च में पारदर्शिता प्रदान करता है। यह संगठनों को संसाधन उपयोग पैटर्न को समझने और संसाधन आवंटन और अनुकूलन के संबंध में सूचित निर्णय लेने में सक्षम बनाता है। वित्तीय पारदर्शिता संगठनों को उन क्षेत्रों की पहचान करने की अनुमति देती है जहां लागत-बचत उपायों को प्रभावी ढंग से लागू किया जा सकता है।
- जवाबदेही और शासन: लागत आवंटन जिम्मेदार संस्थाओं को लागत का श्रेय देकर, लागत-सचेत व्यवहार को प्रोत्साहित करके और शासन और अनुपालन आवश्यकताओं को सुविधाजनक बनाकर जवाबदेही को बढ़ावा देता है। जब टीमों को उनके उपयोग और उससे जुड़ी लागतों के बारे में पता होता है, तो उनके जिम्मेदारीपूर्वक और कुशलता से कार्य करने की अधिक संभावना होती है।
- संसाधन अनुकूलन: उच्च व्यय वाले क्षेत्रों की पहचान करके, संगठन संसाधन उपयोग को अनुकूलित कर सकते हैं, लागत-बचत के अवसरों की पहचान कर सकते हैं और लागत अनुकूलन रणनीतियों को प्रभावी ढंग से लागू कर सकते हैं। इससे संसाधन दक्षता में वृद्धि होती है और समग्र क्लाउड खर्च कम हो जाता है।
- डेटा-संचालित निर्णय लेना:सटीक लागत आवंटन डेटा संगठनों को संसाधन आवंटन, क्षमता योजना और बजट के संबंध में डेटा-संचालित निर्णय लेने का अधिकार देता है। ऐसे निर्णय ठोस वित्तीय अंतर्दृष्टि पर आधारित होते हैं, जो प्रभावी क्लाउड लागत प्रबंधन के लिए आवश्यक हैं।

20.1.3. क्लाउड लागत आवंटन और बजटिंग के लिए सर्वोत्तम अभ्यास:

- टैगिंग रणनीति स्थापित करें:एक मानकीकृत टैगिंग रणनीति परिभाषित करें जो संगठनात्मक लक्ष्यों और संसाधन वर्गीकरण आवश्यकताओं के साथ संरेखित हो। लगातार टैगिंग प्रथाएं यह सुनिश्चित करती हैं कि संसाधनों को उचित

रूप से वर्गीकृत किया गया है और लागत निर्धारण के लिए आसानी से ट्रैक किया जा सकता है। लागत आवंटन प्रक्रिया में उनका सहयोग सुनिश्चित करने के लिए टीमों और हितधारकों को लगातार टैगिंग प्रथाओं के महत्व के बारे में शिक्षित करें।

• लागत आवंटन को संगठनात्मक संरचना के साथ संरेखित करें:विशिष्ट क्लाउड संसाधनों के लिए जिम्मेदार संगठनात्मक संरचना, व्यावसायिक इकाइयों, परियोजनाओं या टीमों को प्रतिबिंबित करने के लिए लागत आवंटन मानचित्र। संगठनात्मक संस्थाओं के साथ लागत संरेखित करने से जवाबदेही बढ़ती है और बेहतर संसाधन ट्रैकिंग सक्षम होती है। लागत निर्धारण में सटीकता बनाए रखते हुए, संगठनात्मक संरचना या संसाधन स्वामित्व में परिवर्तनों को समायोजित करने के लिए लागत आवंटन मैपिंग की नियमित रूप से समीक्षा और अद्यतन करें।

• स्वचालित टैगिंग और लागत एट्रिब्यूशन:पूर्वनिर्धारित नियमों या संसाधन विशेषताओं के आधार पर संसाधनों पर टैग और विशेषताओं को स्वचालित रूप से लागू करने के लिए स्वचालन उपकरण और क्लाउड प्रबंधन प्लेटफ़ॉर्म का लाभ उठाएं। स्वचालन लागत आवंटन प्रक्रिया को सुव्यवस्थित करता है और मानवीय त्रुटि की संभावना को कम करता है। व्यापक और सटीक रिपोर्टिंग सुनिश्चित करते हुए, लागत आवंटन डेटा को कुशलतापूर्वक एकत्र करने और समेकित करने के लिए क्लाउड प्रदाता एपीआई या तृतीय-पक्ष एकीकरण का उपयोग करें।

• ग्रैनुलर लागत रिपोर्टिंग लागू करें:व्यावसायिक आवश्यकताओं के आधार पर सार्थक लागत आवंटन रिपोर्ट को परिभाषित करें, प्रासंगिक लागत आवंटन मानदंड को पकड़ने के लिए टैग या कस्टम आयामों का उपयोग करें। ग्रैन्युलर लागत रिपोर्टिंग खर्च पैटर्न में विस्तृत अंतर्दृष्टि प्रदान करती है, जिससे बेहतर निर्णय लेने में सुविधा होती है। बेहतर दृश्यता और लागत अंतर्दृष्टि के लिए रिपोर्ट तैयार करने और उसका विश्लेषण करने के लिए लागत रिपोर्टिंग टूल का लाभ उठाएं। ये उपकरण क्लाउड खर्च में रुझानों और विसंगतियों की पहचान करने में मदद करते हैं, लागत अनुकूलन प्रयासों में सहायता करते हैं।

• बजट सेट करें और मॉनिटर करें:व्यावसायिक उद्देश्यों और संसाधन आवश्यकताओं के अनुरूप क्लाउड व्यय बजट स्थापित करें। बजट लागत नियंत्रण के लिए एक रूपरेखा प्रदान करते हैं और संगठन के लक्ष्यों के अनुरूप खर्च निर्णयों का मार्गदर्शन करते हैं। बजटीय राशि के विरुद्ध क्लाउड खर्च की लगातार निगरानी करें और वित्तीय अनुशासन बनाए रखने के लिए लागत वृद्धि या बजट विचलन का सक्रिय रूप से प्रबंधन करें।

• नियमित रूप से समीक्षा करें और अनुकूलन करें:लागत बाह्य कारकों, संसाधन अक्षमताओं और संभावित लागत अनुकूलन अवसरों की पहचान करने के लिए नियमित लागत समीक्षा और विश्लेषण करें। आवधिक मूल्यांकन क्लाउड लागत प्रबंधन में निरंतर सुधार को सक्षम बनाता है। प्रदर्शन से समझौता किए बिना लागत को अनुकूलित करने के लिए लागत अनुकूलन रणनीतियों को लागू करें, जैसे उदाहरणों को अधिकार देना, आरक्षित उदाहरणों का लाभ उठाना, या स्पॉट उदाहरणों का उपयोग करना।

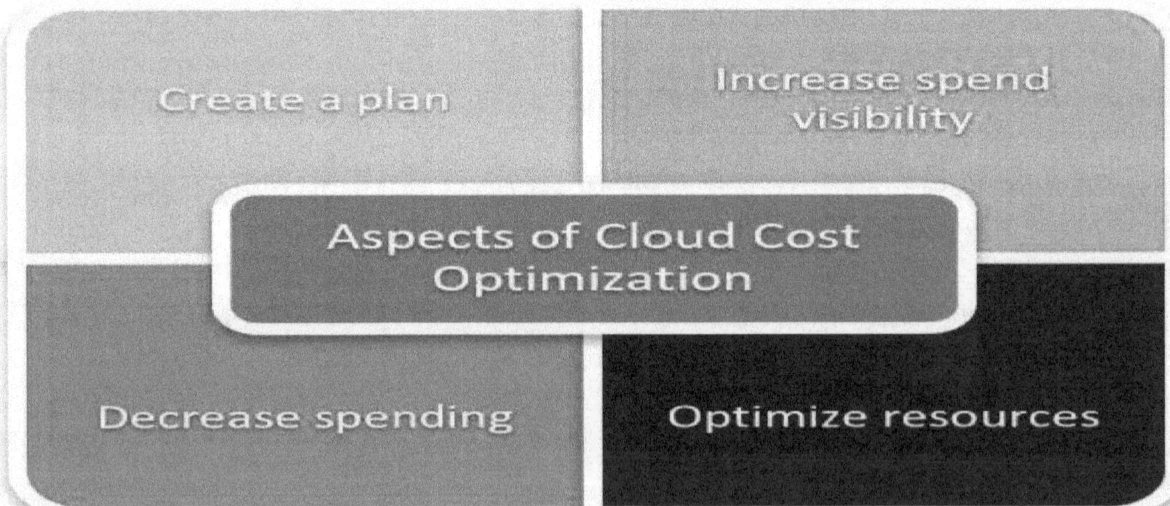

20.2 सही आकार और संसाधन अनुकूलन

क्लाउड में इष्टतम प्रदर्शन और लागत दक्षता प्राप्त करने के लिए सही आकार और संसाधन अनुकूलन आवश्यक अभ्यास हैं। कार्यभार पैटर्न का विश्लेषण करके, संसाधन उपयोग की निगरानी करके, और सूचित अनुकूलन निर्णय लेकर, संगठन कार्यभार आवश्यकताओं को सटीक रूप से पूरा करने के लिए अपने क्लाउड संसाधनों को सही आकार दे सकते हैं। संसाधन कॉन्फ़िगरेशन, निरंतर निगरानी और अनुकूलन के लिए सर्वोत्तम प्रथाओं को लागू करने से संगठन दक्षता को अधिकतम करने, लागत को कम करने और क्लाउड वातावरण में समग्र प्रदर्शन में सुधार करने में सक्षम होते हैं। सही आकार और संसाधन अनुकूलन रणनीतियों को अपनाकर, संगठन अपने संसाधन उपयोग और लागत-प्रभावशीलता को अनुकूलित करते हुए क्लाउड कंप्यूटिंग के लाभों का पूरी तरह से लाभ उठा सकते हैं।

20.2 1. सही आकार और संसाधन अनुकूलन को समझना:

राइट-साइज़िंग में वास्तविक कार्यभार की माँगों का सटीक मिलान करने के लिए क्लाउड संसाधनों को संरेखित करना शामिल है, जैसे कि गणना उदाहरण या भंडारण। संसाधन अनुकूलन से तात्पर्य अधिकतम दक्षता और लागत बचत प्राप्त करने के लिए संसाधन कॉन्फ़िगरेशन और सेटिंग्स का विश्लेषण और समायोजन करना है।

सही आकार और संसाधन अनुकूलन के प्रमुख घटक:

- अदाकारी का समीक्षण: संसाधनों को प्रभावी ढंग से सही आकार देने के लिए, संगठनों को अपने कार्यभार पैटर्न और उपयोग मेट्रिक्स का गहन विश्लेषण करने की आवश्यकता है। इस विश्लेषण में संसाधन आवश्यकताओं को समझने और संभावित अक्षमताओं की पहचान करने के लिए प्रदर्शन डेटा की निगरानी करना शामिल है, जैसे सीपीयू उपयोग, मेमोरी उपयोग और नेटवर्क ट्रैफ़िक।
- संसाधन विन्यास:एक बार प्रदर्शन विश्लेषण पूरा हो जाने पर, संगठन अपने क्लाउड वातावरण को अनुकूलित करने के लिए संसाधन विशिष्टताओं को समायोजित कर सकते हैं। इसमें उपयुक्त इंस्टेंस प्रकार, भंडारण क्षमता, या नेटवर्क कॉन्फ़िगरेशन का चयन करना शामिल हो सकता है जो कार्यभार की आवश्यकताओं से सर्वोत्तम रूप से मेल खाता हो।
- प्रदर्शन निगरानी और विश्लेषण: चल रही दक्षता और अनुकूलन सुनिश्चित करने के लिए, संगठनों को निगरानी उपकरण और प्रदर्शन विश्लेषण का उपयोग करना चाहिए। ये उपकरण लगातार संसाधन उपयोग को मापते हैं, प्रदर्शन बाधाओं की पहचान करते हैं, और अनुकूलन निर्णयों को सूचित करने के लिए मूल्यवान अंतर्दृष्टि प्रदान करते हैं।

20.2 2. सही आकार और संसाधन अनुकूलन के लाभ:

- लागत बचत: सही आकार और संसाधन अनुकूलन के प्राथमिक लाभों में से एक महत्वपूर्ण लागत बचत है। कार्यभार की माँगों के साथ संसाधनों का सटीक मिलान करके और अधिक प्रावधान से बचकर, संगठन अनावश्यक खर्चों को कम कर सकते हैं और अपने क्लाउड खर्च को अनुकूलित कर सकते हैं।
- बेहतर प्रदर्शन: अनुकूलित संसाधन कॉन्फ़िगरेशन यह सुनिश्चित करता है कि एप्लिकेशन और वर्कलोड के पास इष्टतम प्रदर्शन देने के लिए उपयुक्त संसाधन हों। संसाधन बर्बादी में कमी और आवंटन में सुधार विलंबता को कम करने और उपयोगकर्ता अनुभव को बढ़ाने में मदद करता है।
- स्केलेबिलिटी और लचीलापन: सही आकार और संसाधन अनुकूलन संगठनों को कार्यभार आवश्यकताओं के आधार पर संसाधनों को गतिशील रूप से ऊपर या नीचे स्केल करने में सक्षम बनाता है। यह स्केलेबिलिटी और लचीलापन उन्हें बदलती मांगों को कुशलतापूर्वक अनुकूलित करने की अनुमति देता है।
- पर्यावरणीय प्रभाव: संसाधन उपयोग को अनुकूलित करके और अधिक प्रावधान को कम करके, संगठन अपनी ऊर्जा खपत और कार्बन पदचिह्न को कम कर सकते हैं। यह टिकाऊ और पर्यावरणीय रूप से जिम्मेदार प्रथाओं में योगदान देता है।

20.2.3. सही आकार और संसाधन अनुकूलन के लिए सर्वोत्तम अभ्यास:

20.2.3.1 प्रदर्शन विश्लेषण और कार्यभार प्रोफ़ाइलिंग:

- कार्यभार पैटर्न की निगरानी करें: कम उपयोग किए गए या अधिक उपयोग किए गए संसाधनों की पहचान करने के लिए नियमित रूप से कार्यभार पैटर्न और संसाधन उपयोग मेट्रिक्स की निगरानी करें। यह समझना कि चरम और औसत स्तर पर संसाधनों का उपयोग कैसे किया जाता है, सही आकार के निर्णय लेने में मदद करता है।

• निरंतर निगरानी: संसाधन उपयोग को ट्रैक करने और प्रदर्शन बाधाओं की पहचान करने के लिए क्लाउड मॉनिटरिंग टूल का उपयोग करें। निरंतर निगरानी यह सुनिश्चित करती है कि संसाधन अनुकूलन एक सतत प्रक्रिया बनी रहे।

20.2.3.2 कंप्यूट उदाहरणों का अधिकार निर्धारण:

• संसाधन उपयोग का विश्लेषण करें: इष्टतम संसाधन आवंटन सुनिश्चित करने के लिए कंप्यूट इंस्टेंसेस के सीपीयू, मेमोरी और नेटवर्क उपयोग का विश्लेषण करें। कार्यभार विशेषताओं और प्रदर्शन आवश्यकताओं के लिए उदाहरण प्रकार और आकार का मिलान आवश्यक है।

• स्केलेबिलिटी आवश्यकताओं पर विचार करें: गणना उदाहरण प्रकारों का चयन करते समय कार्यभार की स्केलेबिलिटी आवश्यकताओं को ध्यान में रखें। ऐसे उदाहरण चुनें जो अनावश्यक लागत खर्च किए बिना मांग में संभावित वृद्धि को संभाल सकें।

20.2.3.3 भंडारण अनुकूलन:• डेटा संग्रहण आवश्यकताओं का मूल्यांकन करें:डेटा एक्सेस आवृत्ति, डेटा स्थायित्व और I/O आवश्यकताओं सहित डेटा भंडारण आवश्यकताओं का मूल्यांकन करें। यह मूल्यांकन डेटा उपलब्धता और प्रदर्शन सुनिश्चित करते हुए सबसे अधिक लागत प्रभावी भंडारण समाधान निर्धारित करने में मदद करता है।

• भंडारण स्तरों का उपयोग करें: डेटा उपयोग पैटर्न के आधार पर लागत को अनुकूलित करने के लिए गर्म, गर्म और ठंडे भंडारण जैसे भंडारण स्तरों का लाभ उठाएं। बार-बार एक्सेस किए गए डेटा को उच्च-प्रदर्शन स्तरों में संग्रहीत किया जाना चाहिए, जबकि कम बार एक्सेस किए गए डेटा को कम लागत वाले स्तरों में संग्रहीत किया जा सकता है।

20.2.3.4 ऑटोस्केलिंग और लोच:

• ऑटोस्केलिंग लागू करें: कार्यभार की माँगों के आधार पर संसाधनों को गतिशील रूप से समायोजित करने के लिए ऑटोस्केलिंग क्षमताओं को लागू करें। ऑटोस्केलिंग यह सुनिश्चित करती है कि पर्यावरण मानवीय हस्तक्षेप के बिना उतार-चढ़ाव वाले कार्यभार को संभाल सकता है।

• क्लाउड प्रदाता सुविधाओं का उपयोग करें:पूर्वनिर्धारित नीतियों और ट्रिगर्स के आधार पर संसाधनों को स्वचालित रूप से ऊपर या नीचे स्केल करने के लिए ऑटो स्केलिंग ग्रुप या इलास्टिक लोड बैलेंसर्स जैसी क्लाउड प्रदाता सुविधाओं का उपयोग करें।

20.2.3.5 स्पॉट इंस्टेंस और आरक्षित इंस्टेंस का उपयोग करें:

• स्पॉट उदाहरण:गैर-महत्वपूर्ण कार्यभार या समय-लचीली बैच प्रोसेसिंग के लिए स्पॉट इंस्टेंस का उपयोग करने पर विचार करें, जो कम कीमतों पर अतिरिक्त क्षमता प्रदान करते हैं। रणनीतिक रूप से उपयोग किए जाने पर स्पॉट इंस्टेंस महत्वपूर्ण लागत बचत प्रदान कर सकते हैं।

• आरक्षित उदाहरण: रियायती मूल्य निर्धारण के माध्यम से लागत बचत प्राप्त करने के लिए लगातार मांग के साथ कार्यभार के लिए आरक्षित उदाहरणों का उपयोग करें। आरक्षित उदाहरण दीर्घकालिक कार्यभार के लिए लागत पूर्वानुमान प्रदान करते हैं।

20.2.3.6 सतत अनुकूलन और लागत विश्लेषण:

• नियमित लागत समीक्षा:लागत आवंटन रिपोर्ट की नियमित रूप से समीक्षा करें और आगे अनुकूलन के अवसरों की पहचान करने के लिए लागत विश्लेषण करें। यह निरंतर अनुकूलन दृष्टिकोण यह सुनिश्चित करता है कि क्लाउड वातावरण समय के साथ लागत-कुशल बना रहे।

• क्लाउड प्रदाता उपकरण खोजें: क्लाउड प्रदाता विभिन्न लागत अनुकूलन उपकरण और सेवाएँ प्रदान करते हैं जो संसाधन उपयोग और लागत-बचत के अवसरों में अंतर्दृष्टि प्रदान करते हैं। अनुकूलन के लिए मूल्यवान डेटा और अनुशंसाएँ प्राप्त करने के लिए इन उपकरणों का लाभ उठाएँ।

20.3 क्लाउड के लिए लागत रिपोर्टिंग और विश्लेषण: वित्तीय अंतर्दृष्टि प्राप्त करना और व्यय को अनुकूलित करना

लागत रिपोर्टिंग और विश्लेषण प्रभावी क्लाउड लागत प्रबंधन के अभिन्न अंग हैं। लागत डेटा संग्रह, एकत्रीकरण, विज़ुअलाइज़ेशन और विश्लेषण के लिए सर्वोत्तम प्रथाओं को अपनाकर, संगठन व्यापक वित्तीय दृश्यता प्राप्त कर सकते हैं, क्लाउड खर्च को अनुकूलित कर सकते हैं और संसाधन आवंटन और लागत-बचत उपायों के बारे में सूचित

निर्णय ले सकते हैं। क्लाउड लागत की निरंतर निगरानी, विश्लेषण और अनुकूलन संगठनों को लागत दक्षता को अधिकतम करने, बजट की अधिकता को रोकने और गतिशील क्लाउड कंप्यूटिंग परिदृश्य में संसाधन उपयोग को अनुकूलित करने में सक्षम बनाता है। मजबूत लागत रिपोर्टिंग और विश्लेषण प्रथाओं को लागू करके, संगठन अपने क्लाउड खर्चों को प्रभावी ढंग से प्रबंधित कर सकते हैं और वित्तीय नियंत्रण बनाए रखते हुए क्लाउड कंप्यूटिंग की पूरी क्षमता को अनलॉक कर सकते हैं।

20.3.1. लागत रिपोर्टिंग और विश्लेषण को समझना:

क्लाउड में लागत रिपोर्टिंग और विश्लेषण में सावधानीपूर्वक ट्रैकिंग, संपूर्ण विश्लेषण और क्लाउड व्यय का दृश्य प्रतिनिधित्व शामिल है। प्राथमिक लक्ष्य संसाधन उपभोग पैटर्न, लागत चालकों और लागत अनुकूलन के अवसरों में अंतर्दृष्टि प्राप्त करना है। ऐसा करने से, संगठन व्यापक वित्तीय दृश्यता प्राप्त कर सकते हैं और लागत प्रबंधन के लिए डेटा-संचालित निर्णय ले सकते हैं।

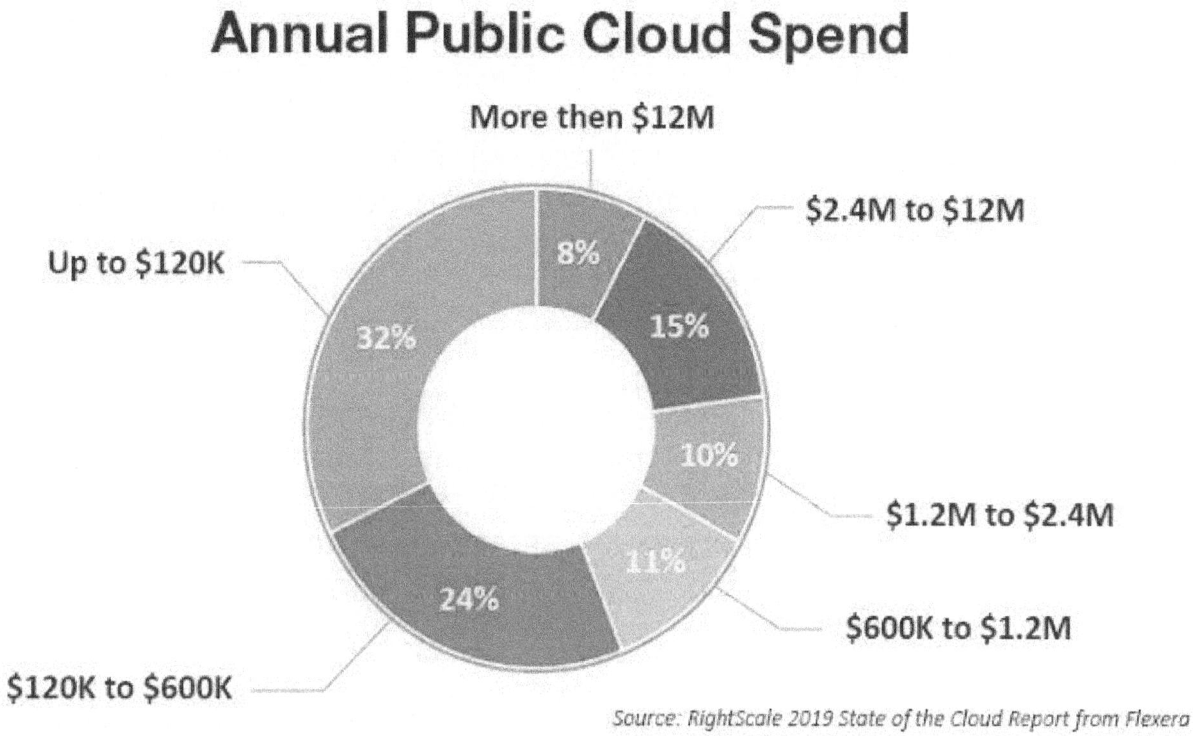

लागत रिपोर्टिंग और विश्लेषण के प्रमुख घटक:

- लागत डेटा संग्रह: उपयोग, मूल्य निर्धारण और बिलिंग की जानकारी सहित क्लाउड सेवा प्रदाताओं से विस्तृत लागत डेटा एकत्र करने की प्रक्रिया।
- डेटा एकत्रीकरण और समेकन: क्लाउड खर्च का एकीकृत और सुसंगत दृष्टिकोण बनाने के लिए कई स्रोतों या खातों से लागत डेटा एकत्र करना।
- रिपोर्टिंग और विज़ुअलाइज़ेशन: खर्च के पैटर्न और रुझानों में स्पष्ट दृश्यता प्रदान करने के लिए आकर्षक डैशबोर्ड, चार्ट और रिपोर्ट के माध्यम से लागत डेटा प्रस्तुत करना।
- लागत विश्लेषण और अनुकूलन:लागत चालकों की पहचान करने, लागत-बचत के अवसरों को उजागर करने और क्लाउड खर्च को अनुकूलित करने के लिए रणनीति तैयार करने के लिए लागत डेटा का सावधानीपूर्वक विश्लेषण करें।

20.3.2. लागत रिपोर्टिंग और विश्लेषण के लाभ:

- वित्तीय दृश्यता:लागत रिपोर्टिंग और विश्लेषण क्लाउड खर्च पैटर्न का एक स्पष्ट दृष्टिकोण प्रदान करते हैं, जिससे संगठनों को विभिन्न विभागों, परियोजनाओं या सेवाओं में संसाधन खपत, लागत रुझान और लागत आवंटन को समझने में मदद मिलती है।

• लागत अनुकूलन: लागत डेटा का विश्लेषण करके, संगठन कम उपयोग किए गए संसाधनों की पहचान कर सकते हैं, संसाधन आवंटन को अनुकूलित कर सकते हैं और अनावश्यक खर्चों को कम करने के लिए लागत-बचत रणनीतियों को लागू कर सकते हैं।

• बजट नियंत्रण:लागत रिपोर्टिंग और विश्लेषण बजटीय राशियों के विरुद्ध वास्तविक लागतों पर नज़र रखकर प्रभावी बजट प्रबंधन को सक्षम बनाता है। इससे संगठनों को खर्च नियंत्रित करने और लागत वृद्धि को रोकने के लिए सक्रिय उपाय करने में मदद मिलती है।

• डेटा-संचालित निर्णय लेना: लागत डेटा अंतर्दृष्टि संसाधन चयन, क्षमता योजना, मूल्य निर्धारण मॉडल और लागत अनुकूलन रणनीतियों के संबंध में सूचित निर्णय लेने की सुविधा प्रदान करती है। इससे अधिक कुशल और लागत प्रभावी क्लाउड संसाधन प्रबंधन होता है।

20.3.3. लागत रिपोर्टिंग और विश्लेषण के लिए सर्वोत्तम अभ्यास:

• लागत आवंटन और टैगिंग रणनीति परिभाषित करें: क्लाउड संसाधनों को मेटाडेटा आवंटित करने के लिए एक सतत टैगिंग रणनीति स्थापित करें, जिससे विभागों, परियोजनाओं या टीमों में प्रभावी लागत आवंटन सक्षम हो सके। संसाधनों को वर्गीकृत करने और लागतों को सटीक रूप से ट्रैक करने के लिए पूर्वनिर्धारित या कस्टम टैग का उपयोग करें।

• स्वचालित लागत डेटा संग्रह लागू करें: उपयोग, मूल्य निर्धारण और बिलिंग जानकारी सहित विस्तृत लागत डेटा के संग्रह को स्वचालित करने के लिए क्लाउड प्रदाता एपीआई या तृतीय-पक्ष टूल का लाभ उठाएं। सटीकता और पूर्णता सुनिश्चित करने के लिए लागत डेटा का नियमित रूप से मिलान करें।

• लागत डेटा और एकत्रीकरण को केंद्रीकृत करें: एकीकृत रिपोर्टिंग और विश्लेषण के लिए कई क्लाउड खातों, क्षेत्रों या सेवाओं से लागत डेटा को एक केंद्रीकृत भंडार में समेकित करें। निर्बाध डेटा एकत्रीकरण के लिए क्लाउड प्रबंधन प्लेटफ़ॉर्म या तृतीय-पक्ष टूल का उपयोग करें।

• लागत डेटा को विजुअलाइज़ करें और प्रस्तुत करें: लागत डेटा को स्पष्ट और आसानी से समझने योग्य प्रारूप में प्रस्तुत करने के लिए विजुअलाइज़ेशन टूल और डैशबोर्ड का उपयोग करें। रिपोर्ट और चार्ट तैयार करें जो विभिन्न आयामों में खर्च पैटर्न, लागत रुझान और लागत आवंटन में अंतर्दृष्टि प्रदान करते हैं।

• लागत चालकों और अनुकूलन अवसरों का विश्लेषण करें: लागत चालकों की पहचान करने के लिए लागत विश्लेषण करें, जैसे कि अधिक प्रावधानित संसाधन, निष्क्रिय उदाहरण, या भंडारण अक्षमताएं। अनुकूलन अवसरों को उजागर करने और लागत-बचत रणनीतियों को लागू करने के लिए नियमित रूप से लागत रिपोर्ट की समीक्षा करें और विश्लेषण करें।

• बजट ट्रैकिंग और अलर्ट: बजटीय राशियों के विरुद्ध वास्तविक लागतों की तुलना करते हुए, क्लाउड व्यय बजट सेट करें और उसकी निगरानी करें। जब खर्च पूर्वनिर्धारित सीमा के करीब पहुंचता है या उससे अधिक हो जाता है तो हितधारकों को सूचित करने के लिए चेतावनी तंत्र लागू करें।

• नियमित समीक्षा और सतत अनुकूलन: संभावित लागत-बचत उपायों की पहचान करने और कार्यान्वित रणनीतियों की प्रभावशीलता को मान्य करने के लिए नियमित लागत समीक्षा और अनुकूलन मूल्यांकन आयोजित करें। व्यावसायिक उद्देश्यों के साथ लागत अनुकूलन प्रयासों को संरेखित करने के लिए वित्त, संचालन और तकनीकी टीमों सहित हितधारकों के साथ सहयोग करें।

अभ्यास

बहु विकल्पीय प्रश्न

1. क्लाउड लागत आवंटन का मुख्य उद्देश्य क्या है?

a) क्लाउड खर्च और संसाधन उपयोग को अनुकूलित करने के लिए।
b) वित्तीय दृश्यता और पारदर्शिता प्राप्त करना।
c) लागत-बचत रणनीतियों को प्रभावी ढंग से लागू करना।
d) लागत आवंटन की प्रक्रिया को सुव्यवस्थित करना।

2. क्लाउड लागत आवंटन के प्रमुख घटक क्या हैं?

a) प्रदर्शन विश्लेषण, संसाधन विन्यास और प्रदर्शन निगरानी।
b) टैगिंग और लेबल, लागत आवंटन रिपोर्ट और लागत आवंटन उपकरण।
c) वित्तीय दृश्यता, जवाबदेही और डेटा-संचालित निर्णय लेना।
d) संसाधन अनुकूलन, लागत डेटा संग्रह और बजट ट्रैकिंग।

3. क्लाउड लागत आवंटन संगठनों में जवाबदेही को कैसे बढ़ावा देता है?

a) स्वचालित लागत डेटा संग्रह लागू करके।
b) विशिष्ट व्यावसायिक इकाइयों या टीमों को लागत का श्रेय देकर।
c) डेटा एकत्रीकरण के लिए क्लाउड प्रदाता एपीआई का उपयोग करके।
d) क्लाउड व्यय बजट निर्धारित और निगरानी करके।

4. क्लाउड लागतों की निरंतर निगरानी और विश्लेषण का क्या लाभ है?

a) यह प्रभावी बजट प्रबंधन और लागत नियंत्रण को सक्षम बनाता है।
b) यह संगठनों को अपने क्लाउड निवेश को अधिकतम करने की अनुमति देता है।
c) यह संसाधन उपभोग पैटर्न में अंतर्दृष्टि प्रदान करता है।
d) यह संगठनों को लागत प्रबंधन के लिए डेटा-संचालित निर्णय लेने में मदद करता है।

5. क्लाउड लागत आवंटन के किस घटक में लागत डेटा को दृश्यात्मक रूप से आकर्षक ढंग से प्रस्तुत करना शामिल है प्रारूप?

a) प्रदर्शन विश्लेषण और कार्यभार प्रोफाइलिंग।
b) स्वचालित लागत डेटा संग्रह लागू करना।
c) डेटा एकत्रीकरण और समेकन.
d) रिपोर्टिंग और विज़ुअलाइज़ेशन.

6. क्लाउड में लागत रिपोर्टिंग और विश्लेषण का प्राथमिक लक्ष्य क्या है?

a) लागत आवंटन की प्रक्रिया को सुव्यवस्थित करना।
b) वित्तीय दृश्यता और पारदर्शिता प्राप्त करना।
c) क्लाउड खर्च और संसाधन उपयोग को अनुकूलित करने के लिए।
d) जवाबदेही और शासन को बढ़ावा देना।

7. किस सर्वोत्तम अभ्यास में क्लाउड संसाधनों के लिए एक सुसंगत टैगिंग रणनीति स्थापित करना शामिल है?

a) क्लाउड लागतों की नियमित रूप से समीक्षा और अनुकूलन करना।
b) डेटा संग्रह के लिए क्लाउड प्रदाता एपीआई का उपयोग करना।
c) सार्थक लागत आवंटन रिपोर्ट को परिभाषित करना।
d) लागत आवंटन के लिए एक टैगिंग रणनीति स्थापित करना।

8. संगठन लागत रिपोर्टिंग और विश्लेषण के माध्यम से क्लाउड खर्च को कैसे अनुकूलित कर सकते हैं?

a) लागत अनुकूलन रणनीतियों को लागू करके।
b) क्लाउड प्रबंधन प्लेटफ़ॉर्म का उपयोग करके।

c) क्लाउड व्यय बजट निर्धारित और निगरानी करके।
d) लागत डेटा का विश्लेषण करके और लागत-बचत के अवसरों को उजागर करके।

9. लागत रिपोर्टिंग और विश्लेषण का प्रमुख घटक क्या है जिसमें लागत डेटा एकत्र करना शामिल है? कई स्रोत?

a) लागत डेटा को विजुअलाइज़ करना और प्रस्तुत करना।
b) स्वचालित लागत डेटा संग्रह लागू करना।
c) लागत विश्लेषण और अनुकूलन.
d) डेटा एकत्रीकरण और समेकन.

10. क्लाउड लागत आवंटन संगठनों को डेटा-संचालित निर्णय लेने में कैसे सक्षम बनाता है?

a) बजट ट्रैकिंग और अलर्ट लागू करके।
b) जवाबदेही के लिए विशिष्ट संस्थाओं को लागत का श्रेय देकर।
c) संसाधन उपभोग पैटर्न में अंतर्दृष्टि प्रदान करके।
d) एक मानकीकृत टैगिंग रणनीति स्थापित करके।

11. क्लाउड लागतों की निरंतर समीक्षा और अनुकूलन का क्या लाभ है?

a) यह प्रभावी बजट प्रबंधन और लागत नियंत्रण को सक्षम बनाता है।
b) यह वित्तीय दृश्यता और पारदर्शिता प्रदान करता है।
c) यह जवाबदेही और शासन को बढ़ावा देता है।
d) यह संगठनों को अपने क्लाउड निवेश को अधिकतम करने की अनुमति देता है।

समीक्षा प्रश्न

1. क्लाउड लागत आवंटन का उद्देश्य क्या है, और यह संगठनों को अपने क्लाउड खर्चों को प्रभावी ढंग से प्रबंधित करने में कैसे मदद करता है?
2. क्लाउड लागत आवंटन के प्रमुख घटक क्या हैं, और वे सटीक लागत निर्धारण में कैसे योगदान करते हैं?
3. क्लाउड लागत आवंटन संगठनों के भीतर जवाबदेही और लागत-सचेत व्यवहार को कैसे बढ़ावा देता है?
4. क्लाउड लागत प्रबंधन में विस्तृत लागत रिपोर्टिंग लागू करने के क्या लाभ हैं?
5. बेहतर संसाधन ट्रैकिंग और जवाबदेही के लिए संगठन अपने संगठनात्मक ढांचे के साथ क्लाउड लागत आवंटन को कैसे संरेखित कर सकते हैं?
6. क्लाउड लागत आवंटन प्रक्रिया में स्वचालित टैगिंग और लागत एट्रिब्यूशन क्या भूमिका निभाते हैं?
7. क्लाउड लागतों की निरंतर समीक्षा और अनुकूलन से दीर्घकालिक लागत दक्षता और बेहतर संसाधन उपयोग कैसे हो सकता है?
8. क्लाउड लागत रिपोर्टिंग और विश्लेषण प्रभावी बजट प्रबंधन और लागत नियंत्रण में कैसे योगदान दे सकते हैं?
9. डेटा-संचालित निर्णय-प्रक्रिया, सटीक लागत आवंटन डेटा द्वारा सुगम, क्लाउड लागत प्रबंधन को कैसे बढ़ाती है?

उत्तर अनुभाग

बहु विकल्पीय प्रश्न

1. b) वित्तीय दृश्यता और पारदर्शिता प्राप्त करना।
2. b) टैगिंग और लेबल, लागत आवंटन रिपोर्ट, और लागत आवंटन उपकरण।
3. b) विशिष्ट व्यावसायिक इकाइयों या टीमों को लागत का श्रेय देकर।
4. c) यह संसाधन उपभोग पैटर्न में अंतर्दृष्टि प्रदान करता है।
5. d) रिपोर्टिंग और विजुअलाइज़ेशन।
6. b) वित्तीय दृश्यता और पारदर्शिता प्राप्त करना।

7. d) लागत आवंटन के लिए एक टैगिंग रणनीति स्थापित करना।
8. d) लागत डेटा का विश्लेषण करके और लागत-बचत के अवसरों को उजागर करके।
9. d) डेटा एकत्रीकरण और समेकन।
10. c) संसाधन उपभोग पैटर्न में अंतर्दृष्टि प्रदान करके।
11. a) यह प्रभावी बजट प्रबंधन और लागत नियंत्रण को सक्षम बनाता है।

समीक्षा प्रश्न

1. क्लाउड लागत आवंटन का उद्देश्य क्लाउड संसाधन उपयोग की लागत को विशिष्ट संस्थाओं, जैसे व्यावसायिक इकाइयों, परियोजनाओं या टीमों को देना है। यह प्रक्रिया वित्तीय दृश्यता और पारदर्शिता प्रदान करती है, जिससे संगठनों को संसाधन उपभोग पैटर्न को समझने और संसाधन आवंटन और अनुकूलन के संबंध में डेटा-संचालित निर्णय लेने की अनुमति मिलती है। क्लाउड लागत आवंटन संगठनों को जवाबदेही को बढ़ावा देकर, लागत-बचत उपायों को सक्षम करने और बजटीय बाधाओं के अनुपालन की सुविधा प्रदान करके अपने क्लाउड खर्चों को प्रभावी ढंग से प्रबंधित करने में मदद करता है। जिम्मेदार संस्थाओं पर लागत का सटीक आरोप लगाकर, संगठन संसाधन उपयोग को अनुकूलित कर सकते हैं, उच्च व्यय वाले क्षेत्रों की पहचान कर सकते हैं और अनावश्यक खर्चों को कम करने के लिए लागत अनुकूलन रणनीतियों को लागू कर सकते हैं।

2. क्लाउड लागत आवंटन के प्रमुख घटक टैगिंग और लेबल, लागत आवंटन रिपोर्ट और लागत आवंटन उपकरण हैं। टैग का उपयोग क्लाउड संसाधनों को वर्गीकृत करने और उनकी संबंधित लागतों को ट्रैक करने के लिए किया जाता है, जो सटीक लागत निर्धारण के लिए आधार प्रदान करता है। लागत आवंटन रिपोर्ट पूर्वनिर्धारित टैग या कस्टम आयामों के आधार पर खर्चों का स्पष्ट विवरण प्रदान करती है, जो संसाधन खर्च पैटर्न में अंतर्दृष्टि प्रदान करती है। इसके अतिरिक्त, तृतीय-पक्ष लागत आवंटन उपकरण और क्लाउड प्रबंधन प्लेटफ़ॉर्म टैगिंग, लागत एट्रिब्यूशन और विस्तृत रिपोर्टिंग को स्वचालित करते हैं, लागत आवंटन की प्रक्रिया को सुव्यवस्थित करते हैं और सटीक संसाधन उपयोग डेटा सुनिश्चित करते हैं। साथ में, ये घटक सटीक लागत निर्धारण, वित्तीय दृश्यता बढ़ाने और सूचित निर्णय लेने में योगदान करते हैं।

3. क्लाउड लागत आवंटन क्लाउड संसाधनों का उपयोग करने के लिए जिम्मेदार विशिष्ट व्यावसायिक इकाइयों, परियोजनाओं या टीमों को लागत का श्रेय देकर जवाबदेही को बढ़ावा देता है। जब टीमों को उनके उपयोग और उससे जुड़ी लागतों के बारे में पता होता है, तो उनके जिम्मेदारीपूर्वक और कुशलता से कार्य करने की अधिक संभावना होती है। यह लागत-सचेत व्यवहार को बढ़ावा देता है क्योंकि टीम के सदस्य अपने क्लाउड संसाधन उपभोग के वित्तीय प्रभाव के प्रति सचेत हो जाते हैं। व्यक्तियों या विभागों को उनके क्लाउड खर्च के लिए जवाबदेह ठहराकर, संगठन लागत जागरूकता को बढ़ावा दे सकते हैं, संसाधन उपयोग को अनुकूलित कर सकते हैं और यह सुनिश्चित कर सकते हैं कि क्लाउड खर्च व्यावसायिक उद्देश्यों के साथ संरेखित हो। जवाबदेही, बदले में, बेहतर प्रशासन और बजटीय बाधाओं के अनुपालन का समर्थन करती है।

4. विस्तृत लागत रिपोर्टिंग को लागू करने से क्लाउड लागत प्रबंधन में कई लाभ मिलते हैं। सबसे पहले, यह खर्च के पैटर्न में विस्तृत जानकारी प्रदान करता है, जिससे संगठनों को उच्च व्यय और संभावित लागत-बचत अवसरों के विशिष्ट क्षेत्रों की पहचान करने में सक्षम बनाया जाता है। ग्रैन्युलर रिपोर्टें विभागों या परियोजनाओं जैसे प्रासंगिक व्यावसायिक मानदंडों के आधार पर संसाधन लागत प्रस्तुत करके बेहतर निर्णय लेने की सुविधा भी प्रदान करती हैं। विस्तृत लागत डेटा का विश्लेषण करके, संगठन संसाधन आवंटन को अनुकूलित कर सकते हैं, कम उपयोग किए गए या अक्षम संसाधनों की पहचान कर सकते हैं और लक्षित लागत अनुकूलन रणनीतियों को लागू कर सकते हैं। इसके अलावा, विस्तृत लागत रिपोर्टिंग बजटीय बाधाओं के अनुपालन में सहायता करती है और संसाधन आवंटन और क्षमता योजना के लिए डेटा-संचालित निर्णयों का समर्थन करती है, जिससे लागत-कुशल क्लाउड संचालन होता है।

5. क्लाउड लागत आवंटन को अपने संगठनात्मक ढांचे के साथ संरेखित करने के लिए, संगठनों को विशिष्ट क्लाउड संसाधनों के लिए जिम्मेदार विभिन्न व्यावसायिक इकाइयों, परियोजनाओं या टीमों को प्रतिबिंबित करने के लिए लागत आवंटन को मैप करना चाहिए। ऐसा करने से, जवाबदेही और वित्तीय पारदर्शिता को बढ़ावा देते हुए, लागतों का श्रेय उन संसाधनों का उपयोग करने वाली संस्थाओं को सटीक रूप से दिया जा सकता है। संगठनात्मक संरचना या संसाधन स्वामित्व में परिवर्तनों को समायोजित करने के लिए लागत आवंटन मैपिंग की नियमित रूप से समीक्षा और अद्यतन

करना लागत निर्धारण में सटीकता सुनिश्चित करता है। संगठनात्मक संरचना के साथ लागत आवंटन को संरेखित करने से बेहतर संसाधन ट्रैकिंग भी सक्षम होती है, जिससे संगठनों को यह समझने में मदद मिलती है कि कौन सी संस्थाएं विशिष्ट क्लाउड व्यय चलाती हैं, जिससे संसाधन उपयोग और बजट प्रबंधन को अनुकूलित करने में मदद मिलती है।

6. स्वचालित टैगिंग और लागत एट्रिब्यूशन क्लाउड लागत आवंटन प्रक्रिया में महत्वपूर्ण भूमिका निभाते हैं। ये तंत्र क्लाउड संसाधनों की लागत के आवंटन को सुव्यवस्थित और अनुकूलित करते हैं। स्वचालित टैगिंग पूर्वनिर्धारित नियमों या संसाधन विशेषताओं के आधार पर संसाधनों पर मेटाडेटा लागू करती है, जिससे सुसंगत और सटीक वर्गीकरण सुनिश्चित होता है। इससे मैन्युअल टैगिंग की आवश्यकता समाप्त हो जाती है, मानवीय त्रुटि की संभावना कम हो जाती है और यह सुनिश्चित होता है कि सभी संसाधनों को लागत निर्धारण के लिए उचित रूप से लेबल किया गया है। लागत एट्रिब्यूशन, स्वचालित टैगिंग के साथ मिलकर, टैग किए गए संसाधनों को उनके उपयोग के लिए जिम्मेदार संबंधित संस्थाओं से जोड़ता है। यह स्वचालन लागत आवंटन की सटीकता और दक्षता में सुधार करता है, जिससे संगठनों को बेहतर संसाधन प्रबंधन के लिए विश्वसनीय वित्तीय अंतर्दृष्टि मिलती है।

7. दीर्घकालिक लागत दक्षता और संसाधन उपयोग प्राप्त करने के लिए क्लाउड लागत की निरंतर समीक्षा और अनुकूलन आवश्यक है। नियमित लागत समीक्षा संगठनों को लागत आउटलेर्स, संसाधन अक्षमताओं और संभावित लागत अनुकूलन अवसरों की पहचान करने की अनुमति देती है। क्लाउड खर्चों की लगातार निगरानी और विश्लेषण करके, संगठन लागत-बचत रणनीतियों के संबंध में डेटा-संचालित निर्णय ले सकते हैं, जैसे उदाहरणों को अधिकार देना या आरक्षित उदाहरणों का उपयोग करना। यह चल रहा अनुकूलन दृष्टिकोण यह सुनिश्चित करता है कि क्लाउड वातावरण समय के साथ लागत-कुशल बना रहे, बदलती व्यावसायिक आवश्यकताओं के साथ क्लाउड खर्च को संरेखित करता है। इसके अलावा, निरंतर समीक्षा और अनुकूलन लागत जागरूकता और जवाबदेही की संस्कृति को बढ़ावा देते हैं, बेहतर संसाधन उपयोग और क्लाउड खर्च के सक्रिय प्रबंधन को बढ़ावा देते हैं।

8. क्लाउड लागत रिपोर्टिंग और विश्लेषण बजटीय राशि के मुकाबले वास्तविक क्लाउड खर्च में अंतर्दृष्टि प्रदान करके प्रभावी बजट प्रबंधन और लागत नियंत्रण में योगदान करते हैं। विस्तृत लागत डेटा संग्रह और समेकन के माध्यम से, संगठन व्यापक लागत रिपोर्ट बना सकते हैं जो बजटीय आवंटन से खर्च पैटर्न, रुझान और विचलन प्रस्तुत करते हैं। यह हितधारकों को वास्तविक समय में क्लाउड खर्च की निगरानी करने और बजट की अधिकता को रोकने के लिए सक्रिय उपाय करने में सक्षम बनाता है। लागत चालकों का विश्लेषण करके और अनुकूलन के अवसरों को उजागर करके, संगठन संसाधन उपयोग को अनुकूलित करते हुए बजटीय बाधाओं के भीतर रहने के लिए लागत-बचत रणनीतियों को लागू कर सकते हैं। इस प्रकार क्लाउड लागत रिपोर्टिंग और विश्लेषण वित्तीय दृश्यता के लिए शक्तिशाली उपकरण के रूप में काम करते हैं, जिससे वित्तीय अनुशासन बनाए रखने के लिए सूचित निर्णय लेने में सुविधा होती है।

9. डेटा-संचालित निर्णय-प्रक्रिया, सटीक लागत आवंटन डेटा द्वारा सुगम, ठोस वित्तीय अंतर्दृष्टि प्रदान करके क्लाउड लागत प्रबंधन को बढ़ाती है। विस्तृत लागत डेटा का विश्लेषण करके, संगठन संसाधन आवंटन, क्षमता योजना और बजट के संबंध में सूचित निर्णय ले सकते हैं। यह दृष्टिकोण सुनिश्चित करता है कि क्लाउड संसाधनों को अनावश्यक अतिप्रावधान के बिना कार्यभार की मांगों को पूरा करने के लिए उचित रूप से प्रावधानित किया गया है। डेटा-संचालित निर्णय लागत-बचत रणनीतियों के कार्यान्वयन का भी समर्थन करते हैं, जैसे कि स्पॉट इंस्टेंस का उपयोग करना या पूर्वानुमानित कार्यभार के लिए आरक्षित इंस्टेंस का लाभ उठाना। इसके अलावा, सटीक लागत आवंटन डेटा संगठनों को लागत अनुकूलन प्रयासों की प्रभावशीलता का आकलन करने और क्लाउड लागत प्रबंधन प्रथाओं में लगातार सुधार करने में सक्षम बनाता है। डेटा-संचालित अंतर्दृष्टि पर भरोसा करके, संगठन लागत दक्षता हासिल कर सकते हैं और अपने क्लाउड निवेश के मूल्य को अधिकतम कर सकते हैं।

अध्याय 21: क्लाउड नेटिव सुरक्षा

आधुनिक क्लाउड वातावरण में डेटा और एप्लिकेशन की सुरक्षा के लिए क्लाउड नेटिव आर्किटेक्चर को सुरक्षित करना आवश्यक है। सुरक्षित कंटेनरीकरण, माइक्रोसर्विसेज सुरक्षा, ऑर्केस्ट्रेशन प्लेटफ़ॉर्म सुरक्षा, पहचान और पहुंच प्रबंधन, नेटवर्क सुरक्षा और निरंतर सुरक्षा निगरानी के लिए सर्वोत्तम प्रथाओं को लागू करके, संगठन जोखिमों को कम कर सकते हैं और एक मजबूत सुरक्षा स्थिति बनाए रख सकते हैं। नियमित सुरक्षा मूल्यांकन और प्रवेश परीक्षण उभरते खतरों के खिलाफ निरंतर सुरक्षा सुनिश्चित करते हैं। क्लाउड नेटिव सुरक्षा के लिए एक समग्र दृष्टिकोण के साथ, संगठन अपनी महत्वपूर्ण संपत्तियों की सुरक्षा करते हुए आत्मविश्वास से क्लाउड नेटिव आर्किटेक्चर के लाभों का लाभ उठा सकते हैं।

21.1 क्लाउड नेटिव वातावरण में सुरक्षा संबंधी विचार

आधुनिक क्लाउड आर्किटेक्चर की गतिशील और स्केलेबल प्रकृति में डेटा और अनुप्रयोगों की सुरक्षा के लिए क्लाउड देशी वातावरण को सुरक्षित करना महत्वपूर्ण है। कंटेनरीकरण, नेटवर्क सुरक्षा, पहचान और पहुंच प्रबंधन और सुरक्षित ऑर्केस्ट्रेशन प्लेटफार्मों को सुरक्षित करने जैसी सर्वोत्तम प्रथाओं को लागू करके, संगठन सुरक्षा जोखिमों को कम कर सकते हैं और अपने क्लाउड मूल वातावरण की सुरक्षा कर सकते हैं। निरंतर सुरक्षा निगरानी, भेद्यता प्रबंधन और नियमित सुरक्षा परीक्षण डेटा और अनुप्रयोगों की निरंतर सुरक्षा सुनिश्चित करते हैं। मजबूत सुरक्षा उपायों के साथ, संगठन डेटा और एप्लिकेशन सुरक्षा के उच्चतम स्तर को बनाए रखते हुए आत्मविश्वास से क्लाउड नेटिव आर्किटेक्चर को अपना सकते हैं।

21.1.1. क्लाउड नेटिव वातावरण को समझना:

क्लाउड नेटिव वातावरण को आधुनिक अनुप्रयोग विकास और परिनियोजन प्रथाओं, जैसे कंटेनरीकरण, माइक्रोसर्विसेज आर्किटेक्चर और कुबेरनेट्स जैसे ऑर्केस्ट्रेशन प्लेटफ़ॉर्म के उपयोग की विशेषता है। ये वातावरण संगठनों को अनुप्रयोगों को अधिक कुशलता से बनाने, तैनात करने और स्केल करने की अनुमति देते हैं, जिससे वे क्लाउड कंप्यूटिंग में अत्यधिक लोकप्रिय हो जाते हैं।

ज़रूरी भाग:

- कंटेनरीकरण: कंटेनर अनुप्रयोगों के लिए हल्के, पृथक रनटाइम वातावरण प्रदान करते हैं, पोर्टेबिलिटी और स्केलेबिलिटी को बढ़ाते हैं। वे एप्लिकेशन कोड को उसकी निर्भरता के साथ पैकेज करते हैं, जिससे विभिन्न वातावरणों में लगातार चलना और चलाना आसान हो जाता है।
- माइक्रोसर्विसेज आर्किटेक्चर: माइक्रोसर्विसेज आर्किटेक्चर में, एप्लिकेशन को छोटी, शिथिल रूप से युग्मित सेवाओं में विभाजित किया जाता है। प्रत्येक सेवा एक विशिष्ट कार्य करती है और एपीआई के माध्यम से अन्य सेवाओं के साथ संचार करती है। यह आर्किटेक्चर सेवाओं के स्वतंत्र विकास, तैनाती और स्केलिंग को सक्षम बनाता है।
- आर्केस्ट्रा प्लेटफार्म:कुबेरनेट्स जैसे ऑर्केस्ट्रेशन प्लेटफ़ॉर्म कंटेनरीकृत अनुप्रयोगों की तैनाती, स्केलिंग और प्रबंधन को स्वचालित करते हैं। वे उच्च उपलब्धता और दोष सहनशीलता सुनिश्चित करते हुए कंटेनर क्लस्टर के प्रबंधन को सरल बनाते हैं।

21.1.2. क्लाउड नेटिव वातावरण में सुरक्षा जोखिम:

• कंटेनर कमजोरियाँ: यदि कंटेनर गलत तरीके से कॉन्फ़िगर किए गए हैं या छवियों में अप्रकाशित सॉफ़्टवेयर या कमजोरियाँ हैं तो वे सुरक्षा जोखिम पैदा कर सकते हैं। हमलावर कंटेनर तक अनधिकृत पहुंच हासिल करने या दुर्भावनापूर्ण गतिविधियों को अंजाम देने के लिए इन कमजोरियों का फायदा उठा सकते हैं।
• नेटवर्क सुरक्षा: माइक्रोसर्विसेज नेटवर्क पर संचार करते हैं, और अपर्याप्त नेटवर्क सुरक्षा उपायों से डेटा उल्लंघन या अनधिकृत पहुंच हो सकती है। संवेदनशील डेटा की सुरक्षा के लिए माइक्रोसर्विसेज के बीच संचार सुरक्षित करना आवश्यक है।
• पहचान और पहुंच प्रबंधन: क्लाउड नेटिव वातावरण में अक्सर कई सेवाएँ और घटक शामिल होते हैं, जिससे पहचान और पहुँच नियंत्रण को अधिक जटिल बना दिया जाता है। अनधिकृत पहुंच को रोकने के लिए उचित प्रमाणीकरण, प्राधिकरण और भूमिका-आधारित पहुंच नियंत्रण लागू करना आवश्यक है।
• आर्केस्ट्रा की गतिशील प्रकृति: ऑर्केस्ट्रेशन प्लेटफार्मों की गतिशील प्रकृति नियंत्रण विमान को सुरक्षित करने, अंतर-घटक संचार को सुरक्षित करने और सुरक्षित कॉन्फ़िगरेशन सुनिश्चित करने में चुनौतियां पेश करती है। अनधिकृत पहुंच या छेड़छाड़ को रोकने के लिए उचित सुरक्षा उपाय महत्वपूर्ण हैं।

21.1.3. क्लाउड नेटिव वातावरण में सुरक्षा के लिए सर्वोत्तम अभ्यास:

21.1.3.1 सुरक्षित कंटेनरीकरण:

• विश्वसनीय कंटेनर छवियों का उपयोग करें: प्रतिष्ठित स्रोतों या आधिकारिक रिपॉजिटरी से कंटेनर छवियों का उपयोग करें। कमजोरियों को कम करने के लिए नवीनतम सुरक्षा सुधारों के साथ कंटेनर छवियों को नियमित रूप से अपडेट और पैच करें।
• कंटेनर रनटाइम सुरक्षा:कंटेनरों में सुरक्षा समस्याओं की पहचान करने और उनका समाधान करने के लिए छवि स्कैनिंग, रनटाइम आइसोलेशन और कंटेनर भेद्यता प्रबंधन लागू करें।

21.1.3.2 नेटवर्क सुरक्षा:

• सुरक्षित नेटवर्क विभाजन: माइक्रोसर्विसेज संचार की सुरक्षा और हमलावरों के पार्श्व आंदोलन को रोकने के लिए सुरक्षित नेटवर्क विभाजन, एन्क्रिप्शन और सख्त पहुंच नियंत्रण जैसी नेटवर्क सुरक्षा प्रथाओं को नियोजित करें।
• नेटवर्क नीतियाँ और फ़ायरवॉल नियम:माइक्रोसर्विसेज और बाहरी नेटवर्क के बीच यातायात को नियंत्रित करने के लिए नेटवर्क नीतियों और फ़ायरवॉल नियमों को लागू करें। यह पहुंच को प्रतिबंधित करने और अनधिकृत संचार को रोकने में मदद करता है।

21.1.3.3 पहचान और पहुंच प्रबंधन:

• मजबूत प्रमाणीकरण तंत्र: क्लाउड नेटिव संसाधनों तक सुरक्षित पहुंच सुनिश्चित करने के लिए मल्टी-फैक्टर ऑथेंटिकेशन (एमएफए) और मजबूत पासवर्ड नीतियों जैसे मजबूत प्रमाणीकरण तंत्र को लागू करें।
• भूमिका-आधारित अभिगम नियंत्रण (आरबीएसी):न्यूनतम विशेषाधिकार के सिद्धांत के आधार पर पहुंच को प्रतिबंधित करने के लिए आरबीएसी और सूक्ष्म पहुंच अनुमतियों का उपयोग करें। इससे सुरक्षा उल्लंघन की स्थिति में संभावित क्षति को सीमित करने में मदद मिलती है।

21.1.3.4 सुरक्षित आर्केस्ट्रा प्लेटफार्म:

• सुरक्षित कॉन्फ़िगरेशन: ऑर्केस्ट्रेशन प्लेटफ़ॉर्म के लिए सुरक्षित कॉन्फ़िगरेशन लागू करें, जिसमें सुरक्षित एपीआई एंडपॉइंट, उचित प्रमाणीकरण तंत्र और आरबीएसी नीतियां शामिल हैं।
• नियमित अपडेट और पैच:सुरक्षा कमजोरियों को दूर करने और पर्यावरण की समग्र सुरक्षा सुनिश्चित करने के लिए ऑर्केस्ट्रेशन प्लेटफ़ॉर्म घटकों को नियमित रूप से अपडेट और पैच करें।

21.1.3.5 सुरक्षा निगरानी और लॉगिंग:

• व्यापक लॉगिंग और निगरानी: सुरक्षा घटनाओं का प्रभावी ढंग से पता लगाने और उन पर प्रतिक्रिया देने के लिए लॉगिंग और निगरानी समाधान लागू करें। असामान्य गतिविधियों की निगरानी करें, जैसे अनधिकृत पहुंच प्रयास या संदिग्ध नेटवर्क ट्रैफ़िक

21.1.3.6 भेद्यता प्रबंधन:

• एक भेद्यता प्रबंधन कार्यक्रम स्थापित करें: कंटेनर छवियों, ऑर्केस्ट्रेशन प्लेटफ़ॉर्म और अन्य क्लाउड मूल घटकों में कमजोरियों की पहचान करने, उनका आकलन करने और उन्हें दूर करने के लिए एक भेद्यता प्रबंधन कार्यक्रम बनाएं।

• नियमित सॉफ़्टवेयर अद्यतन:सुरक्षा कमजोरियों को तुरंत दूर करने के लिए सॉफ़्टवेयर घटकों को नियमित रूप से अपडेट और पैच करें। सुरक्षा पैच के साथ अद्यतित रहने से हमले की संभावना को कम करने में मदद मिलती है।

21.1.3.7 सतत सुरक्षा परीक्षण:

• नियमित सुरक्षा आकलन:क्लाउड नेटिव एप्लिकेशन और बुनियादी ढांचे में सुरक्षा कमजोरियों की पहचान करने और उन्हें दूर करने के लिए नियमित सुरक्षा मूल्यांकन, प्रवेश परीक्षण और कोड समीक्षा करें।

21.2 कंटेनर सुरक्षा सर्वोत्तम प्रथाएँ

क्लाउड वातावरण में एप्लिकेशन और डेटा की सुरक्षा के लिए कंटेनर सुरक्षा महत्वपूर्ण है। कंटेनर छवियों को सुरक्षित करने, कंटेनर रनटाइम को सख्त करने, छवि सत्यापन, नेटवर्क विभाजन और पहुंच नियंत्रण को लागू करने जैसी सर्वोत्तम प्रथाओं का पालन करके, संगठन क्लाउड में कंटेनर सुरक्षा को बढ़ा सकते हैं। नियमित निगरानी, लॉगिंग और सुरक्षा मूल्यांकन कंटेनरीकृत वातावरण की सुरक्षा स्थिति को और मजबूत करते हैं। पूरे विकास और परिनियोजन जीवनचक्र में कंटेनर सुरक्षा उपायों को शामिल करके, संगठन क्लाउड में अपने अनुप्रयोगों की अखंडता और सुरक्षा सुनिश्चित करते हुए आत्मविश्वास से कंटेनरीकरण के लाभों का लाभ उठा सकते हैं।

21.2.1. कंटेनर सुरक्षा को समझना:

कंटेनर अनुप्रयोगों के लिए हल्के और पृथक रनटाइम वातावरण प्रदान करते हैं, लेकिन उनकी सुरक्षा उचित कॉन्फ़िगरेशन, सुरक्षित कंटेनर छवियों और मजबूत रनटाइम नियंत्रण सहित विभिन्न कारकों पर निर्भर करती है।

21.2.1.1 मुख्य विचार:

• छवि कमजोरियाँ:यदि असुरक्षित या पुरानी कंटेनर छवियों का उपयोग किया जाता है, तो कंटेनर सुरक्षा से समझौता किया जा सकता है, जिसमें सॉफ़्टवेयर कमजोरियाँ या गलत कॉन्फ़िगरेशन हो सकते हैं। ज्ञात कमजोरियों को दूर करने के लिए कंटेनर छवियों को नियमित रूप से अपडेट करना और पैच करना महत्वपूर्ण है।

• कंटेनर ब्रेकआउट:कंटेनर एक ही होस्ट पर चलते हैं और होस्ट के कर्नेल को साझा करते हैं, जिससे कंटेनर ब्रेकआउट हमलों का खतरा होता है। ये हमले तब होते हैं जब कोई हमलावर होस्ट सिस्टम या अन्य कंटेनरों तक अनधिकृत पहुंच प्राप्त कर लेता है। इस जोखिम को कम करने के लिए कंटेनरों के बीच उचित अलगाव सुनिश्चित करना आवश्यक है।

• नेटवर्क सुरक्षा:अनधिकृत पहुंच को रोकने और कंटेनरों के भीतर संवेदनशील डेटा की सुरक्षा के लिए उचित नेटवर्क विभाजन और पहुंच नियंत्रण लागू करना महत्वपूर्ण है। उचित रूप से कॉन्फ़िगर की गई नेटवर्क नीतियां और फ़ायरवॉल नियम कंटेनरों और अन्य नेटवर्क संस्थाओं के बीच इनबाउंड और आउटबाउंड ट्रैफ़िक को नियंत्रित करने में मदद करते हैं।

21.2.2. कंटेनर सुरक्षा सर्वोत्तम प्रथाएँ:

21.2.2.1 सुरक्षित कंटेनर छवियाँ:

• आधिकारिक और विश्वसनीय छवियों का उपयोग करें:प्रतिष्ठित स्रोतों या आधिकारिक रिपॉजिटरी से कंटेनर छवियों का उपयोग करें। इससे संभावित रूप से छेड़छाड़ की गई या असुरक्षित छवियों का उपयोग करने का जोखिम कम हो जाता है।

• नियमित छवि अद्यतन: ज्ञात कमजोरियों को दूर करने के लिए कंटेनर छवियों को नियमित रूप से अपडेट और पैच करें। भेद्यता स्कैनिंग उपकरण कंटेनर छवियों में सुरक्षा समस्याओं की पहचान करने और उनका समाधान करने में मदद कर सकते हैं।

• छवि स्कैनिंग:छवि स्कैनिंग उपकरण लागू करें जो तैनाती से पहले ज्ञात कमजोरियों के लिए कंटेनर छवियों की स्वचालित रूप से जांच करते हैं। यह सुनिश्चित करता है कि वातावरण में केवल सुरक्षित छवियों का उपयोग किया जाता है।

21.2.2.2 कठोर कंटेनर रनटाइम:

• सुरक्षा प्रोफ़ाइल: अंतर्निहित सुरक्षा सुविधाओं के साथ कंटेनर रनटाइम का उपयोग करें, जैसे डॉकर की सुरक्षा प्रोफाइल (उदाहरण के लिए, seccomp, AppArmor या कंटेनरड का gVisor। ये प्रोफाइल कंटेनर की क्षमताओं को सीमित करते हैं और विशेषाधिकार वृद्धि को रोकते हैं।

• संसाधनों की कमी: सीपीयू और मेमोरी उपयोग जैसी कंटेनर क्षमताओं को सीमित करने के लिए संसाधन बाधाओं को नियोजित करें। इससे समझौता किए गए कंटेनर के संभावित प्रभाव को कम करने में मदद मिलती है।

21.2.2.3 छवि सत्यापन लागू करें:

• डिजिटल हस्ताक्षर:उनकी अखंडता और प्रामाणिकता सुनिश्चित करने के लिए कंटेनर छवियों पर डिजिटल हस्ताक्षर करें। तैनाती से पहले छवि हस्ताक्षरों को सत्यापित करने से छेड़छाड़ या अनधिकृत छवियों के उपयोग को रोकने में मदद मिलती है।

21.2.2.4 सुरक्षित कंटेनर रजिस्ट्री:

• प्रवेश नियंत्रण:अनधिकृत छवि संशोधनों या अनधिकृत पहुंच को रोकने के लिए कंटेनर रजिस्ट्रियों के लिए पहुंच नियंत्रण और प्रमाणीकरण तंत्र लागू करें। केवल अधिकृत उपयोगकर्ताओं के पास ही छवियों को धकेलने या खींचने की क्षमता होनी चाहिए।

• रजिस्ट्री निगरानी:किसी भी संदिग्ध या अनधिकृत गतिविधियों, जैसे छवि छेड़छाड़ या अनधिकृत पहुंच प्रयासों का पता लगाने और प्रतिक्रिया देने के लिए कंटेनर रजिस्ट्री गतिविधियों का नियमित रूप से ऑडिट और निगरानी करें।

21.2.2.5 नेटवर्क विभाजन और अभिगम नियंत्रण:

• एकांत: कंटेनरों को उनके कार्यों या सुरक्षा आवश्यकताओं के आधार पर अलग करने के लिए नेटवर्क विभाजन को नियोजित करें। हमले की सतह को कम करने के लिए कंटेनरों के बीच संचार को केवल आवश्यक सेवाओं और बंदरगाहों तक सीमित रखें।

• नेटवर्क नीतियाँ: कंटेनरों और अन्य नेटवर्क संस्थाओं के बीच इनबाउंड और आउटबाउंड ट्रैफ़िक को नियंत्रित करने के लिए नेटवर्क नीतियों और फ़ायरवॉल नियमों को लागू करें। यह नेटवर्क सुरक्षा लागू करने में मदद करता है और अनधिकृत संचार को रोकता है।

21.2.2.6 कंटेनर रनटाइम सुरक्षा:

• रनटाइम अपडेट:किसी भी सुरक्षा कमजोरियों को दूर करने के लिए कंटेनर रनटाइम को नियमित रूप से अपडेट और पैच करें। अद्यतित रहने से यह सुनिश्चित होता है कि सुरक्षा पैच तुरंत लागू किए जाते हैं।

• नेटवर्क एन्क्रिप्शन:संवेदनशील डेटा में सुरक्षा की एक अतिरिक्त परत जोड़कर, कंटेनरों के बीच प्रसारित डेटा की सुरक्षा के लिए कंटेनर नेटवर्क एन्क्रिप्शन लागू करें।

21.2.2.7 निगरानी और लॉगिंग:

• मजबूत निगरानी: कंटेनर गतिविधियों, संसाधन उपयोग और संभावित सुरक्षा घटनाओं को ट्रैक करने के लिए मजबूत निगरानी और लॉगिंग समाधान लागू करें। यह सुरक्षा घटनाओं का शीघ्र पता लगाने और प्रतिक्रिया देने में सक्षम बनाता है।

• घुसपैठ का पता लगाना: कंटेनर वातावरण के भीतर किसी भी सुरक्षा खतरे या विसंगतियों की पहचान करने और उनका जवाब देने के लिए घुसपैठ का पता लगाने और रोकथाम प्रणालियों का उपयोग करें।

21.2.2.8 कंटेनर जीवनचक्र प्रबंधन:

• सुरक्षित छवि वितरण: अनधिकृत या छेड़छाड़ की गई छवियों के उपयोग को रोकने के लिए सुरक्षित छवि वितरण सहित स्पष्ट कंटेनर जीवनचक्र प्रबंधन प्रक्रियाओं को परिभाषित करें।

• स्वचालन: सतत एकीकरण और परिनियोजन (सीआई/सीडी) पाइपलाइन के हिस्से के रूप में कंटेनर छवि अपडेट और भेद्यता स्कैनिंग को स्वचालित करें। यह सुनिश्चित करता है कि नई कमजोरियाँ पाए जाने पर छवियों की नियमित रूप से जाँच और अद्यतन किया जाता है।

21.2.2.9 नियमित सुरक्षा आकलन और प्रवेश परीक्षण:

• सुरक्षा आकलन:कमजोरियों की पहचान करने और सुरक्षा नियंत्रणों की प्रभावशीलता का आकलन करने के लिए समय-समय पर सुरक्षा मूल्यांकन और प्रवेश परीक्षण आयोजित करें। मजबूत सुरक्षा स्थिति बनाए रखने के लिए पहचानी गई किसी भी सुरक्षा कमजोरियों को तुरंत दूर करें।

• निरंतर सुधार: सुरक्षा आकलन से सीखकर और निष्कर्षों के आधार पर आवश्यक सुधार लागू करके कंटेनर सुरक्षा में निरंतर सुधार सुनिश्चित

21.3 क्लाउड में भेद्यता प्रबंधन और पैचिंग

21.3.1. भेद्यता प्रबंधन को समझना:

सुरक्षित क्लाउड वातावरण बनाए रखने के लिए भेद्यता प्रबंधन और पैचिंग आवश्यक अभ्यास हैं। नियमित भेद्यता स्कैनिंग, प्राथमिकताकरण, समय पर पैच परिनियोजन और क्लाउड सेवा प्रदाताओं के साथ सहयोग जैसी सर्वोत्तम प्रथाओं को लागू करके, संगठन सुरक्षा जोखिमों को कम कर सकते हैं और अपने क्लाउड बुनियादी ढांचे और अनुप्रयोगों की रक्षा कर सकते हैं।

निरंतर निगरानी, रिपोर्टिंग और नियमित सिस्टम अपडेट क्लाउड वातावरण की सुरक्षा स्थिति को और मजबूत करते हैं। समग्र सुरक्षा रणनीति के अभिन्न अंग के रूप में भेद्यता प्रबंधन और पैचिंग को शामिल करके, संगठन सक्रिय रूप से कमजोरियों को संबोधित कर सकते हैं, हमले की सतह को कम कर सकते हैं और क्लाउड में संवेदनशील डेटा की सुरक्षा कर सकते हैं।

मुख्य विचार:

• भेद्यता स्कैनिंग: क्लाउड वातावरण में कमजोरियों, गलत कॉन्फ़िगरेशन और संभावित सुरक्षा खतरों का पता लगाने के लिए नियमित भेद्यता स्कैनिंग आवश्यक है। भेद्यता स्कैनिंग उपकरण ज्ञात कमजोरियों की पहचान करने के लिए स्वचालित मूल्यांकन करते हैं और उन क्षेत्रों में मूल्यवान अंतर्दृष्टि प्रदान करते हैं जिन पर ध्यान देने की आवश्यकता है।

• पैच प्रबंधन:पैच प्रबंधन भेद्यता प्रबंधन का एक महत्वपूर्ण पहलू है। इसमें पहचानी गई कमजोरियों को दूर करने के लिए तुरंत सुरक्षा पैच लागू करना शामिल है। सुरक्षा पैच सॉफ़्टवेयर विक्रेताओं द्वारा सुरक्षा खामियों और कमजोरियों को ठीक करने के लिए जारी किए गए अपडेट हैं। नवीनतम पैच के साथ अद्यतित रहकर, संगठन अपने सिस्टम को संभावित शोषण से बचा सकते हैं।

• जोखिम प्राथमिकता:सभी कमजोरियों में जोखिम का स्तर समान नहीं होता है। कमजोरियों को उनकी गंभीरता, शोषण क्षमता और संभावित प्रभाव के आधार पर प्राथमिकता देना महत्वपूर्ण है। यह संगठनों को अपने प्रयासों और संसाधनों को उच्च-प्राथमिकता वाली कमजोरियों को संबोधित करने पर ध्यान केंद्रित करने की अनुमति देता है जो क्लाउड पर्यावरण के लिए सबसे महत्वपूर्ण खतरा पैदा करते हैं।

21.3.2. भेद्यता प्रबंधन और पैचिंग सर्वोत्तम अभ्यास:

• एक भेद्यता प्रबंधन कार्यक्रम स्थापित करें: एक व्यापक भेद्यता प्रबंधन कार्यक्रम विकसित करना आवश्यक है। इस कार्यक्रम में भेद्यता प्रबंधन में शामिल टीमों के लिए स्पष्ट नीतियां, प्रक्रियाएं और परिभाषित भूमिकाएं और जिम्मेदारियां शामिल होनी चाहिए।

• नियमित स्कैनिंग ताल:क्लाउड वातावरण के सभी घटकों में भेद्यता आकलन करने के लिए एक नियमित स्कैनिंग ताल स्थापित करें। यह नई कमजोरियों की पहचान करने और समग्र सुरक्षा स्थिति की लगातार निगरानी करने में मदद करता है।

21.3.3. नियमित भेद्यता स्कैनिंग का संचालन करें:

• स्वचालित स्कैनिंग उपकरण:कमजोरियों को कुशलतापूर्वक पहचानने के लिए स्वचालित भेद्यता स्कैनिंग उपकरण नियोजित करें। ये उपकरण बड़े और जटिल क्लाउड इंफ्रास्ट्रक्चर को स्कैन कर सकते हैं, जिससे संभावित जोखिमों का पता लगाना आसान हो जाता है।

• सतत स्कैनिंग:नई खोजी गई कमजोरियों और उभरते खतरों की पहचान करने के लिए निरंतर स्कैनिंग लागू करें। नियमित स्कैन क्लाउड वातावरण की सुरक्षा में वास्तविक समय की जानकारी प्रदान करते हैं और त्वरित कार्रवाई की अनुमति देते हैं।

21.3.4 कमजोरियों को प्राथमिकता दें और उनका समाधान करें:

• कमजोरियों को वर्गीकृत करें: कमजोरियों को उनकी गंभीरता, शोषण क्षमता और संभावित प्रभाव के आधार पर वर्गीकृत करें। यह प्रक्रिया सबसे महत्वपूर्ण जोखिमों को सबसे पहले संबोधित करने के लिए संसाधनों को कुशलतापूर्वक आवंटित करने में मदद करती है।

• गंभीर कमजोरियों पर ध्यान दें:उन महत्वपूर्ण कमजोरियों के निवारण प्रयासों पर ध्यान केंद्रित करें जिनका फायदा उठाने और क्लाउड पर्यावरण को महत्वपूर्ण नुकसान पहुंचाने की सबसे अधिक संभावना है।

• ट्रैकिंग और दस्तावेज़ीकरण: सभी भेद्यता निवारण गतिविधियों को ट्रैक करने और दस्तावेज़ीकरण करने के लिए एक प्रक्रिया स्थापित करें। यह दस्तावेज़ जवाबदेही सुनिश्चित करता है, प्रगति को मापने में मदद करता है और सुरक्षा नीतियों और विनियमों के अनुपालन में सहायता करता है।

21.3.5 पैच प्रबंधन प्रक्रियाएं लागू करें:

• सूचित रहें:सॉफ़्टवेयर विक्रेताओं और क्लाउड सेवा प्रदाताओं से सुरक्षा सलाह और पैच रिलीज़ की नियमित रूप से समीक्षा करें। यह सुनिश्चित करता है कि आपका संगठन कमजोरियों को दूर करने के लिए नए जारी किए गए पैच से अवगत है।

• पैच परिनियोजन:एक पैच प्रबंधन प्रक्रिया स्थापित करें जो क्लाउड इंफ्रास्ट्रक्चर और अनुप्रयोगों में पैच की समय पर तैनाती सुनिश्चित करती है। उत्पादन प्रणालियों में तैनाती से पहले गैर-उत्पादन वातावरण में पैच का परीक्षण संभावित व्यवधानों से बचने में मदद करता है।

21.3.6 स्वचालित पैच परिनियोजन:

• स्वचालन उपकरण:पैच परिनियोजन प्रक्रिया को सुव्यवस्थित करने के लिए स्वचालन उपकरण और कॉन्फ़िगरेशन प्रबंधन सिस्टम का उपयोग करें। स्वचालन मैन्युअल हस्तक्षेप और संभावित त्रुटियों को कम करता है, जिससे पैचिंग प्रक्रिया अधिक कुशल हो जाती है।

• अनुसूचित तैनाती: सेवाओं और उपयोगकर्ताओं पर किसी भी प्रतिकूल प्रभाव को कम करने के लिए रखरखाव विंडो या गैर-पीक घंटों के दौरान नियमित पैच परिनियोजन शेड्यूल करें।

21.3.7 मॉनिटर पैच अनुपालन:

• निगरानी प्रणाली: क्लाउड इंफ्रास्ट्रक्चर और एप्लिकेशन में पैच अनुपालन को ट्रैक और मूल्यांकन करने के लिए एक निगरानी प्रणाली लागू करें। नियमित मूल्यांकन यह सुनिश्चित करता है कि सभी महत्वपूर्ण पैच सफलतापूर्वक तैनात किए गए हैं।

• तुरंत ध्यान: किसी भी अंतराल या कमजोरियों की पहचान करें जिन पर विफल पैच परिनियोजन या अनसुलझे मुद्दों के कारण तत्काल ध्यान देने की आवश्यकता है।

• नियमित सिस्टम अपडेट: पैचिंग के अलावा, सुनिश्चित करें कि ऑपरेटिंग सिस्टम, सॉफ़्टवेयर लाइब्रेरी और निर्भरताएं नियमित रूप से अपडेट की जाती हैं। सभी घटकों को अद्यतित रखने से यह सुनिश्चित होता है कि ज्ञात कमजोरियों को तुरंत संबोधित किया जाता है, और क्लाउड वातावरण सुरक्षित रहता है।

21.3.8 भेद्यता और पैच रिपोर्टिंग:

• रिपोर्टिंग तंत्र:भेद्यता स्कैन परिणाम, सुधार प्रयासों और पैच स्थिति पर नियमित रिपोर्ट तैयार करें। ये रिपोर्टें प्रबंधन और सुरक्षा टीमों जैसे हितधारकों को दृश्यता प्रदान करती हैं, जिससे उन्हें वर्तमान सुरक्षा स्थिति और भेद्यता प्रबंधन प्रयासों की प्रभावशीलता को समझने में मदद मिलती है।

• सहयोग: क्लाउड सुरक्षा के प्रबंधन में पारदर्शिता, जवाबदेही और सहयोग को बढ़ावा देने के लिए संबंधित टीमों के साथ भेद्यता और पैचिंग रिपोर्ट साझा करें।

21.3.9 क्लाउड सेवा प्रदाताओं के साथ सहयोग:

• प्रदाता प्रथाओं को समझें:क्लाउड सेवा प्रदाताओं द्वारा प्रदान की जाने वाली भेद्यता प्रबंधन प्रथाओं और सुरक्षा सुविधाओं के बारे में सूचित रहें। इन प्रथाओं से परिचित होने से आप अपने भेद्यता प्रबंधन प्रयासों को क्लाउड सेवा प्रदाता की क्षमताओं के साथ संरेखित कर सकते हैं।

• सुरक्षा उपकरणों का लाभ उठाना: अपने भेद्यता प्रबंधन प्रयासों को बढ़ाने के लिए क्लाउड सेवा प्रदाता द्वारा पेश किए गए सुरक्षा उपकरणों, सेवाओं और मार्गदर्शन का लाभ उठाएं। कई क्लाउड प्रदाता सुरक्षा सेवाएँ प्रदान करते हैं जो आपके इन-हाउस भेद्यता प्रबंधन कार्यक्रम को पूरक कर सकते हैं।

अभ्यास

बहु विकल्पीय प्रश्न

1. क्लाउड नेटिव वातावरण के प्रमुख घटक क्या हैं?

a) वर्चुअल मशीन, ऑन-प्रिमाइसेस सर्वर और मेनफ्रेम
b) कंटेनरीकरण, माइक्रोसर्विसेज आर्किटेक्चर और ऑर्केस्ट्रेशन प्लेटफॉर्म
c) क्लाउड स्टोरेज, लोड बैलेंसर और फ़ायरवॉल
d) नेटवर्क स्विच, राउटर और गेटवे

2. कंटेनरों से संबंधित क्लाउड नेटिव वातावरण में निम्नलिखित में से कौन सा संभावित सुरक्षा जोखिम है?

a) नेटवर्क विभाजन
b) सुरक्षित छवि वितरण
c) कंटेनर कमजोरियाँ
d) मजबूत निगरानी और लॉगिंग

3. क्लाउड नेटिव में नेटवर्क सेगमेंटेशन और एक्सेस कंट्रोल लागू करने का उद्देश्य क्या है? वातावरण?

a) कंटेनर छवियों को सुरक्षित करने के लिए
b) हमलावरों के पार्श्व आंदोलन को रोकने के लिए
c) कंटेनर परिनियोजन को स्वचालित करने के लिए
d) कंटेनर रनटाइम सुरक्षा बढ़ाने के लिए

4. निम्नलिखित में से कौन सी प्रथा कंटेनर छवियों की अखंडता और प्रामाणिकता सुनिश्चित करने में मदद करती है? क्लाउड?

a) सुरक्षित छवि वितरण
b) लगातार स्कैनिंग
c) नेटवर्क एन्क्रिप्शन
d) नियमित भेद्यता स्कैनिंग

5. क्लाउड परिवेश के लिए भेद्यता प्रबंधन में पैच प्रबंधन महत्वपूर्ण क्यों है?

a) कमजोरियों को उनकी गंभीरता के आधार पर प्राथमिकता देना
b) क्लाउड वातावरण में अनधिकृत पहुंच को रोकने के लिए
c) सॉफ़्टवेयर कमजोरियों को ठीक करने और सुरक्षा खामियों को दूर करने के लिए
d) कंटेनर परिनियोजन को स्वचालित करने के लिए

6. भेद्यता प्रबंधन में कमज़ोरियों को वर्गीकृत करने का मुख्य उद्देश्य क्या है?

a) कंटेनर परिनियोजन को स्वचालित करने के लिए
b) क्लाउड इंफ्रास्ट्रक्चर में ज्ञात कमजोरियों की पहचान करना
c) पैच परिनियोजन प्रक्रिया को सुव्यवस्थित करने के लिए
d) उपचारात्मक प्रयासों के लिए संसाधनों का कुशलतापूर्वक आवंटन करना

7. भेद्यता प्रबंधन और पैच परिनियोजन में स्वचालन का क्या महत्व है?

a) सुरक्षित छवि वितरण लागू करने के लिए
b) पैच परिनियोजन प्रक्रिया को सुव्यवस्थित करने और मैन्युअल हस्तक्षेप को कम करने के लिए
c) कमजोरियों को उनकी गंभीरता के आधार पर प्राथमिकता देना
d) हमलावरों के पार्श्व आंदोलन को रोकने के लिए

8. भेद्यता प्रबंधन में नियमित निगरानी और रिपोर्टिंग क्यों आवश्यक है?

a) क्लाउड इंफ्रास्ट्रक्चर में ज्ञात कमजोरियों की पहचान करना
b) क्लाउड वातावरण में अनधिकृत पहुंच को रोकने के लिए
c) पैच अनुपालन को ट्रैक और मूल्यांकन करने के लिए

d) कंटेनर रनटाइम सुरक्षा बढ़ाने के लिए

9. क्लाउड सेवा प्रदाताओं के साथ सहयोग से भेद्यता प्रबंधन प्रयासों को कैसे लाभ मिलता है?

a) कमजोरियों को उनकी गंभीरता के आधार पर प्राथमिकता देना

b) कंटेनर परिनियोजन को स्वचालित करने के लिए

c) क्लाउड प्रदाताओं की भेद्यता प्रबंधन प्रथाओं को समझने के लिए

d) क्लाउड प्रदाता द्वारा पेश किए गए सुरक्षा उपकरणों और सेवाओं का लाभ उठाकर कंटेनर सुरक्षा को बढ़ाना

समीक्षा प्रश्न

1. **क्लाउड नेटिव वातावरण के प्रमुख घटक क्या हैं, और वे आधुनिक अनुप्रयोग विकास और परिनियोजन प्रथाओं में कैसे योगदान करते हैं?**
2. **क्लाउड नेटिव वातावरण में कंटेनरीकरण से जुड़े सुरक्षा जोखिम क्या हैं, और संगठन उन्हें कैसे संबोधित कर सकते हैं?**
3. **संगठन क्लाउड नेटिव वातावरण में मजबूत पहचान और पहुंच प्रबंधन (IAM) कैसे सुनिश्चित कर सकते हैं?**
4. **नियमित भेद्यता स्कैनिंग क्लाउड वातावरण में प्रभावी भेद्यता प्रबंधन में कैसे योगदान करती है?**
5. **क्लाउड नेटिव वातावरण में नेटवर्क विभाजन और एक्सेस नियंत्रण लागू करने के क्या लाभ हैं?**
6. **संगठन क्लाउड नेटिव वातावरण में सुरक्षित छवि वितरण कैसे सुनिश्चित कर सकते हैं, और यह महत्वपूर्ण क्यों है?**
7. **क्लाउड में प्रभावी भेद्यता प्रबंधन के लिए क्लाउड सेवा प्रदाताओं के साथ सहयोग क्यों महत्वपूर्ण है?**
8. **क्लाउड वातावरण के लिए भेद्यता प्रबंधन में निरंतर निगरानी क्या भूमिका निभाती है?**

उत्तर अनुभाग

बहु विकल्पीय प्रश्न

1. b) कंटेनरीकरण, माइक्रोसर्विसेज आर्किटेक्चर, और ऑर्केस्ट्रेशन प्लेटफॉर्म
2. c) कंटेनर कमजोरियाँ
3. b) हमलावरों की पार्श्विक गतिविधि को रोकने के लिए
4. a) सुरक्षित छवि वितरण
5. c) सॉफ्टवेयर कमजोरियों को ठीक करने और सुरक्षा खामियों को दूर करने के लिए
6. d) उपचारात्मक प्रयासों के लिए संसाधनों का कुशलतापूर्वक आवंटन करना
7. b) पैच परिनियोजन प्रक्रिया को सुव्यवस्थित करना और मैन्युअल हस्तक्षेप को कम करना
8. c) पैच अनुपालन को ट्रैक और मूल्यांकन करना
9. d) क्लाउड प्रदाता द्वारा पेश किए गए सुरक्षा उपकरणों और सेवाओं का लाभ उठाकर कंटेनर सुरक्षा को बढ़ाना

समीक्षा प्रश्न

1. क्लाउड नेटिव वातावरण के प्रमुख घटक कंटेनरीकरण, माइक्रोसर्विसेज आर्किटेक्चर और कुबेरनेट्स जैसे ऑर्केस्ट्रेशन प्लेटफॉर्म हैं। कंटेनरीकरण अनुप्रयोगों को उनकी निर्भरता के साथ पैक करने और पोर्टेबिलिटी और स्केलेबिलिटी को बढ़ाते हुए विभिन्न वातावरणों में लगातार चलाने की अनुमति देता है। माइक्रोसर्विसेज आर्किटेक्चर अनुप्रयोगों को छोटी, शिथिल युग्मित सेवाओं में विभाजित करता है, जिससे स्वतंत्र विकास और स्केलिंग सक्षम होती है। ऑर्केस्ट्रेशन प्लेटफ़ॉर्म कंटेनरीकृत अनुप्रयोगों की तैनाती, स्केलिंग और प्रबंधन को स्वचालित करते हैं, जिससे उच्च उपलब्धता और दोष सहनशीलता सुनिश्चित होती है। साथ में, ये घटक कुशल अनुप्रयोग विकास, तैनाती और प्रबंधन की सुविधा प्रदान करते हैं, जिससे क्लाउड देशी वातावरण आधुनिक क्लाउड कंप्यूटिंग में लोकप्रिय हो जाता है।

2. क्लाउड नेटिव वातावरण में कंटेनरीकरण कई सुरक्षा जोखिम पेश करता है, जिसमें कंटेनर कमजोरियां और कंटेनर ब्रेकआउट हमलों की संभावना शामिल है। कंटेनरों में अप्रकाशित सॉफ़्टवेयर या गलत कॉन्फ़िगरेशन हो सकते हैं, जिनका उपयोग हमलावर अनधिकृत पहुंच प्राप्त करने या दुर्भावनापूर्ण गतिविधियों को अंजाम देने के लिए कर सकते हैं। इसके अतिरिक्त, एक ही होस्ट पर चलने वाले कंटेनर होस्ट के कर्नेल को साझा करते हैं, जिससे कंटेनर ब्रेकआउट का खतरा पैदा होता है, जहां एक हमलावर होस्ट सिस्टम या अन्य कंटेनरों तक पहुंच प्राप्त करता है। इन जोखिमों को दूर करने के लिए, संगठनों को विश्वसनीय कंटेनर छवियों का उपयोग करना चाहिए, नियमित रूप से कंटेनर छवियों को अपडेट और पैच करना चाहिए, और रनटाइम अलगाव और भेद्यता प्रबंधन को लागू करना चाहिए। उचित नेटवर्क विभाजन और पहुंच नियंत्रण भी कंटेनरों के बीच हमलावरों के पार्श्व आंदोलन को रोक सकते हैं।

3. क्लाउड देशी वातावरण में मजबूत पहचान और पहुंच प्रबंधन (आईएएम) को मजबूत प्रमाणीकरण तंत्र और भूमिका-आधारित पहुंच नियंत्रण (आरबीएसी) को लागू करके प्राप्त किया जा सकता है। बहु-कारक प्रमाणीकरण (एमएफए) का उपयोग और मजबूत पासवर्ड नीतियों को लागू करने से उपयोगकर्ता पहुंच की सुरक्षा बढ़ जाती है। भूमिका-आधारित पहुंच नियंत्रण विशेषाधिकारों को केवल उन्हीं तक सीमित करने में मदद करता है जिनकी उपयोगकर्ताओं को अपने विशिष्ट कार्यों को करने के लिए आवश्यकता होती है, जिससे अनधिकृत पहुंच का जोखिम कम हो जाता है। इसके अतिरिक्त, संगठनों को नियमित रूप से IAM नीतियों की समीक्षा और ऑडिट करनी चाहिए ताकि यह सुनिश्चित हो सके कि वे कम से कम विशेषाधिकार के सिद्धांत के साथ संरेखित हों। उचित IAM कार्यान्वयन यह सुनिश्चित करता है कि केवल अधिकृत उपयोगकर्ताओं के पास ही क्लाउड नेटिव संसाधनों तक पहुंच हो, जिससे पर्यावरण को संभावित खतरों से बचाया जा सके।

4. नियमित भेद्यता स्कैनिंग क्लाउड वातावरण में प्रभावी भेद्यता प्रबंधन में महत्वपूर्ण भूमिका निभाती है। भेद्यता स्कैनिंग उपकरण स्वचालित रूप से ज्ञात कमजोरियों के लिए क्लाउड इंफ्रास्ट्रक्चर, एप्लिकेशन और निर्भरता का आकलन करते हैं। ये स्कैन क्लाउड वातावरण के भीतर संभावित सुरक्षा कमजोरियों और जोखिमों के बारे में बहुमूल्य जानकारी प्रदान करते हैं। नियमित भेद्यता स्कैन आयोजित करके, संगठन वास्तविक समय में नई खोजी गई कमजोरियों और उभरते खतरों का पता लगा सकते हैं, जिससे त्वरित उपचार के प्रयास किए जा सकते हैं। भेद्यता स्कैनिंग संगठनों को पहचानी गई कमजोरियों की गंभीरता के आधार पर सुरक्षा पैच को प्राथमिकता देने, हमले की सतह को कम करने और एक सुरक्षित क्लाउड बुनियादी ढांचे को बनाए रखने में मदद करती है।

5. क्लाउड नेटिव वातावरण में नेटवर्क विभाजन और एक्सेस नियंत्रण लागू करने से कई लाभ मिलते हैं। नेटवर्क विभाजन कंटेनरों और माइक्रोसर्विसेज को उनके कार्यों या सुरक्षा आवश्यकताओं के आधार पर अलग करने में मदद करता है। यह कंटेनरों के बीच संचार को सीमित करता है और अनधिकृत पहुंच को रोकता है, जिससे समझौता किए गए कंटेनर के संभावित प्रभाव को कम किया जा सकता है। पहुँच नियंत्रण यह सुनिश्चित करते हैं कि केवल अधिकृत उपयोगकर्ताओं और सेवाओं के पास ही विशिष्ट संसाधनों के साथ बातचीत करने की आवश्यक अनुमतियाँ हों। उचित रूप से कॉन्फ़िगर की गई नेटवर्क नीतियां और फ़ायरवॉल नियम इनबाउंड और आउटबाउंड ट्रैफ़िक को प्रतिबंधित करते हैं, अनधिकृत संचार को रोकते हैं और संवेदनशील डेटा की सुरक्षा करते हैं। नेटवर्क विभाजन और पहुंच नियंत्रण क्लाउड देशी वातावरण की समग्र सुरक्षा स्थिति को बढ़ाते हैं, जिससे वे संभावित साइबर खतरों के प्रति अधिक लचीला हो जाते हैं।

6. कंटेनर छवियों पर डिजिटल रूप से हस्ताक्षर करके क्लाउड देशी वातावरण में सुरक्षित छवि वितरण सुनिश्चित किया जा सकता है। छवियों पर डिजिटल रूप से हस्ताक्षर करने से उनकी अखंडता और प्रामाणिकता को सत्यापित करने गें गदद मिलती है, जिससे यह सुनिश्चित होता है कि वातावरण में केवल अधिकृत और छेड़छाड़ मुक्त छवियों का उपयोग किया जाता है। कंटेनर छवियों को तैनात करने से पहले, संगठनों को अनधिकृत या दुर्भावनापूर्ण रूप से संशोधित छवियों के उपयोग को रोकने के लिए छवि हस्ताक्षरों को सत्यापित करना चाहिए। सुरक्षित छवि वितरण महत्वपूर्ण है क्योंकि छेड़छाड़ की गई या अविश्वसनीय छवियों का उपयोग करने से क्लाउड वातावरण में सुरक्षा जोखिम और कमजोरियाँ आ सकती हैं। कंटेनर छवियों की अखंडता सुनिश्चित करके, संगठन एक मजबूत सुरक्षा स्थिति बनाए रख सकते हैं और सुरक्षा उल्लंघनों और अनधिकृत पहुंच की संभावना को कम कर सकते हैं।

7. क्लाउड में प्रभावी भेद्यता प्रबंधन के लिए क्लाउड सेवा प्रदाताओं के साथ सहयोग महत्वपूर्ण है क्योंकि क्लाउड प्रदाता अक्सर सुरक्षा उपकरण, सेवाएँ और मार्गदर्शन प्रदान करते हैं जो किसी संगठन के भेद्यता प्रबंधन प्रयासों के पूरक होते हैं। क्लाउड सेवा प्रदाताओं के पास अपने प्लेटफ़ॉर्म को सुरक्षित करने में विशेषज्ञता होती है और वे अपने द्वारा नियोजित भेद्यता प्रबंधन प्रथाओं में मूल्यवान अंतर्दृष्टि प्रदान कर सकते हैं। क्लाउड प्रदाता द्वारा प्रदान की गई सुरक्षा सुविधाओं और उपकरणों को समझने से संगठनों को क्लाउड वातावरण की क्षमताओं के साथ अपनी भेद्यता प्रबंधन रणनीतियों को संरेखित करने की अनुमति मिलती है। क्लाउड प्रदाता की सुरक्षा पेशकशों का लाभ उठाकर, संगठन अपने भेद्यता प्रबंधन प्रयासों को बढ़ा सकते हैं और क्लाउड में एक मजबूत सुरक्षा स्थिति बनाए रख सकते हैं।
निरंतर निगरानी क्लाउड वातावरण के लिए भेद्यता प्रबंधन का एक महत्वपूर्ण घटक है। इसमें वास्तविक समय में क्लाउड गतिविधियों, संसाधन उपयोग और सुरक्षा घटनाओं को ट्रैक करने के लिए मजबूत निगरानी और लॉगिंग समाधान लागू करना शामिल है। निरंतर निगरानी संगठनों को सुरक्षा घटनाओं का तुरंत पता लगाने और प्रतिक्रिया देने की अनुमति देती है, जिससे सुरक्षा उल्लंघनों के संभावित प्रभाव को कम किया जा सकता है। अनधिकृत पहुंच प्रयासों या संदिग्ध नेटवर्क ट्रैफ़िक जैसी असामान्य गतिविधियों की लगातार निगरानी करके, संगठन संभावित खतरों की तुरंत पहचान कर सकते हैं और उचित कार्रवाई कर सकते हैं। निरंतर निगरानी से सुरक्षा नीतियों और नियामक आवश्यकताओं के अनुपालन में भी सुविधा होती है, जिससे संगठनों को क्लाउड में सुरक्षा के प्रति सतर्क और सक्रिय दृष्टिकोण बनाए रखने में मदद मिलती है।

अध्याय 22: क्लाउड बैकअप और डेटा रिकवरी रणनीतियाँ

22.1 क्लाउड में बैकअप और पुनर्स्थापना के तरीके: डेटा लचीलापन और व्यवसाय निरंतरता सुनिश्चित करना

क्लाउड में बैकअप और पुनर्स्थापना विधियाँ डेटा लचीलापन, व्यवसाय निरंतरता और डेटा हानि से सुरक्षा के लिए महत्वपूर्ण हैं। उपयुक्त बैकअप रणनीतियों को लागू करके, उचित बैकअप विधियों (पूर्ण, वृद्धिशील, अंतर, स्नैपशॉट) का उपयोग करके, और कुशल पुनर्स्थापना दृष्टिकोण (पॉइंट-इन-टाइम रिस्टोर, DRaaS, क्लाउड-टू-क्लाउड रिस्टोर, हाइब्रिड रिस्टोर) का लाभ उठाकर, संगठन अपनी सुरक्षा कर सकते हैं। क्लाउड में डेटा और सिस्टम। स्पष्ट बैकअप और पुनर्प्राप्ति उद्देश्यों को परिभाषित करना, नियमित रूप से बैकअप का परीक्षण करना, डेटा सुरक्षा सुनिश्चित करना और दक्षता के लिए बैकअप प्रक्रियाओं को स्वचालित करना याद रखें। मजबूत क्लाउड बैकअप और पुनर्स्थापना प्रथाओं के साथ, संगठन अपने मूल्यवान डेटा की सुरक्षा करते हुए और निर्बाध व्यापार संचालन सुनिश्चित करते हुए आत्मविश्वास से क्लाउड कंप्यूटिंग को अपना सकते हैं।

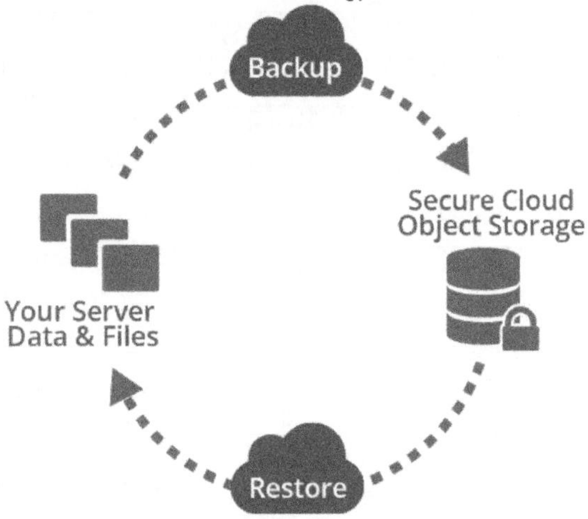

Simple Backup Service

22.1.1. क्लाउड बैकअप और रीस्टोर का महत्व:डेटा हानि से जुड़े जोखिमों को कम करने और व्यवसाय की निरंतरता बनाए रखने के लिए क्लाउड बैकअप और पुनर्स्थापना विधियां आवश्यक हैं। निम्नलिखित प्रमुख कारणों पर विचार करें:

- डेटा सुरक्षा: क्लाउड पर डेटा का बैकअप लेना आकस्मिक विलोपन, हार्डवेयर विफलताओं, प्राकृतिक आपदाओं और साइबर खतरों के खिलाफ सुरक्षा उपाय है। यह स्थायी डेटा हानि को रोकने के लिए सुरक्षा की एक अतिरिक्त परत प्रदान करता है।
- आपदा बहाली: क्लाउड-आधारित बैकअप आपदाओं की स्थिति में त्वरित पुनर्प्राप्ति सक्षम बनाता है। क्लाउड इंफ्रास्ट्रक्चर की स्केलेबिलिटी और अतिरेक का लाभ उठाकर, संगठन महत्वपूर्ण डेटा और सिस्टम को जल्दी से बहाल कर सकते हैं, डाउनटाइम को कम कर सकते हैं और निर्बाध संचालन बनाए रख सकते हैं।
- स्केलेबिलिटी और लचीलापन: क्लाउड-आधारित बैकअप समाधान बढ़ती डेटा मात्रा को समायोजित करने के लिए निर्बाध रूप से स्केल कर सकते हैं। वे लचीले भंडारण विकल्प प्रदान करते हैं और बदलती व्यावसायिक आवश्यकताओं के अनुकूल हो सकते हैं, जिससे संगठन के विस्तार के बावजूद डेटा लचीलापन सुनिश्चित होता है।

22.1.2. क्लाउड में बैकअप विधियाँ:

क्लाउड में बैकअप रणनीतियों को लागू करते समय, कई तरीकों का उपयोग किया जा सकता है। यहां कुछ सामान्य दृष्टिकोण दिए गए हैं:

- पूर्ण बैकअप: पूर्ण बैकअप में संपूर्ण डेटासेट को क्लाउड पर कॉपी करना शामिल है। हालाँकि वे पूर्ण डेटा पुनर्प्राप्ति सुनिश्चित करते हैं, वे समय लेने वाली और संसाधन-गहन हो सकते हैं, खासकर बड़े डेटासेट के लिए। पूर्ण बैकअप आम तौर पर समय-समय पर या वृद्धिशील या विभेदक बैकअप से पहले बेसलाइन के रूप में किया जाता है।

• वृद्धिशील बैकअप: वृद्धिशील बैकअप केवल पिछले बैकअप के बाद से किए गए परिवर्तनों को कैप्चर करते हैं, जिससे बैकअप समय और भंडारण आवश्यकताओं में काफी कमी आती है। पुनर्स्थापना के दौरान, डेटा की नवीनतम स्थिति को फिर से बनाने के लिए पूर्ण बैकअप को बाद के वृद्धिशील बैकअप के साथ जोड़ा जाता है। यह विधि कुशल है और भंडारण स्थान बचाती है।

• विभेदक बैकअप: विभेदक बैकअप पिछले पूर्ण बैकअप के बाद से किए गए परिवर्तनों को कैप्चर करते हैं। वृद्धिशील बैकअप के विपरीत, वे पुनर्स्थापना प्रक्रिया के दौरान पिछली बैकअप श्रृंखला पर निर्भर नहीं होते हैं। हालाँकि, वृद्धिशील बैकअप की तुलना में विभेदक बैकअप को समय के साथ अधिक संग्रहण स्थान की आवश्यकता होती है।

• स्नैपशॉट-आधारित बैकअप: स्नैपशॉट किसी विशिष्ट समय पर संपूर्ण सिस्टम या विशिष्ट वॉल्यूम की स्थिति को कैप्चर करते हैं। वे बैकअप बनाने और लगभग तात्कालिक पुनर्प्राप्ति सक्षम करने का एक त्वरित और कुशल तरीका प्रदान करते हैं। स्नैपशॉट का उपयोग आमतौर पर क्लाउड स्टोरेज सेवाओं में डेटा सुरक्षा के लिए किया जाता है, खासकर वर्चुअलाइज्ड वातावरण में।

22.1.3. क्लाउड में पुनर्स्थापित करने के तरीके:

डेटा हानि या सिस्टम विफलता की स्थिति में डेटा और सिस्टम को शीघ्रता से पुनर्प्राप्त करने के लिए प्रभावी पुनर्स्थापना विधियाँ आवश्यक हैं। निम्नलिखित दृष्टिकोणों पर विचार करें:

• पॉइंट-इन-टाइम पुनर्स्थापना: कई क्लाउड स्टोरेज सेवाएँ पॉइंट-इन-टाइम पुनर्स्थापना क्षमताएँ प्रदान करती हैं, जिससे आप डेटा को एक विशिष्ट टाइमस्टैम्प या संस्करण में पुनर्स्थापित कर सकते हैं। यह आकस्मिक डेटा संशोधनों या डेटा भ्रष्टाचार से उबरने के लिए विशेष रूप से उपयोगी है।

• एक सेवा के रूप में आपदा पुनर्प्राप्ति (DRaaS): DRaaS समाधान संगठनों को क्लाउड में संपूर्ण सिस्टम या एप्लिकेशन को दोहराने और पुनर्प्राप्त करने में सक्षम बनाता है। DRaaS के साथ, व्यवसाय महत्वपूर्ण बुनियादी ढांचे को जल्दी से बहाल कर सकते हैं और आउटेज या आपदाओं के दौरान व्यवसाय संचालन को बनाए रख सकते हैं।

• क्लाउड-टू-क्लाउड पुनर्स्थापना: ऐसे मामलों में जहां एक क्लाउड प्रदाता में डेटा हानि या सेवा व्यवधान होता है, क्लाउड-टू-क्लाउड पुनर्स्थापना किसी अन्य क्लाउड प्रदाता को डेटा और सेवाओं की प्रतिकृति बनाकर पुनर्प्राप्ति सक्षम बनाती है। यह दृष्टिकोण अतिरेक प्रदान करता है और व्यवसाय की निरंतरता सुनिश्चित करता है, भले ही एक क्लाउड प्रदाता डाउनटाइम का अनुभव करता हो।

• हाइब्रिड पुनर्स्थापना: हाइब्रिड पुनर्स्थापना विधियों में ऑन-प्रिमाइसेस बैकअप को क्लाउड बैकअप के साथ जोड़कर डेटा और सिस्टम को पुनर्प्राप्त करना शामिल है। यह दृष्टिकोण हाइब्रिड क्लाउड वातावरण में पुनर्प्राप्ति के लिए लचीलापन और विकल्प प्रदान करता है, जहां डेटा को ऑन-प्रिमाइसेस बुनियादी ढांचे और क्लाउड सेवाओं के बीच वितरित किया जाता है।

22.1.4. क्लाउड बैकअप और पुनर्स्थापना के लिए सर्वोत्तम अभ्यास:

क्लाउड में प्रभावी बैकअप और पुनर्स्थापना संचालन सुनिश्चित करने के लिए, इन सर्वोत्तम प्रथाओं का पालन करें:

• बैकअप और पुनर्प्राप्ति उद्देश्यों को परिभाषित करें: पुनर्प्राप्ति समय उद्देश्यों (आरटीओ) और पुनर्प्राप्ति बिंदु उद्देश्यों (आरपीओ) सहित बैकअप और पुनर्प्राप्ति उद्देश्यों को स्पष्ट रूप से परिभाषित करें। ये मेट्रिक्स पुनर्स्थापना के मामले में स्वीकार्य डाउनटाइम और डेटा हानि का निर्धारण करते हैं।

• नियमित परीक्षण और सत्यापन: बैकअप की अखंडता और प्रभावशीलता को सत्यापित करने के लिए नियमित रूप से बैकअप और पुनर्स्थापना प्रक्रियाओं का परीक्षण करें। यह सुनिश्चित करने के लिए कि महत्वपूर्ण डेटा और सिस्टम को सफलतापूर्वक पुनर्प्राप्त किया जा सकता है, समय-समय पर पुनर्स्थापना अभ्यास आयोजित करें।

• एन्क्रिप्शन और डेटा सुरक्षा: पारगमन और आराम के दौरान बैकअप डेटा की सुरक्षा के लिए एन्क्रिप्शन तंत्र लागू करें। संवेदनशील जानकारी तक अनधिकृत पहुंच को रोकने के लिए एक्सेस नियंत्रण और एन्क्रिप्शन के साथ सुरक्षित बैकअप स्टोरेज रिपॉजिटरी।

• ऑफ-साइट संग्रहण और अतिरेक: क्षेत्रीय आपदाओं से बचाने के लिए भौगोलिक रूप से बिखरे हुए स्थानों में ऑफ-साइट बैकअप बनाए रखें। डेटा लचीलापन सुनिश्चित करने और डेटा उपलब्धता बढ़ाने के लिए कई डेटा केंद्रों या क्लाउड क्षेत्रों में अतिरेक का उपयोग करें।

• स्वचालित बैकअप और निगरानी: नियमित बैकअप शेड्यूल करने और निष्पादित करने के लिए स्वचालन उपकरण का लाभ उठाएं। बैकअप विफलताओं की सक्रिय रूप से पहचान करने और बैकअप संचालन की अखंडता सुनिश्चित करने के लिए निगरानी तंत्र लागू करें।

22.2 आपदा पुनर्प्राप्ति योजना और क्लाउड के लिए परीक्षण: लचीलापन और व्यवसाय निरंतरता सुनिश्चित करना

क्लाउड में लचीलापन और व्यापार निरंतरता सुनिश्चित करने के लिए आपदा पुनर्प्राप्ति योजना और परीक्षण महत्वपूर्ण हैं। क्लाउड-आधारित प्रतिकृति, अतिरेक और तेजी से पुनर्प्राप्ति क्षमताओं का लाभ उठाकर, संगठन प्रभावी ढंग से व्यवधानों का जवाब दे सकते हैं और डाउनटाइम को कम कर सकते हैं। व्यावसायिक प्रभाव विश्लेषण, क्लाउड प्रदाता चयन, डेटा प्रतिकृति रणनीतियों और विस्तृत रनबुक और पुनर्प्राप्ति प्रक्रियाओं के नियमित परीक्षण सहित सावधानीपूर्वक आपदा पुनर्प्राप्ति योजना के माध्यम से, संगठन आत्मविश्वास से अप्रत्याशित घटनाओं को नेविगेट कर सकते हैं और अपने महत्वपूर्ण सिस्टम और डेटा की रक्षा कर सकते हैं। प्रभावी आपदा पुनर्प्राप्ति योजना और क्लाउड में परीक्षण एक व्यापक जोखिम प्रबंधन रणनीति के आवश्यक तत्व हैं, जो संगठनों को विपरीत परिस्थितियों में भी संचालन बनाए रखने और ग्राहकों के विश्वास को बनाए रखने की अनुमति देता है।

22.2.1. क्लाउड में आपदा पुनर्प्राप्ति को समझना:

आपदा पुनर्प्राप्ति से तात्पर्य आपदा की स्थिति में महत्वपूर्ण प्रणालियों और डेटा को पुनर्प्राप्त करने और पुनर्स्थापित करने के लिए कार्यान्वित रणनीतियों, प्रक्रियाओं और प्रौद्योगिकियों के एक सेट से है। क्लाउड में, आपदा पुनर्प्राप्ति लचीलेपन, स्केलेबिलिटी और लागत-दक्षता सहित कई लाभ प्रदान करती है। निम्नलिखित प्रमुख पहलुओं पर विचार करें:

• प्रतिकृति और अतिरेक: क्लाउड सेवाएँ संगठनों को कई भौगोलिक क्षेत्रों या उपलब्धता क्षेत्रों में महत्वपूर्ण प्रणालियों, अनुप्रयोगों और डेटा को दोहराने की अनुमति देती हैं। यह अतिरेक यह सुनिश्चित करता है कि डेटा और सेवाएँ सुलभ रहें, भले ही किसी विशिष्ट क्षेत्र या ज़ोन में व्यवधान का अनुभव हो।

• जल्द ठीक हो जाना:क्लाउड-आधारित आपदा पुनर्प्राप्ति क्लाउड बुनियादी ढांचे की स्केलेबिलिटी और स्वचालन क्षमताओं का लाभ उठाती है। संगठन तेजी से प्रतिकृति प्रणालियों को चालू कर सकते हैं और डाउनटाइम को कम करने और व्यवसाय संचालन को बनाए रखने के लिए डेटा को पुनर्स्थापित कर सकते हैं, जिससे तेजी से पुनर्प्राप्ति समय हो सकता है।

• लागत अनुकूलन:क्लाउड-आधारित आपदा पुनर्प्राप्ति समर्पित माध्यमिक डेटा केंद्रों और हार्डवेयर निवेश की आवश्यकता को समाप्त कर देती है। संगठन मांग पर क्लाउड संसाधनों का लाभ उठा सकते हैं, बुनियादी ढांचे के रखरखाव से जुड़ी लागत को कम कर सकते हैं और अधिक लागत प्रभावी पुनर्प्राप्ति रणनीति की अनुमति दे सकते हैं।

22.2.2. क्लाउड के लिए आपदा पुनर्प्राप्ति योजना:

प्रभावी ढंग से प्रतिक्रिया देने और व्यवधानों से उबरने के लिए एक व्यापक आपदा पुनर्प्राप्ति योजना बनाना महत्वपूर्ण है। निम्नलिखित प्रमुख चरणों और विचारों पर विचार करें:

• व्यवसाय प्रभाव विश्लेषण (बीआईए):उन महत्वपूर्ण प्रणालियों, अनुप्रयोगों और डेटा की पहचान करने के लिए एक बीआईए का संचालन करें जिन्हें पुनर्प्राप्ति के लिए प्राथमिकता देने की आवश्यकता है। पुनर्प्राप्ति लक्ष्य स्थापित करने के लिए पुनर्प्राप्ति समय उद्देश्य (आरटीओ) और पुनर्प्राप्ति बिंदु उद्देश्य (आरपीओ) निर्धारित करें। बीआईए संगठनों को व्यवसाय संचालन पर संभावित आपदा के प्रभाव को समझने में मदद करता है और पुनर्प्राप्ति योजना के विकास का मार्गदर्शन करता है।

• क्लाउड प्रदाता चयन:ऐसा क्लाउड प्रदाता चुनें जो डेटा प्रतिकृति, क्षेत्रीय अतिरेक और स्वचालित पुनर्प्राप्ति प्रक्रियाओं सहित मजबूत आपदा पुनर्प्राप्ति क्षमताएं प्रदान करता हो। प्रदाता प्रतिष्ठा, सेवा-स्तरीय समझौते (एसएलए), और अपने मौजूदा बुनियादी ढांचे के साथ अनुकूलता जैसे कारकों पर विचार करें। सही क्लाउड प्रदाता आपकी आपदा पुनर्प्राप्ति क्षमताओं को महत्वपूर्ण रूप से बढ़ा सकता है।

• डेटा प्रतिकृति रणनीतियाँ: अपने महत्वपूर्ण डेटा के लिए उचित डेटा प्रतिकृति रणनीति निर्धारित करें। विकल्पों में तत्काल विफलता के लिए तुल्यकालिक प्रतिकृति, निकट-वास्तविक समय प्रतिकृति के लिए अतुल्यकालिक प्रतिकृति, या कम समय-संवेदनशील डेटा के लिए आवधिक बैकअप और बहाली शामिल है। प्रतिकृति रणनीति का चुनाव डेटा की गंभीरता और वांछित पुनर्प्राप्ति समय पर निर्भर करता है।
• आपदा रिकवरी रनबुक:विस्तृत रनबुक विकसित करें जो किसी आपदा की स्थिति में सिस्टम और अनुप्रयोगों को पुनर्प्राप्त करने के लिए चरण-दर-चरण प्रक्रियाओं का दस्तावेजीकरण करें। फ़ेलओवर, डेटा पुनर्स्थापना, नेटवर्क पुन: कॉन्फ़िगरेशन और पुनर्प्राप्ति के बाद सत्यापन के लिए निर्देश शामिल करें। रनबुक यह सुनिश्चित करती है कि पुनर्प्राप्ति प्रक्रिया अच्छी तरह से प्रलेखित है और संकट के दौरान कुशलतापूर्वक निष्पादित की जा सकती है।
• बैकअप और पुनर्प्राप्ति परीक्षण:उनकी प्रभावशीलता को सत्यापित करने के लिए बैकअप और पुनर्प्राप्ति प्रक्रियाओं का नियमित रूप से परीक्षण करें। संभावित अंतरालों की पहचान करने और पुनर्प्राप्ति प्रक्रियाओं को परिष्कृत करने के लिए निर्धारित अभ्यास और अनुरूपित आपदा परिदृश्यों का संचालन करें। परीक्षण पुनर्प्राप्ति योजना में किसी भी कमज़ोरी की पहचान करने में मदद करता है और यह सुनिश्चित करता है कि संगठन वास्तविक जीवन की आपदाओं से निपटने के लिए अच्छी तरह से तैयार है।

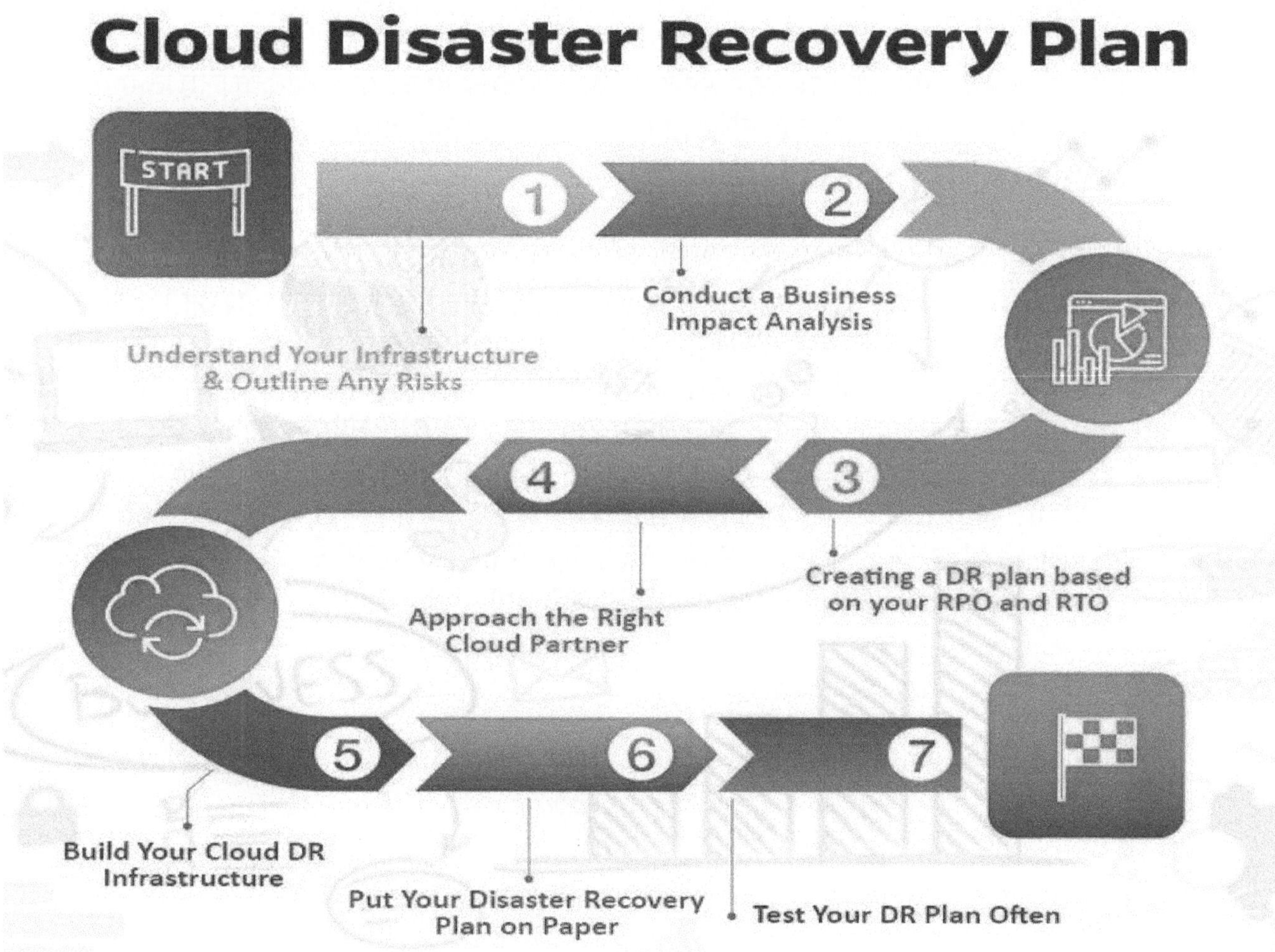

22.2.3. क्लाउड में आपदा पुनर्प्राप्ति परीक्षण:

पुनर्प्राप्ति प्रक्रियाओं की तैयारी और प्रभावशीलता सुनिश्चित करने के लिए परीक्षण आपदा पुनर्प्राप्ति योजना का एक महत्वपूर्ण पहलू है। निम्नलिखित सर्वोत्तम प्रथाओं पर विचार करें:
• परीक्षण आवृत्ति: पुनर्प्राप्ति योजना की कार्यक्षमता और दक्षता को सत्यापित करने के लिए नियमित आपदा पुनर्प्राप्ति परीक्षण आयोजित करें। परीक्षण की आवृत्ति सिस्टम की गंभीरता और आपके बुनियादी ढांचे में परिवर्तन की दर पर

निर्भर करती है। बार-बार परीक्षण यह सुनिश्चित करता है कि पुनर्प्राप्ति योजना समय के साथ प्रासंगिक और प्रभावी बनी रहे।

• परीक्षण का दायरा और परिदृश्य चयन: प्रत्येक परीक्षण के दायरे को परिभाषित करें और अनुकरण करने के लिए प्रासंगिक आपदा परिदृश्यों का चयन करें। व्यापक सत्यापन सुनिश्चित करने के लिए डेटा प्रतिकृति, फेलओवर, नेटवर्क कनेक्टिविटी और एप्लिकेशन रिकवरी सहित विभिन्न घटकों का परीक्षण करें। विभिन्न परिदृश्यों का परीक्षण संगठन को संभावित आपदाओं की एक विस्तृत श्रृंखला के लिए तैयार करता है।

• परीक्षण स्वचालन: परीक्षण प्रक्रिया को सुव्यवस्थित करने के लिए स्वचालन उपकरण और स्क्रिप्ट का लाभ उठाएं। स्वचालित परीक्षण मानवीय त्रुटि को कम करता है, दोहराव में सुधार करता है, और महत्वपूर्ण मैन्युअल प्रयास के बिना अधिक बार परीक्षण की अनुमति देता है। स्वचालन जटिल परीक्षणों और परिदृश्यों को संचालित करना भी आसान बनाता है।

• परीक्षण उपरांत विश्लेषण और दस्तावेज़ीकरण: प्रत्येक परीक्षण के बाद, परिणामों का विश्लेषण करें और सीखे गए किसी भी मुद्दे या सबक का दस्तावेजीकरण करें। आपदा पुनर्प्राप्ति योजना को परिष्कृत करने और तदनुसार रनबुक को अद्यतन करने के लिए इस फीडबैक का उपयोग करें। दस्तावेज़ीकरण यह सुनिश्चित करता है कि पिछले अनुभवों के आधार पर सुधार किए गए हैं और पुनर्प्राप्ति योजना बदलते परिवेश के साथ विकसित होती है।

• अनुपालन और लेखापरीक्षा:सुनिश्चित करें कि आपका आपदा पुनर्प्राप्ति परीक्षण उद्योग नियमों और अनुपालन मानकों के अनुरूप है। परीक्षण प्रक्रिया, परिणाम और ऑडिटिंग आवश्यकताओं को पूरा करने के लिए किए गए किसी भी सुधार का दस्तावेजीकरण करें। अनुपालन यह सुनिश्चित करता है कि आपकी आपदा पुनर्प्राप्ति योजना उद्योग की सर्वोत्तम प्रथाओं और नियामक आवश्यकताओं को पूरा करती है।

22.3 क्लाउड में डेटा प्रतिकृति और अतिरेक: उपलब्धता और डेटा अखंडता सुनिश्चित करना

क्लाउड में डेटा उपलब्धता, विश्वसनीयता और अखंडता सुनिश्चित करने के लिए डेटा प्रतिकृति और अतिरेक महत्वपूर्ण हैं। प्रभावी डेटा प्रतिकृति रणनीतियों को लागू करके, क्षेत्रीय अतिरेक का लाभ उठाकर, और स्वचालित प्रतिकृति, डेटा अखंडता उपायों और नियमित परीक्षण जैसी सर्वोत्तम प्रथाओं का पालन करके, संगठन डेटा हानि के जोखिम को कम कर सकते हैं और महत्वपूर्ण जानकारी तक निर्बाध पहुंच बनाए रख सकते हैं। व्यावसायिक आवश्यकताओं के साथ डेटा प्रतिकृति रणनीतियों को संरेखित करना याद रखें और बदलती जरूरतों और उभरती प्रौद्योगिकियों के अनुकूल होने के लिए अपनी प्रतिकृति प्रक्रियाओं का नियमित रूप से मूल्यांकन और अद्यतन करें। प्रभावी डेटा प्रतिकृति और अतिरेक एक व्यापक क्लाउड बुनियादी ढांचे के आवश्यक तत्व हैं, जो संगठनों को अपने डेटा को अत्यधिक लचीलेपन के साथ प्रबंधित करने और प्रतिकूल परिस्थितियों में भी निर्बाध व्यापार संचालन सुनिश्चित करने का विश्वास प्रदान करते हैं।

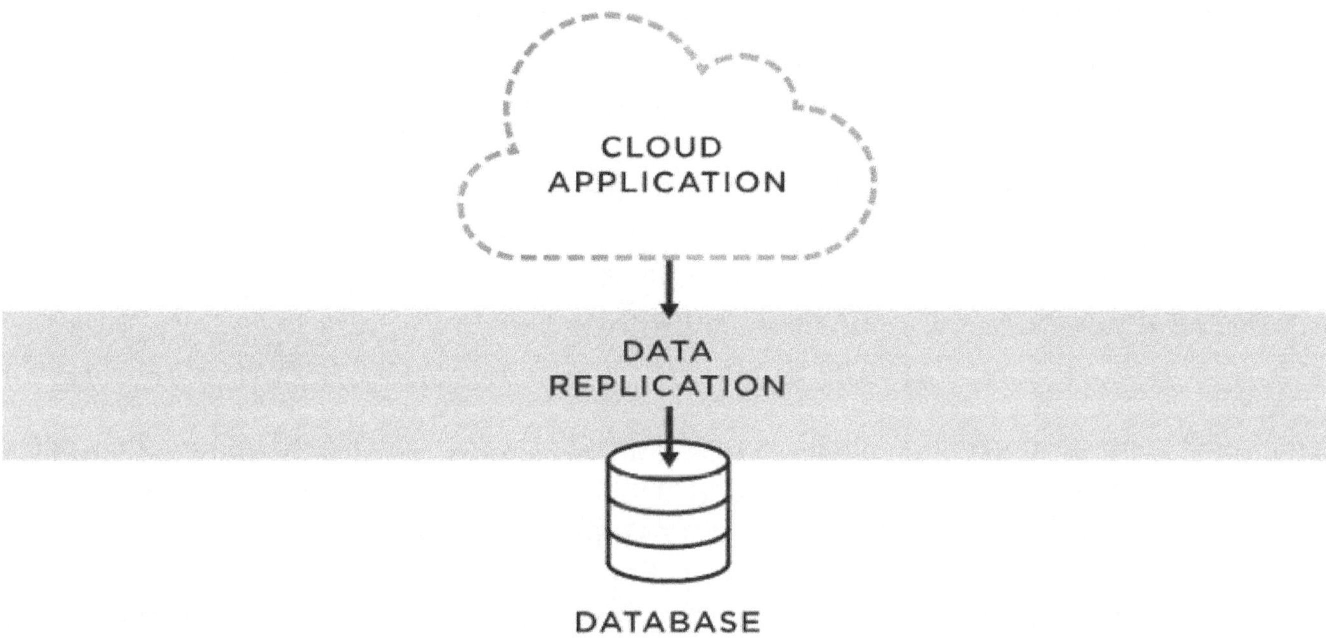

22.3.1. क्लाउड में डेटा प्रतिकृति को समझना:

डेटा प्रतिकृति में विभिन्न भंडारण प्रणालियों या स्थानों पर डेटा की कई प्रतियां बनाना शामिल है। क्लाउड में, डेटा प्रतिकृति का उपयोग उपलब्धता, दोष सहनशीलता और आपदा पुनर्प्राप्ति को बढ़ाने के लिए किया जाता है। निम्नलिखित प्रमुख पहलुओं पर विचार करें:

- प्रतिकृति तकनीक:क्लाउड प्रदाता सिंक्रोनस और एसिंक्रोनस प्रतिकृति सहित विभिन्न प्रतिकृति तकनीकों की पेशकश करते हैं। सिंक्रोनस प्रतिकृति यह सुनिश्चित करती है कि डेटा एक साथ कई स्थानों पर लिखा जाता है, जो तत्काल स्थिरता प्रदान करता है लेकिन कई स्थानों से पावती की आवश्यकता के कारण प्रदर्शन को संभावित रूप से प्रभावित करता है। अतुल्यकालिक प्रतिकृति में थोड़ी देरी के साथ डेटा की प्रतिकृति बनाना, प्रदर्शन और भौगोलिक दूरी के संदर्भ में लचीलापन प्रदान करना शामिल है। अतुल्यकालिक प्रतिकृति उन परिदृश्यों के लिए उपयुक्त है जहां बेहतर प्रदर्शन के बदले में मामूली डेटा हानि को सहन किया जा सकता है।
- क्षेत्रीय प्रतिकृति: क्लाउड प्रदाता के बुनियादी ढांचे के भीतर विभिन्न भौगोलिक क्षेत्रों या उपलब्धता क्षेत्रों में डेटा की प्रतिकृति उच्च उपलब्धता सुनिश्चित करती है। क्षेत्रीय प्रतिकृति क्षेत्रीय विफलताओं या प्राकृतिक आपदाओं से बचाती है और विफलता और त्वरित पुनर्प्राप्ति की अनुमति देती है। यह दृष्टिकोण उन महत्वपूर्ण अनुप्रयोगों और डेटा के लिए विशेष रूप से फायदेमंद है जिनके लिए निरंतर उपलब्धता और न्यूनतम डाउनटाइम की आवश्यकता होती है।
- अनुप्रयोग-स्तर प्रतिकृति:कुछ क्लाउड सेवाएँ एप्लिकेशन-स्तरीय प्रतिकृति की पेशकश करती हैं, जहाँ डेटा को एप्लिकेशन परत पर दोहराया जाता है। यह एप्लिकेशन के लिए विशिष्ट स्थिरता और उपलब्धता की गारंटी देता है, जिससे निर्बाध विफलता और पुनर्प्राप्ति सुनिश्चित होती है। एप्लिकेशन-स्तरीय प्रतिकृति उन परिदृश्यों के लिए आदर्श है जहां कुछ अनुप्रयोगों में डेटा स्थिरता और उपलब्धता के लिए अद्वितीय आवश्यकताएं होती हैं।

22.3.2. क्लाउड में डेटा प्रतिकृति और अतिरेक के लाभ:

क्लाउड में डेटा प्रतिकृति और अतिरेक कई लाभ प्रदान करता है जो डेटा उपलब्धता, विश्वसनीयता और अखंडता सुनिश्चित करने में मदद करता है। निम्नलिखित लाभों पर विचार करें:

- उच्च उपलब्धता: कई सर्वरों या क्षेत्रों में डेटा की प्रतिकृति बनाकर, संगठन हार्डवेयर विफलताओं, नेटवर्क आउटेज या स्थानीयकृत व्यवधानों की स्थिति में भी डेटा तक निरंतर पहुंच सुनिश्चित कर सकते हैं। उच्च उपलब्धता यह सुनिश्चित करती है कि महत्वपूर्ण सेवाएँ हर समय उपयोगकर्ताओं और ग्राहकों के लिए सुलभ रहें।
- दोष सहिष्णुता: अनावश्यक प्रणालियों में डेटा की प्रतिकृति बनाने से डेटा हानि और सिस्टम डाउनटाइम का जोखिम कम हो जाता है। यदि एक सर्वर या स्थान अनुपलब्ध हो जाता है, तो सेवा की निरंतरता बनाए रखते हुए और विफलताओं के प्रभाव को कम करते हुए, एक और प्रतिकृति निर्बाध रूप से कार्यभार संभाल सकती है।

• आपदा बहाली:डेटा प्रतिकृति कुशल आपदा पुनर्प्राप्ति को सक्षम बनाती है। भौगोलिक रूप से बिखरे हुए स्थानों में डेटा की प्रतियां बनाए रखकर, संगठन किसी आपदा या डेटा केंद्र की विफलता की स्थिति में डेटा को जल्दी से पुनर्प्राप्त और पुनर्स्थापित कर सकते हैं। अनेक प्रतिलिपि प्रतियाँ उपलब्ध होने से आपदा पुनर्प्राप्ति अधिक सुव्यवस्थित और प्रभावी हो जाती है।

• प्रदर्शन अनुकूलन: उपयोगकर्ताओं या एप्लिकेशन के करीब डेटा की प्रतिकृति बनाने से विलंबता कम हो जाती है और प्रदर्शन में सुधार होता है। कई क्षेत्रों में स्थित डेटा के साथ, संगठन निकटतम प्रतिकृति से सामग्री वितरित कर सकते हैं, नेटवर्क विलंबता को कम कर सकते हैं और उपयोगकर्ता अनुभव को बढ़ा सकते हैं।

22.3.3. क्लाउड में डेटा प्रतिकृति और अतिरेक के लिए सर्वोत्तम अभ्यास:

क्लाउड में प्रभावी डेटा प्रतिकृति और अतिरेक सुनिश्चित करने के लिए, संगठनों को इन सर्वोत्तम प्रथाओं का पालन करना चाहिए:

• डेटा प्रतिकृति रणनीति:रिकवरी पॉइंट ऑब्जेक्टिव (आरपीओ) और रिकवरी टाइम ऑब्जेक्टिव (आरटीओ) सहित व्यावसायिक आवश्यकताओं के आधार पर डेटा प्रतिकृति रणनीति को परिभाषित करें। विफलता की स्थिति में डेटा की गंभीरता और स्वीकार्य डेटा हानि के आधार पर प्रतिकृति की आवृत्ति और ग्रैन्युलैरिटी निर्धारित करें। प्रत्येक एप्लिकेशन या डेटासेट की विशिष्ट आवश्यकताओं के साथ प्रतिकृति रणनीतियों को संरेखित करें।

• क्षेत्रीय अतिरेक:क्लाउड प्रदाता के बुनियादी ढांचे के भीतर विभिन्न भौगोलिक क्षेत्रों या उपलब्धता क्षेत्रों में डेटा को दोहराएँ। सुनिश्चित करें कि क्षेत्रीय विफलताओं या आपदाओं से बचाने के लिए डेटा को भौतिक रूप से अलग-अलग स्थानों पर संग्रहीत किया जाता है। क्षेत्रीय अतिरेक यह सुनिश्चित करता है कि पूरे क्षेत्र में व्यवधान होने पर भी डेटा पहुंच योग्य बना रहे।

• स्वचालित प्रतिकृति:डेटा प्रतिकृति प्रक्रियाओं को सुव्यवस्थित करने के लिए स्वचालन उपकरण और क्लाउड सेवाओं का लाभ उठाएं। स्वचालित प्रतिकृति निरंतरता सुनिश्चित करती है, मानवीय त्रुटि को कम करती है और प्रबंधन को सरल बनाती है। स्वचालन प्रतिकृति डेटा को लगातार और कुशल अपडेट भी सक्षम बनाता है

• डेटा अखंडता और संगति:प्रतिकृति प्रतियों में डेटा अखंडता और स्थिरता सुनिश्चित करने के लिए तंत्र लागू करें। प्रतिकृति प्रक्रिया के दौरान डेटा अखंडता बनाए रखने के लिए चेकसम, एन्क्रिप्शन और डेटा सत्यापन तकनीकों को नियोजित करें। डेटा अखंडता उपाय डेटा भ्रष्टाचार को रोकते हैं और प्रतिकृतियों में डेटा सटीकता बनाए रखते हैं।

• नियमित निगरानी और परीक्षण: प्रतिकृति डेटा की स्थिति और स्वास्थ्य की लगातार निगरानी करें, प्रतिकृति प्रक्रिया का नियमित परीक्षण करें और यह सुनिश्चित करने के लिए डेटा अखंडता जांच करें कि प्रतिकृतियां सटीक और अद्यतित हैं। समय-समय पर परीक्षण और निगरानी से प्रतिकृति प्रक्रिया में किसी भी समस्या या विसंगतियों की पहचान करने में मदद मिलती है।

• आपदा पुनर्प्राप्ति योजना: अपनी आपदा पुनर्प्राप्ति योजना में डेटा प्रतिकृति और अतिरेक को शामिल करें। पुनर्प्राप्ति प्रक्रियाओं को परिभाषित करें और अपनी पुनर्प्राप्ति रणनीति की प्रभावशीलता को मान्य करने के लिए नियमित अभ्यास करें। आपदा पुनर्प्राप्ति योजना यह सुनिश्चित करती है कि आपका संगठन डेटा-संबंधित संकटों से निपटने के लिए अच्छी तरह से तैयार है।

अभ्यास

बहु विकल्पीय प्रश्न

1. निम्नलिखित में से कौन सा क्लाउड में लागत रिपोर्टिंग और विश्लेषण का प्रमुख घटक नहीं है?

a) लागत डेटा संग्रह

b) डेटा एकत्रीकरण और समेकन

c) क्लाउड प्रदाता चयन

d) रिपोर्टिंग और विज़ुअलाइज़ेशन

2. क्लाउड में लागत रिपोर्टिंग और विश्लेषण का प्राथमिक लक्ष्य क्या है?

a) संसाधन उपभोग पैटर्न और लागत चालकों में अंतर्दृष्टि प्राप्त करना

b) क्लाउड सेवा प्रदाताओं से लागत डेटा संग्रह को स्वचालित करने के लिए

c) विभिन्न भंडारण प्रणालियों में डेटा की कई प्रतियां बनाना

d) डेटा हानि को कम करने और महत्वपूर्ण जानकारी तक निर्बाध पहुंच बनाए रखने के लिए

3. संगठन लागत रिपोर्टिंग और विश्लेषण के माध्यम से क्लाउड खर्च को कैसे अनुकूलित कर सकते हैं?

a) स्वचालित डेटा प्रतिकृति लागू करके

b) क्षेत्रीय अतिरेक का लाभ उठाकर

c) कम उपयोग किए गए संसाधनों की पहचान करके और लागत-बचत रणनीतियों को लागू करके

d) आपदा पुनर्प्राप्ति अभ्यास आयोजित करके

4. कौन सा सर्वोत्तम अभ्यास संगठनों को क्लाउड में प्रभावी लागत डेटा संग्रह प्राप्त करने में मदद करता है?

a) संसाधन वर्गीकरण के लिए पूर्वनिर्धारित या कस्टम टैग का उपयोग करना

b) IAM नीतियों की नियमित रूप से समीक्षा और ऑडिट करना

c) नियमित रूप से भेद्यता स्कैनिंग का संचालन करना

d) विज़ुअलाइज़ेशन टूल और डैशबोर्ड का उपयोग करना

5. क्लाउड नेटिव में नेटवर्क सेगमेंटेशन और एक्सेस नियंत्रण लागू करने का प्रमुख लाभ क्या है? वातावरण?

a) उच्च उपलब्धता और दोष सहनशीलता

b) डेटा प्रतिकृति और अतिरेक

c) बढ़ी हुई वित्तीय दृश्यता

d) कंटेनरों का अलगाव और अनधिकृत पहुंच की रोकथाम

6. क्लाउड में नियमित आपदा पुनर्प्राप्ति परीक्षण आयोजित करने का उद्देश्य क्या है?

a) संभावित लागत-बचत अवसरों की पहचान करना

b) डेटा प्रतिकृति प्रक्रियाओं को सुव्यवस्थित करना

c) पुनर्प्राप्ति योजना की प्रभावशीलता को मान्य करने के लिए

d) नेटवर्क विलंबता को कम करने और प्रदर्शन में सुधार करने के लिए

7. कौन सी प्रतिकृति तकनीक तत्काल स्थिरता सुनिश्चित करती है लेकिन इसके कारण प्रदर्शन प्रभावित हो सकता है पावती आवश्यकताएँ?

a) तुल्यकालिक प्रतिकृति

b) अतुल्यकालिक प्रतिकृति

c) अनुप्रयोग-स्तरीय प्रतिकृति

d) निरर्थक प्रतिकृति

8. क्लाउड के लिए डेटा प्रतिकृति में क्षेत्रीय अतिरेक का एक फायदा क्या है?

a) बेहतर प्रदर्शन अनुकूलन

b) सरलीकृत डेटा अखंडता जांच

c) डेटा भ्रष्टाचार के जोखिमों में कमी

d) क्षेत्रीय विफलताओं या आपदाओं से सुरक्षा

9. संगठन क्लाउड में प्रतिकृति प्रक्रिया के दौरान डेटा अखंडता कैसे सुनिश्चित कर सकते हैं?

a) प्रतिरूपित डेटा की नियमित निगरानी करके

b) आपदा पुनर्प्राप्ति अभ्यास आयोजित करके

c) स्वचालित प्रतिकृति लागू करके

d) डेटा विश्लेषण के लिए विज़ुअलाइज़ेशन टूल का उपयोग करके

समीक्षा प्रश्न

1. **क्लाउड में लागत रिपोर्टिंग और विश्लेषण के प्रमुख घटक क्या हैं?**
2. **क्लाउड में लागत रिपोर्टिंग और विश्लेषण से संगठन कैसे लाभान्वित हो सकते हैं?**
3. **क्लाउड में डेटा प्रतिकृति और अतिरेक के लिए सर्वोत्तम अभ्यास क्या हैं?**
4. **डेटा प्रतिकृति में क्षेत्रीय अतिरेक से संगठनों को कैसे लाभ होता है?**
5. **क्लाउड में आपदा पुनर्प्राप्ति योजना के लिए मुख्य विचार क्या हैं?**
6. **संगठन लागत रिपोर्टिंग और विश्लेषण के माध्यम से क्लाउड खर्च को कैसे अनुकूलित कर सकते हैं?**
7. **स्वचालित प्रतिकृति क्लाउड में प्रभावी डेटा प्रतिकृति में कैसे योगदान करती है?**
8. **क्लाउड में डेटा प्रतिकृति और अतिरेक के क्या लाभ हैं?**

उत्तर अनुभाग

बहु विकल्पीय प्रश्न

1. c) क्लाउड प्रदाता चयन
2. a) संसाधन उपभोग पैटर्न और लागत चालकों में अंतर्दृष्टि प्राप्त करना
3. c) कम उपयोग किए गए संसाधनों की पहचान करके और लागत-बचत रणनीतियों को लागू करके
4. a) संसाधन वर्गीकरण के लिए पूर्वनिर्धारित या कस्टम टैग का उपयोग करना
5. d) कंटेनरों को अलग करना और अनधिकृत पहुंच को रोकना
6. c) पुनर्प्राप्ति योजना की प्रभावशीलता को मान्य करना
7. a) तुल्यकालिक प्रतिकृति
8. d) क्षेत्रीय विफलताओं या आपदाओं से सुरक्षा
9. a) प्रतिकृति डेटा की नियमित रूप से निगरानी करके

समीक्षा प्रश्न

1. क्लाउड में लागत रिपोर्टिंग और विश्लेषण के प्रमुख घटकों में लागत डेटा संग्रह, डेटा एकत्रीकरण और समेकन, रिपोर्टिंग और विज़ुअलाइज़ेशन, और लागत विश्लेषण और अनुकूलन शामिल हैं। लागत डेटा संग्रह में क्लाउड सेवा प्रदाताओं से विस्तृत लागत जानकारी एकत्र करना शामिल है। डेटा एकत्रीकरण और समेकन में एकीकृत दृश्य बनाने के लिए कई स्रोतों से लागत डेटा का संयोजन शामिल है। रिपोर्टिंग और विज़ुअलाइज़ेशन डैशबोर्ड और रिपोर्ट के माध्यम से लागत डेटा को स्पष्ट और समझने योग्य प्रारूप में प्रस्तुत करता है। लागत विश्लेषण और अनुकूलन क्लाउड खर्च को अनुकूलित करने के लिए लागत चालकों और लागत-बचत उपायों के अवसरों की पहचान करने पर ध्यान केंद्रित करता है।

2. क्लाउड में लागत रिपोर्टिंग और विश्लेषण संगठनों को कई लाभ प्रदान करते हैं। यह वित्तीय दृश्यता प्रदान करता है, जिससे उन्हें विभिन्न विभागों या परियोजनाओं में संसाधन खपत पैटर्न और लागत आवंटन को समझने की अनुमति मिलती है। लागत डेटा का विश्लेषण करके, संगठन कम उपयोग किए गए संसाधनों की पहचान कर सकते हैं, संसाधन आवंटन को अनुकूलित कर सकते हैं और अनावश्यक खर्चों को कम करने के लिए लागत-बचत रणनीतियों को लागू कर सकते हैं। लागत रिपोर्टिंग बजटीय राशि के मुकाबले वास्तविक लागतों पर नज़र रखकर प्रभावी बजट नियंत्रण भी सक्षम बनाती है, जिससे संगठनों को लागत वृद्धि को रोकने में मदद मिलती है। इसके अलावा, लागत डेटा अंतर्दृष्टि डेटा-संचालित निर्णय लेने, संसाधन चयन, क्षमता योजना, मूल्य निर्धारण मॉडल और लागत अनुकूलन रणनीतियों में सहायता की सुविधा प्रदान करती है।

3. क्लाउड में डेटा प्रतिकृति और अतिरेक के लिए सर्वोत्तम प्रथाओं में व्यावसायिक आवश्यकताओं के आधार पर डेटा प्रतिकृति रणनीति को परिभाषित करना और इसे रिकवरी प्वाइंट ऑब्जेक्टिव्स (आरपीओ) और रिकवरी टाइम ऑब्जेक्टिव्स (आरटीओ) के साथ संरेखित करना शामिल है। उच्च उपलब्धता और दोष सहनशीलता सुनिश्चित करने के लिए संगठनों को विभिन्न भौगोलिक क्षेत्रों या उपलब्धता क्षेत्रों में डेटा को दोहराना चाहिए। स्वचालित प्रतिकृति को लागू करने से प्रक्रिया सुव्यवस्थित हो जाती है, जबकि डेटा अखंडता और स्थिरता उपाय, जैसे चेकसम और डेटा सत्यापन, प्रतिकृतियों में डेटा सटीकता सुनिश्चित करते हैं। नियमित निगरानी, परीक्षण और आपदा पुनर्प्राप्ति योजना प्रभावी डेटा प्रतिकृति को बनाए रखने और समग्र डेटा उपलब्धता और विश्वसनीयता को बढ़ाने में मदद करती है।

4. डेटा प्रतिकृति में क्षेत्रीय अतिरेक संगठनों को महत्वपूर्ण लाभ प्रदान करता है। क्लाउड प्रदाता के बुनियादी ढांचे के भीतर विभिन्न भौगोलिक क्षेत्रों या उपलब्धता क्षेत्रों में डेटा की प्रतिकृति बनाकर, संगठन अपने महत्वपूर्ण डेटा की उच्च उपलब्धता सुनिश्चित करते हैं। क्षेत्रीय विफलता या प्राकृतिक आपदा की स्थिति में, डेटा अन्य प्रतिकृति स्थानों से पहुंच योग्य रहता है, जिससे डाउनटाइम को रोका जा सकता है और व्यवधानों के प्रभाव को कम किया जा सकता है। क्षेत्रीय अतिरेक आपदा पुनर्प्राप्ति क्षमताओं को बढ़ाता है, जिससे संगठनों को वैकल्पिक स्थान से डेटा को जल्दी से पुनर्प्राप्त करने और पुनर्स्थापित करने की अनुमति मिलती है। यह दृष्टिकोण उन महत्वपूर्ण अनुप्रयोगों और डेटा के लिए विशेष रूप से फायदेमंद है जिनके लिए निरंतर उपलब्धता और निर्बाध पहुंच की आवश्यकता होती है।

5. क्लाउड में आपदा पुनर्प्राप्ति योजना के लिए कई महत्वपूर्ण विचारों की आवश्यकता होती है। सबसे पहले, संपूर्ण व्यावसायिक प्रभाव विश्लेषण (बीआईए) आयोजित करने से उन महत्वपूर्ण प्रणालियों, अनुप्रयोगों और डेटा की पहचान करने में मदद मिलती है जिन्हें पुनर्प्राप्ति के लिए प्राथमिकता की आवश्यकता होती है। रिकवरी प्वाइंट ऑब्जेक्टिव्स (आरपीओ) और रिकवरी टाइम ऑब्जेक्टिव्स (आरटीओ) को परिभाषित करने से रिकवरी लक्ष्य स्थापित होते हैं। क्लाउड प्रदाता चयन महत्वपूर्ण है; संगठनों को मजबूत आपदा पुनर्प्राप्ति क्षमताओं, क्षेत्रीय अतिरेक और स्वचालित पुनर्प्राप्ति प्रक्रियाओं की पेशकश करने वाले प्रदाताओं को चुनना चाहिए। डेटा प्रतिकृति रणनीतियाँ, जैसे सिंक्रोनस या एसिंक्रोनस प्रतिकृति, डेटा की गंभीरता और वांछित पुनर्प्राप्ति समय के साथ संरेखित होनी चाहिए। विस्तृत रनबुक, पुनर्प्राप्ति प्रक्रियाओं का दस्तावेजीकरण और नियमित आपदा पुनर्प्राप्ति परीक्षण योजना के आवश्यक घटक हैं।

6. संगठन लागत-बचत के अवसरों की पहचान करके और कुशल संसाधन आवंटन रणनीतियों को लागू करके लागत रिपोर्टिंग और विश्लेषण के माध्यम से क्लाउड खर्च को अनुकूलित कर सकते हैं। लागत रिपोर्टिंग क्लाउड खर्च पैटर्न में वित्तीय दृश्यता प्रदान करती है, संगठनों को संसाधन खपत को समझने और अनुकूलन के लिए क्षेत्रों की पहचान करने में मदद करती है। लागत डेटा का विश्लेषण करके, संगठन कम उपयोग किए गए संसाधनों, जैसे निष्क्रिय उदाहरणों की पहचान कर सकते हैं, और संसाधन उपयोग को अनुकूलित करने के उपायों को लागू कर सकते हैं। इसके अतिरिक्त, बजटीय राशि के मुकाबले वास्तविक लागत की नियमित निगरानी से खर्च को नियंत्रित करने और बजट की अधिकता को रोकने में मदद मिलती है। डेटा-संचालित निर्णय लेने के साथ, संगठन लागत प्रभावी क्लाउड सेवाओं और मूल्य निर्धारण मॉडल का चयन कर सकते हैं, जिससे उनके क्लाउड खर्च को और अधिक अनुकूलित किया जा सकता है।

7. स्वचालित प्रतिकृति क्लाउड में डेटा प्रतिकृति प्रक्रियाओं को सुव्यवस्थित करती है, जिससे दक्षता और सटीकता बढ़ती है। स्वचालन उपकरण और क्लाउड सेवाएँ स्वचालित रूप से डेटा की प्रतिकृति को संभालती हैं, जिससे मैन्युअल हस्तक्षेप की आवश्यकता कम हो जाती है। यह प्रतिकृति प्रक्रिया के दौरान मानवीय त्रुटि के जोखिम को कम करता है। स्वचालित प्रतिकृति प्रतिकृतियों में एकरूपता भी सुनिश्चित करती है, क्योंकि चुनी गई प्रतिकृति रणनीति के आधार पर डेटा को नियमित अंतराल पर या वास्तविक समय में दोहराया जाता है। प्रतिकृति डेटा के लिए बार-बार और कुशल अपडेट स्वचालन के साथ प्राप्त किए जाते हैं, जो समय पर आपदा वसूली में योगदान देता है और उच्च डेटा उपलब्धता बनाए रखता है। कुल मिलाकर, स्वचालित प्रतिकृति प्रबंधन को सरल बनाती है और क्लाउड में डेटा अतिरेक को मजबूत करती है।

8. क्लाउड में डेटा प्रतिकृति और अतिरेक कई लाभ प्रदान करता है जो डेटा उपलब्धता और विश्वसनीयता में योगदान देता है। एकाधिक सर्वरों या भौगोलिक क्षेत्रों में डेटा की प्रतिलिपि बनाने से उच्च उपलब्धता सुनिश्चित होती है, जिससे संगठनों को डेटा तक पहुंचने की अनुमति मिलती है, भले ही कुछ सर्वर या क्षेत्रों में विफलता या आउटेज का अनुभव हो। यह दोष सहनशीलता डेटा हानि और सिस्टम डाउनटाइम के जोखिम को कम करती है। किसी आपदा की स्थिति

में, डेटा अतिरेक वैकल्पिक स्थानों से त्वरित पुनर्प्राप्ति और बहाली को सक्षम बनाता है, जिससे व्यवसाय संचालन पर प्रभाव कम हो जाता है। इसके अतिरिक्त, डेटा प्रतिकृति और अतिरेक निकटतम प्रतिकृति से सामग्री वितरित करके, विलंबता को कम करके और उपयोगकर्ता अनुभव को बढ़ाकर प्रदर्शन अनुकूलन में सुधार करता है।

अध्याय 23: क्लाउड गवर्नेंस और अनुपालन ढाँचे

क्लाउड गवर्नेंस मॉडल और फ्रेमवर्क संगठनों के लिए अपने क्लाउड वातावरण को प्रभावी ढंग से प्रबंधित करने के लिए आवश्यक उपकरण हैं। इन मॉडलों और रूपरेखाओं को लागू करके, संगठन ऐसी नीतियां, नियंत्रण और प्रक्रियाएं स्थापित कर सकते हैं जो क्लाउड में अनुपालन, सुरक्षा, लागत अनुकूलन और परिचालन दक्षता सुनिश्चित करती हैं। नीति प्रबंधन, संसाधन प्रावधान, पहुंच नियंत्रण, सुरक्षा, लागत अनुकूलन और निरंतर सुधार जैसे प्रमुख घटकों को संबोधित करते हुए, संगठन क्लाउड गवर्नेंस की जटिलताओं को सफलतापूर्वक नेविगेट कर सकते हैं और अपने क्लाउड निवेश के लाभों को अधिकतम कर सकते हैं। सभी आकार और उद्योगों के संगठनों के लिए उनके क्लाउड-आधारित संचालन की विश्वसनीयता, सुरक्षा और लागत-प्रभावशीलता सुनिश्चित करने के लिए उचित क्लाउड प्रशासन महत्वपूर्ण है।

23.1 क्लाउड गवर्नेंस मॉडल और फ्रेमवर्क

23. 1.1. क्लाउड गवर्नेंस मॉडल और फ्रेमवर्क की परिभाषा:

• क्लाउड गवर्नेंस मॉडल:क्लाउड गवर्नेंस मॉडल उच्च-स्तरीय सिद्धांतों, उद्देश्यों और दिशानिर्देशों की रूपरेखा तैयार करते हैं जो किसी संगठन के क्लाउड अपनाने और उपयोग को नियंत्रित करते हैं। ये मॉडल शासन दृष्टिकोण का एक रणनीतिक अवलोकन प्रदान करते हैं, यह सुनिश्चित करते हुए कि क्लाउड पहल संगठन के समग्र व्यावसायिक लक्ष्यों और उद्देश्यों के साथ संरेखित हो।

• क्लाउड गवर्नेंस फ्रेमवर्क: दूसरी ओर, क्लाउड गवर्नेंस फ्रेमवर्क क्लाउड गवर्नेंस को संचालित करने और लागू करने के लिए प्रथाओं, प्रक्रियाओं और नियंत्रणों का अधिक विस्तृत और व्यापक सेट प्रदान करता है। ये फ्रेमवर्क क्लाउड प्रबंधन के विभिन्न पहलुओं पर विशिष्ट मार्गदर्शन प्रदान करते हैं, जिसमें संसाधन प्रावधान, पहुंच नियंत्रण, अनुपालन, सुरक्षा, लागत प्रबंधन और बहुत कुछ शामिल हैं। वे संगठनों को उनके क्लाउड परिवेश में लगातार शासन प्रथाओं को लागू करने में मदद करते हैं।

23. 1.2. क्लाउड गवर्नेंस मॉडल और फ्रेमवर्क के प्रमुख घटक:

• नीति और अनुपालन प्रबंधन: क्लाउड गवर्नेंस का एक महत्वपूर्ण घटक नियामक आवश्यकताओं, उद्योग मानकों और आंतरिक दिशानिर्देशों का अनुपालन सुनिश्चित करने के लिए नीतियां और प्रक्रियाएं स्थापित करना है। स्थापित नीतियों से किसी भी विचलन को संबोधित करने के लिए नियमित मूल्यांकन और नियंत्रण लागू किए जाते हैं।

• संसाधन प्रावधान और प्रबंधन: संसाधन प्रावधान के लिए दिशानिर्देश यह सुनिश्चित करने के लिए परिभाषित किए गए हैं कि क्लाउड संसाधन व्यावसायिक आवश्यकताओं के अनुरूप हों। इसमें संसाधनों के उचित प्रकार और आकार का निर्धारण करना, संसाधन आवंटन का प्रबंधन करना, संसाधन उपयोग की निगरानी करना और लागत को नियंत्रित करने और परिचालन दक्षता बनाए रखने के लिए संसाधन उपयोग को अनुकूलित करना शामिल है।

• अभिगम नियंत्रण और पहचान प्रबंधन: क्लाउड वातावरण के भीतर उपयोगकर्ता की पहचान, भूमिका और अनुमतियों को प्रबंधित करने के लिए मजबूत पहुंच नियंत्रण और पहचान प्रबंधन प्रथाओं को लागू किया जाता है। क्लाउड संसाधनों और डेटा तक सुरक्षित पहुंच सुनिश्चित करने के लिए उचित प्रमाणीकरण और प्राधिकरण तंत्र लागू किए जाते हैं

• सुरक्षा और जोखिम प्रबंधन: क्लाउड गवर्नेंस फ्रेमवर्क में क्लाउड संसाधनों को आंतरिक और बाहरी खतरों से बचाने के लिए सुरक्षा नीतियों, नियंत्रणों और प्रक्रियाओं को परिभाषित करना शामिल है। नियमित जोखिम मूल्यांकन किए जाते हैं, सुरक्षा उपाय लागू किए जाते हैं, और संभावित सुरक्षा उल्लंघनों को प्रभावी ढंग से संबोधित करने के लिए घटना प्रतिक्रिया और पुनर्प्राप्ति प्रक्रियाएं स्थापित की जाती हैं।

• प्रदर्शन की निगरानी और अनुकूलन: क्लाउड में संसाधन उपयोग, प्रदर्शन मेट्रिक्स और सेवा उपलब्धता को ट्रैक करने के लिए निगरानी उपकरण और प्रक्रियाएं लागू की जाती हैं। प्रदर्शन अनुकूलन में अनुप्रयोगों को गतिशील रूप से स्केल करना, प्रदर्शन बाधाओं की पहचान करना और दक्षता और उपयोगकर्ता अनुभव को बेहतर बनाने के लिए समायोजन करना शामिल है।

• लागत प्रबंधन और अनुकूलन:क्लाउड खर्च को नियंत्रित करने के लिए, लागत प्रबंधन प्रथाएं स्थापित की जाती हैं। इनमें क्लाउड खर्चों की निगरानी करना, लागतों को सटीक रूप से बताने के लिए लागत आवंटन तंत्र को लागू करना, बजट बनाना और लागत दक्षता हासिल करने के लिए अनुकूलन रणनीतियों को लागू करना शामिल है।

• परिवर्तन प्रबंधन और निरंतर सुधार: गवर्नेंस फ्रेमवर्क क्लाउड संसाधनों, कॉन्फ़िगरेशन और अनुप्रयोगों में परिवर्तनों को प्रबंधित और ट्रैक करने के लिए परिवर्तन प्रबंधन प्रक्रियाओं को शामिल करता है। निरंतर सुधार प्रथाएं यह सुनिश्चित करती हैं कि क्लाउड गवर्नेंस संगठन की बदलती जरूरतों के साथ विकसित हो, फीडबैक को शामिल करे और उभरती सर्वोत्तम प्रथाओं के साथ संरेखित हो।

23. 1.3. क्लाउड गवर्नेंस मॉडल और फ्रेमवर्क का महत्व:

• जोखिम न्यूनीकरण: क्लाउड गवर्नेंस मॉडल और फ्रेमवर्क सुरक्षा उपायों को लागू करने, मानकों का अनुपालन सुनिश्चित करने और क्लाउड संसाधनों और संवेदनशील डेटा की सुरक्षा के लिए पहुंच नियंत्रण लागू करके जोखिमों को कम करने में महत्वपूर्ण भूमिका निभाते हैं।

• लागत अनुकूलन:प्रभावी शासन मॉडल और रूपरेखा संगठनों को लागत नियंत्रण तंत्र लागू करने, संसाधन उपयोग की निगरानी करने और व्यावसायिक आवश्यकताओं के आधार पर बुनियादी ढांचे का अनुकूलन करके क्लाउड लागत को अनुकूलित करने में मदद करते हैं। यह अनावश्यक अधिक खर्च को रोकता है और लागत दक्षता सुनिश्चित करता है।

• अनुपालन और विनियामक संरेखण: गवर्नेंस मॉडल और फ्रेमवर्क यह सुनिश्चित करने के लिए दिशानिर्देश और प्रक्रियाएं प्रदान करते हैं कि क्लाउड संचालन उद्योग नियमों, डेटा सुरक्षा कानूनों और आंतरिक नीतियों के साथ संरेखित हो। इससे संगठन को कानूनी और अनुपालन संबंधी समस्याओं से बचने में मदद मिलती है।

• कार्यकारी कुशलता:सुसंगत प्रक्रियाओं को स्थापित करने, कार्यों को स्वचालित करने और सर्वोत्तम प्रथाओं को लागू करने से, क्लाउड गवर्नेंस मॉडल और फ्रेमवर्क परिचालन दक्षता में सुधार करते हैं। यह त्रुटियों और गलत कॉन्फ़िगरेशन के जोखिम को कम करता है और समग्र क्लाउड प्रबंधन को बढ़ाता है।

• स्केलेबिलिटी और लचीलापन: क्लाउड गवर्नेंस फ्रेमवर्क को क्लाउड वातावरण की गतिशील प्रकृति को समायोजित करने के लिए डिज़ाइन किया गया है। संगठन अपने क्लाउड संसाधनों को माप सकते हैं और नियंत्रण और शासन को बनाए रखते हुए बदलती व्यावसायिक आवश्यकताओं के अनुरूप ढल सकते हैं।

• सहयोग और संरेखण: शासन मॉडल और रूपरेखा आईटी टीमों, व्यावसायिक इकाइयों, अनुपालन अधिकारियों और सुरक्षा कर्मियों सहित हितधारकों के बीच सहयोग की सुविधा प्रदान करते हैं। यह क्लाउड संचालन और निर्णय लेने की प्रक्रियाओं में संरेखण सुनिश्चित करता है, बेहतर संचार और सहयोग को बढ़ावा देता है।

23.2 अनुपालन मानक और विनियम

अनुपालन मानक और विनियम डेटा की सुरक्षा, गोपनीयता बनाए रखने और क्लाउड कंप्यूटिंग वातावरण में सुरक्षा सुनिश्चित करने में सहायक होते हैं। जीडीपीआर, एचआईपीएए, पीसीआई डीएसएस, आईएसओ/आईईसी 27001 और एनआईएसटी साइबर सुरक्षा फ्रेमवर्क जैसे इन मानकों का पालन करने से संगठनों को कानूनी आवश्यकताओं को पूरा करने, संवेदनशील जानकारी की रक्षा करने और ग्राहक विश्वास बनाए रखने में मदद मिलती है। उचित सुरक्षा उपायों को लागू करने और अनुपालन मानकों का पालन करके, संगठन जोखिमों को कम कर सकते हैं, डेटा सुरक्षा के प्रति अपनी प्रतिबद्धता प्रदर्शित कर सकते हैं और क्लाउड में सुरक्षित रूप से काम कर सकते हैं। ये अनुपालन ढाँचे नियामक दायित्वों को पूरा करते हुए संगठनों को एक सुरक्षित और गोपनीयता-केंद्रित क्लाउड बुनियादी ढाँचा बनाने के लिए एक मजबूत आधार प्रदान करते हैं।

यहां क्लाउड वातावरण पर लागू होने वाले सामान्य अनुपालन मानक और नियम और उनके महत्व के बारे में अधिक विस्तार से बताया गया है:

23.2.1. सामान्य डेटा संरक्षण विनियमन (जीडीपीआर):

● अवलोकन: जीडीपीआर एक व्यापक डेटा सुरक्षा विनियमन है जो यूरोपीय संघ (ईयू) में रहने वाले व्यक्तियों के व्यक्तिगत डेटा को संभालने वाले संगठनों पर लागू होता है। इसका उद्देश्य व्यक्तियों के गोपनीयता अधिकारों की रक्षा करना और यूरोपीय संघ के सदस्य देशों में डेटा संरक्षण कानूनों में सामंजस्य स्थापित करना है।

● प्रमुख प्रावधान:

● डेटा प्रोसेसिंग के लिए वैध आधार: जीडीपीआर के लिए संगठनों के पास व्यक्तिगत डेटा एकत्र करने, प्रसंस्करण और भंडारण के लिए वैध कानूनी आधार होना आवश्यक है। सहमति डेटा प्रोसेसिंग के लिए वैध आधारों में से एक है।

● डेटा विषय अधिकार: जीडीपीआर व्यक्तियों को विभिन्न अधिकार प्रदान करता है, जिसमें उनके व्यक्तिगत डेटा तक पहुंचने, सुधार करने और मिटाने का अधिकार, साथ ही डेटा पोर्टेबिलिटी का अधिकार भी शामिल है।

● डेटा उल्लंघन अधिसूचना: संगठनों को डेटा उल्लंघन की स्थिति में संबंधित अधिकारियों और प्रभावित व्यक्तियों को तुरंत सूचित करना चाहिए जो व्यक्तियों के अधिकारों और स्वतंत्रता के लिए खतरा पैदा करता है।

● डेटा सुरक्षा प्रभाव आकलन (डीपीआईए): डीपीआईए को उच्च जोखिम वाली प्रसंस्करण गतिविधियों के लिए आयोजित किया जाना चाहिए, जिससे संगठनों को उनकी डेटा प्रसंस्करण गतिविधियों से जुड़े गोपनीयता जोखिमों को पहचानने और कम करने में मदद मिलेगी।

23.2.2. स्वास्थ्य बीमा पोर्टेबिलिटी और जवाबदेही अधिनियम (HIPAA):

● अवलोकन:HIPAA एक अमेरिकी संघीय कानून है जो स्वास्थ्य देखभाल संगठनों और उनके सेवा प्रदाताओं पर लागू होता है। इसका प्राथमिक लक्ष्य संरक्षित स्वास्थ्य जानकारी (पीएचआई) की गोपनीयता और सुरक्षा की रक्षा करना है।

● प्रमुख प्रावधान:

● प्रशासनिक, भौतिक और तकनीकी सुरक्षा उपाय: HIPAA को इलेक्ट्रॉनिक PHI (ePHI) की सुरक्षा के लिए उचित प्रशासनिक, भौतिक और तकनीकी सुरक्षा उपायों को लागू करने के लिए कवर की गई संस्थाओं की आवश्यकता होती है।

● गोपनीयता नियम: गोपनीयता नियम PHI के उपयोग और प्रकटीकरण पर सीमाएं निर्धारित करता है, कुछ उपयोगों और प्रकटीकरणों के लिए रोगी की सहमति की आवश्यकता होती है और व्यक्तियों को उनकी स्वास्थ्य जानकारी पर अधिकार प्रदान किया जाता है।

● उल्लंघन अधिसूचना नियम:कवर की गई संस्थाओं को असुरक्षित PHI के उल्लंघनों की रिपोर्ट प्रभावित व्यक्तियों, स्वास्थ्य और मानव सेवा विभाग (HHS), और, कुछ मामलों में, दवा को देनी होगी।

23.2.3. भुगतान कार्ड उद्योग डेटा सुरक्षा मानक (पीसीआई डीएसएस):

• अवलोकन:पीसीआई डीएसएस सुरक्षा मानकों का एक सेट है जिसे कार्डधारक डेटा की सुरक्षा और क्रेडिट कार्ड धोखाधड़ी को रोकने के लिए डिज़ाइन किया गया है। यह उन संगठनों पर लागू होता है जो क्रेडिट कार्ड की जानकारी को संसाधित, संग्रहीत या प्रसारित करते हैं।

• प्रमुख प्रावधान:

• नेटवर्क और सिस्टम सुरक्षा: पीसीआई डीएसएस सुरक्षित नेटवर्क और सिस्टम कॉन्फ़िगरेशन, नियमित भेद्यता आकलन और कार्डधारक डेटा के सुरक्षित प्रसारण को अनिवार्य करता है।

• प्रवेश नियंत्रण:संगठनों को अद्वितीय उपयोगकर्ता आईडी, कार्डधारक डेटा तक प्रतिबंधित पहुंच और नियमित पहुंच समीक्षा सहित मजबूत पहुंच नियंत्रण लागू करना होगा।

• एन्क्रिप्शन और टोकनाइजेशन: कार्डधारक डेटा को ट्रांसमिशन के दौरान और संग्रहीत करते समय एन्क्रिप्ट किया जाना चाहिए। पीसीआई अनुपालन के दायरे को कम करने के लिए संवेदनशील डेटा को टोकन से बदलने के लिए टोकनाइजेशन का उपयोग किया जा सकता है।

23.2.4. आईएसओ/आईईसी 27001:

• अवलोकन:ISO/IEC 27001 एक अंतरराष्ट्रीय स्तर पर मान्यता प्राप्त सूचना सुरक्षा प्रबंधन मानक है। यह संगठनों को सूचना सुरक्षा प्रबंधन प्रणाली (आईएसएमएस) की स्थापना, कार्यान्वयन, रखरखाव और लगातार सुधार करने के लिए एक रूपरेखा प्रदान करता है।

• प्रमुख प्रावधान:

• जोखिम मूल्यांकन और उपचार: संगठनों को नियमित जोखिम मूल्यांकन करना चाहिए, पहचाने गए जोखिमों को कम करने के लिए उचित नियंत्रण लागू करना चाहिए और जोखिम प्रबंधन प्रक्रियाओं को बनाए रखना चाहिए।

• सुरक्षा नीति और उद्देश्य:एक संगठन को एक सूचना सुरक्षा नीति स्थापित करनी चाहिए और अपने व्यावसायिक लक्ष्यों के अनुरूप सुरक्षा उद्देश्यों को परिभाषित करना चाहिए।

• सतत निगरानी और सुधार:ISO/IEC 27001, बदलती व्यावसायिक आवश्यकताओं के साथ इसकी प्रभावशीलता और संरेखण सुनिश्चित करने के लिए ISMS की चल रही निगरानी, माप, विश्लेषण और सुधार को बढ़ावा देता है।

23.2.5. एनआईएसटी साइबर सुरक्षा ढांचा:

• अवलोकन:एनआईएसटी साइबर सुरक्षा ढांचा संगठनों को साइबर सुरक्षा जोखिमों को प्रबंधित करने और कम करने के लिए मानकों, दिशानिर्देशों और सर्वोत्तम प्रथाओं का एक स्वैच्छिक ढांचा प्रदान करता है।

• ज़रूरी भाग:

• पहचान करना:संगठनों को अपने साइबर सुरक्षा जोखिमों को समझना और उनका दस्तावेजीकरण करना चाहिए, शासन स्थापित करना चाहिए और महत्वपूर्ण संपत्तियों और प्रणालियों की पहचान करनी चाहिए।

• रक्षा करना: सिस्टम और डेटा की सुरक्षा के लिए सुरक्षा उपाय लागू करें, जिसमें एक्सेस नियंत्रण, सुरक्षा जागरूकता प्रशिक्षण और सुरक्षित कॉन्फ़िगरेशन शामिल हैं।

• पता लगाना: साइबर सुरक्षा घटनाओं का समय पर पता लगाने के लिए तंत्र स्थापित करें, जैसे सुरक्षा निगरानी, घुसपैठ का पता लगाना और घटना प्रतिक्रिया क्षमताएं।

• जवाब देना: साइबर सुरक्षा घटनाओं का प्रभावी ढंग से जवाब देने और उनके प्रभाव को कम करने के लिए एक घटना प्रतिक्रिया योजना विकसित करें।

• वापस पाना:साइबर सुरक्षा घटना की स्थिति में सिस्टम पुनर्प्राप्ति और व्यवसाय निरंतरता के लिए योजनाएं और प्रक्रियाएं स्थापित करें

23.3 क्लाउड वातावरण में जोखिम प्रबंधन

डेटा सुरक्षा, व्यवसाय निरंतरता और नियामक आवश्यकताओं के अनुपालन को सुनिश्चित करने के लिए क्लाउड वातावरण में काम करने वाले संगठनों के लिए जोखिम प्रबंधन महत्वपूर्ण है। प्रभावी जोखिम प्रबंधन प्रथाओं को लागू करके, संगठन जोखिमों की पहचान कर सकते हैं और उन्हें कम कर सकते हैं, संवेदनशील डेटा की सुरक्षा कर सकते हैं और सुरक्षा घटनाओं पर प्रभावी ढंग से प्रतिक्रिया दे सकते हैं। विक्रेता जोखिम, डेटा सुरक्षा, अनुपालन और परिचालन निरंतरता सहित क्लाउड वातावरण के विशिष्ट जोखिमों और चुनौतियों के अनुरूप जोखिम प्रबंधन रणनीतियों को विकसित करना महत्वपूर्ण है।

एनआईएसटी साइबर सुरक्षा फ्रेमवर्क, सीओएसओ एंटरप्राइज रिस्क मैनेजमेंट फ्रेमवर्क और आईएसओ/आईईसी 31000 जैसे जोखिम प्रबंधन ढांचे को अपनाकर, जोखिमों की लगातार निगरानी करके और कर्मचारी जागरूकता और प्रशिक्षण को बढ़ावा देकर, संगठन एक मजबूत जोखिम प्रबंधन कार्यक्रम स्थापित कर सकते हैं जो सुरक्षित और लचीले क्लाउड संचालन का समर्थन करता है।

23.3.1. क्लाउड वातावरण में जोखिम प्रबंधन का महत्व:

- डाटा सुरक्षा:क्लाउड वातावरण बड़ी मात्रा में संवेदनशील डेटा को संभालता है, जिससे डेटा उल्लंघनों, अनधिकृत पहुंच और डेटा हानि से बचाने के लिए संभावित सुरक्षा जोखिमों की पहचान करना और उनका समाधान करना आवश्यक हो जाता है। एन्क्रिप्शन, एक्सेस नियंत्रण और डेटा वर्गीकरण जैसे सुरक्षा उपायों को लागू करने से संवेदनशील जानकारी को सुरक्षित रखने में मदद मिलती है।
- परिचालन निरंतरता: प्रभावी जोखिम प्रबंधन यह सुनिश्चित करता है कि व्यवसाय की निरंतरता बनाए रखने और डाउनटाइम को कम करने के लिए सिस्टम विफलताओं, सेवा आउटेज या प्राकृतिक आपदाओं जैसे संभावित व्यवधानों को कम किया जाता है। संगठन व्यवधानों की स्थिति में त्वरित पुनर्प्राप्ति सुनिश्चित करने के लिए आपदा पुनर्प्राप्ति योजनाओं और बैकअप रणनीतियों को लागू कर सकते हैं।
- अनुपालन और कानूनी आवश्यकताएँ:क्लाउड वातावरण अक्सर विभिन्न नियामक ढांचे और कानूनी दायित्वों, जैसे जीडीपीआर, एचआईपीएए, या पीसीआई डीएसएस के तहत काम करते हैं। जोखिम प्रबंधन संगठनों को दंड और प्रतिष्ठा क्षति से बचने के लिए अनुपालन जोखिमों की पहचान करने और उनका समाधान करने में मदद करता है।
- विक्रेता और तृतीय-पक्ष जोखिम:क्लाउड वातावरण में क्लाउड सेवा प्रदाताओं और तृतीय-पक्ष विक्रेताओं पर निर्भरता शामिल है। जोखिम प्रबंधन डेटा गोपनीयता, सेवा स्तर समझौतों और संविदात्मक दायित्वों सहित विक्रेता संबंधों से जुड़े जोखिमों का आकलन और प्रबंधन करने में मदद करता है। इस संदर्भ में उचित परिश्रम और नियमित विक्रेता प्रदर्शन समीक्षा आवश्यक है।

23.3.2. क्लाउड वातावरण के लिए जोखिम प्रबंधन अभ्यास:

- जोखिम की पहचान:जोखिमों को प्रभावी ढंग से प्रबंधित करने के लिए, संगठनों को क्लाउड वातावरण के लिए विशिष्ट संभावित जोखिमों की पहचान करनी चाहिए और उनका दस्तावेजीकरण करना चाहिए। उदाहरणों में डेटा उल्लंघन, अनधिकृत पहुंच, सेवा प्रदाता विफलताएं, डेटा हानि और अनुपालन उल्लंघन शामिल हैं।
- जोखिम आकलन:व्यवसाय संचालन, डेटा सुरक्षा और अनुपालन पर उनकी गंभीरता और संभावित प्रभाव के आधार पर उन्हें प्राथमिकता देने के लिए पहचाने गए जोखिमों के प्रभाव और संभावना का मूल्यांकन करें। यह संगठनों को पहले उच्च प्राथमिकता वाले जोखिमों को संबोधित करने पर संसाधनों पर ध्यान केंद्रित करने की अनुमति देता है।
- जोखिम शमन रणनीतियाँ:पहचाने गए जोखिमों से निपटने के लिए जोखिम शमन रणनीतियाँ और नियंत्रण विकसित करें। इसमें सुरक्षा उपाय, डेटा एन्क्रिप्शन, पहुंच नियंत्रण, आपदा पुनर्प्राप्ति योजनाएं और घटना प्रतिक्रिया प्रक्रियाएं लागू करना शामिल हो सकता है।
- निरंतर निगरानी:कार्यान्वित नियंत्रणों और शमन रणनीतियों की प्रभावशीलता की नियमित रूप से निगरानी और मूल्यांकन करें। निरंतर निगरानी से सुरक्षा घटनाओं, कमजोरियों, सिस्टम प्रदर्शन समस्याओं और अनुपालन अंतराल का पता लगाने में मदद मिलती है, जिससे समय पर निवारण संभव हो पाता है।
- घटना प्रतिक्रिया और पुनर्प्राप्ति:सुरक्षा घटनाओं पर प्रभावी ढंग से प्रतिक्रिया देने और उनसे उबरने के लिए घटना प्रतिक्रिया योजनाएं और प्रक्रियाएं स्थापित करें। घटना की प्रतिक्रिया में उनके प्रभाव को कम करने के लिए सुरक्षा उल्लंघनों का पता लगाना, रोकथाम, जांच और उपचार शामिल है।
- विक्रेता जोखिम प्रबंधन:क्लाउड सेवा प्रदाताओं और तृतीय-पक्ष विक्रेताओं से जुड़े जोखिमों का आकलन करें। उचित परिश्रम करें, अनुबंधों की समीक्षा करें और सुनिश्चित करें कि वे सुरक्षा और अनुपालन आवश्यकताओं को पूरा करते हैं। विक्रेता के प्रदर्शन और सुरक्षा प्रथाओं की नियमित समीक्षा और निगरानी करना महत्वपूर्ण है।
- कर्मचारी जागरूकता और प्रशिक्षण:कर्मचारियों को सुरक्षा जोखिमों, सर्वोत्तम प्रथाओं और जोखिमों को कम करने में उनकी भूमिकाओं और जिम्मेदारियों के बारे में शिक्षित करें। प्रशिक्षण में डेटा सुरक्षा, पासवर्ड स्वच्छता, फ़िशिंग जागरूकता और घटना रिपोर्टिंग जैसे विषय शामिल होने चाहिए।
- डेटा बैकअप और रिकवरी: डेटा हानि या सिस्टम विफलता की स्थिति में व्यवसाय की निरंतरता सुनिश्चित करने के लिए नियमित डेटा बैकअप लागू करें और डेटा पुनर्प्राप्ति प्रक्रियाओं का परीक्षण करें। अतिरिक्त लचीलेपन के लिए ऑफ-साइट बैकअप पर विचार करें या क्लाउड-नेटिव बैकअप सेवाओं का उपयोग करें।
- क्लाउड सुरक्षा मानक और प्रमाणपत्र: क्लाउड सेवा प्रदाता सुरक्षा प्रथाओं का आकलन करने और सुरक्षा मानकों के साथ उनके अनुपालन को मान्य करने के लिए एसओसी 2, आईएसओ/आईईसी 27001 और सीएसए स्टार जैसे उद्योग-मान्यता प्राप्त क्लाउड सुरक्षा मानकों और प्रमाणपत्रों का लाभ उठाएं।

23.3.3. जोखिम प्रबंधन ढाँचे:

- एनआईएसटी साइबर सुरक्षा ढांचा:एनआईएसटी ढांचा जोखिम पहचान, सुरक्षा, पहचान, प्रतिक्रिया और पुनर्प्राप्ति सहित साइबर सुरक्षा जोखिमों के प्रबंधन के लिए एक व्यापक दृष्टिकोण प्रदान करता है। संगठनों द्वारा अपनी साइबर सुरक्षा स्थिति को बढ़ाने के लिए इसका व्यापक रूप से उपयोग और अपनाया जाता है।
- COSO एंटरप्राइज जोखिम प्रबंधन ढांचा:COSO ढांचा परिचालन और रणनीतिक दोनों जोखिमों को शामिल करते हुए जोखिम प्रबंधन पर एक व्यापक परिप्रेक्ष्य प्रदान करता है। यह किसी संगठन में जोखिमों की पहचान, मूल्यांकन और प्रबंधन के लिए मार्गदर्शन प्रदान करता है, जिसमें क्लाउड वातावरण से संबंधित जोखिम भी शामिल हैं।
- आईएसओ/आईईसी 31000:ISO/IEC 31000 एक अंतरराष्ट्रीय मानक है जो जोखिम प्रबंधन के लिए सिद्धांत और दिशानिर्देश प्रदान करता है। यह जोखिमों की पहचान, विश्लेषण, मूल्यांकन, उपचार और निगरानी के लिए एक व्यवस्थित और संरचित दृष्टिकोण प्रदान करता है, जो इसे क्लाउड जोखिम प्रबंधन पर लागू करता है।

अभ्यास

बहु विकल्पीय प्रश्न

1. क्लाउड गवर्नेंस मॉडल का प्राथमिक उद्देश्य क्या है?

a) क्लाउड प्रबंधन के लिए विस्तृत अभ्यास और नियंत्रण प्रदान करना।

b) क्लाउड गवर्नेंस के रणनीतिक दृष्टिकोण और उच्च-स्तरीय सिद्धांतों की रूपरेखा तैयार करना।

c) क्लाउड में पहुंच नियंत्रण और पहचान प्रबंधन लागू करना।

d) क्लाउड परिवेश के लिए आपदा पुनर्प्राप्ति योजनाओं को लागू करना।

2. निम्नलिखित में से कौन सा क्लाउड गवर्नेंस फ्रेमवर्क का एक प्रमुख घटक है?

a) लागत प्रबंधन और अनुकूलन

b) डेटा प्रतिकृति और अतिरेक

c) प्रदर्शन की निगरानी और अनुकूलन

d) परिवर्तन प्रबंधन और निरंतर सुधार

3. क्लाउड गवर्नेंस में नीति और अनुपालन प्रबंधन का उद्देश्य क्या है?

a) अभिगम नियंत्रण और पहचान प्रबंधन लागू करना।

b) संसाधन प्रावधान दिशानिर्देश स्थापित करना।

c) यह सुनिश्चित करने के लिए कि क्लाउड पहल व्यावसायिक लक्ष्यों के अनुरूप हो।

d) नियामक आवश्यकताओं और आंतरिक दिशानिर्देशों को संबोधित करने के लिए।

4. किस क्लाउड गवर्नेंस घटक में उपयोगकर्ता की पहचान, भूमिकाएँ और अनुमतियाँ प्रबंधित करना शामिल है?

a) नीति और अनुपालन प्रबंधन

b) संसाधन प्रावधान और प्रबंधन

c) अभिगम नियंत्रण और पहचान प्रबंधन

d) सुरक्षा और जोखिम प्रबंधन

5. कौन सा अनुपालन ढाँचा कार्डधारक डेटा की सुरक्षा और क्रेडिट कार्ड को रोकने के लिए डिज़ाइन किया गया है धोखा?

a) आईएसओ/आईईसी 27001

b) COSO एंटरप्राइज जोखिम प्रबंधन ढांचा

c) सामान्य डेटा संरक्षण विनियमन (जीडीपीआर)

d) भुगतान कार्ड उद्योग डेटा सुरक्षा मानक (पीसीआई डीएसएस)

6. एनआईएसटी साइबर सुरक्षा फ्रेमवर्क का मुख्य लक्ष्य क्या है?

a) साइबर सुरक्षा जोखिमों के प्रबंधन के लिए दिशानिर्देश स्थापित करना।

b) उद्योग नियमों का अनुपालन सुनिश्चित करना।

c) यूरोपीय संघ में डेटा संरक्षण कानूनों को संबोधित करने के लिए।

d) क्लाउड वातावरण में अनधिकृत पहुंच से बचाने के लिए।

7. किस जोखिम प्रबंधन अभ्यास में पहचाने गए जोखिमों के प्रभाव और संभावना का मूल्यांकन करना शामिल है?

a) जोखिम की पहचान

b) जोखिम आकलन

c) जोखिम शमन रणनीतियाँ

d) निरंतर निगरानी

8. क्लाउड गवर्नेंस मॉडल और फ्रेमवर्क लागत अनुकूलन में कैसे योगदान करते हैं?

a) अभिगम नियंत्रण और पहचान प्रबंधन को परिभाषित करके।

b) अनुपालन के लिए नीतियां और प्रक्रियाएं स्थापित करके।
c) संसाधन प्रावधान और लागत प्रबंधन पर मार्गदर्शन प्रदान करके।
d) क्लाउड परिवेश के लिए आपदा पुनर्प्राप्ति योजनाएं विकसित करके।

9. क्लाउड परिवेश में जोखिम प्रबंधन का प्राथमिक उद्देश्य क्या है?
a) क्लाउड गवर्नेंस फ्रेमवर्क का अनुपालन सुनिश्चित करना।
b) क्लाउड संसाधनों के लिए सुरक्षित पहुंच नियंत्रण स्थापित करना।
c) संभावित सुरक्षा और परिचालन जोखिमों की पहचान करना और उन्हें कम करना।
d) क्लाउड वातावरण के लिए निरंतर निगरानी लागू करना।

समीक्षा प्रश्न

1. **क्लाउड गवर्नेंस मॉडल और फ्रेमवर्क के प्रमुख घटक क्या हैं?**
2. **क्लाउड गवर्नेंस मॉडल और फ्रेमवर्क जोखिम कम करने में कैसे योगदान करते हैं?**
3. **क्लाउड वातावरण में जीडीपीआर और एचआईपीएए जैसे अनुपालन मानकों का क्या महत्व है?**
4. **निरंतर निगरानी प्रभावी क्लाउड जोखिम प्रबंधन में कैसे योगदान देती है?**
5. **क्लाउड गवर्नेंस फ्रेमवर्क के माध्यम से संगठन क्लाउड लागत को कैसे अनुकूलित कर सकते हैं?**
6. **क्लाउड जोखिम प्रबंधन में कर्मचारी जागरूकता और प्रशिक्षण क्या भूमिका निभाता है?**
7. **क्लाउड गवर्नेंस फ्रेमवर्क आपदा पुनर्प्राप्ति योजना में कैसे सहायता कर सकता है?**
8. **क्लाउड परिवेश में विक्रेता जोखिम प्रबंधन महत्वपूर्ण क्यों है?**

उत्तर अनुभाग

बहु विकल्पीय प्रश्न

1. b) क्लाउड गवर्नेंस के रणनीतिक दृष्टिकोण और उच्च-स्तरीय सिद्धांतों की रूपरेखा तैयार करना।
2. a) लागत प्रबंधन और अनुकूलन
3. d) नियामक आवश्यकताओं और आंतरिक दिशानिर्देशों को संबोधित करने के लिए।
4. c) अभिगम नियंत्रण और पहचान प्रबंधन
5. d) भुगतान कार्ड उद्योग डेटा सुरक्षा मानक (पीसीआई डीएसएस)
6. a) साइबर सुरक्षा जोखिमों के प्रबंधन के लिए दिशानिर्देश स्थापित करना।
7. b) जोखिम मूल्यांकन
8. c) संसाधन प्रावधान और लागत प्रबंधन पर मार्गदर्शन प्रदान करके।
9. c) संभावित सुरक्षा और परिचालन जोखिमों की पहचान करना और उन्हें कम करना।

समीक्षा प्रश्न

1. क्लाउड गवर्नेंस मॉडल और फ्रेमवर्क के प्रमुख घटकों में नीति और अनुपालन प्रबंधन, संसाधन प्रावधान और प्रबंधन, पहुंच नियंत्रण और पहचान प्रबंधन, सुरक्षा और जोखिम प्रबंधन, प्रदर्शन निगरानी और अनुकूलन, लागत प्रबंधन और अनुकूलन, परिवर्तन प्रबंधन और निरंतर सुधार शामिल हैं। ये घटक प्रभावी क्लाउड प्रबंधन और व्यावसायिक लक्ष्यों के साथ संरेखण के लिए सामूहिक रूप से दिशानिर्देश, प्रक्रियाएं और नियंत्रण स्थापित करते हैं।
2. क्लाउड गवर्नेंस मॉडल और फ्रेमवर्क सुरक्षा उपायों को लागू करने, एक्सेस नियंत्रण को परिभाषित करने और क्लाउड संसाधनों और संवेदनशील डेटा की सुरक्षा के लिए नीतियों को लागू करके जोखिम कम करने में सहायता करते हैं। नियमित जोखिम मूल्यांकन और अनुपालन जांच नियामक आवश्यकताओं और उद्योग मानकों का पालन सुनिश्चित करती है, जिससे डेटा उल्लंघनों और अनधिकृत पहुंच की संभावना कम हो जाती है।
3. डेटा गोपनीयता की सुरक्षा और क्लाउड वातावरण में नियामक अनुपालन बनाए रखने के लिए जीडीपीआर और एचआईपीएए जैसे अनुपालन मानक महत्वपूर्ण हैं। व्यक्तिगत डेटा या संवेदनशील स्वास्थ्य जानकारी को संभालने वाले संगठनों को डेटा सुरक्षा, पारदर्शिता और व्यक्तिगत अधिकारों की सुरक्षा सुनिश्चित करने के लिए इन मानकों का पालन करना होगा।

4. निरंतर निगरानी संगठनों को सुरक्षा घटनाओं, प्रदर्शन मुद्दों और अनुपालन अंतराल का तुरंत पता लगाने की अनुमति देती है। यह क्लाउड संसाधनों का वास्तविक समय मूल्यांकन करने में सक्षम बनाता है, जिससे संभावित जोखिमों और कमजोरियों पर त्वरित प्रतिक्रिया मिलती है, जिससे क्लाउड वातावरण की चल रही सुरक्षा और विश्वसनीयता सुनिश्चित होती है।

5. क्लाउड गवर्नेंस फ्रेमवर्क लागत प्रबंधन प्रथाओं पर मार्गदर्शन प्रदान करते हैं, जिससे संगठनों को क्लाउड खर्चों की प्रभावी ढंग से निगरानी और नियंत्रण करने में सक्षम बनाया जाता है। संसाधन उपयोग को अनुकूलित करके, लागत आवंटन रणनीतियों को लागू करके, और व्यावसायिक आवश्यकताओं के साथ क्लाउड खर्च को संरेखित करके, संगठन लागत दक्षता हासिल कर सकते हैं और अनावश्यक अधिक खर्च को रोक सकते हैं।

6. क्लाउड जोखिम प्रबंधन में कर्मचारी जागरूकता और प्रशिक्षण आवश्यक है क्योंकि वे कर्मचारियों को सुरक्षा सर्वोत्तम प्रथाओं, डेटा सुरक्षा और घटना रिपोर्टिंग के बारे में शिक्षित करते हैं। सुरक्षा जागरूकता को बढ़ावा देकर, संगठन मानवीय त्रुटियों के जोखिम को कम कर सकते हैं और समग्र क्लाउड सुरक्षा में सुधार कर सकते हैं।

7. क्लाउड गवर्नेंस फ्रेमवर्क संगठनों को संसाधन प्रावधान, डेटा प्रतिकृति और निरंतर निगरानी पर दिशानिर्देश प्रदान करके विस्तृत आपदा वसूली योजना विकसित करने में मदद करते हैं। इन रूपरेखाओं का पालन करके, संगठन व्यवधानों या डेटा उल्लंघनों के मामले में समय पर और प्रभावी पुनर्प्राप्ति सुनिश्चित कर सकते हैं।

8. क्लाउड वातावरण में विक्रेता जोखिम प्रबंधन महत्वपूर्ण है क्योंकि संगठन अक्सर क्लाउड सेवा प्रदाताओं और तृतीय-पक्ष विक्रेताओं पर भरोसा करते हैं। विक्रेता सुरक्षा प्रथाओं, संविदात्मक दायित्वों और डेटा गोपनीयता उपायों का आकलन और निगरानी यह सुनिश्चित करती है कि तीसरे पक्ष के जोखिमों को कम किया जाए, संवेदनशील डेटा की सुरक्षा की जाए और अनुपालन बनाए रखा जाए।

अध्याय 24: मल्टी-क्लाउड और हाइब्रिड क्लाउड आर्किटेक्चर

मल्टी-क्लाउड परिनियोजन महत्वपूर्ण लाभ प्रदान करते हैं, जिसमें विक्रेता लॉक-इन से बचना, सेवा विविधता का लाभ उठाना, लचीलापन बढ़ाना, लागत का अनुकूलन करना और सर्वोत्तम-नस्ल समाधानों तक पहुंच शामिल है। हालाँकि, संगठनों को जटिलता, अंतरसंचालनीयता, प्रबंधन ओवरहेड, कौशल आवश्यकताओं, डेटा प्रशासन और सुरक्षा जैसी चुनौतियों का भी समाधान करना होगा। लाभों और चुनौतियों का सावधानीपूर्वक आकलन करके, संगठन मल्टी-क्लाउड रणनीति अपनाने के बारे में सूचित निर्णय ले सकते हैं और मल्टी-क्लाउड तैनाती के सफल कार्यान्वयन और उपयोग को सुनिश्चित करने के लिए मजबूत प्रबंधन प्रथाओं, सुरक्षा उपायों और शासन ढांचे को विकसित कर सकते हैं। मल्टी-क्लाउड वातावरण द्वारा प्रदान किए जा सकने वाले लाभों का अधिकतम लाभ उठाने के लिए उचित योजना, कुशल कार्मिक और मजबूत विक्रेता संबंध महत्वपूर्ण हैं।

मल्टी-क्लाउड परिनियोजन एक संगठन के अनुप्रयोगों, डेटा और वर्कलोड को होस्ट और प्रबंधित करने के लिए विभिन्न क्लाउड प्रदाताओं से कई क्लाउड कंप्यूटिंग प्लेटफार्मों और सेवाओं का उपयोग करने के अभ्यास को संदर्भित करता है। केवल एकल क्लाउड प्रदाता पर निर्भर रहने के बजाय, व्यवसाय अपने संसाधनों में विविधता लाने और विक्रेता लॉक-इन से बचने के लिए मल्टी-क्लाउड रणनीति का विकल्प चुनते हैं।

24.1 मल्टी-क्लाउड परिनियोजन के लाभ और चुनौतियाँ

24.1.1. मल्टी-क्लाउड परिनियोजन के लाभ:

• विक्रेता लॉक-इन से बचाव:मल्टी-क्लाउड परिनियोजन के प्राथमिक लाभों में से एक विक्रेता लॉक-इन से बचने की क्षमता है। एकाधिक क्लाउड सेवा प्रदाताओं का उपयोग करके, संगठन एक ही प्रदाता पर अपनी निर्भरता कम करते हैं। इससे उन्हें किसी एक विक्रेता की पेशकश से बंधे रहने के बजाय सेवाओं को चुनने और विशिष्ट जरूरतों के आधार पर अनुबंधों पर बातचीत करने की सुविधा मिलती है।

• सेवा और सुविधा विविधता: विभिन्न क्लाउड प्रदाता अद्वितीय सेवाएँ, सुविधाएँ और मूल्य निर्धारण मॉडल पेश करते हैं। मल्टी-क्लाउड परिनियोजन संगठनों को प्रत्येक प्रदाता की ताकत का लाभ उठाने और विभिन्न कार्यभार या अनुप्रयोगों के लिए सबसे उपयुक्त सेवाएं चुनने की अनुमति देता है। यह उन्हें अधिक बहुमुखी और अनुकूलित क्लाउड इंफ्रास्ट्रक्चर बनाने में सक्षम बनाता है।

• बढ़ी हुई लचीलापन और अतिरेक:कई क्लाउड प्रदाताओं के बीच कार्यभार वितरित करने से लचीलापन बढ़ता है और डाउनटाइम या सेवा व्यवधान का जोखिम कम होता है। यदि एक प्रदाता समस्याओं या रुकावटों का अनुभव करता है, तो संगठन अपने अनुप्रयोगों और सेवाओं की निरंतर उपलब्धता सुनिश्चित करते हुए, ट्रैफ़िक को पुनर्निर्देशित कर सकते हैं या किसी अन्य प्रदाता पर स्विच कर सकते हैं।

• बेहतर प्रदर्शन और विलंबता अनुकूलन:मल्टी-क्लाउड परिनियोजन संगठनों को कार्यभार को अंतिम-उपयोगकर्ताओं के करीब रखने या बेहतर प्रदर्शन और कम विलंबता के लिए विशिष्ट क्लाउड क्षेत्रों का लाभ उठाने में सक्षम बनाता है। यह विश्व स्तर पर वितरित अनुप्रयोगों या सेवाओं के लिए विशेष रूप से फायदेमंद है, जहां उपयोगकर्ता अनुभव के लिए विलंबता को कम करना महत्वपूर्ण है।

• लागत अनुकूलन और बातचीत की शक्ति:कई क्लाउड प्रदाताओं का लाभ उठाकर, संगठन मूल्य निर्धारण की तुलना कर सकते हैं, बेहतर सौदों पर बातचीत कर सकते हैं और प्रतिस्पर्धी मूल्य निर्धारण मॉडल का लाभ उठा सकते हैं। इससे लागत को अनुकूलित करने और संभावित रूप से समग्र क्लाउड व्यय को कम करने में मदद मिलती है। संगठन अपनी मल्टी-क्लाउड रणनीति के आधार पर प्रदाताओं के साथ बेहतर शर्तों पर भी बातचीत कर सकते हैं।

• सर्वोत्तम नस्ल समाधान:मल्टी-क्लाउड वातावरण संगठनों को विभिन्न प्रदाताओं से सर्वोत्तम-नस्ल समाधान चुनने की अनुमति देता है। वे अपने क्लाउड इंफ्रास्ट्रक्चर और सेवाओं की गुणवत्ता, कार्यक्षमता और क्षमताओं को अधिकतम करते हुए, अपनी विशिष्ट आवश्यकताओं के लिए सबसे उपयुक्त सेवाओं का चयन कर सकते हैं।

24.1.2. मल्टी-क्लाउड परिनियोजन की चुनौतियाँ:

• जटिलता और प्रबंधन उपरि: एकाधिक क्लाउड प्रदाताओं को प्रबंधित करने से कॉन्फ़िगरेशन, निगरानी, सुरक्षा और संसाधन प्रबंधन के संदर्भ में जटिलता आती है। मल्टी-क्लाउड वातावरण को प्रभावी ढंग से प्रबंधित करने के लिए संगठनों को अतिरिक्त टूल, विशेषज्ञता और प्रक्रियाओं में निवेश करना चाहिए। इससे परिचालन ओवरहेड बढ़ सकता है और उन्नत क्लाउड प्रबंधन कौशल की आवश्यकता होती है।

• अंतरसंचालनीयता और एकीकरण:एपीआई, डेटा प्रारूप और प्रमाणीकरण तंत्र में अंतर के कारण विभिन्न क्लाउड प्लेटफार्मों पर एप्लिकेशन और सेवाओं को एकीकृत करना चुनौतीपूर्ण हो सकता है। संगठनों को गुप्त डेटा और एप्लिकेशन से बचने के लिए क्लाउड प्रदाताओं के बीच निर्बाध अंतरसंचालनीयता और डेटा विनिमय सुनिश्चित करने की आवश्यकता है।

• कौशल और संसाधन आवश्यकताएँ: मल्टी-क्लाउड परिनियोजन के लिए अक्सर विभिन्न क्लाउड प्लेटफ़ॉर्म को प्रभावी ढंग से प्रबंधित और मॉनिटर करने के लिए विशेष कौशल और संसाधनों की आवश्यकता होती है। संगठनों को प्रौद्योगिकियों के विविध सेट को संभालने के लिए कई क्लाउड वातावरणों में विशेषज्ञता वाले कर्मियों को प्रशिक्षित करने या नियुक्त करने में निवेश करना चाहिए।

• डेटा गवर्नेंस और अनुपालन:कई क्लाउड प्रदाताओं में डेटा गवर्नेंस और अनुपालन का प्रबंधन करना जटिल हो सकता है। संगठनों को यह सुनिश्चित करना होगा कि सभी क्लाउड प्लेटफ़ॉर्म पर डेटा सुरक्षा, गोपनीयता और नियामक आवश्यकताओं को लगातार पूरा किया जाए। इसमें स्पष्ट डेटा प्रशासन नीतियां विकसित करना और अनुपालन मानकों के पालन की निगरानी करना शामिल है।

• विक्रेता प्रबंधन और संबंध:कई क्लाउड विक्रेताओं के साथ काम करने में कई अनुबंध, समर्थन चैनल और सेवा-स्तरीय समझौते (एसएलए) का प्रबंधन शामिल है। मुद्दों का समय पर समर्थन और समाधान सुनिश्चित करने के लिए संगठनों को प्रभावी विक्रेता प्रबंधन प्रक्रियाएं स्थापित करनी चाहिए। सुचारू संचालन के लिए प्रदाताओं के साथ मजबूत संबंध बनाना महत्वपूर्ण है।

• सुरक्षा और जोखिम प्रबंधन: मल्टी-क्लाउड वातावरण को सुरक्षित करने के लिए विभिन्न प्लेटफार्मों पर लगातार सुरक्षा नियंत्रण और निगरानी तंत्र लागू करने की आवश्यकता होती है। संगठनों को डेटा उल्लंघनों, गलत कॉन्फ़िगरेशन, या कई प्रदाताओं के उपयोग से उत्पन्न कमजोरियों जैसे संभावित जोखिमों को संबोधित करने की आवश्यकता है। संवेदनशील डेटा की सुरक्षा और अनुपालन सुनिश्चित करने के लिए मजबूत सुरक्षा उपाय और जोखिम प्रबंधन प्रथाएं आवश्यक हैं।

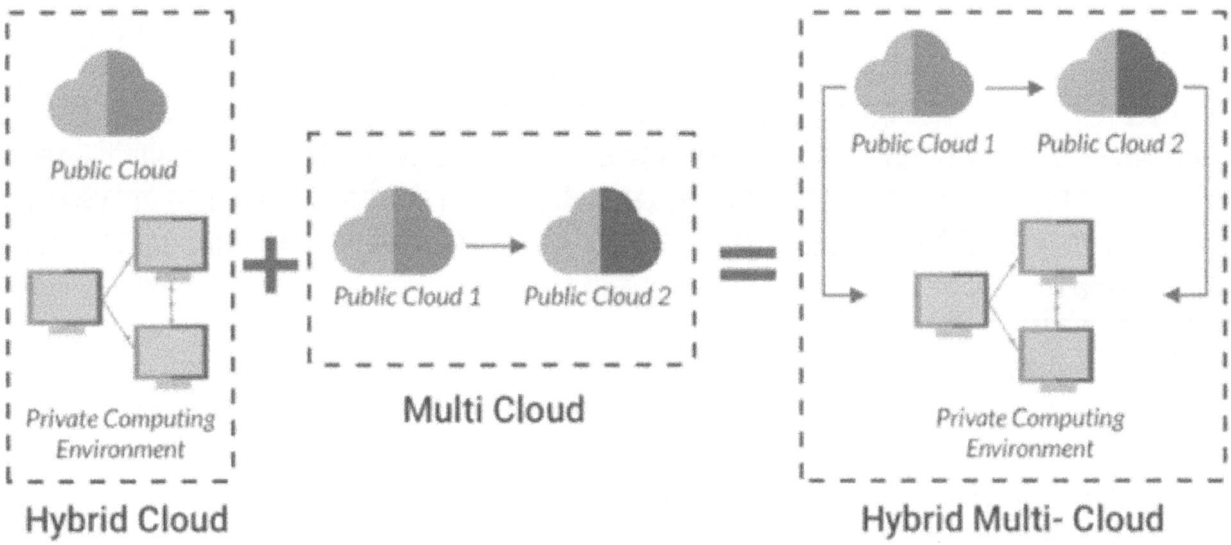

24.2 हाइब्रिड क्लाउड एकीकरण रणनीतियाँ

कई क्लाउड प्रदाताओं में कार्यभार प्रबंधित करने के लिए सावधानीपूर्वक योजना, कार्यभार विशेषताओं पर विचार और प्रभावी प्रबंधन प्रथाओं की आवश्यकता होती है। रणनीतिक रूप से कार्यभार रखकर, संसाधन उपयोग को अनुकूलित करके, डेटा एकीकरण का प्रबंधन करके, सुरक्षा और अनुपालन सुनिश्चित करके, और मजबूत शासन और प्रबंधन प्रक्रियाओं को लागू करके, संगठन नियंत्रण, प्रदर्शन और लागत दक्षता बनाए रखते हुए कई क्लाउड प्रदाताओं के लाभों का प्रभावी ढंग से लाभ उठा सकते हैं। कार्यभार प्रबंधन रणनीतियों की प्रभावशीलता की निरंतर निगरानी और मूल्यांकन करना आवश्यक है, निर्बाध संचालन सुनिश्चित करने और मल्टी-क्लाउड दृष्टिकोण के लाभों को अधिकतम करने के लिए व्यावसायिक आवश्यकताओं के अनुसार अनुकूलन करना आवश्यक है।

24.2.1.हाइब्रिड क्लाउड एकीकरण रणनीतियाँ:

• क्लाउड फटना:क्लाउड बर्स्टिंग एक ऐसी रणनीति है जहां संगठन कार्यभार वृद्धि या उच्च-मांग अवधि को संभालने के लिए सार्वजनिक क्लाउड संसाधनों का उपयोग करते हैं। ऑन-प्रिमाइसेस बुनियादी ढांचा प्राथमिक वातावरण के रूप में कार्य करता है, और जब अतिरिक्त क्षमता की आवश्यकता होती है, तो कार्यभार को सार्वजनिक क्लाउड पर स्थानांतरित कर दिया जाता है। यह दृष्टिकोण संगठनों को ऑन-प्रिमाइसेस संसाधनों का अत्यधिक प्रावधान किए बिना अस्थायी संसाधन मांगों को संभालने की अनुमति देता है।

• डेटा एकीकरण:डेटा एकीकरण में ऑन-प्रिमाइसेस और क्लाउड वातावरण के बीच डेटा को सिंक्रनाइज़ करना और उसकी प्रतिकृति बनाना शामिल है। यह रणनीति दोनों वातावरणों में डेटा स्थिरता और उपलब्धता सुनिश्चित करती है, जिससे एप्लिकेशन को स्थान की परवाह किए बिना डेटा तक पहुंचने और संसाधित करने में सक्षम बनाया जाता है। डेटा के एकीकृत दृष्टिकोण को बनाए रखने और वास्तविक समय विश्लेषण और निर्णय लेने में सहायता के लिए डेटा एकीकरण महत्वपूर्ण है।

• अनुप्रयोग एकीकरण:एप्लिकेशन एकीकरण हाइब्रिड क्लाउड वातावरण में अनुप्रयोगों और सेवाओं को निर्बाध रूप से एकीकृत करने पर केंद्रित है। इसमें ऑन-प्रिमाइसेस और क्लाउड अनुप्रयोगों के बीच अंतरसंचालनीयता और डेटा विनिमय को सक्षम करने के लिए एपीआई, मैसेजिंग फ्रेमवर्क और सेवा-उन्मुख आर्किटेक्चर (एसओए) का उपयोग शामिल हो सकता है। एप्लिकेशन एकीकरण विभिन्न वातावरणों में होस्ट किए गए सिस्टम के बीच निर्बाध सहयोग और संचार की अनुमति देता है।

• विकास/परीक्षण वातावरण: हाइब्रिड क्लाउड एकीकरण का उपयोग उत्पादन प्रणालियों को ऑन-प्रिमाइसेस रखते हुए क्लाउड में विकास और परीक्षण वातावरण बनाने के लिए किया जा सकता है। यह संगठनों को उत्पादन प्रणालियों पर नियंत्रण बनाए रखते हुए विकास और परीक्षण उद्देश्यों के लिए क्लाउड की स्केलेबिलिटी और चपलता का लाभ उठाने की अनुमति देता है। यह अनुप्रयोग विकास और परीक्षण चक्रों को तेज़ करता है और संसाधन उपयोग में सुधार करता है।

• आपदा रिकवरी (डीआर):हाइब्रिड क्लाउड एकीकरण को आपदा पुनर्प्राप्ति उद्देश्यों के लिए नियोजित किया जा सकता है, जहां महत्वपूर्ण कार्यभार को ऑन-प्रिमाइसेस और क्लाउड वातावरण के बीच दोहराया और सिंक्रनाइज़ किया जाता है। किसी आपदा या आउटेज की स्थिति में, व्यवसाय की निरंतरता सुनिश्चित करने के लिए एप्लिकेशन को तुरंत क्लाउड वातावरण में स्विच किया जा सकता है। हाइब्रिड डीआर लागत प्रभावी और विश्वसनीय आपदा पुनर्प्राप्ति क्षमताएं प्रदान करता है।

24.2.2. हाइब्रिड क्लाउड इंटीग्रेशन के लाभ:

• स्केलेबिलिटी और लचीलापन:हाइब्रिड क्लाउड एकीकरण मांग के आधार पर संसाधनों को ऊपर या नीचे स्केल करने की क्षमता प्रदान करता है। पूर्वानुमानित या संवेदनशील कार्यभार के लिए ऑन-प्रिमाइसेस बुनियादी ढांचे को बनाए रखते हुए संगठन बर्स्टेबल कार्यभार के लिए क्लाउड का लाभ उठा सकते हैं। यह मापनीयता व्यवसायों को उतार-चढ़ाव वाली मांग को कुशलतापूर्वक पूरा करने की अनुमति देती है।

• लागत अनुकूलन:हाइब्रिड क्लाउड एकीकरण संगठनों को विशिष्ट कार्यभार के लिए सबसे अधिक लागत प्रभावी संसाधनों का उपयोग करके लागत को अनुकूलित करने की अनुमति देता है। ऑन-प्रिमाइसेस बुनियादी ढांचे का उपयोग स्थिर वर्कलोड के लिए किया जा सकता है, जबकि क्लाउड का उपयोग अस्थायी या परिवर्तनीय वर्कलोड के लिए किया जा सकता है, जिसके परिणामस्वरूप लागत बचत होती है। क्लाउड का पे-एज़-यू-गो मॉडल पूंजीगत व्यय को कम करता है।

• डेटा गतिशीलता और पहुंच: हाइब्रिड क्लाउड एकीकरण ऑन-प्रिमाइसेस और क्लाउड वातावरण के बीच निर्बाध डेटा मूवमेंट और पहुंच को सक्षम बनाता है। यह पूरे संगठन में डेटा साझाकरण, सहयोग और वास्तविक समय की अंतर्दृष्टि को बढ़ावा देता है, बेहतर निर्णय लेने और नवाचार का समर्थन करता है।

• उन्नत आपदा पुनर्प्राप्ति:महत्वपूर्ण कार्यभार और डेटा को क्लाउड पर दोहराकर, संगठन अपनी आपदा पुनर्प्राप्ति क्षमताओं में सुधार कर सकते हैं। किसी आपदा की स्थिति में, एप्लिकेशन को क्लाउड में तुरंत बहाल किया जा सकता है, जिससे व्यवसाय की निरंतरता सुनिश्चित होती है और डाउनटाइम कम होता है। हाइब्रिड डीआर अतिरिक्त लचीलेपन के लिए भौगोलिक अतिरेक प्रदान करता है।

• अनुप्रयोग परिनियोजन में लचीलापन: हाइब्रिड क्लाउड एकीकरण अनुप्रयोगों को तैनात करने में लचीलापन प्रदान करता है। संगठन डेटा संप्रभुता, अनुपालन, या प्रदर्शन कारणों से कुछ अनुप्रयोगों को ऑन-प्रिमाइसेस में होस्ट करना चुन सकते हैं, जबकि इसकी स्केलेबिलिटी और वैश्विक पहुंच का लाभ उठाने के लिए अन्य अनुप्रयोगों के लिए क्लाउड का लाभ उठा सकते हैं। यह व्यवसायों को विशिष्ट आवश्यकताओं के आधार पर अपने एप्लिकेशन परिनियोजन को अनुकूलित करने की अनुमति देता है।

• नवीनता और चपलता: हाइब्रिड क्लाउड एकीकरण संगठनों को परिसर में उत्पादन प्रणालियों पर नियंत्रण बनाए रखते हुए, विकास, परीक्षण और प्रयोग के लिए क्लाउड की चपलता और नवाचार क्षमताओं का लाभ उठाने की अनुमति देता है। यह चपलता नए उत्पादों और सेवाओं के लिए समय-समय पर बाजार में तेजी लाती है।

24.2.3. हाइब्रिड क्लाउड एकीकरण के लिए विचार:

• सुरक्षा और अनुपालन: संगठनों को यह सुनिश्चित करना होगा कि डेटा और एप्लिकेशन ऑन-प्रिमाइसेस और क्लाउड वातावरण दोनों में सुरक्षा और गोपनीयता नियमों के साथ सुरक्षित और अनुपालन में हैं। सुरक्षा उपाय सुसंगत और व्यापक होने चाहिए, जिनमें डेटा एन्क्रिप्शन, पहुंच नियंत्रण और सुरक्षा निगरानी शामिल है।

• डेटा सिंक्रनाइज़ेशन और विलंबता:ऑन-प्रिमाइसेस और क्लाउड वातावरण के बीच डेटा सिंक्रनाइज़ेशन कुशल होना चाहिए और वास्तविक समय डेटा उपलब्धता और स्थिरता सुनिश्चित करने के लिए विलंबता को कम करना चाहिए। इसके लिए उपयुक्त डेटा प्रतिकृति और सिंक्रनाइज़ेशन तंत्र चुनने की आवश्यकता है।

• कनेक्टिविटी और नेटवर्क इंफ्रास्ट्रक्चर: हाइब्रिड क्लाउड एकीकरण के लिए मजबूत और विश्वसनीय कनेक्टिविटी आवश्यक है। निर्बाध डेटा संचलन और एप्लिकेशन एकीकरण को सक्षम करने के लिए संगठनों को अपने नेटवर्क बुनियादी ढांचे और बैंडविड्थ आवश्यकताओं का आकलन करना चाहिए। डेटा उपलब्धता के लिए अनावश्यक और विश्वसनीय कनेक्शन महत्वपूर्ण हैं।

• एकीकरण मिडलवेयर और उपकरण:संगठनों को एकीकरण मिडलवेयर और टूल का लाभ उठाने पर विचार करना चाहिए जो ऑन-प्रिमाइसेस और क्लाउड वातावरण के बीच निर्बाध एकीकरण की सुविधा प्रदान करते हैं। ये उपकरण एकीकरण जटिलताओं को सरल बनाने और मैन्युअल प्रयास को कम करने के लिए कनेक्टिविटी, डेटा परिवर्तन और ऑर्केस्ट्रेशन क्षमताएं प्रदान करते हैं।

• निगरानी एवं प्रबंधन: हाइब्रिड क्लाउड वातावरण पर दृश्यता और नियंत्रण हासिल करने के लिए प्रभावी निगरानी और प्रबंधन प्रथाओं को लागू किया जाना चाहिए। इसमें ऑन-प्रिमाइसेस और क्लाउड संसाधनों दोनों में प्रदर्शन, उपलब्धता और सुरक्षा की निगरानी शामिल है। केंद्रीकृत प्रबंधन उपकरण संचालन को सुव्यवस्थित करने में मदद कर सकते हैं।

24.3 अनेक क्लाउड प्रदाताओं में कार्यभार का प्रबंधन

कई क्लाउड प्रदाताओं में कार्यभार प्रबंधित करने के लिए सावधानीपूर्वक योजना, कार्यभार विशेषताओं पर विचार और प्रभावी प्रबंधन प्रथाओं की आवश्यकता होती है। रणनीतिक रूप से कार्यभार रखकर, संसाधन उपयोग को अनुकूलित करके, डेटा एकीकरण का प्रबंधन करके, सुरक्षा और अनुपालन सुनिश्चित करके, और मजबूत शासन और प्रबंधन प्रक्रियाओं को लागू करके, संगठन नियंत्रण, प्रदर्शन और लागत दक्षता बनाए रखते हुए कई क्लाउड प्रदाताओं के लाभों का प्रभावी ढंग से लाभ उठा सकते हैं। कार्यभार प्रबंधन रणनीतियों की प्रभावशीलता की निरंतर निगरानी और

मूल्यांकन करना आवश्यक है, निर्बाध संचालन सुनिश्चित करने और मल्टी-क्लाउड दृष्टिकोण के लाभों को अधिकतम करने के लिए व्यावसायिक आवश्यकताओं के अनुसार अनुकूलन करना आवश्यक है।

24.3.1. कार्यभार प्लेसमेंट और संसाधन अनुकूलन:

• कार्यभार विश्लेषण: कार्यभार वितरित करने से पहले, उनकी विशिष्ट आवश्यकताओं, जैसे प्रदर्शन, सुरक्षा, अनुपालन और डेटा संप्रभुता का आकलन करना महत्वपूर्ण है। यह विश्लेषण यह निर्धारित करने में मदद करता है कि कौन सा क्लाउड प्रदाता उनकी क्षमताओं और सुविधाओं के आधार पर प्रत्येक कार्यभार के लिए सबसे उपयुक्त है।

• लागत अनुकूलन:विभिन्न क्लाउड प्रदाताओं पर कार्यभार तैनात करने की लागत के निहितार्थ पर विचार करें। लागत को अनुकूलित करने और लागत प्रभावी कार्यभार वितरण प्राप्त करने के लिए मूल्य निर्धारण मॉडल, संसाधन उपयोग पैटर्न और संभावित छूट का मूल्यांकन करें।

• प्रदर्शन अनुकूलन:कार्यभार प्रदर्शन आवश्यकताओं का विश्लेषण करें और क्लाउड प्रदाताओं के भौगोलिक स्थानों और उपलब्धता क्षेत्रों पर विचार करें। यह दृष्टिकोण विलंबता को कम करता है और अंतिम उपयोगकर्ताओं के लिए इष्टतम प्रदर्शन सुनिश्चित करता है।

• ऑटो-स्केलिंग और लोड संतुलन: मांग के आधार पर कई क्लाउड प्रदाताओं में कार्यभार को गतिशील रूप से वितरित करने के लिए ऑटो-स्केलिंग और लोड संतुलन तंत्र लागू करें। यह संसाधन उपयोग को अनुकूलित करने में मदद करता है और चरम उपयोग अवधि के दौरान एप्लिकेशन के प्रदर्शन को बनाए रखता है।

24.3.2. डेटा प्रबंधन और एकीकरण:

• डेटा गवर्नेंस और अनुपालन: डेटा गवर्नेंस प्रथाओं की स्थापना करें जो कई क्लाउड प्रदाताओं के बीच डेटा गोपनीयता, सुरक्षा और अनुपालन सुनिश्चित करती हैं। लगातार डेटा सुरक्षा उपायों, एन्क्रिप्शन, पहुंच नियंत्रण और डेटा जीवनचक्र प्रबंधन रणनीतियों को लागू करें।

• डेटा प्रतिकृति और तुल्यकालन:कई क्लाउड प्रदाताओं में डेटा स्थिरता और उपलब्धता सुनिश्चित करने के लिए डेटा प्रतिकृति और सिंक्रनाइज़ेशन तकनीकों का उपयोग करें। यह कार्यभार के बीच निर्बाध डेटा पहुंच और एकीकरण को सक्षम बनाता है।

• डेटा स्थानांतरण और निकास लागत:क्लाउड प्रदाताओं के बीच डेटा स्थानांतरण और निकास से जुड़ी लागतों पर विचार करें। डेटा ट्रांसफर रणनीतियों को अनुकूलित करें, डेटा कैशिंग का उपयोग करें, और डेटा ट्रांसफर लागत को कम करने के लिए संपीड़न तकनीकों को नियोजित करें।

• एकीकरण मिडलवेयर और उपकरण:विभिन्न क्लाउड प्रदाताओं के बीच अंतरसंचालनीयता और डेटा एकीकरण का समर्थन करने वाले एकीकरण मिडलवेयर और टूल का उपयोग करें। ये उपकरण वर्कलोड के दौरान निर्बाध डेटा एक्सचेंज, मैसेजिंग और ऑर्केस्ट्रेशन की सुविधा प्रदान करते हैं।

24.3.3. सुरक्षा और अनुपालन:

• लगातार सुरक्षा नियंत्रण:एकीकृत सुरक्षा स्थिति बनाए रखने के लिए सभी क्लाउड प्रदाताओं में लगातार सुरक्षा नियंत्रण और अभ्यास लागू करें। इसमें पहचान और पहुंच प्रबंधन, नेटवर्क सुरक्षा, एन्क्रिप्शन और निगरानी शामिल है।

• सुरक्षा निगरानी और घटना प्रतिक्रिया: कई क्लाउड प्रदाताओं में सुरक्षा घटनाओं का पता लगाने और उन पर प्रतिक्रिया देने के लिए केंद्रीकृत सुरक्षा निगरानी और घटना प्रतिक्रिया तंत्र लागू करें। यह समय पर प्रतिक्रिया सुनिश्चित करता है और सुरक्षा उल्लंघनों के प्रभाव को कम करता है।

• अनुपालन प्रबंधन:सभी क्लाउड प्रदाताओं में प्रासंगिक नियमों और उद्योग मानकों का अनुपालन सुनिश्चित करें। नीतियों की नियमित समीक्षा और अद्यतन करें, ऑडिट करें और अनुपालन प्रदर्शित करने के लिए दस्तावेज़ बनाए रखें।

24.3.4. शासन और प्रबंधन:

• क्लाउड प्रबंधन प्लेटफ़ॉर्म: एक क्लाउड प्रबंधन प्लेटफ़ॉर्म का उपयोग करने पर विचार करें जो कई क्लाउड प्रदाताओं में केंद्रीकृत प्रबंधन और कार्यभार का नियंत्रण प्रदान करता है। ये प्लेटफ़ॉर्म एकीकृत दृश्यता, स्वचालन और नीति प्रवर्तन क्षमताएं प्रदान करते हैं।

• सेवा स्तर समझौते (एसएलए):सेवा उपलब्धता, प्रदर्शन गारंटी और समर्थन स्तर सुनिश्चित करने के लिए प्रत्येक क्लाउड प्रदाता के साथ एसएलए का मूल्यांकन और बातचीत करें। एसएलए अनुपालन की निगरानी करें और किसी भी समस्या का तुरंत समाधान करें।

• लागत और संसाधन निगरानी:संसाधन उपयोग को ट्रैक करने, लागत का विश्लेषण करने और कई क्लाउड प्रदाताओं में संसाधन आवंटन को अनुकूलित करने के लिए मजबूत लागत और संसाधन निगरानी प्रथाओं को लागू करें। इससे लागत-बचत के अवसरों की पहचान करने और कुशल संसाधन उपयोग सुनिश्चित करने में मदद मिलती है।
• विक्रेता प्रबंधन:एकाधिक क्लाउड प्रदाताओं के साथ संबंधों को प्रबंधित करने के लिए प्रभावी विक्रेता प्रबंधन प्रक्रियाएं स्थापित करें। इसमें नियमित संचार, अनुबंध प्रबंधन, प्रदर्शन समीक्षा और विक्रेता प्रशासन शामिल हैं।

अभ्यास

बहु विकल्पीय प्रश्न

1. मल्टी-क्लाउड परिनियोजन का निम्नलिखित में से कौन सा लाभ है?

a) कम जटिलता और प्रबंधन ओवरहेड
b) सीमित विक्रेता विकल्प और निर्भरताएँ
c) बढ़ी हुई लचीलापन और अतिरेक
d) सजातीय सेवा विविधता

2. मल्टी-क्लाउड परिनियोजन से क्या तात्पर्य है?

a) सभी सेवाओं के लिए केवल एक क्लाउड प्रदाता का उपयोग करना
b) एप्लिकेशन और डेटा को प्रबंधित करने के लिए एकाधिक क्लाउड प्रदाताओं का उपयोग करना
c) ऑन-प्रिमाइसेस और सार्वजनिक क्लाउड के साथ हाइब्रिड क्लाउड वातावरण का लाभ उठाना
d) एकल क्लाउड प्रदाता के साथ ऑन-प्रिमाइसेस बुनियादी ढांचे का संयोजन

3. निम्नलिखित में से कौन मल्टी-क्लाउड परिनियोजन की चुनौती नहीं है?

a) कॉन्फ़िगरेशन और निगरानी में जटिलता
b) क्लाउड प्रदाताओं के बीच अंतरसंचालनीयता और एकीकरण
c) एकाधिक प्रदाताओं के प्रबंधन के लिए कौशल और संसाधन आवश्यकताएँ
d) डेटा प्रशासन और अनुपालन आवश्यकताओं को कम किया गया

4. मल्टी-क्लाउड परिनियोजन में सेवा और सुविधा विविधता से संगठनों को क्या लाभ मिलता है?

a) सरलीकृत प्रबंधन और निगरानी
b) सजातीय मूल्य निर्धारण मॉडल
c) विक्रेता लॉक-इन के माध्यम से अनुकूलित लागत
d) विशिष्ट आवश्यकताओं के लिए प्रत्येक प्रदाता की शक्तियों का लाभ उठाएं

5. मल्टी-क्लाउड परिनियोजन विक्रेता लॉक-इन से बचने में कैसे मदद करता है?

a) सभी सेवाओं के लिए एक क्लाउड प्रदाता का चयन करके
b) सभी संसाधनों के लिए एकल क्लाउड क्षेत्र का उपयोग करके
c) अनेक क्लाउड प्रदाताओं में कार्यभार वितरित करके
d) निजी क्लाउड इंफ्रास्ट्रक्चर का उपयोग करके

6. निम्नलिखित में से कौन सी चुनौती मल्टी-क्लाउड परिनियोजन से संबंधित है?

a) कम जटिलता और प्रबंधन ओवरहेड
b) क्लाउड प्रदाताओं में एकीकृत सुरक्षा नियंत्रण
c) कुशल कर्मियों की कम आवश्यकता
d) निर्बाध डेटा सिंक्रनाइज़ेशन और विनिमय

7. सफल मल्टी-क्लाउड परिनियोजन के लिए मुख्य विचार क्या है?

a) उपयोग किए गए क्लाउड प्रदाताओं की संख्या सीमित करना
b) डेटा सिंक्रनाइज़ेशन की आवश्यकता को कम करना
c) मजबूत विक्रेता संबंध विकसित करना
d) लागत अनुकूलन रणनीतियों की अनदेखी

8. मल्टी-क्लाउड परिनियोजन का कौन सा लाभ संगठनों को विशिष्ट आवश्यकताओं के आधार पर लागतों को अनुकूलित करने की अनुमति देता है?

a) बेहतर प्रदर्शन और विलंबता अनुकूलन
b) बढ़ी हुई लचीलापन और अतिरेक
c) विक्रेता लॉक-इन से बचाव

d) लागत अनुकूलन और बातचीत की शक्ति

9. कौन सी रणनीति संगठनों को कार्यभार वृद्धि के लिए सार्वजनिक क्लाउड संसाधनों का उपयोग करने में सक्षम बनाती है?

a) क्लाउड फटना

b) आपदा बहाली

c) अनुप्रयोग एकीकरण

d) डेटा प्रतिकृति

समीक्षा प्रश्न

1. मल्टी-क्लाउड परिनियोजन के क्या लाभ हैं?

2. मल्टी-क्लाउड परिनियोजन में संगठनों को किन चुनौतियों का सामना करना पड़ता है?

3. संगठन मल्टी-क्लाउड परिनियोजन में विक्रेता लॉक-इन से कैसे बच सकते हैं?

4. मल्टी-क्लाउड परिनियोजन लचीलापन और अतिरेक को कैसे बढ़ाता है?

5. संगठन मल्टी-क्लाउड परिनियोजन में लागत को कैसे अनुकूलित कर सकते हैं?

6. संगठन मल्टी-क्लाउड परिनियोजन में निर्बाध डेटा विनिमय कैसे सुनिश्चित कर सकते हैं?

7. संगठन मल्टी-क्लाउड परिनियोजन में सुरक्षा चिंताओं का समाधान कैसे कर सकते हैं?

8. मल्टी-क्लाउड परिनियोजन रणनीति चुनते समय संगठनों को क्या विचार करना चाहिए?

उत्तर अनुभाग

बहु विकल्पीय प्रश्न

1. c) लचीलापन और अतिरेक में वृद्धि
2. b) एप्लिकेशन और डेटा को प्रबंधित करने के लिए कई क्लाउड प्रदाताओं का उपयोग करना
3. d) डेटा प्रशासन और अनुपालन आवश्यकताओं में कमी
4. d) विशिष्ट आवश्यकताओं के लिए प्रत्येक प्रदाता की शक्तियों का लाभ उठाएं
5. c) कई क्लाउड प्रदाताओं में कार्यभार वितरित करके
6. b) क्लाउड प्रदाताओं में एकीकृत सुरक्षा नियंत्रण
7. c) मजबूत विक्रेता संबंध विकसित करना
8. d) लागत अनुकूलन और बातचीत की शक्ति
9. a) क्लाउड फटना

समीक्षा प्रश्न

1. मल्टी-क्लाउड परिनियोजन कई लाभ प्रदान करता है, जिसमें विक्रेता लॉक-इन से बचना, सेवा विविधता का लाभ उठाना, लचीलापन बढ़ाना, लागत का अनुकूलन करना और सर्वोत्तम-नस्ल समाधानों तक पहुंच शामिल है। कई क्लाउड प्रदाताओं का उपयोग करके, संगठन सबसे उपयुक्त सेवाओं का चयन कर सकते हैं और एक ही विक्रेता की पेशकश से बंधे रहने के बजाय विशिष्ट आवश्यकताओं के आधार पर अनुबंध पर बातचीत कर सकते हैं। विभिन्न क्लाउड वातावरणों में कार्यभार वितरित करने से लचीलापन बढ़ता है, जिससे एक प्रदाता को समस्याओं का अनुभव होने पर भी अनुप्रयोगों और सेवाओं की निरंतर उपलब्धता सुनिश्चित होती है। इसके अलावा, विभिन्न क्लाउड प्रदाताओं की ताकत का लाभ उठाने से संगठनों को अधिक बहुमुखी और अनुकूलित क्लाउड इंफ्रास्ट्रक्चर बनाने की अनुमति मिलती है, जिससे लागत अनुकूलन और बेहतर प्रदर्शन होता है।

2. मल्टी-क्लाउड परिनियोजन अपनी चुनौतियों के साथ आते हैं, जिनमें जटिलता, अंतरसंचालनीयता, प्रबंधन ओवरहेड, कौशल आवश्यकताएँ, डेटा प्रशासन और सुरक्षा शामिल हैं। एकाधिक क्लाउड प्रदाताओं को प्रबंधित करने से कॉन्फ़िगरेशन, निगरानी और सुरक्षा के संदर्भ में जटिलता आती है। एपीआई और डेटा प्रारूपों में अंतर के कारण विभिन्न क्लाउड प्लेटफार्मों के बीच निर्बाध अंतरसंचालनीयता और डेटा विनिमय सुनिश्चित करना चुनौतीपूर्ण हो सकता है। संगठनों को मल्टी-क्लाउड वातावरण को प्रभावी ढंग से प्रबंधित करने, परिचालन ओवरहेड बढ़ाने के लिए अतिरिक्त टूल, विशेषज्ञता और प्रक्रियाओं में निवेश करना चाहिए। इसके अतिरिक्त, मल्टी-क्लाउड परिनियोजन में

शामिल प्रौद्योगिकियों के विविध सेट को संभालने के लिए विशेष कौशल और संसाधनों की आवश्यकता होती है, जिससे कई क्लाउड वातावरण में विशेषज्ञता वाले कर्मियों को प्रशिक्षण में निवेश करना या नियुक्त करना आवश्यक हो जाता है।

3. संगठन एक साथ कई क्लाउड सेवा प्रदाताओं का उपयोग करके मल्टी-क्लाउड परिनियोजन में विक्रेता लॉक-इन से बच सकते हैं। विभिन्न क्लाउड परिवेशों में कार्यभार वितरित करके, व्यवसाय एक ही प्रदाता पर अपनी निर्भरता कम करते हैं और विशिष्ट आवश्यकताओं के आधार पर सेवाओं को चुनने और अनुबंधों पर बातचीत करने की लचीलापन प्राप्त करते हैं। यह दृष्टिकोण उन्हें विभिन्न कार्यभार या अनुप्रयोगों के लिए सबसे उपयुक्त क्लाउड पेशकश का चयन करने की अनुमति देता है, जिससे उन्हें एक ही विक्रेता की पेशकश से बंधे रहने से रोका जा सकता है। विक्रेता लॉक-इन से बचकर, संगठन अपनी क्लाउड रणनीतियों के बारे में सूचित निर्णय ले सकते हैं, लागतों का अनुकूलन कर सकते हैं और अपने व्यावसायिक उद्देश्यों को प्राप्त करने के लिए विभिन्न क्लाउड प्रदाताओं की ताकत का लाभ उठा सकते हैं।

4. मल्टी-क्लाउड परिनियोजन कई क्लाउड प्रदाताओं में कार्यभार वितरित करके लचीलापन और अतिरेक को बढ़ाता है। यदि एक क्लाउड प्रदाता समस्याओं या रुकावटों का अनुभव करता है, तो संगठन निर्बाध रूप से ट्रैफ़िक को पुनर्निर्देशित कर सकते हैं या किसी अन्य प्रदाता पर स्विच कर सकते हैं। यह एप्लिकेशन और सेवाओं की निरंतर उपलब्धता सुनिश्चित करता है, जिससे डाउनटाइम और सेवा व्यवधान का जोखिम कम हो जाता है। विभिन्न क्लाउड परिवेशों में अपने संसाधनों में विविधता लाने से, संगठन विफलता के एकल बिंदुओं के प्रति कम संवेदनशील होते हैं। मल्टी-क्लाउड परिनियोजन अनावश्यक विकल्प प्रदान करता है, जो संगठनों को अप्रत्याशित विफलताओं या आउटेज की स्थिति में भी संचालन और उपयोगकर्ता पहुंच बनाए रखने में सक्षम बनाता है, जिससे समग्र लचीलेपन में सुधार होता है और सेवा व्यवधानों के प्रभाव को कम किया जा सकता है।

5. संगठन मूल्य निर्धारण मॉडल की तुलना करके, बेहतर सौदों पर बातचीत करके और कई क्लाउड प्रदाताओं से प्रतिस्पर्धी मूल्य निर्धारण का लाभ उठाकर मल्टी-क्लाउड तैनाती में लागत को अनुकूलित कर सकते हैं। विभिन्न प्रदाताओं में कार्यभार को तैनात करने की लागत के निहितार्थ का सावधानीपूर्वक आकलन करके, संगठन विशिष्ट कार्यभार के लिए सबसे अधिक लागत प्रभावी संसाधनों का चयन कर सकते हैं। क्लाउड का पे-एज़-यू-गो मॉडल संगठनों को अनावश्यक व्यय को कम करते हुए मांग के आधार पर संसाधनों को ऊपर या नीचे करने की अनुमति देता है। इसके अतिरिक्त, संगठन विभिन्न कार्यभार या अनुप्रयोगों के लिए प्रत्येक प्रदाता से सबसे उपयुक्त क्लाउड सेवाओं का उपयोग करके लागत को अनुकूलित कर सकते हैं, जिससे प्रदर्शन, सुविधाओं और लागत-दक्षता के बीच संतुलन प्राप्त हो सकता है।

6. मल्टी-क्लाउड परिनियोजन में निर्बाध डेटा विनिमय सुनिश्चित करने के लिए, संगठनों को डेटा सिंक्रनाइज़ेशन और एकीकरण पर ध्यान केंद्रित करना चाहिए। डेटा प्रतिकृति और सिंक्रनाइज़ेशन तकनीकों को लागू करने से विभिन्न क्लाउड वातावरणों में डेटा स्थिरता और उपलब्धता बनाए रखने में मदद मिलती है। यह एप्लिकेशन को उसके स्थान की परवाह किए बिना डेटा तक पहुंचने और संसाधित करने में सक्षम बनाता है, जिससे निर्बाध डेटा विनिमय को बढ़ावा मिलता है। इसके अतिरिक्त, संगठनों को एकीकरण मिडलवेयर और टूल को नियोजित करने पर विचार करना चाहिए जो विभिन्न क्लाउड प्लेटफार्मों के बीच अंतरसंचालनीयता का समर्थन करते हैं। ये उपकरण कनेक्टिविटी, डेटा परिवर्तन और ऑर्केस्ट्रेशन क्षमताएं प्रदान करते हैं, एकीकरण जटिलताओं को सरल बनाते हैं और विभिन्न क्लाउड प्रदाताओं पर होस्ट किए गए वर्कलोड के बीच डेटा विनिमय के प्रबंधन में मैन्युअल प्रयास को कम करते हैं।

7. संगठन सभी क्लाउड प्रदाताओं में लगातार सुरक्षा नियंत्रण और प्रथाओं को लागू करके मल्टी-क्लाउड तैनाती में सुरक्षा चिंताओं का समाधान कर सकते हैं। इसमें विभिन्न क्लाउड वातावरणों में पहचान और पहुंच प्रबंधन, नेटवर्क सुरक्षा, डेटा एन्क्रिप्शन और सुरक्षा निगरानी लागू करना शामिल है। सुरक्षा घटनाओं का तुरंत पता लगाने और उन पर प्रतिक्रिया देने के लिए केंद्रीकृत सुरक्षा निगरानी और घटना प्रतिक्रिया तंत्र स्थापित किया जाना चाहिए। यह सुनिश्चित करने के लिए अनुपालन प्रबंधन प्रथाओं को भी स्थापित किया जाना चाहिए कि सभी क्लाउड प्लेटफार्मों पर डेटा सुरक्षा, गोपनीयता और नियामक आवश्यकताओं को लगातार पूरा किया जाए। सुरक्षा के लिए एकीकृत और व्यापक दृष्टिकोण अपनाकर, संगठन संवेदनशील डेटा की सुरक्षा कर सकते हैं और अपने मल्टी-क्लाउड तैनाती में अनुपालन बनाए रख सकते हैं।

मल्टी-क्लाउड परिनियोजन रणनीति चुनते समय, संगठनों को कार्यभार विशेषताओं, लागत अनुकूलन, सुरक्षा आवश्यकताओं और प्रबंधन क्षमताओं जैसे कारकों पर विचार करना चाहिए। प्रत्येक कार्यभार की विशिष्ट आवश्यकताओं का आकलन करने से सबसे उपयुक्त क्लाउड प्रदाताओं और सुविधाओं को निर्धारित करने में मदद मिलती है। लागतों को अनुकूलित करने में मूल्य निर्धारण मॉडल, संसाधन उपयोग पैटर्न और संभावित छूट का मूल्यांकन शामिल है। सुरक्षा संबंधी विचारों को सभी क्लाउड प्रदाताओं में लगातार सुरक्षा नियंत्रण और निगरानी तंत्र लागू करने पर ध्यान केंद्रित करना चाहिए। इसके अलावा, संगठनों को अपनी प्रबंधन क्षमताओं का मूल्यांकन करना चाहिए और मल्टी-क्लाउड वातावरण को प्रभावी ढंग से प्रबंधित और मॉनिटर करने के लिए उपयुक्त उपकरणों और कुशल कर्मियों में निवेश करना चाहिए। इन विचारों के आधार पर सूचित निर्णय लेने से एक सफल और अच्छी तरह से प्रबंधित मल्टी-क्लाउड तैनाती सुनिश्चित होती है।

अध्याय 25: क्लाउड-नेटिव एप्लिकेशन डेवलपमेंट

25.1 क्लाउड-नेटिव एप्लिकेशन डिज़ाइन सिद्धांत

क्लाउड-नेटिव एप्लिकेशन डिज़ाइन सिद्धांत स्केलेबल, लचीला और कुशल एप्लिकेशन बनाने के लिए क्लाउड कंप्यूटिंग लाभों का लाभ उठाने पर ध्यान केंद्रित करते हैं। माइक्रोसर्विसेज, कंटेनर्स, ऑटोमेशन और डेवऑप्स प्रथाओं को अपनाने से संगठनों को तेजी से एप्लिकेशन वितरित करने, स्केलेबिलिटी में सुधार करने और लचीलापन बढ़ाने में मदद मिलती है। क्लाउड-नेटिव डिज़ाइन सिद्धांतों को अपनाकर, संगठन क्लाउड क्षमताओं का पूरी तरह से उपयोग कर सकते हैं, अधिक लचीलापन और चपलता प्राप्त कर सकते हैं, और अपने एप्लिकेशन विकास प्रक्रियाओं में नवाचार ला सकते हैं। यहां प्रमुख सिद्धांत हैं:

25.1 1. माइक्रोसर्विसेज आर्किटेक्चर:

माइक्रोसर्विसेज आर्किटेक्चर अनुप्रयोगों को छोटी, स्वतंत्र रूप से तैनात करने योग्य और प्रबंधनीय सेवाओं में विभाजित करता है। प्रत्येक माइक्रोसर्विस एक विशिष्ट व्यावसायिक क्षमता पर ध्यान केंद्रित करती है और अच्छी तरह से परिभाषित एपीआई के माध्यम से दूसरों के साथ संचार करती है। यह दृष्टिकोण लचीलेपन और चपलता की अनुमति देता है क्योंकि प्रत्येक घटक को स्वतंत्र रूप से विकसित, तैनात और स्केल किया जा सकता है, जिससे तेज विकास चक्र और रखरखाव में आसानी को बढ़ावा मिलता है।

25.1 2. कंटेनर और कंटेनरीकरण:

कंटेनर अनुप्रयोगों और उनकी निर्भरताओं को एक सुसंगत और हल्के रनटाइम वातावरण में समाहित करते हैं। कंटेनरीकरण पोर्टेबिलिटी को सक्षम बनाता है, जिससे यह सुनिश्चित होता है कि एप्लिकेशन विभिन्न वातावरणों में लगातार चलते रहें। यह कुशल संसाधन उपयोग, तेजी से तैनाती और एप्लिकेशन घटकों के सरलीकृत प्रबंधन जैसे लाभ प्रदान करता है।

25.1 3. DevOps और स्वचालन:

DevOps प्रथाएं विकास और संचालन टीमों के बीच सहयोग को बढ़ावा देती हैं, विभिन्न प्रक्रियाओं के स्वचालन को बढ़ावा देती हैं। सतत एकीकरण और सतत वितरण (सीआई/सीडी) पाइपलाइन निर्माण, परीक्षण और तैनाती प्रक्रियाओं को स्वचालित करती हैं, जिसके परिणामस्वरूप तेज और अधिक विश्वसनीय एप्लिकेशन डिलीवरी होती है। इन्फ्रास्ट्रक्चर एज़ कोड (IaC) इन्फ्रास्ट्रक्चर कॉन्फ़िगरेशन को एप्लिकेशन कोड के साथ संस्करणित, स्वचालित और तैनात करने की अनुमति देता है, जिससे इन्फ्रास्ट्रक्चर परिवर्तन अधिक प्रबंधनीय हो जाते हैं।

25.1 4. लोच और मापनीयता:

क्लाउड-नेटिव एप्लिकेशन को मांग के आधार पर गतिशील रूप से उदाहरणों को जोड़कर या हटाकर क्षैतिज रूप से स्केल करने के लिए डिज़ाइन किया गया है। क्षैतिज स्केलिंग अनुप्रयोगों को इष्टतम संसाधन उपयोग सुनिश्चित करते हुए परिवर्तनीय कार्यभार को कुशलतापूर्वक संभालने में सक्षम बनाता है। ऑटोस्केलिंग तंत्र संसाधनों के प्रावधान और प्रावधानीकरण को स्वचालित करता है, जिससे अनुप्रयोगों को पूर्वनिर्धारित नियमों या मेट्रिक्स के आधार पर निर्बाध रूप से स्केल करने की अनुमति मिलती है।

25.1 5. लचीलापन और दोष सहनशीलता:

क्लाउड-नेटिव एप्लिकेशन विफलताओं को शालीनता से संभालने और व्यवधानों से शीघ्रता से उबरने के लिए बनाए गए हैं। लचीलापन अतिरेक, भार संतुलन और दोष अलगाव रणनीतियों के माध्यम से प्राप्त किया जाता है। सर्किट ब्रेकर, रिट्रीट और ग्रेसफुल डिग्रेडेशन जैसी तकनीकें अनुप्रयोगों को विफलताओं की उपस्थिति में भी कार्यक्षमता बनाए रखने में सक्षम बनाती हैं।

25.1 6. राज्यविहीनता और राज्यविहीन सेवाएँ:

स्टेटलेस सेवाएँ सत्र और स्थिति की जानकारी को एप्लिकेशन के बाहर संग्रहीत करती हैं, जिससे वे क्षैतिज रूप से स्केलेबल हो जाती हैं। अनुरोधों को सेवा के किसी भी उपलब्ध उदाहरण द्वारा नियंत्रित किया जा सकता है, जिससे आसान स्केलिंग और लोड संतुलन की सुविधा मिलती है। सत्र और स्थिति की जानकारी को बाहरी सेवाओं, जैसे डेटाबेस या कैश, में संग्रहीत किया जा सकता है, जिससे लचीलापन और लचीलापन सुनिश्चित होता है।

25.1 7. क्लाउड सेवाएँ और प्रबंधित सेवाएँ:

क्लाउड-नेटिव एप्लिकेशन क्लाउड प्रदाता द्वारा प्रदान की जाने वाली क्लाउड सेवाओं और प्रबंधित सेवाओं का लाभ उठाते हैं। डेटाबेस, क्यू, कैशिंग आदि के लिए प्रबंधित सेवाओं का उपयोग करने से परिचालन ओवरहेड कम हो जाता है और डेवलपर्स को एप्लिकेशन लॉगी पर ध्यान केंद्रित करने की अनुमति मिलती है। क्लाउड सेवाएं स्केलेबिलिटी, लचीलापन और बॉक्स से बाहर उच्च उपलब्धता प्रदान करती हैं, जिससे एप्लिकेशन अंतर्निहित क्लाउड इंफ्रास्ट्रक्चर का पूरा लाभ उठा सकते हैं।

25.1 8. निगरानी और अवलोकन:

क्लाउड-नेटिव एप्लिकेशन एप्लिकेशन प्रदर्शन और व्यवहार में अंतर्दृष्टि प्राप्त करने के लिए मजबूत निगरानी और अवलोकन क्षमताओं को शामिल करते हैं। निगरानी उपकरण, केंद्रीकृत लॉगिंग और मेट्रिक्स संग्रह एप्लिकेशन स्वास्थ्य और प्रदर्शन में वास्तविक समय दृश्यता को सक्षम करते हैं। वितरित ट्रेसिंग और लॉगिंग को लागू करने से माइक्रोसर्विसेज और घटकों में समस्याओं की पहचान और निदान करने में मदद मिलती है।

25.1 9. सुरक्षा और अनुपालन:

क्लाउड-नेटिव एप्लिकेशन डिज़ाइन में सुरक्षा एक मूलभूत विचार है। मजबूत पहचान और पहुंच प्रबंधन प्रथाएं, एन्क्रिप्शन और सुरक्षित संचार चैनल डेटा सुरक्षा और नियामक आवश्यकताओं का अनुपालन सुनिश्चित करते हैं। सुरक्षा उपायों को बुनियादी ढांचे, एप्लिकेशन और डेटा सहित हर स्तर पर लागू किया जाना चाहिए, और एक सुरक्षित वातावरण बनाए रखने के लिए नियमित रूप से मूल्यांकन और अद्यतन किया जाना चाहिए।

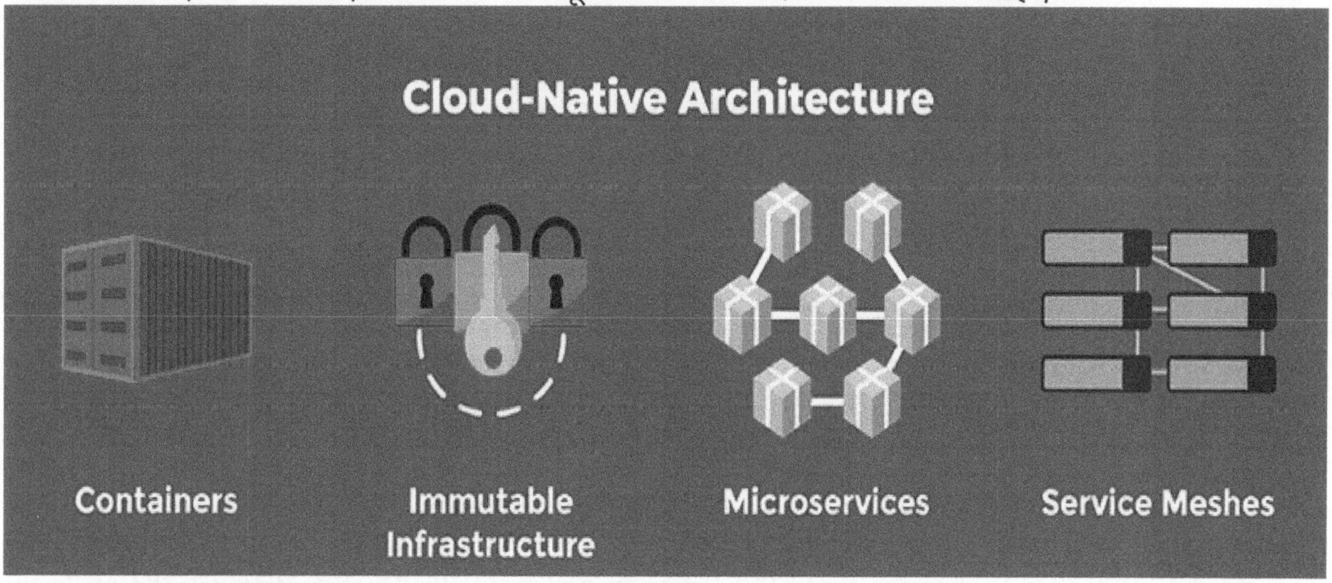

25.2 स्केलेबल और लचीले अनुप्रयोगों का निर्माण

क्लाउड में स्केलेबल और लचीले अनुप्रयोगों के निर्माण के लिए आर्किटेक्चर, स्केलेबिलिटी, दोष सहनशीलता और निगरानी पर सावधानीपूर्वक विचार करने की आवश्यकता होती है। क्लाउड-नेटिव सेवाओं का लाभ उठाकर, वितरित आर्किटेक्चर पैटर्न को अपनाकर, स्वचालन और निगरानी उपकरणों को लागू करके और मजबूत सुरक्षा उपायों को सुनिश्चित करके, संगठन ऐसे एप्लिकेशन बना सकते हैं जो अलग-अलग कार्यभार को संभाल सकते हैं, विफलताओं से जल्दी ठीक हो सकते हैं और एक विश्वसनीय उपयोगकर्ता अनुभव प्रदान कर सकते हैं। क्लाउड स्केलेबिलिटी और लचीलेपन प्रथाओं को अपनाने से संगठनों को क्लाउड कंप्यूटिंग के लाभों को अधिकतम करते हुए उच्च-प्रदर्शन वाले एप्लिकेशन वितरित करने का अधिकार मिलता है।

25.2.1. माइक्रोसर्विसेज आर्किटेक्चर:

माइक्रोसर्विसेज आर्किटेक्चर को अपनाने में अनुप्रयोगों को छोटी, वियुग्मित सेवाओं में विभाजित करना शामिल है। प्रत्येक सेवा को स्वतंत्र रूप से विकसित, तैनात और स्केल किया जा सकता है, जिससे बेहतर संसाधन उपयोग और स्केलेबिलिटी में सुधार होगा। माइक्रोसर्विसेज दोष अलगाव को बढ़ावा देते हैं, यह सुनिश्चित करते हुए कि एक सेवा में

विफलता पूरे एप्लिकेशन को प्रभावित नहीं करती है। यह आर्किटेक्चर अनुप्रयोग विकास और रखरखाव में अधिक लचीलेपन और चपलता की अनुमति देता है।

25.2.2. क्षैतिज स्केलिंग:

क्षैतिज स्केलिंग मांग के आधार पर गतिशील रूप से उदाहरणों को जोड़कर या हटाकर अनुप्रयोगों को स्केल करने के लिए डिज़ाइन कर रही है। क्लाउड प्लेटफ़ॉर्म ऑटो-स्केलिंग तंत्र प्रदान करते हैं जो पूर्वनिर्धारित नियमों या मैट्रिक्स के आधार पर संसाधनों को स्वचालित रूप से समायोजित करते हैं। क्षैतिज स्केलिंग अनुप्रयोगों को बढ़े हुए कार्यभार को प्रभावी ढंग से संभालने में सक्षम बनाता है, प्रदर्शन और प्रतिक्रिया को बनाए रखते हुए इष्टतम संसाधन उपयोग सुनिश्चित करता है।

25.2.3. भार का संतुलन:

लोड संतुलन तकनीकें किसी एप्लिकेशन के कई उदाहरणों में आने वाले ट्रैफ़िक को समान रूप से वितरित करती हैं। लोड बैलेंसर प्रदर्शन, स्केलेबिलिटी और उपलब्धता को बेहतर बनाने में महत्वपूर्ण भूमिका निभाते हैं। स्वस्थ उदाहरणों के लिए अनुरोधों को रूट करके, लोड बैलेंसर विशिष्ट उदाहरणों को ओवरलोड करने से रोकते हैं और कुशल संसाधन उपयोग को सक्षम करते हैं। लोड संतुलन यह सुनिश्चित करता है कि एप्लिकेशन ट्रैफ़िक स्पाइक्स को संभाल सकते हैं और संसाधनों में कार्यभार को समान रूप से वितरित कर सकते हैं।

25.2.4.लोच और ऑटो-स्केलिंग:

ऑटो-स्केलिंग जैसी क्लाउड-नेटिव सुविधाओं का लाभ उठाने से एप्लिकेशन को वर्कलोड मांगों के आधार पर उदाहरणों की संख्या को स्वचालित रूप से समायोजित करने की अनुमति मिलती है। स्केलिंग नीतियां संसाधनों को गतिशील रूप से ऊपर या नीचे स्केल करने के लिए सीपीयू उपयोग, नेटवर्क ट्रैफ़िक, या कतार की लंबाई जैसे कारकों पर विचार कर सकती हैं। इलास्टिसिटी यह सुनिश्चित करती है कि एप्लिकेशन अलग-अलग कार्यभार को कुशलतापूर्वक संभाल सकता है और केवल जरूरत पड़ने पर संसाधनों को बढ़ाकर लागत का अनुकूलन कर सकता है।

25.2.5. लचीलापन और दोष सहनशीलता:

लचीलेपन को ध्यान में रखते हुए अनुप्रयोगों को डिजाइन करना यह सुनिश्चित करता है कि वे विफलताओं का सामना कर सकते हैं और जल्दी से ठीक हो सकते हैं। दोष-सहिष्णु तंत्र को लागू करना, जैसे कि अनावश्यक उदाहरण, लोड संतुलन और वितरित कैशिंग, व्यवधानों को संभालने और उपलब्धता बनाए रखने के लिए एप्लिकेशन की क्षमता को बढ़ाता है। प्रबंधित डेटाबेस, ऑब्जेक्ट स्टोरेज और सामग्री वितरण नेटवर्क (सीडीएन) जैसी क्लाउड-नेटिव सेवाओं का उपयोग लचीलापन और डेटा उपलब्धता में और सुधार करता है।

25.2.6. वितरित वास्तुकला:

वितरित प्रणालियों और डेटा भंडारण प्रौद्योगिकियों का लाभ उठाने से स्केलेबिलिटी और लचीलेपन में सुधार होता है। वितरित डेटाबेस, कैश और संदेश कतारें एप्लिकेशन घटकों के बीच बड़े पैमाने पर डेटा प्रोसेसिंग और संचार की सुविधा प्रदान करती हैं। डेटा प्रतिकृति और सिंक्रनाइज़ेशन तकनीकों को लागू करने से कई क्षेत्रों या उपलब्धता क्षेत्रों में डेटा स्थिरता सुनिश्चित होती है, जो बेहतर प्रदर्शन और विश्वसनीयता में योगदान करती है।

25.2.7. निगरानी और चेतावनी:

व्यापक निगरानी और चेतावनी प्रणाली सक्रिय रूप से प्रदर्शन के मुद्दों, बाधाओं या विफलताओं की पहचान करती है। क्लाउड मॉनिटरिंग सेवाएँ और एप्लिकेशन प्रदर्शन प्रबंधन उपकरण मेट्रिक्स एकत्र करते हैं, संसाधन उपयोग की निगरानी करते हैं और एप्लिकेशन स्वास्थ्य को ट्रैक करते हैं। अलर्ट और नोटिफिकेशन सेट करने से पूर्वनिर्धारित सीमा या असामान्य व्यवहार के आधार पर कार्रवाइयां शुरू हो जाती हैं, जिससे संभावित मुद्दों पर त्वरित प्रतिक्रिया संभव हो पाती है।

25.2.8. कोड के रूप में स्वचालित परिनियोजन और बुनियादी ढाँचा (IaC):

स्वचालित परिनियोजन तकनीक और कोड के रूप में बुनियादी ढांचा (IaC) सुसंगत और दोहराए जाने योग्य अनुप्रयोग परिनियोजन सुनिश्चित करता है। कॉन्फ़िगरेशन प्रबंधन और ऑर्केस्ट्रेशन फ़्रेमवर्क क्लाउड संसाधनों के प्रावधान और कॉन्फ़िगरेशन को स्वचालित करते हैं। IaC संस्करण नियंत्रण, तीव्र प्रावधान और बुनियादी ढांचे के घटकों की आसान प्रतिकृति प्रदान करता है, कॉन्फ़िगरेशन त्रुटियों के जोखिम को कम करता है और तैनाती की गति में सुधार करता है।

25.2.9. आपदा पुनर्प्राप्ति और बैकअप:

मजबूत आपदा पुनर्प्राप्ति रणनीतियों को लागू करने से बुनियादी ढांचे या एप्लिकेशन विफलताओं की स्थिति में व्यवसाय की निरंतरता सुनिश्चित होती है। नियमित रूप से महत्वपूर्ण डेटा का बैकअप लेने और क्लाउड-आधारित बैकअप सेवाओं का उपयोग करने से डेटा हानि के मामले में आसान डेटा रिकवरी की सुविधा मिलती है। अभ्यास के माध्यम से आपदा पुनर्प्राप्ति योजनाओं का नियमित परीक्षण उनकी प्रभावशीलता सुनिश्चित करता है और पुनर्प्राप्ति प्रक्रिया में संभावित कमजोरियों की पहचान करता है।

25.2.10. सुरक्षा और अनुपालन:

क्लाउड में एप्लिकेशन और डेटा की सुरक्षा के लिए मजबूत सुरक्षा उपाय आवश्यक हैं। सुरक्षित प्रमाणीकरण और प्राधिकरण तंत्र, डेटा एन्क्रिप्शन और नियमित सुरक्षा ऑडिट जैसी क्लाउड सुरक्षा सर्वोत्तम प्रथाओं का पालन करने से संवेदनशील जानकारी को अनधिकृत पहुंच और साइबर खतरों से सुरक्षित रखने में मदद मिलती है। एप्लिकेशन और डेटा हैंडलिंग के लिए विशिष्ट प्रासंगिक नियमों और उद्योग मानकों का अनुपालन सुनिश्चित करना डेटा अखंडता बनाए रखता है और उपयोगकर्ताओं और हितधारकों के साथ विश्वास बनाता है।

25.3 क्लाउड-नेटिव टूल्स और फ्रेमवर्क

क्लाउड-नेटिव टूल और फ्रेमवर्क क्लाउड-नेटिव अनुप्रयोगों के विकास, तैनाती और प्रबंधन में महत्वपूर्ण भूमिका निभाते हैं। चाहे वह कंटेनर ऑर्केस्ट्रेशन, सर्विस मेश, मॉनिटरिंग, ऑटोमेशन, या बुनियादी ढांचे का प्रावधान हो, ये उपकरण क्लाउड की पूरी क्षमता का लाभ उठाने के लिए आवश्यक क्षमताएं प्रदान करते हैं। इन क्लाउड-नेटिव टूल और फ्रेमवर्क को अपनाने और उपयोग करके, संगठन अपनी एप्लिकेशन विकास प्रक्रियाओं को बढ़ा सकते हैं, स्केलेबिलिटी, लचीलापन और अवलोकन क्षमता में सुधार कर सकते हैं और क्लाउड कंप्यूटिंग के लाभों को अधिकतम कर सकते हैं।.

25.3.1. कुबेरनेट्स:

कुबेरनेट्स एक ओपन-सोर्स कंटेनर ऑर्केस्ट्रेशन प्लेटफ़ॉर्म है जो कंटेनरीकृत अनुप्रयोगों की तैनाती, स्केलिंग और प्रबंधन को स्वचालित करता है। यह स्वचालित स्केलिंग, लोड संतुलन, सेवा खोज और रोलिंग अपडेट जैसी सुविधाएं प्रदान करता है, जिससे वितरित अनुप्रयोगों को तैनात करना और प्रबंधित करना आसान हो जाता है। वातावरण.कुबेरनेट्स संगठनों को बुनियादी ढांचे के विवरण को अमूर्त करने और अनुप्रयोग विकास और स्केलेबिलिटी पर ध्यान केंद्रित करने की अनुमति देता है।

25.3.2. डॉकर:

डॉकर एक लोकप्रिय कंटेनरीकरण प्लेटफ़ॉर्म है जो डेवलपर्स को एप्लिकेशन और उनकी निर्भरता को पोर्टेबल कंटेनरों में पैकेज करने में सक्षम बनाता है। कंटेनर एक हल्का और सुसंगत रनटाइम वातावरण प्रदान करते हैं, जिससे एप्लिकेशन विभिन्न वातावरणों में विश्वसनीय रूप से चल सकते हैं। डॉकर अनुप्रयोगों के निर्माण, वितरण और तैनाती की प्रक्रिया को सरल बनाता है, जिससे माइक्रोसर्विसेज आर्किटेक्चर को अपनाना और स्केलेबिलिटी और पोर्टेबिलिटी हासिल करना आसान हो जाता है।

25.3.3. इसके लिये:

इस्तियो एक ओपन-सोर्स सर्विस मेश प्लेटफॉर्म है जो माइक्रोसर्विसेज आर्किटेक्चर के प्रबंधन और सुरक्षा के लिए एक नियंत्रण विमान प्रदान करता है। यह ट्रैफ़िक प्रबंधन, लोड संतुलन, अवलोकनशीलता और सुरक्षा नीतियों जैसी सुविधाएँ प्रदान करता है। इस्तियो संगठनों को सेवा-से-सेवा संचार की जटिलताओं को प्रबंधित करने, लचीलेपन में सुधार करने और माइक्रोसर्विसेज में सुरक्षा लागू करने में मदद करता है।

25.3.4. प्रोमेथियस:

प्रोमेथियस एक ओपन-सोर्स मॉनिटरिंग और अलर्टिंग टूलकिट है जिसे क्लाउड-नेटिव वातावरण के लिए डिज़ाइन किया गया है।

यह विभिन्न स्रोतों से मेट्रिक्स एकत्र करने, संग्रहीत करने और क्वेरी करने के लिए एक समय-श्रृंखला डेटाबेस और एक लचीली क्वेरी भाषा प्रदान करता है। प्रोमेथियस संगठनों को उनके क्लाउड-नेटिव अनुप्रयोगों और बुनियादी ढांचे घटकों के प्रदर्शन, उपलब्धता और स्वास्थ्य की निगरानी करने में सक्षम बनाता है।

25.3.5. संचालन, पतवार:

हेल्म कुबेरनेट्स के लिए एक पैकेज मैनेजर है जो कुबेरनेट्स क्लस्टर पर अनुप्रयोगों की तैनाती और प्रबंधन को सरल बनाता है। यह संगठनों को एप्लिकेशन को "चार्ट" नामक पुन: प्रयोज्य पैकेज के रूप में परिभाषित करने, स्थापित करने और प्रबंधित करने की अनुमति देता है। हेल्म परिनियोजन प्रक्रिया को सुव्यवस्थित करता है और संस्करण, रोलबैक और कॉन्फ़िगरेशन प्रबंधन का समर्थन करता है, जिससे जटिल एप्लिकेशन परिनियोजन को प्रबंधित करना आसान हो जाता है।

25.3.6. दूत:

एन्वॉय एक ओपन-सोर्स एज और सर्विस प्रॉक्सी है जो लोड संतुलन, सेवा खोज और अवलोकन संबंधी कार्यक्षमता प्रदान करता है। इसका उपयोग सेवाओं के बीच ट्रैफ़िक को प्रबंधित करने और दर सीमित करने, सर्किट ब्रेकिंग और अवलोकन जैसी सुविधाएं प्रदान करके क्लाउड-नेटिव अनुप्रयोगों के प्रदर्शन, सुरक्षा और लचीलेपन को बढ़ाने के लिए किया जा सकता है।

25.3.7. ओपन टेलीमेट्री:

ओपनटेलीमेट्री एक ओपन-सोर्स ऑब्जर्वेबिलिटी फ्रेमवर्क है जो संगठनों को वितरित सिस्टम से टेलीमेट्री डेटा एकत्र करने, सहसंबंधित करने और विश्लेषण करने में मदद करता है। यह क्लाउड-नेटिव एप्लिकेशन के विभिन्न घटकों से मेट्रिक्स, ट्रेस और लॉग को कैप्चर करने के लिए एपीआई, लाइब्रेरी और इंस्ट्रूमेंटेशन प्रदान करता है। ओपनटेलीमेट्री एप्लिकेशन प्रदर्शन की बेहतर समझ और समस्या निवारण की सुविधा प्रदान करती है, जिससे संगठनों को अपने क्लाउड-नेटिव एप्लिकेशन को अनुकूलित और बेहतर बनाने में सक्षम बनाया जाता है।

25.3.8. जेनकींस:

जेनकिंस एक ओपन-सोर्स ऑटोमेशन सर्वर है जो निरंतर एकीकरण और निरंतर डिलीवरी (सीआई/सीडी) वर्कफ़्लो का समर्थन करता है। यह संगठनों को तीव्र और विश्वसनीय डिलीवरी सुनिश्चित करते हुए क्लाउड-नेटिव अनुप्रयोगों के निर्माण, परीक्षण और तैनाती को स्वचालित करने में सक्षम बनाता है। जेनकिंस अन्य क्लाउड-नेटिव टूल और फ्रेमवर्क के साथ एकीकृत होता है, जो सीआई/सीडी पाइपलाइनों में लचीलापन और विस्तारशीलता प्रदान करता है।

25.3.9. टेराफॉर्म:

टेराफॉर्म कोड (IaC) टूल के रूप में एक बुनियादी ढांचा है जो संगठनों को घोषणात्मक भाषा का उपयोग करके क्लाउड संसाधनों को परिभाषित और प्रावधान करने की अनुमति देता है। यह कई क्लाउड प्रदाताओं का समर्थन करता है और पुनरुत्पादित और सुसंगत तरीके से बुनियादी ढांचे के संसाधनों के निर्माण, संशोधन और विनाश को सक्षम बनाता है। टेराफॉर्म क्लाउड इंफ्रास्ट्रक्चर के प्रबंधन और प्रावधान को सरल बनाता है, जिससे क्लाउड-नेटिव आर्किटेक्चर को अपनाना आसान हो जाता है।

25.3.10. AWS क्लाउडफ़ॉर्मेशन और Azure रिसोर्स मैनेजर (ARM):

AWS क्लाउडफॉर्मेशन और Azure रिसोर्स मैनेजर (ARM) क्रमशः AWS और Azure द्वारा प्रदान किए गए इंफ्रास्ट्रक्चर ऑर्केस्ट्रेशन टूल हैं। ये उपकरण संगठनों को टेम्पलेट या स्क्रिप्ट का उपयोग करके क्लाउड संसाधनों को परिभाषित और प्रबंधित करने की अनुमति देते हैं, जिससे बुनियादी ढांचे के प्रावधान और प्रबंधन को कोड के रूप में सक्षम किया जा सकता है। क्लाउडफॉर्मेशन और एआरएम टेम्प्लेट क्लाउड इंफ्रास्ट्रक्चर परिनियोजन के स्वचालन और मानकीकरण की सुविधा प्रदान करते हैं, जिससे क्लाउड-नेटिव प्रथाओं को अपनाना आसान हो जाता है।

Tools for Managing
Cloud-Native Applications
kubernetes
Prometheus
Grafana
fluentd
Istio
aws
Google Cloud

<u>अभ्यास</u>

बहु विकल्पीय प्रश्न

1. माइक्रोसर्विसेज आर्किटेक्चर को अपनाने का प्राथमिक लाभ क्या है?

a) तेज़ एप्लिकेशन परिनियोजन
b) सरलीकृत बुनियादी ढांचे का प्रावधान
c) सुरक्षा उपाय बढ़ाए गए
d) बेहतर डेटा प्रशासन

2. कौन सा कंटेनरीकरण प्लेटफ़ॉर्म अनुप्रयोगों को विभिन्न वातावरणों में लगातार चलाने में सक्षम बनाता है?

a) कुबेरनेट्स
b) डाक में काम करनेवाला मज़दूर
c) उस के लिए
d) संचालन, पतवार

3. कौन सा क्लाउड-नेटिव टूल ट्रैफ़िक प्रबंधन, लोड संतुलन और सुरक्षा नीतियां प्रदान करता है? माइक्रोसर्विसेज?

a) प्रोमेथियस
b) जेनकींस
c) संचालन, पतवार
d) उस के लिए

4. क्लाउड-नेटिव वातावरण में इस्तियो जैसे सर्विस मेश का प्राथमिक उद्देश्य क्या है?

a) स्वचालित बुनियादी ढाँचा प्रावधान
b) एप्लिकेशन परिनियोजन को सरल बनाएं
c) माइक्रोसर्विसेज की लचीलापन और सुरक्षा में सुधार करें
d) निगरानी और चेतावनी क्षमताएं प्रदान करें

5. कौन सा अभ्यास विकास और संचालन टीमों के बीच सहयोग को बढ़ावा देता है, जिससे स्वचालन होता है सीआई/सीडी जैसी प्रक्रियाएं?

a) माइक्रोसर्विसेज आर्किटेक्चर
b) लोच और मापनीयता
c) DevOps और स्वचालन
d) भार का संतुलन

6. क्लाउड-नेटिव अनुप्रयोगों में क्षैतिज स्केलिंग का मुख्य लाभ क्या है?

a) सरलीकृत बुनियादी ढांचा प्रबंधन
b) दोष सहनशीलता में सुधार
c) संवर्धित संसाधन उपयोग
d) सुरक्षा जोखिमों में कमी

7. कौन सा टूल क्लाउड-नेटिव एप्लिकेशन की निगरानी के लिए टाइम-सीरीज़ डेटाबेस और क्वेरी भाषा प्रदान करता है?

a) कुबेरनेट्स
b) दूत
c) प्रोमेथियस
d) terraform

8. टेराफॉर्म जैसे कोड (IaC) टूल के रूप में इन्फ्रास्ट्रक्चर का उद्देश्य क्या है?

a) कुबेरनेट्स क्लस्टर की स्वचालित तैनाती

b) अनुप्रयोगों का कंटेनरीकरण सक्षम करें
c) क्लाउड संसाधनों के प्रावधान को सरल बनाएं
d) एप्लिकेशन प्रदर्शन की निगरानी करें

9. AWS क्लाउडफ़ॉर्मेशन और Azure रिसोर्स मैनेजर (ARM) संगठनों को क्या करने में सक्षम बनाते हैं?

a) क्लाउड-नेटिव एप्लिकेशन को परिभाषित और प्रबंधित करें
b) स्वचालित कंटेनर ऑर्केस्ट्रेशन
c) टेम्प्लेट का उपयोग करके क्लाउड इंफ्रास्ट्रक्चर का प्रावधान और प्रबंधन करें
d) माइक्रोसर्विसेज के लिए सर्विस मेश लागू करें

समीक्षा प्रश्न

1. **क्लाउड-नेटिव एप्लिकेशन डिज़ाइन सिद्धांतों को अपनाने के प्रमुख लाभ क्या हैं?**
2. **माइक्रोसर्विसेज आर्किटेक्चर अनुप्रयोग विकास और रखरखाव में कैसे योगदान देता है?**
3. **क्लाउड-नेटिव एप्लिकेशन डिज़ाइन में कंटेनर क्या लाभ प्रदान करते हैं?**
4. **DevOps और ऑटोमेशन क्लाउड-नेटिव एप्लिकेशन विकास को कैसे सुविधाजनक बनाता है?**
5. **क्लाउड-नेटिव एप्लिकेशन डिज़ाइन स्केलेबिलिटी और लोच कैसे सुनिश्चित करता है?**
6. **कौन सी रणनीतियाँ क्लाउड-नेटिव अनुप्रयोगों के लचीलेपन और दोष सहनशीलता को सुनिश्चित करती हैं?**
7. **क्लाउड-नेटिव एप्लिकेशन सुरक्षा और अनुपालन कैसे सुनिश्चित करते हैं?**
8. **क्लाउड-नेटिव अनुप्रयोगों के लिए कौन सी निगरानी और अवलोकनीयता प्रथाएँ महत्वपूर्ण हैं?**

उत्तर अनुभाग

बहु विकल्पीय प्रश्न

1. ए) तेज़ एप्लिकेशन परिनियोजन
2. b) डॉकर
3. d) वह
4. c) माइक्रोसर्विसेज की लचीलापन और सुरक्षा में सुधार
5. c) DevOps और स्वचालन
6. c) संवर्धित संसाधन उपयोग
7. c) प्रोमेथियस
8. c) क्लाउड संसाधनों के प्रावधान को सरल बनाएं
9. c) टेम्प्लेट का उपयोग करके क्लाउड इंफ्रास्ट्रक्चर का प्रावधान और प्रबंधन करें

समीक्षा प्रश्न

1. क्लाउड-नेटिव एप्लिकेशन डिज़ाइन सिद्धांत स्केलेबल, लचीला और कुशल एप्लिकेशन बनाने के लिए क्लाउड कंप्यूटिंग लाभों का लाभ उठाने पर ध्यान केंद्रित करते हैं। लाभों में तेज़ एप्लिकेशन डिलीवरी, बेहतर स्केलेबिलिटी, बढ़ी हुई लचीलापन, अधिक लचीलापन और चपलता शामिल हैं। माइक्रोसर्विसेज आर्किटेक्चर, कंटेनर्स, ऑटोमेशन और डेवऑप्स प्रथाओं को अपनाकर, संगठन क्लाउड क्षमताओं का पूरी तरह से उपयोग कर सकते हैं, संसाधन उपयोग को अनुकूलित कर सकते हैं और अपने एप्लिकेशन विकास प्रक्रियाओं में नवाचार चला सकते हैं।

2. माइक्रोसर्विसेज आर्किटेक्चर अनुप्रयोगों को छोटी, स्वतंत्र रूप से तैनात करने योग्य और प्रबंधनीय सेवाओं में विभाजित करता है। प्रत्येक माइक्रोसर्विस एक विशिष्ट व्यावसायिक क्षमता पर ध्यान केंद्रित करती है और अच्छी तरह से परिभाषित एपीआई के माध्यम से दूसरों के साथ संचार करती है। यह दृष्टिकोण लचीलेपन और चपलता को सक्षम बनाता है क्योंकि प्रत्येक घटक को स्वतंत्र रूप से विकसित, तैनात और स्केल किया जा सकता है। यह तेज़ विकास चक्र, रखरखाव में आसानी और दोष अलगाव को बढ़ावा देता है, जिससे संगठनों को बदलती व्यावसायिक आवश्यकताओं के लिए तेज़ी से नवाचार करने और अनुकूलन करने की अनुमति मिलती है।

3. कंटेनर अनुप्रयोगों और उनकी निर्भरताओं को एक सुसंगत और हल्के रनटाइम वातावरण में समाहित करते हैं। वे पोर्टेबिलिटी प्रदान करते हैं, यह सुनिश्चित करते हुए कि एप्लिकेशन विभिन्न वातावरणों में लगातार चलते रहें। कंटेनर कुशल संसाधन उपयोग, तेजी से तैनाती और एप्लिकेशन घटकों के सरलीकृत प्रबंधन जैसे लाभ प्रदान करते हैं। कंटेनरीकरण का उपयोग करके, संगठन तेजी से विकास और तैनाती चक्र, निर्बाध स्केलिंग और बेहतर संसाधन दक्षता प्राप्त कर सकते हैं।

4. DevOps प्रथाएं विकास और संचालन टीमों के बीच सहयोग को बढ़ावा देती हैं, विभिन्न प्रक्रियाओं के स्वचालन को बढ़ावा देती हैं। सतत एकीकरण और सतत वितरण (सीआई/सीडी) पाइपलाइन निर्माण, परीक्षण और तैनाती प्रक्रियाओं को स्वचालित करती हैं, जिसके परिणामस्वरूप तेज और अधिक विश्वसनीय एप्लिकेशन डिलीवरी होती है। इन्फ्रास्ट्रक्चर एज़ कोड (IaC) इन्फ्रास्ट्रक्चर कॉन्फ़िगरेशन को एप्लिकेशन कोड के साथ संस्करणित, स्वचालित और तैनात करने की अनुमति देता है, जिससे इन्फ्रास्ट्रक्चर परिवर्तन अधिक प्रबंधनीय हो जाते हैं। DevOps और स्वचालन क्लाउड-नेटिव वातावरण में तीव्र, विश्वसनीय और सुसंगत एप्लिकेशन डिलीवरी को सक्षम करते हैं।

5. क्लाउड-नेटिव एप्लिकेशन को मांग के आधार पर गतिशील रूप से उदाहरणों को जोड़कर या हटाकर क्षैतिज रूप से स्केल करने के लिए डिज़ाइन किया गया है। क्षैतिज स्केलिंग अनुप्रयोगों को इष्टतम संसाधन उपयोग सुनिश्चित करते हुए परिवर्तनीय कार्यभार को कुशलतापूर्वक संभालने में सक्षम बनाता है। ऑटोस्केलिंग तंत्र संसाधनों के प्रावधान और प्रावधानीकरण को स्वचालित करता है, जिससे अनुप्रयोगों को पूर्वनिर्धारित नियमों या मेट्रिक्स के आधार पर निर्बाध रूप से स्केल करने की अनुमति मिलती है। यह लोच सुनिश्चित करती है कि एप्लिकेशन अलग-अलग कार्यभार संभाल सकते हैं और परिचालन लागत को कम करते हुए संसाधन आवंटन को अनुकूलित कर सकते हैं।

6. क्लाउड-नेटिव एप्लिकेशन विफलताओं को शालीनता से संभालने और व्यवधानों से शीघ्रता से उबरने के लिए बनाए गए हैं। लचीलापन अतिरेक, भार संतुलन और दोष अलगाव रणनीतियों के माध्यम से प्राप्त किया जाता है। सर्किट ब्रेकर, रिट्रीट और ग्रेसफुल डिग्रेडेशन जैसी तकनीकें अनुप्रयोगों को विफलताओं की उपस्थिति में भी कार्यक्षमता बनाए रखने में सक्षम बनाती हैं। इन रणनीतियों को अपनाने से एप्लिकेशन की विश्वसनीयता, उपलब्धता और उपयोगकर्ता अनुभव बढ़ता है।

7. क्लाउड-नेटिव एप्लिकेशन डिज़ाइन में सुरक्षा एक मूलभूत विचार है। मजबूत पहचान और पहुंच प्रबंधन प्रथाएं, एन्क्रिप्शन और सुरक्षित संचार चैनल डेटा सुरक्षा और नियामक आवश्यकताओं का अनुपालन सुनिश्चित करते हैं। सुरक्षा उपायों को बुनियादी ढांचे, एप्लिकेशन और डेटा सहित हर स्तर पर लागू किया जाना चाहिए, और एक सुरक्षित वातावरण बनाए रखने के लिए नियमित रूप से मूल्यांकन और अद्यतन किया जाना चाहिए।

क्लाउड-नेटिव एप्लिकेशन एप्लिकेशन प्रदर्शन और व्यवहार में अंतर्दृष्टि प्राप्त करने के लिए मजबूत निगरानी और अवलोकन क्षमताओं को शामिल करते हैं। निगरानी उपकरण, केंद्रीकृत लॉगिंग और मेट्रिक्स संग्रह एप्लिकेशन स्वास्थ्य और प्रदर्शन में वास्तविक समय दृश्यता को सक्षम करते हैं। वितरित ट्रेसिंग और लॉगिंग को लागू करने से माइक्रोसर्विसेज और घटकों में समस्याओं की पहचान और निदान करने में मदद मिलती है। ये प्रथाएं संगठनों को प्रदर्शन बाधाओं को सक्रिय रूप से पहचानने और संबोधित करने की अनुमति देती हैं, जिससे इष्टतम अनुप्रयोग प्रदर्शन और उपयोगकर्ता संतुष्टि सुनिश्चित होती है।

अध्याय 26: क्लाउड ऑटोमेशन और ऑर्केस्ट्रेशन

26.1 क्लाउड एपीआई के साथ इन्फ्रास्ट्रक्चर ऑटोमेशन

क्लाउड एपीआई के साथ इन्फ्रास्ट्रक्चर ऑटोमेशन संगठनों को कई फायदे प्रदान करता है, जिससे उन्हें अपने क्लाउड संचालन को सुव्यवस्थित और तेज करने में मदद मिलती है। क्लाउड संसाधनों के प्रावधान, प्रबंधन और स्केलिंग के लिए क्लाउड एपीआई का लाभ उठाते हुए, संगठन अधिक दक्षता, लागत अनुकूलन, स्थिरता और स्केलेबिलिटी प्राप्त कर सकते हैं। हालाँकि, स्वचालित प्रक्रियाओं की विश्वसनीयता और लचीलापन सुनिश्चित करने के लिए, उचित सुरक्षा, त्रुटि प्रबंधन, संस्करण प्रबंधन और परीक्षण आवश्यक हैं। सावधानीपूर्वक योजना बनाने और प्रमुख कारकों पर विचार करने से, संगठन क्लाउड एपीआई के साथ बुनियादी ढांचे के स्वचालन की पूरी क्षमता को अनलॉक कर सकते हैं, जिससे वे अपने क्लाउड वातावरण में नवाचार और सफलता प्राप्त कर सकते हैं।

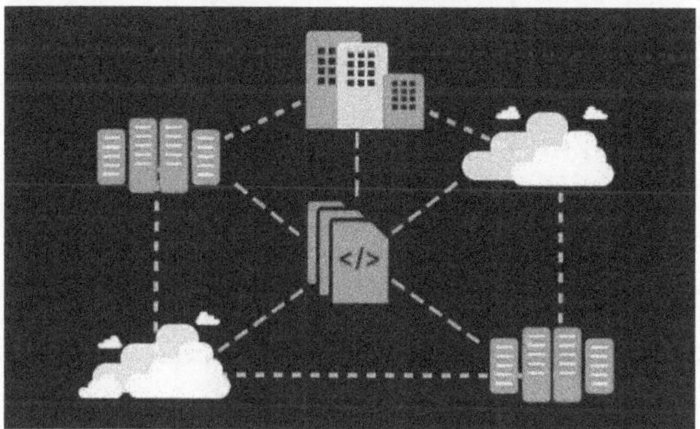

26.1.1. क्लाउड एपीआई के साथ इंफ्रास्ट्रक्चर ऑटोमेशन के लाभ:

- गति और दक्षता: स्वचालन मैन्युअल हस्तक्षेप को समाप्त करता है, जिससे तेजी से और लगातार तैनाती संभव हो जाती है। डेवलपर्स एपीआई कॉल के माध्यम से क्लाउड संसाधनों को तुरंत प्रावधान और कॉन्फ़िगर कर सकते हैं, जिससे अनुप्रयोगों के लिए बाजार में आने का समय कम हो जाता है। आज के तेज़ गति वाले डिजिटल परिदृश्य में यह चपलता महत्वपूर्ण है।
- स्केलेबिलिटी: क्लाउड एपीआई मांग के आधार पर संसाधनों की गतिशील स्केलिंग को सक्षम बनाता है। संगठन कार्यभार आवश्यकताओं, संसाधन उपयोग और लागत दक्षता को अनुकूलित करने के आधार पर अपने बुनियादी ढांचे को स्वचालित रूप से बढ़ा या घटा सकते हैं। यह लोच व्यवसायों को उतार-चढ़ाव वाले कार्यभार पर प्रभावी ढंग से प्रतिक्रिया करने की अनुमति देती है।
- लागत अनुकूलन:इंफ्रास्ट्रक्चर ऑटोमेशन संगठनों को क्लाउड संसाधनों को प्रोग्रामेटिक रूप से प्रबंधित करने की अनुमति देता है, यह सुनिश्चित करता है कि संसाधनों का प्रावधान किया गया है और आवश्यकतानुसार प्रावधान हटाया गया है। यह निष्क्रिय या कम उपयोग किए गए संसाधनों से जुड़ी अनावश्यक लागतों को रोकता है, लागत अनुकूलन को बढ़ावा देता है।
- संगति और मानकीकरण:स्वचालन यह सुनिश्चित करता है कि बुनियादी ढांचे के विन्यास और तैनाती मानकीकृत प्रक्रियाओं का पालन करें। यह मैन्युअल हस्तक्षेप के कारण होने वाली त्रुटियों के जोखिम को कम करता है और एक स्थिर और विश्वसनीय बुनियादी ढांचे को बढ़ावा देते हुए, पूरे वातावरण में स्थिरता सुनिश्चित करता है।
- संस्करण नियंत्रण और लेखापरीक्षा: एपीआई के माध्यम से इंफ्रास्ट्रक्चर ऑटोमेशन इंफ्रास्ट्रक्चर कॉन्फ़िगरेशन के संस्करण नियंत्रण को सक्षम बनाता है। यह मुद्दों के मामले में आसान रोलबैक की सुविधा प्रदान करता है और अनुपालन और सुरक्षा उद्देश्यों, शासन और जवाबदेही को बढ़ाने के लिए एक ऑडिट ट्रेल प्रदान करता है।
- आपदा पुनर्प्राप्ति और उच्च उपलब्धता: स्वचालन के साथ, संगठन आपदा पुनर्प्राप्ति प्रक्रियाओं को स्वचालित कर सकते हैं, जिससे विफलताओं या आउटेज के मामले में त्वरित पुनर्प्राप्ति सक्षम हो सकती है। स्वचालन महत्वपूर्ण सेवाओं के लिए उच्च उपलब्धता कॉन्फ़िगरेशन के कार्यान्वयन की सुविधा भी देता है, डाउनटाइम को कम करता है और व्यवसाय की निरंतरता सुनिश्चित करता है।

26.1.2. क्लाउड एपीआई के साथ इंफ्रास्ट्रक्चर ऑटोमेशन के लिए मुख्य बातें:

• एपीआई प्रमाणीकरण और सुरक्षा: अनधिकृत पहुंच को रोकने के लिए एपीआई प्रमाणीकरण टोकन और क्रेडेंशियल्स को उचित रूप से प्रबंधित करें। एपीआई पहुंच को प्रतिबंधित करने और संवेदनशील संसाधनों के जोखिम को रोकने के लिए पहुंच नियंत्रण तंत्र का उपयोग करें।
• त्रुटि प्रबंधन और दोष सहनशीलता: एपीआई कॉल में विफलताओं और अपवादों को संभालने के लिए मजबूत त्रुटि प्रबंधन तंत्र लागू करें। सुनिश्चित करें कि स्वचालित प्रक्रियाओं में अंतर्निहित दोष सहनशीलता है और परिचालन स्थिरता बनाए रखने के लिए अस्थायी एपीआई आउटेज को शालीनता से संभाल सकते हैं।
• नपुंसकता: स्वचालित प्रक्रियाओं को निष्क्रिय बनाने के लिए डिज़ाइन करें, जिसका अर्थ है कि एक ही एपीआई को कई बार कॉल करने से एक बार कॉल करने के समान ही परिणाम मिलता है। यह सुनिश्चित करता है कि बार-बार एपीआई कॉल से अनपेक्षित दुष्प्रभाव न हों और परिणाम लगातार बने रहें।
• दर सीमित करना और थ्रॉटलिंग: अत्यधिक एपीआई उपयोग को रोकने के लिए क्लाउड प्रदाताओं द्वारा लगाई गई एपीआई दर सीमाओं से सावधान रहें। एपीआई दर सीमा से बचने और क्लाउड प्रदाता नीतियों का अनुपालन सुनिश्चित करने के लिए स्वचालित स्क्रिप्ट में दर सीमित और थ्रॉटलिंग तंत्र लागू करें।
• निगरानी और रिपोर्टिंग: एपीआई उपयोग को ट्रैक करने और संभावित मुद्दों की पहचान करने के लिए निगरानी और लॉगिंग लागू करें। त्रुटियों, प्रदर्शन बाधाओं और अप्रत्याशित व्यवहार के लिए स्वचालित प्रक्रियाओं की निगरानी करें, जिससे संभावित घटनाओं पर सक्रिय प्रतिक्रिया मिल सके।
• अनुपालन और शासन: सुनिश्चित करें कि स्वचालित प्रक्रियाएँ अनुपालन और शासन नीतियों का पालन करती हैं। डेटा सुरक्षा और गोपनीयता सुनिश्चित करने, डेटा उल्लंघनों और अनुपालन उल्लंघनों के जोखिम को कम करने के लिए उचित पहुंच नियंत्रण और अनुमतियां लागू करें।
• संस्करण प्रबंधन: ध्यान रखें कि एपीआई समापन बिंदु या व्यवहार में परिवर्तन स्वचालित प्रक्रियाओं को प्रभावित कर सकते हैं। एपीआई विकसित होने पर अनुकूलता सुनिश्चित करने के लिए संस्करण प्रबंधन रणनीतियों को लागू करें, क्लाउड प्रदाता एपीआई में बदलाव के कारण होने वाले व्यवधानों को रोकें।
• परीक्षण और सत्यापन: उत्पादन में तैनात करने से पहले गैर-उत्पादन वातावरण में स्वचालित स्क्रिप्ट और प्रक्रियाओं का कड़ाई से परीक्षण करें। सत्यापित करें कि स्वचालित कॉन्फ़िगरेशन और परिनियोजन लाइव वातावरण में अप्रत्याशित व्यवहार के जोखिम को कम करने के लिए अपेक्षित कार्य कर रहे हैं।

26.2 ऑर्केस्ट्रेशन उपकरण और वर्कफ़्लोज़

ऑर्केस्ट्रेशन उपकरण और वर्कफ़्लो क्लाउड कंप्यूटिंग के अभिन्न अंग बन गए हैं, जो जटिल कार्यों और प्रक्रियाओं को स्वचालित और सुव्यवस्थित करने के लिए संगठनों को सशक्त बनाते हैं। ऑर्केस्ट्रेशन टूल द्वारा प्रदान किए गए स्वचालन, स्केलेबिलिटी, एकीकरण और लागत-प्रभावशीलता के लाभों का लाभ उठाकर, व्यवसाय अधिक परिचालन दक्षता और चपलता प्राप्त कर सकते हैं। वर्कफ़्लो बनाने के लिए सर्वोत्तम प्रथाओं को लागू करने से यह सुनिश्चित होता है कि क्लाउड संचालन विश्वसनीय, लचीला और उद्योग मानकों के अनुरूप है। अंततः, ऑर्केस्ट्रेशन टूल में महारत हासिल करने से व्यवसायों को क्लाउड की पूरी क्षमता का उपयोग करने, लगातार विकसित हो रहे डिजिटल परिदृश्य में नवाचार और सफलता प्राप्त करने की अनुमति मिलती है।

26.2.1. ऑर्केस्ट्रेशन टूल्स को समझना:

ऑर्केस्ट्रेशन उपकरण शक्तिशाली सॉफ़्टवेयर समाधान हैं जो क्लाउड वातावरण के भीतर जटिल कार्यों, प्रक्रियाओं और वर्कफ़्लो के स्वचालन और प्रबंधन की सुविधा प्रदान करते हैं। ये उपकरण संगठनों के लिए क्लाउड प्रबंधन को सरल बनाते हुए, कई सेवाओं और संसाधनों में कई परस्पर संबंधित कार्यों को समन्वयित और निष्पादित करने के लिए एक केंद्रीकृत और मानकीकृत दृष्टिकोण प्रदान करते हैं।

26.2.2. आर्केस्ट्रा उपकरण के लाभ:

• स्वचालन: ऑर्केस्ट्रेशन टूल का प्राथमिक लाभ स्वचालन है। दोहराए जाने वाले और समय लेने वाले कार्यों को स्वचालित करके, क्लाउड प्रशासक अधिक रणनीतिक पहलों पर ध्यान केंद्रित कर सकते हैं। स्वचालित वर्कफ़्लो मानवीय त्रुटियों को कम करते हैं और समग्र परिचालन दक्षता को बढ़ाते हैं।

• स्केलेबिलिटी:ऑर्केस्ट्रेशन उपकरण संगठनों को आसानी से अपने क्लाउड संचालन को बढ़ाने में सक्षम बनाते हैं। चूंकि ये उपकरण बढ़ती संख्या में कार्यों और संसाधनों को कुशलतापूर्वक संभाल सकते हैं, स्केलिंग निर्बाध और परेशानी मुक्त हो जाती है, जिससे यह सुनिश्चित होता है कि क्लाउड वातावरण उतार-चढ़ाव वाले कार्यभार के अनुकूल हो सकता है।

• एकीकरण: ऑर्केस्ट्रेशन उपकरण विभिन्न क्लाउड सेवाओं और घटकों के बीच निर्बाध एकीकरण और संचार की सुविधा प्रदान करते हैं। वे कई क्लाउड प्लेटफ़ॉर्म पर फैले वर्कफ़्लो के निर्माण को सशक्त बनाते हैं, हाइब्रिड और मल्टी-क्लाउड सेटअप को सक्षम करते हैं, और क्लाउड प्रदाताओं को चुनने में लचीलापन प्रदान करते हैं।

• लागत प्रभावशीलता: संसाधन प्रावधानीकरण और प्रावधानीकरण को स्वचालित करके, ऑर्केस्ट्रेशन उपकरण क्लाउड संसाधन उपयोग को अनुकूलित करने में मदद करते हैं। यह अनावश्यक खर्चों को कम करता है, और संसाधनों को मापने की क्षमता स्वचालित रूप से यह सुनिश्चित करती है कि संगठन केवल उसी चीज़ के लिए भुगतान करें जिसकी उन्हें आवश्यकता है, जिससे लागत दक्षता का अनुकूलन होता है।

• बेहतर प्रशासन और अनुपालन: ऑर्केस्ट्रेशन उपकरण मानकीकृत प्रक्रियाओं और नीतियों को लागू करने में महत्वपूर्ण भूमिका निभाते हैं। वे उद्योग नियमों और आंतरिक शासन आवश्यकताओं का अनुपालन सुनिश्चित करते हैं, सुरक्षा बढ़ाते हैं और गैर-अनुपालन के जोखिम को कम करते हैं।

26.2.3. सामान्य आर्केस्ट्रा उपकरण:

• एडब्ल्यूएस क्लाउडफॉर्मेशन: AWS CloudFormation कोड (IaC) टूल के रूप में व्यापक रूप से उपयोग किया जाने वाला बुनियादी ढांचा है जो उपयोगकर्ताओं को JSON या YAML टेम्पलेट्स का उपयोग करके क्लाउड संसाधनों को परिभाषित करने की अनुमति देता है। यह AWS संसाधनों के निर्माण और प्रबंधन को स्वचालित करता है, बुनियादी ढांचे को तैनात करने और प्रबंधित करने के लिए एक सुसंगत और दोहराए जाने योग्य तरीका प्रदान करता है।

• Google क्लाउड परिनियोजन प्रबंधक: Google क्लाउड परिनियोजन प्रबंधक उपयोगकर्ताओं को YAML या Jinja2 टेम्प्लेट का उपयोग करके बुनियादी ढांचे को कोड के रूप में परिभाषित करने की अनुमति देता है। यह Google क्लाउड संसाधनों के निर्माण और प्रबंधन को स्वचालित करता है, जिससे जटिल अनुप्रयोगों को तैनात करना आसान हो जाता है।

• Azure संसाधन प्रबंधक: Microsoft Azure का Azure रिसोर्स मैनेजर (ARM) उपयोगकर्ताओं को JSON टेम्प्लेट का उपयोग करके क्लाउड संसाधनों को परिभाषित और तैनात करने में सक्षम बनाता है। ARM, परिनियोजन प्रक्रिया को सरल बनाते हुए, Azure सेवाओं में संसाधनों को प्रबंधित करने का एक एकीकृत तरीका प्रदान करता है।

• टेराफॉर्म: टेराफॉर्म एक ओपन-सोर्स IaC टूल है जो कई क्लाउड प्रदाताओं का समर्थन करता है। यह बुनियादी ढांचे के विन्यास को परिभाषित करने के लिए एक घोषणात्मक भाषा का उपयोग करता है, जो इसे मल्टी-क्लाउड वातावरण को व्यवस्थित करने के लिए एक लचीला और शक्तिशाली विकल्प बनाता है।

26.2.4. ऑर्केस्ट्रेशन वर्कफ़्लोज़ बनाना:

• कार्य अनुक्रमण: ऑर्केस्ट्रेशन वर्कफ़्लोज़ कार्यों के अनुक्रम और उनके बीच निर्भरता को परिभाषित करते हैं। उपयोगकर्ता निर्दिष्ट कर सकते हैं कि उचित निष्पादन और समन्वय सुनिश्चित करते हुए कौन से कार्य समवर्ती या क्रमिक रूप से चलने चाहिए।

• त्रुटि प्रबंधन:कार्यों के निष्पादन के दौरान उत्पन्न होने वाली संभावित समस्याओं के समाधान के लिए वर्कफ़्लो में त्रुटि प्रबंधन तंत्र शामिल हो सकते हैं। त्रुटि प्रबंधन यह सुनिश्चित करता है कि वर्कफ़्लो विफलताओं से शानदार ढंग से उबर सके, जिससे समग्र प्रक्रिया पर प्रभाव कम हो सके।

• इनपुट और आउटपुट पैरामीटर: ऑर्केस्ट्रेशन वर्कफ़्लो विशिष्ट आवश्यकताओं के आधार पर निष्पादन को अनुकूलित करने के लिए इनपुट पैरामीटर स्वीकार कर सकते हैं। आउटपुट पैरामीटर वर्कफ़्लो को लचीलेपन और पुन: प्रयोज्यता को बढ़ाते हुए विभिन्न कार्यों के बीच परिणाम या डेटा पास करने की अनुमति देते हैं।

• संस्करण नियंत्रण: वर्कफ़्लो के लिए संस्करण नियंत्रण लागू करने से परिवर्तनों को प्रबंधित करने, संशोधनों को ट्रैक करने और निरंतरता सुनिश्चित करने में मदद मिलती है। संस्करण नियंत्रण दस्तावेज़ीकरण को बनाए रखने में सहायता करता है और जटिल वर्कफ़्लो पर काम करने वाली टीमों के बीच सहयोग को सरल बनाता है।

26.2.5. आर्केस्ट्रा के लिए सर्वोत्तम अभ्यास:

• छोटी शुरुआत करें और दोहराएँ: यह सलाह दी जाती है कि सरल वर्कफ़्लो से शुरुआत करें और जैसे-जैसे पर्यावरण और आवश्यकताओं के बारे में आपकी समझ बढ़ती है, धीरे-धीरे इसका विस्तार करें। फीडबैक और अनुभव के आधार पर अपने वर्कफ़्लो को पुनरावृत्तीय रूप से परिष्कृत करें।
• परीक्षण करें और मान्य करें: उनकी सटीकता और प्रभावशीलता सुनिश्चित करने के लिए गैर-उत्पादन वातावरण में वर्कफ़्लो का नियमित रूप से परीक्षण और सत्यापन करें। किसी भी समस्या को लाइव वातावरण में तैनात करने से पहले उसकी पहचान करना और उसका समाधान करना संभावित समस्याओं से बचने में मदद करता है।
• पैरामीटरीकरण का उपयोग करें: अपने वर्कफ़्लो को विभिन्न परिदृश्यों के लिए पुन: प्रयोज्य और अनुकूलन योग्य बनाने के लिए पैरामीटराइज़ करें। यह आपके ऑर्केस्ट्रेशन की दक्षता को बढ़ाता है और विभिन्न कार्यों को संभालने में अधिक लचीलेपन की अनुमति देता है।
• सुरक्षित क्रेडेंशियल और रहस्य: वर्कफ़्लो में संवेदनशील जानकारी को हार्डकोड करने से बचें। इसके बजाय, क्रेडेंशियल्स और रहस्यों को संग्रहीत और प्रबंधित करने, उचित पहुंच नियंत्रण सुनिश्चित करने और संवेदनशील डेटा की सुरक्षा के लिए सुरक्षित तरीकों का उपयोग करें।

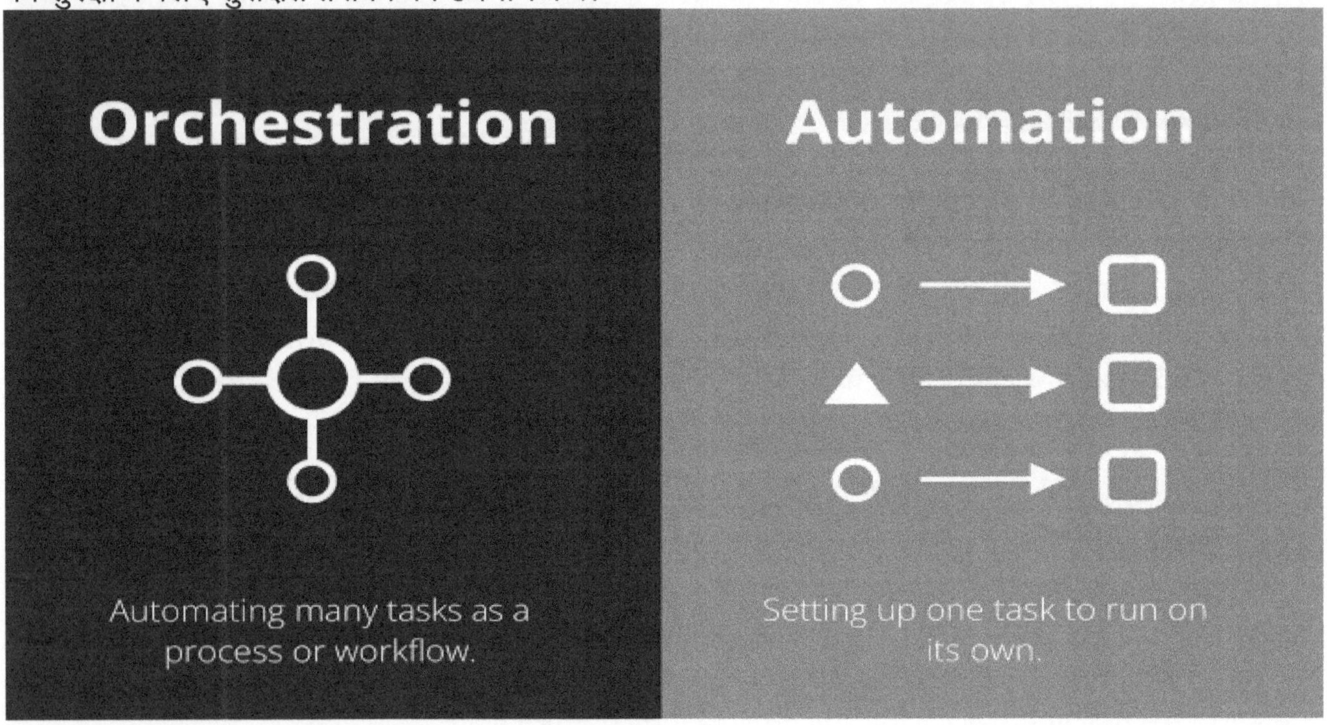

26.3 कोड के रूप में बुनियादी ढाँचा (IaC) सर्वोत्तम प्रथाएँ

कोड के रूप में इन्फ्रास्ट्रक्चर (IaC) क्लाउड कंप्यूटिंग में महत्वपूर्ण लाभ प्रदान करता है, जो संगठनों को कोड के माध्यम से बुनियादी ढांचे को स्वचालित और प्रबंधित करने में सक्षम बनाता है। संस्करण नियंत्रण, मॉड्यूलरिटी, पैरामीटराइजेशन, स्वचालित परीक्षण, सीआई/सीडी एकीकरण, सुरक्षा विचार, दस्तावेज़ीकरण और बुनियादी ढांचे को डेटा के रूप में मानने जैसी सर्वोत्तम प्रथाओं का पालन करके, व्यवसाय Ia की पूरी क्षमता का उपयोग कर सकते हैं। IaC स्थिरता, चपलता और स्केलेबिलिटी की सुविधा प्रदान करता है। बुनियादी ढांचे के प्रबंधन में, तेजी से तैनाती हुई, मानवीय त्रुटियां कम हुईं और क्लाउड कंप्यूटिंग के गतिशील परिदृश्य में परिचालन दक्षता में वृद्धि हुई। IaC को अपनाना एक परिवर्तनकारी कदम है

26.3.1. संस्करण नियंत्रण और सहयोग:

अपने IaC कोड में परिवर्तनों को प्रबंधित और ट्रैक करने के लिए Git जैसे संस्करण नियंत्रण सिस्टम का उपयोग करें। संस्करण नियंत्रण यह सुनिश्चित करता है कि सभी परिवर्तनों का दस्तावेजीकरण किया गया है, जिससे टीम के सदस्यों के बीच आसान रोलबैक और सहयोग संभव हो सके। सहयोगात्मक दृष्टिकोण अपनाकर, टीम के कई सदस्य निरंतर सुधार और ज्ञान साझा करने की संस्कृति को बढ़ावा देते हुए, IaC कोडबेस में योगदान दे सकते हैं। उचित संस्करण

नियंत्रण मुख्य कोडबेस को प्रभावित किए बिना नई सुविधाओं या प्रयोगों के लिए शाखाओं के निर्माण की सुविधा भी प्रदान करता है, जिससे सुरक्षित प्रयोग संभव हो पाता है।

26.3.2. मॉड्यूलैरिटी और पुन: प्रयोज्यता:

IaC कोड को मॉड्यूलर और पुन: प्रयोज्य तरीके से डिज़ाइन करें। बुनियादी ढांचे के घटकों को छोटे, स्व-निहित मॉड्यूल में तोड़ें। यह दृष्टिकोण सभी तैनाती में स्थिरता को बढ़ावा देता है और तेज़ और अधिक कुशल प्रावधान की अनुमति देता है। पुन: प्रयोज्य मॉड्यूल को विभिन्न परियोजनाओं में साझा किया जा सकता है, जिससे प्रयासों के दोहराव को कम किया जा सकता है और रखरखाव को सरल बनाया जा सकता है। मॉड्यूलरिटी को लागू करने से बुनियादी ढांचे के कॉन्फ़िगरेशन की जटिलता को प्रबंधित करने में भी मदद मिलती है, जिससे इसे समझना, बनाए रखना और समस्या निवारण करना आसान हो जाता है।

26.3.3. अपरिवर्तनीय अवसंरचना:

अपरिवर्तनीय बुनियादी ढांचे के सिद्धांत को अपनाएं, जिसमें बुनियादी ढांचे के घटकों को डिस्पोजेबल और अपरिवर्तनीय माना जाता है। चल रहे इंस्टेंसेस में सीधे बदलाव करने के बजाय, जब भी अपडेट की आवश्यकता हो तो कोड से बुनियादी ढांचे को फिर से बनाएं। यह दृष्टिकोण सुनिश्चित करता है कि तैनाती सुसंगत, पूर्वानुमानित और प्रतिलिपि प्रस्तुत करने योग्य है, जिससे कॉन्फ़िगरेशन बहाव समाप्त हो जाता है। अपरिवर्तनीय बुनियादी ढाँचा विफलताओं से तेजी से उबरने में भी सहायता करता है क्योंकि विफल उदाहरणों को बदलने के लिए नए उदाहरणों का शीघ्रता से प्रावधान किया जा सकता है।

26.3.4. पैरामीटरीकरण:

अपने IaC कोड को विभिन्न परिवेशों के लिए लचीला और अनुकूलन योग्य बनाने के लिए पैरामीटराइज़ करें। कॉन्फ़िगरेशन को परिभाषित करने के लिए वेरिएबल का उपयोग करें जिन्हें विशिष्ट आवश्यकताओं के आधार पर समायोजित किया जा सकता है। पैरामीटरीकरण अंतर्निहित कोड को संशोधित किए बिना, तैनाती प्रक्रिया को सुव्यवस्थित किए बिना आसान कॉन्फ़िगरेशन परिवर्तन सक्षम बनाता है। इसके अतिरिक्त, पैरामीटरीकरण पर्यावरण-विशिष्ट कॉन्फ़िगरेशन के निर्माण की अनुमति देता है, जिससे समान IaC कोडबेस का उपयोग करके विकास, परीक्षण और उत्पादन वातावरण को प्रबंधित करना आसान हो जाता है।

26.3.5. स्वचालित परीक्षण:

अपने IaC कोड की शुद्धता और विश्वसनीयता को सत्यापित करने के लिए स्वचालित परीक्षण लागू करें। कोड के सिंटैक्स, तर्क और व्यवहार की जांच करने के लिए परीक्षण ढांचे का उपयोग करें। स्वचालित परीक्षण विकास प्रक्रिया में त्रुटियों को जल्दी पहचानने में मदद करता है, जिससे उत्पादन में समस्याओं का जोखिम कम हो जाता है। यूनिट परीक्षण व्यक्तिगत घटकों को सत्यापित कर सकते हैं, जबकि एकीकरण परीक्षण विभिन्न बुनियादी ढांचे के घटकों के बीच बातचीत का आकलन कर सकते हैं। स्वचालित परीक्षण के माध्यम से IaC कोड की विश्वसनीयता सुनिश्चित करके, संगठन अधिक आत्मविश्वास के साथ परिवर्तन लागू कर सकते हैं।

26.3.6. सतत एकीकरण और सतत तैनाती (सीआई/सीडी):

परिनियोजन प्रक्रिया को स्वचालित करने के लिए अपनी CI/CD पाइपलाइन में IaC को शामिल करें। सीआई/सीडी के साथ, आईएसी कोड में परिवर्तन स्वचालित रूप से परीक्षण, एकीकृत और उत्पादन में तैनात किए जाते हैं। यह निरंतर डिलीवरी की संस्कृति को बढ़ावा देते हुए, बुनियादी ढांचे के अपडेट की तीव्र और विश्वसनीय डिलीवरी को सक्षम बनाता है। सीआई/सीडी एकीकरण यह सुनिश्चित करता है कि आईएसी कोड में बदलावों को उत्पादन परिवेश तक पहुंचने से पहले पूरी तरह से परीक्षण और मान्य किया जाता है, जिससे त्रुटियों और डाउनटाइम का जोखिम कम हो जाता है।

26.3.7. सुरक्षा और अनुपालन:

सुनिश्चित करें कि सुरक्षा और अनुपालन आवश्यकताएँ आपके IaC कोड में एकीकृत हैं। संवेदनशील जानकारी को सुरक्षित रखने के लिए सुरक्षित कोडिंग प्रथाओं, एन्क्रिप्शन और एक्सेस नियंत्रण का उपयोग करें। सुरक्षा कमजोरियों के लिए IaC कोड को नियमित रूप से स्कैन करें, और उद्योग और संगठनात्मक मानकों को पूरा करने के लिए अनुपालन नीतियों को लागू करें। IaC में सुरक्षा विचारों में रहस्यों और क्रेडेंशियल्स को सुरक्षित रूप से प्रबंधित करना, उचित नेटवर्क एक्सेस नियंत्रण कॉन्फ़िगर करना और बुनियादी ढांचे के घटकों पर सुरक्षा पैच लागू करना शामिल होना चाहिए।

26.3.8. दस्तावेज़ीकरण:
अपने IaC कोड के लिए व्यापक और अद्यतन दस्तावेज़ीकरण बनाए रखें। प्रत्येक घटक के उद्देश्य, निर्भरता और किसी विशिष्ट परिनियोजन निर्देशों का दस्तावेज़ीकरण करें। अच्छी तरह से प्रलेखित कोड पारदर्शिता बढ़ाता है और टीम के सदस्यों के लिए बुनियादी ढांचे कोडबेस को समझना और योगदान करना आसान बनाता है। इसके अतिरिक्त, दस्तावेज़ीकरण एक ज्ञान आधार के रूप में कार्य करता है जिसे भविष्य की टीम के सदस्य संदर्भित कर सकते हैं, जिससे बुनियादी ढांचे के प्रबंधन में स्थिरता सुनिश्चित होती है।

26.3.9. डेटा के रूप में बुनियादी ढाँचा:
"डेटा के रूप में बुनियादी ढांचे" की अवधारणा को अपनाएं, जहां कॉन्फ़िगरेशन को डेटा ऑब्जेक्ट के रूप में माना जाता है जिसे संग्रहीत, संस्करणित और विश्लेषण किया जा सकता है। बुनियादी ढांचे को डेटा के रूप में मानने से पर्यावरण की स्थिति को समझना और प्रबंधित करना आसान हो जाता है। इस दृष्टिकोण में बुनियादी ढांचे के डेटा को संग्रहीत करने के लिए कॉन्फ़िगरेशन प्रबंधन डेटाबेस (सीएमडीबी) या वर्जनिंग सिस्टम का उपयोग करना शामिल हो सकता है, जिससे आसान ऑडिटिंग, रिपोर्टिंग और ट्रैकिंग में बदलाव की अनुमति मिलती है।

26.3.10. निगरानी और लेखा परीक्षा:
अपने IaC परिनियोजन के लिए निगरानी और ऑडिटिंग तंत्र लागू करें। बुनियादी ढांचे में बदलाव, संसाधन उपयोग और प्रदर्शन मेट्रिक्स की निगरानी करें। वांछित स्थिति से किसी भी विचलन का पता लगाने के लिए बुनियादी ढांचे के कॉन्फ़िगरेशन का नियमित रूप से ऑडिट करें। निगरानी यह सुनिश्चित करने में मदद करती है कि बुनियादी ढांचा इच्छित स्थिति में बना रहे और किसी भी अनधिकृत परिवर्तन की तुरंत पहचान की जा सके। इसके अतिरिक्त, ऑडिटिंग संगठनों को सुरक्षा और शासन नीतियों के साथ उनके बुनियादी ढांचे के विन्यास के अनुपालन का आकलन करने की अनुमति देता है।

अभ्यास

बहु विकल्पीय प्रश्न

1. क्लाउड एपीआई के साथ इंफ्रास्ट्रक्चर ऑटोमेशन के प्राथमिक लाभों में से एक क्या है?

a) लागत अनुकूलन
b) ऑन-डिमांड स्केलिंग
c) मॉड्यूलैरिटी और पुन: प्रयोज्यता
d) मैन्युअल हस्तक्षेप

2. कोड (IaC) प्रथाओं के रूप में बुनियादी ढांचे में संस्करण नियंत्रण क्यों आवश्यक है?

a) यह उद्योग मानकों का अनुपालन सुनिश्चित करता है।
b) यह आसान रोलबैक और सहयोग की अनुमति देता है।
c) यह आपदा पुनर्प्राप्ति प्रक्रियाओं को स्वचालित करता है।
d) यह स्वचालित परीक्षण क्षमताएं प्रदान करता है।

3. बुनियादी ढांचा प्रबंधन का कौन सा सिद्धांत बुनियादी ढांचे के घटकों को डिस्पोजेबल मानता है और? अपरिवर्तनीय?

a) नपुंसकता
b) अपरिवर्तनीय बुनियादी ढाँचा
c) अनुमापकता
d) संस्करण नियंत्रण

4. क्लाउड एपीआई के साथ संगठन बुनियादी ढांचे के स्वचालन में लागत अनुकूलन कैसे प्राप्त कर सकते हैं?

a) दर सीमित करने और थ्रॉटलिंग तंत्र लागू करना
b) संस्करण नियंत्रण और मॉड्यूलरिटी का उपयोग करना
c) मांग के आधार पर संसाधनों को गतिशील रूप से बढ़ाना
d) प्रोग्रामेटिक रूप से क्लाउड संसाधनों का प्रबंधन करना

5. कौन सा सर्वोत्तम अभ्यास यह सुनिश्चित करता है कि बुनियादी ढाँचा विन्यास मानकीकृत प्रक्रियाओं का पालन करता है?

a) अपरिवर्तनीय बुनियादी ढाँचा
b) पैरामीटरीकरण
c) संगति और मानकीकरण
d) स्वचालित परीक्षण

6. कोड (IaC) के रूप में बुनियादी ढांचे में स्वचालित परीक्षण का प्राथमिक उद्देश्य क्या है?

a) लागत अनुकूलन प्राप्त करना
b) प्रशासन और अनुपालन में सुधार
c) कोड की शुद्धता और विश्वसनीयता को मान्य करना
d) संस्करण प्रबंधन रणनीतियों को लागू करना

7. कौन सा टूल YAML या Jinja2 का उपयोग करके Google क्लाउड संसाधनों के निर्माण और प्रबंधन की सुविधा प्रदान करता है टेम्पलेट्स?

a) एडब्ल्यूएस क्लाउडफॉर्मेशन
b) Google क्लाउड परिनियोजन प्रबंधक
c) Azure संसाधन प्रबंधक
d) terraform

8. कौन सा दृष्टिकोण बुनियादी ढांचे में बुनियादी ढांचे के कॉन्फ़िगरेशन की जटिलता को कोड (IaC) के रूप में प्रबंधित करने में मदद करता है?

a) पैरामीटरीकरण

b) अपरिवर्तनीय बुनियादी ढाँचा
c) मॉड्यूलैरिटी और पुन: प्रयोज्यता
d) नपुंसकता

9. क्लाउड एपीआई के साथ संगठन अपने बुनियादी ढांचे के स्वचालन की सुरक्षा कैसे सुनिश्चित कर सकते हैं?

a) संस्करण नियंत्रण और सहयोग का उपयोग करना
b) बुनियादी ढांचे को डेटा के रूप में मानना
c) मजबूत त्रुटि प्रबंधन लागू करना
d) एपीआई प्रमाणीकरण और क्रेडेंशियल प्रबंधित करना

समीक्षा प्रश्न

1. **क्लाउड एपीआई के साथ इंफ्रास्ट्रक्चर ऑटोमेशन के मुख्य लाभ क्या हैं?**
2. **अपरिवर्तनीय बुनियादी ढाँचा पारंपरिक बुनियादी ढाँचा प्रबंधन से किस प्रकार भिन्न है?**
3. **कोड (IaC) प्रथाओं के रूप में सफल बुनियादी ढांचे को लागू करने के लिए मुख्य विचार क्या हैं?**
4. **निरंतर एकीकरण और निरंतर परिनियोजन (CI/CD) एकीकरण कोड (IaC) प्रथाओं के रूप में बुनियादी ढांचे को कैसे बढ़ाता है?**
5. **क्लाउड एपीआई के साथ इंफ्रास्ट्रक्चर ऑटोमेशन में संस्करण प्रबंधन क्या भूमिका निभाता है?**
6. **कोड (IaC) के रूप में बुनियादी ढांचे में मानकीकरण क्यों आवश्यक है?**
7. **क्लाउड एपीआई के साथ संगठन अपने बुनियादी ढांचे के स्वचालन की सुरक्षा कैसे सुनिश्चित कर सकते हैं?**
8. **क्लाउड एपीआई के साथ ऑर्केस्ट्रेशन संगठनों को क्या लाभ प्रदान करता है?**

उत्तर अनुभाग

बहु विकल्पीय प्रश्न

1. b) ऑन-डिमांड स्केलिंग
2. b) यह आसान रोलबैक और सहयोग की अनुमति देता है।
3. b) अपरिवर्तनीय बुनियादी ढाँचा
4. c) मांग के आधार पर संसाधनों को गतिशील रूप से बढ़ाना
5. c) संगति और मानकीकरण
6. c) कोड की शुद्धता और विश्वसनीयता को मान्य करना
7. b) गूगल क्लाउड परिनियोजन प्रबंधक
8. c) मॉड्यूलैरिटी और पुन: प्रयोज्यता
9. d) एपीआई प्रमाणीकरण और क्रेडेंशियल्स का प्रबंधन

समीक्षा प्रश्न

1. क्लाउड एपीआई के साथ इंफ्रास्ट्रक्चर ऑटोमेशन कई फायदे प्रदान करता है, जिसमें मैन्युअल कार्यों के उन्मूलन और त्वरित प्रावधान के माध्यम से बढ़ी हुई गति और दक्षता शामिल है। यह मांग के आधार पर गतिशील संसाधन स्केलिंग की अनुमति देकर, संसाधन उपयोग और लागत-प्रभावशीलता को अनुकूलित करके स्केलेबिलिटी को सक्षम बनाता है। लागत अनुकूलन संसाधनों को प्रोग्रामेटिक रूप से प्रबंधित करके प्राप्त किया जाता है, यह सुनिश्चित करते हुए कि केवल आवश्यक संसाधनों का प्रावधान किया जाता है, जिससे अनावश्यक खर्च कम हो जाते हैं। स्वचालन स्थिरता और मानकीकरण को भी बढ़ावा देता है, जिससे मैन्युअल हस्तक्षेप के कारण होने वाली त्रुटियां कम हो जाती हैं। इसके अतिरिक्त, एपीआई कॉल के माध्यम से संस्करण प्रबंधन और ऑडिटिंग बेहतर प्रशासन, जवाबदेही और अनुपालन की अनुमति देता है।

2. अपरिवर्तनीय बुनियादी ढांचा बुनियादी ढांचे के घटकों को डिस्पोजेबल और अपरिवर्तनीय मानता है, जिसका अर्थ है कि चल रहे उदाहरणों को संशोधित करने के बजाय, जब भी अपडेट की आवश्यकता होती है, तो कोड से नए बुनियादी ढांचे को फिर से बनाया जाता है। यह दृष्टिकोण तैनाती की स्थिरता, पूर्वानुमेयता और प्रतिलिपि प्रस्तुत करने योग्यता सुनिश्चित करता है, कॉन्फ़िगरेशन बहाव को समाप्त करता है और विफलताओं से तेजी से पुनर्प्राप्ति की सुविधा प्रदान करता है। इसके विपरीत, पारंपरिक बुनियादी ढांचे के प्रबंधन में सीधे चल रहे उदाहरणों को संशोधित करना शामिल है, जिससे मैन्युअल हस्तक्षेप के कारण कॉन्फ़िगरेशन विसंगतियां और समस्याएं पैदा हो सकती हैं।

3. सफल IaC कार्यान्वयन के लिए परिवर्तनों को प्रबंधित करने के लिए संस्करण नियंत्रण, टीम के सदस्यों के बीच सहयोग, पुन: प्रयोज्यता के लिए मॉड्यूलरिटी, लचीलेपन के लिए मानकीकरण, कोड की शुद्धता को मान्य करने के लिए स्वचालित परीक्षण, निरंतर वितरण के लिए CI/CD एकीकरण, संवेदनशील जानकारी की सुरक्षा के लिए सुरक्षा विचार, व्यापक दस्तावेज़ीकरण और उपचार की आवश्यकता होती है। कॉन्फ़िगरेशन को प्रभावी ढंग से प्रबंधित करने के लिए डेटा के रूप में बुनियादी ढाँचा।

4. सीआई/सीडी एकीकरण आईएसी कोड परिवर्तनों के परीक्षण, एकीकरण और तैनाती को स्वचालित करता है। यह सुनिश्चित करता है कि उत्पादन परिवेश में तैनात किए जाने से पहले कोड का लगातार परीक्षण और सत्यापन किया जाता है, जिससे त्रुटियों और डाउनटाइम का जोखिम कम हो जाता है। यह निरंतर वितरण की संस्कृति को सक्षम बनाता है, जहां चपलता और परिचालन दक्षता में वृद्धि करते हुए उत्पादन में तेजी से और विश्वसनीय रूप से बदलाव किए जा सकते हैं।

5. संस्करण प्रबंधन संगठनों को क्लाउड एपीआई के माध्यम से बुनियादी ढांचे कॉन्फ़िगरेशन में किए गए परिवर्तनों को ट्रैक और प्रबंधित करने की अनुमति देता है। यह समस्याओं के मामले में पिछले संस्करणों में आसान रोलबैक सक्षम बनाता है और अनुपालन और सुरक्षा उद्देश्यों के लिए ऑडिट ट्रेल प्रदान करता है। संस्करण प्रबंधन एपीआई विकसित होने पर अनुकूलता सुनिश्चित करता है, क्लाउड प्रदाता एपीआई में बदलाव के कारण होने वाले व्यवधानों को रोकता है।

6. पैरामीटराइजेशन IaC कोड को विभिन्न वातावरणों के लिए अनुकूलित और लचीला बनाने की अनुमति देता है। कॉन्फ़िगरेशन को परिभाषित करने के लिए चर का उपयोग करके, संगठन अंतर्निहित कोड को संशोधित किए बिना

विशिष्ट आवश्यकताओं के आधार पर सेटिंग्स को समायोजित कर सकते हैं। पैरामीटरीकरण पर्यावरण-विशिष्ट कॉन्फ़िगरेशन के निर्माण की सुविधा प्रदान करता है और समान IaC कोडबेस का उपयोग करके विकास, परीक्षण और उत्पादन वातावरण के प्रबंधन को सरल बनाता है।

7. सुरक्षा सुनिश्चित करने के लिए, संगठनों को एपीआई प्रमाणीकरण टोकन और क्रेडेंशियल ठीक से प्रबंधित करना चाहिए। पहुंच नियंत्रण तंत्र का उपयोग संवेदनशील संसाधनों तक अनधिकृत पहुंच को रोकने के लिए एपीआई पहुंच को प्रतिबंधित करने में मदद करता है। रहस्यों और क्रेडेंशियल्स को सुरक्षित रूप से प्रबंधित करना, उचित नेटवर्क एक्सेस नियंत्रण कॉन्फ़िगर करना और कमजोरियों के लिए IaC कोड की नियमित सुरक्षा स्कैनिंग महत्वपूर्ण सुरक्षा विचार हैं।

क्लाउड एपीआई के साथ ऑर्केस्ट्रेशन संगठनों को क्लाउड वातावरण के भीतर जटिल कार्यों और वर्कफ़्लो को स्वचालित और प्रबंधित करने का अधिकार देता है। यह स्वचालन, स्केलेबिलिटी, एकीकरण, लागत-प्रभावशीलता, बेहतर प्रशासन और अनुपालन और बढ़ी हुई परिचालन दक्षता जैसे लाभ प्रदान करता है। क्लाउड ऑर्केस्ट्रेशन क्लाउड प्रबंधन को सरल बनाता है, मानवीय त्रुटियों को कम करता है, और संगठनों को उतार-चढ़ाव वाले कार्यभार के आधार पर संसाधनों को आसानी से बढ़ाने की अनुमति देता है, जिससे बदलती व्यावसायिक जरूरतों के लिए समग्र चपलता और प्रतिक्रिया में सुधार होता है।

अध्याय 27: क्लाउड गवर्नेंस और लागत अनुकूलन रणनीतियाँ

27.1 क्लाउड कॉस्ट गवर्नेंस और बजटिंग

शैक्षणिक दृष्टिकोण से, क्लाउड लागत प्रशासन और बजटिंग सफल क्लाउड अपनाने के आवश्यक घटक हैं। उचित लागत प्रबंधन प्रथाएँ क्लाउड खर्च को अनुकूलित करती हैं, बजट की अधिकता को रोकती हैं, और सूचित संसाधन आवंटन निर्णयों को सुविधाजनक बनाती हैं। स्पष्ट बजट निर्धारित करने, निरंतर निगरानी, संसाधन अनुकूलन, टैगिंग और शासन नीतियों जैसी सर्वोत्तम प्रथाओं को लागू करके, संगठन लागत दक्षता सुनिश्चित कर सकते हैं और अपने क्लाउड निवेश के मूल्य को अधिकतम कर सकते हैं। क्लाउड लागत प्रशासन वित्तीय रूप से जिम्मेदार दृष्टिकोण को बढ़ावा देता है, जिससे व्यवसायों को अपने बजटीय बाधाओं के भीतर रहते हुए क्लाउड कंप्यूटिंग की पूरी क्षमता का लाभ उठाने में सक्षम बनाया जाता है।

27.1.1. क्लाउड कॉस्ट गवर्नेंस का महत्व:

शैक्षणिक दृष्टिकोण से, क्लाउड लागत प्रशासन एक महत्वपूर्ण प्रक्रिया है जिसमें कुशल संसाधन उपयोग और लागत नियंत्रण सुनिश्चित करने के लिए क्लाउड खर्च की निगरानी और अनुकूलन शामिल है। इसमें क्लाउड खर्चों को प्रभावी ढंग से प्रबंधित करने के लिए नीतियां, प्रक्रियाएं और दिशानिर्देश निर्धारित करना शामिल है। क्लाउड कॉस्ट गवर्नेंस के साथ, संगठन अनावश्यक खर्चों को रोक सकते हैं, सूचित निर्णय ले सकते हैं और वित्तीय और रणनीतिक उद्देश्यों के साथ तालमेल बिठाते हुए संसाधनों को विवेकपूर्ण ढंग से आवंटित कर सकते हैं।

27.1.2. क्लाउड कॉस्ट गवर्नेंस में चुनौतियाँ:

- दृश्यता का अभाव: शैक्षणिक अनुसंधान स्वीकार करता है कि क्लाउड उपयोग में उचित निगरानी और दृश्यता के बिना, संगठन संसाधन अक्षमताओं और लागत आउटलेर्स से अनजान हो सकते हैं, जिससे उच्च व्यय हो सकता है। इसलिए, प्रभावी लागत प्रशासन के लिए मजबूत निगरानी और रिपोर्टिंग तंत्र महत्वपूर्ण हैं।
- मूल्य निर्धारण मॉडल की जटिलता: क्लाउड प्रदाता मूल्य निर्धारण मॉडल की एक विस्तृत श्रृंखला पेश करते हैं, जिससे लागत की भविष्यवाणी और प्रबंधन में जटिलताएं पैदा होती हैं। अकादमिक शोध लागत आवंटन को अनुकूलित करने के लिए इन मॉडलों की स्पष्ट समझ और विश्लेषण की आवश्यकता पर जोर देता है।
- संसाधन कुप्रबंधन: अकुशल संसाधन प्रावधान और उपयोग के परिणामस्वरूप क्लाउड संसाधन बर्बाद हो सकते हैं और अनावश्यक खर्च हो सकते हैं। शोध इस चुनौती को कम करने के लिए संसाधन अनुकूलन तकनीकों, जैसे ऑटो-स्केलिंग और स्वचालित प्रावधान को लागू करने का सुझाव देता है।
- उत्तरदायित्व की कमी: बहु-टीम वातावरण में, क्लाउड खर्च के लिए स्पष्ट स्वामित्व और जवाबदेही की कमी से अनियंत्रित लागत हो सकती है। शैक्षणिक अनुसंधान लागत पारदर्शिता और नियंत्रण सुनिश्चित करने के लिए जवाबदेह भूमिकाओं और जिम्मेदारियों की स्थापना की वकालत करता है।

27.1.3. क्लाउड कॉस्ट गवर्नेंस और बजटिंग के लिए सर्वोत्तम अभ्यास:

अकादमिक शोध क्लाउड लागत प्रशासन और बजटिंग के लिए कई सर्वोत्तम प्रथाओं पर प्रकाश डालता है:

- स्पष्ट बजट सीमाएँ निर्धारित करें: विभिन्न टीमों या परियोजनाओं के लिए क्लाउड व्यय सीमा को परिभाषित और आवंटित करें। नियमित रूप से बजट के विरुद्ध खर्च की निगरानी करें और बजट सीमा के करीब या उससे अधिक होने पर वास्तविक समय अलर्ट लागू करें।
- सतत निगरानी और अनुकूलन: क्लाउड उपयोग, लागत रुझान और संसाधन उपयोग की नियमित निगरानी करें। लागत अनुकूलन के अवसरों की पहचान करने के लिए क्लाउड प्रबंधन टूल का उपयोग करें, जैसे उदाहरणों का आकार बदलना या आरक्षित उदाहरणों का उपयोग करना।
- टैगिंग और संसाधन आवंटन:विशिष्ट परियोजनाओं या टीमों को लागतों को ट्रैक करने और आवंटित करने के लिए संसाधन टैगिंग लागू करें। उचित रूप से टैग किए गए संसाधन सटीक लागत निर्धारण सक्षम करते हैं और उन क्षेत्रों की पहचान करने में मदद करते हैं जहां अनुकूलन की आवश्यकता है।
- लागत प्रबंधन उपकरण का उपयोग करें: क्लाउड खर्च में अंतर्दृष्टि प्राप्त करने, लागत-बचत के अवसरों की पहचान करने और लागत आवंटन रिपोर्ट स्थापित करने के लिए क्लाउड प्रदाता-मूल लागत प्रबंधन उपकरण या तृतीय-पक्ष लागत अनुकूलन समाधान का लाभ उठाएं।

• आरक्षित उदाहरण और बचत योजनाएँ: लंबी अवधि के उपयोग के लिए प्रतिबद्ध होने के लिए एडब्ल्यूएस आरक्षित इंस्टेंस या एज़्योर सेविंग प्लान जैसे क्लाउड प्रदाता की पेशकश का लाभ उठाएं और भुगतान करते समय मूल्य निर्धारण पर महत्वपूर्ण लागत बचत प्राप्त करें।
• अधिकार निर्धारण: कम उपयोग या अधिक प्रावधान वाले उदाहरणों की पहचान करने के लिए संसाधन उपयोग का विश्लेषण करें। वास्तविक मांग से मेल खाने के लिए संसाधनों का अधिकारीकरण करें, जिससे प्रदर्शन को बनाए रखते हुए लागत का अनुकूलन किया जा सके।
• शासन नीतियाँ: क्लाउड उपयोग के लिए स्पष्ट शासन नीतियां स्थापित करें, जिसमें संसाधन प्रावधान, डेटा प्रतिधारण और पहुंच नियंत्रण शामिल हों। अनुपालन और लागत दक्षता सुनिश्चित करने के लिए इन नीतियों की नियमित रूप से समीक्षा करें और लागू करें।
• प्रशिक्षण और जागरूकता: क्लाउड लागत प्रबंधन की सर्वोत्तम प्रथाओं और समग्र क्लाउड खर्च पर उनके कार्यों के प्रभाव के बारे में क्लाउड उपयोगकर्ताओं और हितधारकों को शिक्षित करें। लागत चेतना और जवाबदेही की संस्कृति को प्रोत्साहित करें।
• नियमित लागत समीक्षा बैठकें: लागत रुझान, बजट पालन और लागत अनुकूलन रणनीतियों पर चर्चा करने के लिए प्रासंगिक हितधारकों के साथ समय-समय पर लागत समीक्षा बैठकें आयोजित करें। सहयोगात्मक रूप से सुधार के क्षेत्रों की पहचान करें और आवश्यक कार्रवाई करें।

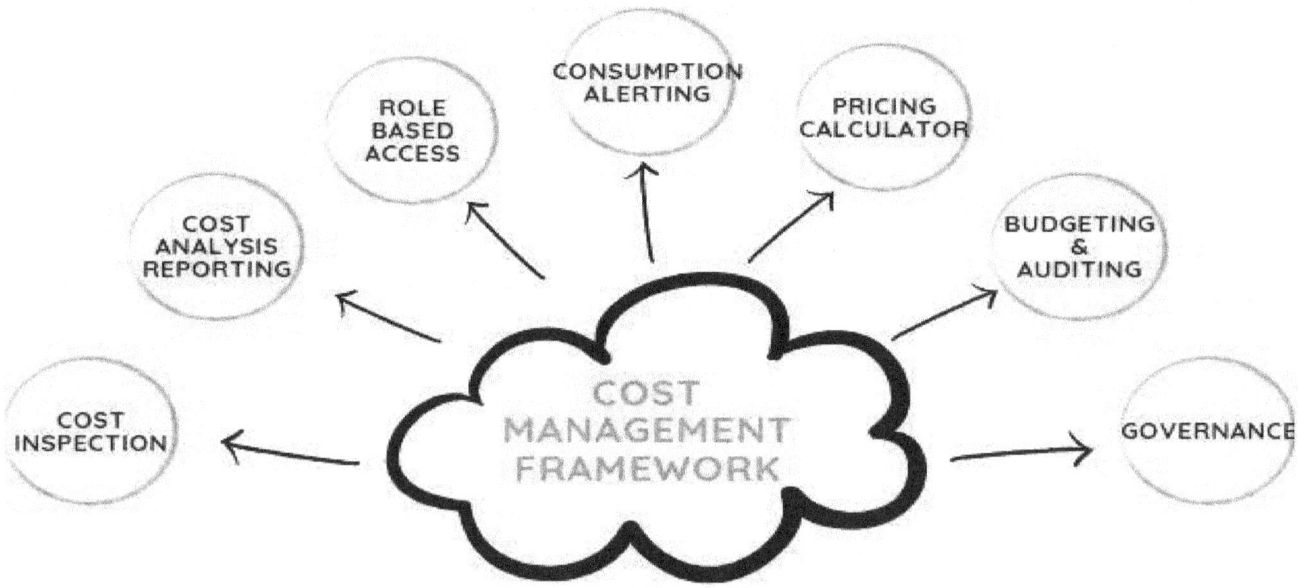

<u>27.2 लागत अनुकूलन तकनीकें और सर्वोत्तम प्रथाएँ</u>

संगठनों के लिए अपने क्लाउड खर्चों को प्रभावी ढंग से प्रबंधित करने के लिए लागत अनुकूलन तकनीक और सर्वोत्तम प्रथाएं आवश्यक हैं। सही आकार का उपयोग करके, आरक्षित इंस्टेंसेस का उपयोग करके, स्पॉट इंस्टेंसेस का लाभ उठाकर, संसाधन प्रबंधन को स्वचालित करके और क्लाउड स्टोरेज टियर का उपयोग करके, व्यवसाय प्रदर्शन और स्केलेबिलिटी को बनाए रखते हुए लागत को अनुकूलित कर सकते हैं। सतत निगरानी, डेटा विश्लेषण और लागत-सचेत संस्कृति को बढ़ावा देना स्थायी लागत अनुकूलन प्राप्त करने के लिए समान रूप से महत्वपूर्ण है। इन प्रथाओं के साथ, संगठन अपने क्लाउड निवेश के मूल्य को अधिकतम कर सकते हैं, व्यापार वृद्धि को बढ़ा सकते हैं, और लगातार विकसित हो रहे क्लाउड कंप्यूटिंग परिदृश्य में प्रतिस्पर्धात्मक बढ़त बनाए रख सकते हैं।

27.2.1. सही आकार:

सही आकार में वर्चुअल मशीन और स्टोरेज जैसे क्लाउड संसाधनों के आकार का वास्तविक कार्यभार आवश्यकताओं से मिलान शामिल है। अधिक प्रावधानित या कम उपयोग किए गए संसाधनों की पहचान करने के लिए संसाधन उपयोग

डेटा के सावधानीपूर्वक विश्लेषण की आवश्यकता है। अधिकारीकरण द्वारा, संगठन अप्रयुक्त क्षमता के लिए भुगतान करने से बच सकते हैं और यह सुनिश्चित कर सकते हैं कि संसाधनों का इष्टतम उपयोग किया जाए। सफल सही आकार निर्धारण के लिए संसाधन उपयोग की निरंतर निगरानी और विश्लेषण महत्वपूर्ण है।

27.2.2. आरक्षित उदाहरण या बचत योजनाओं का उपयोग करें:

क्लाउड प्रदाता एडब्ल्यूएस आरक्षित इंस्टेंसेस (आरआई) या एज़्योर सेविंग प्लान जैसे मूल्य निर्धारण विकल्प प्रदान करते हैं, जिससे संगठनों को भुगतान के रूप में मूल्य निर्धारण पर महत्वपूर्ण लागत बचत के बदले दीर्घकालिक उपयोग के लिए प्रतिबद्ध होने की अनुमति मिलती है। कार्यभार पैटर्न का विश्लेषण करके और पूर्वानुमानित उपयोग के साथ संसाधनों के लिए आरक्षित क्षमता के लिए प्रतिबद्ध होकर, संगठन लागत दक्षता को अधिकतम कर सकते हैं। आरक्षित उदाहरण लागत स्थिरता प्रदान करते हैं और स्थिर, निरंतर मांग वाले कार्यभार के लिए आदर्श हैं।

27.2.3. स्पॉट इंस्टेंसेस और स्पॉट फ़्लीट:

स्पॉट इंस्टेंस अप्रयुक्त क्लाउड इंस्टेंस हैं जो ऑन-डिमांड इंस्टेंस की तुलना में काफी रियायती कीमतों पर पेश किए जाते हैं। स्पॉट फ्लीट आपको उपलब्धता और लागत को अनुकूलित करने के लिए कई स्पॉट इंस्टेंस का प्रावधान करने की अनुमति देता है। गैर-महत्वपूर्ण, दोष-सहिष्णु और स्केलेबल वर्कलोड के लिए स्पॉट इंस्टेंस का उपयोग करें, जब इंस्टेंस कम दरों पर उपलब्ध हों तो लागत बचत का लाभ उठाएं। यह ध्यान रखना महत्वपूर्ण है कि स्पॉट इंस्टेंस अल्पकालिक होते हैं और जब कीमतें आपकी बोली से अधिक हो जाती हैं या अंतर्निहित क्षमता सीमित हो जाती है तो इन्हें समाप्त किया जा सकता है।

27.2.4. स्वचालित संसाधन प्रबंधन:

लागतों को गतिशील रूप से अनुकूलित करने के लिए स्वचालित संसाधन प्रबंधन प्रथाओं को लागू करें। गैर-उत्पादन संसाधनों के प्रारंभ और समाप्ति समय को निर्धारित करने के लिए स्वचालन उपकरणों का उपयोग करें, यह सुनिश्चित करते हुए कि वे केवल जरूरत पड़ने पर ही सक्रिय हों। स्वचालित स्केलिंग कार्यभार की मांग के आधार पर संसाधनों को समायोजित भी कर सकती है, जिससे इष्टतम प्रदर्शन और लागत दक्षता सुनिश्चित होती है। संसाधन प्रबंधन को स्वचालित करके, संगठन निष्क्रिय संसाधनों के लिए भुगतान करने से बच सकते हैं और ऑन-डिमांड स्केलेबिलिटी हासिल कर सकते हैं।

27.2.5. क्लाउड स्टोरेज स्तरों का लाभ उठाएं:

क्लाउड प्रदाता अलग-अलग प्रदर्शन और लागत विशेषताओं के साथ अलग-अलग स्टोरेज स्तर प्रदान करते हैं। डेटा एक्सेस पैटर्न और आवश्यकताओं के आधार पर उचित भंडारण स्तर का उपयोग करें। बार-बार एक्सेस किया जाने वाला डेटा उच्च-प्रदर्शन स्तरों में संग्रहीत किया जा सकता है, जबकि कभी-कभार एक्सेस किया जाने वाला या अभिलेखीय डेटा कम-लागत वाले स्तरों में संग्रहीत किया जा सकता है। प्रत्येक डेटा प्रकार के लिए सही भंडारण स्तर चुनकर, संगठन डेटा पहुंच से समझौता किए बिना भंडारण लागत को अनुकूलित कर सकते हैं।

27.2.6. डेटा स्थानांतरण और निकास अनुकूलन:

क्लाउड सेवाओं और क्षेत्रों के बीच डेटा स्थानांतरण लागत को कम करें। कुशल सामग्री वितरण के लिए किनारे के स्थानों और सामग्री वितरण नेटवर्क (सीडीएन) का उपयोग करें और क्लाउड से डेटा स्थानांतरण को अनुकूलित करके निकास शुल्क कम करें। डेटा स्थानांतरण लागत काफी बढ़ सकती है, विशेष रूप से बड़े पैमाने के अनुप्रयोगों के लिए, जिससे इस क्षेत्र में अनुकूलन समग्र लागत में कमी के लिए महत्वपूर्ण हो जाता है।

27.2.7. सर्वर रहित और प्रबंधित सेवाएँ:

क्लाउड प्रदाताओं द्वारा प्रदान की गई सर्वर रहित कंप्यूटिंग और प्रबंधित सेवाओं का लाभ उठाएं। ये सेवाएँ स्वचालित रूप से मांग के आधार पर संसाधनों का मापन करती हैं और केवल वास्तविक उपयोग के लिए शुल्क लेती हैं, जिससे संसाधन प्रावधान और प्रबंधन की आवश्यकता कम हो जाती है। सर्वर रहित आर्किटेक्चर को अपनाने और प्रबंधित सेवाओं का उपयोग करने से परिचालन लागत में काफी कमी आ सकती है और अंतर्निहित बुनियादी ढांचे के प्रबंधन की आवश्यकता समाप्त हो सकती है।

27.2.8. क्लाउड लागत की निगरानी और विश्लेषण करें:

मजबूत लागत निगरानी और रिपोर्टिंग तंत्र लागू करें। क्लाउड खर्च के बारे में जानकारी हासिल करने और लागत रुझानों और विसंगतियों की पहचान करने के लिए लागत प्रबंधन टूल का उपयोग करें। अनुकूलन और लागत में कमी के

अवसरों का पता लगाने के लिए नियमित रूप से लागत रिपोर्ट का विश्लेषण करें। लागत निगरानी से संगठनों को अपने खर्च पैटर्न के बारे में सूचित रहने और लागत अनुकूलन के लिए डेटा-संचालित निर्णय लेने में मदद मिलती है।

27.2.9. टैगिंग और लागत आवंटन:

विभागों, परियोजनाओं या टीमों को लागतों को सटीक रूप से आवंटित करने के लिए लगातार संसाधन टैगिंग लागू करें। उचित टैगिंग लागत वितरण में विस्तृत दृश्यता सक्षम करती है और लागत अनुकूलन के लिए क्षेत्रों की पहचान करने में मदद करती है। सटीक लागत आवंटन के साथ, संगठन लागत केंद्रों की पहचान कर सकते हैं और संसाधन उपयोग को प्रभावी ढंग से अनुकूलित करने के लिए खर्च पैटर्न को ट्रैक कर सकते हैं।

27.2.10. लागत-सचेत संस्कृति को शिक्षित और बढ़ावा दें:

डेवलपर्स और क्लाउड उपयोगकर्ताओं सहित सभी हितधारकों को लागत अनुकूलन सर्वोत्तम प्रथाओं के बारे में शिक्षित करें। लागत चेतना और जवाबदेही की संस्कृति को बढ़ावा दें, जहां व्यक्ति क्लाउड खर्चों पर अपने कार्यों के प्रभाव को समझते हैं और सक्रिय रूप से लागतों को अनुकूलित करने के तरीकों की तलाश करते हैं। प्रशिक्षण और जागरूकता कार्यक्रम टीमों को लागत-सचेत निर्णय लेने के लिए सशक्त बनाते हैं, जिससे पूरे संगठन में बेहतर लागत प्रशासन होता है।

27.3 क्लाउड लागत विश्लेषण और पूर्वानुमान उपकरण: क्लाउड में दक्षता और लागत नियंत्रण को अधिकतम करना

क्लाउड लागत विश्लेषण और पूर्वानुमान उपकरण क्लाउड कंप्यूटिंग में वित्तीय दक्षता और लागत नियंत्रण प्राप्त करने में महत्वपूर्ण भूमिका निभाते हैं। इन उपकरणों का लाभ उठाकर, संगठन अपने क्लाउड खर्चों के बारे में विस्तृत जानकारी प्राप्त कर सकते हैं, अनुकूलन अवसरों की पहचान कर सकते हैं और संसाधन आवंटन के बारे में सूचित निर्णय ले सकते हैं। क्लाउड लागत विश्लेषण और पूर्वानुमान एक मजबूत क्लाउड प्रबंधन रणनीति के अभिन्न अंग हैं, जो व्यवसायों को अपने क्लाउड निवेश के मूल्य को अधिकतम करने और गतिशील क्लाउड परिदृश्य में प्रतिस्पर्धात्मक बढ़त बनाए रखने में सक्षम बनाते हैं।

27.3.1. क्लाउड लागत विश्लेषण उपकरण को समझना:

क्लाउड लागत विश्लेषण उपकरण सॉफ़्टवेयर समाधान हैं जो संगठनों को उनके क्लाउड खर्चों को ट्रैक करने, मॉनिटर करने और उनका विश्लेषण करने में मदद करते हैं। ये उपकरण क्लाउड सेवा प्रदाताओं के साथ एकीकृत होते हैं और विस्तृत लागत डेटा एकत्र करते हैं, इसे उपयोगकर्ता के अनुकूल इंटरफेस में प्रस्तुत करते हैं। लागत विश्लेषण उपकरण विभिन्न सेवाओं और संसाधनों में क्लाउड खर्च में व्यापक अंतर्दृष्टि प्रदान करते हैं, जिससे हितधारकों को डेटा-संचालित निर्णय लेने में सक्षम बनाया जाता है।

27.3.2. क्लाउड लागत विश्लेषण उपकरण की विशेषताएं और कार्यक्षमताएँ:

- लागत विज़ुअलाइज़ेशन डैशबोर्ड: क्लाउड लागत विश्लेषण उपकरण इंटरैक्टिव डैशबोर्ड के माध्यम से क्लाउड खर्चों का वास्तविक समय दृश्य प्रदान करते हैं। ये डैशबोर्ड लागत डेटा को चार्ट, ग्राफ़ और हीट मैप के रूप में प्रस्तुत करते हैं, जो आसान समझ के लिए जटिल लागत जानकारी को सरल बनाते हैं।
- विस्तृत लागत विवरण: लागत विश्लेषण उपकरण सेवाओं, संसाधनों, खातों, परियोजनाओं और टैग द्वारा क्लाउड खर्च का विश्लेषण प्रस्तुत करते हैं। यह विवरण हितधारकों को उच्च व्यय वाले क्षेत्रों का पता लगाने में मदद करता है, जिससे लागत अनुकूलन के अवसरों की पहचान करना आसान हो जाता है।
- ऐतिहासिक लागत डेटा: ऐतिहासिक लागत डेटा का लाभ उठाकर, विश्लेषण उपकरण रुझान और पैटर्न उत्पन्न कर सकते हैं, जिससे व्यवसायों को क्लाउड खर्च में मौसमी या स्पाइक्स की पहचान करने की अनुमति मिलती है। यह ऐतिहासिक परिप्रेक्ष्य भविष्य के खर्चों की सटीक भविष्यवाणी करने में सहायता करता है।
- लागत आवंटन और टैगिंग: क्लाउड लागत विश्लेषण उपकरण विभिन्न विभागों, परियोजनाओं या टीमों को सटीक लागत आवंटन सक्षम करते हैं। क्लाउड संसाधनों पर टैग लगाने से, संगठन लागत वितरण में विस्तृत जानकारी प्राप्त करते हैं और चार्जबैक की सुविधा प्रदान करते हैं।

• असंगति का पता लगाये: उन्नत विश्लेषण उपकरण स्वचालित रूप से असामान्य खर्च पैटर्न या अचानक लागत वृद्धि का पता लगाते हैं, उपयोगकर्ताओं को संभावित लागत वृद्धि या सुरक्षा उल्लंघनों के प्रति सचेत करते हैं। समय पर विसंगति का पता चलने से संगठनों को मुद्दों को सुधारने के लिए तत्काल कार्रवाई करने में मदद मिलती है।

• सभी क्लाउड प्रदाताओं में लागत तुलना: एकाधिक क्लाउड प्रदाताओं का उपयोग करने वाले या मल्टी-क्लाउड रणनीति की खोज करने वाले व्यवसायों के लिए, लागत तुलना सुविधाएँ क्लाउड खर्च के साथ-साथ विश्लेषण की अनुमति देती हैं। यह सूचित निर्णय लेने में सक्षम बनाता है कि कौन सा प्रदाता विशिष्ट आवश्यकताओं के लिए सर्वोत्तम मूल्य निर्धारण प्रदान करता है।

• अधिकार संबंधी सिफ़ारिशें: लागत विश्लेषण उपकरण संसाधन उपयोग और प्रदर्शन मेट्रिक्स का विश्लेषण करके अधिकार संबंधी सिफारिशें प्रदान करते हैं। यह सुविधा व्यवसायों को वास्तविक कार्यभार आवश्यकताओं के अनुरूप संसाधन कॉन्फ़िगरेशन को अनुकूलित करने, दक्षता को अधिकतम करने और लागत को कम करने में मदद करती है।

27.3.3. क्लाउड लागत पूर्वानुमान उपकरण का महत्व:

क्लाउड लागत पूर्वानुमान उपकरण भविष्य के खर्चों की सटीक भविष्यवाणी करने के लिए ऐतिहासिक लागत डेटा और उपयोग पैटर्न का उपयोग करते हैं। ये उपकरण संगठनों को प्रभावी ढंग से बजट की योजना बनाने, यथार्थवादी खर्च सीमा निर्धारित करने और संसाधनों को विवेकपूर्ण ढंग से आवंटित करने में मदद करते हैं।

27.3.4. क्लाउड लागत विश्लेषण और पूर्वानुमान उपकरण के लाभ:

• सक्रिय लागत अनुकूलन: क्लाउड लागत विश्लेषण उपकरण संगठनों को लागत-बचत के अवसरों की पहचान करने और बजट बढ़ने से पहले खर्च को अनुकूलित करने के लिए सशक्त बनाते हैं।

• सूचित निर्णय लेना: क्लाउड खर्च में स्पष्ट अंतर्दृष्टि प्रदान करके, ये उपकरण हितधारकों को संसाधन आवंटन और क्लाउड उपयोग के बारे में डेटा-संचालित निर्णय लेने में सक्षम बनाते हैं।

• सटीक बजट योजना:क्लाउड लागत पूर्वानुमान उपकरण वित्तीय दक्षता सुनिश्चित करते हुए ऐतिहासिक डेटा और प्रत्याशित कार्यभार के आधार पर यथार्थवादी बजट सीमा निर्धारित करने में सहायता करते हैं।

• क्लाउड लागत नियंत्रण: लागत विश्लेषण और पूर्वानुमान संबंधी अंतर्दृष्टि से लैस, व्यवसाय अपने क्लाउड खर्चों पर बेहतर नियंत्रण बनाए रख सकते हैं, अप्रत्याशित लागतों को रोक सकते हैं और लागत की भविष्यवाणी सुनिश्चित कर सकते हैं।

• संसाधन अनुकूलन: अधिकारों की अनुशंसाओं और प्रदर्शन मेट्रिक्स का लाभ उठाकर, संगठन संसाधन उपयोग को अनुकूलित कर सकते हैं और व्यर्थ खर्च को कम कर सकते हैं।

27.3.5. क्लाउड लागत विश्लेषण और पूर्वानुमान को क्लाउड रणनीति में एकीकृत करना:

लागत विश्लेषण और पूर्वानुमान उपकरणों के लाभों को पूरी तरह से भुनाने के लिए, संगठनों को इन प्रथाओं को अपनी समग्र क्लाउड प्रबंधन रणनीति में एकीकृत करना चाहिए। नियमित रूप से लागत रिपोर्ट की समीक्षा करें, लागत रुझानों पर नज़र रखें और सुधार के क्षेत्रों की पहचान करने के लिए ऐतिहासिक डेटा का विश्लेषण करें। संसाधन आवंटन को अनुकूलित करने और लागत-बचत उपायों को प्रभावी ढंग से लागू करने के लिए हितधारकों के साथ सहयोग करें।

अभ्यास

बहु विकल्पीय प्रश्न

1. क्लाउड कॉस्ट गवर्नेंस का प्राथमिक लक्ष्य क्या है?

a. बजट की कमी के बिना क्लाउड खर्च को अधिकतम करना।

b. अनावश्यक खर्चों को रोकना और वित्तीय उद्देश्यों के साथ तालमेल बिठाना।

c. विभिन्न टीमों या परियोजनाओं को असीमित क्लाउड संसाधन आवंटित करना।

d. अकुशल संसाधन प्रावधान को प्रोत्साहित करना।

2. क्लाउड कॉस्ट गवर्नेंस से कौन सी चुनौती जुड़ी है?

a. क्लाउड सेवा प्रदाता विकल्पों का अभाव.

b. मूल्य निर्धारण मॉडल की जटिलता के कारण लागत का पूर्वानुमान लगाया जा सकता है।

c. क्लाउड उपयोग और लागत आउटलेर्स में सीमित दृश्यता।

d. क्लाउड खर्च के लिए जवाबदेही और स्पष्ट स्वामित्व।

3. सर्वोत्तम अभ्यास संसाधन आकार को वास्तविक कार्यभार से मेल करके क्लाउड लागत को अनुकूलित करने में मदद करता है आवश्यकताएं?

a. टैगिंग और संसाधन आवंटन.

b. क्लाउड लागत का पूर्वानुमान.

c. सही आकार.

d. आरक्षित उदाहरणों का उपयोग करना।

4. कौन सा क्लाउड मूल्य निर्धारण विकल्प संगठनों को बदले में दीर्घकालिक उपयोग के लिए प्रतिबद्ध होने की अनुमति देता है महत्वपूर्ण लागत बचत?

a. स्पॉट उदाहरण

b. बचत योजनाएँ

c. आरक्षित उदाहरण

d. ऑन-डिमांड उदाहरण

5. क्लाउड लागत विश्लेषण टूल की कौन सी विशेषता क्लाउड खर्च की साथ-साथ तुलना करने की अनुमति देती है? एकाधिक प्रदाता?

a. अधिकार देने की सिफ़ारिशें.

b. लागत विज़ुअलाइज़ेशन डैशबोर्ड.

c. क्लाउड प्रदाताओं के बीच लागत तुलना।

d. विस्तृत लागत विवरण.

6. विसंगति का पता लगाना क्लाउड लागत विश्लेषण टूल की एक अनिवार्य विशेषता क्यों है?

a. यह संसाधन प्रबंधन को स्वचालित करने में मदद करता है।

b. यह अधिकार संबंधी सिफ़ारिशें प्रदान करता है।

c. यह ऐतिहासिक लागत डेटा विश्लेषण में सहायता करता है।

d. यह उपयोगकर्ताओं को संभावित लागत वृद्धि या सुरक्षा उल्लंघनों के प्रति सचेत करता है।

7. क्लाउड लागत पूर्वानुमान उपकरण संगठनों को क्या लाभ प्रदान करते हैं?

a. सक्रिय लागत अनुकूलन.

b. सटीक बजट योजना.

c. विस्तृत लागत विवरण.

d. अधिकार देने की सिफ़ारिशें.

8. क्लाउड लागत प्रशासन और बजटिंग क्या हासिल करना चाहता है?

a. रणनीतिक उद्देश्यों के साथ तालमेल बिठाना और क्लाउड अपनाने से बचना।

b. बिना किसी लागत नियंत्रण उपाय के क्लाउड खर्च को अधिकतम करना।
c. क्लाउड खर्च को अनुकूलित करना, बजट की अधिकता को रोकना और सूचित संसाधन आवंटन।
d. क्लाउड खर्चों को नजरअंदाज करना और केवल संसाधन प्रावधान पर ध्यान केंद्रित करना।

समीक्षा प्रश्न

1. क्लाउड कॉस्ट गवर्नेंस और बजटिंग के प्रमुख उद्देश्य क्या हैं?
2. संगठन क्लाउड लागत प्रशासन में दृश्यता की कमी जैसी चुनौतियों से कैसे निपट सकते हैं?
3. क्लाउड लागत अनुकूलन में आरक्षित उदाहरणों या बचत योजनाओं के उपयोग का क्या महत्व है?
4. क्लाउड लागत विश्लेषण उपकरण क्लाउड संसाधन आवंटन में सूचित निर्णय लेने की सुविधा कैसे प्रदान करते हैं?
5. क्लाउड लागत प्रशासन में टैगिंग और संसाधन आवंटन की क्या भूमिका है?
6. क्लाउड लागत पूर्वानुमान बजट योजना और लागत नियंत्रण में कैसे सहायता करता है?
7. क्लाउड लागत अनुकूलन रणनीतियों में स्वचालित संसाधन प्रबंधन को एकीकृत करने के क्या लाभ हैं?
8. लागत-सचेत संस्कृति को बढ़ावा देने से क्लाउड लागत प्रशासन प्रयासों को कैसे लाभ मिल सकता है?

उत्तर अनुभाग

बहु विकल्पीय प्रश्न

1. b) अनावश्यक खर्चों को रोकना और वित्तीय उद्देश्यों के साथ तालमेल बिठाना।
2. c) क्लाउड उपयोग और लागत आउटलेर में सीमित दृश्यता।
3. c) सही आकार।
4. c) आरक्षित उदाहरण
5. c) क्लाउड प्रदाताओं के बीच लागत की तुलना।
6. d) यह उपयोगकर्ताओं को संभावित लागत वृद्धि या सुरक्षा उल्लंघनों के प्रति सचेत करता है।
7. b) सटीक बजट योजना।
8. c) क्लाउड खर्च को अनुकूलित करना, बजट की अधिकता को रोकना और सूचित संसाधन आवंटन।

समीक्षा प्रश्न

1. क्लाउड लागत प्रशासन और बजटिंग का मुख्य उद्देश्य क्लाउड खर्च को अनुकूलित करना, बजट की अधिकता को रोकना और कुशल संसाधन उपयोग सुनिश्चित करना है। स्पष्ट बजट निर्धारित करके, निगरानी और लागत विश्लेषण लागू करके, और सही आकार और आरक्षित उदाहरणों का उपयोग करके सर्वोत्तम प्रथाओं को अपनाकर, संगठन अपने क्लाउड खर्चों को रणनीतिक लक्ष्यों और वित्तीय बाधाओं के साथ संरेखित कर सकते हैं।
2. क्लाउड उपयोग में सीमित दृश्यता की चुनौती से निपटने के लिए, संगठनों को मजबूत निगरानी और रिपोर्टिंग तंत्र में निवेश करना चाहिए। क्लाउड लागत विश्लेषण उपकरण लागू करने से क्लाउड खर्चों और संसाधन उपयोग की वास्तविक समय पर नज़र रखने में मदद मिलती है, जिससे लागत रुझानों और विसंगतियों में व्यापक जानकारी मिलती है। बेहतर दृश्यता के साथ, व्यवसाय अक्षमताओं की पहचान कर सकते हैं और क्लाउड खर्च को अनुकूलित करने के लिए सक्रिय उपाय कर सकते हैं।
3. आरक्षित उदाहरण या बचत योजनाएँ लागत अनुकूलन में महत्वपूर्ण हैं क्योंकि वे संगठनों को दीर्घकालिक उपयोग के लिए प्रतिबद्ध होने और ऑन-डिमांड मूल्य निर्धारण पर महत्वपूर्ण लागत बचत प्राप्त करने की अनुमति देते हैं। कार्यभार पैटर्न का विश्लेषण करके और पूर्वानुमानित संसाधनों के लिए आरक्षित क्षमता के लिए प्रतिबद्ध होकर, व्यवसाय लागत स्थिरता प्राप्त कर सकते हैं और वित्तीय दक्षता और बजट नियंत्रण सुनिश्चित करते हुए क्लाउड खर्चों को काफी कम कर सकते हैं।
4. क्लाउड लागत विश्लेषण उपकरण इंटरैक्टिव डैशबोर्ड के माध्यम से विस्तृत लागत विश्लेषण, ऐतिहासिक लागत डेटा और विजुअलाइज़ेशन प्रदान करते हैं। ये सुविधाएँ हितधारकों को संसाधन आवंटन के बारे में डेटा-संचालित निर्णय लेने में सक्षम बनाती हैं, जिससे यह सुनिश्चित होता है कि क्लाउड खर्च व्यावसायिक आवश्यकताओं और उद्देश्यों के

अनुरूप है। क्लाउड खर्चों में स्पष्ट अंतर्दृष्टि होने से, संगठन संसाधन उपयोग को अनुकूलित कर सकते हैं और लागत दक्षता और मूल्य के आधार पर निवेश को प्राथमिकता दे सकते हैं।

5. क्लाउड लागत प्रशासन में टैगिंग और संसाधन आवंटन आवश्यक हैं क्योंकि वे विशिष्ट परियोजनाओं, टीमों या विभागों के लिए सटीक लागत निर्धारण सक्षम करते हैं। उचित टैगिंग प्रथाओं को लागू करने से, व्यवसायों को लागत वितरण में विस्तृत दृश्यता प्राप्त होती है, चार्जबैक और लागत जवाबदेही की सुविधा मिलती है। यह जानकारी लागत अनुकूलन के लिए क्षेत्रों की पहचान करने में मदद करती है और यह सुनिश्चित करती है कि क्लाउड व्यय प्रासंगिक हितधारकों को पारदर्शी रूप से आवंटित किए जाते हैं।

6. क्लाउड लागत पूर्वानुमान भविष्य के खर्चों की सटीक भविष्यवाणी करने के लिए ऐतिहासिक लागत डेटा और उपयोग पैटर्न का उपयोग करता है। पूर्वानुमान उपकरणों का लाभ उठाकर, संगठन प्रभावी ढंग से बजट की योजना बना सकते हैं, यथार्थवादी खर्च सीमा निर्धारित कर सकते हैं और संसाधनों को विवेकपूर्ण ढंग से आवंटित कर सकते हैं। बजट नियोजन के लिए यह सक्रिय दृष्टिकोण व्यवसायों को अप्रत्याशित लागतों से बचने और बेहतर लागत नियंत्रण बनाए रखने, वित्तीय दक्षता और पूर्वानुमान सुनिश्चित करने की अनुमति देता है।

7. स्वचालित संसाधन प्रबंधन गैर-उत्पादन संसाधनों के लिए प्रारंभ और समाप्ति समय निर्धारित करके और कार्यभार की मांग के आधार पर संसाधन आवंटन को समायोजित करके लागत को गतिशील रूप से अनुकूलित करता है। इन प्रक्रियाओं को स्वचालित करके, संगठन निष्क्रिय संसाधनों के लिए भुगतान करने से बच सकते हैं और ऑन-डिमांड स्केलेबिलिटी हासिल कर सकते हैं, जिससे महत्वपूर्ण लागत बचत और कुशल संसाधन उपयोग हो सकता है।

8. लागत-सचेत संस्कृति को प्रोत्साहित करने से व्यक्तियों को क्लाउड खर्चों पर अपने कार्यों के प्रभाव को समझने और सक्रिय रूप से लागतों को अनुकूलित करने के तरीकों की तलाश करने का अधिकार मिलता है। जागरूकता और जवाबदेही को बढ़ावा देकर, संगठन एक सहयोगी वातावरण बना सकते हैं जहां सभी हितधारक लागत अनुकूलन प्रयासों में योगदान करते हैं। यह संस्कृति सुनिश्चित करती है कि क्लाउड लागत प्रशासन एक सामूहिक जिम्मेदारी बन जाए, जिससे पूरे संगठन में निरंतर सुधार और लागत दक्षता हो।

अध्याय 28: सर्वर रहित कंप्यूटिंग और इवेंट-संचालित आर्किटेक्चर

सर्वर रहित कंप्यूटिंग एक शक्तिशाली क्लाउड कंप्यूटिंग मॉडल है जो बुनियादी ढांचे के प्रबंधन को अमूर्त करता है और इवेंट-संचालित आर्किटेक्चर, स्वचालित स्केलिंग, भुगतान के अनुसार मूल्य निर्धारण और उपयोग में आसानी सहित कई लाभ प्रदान करता है। सर्वर रहित कंप्यूटिंग को अपनाकर, संगठन न्यूनतम परिचालन ओवरहेड के साथ अत्यधिक स्केलेबल, इवेंट-संचालित और लागत प्रभावी एप्लिकेशन बना सकते हैं। सर्वर रहित कंप्यूटिंग द्वारा प्रदान की गई लचीलापन और चपलता इसे वेब और मोबाइल एप्लिकेशन, डेटा प्रोसेसिंग, IoT एप्लिकेशन, चैटबॉट, निर्धारित कार्यों और वास्तविक समय डेटा प्रोसेसिंग सहित उपयोग के मामलों की एक विस्तृत श्रृंखला के लिए एक आकर्षक विकल्प बनाती है। जैसे-जैसे क्लाउड प्रदाता अपनी सर्वर रहित पेशकशों को बढ़ाना जारी रखते हैं, यह मॉडल क्लाउड कंप्यूटिंग की दुनिया में और भी अधिक व्यापक बनने की ओर अग्रसर है।

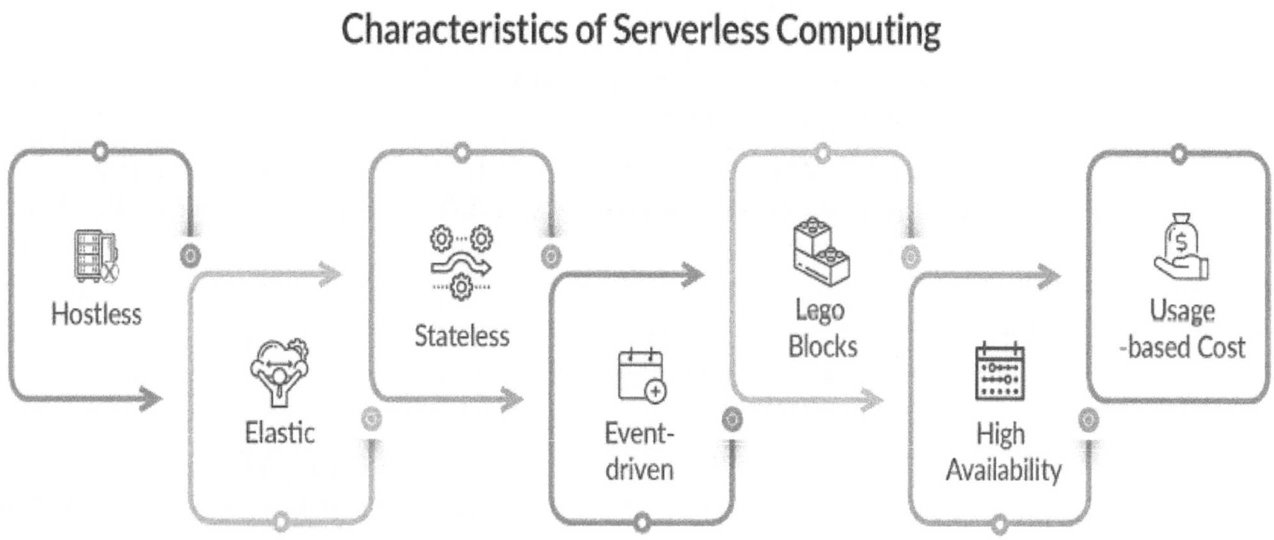

28.1 सर्वर रहित कंप्यूटिंग सिद्धांत और उपयोग के मामले

28.1.1 सर्वर रहित कंप्यूटिंग के सिद्धांत:

- घटना-संचालित वास्तुकला: सर्वर रहित कंप्यूटिंग के मूलभूत सिद्धांतों में से एक इसकी इवेंट-संचालित वास्तुकला है। सर्वर रहित फ़ंक्शन विशिष्ट घटनाओं, जैसे HTTP अनुरोध, डेटाबेस परिवर्तन, फ़ाइल अपलोड, या निर्धारित कार्यों द्वारा ट्रिगर होते हैं। प्रत्येक फ़ंक्शन को किसी विशेष ईवेंट के जवाब में निष्पादित किया जाता है, जो ईवेंट-संचालित और एसिंक्रोनस एप्लिकेशन आर्किटेक्चर को सक्षम करता है। यह इवेंट-आधारित दृष्टिकोण डेवलपर्स को अत्यधिक प्रतिक्रियाशील, प्रतिक्रियाशील और डिकौपल्ड सिस्टम बनाने की अनुमति देता है।
- राज्यविहीन निष्पादन: सर्वर रहित फ़ंक्शन स्टेटलेस होते हैं, जिसका अर्थ है कि वे इनवोकेशन के बीच कोई संदर्भ या स्थिति बनाए नहीं रखते हैं। प्रत्येक फ़ंक्शन निष्पादन स्वतंत्र और पृथक है, जिससे साझा संसाधनों के बारे में चिंता किए बिना कार्यभार को मापना और वितरित करना आसान हो जाता है। स्टेटलेसनेस सर्वर रहित अनुप्रयोगों के प्रबंधन और स्केलिंग को सरल बनाती है, क्योंकि सत्र डेटा को प्रबंधित करने या एक ही उदाहरण पर समवर्ती उपयोगकर्ता अनुरोधों को संभालने की कोई आवश्यकता नहीं है।
- स्वचालित स्केलिंग: सर्वर रहित कंप्यूटिंग का एक प्रमुख लाभ स्वचालित स्केलिंग है। क्लाउड प्रदाता आने वाले अनुरोध की मात्रा और कार्यभार की मांग के आधार पर सर्वर रहित कार्यों की स्केलिंग को स्वचालित रूप से प्रबंधित करते हैं। जैसे-जैसे आने वाली घटनाओं की संख्या बढ़ती है, क्लाउड प्लेटफ़ॉर्म लोड को संभालने के लिए गतिशील रूप से फ़ंक्शन के अतिरिक्त उदाहरण प्रदान करता है। इसके विपरीत, जब कार्यभार कम हो जाता है, तो अप्रयुक्त

उदाहरण स्वचालित रूप से प्रावधान से बाहर हो जाते हैं, जिससे कुशल संसाधन उपयोग और लागत अनुकूलन सुनिश्चित होता है।

• जाते-जाते भुगतान करें मूल्य निर्धारण: सर्वर रहित कंप्यूटिंग भुगतान-जैसी-आप-जाओ मूल्य निर्धारण मॉडल का अनुसरण करती है। संगठनों को केवल कार्यों के वास्तविक उपयोग के लिए बिल दिया जाता है, निष्क्रिय या अप्रयुक्त संसाधनों के लिए नहीं। उपयोगकर्ता फ़ंक्शन निष्पादन के दौरान उपभोग किए गए गणना समय और संसाधनों के लिए भुगतान करते हैं। यह छिटपुट या कम-ट्रैफ़िक वर्कलोड के लिए सर्वर रहित कंप्यूटिंग को लागत प्रभावी बनाता है, क्योंकि संगठनों से केवल उस समय के लिए शुल्क लिया जाता है जब फ़ंक्शन सक्रिय रूप से चल रहा हो।

• कोई सर्वर प्रबंधन नहीं:जैसा कि नाम से पता चलता है, सर्वर रहित कंप्यूटिंग डेवलपर्स से सर्वर प्रबंधन कार्यों को अलग कर देती है। क्लाउड प्रदाता अंतर्निहित बुनियादी ढांचे का प्रावधान, निगरानी और स्केलिंग जैसे कार्यों को संभालते हैं। सर्वर प्रबंधन के परिचालन पहलुओं के बारे में चिंता किए बिना, डेवलपर्स केवल कार्यों के लिए कोड लिखने पर ध्यान केंद्रित कर सकते हैं। यह अमूर्तता डेवलपर्स को व्यावसायिक मूल्य अधिक कुशलता से वितरित करने और विकास जीवनचक्र में तेजी लाने की अनुमति देती है।

28.1.2 सर्वर रहित कंप्यूटिंग के उपयोग के मामले:

• वेब और मोबाइल एप्लिकेशन: सर्वर रहित कंप्यूटिंग वेब और मोबाइल एप्लिकेशन के लिए बैकएंड सेवाओं और एपीआई को संभालने के लिए उपयुक्त है। फ़ंक्शंस का उपयोग HTTP अनुरोधों को संसाधित करने, उपयोगकर्ता प्रमाणीकरण को संभालने और डेटाबेस और स्टोरेज सिस्टम के साथ इंटरैक्ट करने के लिए किया जा सकता है। सर्वर रहित फ़ंक्शंस की इवेंट-संचालित प्रकृति उन्हें आने वाले अनुरोधों के प्रति अत्यधिक प्रतिक्रियाशील बनाती है, जिससे उपयोगकर्ताओं को एक सहज अनुभव मिलता है।

• डेटा प्रोसेसिंग और एनालिटिक्स: सर्वर रहित फ़ंक्शन डेटा प्रोसेसिंग कार्यों, जैसे डेटा परिवर्तन, फ़िल्टरिंग और एकत्रीकरण के लिए प्रभावी हैं। वे वास्तविक समय स्ट्रीम प्रोसेसिंग और ईटीएल (एक्सट्रैक्ट, ट्रांसफॉर्म, लोड) वर्कफ़्लो के लिए विशेष रूप से उपयोगी हैं। घटनाओं के आधार पर कार्यों को ट्रिगर करने की क्षमता उन्हें डेटा आते ही संसाधित करने के लिए आदर्श बनाती है।

• इंटरनेट ऑफ थिंग्स (IoT) अनुप्रयोग: IoT उपकरणों द्वारा उत्पन्न डेटा को संसाधित करने के लिए सर्वर रहित कंप्यूटिंग आदर्श है। डिवाइस टेलीमेट्री डेटा द्वारा फ़ंक्शंस को ट्रिगर किया जा सकता है, जिससे वास्तविक समय प्रसंस्करण और विश्लेषण को बड़े पैमाने पर सक्षम किया जा सकता है। स्वचालित स्केलिंग क्षमताएं सुनिश्चित करती हैं कि बुनियादी ढांचा IoT उपकरणों से उतार-चढ़ाव वाले भार को संभाल सकता है।

• चैटबॉट और वर्चुअल असिस्टेंट: सर्वर रहित फ़ंक्शंस का उपयोग आमतौर पर चैटबॉट्स और वर्चुअल असिस्टेंट को पावर देने के लिए किया जाता है। फ़ंक्शंस प्राकृतिक भाषा प्रसंस्करण, इरादे की पहचान और बैकएंड सिस्टम के साथ एकीकरण को संभाल सकते हैं। इवेंट-संचालित आर्किटेक्चर चैटबॉट्स को उपयोगकर्ता इनपुट पर वास्तविक समय में प्रतिक्रिया करने में सक्षम बनाता है।

• निर्धारित कार्य और क्रॉन जॉब्स:सर्वर रहित कंप्यूटिंग निर्धारित कार्यों और क्रॉन नौकरियों को निष्पादित करने के लिए उपयुक्त है। डेटा बैकअप, रिपोर्ट जनरेशन और आवधिक डेटा प्रोसेसिंग जैसे कार्य करने के लिए कार्यों को विशिष्ट अंतराल पर ट्रिगर किया जा सकता है। इससे ऐसे कार्यों को संभालने के लिए समर्पित सर्वर इंस्टेंस की आवश्यकता समाप्त हो जाती है।

• फ़ाइल और छवि प्रसंस्करण:सर्वर रहित फ़ंक्शंस का उपयोग क्लाउड स्टोरेज पर अपलोड की गई फ़ाइलों और छवियों को संसाधित करने और बदलने के लिए किया जा सकता है। इसमें छवियों का आकार बदलना, फ़ाइलों को संपीड़ित करना और थंबनेल बनाना जैसे कार्य शामिल हैं। कार्यों का ऑन-डिमांड निष्पादन छिटपुट फ़ाइल प्रसंस्करण कार्यों के लिए कुशल संसाधन उपयोग सुनिश्चित करता है।

• वास्तविक समय डेटा प्रोसेसिंग: सर्वर रहित कंप्यूटिंग वास्तविक समय डेटा स्ट्रीम, जैसे इवेंट लॉग, सोशल मीडिया फ़ीड और IoT डेटा को संभालने के लिए उपयुक्त है। फ़ंक्शंस आने वाली घटनाओं को घटित होने पर संसाधित करते हैं, जिससे वास्तविक समय विश्लेषण और निर्णय लेने की अनुमति मिलती है। स्वचालित स्केलिंग यह सुनिश्चित करती है कि बुनियादी ढांचा डेटा स्ट्रीम वॉल्यूम में उतार-चढ़ाव को संभाल सकता है।

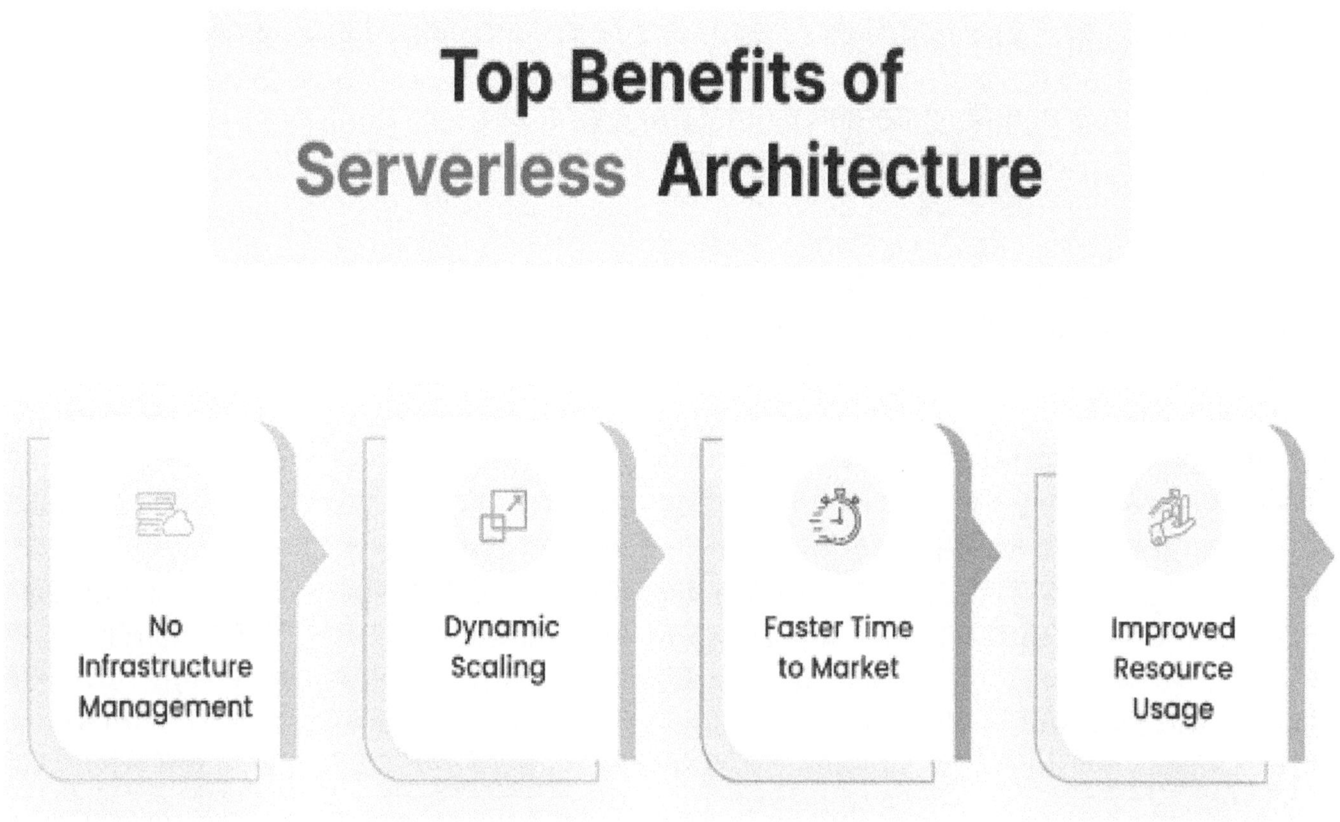

28.2 क्लाउड वातावरण में इवेंट-संचालित आर्किटेक्चर: वास्तविक समय की प्रतिक्रिया और स्केलेबिलिटी का उपयोग करना

क्लाउड वातावरण में इवेंट-संचालित आर्किटेक्चर अत्यधिक संवेदनशील, स्केलेबल और लचीले सिस्टम को डिजाइन करने का एक क्रांतिकारी तरीका प्रदान करता है। घटनाओं के माध्यम से अतुल्यकालिक संचार का लाभ उठाकर, व्यवसाय वास्तविक समय की मांगों को पूरा करने में सक्षम डेटा-गहन अनुप्रयोगों का निर्माण कर सकते हैं। ईडीए की डिकौपल्ड प्रकृति मॉड्यूलर विकास, बेहतर दोष सहनशीलता और निर्बाध स्केलेबिलिटी की अनुमति देती है, जो इसे क्लाउड-आधारित अनुप्रयोगों के लिए एक आदर्श विकल्प बनाती है। जैसे-जैसे संगठन क्लाउड कंप्यूटिंग को अपनाना जारी रखते हैं, इवेंट-संचालित आर्किटेक्चर को अपनाने से नवाचार को बढ़ावा मिलेगा और क्लाउड वातावरण के गतिशील परिदृश्य में आधुनिक अनुप्रयोगों के परिवर्तन को बढ़ावा मिलेगा।

28.2.1. इवेंट-संचालित आर्किटेक्चर (EDA) को समझना:

इवेंट-ड्रिवन आर्किटेक्चर एक वास्तुशिल्प शैली है जो घटनाओं के उत्पादन, उपभोग और प्रतिक्रिया पर जोर देती है। इस मॉडल में, सिस्टम के घटक घटनाओं के माध्यम से अतुल्यकालिक रूप से संचार करते हैं, जो महत्वपूर्ण परिवर्तनों या घटनाओं के बारे में सूचनाएं हैं। घटनाएँ विभिन्न स्रोतों से उत्पन्न हो सकती हैं, जैसे कि उपयोगकर्ता इंटरैक्शन, सेंसर डेटा, या सिस्टम गतिविधियाँ, और सीधे इंटरैक्शन की आवश्यकता के बिना इच्छुक घटकों तक प्रसारित की जाती हैं। ईडीए विभिन्न घटकों के बीच डिकॉउलिंग को सक्षम बनाता है, मॉड्यूलरिटी, स्केलेबिलिटी और दोष सहिष्णुता को बढ़ावा देता है।

28.2.2. घटना-संचालित वास्तुकला के प्रमुख घटक:

- इवेंट निर्माता:ये वे स्रोत हैं जो घटनाएँ उत्पन्न करते हैं। क्लाउड वातावरण में, इवेंट निर्माता एप्लिकेशन, माइक्रोसर्विसेज, IoT डिवाइस या बाहरी सेवाएं हो सकते हैं जो विशिष्ट शर्तों के पूरा होने पर इवेंट उत्सर्जित करते हैं।
- इवेंट ब्रोकर्स (संदेश ब्रोकर्स):इवेंट ब्रोकर मध्यस्थ के रूप में कार्य करते हैं जो इवेंट प्राप्त करते हैं और संग्रहीत करते हैं। वे अपने इच्छित प्राप्तकर्ताओं तक घटनाओं की विश्वसनीय डिलीवरी सुनिश्चित करते हैं और पूरे सिस्टम में कुशल

घटना प्रसार को सक्षम करते हैं। लोकप्रिय क्लाउड-आधारित इवेंट ब्रोकरों में अपाचे काफ्का, अमेज़ॅन किनेसिस और एज़्योर इवेंट हब शामिल हैं।

• घटना उपभोक्ता: ये वे घटक हैं जो घटनाओं पर प्रतिक्रिया करते हैं और प्राप्त घटना डेटा के आधार पर विशिष्ट क्रियाएं करते हैं। इवेंट उपभोक्ता माइक्रोसर्विसेज, फ़ंक्शंस (सर्वर रहित), या डेटा प्रोसेसिंग पाइपलाइन हो सकते हैं।

• इवेंट प्रोसेसर: इवेंट प्रोसेसर इवेंट को उपभोग करने से पहले फ़िल्टर करने, एकत्र करने या बदलने के लिए जिम्मेदार होते हैं। वे इवेंट हैंडलिंग को अनुकूलित करने और जटिल इवेंट प्रोसेसिंग को सक्षम करने में मदद करते हैं।

28.2.3. क्लाउड वातावरण में इवेंट-संचालित आर्किटेक्चर के लाभ:

• वास्तविक समय जवाबदेही: ईडीए वास्तविक समय प्रतिक्रिया की सुविधा प्रदान करता है, क्योंकि इवेंट-संचालित सिस्टम समकालिक अनुरोधों या प्रतिक्रियाओं की प्रतीक्षा किए बिना परिवर्तनों पर तुरंत प्रतिक्रिया कर सकता है। यह क्षमता उन अनुप्रयोगों के लिए महत्वपूर्ण है जो कम विलंबता की मांग करते हैं, जैसे कि वित्तीय ट्रेडिंग प्लेटफॉर्म, IoT सिस्टम और वास्तविक समय विश्लेषण।

• मापनीयता और लोच:क्लाउड वातावरण अपनी अंतर्निहित मापनीयता और लोच के कारण ईडीए के लिए आदर्श बुनियादी ढांचा प्रदान करता है। जैसे-जैसे इवेंट लोड बढ़ता है, क्लाउड-आधारित इवेंट ब्रोकर और इवेंट उपभोक्ता लगातार प्रदर्शन सुनिश्चित करते हुए, इवेंट प्रोसेसिंग में वृद्धि को संभालने के लिए गतिशील रूप से स्केल कर सकते हैं।

• लचीलापन और चपलता: ईडीए घटकों के बीच ढीले युग्मन को बढ़ावा देता है, जिससे पूरे सिस्टम को बाधित किए बिना आसान एकीकरण और अपडेट सक्षम होता है। यह चपलता व्यवसायों को तेजी से पुनरावृत्ति करने, नई कार्यक्षमताएँ जोड़ने और बदलती आवश्यकताओं को अधिक कुशलता से अनुकूलित करने की अनुमति देती है।

• विश्वसनीयता और दोष सहनशीलता:इवेंट-संचालित सिस्टम के साथ, भले ही कुछ घटक अस्थायी रूप से विफल हो जाएं, इवेंट को इवेंट ब्रोकरों में तब तक संग्रहीत किया जा सकता है जब तक कि घटक फिर से चालू न हो जाएं। यह दोष-सहिष्णु डिज़ाइन सुनिश्चित करता है कि घटनाएँ नष्ट न हों, जिससे सिस्टम की विश्वसनीयता बढ़ती है।

• इवेंट ट्रैसेबिलिटी और ऑडिटिंग:ईवेंट सिस्टम गतिविधियों का एक प्राकृतिक ऑडिट ट्रेल प्रदान करते हैं, जिससे डेटा के प्रवाह का पता लगाना और यह समझना आसान हो जाता है कि ईवेंट कैसे क्रियाओं को ट्रिगर करते हैं। यह ट्रैसेबिलिटी डिबगिंग, निगरानी और अनुपालन आवश्यकताओं में सहायता करती है।

28.2.4. क्लाउड वातावरण में इवेंट-संचालित आर्किटेक्चर लागू करना:

• इवेंट स्कीमा डिज़ाइन: इवेंट डेटा में स्थिरता सुनिश्चित करते हुए, अच्छी तरह से परिभाषित संरचनाओं के साथ स्पष्ट इवेंट स्कीमा को परिभाषित करें। एवरो या प्रोटोकॉल बफ़र्स जैसे मानकों को अपनाने से क्रॉस-प्लेटफ़ॉर्म संगतता की सुविधा मिल सकती है।

• संदेश ब्रोकर चयन: एक उपयुक्त क्लाउड-आधारित संदेश ब्रोकर चुनें जो आपके प्रदर्शन, स्केलेबिलिटी और डेटा प्रतिधारण आवश्यकताओं के अनुरूप हो।

• घटना सत्यापन और त्रुटि प्रबंधन: आने वाली घटनाओं को मान्य करने के लिए तंत्र लागू करें और गलत या डुप्लिकेट घटनाओं को शालीनता से संभालें।

• निगरानी और विश्लेषण: इवेंट प्रवाह को ट्रैक करने, विसंगतियों का पता लगाने और इवेंट प्रदर्शन में अंतर्दृष्टि प्राप्त करने के लिए निगरानी और विश्लेषण उपकरण एकीकृत करें।

28.3 एडब्ल्यूएस लैम्ब्डा और एज़्योर फ़ंक्शंस के साथ सर्वर रहित एप्लिकेशन का निर्माण: सेवा के रूप में फ़ंक्शन की शक्ति का उपयोग करना

सर्वर रहित कंप्यूटिंग ने बुनियादी ढांचे के प्रबंधन के बिना अनुप्रयोगों के निर्माण और तैनाती के लिए एक स्केलेबल और लागत प्रभावी तरीका प्रदान करके अनुप्रयोग विकास में क्रांति ला दी है। AWS Lambda और Azure Functions दो प्रमुख Function-as-a-Service (FaaS) प्लेटफ़ॉर्म हैं जो डेवलपर्स को सर्वर प्रावधान या रखरखाव के बारे में चिंता किए बिना केवल कोड लिखने पर ध्यान केंद्रित करने में सक्षम बनाते हैं। इस लेख में, हम सर्वर रहित कंप्यूटिंग की अवधारणा, एडब्ल्यूएस लैम्ब्डा और एज़्योर फ़ंक्शंस की प्रमुख विशेषताओं का पता लगाएंगे, और कुशल और स्केलेबल सर्वर रहित एप्लिकेशन बनाने के लिए डेवलपर्स इन प्लेटफार्मों का लाभ कैसे उठा सकते हैं।

28.3.1. सर्वर रहित कंप्यूटिंग को समझना:
सर्वर रहित कंप्यूटिंग एक क्लाउड कंप्यूटिंग प्रतिमान है जहां डेवलपर्स अंतर्निहित सर्वर को प्रबंधित किए बिना कोड चला सकते हैं। यह बुनियादी ढांचे की जटिलताओं को दूर करता है, जिससे डेवलपर्स को स्टेटलेस फ़ंक्शंस के रूप में एप्लिकेशन लॉजिक लिखने पर ध्यान केंद्रित करने की अनुमति मिलती है। इन कार्यों को घटनाओं द्वारा ट्रिगर किया जाता है और उन घटनाओं के जवाब में निष्पादित किया जाता है, मांग के आधार पर स्वचालित रूप से स्केल किया जाता है। भुगतान करते ही मूल्य निर्धारण मॉडल लागत-प्रभावशीलता सुनिश्चित करता है, क्योंकि डेवलपर्स केवल फ़ंक्शन निष्पादन के दौरान संसाधनों के वास्तविक उपयोग के लिए भुगतान करते हैं।

28.3.2. AWS लैम्ब्डा और एज़्योर फ़ंक्शंस की मुख्य विशेषताएं:

एडब्ल्यूएस लैम्ब्डा:

- घटना-संचालित निष्पादन: AWS लैम्ब्डा फ़ंक्शंस को विभिन्न प्रकार की घटनाओं द्वारा ट्रिगर किया जा सकता है, जिसमें HTTP अनुरोध, अमेज़ॅन S3 बकेट में परिवर्तन, अमेज़ॅन डायनेमोडीबी तालिकाओं में अपडेट, या अमेज़ॅन इवेंटब्रिज के माध्यम से कस्टम इवेंट शामिल हैं। यह इवेंट-संचालित आर्किटेक्चर डेवलपर्स को अत्यधिक प्रतिक्रियाशील एप्लिकेशन बनाने की अनुमति देता है।
- व्यापक भाषा समर्थन: AWS Lambda कई प्रोग्रामिंग भाषाओं का समर्थन करता है, जिनमें Node.js, Python, Java, C#, Go और बहुत कुछ शामिल हैं। यह लचीलापन डेवलपर्स को लेखन कार्यों के लिए अपनी पसंदीदा भाषा चुनने की अनुमति देता है।
- समेकि एकीकरण: लैम्ब्डा अन्य AWS सेवाओं के साथ सहजता से एकीकृत होता है, जिससे डेवलपर्स विभिन्न सेवाओं की कार्यक्षमताओं को मिलाकर जटिल एप्लिकेशन बनाने में सक्षम होते हैं।
- स्वचालित स्केलिंग: AWS Lambda इष्टतम प्रदर्शन और लागत दक्षता सुनिश्चित करते हुए, आने वाले अनुरोधों को संभालने के लिए फ़ंक्शन इंस्टेंस को स्वचालित रूप से मापता है।

नीला कार्य:

- इवेंट ट्रिगर: Azure फ़ंक्शंस विभिन्न ईवेंट ट्रिगर्स का समर्थन करते हैं, जैसे HTTP अनुरोध, ब्लॉब स्टोरेज परिवर्तन, Azure Cosmos DB अपडेट और टाइमर। ट्रिगर्स की यह विस्तृत श्रृंखला डेवलपर्स को इवेंट-संचालित एप्लिकेशन बनाने में सक्षम बनाती है।
- भाषा समर्थन: Azure फ़ंक्शंस C#, JavaScript, Python, Java, टाइपस्क्रिप्ट और अन्य सहित कई प्रोग्रामिंग भाषाओं का समर्थन करते हैं, जिससे डेवलपर्स को अपनी पसंदीदा भाषा का उपयोग करने की सुविधा मिलती है।
- बाइंडिंग्स: Azure फ़ंक्शंस डेटा इनपुट और आउटपुट को सरल बनाते हुए, अन्य Azure सेवाओं के साथ फ़ंक्शंस को जोड़ने के लिए बाइंडिंग प्रदान करता है। डेवलपर्स Azure स्टोरेज, Azure सिग्नलआर और Azure इवेंट हब जैसी सेवाओं के साथ आसानी से इंटरैक्ट कर सकते हैं।
- गतिशील स्केलिंग: Azure फ़ंक्शंस आने वाले कार्यभार के आधार पर गतिशील रूप से फ़ंक्शन इंस्टेंसेस को स्केल करता है, जिससे कुशल संसाधन उपयोग और कम लागत सुनिश्चित होती है।

3. AWS Lambda और Azure फ़ंक्शंस के साथ सर्वर रहित एप्लिकेशन बनाना:

- कार्य विकास: अपनी पसंदीदा प्रोग्रामिंग भाषा में स्टेटलेस फ़ंक्शंस लिखें जो घटनाओं के जवाब में विशिष्ट कार्य करते हैं।
- इवेंट ट्रिगर कॉन्फ़िगरेशन: यह निर्दिष्ट करने के लिए ईवेंट ट्रिगर कॉन्फ़िगर करें कि आपके कार्यों को कब और कैसे निष्पादित किया जाना चाहिए। इवेंट में HTTP अनुरोध, डेटाबेस अपडेट, फ़ाइल अपलोड, टाइमर और बहुत कुछ शामिल हो सकते हैं।
- अन्य सेवाओं के साथ एकीकरण: अपने कार्यों को विभिन्न क्लाउड सेवाओं से जोड़ने के लिए AWS Lambda और Azure फ़ंक्शंस द्वारा प्रदान की गई एकीकरण की विस्तृत श्रृंखला का लाभ उठाएं।
- लॉगिंग और निगरानी: फ़ंक्शन प्रदर्शन को ट्रैक करने, त्रुटियों का पता लगाने और एप्लिकेशन व्यवहार में अंतर्दृष्टि प्राप्त करने के लिए अंतर्निहित लॉगिंग और मॉनिटरिंग सुविधाओं का उपयोग करें।
- परीक्षण और तैनाती: अपने कार्यों को उत्पादन में तैनात करने से पहले विकास परिवेश में उनका अच्छी तरह से परीक्षण करें। दोनों प्लेटफ़ॉर्म सर्वर रहित अनुप्रयोगों के लिए आसान परिनियोजन विकल्प प्रदान करते हैं।

अभ्यास

बहु विकल्पीय प्रश्न

1. कौन सा क्लाउड कंप्यूटिंग मॉडल बुनियादी ढांचे के प्रबंधन को अमूर्त करता है और डेवलपर्स को केवल व्यक्तिगत कार्यों के लिए कोड लिखने पर ध्यान केंद्रित करने की अनुमति देता है?

A) एक सेवा के रूप में प्लेटफ़ॉर्म (PaaS)
B) एक सेवा के रूप में बुनियादी ढाँचा (IaaS)
C) एक सेवा के रूप में कार्य (FaaS)
D) एक सेवा के रूप में सॉफ्टवेयर (सास)

2. सर्वर रहित कंप्यूटिंग का मूल सिद्धांत क्या है जो इवेंट-संचालित और सक्षम बनाता है? अतुल्यकालिक अनुप्रयोग आर्किटेक्चर?

A) राज्यविहीन निष्पादन
B) स्वचालित स्केलिंग
C) जाते ही भुगतान करें मूल्य निर्धारण
D) घटना-संचालित वास्तुकला

3. निम्न में से कौन सा सर्वर रहित कंप्यूटिंग के भुगतान जैसे मूल्य निर्धारण का लाभ है नमूना?

A) निष्क्रिय संसाधनों के लिए पूर्वानुमानित लागत
B) कार्यों के वास्तविक उपयोग के लिए कोई बिलिंग नहीं
C) निश्चित मासिक सदस्यता शुल्क
D) असीमित संसाधन आवंटन

4. कौन सा क्लाउड-आधारित संदेश ब्रोकर मध्यस्थ के रूप में कार्य करता है, घटनाओं को प्राप्त करता है और संग्रहीत करता है घटना-संचालित वास्तुकला में?

A) अमेज़न EC2
B) गूगल कुबेरनेट्स इंजन
C) अपाचे काफ्का
D) Microsoft Azure वर्चुअल मशीनें

5. सर्वर रहित कंप्यूटिंग के संदर्भ में "स्टेटलेस निष्पादन" का क्या अर्थ है?

A) फ़ंक्शंस आह्वान के बीच संदर्भ और स्थिति को बनाए रखते हैं।
B) विशिष्ट घटनाओं के जवाब में कार्य निष्पादित होते हैं।
C) कार्यभार की मांग के आधार पर कार्य स्वचालित रूप से स्केल होते हैं।
D) फ़ंक्शंस आमंत्रण के बीच संदर्भ या स्थिति को बनाए नहीं रखते हैं।

6. कौन सा क्लाउड प्रदाता Azure फ़ंक्शंस को फ़ंक्शन-ए-ए-सर्विस (FaaS) प्लेटफ़ॉर्म के रूप में प्रदान करता है?

A) अमेज़न वेब सेवाएँ (AWS)
B) Google क्लाउड प्लेटफ़ॉर्म (GCP)
C) माइक्रोसॉफ्ट एज़्योर
D) आईबीएम क्लाउड

7. इवेंट-संचालित आर्किटेक्चर को वास्तविक समय की प्रतिक्रिया के लिए क्या उपयुक्त बनाता है? अनुप्रयोग?

A) स्वचालित स्केलिंग
B) राज्यविहीन निष्पादन
C) इवेंट निर्माता
D) घटनाओं के माध्यम से अतुल्यकालिक संचार

8. इवेंट-ड्रिवेन आर्किटेक्चर (EDA) का कौन सा लाभ आसान एकीकरण और अपडेट की अनुमति देता है संपूर्ण व्यवस्था को बाधित किये बिना?

A) वास्तविक समय जवाबदेही

B) विश्वसनीयता और दोष सहनशीलता

C) मापनीयता और लोच

D) लचीलापन और चपलता

9. कौन सा क्लाउड कंप्यूटिंग मॉडल एप्लिकेशन डेवलपमेंट को अनुमति देकर क्रांति ला देता है क्या डेवलपर्स अंतर्निहित सर्वर को प्रबंधित किए बिना कोड चलाएंगे?

A) एक सेवा के रूप में कार्य (FaaS)

B) एक सेवा के रूप में बुनियादी ढाँचा (IaaS)

C) एक सेवा के रूप में प्लेटफ़ॉर्म (PaaS)

D) एक सेवा के रूप में सॉफ्टवेयर (सास)

समीक्षा प्रश्न

1. **पारंपरिक क्लाउड कंप्यूटिंग मॉडल की तुलना में सर्वर रहित कंप्यूटिंग का मुख्य लाभ क्या है?**
2. **इवेंट-संचालित आर्किटेक्चर एसिंक्रोनस और डिकौपल्ड एप्लिकेशन डिज़ाइन को कैसे सक्षम करता है?**
3. **इंटरनेट ऑफ थिंग्स (IoT) अनुप्रयोगों में इवेंट-संचालित आर्किटेक्चर का उपयोग करने के क्या फायदे हैं?**
4. **क्लाउड-आधारित संदेश ब्रोकर इवेंट-संचालित आर्किटेक्चर की मापनीयता और विश्वसनीयता को कैसे बढ़ाते हैं?**
5. **कुशल सर्वर रहित अनुप्रयोगों के निर्माण के लिए AWS Lambda और Azure फ़ंक्शंस क्या उपयुक्त हैं?**
6. **संगठन सर्वर रहित कंप्यूटिंग में लागत का अनुकूलन कैसे कर सकते हैं?**
7. **वेब और मोबाइल एप्लिकेशन के लिए सर्वर रहित कंप्यूटिंग के क्या लाभ हैं?**
8. **इवेंट-संचालित आर्किटेक्चर क्लाउड वातावरण में दोष सहिष्णुता को कैसे बढ़ावा देता है?**

उत्तर अनुभाग

बहु विकल्पीय प्रश्न

1. c) एक सेवा के रूप में कार्य (एफएएएस)
2. d) घटना-संचालित वास्तुकला
3. b) कार्यों के वास्तविक उपयोग के लिए कोई बिलिंग नहीं
4. c) अपाचे काफ्का
5. d) फ़ंक्शन आमंत्रणों के बीच संदर्भ या स्थिति को बनाए नहीं रखते हैं।
6. c) माइक्रोसॉफ्ट एज़्योर
7. d) घटनाओं के माध्यम से अतुल्यकालिक संचार
8. d) लचीलापन और चपलता
9. a) एक सेवा के रूप में कार्य (एफएएएस)

समीक्षा प्रश्न

1. सर्वर रहित कंप्यूटिंग का मुख्य लाभ बुनियादी ढांचे के प्रबंधन को अमूर्त करने की इसकी क्षमता है, जिससे डेवलपर्स को केवल व्यक्तिगत कार्यों के लिए कोड लिखने पर ध्यान केंद्रित करने की अनुमति मिलती है। सर्वर रहित होने पर, डेवलपर्स को सर्वर के प्रावधान, स्केलिंग या प्रबंधन के बारे में चिंता करने की ज़रूरत नहीं है, क्योंकि क्लाउड प्रदाता इन कार्यों को स्वचालित रूप से संभालते हैं। यह अमूर्त विकास उत्पादकता को बढ़ाता है, परिचालन ओवरहेड को कम करता है, और भुगतान-जैसा-आप-मूल्य निर्धारण मॉडल को सक्षम बनाता है, जहां संगठनों को केवल कार्यों के वास्तविक उपयोग के लिए बिल दिया जाता है। सर्वर रहित कंप्यूटिंग का इवेंट-संचालित आर्किटेक्चर इसकी स्केलेबिलिटी और प्रतिक्रियाशीलता को और बढ़ाता है, जिससे यह विभिन्न अनुप्रयोगों और उपयोग के मामलों के लिए एक आदर्श विकल्प बन जाता है।

2. इवेंट-संचालित आर्किटेक्चर (ईडीए) एक सिस्टम के घटकों को अलग करके और घटनाओं के माध्यम से संचार को बढ़ावा देकर अतुल्यकालिक और डिकौपल्ड एप्लिकेशन डिज़ाइन को सक्षम बनाता है। ईडीए में, घटक, जिन्हें इवेंट उपभोक्ता के रूप में भी जाना जाता है, इवेंट उत्पादकों द्वारा ट्रिगर की गई घटनाओं पर प्रतिक्रिया करते हैं, जो बाहरी सिस्टम, उपयोगकर्ता इंटरैक्शन या आंतरिक प्रक्रियाएं हो सकती हैं। चूंकि घटनाओं को सीधे संपर्क के बिना प्रचारित किया जाता है, इसलिए घटक प्रतिक्रियाओं की प्रतीक्षा किए बिना अतुल्यकालिक रूप से संचार कर सकते हैं, जिससे सिस्टम प्रतिक्रियाशीलता बढ़ जाती है। यह डिकॉउलिंग प्रत्येक घटक को स्वतंत्र रूप से कार्य करने की अनुमति देता है, जिससे सिस्टम अधिक मॉड्यूलर और लचीला हो जाता है। परिणामस्वरूप, डेवलपर्स संपूर्ण एप्लिकेशन को बाधित किए बिना विभिन्न घटकों को पुनरावृत्त, अद्यतन और स्केल कर सकते हैं।

3. इवेंट-संचालित आर्किटेक्चर (EDA) इंटरनेट ऑफ थिंग्स (IoT) अनुप्रयोगों के लिए कई लाभ प्रदान करता है। चूंकि IoT डिवाइस बड़ी मात्रा में डेटा उत्पन्न करते हैं, EDA का इवेंट-आधारित दृष्टिकोण बड़े पैमाने पर वास्तविक समय प्रसंस्करण और विश्लेषण को सक्षम बनाता है। IoT डिवाइस सेंसर डेटा, टेलीमेट्री या उपयोगकर्ता इंटरैक्शन के आधार पर घटनाओं को ट्रिगर कर सकते हैं, जिससे इवेंट उपभोक्ताओं को वास्तविक समय में इस डेटा को संसाधित करने और प्रतिक्रिया करने की अनुमति मिलती है। ईडीए की स्वचालित स्केलिंग क्षमताएं सुनिश्चित करती हैं कि सिस्टम IoT उपकरणों से उतार-चढ़ाव वाले भार को कुशलतापूर्वक संभाल सकता है। इसके अतिरिक्त, ईडीए की डिकौपल्ड प्रकृति पूरे आईओटी पारिस्थितिकी तंत्र को बाधित किए बिना लचीलेपन और चपलता को बढ़ावा देते हुए नए आईओटी उपकरणों और सेवाओं के आसान एकीकरण को सक्षम बनाती है।

4. क्लाउड-आधारित संदेश ब्रोकर इवेंट-संचालित आर्किटेक्चर (ईडीए) की स्केलेबिलिटी और विश्वसनीयता को बढ़ाने में महत्वपूर्ण भूमिका निभाते हैं। वे मध्यस्थों के रूप में कार्य करते हैं जो घटनाओं को प्राप्त करते हैं और संग्रहीत करते हैं, जिससे उनके इच्छित प्राप्तकर्ताओं तक विश्वसनीय डिलीवरी सुनिश्चित होती है। संदेश दलालों का उपयोग करके, ईवेंट उपभोक्ता अपनी गति से ईवेंट को संसाधित कर सकते हैं, ईवेंट के उत्पादन को अपने उपभोग से अलग कर सकते हैं। यह डिकॉउलिंग सिस्टम को स्केलेबिलिटी को बढ़ाते हुए, इवेंट उपभोक्ताओं पर दबाव डाले बिना इवेंट वॉल्यूम में स्पाइक्स को संभालने की अनुमति देता है। इसके अतिरिक्त, संदेश दलाल घटनाओं को तब तक जारी रख सकते हैं जब तक कि वे सफलतापूर्वक संसाधित न हो जाएं, यह सुनिश्चित करते हुए कि उपभोक्ता अस्थायी रूप से विफल होने पर भी घटना डेटा खो नहीं जाता है। यह दोष-सहिष्णु डिज़ाइन समग्र प्रणाली की विश्वसनीयता को बढ़ाता है।

5. AWS Lambda और Azure फ़ंक्शंस अपने फ़ंक्शन-ए-ए-सर्विस (FaaS) मॉडल के कारण कुशल सर्वर रहित अनुप्रयोगों के निर्माण के लिए उपयुक्त हैं। वे डेवलपर्स को व्यक्तिगत कार्यों के लिए कोड लिखने की अनुमति देते हैं, जो विशिष्ट घटनाओं द्वारा स्वचालित रूप से ट्रिगर होते हैं। यह इवेंट-संचालित दृष्टिकोण बुनियादी ढांचे के प्रबंधन की आवश्यकता के बिना वास्तविक समय प्रतिक्रिया और इवेंट प्रोसेसिंग को सक्षम बनाता है। दोनों प्लेटफ़ॉर्म अन्य क्लाउड सेवाओं के साथ सहज एकीकरण प्रदान करते हैं, जिससे कार्यात्मकताओं के संयोजन का उपयोग करके जटिल एप्लिकेशन बनाना आसान हो जाता है। AWS Lambda और Azure फ़ंक्शंस की स्वचालित स्केलिंग क्षमताएं इष्टतम संसाधन आवंटन सुनिश्चित करती हैं, केवल कार्यों के वास्तविक निष्पादन समय के लिए शुल्क लेकर संगठनों के लिए परिचालन लागत को कम करती हैं।

6. संगठन अपने 'पे-एज़-यू-गो' मूल्य निर्धारण मॉडल का लाभ उठाकर सर्वर रहित कंप्यूटिंग में लागत को अनुकूलित कर सकते हैं। चूंकि सर्वर रहित प्लेटफ़ॉर्म वास्तविक फ़ंक्शन निष्पादन समय के आधार पर शुल्क लेते हैं, डेवलपर्स अधिक कुशलता से चलाने और निष्पादन समय को कम करने के लिए फ़ंक्शंस को अनुकूलित कर सकते हैं। कार्यभार की आवश्यकताओं से मेल खाने के लिए सही आकार के कार्य निष्क्रिय समय और संसाधन की बर्बादी को कम कर सकते हैं, जिससे लागत बचत हो सकती है। समवर्ती निष्पादन की संख्या को सीमित करने के लिए आरक्षित संगामिति का उपयोग करने से लागत में अप्रत्याशित वृद्धि को रोकने में मदद मिल सकती है। इसके अतिरिक्त, संगठनों को संसाधन प्रबंधन के लिए सर्वोत्तम प्रथाओं को लागू करना चाहिए, जैसे कि बुद्धिमान शेड्यूलिंग, ताकि यह सुनिश्चित किया जा सके कि कार्य केवल जरूरत पड़ने पर ही सक्रिय हों, जिससे लागत का अनुकूलन हो सके।

7. सर्वर रहित कंप्यूटिंग वेब और मोबाइल एप्लिकेशन के लिए कई लाभ प्रदान करता है। इसका इवेंट-संचालित आर्किटेक्चर डेवलपर्स को बैकएंड सेवाओं और एपीआई को कुशलतापूर्वक संभालने, HTTP अनुरोधों को संसाधित

करने और डेटाबेस के साथ निर्बाध रूप से इंटरैक्ट करने की अनुमति देता है। स्वचालित स्केलिंग क्षमताएं यह सुनिश्चित करती हैं कि एप्लिकेशन मैन्युअल हस्तक्षेप के बिना अलग-अलग ट्रैफ़िक भार को संभाल सकते हैं। पे-एज़-यू-गो मूल्य निर्धारण छिटपुट या कम-ट्रैफ़िक वर्कलोड वाले वेब और मोबाइल एप्लिकेशन के लिए सर्वर रहित लागत प्रभावी बनाता है, क्योंकि संगठनों को केवल वास्तविक फ़ंक्शन निष्पादन समय के लिए बिल दिया जाता है। सर्वर रहित फ़ंक्शंस की डिकौपल्ड प्रकृति भी मॉड्यूलरिटी को बढ़ावा देती है, जिससे पूरे सिस्टम को प्रभावित किए बिना वेब और मोबाइल एप्लिकेशन में अपडेट करना और नई सुविधाएं जोड़ना आसान हो जाता है।

इवेंट-संचालित आर्किटेक्चर (ईडीए) घटकों को अलग करके और घटनाओं के माध्यम से अतुल्यकालिक संचार को सक्षम करके क्लाउड वातावरण में दोष सहिष्णुता को बढ़ावा देता है। जब कोई ईवेंट उपभोक्ता अस्थायी रूप से विफल हो जाता है, तो ईवेंट संदेश ब्रोकर में तब तक बने रहते हैं जब तक कि उपभोक्ता फिर से चालू न हो जाए। यह सुनिश्चित करता है कि इवेंट डेटा नष्ट न हो और प्रसंस्करण निर्बाध रूप से फिर से शुरू हो सके। इसके अतिरिक्त, ईडीए की स्टेटलेसनेस, जहां फ़ंक्शन इनवोकेशन के बीच संदर्भ को बनाए नहीं रखते हैं, साझा संसाधनों के बारे में चिंता किए बिना कार्यभार के स्केलिंग और वितरण को सरल बनाता है। परिणामस्वरूप, सिस्टम घटक विफलताओं से उबर सकता है और समग्र एप्लिकेशन की विश्वसनीयता और प्रदर्शन से समझौता किए बिना कार्य करना जारी रख सकता है।

अध्याय 29: क्लाउड नेटिव नेटवर्किंग और सर्विस मेश

29.1 सर्विस मेश अवधारणाएँ और लाभ

क्लाउड-नेटिव वातावरण में वितरित अनुप्रयोगों के भीतर माइक्रोसर्विसेज के बीच जटिल संचार के प्रबंधन के लिए सर्विस मेश एक अनिवार्य तकनीक बन गई है। एक समर्पित बुनियादी ढांचा परत प्रदान करके, सर्विस मेश सेवा-से-सेवा संचार की विश्वसनीयता, अवलोकनशीलता और सुरक्षा को बढ़ाता है। अपने ट्रैफ़िक प्रबंधन, लोड संतुलन, अवलोकन और सुरक्षा सुविधाओं के साथ, सर्विस मेश संगठनों को आत्मविश्वास और दक्षता के साथ लचीले और स्केलेबल क्लाउड-नेटिव एप्लिकेशन बनाने और संचालित करने में सक्षम बनाता है। जैसे-जैसे क्लाउड-नेटिव आर्किटेक्चर का विकास जारी है, सर्विस मेश क्लाउड में आधुनिक अनुप्रयोगों के प्रदर्शन, सुरक्षा और विश्वसनीयता को बनाए रखने में महत्वपूर्ण भूमिका निभाता है।

29.1.1. सर्विस मेश क्या है?

सर्विस मेश क्लाउड कंप्यूटिंग में एक विशेष बुनियादी ढांचा परत है जो वितरित एप्लिकेशन के भीतर माइक्रोसर्विसेज के बीच संचार की सुविधा प्रदान करती है। यह माइक्रोसर्विसेज के बीच एक पारदर्शी मध्यस्थ के रूप में कार्य करता है, प्रत्येक माइक्रोसर्विसेज के साथ तैनात हल्के प्रॉक्सी (साइडकार प्रॉक्सी) का एक समर्पित सेट प्रदान करता है। ये प्रॉक्सी नेटवर्क ट्रैफ़िक को रोकते और प्रबंधित करते हैं, जिससे लोड संतुलन, सेवा खोज, एन्क्रिप्शन, ट्रैफ़िक नियंत्रण और बहुत कुछ जैसी उन्नत सुविधाएँ सक्षम होती हैं।

29.1.2. सर्विस मेश की मुख्य अवधारणाएँ:

- डेटा प्लेन: डेटा प्लेन में प्रत्येक माइक्रोसर्विस के साथ तैनात साइडकार प्रॉक्सी शामिल हैं। ये प्रॉक्सी सभी इनकमिंग और आउटगोइंग नेटवर्क अनुरोधों को संभालते हैं, सर्विस मेश कॉन्फ़िगरेशन के आधार पर ट्रैफ़िक को रोकते और रूट करते हैं। डेटा प्लेन यह सुनिश्चित करता है कि माइक्रोसर्विसेज के बीच संचार स्थापित नियमों और नीतियों का पालन करता है।
- विमान नियंत्रण: कंट्रोल प्लेन डेटा प्लेन प्रॉक्सी को प्रबंधित और कॉन्फ़िगर करने के लिए जिम्मेदार है। यह एक केंद्रीकृत नियंत्रण इंटरफ़ेस प्रदान करता है जहां ऑपरेटर संचार नीतियों, सुरक्षा उपायों, ट्रैफ़िक रूटिंग नियमों और अन्य सेवा जाल कॉन्फ़िगरेशन को परिभाषित करते हैं। नियंत्रण विमान प्रशासकों को व्यक्तिगत माइक्रोसर्विसेज को संशोधित किए बिना सेवा जाल के व्यवहार को गतिशील रूप से बदलने की अनुमति देता है।
- सेवा खोज: सर्विस मेश सेवा खोज को स्वचालित करता है, जिससे माइक्रोसर्विसेज को हार्डकोडेड आईपी पते या एंडपॉइंट पर भरोसा किए बिना एक-दूसरे का पता लगाने और संचार करने की अनुमति मिलती है। यह गतिशील खोज नेटवर्क टोपोलॉजी में परिवर्तनों के लिए आसान स्केलिंग और अनुकूलन को सक्षम बनाती है। सर्विस मेश यह सुनिश्चित करता है कि प्रत्येक माइक्रोसर्विसेज अन्य माइक्रोसर्विसेज को निर्बाध रूप से ढूंढ सके और उनके साथ बातचीत कर सके।
- भार का संतुलन: सर्विस मेश में बुद्धिमान लोड संतुलन एल्गोरिदम शामिल हैं जो आने वाले ट्रैफ़िक को माइक्रोसर्विस के कई उदाहरणों में समान रूप से वितरित करते हैं। यह इष्टतम संसाधन उपयोग और उच्च उपलब्धता सुनिश्चित करता है। लोड संतुलन कुछ माइक्रोसर्विसेज को ओवरलोड करने से रोकने में मदद करता है और एप्लिकेशन की समग्र प्रतिक्रिया में सुधार करता है।
- अवलोकनीयता: सर्विस मेश मेट्रिक्स, लॉग और वितरित ट्रेसिंग सहित व्यापक अवलोकन क्षमताएं प्रदान करता है। ये सुविधाएँ ऑपरेटरों और डेवलपर्स को माइक्रोसर्विसेज के बीच संचार प्रवाह की निगरानी और समस्या निवारण, प्रदर्शन बाधाओं और त्रुटियों की पहचान करने में मदद करती हैं। संपूर्ण वितरित प्रणाली के स्वास्थ्य और प्रदर्शन में अंतर्दृष्टि प्राप्त करने के लिए अवलोकनशीलता महत्वपूर्ण है।
- सुरक्षा और एन्क्रिप्शन:सर्विस मेश माइक्रोसर्विसेज के बीच संचार को सुरक्षित करने के लिए पारस्परिक टीएलएस (एमटीएलएस) एन्क्रिप्शन जैसी अंतर्निहित सुरक्षा सुविधाएँ प्रदान करता है। एमटीएलएस यह सुनिश्चित करता है कि सभी नेटवर्क ट्रैफ़िक एन्क्रिप्टेड और प्रमाणित हैं, जिससे अनधिकृत पहुंच और जासूसी को रोका जा सके। सेवा जाल में सुरक्षा उपाय संवेदनशील डेटा की सुरक्षा करने और सुरक्षा उल्लंघनों को रोकने में मदद करते हैं।

29.1.3. क्लाउड में सर्विस मेश के लाभ:

• सरलीकृत संचार: सर्विस मेश सेवा-से-सेवा संचार की जटिलताओं को दूर करता है, जिससे डेवलपर्स को नेटवर्क संबंधी चिंताओं के बारे में चिंता किए बिना माइक्रोसर्विसेज के निर्माण पर ध्यान केंद्रित करने की अनुमति मिलती है। यह संचार को संभालने का एक सुसंगत और मानकीकृत तरीका प्रदान करता है, जिससे माइक्रोसर्विसेज के बीच बातचीत को प्रबंधित करना और समझना आसान हो जाता है।

• केंद्रीकृत नियंत्रण:नियंत्रण विमान सेवा जाल कॉन्फ़िगरेशन के प्रबंधन के लिए नियंत्रण का एक एकल बिंदु प्रदान करता है। यह केंद्रीकरण स्थिरता को बढ़ावा देता है और परिचालन ओवरहेड को कम करता है, जिससे नीतियों को लागू करना और संपूर्ण वितरित एप्लिकेशन में समान रूप से परिवर्तन लागू करना आसान हो जाता है।

• स्केलेबिलिटी और लचीलापन: सर्विस मेश की ट्रैफ़िक प्रबंधन सुविधाएँ माइक्रोसर्विसेज की निर्बाध स्केलिंग को सक्षम बनाती हैं। लोड संतुलन और गतिशील रूटिंग क्षमताएं यह सुनिश्चित करती हैं कि ट्रैफ़िक को बुद्धिमानी से वितरित किया जाए, सेवा अधिभार से बचा जाए और एप्लिकेशन की प्रतिक्रिया और लचीलापन बनाए रखा जाए।

• अवलोकनशीलता और समस्या निवारण: सर्विस मेश की अवलोकनीयता विशेषताएं संचार प्रवाह में मूल्यवान अंतर्दृष्टि प्रदान करती हैं। ऑपरेटर प्रदर्शन समस्याओं की पहचान करने, त्रुटियों का निदान करने और वास्तविक समय में समस्याओं का निवारण करने के लिए मेट्रिक्स, लॉग की निगरानी और विश्लेषण कर सकते हैं और डेटा का पता लगा सकते हैं।

• सुरक्षा बढ़ाना: सर्विस मेश सभी अंतर-सेवा संचार के लिए एन्क्रिप्शन, प्रमाणीकरण और एक्सेस नियंत्रण तंत्र प्रदान करके क्लाउड-नेटिव अनुप्रयोगों की सुरक्षा को मजबूत करता है। यह सुनिश्चित करने में मदद करता है कि केवल अधिकृत सेवाएँ ही एक-दूसरे के साथ संवाद कर सकती हैं, जिससे संभावित सुरक्षा उल्लंघनों और डेटा लीक को रोका जा सकता है।

• क्रॉस-प्लेटफ़ॉर्म समर्थन: सर्विस मेश प्लेटफ़ॉर्म-अज्ञेयवादी है और इसे विभिन्न क्लाउड प्रदाताओं और कंटेनर ऑर्केस्ट्रेशन प्लेटफ़ॉर्म पर तैनात किया जा सकता है। यह लचीलापन इसे मल्टी-क्लाउड और हाइब्रिड क्लाउड वातावरण के लिए उपयुक्त बनाता है, जिससे संगठनों को अंतर्निहित बुनियादी ढांचे की परवाह किए बिना लगातार संचार पैटर्न बनाए रखने की अनुमति मिलती है।

29.1.4. क्लाउड में लोकप्रिय सर्विस मेश कार्यान्वयन:

• इसके लिये:इस्तियो Google, IBM और Lyft द्वारा विकसित एक ओपन-सोर्स सर्विस मेश है। इसे कुबेरनेट्स के साथ निर्बाध रूप से काम करने के लिए डिज़ाइन किया गया है और यह मजबूत ट्रैफ़िक प्रबंधन, अवलोकन और सुरक्षा सुविधाएँ प्रदान करता है। इस्तियो को अपनी व्यापक क्षमताओं और बड़े पारिस्थितिकी तंत्र के लिए क्लाउड-नेटिव समुदाय में व्यापक रूप से अपनाया जाता है।

• बाएं:लिंकरड एक हल्का और तेज़ सर्विस मेश है जिसे विशेष रूप से क्लाउड-नेटिव अनुप्रयोगों के लिए डिज़ाइन किया गया है। यह रस्ट प्रोग्रामिंग भाषा के शीर्ष पर बनाया गया है और मजबूत प्रदर्शन और सरलता प्रदान करता है। लिंकरड अपने उपयोग में आसानी और न्यूनतम संसाधन पदचिह्न के लिए जाना जाता है।

• कौंसल कनेक्ट:कॉन्सल कनेक्ट हाशीकॉर्प कॉन्सल की एक विशेषता है, जो एक सर्विस मेश और सर्विस डिस्कवरी टूल है। कॉन्सल कनेक्ट सुरक्षित सेवा-से-सेवा संचार और सेवा विभाजन प्रदान करता है, जिससे यह उन संगठनों के लिए एक लोकप्रिय विकल्प बन जाता है जो पहले से ही सेवा खोज के लिए कॉन्सल का उपयोग कर रहे हैं।

29.2 क्लाउड परिवेश में सर्विस मेश का कार्यान्वयन

क्लाउड वातावरण में सर्विस मेश को लागू करने के लिए सर्विस मेश समाधान, उचित बुनियादी ढांचे की स्थापना और ट्रैफिक रूटिंग, सेवा खोज, सुरक्षा और अवलोकन जैसी आवश्यक सुविधाओं के कॉन्फ़िगरेशन पर सावधानीपूर्वक विचार करने की आवश्यकता होती है। सर्विस मेश को सफलतापूर्वक तैनात करके, आप माइक्रोसर्विसेज के बीच संचार की विश्वसनीयता, स्केलेबिलिटी और सुरक्षा को बढ़ा सकते हैं, जिससे आपके क्लाउड-नेटिव एप्लिकेशन कुशलतापूर्वक और अधिक आत्मविश्वास के साथ संचालित हो सकते हैं। जैसे-जैसे क्लाउड-नेटिव आर्किटेक्चर का विकास जारी है, सर्विस मेश माइक्रोसर्विसेज संचार की जटिलताओं को प्रबंधित करने और क्लाउड में क्लाउड-नेटिव प्रौद्योगिकियों की पूरी क्षमता को उजागर करने में महत्वपूर्ण भूमिका निभाता है।

29.2.1. एक सर्विस मेश समाधान चुनें:

क्लाउड वातावरण में सर्विस मेश लागू करते समय, पहला कदम एक उपयुक्त सर्विस मेश समाधान चुनना है। प्रत्येक सेवा जाल कार्यान्वयन, जैसे कि इस्तियो, लिंकरड और कॉन्सल कनेक्ट, विभिन्न क्लाउड प्लेटफार्मों के साथ सुविधाओं, जटिलता और संगतता के अपने सेट के साथ आता है। सर्विस मेश समाधान का चयन करते समय अपने एप्लिकेशन की विशिष्ट आवश्यकताओं, मौजूदा बुनियादी ढांचे के साथ एकीकरण के स्तर और वांछित सुविधा सेट जैसे कारकों पर विचार करें। इसके अतिरिक्त, अपना चयन करते समय परियोजना की परिपक्वता, सामुदायिक समर्थन और उपयोग में आसानी पर भी विचार करें।

29.2.2. बुनियादी ढांचा तैयार करें:

सर्विस मेश लागू करने से पहले, यह सुनिश्चित करना महत्वपूर्ण है कि आपका क्लाउड वातावरण ठीक से सेट हो। इसमें आम तौर पर कुबेरनेट्स जैसा कंटेनर ऑर्केस्ट्रेशन प्लेटफ़ॉर्म शामिल होता है, क्योंकि अधिकांश सेवा जाल समाधान कुबेरनेट्स के साथ निर्बाध रूप से काम करने के लिए डिज़ाइन किए गए हैं। सुनिश्चित करें कि आपकी माइक्रोसर्विसेज कंटेनरीकृत हैं और कुबेरनेट्स क्लस्टर के भीतर तैनात हैं।

29.2.3. डेटा प्लेन प्रॉक्सी तैनात करें:

डेटा प्लेन प्रॉक्सी, जिसे अक्सर साइडकार प्रॉक्सी कहा जाता है, सर्विस मेश के मूलभूत घटक हैं। ये हल्के नेटवर्क प्रॉक्सी कुबेरनेट्स क्लस्टर में प्रत्येक माइक्रोसर्विस के साथ तैनात किए गए हैं। वे संबंधित माइक्रोसर्विस के लिए सभी इनकमिंग और आउटगोइंग नेटवर्क ट्रैफ़िक को रोकते हैं और प्रबंधित करते हैं, सर्विस मेश द्वारा प्रदान की जाने वाली आवश्यक संचार कार्यक्षमताएँ प्रदान करते हैं।

29.2.4. नियंत्रण विमान कॉन्फ़िगर करें:

कंट्रोल प्लेन डेटा प्लेन प्रॉक्सी को प्रबंधित और कॉन्फ़िगर करने के लिए जिम्मेदार है। यह एक केंद्रीकृत नियंत्रण इंटरफ़ेस प्रदान करता है जहां प्रशासक संचार नीतियों, सुरक्षा उपायों, ट्रैफ़िक रूटिंग नियमों और अन्य सेवा जाल कॉन्फ़िगरेशन को परिभाषित करते हैं। नियंत्रण विमान ऑपरेटरों को व्यक्तिगत माइक्रोसर्विसेज में परिवर्तन किए बिना सेवा जाल के व्यवहार को गतिशील रूप से बदलने की अनुमति देता है।

चयनित सर्विस मेश समाधान के आधार पर, नियंत्रण विमान को कुबेरनेट्स संसाधनों के रूप में तैनात किया जा सकता है या सर्विस मेश प्लेटफ़ॉर्म द्वारा प्रदान किए गए समर्पित नियंत्रण विमान प्रबंधन उपकरणों के माध्यम से प्रबंधित किया जा सकता है।

29.2.5. ट्रैफ़िक रूटिंग नियम परिभाषित करें:

एक बार नियंत्रण विमान स्थापित हो जाने के बाद, आप माइक्रोसर्विसेज़ के बीच ट्रैफ़िक कैसे प्रवाहित होता है, इसे नियंत्रित करने के लिए ट्रैफ़िक रूटिंग नियमों को परिभाषित कर सकते हैं। इसमें आपके एप्लिकेशन के लचीलेपन को बढ़ाने के लिए लोड बैलेंसिंग एल्गोरिदम को कॉन्फ़िगर करना, रिट्रीज़, टाइमआउट और सर्किट ब्रेकर सेट करना शामिल है। सर्विस मेश समझदारी से ट्रैफ़िक को माइक्रोसर्विस के विभिन्न उदाहरणों पर रूट कर सकता है, जिससे बेहतर संसाधन उपयोग सक्षम हो सकता है और एप्लिकेशन के समग्र प्रदर्शन और उपलब्धता में सुधार हो सकता है।

29.2.6. सेवा खोज सक्षम करें:

सेवा खोज सेवा जाल की एक महत्वपूर्ण विशेषता है जो माइक्रोसर्विसेज को गतिशील रूप से एक दूसरे का पता लगाने और संचार करने में सक्षम बनाती है। सर्विस मेश हार्डकोडिंग आईपी एड्रेस या एंडपॉइंट्स की आवश्यकता को दूर करता है, जिससे माइक्रोसर्विसेज को नेटवर्क टोपोलॉजी में बदलावों को सहजता से अनुकूलित करने की अनुमति मिलती है। सुनिश्चित करें कि माइक्रोसर्विसेज के बीच प्रभावी संचार को सक्षम करने के लिए सेवा खोज सक्षम है और आपके सेवा जाल कार्यान्वयन के भीतर सही ढंग से कार्य कर रही है।

29.2.7. सुरक्षा उपाय लागू करें:

आपसी टीएलएस (एमटीएलएरा) एन्क्रिप्शन और एक्सेस कंट्रोल नीतियों को सक्षम करके अपने क्लाउड-नेटिव एप्लिकेशन की सुरक्षा बढ़ाएं। एमटीएलएस यह सुनिश्चित करता है कि माइक्रोसर्विसेज के बीच सभी संचार एन्क्रिप्टेड और प्रमाणित हैं, जिससे अनधिकृत पहुंच और जासूसी को रोका जा सके। एमटीएलएस के साथ, प्रत्येक माइक्रोसर्विस एक सुरक्षित कनेक्शन स्थापित करने से पहले अपने साथियों की पहचान को सत्यापित कर सकता है, यह सुनिश्चित करते हुए कि केवल विश्वसनीय सेवाएं ही एक-दूसरे के साथ संचार कर सकती हैं। इसके अलावा, सर्विस मेश परिभाषित

नियमों के आधार पर माइक्रोसर्विसेज के बीच संचार को प्रतिबंधित करने के लिए एक्सेस कंट्रोल नीतियों को लागू कर सकता है। सुरक्षा की एक अतिरिक्त परत.

29.2.8. अवलोकनशीलता सेट करें:

आपके एप्लिकेशन के भीतर संचार प्रवाह की निगरानी और समस्या निवारण के लिए अवलोकनशीलता आवश्यक है। सर्विस मेश कार्यान्वयन मेट्रिक्स, लॉग और वितरित ट्रेसिंग सहित विभिन्न अवलोकन सुविधाएँ प्रदान करता है। ये सुविधाएँ ऑपरेटरों और डेवलपर्स को व्यक्तिगत माइक्रोसर्विसेज और समग्र एप्लिकेशन के प्रदर्शन और स्वास्थ्य के बारे में जानकारी प्राप्त करने में मदद करती हैं।

निगरानी और लॉगिंग क्षमताओं को कॉन्फ़िगर करके, आप प्रदर्शन बाधाओं की पहचान कर सकते हैं, त्रुटियों का निदान कर सकते हैं और अपने क्लाउड-नेटिव एप्लिकेशन में समस्याओं का तुरंत जवाब दे सकते हैं।

29.2.9. परीक्षण और मॉनिटर:

यह सुनिश्चित करने के लिए कि यह अपेक्षा के अनुरूप काम करता है, अपने सर्विस मेश कार्यान्वयन का पूरी तरह से परीक्षण करें। ट्रैफ़िक रूटिंग, लोड संतुलन और सुरक्षा सुविधाओं की शुद्धता को सत्यापित करने के लिए परीक्षण परिदृश्यों का संचालन करें। विफलताओं और ट्रैफ़िक स्पाइक्स का अनुकरण करके अपने एप्लिकेशन की लचीलेपन का परीक्षण करें ताकि यह सुनिश्चित हो सके कि सेवा जाल ऐसी स्थितियों को शालीनता से संभाल सकता है।

एक बार जब सेवा जाल उत्पादन में तैनात हो जाए, तो उसके प्रदर्शन और व्यवहार की लगातार निगरानी करें। किसी भी विसंगति या अप्रत्याशित व्यवहार का पता लगाने के लिए मेट्रिक्स और लॉग की निगरानी करें, और माइक्रोसर्विसेज के माध्यम से अनुरोधों के प्रवाह का पालन करने के लिए वितरित ट्रेसिंग का उपयोग करें।

29.2.10. स्केल और अनुकूलन:

जैसे-जैसे आपका क्लाउड-नेटिव एप्लिकेशन बढ़ता है, अपने सर्विस मेश के प्रदर्शन की निगरानी करें और बढ़े हुए कार्यभार को संभालने के लिए उसके अनुसार स्केल करें। सेवा जाल को स्केल करने में अधिक डेटा प्लेन प्रॉक्सी जोड़ना या माइक्रोसर्विसेज और संचार ट्रैफ़िक की बढ़ती संख्या को समायोजित करने के लिए बुनियादी ढांचे को अपग्रेड करना शामिल है।

अपने एप्लिकेशन के देखे गए प्रदर्शन और आवश्यकताओं के आधार पर अपने सर्विस मेश कॉन्फ़िगरेशन और सेटिंग्स को लगातार अनुकूलित करें। अपने क्लाउड-नेटिव आर्किटेक्चर के सर्वोत्तम संभव प्रदर्शन और दक्षता को सुनिश्चित करने के लिए ट्रैफ़िक पैटर्न, संसाधन उपयोग और सुरक्षा नीतियों की नियमित समीक्षा करें।

29.3 सर्विस मेश के साथ यातायात प्रबंधन और सुरक्षा

ट्रैफ़िक प्रबंधन और सुरक्षा क्लाउड-नेटिव वातावरण में सेवा जाल के मूलभूत पहलू हैं। बुद्धिमान यातायात प्रबंधन क्षमताओं के साथ, सर्विस मेश इष्टतम संसाधन उपयोग, बेहतर प्रदर्शन और लचीलापन सुनिश्चित करता है। एमटीएलएस एन्क्रिप्शन और एक्सेस कंट्रोल सहित मजबूत सुरक्षा सुविधाएं, माइक्रोसर्विसेज को अनधिकृत पहुंच से बचाती हैं और सुरक्षित संचार सुनिश्चित करती हैं। मेट्रिक्स, मॉनिटरिंग, वितरित ट्रेसिंग और लॉगिंग जैसी अवलोकन क्षमताएं संचार प्रवाह में मूल्यवान अंतर्दृष्टि प्रदान करती हैं और प्रभावी समस्या निवारण में सहायता करती हैं। ट्रैफ़िक को प्रभावी ढंग से प्रबंधित करने और मजबूत सुरक्षा उपायों को लागू करके, सर्विस मेश क्लाउड में क्लाउड-नेटिव अनुप्रयोगों की समग्र विश्वसनीयता, स्केलेबिलिटी और सुरक्षा को बढ़ाता है।

29.3.1. यातायात प्रबंधन:

- भार का संतुलन: सर्विस मेश आने वाले ट्रैफ़िक को माइक्रोसर्विस के कई उदाहरणों में समान रूप से वितरित करने के लिए बुद्धिमान लोड संतुलन एल्गोरिदम को नियोजित करता है। लोड संतुलन यह सुनिश्चित करता है कि प्रत्येक इंस्टेंस को अनुरोधों का उचित हिस्सा प्राप्त हो, किसी एक इंस्टेंस के ओवरलोडिंग को रोका जा सके और इष्टतम संसाधन उपयोग की ओर अग्रसर किया जा सके। यह सुविधा समग्र एप्लिकेशन प्रदर्शन में सुधार करती है और लोड को समान रूप से वितरित करके उच्च उपलब्धता सुनिश्चित करती है।
- पुनः प्रयास और समय समाप्ति: नेटवर्क समस्याओं या सेवाओं की अस्थायी अनुपलब्धता के कारण वितरित सिस्टम में क्षणिक विफलताएँ हो सकती हैं। सेवा जाल विफल अनुरोधों के स्वचालित पुनर्प्रयास की अनुमति देता है, जिससे

क्षणिक विफलताओं का प्रभाव कम हो जाता है। ऑपरेटर पुनर्प्रयास की संख्या को कॉन्फ़िगर कर सकते हैं और अनुरोधों के लिए टाइमआउट सीमा निर्धारित कर सकते हैं, लंबे समय तक प्रतीक्षा को रोक सकते हैं और गैर-प्रतिक्रियाशील सेवाओं के मामले में संसाधनों को मुक्त कर सकते हैं।

• सर्किट ब्रेकिंग: सर्किट ब्रेकिंग एक महत्वपूर्ण ट्रैफ़िक प्रबंधन सुविधा है जो कैस्केडिंग विफलताओं को रोकती है। यदि कोई माइक्रोसर्विस समस्याओं का अनुभव करता है या अनुत्तरदायी हो जाता है, तो सर्विस मेश उस सेवा के लिए अनुरोध भेजना बंद कर देता है, विफल घटक को अलग कर देता है और डाउनस्ट्रीम सेवाओं पर प्रभाव को कम कर देता है। सर्किट ब्रेकिंग विफलताओं के दायरे को सीमित करके और तेजी से पुनर्प्राप्ति की अनुमति देकर एप्लिकेशन की लचीलापन को बढ़ाता है।

• यातायात विभाजन: सर्विस मेश ऑपरेटरों को ट्रैफ़िक को विभाजित करने में सक्षम बनाता है, अनुरोधों के एक हिस्से को माइक्रोसर्विस के विशिष्ट संस्करणों की ओर निर्देशित करता है। यह सुविधा कैनरी परिनियोजन या ए/बी परीक्षण के दौरान उपयोगी होती है जब किसी सेवा के नए संस्करण धीरे-धीरे उपयोगकर्ताओं के सबसेट के लिए पेश किए जाते हैं। ट्रैफ़िक विभाजन ऑपरेटरों को नए संस्करण को पूरी तरह से शुरू करने से पहले उसके प्रदर्शन और स्थिरता का आकलन करने की अनुमति देता है।

• यातायात स्थानांतरण:ट्रैफ़िक शिफ्टिंग के साथ, ऑपरेटर ट्रैफ़िक को माइक्रोसर्विस के एक संस्करण से दूसरे संस्करण में आसानी से स्थानांतरित कर सकते हैं। यह सेवा में रुकावट के बिना निर्बाध उन्नयन और रोलबैक को सक्षम बनाता है। नीले-हरे रंग की तैनाती के दौरान ट्रैफिक शिफ्टिंग विशेष रूप से उपयोगी होती है, जहां सेवा का नया संस्करण धीरे-धीरे पेश किया जाता है जबकि पिछला संस्करण अभी भी चल रहा है।

29.3.2. सुरक्षा:

• म्युचुअल टीएलएस (एमटीएलएस) एन्क्रिप्शन:सर्विस मेश माइक्रोसर्विसेज के बीच सभी संचार के लिए पारस्परिक टीएलएस (एमटीएलएस) एन्क्रिप्शन लागू करता है। एमटीएलएस यह सुनिश्चित करता है कि सभी नेटवर्क ट्रैफ़िक एन्क्रिप्टेड और प्रमाणित हैं, जो एंड-टू-एंड सुरक्षा प्रदान करते हैं। सर्विस मेश में प्रत्येक डेटा प्लेन प्रॉक्सी की अपनी पहचान होती है, और प्रॉक्सी के बीच सभी संचार अद्वितीय प्रमाणपत्रों के साथ एन्क्रिप्ट किए जाते हैं। यह मजबूत एन्क्रिप्शन तंत्र संवेदनशील डेटा तक अनधिकृत पहुंच को रोकता है और संचार प्रवाह की अखंडता सुनिश्चित करता है।

• अभिगम नियंत्रण और प्राधिकरण: सर्विस मेश एक्सेस कंट्रोल और प्राधिकरण नीतियों का समर्थन करता है, जिससे ऑपरेटरों को यह परिभाषित करने की अनुमति मिलती है कि कौन से माइक्रोसर्विसेज एक-दूसरे के साथ संवाद कर सकते हैं और उन्हें कौन से कार्य करने की अनुमति है। यह सुविधा सुनिश्चित करती है कि केवल अधिकृत सेवाएँ ही बातचीत कर सकती हैं, जिससे अनधिकृत पहुंच और संभावित सुरक्षा उल्लंघनों का जोखिम कम हो जाता है।

• सेवा पहचान और प्रमाणीकरण: सर्विस मेश X.509 प्रमाणपत्रों के माध्यम से मजबूत सेवा पहचान प्रदान करता है, जिससे प्रत्येक माइक्रोसर्विस को अन्य सेवाओं के साथ संचार करते समय अपनी पहचान साबित करने की अनुमति मिलती है। यह सुनिश्चित करता है कि सेवाएँ अपने समकक्षों की पहचान पर भरोसा कर सकती हैं और बीच-बीच में होने वाले हमलों को रोक सकती हैं।

• सुरक्षित सेवा-से-सेवा संचार: एमटीएलएस लागू करने और सुरक्षित संचार प्रोटोकॉल लागू करके, सर्विस मेश माइक्रोसर्विसेज के बीच एक सुरक्षित संचार चैनल स्थापित करता है। यह सुरक्षा उपाय संवेदनशील डेटा की सुरक्षा करता है और यह सुनिश्चित करता है कि माइक्रोसर्विसेज के बीच संचार गोपनीय और छेड़छाड़-रोधी बना रहे।

• वितरित सेवा से इनकार (डीडीओएस) सुरक्षा: सर्विस मेश दर सीमित करने और ट्रैफ़िक फ़िल्टरिंग नीतियों को लागू करके DDoS सुरक्षा प्रदान कर सकता है। ये उपाय आने वाले ट्रैफ़िक की मात्रा को सीमित करके और सेवा व्यवधानों को रोककर DDoS हमलों के प्रभाव को कम करने में मदद करते हैं।

29.3.3. अवलोकनीयता:

• मेट्रिक्स और निगरानी:सर्विस मेश व्यापक मेट्रिक्स और निगरानी क्षमताएं प्रदान करता है, जिससे ऑपरेटरों को माइक्रोसर्विसेज के प्रदर्शन, विलंबता और त्रुटि दर की निगरानी करने की अनुमति मिलती है। ये मेट्रिक्स व्यक्तिगत सेवाओं के स्वास्थ्य और समग्र अनुप्रयोग में मूल्यवान अंतर्दृष्टि प्रदान करते हैं। मॉनिटरिंग ऑपरेटरों को प्रदर्शन बाधाओं की पहचान करने, समस्याओं का निदान करने और एप्लिकेशन के प्रदर्शन को अनुकूलित करने में मदद करती है।

• वितरित अनुरेखण: सर्विस मेश में वितरित ट्रेसिंग ऑपरेटरों को अनुरोध की यात्रा का पता लगाने की अनुमति देती है क्योंकि यह कई माइक्रोसर्विसेज के माध्यम से बहती है। यह सुविधा संचार प्रवाह का एक विस्तृत दृश्य प्रदान करती है और विलंबता मुद्दों का निदान करने और सेवाओं के बीच बातचीत को समझने में मदद करती है। वितरित सिस्टम में जटिल समस्याओं के निवारण के लिए वितरित ट्रेसिंग महत्वपूर्ण है।

• लॉगिंग और त्रुटि प्रबंधन: सर्विस मेश सभी माइक्रोसर्विसेज से लॉग एकत्र कर सकता है, केंद्रीकृत त्रुटि प्रबंधन और लॉगिंग प्रदान कर सकता है। यह केंद्रीकृत दृष्टिकोण एप्लिकेशन को प्रभावित करने वाली त्रुटियों और मुद्दों की पहचान करना और उनका जवाब देना आसान बनाता है। लॉग एकत्र करने और उनका विश्लेषण करने से, ऑपरेटर एप्लिकेशन के व्यवहार में बेहतर दृश्यता प्राप्त करते हैं और किसी भी विसंगति या त्रुटि को तुरंत संबोधित कर सकते हैं।

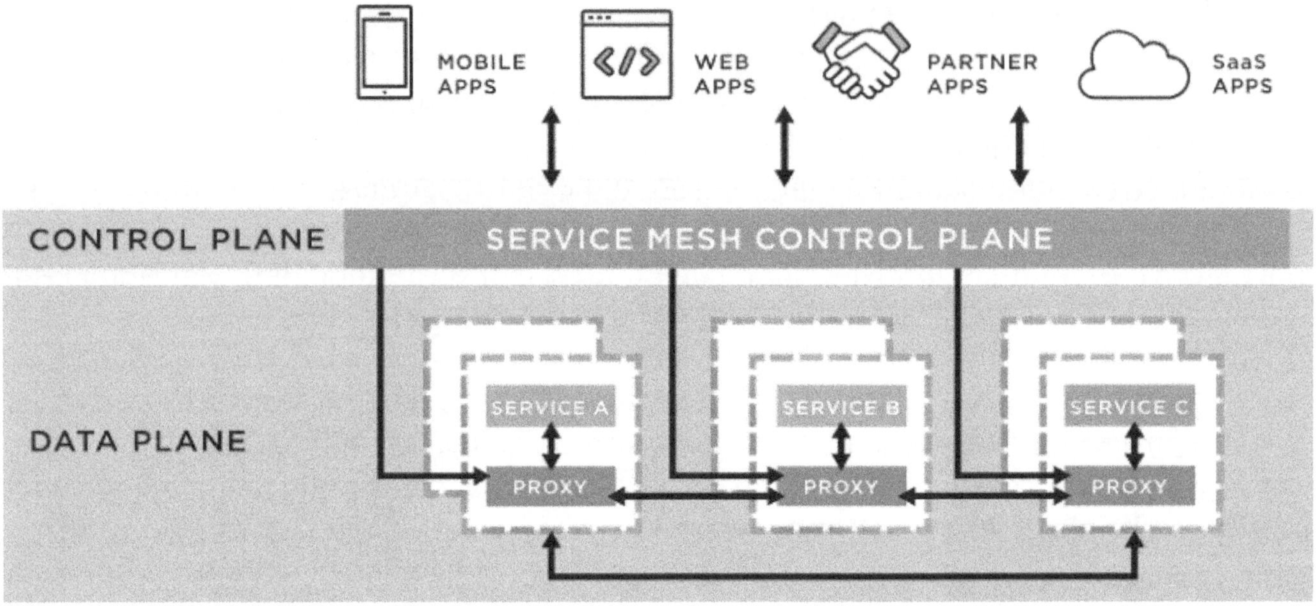

<u>अभ्यास</u>

बहु विकल्पीय प्रश्न

1. क्लाउड-नेटिव वातावरण में सर्विस मेश की प्राथमिक भूमिका क्या है?

a) माइक्रोसर्विसेज के लिए नेटवर्क इंफ्रास्ट्रक्चर को संभालना

b) माइक्रोसर्विसेज के बीच सुरक्षित संचार सुनिश्चित करना

c) कुबेरनेट्स क्लस्टर में ऑर्केस्ट्रेटिंग कंटेनर

d) क्लाउड वातावरण में सर्वर रहित कार्यों का प्रबंधन करना

2. सर्विस मेश का कौन सा घटक माइक्रोसर्विसेज के लिए नेटवर्क ट्रैफिक को रोकने और प्रबंधित करने के लिए जिम्मेदार है?

a) भार संतुलन

b) विमान नियंत्रण

c) डेटा प्लेन

d) सेवा रजिस्ट्री

3. सर्विस मेश के भीतर सेवा खोज क्या सक्षम बनाती है?

a) माइक्रोसर्विसेज के बीच लोड संतुलन

b) माइक्रोसर्विसेज की स्वचालित स्केलिंग

c) हार्डकोडेड एंडपॉइंट के बिना माइक्रोसर्विसेज के बीच गतिशील संचार

d) बेहतर सुरक्षा के लिए सेवा अलगाव

4. सर्विस मेश में लोड संतुलन का उद्देश्य क्या है?

a) माइक्रोसर्विसेज के बीच संचार को एन्क्रिप्ट करना

b) माइक्रोसर्विस इंस्टेंसेस में आने वाले ट्रैफ़िक का समान वितरण सुनिश्चित करना

c) माइक्रोसर्विसेज़ के बीच विफल अनुरोधों को स्वचालित रूप से पुनः प्रयास करना

d) माइक्रोसर्विसेज के लिए मेट्रिक्स की निगरानी और विश्लेषण

5. सर्विस मेश की कौन सी सुरक्षा सुविधा माइक्रोसर्विसेज के बीच सभी संचार को एन्क्रिप्ट करती है?

a) अभिगम नियंत्रण

b) सेवा खोज

c) म्युचुअल टीएलएस (एमटीएलएस) एन्क्रिप्शन

d) भार का संतुलन

6. सर्विस मेश का नियंत्रण तल प्रशासकों को क्या करने की अनुमति देता है?

a) माइक्रोसर्विसेज के लिए नेटवर्क ट्रैफ़िक संभालें

b) माइक्रोसर्विसेज के लिए लोड संतुलन कॉन्फ़िगर करें

c) सेवा जाल के व्यवहार को गतिशील रूप से बदलें

d) माइक्रोसर्विसेज के लिए डेटा स्टोर करें

7. सर्विस मेश क्लाउड-नेटिव एप्लिकेशन की विश्वसनीयता कैसे बढ़ाता है?

a) ट्रैफ़िक की मांग के आधार पर माइक्रोसर्विसेज को स्वचालित रूप से स्केल करके

b) माइक्रोसर्विस संचार का केंद्रीकृत नियंत्रण और प्रबंधन प्रदान करके

c) एमटीएलएस एन्क्रिप्शन के साथ माइक्रोसर्विसेज के बीच संचार सुरक्षित करके

d) निगरानी और समस्या निवारण के लिए व्यापक अवलोकन सुविधाएँ प्रदान करके

8. सर्विस मेश में वितरित ट्रेसिंग का क्या लाभ है?

a) माइक्रोसर्विसेज़ पर DDoS हमलों को रोकना

b) माइक्रोसर्विसेज के प्रदर्शन और त्रुटि दर की निगरानी करना

c) विलंबता के मुद्दों का निदान करना और माइक्रोसर्विसेज के बीच संचार प्रवाह को समझना

d) माइक्रोसर्विसेज के बीच सुरक्षित संचार सुनिश्चित करना

समीक्षा प्रश्न

1. क्लाउड-नेटिव वातावरण में सर्विस मेश का उपयोग करने के मुख्य लाभ क्या हैं?
2. सर्विस मेश माइक्रोसर्विसेज के बीच सुरक्षित संचार कैसे सुनिश्चित करता है?
3. सर्विस डिस्कवरी सर्विस मेश में कैसे काम करती है?
4. सर्विस मेश में लोड संतुलन क्या भूमिका निभाता है?
5. सर्विस मेश का नियंत्रण तल प्रबंधनीयता को कैसे बढ़ाता है?
6. सर्विस मेश क्लाउड-नेटिव अनुप्रयोगों के समस्या निवारण और निगरानी में कैसे सहायता करता है?
7. सर्विस मेश में यातायात प्रबंधन का क्या महत्व है?
8. सर्विस मेश क्लाउड-नेटिव वातावरण में निर्बाध स्केलिंग और अनुकूलन को कैसे सक्षम बनाता है?

उत्तर अनुभाग

बहु विकल्पीय प्रश्न

1. बी) माइक्रोसर्विसेज के बीच सुरक्षित संचार सुनिश्चित करना
2. ग) डेटा प्लेन
3. ग) हार्डकोडेड एंडपॉइंट के बिना माइक्रोसर्विसेज के बीच गतिशील संचार
4. बी) माइक्रोसर्विस इंस्टेंसेस में आने वाले ट्रैफ़िक का समान वितरण सुनिश्चित करना
5. सी) म्युचुअल टीएलएस (एमटीएलएस) एन्क्रिप्शन
6. ग) सेवा जाल के व्यवहार को गतिशील रूप से बदलें
7. बी) माइक्रोसर्विस संचार का केंद्रीकृत नियंत्रण और प्रबंधन प्रदान करके
8. ग) विलंबता के मुद्दों का निदान करना और माइक्रोसर्विसेज के बीच संचार प्रवाह को समझना

समीक्षा प्रश्न

1. क्लाउड-नेटिव वातावरण में सर्विस मेश का उपयोग करने के मुख्य लाभों में सेवा-से-सेवा संचार की बढ़ी हुई विश्वसनीयता, अवलोकनशीलता और सुरक्षा शामिल है। यह माइक्रोसर्विसेज के बीच संचार को सरल बनाता है, कॉन्फ़िगरेशन के प्रबंधन के लिए केंद्रीकृत नियंत्रण प्रदान करता है, और नेटवर्क टोपोलॉजी में परिवर्तनों के लिए निर्बाध स्केलिंग और अनुकूलन को सक्षम बनाता है। लोड संतुलन और पुनः प्रयास जैसी यातायात प्रबंधन सुविधाओं के साथ, सर्विस मेश इष्टतम संसाधन उपयोग और उच्च उपलब्धता सुनिश्चित करता है। अंतर्निहित सुरक्षा उपाय, जैसे पारस्परिक टीएलएस एन्क्रिप्शन और एक्सेस नियंत्रण, माइक्रोसर्विसेज को अनधिकृत पहुंच और संभावित सुरक्षा उल्लंघनों से बचाते हैं। मेट्रिक्स और वितरित ट्रेसिंग जैसी अवलोकन योग्यता सुविधाएँ, बेहतर अनुप्रयोग प्रदर्शन के लिए संचार प्रवाह की निगरानी और समस्या निवारण में सहायता करती हैं।
2. एक सर्विस मेश आपसी टीएलएस (एमटीएलएस) एन्क्रिप्शन और एक्सेस कंट्रोल के माध्यम से माइक्रोसर्विसेज के बीच सुरक्षित संचार सुनिश्चित करता है। एमटीएलएस यह सुनिश्चित करता है कि सभी नेटवर्क ट्रैफ़िक एन्क्रिप्टेड और प्रमाणित हैं, जो एंड-टू-एंड सुरक्षा प्रदान करते हैं। सर्विस मेश में प्रत्येक डेटा प्लेन प्रॉक्सी की अपनी पहचान होती है, और प्रॉक्सी के बीच सभी संचार अद्वितीय प्रमाणपत्रों के साथ एन्क्रिप्ट किए जाते हैं। यह मजबूत एन्क्रिप्शन तंत्र संवेदनशील डेटा तक अनधिकृत पहुंच को रोकता है और संचार प्रवाह की अखंडता सुनिश्चित करता है। इसके अतिरिक्त, सेवा जाल में पहुंच नियंत्रण नीतियां प्रशासकों को यह परिभाषित करने की अनुमति देती हैं कि कौन सी माइक्रोसर्विसेज एक-दूसरे के साथ संचार कर सकती हैं और उन्हें कौन से कार्य करने की अनुमति है, जिससे संचार की सुरक्षा और बढ़ जाती है।
3. सर्विस मेश में सेवा खोज हार्डकोडेड आईपी पते या एंडपॉइंट पर भरोसा किए बिना माइक्रोसर्विसेज के साथ पता लगाने और संचार करने की प्रक्रिया को स्वचालित करती है। सेवा जाल सेवा खोज की जटिलताओं को दूर करता है, जिससे यह नेटवर्क टोपोलॉजी में परिवर्तनों के लिए गतिशील और अनुकूलनीय बन जाता है। जब एक माइक्रोसर्विस को किसी अन्य माइक्रोसर्विस के साथ संचार करने की आवश्यकता होती है, तो यह सर्विस मेश को एक अनुरोध भेजता

है, जो तब लक्ष्य माइक्रोसर्विस का स्थान निर्धारित करने के लिए अपनी सेवा रजिस्ट्री का उपयोग करता है। सर्विस मेश यह सुनिश्चित करता है कि प्रत्येक माइक्रोसर्विसेज अन्य माइक्रोसर्विसेज को निर्बाध रूप से ढूंढ सके और उनके साथ इंटरैक्ट कर सके, जिससे वितरित एप्लिकेशन में परिवर्तनों के लिए आसान स्केलिंग और अनुकूलन सक्षम हो सके।

4. सर्विस मेश में लोड संतुलन माइक्रोसर्विस के कई उदाहरणों में आने वाले ट्रैफ़िक का समान वितरण सुनिश्चित करता है। यह सुविधा संसाधन उपयोग में सुधार करती है और माइक्रोसर्विस के किसी एक उदाहरण को अनुरोधों से अभिभूत होने से रोकती है। सर्विस मेश सर्वर स्वास्थ्य, क्षमता और प्रतिक्रिया समय जैसे कारकों के आधार पर ट्रैफ़िक वितरित करने के लिए बुद्धिमान लोड संतुलन एल्गोरिदम का उपयोग करता है। लोड को समान रूप से वितरित करके, लोड संतुलन यह सुनिश्चित करता है कि माइक्रोसर्विस के सभी उदाहरण अनुरोध बोझ को साझा करते हैं, जिससे बेहतर प्रदर्शन, उपलब्धता में वृद्धि और सेवा अधिभार की संभावना कम हो जाती है।

5. सर्विस मेश का नियंत्रण विमान एक केंद्रीकृत नियंत्रण इंटरफ़ेस प्रदान करता है जहां ऑपरेटर संचार नीतियों, सुरक्षा उपायों, ट्रैफ़िक रूटिंग नियमों और अन्य सर्विस मेश कॉन्फ़िगरेशन को परिभाषित करते हैं। यह केंद्रीकरण स्थिरता को बढ़ावा देता है और परिचालन ओवरहेड को कम करता है, जिससे नीतियों को लागू करना और संपूर्ण वितरित एप्लिकेशन में समान रूप से परिवर्तन लागू करना आसान हो जाता है। प्रशासक अलग-अलग माइक्रोसर्विसेज को संशोधित किए बिना सेवा जाल के व्यवहार को गतिशील रूप से बदल सकते हैं, जिससे विकसित होती एप्लिकेशन आवश्यकताओं के लिए आसान प्रयोग और अनुकूलन की अनुमति मिलती है। नियंत्रण विमान सेवा जाल के मस्तिष्क के रूप में कार्य करता है, जो नेटवर्क ट्रैफ़िक को रोकने और प्रबंधित करने के लिए जिम्मेदार डेटा विमान प्रॉक्सी को प्रबंधित और कॉन्फ़िगर करने के लिए नियंत्रण का एक बिंदु प्रदान करता है।

6. सर्विस मेश मेट्रिक्स, लॉग और वितरित ट्रेसिंग सहित व्यापक अवलोकन क्षमताएं प्रदान करता है, जो क्लाउड-नेटिव अनुप्रयोगों के समस्या निवारण और निगरानी में सहायता करता है। मेट्रिक्स और मॉनिटरिंग सुविधाएँ ऑपरेटरों को माइक्रोसर्विसेज के प्रदर्शन, विलंबता और त्रुटि दर की निगरानी करने की अनुमति देती हैं, जो व्यक्तिगत सेवाओं और समग्र एप्लिकेशन के स्वास्थ्य में मूल्यवान अंतर्दृष्टि प्रदान करती हैं। वितरित ट्रेसिंग ऑपरेटरों को अनुरोध की यात्रा का पता लगाने की अनुमति देती है क्योंकि यह कई माइक्रोसर्विसेज के माध्यम से बहती है, विलंबता के मुद्दों का निदान करने और सेवाओं के बीच बातचीत को समझने में मदद करती है। सभी माइक्रोसर्विसेज से एकत्रित जानकारी को लॉग करता है, एप्लिकेशन के व्यवहार में बेहतर दृश्यता और किसी भी विसंगति या त्रुटि पर त्वरित प्रतिक्रिया के लिए केंद्रीकृत त्रुटि प्रबंधन और लॉगिंग प्रदान करता है।

7. सर्विस मेश में ट्रैफ़िक प्रबंधन माइक्रोसर्विसेज के बीच संचार प्रवाह को अनुकूलित करने में महत्वपूर्ण भूमिका निभाता है। इसमें लोड बैलेंसिंग, रिट्रीट, टाइमआउट, सर्किट ब्रेकिंग, ट्रैफिक स्प्लिटिंग और शिफ्टिंग शामिल है। लोड संतुलन माइक्रोसर्विस के कई उदाहरणों में आने वाले ट्रैफ़िक का समान वितरण सुनिश्चित करता है, ओवरलोडिंग को रोकता है और प्रदर्शन में सुधार करता है। पुनः प्रयास और टाइमआउट स्वचालित रूप से क्षणिक विफलताओं को संभालते हैं, जिससे नेटवर्क समस्याओं का प्रभाव कम हो जाता है। सर्किट ब्रेकिंग विफल घटकों को अलग करता है, कैस्केडिंग विफलताओं को रोकता है और एप्लिकेशन के लचीलेपन को बढ़ाता है। ट्रैफ़िक विभाजन कैनरी तैनाती और ए/बी परीक्षण की अनुमति देता है, जबकि ट्रैफ़िक स्थानांतरण सेवा रुकावट के बिना सुचारू संस्करण अपग्रेड और रोलबैक को सक्षम बनाता है। ये सभी सुविधाएँ सामूहिक रूप से क्लाउड-नेटिव अनुप्रयोगों की विश्वसनीयता, स्केलेबिलिटी और प्रतिक्रिया सुनिश्चित करती हैं।

8. सर्विस मेश गतिशील सेवा खोज और ट्रैफ़िक प्रबंधन सुविधाएँ प्रदान करके क्लाउड-नेटिव वातावरण में निर्बाध स्केलिंग और अनुकूलन को सक्षम बनाता है। सेवा खोज के साथ, माइक्रोसर्विसेज हार्डकोडेड एंडपॉइंट्स पर भरोसा किए बिना एक-दूसरे का पता लगा सकते हैं और संचार कर सकते हैं, जिससे नए उदाहरण जुड़ने पर आसान स्केलिंग की अनुमति मिलती है। लोड संतुलन और रूटिंग जैसी ट्रैफ़िक प्रबंधन सुविधाएँ यह सुनिश्चित करती हैं कि ट्रैफ़िक को बुद्धिमानी से वितरित किया जाए, सेवा अधिभार से बचा जाए और कार्यभार में बदलाव के रूप में जवाबदेही बनाए रखी जाए। इसके अतिरिक्त, केंद्रीय नियंत्रण विमान प्रशासकों को वास्तविक समय में माइक्रोसर्विसेज के संचार व्यवहार को अनुकूलित करते हुए, सेवा जाल कॉन्फ़िगरेशन को गतिशील रूप से बदलने की अनुमति देता है। ये क्षमताएं क्लाउड-नेटिव अनुप्रयोगों को कुशलतापूर्वक स्केल करने और मांग और नेटवर्क टोपोलॉजी में उतार-चढ़ाव के अनुकूल बनाने में सक्षम बनाती हैं।

अध्याय 30: क्लाउड गवर्नेंस और अनुपालन स्वचालन

30.1 क्लाउड गवर्नेंस ऑटोमेशन उपकरण और तकनीकें

बड़े पैमाने पर क्लाउड इंफ्रास्ट्रक्चर को प्रभावी ढंग से प्रबंधित करने के लिए क्लाउड गवर्नेंस ऑटोमेशन टूल और तकनीक अपरिहार्य हैं। कोड, कॉन्फ़िगरेशन प्रबंधन, नीति इंजन, निरंतर अनुपालन निगरानी, संसाधन टैगिंग स्वचालन, स्व-सेवा पोर्टल, ऑटो-स्केलिंग, सुरक्षा स्कैनिंग और ऑडिट लॉगिंग स्वचालन के रूप में बुनियादी ढांचे को लागू करके, संगठन शासन दक्षता बढ़ा सकते हैं, अनुपालन बनाए रख सकते हैं और क्लाउड संसाधन का अनुकूलन कर सकते हैं। उपयोग. स्वचालन मैन्युअल प्रयासों को कम करता है, त्रुटियों को कम करता है, और संगठनों को अपने क्लाउड वातावरण को अधिक चपलता और आत्मविश्वास के साथ प्रबंधित करने के लिए सशक्त बनाता है।

30.1.1. कोड के रूप में इन्फ्रास्ट्रक्चर (IaC):

कोड के रूप में इन्फ्रास्ट्रक्चर क्लाउड गवर्नेंस के लिए एक मूलभूत स्वचालन तकनीक है। इसमें एडब्ल्यूएस क्लाउडफॉर्मेशन, एज़्योर रिसोर्स मैनेजर (एआरएम) टेम्प्लेट या टेराफॉर्म जैसे फ्रेमवर्क का उपयोग करके कोड के माध्यम से क्लाउड संसाधनों का प्रबंधन करना शामिल है। संगठन अपने बुनियादी ढांचे को कोड के रूप में परिभाषित करते हैं, जो उन्हें संस्करण नियंत्रण और क्लाउड संसाधनों की तैनाती और प्रबंधन को स्वचालित करने की अनुमति देता है। IaC स्थिरता सुनिश्चित करता है, मानवीय त्रुटियों को कम करता है, और क्लाउड इंफ्रास्ट्रक्चर के त्वरित और दोहराए जाने योग्य प्रावधान को सक्षम बनाता है।

30.1.2. विन्यास प्रबंधन:

शेफ, पपेट और अन्सिबल जैसे कॉन्फ़िगरेशन प्रबंधन उपकरण क्लाउड इंस्टेंस और एप्लिकेशन के कॉन्फ़िगरेशन और प्रबंधन को स्वचालित करते हैं। ये उपकरण वांछित कॉन्फ़िगरेशन लागू करते हैं, सुरक्षा नीतियां लागू करते हैं, और बड़े पैमाने पर कई उदाहरणों में अपडेट करते हैं। कॉन्फ़िगरेशन प्रबंधन यह सुनिश्चित करके एक सुसंगत और सुरक्षित क्लाउड वातावरण बनाए रखने में मदद करता है कि कॉन्फ़िगरेशन संगठनात्मक मानकों के साथ संरेखित है।

30.1.3. क्लाउड गवर्नेंस नीति इंजन:

क्लाउड गवर्नेंस नीति इंजन संगठनों को अपने क्लाउड संसाधनों पर नीतियों को परिभाषित करने और लागू करने में सक्षम बनाते हैं। ये इंजन पूर्वनिर्धारित नीतियों के अनुसार क्लाउड संसाधनों का मूल्यांकन करते हैं और गैर-अनुपालक संसाधनों के लिए स्वचालित सुधारात्मक कार्रवाई प्रदान करते हैं। नीति इंजन शासन नीतियों की निरंतर निगरानी और कार्यान्वयन द्वारा संगठनों को अनुपालन, सुरक्षा और लागत अनुकूलन बनाए रखने में मदद करते हैं।

30.1.4. सतत अनुपालन निगरानी:

सतत अनुपालन निगरानी उपकरण नियमित रूप से उद्योग मानकों और नियामक आवश्यकताओं के विरुद्ध क्लाउड संसाधनों का आकलन करते हैं। ये उपकरण अनुपालन स्थिति की वास्तविक समय पर दृश्यता प्रदान करते हैं, विचलन की पहचान करते हैं, और उल्लंघन होने पर अलर्ट या सुधारात्मक कार्रवाई शुरू करते हैं। निरंतर अनुपालन निगरानी शासन नीतियों का निरंतर पालन सुनिश्चित करती है, जिससे अनुपालन जोखिम कम हो जाते हैं।

30.1.5. स्वचालित संसाधन टैगिंग:

संसाधन टैगिंग स्वचालन उपकरण स्वचालित रूप से पूर्वनिर्धारित नियमों के आधार पर संसाधन टैग लागू और लागू करते हैं। टैग संसाधनों को वर्गीकृत करने और पहचानने में मदद करते हैं, जिससे लागत आवंटित करना, उपयोग को ट्रैक करना और सुरक्षा नीतियों को लागू करना आसान हो जाता है। संसाधन टैगिंग को स्वचालित करके, संगठन लगातार टैगिंग प्रथाओं को सुनिश्चित कर सकते हैं और संसाधन प्रबंधन में सुधार कर सकते हैं।

30.1.6. स्वयं-सेवा पोर्टल:

स्व-सेवा पोर्टल पूर्वनिर्धारित शासन नीतियों का पालन करते हुए क्लाउड संसाधनों का अनुरोध और प्रावधान करने के लिए टीमों को एक उपयोगकर्ता-अनुकूल इंटरफ़ेस प्रदान करते हैं। स्व-सेवा पोर्टलों में स्वचालन संसाधन प्रावधान को सुव्यवस्थित करता है, यह सुनिश्चित करता है कि संसाधनों को आवश्यक अनुमोदन और अनुपालन जांच के साथ तैनात किया गया है।

30.1.7. ऑटो-स्केलिंग और लागत अनुकूलन:

क्लाउड गवर्नेंस ऑटोमेशन कार्यभार मांगों के आधार पर संसाधनों को गतिशील रूप से समायोजित करने के लिए ऑटो-स्केलिंग क्षमताओं का लाभ उठा सकता है। यह संसाधनों के उपयोग को अनुकूलित करने और संसाधनों को स्वचालित रूप से ऊपर या नीचे स्केल करके लागत को कम करने में मदद करता है, जिससे क्लाउड संसाधनों का कुशल उपयोग सुनिश्चित होता है।

30.1.8. स्वचालित सुरक्षा स्कैनिंग:

स्वचालित सुरक्षा स्कैनिंग उपकरण सुरक्षा कमजोरियों, गलत कॉन्फ़िगरेशन और संभावित खतरों के लिए क्लाउड संसाधनों की लगातार निगरानी करते हैं। ये उपकरण वास्तविक समय में सुरक्षा अलर्ट प्रदान करते हैं और स्वचालित रूप से सुरक्षा समस्याओं का समाधान करते हैं, जिससे एक सुरक्षित और अनुपालन क्लाउड वातावरण सुनिश्चित होता है।

30.1.9. ऑडिट लॉगिंग और निगरानी:

ऑडिट लॉगिंग और मॉनिटरिंग का स्वचालन संगठनों को अपने क्लाउड वातावरण में उपयोगकर्ता गतिविधियों, संसाधन परिवर्तनों और एक्सेस अनुमतियों को ट्रैक करने में सक्षम बनाता है। स्वचालित लॉगिंग अनुपालन ऑडिट को सरल बनाती है और सुरक्षा घटनाओं का तुरंत पता लगाने और प्रतिक्रिया देने में मदद करती है।

30.2 अनुपालन निगरानी और प्रवर्तन

अनुपालन निगरानी और प्रवर्तन क्लाउड गवर्नेंस के आवश्यक घटक हैं। निरंतर अनुपालन स्कैनिंग, वास्तविक समय अलर्ट, ऑडिट लॉगिंग, भेद्यता प्रबंधन और अनुपालन डैशबोर्ड को लागू करके, संगठन सक्रिय रूप से अपने क्लाउड वातावरण में अनुपालन की निगरानी और रखरखाव कर सकते हैं। नीतियों को परिभाषित करने, स्वचालित सुधार, आरबीएसी, नियमित ऑडिट और कर्मचारी प्रशिक्षण जैसी सर्वोत्तम प्रथाओं का पालन यह सुनिश्चित करता है कि अनुपालन पूरे संगठन में सर्वोच्च प्राथमिकता बनी हुई है। क्लाउड प्रदाता अनुपालन सेवाओं का लाभ उठाना और तीसरे पक्ष के ऑडिट में शामिल होना अनुपालन और सुरक्षा के प्रति संगठन की प्रतिबद्धता को दर्शाता है, जिससे ग्राहकों और हितधारकों में विश्वास पैदा होता है। निरंतर अनुपालन निगरानी और प्रवर्तन एक सुरक्षित और अनुपालन क्लाउड वातावरण को बढ़ावा देता है, जोखिमों को कम करता है और डेटा और सेवाओं की गोपनीयता, अखंडता और उपलब्धता सुनिश्चित करता है।

30.2.1. अनुपालन निगरानी घटक:

- सतत अनुपालन स्कैनिंग:प्रासंगिक नियमों और नीतियों के अनुपालन का आकलन करने के लिए स्वचालित उपकरण लगातार क्लाउड संसाधनों को स्कैन करते हैं। ये उपकरण अनुपालन मानकों से किसी भी विचलन की पहचान करने के लिए कॉन्फ़िगरेशन, एक्सेस नियंत्रण, एन्क्रिप्शन और अन्य सुरक्षा उपायों का मूल्यांकन करते हैं।
- वास्तविक समय अलर्ट और सूचनाएं:वास्तविक समय अलर्ट और सूचनाएं सेट करने से संगठनों को अनुपालन उल्लंघनों का तुरंत समाधान करने की अनुमति मिलती है। स्वचालित अलर्ट यह सुनिश्चित करते हैं कि संभावित मुद्दों की शीघ्र पहचान की जाए और उनका समाधान किया जाए, जिससे गैर-अनुपालन और संभावित सुरक्षा उल्लंघनों का जोखिम कम हो जाता है।
- ऑडिट लॉगिंग और निगरानी:ऑडिट लॉगिंग सक्षम करना और क्लाउड संसाधनों, उपयोगकर्ता गतिविधियों और एक्सेस अनुमतियों में ट्रैक परिवर्तनों की निगरानी करना। ऑडिट लॉग घटनाओं का एक विस्तृत रिकॉर्ड प्रदान करते हैं, जो पारदर्शिता और जवाबदेही सुनिश्चित करने के लिए अनुपालन ऑडिट और जांच के लिए आवश्यक है।
- भेद्यता प्रबंधन:स्वचालित भेद्यता प्रबंधन उपकरण सुरक्षा कमजोरियों के लिए क्लाउड संसाधनों को स्कैन करते हैं और उनके निवारण को प्राथमिकता देते हैं। नियमित भेद्यता स्कैन संभावित सुरक्षा जोखिमों को सक्रिय रूप से संबोधित करके एक सुरक्षित और अनुपालन क्लाउड वातावरण बनाए रखने में मदद करता है।
- अनुपालन डैशबोर्ड और रिपोर्टिंग: अनुपालन डैशबोर्ड और रिपोर्टिंग टूल संगठन की अनुपालन स्थिति और रुझानों का एक व्यापक दृश्य प्रदान करते हैं। ये डैशबोर्ड अनुपालन प्रयासों की निगरानी करने और उन क्षेत्रों की पहचान करने में हितधारकों की सहायता करते हैं जिन पर ध्यान देने या सुधार की आवश्यकता है।

30.2.2. अनुपालन प्रवर्तन के लिए सर्वोत्तम अभ्यास:

• नीतियों को परिभाषित करें और दस्तावेजित करें:नियामक आवश्यकताओं और आंतरिक सुरक्षा मानकों सहित अनुपालन नीतियों को स्पष्ट रूप से परिभाषित करना और दस्तावेजीकरण करना यह सुनिश्चित करता है कि सभी प्रासंगिक हितधारक इन नीतियों से अवगत हैं और उनका पालन कर सकते हैं।

• इन्फ्रास्ट्रक्चर को कोड (IaC) के रूप में लागू करें:कोड टेम्प्लेट के रूप में इंफ्रास्ट्रक्चर का लाभ उठाने से क्लाउड संसाधनों के लिए अनुपालन नीतियों को परिभाषित करने और लागू करने में मदद मिलती है। IaC लगातार प्रावधान को सक्षम बनाता है और गलत कॉन्फ़िगरेशन के जोखिम को कम करता है जिससे अनुपालन संबंधी समस्याएं हो सकती हैं।

• स्वचालित निवारण: सामान्य अनुपालन उल्लंघनों के लिए स्वचालित सुधारात्मक कार्रवाइयां लागू करें। उदाहरण के लिए, गलत तरीके से कॉन्फ़िगर की गई S3 बकेट तक सार्वजनिक पहुंच को स्वचालित रूप से अक्षम करने से डेटा सुरक्षा और अनुपालन बनाए रखने में मदद मिलती है।

• भूमिका-आधारित अभिगम नियंत्रण (आरबीएसी):आरबीएसी को लागू करने से यह सुनिश्चित होता है कि नौकरी की भूमिकाओं और जिम्मेदारियों के आधार पर क्लाउड संसाधनों तक पहुंच प्रतिबंधित है। यह दृष्टिकोण डेटा सुरक्षा और गोपनीयता को बढ़ावा देते हुए अधिकृत कर्मियों तक पहुंच को सीमित करता है।

• नियमित अनुपालन लेखापरीक्षा:नियमित अनुपालन ऑडिट आयोजित करने से अनुपालन उपायों की प्रभावशीलता का मूल्यांकन करने और सुधार के क्षेत्रों की पहचान करने में मदद मिलती है। अनुपालन ऑडिट संगठनों को अनुपालन बनाए रखने में सक्रिय रहने में सक्षम बनाता है।

• प्रशिक्षण और जागरूकता: अनुपालन आवश्यकताओं और सर्वोत्तम प्रथाओं के संबंध में कर्मचारियों और हितधारकों के लिए प्रशिक्षण और जागरूकता कार्यक्रम प्रदान करना संगठन के भीतर अनुपालन और सुरक्षा की संस्कृति को बढ़ावा देता है।

• क्लाउड सुरक्षा मुद्रा प्रबंधन (सीएसपीएम):सीएसपीएम टूल का उपयोग क्लाउड संसाधनों की सुरक्षा स्थिति की लगातार निगरानी और आकलन करता है। ये उपकरण सुरक्षा गलत कॉन्फ़िगरेशन की पहचान करने और अनुपालन नीतियों को लागू करने में मदद करते हैं।

• थर्ड-पार्टी ऑडिटिंग: थर्ड-पार्टी को शामिल करनाऑडिटिंग फर्मों द्वारा क्लाउड वातावरण का स्वतंत्र ऑडिट करना अनुपालन प्रयासों की निष्पक्ष मान्यता सुनिश्चित करता है, जिससे संगठन की अनुपालन स्थिति में विश्वसनीयता जुड़ती है।

30.2.3. क्लाउड प्रदाता अनुपालन सेवाएँ:

एडब्ल्यूएस आर्टिफैक्ट और एज़्योर कंप्लायंस मैनेजर जैसे क्लाउड प्रदाताओं द्वारा प्रदान की जाने वाली अनुपालन सेवाओं का लाभ उठाते हुए, अनुपालन-संबंधित दस्तावेज़, रिपोर्ट और सत्यापन तक पहुंच प्रदान की जाती है जो आंतरिक और बाहरी ऑडिट का समर्थन करते हैं।

30.3 क्लाउड वातावरण में ऑडिटिंग और रिपोर्टिंग

ऑडिटिंग और रिपोर्टिंग क्लाउड गवर्नेंस के महत्वपूर्ण घटक हैं, जो अनुपालन, सुरक्षा और संसाधन उपयोग में अंतर्दृष्टि प्रदान करते हैं। ऑडिट लॉग को केंद्रीकृत और निगरानी करके, संगठन सुरक्षा घटनाओं पर तुरंत प्रतिक्रिया दे सकते हैं और नियामक आवश्यकताओं का अनुपालन सुनिश्चित कर सकते हैं। आवश्यकताओं को परिभाषित करने, नियमित रिपोर्टिंग, कार्यकारी सारांश और डेटा विज़ुअलाइज़ेशन सहित प्रभावी रिपोर्टिंग प्रथाएं, विभिन्न हितधारकों के लिए रिपोर्ट की स्पष्टता और उपयोगिता को बढ़ाती हैं। स्वचालन को लागू करने और क्लाउड प्रदाता रिपोर्टिंग सेवाओं का लाभ उठाकर, संगठन ऑडिटिंग और रिपोर्टिंग प्रक्रिया को सुव्यवस्थित कर सकते हैं, जिससे समग्र क्लाउड प्रशासन और पारदर्शिता में सुधार हो सकता है।

30.3.1. क्लाउड में ऑडिटिंग और रिपोर्टिंग का महत्व:

• अनुपालन सत्यापन:ऑडिटिंग सत्यापित करती है कि क्लाउड संसाधन और संचालन नियामक आवश्यकताओं, उद्योग मानकों और आंतरिक नीतियों का अनुपालन करते हैं। यह ऑडिट के दौरान अनुपालन उपायों के पालन का

प्रमाण प्रदान करता है और यह सुनिश्चित करता है कि संगठन संभावित कानूनी और वित्तीय परिणामों से बचते हुए अपने दायित्वों को पूरा करता है।

• सुरक्षा और जोखिम प्रबंधन: ऑडिटिंग से क्लाउड वातावरण के भीतर सुरक्षा कमजोरियों, गलत कॉन्फ़िगरेशन और संभावित जोखिमों की पहचान करने में मदद मिलती है। नियमित रूप से ऑडिट लॉग की समीक्षा करके, संगठन सुरक्षा घटनाओं का तुरंत पता लगा सकते हैं और प्रतिक्रिया दे सकते हैं, संवेदनशील डेटा की सुरक्षा कर सकते हैं और उन उल्लंघनों को रोक सकते हैं जो डेटा उल्लंघनों और प्रतिष्ठा को नुकसान पहुंचा सकते हैं।

• उपयोग ट्रैकिंग और लागत अनुकूलन: क्लाउड ऑडिटिंग संसाधन उपयोग और व्यय को ट्रैक करता है, जिससे संगठनों को अपने क्लाउड खर्च को अनुकूलित करने में मदद मिलती है। यह विशिष्ट परियोजनाओं या विभागों को लागत के सटीक आवंटन की अनुमति देता है, कम उपयोग किए गए संसाधनों की पहचान करता है, और लागत अनुकूलन और बजट योजना के लिए सूचित निर्णय लेने में सहायता करता है।

• घटना प्रतिक्रिया और फोरेंसिक:ऑडिटिंग डेटा घटना की प्रतिक्रिया और फोरेंसिक जांच का समर्थन करता है। क्लाउड संसाधनों पर घटनाओं और कार्रवाइयों का पता लगाकर, संगठन सुरक्षा घटनाओं की समय-सीमा को फिर से बना सकते हैं और उनके प्रभाव को समझ सकते हैं, जिससे घटना के बाद के विश्लेषण और निवारण की सुविधा मिलती है।

• निष्पादन की निगरानी: ऑडिटिंग क्लाउड सेवाओं और अनुप्रयोगों के प्रदर्शन में अंतर्दृष्टि प्रदान करता है। ऑडिट डेटा का विश्लेषण प्रदर्शन बाधाओं की पहचान करने में मदद करता है और बेहतर सेवा वितरण और ग्राहक अनुभव के लिए क्षमता योजना बनाने में सहायता करता है।

30.3.2. क्लाउड ऑडिटिंग के प्रमुख तत्व:

• ऑडिट लॉग: ऑडिट लॉग क्लाउड वातावरण के भीतर की गई घटनाओं और गतिविधियों को रिकॉर्ड करता है। ये लॉग महत्वपूर्ण जानकारी कैप्चर करते हैं, जैसे कि उपयोगकर्ता की गतिविधियां, संसाधन परिवर्तन और पहुंच प्रयास, घटना के बाद विश्लेषण और अनुपालन सत्यापन की सुविधा प्रदान करते हैं।

• लॉग एकत्रीकरण और केंद्रीकरण:केंद्रीकृत लॉग एकत्रीकरण कई क्लाउड सेवाओं और क्षेत्रों से ऑडिट लॉग को एक केंद्रीकृत भंडार में एकत्रित करता है। यह लगातार निगरानी, विश्लेषण और रिपोर्टिंग की अनुमति देता है, जिससे क्लाउड वातावरण का समग्र दृष्टिकोण सक्षम होता है।

• वास्तविक समय में निगरानी: ऑडिट लॉग की वास्तविक समय की निगरानी सुरक्षा घटनाओं और संभावित अनुपालन उल्लंघनों का तुरंत पता लगाने में सक्षम बनाती है। स्वचालित अलर्ट और सूचनाएं महत्वपूर्ण घटनाओं पर समय पर प्रतिक्रिया सुनिश्चित करती हैं, जिससे सुरक्षा उल्लंघनों का प्रभाव कम हो जाता है।

• डेटा प्रतिधारण और संग्रहण: यह सुनिश्चित करने के लिए कि ऑडिट लॉग आवश्यक अवधि के लिए संरक्षित हैं, अनुपालन आवश्यकताओं को पूरा करते हैं और जांच का समर्थन करते हैं, डेटा प्रतिधारण और संग्रह नीतियां स्थापित करें। पर्याप्त डेटा भंडारण भविष्य के विश्लेषण के लिए ऐतिहासिक डेटा उपलब्धता सुनिश्चित करता है।

30.3.3. प्रभावी रिपोर्टिंग के लिए सर्वोत्तम अभ्यास:

• रिपोर्टिंग आवश्यकताएँ परिभाषित करें:प्रमुख मेट्रिक्स, KPI और अनुपालन उद्देश्यों को परिभाषित करें जिन्हें क्लाउड रिपोर्ट में शामिल करने की आवश्यकता है। आईटी टीमों, प्रबंधन और लेखा परीक्षकों जैसे विभिन्न हितधारकों की आवश्यकताओं के अनुरूप रिपोर्ट तैयार करें, ताकि यह सुनिश्चित हो सके कि उन्हें प्रासंगिक और कार्रवाई योग्य जानकारी प्राप्त हो।

• नियमित और अनुसूचित रिपोर्टिंग: क्लाउड वातावरण में निरंतर दृश्यता बनाए रखने के लिए नियमित और निर्धारित रिपोर्टिंग लागू करें। नियमित रिपोर्टें समय के साथ रुझानों और विचलनों की पहचान करने में मदद करती हैं, जिससे उभरते मुद्दों के समाधान के लिए सक्रिय उपाय संभव हो पाते हैं।

• कार्यकारी सारांश: महत्वपूर्ण अंतर्दृष्टि, जोखिम और अनुपालन स्थिति को संक्षिप्त तरीके से उजागर करने के लिए रिपोर्ट में कार्यकारी सारांश प्रदान करें। ये सारांश वरिष्ठ प्रबंधन को तकनीकी विवरण में गए बिना सूचित निर्णय लेने और कार्यों को प्राथमिकता देने में मदद करते हैं।

• विज़ुअलाइज़ेशन और डैशबोर्ड:ऑडिट डेटा को समझने में आसान प्रारूप में प्रस्तुत करने के लिए डेटा विज़ुअलाइज़ेशन तकनीकों और डैशबोर्ड का उपयोग करें। ग्राफ़, चार्ट और दृश्य प्रतिनिधित्व रिपोर्ट की पठनीयता को बढ़ाते हैं, जिससे हितधारकों को महत्वपूर्ण जानकारी जल्दी से प्राप्त करने की अनुमति मिलती है।
• अनुपालन प्रमाणपत्र:विशिष्ट अनुपालन मानकों के पालन के दावों का समर्थन करने के लिए रिपोर्ट में अनुपालन सत्यापन और साक्ष्य शामिल करें। यह ग्राहकों, नियामक अधिकारियों और अन्य हितधारकों के साथ पारदर्शिता और विश्वास को मजबूत करता है।
• स्वचालन: समय बचाने और निरंतरता सुनिश्चित करने के लिए रिपोर्ट के निर्माण और वितरण को स्वचालित करें। स्वचालन मैन्युअल त्रुटियों के जोखिम को कम करता है और रिपोर्ट की समय पर डिलीवरी सुनिश्चित करता है, जिससे हितधारकों को नवीनतम जानकारी के साथ अपडेट रहने में मदद मिलती है।
• रिपोर्ट तक सुरक्षित पहुंच:ऑडिट रिपोर्टों तक पहुंच को नियंत्रित करें और सुनिश्चित करें कि वे केवल अधिकृत कर्मियों के लिए ही उपलब्ध हों। हितधारकों के साथ सुरक्षित रूप से रिपोर्ट साझा करें और संवेदनशील जानकारी की सुरक्षा के लिए डेटा गोपनीयता बनाए रखें।

30.3.4. क्लाउड प्रदाता रिपोर्टिंग सेवाएँ:

AWS कॉन्फ़िगरेशन, AWS CloudTrail, Azure मॉनिटर और Google क्लाउड ऑडिट लॉग्स जैसी क्लाउड प्रदाता रिपोर्टिंग सेवाओं का लाभ उठाएं। ये सेवाएँ ऑडिट लॉग को एकत्रित करने, विश्लेषण करने और विज़ुअलाइज़ करने, ऑडिटिंग और रिपोर्टिंग प्रक्रिया को सुव्यवस्थित करने के लिए अंतर्निहित क्षमताएँ प्रदान करती हैं। इन सेवाओं का उपयोग करके, संगठन अपने क्लाउड गवर्नेंस प्रयासों को बढ़ाने के लिए क्लाउड प्रदाताओं की विशेषज्ञता और टूल का लाभ उठा सकते हैं।

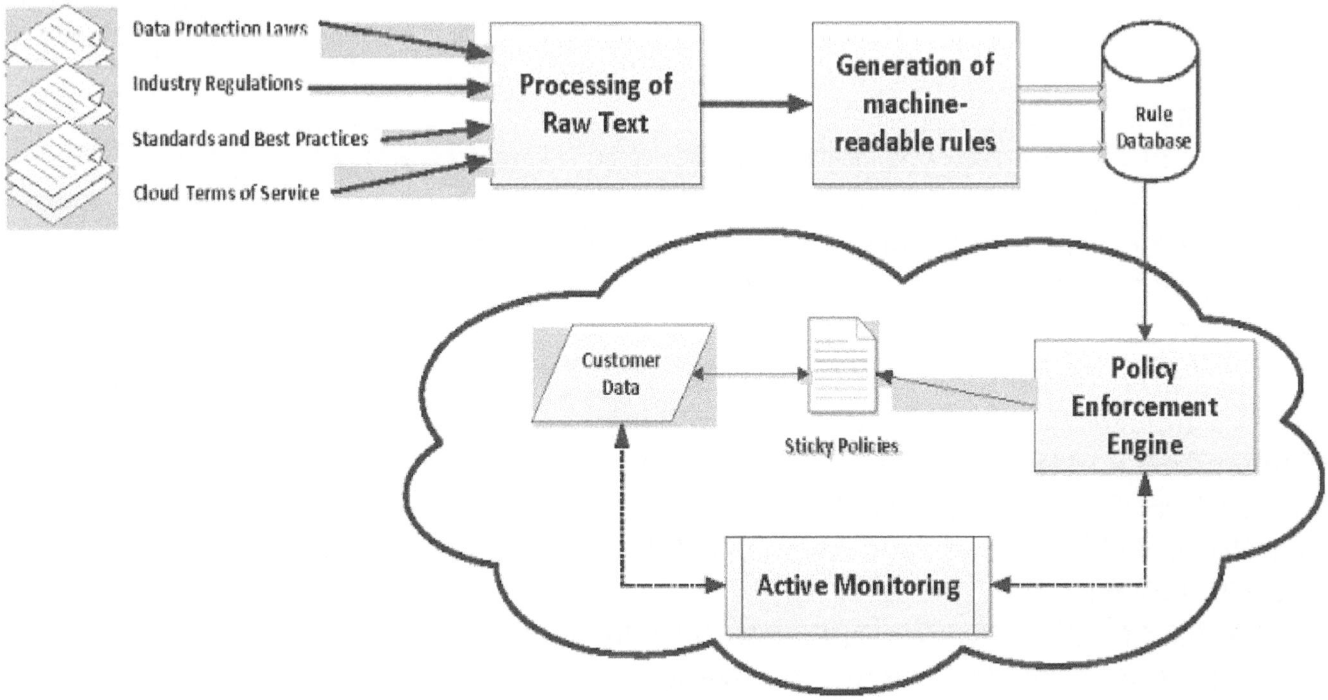

अभ्यास

बहु विकल्पीय प्रश्न

1. क्लाउड गवर्नेंस में इंफ्रास्ट्रक्चर को कोड (IaC) के रूप में उपयोग करने का प्राथमिक लाभ क्या है?

a) बेहतर क्लाउड संसाधन उपयोग
b) क्लाउड संसाधनों का तेज़ परिनियोजन
c) मानवीय प्रयासों और मानवीय त्रुटियों में कमी आई
d) क्लाउड इंफ्रास्ट्रक्चर की बढ़ी हुई सुरक्षा

2. क्लाउड गवर्नेंस नीति इंजन क्या करते हैं?

a) क्लाउड एप्लिकेशन के भीतर सुरक्षा नीतियां लागू करें
b) सुरक्षा कमजोरियों के लिए क्लाउड संसाधनों की लगातार निगरानी करें
c) क्लाउड संसाधनों में नीतियों को परिभाषित करें और लागू करें
d) क्लाउड इंस्टेंस का कॉन्फ़िगरेशन प्रबंधित करें

3. क्लाउड गवर्नेंस टूल की कौन सी विशेषता यह सुनिश्चित करती है कि संसाधन कार्यभार के आधार पर स्वचालित रूप से स्केल किए जाएं मांगें?

a) सतत अनुपालन निगरानी
b) स्व-सेवा पोर्टल
c) ऑटो स्केलिंग
d) कोड के रूप में बुनियादी ढाँचा (IaC)

4. क्लाउड गवर्नेंस में स्वचालित संसाधन टैगिंग का उद्देश्य क्या है?

a) उपयोगकर्ता भूमिकाओं के आधार पर अभिगम नियंत्रण सुनिश्चित करना
b) क्लाउड संसाधनों का एन्क्रिप्शन लागू करना
c) पूर्वनिर्धारित नियमों के आधार पर स्वचालित रूप से संसाधन टैग लागू करना
d) वास्तविक समय अनुपालन स्थिति की निगरानी करना

5. स्व-सेवा पोर्टल क्लाउड गवर्नेंस में संसाधन प्रावधान को कैसे सुव्यवस्थित करते हैं?

a) संसाधन अनुरोधों के दौरान अनुपालन नीतियां लागू करें
b) क्लाउड इंस्टेंस का स्वचालित कॉन्फ़िगरेशन प्रबंधन
c) उपयोगकर्ताओं को पूर्वनिर्धारित नीतियों के साथ क्लाउड संसाधनों का अनुरोध और प्रावधान करने की अनुमति दें
d) क्लाउड संसाधनों के लिए निरंतर अनुपालन निगरानी लागू करें

6. क्लाउड गवर्नेंस में निरंतर अनुपालन निगरानी क्या प्रदान करती है?

a) क्लाउड संसाधन उपयोग के लिए वास्तविक समय अलर्ट
b) सुरक्षा समस्याओं के लिए स्वचालित सुधारात्मक कार्रवाइयां
c) क्लाउड संसाधनों की ऑडिट लॉगिंग और निगरानी
d) अनुपालन मानकों के विरुद्ध क्लाउड संसाधनों का नियमित मूल्यांकन

7. ऑडिट लॉग क्लाउड गवर्नेंस में कैसे योगदान करते हैं?

a) क्लाउड वातावरण में स्वचालित संसाधन प्रावधान
b) क्लाउड संसाधन उपयोग और लागत अनुकूलन की निगरानी करें
c) वास्तविक समय सुरक्षा अलर्ट और सूचनाएं प्रदान करें
d) अनुपालन सत्यापन के लिए उपयोगकर्ता गतिविधियों और संसाधन परिवर्तनों को ट्रैक करें

8. क्लाउड गवर्नेंस रिपोर्ट में डेटा विजुअलाइज़ेशन का क्या महत्व है?

a) क्लाउड गवर्नेंस रिपोर्ट की पीढ़ी को स्वचालित करें
b) अधिकारियों के लिए ऑडिट डेटा को संक्षिप्त प्रारूप में प्रस्तुत करें
c) अनुपालन सत्यापन के लिए साक्ष्य प्रदान करें

d) सुरक्षा कमजोरियों के लिए क्लाउड संसाधनों की लगातार निगरानी करें

समीक्षा प्रश्न

1. क्लाउड वातावरण में बुनियादी ढांचे को कोड (IaC) के रूप में लागू करने के प्रमुख लाभ क्या हैं?
2. शेफ और पपेट जैसे कॉन्फ़िगरेशन प्रबंधन उपकरण क्लाउड गवर्नेंस में कैसे योगदान करते हैं?
3. क्लाउड संसाधनों के प्रबंधन में क्लाउड गवर्नेंस नीति इंजन क्या भूमिका निभाते हैं?
4. निरंतर अनुपालन निगरानी क्लाउड गवर्नेंस में कैसे योगदान देती है?
5. क्लाउड गवर्नेंस में स्वचालित संसाधन टैगिंग के क्या फायदे हैं?
6. स्व-सेवा पोर्टल क्लाउड गवर्नेंस को कैसे बढ़ाते हैं?
7. क्लाउड गवर्नेंस में लागत अनुकूलन में ऑटो-स्केलिंग कैसे योगदान देती है?
8. क्लाउड गवर्नेंस में स्वचालित सुरक्षा स्कैनिंग की क्या भूमिका है?

उत्तर अनुभाग

बहु विकल्पीय प्रश्न

1. c) मानवीय प्रयासों और मानवीय त्रुटियों में कमी
2. c) क्लाउड संसाधनों पर नीतियों को परिभाषित करें और लागू करें
3. c) ऑटो-स्केलिंग
4. c) पूर्वनिर्धारित नियमों के आधार पर स्वचालित रूप से संसाधन टैग लागू करना
5. c) उपयोगकर्ताओं को पूर्वनिर्धारित नीतियों के साथ क्लाउड संसाधनों का अनुरोध करने और प्रावधान करने की अनुमति दें
6. d) अनुपालन मानकों के अनुरूप क्लाउड संसाधनों का नियमित मूल्यांकन
7. d) अनुपालन सत्यापन के लिए उपयोगकर्ता गतिविधियों और संसाधन परिवर्तनों को ट्रैक करें
8. b) अधिकारियों के लिए ऑडिट डेटा को संक्षिप्त प्रारूप में प्रस्तुत करें

समीक्षा प्रश्न

1. कोड के रूप में इंफ्रास्ट्रक्चर (IaC) संगठनों को कोड के माध्यम से अपने क्लाउड संसाधनों को प्रबंधित करने की अनुमति देता है, जिससे क्लाउड इंफ्रास्ट्रक्चर के प्रावधान और प्रबंधन में स्थिरता और दोहराव सुनिश्चित होता है। IaC के प्राथमिक लाभों में कम मैन्युअल प्रयास और मानवीय त्रुटियाँ, क्लाउड संसाधनों की तेज़ तैनाती, बेहतर संसाधन उपयोग और बेहतर संस्करण नियंत्रण शामिल हैं। कोड में बुनियादी ढांचे के कॉन्फ़िगरेशन को परिभाषित करके, टीमें आसानी से परिवर्तनों को ट्रैक कर सकती हैं, पिछले संस्करणों में रोलबैक कर सकती हैं और संपूर्ण प्रावधान प्रक्रिया को स्वचालित कर सकती हैं, जिससे क्लाउड संचालन में दक्षता और चपलता बढ़ जाती है।

2. शेफ और पपेट जैसे कॉन्फ़िगरेशन प्रबंधन उपकरण क्लाउड इंस्टेंस और एप्लिकेशन के कॉन्फ़िगरेशन और प्रबंधन को स्वचालित करते हैं, यह सुनिश्चित करते हुए कि वे वांछित कॉन्फ़िगरेशन और सुरक्षा नीतियों का पालन करते हैं। ये उपकरण स्वचालित रूप से कॉन्फ़िगरेशन लागू करके और बड़े पैमाने पर अपडेट लागू करके संगठनों को क्लाउड संसाधनों में स्थिरता बनाए रखने में सक्षम बनाते हैं। कॉन्फ़िगरेशन के प्रबंधन को केंद्रीकृत करके, संगठन कुशलतापूर्वक परिवर्तनों की निगरानी और नियंत्रण कर सकते हैं, सुरक्षा कमजोरियों के जोखिम को कम कर सकते हैं और आंतरिक मानकों और नियामक आवश्यकताओं का अनुपालन सुनिश्चित कर सकते हैं।

3. क्लाउड गवर्नेंस नीति इंजन संगठनों को अपने क्लाउड संसाधनों पर नीतियों को परिभाषित करने और लागू करने की अनुमति देते हैं। ये इंजन लगातार क्लाउड परिसंपत्तियों और सेवाओं की निगरानी करते हैं, अनुपालन उल्लंघनों की पहचान करने के लिए पूर्वनिर्धारित नीतियों के विरुद्ध उनका मूल्यांकन करते हैं। गैर-अनुपालक संसाधनों के मामले में, नीति इंजन स्वचालित सुधारात्मक कार्रवाइयों या सूचनाओं को ट्रिगर करते हैं, यह सुनिश्चित करते हुए कि क्लाउड वातावरण सुरक्षा, नियामक और लागत अनुकूलन आवश्यकताओं के अनुरूप रहता है। नीति इंजनों का लाभ उठाकर, संगठन शासन दक्षता बनाए रख सकते हैं और गलत कॉन्फ़िगरेशन या अनधिकृत पहुंच से जुड़े संभावित जोखिमों को कम कर सकते हैं।

4. सतत अनुपालन निगरानी उपकरण नियमित रूप से उद्योग मानकों और अनुपालन आवश्यकताओं के विरुद्ध क्लाउड संसाधनों का आकलन करते हैं। ये उपकरण अनुपालन स्थिति की वास्तविक समय पर दृश्यता प्रदान करते हैं, विचलन या उल्लंघन की तुरंत पहचान करते हैं। क्लाउड परिसंपत्तियों की निरंतर निगरानी करके, संगठन अनुपालन मुद्दों को सक्रिय रूप से संबोधित कर सकते हैं, सुरक्षा जोखिमों को कम कर सकते हैं और वांछित सुरक्षा स्थिति बनाए रख सकते हैं। स्वचालित अलर्ट और सूचनाएं यह सुनिश्चित करती हैं कि संबंधित हितधारकों को अनुपालन स्थिति और गैर-अनुपालक संसाधनों को सुधारने, सुरक्षित और अनुपालन क्लाउड वातावरण को बढ़ावा देने के लिए आवश्यक किसी भी आवश्यक कार्रवाई के बारे में सूचित किया जाता है।

5. स्वचालित संसाधन टैगिंग क्लाउड वातावरण में संसाधन प्रबंधन और लागत आवंटन को सरल बनाती है। पूर्वनिर्धारित नियमों के आधार पर स्वचालित रूप से टैग लागू करके, संगठन संसाधनों को वर्गीकृत कर सकते हैं, उपयोग को ट्रैक कर सकते हैं और विशिष्ट परियोजनाओं या विभागों को प्रभावी ढंग से लागत आवंटित कर सकते हैं। यह स्वचालन संसाधन टैगिंग प्रथाओं में स्थिरता सुनिश्चित करता है, मानवीय त्रुटियों को रोकता है और गलत लेबल वाले या अचिह्नित संसाधनों के जोखिम को कम करता है। इसके अतिरिक्त, संसाधन टैगिंग पहुंच अनुमतियों पर बेहतर नियंत्रण सक्षम करती है और संसाधन श्रेणियों के आधार पर नीति प्रवर्तन की सुविधा प्रदान करती है, जो बेहतर प्रशासन और संसाधन अनुकूलन में योगदान करती है।

6. स्व-सेवा पोर्टल पूर्वनिर्धारित शासन नीतियों का पालन करते हुए क्लाउड संसाधनों का अनुरोध करने और तैनात करने के लिए टीमों के लिए एक उपयोगकर्ता-अनुकूल इंटरफ़ेस प्रदान करके संसाधन प्रावधान को सुव्यवस्थित करते हैं। स्वयं-सेवा पोर्टलों के माध्यम से, टीमें आवश्यक सुरक्षा जांच और अनुपालन सत्यापन के साथ अनुमोदित संसाधनों तक पहुंच सकती हैं। यह स्वचालन केंद्रीय आईटी टीमों पर बोझ को कम करता है और संसाधन प्रावधान में चपलता को बढ़ावा देता है। इसके अतिरिक्त, स्वयं-सेवा पोर्टल संसाधन अनुरोधों के दौरान शासन नीतियों को लागू करते हैं, यह सुनिश्चित करते हुए कि क्लाउड परिसंपत्तियों का प्रावधान संगठनात्मक मानकों के अनुसार किया जाता है, जिससे अधिक नियंत्रित और अनुपालनशील क्लाउड वातावरण बनता है।

7. ऑटो-स्केलिंग स्वचालित रूप से कार्यभार की मांग के आधार पर क्लाउड संसाधनों की संख्या को समायोजित करती है। संसाधनों को गतिशील रूप से ऊपर या नीचे बढ़ाकर, संगठन संसाधन उपयोग और लागत-प्रभावशीलता को अनुकूलित कर सकते हैं। उच्च मांग की अवधि के दौरान, ऑटो-स्केलिंग कार्यभार को संभालने के लिए अतिरिक्त संसाधनों का प्रावधान करता है, जिससे इष्टतम प्रदर्शन सुनिश्चित होता है। इसके विपरीत, कम मांग की अवधि के दौरान, ऑटो-स्केलिंग संसाधन उदाहरणों को कम कर देती है, जिससे लागत कम हो जाती है। यह क्षमता संगठनों को जरूरत पड़ने पर ही संसाधनों के लिए भुगतान करने की अनुमति देती है, अतिप्रावधान और अनावश्यक व्यय से बचती है, इस प्रकार कुशल संसाधन प्रबंधन और लागत अनुकूलन में योगदान देती है।

8. स्वचालित सुरक्षा स्कैनिंग सुरक्षा कमजोरियों, गलत कॉन्फ़िगरेशन और संभावित खतरों के लिए क्लाउड संसाधनों की लगातार निगरानी करती है। वास्तविक समय सुरक्षा अलर्ट और सूचनाएं प्रदान करके, स्वचालित सुरक्षा स्कैनिंग उपकरण संगठनों को संभावित उल्लंघनों के प्रभाव को कम करते हुए, सुरक्षा घटनाओं पर तुरंत प्रतिक्रिया देने में सक्षम बनाते हैं। इसके अतिरिक्त, ये उपकरण अक्सर स्वचालित सुधारात्मक कार्रवाइयां प्रदान करते हैं, जिससे सुरक्षा समस्याओं का त्वरित और कुशल समाधान संभव होता है। क्लाउड प्रशासन प्रथाओं में स्वचालित सुरक्षा स्कैनिंग को एकीकृत करके, संगठन क्लाउड में डेटा और सेवाओं की गोपनीयता, अखंडता और उपलब्धता सुनिश्चित करते हुए एक मजबूत सुरक्षा स्थिति बनाए रख सकते हैं।

अध्याय 31: क्लाउड नेटिव स्टोरेज सॉल्यूशंस

31.1: क्लाउड में वस्तु भंडारण - एक गहरा गोता

क्लाउड में ऑब्जेक्ट स्टोरेज ने व्यवसायों के डेटा स्टोरेज और प्रबंधन को संभालने के तरीके में क्रांति ला दी है। इसकी स्केलेबल, विश्वसनीय और लागत प्रभावी प्रकृति, फ्लैट नेमस्पेस और मेटाडेटा-संचालित दृष्टिकोण के साथ मिलकर, सादगी, लचीलापन और डेटा स्थायित्व प्रदान करती है। मीडिया सामग्री वितरण से लेकर डेटा बैकअप और IoT डेटा स्टोरेज तक, ऑब्जेक्ट स्टोरेज क्लाउड-आधारित उपयोग के मामलों की एक विस्तृत श्रृंखला को पूरा करता है, जो इसे आधुनिक क्लाउड कंप्यूटिंग परिदृश्य में एक मूलभूत तत्व बनाता है। इसका प्रभाव विभिन्न उद्योगों पर महसूस किया जा रहा है, जो क्लाउड युग में डेटा की लगातार बढ़ती मात्रा के प्रबंधन में नवाचार और दक्षता को बढ़ावा दे रहा है।

31.1.1. ऑब्जेक्ट स्टोरेज को समझना

पारंपरिक फ़ाइल या ब्लॉक स्टोरेज के विपरीत, ऑब्जेक्ट स्टोरेज डेटा को व्यवस्थित और संग्रहीत करने के लिए एक अद्वितीय दृष्टिकोण अपनाता है। डेटा को निर्देशिकाओं और फ़ोल्डरों के साथ एक पदानुक्रमित फ़ाइल सिस्टम में व्यवस्थित करने के बजाय, ऑब्जेक्ट स्टोरेज डेटा के प्रत्येक टुकड़े को एक व्यक्तिगत इकाई के रूप में मानता है जिसे "ऑब्जेक्ट" कहा जाता है। किसी वस्तु में तीन आवश्यक घटक होते हैं:

- आंकड़े: वास्तविक सामग्री, चाहे वह दस्तावेज़, छवि, वीडियो, ऑडियो फ़ाइल, या किसी अन्य प्रकार का असंरचित डेटा हो।
- मेटाडेटा: ऑब्जेक्ट के बारे में वर्णनात्मक जानकारी, जिसमें निर्माण तिथि, लेखक, आकार और विशिष्ट उपयोग के मामले से संबंधित कस्टम-परिभाषित मेटाडेटा जैसी विशेषताएं शामिल हो सकती हैं।
- विशिष्ट पहचानकर्ता: प्रत्येक वस्तु एक सार्वभौमिक विशिष्ट पहचानकर्ता (यूयूआईडी) या एक समान पहचानकर्ता से जुड़ी होती है। यह विशिष्ट पहचानकर्ता यह सुनिश्चित करता है कि ऑब्जेक्ट पता योग्य है और आसानी से पुनर्प्राप्त करने योग्य है, भले ही ऑब्जेक्ट स्टोरेज इंफ्रास्ट्रक्चर के भीतर उसका भौतिक स्थान कुछ भी हो।
- अद्वितीय पहचानकर्ताओं का उपयोग ऑब्जेक्ट स्टोरेज को एक फ्लैट नेमस्पेस अपनाने की अनुमति देता है। एक फ्लैट नेमस्पेस में, सभी ऑब्जेक्ट्स को एक एकल, बड़े पूल में संग्रहीत किया जाता है, और उन्हें जटिल निर्देशिका संरचनाओं में व्यवस्थित नहीं किया जाता है। यह सरलता ऑब्जेक्ट स्टोरेज को असंरचित डेटा की भारी मात्रा को संभालने के लिए अत्यधिक स्केलेबल और कुशल बनाती है।

31.1.2. वस्तु भंडारण के मूल सिद्धांत

- स्केलेबिलिटी: ऑब्जेक्ट स्टोरेज का प्राथमिक लाभ इसकी असाधारण स्केलेबिलिटी है। संगठन पारंपरिक निश्चित क्षमता सीमाओं का सामना किए बिना लगभग असीमित मात्रा में डेटा संग्रहीत कर सकते हैं। ऑब्जेक्ट स्टोरेज कई स्टोरेज नोड्स या डेटा सेंटरों में डेटा वितरित करके स्केलेबिलिटी प्राप्त करता है। जैसे-जैसे डेटा भंडारण की जरूरतें बढ़ती हैं, नए नोड्स को निर्बाध रूप से जोड़ा जा सकता है, जिससे भंडारण बुनियादी ढांचे के गतिशील विस्तार की अनुमति मिलती है।

• स्थायित्व और अतिरेक: ऑब्जेक्ट स्टोरेज डेटा प्रतिकृति के माध्यम से डेटा स्थायित्व और उपलब्धता सुनिश्चित करता है। वस्तुओं को एकाधिक भंडारण नोड्स या भौगोलिक रूप से फैले हुए डेटा केंद्रों में अनावश्यक रूप से संग्रहीत किया जाता है। यह अतिरेक हार्डवेयर विफलताओं या विनाशकारी घटनाओं के कारण डेटा हानि के जोखिम को कम करता है। यहां तक कि अगर एक स्टोरेज नोड विफल हो जाता है, तो भी डेटा अन्य प्रतिकृतियों से पहुंच योग्य और बरकरार रहता है।

• डेटा पहुंच:प्रत्येक ऑब्जेक्ट से जुड़ा विशिष्ट पहचानकर्ता क्लाउड इंफ्रास्ट्रक्चर के भीतर कहीं से भी आसान और कुशल डेटा एक्सेस सक्षम बनाता है। यह वितरित अनुप्रयोगों और सेवाओं के लिए विशेष रूप से फायदेमंद है जिनके लिए विभिन्न भौगोलिक क्षेत्रों में डेटा पहुंच की आवश्यकता होती है। डेवलपर्स और एप्लिकेशन जटिल निर्देशिका संरचनाओं को नेविगेट किए बिना सीधे अपने विशिष्ट पहचानकर्ताओं द्वारा वस्तुओं को संदर्भित कर सकते हैं।

• सरलता और लचीलापन:ऑब्जेक्ट स्टोरेज का फ्लैट नेमस्पेस और मेटाडेटा-संचालित दृष्टिकोण डेटा प्रबंधन को सरल बनाता है। पारंपरिक भंडारण विधियों के विपरीत, जिन्हें विशिष्ट फ़ाइल सिस्टम संरचनाओं के पालन की आवश्यकता हो सकती है, ऑब्जेक्ट स्टोरेज विभिन्न डेटा प्रकारों को निर्बाध रूप से समायोजित करता है। यह लचीलापन इसे साधारण दस्तावेज़ों से लेकर बड़ी मल्टीमीडिया फ़ाइलों तक विविध डेटा संग्रहीत करने के लिए उपयुक्त बनाता है।

31.1.3. क्लाउड में ऑब्जेक्ट स्टोरेज के लाभ

• लागत प्रभावशीलता: ऑब्जेक्ट स्टोरेज पे-एज़-यू-गो मॉडल का अनुसरण करता है, जहां उपयोगकर्ता केवल उस स्टोरेज के लिए भुगतान करते हैं जिसका वे उपभोग करते हैं। यह लागत प्रभावी दृष्टिकोण हार्डवेयर में अग्रिम निवेश की आवश्यकता को समाप्त कर देता है, जिससे ऑब्जेक्ट स्टोरेज सभी आकार के व्यवसायों के लिए एक आकर्षक विकल्प बन जाता है। यह संगठनों को अनावश्यक खर्चों को कम करते हुए, वास्तविक उपयोग के अनुसार अपने भंडारण बुनियादी ढांचे को बढ़ाने की अनुमति देता है।

• डेटा लचीलापन और विश्वसनीयता:ऑब्जेक्ट स्टोरेज के डेटा अतिरेक और वितरण तंत्र उच्च स्तर के डेटा लचीलेपन और विश्वसनीयता को सुनिश्चित करते हैं। प्रत्येक ऑब्जेक्ट की एकाधिक प्रतिकृतियों के साथ, व्यक्तिगत भंडारण नोड्स या डेटा केंद्रों में विफलताओं का अनुभव होने पर भी डेटा उपलब्ध रहता है। यह मजबूती डेटा सुरक्षा को बढ़ाती है और डेटा हानि के जोखिम को कम करती है।

• मांग पर स्केलेबिलिटी: ऑब्जेक्ट स्टोरेज की अंतर्निहित स्केलेबिलिटी संगठनों को परिचालन में बाधा डाले बिना बदलती डेटा स्टोरेज आवश्यकताओं के अनुकूल होने की अनुमति देती है। बढ़ती व्यावसायिक मांगों को पूरा करने के लिए आवश्यक चपलता प्रदान करते हुए, स्केलिंग को ऊपर या नीचे आसानी से और निर्बाध रूप से प्राप्त किया जा सकता है।

• वैश्विक पहुंच:विभिन्न क्षेत्रों में कई डेटा केंद्रों में ऑब्जेक्ट स्टोरेज का वितरण दुनिया भर के उपयोगकर्ताओं के लिए कम-विलंबता डेटा एक्सेस को सक्षम बनाता है। यह वैश्विक पहुंच भौगोलिक रूप से विविध उपयोगकर्ता आधार वाले अनुप्रयोगों के लिए विशेष रूप से महत्वपूर्ण है, जो उपयोगकर्ता के स्थान की परवाह किए बिना लगातार उपयोगकर्ता अनुभव सुनिश्चित करती है।

31.1.4. क्लाउड में ऑब्जेक्ट स्टोरेज के मामलों का उपयोग करें

• मीडिया और सामग्री वितरण: ऑब्जेक्ट स्टोरेज छवियों, वीडियो और ऑडियो फ़ाइलों सहित मीडिया सामग्री को होस्ट करने और वितरित करने के लिए एक आदर्श समाधान है। इसकी स्केलेबिलिटी और वैश्विक पहुंच अंतिम उपयोगकर्ताओं तक कुशल सामग्री वितरण की सुविधा प्रदान करती है, जिससे एक सहज उपयोगकर्ता अनुभव सुनिश्चित होता है।

• डेटा बैकअप और संग्रहण: व्यवसाय सुरक्षित और लागत प्रभावी डेटा बैकअप और दीर्घकालिक संग्रह के लिए ऑब्जेक्ट स्टोरेज का उपयोग कर सकते हैं। ऑब्जेक्ट स्टोरेज की अतिरेक और स्थायित्व विशेषताएं इसे डेटा प्रतिधारण के लिए एक विश्वसनीय विकल्प बनाती हैं, जिससे यह सुनिश्चित होता है कि डेटा विस्तारित अवधि के लिए सुरक्षित और सुलभ बना रहे।

• IoT डेटा संग्रहण:इंटरनेट ऑफ थिंग्स (IoT) कनेक्टेड डिवाइसों से बड़ी मात्रा में डेटा उत्पन्न करता है। ऑब्जेक्ट स्टोरेज IoT अनुप्रयोगों के लिए वास्तविक समय विश्लेषण और निर्णय लेने का समर्थन करते हुए, इस डेटा के भंडारण और प्रसंस्करण को कुशलतापूर्वक संभालता है।

• वेब अनुप्रयोग और सामग्री प्रबंधन: ऑब्जेक्ट स्टोरेज वेब अनुप्रयोगों के लिए उपयुक्त है, विशेष रूप से जिनके लिए गतिशील सामग्री और उपयोगकर्ता-जनित डेटा के भंडारण और वितरण की आवश्यकता होती है, विभिन्न डेटा प्रकारों को संभालने और उतार-चढ़ाव वाली मांगों को समायोजित करने की इसकी क्षमता इसे आधुनिक वेब अनुप्रयोगों के लिए उत्कृष्ट बनाती है।

31.2: भंडारण विकल्प

क्लाउड में ब्लॉक स्टोरेज विकल्प व्यवसायों को अनुप्रयोगों और वर्कलोड की एक विस्तृत श्रृंखला के लिए उच्च-प्रदर्शन, स्केलेबल और विश्वसनीय स्टोरेज समाधान प्रदान करते हैं। चाहे डेटाबेस होस्ट करना हो, महत्वपूर्ण एंटरप्राइज एप्लिकेशन चलाना हो, वर्चुअलाइज्ड वातावरण प्रबंधित करना हो, या डेटा-सघन विश्लेषण करना हो, ब्लॉक स्टोरेज क्लाउड में कुशल और प्रभावी डेटा प्रबंधन के लिए अंतर्निहित आधार बनाता है। उपयुक्त ब्लॉक स्टोरेज प्रकार का चयन करके और इसे सर्वोत्तम प्रथाओं के साथ लागू करके, संगठन अपने क्लाउड इंफ्रास्ट्रक्चर को अनुकूलित कर सकते हैं और अपने अनुप्रयोगों और उपयोगकर्ताओं के लिए एक सहज और विश्वसनीय अनुभव सुनिश्चित करते हुए, अपने समग्र कंप्यूटिंग प्रदर्शन को बढ़ा सकते हैं।

31.2.1. ब्लॉक स्टोरेज को समझना

ब्लॉक स्टोरेज निश्चित आकार के टुकड़ों में डेटा को प्रबंधित करके संचालित होता है जिन्हें "ब्लॉक" कहा जाता है। प्रत्येक ब्लॉक को एक व्यक्तिगत इकाई के रूप में माना जाता है, और भंडारण प्रणाली इसे एक अद्वितीय पता प्रदान करती है। ऑब्जेक्ट स्टोरेज के विपरीत, जो डेटा को संबंधित मेटाडेटा और अद्वितीय पहचानकर्ताओं के साथ ऑब्जेक्ट के रूप में व्यवस्थित करता है, ब्लॉक स्टोरेज में व्यक्तिगत ब्लॉक के लिए पदानुक्रमित संरचनाओं या विशिष्ट पहचानकर्ताओं का अभाव होता है।

ब्लॉक स्टोरेज को आमतौर पर iSCSI (इंटरनेट स्मॉल कंप्यूटर सिस्टम इंटरफेस) या फाइबर चैनल जैसे स्टोरेज प्रोटोकॉल के माध्यम से एक्सेस किया जाता है। इस कच्ची भंडारण क्षमता को किसी ऑपरेटिंग सिस्टम या एप्लिकेशन द्वारा सीधे स्वरूपित और उपयोग किया जा सकता है, जिससे यह विभिन्न डेटा भंडारण आवश्यकताओं के लिए एक लचीला और बहुमुखी समाधान बन जाता है।

31.2.2. क्लाउड में स्टोरेज विकल्प ब्लॉक करें

• अमेज़ॅन इलास्टिक ब्लॉक स्टोर (ईबीएस):अमेज़ॅन वेब सर्विसेज (एडब्ल्यूएस) इलास्टिक ब्लॉक स्टोर (ईबीएस) प्रदान करती है, जो एक स्केलेबल ब्लॉक स्टोरेज सेवा है जिसे विशेष रूप से अमेज़ॅन ईसी2 इंस्टेंसेस के साथ उपयोग के लिए डिज़ाइन किया गया है। ईबीएस वॉल्यूम ईसी2 इंस्टेंसेस पर चलने वाले अनुप्रयोगों के लिए लगातार और उच्च-प्रदर्शन भंडारण प्रदान करते हैं। AWS कई प्रकार के EBS वॉल्यूम प्रदान करता है, प्रत्येक को विशिष्ट उपयोग के मामलों के लिए अनुकूलित किया गया है:

- सामान्य प्रयोजन SSD (GP2):कार्यभार की एक विस्तृत श्रृंखला के लिए संतुलित प्रदर्शन प्रदान करता है।
- प्रावधानित IOPS SSD (IO1):I/O-सघन डेटाबेस वर्कलोड के लिए उच्च-प्रदर्शन भंडारण प्रदान करता है।
- शीत HDD (SC1): कम बार एक्सेस किए गए डेटा के लिए लागत प्रभावी भंडारण प्रदान करता है

• Google पर्सिस्टेंट डिस्क (पीडी):Google क्लाउड प्लेटफ़ॉर्म (GCP) Google कंप्यूट इंजन इंस्टेंसेस के लिए अपने ब्लॉक स्टोरेज समाधान के रूप में पर्सिस्टेंट डिस्क (PD) प्रदान करता है। पीडी वॉल्यूम लगातार प्रदर्शन और स्थायित्व प्रदान करते हैं। जीसीपी दो प्रकार की पीडी प्रदान करता है:

- मानक स्थायी डिस्क:सामान्य प्रयोजन के कार्यभार के लिए उपयुक्त।
- एसएसडी स्थायी डिस्क:I/O-सघन अनुप्रयोगों के लिए उच्च-प्रदर्शन भंडारण प्रदान करता है।

• Microsoft Azure प्रबंधित डिस्क: Microsoft Azure Azure प्रबंधित डिस्क प्रदान करता है, जो Azure वर्चुअल मशीनों के साथ उपयोग के लिए डिज़ाइन की गई स्थायी और स्केलेबल डिस्क हैं। Azure प्रबंधित डिस्क तीन प्रकार में आती हैं:

- मानक एचडीडी: गैर-महत्वपूर्ण कार्यभार के लिए लागत प्रभावी भंडारण प्रदान करता है।
- मानक एसएसडी: सामान्य प्रयोजन अनुप्रयोगों के लिए प्रदर्शन और लागत का संतुलन प्रदान करता है।

- प्रीमियम एसएसडी:मिशन-महत्वपूर्ण कार्यभार के लिए उच्च-प्रदर्शन भंडारण प्रदान करता है।

31.2.3. ब्लॉक भंडारण के मामलों का प्रयोग करें

- डेटाबेस होस्टिंग: ब्लॉक स्टोरेज उन डेटाबेस को होस्ट करने के लिए विशेष रूप से उपयुक्त है जिनके लिए डेटा तक उच्च-प्रदर्शन और कम-विलंबता पहुंच की आवश्यकता होती है। डेटाबेस, कई अनुप्रयोगों के लिए केंद्रीय होने के कारण, लेनदेन और विश्लेषणात्मक कार्यभार को प्रभावी ढंग से संभालने के लिए विश्वसनीय और तेज़ भंडारण की मांग करते हैं।
- उपक्रम अनुप्रयोग: व्यवसाय-महत्वपूर्ण अनुप्रयोगों, जैसे ईआरपी (एंटरप्राइज़ रिसोर्स प्लानिंग) सिस्टम और सीआरएम (ग्राहक संबंध प्रबंधन) सॉफ़्टवेयर को अक्सर लगातार और उच्च-प्रदर्शन भंडारण की आवश्यकता होती है। ब्लॉक स्टोरेज इन मिशन-महत्वपूर्ण अनुप्रयोगों का समर्थन करने और सुचारू संचालन सुनिश्चित करने के लिए आवश्यक प्रदर्शन और डेटा स्थायित्व प्रदान करता है।
- वर्चुअल मशीन संग्रहण: वर्चुअलाइज्ड वातावरण में, ब्लॉक स्टोरेज वर्चुअल मशीन इंस्टेंस के लिए अंतर्निहित स्टोरेज के रूप में कार्य करता है। वर्चुअल मशीनें बूट वॉल्यूम और एप्लिकेशन डेटा के लिए ब्लॉक स्टोरेज पर निर्भर करती हैं, जो वर्चुअलाइज्ड वर्कलोड के निर्बाध माइग्रेशन और प्रबंधन को सक्षम करती हैं। ब्लॉक स्टोरेज की कम-विलंबता पहुंच वर्चुअलाइज्ड वातावरण के लिए इष्टतम प्रदर्शन सुनिश्चित करती है।
- बिग डेटा और एनालिटिक्स: बड़े डेटा एनालिटिक्स और मशीन लर्निंग जैसे डेटा-गहन कार्यभार के लिए तेज़ और कुशल डेटा प्रोसेसिंग की आवश्यकता होती है। ब्लॉक स्टोरेज बड़ी मात्रा में डेटा को संभालने और जटिल कम्प्यूटेशनल कार्यों का समर्थन करने के लिए आवश्यक क्षमता और प्रदर्शन प्रदान करता है, जिससे यह इन मांग वाले कार्यभार के लिए एक महत्वपूर्ण घटक बन जाता है।

31.3 क्लाउड में फाइल स्टोरेज और नेटवर्क-अटैच्ड स्टोरेज (एनएएस): निर्बाध डेटा प्रबंधन और सहयोग को सशक्त बनाना - एक गहन जानकारी

फ़ाइल स्टोरेज और नेटवर्क-अटैच्ड स्टोरेज (एनएएस) क्लाउड कंप्यूटिंग के अभिन्न अंग हैं, जो डेटा को प्रबंधित करने, साझा करने और एक्सेस करने के तरीके में क्रांतिकारी बदलाव लाते हैं। उनकी केंद्रीकृत प्रकृति, सहयोग में आसानी, स्केलेबिलिटी, डेटा अतिरेक और वैश्विक पहुंच उन्हें कुशल डेटा प्रबंधन समाधान चाहने वाले व्यवसायों के लिए आवश्यक उपकरण बनाती है। चाहे दस्तावेज़ सहयोग, मीडिया प्रबंधन, वीडीआई, या व्यक्तिगत फ़ाइल साझाकरण, फ़ाइल भंडारण और क्लाउड में एनएएस संगठनों और व्यक्तियों को समान रूप से अधिक सुव्यवस्थित और उत्पादक डेटा-संचालित भविष्य को अपनाने के लिए सशक्त बनाता है। इन शक्तिशाली भंडारण प्रौद्योगिकियों का लाभ उठाकर, व्यवसाय लगातार विकसित हो रहे डिजिटल परिदृश्य में सहयोग, उत्पादकता और डेटा स्केलेबिलिटी बढ़ाने के लिए क्लाउड कंप्यूटिंग की पूरी क्षमता का उपयोग कर सकते हैं।

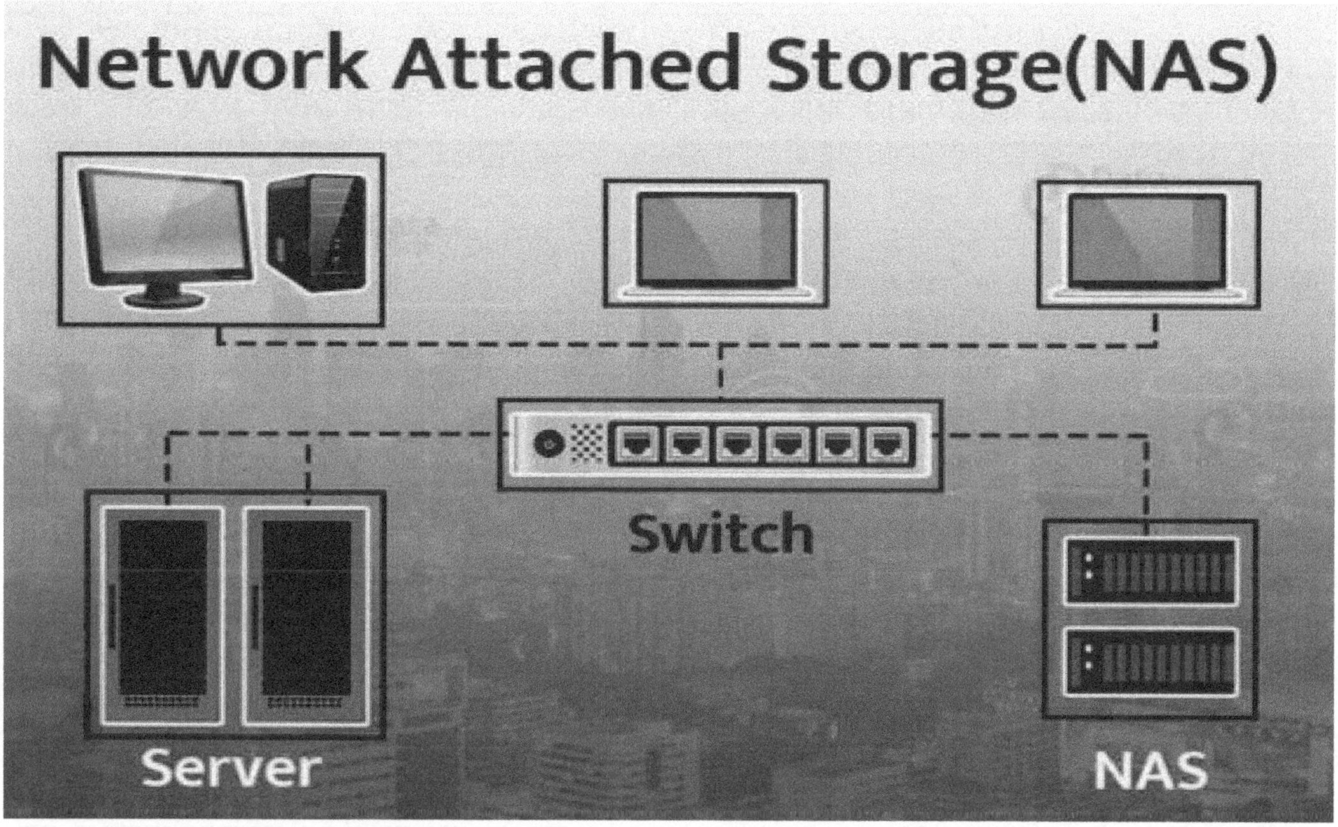

31.3.1. क्लाउड में फ़ाइल संग्रहण

फ़ाइल संग्रहण क्लाउड में डेटा संग्रहीत करने और व्यवस्थित करने के लिए एक सीधी और व्यापक रूप से अपनाई गई विधि का प्रतिनिधित्व करता है। ब्लॉक स्टोरेज के विपरीत, जो निश्चित आकार के ब्लॉक में डेटा का प्रबंधन करता है, फ़ाइल स्टोरेज फ़ाइलों और फ़ोल्डरों की एक पदानुक्रमित संरचना में डेटा को व्यवस्थित करता है। प्रत्येक फ़ाइल में डेटा होता है, जबकि फ़ोल्डर्स संबंधित फ़ाइलों को समूहीकृत और वर्गीकृत करने का तार्किक तरीका प्रदान करते हैं। यह पदानुक्रमित व्यवस्था डेटा संगठन को सरल बनाती है, जिससे उपयोगकर्ताओं को आसानी से नेविगेट करने और विशिष्ट फ़ाइलों का पता लगाने की अनुमति मिलती है।

31.3.2. क्लाउड में नेटवर्क-अटैच्ड स्टोरेज (NAS)।

नेटवर्क-अटैच्ड स्टोरेज (एनएएस) एक समर्पित स्टोरेज उपकरण प्रदान करके फ़ाइल स्टोरेज को अगले स्तर तक ले जाता है जो सीधे नेटवर्क से जुड़ा होता है। क्लाउड कंप्यूटिंग के संदर्भ में, एनएएस एक फ़ाइल-स्तरीय स्टोरेज समाधान है जिसे नेटवर्क पर एक्सेस किया जाता है, आमतौर पर एनएफएस (नेटवर्क फाइल सिस्टम) या एसएमबी/सीआईएफएस (सर्वर मैसेज ब्लॉक / कॉमन इंटरनेट फाइल सिस्टम) जैसे मानक फाइल शेयरिंग प्रोटोकॉल के माध्यम से।

NAS के प्रमुख लाभों में से एक कई उपयोगकर्ताओं और अनुप्रयोगों द्वारा फ़ाइलों तक एक साथ पहुंच की सुविधा प्रदान करने की इसकी क्षमता है। यह नेटवर्क पर सुलभ एक साझा भंडार के रूप में कार्य करता है, जो इसे सहयोगी वातावरण और परिदृश्यों के लिए एक उत्कृष्ट समाधान बनाता है जहां निर्बाध डेटा साझाकरण और पहुंच महत्वपूर्ण है।

31.3.3. क्लाउड में फ़ाइल संग्रहण और एनएएस की विशेषताएं और लाभ

- केंद्रीकृत डेटा रिपोजिटरी: फ़ाइल भंडारण और एनएएस दोनों डेटा के लिए एक केंद्रीकृत भंडार प्रदान करते हैं, जो सभी प्रासंगिक जानकारी को एक स्थान पर समेकित करता है। यह केंद्रीकृत दृष्टिकोण डेटा प्रबंधन को सरल बनाता है, डेटा स्थिरता सुनिश्चित करता है और विभिन्न वातावरणों या प्रणालियों में डेटा विखंडन की संभावना को कम करता है।

• आसान डेटा साझाकरण और सहयोग: फ़ाइल भंडारण और NAS उपयोगकर्ताओं और टीमों के बीच निर्बाध डेटा साझाकरण और सहयोग की सुविधा प्रदान करने में उत्कृष्टता प्राप्त करते हैं। क्लाउड-आधारित फ़ाइल स्टोरेज सिस्टम अक्सर अंतर्निहित साझाकरण और एक्सेस नियंत्रण सुविधाओं के साथ आते हैं, जिससे उचित अनुमतियां देना और फ़ाइलों को सुरक्षित रूप से साझा करना आसान हो जाता है। यह वितरित टीमों और दूरस्थ श्रमिकों के बीच उत्पादकता और टीम वर्क को बढ़ाता है।

• स्केलेबिलिटी और लचीलापन: क्लाउड-आधारित फ़ाइल भंडारण और एनएएस समाधान अत्यधिक स्केलेबल हैं, जिससे संगठनों को अपनी डेटा आवश्यकताएं बढ़ने पर अपनी भंडारण क्षमता का विस्तार करने की अनुमति मिलती है। क्लाउड प्रदाता अंतर्निहित बुनियादी ढांचे को संभालते हैं, जिससे व्यवसायों को हार्डवेयर अपग्रेड में निवेश करने और प्रबंधित करने की आवश्यकता समाप्त हो जाती है। यह स्केलेबिलिटी सुनिश्चित करती है कि डेटा स्टोरेज आसानी से बदलती व्यावसायिक आवश्यकताओं के अनुकूल हो सके।

• डेटा अतिरेक और विश्वसनीयता: कई क्लाउड प्रदाता फ़ाइल भंडारण और एनएएस सेवाओं के लिए डेटा अतिरेक और आपदा पुनर्प्राप्ति क्षमताएं प्रदान करते हैं। कई डेटा केंद्रों या भौगोलिक क्षेत्रों में डेटा की प्रतिकृति बनाकर, वे हार्डवेयर विफलताओं या प्राकृतिक आपदाओं की स्थिति में भी डेटा अखंडता और उपलब्धता की गारंटी देते हैं। अतिरेक का यह स्तर डेटा विश्वसनीयता को बढ़ाता है और व्यवसाय की निरंतरता सुनिश्चित करता है।

• वैश्विक पहुंच: क्लाउड-आधारित फ़ाइल संग्रहण और NAS उपयोगकर्ताओं को इंटरनेट कनेक्शन के साथ कहीं से भी अपने डेटा तक पहुंचने में सक्षम बनाता है। यह सुविधा दुनिया भर में कई कार्यालयों वाली वितरित टीमों या संगठनों के लिए विशेष रूप से मूल्यवान है, जो उपयोगकर्ता के भौतिक स्थान की परवाह किए बिना, कुशल सहयोग और महत्वपूर्ण जानकारी तक वास्तविक समय तक पहुंच को बढ़ावा देती है।

31.3.4. क्लाउड में फ़ाइल संग्रहण और NAS के मामलों का उपयोग करें

• दस्तावेज़ प्रबंधन और सहयोग: फ़ाइल भंडारण और एनएएस दस्तावेज़ प्रबंधन और सहयोग परिदृश्यों के लिए आदर्श हैं, जो टीम के सदस्यों के बीच उनके भौतिक स्थानों की परवाह किए बिना दस्तावेज़ों, स्प्रेडशीट और प्रस्तुतियों को निर्बाध रूप से साझा करने की सुविधा प्रदान करते हैं। टीमें वास्तविक समय में सहयोग कर सकती हैं और संस्करण इतिहास को ट्रैक कर सकती हैं, उत्पादकता और दस्तावेज़ नियंत्रण में सुधार कर सकती हैं।

• मीडिया और सामग्री प्रबंधन: क्लाउड-आधारित फ़ाइल भंडारण और एनएएस का उपयोग आमतौर पर मीडिया और सामग्री प्रबंधन उद्योगों में किया जाता है, जहां बड़ी फ़ाइलों, जैसे कि चित्र, वीडियो और ऑडियो फ़ाइलों को हितधारकों, ग्राहकों या जनता के साथ संग्रहीत, व्यवस्थित और साझा करने की आवश्यकता होती है। यह मीडिया कंपनियों, मार्केटिंग टीमों और रचनात्मक पेशेवरों के लिए कुशल सामग्री वितरण और प्रबंधन को सक्षम बनाता है।

• वर्चुअल डेस्कटॉप इन्फ्रास्ट्रक्चर (VDI): वर्चुअल डेस्कटॉप इन्फ्रास्ट्रक्चर (वीडीआई) वातावरण में, एनएएस वर्चुअल डेस्कटॉप के लिए साझा भंडारण प्रदान करने में महत्वपूर्ण भूमिका निभाता है। एक केंद्रीय भंडारण भंडार के साथ, वीडीआई तैनाती उपयोगकर्ता डेटा और प्रोफाइल को कुशलतापूर्वक प्रबंधित करते हुए कई वर्चुअल मशीनों पर लगातार उपयोगकर्ता अनुभव सुनिश्चित कर सकती है।

• होम निर्देशिका और व्यक्तिगत फ़ाइल साझाकरण: क्लाउड-आधारित एनएएस उन व्यक्तिगत उपयोगकर्ताओं के लिए मूल्यवान है जो व्यक्तिगत फ़ाइलों के लिए एक केंद्रीकृत भंडार बनाए रखना चाहते हैं। व्यक्तिगत क्लाउड स्टोरेज समाधान एनएएस क्षमताओं का लाभ उठाते हुए उपयोगकर्ताओं के विभिन्न उपकरणों के लिए एक सुरक्षित और निजी भंडारण स्थान प्रदान करते हैं, जिससे डेटा सिंक्रनाइज़ेशन और आसान फ़ाइल पहुंच सुनिश्चित होती है।

STORAGE TYPES

	BLOCK STORAGE	FILE STORAGE	OBJECT STORAGE
TRANSPORT:	FC or iSCSI	TCP/IP	TCP/IP
INTERFACE:	Direct Attached or SAN	NFS, SMB	HTTP, REST
USE CASE:	Low Latency Best for Structured Data	Good Performance File Sharing, Global File Locking	Easy Scaling with No Limits Accessible across LAN & WAN

अभ्यास

बहु विकल्पीय प्रश्न

1. ऑब्जेक्ट स्टोरेज को पारंपरिक फ़ाइल या ब्लॉक स्टोरेज से क्या अलग बनाता है?

a) ऑब्जेक्ट स्टोरेज डेटा को पदानुक्रमित फ़ाइल सिस्टम में व्यवस्थित करता है, जबकि फ़ाइल और ब्लॉक स्टोरेज डेटा के प्रत्येक टुकड़े
को एक व्यक्तिगत ऑब्जेक्ट के रूप में मानता है।

b) ऑब्जेक्ट स्टोरेज प्रत्येक डेटा ऑब्जेक्ट के लिए अद्वितीय पहचानकर्ताओं का उपयोग करता है, जबकि फ़ाइल और ब्लॉक स्टोरेज
मानक फ़ाइल पथ या ब्लॉक पते का उपयोग करते हैं।

c) ऑब्जेक्ट स्टोरेज डेटा को निश्चित आकार के ब्लॉक में संग्रहीत करता है, जबकि फ़ाइल और ब्लॉक स्टोरेज डेटा को मेटाडेटा के साथ
व्यक्तिगत ऑब्जेक्ट के रूप में संग्रहीत करता है।

d) ऑब्जेक्ट स्टोरेज डेटा को सीधे स्टोरेज प्रोटोकॉल iSCSI या फाइबर चैनल के माध्यम से एक्सेस करने की अनुमति देता है, जबकि फ़ाइल
और ब्लॉक स्टोरेज के लिए अतिरिक्त मिडलवेयर की आवश्यकता होती है।

2. वस्तु भंडारण के मूल सिद्धांत क्या हैं?

a) कम विलंबता पहुंच और पदानुक्रमित डेटा संगठन
b) स्केलेबिलिटी, डेटा अतिरेक, और फ़ाइल सिस्टम पदानुक्रम
c) सरलता, उच्च-प्रदर्शन भंडारण, और मेटाडेटा-संचालित दृष्टिकोण
d) अद्वितीय पहचानकर्ताओं के साथ स्केलेबिलिटी, स्थायित्व और फ्लैट नेमस्पेस

3. ऑब्जेक्ट स्टोरेज के प्राथमिक लाभों में से एक क्या है?

a) बेहतर लागत अनुकूलन के लिए डेटा अतिरेक को कम किया गया
b) तेज डेटा पुनर्प्राप्ति के लिए उच्च-विलंबता पहुंच
c) निश्चित क्षमता सीमा के कारण सीमित मापनीयता
d) लगभग असीमित मात्रा में डेटा संग्रहीत करने की क्षमता

4. उच्च-प्रदर्शन वाले डेटाबेस को होस्ट करने के लिए क्लाउड में कौन सा स्टोरेज विकल्प सबसे उपयुक्त है?

a) फ़ाइल संग्रहण
b) नेटवर्क-अटैच्ड स्टोरेज (एनएएस)
c) अमेज़ॅन इलास्टिक ब्लॉक स्टोर (ईबीएस)
d) वस्तु भंडारण

5. कौन सा क्लाउड प्रदाता एक प्रकार के ब्लॉक स्टोरेज के रूप में "स्टैंडर्ड एसएसडी" प्रदान करता है?

a) माइक्रोसॉफ्ट एज़्योर
b) गूगल क्लाउड प्लेटफार्म (जीसीपी)
c) अमेज़ॅन वेब सर्विसेज (एडब्ल्यूएस)
d) आईबीएम क्लाउड

6. क्लाउड कंप्यूटिंग के संदर्भ में, नेटवर्क-अटैच्ड स्टोरेज का प्राथमिक लाभ क्या है?

a) निश्चित आकार के ब्लॉक में डेटा का कुशलतापूर्वक प्रबंधन करना
b) भंडारण बुनियादी ढांचे के गतिशील विस्तार का समर्थन करना
c) आईएससीएसआई या फाइबर चैनल के माध्यम से डेटा तक सीधी पहुंच सक्षम करना
d) एकाधिक उपयोगकर्ताओं द्वारा फ़ाइलों तक एक साथ पहुंच की सुविधा प्रदान करना

7. निम्नलिखित में से कौन सा क्लाउड में फ़ाइल स्टोरेज और NAS की सुविधा या लाभ नहीं है?

a) स्केलेबिलिटी और लचीलापन

b) डेटा लचीलापन और विश्वसनीयता
c) वैश्विक पहुंच
d) पदानुक्रमित डेटा संगठन

8. मीडिया सामग्री वितरण और कुशल अंतिम-उपयोगकर्ताओं को सामग्री वितरण के लिए कौन सा क्लाउड स्टोरेज प्रकार विशेष रूप से उपयुक्त है?

a) ब्लॉक स्टोरेज
b) फ़ाइल संग्रहण
c) नेटवर्क-अटैच्ड स्टोरेज (एनएएस)
d) वस्तु भंडारण

9. क्लाउड-आधारित फ़ाइल भंडारण प्रणाली में, डेटा अतिरेक विश्वसनीयता और डेटा उपलब्धता को कैसे बढ़ाता है?

a) डेटा को कई स्टोरेज नोड्स में वितरित किया जाता है, जिससे विलंबता कम हो जाती है।
b) डेटा को निश्चित आकार के ब्लॉक में संग्रहीत किया जाता है, जिससे कुशल डेटा पुनर्प्राप्ति सुनिश्चित होती है।
c) प्रत्येक फ़ाइल की एकाधिक प्रतिकृतियां बनाई जाती हैं, ताकि एक भंडारण नोड विफल होने पर पहुंच सुनिश्चित हो सके।
d) स्केलेबिलिटी को सक्षम करते हुए डेटा को एक बड़े पूल में पदानुक्रमित रूप से व्यवस्थित किया जाता है।

समीक्षा प्रश्न

1. ऑब्जेक्ट स्टोरेज में किसी ऑब्जेक्ट के प्रमुख घटक क्या हैं, और अद्वितीय पहचानकर्ताओं का उपयोग इसके फ्लैट नेमस्पेस में कैसे योगदान देता है?
2. बताएं कि ऑब्जेक्ट स्टोरेज डेटा स्थायित्व और अतिरेक कैसे प्राप्त करता है, और यह हार्डवेयर विफलताओं या विनाशकारी घटनाओं की स्थिति में डेटा उपलब्धता कैसे सुनिश्चित करता है।
3. लागत-प्रभावशीलता, डेटा लचीलापन और वैश्विक पहुंच के संदर्भ में ऑब्जेक्ट स्टोरेज के क्या लाभ हैं?
4. क्लाउड में ऑब्जेक्ट स्टोरेज और ब्लॉक स्टोरेज के उपयोग के मामलों की तुलना करें और उन परिदृश्यों के उदाहरणों का हवाला देते हुए तुलना करें जहां प्रत्येक स्टोरेज प्रकार उत्कृष्ट है।
5. ब्लॉक स्टोरेज के मूल सिद्धांत क्या हैं, और यह डेटा संगठन और एक्सेस विधियों के संदर्भ में ऑब्जेक्ट स्टोरेज से कैसे भिन्न है?
6. दस्तावेज़ सहयोग और मीडिया सामग्री प्रबंधन के लिए क्लाउड में नेटवर्क-अटैच्ड स्टोरेज (एनएएस) का उपयोग करने के लाभों का वर्णन करें।
7. बताएं कि क्लाउड में फाइल स्टोरेज और एनएएस दुनिया भर में कई कार्यालयों वाली वितरित टीमों और संगठनों के लिए डेटा स्केलेबिलिटी और पहुंच को कैसे बढ़ाते हैं।
8. विशिष्ट क्लाउड-आधारित उपयोग मामलों के लिए डेटा संगठन, स्केलेबिलिटी और उपयुक्तता के संदर्भ में ऑब्जेक्ट स्टोरेज, ब्लॉक स्टोरेज और फाइल स्टोरेज के फायदों की तुलना करें।

उत्तर अनुभाग

बहु विकल्पीय प्रश्न

1. b) ऑब्जेक्ट स्टोरेज प्रत्येक डेटा ऑब्जेक्ट के लिए अद्वितीय पहचानकर्ताओं का उपयोग करता है, जबकि फ़ाइल और ब्लॉक स्टोरेज का उपयोग होता है मानक फ़ाइल पथ या ब्लॉक पते।
2. d) अद्वितीय पहचानकर्ताओं के साथ स्केलेबिलिटी, स्थायित्व और फ्लैट नेमस्पेस
3. d) लगभग असीमित मात्रा में डेटा संग्रहीत करने की क्षमता
4. c) अमेज़ॅन इलास्टिक ब्लॉक स्टोर (ईबीएस)
5. a) माइक्रोसॉफ्ट एज़्योर
6. d) एकाधिक उपयोगकर्ताओं द्वारा फ़ाइलों तक एक साथ पहुंच की सुविधा प्रदान करना
7. d) पदानुक्रमित डेटा संगठन

8. d) वस्तु भंडारण

9. c) प्रत्येक फ़ाइल की एकाधिक प्रतिकृतियां बनाई जाती हैं, ताकि एक भंडारण नोड विफल होने पर पहुंच सुनिश्चित हो सके।

समीक्षा प्रश्न

1. ऑब्जेक्ट स्टोरेज में एक ऑब्जेक्ट में तीन घटक होते हैं: डेटा (वास्तविक सामग्री), मेटाडेटा (वर्णनात्मक जानकारी), और एक अद्वितीय पहचानकर्ता। अद्वितीय पहचानकर्ताओं का उपयोग प्रत्येक वस्तु को पता करने योग्य और आसानी से पुनर्प्राप्त करने योग्य बनाता है, भले ही भंडारण बुनियादी ढांचे के भीतर उसका भौतिक स्थान कुछ भी हो। परिणामस्वरूप, वस्तुओं को जटिल निर्देशिका संरचनाओं के बिना एक एकल, बड़े पूल में संग्रहीत किया जाता है, जिससे एक फ्लैट नेमस्पेस बनता है। यह सादगी और पता क्षमता कुशल स्केलेबिलिटी और आसान डेटा एक्सेस को सक्षम बनाती है, जिससे ऑब्जेक्ट स्टोरेज बड़ी मात्रा में असंरचित डेटा को संभालने के लिए अत्यधिक उपयुक्त हो जाता है।

2. ऑब्जेक्ट स्टोरेज कई स्टोरेज नोड्स या भौगोलिक रूप से फैले हुए डेटा केंद्रों में ऑब्जेक्ट की प्रतिकृति बनाकर डेटा स्थायित्व और अतिरेक सुनिश्चित करता है। प्रत्येक ऑब्जेक्ट में कई प्रतिकृतियां होती हैं, जिन्हें सिंक्रोनस या एसिंक्रोनस रूप से अपडेट किया जाता है। हार्डवेयर विफलताओं या विनाशकारी घटनाओं के मामले में, डेटा जीवित प्रतिकृतियों से सुलभ रहता है, जिससे डेटा हानि का जोखिम कम हो जाता है। ऑब्जेक्ट स्टोरेज की वितरित प्रकृति यह सुनिश्चित करती है कि डेटा अनावश्यक रूप से संग्रहीत है, व्यक्तिगत स्टोरेज नोड विफलताओं की स्थिति में भी डेटा लचीलापन और उपलब्धता प्रदान करता है।

3. ऑब्जेक्ट स्टोरेज पे-एज़-यू-गो मॉडल का अनुसरण करता है, जो उपयोगकर्ताओं को केवल उनके द्वारा उपभोग किए गए स्टोरेज के लिए भुगतान करने की अनुमति देता है। यह लागत-प्रभावशीलता हार्डवेयर में अग्रिम निवेश की आवश्यकता को समाप्त कर देती है और संगठनों को अनावश्यक खर्चों को कम करते हुए, वास्तविक उपयोग के आधार पर अपने भंडारण बुनियादी ढांचे को बढ़ाने की अनुमति देती है। इसके अलावा, ऑब्जेक्ट स्टोरेज के डेटा रिडंडेंसी तंत्र उच्च स्तर के डेटा लचीलेपन और विश्वसनीयता को सुनिश्चित करते हैं। हार्डवेयर विफलताओं या आपदाओं से डेटा की सुरक्षा करते हुए, ऑब्जेक्ट को कई नोड्स या डेटा केंद्रों में अनावश्यक रूप से संग्रहीत किया जाता है। इसके अतिरिक्त, विशिष्ट पहचान-आधारित पहुंच वैश्विक पहुंच को सक्षम बनाती है, जिससे उपयोगकर्ता इंटरनेट कनेक्शन के साथ कहीं से भी अपने डेटा तक पहुंच सकते हैं।

4. ऑब्जेक्ट स्टोरेज उन परिदृश्यों के लिए आदर्श है जहां असंरचित डेटा को संग्रहीत और कुशलता से एक्सेस करने की आवश्यकता होती है, जैसे मीडिया सामग्री वितरण, डेटा बैकअप और IoT डेटा स्टोरेज। यह बड़ी मल्टीमीडिया फ़ाइलों को संभालने में उत्कृष्ट है और सामग्री वितरण के लिए वैश्विक पहुंच का समर्थन करता है। दूसरी ओर, ब्लॉक स्टोरेज उन डेटाबेस और एंटरप्राइज़ अनुप्रयोगों को होस्ट करने के लिए सबसे उपयुक्त है जो डेटा तक उच्च-प्रदर्शन और कम-विलंबता पहुंच की मांग करते हैं। उदाहरणों में वर्चुअलाइज्ड वातावरण में महत्वपूर्ण ईआरपी सिस्टम, सीआरएम सॉफ्टवेयर और वर्चुअल मशीन स्टोरेज की मेजबानी शामिल है। दोनों भंडारण प्रकार अनुप्रयोगों और कार्यभार की विशिष्ट आवश्यकताओं के आधार पर अद्वितीय लाभ प्रदान करते हैं।

5. ब्लॉक स्टोरेज डेटा को निश्चित आकार के टुकड़ों में प्रबंधित करता है जिन्हें "ब्लॉक" कहा जाता है और प्रत्येक ब्लॉक को एक अद्वितीय पता निर्दिष्ट करता है। ऑब्जेक्ट स्टोरेज के विपरीत, जो प्रत्येक डेटा टुकड़े को विशिष्ट पहचानकर्ताओं के साथ एक व्यक्तिगत ऑब्जेक्ट के रूप में मानता है, ब्लॉक स्टोरेज में व्यक्तिगत ब्लॉकों के लिए पदानुक्रमित संरचनाओं या विशिष्ट पहचानकर्ताओं का अभाव होता है। ब्लॉक स्टोरेज को iSCSI या फाइबर चैनल जैसे स्टोरेज प्रोटोकॉल के माध्यम से एक्सेस किया जाता है, जिससे कच्ची स्टोरेज क्षमता को सीधे प्रारूपित किया जा सकता है और ऑपरेटिंग सिस्टम या एप्लिकेशन द्वारा उपयोग किया जा सकता है। जबकि ऑब्जेक्ट स्टोरेज एक फ्लैट नेमस्पेस और मेटाडेटा-संचालित दृष्टिकोण प्रदान करता है, ब्लॉक स्टोरेज निचले स्तर पर काम करता है और अंतर्निहित मेटाडेटा प्रदान नहीं करता है।

6. नेटवर्क-अटैच्ड स्टोरेज (एनएएस) कई उपयोगकर्ताओं और अनुप्रयोगों द्वारा फ़ाइलों तक एक साथ पहुंच की सुविधा प्रदान करता है, जिससे यह दस्तावेज़ सहयोग के लिए एक उत्कृष्ट विकल्प बन जाता है। यह नेटवर्क पर सुलभ एक साझा भंडार प्रदान करता है, जिससे टीमों को वास्तविक समय में सहयोग करने, संस्करण इतिहास को ट्रैक करने और

दस्तावेज़ नियंत्रण में सुधार करने की अनुमति मिलती है। एनएएस मीडिया सामग्री प्रबंधन में भी उत्कृष्ट है, जहां छवियों, वीडियो और ऑडियो जैसी बड़ी फ़ाइलों को व्यवस्थित करने और हितधारकों के साथ साझा करने की आवश्यकता होती है। इसकी केंद्रीकृत और स्केलेबल प्रकृति कुशल सामग्री वितरण सुनिश्चित करती है, जो इसे मीडिया कंपनियों, मार्केटिंग टीमों और रचनात्मक पेशेवरों के लिए मूल्यवान बनाती है।

7. क्लाउड में फ़ाइल स्टोरेज और एनएएस केंद्रीकृत डेटा रिपॉजिटरी प्रदान करते हैं, डेटा प्रबंधन को सरल बनाते हैं और विभिन्न प्रणालियों में विखंडन को कम करते हैं। स्केलेबल क्लाउड-आधारित समाधानों के साथ, संगठन हार्डवेयर अपग्रेड में निवेश किए बिना बदलती डेटा आवश्यकताओं को पूरा करने के लिए आसानी से अपनी भंडारण क्षमता का विस्तार कर सकते हैं। यह स्केलेबिलिटी सुनिश्चित करती है कि डेटा इंटरनेट कनेक्शन के साथ कहीं से भी पहुंच योग्य बना रहे, जिससे यह कई वैश्विक कार्यालयों वाली वितरित टीमों और संगठनों के लिए उपयुक्त हो। उपयोगकर्ता वास्तविक समय में सहयोग कर सकते हैं, फ़ाइलों को सुरक्षित रूप से साझा कर सकते हैं, और उनके भौतिक स्थान की परवाह किए बिना महत्वपूर्ण जानकारी तक पहुंच सकते हैं, जिससे उत्पादकता और टीम वर्क बढ़ सकता है।

8. ऑब्जेक्ट स्टोरेज अपने फ्लैट नेमस्पेस और मेटाडेटा-संचालित सिस्टम के साथ डेटा संगठन के लिए एक अद्वितीय दृष्टिकोण प्रदान करता है, जो इसे बड़े पैमाने पर असंरचित डेटा को संभालने के लिए अत्यधिक स्केलेबल बनाता है। यह मीडिया सामग्री वितरण, डेटा बैकअप और IoT डेटा भंडारण जैसे परिदृश्यों में उत्कृष्टता प्राप्त करता है। ब्लॉक स्टोरेज, अपने निश्चित आकार के ब्लॉक और डायरेक्ट एक्सेस प्रोटोकॉल के साथ, डेटाबेस, महत्वपूर्ण एप्लिकेशन और वर्चुअल मशीन स्टोरेज को होस्ट करने के लिए आदर्श है। यह कम-विलंबता पहुंच और उच्च-प्रदर्शन भंडारण सुनिश्चित करता है। फ़ाइल संग्रहण डेटा प्रबंधन और साझाकरण को सरल बनाते हुए, पदानुक्रमित डेटा संगठन प्रदान करता है। यह दस्तावेज़ सहयोग, मीडिया प्रबंधन, वीडीआई और व्यक्तिगत फ़ाइल साझाकरण के लिए उपयुक्त है। प्रत्येक भंडारण प्रकार विशिष्ट क्लाउड-आधारित उपयोग के मामलों को पूरा करता है, जो डेटा आवश्यकताओं और एप्लिकेशन आवश्यकताओं के आधार पर अद्वितीय लाभ प्रदान करता है।

अध्याय 32: क्लाउड गवर्नेंस और सुरक्षा अनुपालन

32.1: क्लाउड वातावरण में सुरक्षा प्रशासन - एक गहन जानकारी

सुरक्षा प्रशासन क्लाउड कंप्यूटिंग का एक महत्वपूर्ण पहलू है, जो विभिन्न प्रकार के साइबर खतरों से मूल्यवान संपत्तियों और संवेदनशील डेटा की सुरक्षा सुनिश्चित करता है। ठोस सुरक्षा सिद्धांतों का पालन करके, चुनौतियों का सक्रिय रूप से समाधान करके और सर्वोत्तम प्रथाओं को अपनाकर, संगठन एक सुरक्षित क्लाउड वातावरण का निर्माण कर सकते हैं जो नवाचार को बढ़ावा देता है, ग्राहक विश्वास को बढ़ाता है और डिजिटल युग में व्यापार विकास को बढ़ावा देता है। सुरक्षा जोखिमों को कम करते हुए क्लाउड कंप्यूटिंग के लाभों को अधिकतम करने के लिए एक मजबूत सुरक्षा प्रशासन ढांचा मौलिक है, जो संगठनों को क्लाउड की पूरी क्षमता को आत्मविश्वास से अपनाने में सक्षम बनाता है।

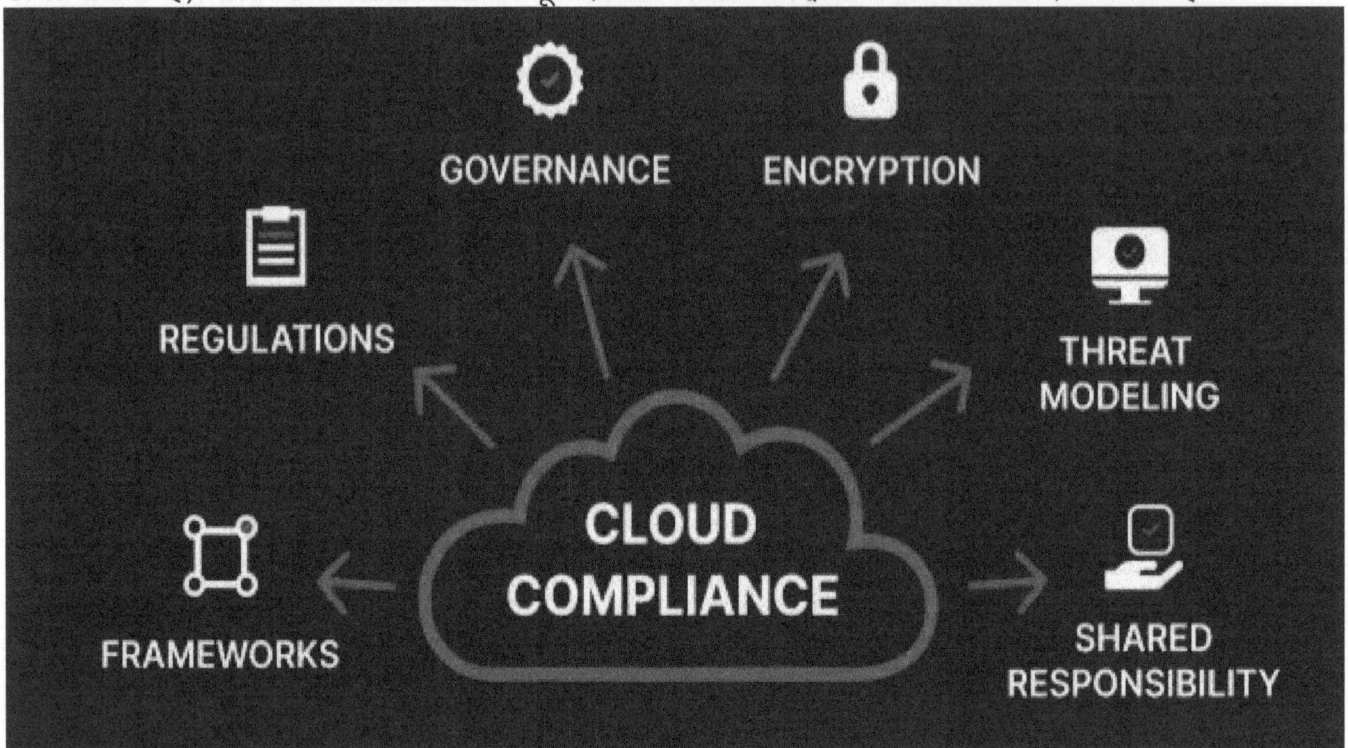

32.1.1. क्लाउड कंप्यूटिंग में सुरक्षा प्रशासन को समझना

सुरक्षा प्रशासन किसी भी संगठन में व्यापक सुरक्षा रणनीति की नींव है। यह उन नीतियों, प्रक्रियाओं और नियंत्रणों के ढांचे को संदर्भित करता है जो सुरक्षा के प्रति किसी संगठन के दृष्टिकोण को नियंत्रित करते हैं। क्लाउड कंप्यूटिंग के संदर्भ में, गतिशील और वितरित वातावरण में संवेदनशील डेटा, अनुप्रयोगों और बुनियादी ढांचे की सुरक्षा के महत्वपूर्ण महत्व के कारण सुरक्षा प्रशासन सर्वोपरि है।

32.1.2. क्लाउड में सुरक्षा प्रशासन के सिद्धांत

- जोखिम मूल्यांकन और प्रबंधन: प्रभावी सुरक्षा प्रशासन संपूर्ण जोखिम मूल्यांकन से शुरू होता है। संगठनों को अपने क्लाउड वातावरण के लिए विशिष्ट संभावित खतरों और कमजोरियों की पहचान करनी चाहिए। सुरक्षा घटनाओं को प्रभावी ढंग से संभालने के लिए जोखिम शमन योजनाओं और घटना प्रतिक्रिया प्रोटोकॉल सहित जोखिम प्रबंधन रणनीतियाँ लागू होनी चाहिए।
- अनुपालन और विनियामक पालन: सुरक्षा प्रशासन यह सुनिश्चित करता है कि क्लाउड वातावरण प्रासंगिक डेटा सुरक्षा नियमों, उद्योग मानकों और संगठन की आंतरिक सुरक्षा नीतियों का अनुपालन करता है। अनुपालन में डेटा गोपनीयता, गोपनीयता, अखंडता और अन्य नियामक आवश्यकताओं को संबोधित करना शामिल है।
- पहचान और पहुंच प्रबंधन (IAM): IAM क्लाउड में सुरक्षा प्रशासन का एक मूलभूत घटक है। इसमें उपयोगकर्ता की पहचान, प्रमाणीकरण तंत्र, पहुंच नियंत्रण और विशेषाधिकार प्राप्त पहुंच प्रबंधन का प्रबंधन शामिल है। उचित IAM

कार्यान्वयन यह सुनिश्चित करता है कि केवल अधिकृत उपयोगकर्ता ही संसाधनों और डेटा तक पहुंच सकते हैं, जिससे अनधिकृत पहुंच का जोखिम कम हो जाता है।

• डेटा एन्क्रिप्शन और सुरक्षा: डेटा एन्क्रिप्शन सुरक्षा प्रशासन में महत्वपूर्ण भूमिका निभाता है। आराम और पारगमन के दौरान डेटा को एन्क्रिप्ट करना संवेदनशील जानकारी को अनधिकृत पहुंच या डेटा उल्लंघनों से बचाता है। मजबूत एन्क्रिप्शन तंत्र डेटा गोपनीयता और अखंडता की रक्षा करते हैं।

• सतत निगरानी और लेखा परीक्षा: विसंगतियों और संभावित सुरक्षा उल्लंघनों का पता लगाने के लिए क्लाउड संसाधनों की नियमित निगरानी, लॉगिंग और ऑडिटिंग महत्वपूर्ण है। निरंतर निगरानी त्वरित घटना प्रतिक्रिया को सक्षम बनाती है और संगठनों को उभरते खतरों से आगे रहने में मदद करती है, जिससे समग्र सुरक्षा स्थिति बढ़ती है।

32.1.3. क्लाउड परिवेश के लिए सुरक्षा प्रशासन में चुनौतियाँ

• साझा जिम्मेदारी मॉडल: क्लाउड सेवा प्रदाता एक साझा जिम्मेदारी मॉडल का पालन करते हैं, जिसका अर्थ है कि वे अंतर्निहित क्लाउड बुनियादी ढांचे को सुरक्षित करने के लिए जिम्मेदार हैं, जबकि ग्राहक अपने डेटा, एप्लिकेशन और कॉन्फ़िगरेशन को सुरक्षित करने के लिए जिम्मेदार हैं। सुरक्षा अंतरालों और गलत कॉन्फ़िगरेशन से बचने के लिए इस साझा जिम्मेदारी मॉडल को समझना और प्रभावी ढंग से प्रबंधित करना महत्वपूर्ण है।

• क्लाउड सेवा जटिलता: क्लाउड वातावरण में अक्सर कई सेवाएँ और कॉन्फ़िगरेशन शामिल होते हैं, जिससे विविध क्लाउड सेवाओं में सुरक्षा प्रबंधन में जटिलता बढ़ जाती है। पूरे परिवेश में सुरक्षा नियंत्रण में निरंतरता सुनिश्चित करना चुनौतीपूर्ण हो सकता है।

• डेटा संप्रभुता और क्षेत्राधिकार: विभिन्न देशों में स्थित क्लाउड डेटा केंद्रों में रहने वाला डेटा अलग-अलग डेटा संरक्षण कानूनों के अधीन हो सकता है, जिससे डेटा संप्रभुता और अधिकार क्षेत्र की चुनौतियाँ पैदा हो सकती हैं। प्रासंगिक नियमों का अनुपालन सुनिश्चित करने के लिए संगठनों को इन जटिलताओं से निपटना होगा।

32.1.4. क्लाउड में सुरक्षा प्रशासन के लिए सर्वोत्तम अभ्यास

• एक स्पष्ट सुरक्षा नीति स्थापित करें: एक व्यापक सुरक्षा नीति विकसित करें जो क्लाउड वातावरण में शामिल सभी हितधारकों के लिए भूमिकाओं, जिम्मेदारियों और सर्वोत्तम प्रथाओं की रूपरेखा तैयार करे। सुरक्षा मानकों का पालन सुनिश्चित करने के लिए सुरक्षा नियंत्रणों और प्रक्रियाओं को स्पष्ट रूप से परिभाषित करें।

• सतत शिक्षा और प्रशिक्षण: नियमित प्रशिक्षण और जागरूकता कार्यक्रमों के माध्यम से कर्मचारियों और उपयोगकर्ताओं को सुरक्षा सर्वोत्तम प्रथाओं और संभावित खतरों के बारे में शिक्षित करें। एक सूचित और सतर्क कार्यबल साइबर खतरों से बचाव की एक आवश्यक पंक्ति है।

• मल्टी-फैक्टर प्रमाणीकरण (एमएफए) लागू करें: उपयोगकर्ता खातों में सुरक्षा की एक अतिरिक्त परत जोड़ने के लिए एमएफए लागू करें। एमएफए अनधिकृत पहुंच के जोखिम को काफी हद तक कम कर देता है, भले ही लॉगिन क्रेडेंशियल से समझौता किया गया हो।

• नियमित सुरक्षा ऑडिट: कमजोरियों की पहचान करने और सुरक्षा कमियों को दूर करने के लिए समय-समय पर सुरक्षा ऑडिट और प्रवेश परीक्षण आयोजित करें। नियमित ऑडिट से संगठनों को उभरते खतरों से आगे रहने और सक्रिय सुरक्षा दृष्टिकोण बनाए रखने में मदद मिलती है।

• सुरक्षा स्वचालन का उपयोग करें: क्लाउड परिवेश में सुरक्षा नियंत्रणों को लगातार और कुशलता से लागू करने के लिए सुरक्षा स्वचालन उपकरण और प्रौद्योगिकियों को अपनाएं। स्वचालन मानवीय त्रुटियों को कम करने में मदद करता है और सुरक्षा उपायों का एक समान अनुप्रयोग सुनिश्चित करता है।

32.2: क्लाउड में विनियामक अनुपालन - एक व्यापक अन्वेषण

संवेदनशील डेटा को संभालने वाले संगठनों के लिए क्लाउड में नियामक अनुपालन एक बुनियादी पहलू है। प्रासंगिक नियमों का पालन करने से डेटा गोपनीयता, सुरक्षा और अखंडता सुनिश्चित होती है, ग्राहकों और हितधारकों के साथ विश्वास कायम होता है। लागू नियमों को समझकर, अनुरूप क्लाउड प्रदाताओं को चुनकर, और मजबूत सुरक्षा प्रथाओं को लागू करके, संगठन आत्मविश्वास से क्लाउड अनुपालन के जटिल परिदृश्य को नेविगेट कर सकते हैं। सर्वोत्तम प्रथाओं को अपनाने और प्रासंगिक प्रमाणपत्र और रूपरेखा प्राप्त करने से संगठनों को संवेदनशील जानकारी की

सुरक्षा करते हुए क्लाउड कंप्यूटिंग के लाभों का उपयोग करने का अधिकार मिलता है, जिससे उन्हें एक सुरक्षित और सफल क्लाउड यात्रा की ओर प्रेरित किया जाता है।

32.2.1. क्लाउड में विनियामक अनुपालन का महत्व

विनियामक अनुपालन क्लाउड कंप्यूटिंग का एक महत्वपूर्ण पहलू है, क्योंकि इसमें क्लाउड सेवा प्रदाताओं और उनके ग्राहकों पर लागू विशिष्ट कानूनों, विनियमों और उद्योग मानकों का पालन करना शामिल है। संवेदनशील डेटा की सुरक्षा, डेटा गोपनीयता बनाए रखने और डेटा सुरक्षा सुनिश्चित करने के लिए अनुपालन आवश्यक है, जो संगठनों और उनके ग्राहकों के बीच विश्वास को बढ़ावा देता है।

32.2.2. क्लाउड नियामक अनुपालन प्राप्त करने में चुनौतियाँ

- डेटा संप्रभुता और क्षेत्राधिकार: क्लाउड डेटा केंद्र विभिन्न देशों में स्थित हो सकते हैं, जो संगठनों को विविध डेटा सुरक्षा और गोपनीयता कानूनों से अवगत कराते हैं। कई न्यायक्षेत्रों में अलग-अलग नियमों का अनुपालन सुनिश्चित करना जटिल हो सकता है, खासकर जब डेटा सीमाओं को पार करता है।
- साझा जिम्मेदारी मॉडल: क्लाउड सेवा प्रदाताओं द्वारा अपनाए गए साझा जिम्मेदारी मॉडल का मतलब है कि प्रदाता और ग्राहक दोनों के पास विशिष्ट सुरक्षा जिम्मेदारियां हैं। इस मॉडल के भीतर व्यक्तिगत जिम्मेदारियों को समझना और प्रभावी ढंग से पूरा करना चुनौतियां पैदा कर सकता है, खासकर अगर प्रत्येक पक्ष के दायित्वों के बारे में कोई गलतफहमी हो।
- लेखापरीक्षा और सत्यापन: नियामक आवश्यकताओं का पालन सुनिश्चित करने के लिए अनुपालन को अक्सर समय-समय पर ऑडिटिंग और सत्यापन की आवश्यकता होती है। ऑडिट के लिए साक्ष्य और दस्तावेज़ीकरण का एक व्यापक निशान बनाए रखना संसाधन-गहन और समय लेने वाला हो सकता है।
- डेटा सुरक्षा और एन्क्रिप्शन: विभिन्न नियम विभिन्न डेटा सुरक्षा और एन्क्रिप्शन आवश्यकताओं को लागू कर सकते हैं। संगठनों को मजबूत एन्क्रिप्शन तंत्र लागू करना चाहिए और यह सुनिश्चित करना चाहिए कि डेटा उसके पूरे जीवनचक्र में पर्याप्त रूप से सुरक्षित रहे।

32.2.3. क्लाउड नियामक अनुपालन सुनिश्चित करने के लिए सर्वोत्तम अभ्यास

- लागू विनियमों को समझें: अपने उद्योग और उन देशों से संबंधित नियमों को पहचानें और अच्छी तरह से समझें जहां डेटा संसाधित और संग्रहीत किया जाता है। निरंतर अनुपालन बनाए रखने के लिए नियमों में बदलावों से अपडेट रहें।
- आज्ञाकारी क्लाउड प्रदाता चुनें: ऐसे क्लाउड सेवा प्रदाता चुनें जिन्होंने प्रासंगिक उद्योग मानकों और प्रमाणपत्रों का अनुपालन स्थापित किया हो। ऐसे प्रदाताओं की तलाश करें जो अपनी सुरक्षा प्रथाओं पर पारदर्शिता और विस्तृत दस्तावेज़ीकरण प्रदान करते हैं।
- डेटा वर्गीकरण और विभाजन: संवेदनशीलता और नियामक आवश्यकताओं के आधार पर डेटा को वर्गीकृत करें। यह सुनिश्चित करने के लिए डेटा को अलग करें कि यह पर्याप्त रूप से संरक्षित है और केवल अधिकृत कर्मियों के लिए ही पहुंच योग्य है।
- मजबूत पहुंच नियंत्रण लागू करें: मजबूत पहचान और पहुंच प्रबंधन (आईएएम) प्रथाओं को लागू करें। संवेदनशील डेटा तक पहुंच सीमित करने के लिए बहु-कारक प्रमाणीकरण (एमएफए) और भूमिका-आधारित पहुंच नियंत्रण (आरबीएसी) का उपयोग करें
- डेटा एन्क्रिप्शन और कुंजी प्रबंधन: आराम और पारगमन के दौरान डेटा की सुरक्षा के लिए एंड-टू-एंड डेटा एन्क्रिप्शन लागू करें। एन्क्रिप्शन कुंजियों को सुरक्षित रखने और आवश्यकता पड़ने पर उनकी उपलब्धता सुनिश्चित करने के लिए उचित कुंजी प्रबंधन प्रथाओं को नियोजित करें।
- नियमित ऑडिट और मूल्यांकन करें: अनुपालन स्थिति का आकलन करने के लिए नियमित आंतरिक और बाह्य ऑडिट करें। अनुपालन को मान्य करने और सुधार के क्षेत्रों की पहचान करने के लिए तीसरे पक्ष के आकलन का उपयोग करें।

32.2.4. क्लाउड अनुपालन प्रमाणपत्र और फ़्रेमवर्क

- आईएसओ/आईईसी 27001: एक अंतरराष्ट्रीय स्तर पर मान्यता प्राप्त सूचना सुरक्षा प्रबंधन प्रणाली मानक जो सुरक्षा नियंत्रणों की एक विस्तृत श्रृंखला को कवर करता है।

• एसओसी 2:क्लाउड सेवाओं की सुरक्षा, उपलब्धता, प्रसंस्करण अखंडता, गोपनीयता और गोपनीयता से संबंधित नियंत्रणों पर एक रिपोर्ट। सेवा प्रदाता के सुरक्षा नियंत्रणों का मूल्यांकन करने के लिए ग्राहकों और भागीदारों द्वारा आमतौर पर एसओसी 2 रिपोर्ट का अनुरोध किया जाता है।
• हिपा: अमेरिकी नियम जो संरक्षित स्वास्थ्य जानकारी (पीएचआई) की गोपनीयता और सुरक्षा को नियंत्रित करते हैं। स्वास्थ्य देखभाल डेटा को संभालने वाले संगठनों को रोगी की जानकारी की गोपनीयता और अखंडता सुनिश्चित करने के लिए HIPAA आवश्यकताओं का पालन करना होगा।
• जीडीपीआर:सामान्य डेटा संरक्षण विनियमन, यूरोपीय संघ के भीतर व्यक्तियों के लिए डेटा संरक्षण और गोपनीयता पर यूरोपीय संघ कानून में एक विनियमन। जीडीपीआर उन संगठनों पर सख्त आवश्यकताएं लगाता है जो यूरोपीय संघ के निवासियों के व्यक्तिगत डेटा को संसाधित करते हैं।

32.3: सुरक्षा ऑडिटिंग और घटना प्रतिक्रिया - एक व्यापक अन्वेषण

सुरक्षा ऑडिटिंग और घटना प्रतिक्रिया एक मजबूत क्लाउड सुरक्षा रणनीति के अभिन्न अंग हैं। नियमित सुरक्षा ऑडिट से संगठनों को कमजोरियों की पहचान करने और उनका समाधान करने में मदद मिलती है, जबकि घटना की प्रतिक्रिया सुरक्षा उल्लंघनों के लिए त्वरित और प्रभावी प्रतिक्रिया सुनिश्चित करती है। सुरक्षा ऑडिटिंग और घटना प्रतिक्रिया के लिए सर्वोत्तम प्रथाओं का पालन करके, संगठन सक्रिय रूप से अपने क्लाउड वातावरण और डेटा की सुरक्षा कर सकते हैं, जोखिमों को कम कर सकते हैं और समग्र सुरक्षा स्थिति को बढ़ा सकते हैं। सुरक्षा उपायों का लगातार मूल्यांकन और सुधार करके, संगठन उभरते साइबर खतरों का सामना करने में लचीले रह सकते हैं और एक सुरक्षित क्लाउड कंप्यूटिंग वातावरण को बढ़ावा दे सकते हैं।

32.3.1. क्लाउड में सुरक्षा ऑडिटिंग

सुरक्षा ऑडिटिंग एक महत्वपूर्ण प्रक्रिया है जिसमें कमजोरियों, अनुपालन अंतराल और संभावित जोखिमों की पहचान करने के लिए किसी संगठन के क्लाउड बुनियादी ढांचे, अनुप्रयोगों और प्रक्रियाओं का आकलन करना शामिल है। सुरक्षा ऑडिटिंग का प्राथमिक लक्ष्य यह सुनिश्चित करना है कि कार्यान्वित सुरक्षा उपाय उद्योग मानकों और नियामक आवश्यकताओं के साथ संरेखित हों, जिससे संवेदनशील डेटा की सुरक्षा हो और एक सुरक्षित क्लाउड वातावरण बना रहे।

32.3.2. क्लाउड में सुरक्षा ऑडिटिंग के लिए सर्वोत्तम अभ्यास

• नियमित ऑडिट:सुरक्षा नियंत्रणों की प्रभावशीलता का आकलन करने और सुधार के क्षेत्रों की पहचान करने के लिए समय-समय पर सुरक्षा ऑडिट आयोजित करें। व्यापक ऑडिट में डेटा एक्सेस नियंत्रण, पहचान प्रबंधन, एन्क्रिप्शन और नेटवर्क सुरक्षा सहित क्लाउड वातावरण के सभी पहलुओं को शामिल किया जाना चाहिए।
• तृतीय-पक्ष आकलन: स्वतंत्र ऑडिट करने के लिए तीसरे पक्ष के सुरक्षा विशेषज्ञों को शामिल करें। तृतीय-पक्ष मूल्यांकन एक निष्पक्ष परिप्रेक्ष्य प्रदान करते हैं और सुरक्षा कमजोरियों में मूल्यवान अंतर्दृष्टि प्रदान कर सकते हैं जिन्हें अनदेखा किया जा सकता है।
• अनुपालन जाँच: सुनिश्चित करें कि सुरक्षा ऑडिट में प्रासंगिक डेटा सुरक्षा नियमों और उद्योग मानकों के अनुपालन की जांच शामिल है। डेटा गोपनीयता, गोपनीयता और अखंडता का मूल्यांकन सुरक्षा ऑडिटिंग का एक अभिन्न अंग होना चाहिए।
• भेद्यता स्कैनिंग और प्रवेश परीक्षण:क्लाउड इंफ्रास्ट्रक्चर और अनुप्रयोगों में संभावित कमजोरियों और सुरक्षा अंतरालों की पहचान करने के लिए स्वचालित भेद्यता स्कैनिंग और प्रवेश परीक्षण टूल का उपयोग करें। उभरते खतरों से बचने के लिए नियमित रूप से ये परीक्षण करें।
• ऑडिट ट्रेल और दस्तावेज़ीकरण: सुरक्षा नियंत्रण, कॉन्फ़िगरेशन और क्लाउड वातावरण में किए गए परिवर्तनों का एक व्यापक ऑडिट ट्रेल और दस्तावेज़ीकरण बनाए रखें। यह दस्तावेज़ भविष्य के ऑडिट और घटना की जांच के लिए आवश्यक है।

32.3.3. क्लाउड में घटना प्रतिक्रिया

घटना प्रतिक्रिया क्लाउड वातावरण में सुरक्षा घटनाओं का पता लगाने, विश्लेषण करने और उन्हें कम करने के लिए एक व्यवस्थित दृष्टिकोण है। प्रभावी घटना प्रतिक्रिया सुरक्षा उल्लंघनों के प्रभाव को कम करती है और संगठनों को ऐसी घटनाओं से तेजी से उबरने में मदद करती है।

32.3.4. क्लाउड में घटना प्रतिक्रिया के लिए सर्वोत्तम अभ्यास

• घटना प्रतिक्रिया योजना: एक विस्तृत घटना प्रतिक्रिया योजना विकसित करें जो सुरक्षा घटनाओं का पता लगाने, रिपोर्ट करने और प्रतिक्रिया देने के लिए भूमिकाओं, जिम्मेदारियों और प्रक्रियाओं की रूपरेखा तैयार करे। इस योजना को नियमित रूप से अद्यतन करें और सभी संबंधित हितधारकों को सूचित करें।

• स्वचालित घटना का पता लगाना: संदिग्ध गतिविधियों और संभावित सुरक्षा उल्लंघनों का तुरंत पता लगाने के लिए स्वचालित निगरानी और चेतावनी तंत्र लागू करें। इसमें सुरक्षा सूचना और इवेंट प्रबंधन (SIEM) टूल का उपयोग शामिल हो सकता है।

• वृद्धि प्रक्रियाएँ:यह सुनिश्चित करने के लिए स्पष्ट वृद्धि प्रक्रियाएं स्थापित करें कि सुरक्षा घटनाओं को प्रबंधन और सुरक्षा टीमों सहित उचित कर्मियों तक तुरंत पहुंचाया जाए। घटना के समय पर समाधान के लिए तीव्र संचार आवश्यक है।

• रोकथाम और शमन:एक बार किसी घटना का पता चलने पर, खतरे को रोकने और क्लाउड पर्यावरण पर इसके प्रभाव को कम करने के लिए तत्काल कार्रवाई करें। इसमें प्रभावित सिस्टम को अलग करना या समझौता किए गए खातों को अक्षम करना शामिल हो सकता है।

• फोरेंसिक और जांच:सुरक्षा घटना के दायरे और प्रकृति को समझने के लिए गहन फोरेंसिक जांच करें। घटना के विश्लेषण और, यदि आवश्यक हो, तो कानूनी कार्यवाही का समर्थन करने के लिए सबूतों को सुरक्षित रखें और डेटा एकत्र करें।

• संचार और रिपोर्टिंग:घटना, इसके प्रभाव और इसे संबोधित करने के लिए उठाए जा रहे कदमों के बारे में प्रासंगिक हितधारकों के साथ पारदर्शी रूप से संवाद करें। विश्वास और विश्वसनीयता बनाए रखने के लिए समय पर और स्पष्ट रिपोर्टिंग आवश्यक है।

अभ्यास

बहु विकल्पीय प्रश्न

1. क्लाउड कंप्यूटिंग में सुरक्षा प्रशासन का प्राथमिक उद्देश्य क्या है?

a) क्लाउड में अधिकतम डेटा भंडारण क्षमता सुनिश्चित करना।

b) मूल्यवान संपत्तियों और संवेदनशील डेटा को साइबर खतरों से बचाने के लिए।

c) क्लाउड सेवाओं के लिए न्यूनतम संभव लागत प्राप्त करना।

d) नवीनतम क्लाउड प्रौद्योगिकियों को लागू करना।

2. सुरक्षा प्रशासन के किस सिद्धांत में संभावित खतरों और कमजोरियों की पहचान करना शामिल है? क्लाउड पर्यावरण के लिए विशिष्ट?

a) डेटा एन्क्रिप्शन और सुरक्षा

b) अनुपालन और विनियामक पालन

c) जोखिम मूल्यांकन और प्रबंधन

d) सतत निगरानी एवं लेखापरीक्षा

3. क्लाउड कंप्यूटिंग में साझा जिम्मेदारी मॉडल क्या है?

a) क्लाउड प्रदाता सभी सुरक्षा पहलुओं के लिए पूरी तरह जिम्मेदार हैं।

b) ग्राहक सभी सुरक्षा पहलुओं के लिए पूरी तरह जिम्मेदार हैं।

c) क्लाउड प्रदाता अंतर्निहित बुनियादी ढांचे के लिए जिम्मेदार हैं, और ग्राहक अपने डेटा और एप्लिकेशन को सुरक्षित रखने के लिए जिम्मेदार हैं।

d) ग्राहक अंतर्निहित बुनियादी ढांचे के लिए जिम्मेदार हैं, और क्लाउड प्रदाता उनके डेटा और एप्लिकेशन को सुरक्षित रखने के लिए जिम्मेदार हैं।

4. क्लाउड नियामक अनुपालन के लिए सर्वोत्तम अभ्यास में सुरक्षा की एक अतिरिक्त परत लागू करना शामिल है उपयोगकर्ता खातों के लिए?

a) मल्टी-फैक्टर प्रमाणीकरण (एमएफए) लागू करें

b) सतत शिक्षा और प्रशिक्षण

c) डेटा वर्गीकरण और विभाजन

d) नियमित सुरक्षा ऑडिट

5. क्लाउड में सुरक्षा ऑडिटिंग का प्राथमिक लक्ष्य क्या है?

a) क्लाउड सेवा जटिलता को कम करने के लिए.

b) सभी डेटा सुरक्षा नियमों का अनुपालन प्राप्त करना।

c) सुरक्षा नियंत्रणों की प्रभावशीलता का आकलन करना और कमजोरियों और जोखिमों की पहचान करना।

d) डेटा संप्रभुता और क्षेत्राधिकार अनुपालन सुनिश्चित करना।

6. क्लाउड में घटना प्रतिक्रिया के लिए सर्वोत्तम अभ्यास में प्रभावित प्रणालियों को अलग करना शामिल है समझौता किए गए खातों को अक्षम करना?

a) स्वचालित घटना का पता लगाना

b) वृद्धि प्रक्रियाएँ

c) रोकथाम और शमन

d) फोरेंसिक और जांच

7. संगठन विविध क्लाउड सेवा में लगातार सुरक्षा नियंत्रण कैसे सुनिश्चित कर सकते हैं पर्यावरण?

a) नियमित सुरक्षा ऑडिट और प्रवेश परीक्षण आयोजित करके।

b) सुरक्षा के लिए मजबूत प्रतिष्ठा वाले क्लाउड प्रदाताओं को चुनकर।

c) स्वचालित निगरानी और चेतावनी तंत्र लागू करके।

d) सुरक्षा नीति में भूमिकाओं, जिम्मेदारियों और सर्वोत्तम प्रथाओं को स्पष्ट रूप से परिभाषित करके।

8. सुरक्षा ऑडिटिंग में तृतीय-पक्ष सुरक्षा आकलन मूल्यवान क्यों हैं?
a) वे एक निष्पक्ष परिप्रेक्ष्य प्रदान करते हैं और सुरक्षा कमजोरियों में मूल्यवान अंतर्दृष्टि प्रदान करते हैं।
b) वे विनियामक अनुपालन के लिए अनिवार्य हैं।
c) वे आंतरिक सुरक्षा ऑडिट करने से सस्ते हैं।
d) वे साइबर खतरों से पूर्ण सुरक्षा की गारंटी देते हैं।
9. क्लाउड में निरंतर निगरानी और ऑडिटिंग का प्राथमिक उद्देश्य क्या है?
a) डेटा संप्रभुता और क्षेत्राधिकार अनुपालन बनाए रखना।
b) क्लाउड में अधिकतम डेटा भंडारण क्षमता सुनिश्चित करना।
c) मानवीय त्रुटियों को कम करना और सुरक्षा उपायों का एक समान अनुप्रयोग सुनिश्चित करना।
d) त्वरित घटना प्रतिक्रिया के लिए विसंगतियों और संभावित सुरक्षा उल्लंघनों का पता लगाना।

समीक्षा प्रश्न

1. क्लाउड कंप्यूटिंग में सुरक्षा प्रशासन का क्या महत्व है, और यह किसी संगठन की समग्र सुरक्षा स्थिति में कैसे योगदान देता है?
2. क्लाउड में सुरक्षा प्रशासन के मूल सिद्धांत क्या हैं, और वे किसी संगठन की सुरक्षा रणनीति में कैसे योगदान करते हैं?
3. क्लाउड नियामक अनुपालन प्राप्त करने में संगठनों को किन चुनौतियों का सामना करना पड़ सकता है, और इन चुनौतियों को कैसे दूर किया जा सकता है?
4. संगठन विविध क्लाउड सेवाओं और परिवेशों में लगातार सुरक्षा नियंत्रण कैसे सुनिश्चित कर सकते हैं?
5. क्लाउड में घटना प्रतिक्रिया के महत्व और सुरक्षा उल्लंघनों के प्रभाव को कम करने में इसकी भूमिका की व्याख्या करें।
6. क्लाउड में सुरक्षा ऑडिट करने के लिए सर्वोत्तम अभ्यास क्या हैं, और वे सुरक्षित क्लाउड वातावरण में कैसे योगदान करते हैं?
7. क्लाउड परिवेश में निरंतर निगरानी और ऑडिटिंग क्यों महत्वपूर्ण है, और यह समग्र सुरक्षा को कैसे बढ़ाती है?
8. क्लाउड सुरक्षा में डेटा एन्क्रिप्शन और सुरक्षा के महत्व और संवेदनशील जानकारी की सुरक्षा में इसकी भूमिका की व्याख्या करें।

उत्तर अनुभाग

बहु विकल्पीय प्रश्न

1. b) मूल्यवान संपत्तियों और संवेदनशील डेटा को साइबर खतरों से बचाने के लिए।
2. c) जोखिम मूल्यांकन और प्रबंधन
3. c) क्लाउड प्रदाता अंतर्निहित बुनियादी ढांचे के लिए जिम्मेदार हैं, और ग्राहक अपने डेटा और एप्लिकेशन को सुरक्षित रखने के लिए जिम्मेदार हैं।
4. a) मल्टी-फैक्टर प्रमाणीकरण (एमएफए) लागू करें
5. c) सुरक्षा नियंत्रणों की प्रभावशीलता का आकलन करना और कमजोरियों और जोखिमों की पहचान करना।
6. c) रोकथाम और शमन
7. d) सुरक्षा नीति में भूमिकाओं, जिम्मेदारियों और सर्वोत्तम प्रथाओं को स्पष्ट रूप से परिभाषित करके।
8. a) वे एक निष्पक्ष परिप्रेक्ष्य प्रदान करते हैं और सुरक्षा कमजोरियों में मूल्यवान अंतर्दृष्टि प्रदान करते हैं।
9. d) तीव्र घटना प्रतिक्रिया के लिए विसंगतियों और संभावित सुरक्षा उल्लंघनों का पता लगाना।

समीक्षा प्रश्न

1. क्लाउड कंप्यूटिंग में सुरक्षा प्रशासन महत्वपूर्ण है क्योंकि यह नीतियों, प्रक्रियाओं और नियंत्रणों की रूपरेखा स्थापित करता है जो किसी संगठन के सुरक्षा के दृष्टिकोण का मार्गदर्शन करता है। एक मजबूत सुरक्षा प्रशासन रणनीति

अपनाकर, संगठन मूल्यवान संपत्तियों और संवेदनशील डेटा को साइबर खतरों से बचा सकते हैं, प्रासंगिक नियमों का अनुपालन कर सकते हैं और ग्राहक विश्वास का निर्माण कर सकते हैं। यह सुनिश्चित करता है कि सुरक्षा उपाय सर्वोत्तम प्रथाओं और उद्योग मानकों के अनुरूप हों, जिससे व्यवसायों को सुरक्षा जोखिमों को कम करते हुए आत्मविश्वास से क्लाउड को अपनाने की अनुमति मिलती है। कुल मिलाकर, सुरक्षा प्रशासन किसी संगठन की सुरक्षा स्थिति को बढ़ाने और सुरक्षित क्लाउड वातावरण को बढ़ावा देने में महत्वपूर्ण भूमिका निभाता है।

2. क्लाउड में सुरक्षा प्रशासन के मुख्य सिद्धांतों में जोखिम मूल्यांकन और प्रबंधन, अनुपालन और नियामक पालन, पहचान और पहुंच प्रबंधन (आईएएम), डेटा एन्क्रिप्शन और सुरक्षा, और निरंतर निगरानी और ऑडिटिंग शामिल हैं। जोखिम मूल्यांकन संगठनों को संभावित खतरों और कमजोरियों की पहचान करने में सक्षम बनाता है, जिससे उन्हें सुरक्षा अंतरालों को सक्रिय रूप से संबोधित करने में मदद मिलती है। अनुपालन डेटा सुरक्षा नियमों और उद्योग मानकों का पालन सुनिश्चित करता है, कानूनी और प्रतिष्ठित जोखिमों को कम करता है। IAM अनधिकृत डेटा उल्लंघनों के जोखिम को कम करते हुए, संसाधनों तक उपयोगकर्ता की पहुंच को नियंत्रित करता है। डेटा एन्क्रिप्शन संवेदनशील जानकारी को अनधिकृत पहुंच से बचाता है। निरंतर निगरानी और ऑडिटिंग त्वरित प्रतिक्रिया और सुधार के लिए सुरक्षा घटनाओं का पता लगाने में सक्षम बनाती है।

3. क्लाउड नियामक अनुपालन प्राप्त करने में चुनौतियों में डेटा संप्रभुता और अधिकार क्षेत्र के मुद्दे, साझा जिम्मेदारी मॉडल जटिलताएं और अनुपालन जांच की संसाधन-गहन प्रकृति शामिल हैं। इन चुनौतियों पर काबू पाने में विभिन्न देशों में डेटा सुरक्षा कानूनों को समझना और नेविगेट करना, व्यापक सुरक्षा कवरेज सुनिश्चित करने के लिए क्लाउड प्रदाताओं के साथ जिम्मेदारियों को स्पष्ट करना और अनुपालन जांच के लिए स्वचालित टूल का उपयोग करना शामिल है। इसके अतिरिक्त, संपूर्ण दस्तावेज़ीकरण बनाए रखना और कुशल अनुपालन प्रबंधन प्रथाओं को अपनाने से अनुपालन प्रक्रिया को सुव्यवस्थित किया जा सकता है।

4. विविध क्लाउड सेवाओं और परिवेशों में लगातार सुरक्षा नियंत्रण सुनिश्चित करने के लिए, संगठनों को एक स्पष्ट सुरक्षा नीति स्थापित करनी चाहिए जो सभी हितधारकों के लिए भूमिकाओं, जिम्मेदारियों और सर्वोत्तम प्रथाओं की रूपरेखा तैयार करे। बहु-कारक प्रमाणीकरण (एमएफए) और भूमिका-आधारित पहुंच नियंत्रण (आरबीएसी) को लागू करने से संवेदनशील डेटा तक पहुंच सीमित करने में मदद मिलती है। नियमित सुरक्षा ऑडिट और प्रवेश परीक्षण कमजोरियो□ की पहचान करते हैं और सुरक्षा उपायों का एक समान अनुप्रयोग सुनिश्चित करते हैं। सुरक्षा स्वचालन उपकरण और प्रौद्योगिकियों का उपयोग सुरक्षा नियंत्रण को लगातार और कुशलता से लागू करता है। इन सर्वोत्तम प्रथाओं को अपनाकर, संगठन एक मजबूत सुरक्षा स्थिति बनाए रख सकते हैं और अपने क्लाउड वातावरण को प्रभावी ढंग से सुरक्षित रख सकते हैं।

5. क्लाउड में घटना प्रतिक्रिया में सुरक्षा घटनाओं का पता लगाने, विश्लेषण करने और उन्हें कम करने के लिए एक व्यवस्थित दृष्टिकोण शामिल है। यह खतरों का तुरंत पता लगाकर और उन्हें नियंत्रित करके सुरक्षा उल्लंघनों के प्रभाव को कम करने में महत्वपूर्ण भूमिका निभाता है। एक प्रभावी घटना प्रतिक्रिया योजना, स्वचालित घटना पहचान तंत्र के साथ मिलकर, सुरक्षा घटनाओं पर त्वरित प्रतिक्रिया सुनिश्चित करती है। रोकथाम और शमन की कार्रवाइयां आगे की क्षति को रोकने में मदद करती हैं, जबकि फोरेंसिक जांच घटना के दायरे और प्रकृति को समझने में सहायता करती है। हितधारकों के साथ पारदर्शी संचार विश्वास बनाए रखता है, और नियमित घटना प्रतिक्रिया योजना अपडेट किसी संगठन की सुरक्षा उल्लंघनों से तेजी से उबरने की क्षमता को बढ़ाता है।

6. क्लाउड में सुरक्षा ऑडिट करने की सर्वोत्तम प्रथाओं में नियमित ऑडिट, तृतीय-पक्ष मूल्यांकन, अनुपालन जांच, भेद्यता स्कैनिंग और दस्तावेज़ीकरण बनाए रखना शामिल है। नियमित ऑडिट सुरक्षा नियंत्रणों की प्रभावशीलता का आकलन करते हैं, कमजोरियों की पहचान करते हैं और सुरक्षा स्थिति में सुधार करते हैं। तृतीय-पक्ष मूल्यांकन सुरक्षा कमजोरियों में निष्पक्ष अंतर्दृष्टि प्रदान करते हैं और समग्र सुरक्षा विश्वास को बढ़ाते हैं। अनुपालन जांच डेटा सुरक्षा नियमों और उद्योग मानकों का पालन सुनिश्चित करती है। भेद्यता स्कैनिंग और प्रवेश परीक्षण सक्रिय शमन के लिए कमजोरियों की पहचान करने में मदद करते हैं। सुरक्षा नियंत्रणों और परिवर्तनों का दस्तावेज़ीकरण भविष्य के ऑडिट की सुविधा प्रदान करता है और घटना की जाँच का समर्थन करता है। इन सर्वोत्तम प्रथाओं का पालन करके, संगठन एक सुरक्षित क्लाउड वातावरण स्थापित कर सकते हैं।

7. क्लाउड वातावरण में निरंतर निगरानी और ऑडिटिंग महत्वपूर्ण है क्योंकि वे संगठनों को वास्तविक समय में विसंगतियों और संभावित सुरक्षा उल्लंघनों का पता लगाने में सक्षम बनाते हैं। तेजी से घटना का पता लगाने से सुरक्षा खतरों पर त्वरित प्रतिक्रिया की अनुमति मिलती है, जिससे उनका प्रभाव कम हो जाता है। सक्रिय निगरानी साइबर हमलावरों द्वारा शोषण किए जाने से पहले कमजोरियों की पहचान करने में मदद करती है। नियमित ऑडिटिंग सुरक्षा मानकों और नियामक आवश्यकताओं का निरंतर अनुपालन सुनिश्चित करती है। सुरक्षा उपायों का लगातार मूल्यांकन करके और घटनाओं पर तुरंत प्रतिक्रिया देकर, संगठन अपनी समग्र सुरक्षा स्थिति को बढ़ाते हैं और क्लाउड में साइबर सुरक्षा के लिए एक सक्रिय दृष्टिकोण बनाए रखते हैं।

8. डेटा एन्क्रिप्शन और सुरक्षा क्लाउड सुरक्षा के महत्वपूर्ण घटक हैं क्योंकि वे संवेदनशील जानकारी को अनधिकृत पहुंच से सुरक्षित रखते हैं। आराम और पारगमन में डेटा को एन्क्रिप्ट करके, संगठन यह सुनिश्चित करते हैं कि भले ही कोई हमलावर डेटा तक पहुंच प्राप्त कर लेता है, लेकिन उचित डिक्रिप्शन कुंजी के बिना यह समझ से बाहर रहता है। एन्क्रिप्शन डेटा गोपनीयता की रक्षा करता है, अनधिकृत प्रकटीकरण को रोकता है। इसके अतिरिक्त, एन्क्रिप्शन डेटा अखंडता को बढ़ाता है, क्योंकि एन्क्रिप्टेड डेटा के साथ कोई भी छेड़छाड़ डिक्रिप्शन पर स्पष्ट हो जाती है। मजबूत एन्क्रिप्शन तंत्र को नियोजित करके, संगठन यह सुनिश्चित करते हैं कि संवेदनशील डेटा अपने पूरे जीवनचक्र में सुरक्षित रहे, जिससे उनके क्लाउड वातावरण की समग्र सुरक्षा और गोपनीयता को बढ़ावा मिले।

अध्याय 33: क्लाउड डिज़ास्टर रिकवरी (DRaaS)

33.1: क्लाउड डिज़ास्टर रिकवरी का परिचय (DRaaS)

क्लाउड डिजास्टर रिकवरी (DRaaS) एक शक्तिशाली और अभिनव समाधान है जो संगठनों को लागत और जटिलता को कम करते हुए अपनी आपदा रिकवरी क्षमताओं को बढ़ाने के लिए सशक्त बनाता है। क्लाउड कंप्यूटिंग की स्केलेबिलिटी, लचीलेपन और भौगोलिक अतिरेक का लाभ उठाकर, क्लाउड DRaaS यह सुनिश्चित करता है कि अप्रत्याशित घटनाओं की स्थिति में महत्वपूर्ण सिस्टम और डेटा सुरक्षित और आसानी से पुनर्प्राप्त किए जा सकते हैं। जैसे-जैसे अधिक संगठन आपदा से उबरने के लिए क्लाउड को अपना रहे हैं, क्लाउड DRaaS लगातार बदलते तकनीकी परिदृश्य में व्यवसायों को हासिल करने और व्यवसाय की निरंतरता बनाए रखने के तरीके को फिर से परिभाषित और अनुकूलित करना जारी रखता है। क्लाउड DRaaS को अपनाकर, संगठन अपनी आपदा पुनर्प्राप्ति रणनीतियों को मजबूत कर सकते हैं, अपने लचीलेपन में सुधार कर सकते हैं, और गतिशील व्यावसायिक परिदृश्य में उत्पन्न होने वाले किसी भी व्यवधान को आत्मविश्वास से नेविगेट कर सकते हैं।

33.1.1.एक सेवा के रूप में क्लाउड डिजास्टर रिकवरी (DRaaS)

क्लाउड DRaaS एक क्लाउड-आधारित समाधान है जो संगठनों को उनके महत्वपूर्ण सिस्टम और डेटा के लिए ऑफसाइट बैकअप और आपदा पुनर्प्राप्ति क्षमताएं प्रदान करता है। इसमें संगठन के प्राथमिक डेटा केंद्र से दूरस्थ क्लाउड वातावरण में डेटा की लगातार प्रतिलिपि बनाना शामिल है, यह सुनिश्चित करना कि क्लाउड-आधारित डेटा अद्यतित रहता है और उत्पादन वातावरण को प्रतिबिंबित करता है। प्राथमिक साइट पर किसी आपदा या डेटा हानि की स्थिति में, संगठन क्लाउड वातावरण में विफलता शुरू कर सकते हैं, जिससे क्लाउड-आधारित एप्लिकेशन और डेटा सक्रिय हो जाएंगे और व्यवसाय की निरंतरता सुनिश्चित होगी। एक बार जब प्राथमिक साइट बहाल हो जाती है, तो एक फ़ेलबैक प्रक्रिया डेटा को मूल स्थान पर वापस सिंक्रनाइज़ कर देती है।

33.1.2. क्लाउड DRaaS कैसे काम करता है?

- डेटा प्रतिकृति:क्लाउड DRaaS प्राथमिक डेटा सेंटर से दूरस्थ क्लाउड वातावरण तक निरंतर डेटा प्रतिकृति पर निर्भर करता है। यह सुनिश्चित करता है कि क्लाउड-आधारित डेटा चालू और उत्पादन परिवेश के अनुरूप बना रहे, जिससे आपदा की स्थिति में डेटा हानि कम से कम हो।
- रिकवरी प्वाइंट ऑब्जेक्टिव (आरपीओ) और रिकवरी टाइम ऑब्जेक्टिव (आरटीओ):संगठन अपनी आपदा पुनर्प्राप्ति रणनीति के हिस्से के रूप में अपने रिकवरी पॉइंट ऑब्जेक्टिव (आरपीओ) और रिकवरी टाइम ऑब्जेक्टिव (आरटीओ) को परिभाषित करते हैं। आरपीओ स्वीकार्य डेटा हानि विंडो का प्रतिनिधित्व करता है, जबकि आरटीओ अधिकतम सहनीय डाउनटाइम का प्रतिनिधित्व करता है। क्लाउड DRaaS समाधान संगठन के पुनर्प्राप्ति लक्ष्यों के साथ संरेखित करने के लिए विशिष्ट RPO और RTO आवश्यकताओं को पूरा करने के लिए डिज़ाइन किए गए हैं।
- फेलओवर और फेलबैक: किसी आपदा के दौरान, संगठन क्लाउड वातावरण में विफलता की शुरुआत करता है। क्लाउड-आधारित एप्लिकेशन और डेटा सक्रिय हो जाते हैं, जिससे निर्बाध व्यावसायिक संचालन सुनिश्चित होता है।

एक बार जब प्राथमिक साइट बहाल हो जाती है, तो सामान्य संचालन फिर से शुरू करते हुए, डेटा को मूल स्थान पर वापस सिंक्रनाइज़ करने के लिए एक फेलबैक प्रक्रिया निष्पादित की जाती है।

33.1.3. क्लाउड DRaaS के लाभ

• लागत प्रभावशीलता: क्लाउड DRaaS समर्पित आपदा पुनर्प्राप्ति बुनियादी ढांचे में महंगे अग्रिम निवेश की आवश्यकता को समाप्त करता है। संगठन केवल उन संसाधनों के लिए भुगतान करते हैं जो वे फेलओवर और परीक्षण के दौरान उपभोग करते हैं, जिसके परिणामस्वरूप लागत बचत होती है।

• स्केलेबिलिटी और लचीलापन: क्लाउड DRaaS बदलती डेटा आवश्यकताओं को समायोजित करने के लिए स्केलेबिलिटी प्रदान करता है। संगठन अपनी आपदा पुनर्प्राप्ति आवश्यकताओं के आधार पर भंडारण को आसानी से समायोजित कर सकते हैं और संसाधनों की गणना कर सकते हैं, जिससे इष्टतम प्रदर्शन सुनिश्चित हो सके।

• स्वचालित और विश्वसनीय विफलता: क्लाउड DRaaS समाधान फ़ेलओवर प्रक्रिया को स्वचालित करते हैं, जिससे पुनर्प्राप्ति प्रक्रियाओं के दौरान मानवीय त्रुटियों का जोखिम कम हो जाता है। स्वचालित विफलता डाउनटाइम को कम करते हुए तेज और विश्वसनीय पुनर्प्राप्ति सुनिश्चित करती है।

• भौगोलिक अतिरेक: क्लाउड DRaaS क्लाउड प्रदाता के वैश्विक डेटा केंद्रों का लाभ उठाता है, जिससे संगठनों को अपने आपदा पुनर्प्राप्ति बुनियादी ढांचे के लिए भौगोलिक अतिरेक की अनुमति मिलती है। यह क्षेत्रीय आपदाओं के प्रभाव को कम करता है, व्यापार की निरंतरता सुनिश्चित करता है।

• परीक्षण और अनुपालन: क्लाउड DRaaS समाधान संगठनों को उत्पादन वातावरण को प्रभावित किए बिना नियमित आपदा पुनर्प्राप्ति परीक्षण करने में सक्षम बनाते हैं। यह आपदा पुनर्प्राप्ति रणनीति की प्रभावशीलता को मान्य करने में मदद करता है और उद्योग नियमों का अनुपालन सुनिश्चित करता है।

33.1.4. क्लाउड DRaaS के लिए केस का उपयोग करें

• मिशन-महत्वपूर्ण अनुप्रयोग:क्लाउड DRaaS मिशन-महत्वपूर्ण अनुप्रयोगों की सुरक्षा करता है, जिससे आपदा की स्थिति में निरंतर उपलब्धता और न्यूनतम डेटा हानि सुनिश्चित होती है। यह उन संगठनों के लिए महत्वपूर्ण है जो अपने संचालन के लिए महत्वपूर्ण प्रणालियों पर बहुत अधिक निर्भर हैं।

• डेटा सुरक्षा और अनुपालन: क्लाउड DRaaS एक सुरक्षित और अनुपालन बैकअप और आपदा पुनर्प्राप्ति समाधान प्रदान करता है, यह सुनिश्चित करता है कि संवेदनशील डेटा सुरक्षित है और नियामक आवश्यकताओं को पूरा किया गया है। यह विशेष रूप से संवेदनशील डेटा से निपटने वाले या उद्योग-विशिष्ट नियमों के अधीन संगठनों के लिए प्रासंगिक है।

• जोखिम न्यूनीकरण: क्लाउड DRaaS संगठनों को आपदा घटनाओं से जुड़े डेटा हानि, डाउनटाइम और वित्तीय नुकसान के जोखिम को कम करने में मदद करता है। यह समग्र व्यावसायिक लचीलेपन को बढ़ाता है और अप्रत्याशित व्यवधानों के प्रभाव को कम करता है।

33.2: क्लाउड-आधारित आपदा पुनर्प्राप्ति रणनीति लागू करना

क्लाउड-आधारित आपदा पुनर्प्राप्ति रणनीति को लागू करना एक सक्रिय दृष्टिकोण है जो महत्वपूर्ण डेटा, एप्लिकेशन और सिस्टम को अप्रत्याशित घटनाओं से बचाता है। व्यावसायिक आवश्यकताओं का सावधानीपूर्वक आकलन करके, सही क्लाउड प्रदाता का चयन करके, डेटा प्रतिकृति और बैकअप को लागू करके, नियमित परीक्षण करके और सुरक्षा और अनुपालन सुनिश्चित करके, संगठन व्यवसाय की निरंतरता प्राप्त करने और उनकी सुरक्षा के लिए एक कुशल और विश्वसनीय साधन के रूप में क्लाउड-आधारित आपदा वसूली को आत्मविश्वास से अपना सकते हैं। मूल्यवान संपत्ति। क्लाउड-आधारित आपदा पुनर्प्राप्ति के लिए एक व्यापक दृष्टिकोण संगठनों को अपनी लचीलापन बढ़ाने, डाउनटाइम को कम करने और अप्रत्याशित व्यवधानों की स्थिति में भी व्यवसाय की निरंतरता बनाए रखने में सक्षम बनाता है।

33.2.1. व्यावसायिक आवश्यकताओं का आकलन करना

• महत्वपूर्ण प्रणालियों और डेटा की पहचान करें:उन सिस्टम, एप्लिकेशन और डेटा की पहचान करके शुरुआत करें जो व्यवसाय संचालन के लिए आवश्यक हैं। यह मूल्यांकन आपदा पुनर्प्राप्ति रणनीति के माध्यम से संरक्षित करने की

आवश्यकता को प्राथमिकता देने में मदद करेगा। क्लाउड-आधारित आपदा पुनर्प्राप्ति योजना का फोकस महत्वपूर्ण सिस्टम और डेटा होना चाहिए।

• पुनर्प्राप्ति उद्देश्यों को परिभाषित करें:संगठन की व्यावसायिक आवश्यकताओं के आधार पर रिकवरी पॉइंट ऑब्जेक्टिव (आरपीओ) और रिकवरी टाइम ऑब्जेक्टिव (आरटीओ) सेट करें। आरपीओ स्वीकार्य डेटा हानि विंडो को परिभाषित करता है, जबकि आरटीओ अधिकतम सहनीय डाउनटाइम को इंगित करता है। आपदा पुनर्प्राप्ति रणनीति को संगठन की विशिष्ट आवश्यकताओं के अनुरूप बनाने के लिए आरपीओ और आरटीओ को व्यावसायिक आवश्यकताओं के साथ संरेखित करना महत्वपूर्ण है।

33.2.2. सही क्लाउड डिजास्टर रिकवरी प्रदाता चुनना

• क्लाउड प्रदाता चयन: विभिन्न क्लाउड सेवा प्रदाताओं का उनकी आपदा पुनर्प्राप्ति क्षमताओं, डेटा सेंटर स्थानों, सुरक्षा उपायों और प्रासंगिक नियमों के अनुपालन के आधार पर मूल्यांकन करें। चुने गए प्रदाता को संगठन के आपदा पुनर्प्राप्ति उद्देश्यों को पूरा करने के लिए आवश्यक सुविधाएँ और सहायता प्रदान करनी चाहिए।

• सेवा स्तर समझौते (एसएलए): यह सुनिश्चित करने के लिए एसएलए की सावधानीपूर्वक समीक्षा करें कि वे संगठन की आरटीओ और आरपीओ आवश्यकताओं के अनुरूप हैं। एसएलए को संगठन के पुनर्प्राप्ति लक्ष्यों को पूरा करने के लिए क्लाउड-आधारित आपदा पुनर्प्राप्ति वातावरण की उपलब्धता और विश्वसनीयता की गारंटी देनी चाहिए।

33.2.3. डेटा प्रतिकृति और बैकअप

• डेटा प्रतिकृति: प्राथमिक डेटा केंद्र से क्लाउड वातावरण तक निरंतर या आवधिक डेटा प्रतिकृति लागू करें। यह सुनिश्चित करता है कि क्लाउड में डेटा अद्यतित रहे और उत्पादन परिवेश को प्रतिबिंबित करता रहे, जिससे आपदा की स्थिति में डेटा हानि कम से कम हो।

• बैकअप रणनीति: क्लाउड में महत्वपूर्ण डेटा और एप्लिकेशन का नियमित बैकअप लागू करें। बैकअप डेटा सुरक्षा की एक अतिरिक्त परत प्रदान करते हैं और यदि आवश्यक हो तो आसान बहाली की अनुमति देते हैं। बैकअप रणनीति को आरपीओ के साथ संरेखित किया जाना चाहिए ताकि यह सुनिश्चित किया जा सके कि किसी आपदा की स्थिति में डेटा को स्वीकार्य स्थिति में बहाल किया जा सके।

33.2.4. परीक्षण और सत्यापन

• आपदा पुनर्प्राप्ति परीक्षण:क्लाउड-आधारित पुनर्प्राप्ति रणनीति की प्रभावशीलता को मान्य करने के लिए नियमित रूप से आपदा पुनर्प्राप्ति परीक्षण करें। किसी भी संभावित समस्या को सक्रिय रूप से पहचानने और संबोधित करने के लिए परीक्षण को विभिन्न आपदा परिदृश्यों और पुनर्प्राप्ति प्रक्रियाओं का अनुकरण करना चाहिए।

• विफलता परीक्षण: यह सुनिश्चित करने के लिए कि संक्रमण सुचारू है और सिस्टम और एप्लिकेशन क्लाउड में अपेक्षा के अनुरूप काम करते हैं, क्लाउड वातावरण में फेलओवर प्रक्रिया का परीक्षण करें। फ़ेलओवर परीक्षण क्लाउड-आधारित आपदा पुनर्प्राप्ति वातावरण के प्रदर्शन में अंतर्दृष्टि प्रदान करता है।

33.2.5. सुरक्षा और अनुपालन

• डेटा एन्क्रिप्शन: सुनिश्चित करें कि डेटा ट्रांज़िट के दौरान और क्लाउड वातावरण में विश्राम के दौरान एन्क्रिप्ट किया गया है। एन्क्रिप्शन डेटा सुरक्षा को बढ़ाता है और डेटा प्रतिकृति और भंडारण के दौरान अनधिकृत पहुंच से बचाने में मदद करता है।

• प्रवेश नियंत्रण: केवल अधिकृत कर्मियों तक क्लाउड-आधारित आपदा पुनर्प्राप्ति वातावरण तक पहुंच को प्रतिबंधित करने के लिए मजबूत पहचान और पहुंच प्रबंधन (आईएएम) नियंत्रण लागू करें। सुरक्षा बनाए रखने के लिए IAM नीतियों की नियमित रूप से समीक्षा और अद्यतन किया जाना चाहिए।

• अनुपालन आवश्यकताएं:सुनिश्चित करें कि क्लाउड-आधारित आपदा पुनर्प्राप्ति रणनीति प्रासंगिक उद्योग नियमों और डेटा सुरक्षा आवश्यकताओं के अनुरूप है। आपदा पुनर्प्राप्ति जीवनचक्र के दौरान अनुपालन बनाए रखा जाना चाहिए।

33.2.6. निगरानी एवं रखरखाव

• निरंतर निगरानी:क्लाउड वातावरण में संभावित समस्याओं या विसंगतियों का पता लगाने के लिए स्वचालित निगरानी और चेतावनी तंत्र लागू करें। निरंतर निगरानी सामान्य संचालन से किसी भी विचलन का त्वरित पता लगाने और प्रतिक्रिया सुनिश्चित करती है।

• प्रदर्शन अनुकूलन:फेलओवर के दौरान कुशल संचालन सुनिश्चित करने के लिए क्लाउड-आधारित आपदा पुनर्प्राप्ति वातावरण के प्रदर्शन का नियमित रूप से आकलन और अनुकूलन करें। प्रदर्शन अनुकूलन निर्बाध आपदा पुनर्प्राप्ति कार्यों में योगदान देता है।

33.2.7. दस्तावेज़ीकरण और संचार

• आपदा पुनर्प्राप्ति योजना का दस्तावेज़ीकरण करें: एक व्यापक आपदा पुनर्प्राप्ति योजना बनाएं जो क्लाउड-आधारित आपदा पुनर्प्राप्ति रणनीति को लागू करने और क्रियान्वित करने में शामिल सभी चरणों, प्रक्रियाओं और भूमिकाओं की रूपरेखा तैयार करे। संगठन के बुनियादी ढांचे और आवश्यकताओं में परिवर्तन को प्रतिबिंबित करने के लिए दस्तावेज़ीकरण को नियमित रूप से अद्यतन किया जाना चाहिए।

• संचार योजना:यह सुनिश्चित करने के लिए एक संचार योजना विकसित करें कि सभी संबंधित हितधारकों को आपदा पुनर्प्राप्ति रणनीति, उनकी भूमिकाओं और किसी घटना के दौरान प्रमुख कर्मियों के लिए संपर्क जानकारी के बारे में सूचित किया जाए। स्पष्ट संचार आपदा पुनर्प्राप्ति कार्यों के दौरान प्रभावी सहयोग सुनिश्चित करता है।

33.3: डीआरएएस वातावरण में परीक्षण और विफलता

परीक्षण और विफलता एक सेवा के रूप में सफल आपदा पुनर्प्राप्ति (DRaaS) वातावरण के अपरिहार्य पहलू हैं। नियमित परीक्षण यह सुनिश्चित करता है कि आपदा पुनर्प्राप्ति योजना प्रभावी है, डेटा अखंडता बनी हुई है, और पुनर्प्राप्ति उद्देश्य पूरे हो गए हैं। विफलता परीक्षण पुनर्प्राप्ति प्रक्रियाओं के निष्पादन को मान्य करते हैं और आपदा पुनर्प्राप्ति क्षमताओं में विश्वास पैदा करते हैं। परीक्षण और फेलओवर के लिए सर्वोत्तम प्रथाओं को लागू करके, संगठन अपनी आपदा पुनर्प्राप्ति तत्परता को बढ़ा सकते हैं, व्यवसाय की निरंतरता सुनिश्चित कर सकते हैं, और अप्रत्याशित घटनाओं के सामने महत्वपूर्ण डेटा और अनुप्रयोगों की सुरक्षा कर सकते हैं।

33.3.1. DRaaS वातावरण में परीक्षण का महत्व

• डीआर योजना का सत्यापन: एक सेवा के रूप में आपदा पुनर्प्राप्ति (DRaaS) योजना की प्रभावशीलता को मान्य करने के लिए परीक्षण महत्वपूर्ण है। परीक्षण आयोजित करके, संगठन किसी भी अंतराल, कमजोरियों या संभावित मुद्दों की पहचान कर सकते हैं जो आपदा पुनर्प्राप्ति प्रक्रिया के सफल निष्पादन में बाधा बन सकते हैं।

• डेटा अखंडता सुनिश्चित करना: परीक्षण यह सुनिश्चित करता है कि प्राथमिक वातावरण और DRaaS वातावरण के बीच डेटा प्रतिकृति और सिंक्रनाइज़ेशन अपेक्षा के अनुरूप कार्य कर रहा है। पुनर्प्राप्ति चरण के दौरान डेटा अखंडता बनाए रखने के लिए यह सत्यापन आवश्यक है।

• आरपीओ और आरटीओ का सत्यापन: परीक्षण संगठनों को यह सत्यापित करने में सक्षम बनाता है कि परिभाषित रिकवरी पॉइंट ऑब्जेक्टिव (आरपीओ) और रिकवरी टाइम ऑब्जेक्टिव (आरटीओ) प्राप्त करने योग्य हैं और व्यावसायिक आवश्यकताओं के अनुरूप हैं। आरपीओ अधिकतम सहनीय डेटा हानि को परिभाषित करता है, जबकि आरटीओ अधिकतम स्वीकार्य डाउनटाइम निर्धारित करता है।

33.3.2. DRaaS वातावरण में परीक्षण के लिए सर्वोत्तम अभ्यास

• नियमित परीक्षण अनुसूची: संगठनों को नियोजित और औचक आपदा पुनर्प्राप्ति परीक्षण दोनों आयोजित करने के लिए एक नियमित परीक्षण कार्यक्रम स्थापित करना चाहिए। नियमित परीक्षण यह सुनिश्चित करता है कि DRaaS वातावरण अद्यतित है और टीमों को लगातार पुनर्प्राप्ति प्रक्रियाओं का अभ्यास करने की अनुमति देता है।

• परीक्षण का दायरा और उद्देश्य: प्रत्येक परीक्षण परिदृश्य के दायरे और उद्देश्यों को स्पष्ट रूप से परिभाषित करना आवश्यक है। आपदा पुनर्प्राप्ति क्षमताओं का व्यापक मूल्यांकन सुनिश्चित करने के लिए संगठन व्यक्तिगत अनुप्रयोगों, प्रणालियों या संपूर्ण बुनियादी ढांचे का परीक्षण करने पर विचार कर सकते हैं।

• परीक्षण योजना और दस्तावेज़ीकरण: एक विस्तृत परीक्षण योजना विकसित करना महत्वपूर्ण है। इसमें प्रत्येक परीक्षण परिदृश्य के लिए चरणों, प्रक्रियाओं और अपेक्षित परिणामों की रूपरेखा होनी चाहिए। परीक्षण के परिणामों और किसी भी पहचाने गए मुद्दे का उचित दस्तावेज़ीकरण आगे के विश्लेषण और उपचार की अनुमति देता है।

• उपयोगकर्ता स्वीकृति परीक्षण (यूएटी): उपयोगकर्ता स्वीकृति परीक्षण में अंतिम उपयोगकर्ताओं और हितधारकों को शामिल करना यह सुनिश्चित करने के लिए फायदेमंद है कि पुनर्प्राप्त सिस्टम व्यावसायिक आवश्यकताओं और उपयोगकर्ता अपेक्षाओं को पूरा करते हैं।

3. विफलता परीक्षण का महत्व

• पुनर्प्राप्ति प्रक्रियाओं का सत्यापन: विफलता परीक्षण एक वास्तविक आपदा परिदृश्य का अनुकरण करता है और पुनर्प्राप्ति प्रक्रियाओं की प्रभावशीलता को मान्य करने के लिए महत्वपूर्ण है। यह DRaaS वातावरण में निर्बाध रूप से परिवर्तन करने की क्षमता का आकलन करता है।

• प्रदर्शन मूल्यांकन: फ़ेलओवर परीक्षण वास्तविक पुनर्प्राप्ति के दौरान DRaaS वातावरण के प्रदर्शन का आकलन करते हैं। वे फ़ेलओवर प्रक्रिया के दौरान उत्पन्न होने वाली किसी भी प्रदर्शन बाधाओं या समस्याओं की पहचान करने में सहायता करते हैं।

• कार्मिक परिचित: फेलओवर परीक्षण आयोजित करने से आपदा रिकवरी टीम को फेलओवर प्रक्रिया से परिचित होने की अनुमति मिलती है, जिससे वास्तविक आपदा घटनाओं से निपटने में उनका आत्मविश्वास और तत्परता बढ़ जाती है।

33.3.4. विफलता परीक्षण के लिए सर्वोत्तम अभ्यास

• अनुसूचित और नियंत्रित परीक्षण: उत्पादन वातावरण में न्यूनतम व्यवधान सुनिश्चित करने के लिए फेलओवर परीक्षणों की सावधानीपूर्वक योजना बनाना आवश्यक है। संभावित प्रभाव को कम करने के लिए संगठनों को कम उपयोगकर्ता गतिविधि की अवधि के दौरान परीक्षण शेड्यूल करना चाहिए।

• आंशिक विफलता परीक्षण: प्रारंभ में, संगठन प्रक्रिया का आकलन करने और संभावित मुद्दों की पहचान करने के लिए महत्वपूर्ण अनुप्रयोगों के लिए आंशिक विफलता परीक्षण आयोजित करने पर विचार कर सकते हैं। संपूर्ण बुनियादी ढांचे को शामिल करने के लिए धीरे-धीरे परीक्षण का विस्तार अधिक व्यापक अंतर्दृष्टि प्रदान करता है।

• बैकआउट योजना: यदि फेलओवर परीक्षण में अप्रत्याशित समस्याएं आती हैं तो हमेशा एक बैकआउट योजना रखना महत्वपूर्ण है। बैकआउट योजना को उत्पादन परिवेश में वापस सहज परिवर्तन की अनुमति देनी चाहिए।

33.3.5. सीखना और निरंतर सुधार

• समीक्षा और विश्लेषण: प्रत्येक परीक्षण और विफलता घटना के बाद, परिणामों की गहन समीक्षा और विश्लेषण करना आवश्यक है। यह सुधार के क्षेत्रों की पहचान करने और आपदा पुनर्प्राप्ति रणनीति में किसी भी कमी को दूर करने में मदद करता है।

• सीख सीखी: प्रत्येक परीक्षण से सीखे गए पाठों का दस्तावेजीकरण करना और उन्हें आपदा पुनर्प्राप्ति योजना और भविष्य के परीक्षण परिदृश्यों में शामिल करना निरंतर सुधार के लिए महत्वपूर्ण है। पिछले अनुभवों से सीखने से DRaaS वातावरण की प्रभावशीलता बढ़ जाती है।

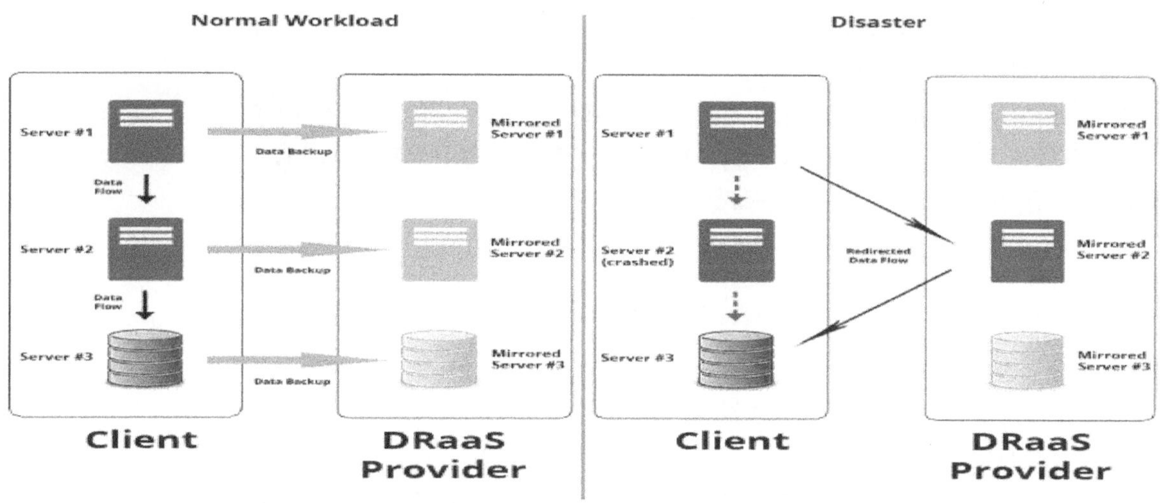

अभ्यास

बहु विकल्पीय प्रश्न

1. एक सेवा के रूप में क्लाउड डिजास्टर रिकवरी (DRaaS) का प्राथमिक उद्देश्य क्या है?

a) संगठनों के लिए लागत प्रभावी क्लाउड स्टोरेज प्रदान करना

b) लागत और जटिलता को कम करते हुए आपदा पुनर्प्राप्ति क्षमताओं को बढ़ाना

c) क्लाउड-आधारित अनुप्रयोगों के लिए असीमित स्केलेबिलिटी और लचीलापन प्रदान करना

d) पारंपरिक ऑन-प्रिमाइसेस डेटा केंद्रों को प्रतिस्थापित करना

2. क्लाउड DRaaS किसी आपदा के दौरान डेटा उपलब्धता कैसे सुनिश्चित करता है?

a) किसी ऑफसाइट स्थान पर भौतिक बैकअप बनाकर

b) प्राथमिक डेटा केंद्र से दूरस्थ क्लाउड वातावरण में डेटा की प्रतिकृति बनाकर

c) एक सुरक्षित सुविधा में संग्रहीत पारंपरिक टेप बैकअप पर भरोसा करके

d) विफलता और पुनर्प्राप्ति के लिए वर्चुअल मशीनों का उपयोग करके

3. आपदा पुनर्प्राप्ति रणनीति में रिकवरी प्वाइंट ऑब्जेक्टिव (आरपीओ) क्या दर्शाता है?

a) किसी आपदा के दौरान अधिकतम स्वीकार्य डाउनटाइम

b) किसी आपदा के बाद स्वीकार्य डेटा हानि विंडो

c) फ़ेलओवर के लिए आवश्यक सर्वरों की न्यूनतम संख्या

d) बैकअप से डेटा को पुनर्स्थापित करने के लिए आवश्यक पुनर्प्राप्ति समय

4. लागत-प्रभावशीलता के संदर्भ में क्लाउड DRaaS कौन सा लाभ प्रदान करता है?

a) आपदा पुनर्प्राप्ति परीक्षण लागत का उन्मूलन

b) फेलओवर के दौरान मैन्युअल हस्तक्षेप में कमी

c) समर्पित आपदा पुनर्प्राप्ति बुनियादी ढांचे में अग्रिम निवेश का उन्मूलन

d) सामान्य संचालन के दौरान क्लाउड स्टोरेज लागत में कमी

5. क्लाउड DRaaS के लिए उपयोग का मामला क्या है?

a) डेटा प्रोसेसिंग और विश्लेषण

b) सुरक्षित फ़ाइल साझाकरण और सहयोग

c) मिशन-महत्वपूर्ण अनुप्रयोगों की सुरक्षा करना

d) ग्राहक संबंध प्रबंधन (सीआरएम) कार्यान्वयन

6. क्लाउड DRaaS प्रदाता चुनते समय संगठनों को क्या विचार करना चाहिए?

a) प्रदाता के पास विश्व स्तर पर कितने डेटा सेंटर हैं

b) वर्चुअलाइजेशन प्रौद्योगिकियों के लिए प्रदाता का समर्थन

c) हाल के सुरक्षा उल्लंघनों पर प्रदाता की प्रतिक्रिया

d) आरपीओ और आरटीओ आवश्यकताओं के साथ सेवा स्तर समझौतों (एसएलए) का संरेखण

7. आपदा पुनर्प्राप्ति परीक्षण में उपयोगकर्ता स्वीकृति परीक्षण (यूएटी) क्यों महत्वपूर्ण है?

a) क्लाउड-आधारित आपदा पुनर्प्राप्ति वातावरण के प्रदर्शन का मूल्यांकन करना

b) पुनर्प्राप्ति प्रक्रियाओं के परीक्षण में अंतिम उपयोगकर्ताओं और हितधारकों को शामिल करना

c) परीक्षण के दौरान उद्योग नियमों का अनुपालन सुनिश्चित करना

d) गहन परीक्षण के लिए विभिन्न आपदा परिदृश्यों का अनुकरण करना

8. DRaaS वातावरण में फेलओवर परीक्षण करने का मुख्य उद्देश्य क्या है?

a) आपदा पुनर्प्राप्ति रणनीति में संभावित मुद्दों और कमियों की पहचान करना

b) क्लाउड-आधारित आपदा पुनर्प्राप्ति वातावरण के प्रदर्शन का आकलन करना

c) वास्तविक आपदा परिदृश्यों का अनुकरण करने और पुनर्प्राप्ति प्रक्रियाओं का परीक्षण करने के लिए

d) विफलता के दौरान डेटा एन्क्रिप्शन की प्रभावशीलता का मूल्यांकन करना

9. एक सफल DRaaS वातावरण में निरंतर निगरानी कैसे योगदान देती है?
a) यह आपदा पुनर्प्राप्ति परीक्षण की आवश्यकता को कम करता है।
b) यह क्लाउड वातावरण में संभावित समस्याओं या विसंगतियों का तुरंत पता लगाता है।
c) यह फेलओवर परीक्षण की आवश्यकता को समाप्त करता है।
d) यह पुनर्प्राप्ति कार्यों के दौरान उद्योग नियमों का अनुपालन सुनिश्चित करता है।

समीक्षा प्रश्न

1. एक सेवा के रूप में क्लाउड डिजास्टर रिकवरी (DRaaS) क्या है, और यह पारंपरिक डिजास्टर रिकवरी समाधानों से कैसे भिन्न है?
2. क्लाउड DRaaS में डेटा प्रतिकृति क्या भूमिका निभाती है, और आपदा पुनर्प्राप्ति के लिए यह महत्वपूर्ण क्यों है?
3. क्लाउड DRaaS के संदर्भ में रिकवरी प्वाइंट ऑब्जेक्टिव (आरपीओ) और रिकवरी टाइम ऑब्जेक्टिव (आरटीओ) क्या हैं, और वे महत्वपूर्ण क्यों हैं?
4. पारंपरिक आपदा पुनर्प्राप्ति विधियों की तुलना में क्लाउड DRaaS संगठनों के लिए लागत-प्रभावशीलता में कैसे योगदान देता है?
5. क्लाउड DRaaS भौगोलिक अतिरेक कैसे प्रदान करता है, और यह आपदा पुनर्प्राप्ति के लिए क्या लाभ प्रदान करता है?
6. क्लाउड DRaaS आपदा पुनर्प्राप्ति परीक्षण का समर्थन कैसे करता है, और यह संगठनों के लिए क्या लाभ प्रदान करता है?
7. संगठनों को अपनी आपदा पुनर्प्राप्ति आवश्यकताओं के लिए सही क्लाउड DRaaS प्रदाता चुनते समय किन कारकों पर विचार करना चाहिए?
8. क्लाउड DRaaS में स्वचालन कैसे महत्वपूर्ण भूमिका निभाता है, और यह आपदा पुनर्प्राप्ति कार्यों के लिए क्या लाभ प्रदान करता है?
9. संगठन अपने क्लाउड DRaaS वातावरण में निरंतर सुधार और प्रभावशीलता कैसे सुनिश्चित कर सकते हैं?

उत्तर अनुभाग

बहु विकल्पीय प्रश्न

1. b) लागत और जटिलता को कम करते हुए आपदा पुनर्प्राप्ति क्षमताओं को बढ़ाना।
2. b) प्राथमिक डेटा सेंटर से दूरस्थ क्लाउड वातावरण में डेटा की प्रतिकृति बनाकर।
3. b) किसी आपदा के बाद स्वीकार्य डेटा हानि विंडो।
4. c) समर्पित आपदा पुनर्प्राप्ति बुनियादी ढांचे में अग्रिम निवेश को समाप्त करना।
5. c) मिशन-महत्वपूर्ण अनुप्रयोगों की सुरक्षा करना।
6. d) आरपीओ और आरटीओ आवश्यकताओं के साथ सेवा स्तर समझौतों (एसएलए) का संरेखण।
7. b) पुनर्प्राप्ति प्रक्रियाओं के परीक्षण में अंतिम उपयोगकर्ताओं और हितधारकों को शामिल करना।
8. c) वास्तविक आपदा परिदृश्यों का अनुकरण करना और पुनर्प्राप्ति प्रक्रियाओं का परीक्षण करना।
9. b) यह क्लाउड वातावरण में संभावित मुद्दों या विसंगतियों का तुरंत पता लगाता है।

समीक्षा प्रश्न

1. क्लाउड DRaaS एक क्लाउड-आधारित समाधान है जो महत्वपूर्ण सिस्टम और डेटा के लिए ऑफसाइट बैकअप और आपदा पुनर्प्राप्ति क्षमताएं प्रदान करता है। यह लगातार प्राथमिक डेटा सेंटर से दूरस्थ क्लाउड वातावरण में डेटा की प्रतिकृति बनाता है, जिससे अद्यतन डेटा सुनिश्चित होता है। पारंपरिक समाधानों के विपरीत, जिनके लिए समर्पित बुनियादी ढांचे की आवश्यकता होती है, क्लाउड DRaaS क्लाउड की स्केलेबिलिटी और भौगोलिक अतिरेक का लाभ उठाता है। किसी आपदा की स्थिति में, संगठन व्यवसाय की निरंतरता सुनिश्चित करते हुए, क्लाउड वातावरण में विफलता शुरू कर सकते हैं। एक बार प्राथमिक साइट बहाल हो जाने पर, एक फ़ेलबैक प्रक्रिया डेटा को वापस

सिंक्रनाइज़ करती है। क्लाउड DRaaS लागत-प्रभावशीलता, लचीलापन और स्वचालित फेलओवर प्रदान करता है, जिससे आपदा पुनर्प्राप्ति में क्रांति आ जाती है।

2. डेटा प्रतिकृति क्लाउड DRaaS का एक मूलभूत पहलू है। इसमें प्राथमिक डेटा सेंटर से दूरस्थ क्लाउड वातावरण में डेटा को लगातार कॉपी करना शामिल है। यह प्रक्रिया सुनिश्चित करती है कि क्लाउड-आधारित डेटा चालू रहे और उत्पादन परिवेश को प्रतिबिंबित करे, जिससे किसी आपदा की स्थिति में डेटा हानि कम से कम हो। डेटा प्रतिकृति महत्वपूर्ण प्रणालियों और डेटा का एक विश्वसनीय, अद्यतित बैकअप प्रदान करती है, जो संगठनों को न्यूनतम डेटा हानि के साथ संचालन को तुरंत बहाल करने में सक्षम बनाती है। वास्तविक समय डेटा सिंक्रनाइज़ेशन को बनाए रखते हुए, क्लाउड DRaaS यह सुनिश्चित करता है कि क्लाउड वातावरण फेलओवर के लिए तैयार है, आपदा पुनर्प्राप्ति क्षमताओं और व्यापार निरंतरता को बढ़ाता है।

3. आरपीओ स्वीकार्य डेटा हानि विंडो का प्रतिनिधित्व करता है, जो दर्शाता है कि कोई संगठन किसी आपदा के दौरान कितना डेटा खोने को तैयार है। दूसरी ओर, आरटीओ वसूली के लिए अधिकतम सहनीय डाउनटाइम को दर्शाता है। आरपीओ और आरटीओ दोनों ही आपदा पुनर्प्राप्ति रणनीति के महत्वपूर्ण तत्व हैं। संगठनों को इन उद्देश्यों को अपनी व्यावसायिक आवश्यकताओं और सिस्टम और डेटा की गंभीरता के आधार पर परिभाषित करना चाहिए। क्लाउड DRaaS समाधान किसी संगठन के पुनर्प्राप्ति लक्ष्यों के साथ संरेखित करते हुए, विशिष्ट RPO और RTO आवश्यकताओं को पूरा करने के लिए डिज़ाइन किए गए हैं। इन उद्देश्यों को पूरा करने से यह सुनिश्चित होता है कि डेटा हानि और डाउनटाइम कम से कम हो, जिससे व्यवसाय की निरंतरता बनी रहे।

4. क्लाउड DRaaS पारंपरिक आपदा पुनर्प्राप्ति समाधानों की तुलना में महत्वपूर्ण लागत-प्रभावशीलता प्रदान करता है। पारंपरिक तरीकों के साथ, संगठनों को समर्पित आपदा पुनर्प्राप्ति बुनियादी ढांचे में निवेश करने की आवश्यकता होती है, जिसमें पर्याप्त अग्रिम लागत शामिल होती है। इसके विपरीत, क्लाउड DRaaS ऐसे निवेश की आवश्यकता को समाप्त कर देता है, क्योंकि यह क्लाउड प्रदाता के बुनियादी ढांचे का लाभ उठाता है। संगठन केवल उन संसाधनों के लिए भुगतान करते हैं जो वे फेलओवर और परीक्षण के दौरान उपभोग करते हैं, जिसके परिणामस्वरूप 'पे-एज़-यू-गो' मॉडल तैयार होता है। इसके अतिरिक्त, क्लाउड DRaaS रखरखाव और परिचालन खर्च को कम करता है, क्योंकि क्लाउड प्रदाता हार्डवेयर अपडेट, स्केलेबिलिटी और रखरखाव को संभालता है। यह लागत-कुशल दृष्टिकोण संगठनों को अपने आपदा वसूली बजट को प्रभावी ढंग से अनुकूलित करने की अनुमति देता है।

5. क्लाउड DRaaS क्लाउड प्रदाता के वैश्विक डेटा केंद्रों का लाभ उठाता है, जो आपदा पुनर्प्राप्ति बुनियादी ढांचे के लिए भौगोलिक अतिरेक की पेशकश करता है। इसका मतलब यह है कि डेटा और एप्लिकेशन को विभिन्न भौगोलिक क्षेत्रों में स्थित कई डेटा केंद्रों में दोहराया और संग्रहीत किया जाता है। भौगोलिक अतिरेक यह सुनिश्चित करता है कि भले ही एक क्षेत्र किसी आपदा का अनुभव करता हो, डेटा और संचालन किसी अन्य क्षेत्र में निर्बाध रूप से विफल हो सकते हैं। यह क्षेत्रीय आपदाओं के प्रभाव को कम करता है, जिससे निरंतर व्यावसायिक संचालन संभव हो पाता है। कई क्षेत्रों में डेटा भंडारण में विविधता लाकर, क्लाउड DRaaS लचीलापन बढ़ाता है और डेटा हानि के जोखिम को कम करता है, संगठनों को मजबूत आपदा पुनर्प्राप्ति क्षमताएं प्रदान करता है।

6. क्लाउड DRaaS समाधान संगठनों को उत्पादन वातावरण को प्रभावित किए बिना नियमित आपदा पुनर्प्राप्ति परीक्षण करने में सक्षम बनाते हैं। आपदा पुनर्प्राप्ति रणनीति की प्रभावशीलता को मान्य करने, किसी भी कमज़ोरी की पहचान करने और उद्योग नियमों का अनुपालन सुनिश्चित करने के लिए परीक्षण महत्वपूर्ण है। क्लाउड DRaaS के साथ, पुनर्प्राप्ति प्रक्रियाओं का मूल्यांकन करने और DRaaS सेटअप के प्रदर्शन का आकलन करने के लिए विभिन्न आपदा परिदृश्यों का अनुकरण करते हुए, क्लाउड वातावरण में परीक्षण किया जा सकता है। परीक्षण पुनर्प्राप्ति प्रक्रिया की विश्वसनीयता में अंतर्दृष्टि प्रदान करता है और संगठनों को उनकी आपदा पुनर्प्राप्ति योजनाओं को परिष्कृत करने में मदद करता है, यह सुनिश्चित करते हुए कि वे वास्तविक आपदा घटनाओं के लिए अच्छी तरह से तैयार हैं।

7. क्लाउड DRaaS प्रदाता का चयन करते समय, संगठनों को कई कारकों पर विचार करना चाहिए। सबसे पहले, विशिष्ट आरपीओ और आरटीओ आवश्यकताओं को पूरा करने के लिए डेटा प्रतिकृति आवृत्ति और पुनर्प्राप्ति गति सहित प्रदाता की आपदा पुनर्प्राप्ति क्षमताओं का मूल्यांकन करें। दूसरे, प्रदाता के डेटा सेंटर स्थानों का आकलन करें, क्योंकि भौगोलिक विविधता बेहतर आपदा वसूली लचीलेपन में योगदान करती है। तीसरा, प्रदाता के सेवा स्तर समझौतों (एसएलए) की समीक्षा करें ताकि यह सुनिश्चित हो सके कि वे संगठन के पुनर्प्राप्ति उद्देश्यों के साथ संरेखित

हैं। सुरक्षा उपाय, प्रासंगिक नियमों का अनुपालन, और विश्वसनीयता और ग्राहक सहायता के लिए प्रदाता की प्रतिष्ठा भी निर्णय लेने की प्रक्रिया में महत्वपूर्ण कारक हैं।

8. स्वचालन क्लाउड DRaaS समाधानों का एक प्रमुख घटक है। स्वचालित विफलता प्रक्रियाएँ आपदा पुनर्प्राप्ति कार्यों के दौरान मानवीय त्रुटियों के जोखिम को कम करती हैं। क्लाउड परिवेश में फ़ेलओवर को स्वचालित करके, संगठन तेज़ और विश्वसनीय पुनर्प्राप्ति सुनिश्चित कर सकते हैं, डाउनटाइम और संभावित डेटा हानि को कम कर सकते हैं। स्वचालन नियमित आपदा पुनर्प्राप्ति कार्यों को भी सुव्यवस्थित करता है, जैसे डेटा प्रतिकृति और बैकअप, आईटी कर्मचारियों को आपदा पुनर्प्राप्ति तैयारियों के अन्य महत्वपूर्ण पहलुओं पर ध्यान केंद्रित करने के लिए मुक्त करता है। कुल मिलाकर, स्वचालन आपदा पुनर्प्राप्ति कार्यों की दक्षता, सटीकता और गति को बढ़ाता है, जिससे व्यवसाय की निरंतरता में सुधार होता है और पुनर्प्राप्ति समय कम हो जाता है।

9. निरंतर सुधार सुनिश्चित करने के लिए, संगठनों को आपदा पुनर्प्राप्ति परीक्षणों और विफलता घटनाओं की नियमित समीक्षा और विश्लेषण करना चाहिए। प्रत्येक परीक्षण से सीखे गए पाठों का दस्तावेज़ीकरण आपदा पुनर्प्राप्ति योजना और भविष्य के परीक्षण परिदृश्यों को परिष्कृत करने की अनुमति देता है। इसके अतिरिक्त, संगठनों को अपने क्लाउड-आधारित आपदा पुनर्प्राप्ति वातावरण को नियमित रूप से अनुकूलित करना चाहिए, यह सुनिश्चित करते हुए कि यह विफलता परिदृश्यों को कुशलतापूर्वक संभाल सकता है। क्लाउड वातावरण में संभावित मुद्दों या विसंगतियों का तुरंत पता लगाने के लिए निरंतर निगरानी और चेतावनी तंत्र महत्वपूर्ण हैं। फीडबैक को शामिल करके और वास्तविक दुनिया के अनुभवों के आधार पर प्रक्रियाओं में सुधार करके, संगठन अपने क्लाउड डीआरएएएस वातावरण की प्रभावशीलता को बढ़ा सकते हैं, जिससे मजबूत आपदा वसूली क्षमताएं प्राप्त हो सकती हैं।

अध्याय 34: क्लाउड-आधारित आर्टिफिशियल इंटेलिजेंस और मशीन लर्निंग

34.1 क्लाउड एआई और एमएल सेवाओं का परिचय

क्लाउड एआई और एमएल सेवाओं ने एआई और एमएल क्षमताओं तक पहुंच को लोकतांत्रिक बना दिया है, जिससे सभी आकार के व्यवसायों को डेटा-संचालित अंतर्दृष्टि और बुद्धिमान स्वचालन का लाभ उठाने में सशक्त बनाया गया है। पूर्व-निर्मित और स्केलेबल एआई और एमएल समाधानों का उपयोग करके, संगठन नवाचार में तेजी ला सकते हैं, ग्राहक अनुभव बढ़ा सकते हैं और आज की डेटा-केंद्रित दुनिया में प्रतिस्पर्धात्मक बढ़त हासिल कर सकते हैं। ये क्लाउड-आधारित सेवाएँ व्यापक संसाधनों और विशेषज्ञता की आवश्यकता के बिना एआई और एमएल की वास्तविक क्षमता को अनलॉक करने के लिए एक सुलभ मार्ग प्रदान करती हैं।

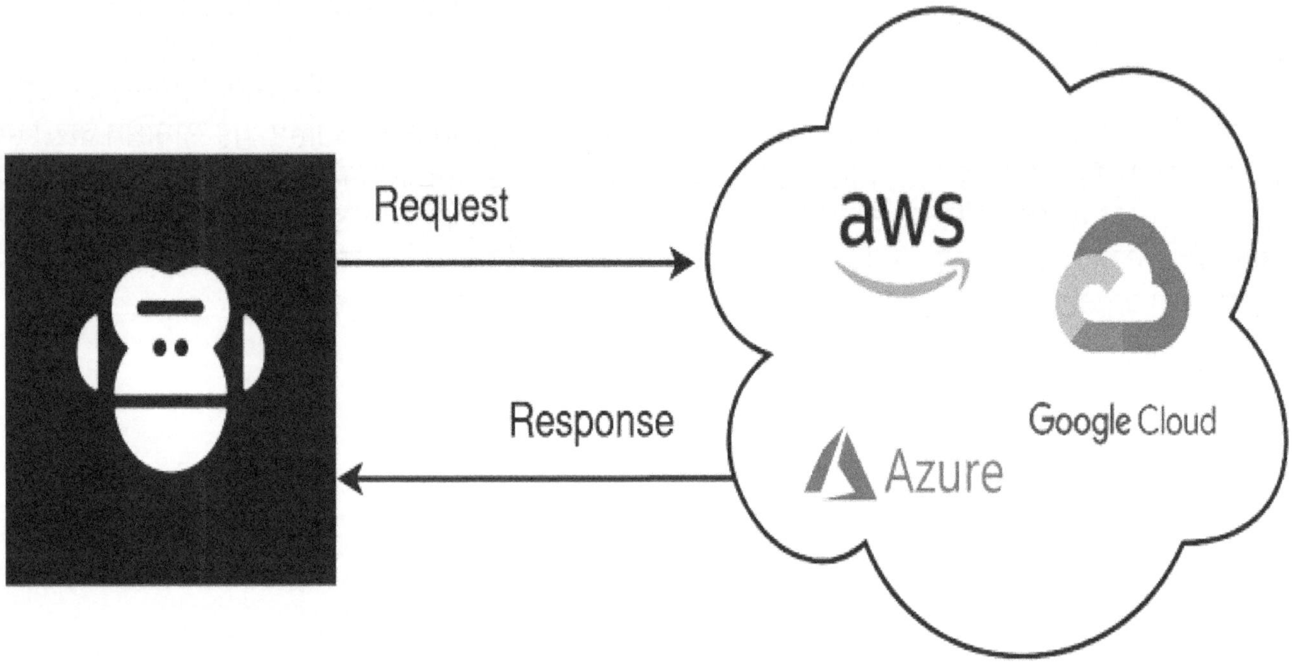

34.1.1. क्लाउड AI और ML सेवाएँ क्या हैं?

क्लाउड एआई और एमएल सेवाओं में क्लाउड प्रदाताओं द्वारा प्रदान किए गए पूर्व-निर्मित, स्केलेबल और पूरी तरह से प्रबंधित समाधानों का एक सूट शामिल है। ये सेवाएँ व्यवसायों को सरल एपीआई और इंटरफेस के माध्यम से अत्याधुनिक एआई और एमएल क्षमताओं तक पहुंचने में सक्षम बनाती हैं, जिससे अंतर्निहित बुनियादी ढांचे की स्थापना और प्रबंधन से जुड़ी जटिलताओं को दूर किया जाता है।

34.1.2. क्लाउड एआई और एमएल सेवाओं के मुख्य घटक

- डेटा संग्रहण और प्रबंधन:क्लाउड एआई और एमएल सेवाएं अक्सर भंडारण और प्रबंधन समाधान के साथ आती हैं जो एमएल मॉडल के प्रशिक्षण के लिए आवश्यक बड़ी मात्रा में डेटा को व्यवस्थित, संग्रहीत और संसाधित करने में मदद करती हैं।
- डेटा प्रीप्रोसेसिंग और फ़ीचर इंजीनियरिंग: ये सेवाएँ डेटा की सफाई, परिवर्तन और इंजीनियरिंग में सहायता करती हैं, इसे एमएल मॉडल के प्रशिक्षण के लिए तैयार करती हैं।
- मॉडल प्रशिक्षण और अनुमान: क्लाउड एआई और एमएल सेवाएं विभिन्न एल्गोरिदम और फ्रेमवर्क का उपयोग करके एमएल मॉडल के प्रशिक्षण के लिए सुविधाएं प्रदान करती हैं। एक बार प्रशिक्षित होने के बाद, इन मॉडलों को तैनात किया जा सकता है और नए डेटा पर वास्तविक समय के अनुमान के लिए उपयोग किया जा सकता है।
- स्वचालित मशीन लर्निंग (ऑटोएमएल):ऑटोएमएल सेवाएं मॉडल चयन, हाइपरपैरामीटर ट्यूनिंग और अनुकूलन की प्रक्रिया को स्वचालित करती हैं, जिससे सीमित एमएल विशेषज्ञता वाले उपयोगकर्ताओं के लिए प्रभावी मॉडल बनाना आसान हो जाता है।

34.1.3. क्लाउड एआई और एमएल सेवाओं के लाभ

• लागत प्रभावी और स्केलेबल क्लाउड एआई और एमएल सेवाएं पे-एज़-यू-गो मॉडल का पालन करती हैं, जो संगठनों को अग्रिम बुनियादी ढांचे के निवेश की आवश्यकता के बिना, आवश्यकतानुसार अपने एआई और एमएल संचालन को बढ़ाने में सक्षम बनाती है।

• कम जटिलता: क्लाउड प्रदाता एआई और एमएल बुनियादी ढांचे की जटिलताओं को समझते हैं, जिससे ये उन्नत प्रौद्योगिकियां व्यापक दर्शकों के लिए सुलभ हो जाती हैं।

• प्रभावी समय: क्लाउड एआई और एमएल सेवाएं एआई और एमएल अनुप्रयोगों के विकास और तैनाती में तेजी लाती हैं, जिससे संगठनों को बुनियादी ढांचे के प्रबंधन के बजाय समाधान निर्माण पर ध्यान केंद्रित करने में सक्षम बनाया जाता है।

• अन्य क्लाउड सेवाओं के साथ एकीकरण: क्लाउड एआई और एमएल सेवाएं डेटा स्टोरेज, डेटाबेस और एनालिटिक्स जैसी अन्य क्लाउड सेवाओं के साथ सहजता से एकीकृत होती हैं, जो एआई-संचालित अनुप्रयोगों के लिए एक व्यापक पारिस्थितिकी तंत्र प्रदान करती हैं।

34.1.4. क्लाउड एआई और एमएल सेवाओं के मामलों का उपयोग करें

• प्राकृतिक भाषा प्रसंस्करण (एनएलपी): एनएलपी सेवाएं मानवीय भाषा का विश्लेषण और समझ करती हैं, जिससे भावना विश्लेषण, भाषा अनुवाद, चैटबॉट और आवाज पहचान जैसे अनुप्रयोगों को सक्षम किया जाता है।

• कंप्यूटर दृष्टि: कंप्यूटर विज़न सेवाएँ दृश्य जानकारी को संसाधित और व्याख्या करती हैं, छवि पहचान, वस्तु पहचान, चेहरे की पहचान और स्वायत्त वाहनों जैसे कार्यों का समर्थन करती हैं।

• सिफ़ारिश प्रणाली: एआई-संचालित अनुशंसा प्रणाली उत्पादों, सामग्री और सेवाओं के लिए वैयक्तिकृत सुझाव प्रदान करती है, उपयोगकर्ता अनुभव को बढ़ाती है और जुड़ाव बढ़ाती है।

• भविष्य बतानेवाला विश्लेषक: एमएल सेवाएं पूर्वानुमानित विश्लेषण को सक्षम बनाती हैं, संगठनों को रुझानों का पूर्वानुमान लगाने, डेटा-संचालित निर्णय लेने और व्यावसायिक प्रक्रियाओं को अनुकूलित करने में मदद करती हैं।

34.2 क्लाउड में एमएल मॉडल का प्रशिक्षण और तैनाती

क्लाउड में एमएल मॉडल के प्रशिक्षण और तैनाती ने संगठनों के एआई और एमएल क्षमताओं का लाभ उठाने के तरीके को बदल दिया है। क्लाउड की स्केलेबिलिटी, लागत-दक्षता और अन्य सेवाओं के साथ एकीकरण इसे एमएल मॉडल विकास और तैनाती के लिए एक आदर्श मंच बनाता है। क्लाउड-आधारित एमएल समाधानों को अपनाकर, व्यवसाय शक्तिशाली एआई-संचालित एप्लिकेशन बना सकते हैं, डेटा-संचालित अंतर्दृष्टि प्राप्त कर सकते हैं और आज की डेटा-केंद्रित दुनिया में नवाचार में सबसे आगे रह सकते हैं। क्लाउड-आधारित एमएल सेवाएं जटिल बुनियादी ढांचे और संसाधनों के प्रबंधन के बोझ के बिना एआई और एमएल की पूरी क्षमता का उपयोग करने के लिए संगठनों को सशक्त बनाती हैं।

34.2.1 क्लाउड में एमएल मॉडल का प्रशिक्षण

• डेटा तैयारी:एमएल मॉडल के प्रशिक्षण में पहले चरण में डेटा तैयार करना शामिल है। बेहतर परिणामों के लिए उच्च गुणवत्ता वाले इनपुट सुनिश्चित करते हुए, संगठन इसे मॉडल प्रशिक्षण के लिए उपयुक्त बनाने के लिए डेटा इकट्ठा करते हैं, साफ करते हैं और प्रीप्रोसेस करते हैं।

• क्लाउड डेटा संग्रहण: क्लाउड प्रदाता स्केलेबल और सुरक्षित डेटा भंडारण समाधान प्रदान करते हैं जो एमएल मॉडल प्रशिक्षण के लिए आवश्यक बड़े डेटासेट को संभाल सकते हैं। ये भंडारण सेवाएँ प्रशिक्षण प्रक्रिया के दौरान डेटा पहुंच और स्थायित्व सुनिश्चित करती हैं।

• मॉडल चयन और वास्तुकला: एमएल एप्लिकेशन की सफलता के लिए उपयुक्त एमएल एल्गोरिदम और मॉडल आर्किटेक्चर चुनना महत्वपूर्ण है। विशिष्ट उपयोग के मामले और डेटा विशेषताओं के आधार पर, सही एमएल दृष्टिकोण का चयन करना एक महत्वपूर्ण निर्णय बन जाता है।

• मॉडल प्रशिक्षण: क्लाउड-आधारित एमएल सेवाएं यहां चलन में आती हैं, जो तैयार डेटा का उपयोग करके चयनित एमएल मॉडल को प्रशिक्षित करने के लिए आवश्यक कंप्यूटिंग संसाधन प्रदान करती हैं। क्लाउड प्लेटफ़ॉर्म अक्सर

शक्तिशाली जीपीयू और टीपीयू प्रदान करते हैं जो प्रशिक्षण समय को तेज करते हैं, जिससे समग्र प्रशिक्षण समय कम हो जाता है।

• हाइपरपैरामीटर ट्यूनिंग: मॉडल के प्रदर्शन को अनुकूलित करने के लिए, हाइपरपैरामीटर ट्यूनिंग की जाती है। क्लाउड प्लेटफ़ॉर्म एमएल मॉडल के लिए हाइपरपैरामीटर का सर्वोत्तम संयोजन खोजने के लिए ग्रिड सर्च या रैंडम सर्च जैसे स्वचालित टूल या तकनीक की पेशकश कर सकते हैं।

34.2.2. क्लाउड में एमएल मॉडल के प्रशिक्षण के लाभ

• स्केलेबिलिटी: क्लाउड प्लेटफ़ॉर्म किसी भी पैमाने पर एमएल मॉडल को प्रशिक्षित करने के लिए आवश्यक संसाधन प्रदान करते हैं। छोटे डेटासेट से लेकर वितरित कंप्यूटिंग की आवश्यकता वाले बड़े डेटासेट तक, क्लाउड सेवाएँ अलग-अलग कार्यभार को संभाल सकती हैं।

• लागत क्षमता:भुगतान-जैसा-आप-मूल्य निर्धारण संगठनों को केवल मॉडल प्रशिक्षण के दौरान उपयोग किए गए गणना संसाधनों के लिए भुगतान करने की अनुमति देता है। यह मॉडल समर्पित हार्डवेयर को बनाए रखने की लागत से बचने में मदद करता है, जिससे एमएल मॉडल प्रशिक्षण अधिक लागत प्रभावी हो जाता है।

• प्रदर्शन: क्लाउड प्रदाता जीपीयू और टीपीयू जैसे उच्च-प्रदर्शन वाले हार्डवेयर तक पहुंच प्रदान करते हैं, जो मॉडल प्रशिक्षण समय को काफी कम कर देते हैं। इसके परिणामस्वरूप तेज़ पुनरावृत्तियाँ और एमएल मॉडल की त्वरित तैनाती होती है।

• ऑटोएमएल: कुछ क्लाउड प्लेटफ़ॉर्म ऑटोएमएल सेवाएं प्रदान करते हैं जो मॉडल चयन और हाइपरपैरामीटर ट्यूनिंग प्रक्रिया को स्वचालित करते हैं। यह एमएल मॉडल प्रशिक्षण वर्कफ़्लो को सरल बनाता है, जिससे यह सीमित एमएल विशेषज्ञता वाले उपयोगकर्ताओं के लिए सुलभ हो जाता है।

34.2.3. क्लाउड में एमएल मॉडल तैनात करना

• मॉडल क्रमांकन: एक बार एमएल मॉडल प्रशिक्षित हो जाने के बाद, इसे एक ऐसे प्रारूप में क्रमबद्ध किया जाता है जिसे आसानी से तैनात और उपभोग किया जा सकता है। क्रमांकन यह सुनिश्चित करता है कि मॉडल की संरचना और पैरामीटर भविष्य में उपयोग के लिए सहेजे गए हैं।

• कंटेनरीकरण: विभिन्न वातावरणों में स्थिरता और पोर्टेबिलिटी सुनिश्चित करने के लिए, क्रमबद्ध मॉडल को एक कंटेनर में पैक किया जाता है। कंटेनर मॉडल को उसकी निर्भरता के साथ समाहित करते हैं, जिससे तैनाती निर्बाध हो जाती है।

• मॉडल होस्टिंग: कंटेनरीकृत मॉडल को तैनात करने के लिए क्लाउड-आधारित कंटेनर सेवाओं का उपयोग किया जाता है। यह दृष्टिकोण स्केलेबल और विश्वसनीय मॉडल होस्टिंग की अनुमति देता है, जो एमएल मॉडल को अलग-अलग कार्यभार को संभालने में सक्षम बनाता है।

• एपीआई विकास: वास्तविक समय के अनुमान के लिए होस्ट किए गए एमएल मॉडल के साथ बातचीत करने के लिए बाहरी अनुप्रयोगों और सेवाओं को सक्षम करने के लिए एपीआई बनाए जाते हैं। इससे एमएल-संचालित क्षमताओं को विभिन्न अनुप्रयोगों में एकीकृत करने की संभावनाएं खुलती हैं।

34.2.4. क्लाउड में एमएल मॉडल तैनात करने के लाभ

• मापनीयता और लोच: क्लाउड-आधारित परिनियोजन संगठनों को अलग-अलग कार्यभार को संभालने और आवश्यकतानुसार एमएल मॉडल की अनुमान क्षमताओं को बढ़ाने की अनुमति देता है। यह चरम समय के दौरान सुचारू प्रदर्शन सुनिश्चित करता है।

• उच्च उपलब्धता: क्लाउड प्रदाता तैनात एमएल मॉडल की उच्च उपलब्धता और विश्वसनीयता सुनिश्चित करते हुए अतिरेक और फेलओवर क्षमताएं प्रदान करते हैं। यह डाउनटाइम को कम करता है और उपयोगकर्ता अनुभव को बढ़ाता है।

• विश्वव्यापी पहुँच: क्लाउड प्लेटफ़ॉर्म में दुनिया भर में वितरित डेटा सेंटर हैं, जो विभिन्न भौगोलिक स्थानों से एमएल मॉडल के अनुमान एपीआई तक कम-विलंबता पहुंच को सक्षम करते हैं। इससे वैश्विक दर्शकों के लिए प्रतिक्रियाशीलता और उपयोगकर्ता अनुभव में सुधार होता है।

• वास्तविक समय अनुमान: क्लाउड-आधारित परिनियोजन वास्तविक समय में अनुमान लगाने की सुविधा प्रदान करता है, जिससे एमएल-संचालित एप्लिकेशन उत्तरदायी और इंटरैक्टिव बन जाते हैं। यह उन अनुप्रयोगों के लिए विशेष रूप से मूल्यवान है जिनके लिए त्वरित और गतिशील प्रतिक्रियाओं की आवश्यकता होती है।

34.2.5. क्लाउड सेवाओं के साथ एकीकरण

• डेटा एकीकरण: क्लाउड-आधारित एमएल मॉडल डेटा तक पहुंचने और संसाधित करने के लिए अन्य क्लाउड सेवाओं, जैसे डेटाबेस, डेटा लेक और स्ट्रीमिंग सेवाओं के साथ सहजता से एकीकृत हो सकते हैं। यह एकीकरण एमएल अनुप्रयोगों के लिए संपूर्ण डेटा पाइपलाइन को सुव्यवस्थित करता है।

• घटना-संचालित आर्किटेक्चर: एमएल मॉडल परिनियोजन को इवेंट-संचालित आर्किटेक्चर में एकीकृत किया जा सकता है, जो आने वाली घटनाओं के आधार पर स्वचालित प्रतिक्रियाओं की अनुमति देता है। यह गतिशील और अनुकूली एमएल-संचालित सिस्टम बनाता है।

34.3 क्लाउड में प्राकृतिक भाषा प्रसंस्करण और कंप्यूटर विज़न

एनएलपी और कंप्यूटर विज़न परिवर्तनकारी एआई क्षमताएं हैं जिन्होंने व्यवसायों को भाषा और दृश्य डेटा को समझने और उनके साथ बातचीत करने के तरीके को नया आकार दिया है। क्लाउड सेवा प्रदाताओं ने इन क्षमताओं को सुलभ और उपयोगकर्ता के अनुकूल बना दिया है, जिससे संगठन व्यापक एआई विशेषज्ञता या बुनियादी ढांचे की आवश्यकता के बिना एनएलपी और कंप्यूटर विजन का लाभ उठाने में सक्षम हो गए हैं। इन क्षमताओं को अपने अनुप्रयोगों में एकीकृत करके, व्यवसाय नए अवसरों को अनलॉक कर सकते हैं, संचालन को अनुकूलित कर सकते हैं और नवीन समाधान प्रदान कर सकते हैं जो तेजी से डेटा-संचालित और कनेक्टेड दुनिया में उपयोगकर्ता के अनुभवों को बढ़ाते हैं। भविष्य में और भी अधिक रोमांचक संभावनाएं हैं क्योंकि ये एआई प्रौद्योगिकियां लगातार विकसित हो रही हैं, विभिन्न उद्योगों में और प्रगति कर रही हैं और सूचना और हमारे पर्यावरण के साथ हमारे बातचीत करने के तरीके को आकार दे रही हैं।

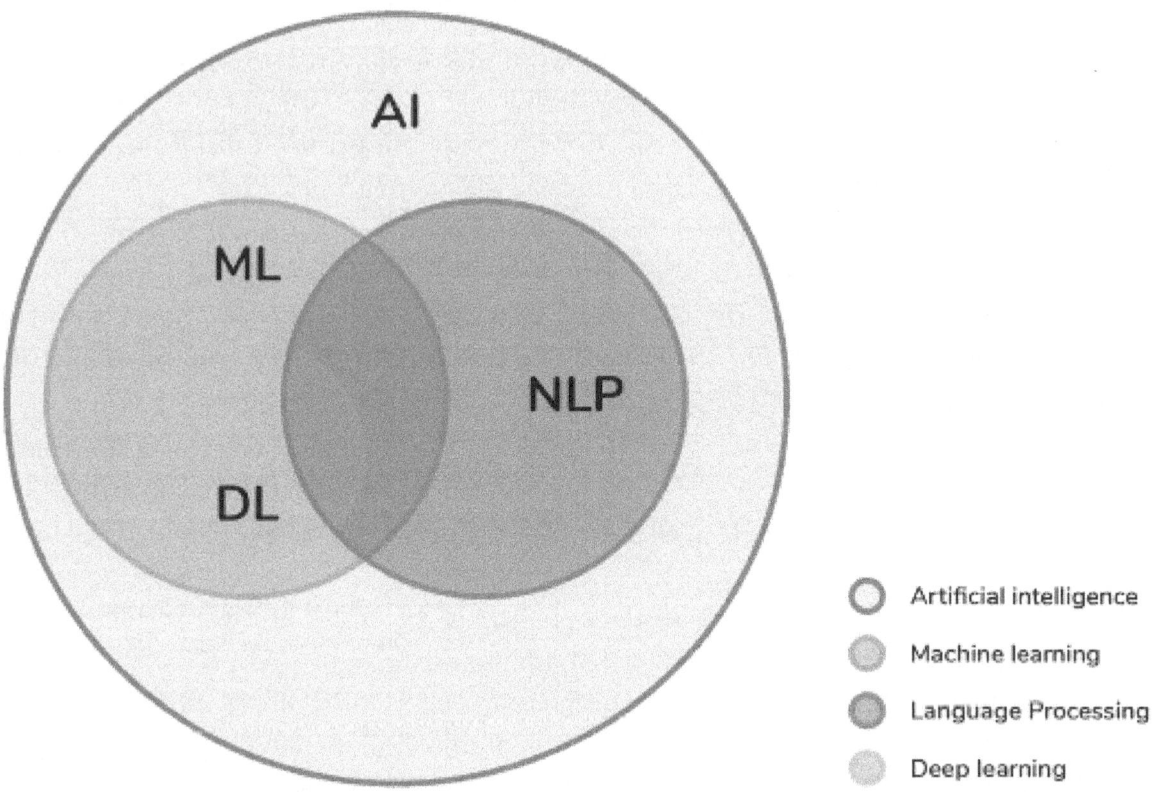

34.3.1. क्लाउड में प्राकृतिक भाषा प्रसंस्करण (एनएलपी)।

• भावनाओं का विश्लेषण: क्लाउड में एनएलपी सेवाएं पाठ्य सामग्री में व्यक्त भावनाओं का विश्लेषण और निर्धारण करने के लिए उन्नत मशीन लर्निंग एल्गोरिदम का लाभ उठाती हैं। इसमें सोशल मीडिया पोस्ट, उत्पाद समीक्षाएं, ग्राहक प्रतिक्रिया और बहुत कुछ शामिल हो सकते हैं। भावना को सकारात्मक, नकारात्मक या तटस्थ के रूप में समझकर, व्यवसाय ग्राहकों की राय और ब्रांड धारणा में मूल्यवान अंतर्दृष्टि प्राप्त कर सकते हैं। भावना विश्लेषण संगठनों को अपनी प्रतिष्ठा की निगरानी करने, संभावित मुद्दों की पहचान करने और ग्राहकों की चिंताओं का तुरंत जवाब देने में सक्षम बनाता है।

• भाषा का अनुवाद: क्लाउड-आधारित एनएलपी सेवाएं वास्तविक समय भाषा अनुवाद प्रदान करने के लिए अत्याधुनिक मशीन अनुवाद मॉडल का उपयोग करती हैं। यह क्षमता वैश्विक बाज़ार में काम करने वाले व्यवसायों के लिए अमूल्य है, क्योंकि यह उन्हें अपने ग्राहकों को बहुभाषी सहायता प्रदान करने की अनुमति देती है। क्लाउड-आधारित भाषा अनुवाद के साथ, कंपनियां भाषा की बाधाओं को तोड़ सकती हैं, विविध दर्शकों तक अपनी पहुंच का विस्तार कर सकती हैं और अपनी सामग्री को विभिन्न क्षेत्रों और भाषा प्राथमिकताओं के अनुरूप बना सकती हैं।

• नामित इकाई मान्यता (एनईआर): क्लाउड में एनएलपी सेवाएं टेक्स्ट दस्तावेज़ों से विशिष्ट संस्थाओं को पहचानने और निकालने के लिए परिष्कृत एल्गोरिदम का उपयोग करती हैं। इन संस्थाओं में लोगों, संगठनों, स्थानों, तिथियों और बहुत कुछ के नाम शामिल हो सकते हैं। नामांकित इकाई पहचान व्यवसायों को बड़ी मात्रा में पाठ्य डेटा से महत्वपूर्ण जानकारी को स्वचालित रूप से पहचानने और वर्गीकृत करने में सक्षम बनाती है। यह डेटा निष्कर्षण, इकाई टैगिंग और असंरचित डेटा को व्यवस्थित करने जैसे कार्यों के लिए विशेष रूप से उपयोगी है।

• चैटबॉट और वर्चुअल असिस्टेंट: क्लाउड-आधारित एनएलपी इंटरैक्टिव चैटबॉट्स और वर्चुअल असिस्टेंट को शक्ति प्रदान करता है, जो उन्हें प्राकृतिक भाषा के प्रश्नों को समझने और उनका जवाब देने में सक्षम बनाता है। एनएलपी क्षमताओं से लैस चैटबॉट उपयोगकर्ताओं के साथ बुद्धिमान बातचीत कर सकते हैं, व्यक्तिगत सहायता प्रदान कर सकते हैं, अक्सर पूछे जाने वाले प्रश्नों का उत्तर दे सकते हैं और ग्राहकों की पूछताछ का समाधान कर सकते हैं। क्लाउड-आधारित एनएलपी द्वारा संचालित आभासी सहायक प्रासंगिक और संदर्भ-जागरूक प्रतिक्रियाएँ देकर उपयोगकर्ता के अनुभवों को बढ़ा सकते हैं।

34.3.2. क्लाउड में कंप्यूटर विज़न

• छवि पहचान: क्लाउड कंप्यूटर विज़न सेवाएँ छवियों के भीतर वस्तुओं, दृश्यों और पैटर्न की पहचान करने के लिए उन्नत गहन शिक्षण मॉडल का उपयोग करती हैं। छवि पहचान छवि खोज और सामग्री टैगिंग जैसे अनुप्रयोगों को सक्षम बनाती है। व्यवसाय इस क्षमता का उपयोग दृश्य सामग्री को कुशलतापूर्वक वर्गीकृत करने के लिए कर सकते हैं, जिससे छवियों के बड़े संग्रह को व्यवस्थित करना और उनका विश्लेषण करना आसान हो जाता है।

• वस्तु का पता लगाना: क्लाउड-आधारित कंप्यूटर विज़न एक छवि के भीतर कई वस्तुओं का पता लगा सकता है और उनका स्थानीयकरण कर सकता है। यह इसे स्वायत्त वाहनों जैसे अनुप्रयोगों में अत्यधिक मूल्यवान बनाता है, जहां प्रौद्योगिकी सुरक्षित नेविगेशन सुनिश्चित करते हुए पैदल चलने वालों, अन्य वाहनों और सड़क पर बाधाओं की पहचान कर सकती है। वास्तविक समय में गतिविधियों की निगरानी और विश्लेषण करने के लिए निगरानी प्रणालियों में ऑब्जेक्ट डिटेक्शन का भी व्यापक रूप से उपयोग किया जाता है।

• चेहरे की पहचान: क्लाउड कंप्यूटर विज़न सेवाएँ चेहरे की पहचान क्षमताएं प्रदान करती हैं, जो उपयोगकर्ता प्रमाणीकरण, वैयक्तिकृत उपयोगकर्ता अनुभव और भीड़-भाड़ वाले इलाकों में लोगों की गिनती जैसे अनुप्रयोगों को सक्षम करती हैं। चेहरे की पहचान का उपयोग विभिन्न उद्योगों में पहचान सत्यापन, पहुंच नियंत्रण और सुरक्षा उपायों को बढ़ाने के लिए किया जा सकता है।

• ओसीआर (ऑप्टिकल कैरेक्टर रिकग्निशन): क्लाउड-आधारित कंप्यूटर विज़न छवियों से टेक्स्ट निकालने के लिए ओसीआर एल्गोरिदम का उपयोग करता है। यह दस्तावेज़ डिजिटलीकरण की सुविधा प्रदान करता है, जिससे व्यवसायों को स्कैन किए गए कागजात या तस्वीरों जैसे भौतिक दस्तावेज़ों को खोजने योग्य और संपादन योग्य डिजिटल प्रारूपों में परिवर्तित करने में सक्षम बनाया जाता है। ओसीआर ऐतिहासिक अभिलेखों को डिजिटाइज़ करने, दस्तावेज़ों को संग्रहीत करने और पाठ विश्लेषण की सुविधा प्रदान करने में विशेष रूप से उपयोगी है।

34.3.3. क्लाउड में एनएलपी और कंप्यूटर विजन के लाभ

• स्केलेबिलिटी: क्लाउड सेवाएं अत्यधिक स्केलेबल एनएलपी और कंप्यूटर विज़न क्षमताएं प्रदान करती हैं, विविध कार्यभार को समायोजित करती हैं और बड़े डेटासेट को कुशलतापूर्वक संसाधित करती हैं। व्यवसाय इष्टतम प्रदर्शन और संसाधन उपयोग सुनिश्चित करते हुए मांग के आधार पर अपने एआई अनुप्रयोगों को आसानी से बढ़ा सकते हैं।

• वास्तविक समय अनुमान: क्लाउड-आधारित सेवाएं कम-विलंबता वास्तविक समय अनुमान प्रदान करती हैं, जिससे एआई मॉडल को न्यूनतम देरी के साथ डेटा को संसाधित करने और प्रतिक्रिया देने की अनुमति मिलती है। यह लगभग तात्कालिक प्रतिक्रिया समय तत्काल प्रतिक्रिया की आवश्यकता वाले अनुप्रयोगों के लिए महत्वपूर्ण है, जैसे वास्तविक समय चैटबॉट या वीडियो विश्लेषण।

• पूर्व-प्रशिक्षित मॉडल: क्लाउड प्रदाता पूर्व-प्रशिक्षित एनएलपी और कंप्यूटर विज़न मॉडल पेश करते हैं जिन्हें व्यापक डेटासेट पर प्रशिक्षित किया गया है। ये पूर्व-प्रशिक्षित मॉडल व्यवसायों के लिए शुरू से ही प्रशिक्षण मॉडल में समय और संसाधनों का निवेश करने की आवश्यकता को काफी कम कर देते हैं। यह एप्लिकेशन विकास को गति देता है और एआई-संचालित समाधानों के तेजी से प्रोटोटाइप को सक्षम बनाता है।

• अन्य सेवाओं के साथ एकीकरण:एनएलपी और कंप्यूटर विज़न सेवाएँ अन्य क्लाउड सेवाओं के साथ सहजता से एकीकृत होती हैं। यह एकीकरण व्यवसायों को उनके एआई-संचालित वर्कफ़्लो को सुव्यवस्थित करते हुए, एकीकृत वातावरण में डेटा को संग्रहीत, संसाधित और विश्लेषण करने में सक्षम बनाता है। एआई क्षमताओं को स्टोरेज, डेटाबेस और एनालिटिक्स जैसी अन्य क्लाउड सेवाओं के साथ जोड़कर, संगठन व्यापक और मजबूत एआई एप्लिकेशन बना सकते हैं।

34.3.4. क्लाउड में एनएलपी और कंप्यूटर विज़न के मामलों का उपयोग करें

• ग्राहक सहेयता:क्लाउड-आधारित अनुप्रयोगों में एकीकृत एनएलपी-संचालित चैटबॉट ग्राहक प्रश्नों का त्वरित और सटीक उत्तर प्रदान कर सकते हैं, जिससे ग्राहक सहायता सेवाओं की दक्षता में सुधार होता है। वे सामान्य प्रश्नों और मुद्दों को संभाल सकते हैं, जिससे मानव एजेंट अधिक जटिल कार्यों पर ध्यान केंद्रित कर सकते हैं और समग्र ग्राहक संतुष्टि बढ़ा सकते हैं।

• सामग्री मॉडरेशन: कंप्यूटर विज़न सेवाएँ छवियों और वीडियो में अनुचित या संवेदनशील सामग्री का स्वचालित रूप से पता लगा सकती हैं और फ़िल्टर कर सकती हैं। ऐसे प्लेटफ़ॉर्म जो उपयोगकर्ता-जनित सामग्री पर भरोसा करते हैं, जैसे कि सोशल मीडिया और ऑनलाइन फ़ोरम, यह उपयोगकर्ताओं के लिए एक सुरक्षित और सम्मानजनक वातावरण बनाए रखने के लिए महत्वपूर्ण है।

• चिकित्सा छवि विश्लेषण: क्लाउड-आधारित कंप्यूटर विज़न एक्स-रे और एमआरआई स्कैन जैसी चिकित्सा छवियों का विश्लेषण करके चिकित्सा निदान में सहायता कर सकता है। एआई-संचालित चिकित्सा छवि विश्लेषण स्वास्थ्य पेशेवरों को विसंगतियों का पता लगाने, बीमारियों की पहचान करने और अधिक सटीक और समय पर निदान करने में सहायता कर सकता है, जिससे रोगी के परिणामों में संभावित सुधार हो सकता है।

• भाषा अनुवाद सेवाएँ: क्लाउड में एनएलपी सेवाएं अंतरराष्ट्रीय संचार और स्थानीयकरण के लिए वास्तविक समय में भाषा अनुवाद की सुविधा प्रदान करती हैं। व्यवसाय अपनी वैश्विक उपस्थिति का विस्तार कर सकते हैं, व्यापक दर्शकों तक पहुंच सकते हैं और अपनी सामग्री को विभिन्न भाषाओं और संस्कृतियों के अनुरूप ढाल सकते हैं।

Evolution of NLP

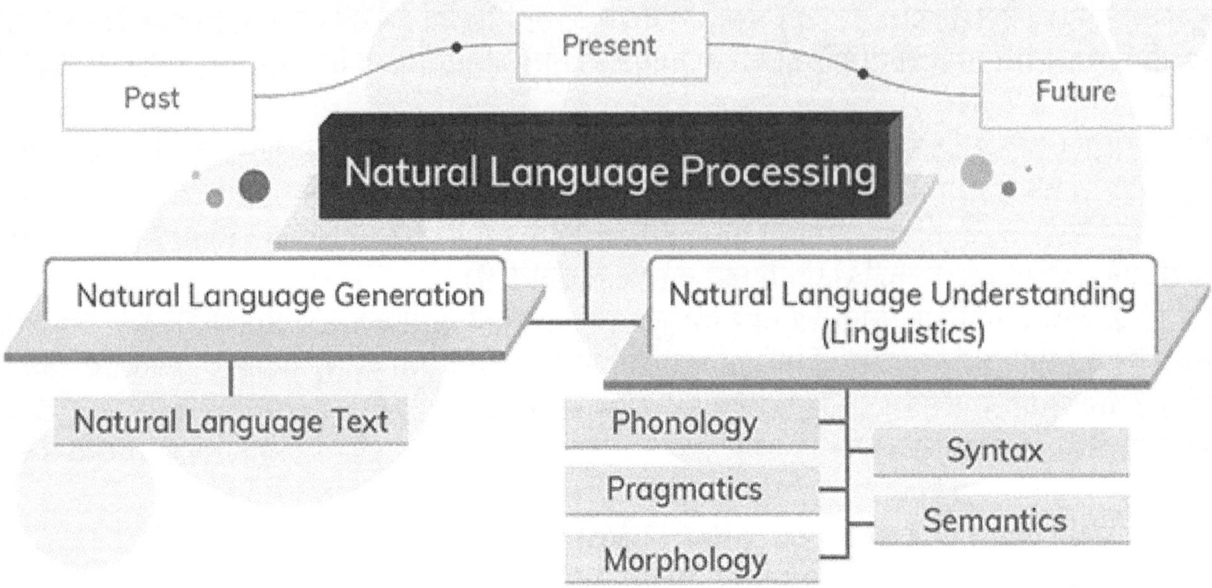

अभ्यास

बहु विकल्पीय प्रश्न

1. क्लाउड AI और ML सेवाएँ क्या हैं?

a) क्लाउड एआई और एमएल सेवाएं क्लाउड-आधारित प्लेटफॉर्म हैं जो मौसम पूर्वानुमान सेवाएं प्रदान करते हैं।

b) क्लाउड एआई और एमएल सेवाओं में क्लाउड प्रदाताओं द्वारा प्रदान किए गए पूर्व-निर्मित, स्केलेबल और पूरी तरह से प्रबंधित समाधान शामिल हैं, जो व्यवसायों को सरल एपीआई और इंटरफेस के माध्यम से अत्याधुनिक एआई और एमएल क्षमताओं तक पहुंचने में सक्षम बनाते हैं।

c) क्लाउड एआई और एमएल सेवाएं क्लाउड प्रदाताओं द्वारा पेश किए जाने वाले क्लाउड स्टोरेज समाधान हैं।

d) क्लाउड एआई और एमएल सेवाएं ऑनलाइन गेमिंग प्लेटफॉर्म हैं।

2. निम्नलिखित में से कौन सा क्लाउड AI और ML सेवाओं का मुख्य घटक नहीं है?

a) डेटा भंडारण और प्रबंधन

b) डेटा प्रीप्रोसेसिंग और फ़ीचर इंजीनियरिंग

c) मॉडल प्रशिक्षण और अनुमान

d) छवि प्रतिपादन और एनीमेशन

3. क्लाउड AI और ML सेवाएँ व्यवसायों को क्या लाभ प्रदान करती हैं?

a) कम जटिलता, कम स्केलेबिलिटी, समय लेने वाली तैनाती

b) महँगा बुनियादी ढाँचा, अन्य सेवाओं के साथ सीमित एकीकरण और मैनुअल मॉडल प्रशिक्षण

c) लागत-प्रभावी और स्केलेबल, कम जटिलता, समय-कुशल, अन्य क्लाउड सेवाओं के साथ एकीकरण

d) सीमित एपीआई समर्थन, मैनुअल डेटा प्रीप्रोसेसिंग, सीमित उपयोग के मामले

4. क्लाउड एआई और एमएल सेवाओं का कौन सा उपयोग मामला भावना विश्लेषण, भाषा जैसे अनुप्रयोगों को सक्षम बनाता है अनुवाद, चैटबॉट और ध्वनि पहचान?

a) प्राकृतिक भाषा प्रसंस्करण (एनएलपी)

b) कंप्यूटर दृष्टि

c) सिफ़ारिश प्रणाली

d) भविष्य बतानेवाला विश्लेषक

5. क्लाउड एआई और एमएल सेवाएं सीमित उपयोगकर्ताओं के लिए मॉडल चयन और हाइपरपैरामीटर ट्यूनिंग का समर्थन कैसे करती हैं एमएल विशेषज्ञता?

a) पूर्व-निर्मित मशीन लर्निंग मॉडल प्रदान करके।

b) क्लाउड स्टोरेज समाधान की पेशकश करके।

c) AutoML सेवाओं के माध्यम से प्रक्रिया को स्वचालित करके।

d) जीपीयू और टीपीयू तक सीधी पहुंच सक्षम करके।

6. क्लाउड में एमएल मॉडल के प्रशिक्षण का कौन सा लाभ संगठनों को अलग-अलग कार्यभार संभालने की अनुमति देता है छोटे से बड़े पैमाने पर डेटासेट?

a) लागत क्षमता

b) प्रदर्शन

c) अनुमापकता

d) ऑटोएमएल

7. क्लाउड में एमएल मॉडल तैनात करते समय मॉडल क्रमांकन का उद्देश्य क्या है?

a) तैयार डेटा का उपयोग करके एमएल मॉडल को प्रशिक्षित करना।

b) वास्तविक समय अनुमान के लिए एपीआई बनाना।

c) मॉडल को एक कंटेनर में पैकेज करने के लिए।

d) भविष्य में उपयोग के लिए मॉडल की संरचना और मापदंडों को सहेजना।

8. क्लाउड में एमएल मॉडल तैनात करने का कौन सा लाभ अनुप्रयोगों को उत्तरदायी और इंटरैक्टिव बनाने की अनुमति देता है?

a) मापनीयता और लोच
b) उच्च उपलब्धता
c) विश्वव्यापी पहुँच
d) वास्तविक समय अनुमान

9. किस परिवर्तनकारी एआई क्षमताओं ने व्यवसायों को भाषा को समझने और उसके साथ बातचीत करने के तरीके को नया आकार दिया है और दृश्य डेटा?

a) क्लाउड कंप्यूटिंग और वर्चुअल रियलिटी
b) प्राकृतिक भाषा प्रसंस्करण (एनएलपी) और कंप्यूटर विजन
c) रोबोटिक प्रोसेस ऑटोमेशन (आरपीए) और आईओटी डिवाइस
d) क्वांटम कंप्यूटिंग और ब्लॉकचेन प्रौद्योगिकी

समीक्षा प्रश्न

1. **क्लाउड AI और ML सेवाएँ क्या हैं?**
2. **क्लाउड AI और ML सेवाएँ व्यवसायों को कैसे लाभ पहुँचाती हैं?**
3. **क्लाउड एआई और एमएल सेवाओं के मुख्य घटक क्या हैं?**
4. **क्लाउड एआई और एमएल सेवाओं के उपयोग के मामले क्या हैं?**
5. **क्लाउड में एमएल मॉडल के प्रशिक्षण के क्या लाभ हैं?**
6. **एमएल मॉडल परिनियोजन में मॉडल क्रमांकन का क्या महत्व है?**
7. **क्लाउड-आधारित परिनियोजन से एमएल मॉडल को कैसे लाभ होता है?**
8. **क्लाउड में व्यवसायों को नया आकार देने वाली परिवर्तनकारी AI क्षमताएं क्या हैं?**
9. **क्लाउड में एनएलपी सेवाएं व्यवसायों को कैसे लाभ पहुंचाती हैं?**

उत्तर अनुभाग

बहु विकल्पीय प्रश्न

1. b) क्लाउड एआई और एमएल सेवाओं में क्लाउड प्रदाताओं द्वारा प्रदान किए गए पूर्व-निर्मित, स्केलेबल और पूरी तरह से प्रबंधित समाधान शामिल हैं, जो व्यवसायों को सरल एपीआई और इंटरफेस के माध्यम से अत्याधुनिक एआई और एमएल क्षमताओं तक पहुंचने में सक्षम बनाते हैं।
2. d) छवि प्रतिपादन और एनीमेशन
3. c) लागत प्रभावी और स्केलेबल, कम जटिलता, समय-कुशल, अन्य क्लाउड सेवाओं के साथ एकीकरण
4. a) प्राकृतिक भाषा प्रसंस्करण (एनएलपी)
5. c) ऑटोएमएल सेवाओं के माध्यम से प्रक्रिया को स्वचालित करके।
6. c) स्केलेबिलिटी
7. d) भविष्य में उपयोग के लिए मॉडल की संरचना और मापदंडों को सहेजना।
8. d) वास्तविक समय अनुमान
9. b) प्राकृतिक भाषा प्रसंस्करण (एनएलपी) और कंप्यूटर विजन

समीक्षा प्रश्न

1. क्लाउड एआई और एमएल सेवाएं क्लाउड-आधारित प्लेटफॉर्म हैं जो व्यवसायों को अत्याधुनिक एआई और एमएल क्षमताओं तक पहुंचने के लिए पूर्व-निर्मित, स्केलेबल और पूरी तरह से प्रबंधित समाधान प्रदान करते हैं। ये सेवाएं सरल एपीआई और इंटरफेस प्रदान करती हैं, बुनियादी ढांचे के प्रबंधन की जटिलताओं को दूर करती हैं और सभी आकार के संगठनों को डेटा-संचालित अंतर्दृष्टि और बुद्धिमान स्वचालन का लाभ उठाने में सक्षम बनाती हैं।
2. क्लाउड एआई और एमएल सेवाएं लागत प्रभावी और स्केलेबल समाधान प्रदान करती हैं, जिससे संगठनों को आवश्यकतानुसार भुगतान करने और अपने संचालन को बढ़ाने की अनुमति मिलती है। वे एआई और एमएल बुनियादी ढांचे को अमूर्त करके जटिलता को कम करते हैं, जिससे ये उन्नत प्रौद्योगिकियां व्यापक दर्शकों के लिए सुलभ हो जाती हैं। इसके अतिरिक्त, ये सेवाएँ विकास और तैनाती में तेजी लाती हैं, जिससे व्यवसायों को बुनियादी ढांचे के प्रबंधन के बजाय निर्माण समाधान पर ध्यान केंद्रित करने में सक्षम बनाया जाता है। अन्य क्लाउड सेवाओं के साथ एकीकरण एआई-संचालित अनुप्रयोगों के लिए एक व्यापक पारिस्थितिकी तंत्र प्रदान करता है।
3. क्लाउड एआई और एमएल सेवाओं के मुख्य घटकों में बड़ी मात्रा में प्रशिक्षण डेटा को संभालने के लिए डेटा भंडारण और प्रबंधन समाधान शामिल हैं। डेटा प्रीप्रोसेसिंग और फीचर इंजीनियरिंग सेवाएं एमएल मॉडल प्रशिक्षण के लिए डेटा तैयार करने में सहायता करती हैं। मॉडल प्रशिक्षण और अनुमान सुविधाएं विभिन्न एल्गोरिदम और ढांचे का उपयोग करके एमएल मॉडल के प्रशिक्षण के लिए कंप्यूटिंग संसाधन प्रदान करती हैं। स्वचालित मशीन लर्निंग (ऑटोएमएल) सेवाएं सीमित एमएल विशेषज्ञता वाले उपयोगकर्ताओं के लिए मॉडल चयन, हाइपरपैरामीटर ट्यूनिंग और अनुकूलन को स्वचालित करती हैं।
4. क्लाउड एआई और एमएल सेवाएं विभिन्न डोमेन में एप्लिकेशन ढूंढती हैं, जैसे भावना विश्लेषण, भाषा अनुवाद, चैटबॉट और आवाज पहचान के लिए प्राकृतिक भाषा प्रसंस्करण (एनएलपी)। कंप्यूटर विज़न छवि पहचान, वस्तु पहचान, चेहरे की पहचान और स्वायत्त वाहनों को सक्षम बनाता है। एआई-संचालित अनुशंसा प्रणाली उत्पादों और सामग्री के लिए वैयक्तिकृत सुझाव प्रदान करती है। एमएल सेवाएँ पूर्वानुमानित विश्लेषण को भी सक्षम बनाती हैं, संगठनों को रुझानों का पूर्वानुमान लगाने, डेटा-संचालित निर्णय लेने और व्यावसायिक प्रक्रियाओं को अनुकूलित करने में मदद करती हैं।
5. क्लाउड में एमएल मॉडल का प्रशिक्षण स्केलेबिलिटी प्रदान करता है, जिससे संगठनों को किसी भी आकार के डेटासेट को संभालने की अनुमति मिलती है। भुगतान-जैसी-जैसी कीमत लागत-दक्षता सुनिश्चित करती है, समर्पित हार्डवेयर बनाए रखने की आवश्यकता से बचती है। जीपीयू और टीपीयू जैसे उच्च-प्रदर्शन वाले हार्डवेयर तक पहुंच मॉडल प्रशिक्षण समय को तेज करती है, जिससे तेजी से पुनरावृत्ति और त्वरित तैनाती सक्षम होती है। कुछ क्लाउड प्लेटफ़ॉर्म ऑटोएमएल सेवाएं प्रदान करते हैं, जो सीमित एमएल विशेषज्ञता वाले उपयोगकर्ताओं के लिए मॉडल प्रशिक्षण वर्कफ़्लो को सरल बनाते हैं।

6. मॉडल क्रमांकन में प्रशिक्षित एमएल मॉडल की संरचना और मापदंडों को एक ऐसे प्रारूप में सहेजना शामिल है जिसे आसानी से तैनात और उपभोग किया जा सकता है। क्रमांकन मॉडल की अखंडता सुनिश्चित करता है और पुनः प्रशिक्षण की आवश्यकता के बिना भविष्य में उपयोग की अनुमति देता है। मॉडल को कंटेनर में पैक करने और निर्बाध तैनाती को सक्षम करने के लिए यह कदम आवश्यक है।

7. क्लाउड-आधारित परिनियोजन स्केलेबिलिटी और लोच प्रदान करता है, जिससे एमएल मॉडल को अलग-अलग कार्यभार संभालने और चरम समय के दौरान सुचारू प्रदर्शन सुनिश्चित करने की अनुमति मिलती है। क्लाउड प्रदाता अतिरेक और फेलओवर क्षमताएं प्रदान करते हैं, तैनात मॉडलों की उच्च उपलब्धता और विश्वसनीयता सुनिश्चित करते हैं, डाउनटाइम को कम करते हैं और उपयोगकर्ता अनुभव को बढ़ाते हैं। दुनिया भर में वितरित डेटा केंद्रों के साथ, क्लाउड प्लेटफ़ॉर्म विभिन्न भौगोलिक स्थानों से एमएल मॉडल अनुमान एपीआई तक कम विलंबता पहुंच सक्षम करते हैं, जिससे वैश्विक दर्शकों के लिए प्रतिक्रिया में सुधार होता है।

8. नेचुरल लैंग्वेज प्रोसेसिंग (एनएलपी) और कंप्यूटर विजन परिवर्तनकारी एआई क्षमताएं हैं जिन्होंने व्यवसायों को भाषा और दृश्य डेटा को समझने और उनके साथ बातचीत करने के तरीके को नया आकार दिया है। क्लाउड सेवा प्रदाताओं ने इन क्षमताओं को सुलभ और उपयोगकर्ता के अनुकूल बना दिया है, जिससे संगठनों को व्यापक एआई विशेषज्ञता या बुनियादी ढांचे के बिना एनएलपी और कंप्यूटर विजन का लाभ उठाने में सशक्त बनाया गया है। इन क्षमताओं को अनुप्रयोगों में एकीकृत करने से नए अवसर खुलते हैं, संचालन का अनुकूलन होता है, और नवीन समाधान मिलते हैं जो आज की डेटा-संचालित और कनेक्टेड दुनिया में उपयोगकर्ता के अनुभवों को बढ़ाते हैं।

9. क्लाउड में एनएलपी सेवाएं सामाजिक मीडिया पोस्ट, उत्पाद समीक्षा और ग्राहक प्रतिक्रिया जैसी पाठ्य सामग्री में व्यक्त भावनाओं का विश्लेषण और निर्धारण करने के लिए उन्नत मशीन लर्निंग एल्गोरिदम का लाभ उठाती हैं। भावनाओं को सकारात्मक, नकारात्मक या तटस्थ के रूप में समझने से, व्यवसाय ग्राहकों की राय और ब्रांड धारणा में मूल्यवान अंतर्दृष्टि प्राप्त करते हैं। यह प्रतिष्ठा की निगरानी, संभावित मुद्दों की पहचान करने और ग्राहकों की चिंताओं का तुरंत जवाब देने में सक्षम बनाता है। क्लाउड-आधारित एनएलपी वास्तविक समय में भाषा अनुवाद की सुविधा भी देता है, भाषा की बाधाओं को तोड़ता है और ग्राहकों को बहुभाषी समर्थन प्रदान करके, विभिन्न क्षेत्रों और भाषा प्राथमिकताओं के लिए सामग्री तैयार करके व्यवसायों की वैश्विक पहुंच का विस्तार करता है।

अध्याय 35: क्लाउड-नेटिव गवर्नेंस और नीति प्रबंधन

35.1: क्लाउड नेटिव वातावरण में शासन नीतियों को लागू करना

क्लाउड नेटिव वातावरण में नियंत्रण, सुरक्षा और अनुपालन बनाए रखने के लिए शासन नीतियां आवश्यक हैं। सर्वोत्तम प्रथाओं को लागू करने और सीआईं/सीडी पाइपलाइनों में शासन को एकीकृत करके, संगठन क्लाउड नेटिव प्रौद्योगिकियों की अनूठी चुनौतियों का प्रभावी ढंग से समाधान कर सकते हैं और एक सुशासित, सुरक्षित और लागत-कुशल क्लाउड नेटिव वातावरण सुनिश्चित कर सकते हैं। प्रभावी शासन नीतियां संगठनों को नियंत्रण बनाए रखने और संभावित जोखिमों को कम करते हुए क्लाउड देशी प्रौद्योगिकियों के लाभों का पूरी तरह से लाभ उठाने के लिए सशक्त बनाती हैं।

35.1.1. क्लाउड नेटिव वातावरण में शासन का महत्व

- सुरक्षा और अनुपालन:शासन नीतियां सुरक्षा सर्वोत्तम प्रथाओं को लागू करने और उद्योग नियमों और डेटा सुरक्षा मानकों का अनुपालन सुनिश्चित करने में महत्वपूर्ण भूमिका निभाती हैं। चूंकि क्लाउड-नेटिव एप्लिकेशन और बुनियादी ढांचे विभिन्न खतरों के संपर्क में हैं, इसलिए प्रशासन के उपाय संवेदनशील डेटा को सुरक्षित रखने और सिस्टम की अखंडता को बनाए रखने में मदद करते हैं।
- संसाधन प्रबंधन: प्रभावी प्रशासन क्लाउड संसाधनों का उचित आवंटन और उपयोग सुनिश्चित करता है। संसाधन प्रबंधन के लिए शासन नीतियां स्थापित करके, संगठन अपव्यय को रोक सकते हैं, लागत का अनुकूलन कर सकते हैं और आवश्यकतानुसार संसाधनों का कुशलतापूर्वक विस्तार कर सकते हैं।
- जोखिम न्यूनीकरण:शासन के उपाय क्लाउड नेटिव अनुप्रयोगों और बुनियादी ढांचे में संभावित जोखिमों और कमजोरियों को पहचानने और कम करने में मदद करते हैं। सुरक्षा चिंताओं को सक्रिय रूप से संबोधित करके और सर्वोत्तम प्रथाओं का पालन करके, संगठन सुरक्षा उल्लंघनों और परिचालन संबंधी व्यवधानों की संभावना को कम कर सकते हैं।
- संगति और मानकीकरण: शासन नीतियां क्लाउड नेटिव परियोजनाओं में स्थिरता और मानकीकरण को बढ़ावा देती हैं। मानकीकृत दिशानिर्देशों और प्रथाओं को स्थापित करने से, क्लाउड संसाधनों का प्रबंधन और परियोजनाओं पर सहयोग अधिक कुशल और कम त्रुटि-प्रवण हो जाता है।

35.1.2. शासन नीतियों को लागू करने के लिए सर्वोत्तम अभ्यास

- क्लाउड संसाधन टैगिंग: क्लाउड संसाधनों को वर्गीकृत और लेबल करने के लिए एक मानकीकृत टैगिंग नीति लागू करें। टैग संसाधनों की पहचान, लागत आवंटन और प्रबंधन में मदद करते हैं, जिससे संसाधनों का बेहतर संगठन और ट्रैकिंग संभव हो पाती है।
- अभिगम नियंत्रण और पहचान प्रबंधन: उपयोगकर्ताओं और अनुप्रयोगों के लिए उचित पहुंच स्तर सुनिश्चित करने के लिए मजबूत पहचान और पहुंच प्रबंधन (आईएएम) नियंत्रण लागू करें। यह सुनिश्चित करता है कि केवल अधिकृत कर्मी ही संवेदनशील संसाधनों और डेटा तक पहुंच सकते हैं।
- स्वचालित अनुपालन जाँच: क्लाउड नेटिव वातावरण की अनुपालन स्थिति का नियमित रूप से आकलन करने के लिए स्वचालित टूल का उपयोग करें। इसमें सुरक्षा कॉन्फ़िगरेशन और नियामक मानकों के अनुपालन की जांच शामिल है। स्वचालन संगठनों को अनुपालन समस्याओं का तुरंत पता लगाने और उनका समाधान करने में मदद करता है।
- कोड के रूप में नीति: इंफ्रास्ट्रक्चर ऐज़ कोड (IaC) और कॉन्फ़िगरेशन प्रबंधन जैसे टूल का उपयोग करके नीतियों को कोड के रूप में लागू करें। यह दृष्टिकोण शासन नीतियों को कोड की तरह व्यवहार करने, वर्जनिंग को सक्षम करने, परिवर्तनों को ट्रैक करने और पुनरुत्पादन सुनिश्चित करने की अनुमति देता है।
- निगरानी और लेखा परीक्षा: परिवर्तनों को ट्रैक करने, सुरक्षा घटनाओं का पता लगाने और संसाधन उपयोग की निगरानी के लिए व्यापक निगरानी और ऑडिटिंग क्षमताओं को लागू करें। निरंतर निगरानी पर्यावरण के स्वास्थ्य के बारे में जानकारी प्रदान करती है और संभावित मुद्दों या विसंगतियों की पहचान करने में मदद करती है।
- जीवन चक्र प्रबंधन: अनावश्यक लागतों को रोकने के लिए स्वचालित संसाधन समाप्ति और संग्रह सहित संसाधन जीवनचक्र प्रबंधन के लिए नीतियों को परिभाषित करें। संसाधन सफाई और प्रबंधन को स्वचालित करके, संगठन अपने क्लाउड खर्च को अनुकूलित कर सकते हैं।

35.1.3. क्लाउड नेटिव वातावरण में शासन की चुनौतियाँ

- गतिशील अवसंरचना:क्लाउड नेटिव वातावरण की गतिशील प्रकृति तेजी से बदलते संसाधनों में सुसंगत शासन नीतियों को बनाए रखने में चुनौतियाँ पैदा कर सकती है। शासन नीतियों को अनुकूलनीय और क्लाउड नेटिव इन्फ्रास्ट्रक्चर की गतिशील प्रकृति के साथ तालमेल बनाए रखने में सक्षम होना चाहिए।
- वितरित वास्तुकला: क्लाउड नेटिव एप्लिकेशन अक्सर कई सेवाओं में वितरित किए जाते हैं, जिससे प्रशासन और दृश्यता अधिक जटिल हो जाती है। संगठनों को ऐसी शासन पद्धतियाँ स्थापित करने की आवश्यकता है जो कई सेवाओं तक फैली हों और क्लाउड वातावरण का एक केंद्रीकृत दृष्टिकोण सुनिश्चित करें।
- कंटेनर ऑर्केस्ट्रेशन: कंटेनरीकृत वातावरण और ऑर्केस्ट्रेशन प्लेटफ़ॉर्म कंटेनर सुरक्षा और संसाधन आवंटन के लिए अद्वितीय शासन आवश्यकताओं को प्रस्तुत करते हैं। संगठनों को कंटेनरों को सुरक्षित करने और अपने संसाधनों को कुशलतापूर्वक प्रबंधित करने के लिए विशिष्ट शासन उपायों को लागू करने की आवश्यकता है।
- माइक्रोसर्विसेज जटिलता: माइक्रोसर्विसेज को अपनाने से शासन में जटिलता बढ़ जाती है, क्योंकि प्रत्येक माइक्रोसर्विसेज की अपनी विशिष्ट आवश्यकताएं और नीतियां हो सकती हैं। संगठनों को निरंतरता बनाए रखते हुए माइक्रोसर्विसेज की विविध आवश्यकताओं को समायोजित करने के लिए अपने शासन दृष्टिकोण को तैयार करना चाहिए।

35.1.4. शासन को सीआई/सीडी पाइपलाइनों में एकीकृत करना

- कोड के रूप में इन्फ्रास्ट्रक्चर (IaC): संसाधन प्रावधान के दौरान स्थिरता सुनिश्चित करने के लिए शासन नीतियों को सीधे IaC टेम्प्लेट में शामिल करें। क्लाउड संसाधन बनाने के लिए उपयोग किए जाने वाले कोड में शासन नीतियों को शामिल करके, संगठन शुरू से ही मानकीकृत कॉन्फ़िगरेशन लागू कर सकते हैं।
- सतत अनुपालन जाँच: नीति उल्लंघनों को जल्दी पकड़ने के लिए स्वचालित अनुपालन जांच को निरंतर एकीकरण और निरंतर तैनाती (सीआई/सीडी) पाइपलाइनों में एकीकृत करें। यह सक्रिय दृष्टिकोण विकास और तैनाती प्रक्रिया के दौरान शासन संबंधी मुद्दों की पहचान करने और उनका समाधान करने में मदद करता है।
- स्वचालित निवारण: नीति उल्लंघनों का पता चलने पर उन्हें स्वचालित रूप से ठीक करने के लिए स्वचालित सुधारात्मक कदम लागू करें। सुधार को स्वचालित करके, संगठन किसी भी गैर-अनुपालक संसाधनों या कॉन्फ़िगरेशन को तुरंत सुधार सकते हैं, जिससे सुरक्षा घटनाओं का जोखिम कम हो जाता है।

35.2: संहिता और अवसंरचना शासन के रूप में नीति

कोड के रूप में नीति क्लाउड नेटिव वातावरण में बुनियादी ढांचे के प्रशासन के लिए एक आधुनिक और कुशल दृष्टिकोण प्रदान करती है। शासन नीतियों को कोड के रूप में व्यक्त करके, संगठन स्थिरता, स्वचालन और संस्करण नियंत्रण प्राप्त कर सकते हैं, जिससे अधिक कुशल और सुरक्षित क्लाउड नेटिव तैनाती हो सकती है। नीति को कोड के रूप में अपनाने से टीमों को शासन नीतियों को प्रभावी ढंग से प्रबंधित करने और लागू करने, क्लाउड नेटिव वातावरण में अनुपालन, सुरक्षा और लागत अनुकूलन सुनिश्चित करने का अधिकार मिलता है। यह दृष्टिकोण सहयोग और चपलता को बढ़ावा देता है, जिससे संगठनों के लिए मजबूत शासन प्रथाओं को बनाए रखते हुए क्लाउड परिदृश्य की लगातार बदलती मांगों के अनुकूल होना आसान हो जाता है।

35.2.1. नीति को कोड (PaC) के रूप में समझना

संहिता के रूप में नीति संगठनों को कोड का उपयोग करके शासन नीतियों को परिभाषित करने, प्रबंधित करने और लागू करने की अनुमति देती है। नीतियां ऐसी भाषा में लिखी जाती हैं जिसकी व्याख्या कंप्यूटर कर सकते हैं, और उन्हें संस्करण-नियंत्रित रिपॉजिटरी में संग्रहीत किया जाता है। क्लाउड नेटिव वातावरण में PaC लागू करने से, संगठनों को निम्नलिखित से लाभ होता है:

- गाढ़ापन: PaC यह सुनिश्चित करता है कि शासन नीतियां सभी क्लाउड संसाधनों, परिवेशों और तैनाती पर लगातार लागू होती हैं। इससे गलत कॉन्फ़िगरेशन का जोखिम कम हो जाता है और शासन के लिए एक समान दृष्टिकोण सुनिश्चित होता है।

• स्वचालन: संहिता के रूप में नीति नीतियों के स्वचालित प्रवर्तन को सक्षम बनाती है। तैनाती प्रक्रियाओं में पीएसी को एकीकृत करके, संगठन स्वचालित रूप से सत्यापित कर सकते हैं कि संसाधन शासन नियमों का पालन करते हैं या नहीं, जिससे मैन्युअल जांच और हस्तक्षेप की आवश्यकता कम हो जाती है।

• संस्करण नियंत्रण: नीतियों को कोड के रूप में संग्रहीत करने से संस्करण बनाने, परिवर्तनों पर नज़र रखने और नीति संशोधनों का इतिहास बनाए रखने की अनुमति मिलती है। नीति अद्यतनों पर बेहतर नियंत्रण प्रदान करते हुए, यदि आवश्यक हो तो टीमें परिवर्तनों की समीक्षा कर सकती हैं और उन्हें वापस ले सकती हैं।

35.2.2. इंफ्रास्ट्रक्चर गवर्नेंस के लिए कोड के रूप में नीति को लागू करना

• कोड के रूप में इन्फ्रास्ट्रक्चर (IaC): कोड के रूप में नीति और कोड के रूप में अवसंरचना (IaC) आपस में घनिष्ठ रूप से जुड़े हुए हैं। क्लाउड संसाधनों के लिए शासन आवश्यकताओं को परिभाषित करने के लिए संगठन PaC नीतियों को सीधे IaC टेम्पलेट्स में एकीकृत कर सकते हैं। यह सुनिश्चित करता है कि संसाधनों का प्रावधान होने के क्षण से ही नीतियां लागू हो जाती हैं।

• डोमेन-विशिष्ट भाषा: टीमों के लिए शासन नीतियों को लिखना और बनाए रखना आसान बनाने के लिए, नीति परिभाषा के लिए तैयार की गई एक डोमेन-विशिष्ट भाषा का उपयोग किया जा सकता है। ऐसी भाषा जटिल शासन आवश्यकताओं को व्यक्त करने का अधिक सहज तरीका प्रदान करती है।

• नीति मूल्यांकन: पीएसी नीतियों को लागू करने के लिए निरंतर निगरानी और मूल्यांकन आवश्यक है। क्लाउड वातावरण की लगातार निगरानी करके, संगठन नीति उल्लंघनों का पता लगा सकते हैं और स्वचालित सुधारात्मक कार्रवाइयां शुरू कर सकते हैं।

35.2.3. इंफ्रास्ट्रक्चर गवर्नेंस के लिए कोड के रूप में नीति के लाभ

• स्केलेबिलिटी:कोड के रूप में नीति, क्लाउड इंफ्रास्ट्रक्चर और संसाधनों के बढ़ने के साथ शासन नीतियों को सहजता से बढ़ाने की अनुमति देती है। PaC की स्वचालित प्रकृति यह सुनिश्चित करती है कि नीतियां संचालन में बाधा डाले बिना बढ़ी हुई जटिलता को संभाल सकती हैं।

• चपलता: PaC शासन नीतियों में त्वरित अद्यतन और परिवर्तन की अनुमति देता है। यह चपलता महत्वपूर्ण है क्योंकि क्लाउड नेटिव वातावरण को अक्सर बदलती व्यावसायिक आवश्यकताओं और सुरक्षा आवश्यकताओं को समायोजित करने के लिए त्वरित समायोजन की आवश्यकता होती है।

• सहयोग: नीतियों को कोड के रूप में संग्रहीत करने से टीमों के बीच सहयोग को बढ़ावा मिलता है। मानक संस्करण नियंत्रण प्रथाओं का उपयोग करके नीतियों की समीक्षा, चर्चा और संशोधन किया जा सकता है, यह सुनिश्चित करते हुए कि सभी हितधारकों को शासन निर्णयों में अपनी बात कहने का अधिकार है।

• लेखापरीक्षा और अनुपालन: PaC एक स्पष्ट ऑडिट ट्रेल प्रदान करता है, जिससे उद्योग नियमों और सुरक्षा मानकों के अनुपालन को प्रदर्शित करना आसान हो जाता है। संगठन नीतिगत परिवर्तनों के इतिहास का पता लगा सकते हैं और सर्वोत्तम प्रथाओं का पालन प्रदर्शित कर सकते हैं।

35.2.4. चुनौतियाँ और विचार

• नीति जटिलता: जटिल शासन नीतियों को कोड के रूप में लागू करने के लिए विशेष ज्ञान और कौशल की आवश्यकता हो सकती है। संगठनों को जटिल शासन आवश्यकताओं पर काम करने वाली टीमों के प्रशिक्षण और समर्थन में निवेश करना चाहिए।

• सीआई/सीडी पाइपलाइनों के साथ एकीकरण: PaC को CI/CD पाइपलाइनों में एकीकृत करने के लिए संभावित संघर्षों और व्यवधानों से बचने के लिए सावधानीपूर्वक योजना और सत्यापन की आवश्यकता होती है। अनपेक्षित परिणामों को रोकने के लिए संगठनों को नीति अद्यतनों का गहन परीक्षण करना चाहिए।

• नीति अद्यतन और रोलबैक: नीतियों में बदलाव को उत्पादन में लाने से पहले उचित परीक्षण और सत्यापन से गुजरना चाहिए। उचित परीक्षण यह सुनिश्चित करता है कि नीति अद्यतन अनजाने में समस्याएँ या विरोध उत्पन्न न करें।

35.2.5. कोड टूल्स के रूप में लोकप्रिय नीति

• ओपन पॉलिसी एजेंट (ओपीए): ओपीए एक ओपन-सोर्स प्रोजेक्ट है जो एक लचीली नीति भाषा और नीति मूल्यांकन और प्रवर्तन के लिए एक इंजन प्रदान करता है। नीति प्रवर्तन के लिए क्लाउड नेटिव वातावरण में इसका व्यापक रूप से उपयोग किया जाता है।

• टेराफॉर्म सेंटिनल: टेराफॉर्म सेंटिनल हाशीकॉर्प टेराफॉर्म के साथ एकीकृत एक नीति-ए-कोड ढांचा है। यह संगठनों को बुनियादी ढांचे के प्रावधान से संबंधित शासन नीतियों को परिभाषित करने और लागू करने में सक्षम बनाता है।
• कुबेरनेट्स नीति नियंत्रक: कुबेरनेट्स नीति नियंत्रकों का समर्थन करता है जो संसाधन कॉन्फ़िगरेशन और सुरक्षा के लिए कस्टम नीतियों को परिभाषित करने के लिए नीति को कोड के रूप में उपयोग करते हैं। ये नियंत्रक कुबेरनेट्स वातावरण में शासन आवश्यकताओं का अनुपालन सुनिश्चित करने में मदद करते हैं।

35.3: क्लाउड नेटिव एप्लिकेशन में पहुंच और अनुमतियाँ प्रबंधित करना

क्लाउड नेटिव एप्लिकेशन में पहुंच और अनुमतियों का प्रबंधन सुरक्षा, डेटा अखंडता और अनुपालन बनाए रखने के लिए मौलिक है। कम से कम विशेषाधिकार, आरबीएसी और बहु-कारक प्रमाणीकरण के सिद्धांत सहित पहुंच प्रबंधन के लिए सर्वोत्तम प्रथाओं को लागू करके, संगठन अपने क्लाउड मूल वातावरण के लिए एक सुरक्षित और कुशल पहुंच नियंत्रण ढांचा बना सकते हैं। पहुंच की नियमित समीक्षा और ऑडिटिंग, उपयोगकर्ताओं और डेवलपर्स को सुरक्षा सर्वोत्तम प्रथाओं के बारे में शिक्षित करने के साथ-साथ, क्लाउड नेटिव अनुप्रयोगों की समग्र सुरक्षा स्थिति को और मजबूत करती है, संभावित खतरों और अनधिकृत पहुंच के खिलाफ सुरक्षा सुनिश्चित करती है। मजबूत पहुंच प्रबंधन प्रथाओं के साथ, संगठन सुरक्षा जोखिमों को कम करते हुए आत्मविश्वास से क्लाउड देशी प्रौद्योगिकियों का लाभ उठा सकते हैं।

35.3.1. क्लाउड नेटिव एप्लिकेशन में एक्सेस प्रबंधन का महत्व

• डाटा सुरक्षा: उचित पहुंच प्रबंधन यह सुनिश्चित करता है कि केवल अधिकृत उपयोगकर्ताओं और एप्लिकेशन के पास ही संवेदनशील डेटा तक पहुंच हो, जिससे डेटा की गोपनीयता और अखंडता सुरक्षित रहे।
• बुनियादी ढांचे की सुरक्षा: प्रभावी पहुंच नियंत्रण क्लाउड संसाधनों में अनधिकृत कॉन्फ़िगरेशन परिवर्तन या डेटा एक्सपोज़र को रोकता है, संभावित सुरक्षा उल्लंघनों से अंतर्निहित बुनियादी ढांचे की रक्षा करता है।
• अनुपालन: डेटा गोपनीयता और सुरक्षा से संबंधित नियामक आवश्यकताओं और उद्योग मानकों को पूरा करने के लिए एक्सेस प्रबंधन आवश्यक है। संगठनों को यह प्रदर्शित करना होगा कि संवेदनशील संसाधनों तक पहुंच उचित रूप से प्रतिबंधित और ऑडिट की गई है।

35.3.2. पहुंच और अनुमति प्रबंधन के लिए सर्वोत्तम अभ्यास

• न्यूनतम विशेषाधिकार सिद्धांत:न्यूनतम विशेषाधिकार के सिद्धांत का पालन करें, उपयोगकर्ताओं और एप्लिकेशन को उनके कार्यों को करने के लिए आवश्यक न्यूनतम पहुंच प्रदान करें। यह अभ्यास विशेषाधिकारों के संभावित दुरुपयोग के जोखिम को कम करता है।
• भूमिका-आधारित अभिगम नियंत्रण (आरबीएसी): अनुमतियों को भूमिकाओं में समूहित करने के लिए RBAC को लागू करें और उपयोगकर्ताओं को उनकी जिम्मेदारियों के आधार पर ये भूमिकाएँ सौंपें। आरबीएसी अनुमतियों को परिभाषित भूमिकाओं के साथ जोड़कर पहुंच प्रबंधन को सरल बनाता है, जिससे बड़े पैमाने पर पहुंच का प्रबंधन करना आसान हो जाता है।
• बहु-कारक प्रमाणीकरण (एमएफए): सुरक्षा की एक अतिरिक्त परत जोड़ने के लिए उपयोगकर्ता प्रमाणीकरण के लिए एमएफए लागू करें। एमएफए को उपयोगकर्ताओं को पहचान के कई रूप प्रदान करने की आवश्यकता होती है, जैसे कि पासवर्ड और उनके मोबाइल डिवाइस पर भेजा गया एक बार का कोड, पासवर्ड से छेड़छाड़ होने पर भी अनधिकृत पहुंच के जोखिम को कम करता है।
• केंद्रीकृत IAM नीति प्रबंधन: स्थिरता बनाए रखने और पहुंच नियंत्रण प्रशासन को सरल बनाने के लिए केंद्रीकृत आईएएम नीति प्रबंधन का उपयोग करें। केंद्रीकरण यह सुनिश्चित करता है कि विभिन्न क्लाउड संसाधनों और वातावरणों में पहुंच नीतियां लगातार लागू होती हैं।
• संसाधन टैगिंग: क्लाउड संसाधनों को वर्गीकृत और व्यवस्थित करने के लिए संसाधन टैगिंग का उपयोग करें। टैग विशिष्ट संसाधन विशेषताओं के आधार पर अधिक विस्तृत पहुंच नियंत्रण सक्षम करते हैं, अनुमति प्रबंधन को सुव्यवस्थित करते हैं।

35.3.3. क्लाउड नेटिव वातावरण में एक्सेस प्रबंधन लागू करना

• आईएएम सेवाएँ: उपयोगकर्ताओं, भूमिकाओं और अनुमतियों को प्रभावी ढंग से प्रबंधित करने के लिए क्लाउड प्रदाताओं द्वारा प्रदान की गई IAM सेवाओं का लाभ उठाएं। क्लाउड-नेटिव IAM सेवाएँ क्लाउड संसाधनों तक पहुँच को नियंत्रित करने के लिए विभिन्न सुविधाएँ प्रदान करती हैं।

• सेवा खाते: क्लाउड संसाधनों के साथ सुरक्षित रूप से इंटरैक्ट करने के लिए एप्लिकेशन और सेवाओं को आवश्यक अनुमतियाँ प्रदान करने के लिए सेवा खातों का उपयोग करें। एप्लिकेशन एक्सेस के लिए व्यक्तिगत उपयोगकर्ता खातों का उपयोग करने की तुलना में सेवा खाते एक सुरक्षित विकल्प हैं।

• कुबेरनेट्स आरबीएसी: कंटेनरीकृत अनुप्रयोगों के भीतर कुबेरनेट्स संसाधनों तक पहुंच का प्रबंधन करने के लिए कुबेरनेट्स रोल-आधारित एक्सेस कंट्रोल (आरबीएसी) लागू करें। Kubernetes RBAC यह सुनिश्चित करता है कि केवल अधिकृत उपयोगकर्ता और सेवाएँ ही क्लस्टर में विशिष्ट कार्य कर सकें।

• गुप्त प्रबंधन: पासवर्ड, एपीआई कुंजी और एन्क्रिप्शन कुंजी जैसी संवेदनशील जानकारी को संभालने के लिए सुरक्षित गुप्त प्रबंधन समाधान का उपयोग करें। रहस्यों को सुरक्षित रूप से संग्रहीत किया जाना चाहिए और केवल अधिकृत संस्थाओं द्वारा ही उन तक पहुंचा जा सकता है।

35.3.4. नियमित समीक्षा और लेखापरीक्षा

• पहुँच समीक्षाएँ: यह सुनिश्चित करने के लिए नियमित पहुंच समीक्षा करें कि उपयोगकर्ता की अनुमतियां उनकी वर्तमान जिम्मेदारियों के साथ संरेखित हों और अनावश्यक पहुंच को हटा दें। समय-समय पर समीक्षा से अत्यधिक विशेषाधिकार प्राप्त खातों और अनधिकृत पहुंच को रोकने में मदद मिलती है।

• ऑडिटिंग और लॉगिंग: संदिग्ध गतिविधियों और संभावित सुरक्षा उल्लंघनों का पता लगाने के लिए एक्सेस इवेंट की व्यापक ऑडिटिंग और लॉगिंग सक्षम करें। विस्तृत लॉग फोरेंसिक विश्लेषण और घटना प्रतिक्रिया के लिए मूल्यवान अंतर्दृष्टि प्रदान करते हैं।

35.3.5. तृतीय-पक्ष पहुंच को संभालना

• विक्रेता पहुंच प्रबंधन: यदि तृतीय-पक्ष विक्रेताओं को आपके क्लाउड संसाधनों तक पहुंच की आवश्यकता है, तो सख्त नियंत्रण स्थापित करें और उनकी गतिविधि की निगरानी करें। विक्रेता को जानकारी की आवश्यकता के आधार पर पहुंच प्रदान की जानी चाहिए और जब आवश्यकता न हो तो इसे रद्द कर दिया जाना चाहिए।

• अस्थायी पहुंच: एक अच्छी तरह से परिभाषित दायरे और समाप्ति तिथि के साथ बाहरी पक्षों को अस्थायी पहुंच प्रदान करें। अस्थायी पहुंच तीसरे पक्ष की संस्थाओं के संपर्क को सीमित करने में मदद करती है और अनधिकृत पहुंच के जोखिम को कम करती है।

35.3.6. उपयोगकर्ताओं और डेवलपर्स को शिक्षित करना

• सुरक्षा जागरूकता प्रशिक्षण: उपयोगकर्ताओं और डेवलपर्स को सुरक्षा की सर्वोत्तम प्रथाओं के बारे में शिक्षित करें, जिसमें एक्सेस प्रबंधन का महत्व और क्रेडेंशियल साझा करने के जोखिम शामिल हैं। सुरक्षा जागरूकता प्रशिक्षण सभी हितधारकों को सुरक्षा बनाए रखने में उनकी भूमिकाओं के बारे में जागरूक करके संगठन की सुरक्षा स्थिति को बढ़ाता है।

• सुरक्षित कोडिंग प्रथाएँ: डेवलपर्स को सुरक्षित कोडिंग प्रथाओं का पालन करने, हार्डकोडिंग क्रेडेंशियल से बचने और सुरक्षित प्रमाणीकरण विधियों का उपयोग करने के लिए प्रशिक्षित करें। सुरक्षित कोडिंग प्रथाएं सामान्य कमजोरियों को रोकती हैं जो अनधिकृत पहुंच का कारण बन सकती हैं।

अभ्यास

बहु विकल्पीय प्रश्न

1. क्लाउड नेटिव वातावरण में शासन नीतियों का क्या महत्व है?

a) कुशल संसाधन आवंटन सुनिश्चित करना

b) माइक्रोसर्विसेज की जटिलता को कम करना

c) टीमों के बीच सहयोग में सुधार

d) नियंत्रण, सुरक्षा और अनुपालन बनाए रखना

2. क्लाउड में शासन नीतियों को लागू करने से कौन सा लाभ जुड़ा है?

a) वास्तविक समय डेटा विश्लेषण
b) विरासत प्रणालियों के साथ एकीकरण
c) मानकीकरण और स्थिरता
d) उपयोगकर्ताओं के लिए बहु-कारक प्रमाणीकरण

3. क्लाउड नेटिव वातावरण में शासन नीतियों को लागू करने के लिए सर्वोत्तम अभ्यास क्या है?

a) मैनुअल अनुपालन जाँच
b) मानव संचालित संसाधन प्रबंधन
c) सतत् निगरानी एवं अंकेक्षण
d) शासन को सीआई/सीडी पाइपलाइनों से अलग करना

4. शासन के संदर्भ में क्लाउड देशी वातावरण के लिए कौन सी चुनौती विशिष्ट है?

a) स्थैतिक अवसंरचना विन्यास
b) केंद्रीकृत अभिगम नियंत्रण प्रबंधन
c) वितरित वास्तुकला जटिलता
d) कंटेनरों का सीमित उपयोग

5. कोड के रूप में नीति (PaC) क्लाउड नेटिव वातावरण में बुनियादी ढांचे के प्रशासन को कैसे लाभ पहुंचा सकती है?

a) नीति प्रवर्तन के लिए मानवीय हस्तक्षेप बढ़ाना
b) सुसंगत और स्वचालित शासन नीति प्रवर्तन सुनिश्चित करना
c) क्लाउड नेटिव अनुप्रयोगों में संस्करण नियंत्रण की आवश्यकता को कम करना
d) सीआई/सीडी पाइपलाइनों में पहुंच प्रबंधन की आवश्यकता को समाप्त करना

6. मल्टी-फैक्टर ऑथेंटिकेशन (एमएफए) क्लाउड में एक्सेस प्रबंधन के लिए कौन सा लाभ प्रदान करता है? देशी अनुप्रयोग?

a) सरलीकृत उपयोगकर्ता प्रमाणीकरण प्रक्रिया
b) अनधिकृत पहुंच का खतरा बढ़ गया
c) उपयोगकर्ता प्रमाणीकरण के लिए सुरक्षा की अतिरिक्त परतें
d) भूमिका-आधारित अभिगम नियंत्रण (आरबीएसी) की आवश्यकता का उन्मूलन

7. क्लाउड नेटिव में रोल-बेस्ड एक्सेस कंट्रोल (आरबीएसी) लागू करने का मुख्य लाभ क्या है? वातावरण?

a) क्लाउड संसाधनों के प्रबंधन को सरल बनाना
b) सभी उपयोगकर्ताओं के लिए असीमित पहुंच की अनुमति
c) अभिगम नियंत्रण के लिए एक खुली नीति लागू करना
d) उपयोगकर्ताओं के लिए अनुमतियों को परिभाषित भूमिकाओं के साथ जोड़ना

8. क्लाउड नेटिव वातावरण में नियमित पहुंच समीक्षा करने का प्राथमिक उद्देश्य क्या है?

a) नए क्लाउड-नेटिव संसाधनों की पहचान करना
b) उद्योग मानकों का अनुपालन सुनिश्चित करना
c) अनावश्यक पहुँच और विशेषाधिकारों को हटाना
d) शासन नीतियों को स्वचालित रूप से लागू करना

9. सुरक्षा की सर्वोत्तम प्रथाओं के बारे में शिक्षा क्लाउड नेटिव में एक्सेस प्रबंधन को कैसे लाभ पहुंचाती है वातावरण?

a) ऑडिटिंग और लॉगिंग की आवश्यकता कम करना
b) संगठन की सुरक्षा स्थिति को बढ़ाना
c) IAM सेवाओं की जटिलता को कम करना
d) उपयोगकर्ताओं को न्यूनतम विशेषाधिकार के सिद्धांत का पालन करने से छूट देना

समीक्षा प्रश्न

1. क्लाउड नेटिव वातावरण में शासन नीतियों का क्या महत्व है?
2. शासन की नीतियां क्लाउड नेटिव वातावरण को कैसे लाभ पहुंचाती हैं?
3. क्लाउड नेटिव वातावरण में शासन नीतियों को लागू करने के लिए कुछ सर्वोत्तम प्रथाएँ क्या हैं?
4. क्लाउड नेटिव वातावरण में शासन नीतियों को लागू करने में प्राथमिक चुनौतियाँ क्या हैं?
5. कोड के रूप में नीति (PaC) क्लाउड नेटिव वातावरण के लिए बुनियादी ढांचे के प्रशासन में कैसे मदद करती है?
6. क्लाउड नेटिव वातावरण में एक्सेस प्रबंधन के लिए रोल-आधारित एक्सेस कंट्रोल (आरबीएसी) के क्या लाभ हैं?
7. मल्टी-फैक्टर ऑथेंटिकेशन (एमएफए) क्लाउड नेटिव अनुप्रयोगों में एक्सेस प्रबंधन को कैसे बढ़ाता है?
8. संगठन नियमित समीक्षा और ऑडिटिंग के माध्यम से पहुंच प्रबंधन को कैसे सुधार सकते हैं?
9. सुरक्षा सर्वोत्तम प्रथाओं के बारे में उपयोगकर्ताओं और डेवलपर्स को शिक्षित करने से क्लाउड नेटिव वातावरण में पहुंच प्रबंधन कैसे बढ़ता है?

उत्तर अनुभाग

बहु विकल्पीय प्रश्न

1. d) नियंत्रण, सुरक्षा और अनुपालन बनाए रखना
2. c) मानकीकरण और स्थिरता
3. c) सतत निगरानी और लेखापरीक्षा
4. c) वितरित वास्तुकला जटिलता
5. b) सुसंगत और स्वचालित शासन नीति प्रवर्तन सुनिश्चित करना
6. c) उपयोगकर्ता प्रमाणीकरण के लिए सुरक्षा की अतिरिक्त परतें
7. d) उपयोगकर्ताओं के लिए परिभाषित भूमिकाओं के साथ अनुमतियाँ जोड़ना
8. c) अनावश्यक पहुंच और विशेषाधिकारों को हटाना
9. b) संगठन की सुरक्षा स्थिति को बढ़ाना

समीक्षा प्रश्न

1. नियंत्रण, सुरक्षा और अनुपालन बनाए रखने के लिए क्लाउड नेटिव वातावरण में शासन नीतियां महत्वपूर्ण हैं। वे सुनिश्चित करते हैं कि संगठन सर्वोत्तम प्रथाओं, उद्योग नियमों और डेटा सुरक्षा मानकों का पालन करता है। विभिन्न खतरों के संपर्क में आने वाली क्लाउड-नेटिव प्रौद्योगिकियों के साथ, शासन उपाय संवेदनशील डेटा की सुरक्षा करते हैं और सिस्टम की अखंडता बनाए रखते हैं।
2. शासन नीतियां कई लाभ प्रदान करती हैं, जिनमें उन्नत सुरक्षा, अनुकूलित संसाधन प्रबंधन, जोखिम शमन और मानकीकृत प्रथाएं शामिल हैं। वे संगठनों को क्लाउड संसाधनों को कुशलतापूर्वक प्रबंधित करने, संभावित सुरक्षा उल्लंघनों को कम करने और टीमों के बीच सहयोग को बढ़ावा देने में सक्षम बनाते हैं।
3. शासन नीतियों को प्रभावी ढंग से लागू करने के लिए, संगठनों को क्लाउड संसाधन टैगिंग लागू करना चाहिए, पहुंच नियंत्रण और पहचान प्रबंधन लागू करना चाहिए, स्वचालित अनुपालन जांच का उपयोग करना चाहिए और नीतियों को कोड के रूप में मानना चाहिए। इसके अतिरिक्त, शासन को बनाए रखने के लिए व्यापक निगरानी, ऑडिटिंग और उचित जीवनचक्र प्रबंधन महत्वपूर्ण हैं।
4. क्लाउड-नेटिव इन्फ्रास्ट्रक्चर की गतिशील प्रकृति, वितरित आर्किटेक्चर, कंटेनर ऑर्केस्ट्रेशन और माइक्रोसर्विसेज द्वारा शुरू की गई जटिलताएं लगातार शासन नीतियों को बनाए रखने में महत्वपूर्ण चुनौतियां पैदा करती हैं। संगठनों को क्लाउड नेटिव प्रौद्योगिकियों की विशिष्ट आवश्यकताओं के अनुरूप अपने शासन दृष्टिकोण को अनुकूलित करना होगा।
5. कोड के रूप में नीति (पीएसी) संगठनों को स्थिरता और स्वचालन सुनिश्चित करते हुए, कोड का उपयोग करके शासन नीतियों को परिभाषित करने, प्रबंधित करने और लागू करने की अनुमति देती है। नीतियों को कोड के रूप में

संग्रहीत करना संस्करण नियंत्रण को सक्षम बनाता है, नीति प्रशासन को सरल बनाता है, और बदलती व्यावसायिक आवश्यकताओं को समायोजित करने के लिए त्वरित अपडेट का समर्थन करता है।

6. आरबीएसी अनुमतियों को भूमिकाओं में समूहीकृत करके और उन्हें उनकी जिम्मेदारियों के आधार पर उपयोगकर्ताओं के साथ जोड़कर पहुंच प्रबंधन को सरल बनाता है। यह अनधिकृत पहुंच के जोखिम को कम करता है और यह सुनिश्चित करता है कि उपयोगकर्ताओं के पास अनावश्यक अनुमतियों के बिना अपने कार्य करने के लिए आवश्यक विशेषाधिकार हैं।

7. एमएफए प्रमाणीकरण के दौरान उपयोगकर्ताओं को पासवर्ड और वन-टाइम कोड जैसे कई प्रकार की पहचान प्रदान करने की आवश्यकता के द्वारा सुरक्षा की एक अतिरिक्त परत जोड़ता है। इससे अनधिकृत पहुंच का जोखिम कम हो जाता है, भले ही पासवर्ड से छेड़छाड़ की गई हो, क्योंकि हमलावरों को अतिरिक्त प्रमाणीकरण कारकों की आवश्यकता होगी।

8. नियमित पहुंच समीक्षा यह सुनिश्चित करने में मदद करती है कि उपयोगकर्ता की अनुमतियां उनकी वर्तमान भूमिकाओं और जिम्मेदारियों के साथ संरेखित हों, जिससे अत्यधिक विशेषाधिकार प्राप्त खातों और अनधिकृत पहुंच को कम किया जा सके। व्यापक ऑडिटिंग और एक्सेस इवेंट की लॉगिंग से संदिग्ध गतिविधियों का पता लगाने में मदद मिलती है, जिससे संभावित सुरक्षा उल्लंघनों पर त्वरित प्रतिक्रिया मिलती है।

9. सुरक्षा जागरूकता प्रशिक्षण और सुरक्षित कोडिंग प्रथाओं को बढ़ावा देने से उपयोगकर्ताओं और डेवलपर्स को सुरक्षा बनाए रखने में उनकी भूमिका समझने में मदद मिलती है। शिक्षित हितधारक संभावित जोखिमों के बारे में अधिक जागरूक हैं, सर्वोत्तम प्रथाओं का पालन करते हैं, और एक मजबूत सुरक्षा स्थिति में योगदान करते हैं, जिससे अनधिकृत पहुंच और सुरक्षा घटनाओं की संभावना कम हो जाती है।

अध्याय 36: क्लाउड सुरक्षा संचालन और घटना प्रतिक्रिया

36.1 क्लाउड वातावरण में सुरक्षा संचालन

क्लाउड वातावरण में सुरक्षा संचालन डेटा, एप्लिकेशन और क्लाउड संसाधनों को कई खतरों से सुरक्षित रखने में महत्वपूर्ण भूमिका निभाते हैं। सर्वोत्तम प्रथाओं को अपनाकर, सुरक्षा उपकरणों और सेवाओं का लाभ उठाकर और सुरक्षा-जागरूक संस्कृति को बढ़ावा देकर, संगठन क्लाउड में अपनी सुरक्षा स्थिति को बढ़ा सकते हैं। सक्रिय सुरक्षा संचालन संगठनों को नियामक अनुपालन आवश्यकताओं को पूरा करते हुए महत्वपूर्ण डेटा और अनुप्रयोगों की गोपनीयता, अखंडता और उपलब्धता सुनिश्चित करते हुए सुरक्षा घटनाओं का तुरंत पता लगाने और प्रतिक्रिया देने में सक्षम बनाता है। ग्राहकों और हितधारकों के साथ विश्वास बनाए रखने, संवेदनशील डेटा की सुरक्षा करने और गतिशील क्लाउड परिदृश्य में उभरते साइबर खतरों से बचाव के लिए एक मजबूत सुरक्षा संचालन ढांचा आवश्यक है।

36.1.1. क्लाउड में सुरक्षा संचालन का महत्व

• खतरा परिदृश्य:क्लाउड वातावरण को विभिन्न प्रकार के खतरों का सामना करना पड़ता है, जिसमें डेटा उल्लंघन, DDoS हमले और अंदरूनी खतरे शामिल हैं। इन खतरों को प्रभावी ढंग से पहचानने और संबोधित करने के लिए सुरक्षा अभियान महत्वपूर्ण हैं।

• डेटा सुरक्षा: सुरक्षा संचालन क्लाउड में संग्रहीत और संसाधित डेटा की गोपनीयता, अखंडता और उपलब्धता सुनिश्चित करते हैं। सुरक्षा नियंत्रण और सर्वोत्तम प्रथाओं को लागू करके, संगठन संवेदनशील डेटा को अनधिकृत पहुंच या संशोधनों से बचा सकते हैं।

• अनुपालन आवश्यकताएं: कई उद्योगों में डेटा सुरक्षा और गोपनीयता के संबंध में सख्त अनुपालन नियम हैं। इन आवश्यकताओं को पूरा करने और उद्योग मानकों का पालन प्रदर्शित करने के लिए सुरक्षा संचालन आवश्यक हैं।

• सक्रिय जांच और प्रतिक्रिया: सुरक्षा अभियान सुरक्षा घटनाओं की तुरंत पहचान करने और संभावित नुकसान को कम करने के लिए सक्रिय रूप से प्रतिक्रिया देने में मदद करते हैं। एक त्वरित और प्रभावी प्रतिक्रिया सुरक्षा उल्लंघनों को बड़ी घटनाओं में बदलने से रोक सकती है।

36.1.2. क्लाउड वातावरण में सुरक्षा संचालन के लिए सर्वोत्तम अभ्यास

• क्लाउड सुरक्षा वास्तुकला: गहन रक्षा सिद्धांतों का पालन करते हुए एक सुरक्षित क्लाउड आर्किटेक्चर डिज़ाइन करें। इसमें वास्तुकला की विभिन्न परतों को अलग करना और सुरक्षा की कई परतें बनाने के लिए प्रत्येक स्तर पर सुरक्षा नियंत्रण लागू करना शामिल है।

• पहचान और पहुंच प्रबंधन (IAM): क्लाउड संसाधनों तक पहुंच को नियंत्रित करने के लिए बहु-कारक प्रमाणीकरण (एमएफए) और न्यूनतम विशेषाधिकार सहित मजबूत आईएएम प्रथाओं को लागू करें। IAM यह सुनिश्चित करता है कि केवल अधिकृत उपयोगकर्ता और एप्लिकेशन ही संवेदनशील डेटा और संसाधनों के साथ बातचीत कर सकते हैं।

• कूटलेखन:आराम और पारगमन के दौरान डेटा की सुरक्षा के लिए एन्क्रिप्शन का उपयोग करें। यह सुनिश्चित करता है कि भले ही डेटा से समझौता किया गया हो, यह अनधिकृत संस्थाओं के लिए अपठनीय और अनुपयोगी बना रहेगा।
• निरंतर निगरानी: वास्तविक समय में संदिग्ध गतिविधियों और संभावित सुरक्षा उल्लंघनों का पता लगाने के लिए क्लाउड संसाधनों की निरंतर निगरानी लागू करें। निरंतर निगरानी से संगठन की उभरते खतरों पर तेजी से प्रतिक्रिया करने की क्षमता बढ़ जाती है।
• सुरक्षा घटना प्रतिक्रिया योजना: एक व्यापक घटना प्रतिक्रिया योजना विकसित करें जो सुरक्षा घटना की स्थिति में की जाने वाली प्रक्रियाओं और कार्रवाइयों की रूपरेखा तैयार करे। एक अच्छी तरह से परिभाषित योजना सुरक्षा उल्लंघनों के लिए समन्वित और कुशल प्रतिक्रिया सुनिश्चित करती है।
• सुरक्षा स्वचालन और ऑर्केस्ट्रेशन: सुरक्षा कार्यों को सुव्यवस्थित करने के लिए स्वचालन और ऑर्केस्ट्रेशन का उपयोग करें। दोहराए जाने वाले कार्यों और प्रतिक्रियाओं को स्वचालित करने से सुरक्षा टीमों को अधिक महत्वपूर्ण सुरक्षा मुद्दों पर ध्यान केंद्रित करने की अनुमति मिलती है और मानवीय त्रुटियों का जोखिम कम हो जाता है।

36.1.3. क्लाउड सुरक्षा उपकरण और सेवाएँ

• क्लाउड-नेटिव सुरक्षा सेवाएँ: क्लाउड वातावरण में सुरक्षा घटनाओं की केंद्रीकृत दृश्यता और निगरानी प्राप्त करने के लिए AWS सुरक्षा हब, Azure सुरक्षा केंद्र, या Google क्लाउड सुरक्षा कमांड सेंटर जैसी क्लाउड प्रदाताओं की सुरक्षा सेवाओं का लाभ उठाएं।
• सुरक्षा सूचना और इवेंट प्रबंधन (SIEM): विभिन्न क्लाउड सेवाओं और बुनियादी ढांचे घटकों से सुरक्षा लॉग को एकत्र करने और उनका विश्लेषण करने के लिए एसआईईएम समाधान नियोजित करें। सिएम उपकरण सुरक्षा खतरों के संकेतक पैटर्न की पहचान करने में मदद करते हैं।
• भेद्यता प्रबंधन:क्लाउड संसाधनों में सुरक्षा कमजोरियों की पहचान करने और उन्हें दूर करने के लिए भेद्यता स्कैनिंग और प्रबंधन टूल का उपयोग करें। नियमित भेद्यता आकलन संभावित कारनामों को रोकने में मदद करता है।
• ख़तरे की ख़ुफ़िया जानकारी: उभरते खतरों के बारे में सूचित रहने और सुरक्षा निगरानी बढ़ाने के लिए खतरे की खुफिया जानकारी को एकीकृत करें। वास्तविक समय के खतरे की खुफिया जानकारी तक पहुंच सुरक्षा टीमों को उभरते खतरों से सक्रिय रूप से बचाव करने में मदद करती है।

36.1.4. घटना का पता लगाना और प्रतिक्रिया

• सुरक्षा विश्लेषण: वास्तविक समय में विसंगतियों और संभावित खतरों का पता लगाने के लिए सुरक्षा विश्लेषण टूल का उपयोग करें। सुरक्षा विश्लेषण असामान्य व्यवहार और संदिग्ध पैटर्न की पहचान करने में मदद करता है जो किसी चल रही सुरक्षा घटना का संकेत दे सकता है।
• स्वचालित प्रतिक्रिया: ज्ञात खतरों के खिलाफ तत्काल कार्रवाई करने के लिए स्वचालित घटना प्रतिक्रिया तंत्र लागू करें। स्वचालित प्रतिक्रिया क्रियाएं दुर्भावनापूर्ण गतिविधियों को रोक सकती हैं और आगे की क्षति को रोक सकती हैं।
• फोरेंसिक और जांच: सुरक्षा घटनाओं के मूल कारण को पूरी तरह से समझने के लिए घटना के बाद फोरेंसिक और जांच करने के लिए प्रक्रियाएं विकसित करें। ये जांच सुरक्षा उपायों को बेहतर बनाने और भविष्य में इसी तरह की घटनाओं को रोकने के लिए अंतर्दृष्टि प्रदान करती हैं।

36.1.5. कर्मचारी प्रशिक्षण और जागरूकता

• सुरक्षा जागरूकता प्रशिक्षण: कर्मचारियों को सुरक्षा सर्वोत्तम प्रथाओं और संभावित खतरों के बारे में शिक्षित करने के लिए नियमित सुरक्षा जागरूकता प्रशिक्षण आयोजित करें। शिक्षित कर्मचारी सोशल इंजीनियरिंग हमलों और अन्य सुरक्षा जोखिमों के खिलाफ रक्षा की एक महत्वपूर्ण पंक्ति हैं।
• सोशल इंजीनियरिंग जागरूकता: कर्मचारियों को फ़िशिंग हमलों जैसे सोशल इंजीनियरिंग प्रयासों को पहचानने और रिपोर्ट करने के लिए प्रशिक्षित करें। सोशल इंजीनियरिंग जागरूकता सफल सोशल इंजीनियरिंग हमलों की संभावना को कम करने में मदद करती है।

36.2 क्लाउड में खतरे का पता लगाना और घटना पर प्रतिक्रिया

खतरे का पता लगाना और घटना की प्रतिक्रिया एक मजबूत क्लाउड सुरक्षा रणनीति के महत्वपूर्ण घटक हैं। निरंतर निगरानी लागू करने, सुरक्षा विश्लेषण का लाभ उठाने और स्वचालित घटना प्रतिक्रिया तंत्र को अपनाने से, संगठन क्लाउड वातावरण में सुरक्षा खतरों का सक्रिय रूप से पता लगा सकते हैं और प्रतिक्रिया दे सकते हैं। सुरक्षा घटनाओं के प्रभाव को कम करने और व्यवसाय की निरंतरता सुनिश्चित करने के लिए घटना प्रतिक्रिया योजना, फोरेंसिक और प्रशिक्षण सहित घटना प्रतिक्रिया तैयारी आवश्यक है। क्लाउड-नेटिव सुरक्षा सेवाओं और उपकरणों को अपनाने से सुरक्षा स्थिति में और वृद्धि होती है, जिससे संगठनों को संवेदनशील डेटा की सुरक्षा करने, अनुपालन बनाए रखने और क्लाउड में उभरते साइबर खतरों के खिलाफ लचीला रहने में सक्षम बनाया जाता है। ग्राहकों और हितधारकों के साथ विश्वास बनाए रखने और गतिशील क्लाउड परिदृश्य में महत्वपूर्ण संपत्तियों की सुरक्षा के लिए एक सक्रिय और अच्छी तरह से तैयार सुरक्षा दृष्टिकोण आवश्यक है।

36.2.1. क्लाउड में खतरे का पता लगाने और घटना की प्रतिक्रिया का महत्व

• तेजी से विकसित हो रहे खतरे: क्लाउड वातावरण में बड़ी मात्रा में मूल्यवान डेटा संग्रहीत होने के कारण क्लाउड साइबर खतरों का प्रमुख लक्ष्य है। जैसे-जैसे खतरे बढ़ते जा रहे हैं, संभावित हमलावरों से आगे रहने के लिए सक्रिय पहचान और प्रतिक्रिया महत्वपूर्ण है।

• डेटा उल्लंघन निवारण:त्वरित पहचान और प्रतिक्रिया डेटा उल्लंघनों को रोकने और संवेदनशील जानकारी के जोखिम को सीमित करने में मदद करती है। समय पर कार्रवाई से हमलावरों को डेटा घुसपैठ करने या कमजोरियों का फायदा उठाने से रोका जा सकता है।

• अनुपालन और जोखिम प्रबंधन: डेटा सुरक्षा नियमों के अनुपालन को बनाए रखने और सुरक्षा जोखिमों के प्रबंधन के लिए प्रभावी खतरे का पता लगाना और घटना की प्रतिक्रिया महत्वपूर्ण है। संगठनों को उद्योग मानकों का अनुपालन करने के लिए सुरक्षा घटनाओं का पता लगाने और प्रतिक्रिया देने की अपनी क्षमता प्रदर्शित करनी चाहिए।

• व्यावसायिक निरंतरता: त्वरित घटना प्रतिक्रिया क्लाउड सेवाओं और व्यापार निरंतरता में न्यूनतम व्यवधान सुनिश्चित करती है। त्वरित प्रतिक्रिया हमलावरों को लंबे समय तक डाउनटाइम या सेवा में व्यवधान पैदा करने से रोक सकती है।

36.2.2. क्लाउड में खतरे का पता लगाने के लिए सर्वोत्तम अभ्यास

• निरंतर निगरानी: संदिग्ध व्यवहार का पता लगाने के लिए क्लाउड संसाधनों, नेटवर्क और उपयोगकर्ता गतिविधियों की निरंतर निगरानी लागू करें। निरंतर निगरानी सुरक्षा घटनाओं में वास्तविक समय की अंतर्दृष्टि प्रदान करती है, जिससे त्वरित प्रतिक्रिया संभव होती है।

• सुरक्षा विश्लेषण और एआई/एमएल: वास्तविक समय में विसंगतियों और संभावित खतरों की पहचान करने के लिए सुरक्षा विश्लेषण और एआई/एमएल-संचालित टूल का लाभ उठाएं। ये प्रौद्योगिकियां सुरक्षा टीमों को दुर्भावनापूर्ण गतिविधियों के संकेतक पैटर्न की पहचान करने में मदद कर सकती हैं।

• लॉग विश्लेषण: सुरक्षा घटनाओं और पैटर्न का पता लगाने के लिए विभिन्न क्लाउड सेवाओं और बुनियादी ढांचे घटकों से सुरक्षा लॉग का विश्लेषण करें। व्यापक लॉग विश्लेषण घटना की जांच और प्रतिक्रिया के लिए बहुमूल्य जानकारी प्रदान कर सकता है।

• ख़तरे की ख़ुफ़िया जानकारी: उभरते खतरों के बारे में सूचित रहने और सुरक्षा निगरानी बढ़ाने के लिए खतरे की खुफिया जानकारी को एकीकृत करें। अद्यतन ख़तरे की ख़ुफ़िया जानकारी तक पहुंच सुरक्षा टीमों को उभरते खतरों से सक्रिय रूप से बचाव करने में मदद करती है।

36.2.3. क्लाउड में घटना प्रतिक्रिया के लिए सर्वोत्तम अभ्यास

• घटना प्रतिक्रिया योजना: भूमिकाओं, जिम्मेदारियों और वृद्धि प्रक्रियाओं सहित क्लाउड वातावरण के अनुरूप एक व्यापक घटना प्रतिक्रिया योजना विकसित करें। एक घटना प्रतिक्रिया योजना सुरक्षा घटनाओं के लिए एक संरचित और समन्वित प्रतिक्रिया सुनिश्चित करती है।

• स्वचालित घटना प्रतिक्रिया: ज्ञात खतरों पर तेजी से प्रतिक्रिया करने और पूर्वनिर्धारित उपचारात्मक कार्रवाइयां लागू करने के लिए स्वचालित घटना प्रतिक्रिया तंत्र लागू करें। स्वचालन तेज़ प्रतिक्रिया समय की अनुमति देता है, जिससे हमलावरों को काम करने में लगने वाला समय कम हो जाता है।

• अलगाव और रोकथाम: यदि कोई घटना घटती है, तो खतरे को रोकने और आगे की क्षति को रोकने के लिए प्रभावित संसाधनों को तुरंत अलग कर दें। अलगाव क्लाउड पर्यावरण के अन्य भागों पर घटना के प्रभाव को सीमित करने में मदद करता है।

• फोरेंसिक और जांच: किसी घटना के बाद, मूल कारण को समझने और भविष्य में ऐसी घटनाओं को रोकने के लिए घटना के बाद फोरेंसिक और जांच करें। फोरेंसिक हमले के वेक्टर और कमजोरियों के बारे में अंतर्दृष्टि प्रदान करता है जिनमें सुधार की आवश्यकता है।

36.2.4. क्लाउड-नेटिव सुरक्षा सेवाएँ और उपकरण

• क्लाउड प्रदाता सुरक्षा सेवाएँ: केंद्रीकृत खतरे का पता लगाने के लिए AWS गार्डड्यूटी, एज़्योर सेंटिनल, या Google क्लाउड सुरक्षा कमांड सेंटर जैसी क्लाउड प्रदाता सुरक्षा सेवाओं का उपयोग करें। ये सेवाएँ देशी क्लाउड एकीकरण प्रदान करती हैं और मूल्यवान सुरक्षा अंतर्दृष्टि प्रदान करती हैं।

• सुरक्षा सूचना और इवेंट प्रबंधन (SIEM): क्लाउड और ऑन-प्रिमाइसेस बुनियादी ढांचे से सुरक्षा लॉग को एकत्र करने और उनका विश्लेषण करने के लिए एसआईईएम समाधान नियोजित करें। एसआईईएम उपकरण सुरक्षा घटनाओं का एक एकीकृत दृश्य प्रदान करते हैं, जिससे खतरे का बेहतर पता लगाने और सहसंबंध को सक्षम किया जा सकता है।

• घुसपैठ का पता लगाने और रोकथाम प्रणाली (आईडीएस/आईपीएस): वास्तविक समय में संभावित खतरों का पता लगाने और उन्हें रोकने के लिए आईडीएस/आईपीएस सिस्टम तैनात करें। ये सिस्टम नेटवर्क ट्रैफ़िक की निगरानी करते हैं और हमलों को विफल करने के लिए स्वचालित कार्रवाई कर सकते हैं।

36.2.5. घटना प्रतिक्रिया तत्परता

• टेबलटॉप अभ्यास:सुरक्षा घटनाओं का अनुकरण करने और घटना प्रतिक्रिया योजनाओं की प्रभावशीलता का परीक्षण करने के लिए नियमित टेबलटॉप अभ्यास आयोजित करें। टेबलटॉप अभ्यास घटना प्रतिक्रिया क्षमताओं को बेहतर बनाने और सुधार के लिए क्षेत्रों की पहचान करने में मदद करते हैं।

• प्रशिक्षण और जागरूकता: घटना प्रतिक्रिया प्रक्रियाओं और साइबर सुरक्षा सर्वोत्तम प्रथाओं पर कर्मचारियों और हितधारकों को नियमित रूप से प्रशिक्षित करें। शिक्षित कर्मचारी सुरक्षा घटनाओं को तुरंत पहचान सकते हैं और रिपोर्ट कर सकते हैं, जिससे घटना प्रतिक्रिया प्रभावशीलता बढ़ सकती है।

36.3 क्लाउड सुरक्षा संचालन केंद्रों (एसओसी) में सुरक्षा स्वचालन और ऑर्केस्ट्रेशन

सुरक्षा स्वचालन और ऑर्केस्ट्रेशन क्लाउड एसओसी के लिए एक गेम-चेंजर है, जो सुरक्षा खतरों का प्रभावी ढंग से पता लगाने, प्रतिक्रिया देने और कम करने की उनकी क्षमताओं को बढ़ाता है। SAO को लागू करके, क्लाउड सुरक्षा टीमें घटना की प्रतिक्रिया को सुव्यवस्थित कर सकती हैं, संसाधन उपयोग को अनुकूलित कर सकती हैं और गतिशील क्लाउड वातावरण में लगातार सुरक्षा प्रथाओं को बनाए रख सकती हैं। क्लाउड-नेटिव ऑटोमेशन टूल और प्लेटफ़ॉर्म को अपनाने से एसओसी संचालन और मजबूत होता है, जिससे संगठनों को उभरते खतरों से आगे रहने और गति, सटीकता और स्केलेबिलिटी के साथ अपनी क्लाउड संपत्तियों और डेटा की सुरक्षा करने में सक्षम बनाया जाता है। मानव विशेषज्ञता के साथ स्वचालन का संयोजन एक पूर्ण सुरक्षा दृष्टिकोण सुनिश्चित करता है जो असंख्य सुरक्षा जोखिमों के खिलाफ क्लाउड वातावरण को प्रभावी ढंग से सुरक्षित रखता है। तेजी से विकसित हो रहे क्लाउड परिदृश्य में खतरे का पता लगाने, घटना की प्रतिक्रिया और समग्र सुरक्षा लचीलेपन को बढ़ाने के लिए क्लाउड एसओसी में एसएओ का एकीकरण आवश्यक है।

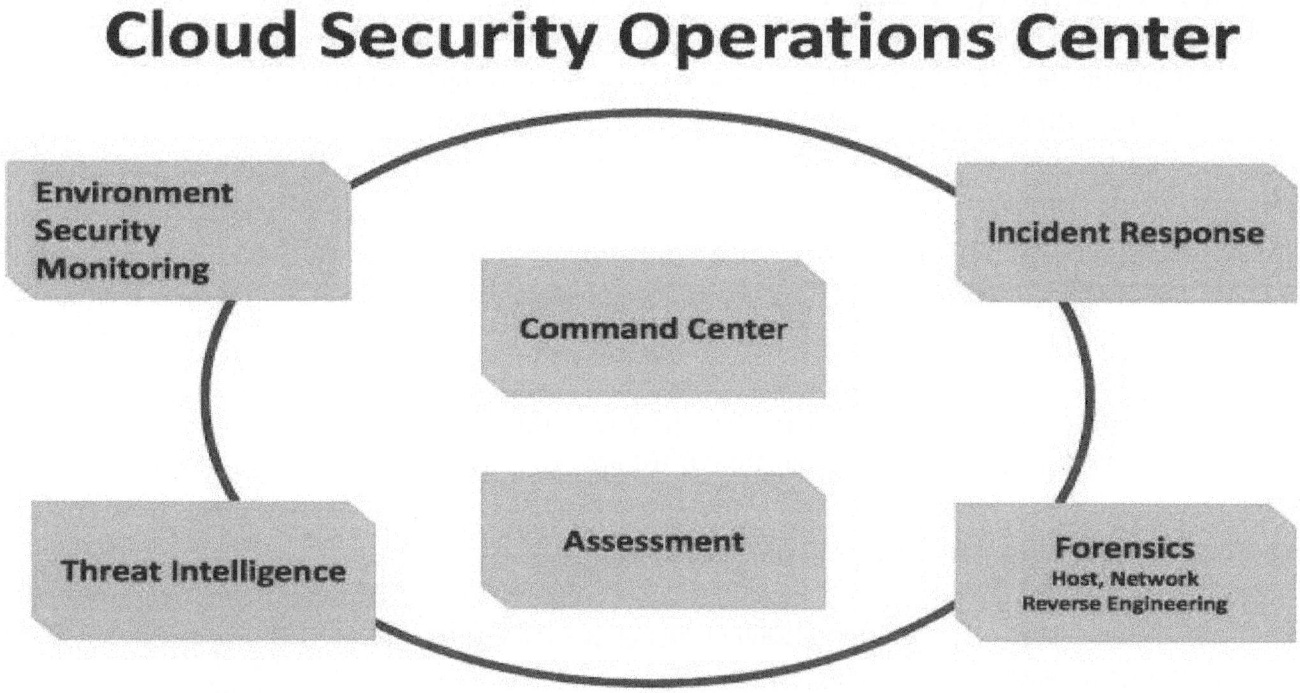

36.3.1. क्लाउड एसओसी में सुरक्षा स्वचालन और ऑर्केस्ट्रेशन की भूमिका

• दक्षता और गति: SAO मैन्युअल कार्यों को स्वचालित करके, प्रतिक्रिया समय को कम करके और वास्तविक समय में खतरे का पता लगाने को सक्षम करके घटना प्रतिक्रिया को तेज करता है। एसओसी विश्लेषक महत्वपूर्ण कार्यों पर ध्यान केंद्रित कर सकते हैं जबकि नियमित गतिविधियों को स्वचालन द्वारा नियंत्रित किया जाता है।

• गाढ़ापन: स्वचालन सुरक्षा प्रक्रियाओं और नीतियों के निरंतर अनुप्रयोग को सुनिश्चित करता है, मानवीय त्रुटियों को कम करता है और समग्र सुरक्षा स्थिति में सुधार करता है। सुरक्षा सर्वोत्तम प्रथाओं का लगातार पालन किया जाता है, जिससे संगठन की सुरक्षा तत्परता बढ़ती है।

• स्केलेबिलिटी: क्लाउड वातावरण में, स्वचालन एसओसी टीमों को बड़ी मात्रा में सुरक्षा घटनाओं और घटनाओं को कुशलतापूर्वक संभालने में सक्षम बनाता है। जैसे-जैसे क्लाउड वातावरण का दायरा बढ़ता है, सुरक्षा संचालन को प्रभावी ढंग से प्रबंधित करने के लिए स्वचालन अपरिहार्य हो जाता है।

• संसाधन अनुकूलन: स्वचालन एसओसी विश्लेषकों को मानव विशेषज्ञता के उपयोग को अधिकतम करते हुए उच्च-मूल्य वाले कार्यों पर ध्यान केंद्रित करने की अनुमति देता है। दोहराए जाने वाले और समय लेने वाले कार्यों को स्वचालन में डाल दिया जाता है, जिससे विश्लेषक अधिक रणनीतिक गतिविधियों के लिए मुक्त हो जाते हैं।

36.3.2. क्लाउड एसओसी में सुरक्षा स्वचालन और ऑर्केस्ट्रेशन के मामलों का उपयोग करें

• स्वचालित घटना ट्राइएज: एसएओ तत्काल ध्यान देने के लिए महत्वपूर्ण घटनाओं को प्राथमिकता देते हुए, आने वाले सुरक्षा अलर्ट का विश्लेषण और वर्गीकरण कर सकता है। यह ट्राइएज प्रक्रिया एसओसी विश्लेषकों को उच्च-प्राथमिकता वाले खतरों को तुरंत पहचानने और प्रतिक्रिया देने में मदद करती है।

• स्वचालित खतरा शिकार: क्लाउड वातावरण में संभावित खतरों और कमजोरियों को सक्रिय रूप से खोजने के लिए स्वचालन का उपयोग किया जा सकता है। स्वचालित खतरा शिकार उपकरण संदिग्ध गतिविधियों और उभरते खतरों का पता लगा सकते हैं।

• स्वचालित प्लेबुक: पूर्वनिर्धारित प्लेबुक विशिष्ट सुरक्षा घटनाओं, जैसे मैलवेयर संक्रमण या अनधिकृत पहुंच प्रयासों के लिए प्रतिक्रिया क्रियाओं को स्वचालित करती हैं। ये प्लेबुक ज्ञात खतरों के प्रति लगातार और त्वरित प्रतिक्रिया देने में सक्षम हैं।

• सुरक्षा घटना संवर्धन: स्वचालन एसओसी विश्लेषकों को उनकी जांच में सहायता करने के लिए अतिरिक्त संदर्भ और खतरे की खुफिया जानकारी के साथ सुरक्षा घटनाओं को समृद्ध कर सकता है। समृद्ध घटनाएं विश्लेषकों को प्रभावी निर्णय लेने के लिए मूल्यवान अंतर्दृष्टि प्रदान करती हैं।

36.3.3. क्लाउड एसओसी में सुरक्षा स्वचालन और ऑर्केस्ट्रेशन लागू करना

- सुरक्षा उपकरण एकीकृत करना: SAO प्लेटफ़ॉर्म विभिन्न सुरक्षा उपकरणों और प्रणालियों के साथ एकीकृत होते हैं, जो निर्बाध डेटा साझाकरण और ऑर्केस्ट्रेशन को सक्षम करते हैं। यह एकीकरण क्लाउड परिवेश में सुरक्षा घटनाओं में एसओसी की दृश्यता को बढ़ाता है।
- वर्कफ़्लो और प्लेबुक को परिभाषित करना: ऐसे वर्कफ़्लो और प्लेबुक विकसित करें जो कुशल स्वचालन सुनिश्चित करते हुए क्लाउड-विशिष्ट सुरक्षा उपयोग के मामलों के साथ संरेखित हों। अच्छी तरह से परिभाषित प्लेबुक सुरक्षा घटनाओं के लिए लगातार और उचित प्रतिक्रिया सुनिश्चित करती हैं।
- अनुकूलन और लचीलापन: संगठन के क्लाउड वातावरण और सुरक्षा नीतियों की अनूठी आवश्यकताओं के लिए SAO वर्कफ़्लो तैयार करता है। अनुकूलन यह सुनिश्चित करता है कि स्वचालन विशिष्ट व्यावसायिक आवश्यकताओं के साथ संरेखित हो।
- सुरक्षा नीति अनुपालन: उद्योग मानकों और नियामक आवश्यकताओं का अनुपालन सुनिश्चित करने के लिए सुरक्षा नीति प्रवर्तन को स्वचालित करें। स्वचालन सुरक्षा नीतियों को लगातार और वास्तविक समय में लागू करने में मदद करता है।

36.3.4. क्लाउड नेटिव ऑटोमेशन उपकरण और सेवाएँ

- क्लाउड प्रदाता सुरक्षा सेवाएँ: सुरक्षा के लिए क्लाउड प्रदाता-विशिष्ट स्वचालन उपकरण का लाभ उठाएं, जैसे AWS लैम्ब्डा, एज़्योर फ़ंक्शंस, या Google क्लाउड फ़ंक्शंस। ये क्लाउड-नेटिव सेवाएँ अच्छी तरह से एकीकृत हैं और निर्बाध स्वचालन क्षमताएँ प्रदान करती हैं।
- सुरक्षा स्वचालन प्लेटफ़ॉर्म: विशेष सुरक्षा स्वचालन प्लेटफ़ॉर्म अपनाएं जो विभिन्न सुरक्षा उपकरणों और अनुकूलन योग्य प्लेबुक के साथ एकीकरण की पेशकश करते हैं। ये प्लेटफ़ॉर्म स्वचालन प्रयासों को केंद्रीकृत करते हैं और एसओसी टीमों के बीच सहयोग बढ़ाते हैं।
- सुरक्षा ऑर्केस्ट्रेशन फ्रेमवर्क:एसओसी स्वचालन के लिए तैयार दहाइव, डेमिस्टो या फैंटम जैसे ओपन-सोर्स सुरक्षा ऑर्केस्ट्रेशन फ्रेमवर्क का उपयोग करें। ये ढाँचे परिष्कृत स्वचालन वर्कफ़्लो के निर्माण के लिए आधार प्रदान करते हैं।

36.3.5. सतत सुधार और मानवीय निरीक्षण

- चल रहा अनुकूलन: दक्षता और प्रभावशीलता में सुधार के लिए SAO वर्कफ़्लो का लगातार मूल्यांकन और अनुकूलन करें। नियमित समीक्षा और परिशोधन यह सुनिश्चित करता है कि स्वचालन अद्यतन और उभरते खतरों के अनुरूप बना रहे।

- मानव निरीक्षण: जबकि स्वचालन फायदेमंद है, निर्णय लेने और जटिल घटना विश्लेषण के लिए मानव विशेषज्ञता महत्वपूर्ण बनी हुई है। एसओसी विश्लेषक स्वचालन परिणामों की व्याख्या करने और रणनीतिक निर्णय लेने में महत्वपूर्ण भूमिका निभाते हैं।

अभ्यास

बहु विकल्पीय प्रश्न

1. क्लाउड वातावरण में, सुरक्षा संचालन आवश्यक हैं:

a) संसाधन उपयोग को बढ़ाना.
b) डेटा साझाकरण नीतियों को लागू करना।
c) अनधिकृत संसाधन पहुंच को रोकना.
d) क्लाउड लागत प्रबंधन का अनुकूलन।

2. क्लाउड सुरक्षा संचालन में निरंतर निगरानी का प्राथमिक उद्देश्य क्या है?

a) क्लाउड संसाधनों का 100% अपटाइम सुनिश्चित करना।
b) DDoS हमलों का पता लगाना और उन्हें कम करना।
c) सुरक्षा घटनाओं में वास्तविक समय की जानकारी प्रदान करना।
d) संसाधन प्रावधानीकरण और प्रावधानीकरण को स्वचालित करना।

3. संगठन क्लाउड में घटना प्रतिक्रिया को कैसे सुधार सकते हैं?

a) नियमित सुरक्षा जागरूकता प्रशिक्षण आयोजित करना।
b) घुसपैठ का पता लगाने वाली प्रणालियों की तैनाती।
c) स्वचालित घटना प्रतिक्रिया तंत्र को लागू करना।
d) निरंतर भेद्यता स्कैनिंग का उपयोग करना।

4. कौन सा टूल विभिन्न क्लाउड सेवाओं और बुनियादी ढांचे घटकों से सुरक्षा लॉग को एकत्रित और विश्लेषण करता है सुरक्षा घटनाओं और पैटर्न का पता लगाने के लिए?

a) सुरक्षा सूचना और इवेंट प्रबंधन (एसआईईएम)।
b) घुसपैठ का पता लगाने और रोकथाम प्रणाली (आईडीएस/आईपीएस)।
c) भेद्यता प्रबंधन मंच.
d) क्लाउड प्रदाता सुरक्षा हब.

5. क्लाउड एसओसी में सुरक्षा स्वचालन और ऑर्केस्ट्रेशन (एसएओ) का मुख्य उद्देश्य:

a) कुशल सुरक्षा विश्लेषकों की आवश्यकता कम करें।
b) मानव विशेषज्ञता का अधिकतम उपयोग करें।
c) सभी मैन्युअल सुरक्षा संचालन कार्यों को बदलें।
d) घटना की प्रतिक्रिया में पूर्ण निरंतरता सुनिश्चित करें।

6. क्लाउड सुरक्षा संचालन में घटना ट्राइएज को स्वचालित करने का एक लाभ क्या है?

a) मानवीय निरीक्षण की आवश्यकता को न्यूनतम करना।
b) खतरे की तलाश की आवश्यकता को समाप्त करना।
c) सुरक्षा लॉग के विश्लेषण को सुव्यवस्थित करना।
d) आने वाले सभी खतरों को स्वचालित रूप से अवरुद्ध करना।

7. उद्योग अनुपालन आवश्यकताओं को पूरा करने के लिए सुरक्षा संचालन का कौन सा पहलू आवश्यक है?

a) निरंतर भेद्यता स्कैनिंग।
b) वास्तविक समय खतरे की खुफिया जानकारी फ़ीड।
c) स्वचालित खतरे का शिकार।
d) प्रभावी खतरे का पता लगाना और प्रतिक्रिया देना।

8. घटना प्रतिक्रिया के दौरान सुरक्षा स्वचालन और ऑर्केस्ट्रेशन क्लाउड एसओसी को कैसे लाभ पहुंचा सकते हैं?

a) क्लाउड सेवा कमजोरियों की सक्रिय रूप से पहचान करना।
b) सुरक्षा घटनाओं की 100% पहचान सटीकता सुनिश्चित करना।

c) मैन्युअल कार्यों को सुव्यवस्थित करना, प्रतिक्रिया समय को कम करना।
d) सुरक्षा विश्लेषकों की आवश्यकता को पूरी तरह समाप्त करना।

9. सुरक्षा अभियानों में ख़तरे की ख़ुफ़िया जानकारी का एकीकरण क्यों महत्वपूर्ण है?

a) खतरे की गंभीरता के आधार पर घटना के ट्राइएज को स्वचालित करना।
b) विभिन्न क्लाउड सेवाओं से सुरक्षा लॉग प्रदान करना।
c) क्लाउड संसाधनों की निरंतर निगरानी सुनिश्चित करना।
d) सक्रिय रक्षा के लिए उभरते खतरों के बारे में सूचित रहना।

समीक्षा प्रश्न

1. क्लाउड वातावरण में सुरक्षा संचालन लागू करने के प्राथमिक लाभ क्या हैं?
2. निरंतर निगरानी से क्लाउड सुरक्षा में सुधार कैसे होता है?
3. क्लाउड सुरक्षा संचालन में घटना प्रतिक्रिया में स्वचालन क्या भूमिका निभाता है?
4. सुरक्षा विश्लेषण और एआई/एमएल-संचालित उपकरण क्लाउड एसओसी में खतरे का पता लगाने को कैसे बढ़ाते हैं?
5. क्लाउड वातावरण में घटना प्रतिक्रिया तत्परता के लिए सर्वोत्तम अभ्यास क्या हैं?
6. क्लाउड-नेटिव ऑटोमेशन सुरक्षा संचालन को कैसे बढ़ाता है?
7. क्लाउड सुरक्षा संचालन में खतरे की खुफिया एकीकरण का क्या महत्व है?
8. संगठन सुरक्षा स्वचालन और ऑर्केस्ट्रेशन (एसएओ) के लाभों को अधिकतम कैसे कर सकते हैं?
9. क्लाउड सुरक्षा में खतरे का पता लगाने और घटना की प्रतिक्रिया के लिए एक सक्रिय दृष्टिकोण क्यों महत्वपूर्ण है?

उत्तर अनुभाग

बहु विकल्पीय प्रश्न

1. c) अनधिकृत संसाधन पहुंच को रोकना।
2. c) सुरक्षा घटनाओं में वास्तविक समय की जानकारी प्रदान करना।
3. c) स्वचालित घटना प्रतिक्रिया तंत्र को लागू करना।
4. a) सुरक्षा सूचना और इवेंट प्रबंधन (एसआईईएम)।
5. b) मानव विशेषज्ञता का अधिकतम उपयोग करना।
6. c) सुरक्षा लॉग के विश्लेषण को सुव्यवस्थित करना।
7. d) प्रभावी खतरे का पता लगाना और प्रतिक्रिया देना।
8. c) मैन्युअल कार्यों को सुव्यवस्थित करना, प्रतिक्रिया समय को कम करना।
9. d) सक्रिय रक्षा के लिए उभरते खतरों के बारे में सूचित रहना।

समीक्षा प्रश्न

1. क्लाउड वातावरण में सुरक्षा संचालन को लागू करने से कई लाभ मिलते हैं, जिसमें विभिन्न खतरों से डेटा, एप्लिकेशन और क्लाउड संसाधनों की सुरक्षा करना, डेटा सुरक्षा सुनिश्चित करना, अनुपालन आवश्यकताओं को पूरा करना और सुरक्षा घटनाओं का सक्रिय पता लगाने और प्रतिक्रिया को सक्षम करना शामिल है। यह सुरक्षा स्थिति को बढ़ाता है, ग्राहकों और हितधारकों के बीच विश्वास पैदा करता है और बढ़ते साइबर खतरों से बचाता है।

2. निरंतर निगरानी सुरक्षा घटनाओं, नेटवर्क गतिविधियों और क्लाउड वातावरण में उपयोगकर्ता के व्यवहार में वास्तविक समय की अंतर्दृष्टि प्रदान करती है। यह संदिग्ध व्यवहार, संभावित खतरों और सुरक्षा घटनाओं का तेजी से पता लगाने में सक्षम बनाता है, जिससे सुरक्षा टीमों को सक्रिय रूप से प्रतिक्रिया करने की अनुमति मिलती है। निरंतर निगरानी घटना प्रतिक्रिया तत्परता को बढ़ाती है और पता लगाने और प्रतिक्रिया के बीच के समय को कम करती है, सुरक्षा उल्लंघनों के प्रभाव को कम करती है और व्यवसाय की निरंतरता बनाए रखती है।

3. स्वचालन प्लेबुक के माध्यम से मैन्युअल कार्यों और पूर्वनिर्धारित प्रतिक्रिया क्रियाओं को स्वचालित करके घटना प्रतिक्रिया को सुव्यवस्थित करता है। यह घटना की जांच में तेजी लाता है, अलर्ट को वर्गीकृत और प्राथमिकता देता है,

और ज्ञात खतरों का तेजी से समाधान करने में सक्षम बनाता है। स्वचालन एसओसी विश्लेषकों को महत्वपूर्ण कार्यों पर ध्यान केंद्रित करने, संसाधन उपयोग को अनुकूलित करने और सुरक्षा घटनाओं पर तेजी से प्रतिक्रिया देने में मदद करता है, जिससे अंततः क्लाउड वातावरण में समग्र सुरक्षा स्थिति में सुधार होता है।

4. सुरक्षा विश्लेषण और एआई/एमएल-संचालित उपकरण संभावित खतरों का संकेत देने वाले पैटर्न और विसंगतियों की पहचान करने के लिए बड़ी मात्रा में सुरक्षा डेटा का विश्लेषण करते हैं। ये प्रौद्योगिकियाँ परिष्कृत हमलों और उभरते खतरों का पता लगा सकती हैं जो पारंपरिक तरीकों से चूक सकते हैं। वे सुरक्षा घटनाओं में गहरी अंतर्दृष्टि प्रदान करते हैं और क्लाउड सुरक्षा संचालन में खतरे का पता लगाने की सटीकता और गति में सुधार करते हैं।

5. क्लाउड वातावरण में घटना प्रतिक्रिया तत्परता में व्यापक घटना प्रतिक्रिया योजना विकसित करना, स्वचालित घटना प्रतिक्रिया तंत्र लागू करना, नियमित टेबलटॉप अभ्यास आयोजित करना और कर्मचारियों को निरंतर प्रशिक्षण और जागरूकता प्रदान करना शामिल है। इसमें सुरक्षा घटनाओं के मूल कारण को समझने और भविष्य की घटना की प्रतिक्रिया को बढ़ाने के लिए घटना के बाद फोरेंसिक और जांच करना भी शामिल है।

6. क्लाउड-नेटिव ऑटोमेशन टूल और प्लेटफ़ॉर्म, जैसे AWS Lambda, Azure फ़ंक्शंस और Google क्लाउड फ़ंक्शंस, क्लाउड वातावरण और सुरक्षा सेवाओं के साथ सहजता से एकीकृत होते हैं। वे स्केलेबल और कुशल स्वचालन क्षमताएं प्रदान करते हैं जो गतिशील क्लाउड परिदृश्य में घटना प्रतिक्रिया, संसाधन उपयोग और समग्र सुरक्षा संचालन में सुधार करते हैं।

7. खतरा खुफिया एकीकरण सुरक्षा टीमों को उभरते खतरों, हमले के वैक्टर और क्लाउड में दुर्भावनापूर्ण गतिविधियों के बारे में सूचित रखता है। खतरे की खुफिया जानकारी की वास्तविक समय पर पहुंच घटना की प्रतिक्रिया के दौरान सक्रिय रक्षा और बेहतर निर्णय लेने में सक्षम बनाती है। यह सुरक्षा संचालन को उभरते साइबर खतरों से आगे रहने में मदद करता है और संगठन की समग्र सुरक्षा लचीलापन को बढ़ाता है।

8. SAO के लाभों को अधिकतम करने के लिए, संगठनों को सुरक्षा उपकरणों और सेवाओं को एकीकृत करना चाहिए, कस्टम वर्कफ़्लो और प्लेबुक को परिभाषित करना चाहिए, सुरक्षा नीति अनुपालन सुनिश्चित करना चाहिए और नियमित रूप से स्वचालन वर्कफ़्लो को अनुकूलित करना चाहिए। निर्णय लेने और जटिल घटना विश्लेषण में एसओसी विश्लेषकों की विशेषज्ञता का लाभ उठाने के लिए उन्हें मानव निरीक्षण के साथ स्वचालन को भी संतुलित करना चाहिए।

एक सक्रिय दृष्टिकोण संगठनों को बड़ी घटनाओं में बढ़ने से पहले सुरक्षा खतरों का पता लगाने और उनका जवाब देने की अनुमति देता है। यह सुरक्षा उल्लंघनों के प्रभाव को कम करता है, डेटा घुसपैठ को रोकता है और व्यापार की निरंतरता सुनिश्चित करता है। सक्रिय खतरे का पता लगाने और घटना की प्रतिक्रिया ग्राहकों, नियामकों और हितधारकों में विश्वास पैदा करती है और एक सुरक्षित और लचीला क्लाउड वातावरण बनाए रखने के लिए एक मजबूत प्रतिबद्धता प्रदर्शित करती है।

अध्याय 37: क्लाउड आइडेंटिटी एंड एक्सेस मैनेजमेंट (IAM) सर्वोत्तम प्रथाएँ

37.1: क्लाउड में आईएएम बुनियादी बातें और अवधारणाएं

IAM क्लाउड सुरक्षा का एक मूलभूत स्तंभ है, जो क्लाउड संसाधनों तक पहुंच को नियंत्रित करता है और डेटा सुरक्षा सुनिश्चित करता है। सुरक्षित क्लाउड परिनियोजन के लिए IAM की बुनियादी बातें, जैसे पहचान, प्रमाणीकरण और प्राधिकरण को समझना आवश्यक है। IAM की सर्वोत्तम प्रथाओं का पालन करके और क्लाउड प्रदाताओं द्वारा प्रदान की गई IAM सुविधाओं का लाभ उठाकर, संगठन मजबूत पहुंच नियंत्रण स्थापित कर सकते हैं, कम से कम विशेषाधिकार के सिद्धांत को लागू कर सकते हैं, और अपने क्लाउड वातावरण को अनधिकृत पहुंच और संभावित सुरक्षा जोखिमों से बचा सकते हैं। एक अच्छी तरह से कार्यान्वित आईएएम रणनीति क्लाउड सुरक्षा को बढ़ाती है, नियामक अनुपालन में योगदान देती है।

37.1.1. क्लाउड वातावरण में IAM मूल बातें

- पहचान: IAM में, एक पहचान एक अद्वितीय इकाई का प्रतिनिधित्व करती है, जो एक उपयोगकर्ता, उपयोगकर्ताओं का एक समूह या एक एप्लिकेशन हो सकती है। प्रत्येक पहचान को एक विशिष्ट पहचानकर्ता सौंपा गया है और प्रमाणीकरण के लिए उपयोग किए जाने वाले क्रेडेंशियल्स के एक सेट से जुड़ा हुआ है, जैसे कि उपयोगकर्ता नाम और पासवर्ड।
- प्रमाणीकरण: प्रमाणीकरण क्लाउड संसाधनों तक पहुंचने का प्रयास करने वाले उपयोगकर्ता या एप्लिकेशन की पहचान की पुष्टि करता है। सामान्य प्रमाणीकरण विधियों में पासवर्ड शामिल हैं, जहां उपयोगकर्ता एक गुप्त पासफ्रेज़ और मल्टी-फैक्टर प्रमाणीकरण (एमएफए) प्रदान करते हैं, जिसके लिए उपयोगकर्ताओं को अपने पासवर्ड के अलावा, अपने मोबाइल डिवाइस से एक बार का कोड जैसे अतिरिक्त प्रमाणीकरण कारक प्रदान करने की आवश्यकता होती है। एमएफए सुरक्षा की एक अतिरिक्त परत जोड़ता है और उपयोगकर्ता के पासवर्ड से छेड़छाड़ होने पर भी अनधिकृत पहुंच के जोखिम को कम करता है।
- प्राधिकरण: प्राधिकरण किसी उपयोगकर्ता या एप्लिकेशन की पहचान और निर्दिष्ट अनुमतियों के आधार पर विशिष्ट क्लाउड संसाधनों तक पहुंच के स्तर को निर्धारित करता है। एक बार उपयोगकर्ता की पहचान प्रमाणित हो जाने के बाद, IAM प्रणाली यह निर्धारित करने के लिए संबंधित नीतियों की जाँच करती है कि उपयोगकर्ता को कौन से कार्य करने की अनुमति है या क्या करने से इनकार किया गया है। ये नीतियां विशिष्ट अनुमतियों को परिभाषित करती हैं जो यह निर्धारित करती हैं कि उपयोगकर्ता किन संसाधनों तक पहुंच सकता है और उन संसाधनों पर वे कौन से संचालन कर सकते हैं।

37.1.2. क्लाउड प्रदाताओं में IAM घटक

- उपयोगकर्ता:उपयोगकर्ता वे व्यक्ति हैं जिन्हें क्लाउड वातावरण तक पहुंच प्रदान की गई है। प्रत्येक उपयोगकर्ता के पास प्रमाणीकरण के लिए उपयोग किए जाने वाले क्रेडेंशियल्स का एक अद्वितीय सेट होता है। क्लाउड प्रशासक विभिन्न क्लाउड संसाधनों तक उनकी पहुंच को नियंत्रित करते हुए उपयोगकर्ताओं को बना, प्रबंधित और हटा सकते हैं।
- समूह:समूह समान भूमिकाओं या पहुंच आवश्यकताओं वाले उपयोगकर्ताओं का संग्रह हैं। किसी समूह को अनुमतियाँ निर्दिष्ट करके, व्यवस्थापक एक साथ कई उपयोगकर्ताओं के लिए पहुँच का प्रबंधन कर सकते हैं। यह पहुंच प्रबंधन को सरल बनाता है और समान भूमिकाओं में उपयोगकर्ताओं के लिए लगातार अनुमतियां सुनिश्चित करता है। उदाहरण के लिए, "विकास टीम" समूह के सभी सदस्यों के पास क्लाउड-आधारित विकास वातावरण तक पहुंच हो सकती है।
- भूमिकाएँ:भूमिकाएँ अनुमतियों के एक सेट को परिभाषित करती हैं जिन्हें उपयोगकर्ताओं या अनुप्रयोगों द्वारा ग्रहण किया जा सकता है। भूमिकाएँ उन नीतियों से जुड़ी होती हैं जो यह तय करती हैं कि किन कार्यों को अनुमति दी जाए या अस्वीकार किया जाए। उपयोगकर्ताओं या समूहों को भूमिकाएँ निर्दिष्ट करके, प्रशासक आसानी से पहुँच नियंत्रण प्रबंधित कर सकते हैं और कम से कम विशेषाधिकार के सिद्धांत को लागू कर सकते हैं। उदाहरण के लिए, "रीड-ओनली" भूमिका उपयोगकर्ताओं को डेटा देखने की क्षमता प्रदान कर सकती है लेकिन उसे संशोधित करने या हटाने की नहीं।

• नीतियाँ: नीतियाँ अनुमतियाँ परिभाषित करने वाले दस्तावेज़ हैं। वे निर्दिष्ट करते हैं कि विशिष्ट क्लाउड संसाधनों के लिए किन कार्यों की अनुमति है या अस्वीकार किया गया है। नीतियां भूमिकाओं से या सीधे उपयोगकर्ताओं से जुड़ी होती हैं, जो यह निर्धारित करती हैं कि वे क्लाउड वातावरण के भीतर क्या कार्रवाई कर सकते हैं। नीतियां एक विशिष्ट वाक्यविन्यास का उपयोग करके लिखी जाती हैं जो अनुमत या अस्वीकृत कार्यों और उन संसाधनों को परिभाषित करती हैं जिन पर वे लागू होते हैं।

37.1.3. आईएएम क्लाउड वातावरण में सर्वोत्तम अभ्यास

• न्यूनतम विशेषाधिकार का सिद्धांत:न्यूनतम विशेषाधिकार के सिद्धांत का पालन करें, उपयोगकर्ताओं और एप्लिकेशन को उनके कार्यों को करने के लिए केवल आवश्यक न्यूनतम पहुंच प्रदान करें। संसाधनों के आकस्मिक या जानबूझकर दुरुपयोग के जोखिम को कम करने के लिए अत्यधिक अनुमतियाँ देने से बचें।

• समूहों और भूमिकाओं का उपयोग करें: पहुंच प्रबंधन को सरल बनाने और निरंतरता बनाए रखने के लिए अलग-अलग उपयोगकर्ताओं के बजाय समूहों और भूमिकाओं को अनुमतियाँ निर्दिष्ट करें। इससे उपयोगकर्ताओं द्वारा भूमिकाएँ बदलने या संगठन छोड़ने पर पहुँच नियंत्रण प्रबंधित करना आसान हो जाता है।

• बहु-कारक प्रमाणीकरण (एमएफए): उन्नत सुरक्षा के लिए एमएफए सक्षम करें, जिससे उपयोगकर्ताओं को अपने पासवर्ड से परे अतिरिक्त प्रमाणीकरण कारक प्रदान करने की आवश्यकता होगी। एमएफए समझौता किए गए पासवर्ड के कारण अनधिकृत पहुंच के जोखिम को काफी कम कर देता है।

• नियमित समीक्षाएँ: यह सुनिश्चित करने के लिए कि अनुमतियाँ उपयोगकर्ताओं की वर्तमान भूमिकाओं और जिम्मेदारियों के अनुरूप हों, नियमित पहुँच समीक्षाएँ आयोजित करें। समय-समय पर समीक्षाएँ किसी भी अनावश्यक या अत्यधिक अनुमतियों की पहचान करने और उनका समाधान करने में मदद करती हैं, जिससे संभावित सुरक्षा जोखिम कम हो जाते हैं।

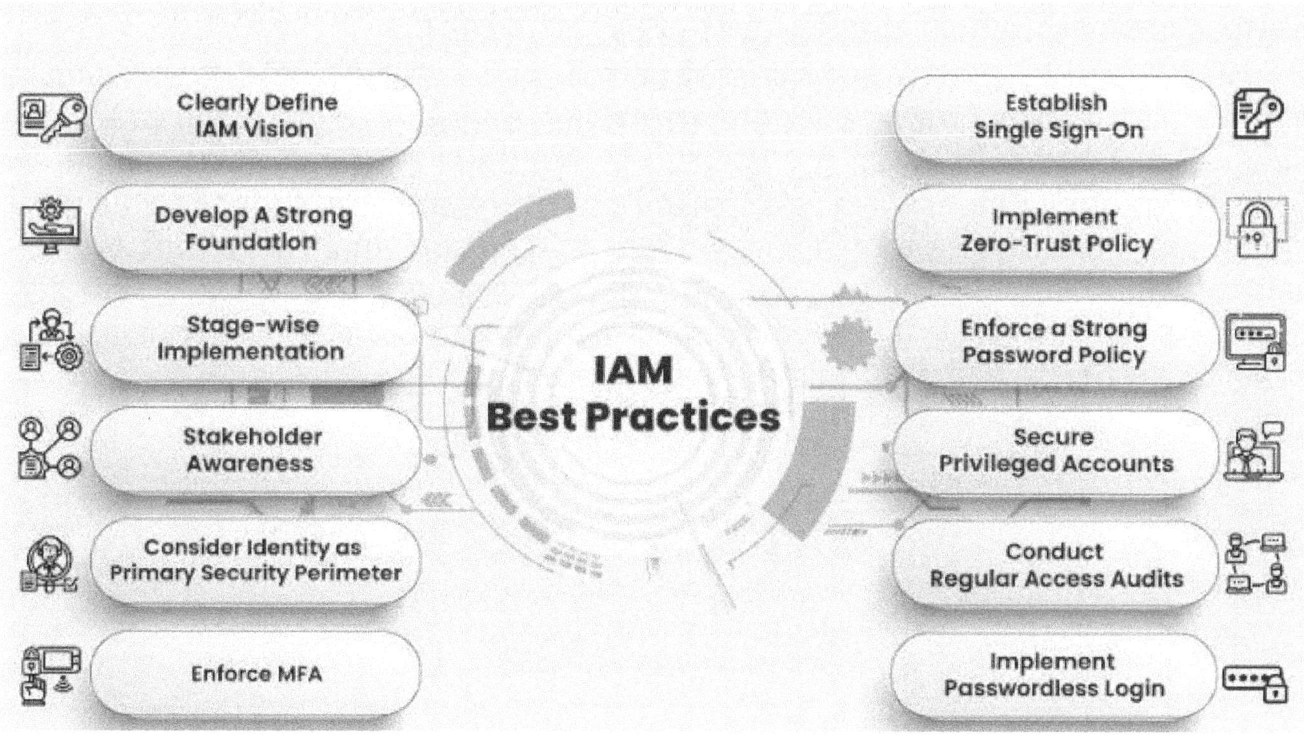

37.1.4. क्लाउड-नेटिव सर्विसेज में आईएएम

• कंप्यूट सेवाओं के लिए IAM: क्लाउड प्रदाता वर्चुअल मशीन, कंटेनर और सर्वर रहित कंप्यूटिंग प्लेटफ़ॉर्म जैसी सेवाओं के लिए IAM क्षमताएं प्रदान करते हैं। IAM नियंत्रण यह निर्धारित करते हैं कि इन कंप्यूटिंग संसाधनों को कौन बना सकता है, संशोधित कर सकता है और उन तक पहुंच बना सकता है। उदाहरण के लिए, IAM उपयोगकर्ताओं की विशिष्ट इंस्टेंस लॉन्च करने या उनकी भूमिकाओं के आधार पर कंटेनर प्रबंधित करने की क्षमता को प्रतिबंधित कर सकता है।

• भंडारण सेवाओं के लिए IAM:IAM क्लाउड स्टोरेज सेवाओं, जैसे ऑब्जेक्ट स्टोरेज और डेटाबेस तक पहुंच को नियंत्रित करता है। प्रशासक परिभाषित कर सकते हैं कि किन उपयोगकर्ताओं या एप्लिकेशन ने इन सेवाओं में संग्रहीत विशिष्ट डेटा तक पहुंच को पढ़ा, लिखा या हटा दिया है। IAM नीतियां क्लाउड डेटाबेस में संग्रहीत संवेदनशील डेटा तक पहुंच को प्रतिबंधित कर सकती हैं।

• नेटवर्किंग सेवाओं के लिए IAM: IAM को नेटवर्किंग संसाधनों, जैसे वर्चुअल नेटवर्क, लोड बैलेंसर और फ़ायरवॉल पर लागू किया जा सकता है। IAM नियंत्रण यह प्रतिबंधित कर सकता है कि कौन से उपयोगकर्ता या एप्लिकेशन नेटवर्क कॉन्फ़िगरेशन को संशोधित कर सकते हैं और नेटवर्क संसाधनों तक पहुंच सकते हैं। उदाहरण के लिए, केवल अधिकृत नेटवर्क प्रशासकों के पास ही फ़ायरवॉल नियमों को संशोधित करने की क्षमता होनी चाहिए।

37.1.5. आईएएम और क्लाउड सुरक्षा

• डेटा सुरक्षा: आईएएम यह सुनिश्चित करता है कि केवल अधिकृत उपयोगकर्ता और एप्लिकेशन ही संवेदनशील डेटा तक पहुंच सकते हैं, जिससे क्लाउड में डेटा सुरक्षा बढ़ जाती है। क्लाउड संसाधनों तक पहुंच को नियंत्रित करके, IAM अनधिकृत डेटा एक्सपोज़र और डेटा उल्लंघनों को रोकने में मदद करता है।

• सुरक्षा अनुपालन: IAM विनियामक अनुपालन आवश्यकताओं को पूरा करने में महत्वपूर्ण भूमिका निभाता है, विशेष रूप से डेटा पहुंच और प्राधिकरण के संबंध में। IAM की सर्वोत्तम प्रथाओं को लागू करने से संगठनों को उद्योग मानकों और विनियमों का अनुपालन प्रदर्शित करने में मदद मिलती है।

• घटना की प्रतिक्रिया: IAM, समझौता किए गए या अनधिकृत खातों की पहुंच को तुरंत रद्द करके सुरक्षा घटनाओं को रोकने में मदद कर सकता है। जब कोई सुरक्षा घटना घटती है, तो प्रभावित पहचान की पहुंच को अक्षम करने से आगे की क्षति और अनधिकृत गतिविधियों को रोका जा सकता है।

37.2: क्लाउड वातावरण में भूमिका-आधारित पहुंच नियंत्रण (आरबीएसी)।

भूमिका-आधारित एक्सेस कंट्रोल क्लाउड वातावरण के लिए एक शक्तिशाली एक्सेस कंट्रोल मॉडल है, जो उपयोगकर्ता अनुमतियों पर विस्तृत नियंत्रण प्रदान करता है और समग्र सुरक्षा में सुधार करता है। आरबीएसी को लागू करके, संगठन कम से कम विशेषाधिकार के सिद्धांत को लागू कर सकते हैं, पहुंच प्रबंधन को सुव्यवस्थित कर सकते हैं और संवेदनशील क्लाउड संसाधनों तक अनधिकृत पहुंच के जोखिम को कम कर सकते हैं। आरबीएसी की सर्वोत्तम प्रथाओं की नियमित समीक्षा और अनुपालन यह सुनिश्चित करता है कि पहुंच अधिकार उपयोगकर्ता की भूमिकाओं और जिम्मेदारियों के साथ संरेखित रहें, जो अधिक सुरक्षित और कुशल क्लाउड वातावरण में योगदान देता है। आरबीएसी किसी संगठन की आईएएम रणनीति का एक अनिवार्य घटक है, जो गतिशील और वितरित क्लाउड वातावरण में प्रबंधन तक पहुंच के लिए एक संरचित और संगठित दृष्टिकोण प्रदान करता है।

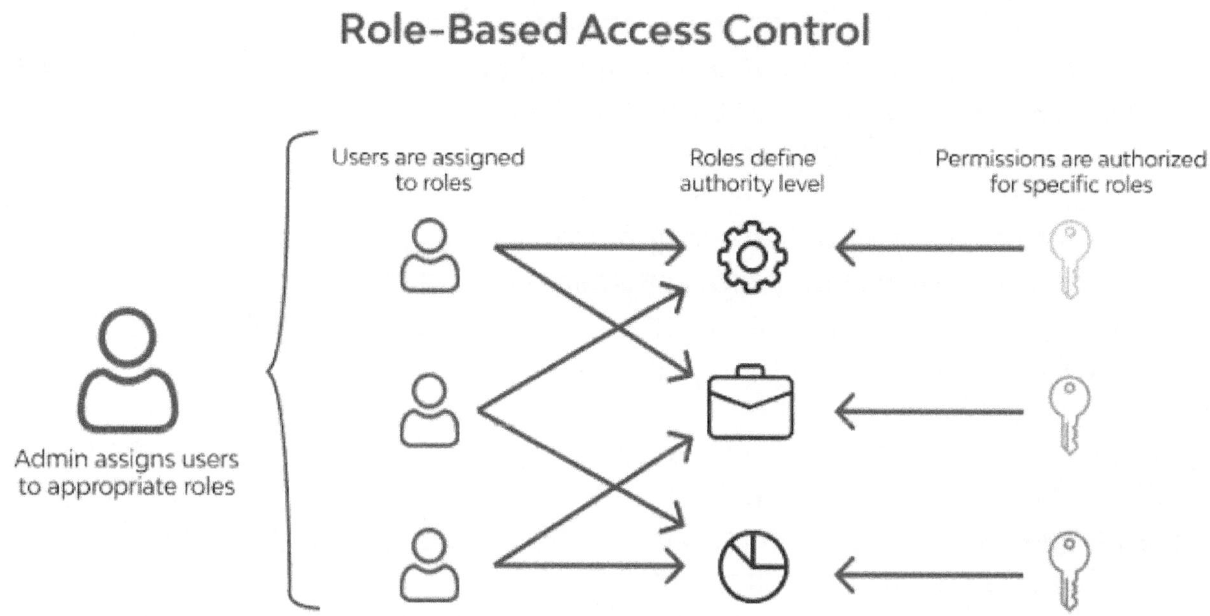

37.2.1. भूमिका-आधारित अभिगम नियंत्रण (आरबीएसी) को समझना

• भूमिकाएँ: भूमिकाएँ विशिष्ट कार्यों या जिम्मेदारियों से जुड़ी अनुमतियों के एक सेट को परिभाषित करती हैं। वे किसी संगठन में नौकरी के कार्यों या उपयोगकर्ताओं की श्रेणियों का प्रतिनिधित्व करते हैं। उदाहरण के लिए, भूमिकाएँ "प्रशासक," "डेवलपर," "केवल पढ़ने के लिए उपयोगकर्ता" हो सकती हैं और प्रत्येक भूमिका अनुमतियों के एक विशिष्ट सेट से जुड़ी होती है जो यह तय करती है कि उस भूमिका वाले उपयोगकर्ता क्लाउड संसाधनों पर क्या कार्य कर सकते हैं।

• अनुमतियाँ: अनुमतियाँ वे क्रियाएँ हैं जो उपयोगकर्ता क्लाउड संसाधनों पर कर सकते हैं, जैसे पढ़ना, लिखना, हटाना या प्रबंधित करना। ये अनुमतियाँ भूमिकाओं से जुड़ी होती हैं और क्लाउड वातावरण के भीतर विशिष्ट संसाधनों तक उपयोगकर्ता की पहुंच के स्तर को निर्धारित करती हैं।

• उपयोगकर्ता: उपयोगकर्ता वे व्यक्ति होते हैं जिन्हें विशिष्ट भूमिकाएँ सौंपी जाती हैं और, इन भूमिकाओं के आधार पर, उनके पास क्लाउड संसाधनों के साथ बातचीत करने की अनुमति होती है। प्रत्येक उपयोगकर्ता को एक या अधिक भूमिकाओं से जोड़ा जा सकता है, जिससे उन्हें अपनी जिम्मेदारियों के आधार पर विभिन्न कार्य करने की अनुमति मिलती है।

37.2.2. क्लाउड परिवेश में भूमिका-आधारित अभिगम नियंत्रण के लाभ

• दानेदार पहुंच नियंत्रण: आरबीएसी पहुंच पर विस्तृत नियंत्रण को सक्षम बनाता है, जिससे संगठनों को कार्य कार्यों के आधार पर सूक्ष्म अनुमतियां आवंटित करने की अनुमति मिलती है। यह सुनिश्चित करता है कि उपयोगकर्ताओं के पास केवल अपने विशिष्ट कार्यों को करने के लिए आवश्यक संसाधनों तक पहुंच है, जिससे अनधिकृत पहुंच का जोखिम कम हो जाता है।

• स्केलेबिलिटी: आरबीएसी स्केलेबल है, जो इसे बड़ी संख्या में उपयोगकर्ताओं और क्लाउड संसाधनों तक पहुंच के प्रबंधन के लिए उपयुक्त बनाता है। जैसे-जैसे संगठन बढ़ते हैं और अधिक उपयोगकर्ता जुड़ते हैं, आरबीएसी पहुंच प्रबंधन के लिए एक संरचित और संगठित दृष्टिकोण प्रदान करता है।

• सरलीकृत पहुँच प्रबंधन: अनुमतियों को व्यक्तिगत उपयोगकर्ताओं के बजाय भूमिकाओं के साथ जोड़कर, आरबीएसी पहुंच प्रबंधन को सरल बनाता है और प्रशासनिक ओवरहेड को कम करता है। जब कोई नया उपयोगकर्ता संगठन में शामिल होता है या कोई मौजूदा उपयोगकर्ता भूमिकाएँ बदलता है, तो पहुंच प्रबंधन प्रक्रिया अधिक कुशल और कम त्रुटि-प्रवण हो जाती है।

• बेहतर सुरक्षा: आरबीएसी न्यूनतम विशेषाधिकार के सिद्धांत को लागू करता है, जिसका अर्थ है कि उपयोगकर्ताओं को केवल वे अनुमतियाँ दी जाती हैं जिनकी उन्हें अपने कर्तव्यों को पूरा करने के लिए आवश्यकता होती है। यह सुरक्षा उल्लंघनों और अंदरूनी खतरों के संभावित प्रभाव को कम करता है। यदि किसी उपयोगकर्ता की साख से समझौता किया जाता है, तो संभावित क्षति का दायरा उनकी भूमिका से जुड़ी अनुमतियों तक सीमित है।

37.2.3. क्लाउड वातावरण में आरबीएसी लागू करना

• भूमिकाएँ और जिम्मेदारियाँ पहचानें: आरबीएसी को लागू करने में पहला कदम ऐसी भूमिकाओं को परिभाषित करना है जो संगठन में विभिन्न कार्य कार्यों या जिम्मेदारियों के साथ संरेखित हों। भूमिकाओं को अच्छी तरह से परिभाषित किया जाना चाहिए और विशिष्ट कार्यों या पहुंच आवश्यकताओं के अनुरूप बनाया जाना चाहिए।

• भूमिका असाइनमेंट: एक बार भूमिकाएँ परिभाषित हो जाने के बाद, प्रशासक उपयोगकर्ताओं को उनकी कार्य भूमिकाओं या जिम्मेदारियों के आधार पर उचित भूमिकाएँ सौंपते हैं। उपयोगकर्ताओं की उनके कर्तव्यों के आधार पर एक या अधिक भूमिकाएँ हो सकती हैं।

• भूमिका अनुमतियाँ: भूमिकाएँ असाइन करने के बाद, व्यवस्थापक उन कार्यों को निर्दिष्ट करने के लिए भूमिका अनुमतियाँ परिभाषित करते हैं जो प्रत्येक भूमिका वाले उपयोगकर्ता क्लाउड संसाधनों पर कर सकते हैं। भूमिका अनुमतियों को सावधानीपूर्वक कॉन्फ़िगर किया जाना चाहिए ताकि यह सुनिश्चित किया जा सके कि उपयोगकर्ताओं को अनावश्यक विशेषाधिकारों के बिना आवश्यक पहुंच प्राप्त हो।

• नियमित समीक्षाएँ: भूमिकाओं और अनुमतियों को उपयोगकर्ताओं की वर्तमान भूमिकाओं और जिम्मेदारियों के साथ संरेखित करना सुनिश्चित करने के लिए नियमित पहुंच समीक्षा आवश्यक है। समय-समय पर समीक्षाएँ किसी भी अनावश्यक या अत्यधिक अनुमतियों की पहचान करने और उनका समाधान करने में मदद करती हैं, जिससे संभावित सुरक्षा जोखिम कम हो जाते हैं।

37.2.4. आरबीएसी और क्लाउड-नेटिव सर्विसेज

• आईएएम सेवाएँ: क्लाउड प्रदाता अंतर्निहित IAM सेवाएँ प्रदान करते हैं जो RBAC का समर्थन करते हैं, जिससे संगठनों को भूमिकाएँ और अनुमतियाँ बनाने और प्रबंधित करने की अनुमति मिलती है। IAM सेवाएं विभिन्न क्लाउड सेवाओं और संसाधनों तक पहुंच को नियंत्रित करने के लिए एक केंद्रीकृत मंच प्रदान करती हैं।

• संसाधन-विशिष्ट आरबीएसी: कुछ क्लाउड सेवाओं, जैसे डेटाबेस और स्टोरेज, के पास विशिष्ट संसाधनों तक पहुंच का प्रबंधन करने के लिए अपने स्वयं के आरबीएसी मॉडल होते हैं। इन मामलों में, संगठनों को व्यापक IAM RBA के अलावा संसाधन-विशिष्ट RBAC को कॉन्फ़िगर करने की आवश्यकता हो सकती है

37.2.5. सीमाएँ और विचार

• भूमिका प्रसार: जबकि आरबीएसी विस्तृत पहुंच नियंत्रण प्रदान करता है, बहुत अधिक भूमिकाएँ बनाने से जटिलता और प्रशासनिक ओवरहेड हो सकता है। ग्रैन्युलैरिटी और सरलता के बीच संतुलन के लिए प्रयास करें, ऐसी भूमिकाएँ बनाएं जो अत्यधिक विखंडन के बिना सामान्य पहुंच परिदृश्यों को कवर करती हों।

• अनुमति विरासत: प्रशासकों को यह सुनिश्चित करना चाहिए कि संसाधनों तक अनजाने पहुंच से बचने के लिए भूमिका अनुमतियाँ अच्छी तरह से परिभाषित हैं। कुछ मामलों में, अनुमतियाँ उच्च-स्तरीय भूमिकाओं से विरासत में मिल सकती हैं, जिससे ठीक से प्रबंधित न होने पर अनपेक्षित पहुँच हो सकती है।

37.2.6. आरबीएसी सर्वोत्तम प्रथाएँ

• न्यूनतम विशेषाधिकार सिद्धांत: आरबीएसी कम से कम विशेषाधिकार के सिद्धांत के साथ अच्छी तरह से संरेखित होता है, जहां प्रशासक केवल उपयोगकर्ताओं को अपने कर्तव्यों को पूरा करने के लिए आवश्यक अनुमतियों के साथ भूमिकाएं सौंपते हैं। उपयोगकर्ताओं को व्यापक, सर्वव्यापी अनुमतियाँ देने से बचें।

• कर्तव्यों का विभाजन: हितों के संभावित टकराव को रोकने और सुरक्षा बढ़ाने के लिए, एक ही उपयोगकर्ता को परस्पर विरोधी भूमिकाएँ सौंपने से बचें। कर्तव्यों को अलग करने से यह सुनिश्चित होता है कि किसी एक उपयोगकर्ता का महत्वपूर्ण संसाधनों पर बहुत अधिक नियंत्रण नहीं है।

• नियमित ऑडिटिंग: सुरक्षा नीतियों का पालन सुनिश्चित करने के लिए भूमिका असाइनमेंट और अनुमतियों की नियमित ऑडिट और समीक्षा करें। नियमित रूप से पहुंच अधिकारों की समीक्षा करें और उपयोगकर्ता की भूमिकाओं या जिम्मेदारियों में बदलाव के आधार पर उन्हें आवश्यकतानुसार समायोजित करें।

37.3: क्लाउड में आइडेंटिटी फेडरेशन और सिंगल साइन-ऑन (एसएसओ)।

क्लाउड सुरक्षा और उपयोगकर्ता अनुभव को बढ़ाने के लिए आइडेंटिटी फ़ेडरेशन और सिंगल साइन-ऑन शक्तिशाली उपकरण हैं। कई क्लाउड सेवाओं और अनुप्रयोगों तक निर्बाध और सुरक्षित पहुंच सक्षम करके, ये प्रौद्योगिकियां प्रमाणीकरण प्रक्रियाओं को सरल बनाती हैं और समग्र सुरक्षा में सुधार करती हैं। क्लाउड वातावरण में आइडेंटिटी फेडरेशन और एसएसओ को लागू करने से पहचान प्रबंधन सुव्यवस्थित हो जाता है, पहुंच नियंत्रण केंद्रीकृत हो जाता है और पासवर्ड से संबंधित कमजोरियों का खतरा कम हो जाता है।

संगठन संगत पहचान प्रदाताओं को एकीकृत करके, एमएफए को लागू करके और सुरक्षित टोकन विनिमय और उपयोगकर्ता जीवनचक्र प्रबंधन के लिए सर्वोत्तम प्रथाओं का पालन करके उपयोगकर्ता सुविधा और बढ़ी हुई सुरक्षा के बीच संतुलन हासिल कर सकते हैं। आइडेंटिटी फेडरेशन और सिंगल साइन-ऑन किसी संगठन की क्लाउड सुरक्षा रणनीति के आवश्यक घटक हैं, जो गतिशील और वितरित क्लाउड वातावरण में प्रबंधन तक पहुंच के लिए एक संरचित और संगठित दृष्टिकोण प्रदान करते हैं। इन प्रौद्योगिकियों को अपनाकर, संगठन विभिन्न क्लाउड सेवाओं और अनुप्रयोगों में अपने उपयोगकर्ताओं को एक सहज और उपयोगकर्ता के अनुकूल अनुभव प्रदान करते हुए अपनी सुरक्षा स्थिति को बढ़ा सकते हैं।

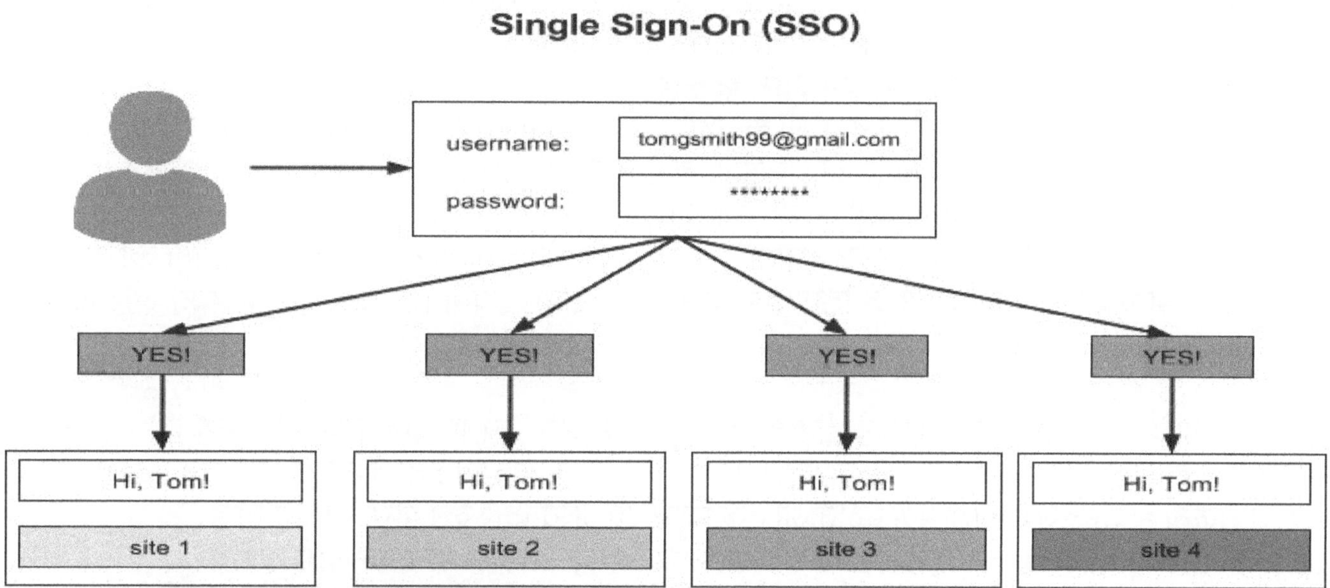

37.3.1. आइडेंटिटी फेडरेशन को समझना

• पहचान प्रदाता (आईडीपी): पहचान प्रदाता विश्वसनीय सिस्टम हैं जो उपयोगकर्ताओं को प्रमाणित करते हैं और पहचान टोकन जारी करते हैं, जैसे सुरक्षा अभिकथन मार्कअप लैंग्वेज (एसएएमएल) या ओपनआईडी कनेक्ट (ओआईडीसी) टोकन।

• सेवा प्रदाता (एसपी): सेवा प्रदाता ऐसे अनुप्रयोग या सेवाएँ हैं जो उपयोगकर्ता प्रमाणीकरण और पहुँच नियंत्रण के लिए पहचान प्रदाताओं पर निर्भर होते हैं।

• पहचान टोकन: पहचान टोकन में उपयोगकर्ता की पहचान और प्रमाणीकरण स्थिति के बारे में जानकारी होती है, जिससे सेवा प्रदाताओं को उपयोगकर्ता की पहचान पर भरोसा करने की अनुमति मिलती है।

37.3.2. क्लाउड वातावरण में आइडेंटिटी फेडरेशन के लाभ

• सभी सेवाओं में एकल पहचान: आइडेंटिटी फेडरेशन के प्राथमिक लाभों में से एक यह है कि उपयोगकर्ता क्रेडेंशियल्स के एक सेट का उपयोग करके कई क्लाउड सेवाओं और एप्लिकेशन तक पहुंच सकते हैं। इससे पासवर्ड की थकान कम हो जाती है और उपयोगकर्ता अनुभव बेहतर हो जाता है, क्योंकि उन्हें विभिन्न सेवाओं के लिए एकाधिक लॉगिन क्रेडेंशियल याद रखने की आवश्यकता नहीं होती है।

• केंद्रीकृत पहचान प्रबंधन: आइडेंटिटी फेडरेशन पहचान प्रबंधन को केंद्रीकृत करता है, जिससे पहुंच को रद्द करना और उपयोगकर्ता विशेषाधिकारों को प्रबंधित करना आसान हो जाता है। जब किसी उपयोगकर्ता की पहुंच को रद्द करने की आवश्यकता होती है, तो इसे पहचान प्रदाता के माध्यम से केंद्रीय रूप से किया जा सकता है, यह सुनिश्चित करते हुए कि सभी जुड़ी सेवाओं तक पहुंच तुरंत समाप्त हो जाती है।

• सुरक्षा बढ़ाना: आइडेंटिटी फ़ेडरेशन उपयोगकर्ताओं द्वारा याद रखने योग्य पासवर्ड की संख्या कम कर देता है, जिससे कमज़ोर या पुन: उपयोग किए गए पासवर्ड का जोखिम कम हो जाता है। इससे सुरक्षा बढ़ती है क्योंकि उपयोगकर्ताओं द्वारा आसानी से अनुमान लगाए जा सकने वाले पासवर्ड का उपयोग करने या उन्हें लिखने की संभावना कम होती है।

37.3.3. सिंगल साइन-ऑन (एसएसओ) को समझना

• एसएसओ प्रक्रिया: सिंगल साइन-ऑन उपयोगकर्ताओं को अपने क्रेडेंशियल्स का उपयोग करके एक बार लॉग इन करने की अनुमति देता है, और बाद में पुन: प्रमाणीकरण की आवश्यकता के बिना अन्य एप्लिकेशन और सेवाओं तक पहुंच प्रदान की जाती है। एक बार जब कोई उपयोगकर्ता पहचान प्रदाता द्वारा प्रमाणित हो जाता है, तो वे अपने क्रेडेंशियल दोबारा दर्ज किए बिना कई सेवा प्रदाताओं तक पहुंच सकते हैं।

• एसएसओ प्रोटोकॉल: एसएएमएल और ओपनआईडी कनेक्ट (ओआईडीसी) क्लाउड वातावरण में उपयोग किए जाने वाले सामान्य एसएसओ प्रोटोकॉल हैं। SAML एक XML-आधारित मानक है, जबकि OIDC OAuth 2.0 के शीर्ष पर बनाया गया है और पहचान की जानकारी के लिए JSON वेब टोकन (JWTs) का उपयोग करता है।

37.3.4. क्लाउड वातावरण में सिंगल साइन-ऑन के लाभ

• उपयोगकर्ता सुविधा:एसएसओ उपयोगकर्ताओं को कई बार लॉग इन करने की आवश्यकता को समाप्त करता है, जिससे उपयोगकर्ता उत्पादकता बढ़ती है और निराशा कम होती है। उपयोगकर्ता बिना किसी रुकावट के विभिन्न एप्लिकेशन और सेवाओं के बीच सहजता से आ-जा सकते हैं।

• सुरक्षा बढ़ाना: SSO प्रमाणीकरण को सरल बनाता है, जिससे उपयोगकर्ताओं के लिए सुरक्षा नीतियों का अनुपालन करना आसान हो जाता है। याद रखने के लिए कम पासवर्ड के साथ, उपयोगकर्ताओं द्वारा मजबूत और अद्वितीय पासवर्ड का उपयोग करने की अधिक संभावना होती है, जिससे पासवर्ड से संबंधित कमजोरियों का खतरा कम हो जाता है।

• केंद्रीकृत अभिगम नियंत्रण:एसएसओ केंद्रीकृत पहुंच नियंत्रण और उपयोगकर्ता विशेषाधिकारों को रद्द करने में सक्षम बनाता है। यदि किसी उपयोगकर्ता की पहुंच को रद्द करने की आवश्यकता है, तो यह पहचान प्रदाता स्तर पर किया जा सकता है, तुरंत सभी जुड़े सेवा प्रदाताओं तक पहुंच को अस्वीकार कर दिया जा सकता है।

37.3.5. क्लाउड वातावरण में आइडेंटिटी फेडरेशन और सिंगल साइन-ऑन को लागू करना

• पहचान प्रदाताओं के साथ एकीकरण: क्लाउड सेवाओं और अनुप्रयोगों को एसएएमएल या ओआईडी का समर्थन करने वाले संगत पहचान प्रदाताओं के साथ एकीकृत करने की आवश्यकता है। यह एकीकरण संघीय पहचान प्रबंधन के लिए पहचान प्रदाता और सेवा प्रदाता के बीच एक भरोसेमंद संबंध स्थापित करता है।

• संघीय पहचान प्रबंधन: एकीकरण प्रक्रिया के दौरान, संगठन फ़ेडरेटेड पहचान प्रबंधन के लिए एक विश्वसनीय संबंध स्थापित करने के लिए पहचान प्रदाता और सेवा प्रदाता को कॉन्फ़िगर करते हैं। पहचान प्रदाता उपयोगकर्ताओं को प्रमाणित करता है और पहचान टोकन जारी करता है, जबकि सेवा प्रदाता उपयोगकर्ता तक पहुंच के लिए इन टोकन पर निर्भर करता है।

• बहु-कारक प्रमाणीकरण (एमएफए):एसएसओ के माध्यम से क्लाउड संसाधनों तक पहुंचने पर सुरक्षा बढ़ाने के लिए, संगठनों को मल्टी-फैक्टर प्रमाणीकरण (एमएफए) लागू करना चाहिए। एमएफए को उपयोगकर्ताओं को सुरक्षा की एक अतिरिक्त परत जोड़ते हुए, अपने पासवर्ड से परे अतिरिक्त प्रमाणीकरण कारक प्रदान करने की आवश्यकता होती है।

37.3.6. क्लाउड-नेटिव सेवाओं के लिए आइडेंटिटी फेडरेशन और एसएसओ

• क्लाउड पहचान सेवाएँ: कई क्लाउड प्रदाता अपनी स्वयं की पहचान और पहुंच प्रबंधन सेवाएं प्रदान करते हैं जो आइडेंटिटी फेडरेशन और एसएसओ का समर्थन करते हैं। क्लाउड संसाधनों तक पहुंच के प्रबंधन के लिए संगठन इन अंतर्निहित सेवाओं का लाभ उठा सकते हैं।

• कुबेरनेट्स एसएसओ एकीकरण: कंटेनरीकृत अनुप्रयोगों तक पहुंच का प्रबंधन करने के लिए संगठन कुबेरनेट क्लस्टर को एसएसओ समाधान के साथ एकीकृत कर सकते हैं। यह सुनिश्चित करता है कि कुबेरनेट्स संसाधनों तक पहुंचने वाले उपयोगकर्ताओं को एसएसओ द्वारा प्रदान किए गए सुव्यवस्थित प्रमाणीकरण से भी लाभ मिलता है।

37.3.7. विचार और सुरक्षा सर्वोत्तम प्रथाएँ

• उपयोगकर्ता ऑनबोर्डिंग और ऑफबोर्डिंग:सुचारू पहचान प्रबंधन सुनिश्चित करने के लिए संगठनों को कुशल उपयोगकर्ता ऑनबोर्डिंग और ऑफबोर्डिंग प्रक्रियाओं को लागू करना चाहिए। जब कर्मचारी संगठन में शामिल होते हैं या छोड़ते हैं, तो उनकी पहुंच का प्रावधान किया जाना चाहिए या तुरंत रद्द कर दिया जाना चाहिए।

• सुरक्षित टोकन एक्सचेंज: सुरक्षा बनाए रखने के लिए, संगठनों को पहचान प्रदाताओं और सेवा प्रदाताओं के बीच पहचान टोकन का सुरक्षित आदान-प्रदान सुनिश्चित करना चाहिए। टोकन से छेड़छाड़ या अवरोधन को रोकने के लिए उचित टोकन सत्यापन और एन्क्रिप्शन तंत्र मौजूद होना चाहिए।

अभ्यास

बहु विकल्पीय प्रश्न

1. क्लाउड वातावरण में पहचान और पहुंच प्रबंधन (IAM) का प्राथमिक उद्देश्य क्या है?

a) क्लाउड प्रदाताओं के बुनियादी ढांचे और नेटवर्क सेटिंग्स को प्रबंधित करने के लिए।

b) क्लाउड संसाधन उपयोग और लागत दक्षता को अनुकूलित करने के लिए।

c) क्लाउड संसाधनों तक पहुंच को नियंत्रित करना और डेटा सुरक्षा सुनिश्चित करना।

d) क्लाउड सेवा परिनियोजन और कॉन्फ़िगरेशन को स्वचालित करने के लिए।

2. पहचान संघ के संदर्भ में "पहचान प्रदाताओं" की क्या भूमिका है?

a) वे ऐसे एप्लिकेशन हैं जो उपयोगकर्ता प्रमाणीकरण के लिए सेवा प्रदाताओं पर निर्भर हैं।

b) वे क्लाउड संसाधनों को निर्दिष्ट विशिष्ट पहचानकर्ता हैं।

c) वे विश्वसनीय प्रणालियाँ हैं जो उपयोगकर्ताओं को प्रमाणित करती हैं और पहचान टोकन जारी करती हैं।

d) वे समान पहुंच आवश्यकताओं वाले उपयोगकर्ताओं के समूह हैं।

3. कौन सी प्रमाणीकरण विधि उपयोगकर्ताओं को सुरक्षा की एक अतिरिक्त परत प्रदान करने की आवश्यकता प्रदान करती है उनके पासवर्ड से परे अतिरिक्त कारक?

a) पासवर्ड आधारित प्रमाणीकरण.

b) सिंगल साइन-ऑन (एसएसओ)।

c) भूमिका-आधारित अभिगम नियंत्रण (आरबीएसी)।

d) बहु-कारक प्रमाणीकरण (एमएफए)।

4. IAM में न्यूनतम विशेषाधिकार के सिद्धांत को लागू करने का क्या लाभ है?

a) यह पहुंच प्रबंधन को सरल बनाता है और प्रशासनिक ओवरहेड को कम करता है।

b) यह उपयोगकर्ताओं को क्रेडेंशियल्स के एक सेट का उपयोग करके कई क्लाउड सेवाओं तक पहुंचने की अनुमति देता है।

c) यह पहचान प्रबंधन और पहुंच नियंत्रण को केंद्रीकृत करता है।

d) यह अनधिकृत पहुंच और संभावित सुरक्षा उल्लंघनों के जोखिम को कम करता है।

5. IAM में, "भूमिकाएँ" क्या दर्शाती हैं?

a) वे विशिष्ट कार्यों या जिम्मेदारियों से जुड़ी अनुमतियों के समूह हैं।

b) वे ऐसी कार्रवाइयां हैं जो उपयोगकर्ता क्लाउड संसाधनों पर कर सकते हैं।

c) वे ऐसे व्यक्ति हैं जिन्हें क्लाउड वातावरण तक पहुंच प्रदान की गई है।

d) वे समान भूमिकाओं या पहुंच आवश्यकताओं वाले उपयोगकर्ताओं का संग्रह हैं।

6. क्लाउड परिवेश में सिंगल साइन-ऑन (एसएसओ) का प्राथमिक लाभ क्या है?

a) यह पहचान प्रबंधन और पहुंच नियंत्रण को केंद्रीकृत करता है।

b) यह उपयोगकर्ता उत्पादकता को बढ़ाता है और पासवर्ड की थकान को कम करता है।

c) यह उपयोगकर्ताओं और क्लाउड प्रदाताओं के बीच एक विश्वसनीय संबंध स्थापित करता है।

d) यह उपयोगकर्ता की अनुमतियों पर विस्तृत नियंत्रण प्रदान करता है।

7. आइडेंटिटी फ़ेडरेशन क्लाउड सेवाओं तक उपयोगकर्ता की पहुंच को कैसे सरल बनाता है?

a) यह उपयोगकर्ताओं को एक बार लॉग इन करने और पुन: प्रमाणीकरण के बिना कई सेवाओं तक पहुंचने में सक्षम बनाता है।

b) यह उपयोगकर्ताओं को सभी क्लाउड संसाधनों तक पूर्ण प्रशासनिक पहुंच प्रदान करता है।

c) यह स्वचालित रूप से उपयोगकर्ता को नए क्लाउड संसाधनों तक पहुंच प्रदान करता है।

d) यह प्रत्येक लॉगिन प्रयास के लिए मल्टी-फैक्टर प्रमाणीकरण (एमएफए) लागू करता है।

8. IAM में नियमित पहुंच समीक्षा का प्राथमिक उद्देश्य क्या है?

a) उद्योग मानकों और विनियमों का अनुपालन सुनिश्चित करना।

b) किसी भी अनावश्यक या अत्यधिक अनुमतियों की पहचान करना और उनका समाधान करना।
c) क्लाउड सेवाओं के साथ सिंगल साइन-ऑन (एसएसओ) एकीकरण को सक्षम करने के लिए।
d) क्लाउड उपयोगकर्ताओं, समूहों और भूमिकाओं को प्रबंधित करने के लिए।

9. कौन सी IAM अवधारणा यह सुनिश्चित करती है कि उपयोगकर्ताओं के पास केवल प्रदर्शन के लिए आवश्यक संसाधनों तक पहुंच हो उनके विशिष्ट कार्य?
a) भूमिका-आधारित अभिगम नियंत्रण (आरबीएसी)।
b) बहु-कारक प्रमाणीकरण (एमएफए)।
c) पहचान संघ.
d) सिंगल साइन-ऑन (एसएसओ)।

समीक्षा प्रश्न

1. क्लाउड परिवेश में IAM के प्रमुख घटक क्या हैं और वे अभिगम नियंत्रण में कैसे योगदान करते हैं?
2. IAM क्लाउड वातावरण में डेटा सुरक्षा में कैसे योगदान देता है, और नियामक अनुपालन में इसकी क्या भूमिका है?
3. क्लाउड वातावरण में रोल-आधारित एक्सेस कंट्रोल (आरबीएसी) लागू करने के मुख्य लाभ क्या हैं?
4. आइडेंटिटी फ़ेडरेशन क्लाउड सेवाओं तक उपयोगकर्ता की पहुंच को कैसे सरल बनाता है, और क्लाउड वातावरण में सिंगल साइन-ऑन (एसएसओ) के क्या लाभ हैं?
5. क्लाउड वातावरण में आइडेंटिटी फेडरेशन और सिंगल साइन-ऑन (एसएसओ) को लागू करने में शामिल मुख्य कदम क्या हैं?
6. क्लाउड-नेटिव IAM सेवाएँ क्लाउड वातावरण में अभिगम नियंत्रण और सुरक्षा में कैसे योगदान करती हैं?
7. इष्टतम सुरक्षा और अनुपालन सुनिश्चित करने के लिए क्लाउड वातावरण में IAM कार्यान्वयन के लिए कुछ सर्वोत्तम प्रथाएँ क्या हैं?
8. घटना की प्रतिक्रिया को बढ़ाने और क्लाउड वातावरण में सुरक्षा घटनाओं के प्रभाव को कम करने के लिए IAM का लाभ कैसे उठाया जा सकता है?

उत्तर अनुभाग

बहु विकल्पीय प्रश्न

1. c) क्लाउड संसाधनों तक पहुंच को नियंत्रित करने और डेटा सुरक्षा सुनिश्चित करने के लिए।
2. c) वे विश्वसनीय सिस्टम हैं जो उपयोगकर्ताओं को प्रमाणित करते हैं और पहचान टोकन जारी करते हैं।
3. d) मल्टी-फैक्टर ऑथेंटिकेशन (एमएफए)।
4. d) यह अनधिकृत पहुंच और संभावित सुरक्षा उल्लंघनों के जोखिम को कम करता है।
5. a) वे विशिष्ट कार्यों या जिम्मेदारियों से जुड़ी अनुमतियों के सेट हैं।
6. b) यह उपयोगकर्ता उत्पादकता को बढ़ाता है और पासवर्ड की थकान को कम करता है।
7. a) यह उपयोगकर्ताओं को एक बार लॉग इन करने और पुन: प्रमाणीकरण के बिना कई सेवाओं तक पहुंचने में सक्षम बनाता है।
8. b) किसी भी अनावश्यक या अत्यधिक अनुमतियों की पहचान करना और उनका समाधान करना।
9. a) भूमिका-आधारित अभिगम नियंत्रण (आरबीएसी)।

समीक्षा प्रश्न

1. क्लाउड वातावरण में IAM में पहचान, प्रमाणीकरण और प्राधिकरण शामिल हैं। पहचान उपयोगकर्ताओं या एप्लिकेशन जैसी अद्वितीय संस्थाओं का प्रतिनिधित्व करती हैं। प्रमाणीकरण अक्सर पासवर्ड या एमएफए का उपयोग करके उनकी पहचान सत्यापित करता है। एक बार प्रमाणित होने के बाद, IAM निर्दिष्ट भूमिकाओं और अनुमतियों के आधार पर अधिकृत कार्यों को निर्धारित करने के लिए नीतियों की जाँच करता है। समूहों में संगठित उपयोगकर्ताओं

को विशिष्ट अनुमतियों के साथ भूमिकाएँ सौंपी जाती हैं। ये भूमिकाएँ न्यूनतम विशेषाधिकार के सिद्धांत को लागू करती हैं, जिससे उपयोगकर्ताओं को केवल आवश्यक पहुंच की अनुमति मिलती है। पहचान, प्रमाणीकरण और प्राधिकरण के संयोजन से, IAM क्लाउड संसाधनों तक पहुंच को नियंत्रित करता है, अनधिकृत पहुंच को रोककर सुरक्षा बढ़ाता है और डेटा सुरक्षा सुनिश्चित करता है।

2. IAM यह सुनिश्चित करके डेटा सुरक्षा में महत्वपूर्ण भूमिका निभाता है कि केवल अधिकृत उपयोगकर्ता और एप्लिकेशन ही क्लाउड वातावरण में संग्रहीत संवेदनशील डेटा तक पहुंच सकते हैं। प्रमाणीकरण और प्राधिकरण तंत्र को लागू करके, IAM अनधिकृत पहुंच को रोकता है, डेटा उल्लंघनों के जोखिम को कम करता है। IAM डेटा सुरक्षा को बढ़ाते हुए मल्टी-फैक्टर ऑथेंटिकेशन (MFA) का भी समर्थन करता है। इसके अतिरिक्त, IAM का केंद्रीकृत पहुंच प्रबंधन त्वरित उपयोगकर्ता निरस्तीकरण की सुविधा देता है, जो सुरक्षा घटनाओं या कर्मचारी टर्नओवर के मामले में महत्वपूर्ण है। नियामक अनुपालन के संदर्भ में, IAM संगठनों को कम से कम विशेषाधिकार के सिद्धांत को लागू करने और पहुंच पर विस्तृत नियंत्रण बनाए रखकर डेटा सुरक्षा नियमों का पालन प्रदर्शित करने में सक्षम बनाता है।

3. आरबीएसी क्लाउड वातावरण में कई लाभ प्रदान करता है। सबसे पहले, यह उपयोगकर्ता की भूमिकाओं के आधार पर सूक्ष्म अनुमतियां प्रदान करते हुए, विस्तृत पहुंच नियंत्रण को सक्षम बनाता है। इससे अनधिकृत पहुंच और संभावित सुरक्षा उल्लंघनों का जोखिम कम हो जाता है। आरबीएसी प्रशासनिक कार्यों को सुव्यवस्थित करते हुए, व्यक्तिगत उपयोगकर्ताओं के बजाय भूमिकाओं को अनुमतियाँ प्रदान करके पहुंच प्रबंधन को सरल बनाता है। स्केलेबिलिटी एक और फायदा है, जो आरबीएसी को कई उपयोगकर्ताओं और क्लाउड संसाधनों वाले बड़े संगठनों के लिए उपयुक्त बनाता है। कम से कम विशेषाधिकार के सिद्धांत का पालन करके, आरबीएसी सुरक्षा बढ़ाता है, यह सुनिश्चित करता है कि उपयोगकर्ताओं के पास केवल आवश्यक पहुंच हो। अंत में, नियमित समीक्षाएँ यह सुनिश्चित करने में मदद करती हैं कि भूमिकाएँ और अनुमतियाँ उपयोगकर्ताओं की वर्तमान भूमिकाओं और जिम्मेदारियों के साथ संरेखित रहें।

4. आइडेंटिटी फ़ेडरेशन उपयोगकर्ताओं को उनके पहचान प्रदाता (आईडीपी) के माध्यम से एक बार लॉग इन करने और पुन: प्रमाणीकरण के बिना कई क्लाउड सेवाओं तक पहुंचने की अनुमति देकर उपयोगकर्ता पहुंच को सरल बनाता है। इससे उपयोगकर्ताओं को एकाधिक लॉगिन क्रेडेंशियल याद रखने की आवश्यकता समाप्त हो जाती है, जिससे उपयोगकर्ता उत्पादकता बढ़ती है। आईडीपी पहचान टोकन जारी करता है, जिन पर सेवा प्रदाता (एसपी) भरोसा करते हैं, जो विभिन्न सेवाओं तक पहुंच को सुव्यवस्थित करते हैं। इसके अतिरिक्त, आईडीपी पर केंद्रीकृत पहुंच नियंत्रण उपयोगकर्ता विशेषाधिकारों का त्वरित निरसन सुनिश्चित करता है। क्लाउड वातावरण में एसएसओ प्रारंभिक लॉगिन के बाद कई अनुप्रयोगों तक निर्बाध पहुंच को सक्षम करके समान लाभ प्रदान करता है। एसएसओ पासवर्ड की संख्या को कम करके, मजबूत और अद्वितीय क्रेडेंशियल्स को प्रोत्साहित करके सुरक्षा बढ़ाता है।

5. आइडेंटिटी फेडरेशन और एसएसओ को लागू करने में कई महत्वपूर्ण चरण शामिल हैं। सबसे पहले, संगठनों को अपनी क्लाउड सेवाओं और अनुप्रयोगों को एसएएमएल या ओआईडीसी प्रोटोकॉल का समर्थन करने वाले संगत पहचान प्रदाताओं (आईडीपी) के साथ एकीकृत करने की आवश्यकता है। यह एकीकरण आईडीपी और सेवा प्रदाताओं (एसपी) के बीच एक भरोसेमंद संबंध स्थापित करता है। प्रक्रिया के दौरान, फ़ेडरेटेड पहचान प्रबंधन को कॉन्फ़िगर किया गया है, जिससे आईडीपी को उपयोगकर्ताओं को प्रमाणित करने और पहचान टोकन जारी करने की अनुमति मिलती है, जिस पर एसपी पहुंच नियंत्रण के लिए निर्भर करता है। सुरक्षा बढ़ाने के लिए मल्टी-फैक्टर ऑथेंटिकेशन (एमएफए) लागू किया जाना चाहिए। अंत में, संगठनों को टोकन छेड़छाड़ और अवरोधन को रोकने के लिए सुरक्षित टोकन विनिमय सुनिश्चित करने की आवश्यकता है।

6. क्लाउड प्रदाताओं द्वारा प्रदान की जाने वाली क्लाउड-नेटिव IAM सेवाएँ, क्लाउड वातावरण में पहुँच नियंत्रण और सुरक्षा को बढ़ाती हैं। ये सेवाएँ उपयोगकर्ता और संसाधन प्रावधान, प्रमाणीकरण और प्राधिकरण को सरल बनाते हुए केंद्रीकृत और एकीकृत पहचान और पहुंच प्रबंधन प्रदान करती हैं। IAM सेवाएँ भूमिका-आधारित एक्सेस कंट्रोल (RBAC) जैसी सुविधाओं का समर्थन करती हैं, जो संगठनों को कम से कम विशेषाधिकार के सिद्धांत को लागू करने और एक्सेस प्रबंधन को सुव्यवस्थित करने की अनुमति देती हैं। वर्चुअल मशीन, कंटेनर और डेटाबेस जैसी क्लाउड-नेटिव सेवाओं के साथ एकीकरण, आईएएम नियंत्रण को विशिष्ट क्लाउड संसाधनों तक विस्तारित करता है, जिससे प्रशासकों को विस्तृत नियंत्रण मिलता है। इन मूल सेवाओं का लाभ उठाने से संगठन अपने क्लाउड बुनियादी ढांचे में लगातार सुरक्षा प्रथाओं और पहुंच नियंत्रण को बनाए रखने में सक्षम होते हैं।

7. इष्टतम सुरक्षा और अनुपालन सुनिश्चित करने के लिए, संगठनों को क्लाउड वातावरण में IAM कार्यान्वयन के लिए कई सर्वोत्तम प्रथाओं का पालन करना चाहिए। सबसे पहले, उन्हें कम से कम विशेषाधिकार के सिद्धांत को लागू करना चाहिए, जिससे उपयोगकर्ताओं और एप्लिकेशन को केवल आवश्यक न्यूनतम पहुंच प्रदान की जा सके। नियमित पहुंच समीक्षाएँ अत्यधिक अनुमतियों को पहचानने और उनका समाधान करने में मदद करती हैं। मल्टी-फैक्टर ऑथेंटिकेशन (एमएफए) को सक्षम करने से सुरक्षा की एक अतिरिक्त परत जुड़कर सुरक्षा बढ़ जाती है। लगातार पहुंच नियंत्रण सुनिश्चित करने के लिए IAM भूमिकाओं और अनुमतियों को सावधानीपूर्वक परिभाषित किया जाना चाहिए और उपयोगकर्ताओं और समूहों को सौंपा जाना चाहिए। इसके अतिरिक्त, क्लाउड-नेटिव आईएएम सेवाओं को एकीकृत करना और नियामक आवश्यकताओं का पालन करना सुरक्षित पहुंच प्रबंधन और उद्योग मानकों का अनुपालन सुनिश्चित करता है।

आईएएम घटना की प्रतिक्रिया को बढ़ाने और क्लाउड वातावरण में सुरक्षा घटनाओं के प्रभाव को कम करने में महत्वपूर्ण भूमिका निभाता है। जब कोई सुरक्षा घटना घटती है, तो IAM तुरंत समझौता किए गए या अनधिकृत खातों की पहुंच रद्द कर सकता है, जिससे आगे की क्षति और अनधिकृत गतिविधियों को रोका जा सके। IAM भूमिकाओं और अनुमतियों से जुड़े स्वचालित घटना प्रतिक्रिया तंत्र को नियोजित करके, संगठन दुर्भावनापूर्ण गतिविधियों को तेजी से रोक सकते हैं। घटना के बाद की फोरेंसिक और जांच आईएएम लॉग और डेटा का उपयोग करके की जा सकती है, जिससे मूल कारण को समझने और सुरक्षा उपायों में सुधार करने में सहायता मिलती है। आईएएम का केंद्रीकृत पहुंच नियंत्रण यह सुनिश्चित करता है कि घटनाओं के दौरान तत्काल कार्रवाई की जा सकती है, दायरा सीमित किया जा सकता है और क्लाउड संसाधनों को संभावित नुकसान कम किया जा सकता है।

अध्याय 38: क्लाउड अनुपालन और ऑडिटिंग रणनीतियाँ

38.1: क्लाउड अनुपालन ढाँचे और मानक

संगठनों के लिए डेटा सुरक्षा, गोपनीयता और शासन के प्रति अपनी प्रतिबद्धता प्रदर्शित करने के लिए क्लाउड सुरक्षा ढांचे और मानकों का अनुपालन महत्वपूर्ण है। ये ढाँचे क्लाउड वातावरण को सुरक्षित करने और संवेदनशील डेटा को जिम्मेदारी से प्रबंधित करने को सुनिश्चित करने के लिए दिशानिर्देश और सर्वोत्तम अभ्यास प्रदान करते हैं। संगठनों को अपने उद्योग, भौगोलिक स्थिति और उनके द्वारा संभाले जाने वाले डेटा के प्रकार के आधार पर अपनी विशिष्ट अनुपालन आवश्यकताओं का आकलन करना चाहिए।

प्रासंगिक क्लाउड अनुपालन ढांचे और मानकों का पालन करके, संगठन अपने ग्राहकों, भागीदारों और नियामकों के साथ विश्वास बना सकते हैं, और सुरक्षित और अनुपालन क्लाउड तैनाती के लिए एक मजबूत आधार स्थापित कर सकते हैं। क्लाउड अनुपालन एक सतत प्रक्रिया है, और संगठनों को उभरते खतरे के परिदृश्य और बदलती नियामक आवश्यकताओं के अनुकूल अपने सुरक्षा उपायों की नियमित रूप से समीक्षा और अद्यतन करना चाहिए।

38.1.1. सामान्य डेटा संरक्षण विनियमन (जीडीपीआर)

जीडीपीआर एक व्यापक डेटा सुरक्षा विनियमन है जो यूरोपीय संघ के नागरिकों के व्यक्तिगत डेटा को संभालने वाले संगठनों पर लागू होता है। यह डेटा सुरक्षा, गोपनीयता और सहमति के लिए विशिष्ट आवश्यकताएं निर्धारित करता है, और गैर-अनुपालन के लिए सख्त दंड लगाता है। जीडीपीआर व्यक्तिगत डेटा के संग्रह और प्रसंस्करण के संबंध में पारदर्शिता, जवाबदेही और उपयोगकर्ता की सहमति पर जोर देता है।

38.1.2. स्वास्थ्य बीमा पोर्टेबिलिटी और जवाबदेही अधिनियम (HIPAA)

HIPAA एक अमेरिकी कानून है जो स्वास्थ्य देखभाल डेटा की सुरक्षा और गोपनीयता को नियंत्रित करता है। संरक्षित स्वास्थ्य सूचना (पीएचआई) को संभालने वाले संगठनों को एचआईपीएए के सख्त सुरक्षा और गोपनीयता मानकों का पालन करना होगा। HIPAA को PHI की गोपनीयता और अखंडता की रक्षा के लिए संगठनों को प्रशासनिक, भौतिक और तकनीकी सुरक्षा उपायों को लागू करने की आवश्यकता है।

38.1.3. भुगतान कार्ड उद्योग डेटा सुरक्षा मानक (पीसीआई डीएसएस)

पीसीआई डीएसएस सुरक्षा मानकों का एक सेट है जिसे कार्डधारक डेटा की सुरक्षा और सुरक्षित भुगतान कार्ड लेनदेन सुनिश्चित करने के लिए डिज़ाइन किया गया है। यह उन संगठनों पर लागू होता है जो कार्डधारक डेटा को संसाधित, संग्रहीत या प्रसारित करते हैं। पीसीआई डीएसएस को कार्डधारक डेटा के प्रबंधन के लिए सख्त नियंत्रण की आवश्यकता होती है, जिसमें एन्क्रिप्शन, एक्सेस नियंत्रण और नियमित सुरक्षा परीक्षण शामिल हैं।

38.1.4. आईएसओ/आईईसी 27001

आईएसओ/आईईसी 27001 सूचना सुरक्षा प्रबंधन प्रणाली (आईएसएमएस) के लिए एक अंतरराष्ट्रीय मानक है। यह सूचना सुरक्षा जोखिमों के प्रबंधन और सुरक्षा नियंत्रणों को लागू करने के लिए एक रूपरेखा प्रदान करता है। आईएसओ/आईईसी 27001 प्रमाणन चाहने वाले संगठनों को जोखिम मूल्यांकन करना चाहिए, सुरक्षा नीतियां स्थापित करनी चाहिए और सूचना संपत्तियों की सुरक्षा के लिए सुरक्षा नियंत्रण का एक मजबूत सेट लागू करना चाहिए।

38.1.5. एनआईएसटी साइबर सुरक्षा ढांचा

राष्ट्रीय मानक और प्रौद्योगिकी संस्थान (एनआईएसटी) द्वारा विकसित, साइबर सुरक्षा ढांचा संगठनों को साइबर सुरक्षा जोखिमों को प्रबंधित करने और कम करने के लिए दिशानिर्देश प्रदान करता है। इसमें संगठनों की साइबर सुरक्षा स्थिति को बेहतर बनाने के लिए मानकों, दिशानिर्देशों और सर्वोत्तम प्रथाओं का एक सेट शामिल है। ढांचे में पांच मुख्य कार्य शामिल हैं: पहचानें, सुरक्षित रखें, पता लगाएं, प्रतिक्रिया दें और पुनर्प्राप्त करें।

38.1.6. FedRAMP (संघीय जोखिम और प्राधिकरण प्रबंधन कार्यक्रम)

FedRAMP एक अमेरिकी सरकार का कार्यक्रम है जो संघीय एजेंसियों द्वारा उपयोग की जाने वाली क्लाउड सेवाओं के लिए सुरक्षा मूल्यांकन, प्राधिकरण और निरंतर निगरानी के लिए एक मानकीकृत दृष्टिकोण प्रदान करता है। संघीय एजेंसियों की सेवा करने के इच्छुक क्लाउड सेवा प्रदाताओं को FedRAMP आवश्यकताओं के अनुपालन को प्रदर्शित करने के लिए एक कठोर प्राधिकरण प्रक्रिया से गुजरना होगा।

38.1.7. एसओसी 2 (सेवा संगठन नियंत्रण 2)

एसओसी 2 एक ऑडिटिंग मानक है जो क्लाउड सेवा प्रदाताओं की सुरक्षा, उपलब्धता, प्रसंस्करण अखंडता, गोपनीयता और गोपनीयता का आकलन करता है। यह ग्राहक डेटा और सिस्टम की सुरक्षा के लिए सेवा संगठनों द्वारा उपयोग किए जाने वाले नियंत्रण और प्रक्रियाओं पर केंद्रित है। विक्रेता जोखिम प्रबंधन आकलन के हिस्से के रूप में ग्राहकों द्वारा अक्सर एसओसी 2 रिपोर्ट का अनुरोध किया जाता है।

38.1.8. सीआईएस (इंटरनेट सुरक्षा केंद्र) नियंत्रण

सीआईएस नियंत्रण इंटरनेट सुरक्षा केंद्र द्वारा विकसित साइबर सुरक्षा सर्वोत्तम प्रथाओं का एक सेट है। वे किसी संगठन की साइबर सुरक्षा स्थिति में सुधार के लिए प्राथमिकता वाला दृष्टिकोण प्रदान करते हैं। सीआईएस नियंत्रण परिसंपत्ति प्रबंधन, पहुंच नियंत्रण और घटना प्रतिक्रिया सहित सुरक्षा क्षेत्रों की एक विस्तृत श्रृंखला को कवर करते हैं।

38.1.9. सीएसए (क्लाउड सिक्योरिटी एलायंस) क्लाउड कंट्रोल मैट्रिक्स

सीएसए क्लाउड कंट्रोल मैट्रिक्स एक ढांचा है जो विभिन्न उद्योग अनुपालन मानकों और विनियमों के लिए क्लाउड सुरक्षा नियंत्रण की विस्तृत मैपिंग प्रदान करता है। यह संगठनों को यह समझने में मदद करता है कि क्लाउड सेवाएँ विभिन्न अनुपालन आवश्यकताओं के साथ कैसे संरेखित होती हैं और अनुपालन क्लाउड सेवा प्रदाताओं का चयन करने में सहायता करती हैं।

38.1.10. जीडीपीआर और सीसीपीए

कैलिफोर्निया उपभोक्ता गोपनीयता अधिनियम (सीसीपीए) एक डेटा संरक्षण कानून है जो कैलिफोर्निया के निवासियों को विशिष्ट गोपनीयता अधिकार प्रदान करता है। कैलिफ़ोर्निया के निवासियों के व्यक्तिगत डेटा को संभालने वाले संगठनों को सीसीपीए आवश्यकताओं का पालन करना होगा, जो जीडीपीआर के समान हैं। जीडीपीआर और सीसीपीए दोनों व्यक्तिगत अधिकारों की सुरक्षा पर जोर देते हैं, जिसमें डेटा संग्रह तक पहुंचने, हटाने और ऑप्ट-आउट करने का अधिकार शामिल है।

38.2: क्लाउड वातावरण में अनुपालन नियंत्रण लागू करना

क्लाउड वातावरण में अनुपालन नियंत्रण लागू करने के लिए डेटा सुरक्षा और प्रासंगिक नियमों और मानकों का पालन सुनिश्चित करने के लिए एक व्यापक और सक्रिय दृष्टिकोण की आवश्यकता होती है। लागू नियमों की पहचान करके, मजबूत नीतियों को परिभाषित करके और तकनीकी नियंत्रण लागू करके, संगठन एक सुरक्षित और अनुपालन क्लाउड वातावरण बना सकते हैं। नियमित ऑडिटिंग, घटना प्रतिक्रिया योजना और कर्मचारी प्रशिक्षण निरंतर सुधार और अनुपालन के प्रति प्रतिबद्धता की संस्कृति में योगदान करते हैं।

सही रणनीतियों और प्रथाओं के साथ, संगठन उद्योग-विशिष्ट आवश्यकताओं को पूरा करते हुए और ग्राहकों और भागीदारों के साथ विश्वास बनाते हुए आत्मविश्वास से क्लाउड में काम कर सकते हैं। क्लाउड अनुपालन एक सतत प्रक्रिया है, और संगठनों को उभरते खतरे के परिदृश्य और बदलती नियामक आवश्यकताओं के अनुकूल अपने सुरक्षा उपायों की नियमित रूप से समीक्षा और अद्यतन करना चाहिए। अनुपालन को प्राथमिकता देकर, संगठन संवेदनशील डेटा की सुरक्षा कर सकते हैं, ग्राहक विश्वास बनाए रख सकते हैं और क्लाउड में डेटा सुरक्षा और गोपनीयता के प्रति प्रतिबद्धता प्रदर्शित कर सकते हैं।

38.2.1. लागू विनियमों और मानकों की पहचान करें

• आकलन:उद्योग, भौगोलिक स्थिति और संसाधित डेटा के प्रकार के आधार पर आपके संगठन पर लागू होने वाले प्रासंगिक नियमों और मानकों की पहचान करके शुरुआत करें। यह मूल्यांकन अनुपालन परिदृश्य और उन विशिष्ट आवश्यकताओं को समझने के लिए महत्वपूर्ण है जिन्हें पूरा करने की आवश्यकता है।

• विशेषज्ञों को शामिल करें: पहचाने गए नियमों और मानकों की विशिष्ट आवश्यकताओं और निहितार्थों को समझने के लिए कानूनी विशेषज्ञों और अनुपालन पेशेवरों को शामिल करें। ये विशेषज्ञ अनुपालन कार्यान्वयन प्रक्रिया के दौरान बहुमूल्य अंतर्दृष्टि और मार्गदर्शन प्रदान कर सकते हैं।

38.2.2. क्लाउड अनुपालन नीतियों को परिभाषित करें

• नीति का विकास: व्यापक क्लाउड अनुपालन नीतियां विकसित करें जो पहचाने गए नियमों और मानकों के अनुरूप हों। इन नीतियों में डेटा सुरक्षा, गोपनीयता, पहुंच नियंत्रण, घटना प्रतिक्रिया और बहुत कुछ के सभी पहलुओं को शामिल किया जाना चाहिए। अपने संगठन की विशिष्ट आवश्यकताओं के अनुरूप नीतियों को तैयार करें।

• नियम और जिम्मेदारियाँ: अनुपालन नीतियों को लागू करने, पूरे संगठन में जवाबदेही सुनिश्चित करने के लिए भूमिकाओं और जिम्मेदारियों को स्पष्ट रूप से परिभाषित करें। अनुपालन नियंत्रणों को लागू करने और निगरानी करने के लिए जिम्मेदार व्यक्तियों या टीमों को नामित करें।

38.2.3. डेटा सुरक्षा और एन्क्रिप्शन

• डेटा वर्गीकरण: डेटा को उसकी संवेदनशीलता के आधार पर वर्गीकृत करें और प्रत्येक श्रेणी की सुरक्षा के लिए उचित नियंत्रण लागू करें। सुनिश्चित करें कि संवेदनशील डेटा को अतिरिक्त देखभाल के साथ संभाला जाए और सुरक्षा उपायों को बढ़ाया जाए।

• कूटलेखन:संवेदनशील जानकारी को सुरक्षित रखने के लिए आराम में डेटा और पारगमन में डेटा के लिए एन्क्रिप्शन का उपयोग करें। एन्क्रिप्शन सुरक्षा की एक अतिरिक्त परत प्रदान करता है, यह सुनिश्चित करते हुए कि यदि डेटा से छेड़छाड़ की जाती है, तो भी यह उचित डिक्रिप्शन कुंजी के बिना अपठनीय बना रहता है।

• महतवपूर्ण प्रबंधन: एन्क्रिप्शन कुंजी की सुरक्षा सुनिश्चित करने के लिए मजबूत कुंजी प्रबंधन प्रथाओं को लागू करें। एन्क्रिप्टेड डेटा की गोपनीयता और अखंडता बनाए रखने के लिए उचित कुंजी प्रबंधन आवश्यक है।

38.2.4. अभिगम नियंत्रण

• पहचान और पहुंच प्रबंधन (IAM): उपयोगकर्ता पहुंच और अनुमतियों को प्रबंधित करने के लिए भूमिका-आधारित पहुंच नियंत्रण (आरबीएसी) सहित मजबूत आईएएम प्रथाओं को लागू करें। यह सुनिश्चित करता है कि उपयोगकर्ताओं के पास उनकी भूमिकाओं और जिम्मेदारियों के आधार पर आवश्यक अनुमतियाँ हैं।

• बहु-कारक प्रमाणीकरण (एमएफए): सुरक्षा की एक अतिरिक्त परत जोड़ने के लिए उपयोगकर्ता प्रमाणीकरण के लिए एमएफए लागू करें। एमएफए को उपयोगकर्ताओं को पहुंच प्राप्त करने से पहले कई प्रकार के सत्यापन प्रदान करने की आवश्यकता होती है, जिससे अनधिकृत पहुंच का जोखिम कम हो जाता है।

38.2.5. लॉगिंग और निगरानी

• केंद्रीकृत लॉगिंग: विभिन्न क्लाउड सेवाओं से सुरक्षा संबंधी घटनाओं को पकड़ने और उनका विश्लेषण करने के लिए केंद्रीकृत लॉगिंग सेट करें। केंद्रीकृत लॉगिंग क्लाउड वातावरण में गतिविधियों का एक व्यापक दृश्य सक्षम करती है, जिससे खतरे का पता लगाने और घटना की प्रतिक्रिया की सुविधा मिलती है।

• वास्तविक समय में निगरानी: सुरक्षा घटनाओं का तुरंत पता लगाने और उन पर प्रतिक्रिया देने के लिए वास्तविक समय की निगरानी लागू करें। वास्तविक समय की निगरानी संदिग्ध या असामान्य गतिविधियों की स्थिति में तत्काल कार्रवाई की अनुमति देती है।

38.2.6. घटना प्रतिक्रिया और रिपोर्टिंग

• घटना प्रतिक्रिया योजना: एक व्यापक घटना प्रतिक्रिया योजना विकसित करें जो सुरक्षा घटना की स्थिति में पालन की जाने वाली प्रक्रियाओं की रूपरेखा तैयार करे। योजना में रोकथाम, जांच, समाधान और रिपोर्टिंग के चरण शामिल होने चाहिए।

• डेटा उल्लंघन अधिसूचना: यदि लागू हो तो डेटा उल्लंघन अधिसूचना आवश्यकताओं का अनुपालन सुनिश्चित करें। डेटा उल्लंघन की स्थिति में संबंधित पक्षों, जैसे नियामक अधिकारियों और प्रभावित व्यक्तियों को तुरंत सूचित करें।

38.2.7. विक्रेता प्रबंधन

• यथोचित परिश्रम: यह सुनिश्चित करने के लिए कि वे प्रासंगिक नियमों और मानकों का अनुपालन करते हैं, क्लाउड सेवा प्रदाताओं पर उचित परिश्रम करें। अनुपालन जोखिमों को कम करने के लिए प्रतिष्ठित और आज्ञाकारी विक्रेताओं को चुनें।

• अनुबंधित समझौता: डेटा सुरक्षा और अनुपालन जिम्मेदारियों के संबंध में क्लाउड सेवा प्रदाताओं के साथ स्पष्ट संविदात्मक समझौते स्थापित करें। अनुपालन बनाए रखने में दोनों पक्षों की भूमिकाएं और जिम्मेदारियां परिभाषित करें।

38.2.8. नियमित लेखापरीक्षा और मूल्यांकन

• आंतरिक अंकेक्षण:स्थापित नीतियों और नियंत्रणों के अनुपालन का आकलन करने के लिए नियमित आंतरिक ऑडिट करें। आंतरिक ऑडिट संभावित अंतरालों की पहचान करने और अनुपालन आवश्यकताओं का निरंतर पालन सुनिश्चित करने में मदद करते हैं।

• तृतीय-पक्ष ऑडिट:अनुपालन का स्वतंत्र मूल्यांकन करने के लिए तृतीय-पक्ष लेखा परीक्षकों को नियुक्त करें। बाहरी ऑडिट निष्पक्ष मूल्यांकन प्रदान करते हैं और आपके अनुपालन प्रयासों की विश्वसनीयता बढ़ाते हैं।

38.2.9. प्रशिक्षण एवं जागरूकता

• कर्मचारी प्रशिक्षण: कर्मचारियों को अनुपालन नीतियों और सर्वोत्तम प्रथाओं के बारे में शिक्षित करने के लिए नियमित प्रशिक्षण प्रदान करें। प्रशिक्षण यह सुनिश्चित करता है कि कर्मचारी अनुपालन बनाए रखने में अपनी भूमिका को समझें और स्थापित नीतियों का पालन करें।

• सुरक्षा जागरूकता:यह सुनिश्चित करने के लिए सुरक्षा-जागरूक संस्कृति को बढ़ावा दें कि कर्मचारी अनुपालन के महत्व और संवेदनशील डेटा की सुरक्षा में उनकी भूमिका को सगझें।

38.2.10. निरंतर सुधार

• प्रतिक्रिया तंत्र: अनुपालन प्रथाओं पर कर्मचारियों और हितधारकों से जानकारी इकट्ठा करने के लिए फीडबैक तंत्र स्थापित करें। फीडबैक सुधार के क्षेत्रों की पहचान कर सकता है और भविष्य की अनुपालन पहलों को सूचित कर सकता है।

• अनुकूलन: बदलते नियमों और उभरते खतरों के आधार पर अनुपालन नियंत्रणों को लगातार अनुकूलित और सुधारें। विकसित हो रही अनुपालन आवश्यकताओं के बारे में सूचित रहें और तदनुसार अपनी रणनीतियों को समायोजित करें।

38.3: क्लाउड ऑडिटिंग और एश्योरेंस सेवाएँ

क्लाउड ऑडिटिंग और आश्वासन सेवाएँ क्लाउड वातावरण की सुरक्षा, अनुपालन और समग्र प्रभावशीलता में मूल्यवान अंतर्दृष्टि प्रदान करती हैं। स्वतंत्र लेखा परीक्षकों को शामिल करके और मानकीकृत ढांचे का लाभ उठाकर, संगठन अपनी क्लाउड सुरक्षा स्थिति की व्यापक समझ प्राप्त कर सकते हैं। ऑडिट परिणाम और आश्वासन सेवाएँ निरंतर सुधार में योगदान करती हैं, संगठनों को जोखिमों का समाधान करने, क्लाउड सुरक्षा नियंत्रण को मजबूत करने और प्रासंगिक नियमों और मानकों का अनुपालन बनाए रखने में सक्षम बनाती हैं।

क्लाउड गवर्नेंस और सुरक्षा के लिए एक सक्रिय दृष्टिकोण के साथ, संगठन एक सुरक्षित और लचीला क्लाउड इंफ्रास्ट्रक्चर सुनिश्चित करते हुए अपने ग्राहकों, भागीदारों और हितधारकों के साथ विश्वास बना सकते हैं। क्लाउड अनुपालन एक सतत प्रक्रिया है, और संगठनों को उभरते खतरे के परिदृश्य और बदलती नियामक आवश्यकताओं के अनुकूल अपने सुरक्षा उपायों की नियमित रूप से समीक्षा और अद्यतन करना चाहिए। अनुपालन को प्राथमिकता देकर, संगठन संवेदनशील डेटा की सुरक्षा कर सकते हैं, ग्राहक विश्वास बनाए रख सकते हैं और क्लाउड में डेटा सुरक्षा और गोपनीयता के प्रति प्रतिबद्धता प्रदर्शित कर सकते हैं।

38.3.1. क्लाउड ऑडिटिंग और आश्वासन को समझना

• क्लाउड ऑडिटिंग:क्लाउड ऑडिटिंग में सुरक्षा उपायों की प्रभावशीलता और नीतियों और मानकों के अनुपालन का आकलन करने के लिए क्लाउड संसाधनों, कॉन्फ़िगरेशन और सुरक्षा नियंत्रण का मूल्यांकन करना शामिल है। इसका उद्देश्य क्लाउड वातावरण के भीतर कमजोरियों, गलत कॉन्फ़िगरेशन और सुधार के क्षेत्रों की पहचान करना है।
• आश्वासन सेवा: एश्योरेंस सेवाएँ क्लाउड वातावरण में विश्वास पैदा करने के लिए क्लाउड सुरक्षा और अनुपालन का स्वतंत्र मूल्यांकन प्रदान करती हैं। ये मूल्यांकन योग्य लेखा परीक्षकों या क्लाउड सुरक्षा में विशेषज्ञता वाले तृतीय-पक्ष संगठनों द्वारा आयोजित किए जाते हैं।

38.3.2. क्लाउड ऑडिटिंग और एश्योरेंस सेवाओं के लाभ

• जोखिम की पहचान:ऑडिटिंग सेवाएँ क्लाउड वातावरण में संभावित सुरक्षा जोखिमों और कमजोरियों की पहचान करने में मदद करती हैं, जिससे समय पर निवारण संभव हो पाता है। क्लाउड इंफ्रास्ट्रक्चर में कमजोर बिंदुओं की पहचान करके, संगठन सक्रिय रूप से अपनी सुरक्षा स्थिति को मजबूत कर सकते हैं।
• अनुपालन सत्यापन: आश्वासन सेवाएँ उद्योग नियमों, डेटा सुरक्षा कानूनों और सुरक्षा मानकों के अनुपालन को मान्य करती हैं। यह सत्यापन उन संगठनों के लिए आवश्यक है जो संवेदनशील डेटा को संभालते हैं या उच्च विनियमित उद्योगों में काम करते हैं।
• तृतीय-पक्ष सत्यापन:स्वतंत्र ऑडिट क्लाउड सुरक्षा और अनुपालन की तृतीय-पक्ष मान्यता प्रदान करते हैं। यह पारदर्शिता ग्राहकों, भागीदारों और नियामक अधिकारियों सहित हितधारकों के बीच विश्वास पैदा करती है।
• निरंतर सुधार: ऑडिटिंग के परिणाम और सिफ़ारिशें क्लाउड सुरक्षा और शासन प्रथाओं में निरंतर सुधार लाती हैं। संगठन ऑडिट से प्राप्त अंतर्दृष्टि का उपयोग अपने सुरक्षा उपायों को बढ़ाने और उभरते खतरों से निपटने के लिए कर सकते हैं।

38.3.3. क्लाउड ऑडिट और एश्योरेंस सेवाओं के प्रकार

• सुरक्षा ऑडिट: क्लाउड सुरक्षा नियंत्रण, डेटा सुरक्षा प्रथाओं, पहुंच नियंत्रण और एन्क्रिप्शन उपायों का मूल्यांकन करें। सुरक्षा ऑडिट क्लाउड वातावरण की समग्र सुरक्षा स्थिति का आकलन करने में मदद करते हैं।
• अनुपालन लेखापरीक्षा: संगठन के संचालन के लिए प्रासंगिक विशिष्ट उद्योग नियमों, जैसे जीडीपीआर, एचआईपीएए, या पीसीआई डीएसएस का पालन सुनिश्चित करें। अनुपालन ऑडिट सत्यापित करते हैं कि क्लाउड वातावरण आवश्यक कानूनी और नियामक दायित्वों को पूरा करता है।
• जोख़िम का आकलन: क्लाउड वातावरण में संभावित जोखिमों की पहचान करें और उनका आकलन करें, जिससे संगठनों को सुरक्षा प्रयासों को प्राथमिकता देने में मदद मिलेगी। सुरक्षा घटनाओं के संभावित प्रभाव को समझने और जोखिम प्रबंधन रणनीतियों का मार्गदर्शन करने के लिए जोखिम मूल्यांकन मूल्यवान हैं।
• निष्पादन लेखापरीक्षा:सेवा स्तर समझौतों (एसएलए) को पूरा करने में क्लाउड सेवा प्रदाताओं की दक्षता और प्रभावशीलता का मूल्यांकन करें। प्रदर्शन ऑडिट सुनिश्चित करते हैं कि क्लाउड सेवाएँ अपेक्षित प्रदर्शन और उपलब्धता प्रदान करें।

38.3.4. क्लाउड ऑडिट मानक और फ्रेमवर्क

• क्लाउड सिक्योरिटी एलायंस (सीएसए) सिक्योरिटी ट्रस्ट एश्योरेंस एंड रिस्क (स्टार) रजिस्ट्री: क्लाउड सेवा प्रदाताओं और उनके सुरक्षा मूल्यांकन परिणामों की एक रजिस्ट्री प्रदान करता है। संगठन विभिन्न क्लाउड विक्रेताओं की सुरक्षा प्रथाओं का मूल्यांकन करने के लिए स्टार रजिस्ट्री का उपयोग कर सकते हैं।
• अमेरिकन इंस्टीट्यूट ऑफ सर्टिफाइड पब्लिक अकाउंटेंट्स (एआईसीपीए) एसओसी रिपोर्ट: इसमें एसओसी 1, एसओसी 2 और एसओसी 3 रिपोर्ट शामिल हैं, जो क्लाउड सेवाओं की सुरक्षा, उपलब्धता, प्रसंस्करण अखंडता, गोपनीयता और गोपनीयता पर आश्वासन प्रदान करती हैं। ये रिपोर्टें क्लाउड सेवा प्रदाताओं के नियंत्रणों को समझने के लिए मूल्यवान हैं।
• आईएसओ/आईईसी 27017: क्लाउड सेवा प्रदाताओं और क्लाउड ग्राहकों के लिए क्लाउड-विशिष्ट सुरक्षा नियंत्रण और दिशानिर्देश निर्दिष्ट करता है। यह मानक संगठनों को क्लाउड-विशिष्ट सुरक्षा चुनौतियों से निपटने में मदद करता है।

38.3.5. क्लाउड ऑडिटिंग और आश्वासन प्रदाताओं को शामिल करना

• योग्य लेखा परीक्षक: क्लाउड सुरक्षा और अनुपालन में विशेषज्ञता वाले योग्य और प्रतिष्ठित लेखा परीक्षकों को नियुक्त करें। ऐसे ऑडिटर चुनें जिनके पास क्लाउड परिवेश का आकलन करने का अनुभव हो और जो प्रासंगिक नियमों से परिचित हों।

• दायरा परिभाषा: विशिष्ट क्लाउड सेवाओं और अनुपालन आवश्यकताओं को कवर करते हुए ऑडिट या आश्वासन सहभागिता के दायरे को परिभाषित करें। ऑडिट के उद्देश्यों को ऑडिटरों को स्पष्ट रूप से बताएं।

• मूल्यांकन पद्धति: ऑडिटिंग पद्धति को समझें और मूल्यांकन कैसे किया जाएगा। इसमें ऑडिट के दौरान उपयोग किए जाने वाले उपकरण, तकनीक और प्रक्रियाएं शामिल हैं।

• निवारण सिफ़ारिशें: सुनिश्चित करें कि ऑडिटर क्लाउड सुरक्षा और अनुपालन में सुधार के लिए कार्रवाई योग्य सिफारिशें प्रदान करें। जोखिम और प्रभाव के आधार पर इन सिफारिशों को प्राथमिकता दी जानी चाहिए।

38.3.6. निरंतर सुधार के लिए लेखापरीक्षा परिणामों का लाभ उठाना

• कार्रवाई योग्य अंतर्दृष्टि: सुधार के क्षेत्रों की पहचान करने और सुरक्षा संवर्द्धन को प्राथमिकता देने के लिए ऑडिट परिणामों का उपयोग करें। ऑडिट प्रक्रिया के दौरान पहचानी गई किसी भी कमज़ोरी या कमियों को दूर करें।

• निरंतर निगरानी: सुरक्षा मुद्दों को सक्रिय रूप से पहचानने और उनका समाधान करने के लिए निरंतर निगरानी प्रथाओं को लागू करें। निरंतर निगरानी से संगठनों को वास्तविक समय में सुरक्षा घटनाओं का पता लगाने और प्रतिक्रिया देने में मदद मिलती है।

• निष्कर्षों पर प्रतिक्रिया: लेखापरीक्षा अनुशंसाओं के आधार पर पहचानी गई कमजोरियों और कमजोरियों को संबोधित करें और उनका समाधान करें। सुरक्षा उपायों में सुधार के लिए एक योजना विकसित करें और आवश्यक परिवर्तन लागू करें।

अभ्यास

बहु विकल्पीय प्रश्न

1. कौन सा क्लाउड अनुपालन ढांचा कार्डधारक डेटा की सुरक्षा और सुरक्षित भुगतान कार्ड लेनदेन पर केंद्रित है?

a) जीडीपीआर

b) HIPAA

c) पीसीआई डीएसएस

d) एनआईएसटी साइबर सुरक्षा ढांचा

2. आईएसओ/आईईसी 27001 प्रबंधन के लिए एक अंतरराष्ट्रीय मानक है:

a) यूरोपीय संघ के नागरिकों का व्यक्तिगत डेटा

b) हेल्थकेयर डेटा

c) सूचना सुरक्षा

d) क्लाउड सेवा प्रदाताओं का प्रदर्शन

3. NIST साइबर सुरक्षा फ्रेमवर्क में कितने मुख्य कार्य शामिल हैं?

a) 3

b) 4

c) 5

d) 6

4. FedRAMP एक अमेरिकी सरकारी कार्यक्रम है जो सुरक्षा मूल्यांकन के लिए एक मानकीकृत दृष्टिकोण प्रदान करता है:

a) क्लाउड सेवा प्रदाता

b) वित्तीय संस्थानों

c) रिटेलर्स

d) शिक्षण संस्थानों

5. कौन सा ऑडिट मानक सुरक्षा, उपलब्धता, प्रसंस्करण अखंडता, गोपनीयता और गोपनीयता का आकलन करता है क्लाउड सेवा प्रदाता?

a) एसओसी 1

b) एसओसी 2

c) एसओसी 3

d) आईएसओ/आईईसी 27017

6. सीआईएस नियंत्रण सुरक्षा क्षेत्रों की एक विस्तृत श्रृंखला को कवर करते हैं, जिनमें निम्नलिखित को छोड़कर सभी शामिल हैं:

a) परिसंपत्ति प्रबंधन

b) अभिगम नियंत्रण

c) घटना की प्रतिक्रिया

d) विक्रेता प्रबंधन

7. सीएसए क्लाउड कंट्रोल मैट्रिक्स संगठनों को क्या समझने में मदद करता है?

a) क्लाउड सेवा प्रदाताओं का प्रदर्शन

b) क्लाउड सेवाएँ अनुपालन आवश्यकताओं के साथ कैसे संरेखित होती हैं

c) क्लाउड डेटा एन्क्रिप्शन के लिए सर्वोत्तम अभ्यास

d) क्लाउड गवर्नेंस को कैसे सुधारें

8. क्लाउड परिवेश के लिए स्वतंत्र लेखा परीक्षकों को नियुक्त करने का प्राथमिक उद्देश्य क्या है?

a) यह सुनिश्चित करना कि डेटा वर्गीकरण सटीक है

b) क्लाउड सेवा प्रदाताओं के प्रदर्शन का आकलन करना
c) विनियमों और मानकों के अनुपालन को मान्य करना
d) संभावित सुरक्षा जोखिमों की पहचान करना

9. संगठन निरंतर सुधार के लिए ऑडिट परिणामों का लाभ कैसे उठा सकते हैं?

a) सुरक्षा संवर्द्धन को प्राथमिकता देना और कमजोरियों को दूर करना
b) सतत निगरानी प्रथाओं को लागू करना
c) एक सुरक्षा जागरूकता कार्यक्रम का विकास करना
d) तीसरे पक्ष के विक्रेता मूल्यांकन का संचालन करना

समीक्षा प्रश्न

1. सामान्य डेटा संरक्षण विनियमन (जीडीपीआर) क्या है, और यह किस पर लागू होता है?
2. स्वास्थ्य बीमा पोर्टेबिलिटी और जवाबदेही अधिनियम (HIPAA) हेल्थकेयर डेटा की सुरक्षा कैसे करता है?
3. एनआईएसटी साइबर सुरक्षा ढांचे के मुख्य कार्य क्या हैं?
4. भुगतान कार्ड उद्योग डेटा सुरक्षा मानक (पीसीआई डीएसएस) सुरक्षित भुगतान कार्ड लेनदेन कैसे सुनिश्चित करता है?
5. आईएसओ/आईईसी 27001 क्या है, और यह संगठनों को सूचना सुरक्षा जोखिमों को प्रबंधित करने में कैसे मदद करता है?
6. फ़ेड्रैम्प (संघीय जोखिम और प्राधिकरण प्रबंधन कार्यक्रम) क्लाउड सेवा प्रदाताओं को कैसे लाभ पहुँचाता है?
7. एसओसी 2 (सेवा संगठन नियंत्रण 2) क्या है, और यह क्लाउड सेवा प्रदाताओं का मूल्यांकन कैसे करता है?
8. सीआईएस (इंटरनेट सुरक्षा केंद्र) नियंत्रण संगठनों को उनकी साइबर सुरक्षा स्थिति में सुधार करने में कैसे मदद करता है?
9. सीएसए (क्लाउड सिक्योरिटी अलायंस) क्लाउड कंट्रोल मैट्रिक्स संगठनों को क्लाउड सेवा प्रदाताओं के चयन में कैसे सहायता करता है?
10. संगठन क्लाउड अनुपालन और सुरक्षा में निरंतर सुधार कैसे सुनिश्चित कर सकते हैं?
11. क्लाउड अनुपालन एक सतत प्रक्रिया क्यों है, और यह बदलते नियामकों के अनुकूल कैसे बनती है आवश्यकताएँ और धमकियाँ?

उत्तर अनुभाग

बहु विकल्पीय प्रश्न

1. c) पीसीआई डीएसएस
2. c) सूचना सुरक्षा
3. c) 5
4. a) क्लाउड सेवा प्रदाता
5. b) एसओसी 2
6. d) विक्रेता प्रबंधन
7. b) क्लाउड सेवाएँ अनुपालन आवश्यकताओं के साथ कैसे संरेखित होती हैं
8. c) विनियमों और मानकों के अनुपालन को मान्य करना
9. a) सुरक्षा संवर्द्धन को प्राथमिकता देना और कमजोरियों को दूर करना

समीक्षा प्रश्न

1. जीडीपीआर एक व्यापक डेटा सुरक्षा विनियमन है जो यूरोपीय संघ के नागरिकों के व्यक्तिगत डेटा को संभालने वाले संगठनों पर लागू होता है, भले ही संगठन कहीं भी स्थित हो। यह डेटा सुरक्षा, गोपनीयता और सहमति के लिए विशिष्ट आवश्यकताएं निर्धारित करता है, और गैर-अनुपालन के लिए सख्त दंड लगाता है। जीडीपीआर व्यक्तिगत डेटा के संग्रह और प्रसंस्करण के संबंध में पारदर्शिता, जवाबदेही और उपयोगकर्ता की सहमति पर जोर देता है। जीडीपीआर के अधीन संगठनों को व्यक्तिगत डेटा की सुरक्षा के लिए उपाय लागू करने होंगे, वैध सहमति प्राप्त करनी होगी, डेटा उल्लंघन सूचनाएं प्रदान करनी होंगी और व्यक्तियों को अपने डेटा अधिकारों का उपयोग करने की अनुमति देनी होगी।

2. HIPAA एक अमेरिकी कानून है जो स्वास्थ्य देखभाल डेटा, विशेष रूप से संरक्षित स्वास्थ्य सूचना (PHI) की सुरक्षा और गोपनीयता को नियंत्रित करता है। पीएचआई को संभालने वाले संगठनों को एचआईपीएए के सख्त सुरक्षा और गोपनीयता मानकों का पालन करना होगा। HIPAA को PHI की गोपनीयता और अखंडता की रक्षा के लिए प्रशासनिक, भौतिक और तकनीकी सुरक्षा उपायों के कार्यान्वयन की आवश्यकता है। यह अनुपालन प्रयासों की निगरानी और जोखिम मूल्यांकन करने के लिए एक गोपनीयता अधिकारी और एक सुरक्षा अधिकारी की नियुक्ति को भी अनिवार्य बनाता है। इसके अतिरिक्त, HIPAA को डेटा एक्सेस, प्रकटीकरण और उल्लंघन अधिसूचना के लिए नीतियों और प्रक्रियाओं के विकास की आवश्यकता है।

3. एनआईएसटी साइबर सुरक्षा फ्रेमवर्क में पांच मुख्य कार्य शामिल हैं: पहचानना, सुरक्षा करना, पता लगाना, प्रतिक्रिया देना और पुनर्प्राप्त करना। "पहचान" में परिसंपत्ति प्रबंधन, जोखिम मूल्यांकन और भेद्यता मूल्यांकन आयोजित करके साइबर सुरक्षा जोखिमों को समझना और प्रबंधित करना शामिल है। "प्रोटेक्ट" डेटा सुरक्षा सुनिश्चित करने के लिए सुरक्षा उपायों को लागू करने पर केंद्रित है, जैसे एक्सेस नियंत्रण, डेटा एन्क्रिप्शन और सुरक्षा जागरूकता प्रशिक्षण। "डिटेक्ट" में साइबर सुरक्षा घटनाओं और घटनाओं की निरंतर निगरानी और पता लगाना शामिल है। "उत्तर" घटना प्रतिक्रिया योजनाओं और प्रभावी प्रतिक्रिया और पुनर्प्राप्ति गतिविधियों के विकास पर जोर देता है। "रिकवर" में साइबर सुरक्षा घटना के बाद संचालन और सेवाओं को बहाल करने के लिए रणनीतियों की योजना बनाना और उन्हें लागू करना शामिल है।

4. पीसीआई डीएसएस सुरक्षा मानकों का एक सेट है जिसे कार्डधारक डेटा की सुरक्षा और सुरक्षित भुगतान कार्ड लेनदेन सुनिश्चित करने के लिए डिज़ाइन किया गया है। यह उन संगठनों पर लागू होता है जो कार्डधारक डेटा को संसाधित, संग्रहीत या प्रसारित करते हैं। पीसीआई डीएसएस को कार्डधारक डेटा के प्रबंधन के लिए सख्त नियंत्रण की आवश्यकता होती है, जिसमें एन्क्रिप्शन, एक्सेस नियंत्रण और नियमित सुरक्षा परीक्षण शामिल हैं। पीसीआई डीएसएस के अनुपालन से संगठनों को डेटा उल्लंघनों और भुगतान कार्ड की जानकारी तक अनधिकृत पहुंच को रोकने में मदद मिलती है। आवश्यक सुरक्षा उपायों को लागू करके, संगठन संवेदनशील डेटा की सुरक्षा सुनिश्चित कर सकते हैं और सुरक्षित लेनदेन करने की अपनी क्षमता में ग्राहकों का विश्वास बनाए रख सकते हैं।

5. आईएसओ/आईईसी 27001 सूचना सुरक्षा प्रबंधन प्रणाली (आईएसएमएस) के लिए एक अंतरराष्ट्रीय मानक है। यह सूचना सुरक्षा जोखिमों के प्रबंधन और सुरक्षा नियंत्रणों को लागू करने के लिए एक रूपरेखा प्रदान करता है। आईएसओ/आईईसी 27001 प्रमाणन चाहने वाले संगठनों को जोखिम मूल्यांकन करना चाहिए, सुरक्षा नीतियां स्थापित

करनी चाहिए और सूचना संपत्तियों की सुरक्षा के लिए सुरक्षा नियंत्रण का एक मजबूत सेट लागू करना चाहिए। मानक सूचना सुरक्षा के लिए एक व्यवस्थित दृष्टिकोण पर केंद्रित है, जिसमें जोखिम प्रबंधन, परिसंपत्ति प्रबंधन, पहुंच नियंत्रण और घटना प्रतिक्रिया जैसे क्षेत्र शामिल हैं। ISO/IEC 27001 दिशानिर्देशों का पालन करके, संगठन संभावित सुरक्षा खतरों की पहचान कर सकते हैं और उनका समाधान कर सकते हैं और अपनी सूचना संपत्तियों की गोपनीयता, अखंडता और उपलब्धता सुनिश्चित कर सकते हैं।

6. FedRAMP एक अमेरिकी सरकार का कार्यक्रम है जो संघीय एजेंसियों द्वारा उपयोग की जाने वाली क्लाउड सेवाओं के लिए सुरक्षा मूल्यांकन, प्राधिकरण और निरंतर निगरानी के लिए एक मानकीकृत दृष्टिकोण प्रदान करता है। संघीय एजेंसियों की सेवा करने के इच्छुक क्लाउड सेवा प्रदाताओं (सीएसपी) को FedRAMP आवश्यकताओं के अनुपालन को प्रदर्शित करने के लिए एक कठोर प्राधिकरण प्रक्रिया से गुजरना होगा। फेडआरएएमपी प्राधिकरण प्राप्त करने से सीएसपी को संघीय ग्राहकों को अपनी क्लाउड सेवाएं प्रदान करने, अपने बाजार के अवसरों का विस्तार करने और सरकारी एजेंसियों के साथ विश्वास स्थापित करने की अनुमति मिलती है। FedRAMP प्राधिकरण संघीय एजेंसियों के लिए खरीद प्रक्रिया को भी सुव्यवस्थित करता है, क्योंकि वे FedRAMP कार्यक्रम द्वारा किए गए मानकीकृत सुरक्षा मूल्यांकन पर भरोसा कर सकते हैं।

7. एसओसी 2 एक ऑडिटिंग मानक है जो क्लाउड सेवा प्रदाताओं की सुरक्षा, उपलब्धता, प्रसंस्करण अखंडता, गोपनीयता और गोपनीयता का आकलन करता है। यह ग्राहक डेटा और सिस्टम की सुरक्षा के लिए सेवा संगठनों द्वारा उपयोग किए जाने वाले नियंत्रण और प्रक्रियाओं पर केंद्रित है। विक्रेता जोखिम प्रबंधन आकलन के हिस्से के रूप में ग्राहकों द्वारा अक्सर एसओसी 2 रिपोर्ट का अनुरोध किया जाता है। ऑडिट अमेरिकन इंस्टीट्यूट ऑफ सर्टिफाइड पब्लिक अकाउंटेंट्स (एआईसीपीए) द्वारा परिभाषित ट्रस्ट सेवा मानदंडों के आधार पर सुरक्षा नियंत्रण के डिजाइन और प्रभावशीलता का मूल्यांकन करता है। एसओसी 2 रिपोर्ट क्लाउड सेवा प्रदाताओं की सुरक्षा प्रथाओं में मूल्यवान अंतर्दृष्टि प्रदान करती है और ग्राहकों को क्लाउड में अपने डेटा की सुरक्षा के बारे में सूचित निर्णय लेने में मदद करती है।

8. सीआईएस नियंत्रण इंटरनेट सुरक्षा केंद्र द्वारा विकसित साइबर सुरक्षा सर्वोत्तम प्रथाओं का एक सेट है। वे किसी संगठन की साइबर सुरक्षा स्थिति में सुधार के लिए प्राथमिकता वाला दृष्टिकोण प्रदान करते हैं। सीआईएस नियंत्रण परिसंपत्ति प्रबंधन, पहुंच नियंत्रण और घटना प्रतिक्रिया सहित सुरक्षा क्षेत्रों की एक विस्तृत श्रृंखला को कवर करते हैं। सीआईएस नियंत्रणों को लागू करके, संगठन महत्वपूर्ण सुरक्षा कमजोरियों की पहचान और समाधान कर सकते हैं, साइबर हमलों के जोखिम को कम कर सकते हैं और अपनी समग्र सुरक्षा लचीलापन बढ़ा सकते हैं। उभरते खतरे के परिदृश्य को प्रतिबिंबित करने के लिए नियंत्रणों को नियमित रूप से अद्यतन किया जाता है, जिससे यह सुनिश्चित होता है कि संगठन नवीनतम सुरक्षा सर्वोत्तम प्रथाओं के साथ अद्यतित रहें।

9. सीएसए क्लाउड कंट्रोल मैट्रिक्स एक ढांचा है जो विभिन्न उद्योग अनुपालन मानकों और विनियमों के लिए क्लाउड सुरक्षा नियंत्रण की विस्तृत मैपिंग प्रदान करता है। यह संगठनों को यह समझने में मदद करता है कि क्लाउड सेवाएँ विभिन्न अनुपालन आवश्यकताओं के साथ कैसे संरेखित होती हैं, जिससे विशिष्ट सुरक्षा और अनुपालन आवश्यकताओं को पूरा करने वाले क्लाउड सेवा प्रदाताओं का चयन करना आसान हो जाता है। क्लाउड नियंत्रण मैट्रिक्स संगठनों को क्लाउड सेवा प्रदाताओं की सुरक्षा स्थिति का आकलन करने और उद्योग मानकों के विरुद्ध उनकी क्षमताओं की तुलना करने की अनुमति देता है। क्लाउड नियंत्रण मैट्रिक्स का लाभ उठाकर, संगठन क्लाउड सेवा प्रदाताओं की सुरक्षा और अनुपालन के बारे में सूचित निर्णय ले सकते हैं और यह सुनिश्चित कर सकते हैं कि उनकी क्लाउड तैनाती उद्योग की सर्वोत्तम प्रथाओं का पालन करती है।

10. क्लाउड अनुपालन और सुरक्षा में निरंतर सुधार कई रणनीतियों के माध्यम से प्राप्त किया जा सकता है। नियमित ऑडिट और मूल्यांकन से सुधार के क्षेत्रों की पहचान करने और संभावित कमजोरियों को उजागर करने में मदद मिलती है। संगठनों को स्थापित नीतियों और नियंत्रणों के अनुपालन का आकलन करने के लिए आंतरिक ऑडिट करना चाहिए और स्वतंत्र मूल्यांकन के लिए तीसरे पक्ष के ऑडिटरों को नियुक्त करना चाहिए। कर्मचारियों और हितधारकों से फीडबैक तंत्र अनुपालन प्रथाओं में अंतर्दृष्टि प्रदान कर सकता है और वृद्धि के लिए क्षेत्रों की पहचान कर सकता है। निरंतर निगरानी संगठनों को वास्तविक समय में सुरक्षा घटनाओं का सक्रिय रूप से पता लगाने और प्रतिक्रिया देने की अनुमति देती है। इसके अतिरिक्त, कर्मचारी प्रशिक्षण और सुरक्षा जागरूकता कार्यक्रम सुरक्षा-जागरूक संस्कृति को

बढ़ावा देते हैं, जिससे यह सुनिश्चित होता है कि कर्मचारी अनुपालन के महत्व और संवेदनशील डेटा की सुरक्षा में उनकी भूमिका को समझते हैं।

11. क्लाउड अनुपालन एक सतत प्रक्रिया है क्योंकि नियामक परिदृश्य और साइबर सुरक्षा खतरे लगातार विकसित हो रहे हैं। नए नियम पेश किए जा सकते हैं, मौजूदा नियमों को अद्यतन किया जा सकता है, और नए साइबर सुरक्षा जोखिमों के उभरने से खतरे का परिदृश्य बदल सकता है। परिणामस्वरूप, संगठनों को नवीनतम नियमों के अनुपालन में बने रहने और उभरते खतरों को कम करने के लिए अपने सुरक्षा उपायों की नियमित रूप से समीक्षा और अद्यतन करना चाहिए। विनियामक वातावरण में परिवर्तनों की निरंतर निगरानी करके और नियमित जोखिम मूल्यांकन करके, संगठन नई चुनौतियों का समाधान करने के लिए अपनी क्लाउड अनुपालन रणनीतियों और सुरक्षा नियंत्रणों को अनुकूलित कर सकते हैं। चल रहे अनुपालन प्रयास क्लाउड में डेटा सुरक्षा और गोपनीयता के प्रति संगठन की प्रतिबद्धता को प्रदर्शित करते हैं और ग्राहकों, भागीदारों और हितधारकों के साथ विश्वास बनाने में योगदान करते हैं।

अध्याय 39: क्लाउड-आधारित इंटरनेट ऑफ थिंग्स (IoT) समाधान

39.1 क्लाउड इंटरनेट ऑफ थिंग्स (IoT) सेवाओं और प्लेटफार्मों का अवलोकन

क्लाउड IoT सेवाएँ और प्लेटफ़ॉर्म IoT पारिस्थितिकी तंत्र के आवश्यक घटक हैं, जो कनेक्टेड डिवाइसों द्वारा उत्पन्न बड़ी मात्रा में डेटा को प्रबंधित, संसाधित और विश्लेषण करने के लिए आवश्यक बुनियादी ढाँचा और क्षमताएँ प्रदान करते हैं। अपनी स्केलेबिलिटी, लागत-प्रभावशीलता और वास्तविक समय डेटा प्रोसेसिंग क्षमताओं के साथ, ये सेवाएं संगठनों को IoT की पूरी क्षमता को अनलॉक करने में सक्षम बनाती हैं, जिससे घरेलू स्वचालन, स्वास्थ्य सेवा, विनिर्माण और स्मार्ट शहरों जैसे उद्योगों में अनुप्रयोगों की एक विस्तृत श्रृंखला को शक्ति मिलती है। जैसे-जैसे IoT परिदृश्य बढ़ता जा रहा है, क्लाउड IoT सेवाएं नवीन और परिवर्तनकारी IoT समाधानों का समर्थन करने में तेजी से महत्वपूर्ण भूमिका निभाएंगी। जो संगठन क्लाउड IoT सेवाओं का लाभ उठाते हैं, वे IoT डेटा से कार्रवाई योग्य अंतर्दृष्टि प्राप्त कर सकते हैं, परिचालन दक्षता में सुधार कर सकते हैं और ग्राहक अनुभवों को बढ़ा सकते हैं, जिससे डिजिटल युग में सफलता के लिए खुद को तैयार किया जा सकता है।

39.1.1. क्लाउड IoT सेवाओं को समझना

- डेटा प्रबंधन:क्लाउड IoT सेवाएँ कनेक्टेड डिवाइसों से डेटा के प्रवाह का प्रबंधन, भंडारण, प्रसंस्करण और वास्तविक समय में डेटा का विश्लेषण करती हैं। ये सेवाएँ IoT उपकरणों द्वारा उत्पन्न बड़ी मात्रा में डेटा संग्रहीत करने के लिए एक केंद्रीकृत भंडार प्रदान करती हैं।
- डिवाइस कनेक्टिविटी: ये सेवाएँ IoT उपकरणों और क्लाउड के बीच डिवाइस पंजीकरण, प्रमाणीकरण और सुरक्षित संचार की सुविधा प्रदान करती हैं। सुरक्षित संचार चैनल प्रदान करके, क्लाउड IoT सेवाएँ यह सुनिश्चित करती हैं कि डिवाइस और क्लाउड के बीच प्रसारित डेटा गोपनीय रहे और अनधिकृत पहुंच से सुरक्षित रहे।
- स्केलेबिलिटी: क्लाउड IoT सेवाओं को बड़े पैमाने पर IoT परिनियोजन को संभालने के लिए डिज़ाइन किया गया है, जो बड़ी संख्या में उपकरणों के साथ भी निर्बाध संचालन सुनिश्चित करता है। वे कनेक्टेड डिवाइसों की घातीय वृद्धि और उनके द्वारा उत्पन्न डेटा को समायोजित करने के लिए लचीलापन प्रदान करते हैं।

39.1.2. क्लाउड IoT प्लेटफ़ॉर्म सुविधाएँ

- डेटा अंतर्ग्रहण: क्लाउड IoT प्लेटफ़ॉर्म डिवाइसों को क्लाउड पर डेटा भेजने की अनुमति देता है, जो डेटा भंडारण और प्रबंधन के लिए एक केंद्रीकृत स्थान प्रदान करता है। यह सुविधा आवश्यक है क्योंकि IoT डिवाइस भारी मात्रा में डेटा उत्पन्न करते हैं जिन्हें कुशलतापूर्वक संसाधित और विश्लेषण करने की आवश्यकता होती है।
- डाटा प्रासेसिंग: वास्तविक समय डेटा प्रोसेसिंग और विश्लेषण IoT-जनित डेटा के आधार पर कार्रवाई योग्य अंतर्दृष्टि और त्वरित निर्णय लेने में सक्षम बनाता है। क्लाउड IoT प्लेटफ़ॉर्म IoT उपकरणों द्वारा उत्पन्न कच्चे डेटा से सार्थक जानकारी प्राप्त करने के लिए परिष्कृत डेटा प्रोसेसिंग क्षमताओं का लाभ उठाते हैं।

• डिवाइस प्रबंधन: ये प्लेटफ़ॉर्म डिवाइस जीवनचक्र प्रबंधन को सरल बनाते हुए डिवाइस पंजीकरण, प्रावधान और ओवर-द-एयर अपडेट के लिए कार्यक्षमता प्रदान करते हैं। डिवाइस प्रबंधन सुविधाएँ यह सुनिश्चित करती हैं कि डिवाइस अद्यतन रहें और अपने पूरे परिचालन जीवन के दौरान बेहतर ढंग से कार्य करें।

• सुरक्षा और प्रमाणीकरण: डिवाइस प्रमाणीकरण और डेटा एन्क्रिप्शन जैसे मजबूत सुरक्षा तंत्र, डेटा गोपनीयता सुनिश्चित करते हैं और संभावित खतरों से रक्षा करते हैं। क्लाउड IoT प्लेटफ़ॉर्म डिवाइस और क्लाउड के बीच प्रसारित डेटा की अखंडता और गोपनीयता की सुरक्षा के लिए विभिन्न सुरक्षा उपाय अपनाते हैं।

• एकीकरण: क्लाउड IoT प्लेटफ़ॉर्म अपनी क्षमताओं का लाभ उठाने के लिए अन्य क्लाउड सेवाओं, जैसे डेटा स्टोरेज, मशीन लर्निंग और बिजनेस इंटेलिजेंस टूल के साथ एकीकृत होते हैं। यह एकीकरण संगठनों को व्यापक IoT समाधान बनाने की अनुमति देता है जो विभिन्न क्लाउड सेवाओं का एक साथ उपयोग करते हैं।

39.1.3. प्रमुख क्लाउड IoT सेवा प्रदाता

• AWS IoT कोर: अमेज़ॅन वेब सर्विसेज का IoT कोर डिवाइस प्रबंधन, डेटा प्रोसेसिंग और क्लाउड एकीकरण सहित स्केलेबल और सुरक्षित IoT सेवाएं प्रदान करता है। AWS IoT Core को व्यापक रूप से अपनाया गया है और IoT परिनियोजन का समर्थन करने के लिए सुविधाओं की एक विस्तृत श्रृंखला प्रदान करता है।

• Azure IoT हब: Microsoft का Azure IoT हब Azure के क्लाउड सेवाओं के सुइट के साथ निर्बाध डिवाइस कनेक्टिविटी, डेटा अंतर्ग्रहण और एकीकरण को सक्षम बनाता है। Azure IoT हब Microsoft के मजबूत IoT पारिस्थितिकी तंत्र का हिस्सा है।

• Google क्लाउड IoT कोर:Google क्लाउड IoT Core Google क्लाउड प्लेटफ़ॉर्म पर IoT डिवाइस प्रबंधन, डेटा प्रोसेसिंग और एनालिटिक्स के लिए एक प्रबंधित सेवा प्रदान करता है। Google क्लाउड IoT Core Google के बुनियादी ढांचे और डेटा विश्लेषण क्षमताओं का लाभ उठाता है।

39.1.4. क्लाउड IoT सेवाओं और प्लेटफ़ॉर्म के लाभ

• स्केलेबिलिटी:क्लाउड IoT सेवाएँ कनेक्टेड डिवाइसों की घातीय वृद्धि और उनके द्वारा उत्पन्न डेटा को समायोजित करने के लिए स्केल कर सकती हैं। संगठन बुनियादी ढांचे की सीमाओं के बारे में चिंता किए बिना अपनी IoT तैनाती का विस्तार कर सकते हैं।

• लागत प्रभावशीलता:भुगतान-जैसा-आप-मूल्य निर्धारण मॉडल के साथ, संगठन उच्च अग्रिम लागत से बच सकते हैं और केवल उन संसाधनों के लिए भुगतान कर सकते हैं जिनका वे उपभोग करते हैं। यह लागत-प्रभावशीलता क्लाउड IoT सेवाओं को सभी आकार के व्यवसायों के लिए सुलभ बनाती है।

• तेजी से तैनाती: क्लाउड IoT प्लेटफ़ॉर्म पूर्व-निर्मित कार्यक्षमताएँ प्रदान करते हैं, जो संगठनों को IoT समाधानों को शीघ्रता और कुशलता से तैनात करने में सक्षम बनाते हैं। यह त्वरित तैनाती व्यवसायों को महत्वपूर्ण विकास प्रयासों के बिना IoT अवसरों को भुनाने की अनुमति देती है।

वास्तविक समय अंतर्दृष्टि:वास्तविक समय डेटा प्रोसेसिंग और विश्लेषण त्वरित निर्णय लेने की सुविधा प्रदान करते हैं और IoT डेटा के आधार पर प्रक्रियाओं के स्वचालन को सक्षम करते हैं संगठन वास्तविक समय की अंतर्दृष्टि के आधार पर परिवर्तनों और घटनाओं पर तेजी से प्रतिक्रिया कर सकते हैं।

39.1.5. क्लाउड IoT सेवाओं के लिए केस का उपयोग करें

• स्मार्ट होम ऑटोमेशन: क्लाउड IoT सेवाएं स्मार्ट घरेलू उपकरणों और अनुप्रयोगों को शक्ति प्रदान करती हैं, जिससे उपकरणों, प्रकाश व्यवस्था और सुरक्षा प्रणालियों के रिमोट कंट्रोल और स्वचालन को सक्षम किया जाता है। स्मार्ट होम समाधान घर मालिकों के लिए सुविधा और ऊर्जा दक्षता में सुधार करते हैं।

• औद्योगिक IoT (IIoT): औद्योगिक सेटिंग्स में, क्लाउड IoT सेवाएँ विनिर्माण प्रक्रियाओं और रखरखाव को अनुकूलित करने के लिए सेंसर और मशीनों से डेटा एकत्र और विश्लेषण करती हैं। IIoT परिचालन दक्षता बढ़ाता है और डाउनटाइम कम करता है।

• कनेक्टेड हेल्थकेयर: क्लाउड IoT प्लेटफ़ॉर्म दूरस्थ रोगी निगरानी, पहनने योग्य स्वास्थ्य उपकरणों और व्यक्तिगत स्वास्थ्य सेवाओं के लिए डेटा विश्लेषण का समर्थन करते हैं। कनेक्टेड हेल्थकेयर समाधान रोगी परिणामों और स्वास्थ्य देखभाल वितरण में सुधार करते हैं।

• स्मार्ट शहर: क्लाउड IoT सेवाएँ स्मार्ट सिटी पहल, जैसे स्मार्ट लाइटिंग, अपशिष्ट प्रबंधन और परिवहन प्रणालियों के विकास में योगदान करती हैं। स्मार्ट सिटी परियोजनाओं का लक्ष्य शहरी जीवन और स्थिरता को बढ़ाना है।

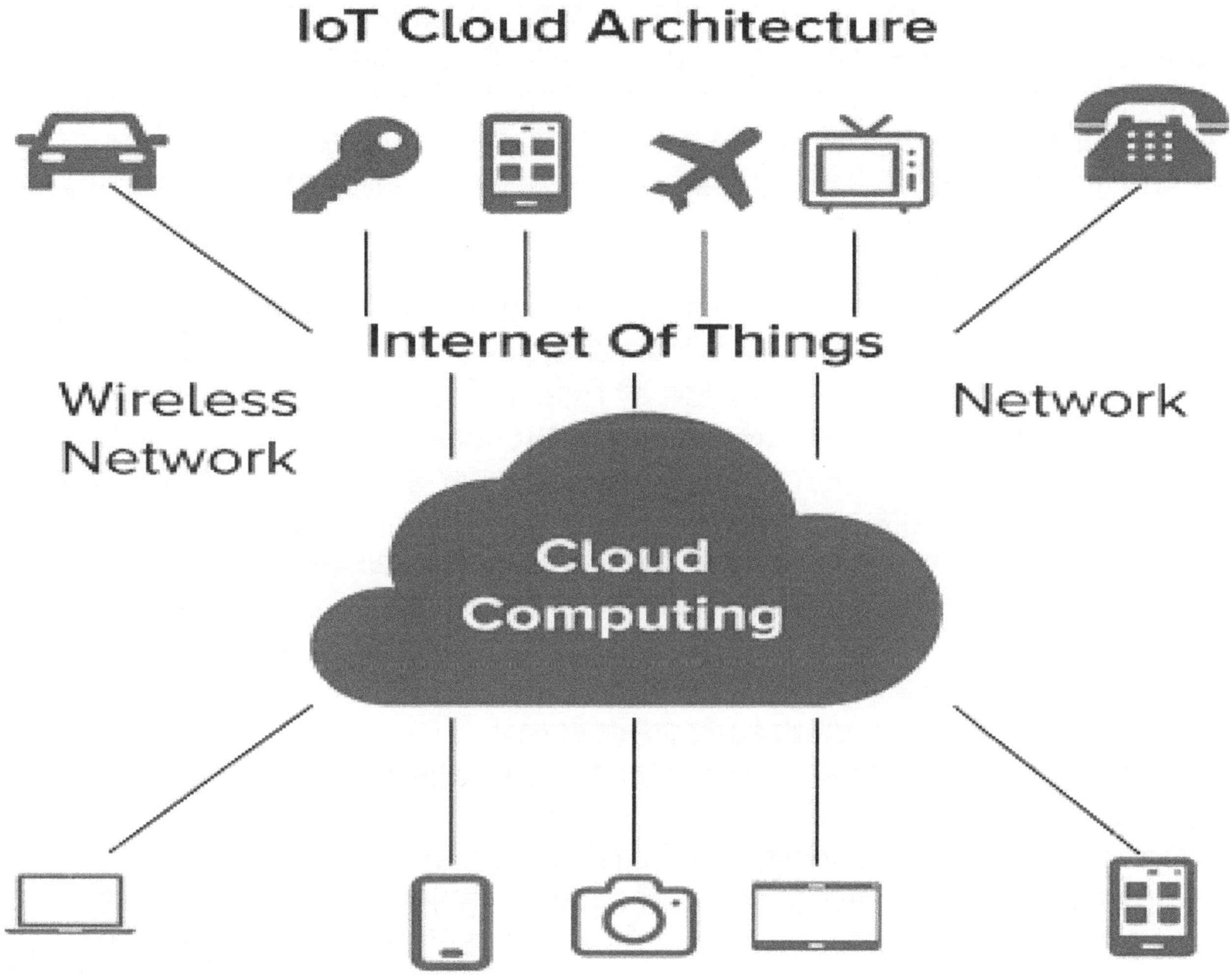

<u>39.2 क्लाउड में डिवाइस प्रावधान और प्रबंधन</u>

क्लाउड में डिवाइस प्रावधान और प्रबंधन सफल और सुरक्षित IoT कार्यान्वयन के अभिन्न अंग हैं। क्लाउड-आधारित समाधान स्केलेबिलिटी, लचीलापन और लागत-प्रभावशीलता प्रदान करते हैं, जो उन्हें बड़े पैमाने पर IoT उपकरणों के प्रबंधन के लिए एक आदर्श विकल्प बनाते हैं। डिवाइस प्रावधान, सुरक्षित प्रमाणीकरण और एन्क्रिप्टेड संचार के साथ, क्लाउड IoT प्लेटफ़ॉर्म सुनिश्चित करते हैं कि केवल अधिकृत डिवाइस ही क्लाउड से कनेक्ट और इंटरैक्ट कर सकते हैं। प्रभावी उपकरण प्रबंधन क्षमताएं संगठनों को दूरस्थ रूप से उपकरणों की निगरानी, नियंत्रण और अद्यतन करने, प्रदर्शन को अनुकूलित करने और संपूर्ण IoT पारिस्थितिकी तंत्र की सुरक्षा बनाए रखने की अनुमति देती हैं। डिवाइस प्रावधान और प्रबंधन के लिए क्लाउड-आधारित समाधानों का लाभ उठाकर, संगठन IoT की पूरी क्षमता का उपयोग कर सकते हैं और लचीला और कुशल IoT तैनाती का निर्माण कर सकते हैं। उचित सुरक्षा उपाय, जैसे डिवाइस प्रमाणीकरण और डेटा एन्क्रिप्शन, IoT डेटा की सुरक्षा और IoT बुनियादी ढांचे की समग्र सुरक्षा सुनिश्चित करने में महत्वपूर्ण भूमिका निभाते हैं। जैसे-जैसे IoT परिदृश्य बढ़ता जा रहा है, क्लाउड IoT प्लेटफ़ॉर्म विकसित होते रहेंगे, अधिक परिष्कृत सुविधाएँ प्रदान करेंगे और विभिन्न उद्योगों और उपयोग के मामलों के लिए IoT क्षमताओं को और बढ़ाएंगे।

39.2.1. क्लाउड में डिवाइस प्रोविज़निंग

• डिवाइस ऑनबोर्डिंग: डिवाइस प्रोविज़निंग में IoT डिवाइसों को क्लाउड प्लेटफ़ॉर्म पर प्रारंभिक ऑनबोर्डिंग शामिल है। इस प्रक्रिया के दौरान, डिवाइस क्लाउड सेवा के साथ पंजीकृत होते हैं, और डेटा ट्रांसमिशन की सुविधा के लिए सुरक्षित कनेक्शन स्थापित किए जाते हैं।

• प्रमाणीकरण और पहचान: क्लाउड IoT प्लेटफ़ॉर्म उपकरणों की पहचान सत्यापित करने के लिए विभिन्न प्रमाणीकरण विधियों का उपयोग करते हैं, यह सुनिश्चित करते हुए कि केवल अधिकृत डिवाइस ही क्लाउड से कनेक्ट हो सकते हैं। अनधिकृत पहुंच और संभावित सुरक्षा उल्लंघनों को रोकने के लिए यह प्रमाणीकरण आवश्यक है।

• सुरक्षित संचार:क्लाउड सेवाएं डेटा को अनधिकृत पहुंच से बचाने के लिए IoT उपकरणों और क्लाउड के बीच एन्क्रिप्टेड संचार की सुविधा प्रदान करती हैं। टीएलएस जैसे सुरक्षित संचार प्रोटोकॉल, पारगमन के दौरान डेटा अखंडता और गोपनीयता सुनिश्चित करते हैं।

39.2.2. क्लाउड में डिवाइस प्रबंधन

• दूरस्थ निगरानी और नियंत्रण: क्लाउड IoT प्लेटफ़ॉर्म IoT उपकरणों की वास्तविक समय की निगरानी और नियंत्रण को सक्षम बनाता है, जिससे उपयोगकर्ता इंटरनेट कनेक्शन के साथ कहीं से भी उपकरणों को दूरस्थ रूप से प्रबंधित कर सकते हैं। यह क्षमता उपयोगकर्ताओं को डिवाइस की स्थिति की निगरानी करने और बदलती परिस्थितियों के जवाब में आवश्यक समायोजन करने या कार्रवाई करने का अधिकार देती है।

• फ़र्मवेयर अद्यतन और कॉन्फ़िगरेशन:क्लाउड-आधारित डिवाइस प्रबंधन ओवर-द-एयर (ओटीए) फर्मवेयर अपडेट और कॉन्फ़िगरेशन परिवर्तन की सुविधा प्रदान करता है। ओटीए अपडेट यह सुनिश्चित करते हैं कि डिवाइस नवीनतम सॉफ़्टवेयर और सुरक्षा पैच के साथ अपडेट रहें, जिससे मैन्युअल अपडेट की आवश्यकता कम हो जाती है।

• डिवाइस डायग्नोस्टिक्स:क्लाउड प्लेटफ़ॉर्म निदान और रिपोर्टिंग क्षमताएं प्रदान करते हैं, जिससे उपयोगकर्ता IoT उपकरणों के स्वास्थ्य और प्रदर्शन की निगरानी कर सकते हैं। ये निदान संभावित मुद्दों की पहचान करने और पूर्वानुमानित रखरखाव को सक्षम करने में मदद कर सकते हैं।

39.2.3. क्लाउड-आधारित डिवाइस प्रावधान और प्रबंधन के लाभ

• स्केलेबिलिटी:क्लाउड समाधान बड़ी संख्या में IoT उपकरणों को समायोजित करने के लिए आसानी से बड़े पैमाने पर IoT तैनाती का समर्थन कर सकते हैं। जैसे-जैसे कनेक्टेड डिवाइसों की संख्या बढ़ती है, क्लाउड प्लेटफ़ॉर्म बढ़े हुए लोड को संभालने के लिए संसाधनों को गतिशील रूप से आवंटित कर सकते हैं।

• लचीलापन और चपलता:क्लाउड-आधारित प्रावधान और प्रबंधन संगठनों को बदलती IoT आवश्यकताओं के लिए जल्दी से अनुकूलित करने और नए उपकरणों को निर्बाध रूप से एकीकृत करने की अनुमति देता है। संगठन आवश्यकतानुसार उपकरणों को आसानी से जोड़ या हटा सकते हैं, जिससे उनके IoT पारिस्थितिकी तंत्र में अधिक लचीलापन सक्षम हो सकता है।

• लागत प्रभावशीलता: क्लाउड सेवाएँ भुगतान के आधार पर मूल्य निर्धारण मॉडल की पेशकश करती हैं, जिससे संगठनों को अग्रिम हार्डवेयर लागतों से बचने और केवल उनके द्वारा उपभोग किए जाने वाले संसाधनों के लिए भुगतान करने की अनुमति मिलती है। यह लागत-प्रभावशीलता क्लाउड IoT समाधानों को सभी आकार के व्यवसायों के लिए सुलभ बनाती है।

39.2.4. डिवाइस जीवनचक्र प्रबंधन

• पंजीकरण और नामांकन: प्रावधान के दौरान डिवाइसों को क्लाउड प्लेटफ़ॉर्म के साथ पंजीकृत किया जाता है, और प्रत्येक डिवाइस को विशिष्ट पहचानकर्ता निर्दिष्ट किए जाते हैं। ये पहचानकर्ता क्लाउड प्लेटफ़ॉर्म को प्रत्येक डिवाइस को विशिष्ट रूप से पहचानने और प्रबंधित करने में सक्षम बनाते हैं।

• विन्यास प्रबंधन:क्लाउड प्लेटफ़ॉर्म डिवाइस कॉन्फ़िगरेशन की सुविधा प्रदान करते हैं, यह सुनिश्चित करते हुए कि डिवाइस IoT पारिस्थितिकी तंत्र में बेहतर ढंग से काम करते हैं। कॉन्फ़िगरेशन सेटिंग्स को दूर से समायोजित किया जा सकता है और विशिष्ट उपयोग के मामलों के अनुरूप बनाया जा सकता है।

• निगरानी और विश्लेषण: पूरे डिवाइस जीवनचक्र के दौरान, क्लाउड प्लेटफ़ॉर्म डिवाइस के प्रदर्शन की निगरानी करते हैं और संभावित मुद्दों की पहचान करने और डिवाइस के उपयोग को अनुकूलित करने के लिए विश्लेषण तैयार करते हैं। डेटा और विश्लेषण की निगरानी संगठनों को प्रदर्शन में सुधार और अनुकूलन के लिए डेटा-संचालित निर्णय लेने में सक्षम बनाती है।

• सेवामुक्ति और सेवानिवृत्ति: जब कोई उपकरण अपने उपयोगी जीवन के अंत तक पहुंचता है, तो क्लाउड-आधारित प्रबंधन डीकमीशनिंग और उचित सेवानिवृत्ति की सुविधा प्रदान करता है। यह प्रक्रिया सुनिश्चित करती है कि किसी भी सुरक्षा भेद्यता को रोकते हुए, निष्क्रिय किए गए उपकरणों को IoT नेटवर्क से हटा दिया जाए।

39.2.5. क्लाउड IoT प्लेटफ़ॉर्म और डिवाइस प्रबंधन सेवाएँ

• AWS IoT कोर:अमेज़ॅन वेब सर्विसेज का IoT कोर बड़े पैमाने पर IoT तैनाती का समर्थन करते हुए डिवाइस प्रावधान और प्रबंधन सेवाएं प्रदान करता है। यह डिवाइस पंजीकरण, डेटा प्रोसेसिंग और अन्य AWS सेवाओं के साथ एकीकरण सहित सुविधाओं का एक व्यापक सेट प्रदान करता है।

• Azure IoT हब:Microsoft का Azure IoT हब फर्मवेयर अपडेट और डायग्नोस्टिक्स सहित मजबूत डिवाइस प्रबंधन क्षमताएं प्रदान करता है। Azure IoT हब Microsoft के व्यापक IoT पारिस्थितिकी तंत्र का हिस्सा है, जो Azure सेवाओं के साथ सहज एकीकरण प्रदान करता है।

• Google क्लाउड IoT कोर: Google क्लाउड IoT Core निर्बाध डिवाइस कनेक्टिविटी और नियंत्रण सुनिश्चित करते हुए सुरक्षित और स्केलेबल डिवाइस प्रबंधन सेवाएं प्रदान करता है। Google के बुनियादी ढांचे और डेटा विश्लेषण क्षमताओं का लाभ उठाते हुए, Google क्लाउड IoT Core IoT अनुप्रयोगों की एक विस्तृत श्रृंखला का समर्थन करता है।

39.2.6. सुरक्षा संबंधी विचार

• डिवाइस प्रमाणीकरण:अनधिकृत डिवाइसों को क्लाउड से कनेक्ट होने से रोकने के लिए मजबूत डिवाइस प्रमाणीकरण महत्वपूर्ण है। उचित प्रमाणीकरण तंत्र, जैसे कि X.509 प्रमाणपत्र या एपीआई कुंजी, यह सुनिश्चित करते हैं कि केवल वैध डिवाइस ही क्लाउड सेवाओं तक पहुंच सकते हैं।

• डेटा एन्क्रिप्शन: एंड-टू-एंड डेटा एन्क्रिप्शन लागू करने से डिवाइस और क्लाउड के बीच संचार के दौरान डेटा सुरक्षा सुनिश्चित होती है। एन्क्रिप्शन संवेदनशील डेटा की सुरक्षा करता है और अनधिकृत अवरोधन को रोकता है।

• अभिगम नियंत्रण:डिवाइस विशेषाधिकारों को सीमित करने और संवेदनशील संचालन की सुरक्षा के लिए पहुंच नियंत्रण नीतियां लागू करें। भूमिका-आधारित अभिगम नियंत्रण (आरबीएसी) को लागू करने से यह सुनिश्चित होता है कि उपकरणों के पास उनके इच्छित कार्यों के लिए उचित अनुमतियाँ हैं।

39.3 क्लाउड IoT अनुप्रयोगों में रीयल-टाइम डेटा प्रोसेसिंग और एनालिटिक्स

क्लाउड IoT अनुप्रयोगों में रीयल-टाइम डेटा प्रोसेसिंग और एनालिटिक्स अपरिहार्य हैं, जो संगठनों को समय पर निर्णय लेने, घटनाओं पर तुरंत प्रतिक्रिया देने और IoT-जनित डेटा से कार्रवाई योग्य अंतर्दृष्टि प्राप्त करने में सक्षम बनाता है। क्लाउड IoT प्लेटफ़ॉर्म कनेक्टेड डिवाइसों से वास्तविक समय के डेटा को ग्रहण करने, संसाधित करने और उसका विश्लेषण करने के लिए आवश्यक उपकरण और क्षमताएं प्रदान करते हैं, संगठनों को संचालन को अनुकूलित करने, ग्राहक अनुभवों को बढ़ाने और प्रतिस्पर्धी बढ़त हासिल करने के लिए सशक्त बनाते हैं। स्मार्ट विनिर्माण, स्मार्ट ग्रिड और कनेक्टेड वाहनों जैसे उपयोग के मामलों में वास्तविक समय डेटा विश्लेषण का लाभ उठाने से दक्षता, स्थिरता और नवाचार को बढ़ावा मिलता है। हालाँकि, क्लाउड IoT अनुप्रयोगों में वास्तविक समय डेटा प्रोसेसिंग की प्रभावशीलता सुनिश्चित करने के लिए डेटा विलंबता, मात्रा और गुणवत्ता से संबंधित चुनौतियों का समाधान करना महत्वपूर्ण है। एक अच्छी तरह से कार्यान्वित वास्तविक समय डेटा प्रोसेसिंग रणनीति के साथ, संगठन IoT डेटा की पूरी क्षमता को अनलॉक कर सकते हैं और अपने संचालन और सेवाओं में परिवर्तनकारी परिवर्तन ला सकते हैं। उचित सुरक्षा उपाय, जैसे डिवाइस प्रमाणीकरण और डेटा एन्क्रिप्शन, IoT डेटा की सुरक्षा और IoT बुनियादी ढांचे की समग्र सुरक्षा सुनिश्चित करने में महत्वपूर्ण भूमिका निभाते हैं। जैसे-जैसे IoT परिदृश्य बढ़ता जा रहा है, क्लाउड IoT प्लेटफ़ॉर्म विकसित होते रहेंगे, अधिक परिष्कृत सुविधाएँ प्रदान करेंगे और विभिन्न उद्योगों और उपयोग के मामलों के लिए IoT क्षमताओं को और बढ़ाएंगे।

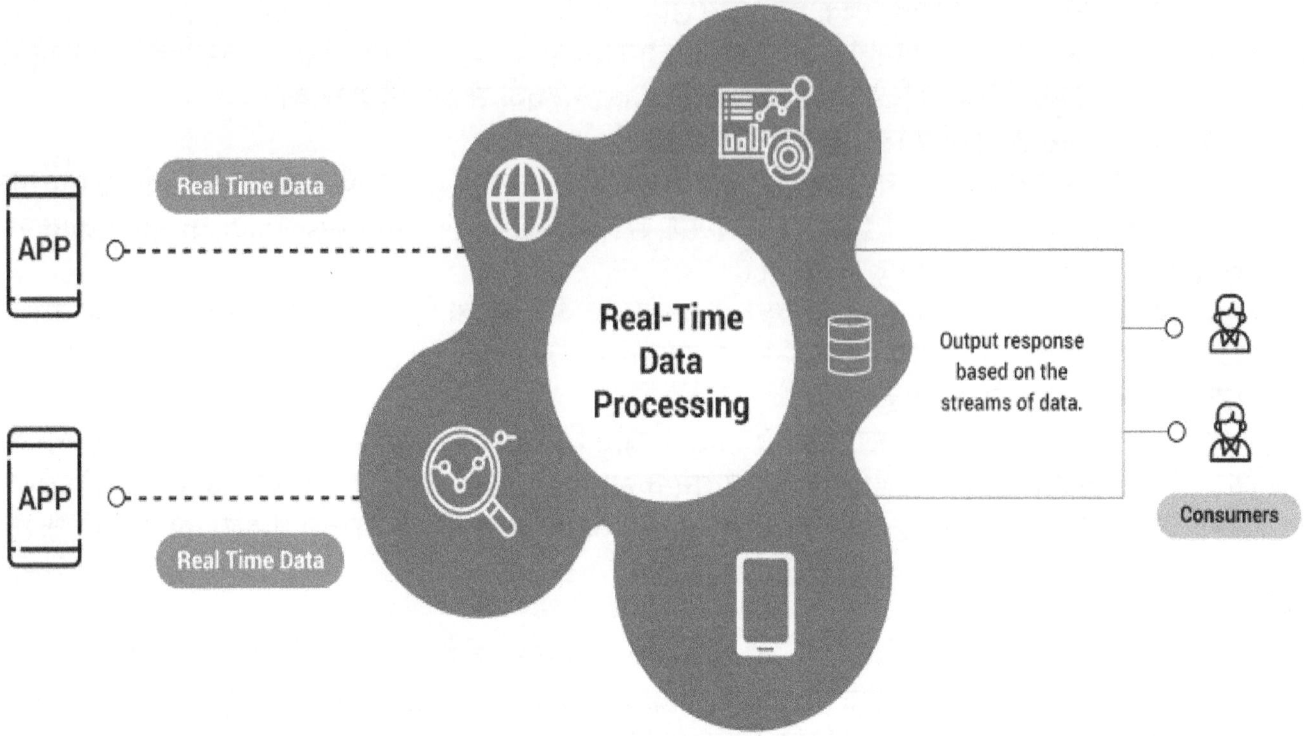

39.3.1. क्लाउड IoT में रीयल-टाइम डेटा प्रोसेसिंग का महत्व

• समय पर निर्णय लेना:वास्तविक समय डेटा प्रोसेसिंग संगठनों को IoT उपकरणों से नवीनतम जानकारी के आधार पर समय पर निर्णय लेने में सक्षम बनाती है। यह क्षमता समय-संवेदनशील अनुप्रयोगों और उद्योगों के लिए महत्वपूर्ण है जहां त्वरित प्रतिक्रिया आवश्यक है।

• तत्काल प्रतिक्रियाएँ:क्लाउड IoT एप्लिकेशन वास्तविक समय में स्वचालित प्रतिक्रिया या अलर्ट ट्रिगर कर सकते हैं, जिससे परिचालन दक्षता और प्रतिक्रिया में सुधार हो सकता है। उदाहरण के लिए, वास्तविक समय के अलर्ट संभावित समस्याओं के बढ़ने से पहले उनका पता लगाने और उनका समाधान करने में मदद कर सकते हैं।

• असंगति का पता लगाये: वास्तविक समय डेटा प्रोसेसिंग से विसंगतियों या रुचि के पैटर्न का तुरंत पता लगाने में मदद मिलती है, जिससे संभावित डाउनटाइम या महत्वपूर्ण समस्याएं कम हो जाती हैं। विसंगतियों का शीघ्र पता लगाने से सक्रिय रखरखाव हो सकता है और सिस्टम विफलताओं को रोका जा सकता है।

39.3.2. क्लाउड IoT प्लेटफ़ॉर्म में रीयल-टाइम डेटा प्रोसेसिंग

• डेटा अंतर्ग्रहण: क्लाउड IoT प्लेटफ़ॉर्म IoT उपकरणों से स्ट्रीमिंग डेटा के अंतर्ग्रहण की सुविधा प्रदान करते हैं, जिससे निरंतर डेटा प्रवाह सुनिश्चित होता है। डेटा को मैन्युअल हस्तक्षेप की आवश्यकता के बिना, उपकरणों से प्राप्त किया जाता है क्योंकि वे इसे उत्पन्न करते हैं।

• स्ट्रीम प्रोसेसिंग: वास्तविक समय डेटा को स्ट्रीम के रूप में संसाधित किया जाता है, जिससे तत्काल डेटा परिवर्तन और विश्लेषण की अनुमति मिलती है। स्ट्रीम प्रोसेसिंग इंजन डेटा के आते ही उसे संसाधित करने में सक्षम बनाता है, जिससे त्वरित अंतर्दृष्टि प्राप्त होती है।

• जटिल घटना प्रसंस्करण (सीईपी): सीईपी इंजन वास्तविक समय में पैटर्न, रुझान और महत्वपूर्ण घटनाओं का पता लगाने के लिए डेटा की धाराओं का विश्लेषण करते हैं। यह तकनीक महत्वपूर्ण घटनाओं या स्थितियों की पहचान करने के लिए मूल्यवान है जिन पर तत्काल ध्यान देने की आवश्यकता है।

39.3.3. क्लाउड IoT अनुप्रयोगों में रीयल-टाइम एनालिटिक्स

• डेटा विज़ुअलाइज़ेशन: रीयल-टाइम एनालिटिक्स डैशबोर्ड और चार्ट के माध्यम से डेटा के विज़ुअलाइज़ेशन को सक्षम बनाता है, जो एक नज़र में अंतर्दृष्टि प्रदान करता है। विज़ुअलाइज़ेशन उपकरण उपयोगकर्ताओं को IoT पारिस्थितिकी तंत्र की वर्तमान स्थिति को शीघ्रता से समझने में मदद करते हैं।

• भविष्य बतानेवाला विश्लेषक: क्लाउड IoT प्लेटफ़ॉर्म भविष्य के रुझानों और संभावित मुद्दों की भविष्यवाणी करने, भविष्य कहनेवाला विश्लेषण को सशक्त बनाने के लिए वास्तविक समय डेटा का उपयोग करते हैं। पूर्वानुमानित मॉडल रखरखाव आवश्यकताओं, मांग पैटर्न और बहुत कुछ का अनुमान लगा सकते हैं।

• अनुदेशात्मक विश्लेषण: वास्तविक समय डेटा विश्लेषण विशिष्ट स्थितियों को संबोधित करने के लिए इष्टतम कार्यों का सुझाव देते हुए, निर्देशात्मक विश्लेषण को सक्षम बनाता है। प्रिस्क्रिप्टिव एनालिटिक्स वास्तविक समय के डेटा के आधार पर सर्वोत्तम कार्रवाई की सिफारिश कर सकता है।

39.3.4. रीयल-टाइम डेटा प्रोसेसिंग और एनालिटिक्स के लाभ

• कार्रवाई योग्य अंतर्दृष्टि: रीयल-टाइम विश्लेषण तत्काल अंतर्दृष्टि प्रदान करता है, जिससे संगठनों को वर्तमान डेटा के आधार पर सक्रिय कार्रवाई करने की अनुमति मिलती है। यह क्षमता तेज़ गति वाले और गतिशील वातावरण में विशेष रूप से मूल्यवान है।

• कुशल संसाधन आवंटन: संगठन मांग और आपूर्ति का प्रभावी ढंग से गिलान करने के लिए वास्तविक समय डेटा का विश्लेषण करके संसाधन आवंटन को अनुकूलित कर सकते हैं। इस अनुकूलन से लागत में बचत होती है और संसाधन उपयोग में सुधार होता है।

• बेहतर ग्राहक अनुभव:वास्तविक समय डेटा प्रोसेसिंग वैयक्तिकृत और संदर्भ-जागरूक सेवाओं को सक्षम बनाता है, जिससे समग्र ग्राहक अनुभव में वृद्धि होती है। वास्तविक समय डेटा का उपयोग व्यक्तिगत ग्राहक प्राथमिकताओं और व्यवहारों के अनुसार सेवाओं को तैयार करने के लिए किया जा सकता है।

39.3.5. क्लाउड IoT में रीयल-टाइम डेटा प्रोसेसिंग के लिए केस का उपयोग करें

• स्मार्ट विनिर्माण: वास्तविक समय डेटा विश्लेषण उत्पादन प्रक्रियाओं को अनुकूलित करता है, मशीन विफलताओं की भविष्यवाणी करता है और समग्र दक्षता में सुधार करता है। निर्माता डाउनटाइम को कम करने और आउटपुट को अधिकतम करने के लिए वास्तविक समय उत्पादन लाइन डेटा पर प्रतिक्रिया दे सकते हैं।

• स्मार्ट ग्रिड: स्मार्ट ग्रिड में वास्तविक समय डेटा प्रोसेसिंग बिजली उत्पादन और खपत को संतुलित करने में मदद करती है, जिससे स्थिर ऊर्जा आपूर्ति सुनिश्चित होती है। यह उपयोगिता कंपनियों को ऊर्जा की मांग और आपूर्ति में उतार-चढ़ाव पर प्रतिक्रिया करने में सक्षम बनाता है।

• कनेक्टेड वाहन: कनेक्टेड वाहनों में वास्तविक समय विश्लेषण प्रदर्शन की निगरानी करता है, ड्राइवर को सहायता प्रदान करता है, और पूर्वानुमानित रखरखाव सक्षम करता है। यह वाहन सुरक्षा, दक्षता और समग्र ड्राइविंग अनुभव को बढ़ाता है।

39.3.6. चुनौतियाँ और विचार

• डेटा विलंबता: समय पर अंतर्दृष्टि प्रदान करने के लिए वास्तविक समय विश्लेषण के लिए न्यूनतम डेटा विलंबता सुनिश्चित करना महत्वपूर्ण है। कार्रवाई योग्य बने रहने के लिए डेटा को बिना किसी महत्वपूर्ण देरी के संसाधित और विश्लेषण किया जाना चाहिए।

• डेटा वॉल्यूम:वास्तविक समय में बड़े पैमाने पर डेटा वॉल्यूम को संभालने के लिए मजबूत क्लाउड इंफ्रास्ट्रक्चर और स्केलेबिलिटी की आवश्यकता होती है। क्लाउड प्लेटफ़ॉर्म को बड़ी मात्रा में आने वाले डेटा के साथ भी, उच्च गति पर डेटा को संसाधित और विश्लेषण करने में सक्षम होना चाहिए।

• आधार सामग्री की गुणवत्ता: वास्तविक समय विश्लेषण सटीक और विश्वसनीय डेटा पर निर्भर करता है; पूरी प्रक्रिया के दौरान डेटा गुणवत्ता बनाए रखी जानी चाहिए। वास्तविक समय की अंतर्दृष्टि की सटीकता सुनिश्चित करने के लिए डेटा सफाई और सत्यापन तकनीक आवश्यक हैं।

अभ्यास

बहु विकल्पीय प्रश्न

1. निम्नलिखित में से कौन सी क्लाउड IoT सेवाओं की विशेषता नहीं है?

a) अनुमापकता
b) लागत प्रभावशीलता
c) वास्तविक समय डेटा प्रोसेसिंग क्षमताएं
d) कनेक्टेड डिवाइसों में डेटा भंडारण

2. क्लाउड IoT सेवाओं के डेटा प्रबंधन का प्राथमिक उद्देश्य क्या है?

a) डिवाइस पंजीकरण की सुविधा
b) सुरक्षित संचार चैनल सक्षम करना
c) IoT उपकरणों से डेटा का भंडारण, प्रसंस्करण और विश्लेषण करना
d) IoT परिनियोजन की मापनीयता सुनिश्चित करना

3. कौन सा क्लाउड सेवा प्रदाता डिवाइस प्रबंधन के लिए Azure IoT हब प्रदान करता है?

a) Google क्लाउड IoT कोर
b) अमेज़ॅन वेब सर्विसेज (एडब्ल्यूएस) आईओटी कोर
c) माइक्रोसॉफ्ट एज़्योर
d) आईबीएम क्लाउड

4. क्लाउड IoT सेवाएँ लागत के संबंध में क्या लाभ प्रदान करती हैं?

a) छोटे व्यवसायों के लिए निःशुल्क सेवाएँ
b) बड़े पैमाने पर तैनाती के लिए उच्च अग्रिम लागत
c) भुगतान-जैसा-आप-जाओ मूल्य निर्धारण मॉडल
d) संसाधन उपयोग की परवाह किए बिना निश्चित मूल्य निर्धारण

5. किस उपयोग के मामले में उपकरणों के रिमोट कंट्रोल और स्वचालन को सक्षम करने वाली क्लाउड IoT सेवाएं शामिल हैं?

a) औद्योगिक IoT (IIoT)
b) कनेक्टेड हेल्थकेयर
c) स्मार्ट होम ऑटोमेशन
d) स्मार्ट शहर

6. क्लाउड IoT पारिस्थितिकी तंत्र में डिवाइस प्रावधान का प्राथमिक उद्देश्य क्या है?

a) डिवाइस के प्रदर्शन की निगरानी करना
b) बड़े पैमाने पर डेटा वॉल्यूम को संभालना
c) क्लाउड प्लेटफ़ॉर्म पर IoT उपकरणों की आरंभिक ऑनबोर्डिंग
d) वास्तविक समय डेटा का विश्लेषण

7. क्लाउड IoT प्लेटफ़ॉर्म यह कैसे सुनिश्चित करते हैं कि केवल अधिकृत डिवाइस ही क्लाउड से कनेक्ट और इंटरैक्ट कर सकते हैं?

a) जटिल घटना प्रसंस्करण के माध्यम से
b) सुरक्षित प्रमाणीकरण विधियों के साथ
c) डेटा विज़ुअलाइज़ेशन सक्षम करके
d) वास्तविक समय डेटा प्रोसेसिंग के माध्यम से

8. क्लाउड IoT अनुप्रयोगों में वास्तविक समय डेटा प्रोसेसिंग का क्या लाभ है?

a) समय पर निर्णय लेना
b) लागत प्रभावी क्लाउड समाधान

c) IoT उपकरणों के लिए ऑफ़लाइन डेटा संग्रहण
d) डेटा का वास्तविक समय विज़ुअलाइज़ेशन

9. भविष्य के रुझानों और संभावित मुद्दों का पूर्वानुमान लगाने के लिए किस प्रकार का विश्लेषण वास्तविक समय डेटा का उपयोग करता है?
a) डेटा विज़ुअलाइज़ेशन
b) भविष्य बतानेवाला विश्लेषक
c) स्ट्रीम प्रोसेसिंग
d) जटिल इवेंट प्रोसेसिंग (सीईपी)

10. क्लाउड IoT में, वास्तविक समय डेटा प्रोसेसिंग संगठनों को क्या अनुकूलित करने की अनुमति देती है?
a) फ़र्मवेयर अद्यतन और कॉन्फ़िगरेशन
b) संसाधन आवंटन और ग्राहक अनुभव
c) डेटा भंडारण और एन्क्रिप्शन
d) डिवाइस प्रमाणीकरण और अभिगम नियंत्रण

11. क्लाउड IoT अनुप्रयोगों के लिए वास्तविक समय डेटा प्रोसेसिंग में एक महत्वपूर्ण चुनौती क्या है?
a) न्यूनतम डेटा विलंबता सुनिश्चित करना
b) ट्रांसमिशन के दौरान डेटा एन्क्रिप्शन को संभालना
c) डिवाइस फ़र्मवेयर अपडेट प्रबंधित करना
d) बिजली उत्पादन और खपत को संतुलित करना

समीक्षा प्रश्न

1. क्लाउड IoT सेवाएँ क्या हैं, और वे IoT पारिस्थितिकी तंत्र में महत्वपूर्ण क्यों हैं?
2. क्लाउड IoT प्लेटफ़ॉर्म की प्राथमिक विशेषताएं क्या हैं, और वे IoT परिनियोजन को कैसे बढ़ाते हैं?
3. तीन प्रमुख क्लाउड IoT सेवा प्रदाताओं के नाम बताएं और उनकी प्रमुख पेशकशों की रूपरेखा तैयार करें।
4. क्लाउड IoT सेवाएँ और प्लेटफ़ॉर्म IoT परिनियोजन के लिए क्या लाभ प्रदान करते हैं?
5. क्लाउड IoT सेवाएँ स्मार्ट शहरों के विकास में कैसे योगदान देती हैं?
6. क्लाउड IoT कार्यान्वयन के लिए प्राथमिक सुरक्षा विचार क्या हैं?
7. क्लाउड IoT अनुप्रयोगों में वास्तविक समय डेटा प्रोसेसिंग से विभिन्न उद्योगों को कैसे लाभ होता है?
8. क्लाउड IoT अनुप्रयोगों के लिए वास्तविक समय डेटा प्रोसेसिंग को लागू करने में प्राथमिक चुनौतियाँ क्या हैं?

उत्तर अनुभाग

बहु विकल्पीय प्रश्न

1. d) कनेक्टेड डिवाइसों में डेटा भंडारण
2. c) IoT उपकरणों से डेटा का भंडारण, प्रसंस्करण और विश्लेषण करना
3. c) माइक्रोसॉफ्ट एज़्योर
4. c) भुगतान-जैसी-जैसी मूल्य-निर्धारण मॉडल
5. c) स्मार्ट होम ऑटोमेशन
6. c) क्लाउड प्लेटफ़ॉर्म पर IoT उपकरणों की प्रारंभिक ऑनबोर्डिंग
7. b) सुरक्षित प्रमाणीकरण विधियों के साथ
8. a) सगय पर निर्णय लेना
9. b) भविष्य कहनेवाला विश्लेषण
10. b) संसाधन आवंटन और ग्राहक अनुभव
11. a) न्यूनतम डेटा विलंबता सुनिश्चित करना

समीक्षा प्रश्न

1. क्लाउड IoT सेवाएँ आवश्यक घटक हैं जो कनेक्टेड डिवाइसों से बड़ी मात्रा में डेटा को प्रबंधित, संसाधित और विश्लेषण करने के लिए बुनियादी ढाँचा और क्षमताएँ प्रदान करते हैं। वे स्केलेबिलिटी, लागत-प्रभावशीलता और वास्तविक समय डेटा प्रोसेसिंग क्षमताओं की पेशकश करके संगठनों को IoT की पूरी क्षमता को अनलॉक करने में सक्षम बनाते हैं। क्लाउड IoT सेवाएँ नवीन और परिवर्तनकारी IoT समाधानों का समर्थन करने, होम ऑटोमेशन, स्वास्थ्य देखभाल, विनिर्माण और स्मार्ट शहरों जैसे विभिन्न उद्योगों में अनुप्रयोगों को सशक्त बनाने में महत्वपूर्ण भूमिका निभाती हैं। वे संगठनों को IoT डेटा से कार्रवाई योग्य अंतर्दृष्टि प्राप्त करने, परिचालन दक्षता बढ़ाने और ग्राहक अनुभवों में सुधार करने, उन्हें डिजिटल युग में सफलता के लिए तैयार करने की अनुमति देते हैं।

2. क्लाउड IoT प्लेटफ़ॉर्म कई प्रमुख सुविधाएँ प्रदान करते हैं जो IoT परिनियोजन को बढ़ाते हैं। इनमें डेटा अंतर्ग्रहण, उपकरणों को केंद्रीकृत भंडारण और प्रबंधन के लिए क्लाउड पर डेटा भेजने में सक्षम बनाना शामिल है। वास्तविक समय डेटा प्रोसेसिंग और विश्लेषण IoT-जनित डेटा के आधार पर कार्रवाई योग्य अंतर्दृष्टि और त्वरित निर्णय लेने की सुविधा प्रदान करते हैं। डिवाइस प्रबंधन कार्यक्षमताएं आसान डिवाइस पंजीकरण, प्रावधान और ओवर-द-एयर अपडेट की अनुमति देती हैं, जिससे डिवाइस जीवनचक्र प्रबंधन सरल हो जाता है। सुरक्षा और प्रमाणीकरण तंत्र, जैसे डेटा एन्क्रिप्शन और डिवाइस प्रमाणीकरण, डेटा गोपनीयता की रक्षा करते हैं और संभावित खतरों से रक्षा करते हैं। अन्य क्लाउड सेवाओं के साथ एकीकरण संगठनों को व्यापक IoT समाधान बनाने के लिए सशक्त बनाता है जो विभिन्न क्लाउड क्षमताओं का लाभ उठाते हैं, जिससे संपूर्ण पारिस्थितिकी तंत्र अधिक शक्तिशाली और परस्पर जुड़ा होता है।

3. तीन प्रमुख क्लाउड IoT सेवा प्रदाता हैं:

A. एडब्ल्यूएस आईओटी कोर: अमेज़ॅन वेब सर्विसेज का आईओटी कोर स्केलेबल और सुरक्षित आईओटी सेवाएं प्रदान करता है डिवाइस प्रबंधन, डेटा प्रोसेसिंग और क्लाउड एकीकरण।

B. Azure IoT हब: Microsoft का Azure IoT हब निर्बाध डिवाइस कनेक्टिविटी, डेटा अंतर्ग्रहण प्रदान करता है। और Azure की क्लाउड सेवाओं के सुइट के साथ एकीकरण।

C. Google क्लाउड IoT कोर: Google का IoT Core Google के बुनियादी ढांचे और डेटा एनालिटिक्स क्षमताओं का लाभ उठाते हुए, Google क्लाउड प्लेटफ़ॉर्म पर IoT डिवाइस प्रबंधन, डेटा प्रोसेसिंग और एनालिटिक्स के लिए प्रबंधित सेवाएं प्रदान करता है।

4. क्लाउड IoT सेवाएँ और प्लेटफ़ॉर्म IoT परिनियोजन के लिए कई लाभ प्रदान करते हैं। वे कनेक्टेड डिवाइस और डेटा जेनरेशन की तेजी से वृद्धि को समायोजित करते हुए स्केलेबिलिटी प्रदान करते हैं। लागत-प्रभावशीलता को 'पे-एज़-यू-गो' मूल्य निर्धारण मॉडल के माध्यम से प्राप्त किया जाता है, जो सभी आकार के व्यवसायों को उच्च अग्रिम लागत के बिना IoT सेवाओं तक पहुंचने में सक्षम बनाता है। क्लाउड IoT प्लेटफ़ॉर्म पूर्व-निर्मित कार्यक्षमताएँ प्रदान करते हैं, जिससे व्यापक विकास प्रयासों के बिना IoT समाधानों की तेजी से तैनाती होती है। डेटा प्रोसेसिंग और एनालिटिक्स से वास्तविक समय की अंतर्दृष्टि वास्तविक समय IoT डेटा के आधार पर त्वरित निर्णय लेने और प्रक्रियाओं के स्वचालन को सक्षम बनाती है, जिससे परिचालन दक्षता बढ़ती है। कुल मिलाकर, ये फायदे क्लाउड IoT सेवाओं को विभिन्न उद्योगों में IoT की क्षमता को अधिकतम करने के इच्छुक संगठनों के लिए अभिन्न बनाते हैं।

5. क्लाउड IoT सेवाएँ स्मार्ट शहरों के विकास में महत्वपूर्ण भूमिका निभाती हैं। वे स्मार्ट लाइटिंग, अपशिष्ट प्रबंधन और परिवहन प्रणाली जैसी पहल में योगदान देते हैं। क्लाउड-संचालित IoT समाधानों के साथ, शहर बुद्धिमान प्रकाश प्रणालियों के माध्यम से ऊर्जा खपत को अनुकूलित कर सकते हैं, लागत कम कर सकते हैं और स्थिरता को बढ़ावा दे सकते हैं। स्मार्ट कचरा डिब्बे के माध्यम से अपशिष्ट प्रबंधन अधिक कुशल हो जाता है जो अधिकारियों को खाली करने, अतिप्रवाह को कम करने और सफाई में सुधार करने की आवश्यकता होने पर सचेत करता है। क्लाउड IoT सेवाएँ बुद्धिमान परिवहन प्रणालियों को भी सक्षम बनाती हैं, यातायात प्रवाह को अनुकूलित करती हैं और भीड़भाड़ को कम करती हैं। कुल मिलाकर, ये पहल स्मार्ट शहरों में शहरी जीवन, स्थिरता और जीवन की समग्र गुणवत्ता को बढ़ाती हैं।

6. सुरक्षा क्लाउड IoT कार्यान्वयन का एक महत्वपूर्ण पहलू है। मजबूत डिवाइस प्रमाणीकरण तंत्र, जैसे कि X.509 प्रमाणपत्र या एपीआई कुंजियाँ, यह सुनिश्चित करती हैं कि केवल अधिकृत डिवाइस ही क्लाउड से कनेक्ट हो सकें, जिससे अनधिकृत पहुंच को रोका जा सके। एंड-टू-एंड डेटा एन्क्रिप्शन को लागू करने से डिवाइस और क्लाउड के बीच संचार के दौरान डेटा सुरक्षा सुनिश्चित होती है, संवेदनशील जानकारी को अनधिकृत अवरोधन से बचाया जाता है।

भूमिका-आधारित एक्सेस कंट्रोल (आरबीएसी) पर आधारित एक्सेस कंट्रोल नीतियों को लागू करना डिवाइस विशेषाधिकारों को सीमित करता है और संवेदनशील संचालन को अनधिकृत पहुंच से बचाता है। IoT डेटा की सुरक्षा और संभावित जोखिमों और खतरों को कम करते हुए IoT बुनियादी ढांचे की समग्र सुरक्षा सुनिश्चित करने के लिए एक व्यापक सुरक्षा रणनीति आवश्यक है।

7. क्लाउड IoT अनुप्रयोगों में वास्तविक समय डेटा प्रोसेसिंग विभिन्न उद्योगों में महत्वपूर्ण लाभ प्रदान करती है। स्मार्ट विनिर्माण में, यह उत्पादन प्रक्रियाओं को अनुकूलित करता है, मशीन विफलताओं की भविष्यवाणी करता है, और वास्तविक समय उत्पादन लाइन डेटा पर प्रतिक्रिया करके समग्र दक्षता में सुधार करता है। स्मार्ट ग्रिड में, वास्तविक समय डेटा प्रोसेसिंग बिजली उत्पादन और खपत को संतुलित करती है, स्थिर ऊर्जा आपूर्ति सुनिश्चित करती है और उपयोगिता कंपनियों को ऊर्जा मांग में उतार-चढ़ाव का जवाब देने में सक्षम बनाती है। कनेक्टेड वाहनों में, यह प्रदर्शन की निगरानी करता है, ड्राइवर को सहायता प्रदान करता है, और वाहन की सुरक्षा और दक्षता को बढ़ाते हुए पूर्वानुमानित रखरखाव को सक्षम बनाता है। वास्तविक समय डेटा प्रोसेसिंग के ये अनुप्रयोग संबंधित उद्योगों में दक्षता, स्थिरता और नवाचार को बढ़ावा देते हैं, परिवर्तनकारी परिवर्तन लाते हैं और ग्राहक अनुभवों को बढ़ाते हैं।

8. क्लाउड IoT अनुप्रयोगों के लिए वास्तविक समय डेटा प्रोसेसिंग को लागू करना कई चुनौतियों के साथ आता है। समय पर जानकारी प्रदान करने के लिए न्यूनतम डेटा विलंबता सुनिश्चित करना महत्वपूर्ण है, क्योंकि प्रसंस्करण में देरी कार्रवाई योग्य निर्णय लेने में बाधा उत्पन्न कर सकती है। वास्तविक समय में बड़े पैमाने पर डेटा वॉल्यूम को संभालने के लिए उच्च गति पर डेटा को संसाधित करने और विश्लेषण करने के लिए मजबूत क्लाउड इंफ्रास्ट्रक्चर और स्केलेबिलिटी की आवश्यकता होती है। संपूर्ण प्रक्रिया के दौरान डेटा गुणवत्ता बनाए रखना सटीक वास्तविक समय अंतर्दृष्टि के लिए आवश्यक है, जिसके लिए डेटा सफाई और सत्यापन तकनीकों की आवश्यकता होती है। क्लाउड IoT अनुप्रयोगों में वास्तविक समय डेटा प्रोसेसिंग के लाभों को अधिकतम करने और एक सहज और उत्तरदायी IoT पारिस्थितिकी तंत्र बनाने के लिए इन चुनौतियों को प्रभावी ढंग से संबोधित करना महत्वपूर्ण है।

अध्याय 40: क्लाउड गवर्नेंस और नैतिक विचार

40.1 क्लाउड कंप्यूटिंग में नैतिक चुनौतियाँ

क्लाउड कंप्यूटिंग ने डेटा को संग्रहीत करने, संसाधित करने और एक्सेस करने के तरीके में क्रांति ला दी है, लेकिन यह कई नैतिक चुनौतियां भी पेश करता है जिनका संगठनों और समाज को समाधान करना चाहिए। जैसे-जैसे क्लाउड तकनीक विकसित हो रही है और अधिक व्यापक होती जा रही है, जिम्मेदार और टिकाऊ क्लाउड कंप्यूटिंग प्रथाओं को सुनिश्चित करने के लिए इन नैतिक मुद्दों को पहचानना और नेविगेट करना महत्वपूर्ण है। क्लाउड कंप्यूटिंग में नैतिक चुनौतियाँ बहुआयामी हैं और इसके लिए क्लाउड सेवा प्रदाताओं, संगठनों और नीति निर्माताओं से व्यापक दृष्टिकोण की आवश्यकता होती है। डेटा गोपनीयता, सुरक्षा और स्वामित्व संबंधी चिंताओं को संबोधित करने के साथ-साथ पारदर्शिता और जवाबदेही को बढ़ावा देना, क्लाउड सेवाओं में विश्वास और विश्वास बनाने में महत्वपूर्ण कदम हैं। नीति निर्माताओं को डेटा संरक्षण कानूनों को सुसंगत बनाने और डेटा संप्रभुता और व्यक्तिगत अधिकारों की सुरक्षा के लिए उचित नियम सुनिश्चित करने की दिशा में काम करना चाहिए। इसके अतिरिक्त, डिजिटल समावेशन को बढ़ावा देना और नैतिक एआई और आईओटी डेटा उपयोग सुनिश्चित करना कमजोर आबादी पर क्लाउड कंप्यूटिंग के नकारात्मक प्रभाव को कम कर सकता है। एक विचारशील और नैतिक दृष्टिकोण के साथ, क्लाउड कंप्यूटिंग गोपनीयता, निष्पक्षता और स्थिरता सिद्धांतों का सम्मान करते हुए नवाचार को आगे बढ़ा सकती है और समाज को लाभ पहुंचा सकती है। जिम्मेदार क्लाउड कंप्यूटिंग प्रथाओं से अधिक सुरक्षित, न्यायसंगत और टिकाऊ डिजिटल भविष्य बन सकता है।

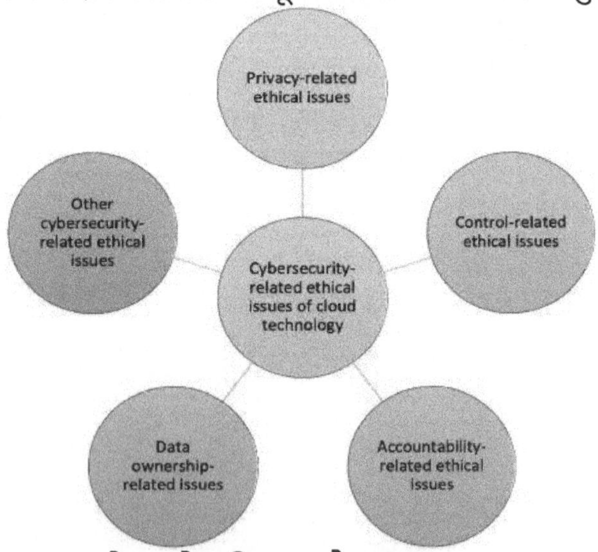

40.1.1. डेटा गोपनीयता और सुरक्षा

- डेटा उल्लंघन:क्लाउड प्रदाता बड़ी मात्रा में संवेदनशील डेटा संग्रहीत करते हैं, जिससे वे साइबर हमलों और डेटा उल्लंघनों के लिए आकर्षक लक्ष्य बन जाते हैं। संगठनों को डेटा को अनधिकृत पहुंच से बचाने के लिए मजबूत सुरक्षा उपाय सुनिश्चित करने चाहिए।
- डेटा स्वामित्व:क्लाउड में संग्रहीत डेटा के स्वामित्व और नियंत्रण का निर्धारण नैतिक चिंताओं को बढ़ा सकता है, खासकर जब डेटा कई न्यायालयों में संग्रहीत किया जाता है। डेटा स्वामित्व को संबोधित करने के लिए स्पष्ट समझौते और नीतियां होनी चाहिए।
- निगरानी और सरकारी पहुंच:अनधिकृत निगरानी और क्लाउड-संग्रहीत डेटा तक सरकारी पहुंच की संभावना व्यक्तिगत गोपनीयता और नागरिक स्वतंत्रता पर सवाल उठाती है। पारदर्शिता और वैध पहुंच प्रक्रियाओं का पालन आवश्यक है।

40.1.2. डेटा संप्रभुता और क्षेत्राधिकार

- सीमा-पार डेटा प्रवाह:क्लाउड में संग्रहीत डेटा विभिन्न देशों में विभिन्न कानूनों और विनियमों के अधीन हो सकता है, जिससे डेटा संप्रभुता और अधिकार क्षेत्र से संबंधित चुनौतियाँ बढ़ सकती हैं। संगठनों को विभिन्न क्षेत्रों में डेटा संग्रहीत करने के कानूनी निहितार्थों के प्रति सचेत रहना चाहिए।

• डेटा रेजीडेंसी:संगठनों और व्यक्तियों को इस बात पर विचार करना चाहिए कि उनका डेटा भौतिक रूप से कहाँ संग्रहीत है और स्थानीय डेटा सुरक्षा कानूनों का अनुपालन सुनिश्चित करना चाहिए। कानूनी और नैतिक दायित्वों को पूरा करने के लिए डेटा रेजीडेंसी आवश्यकताओं को समझना महत्वपूर्ण है।

40.1.3. विक्रेता लॉक-इन और इंटरऑपरेबिलिटी

• विक्रेता निर्भरता:स्वामित्व प्रारूपों और सेवाओं के कारण संगठनों को एक क्लाउड प्रदाता से दूसरे में स्थानांतरित होने में कठिनाइयों का सामना करना पड़ सकता है, जिससे विक्रेता लॉक-इन हो सकता है। इंटरऑपरेबल मानक इस चिंता को कम कर सकते हैं।

• अंतरसंचालनीयता:क्लाउड प्लेटफ़ॉर्म के बीच इंटरऑपरेबिलिटी मानकों की कमी डेटा पोर्टेबिलिटी को सीमित कर सकती है और प्रतिस्पर्धा में बाधा डाल सकती है। एकाधिकारवादी प्रथाओं से बचने के लिए खुले मानकों और अंतरसंचालनीयता को बढ़ावा देना आवश्यक है।

40.1.4. पर्यावरणीय प्रभाव

• ऊर्जा की खपत:क्लाउड डेटा सेंटर महत्वपूर्ण मात्रा में ऊर्जा की खपत करते हैं, जिससे ग्रीनहाउस गैस उत्सर्जन जैसी पर्यावरणीय चिंताओं में योगदान होता है। ऊर्जा दक्षता में सुधार और नवीकरणीय ऊर्जा स्रोतों को अपनाने के प्रयास इस चुनौती का समाधान कर सकते हैं।

• ई - कचरा:क्लाउड प्रौद्योगिकी के तेजी से विकास से हार्डवेयर का कारोबार बढ़ सकता है, जो संभावित रूप से इलेक्ट्रॉनिक कचरे में योगदान दे सकता है। इस प्रभाव को कम करने के लिए जिम्मेदार ई-कचरा प्रबंधन और रीसाइक्लिंग प्रथाएं आवश्यक हैं।

40.1.5. एआई और मशीन लर्निंग में पूर्वाग्रह और निष्पक्षता

• एल्गोरिथम पूर्वाग्रह:यदि प्रशिक्षण डेटा विविध या प्रतिनिधि नहीं है तो क्लाउड-आधारित एआई और मशीन लर्निंग सिस्टम पूर्वाग्रह प्रदर्शित कर सकते हैं। नैतिक एआई विकास में एल्गोरिदम में पूर्वाग्रहों की पहचान करना और उन्हें कम करना शामिल है।

• भेदभाव:क्लाउड-संचालित एआई सिस्टम अनजाने में भेदभाव को बढ़ावा दे सकते हैं यदि उन्हें सावधानीपूर्वक डिज़ाइन और मॉनिटर नहीं किया गया है। संगठनों को एआई सिस्टम में निष्पक्षता और भेदभाव-विरोधी उपायों को लागू करना चाहिए।

40.1.6. डिजिटल डिवाइड

• पहुँच असमानताएँ:क्षेत्रों और समुदायों के बीच डिजिटल विभाजन मौजूदा असमानताओं को बढ़ा सकता है, क्योंकि कुछ लोगों के पास क्लाउड सेवाओं और प्रौद्योगिकियों तक पहुंच की कमी हो सकती है। बुनियादी ढांचे के विकास और डिजिटल साक्षरता कार्यक्रमों के माध्यम से डिजिटल विभाजन को पाटने के प्रयास आवश्यक हैं।

• कौशल अंतर:विभाजन कौशल अंतर के रूप में भी प्रकट हो सकता है, जहां कुछ आबादी के पास क्लाउड प्रौद्योगिकियों का प्रभावी ढंग से लाभ उठाने के लिए आवश्यक विशेषज्ञता का अभाव है। डिजिटल कौशल और प्रशिक्षण कार्यक्रमों को बढ़ावा देने से इस अंतर को दूर किया जा सकता है।

40.1.7. क्लाउड सेवा प्रदाताओं की जिम्मेदारियाँ

• पारदर्शिता:क्लाउड सेवा प्रदाताओं को अपनी प्रथाओं, डेटा प्रबंधन और सुरक्षा उपायों के बारे में पारदर्शी होना चाहिए। उपयोगकर्ताओं को इस बात की पूरी जानकारी होनी चाहिए कि उनका डेटा कैसे संसाधित और उपयोग किया जाता है।

जवाबदेही:प्रदाताओं को ग्राहक डेटा की सुरक्षा और गोपनीयता की जिम्मेदारी लेनी चाहिए और किसी भी उल्लंघन के लिए जवाबदेह होना चाहिए। स्पष्ट सेवा-स्तरीय समझौते (एसएलए) जवाबदेही स्थापित करने में मदद कर सकते हैं।

40.1.8. एआई और आईओटी डेटा का नैतिक उपयोग

• सूचित सहमति:एआई और आईओटी डेटा के नैतिक उपयोग के लिए उन व्यक्तियों से सूचित सहमति प्राप्त करने की आवश्यकता होती है जिनका डेटा एकत्र किया जाता है। उपयोगकर्ताओं के पास यह नियंत्रित करने की क्षमता होनी चाहिए कि उनके डेटा का उपयोग कैसे किया जाए।

● गुमनामीकरण और एकत्रीकरण:एआई और आईओटी विश्लेषण के लिए उपयोग किए जाने पर डेटा को अज्ञात और एकत्रित करना सुनिश्चित करना व्यक्तिगत गोपनीयता की रक्षा कर सकता है। व्यक्तिगत डेटा को ऐसे तरीके से संसाधित किया जाना चाहिए जिससे पहचान कम से कम हो।

40.2 क्लाउड में गोपनीयता और डेटा सुरक्षा सुनिश्चित करना

क्लाउड कंप्यूटिंग में गोपनीयता और डेटा सुरक्षा सर्वोपरि चिंताएं हैं, क्योंकि क्लाउड वातावरण व्यक्तियों और संगठनों से बड़ी मात्रा में संवेदनशील डेटा को संभालता है। विश्वास कायम करने और डेटा सुरक्षा कानूनों का अनुपालन बनाए रखने के लिए, क्लाउड में डेटा की गोपनीयता और सुरक्षा सुनिश्चित करने के लिए मजबूत उपायों को लागू करना महत्वपूर्ण है। क्लाउड में गोपनीयता और डेटा सुरक्षा सुनिश्चित करना क्लाउड सेवा प्रदाताओं और उनके ग्राहकों के बीच एक साझा जिम्मेदारी है। संवेदनशील जानकारी की सुरक्षा के लिए डेटा एन्क्रिप्शन, एक्सेस नियंत्रण और डेटा न्यूनतमकरण प्रथाओं को लागू करना आवश्यक कदम हैं। नियमित ऑडिट, कर्मचारी प्रशिक्षण और डेटा सुरक्षा नियमों का अनुपालन क्लाउड में संग्रहीत और संसाधित डेटा की सुरक्षा और गोपनीयता बनाए रखने में महत्वपूर्ण भूमिका निभाता है। गोपनीयता और डेटा सुरक्षा के लिए एक सक्रिय दृष्टिकोण अपनाकर, संगठन जिम्मेदार और नैतिक क्लाउड कंप्यूटिंग प्रथाओं के प्रति अपनी प्रतिबद्धता प्रदर्शित करते हुए अपने ग्राहकों और हितधारकों के साथ विश्वास बना सकते हैं। जिम्मेदार क्लाउड कंप्यूटिंग प्रथाओं से अधिक सुरक्षित, न्यायसंगत और टिकाऊ डिजिटल भविष्य बन सकता है।

40.2.1. डेटा एन्क्रिप्शन

● आराम पर डेटा:डेटा उल्लंघनों या भौतिक चोरी के मामले में अनधिकृत पहुंच से बचाने के लिए क्लाउड में संग्रहीत डेटा को एन्क्रिप्ट करें। एन्क्रिप्शन यह सुनिश्चित करता है कि यदि डेटा एक्सेस किया जाता है, तो भी यह उचित डिक्रिप्शन कुंजी के बिना अपठनीय बना रहता है।

● पारगमन में डेटा:उपयोगकर्ता के डिवाइस और क्लाउड के बीच ट्रांसमिशन के दौरान डेटा को सुरक्षित करने के लिए टीएलएस (ट्रांसपोर्ट लेयर सिक्योरिटी) जैसे एन्क्रिप्शन प्रोटोकॉल का उपयोग करें। यह नेटवर्क पर भेजे जाने के दौरान डेटा की सुरक्षा करता है, अवरोधन और अनधिकृत पहुंच को रोकता है।

40.2.2. अभिगम नियंत्रण और प्रमाणीकरण

● भूमिका-आधारित अभिगम नियंत्रण (आरबीएसी):यह सुनिश्चित करने के लिए आरबीएसी लागू करें कि उपयोगकर्ताओं और एप्लिकेशन के पास क्लाउड में विशिष्ट डेटा और संसाधनों तक पहुंचने के लिए उचित अनुमति है। आरबीएसी सुनिश्चित करता है कि केवल अधिकृत उपयोगकर्ता ही संवेदनशील डेटा तक पहुंच सकते हैं।

● बहु-कारक प्रमाणीकरण (एमएफए):सुरक्षा की एक अतिरिक्त परत जोड़ने और क्लाउड खातों तक अनधिकृत पहुंच के जोखिम को कम करने के लिए एमएफए को लागू करें। एमएफए के लिए उपयोगकर्ताओं को पासवर्ड के अलावा सत्यापन के अतिरिक्त फॉर्म प्रदान करने की आवश्यकता होती है, जैसे कि उनके मोबाइल डिवाइस पर भेजा गया एक बार का कोड।

40.2.3. डेटा न्यूनीकरण

● केवल आवश्यक डेटा एकत्र करें:केवल इच्छित उद्देश्य को पूरा करने के लिए आवश्यक जानकारी को बनाए रखने के लिए डेटा संग्रह को कम करें, जिससे डेटा एक्सपोज़र का जोखिम कम हो जाए। अत्यधिक या अनावश्यक व्यक्तिगत जानकारी संग्रहीत करने से बचें।

● छद्मनामीकरण और गुमनामीकरण:व्यक्तियों की पहचान की सुरक्षा के लिए जब भी संभव हो डेटा को अज्ञात या छद्म नाम दें। व्यक्तिगत पहचानकर्ताओं को हटाने या अस्पष्ट करने से, पुनः पहचान का जोखिम कम हो जाता है।

40.2.4. डेटा रेजीडेंसी और क्षेत्राधिकार

● डेटा सेंटर स्थान बुद्धिमानी से चुनें:उन क्षेत्रों में डेटा केंद्रों वाले क्लाउड प्रदाताओं का चयन करें जो डेटा रेजिडेंसी आवश्यकताओं और गोपनीयता कानूनों के अनुरूप हों। यह सुनिश्चित करना कि डेटा को मजबूत डेटा सुरक्षा नियमों के साथ अधिकार क्षेत्र में संग्रहीत किया जाता है, डेटा गोपनीयता को बढ़ा सकता है।

• क्षेत्राधिकार विनियमों का अनुपालन करें:उन न्यायक्षेत्रों में प्रासंगिक डेटा संरक्षण कानूनों का अनुपालन सुनिश्चित करें जहां डेटा संसाधित और संग्रहीत किया जाता है। कानूनी मुद्दों से बचने के लिए स्थानीय नियमों के बारे में जागरूक होना और उनका पालन करना आवश्यक है।

40.2.5. नियमित लेखापरीक्षा एवं निगरानी

• सुरक्षा ऑडिट:कमजोरियों की पहचान करने के लिए नियमित सुरक्षा ऑडिट करें और सुनिश्चित करें कि सुरक्षा उपाय अद्यतन हैं। ऑडिटिंग से क्लाउड इंफ्रास्ट्रक्चर में संभावित कमजोरियों का पता लगाने और उन्हें दूर करने में मदद मिलती है।

• वास्तविक समय में निगरानी:असामान्य गतिविधियों और संभावित सुरक्षा उल्लंघनों का पता लगाने के लिए वास्तविक समय की निगरानी लागू करें। वास्तविक समय की निगरानी सुरक्षा घटनाओं पर त्वरित प्रतिक्रिया सक्षम बनाती है।

40.2.6. विक्रेता उचित परिश्रम

• क्लाउड सेवा प्रदाता (सीएसपी) चयन:क्लाउड सेवा प्रदाता का चयन करते समय पूरी सावधानी बरतें, यह सुनिश्चित करते हुए कि वे गोपनीयता और सुरक्षा आवश्यकताओं को पूरा करते हैं। मजबूत सुरक्षा प्रथाओं के ट्रैक रिकॉर्ड वाले प्रतिष्ठित प्रदाता चुनें।

• सेवा स्तर समझौते (एसएलए):डेटा सुरक्षा के प्रति सीएसपी की प्रतिबद्धता सुनिश्चित करने के लिए एसएलए में विशिष्ट गोपनीयता और डेटा सुरक्षा खंड शामिल करें। एसएलए को डेटा सुरक्षा के संबंध में सीएसपी की जिम्मेदारियों को स्पष्ट रूप से रेखांकित करना चाहिए।

40.2.7. डेटा बैकअप और डिजास्टर रिकवरी

• नियमित बैकअप:डेटा हानि या सिस्टम विफलताओं के मामले में डेटा अखंडता और उपलब्धता सुनिश्चित करने के लिए नियमित डेटा बैकअप लागू करें। बैकअप किसी आपदा की स्थिति में डेटा को पिछली स्थिति में पुनर्स्थापित करने में मदद करता है।

• आपदा पुनर्प्राप्ति योजनाएँ:डेटा और सेवाओं पर अप्रत्याशित घटनाओं के प्रभाव को कम करने के लिए आपदा पुनर्प्राप्ति योजनाएँ स्थापित करें। आपदा पुनर्प्राप्ति रणनीतियाँ व्यवसाय की निरंतरता और डेटा बहाली सुनिश्चित करती हैं।

40.2.8. कर्मचारी प्रशिक्षण और जागरूकता

• सुरक्षा प्रशिक्षण:अनजाने डेटा उल्लंघनों को रोकने के लिए कर्मचारियों को डेटा सुरक्षा सर्वोत्तम प्रथाओं और संभावित सुरक्षा जोखिमों के बारे में शिक्षित करें। अच्छी तरह से सूचित कर्मचारी डेटा की सुरक्षा के लिए बेहतर ढंग से सुसज्जित हैं।

• गोपनीयता पालिसी:सुनिश्चित करें कि कर्मचारी संगठन की गोपनीयता नीतियों और प्रक्रियाओं को समझें और उनका पालन करें। डेटा सुरक्षा बनाए रखने के लिए गोपनीयता नीतियों का कर्मचारी अनुपालन आवश्यक है।

40.2.9. डेटा सुरक्षा विनियमों का अनुपालन

• जीडीपीआर अनुपालन:यदि लागू हो, तो यूरोपीय संघ के नागरिकों के व्यक्तिगत डेटा को संभालते समय सामान्य डेटा संरक्षण विनियमन (जीडीपीआर) आवश्यकताओं का अनुपालन करें। जीडीपीआर डेटा गोपनीयता और सुरक्षा के लिए सख्त मानक निर्धारित करता है।

• अन्य डेटा संरक्षण कानून:अन्य प्रासंगिक न्यायक्षेत्रों में डेटा सुरक्षा कानूनों से परिचित हों और उनका पालन करें। स्थानीय नियमों का अनुपालन यह सुनिश्चित करता है कि दुनिया भर में डेटा गोपनीयता बरकरार रखी जाए।

40.3 क्लाउड-आधारित सिस्टम में जिम्मेदार एआई और नैतिक निर्णय लेना

जैसे-जैसे क्लाउड-आधारित सिस्टम तेजी से आर्टिफिशियल इंटेलिजेंस (एआई) और मशीन लर्निंग प्रौद्योगिकियों को शामिल कर रहे हैं, जिम्मेदार और नैतिक एआई प्रथाओं को सुनिश्चित करना महत्वपूर्ण हो जाता है। जिम्मेदार एआई में एआई मॉडल और एल्गोरिदम विकसित करना शामिल है जो निष्पक्षता, पारदर्शिता और जवाबदेही को प्राथमिकता देते हैं। क्लाउड-आधारित सिस्टम में जिम्मेदार एआई और नैतिक निर्णय लेना विश्वास बनाने और एआई प्रौद्योगिकियों के सकारात्मक प्रभाव को सुनिश्चित करने के लिए आवश्यक है। निष्पक्षता, पारदर्शिता और जवाबदेही को प्राथमिकता

देकर, संगठन पक्षपातपूर्ण और भेदभावपूर्ण एआई परिणामों से बच सकते हैं। डेटा गोपनीयता की रक्षा करना और मानवीय निरीक्षण प्रदान करना यह सुनिश्चित करने के लिए महत्वपूर्ण कदम हैं कि एआई का उपयोग जिम्मेदारी से और नैतिक रूप से किया जाता है।

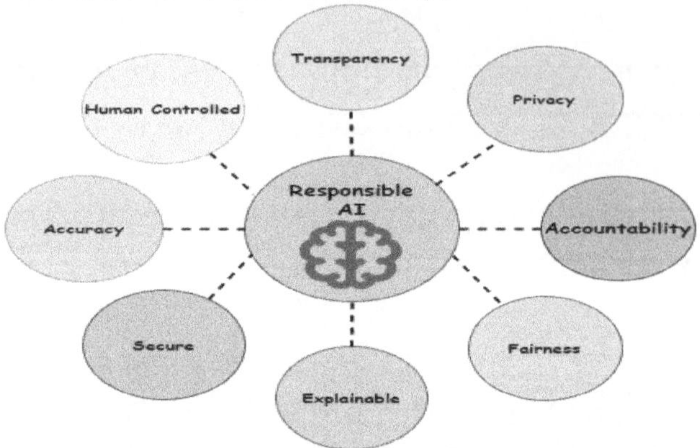

प्रासंगिक नियमों का अनुपालन और फीडबैक और मॉडल अपडेट के माध्यम से निरंतर सुधार क्लाउड-आधारित सिस्टम में

जिम्मेदार एआई की दीर्घकालिक सफलता में योगदान देता है। जैसे-जैसे AI तेजी से क्लाउड कंप्यूटिंग में एकीकृत होता जा रहा है, जिम्मेदार AI प्रथाओं को अपनाना एक साझा जिम्मेदारी है जो सामाजिक मूल्यों और प्रौद्योगिकी के नैतिक उपयोग के साथ संरेखित होती है। जिम्मेदार AI न केवल उपयोगकर्ताओं की सुरक्षा करता है बल्कि क्लाउड में AI प्रौद्योगिकियों के सतत और न्यायसंगत विकास को भी सुनिश्चित करता है।

40.3.1. निष्पक्षता और पूर्वाग्रह शमन

• पक्षपातपूर्ण डेटा:एआई मॉडल को अनुचित या भेदभावपूर्ण परिणाम देने से रोकने के लिए प्रशिक्षण डेटा में पूर्वाग्रहों की पहचान करें और उनका समाधान करें। डेटा में पक्षपात पक्षपातपूर्ण निर्णयों को जन्म दे सकता है, जिससे मौजूदा असमानताएं बनी रह सकती हैं।

• एल्गोरिथम निष्पक्षता:ऐसे एल्गोरिदम विकसित करें जो विभिन्न जनसांख्यिकीय समूहों में समान परिणाम प्रदान करें। कुछ आबादी को हाशिये पर धकेलने से बचने के लिए एआई निर्णयों में निष्पक्षता सुनिश्चित करना महत्वपूर्ण है।

40.3.2. व्याख्यात्मकता और पारदर्शिता

• मॉडल व्याख्या:सुनिश्चित करें कि एआई मॉडल व्याख्या योग्य हों, जिससे हितधारकों को यह समझने में मदद मिले कि निर्णय कैसे लिए जाते हैं। पारदर्शी मॉडल विश्वास बढ़ाते हैं और बेहतर ऑडिटिंग सक्षम करते हैं।

• पारदर्शी एल्गोरिदम:पारदर्शी एल्गोरिदम तैनात करें जो निर्णय लेने की प्रक्रियाओं में स्पष्ट अंतर्दृष्टि प्रदान करते हैं। यह उपयोगकर्ताओं और हितधारकों को एआई-संचालित निर्णयों को समझने और मान्य करने में मदद करता है।

40.3.3. डेटा गोपनीयता और सुरक्षा

• गोपनीयता-संरक्षण तकनीकें:संवेदनशील डेटा की सुरक्षा के लिए गोपनीयता-संरक्षण तकनीकों, जैसे विभेदक गोपनीयता, को लागू करें। एआई अनुप्रयोगों में डेटा गोपनीयता को संरक्षित करना महत्वपूर्ण है जिसमें व्यक्तिगत या संवेदनशील जानकारी शामिल होती है।

• डेटा अनामीकरण:व्यक्तियों की पहचान को रोकने के लिए व्यक्तिगत डेटा को अज्ञात रखें। गुमनामीकरण व्यक्तियों की गोपनीयता की रक्षा करने में मदद करता है और साथ ही डेटा से मूल्यवान अंतर्दृष्टि भी प्रदान करता है।

40.3.4. जवाबदेही और पता लगाने की क्षमता

• ऑडिट ट्रेल्स:एआई मॉडल की निर्णय लेने की प्रक्रिया का पता लगाने के लिए व्यापक ऑडिट ट्रेल्स बनाए रखें। ऑडिट ट्रेल्स जवाबदेही को सक्षम बनाते हैं और एआई मॉडल व्यवहार को समझने में सुविधा प्रदान करते हैं।

• मॉडल निगरानी:अपेक्षित व्यवहार से किसी भी विचलन का पता लगाने के लिए एआई मॉडल की लगातार निगरानी करें। निगरानी यह सुनिश्चित करती है कि मॉडल समय के साथ सटीक और निष्पक्ष बने रहें।

40.3.5. मानव निरीक्षण और नियंत्रण

• मानव-इन-द-लूप:महत्वपूर्ण निर्णय लेने की प्रक्रियाओं में मानवीय निरीक्षण और नियंत्रण को शामिल करें। मानवीय हस्तक्षेप एआई मॉडल को हानिकारक या गलत निर्णय लेने से रोक सकता है।

• मानव समीक्षा:ऐसे मामलों में मानव समीक्षा के लिए तंत्र स्थापित करें जहां एआई निर्णयों के महत्वपूर्ण परिणाम हो सकते हैं। मानव समीक्षा यह सुनिश्चित करती है कि एआई परिणाम नैतिक मानकों के अनुरूप हों।

40.3.6. एआई का नैतिक उपयोग

• स्पष्ट उपयोग के मामले:एआई के लिए स्पष्ट और नैतिक उपयोग के मामलों को परिभाषित करें ताकि यह सुनिश्चित हो सके कि यह संगठनात्मक मूल्यों के साथ संरेखित है। एआई परिनियोजन के इच्छित उद्देश्य को समझने से अनपेक्षित और संभावित रूप से हानिकारक अनुप्रयोगों से बचने में मदद मिलती है।

• नुकसान से बचना:एआई परिनियोजन के संभावित नुकसान या नकारात्मक प्रभावों का आकलन करें और उनसे बचने या कम करने के उपाय करें। एथिकल एआई को व्यक्तियों और समाज की भलाई को प्राथमिकता देनी चाहिए।

40.3.7. विनियमों का अनुपालन

• जीडीपीआर और डेटा संरक्षण कानून:व्यक्तिगत डेटा को संभालते समय डेटा सुरक्षा कानूनों और विनियमों, जैसे सामान्य डेटा संरक्षण विनियमन (जीडीपीआर) का अनुपालन करें। डेटा गोपनीयता और सुरक्षा के लिए कानूनी आवश्यकताओं का पालन करना आवश्यक है।

• नैतिकता दिशानिर्देश:उद्योग-विशिष्ट एआई नैतिकता दिशानिर्देशों और सिद्धांतों का पालन करें। नैतिक दिशानिर्देशों का पालन यह सुनिश्चित करता है कि एआई का उपयोग जिम्मेदारीपूर्वक और पारदर्शी तरीके से किया जाता है।

40.3.8. निरंतर सुधार

• प्रतिक्रिया तंत्र:हितधारकों से अंतर्दृष्टि और चिंताओं को इकट्ठा करने के लिए फीडबैक तंत्र स्थापित करें। फीडबैक सुधार के क्षेत्रों और संभावित नैतिक मुद्दों की पहचान करने में मदद करता है।

• मॉडल अपडेट:डेटा में परिवर्तन दर्शाने और किसी भी पहचाने गए मुद्दे का समाधान करने के लिए एआई मॉडल को नियमित रूप से अपडेट करें। मॉडलों को अद्यतन रखना उनकी सटीकता और नैतिक प्रदर्शन को बनाए रखने के लिए महत्वपूर्ण है।

अभ्यास

बहु विकल्पीय प्रश्न

1. क्लाउड कंप्यूटिंग द्वारा प्रस्तुत कुछ नैतिक चुनौतियाँ क्या हैं?

a) डेटा दक्षता और विश्वसनीयता
b) ऊर्जा की खपत और ई-कचरा प्रबंधन
c) सुरक्षा ऑडिट और डेटा एन्क्रिप्शन
d) डेटा उल्लंघन और निगरानी

2. संगठन क्लाउड कंप्यूटिंग में डेटा स्वामित्व के मुद्दे को कैसे संबोधित कर सकते हैं?

a) एक साथ कई क्लाउड प्रदाताओं में डेटा संग्रहीत करना
b) विभिन्न न्यायालयों में डेटा की बैकअप प्रतियां बनाना
c) डेटा न्यूनतमकरण प्रथाओं को लागू करना
d) स्पष्ट समझौते और नीतियां स्थापित करना

3. क्लाउड कंप्यूटिंग में सीमा पार डेटा प्रवाह से संबंधित एक संभावित चिंता क्या है?

a) कुछ क्षेत्रों में क्लाउड सेवाओं तक सीमित पहुंच
b) एक क्लाउड प्रदाता से दूसरे क्लाउड प्रदाता पर स्थानांतरित होने में चुनौतियाँ
c) विभिन्न देशों में विविध डेटा संरक्षण कानून
d) डेटा ट्रांसमिशन के दौरान डेटा उल्लंघन का जोखिम

4. क्लाउड डेटा केंद्रों के पर्यावरणीय प्रभाव को कम करने के लिए संगठन क्या कर सकते हैं?

a) डेटा रेजीडेंसी आवश्यकताओं को कम करें
b) बेहतर विश्लेषण के लिए डेटा संग्रह बढ़ाएँ
c) नवीकरणीय ऊर्जा स्रोतों को अपनाएं
d) डेटा सेंटर हार्डवेयर टर्नओवर में सुधार करें

5. क्लाउड-आधारित AI सिस्टम में एल्गोरिथम निष्पक्षता क्यों आवश्यक है?

a) इष्टतम डेटा एन्क्रिप्शन सुनिश्चित करने के लिए
b) विक्रेता लॉक-इन को रोकने के लिए
c) डेटा उल्लंघनों से बचने के लिए
d) पक्षपातपूर्ण निर्णय लेने से बचना

6. संगठन क्लाउड कंप्यूटिंग में डिजिटल विभाजन को कैसे पाट सकते हैं?

a) क्लाउड सेवाओं तक पहुंच सीमित करके
b) डिजिटल साक्षरता कार्यक्रमों को बढ़ावा देकर
c) डेटा संग्रह प्रथाओं को बढ़ाकर
d) डेटा गुमनामीकरण से बचकर

7. क्लाउड-आधारित सिस्टम में जिम्मेदार AI सुनिश्चित करने का एक तरीका क्या है?

a) डेटा स्वामित्व समझौतों को लागू करना
b) नियमित सुरक्षा ऑडिट आयोजित करना
c) विक्रेता लॉक-इन रणनीतियों पर ध्यान केंद्रित करना
d) डेटा सेंटर ऊर्जा खपत को कम करना

8. जिम्मेदार एआई के संदर्भ में "ह्यूमन-इन-द-लूप" क्या संदर्भित करता है?

a) एआई निर्णय लेने में मानवीय निरीक्षण और नियंत्रण को शामिल करना
b) क्लाउड डेटा केंद्रों को प्रबंधित करने के लिए मानव ऑपरेटरों का उपयोग करना
c) एआई परिनियोजन के लिए डेटा-केंद्रित दृष्टिकोण अपनाना
d) डेटा अखंडता सुनिश्चित करने के लिए डेटा बैकअप बनाना

9. क्लाउड कंप्यूटिंग में डेटा सुरक्षा कानूनों का अनुपालन क्यों महत्वपूर्ण है?

a) डेटा रेजिडेंसी और क्षेत्राधिकार संबंधी चिंताओं को बढ़ावा देना

b) डेटा एन्क्रिप्शन आवश्यकताओं को कम करने के लिए

c) डेटा गोपनीयता और सुरक्षा को बढ़ाने के लिए

d) बेहतर डेटा सुरक्षा के लिए विक्रेता पर निर्भरता बढ़ाना

समीक्षा प्रश्न

1. क्लाउड कंप्यूटिंग द्वारा प्रस्तुत कुछ नैतिक चुनौतियाँ क्या हैं, और उनका समाधान करना क्यों महत्वपूर्ण है?

2. संगठन क्लाउड कंप्यूटिंग में डेटा स्वामित्व के मुद्दे को कैसे संबोधित कर सकते हैं, खासकर जब डेटा कई न्यायालयों में संग्रहीत किया जाता है?

3. क्लाउड कंप्यूटिंग में सीमा पार डेटा प्रवाह से संबंधित एक संभावित चिंता क्या है, और संगठन डेटा संप्रभुता और अधिकार क्षेत्र की चुनौतियों का सामना कैसे कर सकते हैं?

4. क्लाउड डेटा केंद्रों के पर्यावरणीय प्रभाव को कम करने और स्थिरता को बढ़ावा देने के लिए संगठन क्या कार्रवाई कर सकते हैं?

5. क्लाउड-आधारित AI सिस्टम में एल्गोरिथम निष्पक्षता क्यों आवश्यक है, और AI मॉडल में पूर्वाग्रहों को कैसे संबोधित किया जा सकता है?

6. संगठन क्लाउड कंप्यूटिंग में डिजिटल विभाजन को कैसे पाट सकते हैं और क्लाउड सेवाओं तक समान पहुंच सुनिश्चित कर सकते हैं?

7. क्लाउड-आधारित सिस्टम में जिम्मेदार एआई और नैतिक निर्णय लेने को सुनिश्चित करने के लिए संगठन क्या उपाय कर सकते हैं?

8. जिम्मेदार एआई के संदर्भ में, "ह्यूमन-इन-द-लूप" क्या संदर्भित करता है, और यह महत्वपूर्ण क्यों है?

9. क्लाउड कंप्यूटिंग में डेटा सुरक्षा कानूनों का अनुपालन क्यों महत्वपूर्ण है, और संगठनों को किन प्रमुख नियमों के बारे में पता होना चाहिए?

10. क्लाउड कंप्यूटिंग में गोपनीयता और डेटा सुरक्षा सुनिश्चित करने के लिए संगठन डेटा एन्क्रिप्शन और एक्सेस नियंत्रण कैसे लागू कर सकते हैं?

11. क्लाउड में डेटा की गोपनीयता और सुरक्षा बनाए रखने में नियमित ऑडिट, कर्मचारी प्रशिक्षण और अनुपालन की क्या भूमिका है?

उत्तर अनुभाग

बहु विकल्पीय प्रश्न

1. d) डेटा उल्लंघन और निगरानी
2. d) स्पष्ट समझौते और नीतियां स्थापित करना
3. c) विभिन्न देशों में विविध डेटा संरक्षण कानून
4. c) नवीकरणीय ऊर्जा स्रोतों को अपनाना
5. d) पक्षपातपूर्ण निर्णय लेने से बचना
6. b) डिजिटल साक्षरता कार्यक्रमों को बढ़ावा देकर
7. b) नियमित सुरक्षा ऑडिट आयोजित करना
8. a) एआई निर्णय लेने में मानवीय निरीक्षण और नियंत्रण को शामिल करना
9. c) डेटा गोपनीयता और सुरक्षा को बढ़ाने के लिए

समीक्षा प्रश्न

1. क्लाउड कंप्यूटिंग में नैतिक चुनौतियों में डेटा उल्लंघन, डेटा स्वामित्व अस्पष्टता, सरकारी निगरानी और पर्यावरणीय प्रभाव शामिल हैं। डेटा गोपनीयता की रक्षा करने, सुरक्षा सुनिश्चित करने और क्लाउड सेवाओं में विश्वास बनाने के लिए इन चुनौतियों का समाधान करना महत्वपूर्ण है। डेटा उल्लंघनों से अनधिकृत पहुंच और संवेदनशील जानकारी का संभावित दुरुपयोग हो सकता है। डेटा स्वामित्व अस्पष्टता के परिणामस्वरूप कानूनी विवाद हो सकता है और उपयोगकर्ता का विश्वास प्रभावित हो सकता है। सरकारी निगरानी व्यक्तिगत गोपनीयता के बारे में चिंताएँ बढ़ाती है। ऊर्जा खपत और ई-कचरा जैसे पर्यावरणीय प्रभाव स्थिरता को प्रभावित करते हैं। जिम्मेदार क्लाउड कंप्यूटिंग और उपयोगकर्ता अधिकारों की सुरक्षा के लिए इन चुनौतियों का समाधान करना आवश्यक है।

2. संगठन डेटा स्वामित्व और नियंत्रण को परिभाषित करने वाले स्पष्ट समझौतों और नीतियों की स्थापना करके क्लाउड कंप्यूटिंग में डेटा स्वामित्व चुनौतियों का समाधान कर सकते हैं। अनुबंधों में संग्रह, भंडारण और प्रसंस्करण चरणों के दौरान डेटा स्वामित्व की रूपरेखा होनी चाहिए। जब डेटा को कई न्यायालयों में संग्रहीत किया जाता है, तो डेटा स्वामित्व अधिकारों की सुरक्षा के लिए प्रासंगिक डेटा संरक्षण कानूनों का अनुपालन महत्वपूर्ण है। उपयोगकर्ताओं का विश्वास बनाए रखने और कानूनी आवश्यकताओं का पालन करने के लिए संगठनों को क्लाउड में जिम्मेदार डेटा प्रबंधन और गोपनीयता सुरक्षा सुनिश्चित करनी चाहिए।

3. क्लाउड कंप्यूटिंग में सीमा पार डेटा प्रवाह के साथ एक संभावित चिंता विभिन्न देशों में अलग-अलग कानूनों और विनियमों की है, जो डेटा संप्रभुता और अधिकार क्षेत्र को प्रभावित कर रहे हैं। संगठन डेटा सुरक्षा नियमों के अनुरूप न्यायक्षेत्रों में डेटा केंद्रों के साथ क्लाउड प्रदाताओं का चयन करके इन चुनौतियों से निपट सकते हैं। स्थानीय कानूनों का अनुपालन डेटा गोपनीयता सुनिश्चित करता है और संगठनों को सीमा पार डेटा भंडारण और प्रसंस्करण से संबंधित कानूनी मुद्दों से बचाता है।

4. संगठन नवीकरणीय ऊर्जा स्रोतों को अपनाकर, ऊर्जा दक्षता में सुधार करके और जिम्मेदार ई-कचरा प्रबंधन का अभ्यास करके क्लाउड डेटा केंद्रों के पर्यावरणीय प्रभाव को कम कर सकते हैं। ग्रीनहाउस गैस उत्सर्जन को कम करना और हार्डवेयर टर्नओवर को जिम्मेदारी से संभालना स्थिरता और पर्यावरण संरक्षण में योगदान देता है। क्लाउड इंफ्रास्ट्रक्चर में पर्यावरण-अनुकूल प्रथाओं को लागू करना अधिक टिकाऊ डिजिटल भविष्य का समर्थन करता है।

5. पक्षपातपूर्ण निर्णय लेने से बचने के लिए क्लाउड-आधारित एआई सिस्टम में एल्गोरिदमिक निष्पक्षता महत्वपूर्ण है। संगठन विविध और प्रतिनिधि प्रशिक्षण डेटा का उपयोग करके, निष्पक्षता-जागरूक एल्गोरिदम लागू करके और नियमित पूर्वाग्रह ऑडिट आयोजित करके एआई मॉडल में पूर्वाग्रहों को संबोधित कर सकते हैं। नैतिक एआई विकास में न्यायसंगत परिणाम सुनिश्चित करने और एआई-संचालित निर्णयों में भेदभाव को रोकने के लिए पूर्वाग्रहों की पहचान करना और उन्हें कम करना शामिल है।

6. संगठन डिजिटल साक्षरता कार्यक्रमों और बुनियादी ढांचे के विकास को बढ़ावा देकर क्लाउड कंप्यूटिंग में डिजिटल विभाजन को पाट सकते हैं। क्लाउड सेवाओं तक समान पहुंच सुनिश्चित करने से क्षेत्रों और समुदायों के बीच असमानताओं को कम करने में मदद मिलती है। डिजिटल कौशल और संसाधनों के साथ वंचित आबादी को सशक्त बनाकर, संगठन समावेशिता को बढ़ावा दे सकते हैं और क्लाउड कंप्यूटिंग में समान अवसरों को बढ़ावा दे सकते हैं।

7. क्लाउड-आधारित सिस्टम में जिम्मेदार एआई और नैतिक निर्णय लेने को सुनिश्चित करने में निष्पक्षता, पारदर्शिता और जवाबदेही को प्राथमिकता देना शामिल है। नियमित ऑडिट, मानवीय निरीक्षण और एआई नैतिकता दिशानिर्देशों का पालन एआई मॉडल सटीकता और नैतिक प्रदर्शन को बनाए रखने में मदद करता है। संगठनों को एआई अनुप्रयोगों में उपयोगकर्ता डेटा और गोपनीयता की सुरक्षा के लिए डेटा अनामीकरण तकनीकों को अपनाना चाहिए, सूचित सहमति प्राप्त करनी चाहिए और गोपनीयता-संरक्षण प्रथाओं को लागू करना चाहिए।

8. "ह्यूमन-इन-द-लूप" का तात्पर्य महत्वपूर्ण एआई निर्णय लेने की प्रक्रियाओं में मानवीय निरीक्षण और नियंत्रण को शामिल करना है। मानवीय हस्तक्षेप संदर्भ, नैतिक विचार प्रदान करके और अप्रत्याशित परिस्थितियों को संबोधित करके हानिकारक या पक्षपातपूर्ण परिणामों को रोक सकता है। एआई सिस्टम में मानव समीक्षा को शामिल करने से जवाबदेही बढ़ती है, जोखिम कम होते हैं और एआई परिणामों को नैतिक मानकों के साथ संरेखित किया जाता है।

9. डेटा गोपनीयता और सुरक्षा को बनाए रखने के लिए क्लाउड कंप्यूटिंग में डेटा सुरक्षा कानूनों का अनुपालन महत्वपूर्ण है। यूरोपीय संघ के नागरिकों के व्यक्तिगत डेटा को संभालते समय संगठनों को सामान्य डेटा संरक्षण विनियमन (जीडीपीआर) जैसे नियमों के बारे में पता होना चाहिए। प्रासंगिक डेटा सुरक्षा कानूनों का पालन करना जिम्मेदार डेटा प्रबंधन सुनिश्चित करता है, उपयोगकर्ता की गोपनीयता की रक्षा करता है, और संभावित कानूनी और प्रतिष्ठित जोखिमों से बचाता है।

10. संगठन डेटा एन्क्रिप्शन और एक्सेस नियंत्रण के माध्यम से क्लाउड कंप्यूटिंग में गोपनीयता और डेटा सुरक्षा सुनिश्चित कर सकते हैं। डेटा एन्क्रिप्शन आराम और ट्रांसमिशन के दौरान डेटा को सुरक्षित करता है, अनधिकृत पहुंच को रोकता है और गोपनीयता सुनिश्चित करता है। भूमिका-आधारित पहुंच नियंत्रण (आरबीएसी) को लागू करने से यह सुनिश्चित होता है कि उपयोगकर्ताओं और एप्लिकेशन के पास विशिष्ट डेटा और संसाधनों तक पहुंचने के लिए उचित अनुमति है, जिससे डेटा उल्लंघनों का जोखिम कम हो जाता है।

11. नियमित ऑडिट से क्लाउड इंफ्रास्ट्रक्चर में कमजोरियों और कमजोरियों की पहचान करने में मदद मिलती है, जिससे डेटा गोपनीयता और सुरक्षा सुनिश्चित होती है। डेटा सुरक्षा सर्वोत्तम प्रथाओं पर कर्मचारी प्रशिक्षण अनजाने डेटा उल्लंघनों को रोकता है और जिम्मेदार डेटा प्रबंधन की संस्कृति का समर्थन करता है। डेटा सुरक्षा नियमों का अनुपालन यह सुनिश्चित करता है कि संगठन कानूनी दायित्वों को पूरा करें और क्लाउड में डेटा गोपनीयता और सुरक्षा मानकों को बनाए रखें।

9 789369 910014

Printed at Repro India Ltd.